DIREITO PROCESSUAL CIVIL CONTEMPORÂNEO

ESTUDOS EM HOMENAGEM AO PROFESSOR
WALTER PIVA RODRIGUES

Dados Internacionais de Catalogação na Publicação (CIP) de acordo com ISBD

D598

    Direito processual civil contemporâneo / Augusto Tavares Rosa Marcacini... [et al.] ; organizado por Rodolfo da Costa Manso Real Amadeo... [et al.]. - Indaiatuba, SP : Editora Foco, 2019.

    710 p. ; 17cm x 24cm.

    Inclui bibliografia e índice

    ISBN: 978-85-8242-421-6

    1. Direito. 2. Direito Civil. 3. Direito processual. I. Marcacini, Augusto Tavares Rosa. II. Coelho, Caio Sasaki Godeguez. III. Zufelato, Camilo. IV. Salles, Carlos Alberto de. V. Bueno, Cassio Scarpinella. VI. Godoy, Claudio Luiz Bueno de. VII. Dallari, Dalmo de Abreu. VIII. Zveibil, Daniel Guimarães. IX. Monari, Daniel. X. Bucci, Eugênio. XI. Prudente, Eunice Aparecida de Jesus. XII. Pontes, Evandro Fernandes de. XIII. Nusdeo, Fábio. XIV. Choukr, Fauzi Hassan. XV. Tartuce, Fernanda. XVI. Cota Filho, Fernando Rey. XVII. Yarshell, Flávio Luiz. XVIII. Bercovici, Gilberto. XIX. Hironaka, Giselda Maria Fernandes Novaes. XX. Teixeira, Guilherme Silveira. XXI. Kuniochi, Hamilton Kenji. XXII. Sica, Heitor Vitor Mendonça. XXIII. Monteiro Neto, João Pereira. XXIV. Puoli, José Carlos Baptista. XXV. Costa Netto, José Carlos. XXVI. Jardim Neto, José Gomes. XXVII. Marques Junior, José Jair. XXVIII. Almeida, José Luiz Gavião de. XXIX. Tucci, José Rogério Cruz e. XXX. Bueno, Júlio César. XXXI. Soares, Leandro Bacich Scarabel. XXXII. Bernardo, Leandro Ferreira. XXXIII. Vicentin, Leonardo Manso. XXXIV. Tavares, Letícia Antunes. XXXV. Parisotto, Livia Maria Bello Silva. XXXVI. Souza, Ludyevina Tominaga Garcia de. XXXVII. Schoueri, Luís Eduardo. XXXVIII. Dellore, Luiz. XXXIX. Bonizzi, Marcelo José Magalhães. XL. Oliveira, Marco Antonio Perez de. XLI. Asperti, Maria Cecília de Araujo. XLII. Bucci, Maria Paula Dallari. XLIV. Silveira, Marina Rodrigues da. XLV. Carvalho, Milton Paulo de. XLVI. Silva, Otavio Pinto e. XLVII. Silva, Paulo Eduardo Alves da. XLVIII. Razuk, Paulo Eduardo. XLIX. Lucon, Paulo Henrique dos Santos L. Brazil, Paulo Roberto Grava. LI. Teixeira, Paulo. LII. Rosa, Renato Xavier da Silveira. LIII. Silva, Riccardo Spengler Hidalgo. LIV. Amadeo, Rodolfo da Costa Manso Real. LV. Mancuso, Rodolfo de Camargo. LVI. Barcellos, Rodrigo da Silveira. LVII. Benetti, Sidnei. LVIII. Título.

2019-1941   CDD 342   CDU 347

Elaborado por Odilio Hilario Moreira Junior - CRB-8/9949

Índices para Catálogo Sistemático:

1. Direito Civil 342   2. Direito Civil 347

RODOLFO DA COSTA MANSO REAL AMADEO
DANIEL GUIMARÃES ZVEIBIL
LUIZ DELLORE
JÚLIO CÉSAR BUENO
MARCO ANTONIO PEREZ DE OLIVEIRA

ORGANIZADORES

DIREITO PROCESSUAL CIVIL CONTEMPORÂNEO

ESTUDOS EM HOMENAGEM AO PROFESSOR
WALTER PIVA RODRIGUES

2020 © Editora Foco

Organizadores: Rodolfo da Costa Manso Real Amadeo, Daniel Guimarães Zveibil, Luiz Dellore, Júlio César Bueno e Marco Antonio Perez de Oliveira

Autores: Augusto Tavares Rosa Marcacini, Caio Sasaki Godeguez Coelho, Camilo Zufelato, Carlos Alberto de Salles, Cassio Scarpinella Bueno , Claudio Luiz Bueno de Godoy, Dalmo de Abreu Dallari, Daniel Guimarães Zveibil, Daniel Monari, Eugênio Bucci, Eunice Aparecida de Jesus Prudente, Evandro Fernandes de Pontes, Fábio Nusdeo, Fauzi Hassan Choukr, Fernanda Tartuce, Fernando Rey Cota Filho, Flávio Luiz Yarshell, Gilberto Bercovici, Giselda Maria Fernandes Novaes Hironaka, Guilherme Silveira Teixeira, Hamilton Kenji Kuniochi, Heitor Vitor Mendonça Sica, João Pereira Monteiro Neto, José Carlos Baptista Puoli, José Carlos Costa Netto, José Gomes Jardim Neto, José Jair Marques Junior, José Luiz Gavião de Almeida, José Rogério Cruz e Tucci, Júlio César Bueno, Leandro Bacich Scarabel Soares, Leandro Ferreira Bernardo, Leonardo Manso Vicentin, Letícia Antunes Tavares, Livia aria Bello Silva Parisotto, Ludyevina Tominaga Garcia de Souza, Luís Eduardo Schoueri, Luiz Dellore, Marcelo José Magalhães Bonizzi, Marco Antonio Perez de Oliveira, Maria Cecília de Araujo Asperti, Maria Paula Dallari Bucci, Marina Rodrigues da Silveira, Milton Paulo de Carvalho, Otavio Pinto e Silva, Paulo Eduardo Alves da Silva, Paulo Eduardo Razuk, Paulo Henrique dos Santos Lucon, Paulo Roberto Grava Brazil, Paulo Teixeira, Renato Xavier da Silveira Rosa, Ricardo de Barros Leonel, Riccardo Spengler Hidalgo Silva, Rodolfo da Costa Manso Real Amadeo, Rodolfo de Camargo Mancuso, Rodrigo da Silveira Barcellos e Sidnei Benetti

Diretor Acadêmico: Leonardo Pereira

Editor: Roberta Densa

Assistente Editorial: Paula Morishita

Revisora Sênior: Georgia Renata Dias

Capa Criação: Leonardo Hermano

Diagramação: Ladislau Lima

Impressão miolo e capa: VIENA GRÁFICA E EDITORA LTDA

DIREITOS AUTORAIS: É proibida a reprodução parcial ou total desta publicação, por qualquer forma ou meio, sem a prévia autorização da Editora FOCO, com exceção do teor das questões de concursos públicos que, por serem atos oficiais, não são protegidas como Direitos Autorais, na forma do Artigo 8º, IV, da Lei 9.610/1998. Referida vedação se estende às características gráficas da obra e sua editoração. A punição para a violação dos Direitos Autorais é crime previsto no Artigo 184 do Código Penal e as sanções civis às violações dos Direitos Autorais estão previstas nos Artigos 101 a 110 da Lei 9.610/1998. Os comentários das questões são de responsabilidade dos autores.

NOTAS DA EDITORA:

Atualizações e erratas: A presente obra é vendida como está, atualizada até a data do seu fechamento, informação que consta na página II do livro. Havendo a publicação de legislação de suma relevância, a editora, de forma discricionária, se empenhará em disponibilizar atualização futura.

Erratas: A Editora se compromete a disponibilizar no site www.editorafoco.com.br, na seção Atualizações, eventuais erratas por razões de erros técnicos ou de conteúdo. Solicitamos, outrossim, que o leitor faça a gentileza de colaborar com a perfeição da obra, comunicando eventual erro encontrado por meio de mensagem para contato@editorafoco.com.br. O acesso será disponibilizado durante a vigência da edição da obra.

Impresso no Brasil (10.2019) – Data de Fechamento (10.2019)

2020
Todos os direitos reservados à
Editora Foco Jurídico Ltda.
Rua Nove de Julho, 1779 – Vila Areal
CEP 13333-070 – Indaiatuba – SP

E-mail: contato@editorafoco.com.br
www.editorafoco.com.br

PREFÁCIO

Quem entra pela porta da frente da Velha e Sempre Nova Academia por certo logo notará no átrio a estátua de José Bonifácio de Andrada e Silva – o moço – saudando-o e convidando-o a entrar, com a mente liberta e independente de preconceitos, nas Arcadas de São Francisco.

Poucos dos que cruzam esse mesmo átrio, no entanto, notam, na parede da esquerda, a discreta placa de bronze com o alerta de Joaquim Nabuco: *"a grandeza das nações provém do ideal que a sua mocidade forma nas escolas; e as humilhações que elas sofrem, da traição que o homem feito comete contra o seu ideal de jovem."*

Entre esses poucos, está o nosso homenageado. Desde que ingressou nas Arcadas, em 1968, até os dias de hoje, o Professor Walter Piva Rodrigues jamais abandonou o seu ideal de jovem. Ao contrário, durante toda a sua trajetória, sempre o cultivou e lutou para infundi-lo em seus alunos, em seus orientandos, em seus companheiros de docência, de advocacia e do Tribunal de Justiça de São Paulo.

Ao todo, já são 71 anos de vida, 46 anos de docência, vividos sempre com o mesmo entusiasmo do jovem estudante de Direito. Desde a sua admissão, aos 25 anos, como assistente do Professor José Ignacio Botelho de Mesquita até os dias de hoje em que, mesmo depois da aposentadoria, permanece ministrando disciplinas no Pós-Graduação da Velha e Sempre Nova Academia e orientando a formação de futuros mestres, o Professor Walter Piva Rodrigues permanece propagando de forma serena, mas determinada, suas lições marcadas pelo humanismo e por uma inquebrantável fé na luta pelo Direito.

O resultado é o livro que ora vem a público. Tributo e testemunho do sincero agradecimento e da devotada admiração de dezenas de amigos, alunos, orientandos e colegas de profissão, o livro *"Direito Processual Civil Contemporâneo - Estudos em Homenagem ao Professor Walter Piva Rodrigues"* reúne uma plêiade de trabalhos de grande profundidade e análise crítica em temas os mais variados, o que comprova que a marca de um Grande Professor extrapola os limites de sua atuação acadêmica.

RODOLFO DA COSTA MANSO REAL AMADEO

DANIEL GUIMARÃES ZVEIBIL

LUIZ DELLORE

JÚLIO CÉSAR BUENO

MARCO ANTONIO PEREZ DE OLIVEIRA

SUMÁRIO

PREFÁCIO V

CONSIDERAÇÕES E ALGUMAS RECENTES DECISÕES SOBRE A CONCESSÃO PARCIAL DO BENEFÍCIO DE JUSTIÇA GRATUITA
Augusto Tavares Rosa Marcacini 1

ALGUMAS REFLEXÕES ACERCA DO *COMPÊNDIO* DE PAULA BAPTISTA COM VISTAS AO CPC/2015
Camilo Zufelato 15

PROCESSO (IN)CIVIL: DESPROCEDIMENTALIZAÇÃO E SEGURANÇA JURÍDICA--PROCESSUAL NO CPC DE 2015
Carlos Alberto de Salles 33

MANDADO DE SEGURANÇA E COMPENSAÇÃO TRIBUTÁRIA: REFLEXÕES EM HOMENAGEM AO PROFESSOR WALTER PIVA RODRIGUES
Cassio Scarpinella Bueno 47

NOVOS DESAFIOS DO DIREITO PRIVADO NA ERA DIGITAL
Claudio Luiz Bueno de Godoy 59

ESTADO DEMOCRÁTICO BRASILEIRO: APERFEIÇOAMENTO DO SISTEMA RE-PRESENTATIVO
Dalmo de Abreu Dallari 71

SOBRE A HUMANIZAÇÃO DO PROCESSO E O INCALCULÁVEL PODER DA AL-TERNATIVA NO ENSINO DO DIREITO: (IM)POSTURAS DO "PROFESSOR PIVA"
Daniel Guimarães Zveibil 83

OS PRECEDENTES VINCULANTES NA ÓTICA DAS DECISÕES DO DESEMBARGA-DOR WALTER PIVA RODRIGUES: UM CONTRIBUTO PARA A ANÁLISE DOS REE-XAMES DETERMINADOS A PARTIR DE JULGAMENTO DE RECURSOS ESPECIAIS REPETITIVOS REPRESENTATIVOS DE CONTROVÉRSIA PELO SUPERIOR TRIBU-NAL DE JUSTIÇA (STJ)
Daniel Monari, José Jair Marques Junior, Leandro Bacich Scarabel Soares, Livia Maria Bello Silva Parisotto, Ludyevina Tominaga Garcia de Souza, Marina Rodri-gues da Silveira e Riccardo Spengler Hidalgo Silva.. 111

LIÇÕES MAIORES DE WALTER PIVA RODRIGUES
Eugênio Bucci e Maria Paula Dallari Bucci 129

DIREITOS HUMANOS E POLÍTICAS PÚBLICAS SOCIAIS: A PROTEÇÃO DOS DI-REITOS FUNDAMENTAIS NO BRASIL E O PAPEL DO ESTADO E DO DIREITO
Eunice Aparecida de Jesus Prudente e Leandro Ferreira Bernardo 133

MAGISTRADO: O GUARDIÃO DA DIGNIDADE DA JUSTIÇA
Evandro Fernandes de Pontes 147

O PIB, ESSE DESCONHECIDO
Fábio Nusdeo 157

DIREITOS HUMANOS E DIREITOS FUNDAMENTAIS: UM DIÁLOGO EM CONS-TRUÇÃO
Fauzi Hassan Choukr.. 163

EVOLUÇÃO HISTÓRICO-LEGISLATIVO DOS LIMITES OBJETIVOS DA COISA JULGADA NOS DIPLOMAS PROCESSUAIS DE 1939, 1973 E 2015
Fernando Rey Cota Filho 171

PRESUNÇÃO DE VERACIDADE DA AFIRMAÇÃO DE INSUFICIÊNCIA DE RECUR-SOS E GRATUIDADE PROCESSUAL
Fernanda Tartuce e Caio Sasaki Godeguez Coelho 193

ORALIDADE E CONTRADITÓRIO EFETIVO: DILEMAS E PERSPECTIVAS DA TÉCNI-CA DE SUSTENTAÇÃO ORAL PERANTE OS TRIBUNAIS
Flávio Luiz Yarshell 215

A FUNÇÃO SOCIAL DA ADVOCACIA E O SIGILO PROFISSIONAL
Gilberto Bercovici 225

DIREITO DE FAMÍLIA NO TEMPO: DO CÓDIGO CIVIL DE 1916 AO DE 2002 E ALÉM
Giselda Maria Fernandes Novaes Hironaka 245

CITAÇÃO POSTAL NO CÓDIGO DE PROCESSO CIVIL DE 2015: AVANÇOS E CONTRAPESOS
Guilherme Silveira Teixeira... 259

GRATUIDADE DE JUSTIÇA NO NOVO CÓDIGO DE PROCESSO CIVIL

Hamilton Kenji Kuniochi 273

OBJETO LITIGIOSO DA EXECUÇÃO CIVIL

Heitor Vitor Mendonça Sica 289

ANÁLISE COMPARATIVA DAS EXPOSIÇÕES DE MOTIVOS DOS CÓDIGOS DE PROCESSO CIVIL BRASILEIROS

João Pereira Monteiro Neto 325

PODERES DE EFETIVAÇÃO E A INCONSTITUCIONALIDADE DA PARTE FINAL DO INCISO IV DO ARTIGO 139 DO CPC DE 2015

José Carlos Baptista Puoli 361

REGIME LEGAL DAS BIOGRAFIAS: O EQUILÍBRIO ENTRE A LIBERDADE DE EX-PRESSÃO DO AUTOR DA OBRA E OS DIREITOS DA PERSONALIDADE DO BIO-GRAFADO

José Carlos Costa Netto 379

PROTAGONISMO DO JUIZ E DAS PARTES NO SANEAMENTO E NA ORGANIZA-ÇÃO DO PROCESSO

José Rogério Cruz e Tucci 389

REFLEXÕES SOBRE OS TERMOS E PRAZOS PROCESSUAIS: O LOCAL DA SUS-PENSÃO

José Luiz Gavião de Almeida e Rodrigo da Silveira Barcellos............................ 417

O *CONTEMPT OF COURT* E SUA PERSPECTIVA HISTÓRICA NA *COMMON LAW*

Júlio César Bueno.. 427

AGRAVO DE INSTRUMENTO NO CPC/2015: NOVA E VELHA REFORMA LEGISLA-TIVA NAS HIPÓTESES DE CABIMENTO

Leonardo Manso Vicentin.. 453

DA EFICÁCIA PRECLUSIVA DA COISA JULGADA NO BRASIL.

Letícia Antunes Tavares... 465

MEDIDAS PROCESSUAIS NÃO LEGISLADAS EM MATÉRIA TRIBUTÁRIA – A EXCE-ÇÃO DE PRÉ-EXECUTIVIDADE, A AÇÃO PARA ANTECIPAÇÃO DE GARANTIA, O LITISCONSÓRCIO PASSIVO EVENTUAL TRIBUTÁRIO E A AÇÃO CONSIGNATÓ-RIA EM PAGAMENTO NA INEXISTÊNCIA DE DÚVIDA JURÍDICA

Luís Eduardo Schoueri e José Gomes Jardim Neto 481

DIREITO PROCESSUAL CIVIL CONTEMPORÂNEO

BREVE ANÁLISE ACERCA DOS LIMITES OBJETIVOS DA COISA JULGADA NO CPC/2015
Luiz Dellore 511

NOVOS PERFIS DA AÇÃO RESCISÓRIA SEGUNDO O DISPOSTO NO ART. 966, § 2°, DO CPC
Marcelo José Magalhães Bonizzi 529

CAMINHOS E PERSPECTIVAS DA COISA JULGADA
Marco Antonio Perez de Oliveira... 539

O SILÊNCIO DOS "LITIGANTES-SOMBRA" E A VITÓRIA DA EFICIÊNCIA SOBRE O CONTRADITÓRIO NO JULGAMENTO DE CASOS REPETITIVOS
Maria Cecília de Araujo Asperti 555

FUNDAMENTOS ÉTICOS DA EXIGÊNCIA DE MOTIVAÇÃO DAS DECISÕES JUDI-CIAIS
Milton Paulo de Carvalho 571

A REFORMA TRABALHISTA E O ACESSO À JUSTIÇA DO TRABALHO
Otavio Pinto e Silva 583

REDIMENSIONANDO A TUTELA JURISDICIONAL
Paulo Eduardo Alves da Silva 597

REQUISITOS DE EXISTÊNCIA, VALIDADE E EFICÁCIA DO ATO PROCESSUAL OU PRESSUPOSTOS DE CONSTITUIÇÃO E DESENVOLVIMENTO VÁLIDO E REGULAR DO PROCESSO?
Paulo Eduardo Razuk.. 613

AMPLIAÇÃO DA COLEGIALIDADE: ANÁLISE TEÓRICA E PRÁTICA DO ART. 942 DO CÓDIGO DE PROCESSO CIVIL DE 2015
Paulo Henrique dos Santos Lucon 619

IMPRESSÕES PROCESSUAIS A RESPEITO DO INCIDENTE DE RESOLUÇÃO DE-MANDAS REPETITIVAS – IRDR –, À LUZ DA DOUTRINA E DA JURISPRUDÊNCIA
Paulo Roberto Grava Brazil.. 631

CARTA AO PROFESSOR PIVA
Paulo Teixeira 645

JURISDIÇÃO E PROCESSO: ESCOPOS DO MÉTODO ESTATAL PARA SOLUÇÃO DE CONTROVÉRSIAS

Renato Xavier da Silveira Rosa 647

CUMPRIMENTO PROVISÓRIO DE SENTENÇA

Rodolfo da Costa Manso Real Amadeo... 663

A ARBITRAGEM, A MEDIAÇÃO E A CONCILIAÇÃO ENQUANTO MEIOS DE PRE-VENÇÃO E SOLUÇÃO DE CONFLITOS, E SEU MANEJO NO ÂMBITO DO PODER PÚBLICO

Rodolfo de Camargo Mancuso 677

DOS MALES DA INCIDENTALIZAÇÃO PROCEDIMENTAL

Sidnei Benetti 693

REVISITANDO OS EFEITOS DOS RECURSOS

Ricardo de Barros Leonel 705

CONSIDERAÇÕES E ALGUMAS RECENTES DECISÕES SOBRE A CONCESSÃO PARCIAL DO BENEFÍCIO DE JUSTIÇA GRATUITA

Augusto Tavares Rosa Marcacini

Livre-docente, Doutor e Mestre em Direito Processual pela Faculdade de Direito da USP. Advogado.

Sumário: 1. Introdução – 2. Acesso à justiça e seu custo – 3. A concessão parcial do benefício e as hipóteses para sua concessão – 4. Eventual inconstitucionalidade da concessão parcial? – 5. Referências bibliográficas.

1. INTRODUÇÃO

Garantir a todos o efetivo acesso à justiça, tenham ou não recursos financeiros bastantes para suportar taxas e demais despesas correlatas à atuação em juízo, é, além de um primado de justiça social, também um caminho para alcançar a paz, na medida em que, aberta a via judicial a todos, evita-se o perigoso crescimento da autotutela. Um acesso à justiça sem entraves é, portanto, uma forma de assegurar o império da lei e a pacificação social.

O Código de Processo Civil de 2015 deu melhores contornos à concessão da gratuidade processual, modernizando o texto, já fustigado pelo tempo, da antiga Lei 1.060/1950, que se tornou conhecida como Lei de Assistência Judiciária, ou LAJ. No trato da questão da gratuidade, nota-se claramente a preocupação do novo Código com o acesso à justiça, seja ao reafirmar – com muito mais objetividade do que a lei anterior – a simplicidade na postulação do benefício, seja ao consolidar um perfil de beneficiário que, se já geralmente aceito pelos tribunais, ainda não era assim consolidado pela lei, seja, ainda, ao prever expressamente soluções bastante alvissareiras para situações econômicas intermediárias, distintas da impossibilidade completa de arcar com todas as despesas do processo.

Não são poucas, porém, as nuances e dificuldades práticas que se observam quando nossas Cortes se deparam com o pedido de concessão parcial da gratuidade. Para contribuir com a discussão e, quem sabe, ajudar a aclarar o tema, apresentamos estes breves comentários.

2. ACESSO À JUSTIÇA E SEU CUSTO

Não paira dúvida, nas modernas sociedades democráticas, da relevância da garantia do acesso à justiça, sobre a qual tanto já se escreveu nas últimas décadas, especialmente depois do festejado Projeto Florença e da célebre obra de Mauro Cappelletti e Briant Garth. A Constituição de 1988 assegurou o acesso formal à justiça no inciso XXXV, do seu art. 5º, onde se lê, sem condições ou ressalvas (e nisso se distinguindo do dispositivo análogo da Constituição anterior), que *"a lei não excluirá da apreciação do Poder Judiciário lesão ou ameaça a direito"*.

Não é tão pouco novidade dizer que a citada cláusula constitucional, ao assegurar o direito de ação, impõe ao Estado o *dever* de prestar a atividade jurisdicional.

Diante de tal quadro, a cobrança de custas judiciais e a promessa de acesso à justiça são duas posturas estatais, a princípio, contraditórias. Afinal – poder-se-ia questionar – por que cobra o Estado para realizar justiça, se a prestação desta atividade, cujo monopólio detém, é antes de tudo um dever seu? Não haveria o Estado de dispensar justiça gratuita para todos?

Conforme comentado por Giuliano Scarselli, a total gratuidade da justiça foi no passado defendida, na Itália, por juristas como Mancini, Scialoia, Ferrara e, até certo ponto, por Calamandrei, embora este último considerasse que o princípio seria uma mera utopia. Carnellutti e Satta, por seu turno, mostraram-se contrários à ideia de eximir totalmente os litigantes da obrigação de suportar os custos do processo; ao argumento, favorável à total gratuidade, de que a administração da justiça se faz no interesse de toda a coletividade, e não só das partes, Satta retrucaria, comparando esta afirmação *"a quella di chi dicesse che i treni non si fanno camminare solo per i viaggiatori ma nell'interesse di tutti i cittadini"*.[1]

Inevitavelmente, a justiça – como toda atividade, aliás – tem o seu custo operacional, pois é necessário remunerar juízes e funcionários, manter estruturas de trabalho, salas, arquivos, materiais consumíveis, estrutura de atendimento ao público, fornecimento de energia elétrica, ou, mais recentemente, o desenvolvimento e operação de sistemas informáticos e suas conexões com a Internet, de modo que tais despesas haverão de ser pagas por alguém. De um modo geral, a oferta gratuita de serviços públicos envolve, na verdade, uma opção política sobre *como* financiar tal atividade, e com os recursos econômicos de *quem*. A prestação dos serviços judiciais, assim como a prestação de qualquer serviço público, custa aos cofres públicos e, de modo reflexo, custa à população como um todo, que paga impostos.

Portanto, as opções praticamente existentes sobre o modo de custear esses serviços parecem ser essencialmente duas: cobrar individualmente de quem utiliza o serviço ou, isentando o usuário, financiar a atividade estatal com os impostos pagos por todos os contribuintes.

Uma justiça inteiramente gratuita aos litigantes só seria possível na medida em que o Estado suportasse todas as despesas com a manutenção do Poder Judiciário, utilizando-se, para tanto, dos impostos gerais que arrecada. Desse modo, todos pagariam por esse serviço público – pois todos somos contribuintes – desde os que

---

1. SCARSELLI, Giuliano. Le Spese Giudiziali Civili, p. 43.

recolhem muito ou pouco imposto sobre a renda, até os que, isentos do pagamento dessa exação, pagam tributos indiretos ao comprar produtos de primeira necessidade, como alimentos, roupas ou produtos de higiene e limpeza.

Se analisado, por outro lado, o perfil econômico daqueles que ingressam em juízo, ou melhor, daqueles que repetidamente estão em juízo, veremos que distribuir o custo da justiça entre toda a população pode, ao contrário, soar profundamente injusto, pois estariam todos, inclusive os menos favorecidos, que pouco – ou nada! – utilizam o serviço, subsidiando o acesso à justiça de grandes litigantes, sujeitos que são partes em dezenas de milhares de processos judiciais. Segundo se observa das estatísticas de maiores litigantes elaboradas e divulgadas pelo Conselho Nacional de Justiça, alguns dos maiores litigantes privados do topo da lista chegam a figurar individualmente como parte em cerca de 1% de todos os processos em trâmite perante o Poder Judiciário nacional. Se a justiça fosse gratuita para todos, os impostos pagos por contribuintes que jamais foram ou irão a juízo, ou o fizeram pouquíssimas vezes, teriam sido direcionados para manter operante a máquina judicial, enquanto esses grandes litigantes, diretamente interessados no resultado dos processos, gozariam de serviços públicos gratuitos voltados para a solução de seus litígios privados. Vista a questão sob este ângulo, a cobrança individualizada de custas das próprias partes se mostra uma opção bastante mais palatável.

Assim, a cobrança de custas por processo, de cada litigante que se apresente em juízo, parece ser a solução mais socialmente equilibrada, desde que acompanhada dos necessários colchões que amaciem as dificuldades daqueles que não terão condições econômicas de suportar as despesas de um processo judicial. Neste cenário, ao menos de modo esquemático, pode-se concluir que a cobrança das custas e demais despesas não viola o acesso à justiça dos que têm disponibilidade financeira para efetuar tais pagamentos, evitando-se com isso que os custos dos seus processos sejam suportados por toda a população; e, para quem não tiver meios de arcar com tais gastos, concede-se benefícios que os permitam, mesmo assim, exercer seu direito de ação ou de defesa e atuar desembaraçadamente em juízo.

3. A CONCESSÃO PARCIAL DO BENEFÍCIO E AS HIPÓTESES PARA SUA CONCESSÃO

Talvez as maiores dificuldades com que nossas Cortes se deparam no dia a dia forense, frente a este grande tema, o da gratuidade processual, sejam as que derivam das muitas nuances que a vida real produz. Examinar o pedido de concessão da gratuidade não é um problema binário, como se os litigantes se repartissem, de um lado, entre fartos magnatas e poderosas empresas transnacionais e, de outro, pessoas que padecem de uma miserabilidade franciscana. Há, entre esses dois extremos, uma imensa nuance de situações econômicas individuais, motivo pelo qual, desde ao menos a anterior LAJ, os critérios de concessão da gratuidade processual não foram estabelecidos em parâmetros numéricos ou quantitativos a respeito da renda ou do patrimônio do solicitante, permitindo ao magistrado analisar tais requerimentos de gratuidade caso a caso, com o emprego de sua habitual prudência e mediante critérios de razoabilidade.

Desde que se passou a entender o benefício da gratuidade processual não como uma mera caridade que, por compaixão, se concede ao miserável, mas sim como instrumento de preservação da cidadania, dos direitos individuais e coletivos, ou de garantia de efetividade do próprio ordenamento jurídico, na medida em que busca igualar as possibilidades de ingresso e atuação em juízo entre todos os sujeitos, a solução das variadas questões que o tema suscita deve ser sempre orientada por um critério fundamental: o do *acesso à justiça*.

Afinal, se *a lei* não pode excluir da apreciação do Poder Judiciário lesão ou ameaça a direito (art. 5º, XXXV, da CF), parece claro que essa cláusula constitucional não é voltada apenas para afastar proibições diretas e peremptórias de se ajuizar uma ação, que suprimam um ou outro tipo de caso concreto da apreciação jurisdicional (como foi previsto, p.ex., nos Atos Institucionais outorgados pelos governos militares), mas também combate formas indiretas ou mascaradas de inibir ou sobremaneira dificultar o exercício do direito de ação. O Supremo Tribunal Federal, mais de uma vez, já se manifestou sobre a inconstitucionalidade presente em leis que criaram entraves financeiros ou meramente burocráticos ao exercício do direito de ação, em violação do referido inciso XXXV, do art. 5º.[2-3]

Ora, nessa mesma situação se encaixam leis de custas judiciais que imponham valores de tal monta excessivos que se tornem impeditivos – em termos absolutos ou relativos – do exercício do direito de ação. A exigência do recolhimento de taxa judiciária calculada desproporcionalmente ao custo do serviço prestado já foi considerada inconstitucional pelo STF, na década de 90 do século passado, em causa

---

2. Na ADI 1.074-3, a Corte considerou inconstitucional o art. 19, da Lei Federal 8.870/94, que exigia, como condição do ingresso em juízo, o "depósito preparatório" do valor discutido contra o INSS. O acórdão foi assim ementado: "Ação direta de inconstitucionalidade. artigo 19, caput, da lei federal n. 8.870/94. discussão judicial de débito para com o INSS. Depósito prévio do valor monetariamente corrigido e acrescido de multa e juros. violação do disposto no artigo 5º, incisos XXXV e LV, DA Constituição do Brasil.1. O artigo 19 da Lei n. 8.870/94 impõe condição à propositura das ações cujo objeto seja a discussão de créditos tributários. Consubstancia barreira ao acesso ao Poder Judiciário.2. Ação Direta de Inconstitucionalidade julgada procedente".

3. Sob o mesmo fundamento de inafastabilidade do controle jurisdicional, foi apresentada a ADI 2139, arguindo a inconstitucionalidade de dispositivos da Lei 9.958/2000 que instituam, com aparente ar de obrigatoriedade, a tentativa de conciliação prévia nos processos trabalhistas. Em 01/08/2018, segundo publicado no sítio eletrônico do tribunal, o Pleno do STF finalmente decidiu o mérito da ação, cuja liminar já havia sido deferida em parte nesse mesmo sentido: "Decisão: O Tribunal, por unanimidade e nos termos do voto da Relatora, Ministra Cármen Lúcia (Presidente), julgou parcialmente procedentes os pedidos, para dar interpretação conforme a Constituição ao art. 625-D, § 1º a § 4º, da Consolidação das Leis do Trabalho, assentando que a Comissão de Conciliação Prévia constitui meio legítimo, mas não obrigatório, de solução de conflitos, permanecendo o acesso à Justiça resguardado para todos os que venham a ajuizar demanda diretamente ao órgão judiciário competente, e para manter hígido o inciso II do art. 852-B da CLT, no sentido de se considerar legítima a citação nos termos estabelecidos na norma. Impedido o Ministro Gilmar Mendes. Ausente, justificadamente, o Ministro Celso de Mello. Falou pela requerente o Dr. João Vicente Murinelli Nebiker. Plenário, 1º.8.2018".

em que se apreciou o regime de custas processuais do Estado de Goiás.[4] Pende de julgamento, no presente momento, a ADI 5612, ajuizada pelo Conselho Federal da OAB para declarar a inconstitucionalidade dos percentuais de cálculo de preparo recursal fixados na lei de custas paulista, já tendo sido apresentado, até o momento, parecer favorável à procedência do pedido pela Procuradoria Geral da República.

Como um pequeno parêntese, é possível supor, diante da experiência cotidiana no foro, que muitas das questões relativas a pedidos de gratuidade processual que são trazidos à Justiça Paulista têm como motivação real os valores excessivamente altos que resultaram dessa lei de custas, cuja constitucionalidade é objeto da referida ADI. O pagamento de preparo recursal na ordem de 4% do valor da causa tornou-se, se não proibitivo, no mínimo demasiadamente oneroso e desproporcional. E, claro, ninguém, especialmente em momentos de crise econômica como o atual, despende tal volume de dinheiro sem resistência, apenas para exercer seu direito ao duplo grau de jurisdição e pedir um novo julgamento que substitua a injustiça que considera ter sofrido. É como se o litigante paulista se sentisse duplamente injustiçado: por primeiro, com ou sem razão, pela sentença monocrática contrária; depois, pelo preparo que haverá de recolher para discutir a primeira. Não é indolor a um trabalhador, mesmo um pouco mais qualificado e melhor remunerado, chefe de família, dispor de régia fatia daquelas economias que levou anos para poupar, somente para pagar custas de um processo judicial. Daí, tenta-se obter a gratuidade sob qualquer argumento aceito pelo papel, mesmo que evidentemente indevida, como forma quixotesca de tentar contornar o abuso da lei de custas, entulhando o Tribunal com essas questões.

Como afirmado acima, se não pode o legislador obstar diretamente o ingresso em juízo, também não lhe é possível valer-se indiretamente das leis de custas (ou outro expediente imaginativo qualquer) para inibir, dificultar ou restringir o ingresso ou a atuação em juízo dos litigantes. O objetivo das leis de custas e da cobrança da taxa judiciária há de ser somente o de compensar o Estado pelo custo do serviço prestado, evitando que este seja repartido entre todos os contribuintes. Não se pode fixar valor de custas com o propósito de simplesmente reprimir a demanda pelos serviços judiciários, ou desestimular a interposição de recursos.

Além dessas situações em que as custas cobradas pelo Estado são, em si, desmedidas, há de se considerar aquelas outras hipóteses em que o custo do processo seja um impedimento *relativo*, o que ocorre quando o valor das despesas é confrontado com a capacidade econômica da parte, ainda que esta não seja necessariamente

---

4. STF, ADI 938, Rel. Min. Francisco Rezek, j. 09/11/1995, cujo acórdão foi assim ementado: "Ação direta de inconstitucionalidade. taxa judiciária. natureza jurídica: tributo da espécie taxa. precedente do STF. valor proporcional ao custo da atividade do estado. Sobre o tema da natureza jurídica dessa exação, o Supremo Tribunal Federal firmou jurisprudência no sentido de se tratar de tributo da espécie taxa (Representação 1.077). Ela resulta da prestação de serviço público específico e divisível, cuja base de cálculo é o valor da atividade estatal deferida diretamente ao contribuinte. A taxa judiciária deve, pois, ser proporcional ao custo da atividade do Estado a que se vincula. E há de ter um limite, sob pena de inviabilizar, à vista do valor cobrado, o acesso de muitos à Justiça. Ação direta julgada parcialmente procedente, para declarar a inconstitucionalidade dos §§ 2º e 5º do artigo 114 do Código Tributário de Goiás".

pobre. Sendo a parte evidentemente carente de recursos, a concessão de gratuidade não apresenta dificuldades. Quem mal tem para vestir, comer ou custear uma morada modesta evidentemente não pode pagar custas, ainda que fossem meros tostões. Mas quando a parte já não se encontra em estado de miserabilidade, tem vida econômica mais ou menos estável, ou mesmo desfruta de algum conforto, como aferir seu eventual direito à gratuidade processual? Afinal, a impossibilidade de suportar as custas pode decorrer não das parcas condições econômicas do litigante, mas do elevado valor de custas incidentes sobre um determinado processo específico. Como tratar litigantes que podem suportar custas módicas, próximas ou um tanto acima dos pisos das tabelas, mas não exibem tanta capacidade econômica para pagar custas maiores, ou financiar processos que demandam despesas específicas e caras, como a perícia?

Ainda na vigência da Lei 1.060/50, via-se com alguma frequência em nossos tribunais a concessão parcial da gratuidade, com fundamento no seu art. 13, que assim dispunha:

> Art. 13. Se o assistido puder atender, em parte, as despesas do processo, o Juiz mandará pagar as custas que serão rateadas entre os que tiverem direito ao seu recebimento.[5]

Como ilustrativo exemplo de concessão parcial ainda ao tempo do diploma anterior, assim decidiu, anos atrás, o Superior Tribunal de Justiça:

> Processual civil. administrativo. recurso especial. responsabilidade civil do estado. danos morais. pretensão indenizatória ajuizada por magistrado em face de promotor de justiça. ato ilícito e dano moral não-caracterizados. Justiça gratuita. Concessão parcial do benefício. possibilidade. alegada violação dos arts. 159, do CC/1916, 186, do CC/2002, e 4º da Lei 1.060/50. Não ocorrência. doutrina. precedentes. desprovimento.
>
> 1. O acórdão local deu solução adequada à controvérsia, porquanto não caracterizados o ato ilícito e o dano à honra subjetiva do Juiz. As palavras e expressões empregadas pelo Promotor no exercício de suas atribuições funcionais – embora ríspidas e desnecessárias – não configuram, concretamente, o *animus injuriandi*, e, conforme ressaltado, não foram dirigidas à pessoa do Juiz, mas proferidas no contexto e nos limites da causa.
>
> 2. O juiz, dependendo das circunstâncias do caso concreto, pode conceder o benefício da gratuidade judiciária parcial. Exegese do art. 13 da Lei 1.060/50. Doutrina.
>
> 3. Se o Tribunal de Justiça entendeu que o recorrente tem condições de arcar, em parte, com as despesas do processo, a reversão dessa conclusão – notadamente para se saber se, de fato, o magistrado é hipossuficiente e faz jus, nos termos da lei, à integralidade do benefício – pressupõe, necessariamente, o reexame de provas, atividade cognitiva vedada nesta instância superior (Súmula 7/STJ).
>
> 4. Recurso especial parcialmente conhecido e, nessa parte, desprovido.[6]

---

5. O CPC/2015 não revogou expressamente esse artigo da Lei 1.060/50 (v. art. 1.072, III, do Código). Entretanto, parece-me que foi revogado implicitamente pelas novas disposições do Código, que trataram a questão de modo mais completo.
6. STJ. 1ª Turma, Recurso Especial 790.807-MG, Rel. Ministra Denise Arruda, j. 09/10/2007, maioria.

Questão que já vinha se tornando corriqueira, com a aceitação gradual da jurisprudência, e foi recentemente estampada na lei, versa sobre a concessão da gratuidade às pessoas jurídicas. Por muito tempo, a concessão de gratuidade às pessoas jurídicas foi considerada como uma postulação um tanto quanto extravagante, sendo frequentemente rejeitada pela jurisprudência, especialmente baseada no argumento de que a LAJ não parecia, em sua literalidade, autorizá-la.[7] Pode-se dizer, mesmo assim, que a LAJ não excluía expressamente a concessão de gratuidade às pessoas jurídicas, como o haviam feito textos legislativos anteriores,[8] o que dava espaço para sustentar o seu cabimento ao menos para entidades pias ou caritativas, posição mais restritiva que inicialmente defendi em trabalho apresentado já há mais de duas décadas.[9] Era essa, de modo geral, a opinião praticamente uníssona da literatura jurídica até então produzida sobre a concessão de gratuidade às pessoas jurídicas.[10] A vivacidade dos casos concretos, porém, logo apontaria para a necessidade de ajustar esse entendimento restritivo, para examiná-lo à luz da garantia de acesso à justiça. Orientação inovadora para a sua época foi o julgamento proferido pela 5ª Câmara de Direito Privado do TJSP que, em 1999, se viu diante de pedido de gratuidade formulado por pequena indústria, cuja planta produtiva havia sido completamente devastada por incêndio, a ponto de paralisar suas atividades, e ajuizou demanda na qual cobrava o ressarcimento pelo sinistro de sua seguradora. A gratuidade, neste caso, foi concedida.[11] De lá para cá, a doutrina também cedeu aos dilemas trazidos pelas muitas variantes concretas que se apresentaram em juízo, mostrando-se – a nosso ver, com razão – favorável à concessão da gratuidade processual também às pessoas jurídicas de natureza empresarial, desde que presentes alguns pressupostos especiais.[12] O STJ editou Súmula a respeito.[13] E, assim, a gratuidade em favor da pessoa jurídica adentrou o Código de Processo Civil de 2015, sendo mencionado expressamente em seu art. 98 que "a pessoa natural ou jurídica, brasileira ou estrangeira, com insuficiência de recursos para pagar as custas, as despesas processuais e os honorários advocatícios tem direito à gratuidade da justiça, na forma da lei". Note-se, porém, que não se presume verdadeira a alegação de insuficiência formulado por pessoa jurídica, eis

---

7. A menção à impossibilidade de pagar "as custas do processo e os honorários de advogado, sem prejuízo do *sustento próprio* ou da *família*" (art. 2º, parágrafo único – grifamos) parecia excluir da proteção as pessoas jurídicas.
8. O Decreto 2.457, de 1897, e os Códigos Processuais dos Estados de São Paulo e da Bahia, por exemplo, expressamente vedavam a concessão da gratuidade às pessoas jurídicas.
9. MARCACINI, Augusto Tavares Rosa. Assistência jurídica, assistência judiciária e justiça gratuita, p. 89-90.
10. V., a respeito, AMERICANO, Jorge, Comentários ao Código de Processo Civil do Brasil, vol. 1, p. 93; ZANON, Artêmio, Assistência jurídica integral e gratuita, p.41; CASTRO, José Roberto de. Manual de Assistência Judiciária, p. 92-93. RODRIGUES, Walter Piva; MARCACINI, Augusto Tavares Rosa; Proposta de alteração da lei de assistência judiciária, p. 405.
11. TJSP, Agravo de instrumento 106.121.4/0-Ribeirão Preto, 5ª Câmara de Direito Privado, Rel. Des. Silveira Netto, v.u., j. 01/07/1999.
12. ASSIS, Araken, Garantia de acesso à justiça: benefício da gratuidade, p. 21. DIDIER JR, Freddie, Benefício da justiça gratuita, p. 30. SOUZA, Silvana Cristina Bonifácio, Assistência jurídica integral e gratuita, p. 73.
13. Súmula 481. Faz jus ao benefício da justiça gratuita a pessoa jurídica com ou sem fins lucrativos que demonstrar sua impossibilidade de arcar com os encargos processuais. (Corte Especial, 28/06/2012).

que a lei foi expressa em restringir tal presunção em favor das pessoas naturais (art. 99, § 3º, do CPC).

É relevante, para os propósitos deste pequeno estudo, invocar essa possibilidade de concessão do benefício às pessoas jurídicas, eis que essa parece ser a situação em que a possibilidade de concessão parcial mais se mostre conveniente e aplicável.

Afinal, a nova previsão legal de concessão parcial do benefício não deveria ser utilizada como meio de espremer o bagaço da laranja para arrancar da parte quase miserável alguns parcos trocados, ao invés de lhe conceder desde logo a gratuidade integral a que deveria fazer jus. A corrigir decisão assim, entendeu por bem o TJSP reformar uma decisão de primeiro grau, para deferir integralmente a gratuidade a desempregado que foi a juízo pleitear o pagamento do seguro obrigatório em razão de acidente de veículo, mas obteve do órgão monocrático a gratuidade *"apenas para as despesas processuais diferentes das custas (taxas)"*. Pelas tintas do caso apresentadas no relatório do acórdão, parece ter havido um certo excesso de zelo por parte do magistrado, na defesa do erário paulista, em boa hora depurado pela Turma julgadora. O julgado foi assim ementado:

> Agravo de instrumento. Ação de indenização. Acidente de veículo. Seguro Obrigatório DPVAT. Pedido de concessão da Justiça Gratuita. Concessão parcial, apenas para as despesas processuais. Agravante, desempregado, que junta cópia de sua carteira profissional. Gratuidade processual que deve ser concedida para todos os atos, presentes os requisitos legais. Decisão reformada. Recurso provido. Para a concessão da gratuidade de justiça deve a parte declarar não ter condições de suportar as custas do processo sem prejuízo próprio ou de sua família, comprovando, no caso, a insuficiência de recursos.[14]

Noutra situação bastante semelhante, também providencialmente corrigida pelo Tribunal paulista, desempregado obteve em primeiro grau a concessão parcial apenas para as custas, mas não para a perícia, afirmando o magistrado singular, desde logo ao conceder essa gratuidade parcial, que se a verba honorária do perito não fosse adiantada no momento oportuno seria decretada a preclusão da prova. Provido o recurso, a gratuidade foi integralmente concedida ao requerente, nestes termos:

> Agravo de Instrumento. Insurgência contra decisão que deferiu parcialmente o pedido de concessão do benefício da justiça gratuita. De nada adianta ser beneficiário da gratuidade da Justiça se o referido benefício não alcançar os honorários de perito e os de sucumbência. Inteligência do art. 98, §§ 1º a 3º, do CPC. Ressalva quanto aos honorários periciais e sucumbenciais afastada. Decisão reformada. Recurso provido.[15]

Era de se esperar, portanto, que a gratuidade parcial agora expressa e induvidosamente introduzida na lei fosse utilizada, não para raspar uma casquinha de quem quase nada tem, mas para permitir juízos de proporcionalidade na concessão do benefício, garantindo o acesso à justiça de litigantes que dispõem algum numerário

---

14. TJSP, 32ª Câmara de Direito Privado, Agravo de Instrumento 2119182-19.2018.8.26.0000, Rel. Des. Francisco Occhiuto Júnior, j. 06/07/2018, v.u.
15. TJSP, 25ª Câmara de Direito Privado, Agravo de Instrumento 2085481-67.2018.8.26.0000, Rel. Des. Carmen Lucia da Silva, j. 21/06/2018, v.u.

CONCESSÃO PARCIAL DO BENEFÍCIO DE JUSTIÇA GRATUITA

para custear as despesas do processo – se não no presente, ao menos em momento futuro – mas se encontrem nos mais diversos tons intermediários a merecer adequados exame e ponderação por parte do Judiciário, ao invés de restringir-se as opções relativas à concessão de justiça gratuita apenas a um "tudo ou nada".

Muitas vezes pessoas jurídicas de pequeno porte sofrem "calotes na praça" que comprometem seu fluxo de receitas e sua módica folha de pagamento, ao mesmo tempo em que o dispêndio integral das custas para pleitear judicialmente o pagamento inadimplido pode não se mostrar factível, ou colocá-la em dificuldades ainda maiores se tentar obter empréstimos para custear o processo. Ora, como a experiência ordinária está a produzir exemplos mil, ser credor de valor inadimplido não significa ter, em caixa, quantias idênticas, livres e desembaraçadas de outros compromissos, para que se possa arcar com as custas daquela cobrança. Se um cliente relevante não paga pelos produtos e serviços de uma pequena empresa, isso muitas vezes desarranja completamente suas finanças.

Também são frequentes os casos em que a parte, embora não seja pobre, sente dificuldade em pagar custas e despesas de ação indenizatória de grande monta. Igualmente, por óbvio, ter sofrido um grande dano em seu patrimônio (ou ter anteriormente bens de valor, mas que foram destruídos...) não significa capacidade econômica de pagar as elevadas custas para pleitear a correspondente indenização.

Nesses casos todos, em que a parte não se encontra em condições econômicas totalmente precárias e tem condições de pagar *algo* pelo ingresso em juízo (e é justo que pague, e não a massa de contribuintes em seu lugar!), é necessário compreender o óbvio: o pagamento de custas exige *disponibilidade financeira imediata*. O patrimônio imobilizado, renda bruta, salários, faturamento da empresa, ou outros elementos econômicos tais não são isoladamente relevantes para decidir-se se a parte deve ou não ter direito à gratuidade, se não total, ao menos parcial. Nada disso vai se transformar imediatamente em dinheiro para suportar, já, as custas iniciais do processo, ou as demais despesas que se fizerem presentes durante o seu curso. A empresa não vai vender seu maquinário para custear a ação. Nem é razoável que a família de classe média ponha à venda o imóvel em que mora para pagar as despesas do processo.

O que importa aferir, ao se decidir tais dilemas, é se a parte tem numerário suficiente e disponível – não afetado ao pagamento de suas despesas correntes – para recolher as custas e demais despesas processuais. Quando o bem jurídico em disputa tem certo valor, elevando consequentemente o valor da causa, pode ser difícil à pequena, ou mesmo à média empresa, suportar integralmente o valor das custas; o mesmo se diga de trabalhadores de nível médio ou superior, chefes de família com encargos, quando se veem diante da necessidade de pagar custas de causas de valor mais elevado.

Assim, para lidar com essa multiplicidade de situações específicas que o novo Código de Processo Civil introduziu expressamente no sistema a possibilidade de concessão parcial do benefício, prevista no art. 98, §§ 5º e 6º, que dizem o seguinte:

§ 5º A gratuidade poderá ser concedida em relação a algum ou a todos os atos processuais, ou consistir na redução percentual de despesas processuais que o beneficiário tiver de adiantar no curso do procedimento.

§ 6º Conforme o caso, o juiz poderá conceder direito ao parcelamento de despesas processuais que o beneficiário tiver de adiantar no curso do procedimento.

Nota-se que o legislador também adotou soluções flexíveis como forma de concessão parcial do benefício, permitindo ao prudente magistrado adotar a que melhor se ajusta à situação fática, tanto para prestigiar o acesso à justiça do requerente, como para fazê-lo suportar as despesas do processo na medida da sua capacidade financeira presente. Pode o juiz determinar que algumas das verbas, apenas, sejam pagas, dispensando-se outras; ou pode fazer um "corte" proporcional, determinando o pagamento de certa porcentagem de cada uma das despesas; ou pode, ainda, diferir no tempo o pagamento das verbas, de modo que a parte consiga suportá-las aos poucos, com seu ordenado mensal, ou seu fluxo de caixa.

Após pouco mais de dois anos de vigência do CPC, já vemos uma profusão de julgados de nossos tribunais apreciando essas novas disposições.

Decidiu, em 2017, o Tribunal de Justiça da Bahia, pela concessão de gratuidade processual a pequena empresa constituída sob a forma de "Eireli", para pagamento com desconto e parcelado das despesas do processo. A empresa questionava judicialmente o valor de parcelas devidas a título de financiamento de veículo, pleiteando sua redução, mas, em situação de inatividade, demonstrou ser devedora de mais de trezentos mil reais em dívidas tributárias e alegou-se, na peça vestibular, a incapacidade de pagar as custas iniciais. O acórdão, favorável ao postulante, determinou o pagamento das custas iniciais pela metade. Assim constou da ementa oficial:

Agravo de instrumento. indeferimento do benefício da justiça gratuita. Pessoa jurídica. Inexistência de presunção. Demonstração de dificuldades financeiras. Hipótese de concessão parcial do benefício para pagamento com desconto e parcelado.

1. Os elementos adunados aos autos, por revelarem capacidade financeira da agravante para arcar ao menos com parte das custas iniciais, apenas autorizam o deferimento da justiça gratuita mediante concessão de desconto no valor devido e parcelamento, conforme §§ 5º e 6º do art. 98 do CPC.

2. A concessão parcial da justiça gratuita poderá ser revista pelo juízo de primeiro grau diante de eventual impugnação da parte contrária, que ainda não integra a lide, ou à luz de novos elementos levados aos autos, sem que isso implique em afronta a decisão judicial deste colegiado.

3. Recurso conhecido e parcialmente provido.[16]

O Tribunal de Justiça de Minas Gerais enfrentou situação em que empresa seguradora submetida ao regime de liquidação extrajudicial, diante de "irreversível insolvência econômica e financeira", teve indeferido o benefício da gratuidade pelo magistrado singular. Em votação por maioria, vencido o relator que negava a

---

16. TJBA, 5ª Câmara Cível, Agravo de Instrumento 0014678-15.2017.8.05.0000, Rel. Des. José Edivaldo Rocha Rotondano, v.u.

concessão do benefício, a Corte mineira deferiu o parcelamento do pagamento das custas em três vezes, levando em conta não apenas seu estado de liquidação, mas também a documentação que a requerente acostou nos autos, entendida pelos Desembargadores prolatores dos votos vencedores como suficiente para demonstrar suas dificuldades de caixa:

> Agravo de instrumento – Benefícios da justiça gratuita – Indeferimento – Pessoa jurídica – Incapacidade financeira – Concessão parcial – Possibilidade. O novo Código de Processo Civil, que passou a viger no dia 18 de março de 2016, inaugurou uma nova fase no direito processual brasileiro prevendo expressamente em seu art. 98, § 6º, que à parte poderá ser concedido o benefício da justiça gratuita de forma parcelada.[17]

Igual medida, parcelando-se o pagamento das custas em seis prestações mensais, foi deferida pelo Tribunal de Justiça do Paraná. Tratou-se de ação movida por funcionário público em face da Fazenda Estadual, pretendendo o recebimento de verbas remuneratórias por desvio de função. O julgado recebeu a seguinte ementa:

> 1) Direito processual civil. agravo de instrumento. Assistência judiciária gratuita. Concessão parcial do benefício. Pagamento apenas das custas iniciais. Parcelamento do débito. efetividade às possibilidades processuais trazidas pelo novo código de processo civil.
>
> a) A concessão integral da gratuidade da justiça deve ser reservada aos casos em que a parte não demonstra qualquer capacidade financeira, casos em que o indeferimento deste benefício imporia um real entrave ao acesso à justiça.
>
> b) No caso da Agravante, considerando-se os seus comprovantes de renda juntados nos autos, verifica-se que a Recorrente demonstra alguma capacidade financeira.
>
> c) Assim, a fim de dar efetividade às possibilidades processuais trazidas pelo novo Código de Processo Civil, é caso de conceder parcialmente o benefício da gratuidade da justiça, nos termos do dispõem os parágrafos 5º e 6º, do artigo 98, do CPC, que deverá se dar de forma parcelada, em seis (6) prestações mensais, iguais e sucessivas.[18]

O Tribunal de Justiça de São Paulo, em Embargos de Terceiro improvidos quanto ao mérito, concedeu ao menos a gratuidade sobre o preparo da apelação (os onerosos 4% do valor da causa fixados na lei paulista de custas), compreendendo que a situação financeira do embargante não era merecedora da concessão total do benefício, em julgado assim ementado:

> Apelação. Embargos de terceiro. Negócio de compra e venda de veículo. Justiça gratuita. Benefício limitado à prática de interposição do presente recurso. Possibilidade. Art. 98, § 5º, do CPC/2015. Apelo parcialmente provido. O art. 98, § 5º, do CPC/2015 permite que a concessao de Justiça gratuita se limite à prática de determinado ato processual.

Além das recentes disposições do Código de Processo Civil, ou da interpretação razoável que se podia fazer do art. 13 da LAJ, o regimento paulista de custas, Lei Estadual

---

17. TJMG, 11ª Câmara Cível, Agravo de Instrumento 1.0145.14.040962-7/00, Rel. Alberto Diniz Junior (vencido), maioria.
18. TJPR, 5ª Câmara Cível, Agravo de Instrumento 0010652-31.2018.8.16.0000, Rel. Des. Leonel Cunha, j. 15/05/2018, v.u.

11.608/2003, prevê em seu art. 5º que, nas causas nele elencadas, "o recolhimento da taxa judiciária será diferido para depois da satisfação da execução, quando comprovada, por meio idôneo, a momentânea impossibilidade financeira do seu recolhimento, ainda que parcial". Assim, esse diferimento já costuma ser concedido no foro estadual paulista por força da aplicação das normas locais, que bem continuam a servir de fundamento para uma modalidade de concessão parcial da gratuidade:

> Agravo de instrumento – Pedido de justiça gratuita ou diferimento de custas – Pessoa jurídica em recuperação judicial – Necessidade de demonstração da incapacidade financeira para suportar as despesas processuais que permanece – Documentos insuficientes para tal fim – Diferimento das custas ao final – Possibilidade Situação financeira delicada da empresa que autoriza a concessão do benefício – Aplicação do artigo 5º da Lei n. 11.608/03 – Recurso parcialmente provido.[19]

4. EVENTUAL INCONSTITUCIONALIDADE DA CONCESSÃO PARCIAL?

Não obstante a tese que advoga pela possibilidade de concessão parcial de gratuidade já tem sido debatida e decidida há décadas por nossos tribunais, desde o tempo da vigência da Lei 1.060/1950, é com certa surpresa que vemos surgir discussão acerca da eventual inconstitucionalidade da correlata norma agora introduzida em nosso sistema jurídico pelo novo Código de Processo Civil.

A nosso ver, trata-se somente de imaginativo expediente com que alguns requerentes do benefício, buscando a concessão integral da gratuidade, tentam convencer as Cortes da impossibilidade de fazê-los arcar com uma parte das verbas. Em favor da tese, diz-se, entre outros argumentos, que a CF prometeu conceder assistência jurídica *integral*, o que seria incompatível com a gratuidade parcial introduzida no novo CPC.

Questão assim foi suscitada pelo postulante do benefício, em recurso apresentado ao Tribunal de Justiça de Minas Gerais. Tratou-se, no caso, de ação movida por pequena pessoa jurídica de responsabilidade limitada, que prestava serviços de representação comercial para uma gigante do ramo de telefonia, e postulava o pagamento de indenização calculada sobre os serviços prestados durante toda a relação contratual que mantiveram. A prática demonstra que, se a representação comercial foi prolongada, tais causas podem alcançar valor econômico elevado e, consequentemente, são altas as taxas judiciárias a recolher, o que nem sempre cabe no orçamento de uma empresa prestadora de serviços, por vezes nada mais do que uma vestimenta legal para o exercício da profissão de vendedores autônomos. Foi-lhe concedida apenas a gratuidade parcial, em primeiro grau, dispensando a autora do pagamento de "custas e taxas judiciárias, bem como as despesas de citação e intimação, devendo, no entanto, arcar com as despesas processuais como a perícia, com base no art. 98, § 5º, do CPC".

---

19. TJSP, 6ª Câmara de Direito Público, Agravo de Instrumento 2051362-80.2018.8.26.0000, Rel. Des. Maria Olívia Alves, j. 11/06/2018, v.u.

Insatisfeita, a autora recorreu, alegando entre outros fundamentos a inconstitucionalidade da concessão parcial, afastada pela Corte mineira, sob o fundamento de que "apesar da norma constitucional invocada, no intuito de se invalidar o dispositivo ordinário, ter eficácia imediata, ela não exaure o instituto da gratuidade de justiça, apenas fixa uma diretriz, uma orientação, sendo perfeitamente possível, até mesmo desejável, que a norma infraconstitucional venha regulamentá-lo, é justamente o que ocorre *in casu*, não há conflito entre as normas, portanto não merece guarida o primeiro fundamento posto pela agravante". O recurso foi provido, porém, pelos seus fundamentos fáticos, considerando a Turma julgadora que a situação financeira da requerente era merecedora da concessão integral da gratuidade.[20]

Em artigo publicado no periódico eletrônico Conjur,[21] o Defensor Público do Rio de Janeiro Franklyn Roger Alves Silva aponta argumentos de ordem tributária que poderiam, ao menos em tese, sustentar a impossibilidade de concessão parcial do benefício pela legislação ordinária, eis que a instituição de imunidades tributárias depende de lei complementar. Embora encerre o texto sugerindo não concordar com a tese da inconstitucionalidade, o articulista afirma que o argumento parece ser ao menos "defensável".

Salvo maiores reflexões sobre o tema, nem isso me parece.

Embora as custas devidas ao Estado sejam um tributo, uma taxa, isso não soa suficiente para que a questão seja abordada e interpretada sob a exclusiva ótica do direito fiscal.

Além dos argumentos bem-postos pelo TJMG, no julgado acima referido, deve ser lembrado que a gratuidade processual é corolário de garantia política fundamental, de caráter constitucional-processual: o direito de acesso à justiça.

Cabendo ao Estado proporcionar acesso à justiça sem custo a quem não pode pagar, é aquele obrigado a não apenas deixar de receber a taxa judiciária, mas a ofertar serviços, ou suportá-los financeiramente quando prestados por terceiros. A questão, portanto, não se resume a uma discussão sobre imunidade tributária, ou isenção, e a forma correta de legalmente instituí-la. Se necessário, o Estado *pagará* advogados e peritos privados, ou proverá outros custos que se mostrem necessários, no caso concreto, para proporcionar o acesso à justiça do carente de recursos. Ele mantém órgãos seus para prestar serviços ao carente, como é o caso da Defensoria Pública. E, como não faz sentido algum o Estado providenciar o recolhimento da guia de custas a seu próprio favor, o que ocorre é apenas a dispensa de pagá-las em um primeiro momento, o que também – parece-me – sequer tem um significado tributário imediato, pois o Estado não renunciou ao recebimento dessa verba. O não beneficiário vencido, ao final, deverá suportar todas as despesas deixadas em aberto pelo vencedor beneficiário, o que inclui, portanto, recolher a taxa judiciária (art.

---

20. TJMG, 15ª Câmara Cível, Agravo de Instrumento 1.0000.17.006385-3/001, Rel. Des. Antônio Bispo, v.u.
21. SILVA, Franklyn Roger Alves. A gratuidade parcial do novo CPC e sua (in)constitucionalidade.

91, do CPC). O próprio beneficiário, se vencido, continua obrigado pelo pagamento de tal exação, sendo-lhe exigível se nos cinco anos após o trânsito em julgado tiver condições econômicas de fazê-lo (art. 98, § 3º, do CPC).

Por sua vez, se a lei ordinária pode conceder a dispensa total, não há sentido em dizer que não possa conceder a dispensa parcial, mais benéfica ao Estado credor e mais consentânea com a situação não tão difícil ostentada pela parte postulante. A Constituição assegura assistência jurídica *integral* a quem não tenha recursos *suficientes*. Essa redação da garantia constitucional não permite por si só concluir que não possa ser concedido benefício *parcial* a quem não tenha recursos suficientes para *todas* as despesas decorrentes do processo, mas exibe capacidade econômica para pagar parte delas. Nenhum critério exegético permite leitura diversa.

Inconstitucional, sim, seria impedir o acesso à Justiça daquele que não tem condição de arcar com a integralidade das custas e demais despesas processuais. Essa garantia política fundamental de acesso à justiça é preceito que se sobressai e desloca o eixo da questão para a órbita do direito constitucional processual, e sob suas premissas há de ser interpretada.

5. REFERÊNCIAS BIBLIOGRÁFICAS

AMERICANO, Jorge. Comentários ao Código de Processo Civil do Brasil, vol. 1. São Paulo: Saraiva, 1958.

ASSIS, Araken de. Garantia de acesso à justiça: benefício da gratuidade. In: Garantias constitucionais do processo civil (coord: José Rogério Cruz e Tucci). São Paulo: RT, 1999.

CAPPELLETTI, Mauro; GARTH, Bryant. Acesso à justiça (trad: Ellen Gracie Northfleet). Porto Alegre: Sergio Fabris, 1988.

CASTRO, José Roberto de. Manual de assistência judiciária – teoria, prática e jurisprudência. Rio de Janeiro: Aide, 1987.

DIDIER JR., Freddie; OLIVEIRA, Rafael. Benefício da justiça gratuita – aspectos processuais da Lei de Assistência Judiciária (Lei Federal 1.060/50). Salvador: Edições Podium, 2005.

MARCACINI, Augusto Tavares Rosa; MARTINS, Marcelo Guerra. O beneficiário de gratuidade processual e a concessão do benefício no novo CPC: mais efetividade ao acesso à justiça do carente de recursos. Revista Eletrônica Direito e Sociedade – REDES, v. 4, p. 29-50, 2016.

_____. Assistência jurídica, assistência judiciária e justiça gratuita. Rio de Janeiro: Forense, 1996.

RODRIGUES, Walter Piva; MARCACINI, Augusto Tavares Rosa. Proposta de alteração da lei de assistência judiciária. Revista da Faculdade de Direito – Universidade de São Paulo, vol. 93, 1998, p. 393-413.

SCARSELLI, Giuliano. Le Spese Giudiziali Civili. Milano: Giuffrè, 1998.

SILVA, Franklyn Roger Alves. A gratuidade parcial do novo CPC e sua (in)constitucionalidade. Conjur, 26/01/2016, disponível em <https://www.conjur.com.br/2016-jan-26/tribuna-defensoria-gratuida-de-parcial-cpc-inconstitucionalidade>, acesso em 25/07/2018.

SOUZA, Silvana Cristina Bonifácio. Assistência jurídica integral e gratuita. São Paulo: Editora Método, 2003.

ZANON, Artêmio. Da assistência jurídica integral e gratuita. São Paulo: Saraiva, 1990.

ALGUMAS REFLEXÕES ACERCA DO *COMPÊNDIO* DE PAULA BAPTISTA COM VISTAS AO CPC/2015

Camilo Zufelato

Doutor em Direito Processual pela Faculdade de Direito da Universidade de São Paulo. Mestre em Direito pela Università degli Studi di Roma II – Tor Vergata. Professor de Direito Processual Civil na Faculdade de Direito de Ribeirão Preto da Universidade de São Paulo.

Sumário: 1. Introdução e escopo deste escrito – 2. Francisco de Paula Baptista: Um personagem de vanguarda – 3. A obra compêndio – 4. As concepções de ação e de processo em Paula Baptista: a ideia de participação, de contraditório e de contenção do arbítrio – 5. Duas aplicações da concepção de processo de Paula Baptista à luz do CPC/2015; 5.1. O juiz não pode decidir, em grau algum de jurisdição, com base em fundamento a respeito do qual não se tenha dado às partes oportunidade de se manifestar, ainda que se trate de matéria sobre a qual deva decidir de ofício; 5.2. Razões finais escritas, que serão apresentadas pelo autor e pelo réu, bem como pelo ministério público, se for o caso de sua intervenção, em prazos sucessivos de 15 (quinze) dias, assegurada vista dos autos – 6. Uma derradeira reflexão.

1. INTRODUÇÃO E ESCOPO DESTE ESCRITO

Muito embora seja desnecessário frisar a importância do estudo em perspectiva histórica dos institutos jurídicos para a melhor compreensão crítica das opções legislativas e soluções jurisprudenciais atuais, parece ser um fato que a doutrina processual brasileira não costuma dedicar muita atenção à essa dimensão da ciência jurídica processual, seja em relação à evolução histórica do direito processual em si, seja em relação à história do direito processual no Brasil – nesta última faceta incluídos os processualistas, suas obras e a legislação do período.

Salvo exceções, de obras de alta qualidade e relevância que se dedicam à história do processo civil romano,[1] à história do processo civil no Brasil,[2] ou obras de história de certos institutos processuais específicos,[3] de modo geral o que se observa

---

1. Cfr: TUCCI, José Rogério Cruz e; AZEVEDO, Luiz Carlos de. *Lições de história do processo civil romano.* São Paulo: Revista dos Tribunais, 2. ed., 2013.
2. ROSA, Eliézer. *Fatos da literatura processual civil brasileira.* In: Separata de Jurídica, Revista trimestral da Divisão Jurídica do Instituto do Açúcar e do Álcool, n. 99 e 100. Rio de Janeiro, 1967 e 1967; COSTA, Moacir Lobo da. *Breve notícia histórica do direito processual civil brasileiro e de sua literatura.* São Paulo: Revista dos Tribunais, 1970; DE PAULA, Jônatas Luiz Moreira. *História do direito processual brasileiro: das origens lusas à escola crítica do processo.* Barueri: Manole, 2002.
3. *V.g.,* AZEVEDO, Luiz Carlos de. *Origem e introdução da apelação no direito lusitano.* São Paulo: FIEO, 1976; BRASILEIRO, Ricardo Adriano Massara. *O objeto do processo civil romano clássico.* Belo Horizonte: Líder, 2007.

com muita frequência em diversos trabalhos acadêmicos, normalmente na parte inicial, um escorço histórico do tema que será tratado que, pela superficialidade e descontextualização que normalmente lhe acometem, além de dispensáveis para os objetivos do próprio trabalho, criam uma impressão muito negativa em relação à história do direito processual e seus institutos. Enfim, como regra geral há bastante artificialidade na forma como os trabalhos científicos tratam dos aspectos de história do processo quando se prestam a fazê-lo.

Somado a isso, há um certo desprezo aos processualistas brasileiros históricos. Nenhum estudioso do processo no Brasil desconhece Chiovenda, Carneluti, Calamandrei ou Liebman (desconhecer esse último seria uma falha inaceitável, diriam); talvez nem todos tenham lido as *Istituzioni di diritto processuale civile* ou os *Principii di diritto processuale civile*, mas ninguém desconhece que são obras fundamentais para se compreender adequadamente a processualística moderna. Realmente é indispensável conhecer os clássicos, autores de fato geniais, que sob a influência da evolução pandectística alemã do final do século XIX fundaram a ciência processual como a conhecemos hoje, com uma influência que está no DNA da ciência processual brasileira. Mas é preciso mais. É necessário conhecer e difundir o pensamento processual genuinamente brasileiro, sobretudo daqueles processualistas históricos pré influência das escolas científicas europeias de processo, com o intuito de ressaltar a originalidade, ou mesmo a adequação social, que estão contidas nos escritos de nossos processualistas.[4]

É nesse contexto de estimulo à reflexão da importância do estudo da história do direito processual civil brasileiro pelos processualistas contemporâneos, que o escopo deste artigo é resgatar alguns aspectos da maior obra de processo civil genuinamente brasileiro de todos os tempos, e o maior processualista civil brasileiro do século XIX e início do século XX. A escolha em analisar o *Compêndio*, de Paula Baptista, é movida pela enorme *atualidade* da obra e *refinamento do pensamento científico* do autor, que fez assertivas há mais de 150 anos que são de uma atualidade impressionante, as quais considero bastante alinhadas às concepções contemporâneas da doutrina processual e também da legislação.

Nesse sentido, para estimular a *reflexão* a partir de questões mais concretas e pontuais, indico duas regras "inovadoras" – ao menos do ponto de vista de direito processual positivo – do Código de Processo Civil de 2015, que tem relação com a obra de Paula Baptista.

2. FRANCISCO DE PAULA BAPTISTA: UM PERSONAGEM DE VANGUARDA

Francisco de Paula Baptista nasceu no Recife em 04 de fevereiro de 1811, e faleceu também no Recife em 25 de maio de 1882, com uma vida intelectual intensa e

---

4. Referencio e reverencio uma iniciativa do IBDP – Instituto Brasileiro de Direito Processual, sob a coordenação dos processualistas Paulo Hofmann e Petrônio Calmon, que no ano de 2009 publicou um primeiro volume de resgate histórico de alguns processualistas denominado *Processualistas históricos do Brasil, Volume I*, 171 p., sem edição comercial.

profícua, exercendo as atividades de jurista, professor e político brasileiro ao longo de mais da metade do século XIX. Iniciou sua carreia jurídica com o ingresso na primeira turma da Faculdade de Direito de Olinda, e bacharelou-se em 1833, tornando-se professor da mesma instituição de ensino em 1835, nela lecionando por 46 anos.[5]

Na vida pública, foi político, deputado geral entre 1850 e 1853, reeleito em 1856. Exerceu as funções de juiz municipal e chefe de polícia, e ainda atuou como jornalista.[6]

Mas, sem dúvida foi no campo do direito processual que Paula Baptista desempenhou seu papel mais relevante. Precursor do direito processual civil no Brasil, o *Compêndio de teoria e prática do processo civil comparado com o comercial*, de 1855, é sua primeira e mais importante obra jurídica, inaugurando a bibliografia processual pátria no século XIX, com essa obra que é considerada a melhor interpretação do Regulamento 737 de 1850, a qual, também por sua vez, é considerada a primeira legislação genuinamente nacional no campo processual.

Publicou também, de relevo, o *Compêndio de Hermenêutica Jurídica*, em 1860, o qual trata de diversos aspectos de regras de interpretação jurídica, trabalho esse que prima pela busca da sistematicidade em um período histórico em que não havia clareza sobre esse tema.[7]

E mais do que homem público e escritor de uma obra fundamental para a ciência processual, Paula Baptista foi sobretudo professor, um homem que dedicou sua vida à docência: "Apesar da longa e frutífera carreira como homem público, a grande contribuição histórica de Francisco de Paula não foi na política, com o seu preparo e oratória, nem no jornalismo, com o seu talento literário. Foi como docente, como professor de direito na Escola do Recife, que influenciou gerações de alunos e práticos do direito. Tal constatação foi feita por ninguém menos que Clóvis Beviláqua, o

---

5. HIRATA, Alessandro. *O processualista Francisco de Paula Baptista*. In: http://www.cartaforense.com.br/conteudo/colunas/o-processualista-francisco-de-paula/9343, acesso em 17/03/2017.

6. "Sua atuação, tanto na Assembleia Provincial quanto na Geral, é marcada por grande eloquência e retórica, além de demonstrar profundos conhecimentos teóricos. No início de sua longa carreira política, Francisco de Paula é filiado ao partido conservador. Entretanto, com o passar dos anos, passa a integrar o partido liberal, fato que acarretou ferrenhas críticas de seus antigos correligionários. Francisco de Paula justifica sua mudança de orientação política afirmando que continua a ser conservador, conciliador e tolerante. Todavia, alega que o futuro natural e racional do desenvolvimento político está no liberalismo. Em sua carreira como homem público, Francisco de Paula exerce ainda as funções de juiz municipal interino do Recife e chefe de Polícia. Além disso, atua também como jornalista, sendo redator do jornal "A Estrela", onde combate os ideais dos participantes da Revolução Praieira. Também participa da redação do jornal "O Constitucional", defendendo sempre suas mesmas posições." HIRATA, *O processualista Francisco de Paula Baptista*, op. cit.

7. A propósito desta obra, em seu Prólogo há uma passagem que é bem emblemática da personalidade de Paula Baptista, revelando sua busca pela sistematização e pela aceitação da crítica acadêmica: "Vae, pois, este livro ser lido e criticado: critiquem-no sem commiseração: pois que me julgo livre de orgulho e vaidade. Devo, porém, dizer (e o digo conscienciosamente) que os poucos, que sabem o quanto custa estabelecer methodo e ordem na exposição das doutrinas, e conhecem os maravilhosos fructos, que d'hai provém para o ensino, são os unicos, que podem ser meus juizes.", *Compendio de Hermeneutica Juridica*. Rio de Janeiro: H. Garnier, 7. ed., 1907. Esta obra está compilada no mesmo tomo do *Compendio de theoria e pratica do processo civil comparado com o comercial*.

grande jurista brasileiro do século XIX. Em 1927, Beviláqua publica escritos sobre a história da Faculdade de Direito do Recife, reservando capítulo para o importante processualista. Foi, assim, o pioneirismo de Francisco de Paula no estudo do direito processual brasileiro o responsável por consagrar o jurista para a posteridade".[8]

3. A OBRA COMPÊNDIO

O *Compêndio*, de Paula Baptista, veio a lume no ano de 1855[9], período no qual o Brasil ainda desconhecia a ciência processual. O que se praticava por aqui era uma espécie de *praxismo*, vale dizer, o estudo bastante formal e estático dos atos processuais que deveriam ser realizados em juízo, por isso também chamado de *procedimentalismo*, sem identificar o processo como um instituto em si, com autonomia e sistemática própria. É nesse contexto temporal que brota a única obra que destoa totalmente das características do período, pois o *Compêndio*, ainda que se caracterize como obra sumária, possui elementos de elevada cientificidade, de modo que Eliézer Rosa a considera *o ato de nascimento da ciência processual brasileira*.[10]

Do ponto de vista do direito positivo vigente no Brasil, é salutar frisar que exatamente nesse período entrava em vigor o *Regulamento 737*, considerado o primeiro diploma processual genuinamente nacional – embora regulamentasse essencialmente aspectos comerciais, possuía também regras de processo – do qual Paula Baptista foi seu melhor comentarista, na visão de Moacir Lobo da Costa.[11]

---

8. HIRATA, *O processualista Francisco de Paula Baptista*, op. cit.
9. A obra teve diversas edições, posteriores à de 1855, e a utilizada neste trabalho, e referenciada em todas notas, refere-se é a seguinte edição: PAULA BAPTISTA, Francisco de. *Compendio de theoria e pratica do processo civil comparado com o comercial*. Rio de Janeiro: H. Garnier, Livreiro Editor, 7. ed., 1907.
10. "Em nosso caso, a matéria presta-se a duas divisões, em dois delongados momentos. Ao primeiro, poderia chamar-se período do procedimentalismo ou do praxismo. Sua característica própria será o estetismo das formas. Seu gênero próprio de produções são os formulários, os vade-mécuns. Foi a época das 'acomodações' das obras mestras do Fôro português, trasladadas ao Brasil. Êste período se abre na primeira década de 1850 e vai até 1934, ano em que se estampou a obra sobre ação rescisória do Dr. Pontes de Miranda. A única exceção é a obra de Paula Baptista de 1855. [...] Foi em 1855 que iria aparecer a pequena grande obra de Paula Batista, de cuja exiguidade formal êle mesmo se deu conta, e buscou prevenir o leitor, no Prólogo da sua terceira edição. Foi esta obra que constituiu o ato de nascimento da ciência processual brasileira, e que só veio realmente encorpar e ganhar vulto com a obra de Pontes de Miranda, datada em 1934. São estes os polos do pensamento científico do processo no Brasil, entremeados dum vazio de três quartos de século." ROSA, *Fatos da literatura processual civil brasileira*, op. cit., p. 10.
11. "Embora o processo civil permanecesse sob a regência das velhas normas do Livro III das Ordenações, com as alterações introduzidas pela Disposição Provisória e legislação posterior, até o advento do Decreto n.º 763, de 1890, que mandou observar no processo cível o Regulamento n.º 737, o certo é que Paula Batista e Ramalho, os dois maiores processualistas da época, escreveram seus famosos livros de processo, tendo presentes, sempre, os dispositivos do Regulamento, que a todo passo citavam como assento das proposições doutrinárias que enunciavam. Aliás, o 'Compêndio' de Paula Batista, é de 'Teoria e Prática do Processo Civil comparado com o Comercial', e foi justamente reputado como o melhor trabalho de interpretação do Regulamento n.º 737, e que, tendo revelado a superioridade do sistema por êle instituído sôbre o do antigo processo civil herdado de Portugal, demonstrou a possibilidade de sua aplicação ao processo civil. O 'Compêndio', publicado em Recife em 1855, teve sua 3° edição revista e aumentada pelo autor em 1872. Em 1900 saiu a 7° edição em Lisboa, revista por Vicente Ferrer de Barros, de que se tirou 8° edição pela

Nas palavras de Alfredo Buzaid, "Nestas duas obras [refere-se à Teoria e prática do processo e à Hermeneutica jurídica, que foram publicados num único volume] que são joias da literatura jurídica nacional, explende a originalidade de seu pensamento, a segurança das suas lições e o conhecimento profundo da ciência do seu tempo. Seu estilo é exato na enunciação dos conceitos e vibrante, quando critica as teorias ou polemiza com os seus contraditores. A sua bagagem científica é realmente pequena no tamanho, porem grande no esplendor do seu gênio, na independência do seu espírito e na repercussão da sua obra, em que se revelou um precursor, que, antecipando-se aos demais quase meio século, reuniu, ordenou e sistematizou os elementos para a revisão crítica do direito processual civil brasileiro".[12]

Observa ainda o autor do CPC de 1973 que o *Compêndio* não é obra que simplesmente trata de explicar práxis processuais como ocorria ao seu tempo por essas terras. Paula Baptista logrou, em "sínteses luminosas", segundo expressão do próprio Buzaid, atribuir análise científica, ordenada e sistematiza, à sua obra mestre: "A intuição genial de Paula Batista permitiu elevar o processo da condição de mera arte de instrumentalizar, de singela coleção de usos e estilos e de meras formas materiais de praxes observadas no foro à categoria superior de ciência autônoma, regida por princípios e leis, sistematizados num plano dogmático. Sua obra é um índice marcante na evolução da ciência do direito nacional. Paula Batista foi, a seu tempo, um processualista americano digno de ombrear-se com os maiores que, na Europa, levaram a efeito, a partir dos meados do século XIX, a revisão científica do processo civil".[13]

A genialidade da obra mestra de Paula Baptista também reside no fato de que colhe as aspirações liberais e modernas próprias da primeira metade do século XIX, aplicando-as ao direito processual, que do ponto de vista científico, até aquele momento no Brasil, ainda era estreitamente ligado à velha ordem advinda das Ordenações portuguesas. E mesmo sem ter contato com as discussões teóricas que floresciam

---

Saraiva, em São Paulo." COSTA, Moacir Lobo da. *Breve notícia histórica do direito processual civil brasileiro e de sua literatura*, op. cit., p. 51-52.

12. BUZAID, Alfredo. *Paula Batista: atualidades de um velho processualista*. São Paulo: 1950.

13. BUZAID, *Paula Batista: atualidades de um velho processualista.*, op. cit., p. 42. E explica o mestre porque dessa conclusão, ao encerrar essa obra dedicada ao pensamento de autor pernambucano: "Aí estão algumas observações sobre as doutrinas fundamentais de Paula Batista sobre a ação, a exceção, a prova, a coisa julgada e a execução. Mas serão estes, por ventura, conceitos esparsos, ou, ao contrário, eles se agrupam, numa unidade harmoniosa, para a realização de uma grande síntese? A analise atenta de sua obra e principalmente a leitura do "Prologo" da primeira edição do seu "Compendio" nos mostra que as suas doutrinas não nasceram do empirismo das observações acidentais; antes foram o fruto ordenado e sistemático de uma investigação original e rigorosamente científica. Ao seu tempo dominava, no campo do direito processual civil, a escola da exegetica de inspiração francesa. O processo era reduzido 'à arte de instrumentar, à tradição de usos e estilos, a ponto de num cartório se aprender melhor do que nas Academias.' Foi sobretudo no ultimo quartel do século XIX, que a escola exegetica cedeu lugar à orientação dogmática e a influencia francesa foi substituída pela dos mestres da processualística alemã, que elevaram o processo à categoria de ciência autônoma. Por outro lado, faltava, entre nós, um Codigo de Processo Civil, que pudesse ser submetido à análise científica, num plano geral e sistemático. Mas isso, longe de construir um embaraço, foi o maior mérito de Paula Batista, por que, onde tudo era empírico e estava disperso, ele reuniu, ordenou e sistematizou em síntese criadora. O famoso 'Prologo' revela a clara compreensão de um homem de ciência, não de um pratico do processo." (BUZAID, Alfredo, op. cit., p. 40-41).

na Europa no campo processual no mesmo período histórico, Paula Baptista dá a sua obra lampejos de cientificidade que no Brasil somente seriam típicas de quase um século depois, aí sim sob a indisfarçável influência da processualística alemã e sobretudo italiana.

Ademais, como bem pontua Botelho de Mesquita em apresentação do *Compêndio* em edição dos anos 1980, o Brasil também vivia naquela quadra um momento de grande esplendor político e jurídico, com a criação de seus primeiros cursos jurídicos, dentre os quais Paula Baptista foi aluno e docente da Faculdade de Direito de Olinda, vivenciando portanto toda essa efervescência intelectual e de ideias que o ambiente acadêmico proporciona, e toda a potencialidade de se tornar uma grande nação, para a qual o direito seria um elemento essencial e propulsor.[14]

Por tais razões o *Compêndio*, além de ser a primeira obra de relevo do direito processual civil brasileiro, genuinamente representa todo o vigor humanista que as experiências do direito vivenciavam naquela quadra histórica, de modo que tais características se projetaram de modo indelével no pensamento de Paula Baptista, na sua forma mesma de concepção dos institutos e regras processuais.

4. AS CONCEPÇÕES DE AÇÃO E DE PROCESSO EM PAULA BAPTISTA: A IDEIA DE PARTICIPAÇÃO, DE CONTRADITÓRIO E DE CONTENÇÃO DO ARBÍTRIO

O escopo deste escrito é ressaltar as concepções de ação e de processo de Paula Baptista, extremamente ligadas à ideia de participação, de contraditório e ampla defesa como elemento estrutural da relação processual, garantidores mesmo de decisões judiciais justas e efetivas. Esse conjunto de elementos não era comum nas obras de direito processual à época, as quais tinham uma finalidade precipuamente descritiva de apresentar ao estudioso do processo a sequência procedimental que deveria ser observada na prática forense, o que também foi chamado de *praxismo* ou *procedimentalismo*, ao passo que no *Compêndio* já havia uma clara concepção dos institutos processuais e também uma dimensão principiológica e garantista por detrás deles. A partir dessas constatações, e, evidentemente, das diferenças próprias de mais de

---

14. "O *Compendio* de Paula Baptista é sem dúvida o ponto de partida da moderna ciência processual brasileira. É o ponto de referência obrigatório para a aferição dos rumos do direito processual civil e para a compreensão dos estágios que alcançou posteriormente. E tem a virtude de haver sido escrito em uma época marcada por idéias extremamente abertas e fecundas, impregnadas de intenso humanismo, que determinaram o extraordinário progresso de nossas instituições jurídicas e políticas, alcançando logo após com a abolição da escravatura e proclamação da República. Viviam-se então os primeiros anos dos cursos jurídicos de São Paulo e de Olinda, cuja fundação traduzia bem o vigor do sentimento jurídico reinante e a extraordinária vontade de se promover o desenvolvimento da nação sob a égide do direito. Época de ascensão portanto, bem diversa da atual, caracterizada pelo movimento descendente em que nos colocaram as duas últimas décadas do regime autoritário, cujo ímpeto desintegrador ainda se faz sentir tanto no conhecimento do direito como na cultura do povo." BOTELHO DE MESQUITA, José Ignacio. *Apresentação à obra Teoria e prática do processo civil e comercial*, de Francisco Paula Baptista, Coleção Clássicos do Direito Brasileiro. São Paulo: Saraiva, 1988.

160 anos que separam o *Compêndio* do CPC de 2015, é possível fazer uma relação de escopos entre esses dois marcos processuais civis brasileiros, de modo a ressaltar a atualidade e relevância do pensamento do mestre Paula Baptista.

Um primeiro elemento caracterizador da obra na busca de um processo civil mais justo e efetivo é a sua própria sistematicidade. Quanto à sua estrutura, o *Compêndio* contempla uma *Secção unica, das acções, e excepções em geral*, e se expressa textualmente em *Meios em geral para a effectividade dos direitos*. Ou seja, em um momento doutrinário no qual as obras retratavam de forma descritiva os atos processuais, Paula Baptista insere a ideia de *efetividade dos direitos* como um tema relevante à ciência do processo.

No campo do conceito de ação, há uma significativa contribuição do autor.[15] Para Paula Baptista,

"Acção em sua accepção etymologica", seria § 2 – Acção (do verbo "ayere, obrar» é o direito de invocar a autoridade publica (juiz) e de obrar regularmente perante ella para obter justiça."[16]

E quanto a esse direito de ação, alguns aspectos são relevantes para o autor:

"1. direito público porque exercitado contra o Estado; 2. ação é um direito em si, com função tutelar de outro direito, mas autônoma e independente deste".[17]

Mas sem dúvida o ponto alto da concepção de ação de Paula Baptista está mesmo na ideia de que essa é um *direito autônomo*, a serviço de outros direitos – ou de instrumentalidade, como se passaria a dizer mais de cem anos após o *Compêndio* – e que cujo exercício deve ser marcado por liberdade, tal como a dos próprios direitos que visa proteger:

"§ 4 – Do exposto segue-se 1º. que as acções são direitos em garantias de outros direitos pre-existentes; e, por tanto; 2º. que a cada direito deve corresponder um acção; 3º. finalmente que o exercicio d'ellas é tão livre, como o dos direitos de que nascem".[18]

Sobre a concepção absolutamente original do conceito de ação do mestre pernambucano, ninguém menos que Buzaid asseverou, em 1950, após sucintamente apresentar a polêmica em torno desse conceito, desde Windscheid e Muther até a publicação da famosa monografia *Der Feststellungsanspruch* de Adolfo Wach em 1888,

---

15. "Na obra de Paula Baptista se entrelaçam alguns conceitos que são da maior importância para entender o processo civil como uma instituição criada para benefício da liberdade humana – aspiração eterna e quase mítica de todo homem – e não mero instrumental técnico a serviço dos fins de uma organização abstrata. Lê-se neste Compendio, que 'as ações são direitos em garantias de outros direitos preexistentes'; que 'os fins principais das leis do processo são: 1º, garantir a sabedoria do exame e retidão das decisões; de sorte que os julgados sejam verdadeiros monumentos de verdade e justiça; 2º, assegurar os efeitos dessas decisões (processo das execuções)'; e, finalmente, que 'o processo tem diversos períodos, que constituem a sua ordem natural, lógica e imutável, de tal sorte que não pode ser destruída ou ofendida sem que se viole a justiça, e apareça a desordem e a tirania."
16. *Compendio de theoria e pratica do processo civil*, op. cit., p. 12.
17. *Compendio de theoria e pratica do processo civil*, op. cit., p. 12.
18. *Compendio de theoria e pratica do processo civil*, op. cit., p. 12.

que, "Esta exposição não visa exaurir a polemica em torno do conceito de ação, nem apreciar as varias classificações e sub-espécies [...] mas sim mostrar o estado geral da doutrina no ultimo quarto do século passado, ou seja, quase vinte e cinco anos depois que Paula Batista publicou o seu *Compendio*. Nessa obra, o mestre pernambucano *já definia a ação como um direito autônomo do direito subjetivo*, em contraste com os seus contemporâneos no Brasil e mesmo com uma parte dos que o sucederam no ensino do direito processual [...] Na análise dos conceitos aí expostos vê-se que Paula Batista: a) – definiu a ação como um *direito autônomo do direito subjetivo*, o que representa notável progresso para seu tempo, em que ainda se discutiam as ideias de Vinnius e Heinecius sobre se era a ação um meio, ou um direito; b) – considerou o *regime judiciário como uma instituição*, ideia essa que se vai encontrar em Wach, em seu célebre artigo *Der Rechtsschutzanspruch*, publicado em 1904 e retomada modernamente por uma parte da doutrina europeia e americana; c) – *colocou o processo civil no campo do direito publico*; d) – fixou que a *ação tem a sua direção voltada contra o Estado; não contra o reu*; e) – e, finalmente, mostrou que a *ação é o direito à obtenção de uma sentença de mérito* ('obter justiça') não de uma sentença favorável".[19] (grifei)

Na passagem *supra*, Buzaid, para esclarecer a genialidade da obra de Paula Baptista, foca a sua análise no contexto internacional, em especial o alemão, que no geral é aquele que se reputa o berço das teorias modernas da ação. Mas é importante destacar também o contexto nacional naquele período, que vivia o início dos cursos jurídicos no Brasil, despontando a Faculdade de Direito de Pernambuco, em Olinda, e a Faculdade de Direito de São Paulo, no Largo de São Francisco, em São Paulo, nas quais o ensino da cadeira de processo era confiado, respectivamente, à Paula Baptista e ao Barão de Ramalho, ambos mestres insignes e brilhantes, que regeram as disciplinas processuais com elevado espírito científico e dedicação à cátedra por mais de meio século.[20]

Muito embora se equivalham em diversos aspectos, no tocante à concepção teórico-científica de ação, a posição de Paula Baptista é muito superior àquela do Barão de Ramalho, a qual ainda era bem apegada à ideia de direito de ação como um apêndice do direito material, ao passo que Paula Baptista tinha ideias muito mais autonomistas.[21]

---

19. BUZAID, *Paula Batista: atualidades de um velho processualista*, op. cit., p. 12-14.
20. BUZAID, *Paula Batista: atualidades de um velho processualista*, op. cit., p. 7.
21. Segundo o relato de Botelho de Mesquita: "Assim, com Ramalho, o processo era ainda a 'forma estabelecida pelas leis para se tratarem as causas em juízo', o que caracterizava a visão subjetivista na mais pura acepção da palavra, contrastando enormemente com a posição de Paula Baptista que, logo a seguir, despontaria como um verdadeiro arauto das transformações que estavam por vir, pois definiria a ação como o direito autônomo 'de invocar a autoridade pública (juiz) e de obrar regularmente perante ela para obter a justiça. Paula Baptista, portanto, é o primeiro processualista brasileiro a sustentar a concepção objetivista, muito embora não tivesse conquistado adeptos entre seus contemporâneos e nem mesmo entre os que o sucederam nos 50 anos seguintes." BOTELHO DE MESQUITA, Jose Ignacio. *Da ação civil*. São Paulo: Revista dos Tribunais, 1975, p. 25.

ALGUMAS REFLEXÕES ACERCA DO *COMPÊNDIO* DE PAULA BAPTISTA COM VISTAS AO CPC/2015

Em realidade, mesmo os seus contemporâneos, mas das décadas seguintes à publicação da obra do mestre pernambucano, como João Monteiro e João Mendes, eram processualistas mais ligados ao praxismo, e na concepção do direito de ação eram subjetivistas, enquanto Paula Baptista era objetivista.[22] Somente oito séculos depois, em 1934, é que Pontes de Miranda, na esteira do pensamento embrionário desenvolvido por Paula Baptista,[23] deu seguimento àquela concepção de ação para conceituá-la: "O remédio jurídico processual, a que corresponde a 'ação' no sentido do direito processual, é meio instrumental, que o direito formal põe a serviço de pessoas que estejam em determinadas situações, para que, com o uso dele, possam suscitar a decisão, a prestação jurisdicional".[24]

Ainda nesta temática, Paula Baptista desenvolve com clareza a distinção entre ação e demanda (*rectius*, ação e pretensão, como tradicionalmente ficou conhecido o binômio), igualmente pautado na relação entre o direito material a ser tutelado e o exercício do direito material que o tutela, numa clara separação de conceitos que era totalmente incomum para as letras jurídicas processuais brasileiras à época:[25]

> "Acção e demanda [...] § 5. – acção e exercicio de acção, exprimem noções distinctas. A acção pertence ao direito civil ou comercial, conforme fôr a materia de que se trate com relação à lei: o exercicio d'acção é demanda propriamente dita, a qual já então pertence ao regimen judiciário".[26]

Prossegue o autor no tema, procedente à análise dos *elementos constitutivos da demanda*:

> "§ 7 – Trez são os elementos constitutivos de uma demanda: 1º o principio de direito; que confere a acção (*fundamentum agendi, propositio major*); 2º o facto, que dá logar à aplicação d'este principio (*propositio minor*): 3º as conclusões, ou e a enunciação das pretensões do autor (*petitum conclusum*)".[27]

---

22. BOTELHO DE MESQUITA, *Da ação civil*, op. cit., p. 25-26.
23. "Coube a Pontes de Miranda, em 1934, com sua monografia A ação rescisória, dar continuação à obra iniciada por Paula Baptista e bem assim, no dizer de José Frederico Marques, o 'mérito incontestável de ter escrito o primeiro livro da literatura processual do Brasil, nos moldes da moderna doutrina do processo." BOTELHO DE MESQUITA, *Da ação civil*, p. 26-27.
24. PONTES DE MIRANDA, Francisco Cavalcanti. *Tratado da ação rescisória das sentenças e de outras decisões*. Rio de Janeiro: Forense, 5. ed., 1976, p. 44.
25. "Ao contrário, no conceito esposado por Paula Baptista – extremamente próximo daquele que tornaria célebre o gênio de Adolf Wach – de que a ação é um direito em garantia de outro direito preexistente, supõe-se no outro lado da relação a existência de uma obrigação de garantir o direito preexistente, à qual a ação corresponde. Sem este vínculo, não se compreende porque devam as sentenças corresponder à verdade, posto que faltaria o termo de comparação para se dizer em relação a que seria verdade o que na sentença se contenha." *Apresentação à obra Teoria e prática do processo civil e comercial*, op. cit.
26. E aprofunda a distinção entre o binômio em nota de rodapé que busca a sistematização: "Assim, dizer que Pedro tem acção contra Paulo, importa dizer, que aquelle tem direito contra este. Ora, este direito deverá existir nas leis positivas, que Bentham chama ""substantivas". Mas, quanto acção, perante que juiz deverá ser proposta? que marcha deverá seguir? Só do estudo das leis constitutivas da organização e forma da justiça, que o mesmo escritor denomina """leis adjectivas" é que nos poderão vir estas e outras noções." *Compendio de theoria e pratica do processo civil*, op. cit., p. 12.
27. *Compendio de theoria e pratica do processo civil*, op. cit., p. 13.

Como se observa, a concepção de Paula Baptista ao se referir ao elemento jurídico da demanda, fala em *principio de direito* para revelar que a demanda não é o exercício de um direito preexistente como predominada na doutrina à sua época, posto que, em função da autonomia do direito de ação, a pretensão se funda na mera afirmativa de violação a um direito fundamental e não na existência efetiva do direito (abstratização do direito de ação).

Como se vê, muito já se falou acerca da enorme originalidade contida no pensamento do autor no tocante ao direito de ação. Por essa razão dedico-me aqui a tentar extrair algumas reflexões relativamente à ideia de *processo*, que, no meu sentir, também há uma ideia imanente em Paula Baptista que o coloca na vanguarda de seu tempo. Não em uma perspectiva teórico-abstrata em torno da natureza jurídica do processo – a qual viria a marcar a doutrina europeia nas décadas seguintes ao *Compêndio* –, mas sim no sentido de focar o *resultado concreto e efetivo da prestação jurisdicional* ofertada pelo processo, como a própria expressão efetividade dos direitos mencionada em linhas anteriores, também colocando relevo na ideia de processo como mecanismo de contenção do arbítrio judicial.

Com efeito, a ideia de processo em Paula Baptista não é revolucionária no sentido de sustentar a existência de uma relação jurídica própria, uma vez que quanto a esse tema em sua obra ainda se nota uma concepção de processo ligada a ideia de procedimento e uma sequência de atos, mesmo que tenha, de forma inovadora, concebido o processo como uma relação de direito público, com o Estado, portanto. Contudo, merece destaque a noção de *objeto das leis do processo*. Nesse sentido:

> "§ 69 – *Processo* (procedere, *marchar*), é o modo de obrar em juízo, ou antes de *fazer marchar a acção segundo as fórmas prescriptas pelas leis*. Estas leis são aquellas que em suas combinações de fórmas e garantias se unem estreitamente com as outras leis e, como diz Boncenne, lhes dão sua utilidade final: *o movimento e a acção*".[28]

Mais do que um praxista ou procedimentalista, Paula Baptista atribui ao processo uma função de figura que promove a *contenção do arbítrio e da força*, constituindo o processo, ao mesmo tempo, instrumento de busca da justiça na disputa instalada entre as partes, e contenção do arbítrio dos juízes:

> "Objecto das leis do processo. § 70 – A creação de juizes traz a necessidade indeclinável de certas leis que regulem a marcha e a fórma dos negocios a decidir; e tal é o objeto das leis do processo, que são novas precauções e meios de segurança em favor da justiça na luta das paixões e interesses opostos, e contra os erros, e o arbítrio dos juizes, e é uma garantia dos direitos oprimidos".[29]

Em simbólica passagem, Botelho de Mesquita magistralmente traduz as impressões de Paula Baptista em torno da ideia do móvel do direito processual civil como *instrumento de contenção do arbítrio dos juízes*: "Procure sentir o leitor o que há de universal nessa ideia do processo e veja como ela corresponde a anseios milenares

---

28. *Compendio de theoria e pratica do processo civil*, op. cit., p. 82.
29. *Compendio de theoria e pratica do processo civil*, op. cit., p. 85.

da alma humana. É um sopro de ar puro numa atmosfera científica carregada de conceitos abstratos que não raro mal disfarçam tendências fortemente autoritárias. Para melhor compreendê-lo, confronte essa visão do processo com a que resulta de algumas ideias, como a de que a ação não tem outro fim que o de provocar um juízo de mérito, não importa qual seja o seu conteúdo, sem estar vinculada a nenhum direito preexistente. Sinta o leitor o quanto de liberdade essa definição abre para o órgão estatal e usurpa ao titular do direito preexistente – é uma visão que inverte as expectativas da razão comum. Por ela, o juiz não declara o direito porque ele existe; é o oposto: o direito existe porque o juiz declara. Como um ato de graça imperial, concede o magistrado à parte o favor pessoal de lhe dar razão".[30]

Além da ideia de processo como contenção de arbítrio estatal, há nitidamente uma preocupação em Paula Baptista com a ideia de *eficiência e contenção de abusos* cometidos pelas partes visando ao que ele chama de *brevidade* e *economia* processuais. Em interessantíssima passagem, aduz que:

"§ 72. Brevidade, economia, remoção de todos os meios maliciosos e supérfluos, taes são as condições que devem acompanhar o processo em toda a sua marcha. Assim, todos os actos, dilações, demoras de despesas inúteis, são aberrações do regimen judiciário em prejuízo do interesse dos indivíduos, das famílias e da sociedade".[31]

É claro que a intenção do autor era revelar como a transmutação do processo, de um negócio regido pelo interesse privado das partes, para uma relação com o Estado, portanto revelado o interesse público na condução dos atos processuais, as partes não podem abusar do direito de demandar. Em outras palavras, a aplicação da boa-fé processual, que há muito se incorporou como um princípio processual.[32] Mas noto que Paula Baptista fundamenta o repúdio à protelação judicial na necessidade de se ter *brevidade* e *economia* processuais, com a remoção de meios, além dos maliciosos, os *supérfluos*, preocupações essas que são atualíssimas e presentes como importantes fundamentos do CPC/2015.

Brevidade pode ser relacionada com a *duração razoável do processo*, que desde a EC/45 é um direito processual fundamental, art. 5°, LXXVIII, da CF, mas também estampado como princípio no CPC/2015.[33] *Economia processual*, além de contribuir para a brevidade, também pode ser relacionada com a dispensa de realização de atos processuais desnecessários, como por exemplo a possibilidade de proferir decisão de mérito em proveito da parte que seria beneficiada por uma sentença sem resolução

---

30. BOTELHO DE MESQUITA, *Apresentação à obra Teoria e prática do processo civil e comercial*, op. cit.
31. *Compendio de theoria e pratica do processo civil*, op. cit., p. 84.
32. CPC/2015, Art. 5°. Aquele que de qualquer forma participa do processo deve comportar-se de acordo com a boa-fé. E os institutos da litigância de má-fé e ato atentatório à dignidade da justiça como reforço prático do princípio.
33. CPC/2015, Art. 4°. As partes têm o direito de obter em prazo razoável a solução integral do mérito, incluída a atividade satisfativa.

de mérito;[34] a *remoção de meios processuais supérfluos* é o fundamento de adequação procedimental à causa que motiva o negócio jurídico processual realizado pelas próprias partes, *v.g.*[35]

5. DUAS APLICAÇÕES DA CONCEPÇÃO DE PROCESSO DE PAULA BAPTISTA À LUZ DO CPC/2015

Destaco dois temas considerados inovações legislativas, do ponto de vista do direito positivo revogado, que mostram a atualidade do pensamento de Paula Baptista expresso no *Compendio*. Após apresentar passagens emblemáticas da concepção do mestre pernambucano no tópico anterior, destaco como aplicações concretas: i) uma norma de ordem geral e principiológica, e ii) uma de ordem mais específica, aplicável em uma situação pontual do processo de conhecimento. A segunda é direta e de fácil visualização de como o CPC/2015 acolhe uma solução normativa que era expressamente sustentada pelo autor, em que pese a jurisprudência nacional sempre tenha entendido de forma distinta. Já quanto à primeira, a conexão com o pensamento de Paula Baptista não é tão automática, mas reputo que esteja também contida nas ideias de base esposada pelo autor.

Não obstante essa heterogeneidade em relação aos dois tipos de normas, a origem de ambas é a mesma: uma concepção de processo embebida em ideais de um *contraditório e ampla defesa maximizados*, ampliados mesmo, preocupado com a efetividade do direito material que é função do processo tutelar, mas sem extrapolar os limites indispensáveis que devem permitir aos litigantes exercitarem a defesa de seus direitos, uma vez que as normas processuais servem para conter o abuso e o autoritarismo do Estado-juiz.

5.1. O juiz não pode decidir, em grau algum de jurisdição, com base em fundamento a respeito do qual não se tenha dado às partes oportunidade de se manifestar, ainda que se trate de matéria sobre a qual deva decidir de ofício

A previsão estampada no art. 10 do CPC/2015, que consagra a regra denominada de *vedação à decisão surpresa*, é expressão do direito ao contraditório e à ampla defesa, decorrente portanto dos princípios constitucionais estampados nos incisos LIV e LV do artigo 5º da CF/1988, e mesmo que não estivesse expressa no novo código, é regra de aplicabilidade imediata, tendo em vista o conteúdo normativo desses princípios constitucionais. De qualquer forma, o legislador infraconstitucional preferiu, para evitar qualquer abuso da parte do julgador, na esteira da legislação recente da

---

34. CPC/2015, Art. 488. Desde que possível, o juiz resolverá o mérito sempre que a decisão for favorável à parte a quem aproveitaria eventual pronunciamento nos termos do art. 485.

35. CPC/2015, Art. 190. Versando o processo sobre direitos que admitam autocomposição, é lícito às partes plenamente capazes *estipular mudanças no procedimento para ajustá-lo às especificidades da causa* [...]

Alemanha, Itália, França e Portugal, proibir que as partes sejam surpreendidas por uma decisão judicial sobre matéria de fato ou de direito sobre a qual não tenham se manifestado previamente.

Por se tratar de uma dimensão do contraditório reconhecida há pouco tempo, é óbvio que não há na obra de Paula Baptista uma passagem expressa sustentando a vedação à decisão surpresa. Contudo, conhecendo a concepção libertária que o autor nutre em relação ao processo, reputo possível relacionar certas passagens do *Compêndio* com essa ideia. Isso porque a vedação à decisão surpresa visa combater exatamente a *arbitrariedade judicial*, e, como afirmou Botelho de Mesquita, "[...] não é somente sob esse aspecto que transborda de verdade e grandeza a lição de Paula Baptista. Serve ela também para explicar a ojeriza que todos os espíritos autoritários votam às leis do processo e à observância de sua ordem natural e lógica, vistas sob a perspectiva ensinada neste Compendio. É que o respeito a tais normas, assim consideradas, poria sempre a nu a arbitrariedade, o partidarismo, a ignorância, a falsidade, e todas as desordens mais que só se podem abrigar à sombra de processos discricionários".[36]

Em dois trechos do *Compendio* há passagens relacionadas com a exigência dirigida ao juiz de *primeiro ouvir* para *depois decidir*:

> "Poder official do juiz. § 73 – Das doutrinas dos dois §§ precedentes resulta para o juiz o direito do proprio movimento (poder official) para, *independente de requerimento da parte*: 1°, mandar proceder a quaesquer actos e *diligencias tendentes a esclarecer sua consciência antes de julgar a final* [...] 2°, abreviar as demandas, não consentindo em dilações maliciosas, nem quaesquer meios cogitados pelas partes, para ganhar tempo contra a outra [...]".[37] (grifei)

Esta primeira passagem, relacionada com a atuação *ex officio* do juiz, além de tratar da ideia tradicional de que o juiz é responsável pelo impulso oficial, o que, independentemente de requerimento das partes, faz com que haja a dinâmica processual, contempla também um trecho que sustenta a necessidade de oitiva das partes ou produção de provas – que atualmente se conhece por poderes instrutórios do juiz – com o escopo de *esclarecer sua consciência antes de julgar*. Essa ideia de esclarecimento prévio ao julgamento é o núcleo fundamental do princípio de vedação à decisão surpresa, de maneira que poder se ia reconhecer nessa passagem a preocupação do processualista com o direito de manifestação e esclarecimento das partes a impor limitações ao órgão julgador, inclusive nas matérias *ex officio*.

A ideia central seria que os atos do juiz que independem de requerimento das partes são para *esclarecer* a consciência do juiz *antes de julgar* ("resulta para o juiz o direito do proprio movimento, independente de requerimento da parte: mandar proceder a quaesquer actos e diligencias tendentes a *esclarecer sua consciência antes de julgar a final*")

---

36. BOTELHO DE MESQUITA, *Apresentação à obra Teoria e prática do processo civil e comercial*, op. cit.
37. *Compendio de theoria e pratica do processo civil*, op. cit., p. 85.

Em outra passagem, relativamente ao direito de defesa do réu, aduz:

"Necessidade de defeza. § 107 – A primeira de todas as regras judiciarias é que *ninguem deve ser condenado sem ser ouvido e convencido*: para isto a principal condição é que haja uma conveniente resposta ou contestação do réo à acção do autor; do contrario o processo e o julgamento ficam radicalmente nulos".[38] (grifei)

É claro que também neste trecho a mais óbvia interpretação seria que o autor está a tratar do contraditório na dimensão *audiatur et altera pars*, ou seja, a presença e oitiva do réu é condição *sine qua non* para a existência e validade do processo. Dizer isso nos dias atuais pode parecer óbvio, mas em meados do século XIX poderia não ser tanto. Mas além desta leitura, a proposta de interpretação que sugiro é no tocante à expressão "ninguém deve ser condenado sem ser ouvido e convencido". Através desse texto, e considerando-se a forte concepção de Paula Baptista de processo como meio de contenção do arbítrio estatal, a oitiva prévia e necessidade de convencimento (*ouvido e convencido*), significariam o *debate indispensável* sobre as matérias, todas, que podem ser objeto de decisão.

Comentando especificamente essa passagem, Buzaid afirma que Paula Baptista está defendendo a ideia de ampliação dos poderes do juiz, o que poderia estar em sentido oposto ao sustentado aqui. Ocorre que, como bem explica Buzaid, ao tempo em que escreveu o mestre pernambucano, o processo civil era praticamente privatístico, portanto os poderes do juiz eram limitadíssimos, uma vez que o interesse das partes sobrepunha-se a qualquer interesse do órgão jurisdicional na atuação do processo.[39] Nesse sentido é claro que a concepção publicista de processo proposta por Paula Baptista de fato marca uma virada conceitual importante, sem dúvida.

A interpretação que propomos do pensamento do mestre pernambucano é que, conforme já acenado no item anterior, não parece que esse indiscutível publicismo processual por ele concebido, justificável na necessidade de controle dos atos processuais abusivos e de atos dilatórios descabidos que as partes podem cometer, teria sido levado tão longe a ponto de permitir ao juiz julgar antes de ouvir as partes, ainda que se se tratasse de matéria cognoscível de ofício, pois em outras passagens a função do processo também visa conter o abuso cometido pelo julgador.

---

38. *Compendio de theoria e pratica do processo civil*, op. cit., p. 132.

39. "A concepção liberal, que dominou quase todo o seculo passado, concebia o processo como um instrumento de atuação de direitos subjetivos privados; segundo essa doutrina, devia o juiz permanecer, tanto quanto possível, inerte, pois no juízo se vê apenas um interesse individual estranho ao Estado. O direito de defesa era absoluto e ilimitado. [...] Daí Paula Batista ampliar os poderes do juiz, cuja origem provem da ordem publica, autorizando-o a proceder a quaisquer atos ou diligencias tendentes a sua consciencia antes de julgar afinal; a abreviar as demandas, não consentindo em dilações maliciosas, nem quaisquer meios cogitados pelas partes, para ganhar tempo contra a outra e reprimir todos os meios abusivos e injuriosos, incompatíveis com a dignidade das leis e de seus ministros." BUZAID, *Paula Batista: atualidades de um velho processualista*, op. cit., p. 16-18.

5.2. Razões finais escritas, que serão apresentadas pelo autor e pelo réu, bem como pelo Ministério Público, se for o caso de sua intervenção, em prazos sucessivos de 15 (quinze) dias, assegurada vista dos autos

O segundo ponto tratado é de imediata verificação quanto à opinião expressa de Paula Batista acerca do tema. Trata-se do prazo sucessivo para a apresentação das razões finais escritas pelas partes, vale dizer, *primeiro o autor e depois o réu*, e não a apresentação concomitante por ambos, entendimento esse último que predominava sob a égide do CPC/1973 diante da ausência de norma expressa.[40] A adoção da regra expressa, pelo art. 364, § 2º, do CPC de 2015, já era defendida por Paula Batista nos seguintes termos, em comentários ao § 175 do *Compendio*: "Allegações finaes, [...] Deve o autor arrazoar primeiro que o réo, guardada a regra; *reus in exceptione actor est*".[41]

A razão é tão singela e fácil de entender que causa espécie que por tanto tempo não tenha vigorado entre nós, considerando-se que deveria ser atendida mesmo na vigência do Código revogado, uma vez que se trata da uma aplicação pontualizada da regra de ouro da bilateralidade da audiência como conteúdo fundamental do princípio do contraditório e da ampla defesa: o autor é sempre quem primeiro releva suas razões e fundamentos, ao que segue das razões e fundamentos do réu, que inexoravelmente necessita primeiro conhecer como o autor articulou suas alegações, para só então contrastá-las com as suas. Se o prazo é comum a autor e réu, este último não poderá se contrapor devidamente às alegações do primeiro, pela simples razão de que não as conhece, violando assim a ampla defesa, portanto.

Assim sendo, não pode prevalecer o ultrapassado entendimento de que por se tratar de alegações finais, ou seja, pelo regime de preclusões processuais rígidas não podem as partes inovar nas matérias de fato e de direito que aduzem, o que é uma verdade inegável e continua a ser aplicável ao CPC/2015, mas o sentido constitucional do contraditório e da ampla defesa vai muito além disso. Não se trata de inovar, mas sim de argumentar e contra-argumentar, conhecendo a forma como a parte autora articulou seus fundamentos de fato e de direito.

Com efeito, o CPC de 2015 restabelece uma salutar tradição do direito brasileiro. Como bem destacaram Tucci e Iucci,[12] no melhor escrito nacional sobre o assunto, a ideia de bilateralidade da audiência, verdadeira manifestação do princípio do contraditório e da ampla defesa estampado no artigo 5º, inciso LV, da Constituição Federal, constitui o arcabouço fundamental da estrutura dialética do processo, de modo que a manifestação do réu, após a manifestação do autor, constitui a expressão fundamental dessa bilateralidade, sem a qual o direito de defesa estará violado na

---

40. Na jurisprudência, Cfr. RESp 439.955, Rel. Min. Sálvio Figueiredo.
41. *Compendio de theoria e pratica do processo civil*, op. cit., p. 235.
42. TUCCI, Rogério Lauria; TUCCI, José Rogério Cruz e. *Indevido processo legal decorrente da apresentação simultânea de memorais*. In: Revista da Ajuris, vol. 39, n. 54, março de 1992.

medida em que o réu foi obrigado a se manifestar sem antes conhecer previamente o conteúdo da manifestação, *in concreto*, do autor.

Nesse sentido os autores asseveram: "E isso porque, substituído o debate por memoriais, ao final da audiência, ou ordenada a apresentação de razões finais, no âmbito do processo formado com o ajuizamento de ação rescisória, não se pode negar ao demandado o direito de conhecer o teor da manifestação do autor, para plena consecução da garantia constitucional consubstanciada, como já afirmado, no devido processo legal, de que constituem importantíssimos corolários o contraditório e a publicidade".[43]

É curioso que a apresentação concomitante de memoriais não é da tradição do direito brasileiro: "Com efeito, seguindo a estrutura procedimental traçada pelo direito reinol, especialmente pelas Ordenações Filipinas, o Regulamento n. 737, de 1850, destinado a disciplinar o processo das causas de natureza comercial, e que, após a Proclamação da República, *ex vi* do disposto no Decreto n. 763, de 1890, passou a ser igualmente observado nos processos atinentes às questões cíveis, preceituava no art. 223, *in verbis*: 'Na mesma audiência em que se derem por findas as dilações a requerimento das partes, se assignarão dez dias a cada uma dellas para dizerem afinal por seu advogado, dizendo primeiro o autor e depois o réo'. E mais: Conclui-se, pois, à luz da tradição jurídica brasileira, que as 'razões finais', por escrito ou em forma de debate oral, sempre foram apresentadas, como é curial, sucessivamente, isto é, ensejando-se a que o réu se manifestasse após conhecer o teor das alegações do autor, em estrita observância das regras do contraditório e da publicidade dos atos processuais. Realmente, conferido ao réu o privilégio de manifestar-se por derradeiro, sempre sucessivamente ao pronunciamento do autor, o contraditório somente se aperfeiçoará ante a cientificação ao réu das razões precedentemente expendidas pelo antagonista. Não fosse assim, e o processo restaria destituído de sua precípua finalidade, com a sua clarificada estrutura dialética cedendo passo à escuridão do sigilo, certamente a própria negação da imperiosidade de paridade de armas em todo o *iter* procedimental".[44]

Mesmo diante disso tudo, é espantoso como a doutrina processual civil brasileira ainda é resistente à concepção do prazo sucessivo para a apresentação das razões finais escritas, negando a existência de um direito do réu de se manifestar *após* a manifestação do autor, mesmo diante da regra expressa nesse sentido.[45] Por outro

---

43. TUCCI, TUCCI, *Indevido processo legal decorrente da apresentação simultânea de memorais*, op. cit.

44. TUCCI, TUCCI, *Indevido processo legal decorrente da apresentação simultânea de memorais*. op. cit.

45. Cf. GAJARDONI, Fernando da Fonseca. *Processo de conhecimento e cumprimento de sentença: comentários ao cpc de 2015*. São Paulo: Gen/Forense, 2015, p. 201: "Nas causas de maior complexidade, as alegações orais poderão ser substituídas por razões finais escritas, que serão apresentadas pelo autor e pelo réu, bem como pelo Ministério Público, se for o caso da sua intervenção, em prazos sucessivos de 15 dias (assegurada vista dos autos físicos). Em que pese a aparente cogência da ordem de apresentação dos memoriais escritos pelas partes (autor, réu, MP), não há propriamente um direito de o réu só ser ouvido após a juntada aos autos das alegações finais do autor. Aliás, não é incomum a prática – bastante difundida na jurisprudência – de o juiz fixar um prazo final para as partes apresentarem, conjuntamente, seus memoriais escritos, preservando-

lado, há aqueles que festejam a inovação legislativa, reputando como uma avanço já defendido pela doutrina.[46] Há outros autores que simplesmente indicam a alteração, sem qualquer juízo de valor,[47] e há ainda os que, ao comentar o dispositivo, ignoram completamente a alteração e a ela não dedicam sequer um comentário.[48]

Aliás, no tocante ao tema das razões finais, além da questão em específico do prazo sucessivo para apresentá-las, é relevante frisar que de modo geral a práxis brasileira é bastante criticável, pois via de regra ignora-se a letra da lei que determina, por ordinário,[49] que as alegações finais sejam oferecidas de forma oral, e na sequência a sentença proferida preferencialmente em audiência, determinações legais que raramente ocorrem no foro. Em decorrência desse descumprimento legal, torna-se muito mais frequente a apresentação de razões finais via memoriais escritos, potencializando assim a aplicabilidade da regra de prazos sucessivos e não concomitantes.

O que se espera é que com a "novidade" legislativa que Paula Batista preconizava há mais de um século e meio, os tribunais se atentem que a apresentação de memoriais primeiramente pelo autor e depois pelo réu é um consectário fundamental do princípio do contraditório – bilateralidade de audiência – sem o qual o réu terá seu direito à ampla defesa violado de morte; ainda em termos de mudança jurisprudencial, é curial que o STJ também reveja seus julgados e passe a decretar a nulidade das decisões que desrespeitem a apresentação sucessiva de razões finais.

---

se, assim, a igualdade no estertor final do processo."; No mesmo sentido, MARINONI, Luiz Guilherme; ARENHART, Sérgio; MITIDIERO, Daniel. *Novo Código de processo civil comentado*. São Paulo: Revista dos Tribunais, 3. ed., 2017, p. 47: "Não há dever de o autor apresentar primeiramente os seus memoriais. As partes podem apresentar os seus memoriais em prazo judicial comum" invocando para defender essa posição doutrinária julgados dos STJ que vão no mesmo sentido, os quais são do ano de 2003.

46. "A alteração do CPC 364, § 2 pode ser considerada um avanço em relação à do CPC 1973, 454, § 3, pois determina claramente que a apresentação dos memoriais ('razões finais escritas') deve ser feita de forma sucessiva, sendo primeiro apresentados os do autor e, após, os do réu. O texto proíbe, por conseguinte, a fixação de 'prazo comum' para a entrega de memoriais, ou apresentação simultânea de memoriais. Nesse sentido já se encaminhava a doutrina, inclusive em sede de ação rescisória: substituído o debate por memoriais, ao final da audiência, ou ordenada a apresentação de razões finais, no processo decorrente do ajuizamento de rescisória, não se pode negar ao demandado o direito de conhecer o teor da manifestação do autor, para pleno atendimento da garantia do devido processo legal" NERY JUNIOR, Nelson; NERY, Rosa Maria de Andrade. *Comentários ao Código de Processo Civil*. São Paulo: Revista dos Tribunais, 2015, p. 978-979.

47. "A ordem dos debates orais vem definida no caput do art. 364 do Novo CPC: autor, réu, membro do Ministério Público quando o órgão funcionar na demanda como fiscal da ordem jurídica." NEVES, Daniel Amorim Assumpção. *Novo Código de processo civil comentado artigo por artigo*. Salvador: Juspodivm, 2016, p. 638.

48. CARNEIRO, Paulo Cezar Pinheiro; PINHO, Humberto Dalla Bernardina de. (Coords.) *Novo código de processo civil anotado e comparado*. Rio de Janeiro: Gen/Forense, 2015, p. 211.

49. No mesmo dispositivo aqui em comento: "Quando a causa *apresentar questões complexas de fato ou de direito, o debate oral poderá ser substituído por razões finais escritas*, que serão apresentadas pelo autor e pelo réu, bem como pelo Ministério Público, se for o caso de sua intervenção, em prazos sucessivos de 15 (quinze) dias, assegurada vista dos autos." (grifei)

6. UMA DERRADEIRA REFLEXÃO

Não é intenção deste escrito afirmar peremptoriamente que algumas soluções legislativas inovadoras do CPC/2015 tenham origem expressa no *Compendio* de Paula Baptista. O labor de realizar comparações de cunho histórico é muito mais complexo do que isso; deve ser feito com bastante cuidado. Mesmo no tocante ao tópico do prazo sucessivo para a apresentação das alegações finais escritas, que parece ser evidentemente defendido no *Compendio*, na verdade decorre da tradição luso-brasileira, e está impregnada de uma concepção corretíssima de contraditório e ampla defesa. Se mesmo num caso tão pontual é assim, com muito mais razão são menos peremptórias as outras reflexões que empreendi com o intuito de encontrar, no pensamento do mestre pernambucano, elementos que estejam em sintonia com as preocupações e tendências que o legislador de 2015 priorizou, atribuindo-lhes inclusive natureza de normas principiológicas.

Em decorrência disso, é evidente que não se encontram no *Compendio*, de forma acabada, princípios como a vedação à decisão surpresa. Esse é um tipo de refinamento e aprofundamento de uma das dimensões do princípio do contraditório e da ampla defesa que ganhou seus contornos fundamentais bem recentemente; mas por meio da concepção geral vanguardista que Paula Baptista apresenta de processo, sobretudo em relação a concebê-lo como figura de direito público, mas ao mesmo tempo comprometido com a contenção dos abusos do julgador, é que se procedeu a essas reflexões.

E este, sim, é o grande escopo deste escrito, ou a grande reflexão que se extrai dele: chamar à atenção *nossos* processualistas históricos, com temas e visões ainda contemporâneos, que podem ter propostas interessantíssimas para os problemas de hoje, dentre eles, especialmente, aliás, Paula Baptista e *suas atualidades de um velho processualista*, como se referiu Buzaid. Há temas em direito processual que são atemporais, exatamente como um dos centrais na obra do mestre pernambucano, como os limites para o exercício do poder jurisdicional, além de vários outros, que se fossem estudados numa perspectiva histórica engrandeceriam a ciência processual brasileira e nos guiaria com mais segurança rumo ao futuro, quase sempre incerto.

PROCESSO (IN)CIVIL: DESPROCEDIMENTALIZAÇÃO E SEGURANÇA JURÍDICA-PROCESSUAL NO CPC DE 2015

Carlos Alberto de Salles

Livre-docente, Doutor, Mestre e Bacharel pela USP. Professor-Associado do Departamento de Direito Processual da USP. Desembargador do TJSP. Foi aluno de Walter Piva Rodrigues em 1983, em Teoria Geral do Processo. Colega do homenageado, na USP, desde 2003 e, no TJSP, desde 2013.

Sumário: 1. A denúncia de um processo (in)civil – 2. Aclarando conceitos: procedimentalização, marcos procedimentais e desprocedimentalização – 3. Marcos procedimentais: a opção do código de 1973 – 4. Desprocedimentalização: a meta do CPC de 2015 – 5. Conclusões – 6. Referências bibliográficas.

1. A DENÚNCIA DE UM PROCESSO (IN)CIVIL

O Professor Walter Piva Rodrigues lecionou para várias gerações da Faculdade de Direito da USP. Para o autor deste artigo, inclusive. Como começou cedo na docência, hoje muitos de seus alunos parecem mais velhos que o mestre. Ao menos é a percepção do autor deste artigo, decorrente da convivência diária com o homenageado no Tribunal de Justiça do Estado de São Paulo.[1] A verdade é que o "Professor Piva", como é conhecido, ajudou muita gente a *por o pé na profissão* e muitos de seus alunos hoje ocupam posições de relevo, da advocacia ao STF, passando por variados tribunais e procuradorias de todo Brasil.

Poder colaborar com esta obra, assim, é uma grande alegria, pois, além de celebrar um querido amigo, faz inteira justiça a uma carreira docente e jurídica bastante profícuas.

Em razão dos longos anos de convivência comum, este articulista tem dificuldade de dissociar o Professor Walter Piva da figura e do pensamento de seu principal mentor, o Professor José Ignácio Botelho de Mesquita.

Sem dúvida, esse professor, ao lado do Professor Rui Barbosa Nogueira, teve grande influência na formação e na carreira do homenageado. Foi pelas mãos de Botelho de Mesquita, ainda na condição de professor contratado, que o homenageado ingressou no corpo docente da USP, acabando por estabelecer uma sólida e frutífera parceria acadêmica e intelectual. Essa ligação, pessoal e acadêmica, acabou por cons-

---

1. Professor Piva é colega do autor na 1ª Seção de Direito Privado do TJSP, com gabinetes no mesmo prédio.

truir um importante polo nos debates sobre o processo civil contemporâneo. Com Rui Barbosa Nogueira, professo de Direito Tributário, estabeleceu uma longuíssima parceria profissional.

A importância do Professor Mesquita para o homenageado, na área do processo, justifica a escolha do tema do *processo (in)civil* pare este artigo.[2] Afinal, essa expressão resume uma bandeira levantada pelo Professor Mesquita para servir de contraponto crítico a muitas das mudanças mais recentes de nosso processo civil.

A qualificação de *processo (in)civil*, a esse propósito, aponta para a necessidade de sempre observar a legalidade do processo e preservar as garantias das partes, valendo como uma espécie de denúncia daquelas situações nas quais as transformações legislativas, jurisprudenciais ou doutrinárias de nosso processo podem conduzir a uma fragilização dos direitos das partes ou, pior ainda, a um processo de viés autoritário.[3] De certa forma, pode-se dizer, essa expressão denuncia certa prevalência de objetivos de eficiência sobre aqueles de garantia e segurança no processo civil.[4]

Nesse sentido, o *processo civil*, propriamente dito, é aquele tributário da lei e que por meio dela desenvolve-se e produz decisões conformes ao ordenamento jurídico. Nele o juiz jamais será livre das leis (*legibus solutus*), devendo o atuar do direito

---

2. Sobre a proximidade acadêmica dos professores, v. RODRIGUES, Walter Piva. Discurso de agradecimento ao professor José Ignácio Botelho de Mesquita no lançamento do livro "Processo civil: homenagem a José Ignácio Botelho de Mesquita". In *Revista de Processo*, V. 39 (2014), n. 231, p. 449-450. A preocupação com um processo apto a dar suficiente garantia às partes, tem, também, sido uma preocupação constante do professor Walter Piva Rodrigues. Cf., a recente publicação: RODRIGUES, Walter Piva. A motivação da sentença no novo CPC 2015. In BEDAQUE, José Roberto dos Santos [et al.] (coords.), Estudos de Direito Processual Civil em homenagem ao professor José Rogério Cruz e Tucci. Salvador: JusPodivm, 2018, p.781/790. A mesma tônica pode ser vista na produção mais recente do homenageado: RODRIGUES, Walter Piva. Breves anotações sobre o incidente de assunção de competência no CPC/2015. In *Revista Síntese de Direito Civil*, v. 97 (set./out. 2015), p. 17-21; RODRIGUES, Walter Piva. Multa Processual. In LAGRASTA NETO, Caetano [et al.] (coords.). *Dicionário de direito de família*. São Paulo: Atlas, 2015, p. 720/722; RODRIGUES, Walter Piva. Execução de prestação alimentícia: alterações legislativas, jurisprudência e questões procedimentais. In RODRIGUES, Walter Piva e [et al.] (coords). Processo civil: homenagem a José Ignácio Botelho de Mesquita. São Paulo: Quartier Latin, 2013, p. 189-205; RODRIGUES, Walter Piva. O mandado de segurança contra atos judiciais na atual realidade forense. In SALLES, Carlos Alberto de. *As grandes transformações do processo civil brasileiro: homenagem ao Professor Kazuo Watanabe*. São Paulo: Quartier Latin, 2009, p. 477-483; RODRIGUES, Walter Piva. *Coisa julgada tributária* [prefácio de José Ignácio Botelho de Mesquita]. São Paulo: Quartier Latin, 2008.
3. MESQUITA, José Ignácio Botelho de. Processo civil e processo incivil. *Revista de Processo*. Vol. 131 (Jan/2006), p. 252.
4. É possível separar dois grupos de argumentos indicadores de parâmetros para a avaliação dos processos judiciais e de outros mecanismos alternativos de solução de conflitos: os de *produção* e os de *qualidade*. Os argumentos chamados de *produção* são aqueles relativos à capacidade de um mecanismo decisório produzir resultados com menor dispêndio de recursos. Quando aos argumentos de *qualidade*, é preciso investigar a superioridade dos variados resultados produzidos pelos mecanismos decisórios em análise. Cf. GALANTER, Marc. Introduction: Compared to what? Assessing the quality of dispute processing. *Denver University Law Review*, n. 66 (1989), issue 3, p. xi-xiv; também, SALLES, Carlos Alberto de. *Execução judicial em matéria ambiental*. São Paulo: Revista dos Tribunais, 1998, p. 36/44. Criticando o privatismo no modelo de processo civil brasileiro e a preponderância da lógica da eficiência, v. SILVA, Paulo Eduardo Alves da. *Acesso à justiça, litigiosidade e o modelo processual civil*. Tese (Livre docência em Direito) – Faculdade de Direito de Ribeirão Preto, Universidade de São Paulo, São Paulo, 2018, p. 187-253.

se dar segundo uma "ordem natural, lógica e imutável", sob pena de resvalar para um modelo autoritário de processo. Dessa maneira, o processo *(in)civil* é o oposto daquilo que se espera do adequadamente denominado de *civil*: "é processo do qual nunca se sabe qual será o resultado, nunca se sabe se se conduziu com justiça, porque predisposto a ocultar, a camuflar, a impedir que apareça a desordem e a tirania."[5]

Para um dos últimos orientados do Professor Mesquita, "o exercício da jurisdição, por meio do processo civil, deve ser um fator de segurança jurídica. Quando ocorre o inverso, a produção de insegurança jurídica, o processo se perverte e degenera, passando a representar o que José Ignácio Botelho de Mesquita denominou de forma eloquente processo incivil".[6]

Em razão dessa insegurança, gerada por determinados perfis de disciplina jurídico-processuais, de maneira interessante, também, surgiu a denominação *processo líquido*:

> "O processo líquido é um processo em que as formas se desintegram, um processo que, correndo sobre a água, não encontra portos seguros e previsíveis em que se detenha, um processo em que os actos da sequência se diluem no próprio movimento da série, um processo em que a legalidade dos instrumentos destinados a assegurar a consecução dos 'bens' abstratamente garantidos pelo direito substantivo é substituída pela competência incerta e discutível do timoneiro em lidar com o imprevisível curso da 'àcqua ùtile e ùmile' (Francisco de Assis)".[7]

A denúncia de um *processo (in)civil* ou *líquido*, no entanto, não se limita à insegurança gerada pelos fatores que corrompem a estrutura básica da disciplina processual e prejudicam a previsibilidade do sistema. A denúncia é, também, da formação de um processo crescentemente mais autoritário, no sentido de permitir uma maior discricionariedade judicial e, com isso, uma maior ingerência do Estado, por meio do juiz, no interesse das partes. Esse fenômeno o Professor Mesquita identificava com um crescimento das técnicas próprias da jurisdição voluntária no processo contencioso.

Para ele, a causa desse problema está na maneira como o juiz de relaciona com a própria legalidade estatal, sendo diferente nas jurisdições voluntária e contenciosa. Para Mesquita:

> "Essa enorme diferença no modo como o juiz se relaciona com a lei em cada uma dessas espécies de jurisdição, está a indicar a diferença entre os fins a que está voltado o processo em um e em outro caso. E a tendência atual, senão do direito processual, pelo menos de grande parte dos processualistas, se está mostrando na inclinação de atribuir à jurisdição contenciosa os fins da jurisdição voluntária, tentando a fazer que aquela venha a ser absorvida por esta."[8]

---

5   . MESQUITA, op. cit., p. 252. Usando terminologia semelhante, v. COSTANTINO, Giorgio. *Riflessioni sulla giustizia (in)civile (1995-2010)*. Torino: G. Giappichelli, 2011, em especial p. 19/26.

6. YOSHIKAWA, Eduardo Henrique de Oliveira. *Processo (in)civil e (in)segurança jurídica*. Tese (Doutorado em Direito) – Faculdade de Direito, Universidade de São Paulo, São Paulo, 2014, p. 08.

7. MENDONÇA, Luís Correia de. Processo Civil líquido e garantias (o regime processual experimental português). Revista de Processo, Vol. 170 (Abr./2009), p. 249/250.

8. MESQUITA, José Ignácio Botelho de. As novas tendências do direito processual: uma contribuição para seu reexame. In *Teses, estudos e pareceres de processo civil*. São Paulo: RT, 2005, p. 265.

Ocorre que, para ele "a jurisdição se apresenta como atividade de transformação da realidade para fazer prevalecer a ordem jurídica *stricto sensu*, que é o caso da *jurisdição contenciosa*; ou para fazer prevalecer a ordem política, econômico-financeira ou social, que é o caso da *jurisdição voluntária*. Aquela pressupõe lesão ou ameaça a interesses políticos, econômicos e sociais".[9]

Com isso, "o *processo novo* oferece apenas uma mudança da tecnologia, aplicando à jurisdição contenciosa a tecnologia da jurisdição voluntária. Essa mudança pode levar a uma diminuição do tempo de trabalho, mas importa alteração da natureza do resultado. O produto final não é o mesmo que o visado pela jurisdição contenciosa e pode se tornar imprevisível."[10] O núcleo central do que se denuncia, entretanto, é que "o ideal de um processo do tipo que serve à jurisdição voluntária, caracterizado fortemente pela independência do juiz diante da lei, vinculado apenas aos fins sociais e à política do Estado, sempre foi a marca dos regimes de opressão".[11]

O objetivo do presente artigo é bem mais modesto em termos de crítica ao sistema processual ora vigente. Em primeiro lugar, afirma que o vigente Código de Processo Civil de 2015, para facilitar trâmites processuais, buscou uma desprocedimentalização do processo, ao contrário do diploma processual de 1973, que buscara estabelecer marcos procedimentais para cada finalidade específica à qual o processo se voltava. Em segundo lugar, resvalando para um posicionamento crítico, procurou demonstrar que, em algumas situações, a desprocedimentalização pode gerar insegurança para as partes, apontando, assim, para um *processo (in)civil*, no sentido mais tênue dessa expressão.

Evidente, não se sabe se o Professor Mesquita concordaria e se o homenageado concorda com as críticas aqui formuladas.

2. ACLARANDO CONCEITOS: PROCEDIMENTALIZAÇÃO, MARCOS PROCEDIMENTAIS E DESPROCEDIMENTALIZAÇÃO

Para entender-se a crítica subjacente a este ensaio, necessário, primeiramente, compreender o que se considera, *procedimentalização* em uma regulação jurídico-processual. Para esse propósito, *procedimentalizar* significa estabelecer um *iter* de atos processuais para que se produza determinado resultado processual, em geral, consistente em uma decisão a respeito de um tópico específico.[12] Com isso o legislador impõe às partes e ao juiz um padrão de conduta processual, que deve ser seguido para que se obtenha resultado pretendido.

---

9. MESQUITA, op. cit., As novas tendências, p. 269.
10. MESQUITA, op. cit., As novas tendências, p. 299.
11. MESQUITA, op. cit., As novas tendências, p. 278.
12. Poder-se-ia pensar, da mesma forma, em um procedimento direcionado a promover a uma solução consensual, por exemplo, um procedimento de mediação.

Na verdade, processo e procedimento têm entre si uma relação necessária, não sendo possível isolá-los de maneira absoluta. Afinal, é através de arranjos procedimentais que se estrutura o processo, inserindo neste último aqueles valores que devam ser prevalecentes. Não por outra razão, este autor vem definindo processo como *procedimento dotado de normatividade*, isto é, de valores jurídicos que deve estar presente nos trâmites procedimentais.[13]

Neste artigo, não se tem em mira aqueles procedimentos criados para o desenvolvimento do processo como um todo, como, por exemplo, do processo comum ordinário, do diploma de 1973, ou, simplesmente, do processo comum, como previsto no Código de 2015. De maneira diversa, as atenções, aqui, são voltadas para aqueles procedimentos criados para produção de decisões incidentais, a serem produzidas no curso um processo de maior escopo. Com esse propósito, a procedimentalização pode ser feita de maneira mais extensa ou mais sintética, estabelecendo a obrigatoriedade da prática de vários atos processuais ou, até mesmo, de apenas um deles.

De fato, em termos de segurança jurídico-processual, sob uma perspectiva legislativa, pode não ser necessária o estabelecimento de todo um procedimento incidental, mas, muitas vezes, de um simples ato processual isolado, que possa servir de referência para partes e para o juiz. Por essa razão, prefere-se, com essa finalidade, tratar de *marcos procedimentais*, exprimindo, por vezes, um conjunto de atos, mas, outras vezes, um ato isolado.

Nesse sentido, devem-se entender *marcos procedimentais* de maneira ampla, a indicar a disciplina normativa, de natureza procedimental, destinada àquele objetivo de orientação das partes e do próprio juiz no processo. Ao estabelecer um marco procedimental, o legislador tem por objetivo dotar o processo de maior segurança quanto às consequências que podem advir de seu não atendimento, conforme será exemplificado nos itens seguintes.

Se for verdade que o estabelecimento de um marco procedimental aponta, a princípio, para maior segurança jurídica, não é menos verdade, também, que sua criação pode afetar o desenvolvimento do processo, tornando-o mais complicado, impondo maiores ônus às partes, aumentando seus custos e gerando condições que podem contribuir para sua demora. O estabelecimento desses marcos, assim, podem levar em conta diferentes estratégias de procedimentalização, de acordo com os valores que sejam preponderantes em uma dada disciplina jurídica processual.

Não se pode, claramente, tomar essa afirmação como uma equação absoluta, em qualquer de seus dois sentidos. Não há uma relação necessária entre menos procedimento e maior insegurança jurídica. Pode-se cogitar de processos com esquemas

---

13. Para essa definição, v. SALLES, Carlos Alberto de. *Arbitragem em contratos administrativos*. São Paulo: Forense, 2011, p. 99/104; em desenvolvimento posterior, v. SALLES, Carlos Alberto de. Processo: procedimento dotado de normatividade – uma proposta de unificação conceitual. In ZUFELATO, Camilo e YARSHELL (orgs.). *40 anos da Teoria Geral do Processo no Brasil: passado, presente e futuro*. São Paulo: Malheiros, 2013, p. 201-217.

procedimentais muito enxutos e com suficiente segurança jurídica. Por outro lado, nem sempre as reduções procedimentais tornam os processos menos complicados e dispendiosos. Algumas vezes, a exiguidade procedimental pode criar extensas zonas de incerteza e controvérsia processuais, que ao reverso do esperado somente fariam tumultuar e atrasar o processo.

A *desprocedimentalização*, ou seja, a eliminação daqueles marcos procedimentais incidentais ao processo, notadamente de conhecimento, como se tentará demonstrar a seguir, foi uma importante meta do legislador processual de 2015. Buscou-se um processo menos formal, menos burocrático, mais simples, de trâmite mais célere. Todos esses objetivos merecem amplo respaldo. O que se pretende neste artigo é apenas examinar se, em algumas situações, isso não acabou por vulnerar demasiadamente a segurança do próprio processo.

3. MARCOS PROCEDIMENTAIS: A OPÇÃO DO CÓDIGO DE 1973

O cotejo da regulação jurídica processual dos Códigos de 1973 e de 2015 evidencia a clara opção do primeiro pela utilização de marcos procedimentais como instrumento central na garantia de segurança ao processo.

A esse propósito, cada atividade processual voltada para uma finalidade específica era ligada a um marco procedimental, que servia de base para se alcançar o resultado desejado. Assim, no Código de Processo Civil de 1973, as chamadas exceções rituais, de incompetência e de impedimento ou suspeição do juiz (arts. 304/314), a declaratória incidental (art. 325), a impugnação ao valor da causa (art. 261), o deferimento e impugnação da assistência judiciária (arts. 6º e 7º, da Lei 1.060/1950), entre outros mecanismos procedimentais.

A disciplina jurídica do processo, notadamente na legislação codificada, pode ser feita a partir de algumas características gerais, que expressam opções – conscientes ou não – do legislador. A esse propósito, uma das importantes opções colocadas ao legislador em um Código de Processo, diz respeito à estrutura procedimental a ser adotada, incluindo o estabelecimento, ou não, de marcos procedimentais, no sentido referido acima. A decisão a esse respeito, cabe ao legislador, ao definir quais situações, no processo, devem ser reguladas a partir de um procedimento específico.

Os Códigos de Processo Civil de 1973 e de 2015, nesse ponto, possuem matrizes de estruturação procedimental bastante diversas.

Como mencionado, o diploma revogado havia optou por criar procedimentos específicos sempre que se buscava produzir uma decisão incidental de maior relevância. O Código de 2015, ao contrário, fez uma opção, de política legislativa, de reduzir ao máximo (se não de eliminar) regulamentações procedimentais paralelas, isto é, que não digam respeito ao objeto central do processo.

Para o Código de Processo de 1973, com o estabelecimento de marcos procedimentais em separado, buscava-se delimitar, para aquela finalidade específica, as

PROCESSO (IN)CIVIL **39**

iniciativas processuais das partes, seus respectivos ônus e a decisão a respeito do tema. Com isso, criava-se uma referência procedimental que servia de orientação, não somente para as partes, mas para próprio juiz da causa.

Tome-se, como um primeiro exemplo, a muito criticada exceção de incompetência.

Inegável que o procedimento dos artigos 307 a 311 do diploma de 1973 merecia críticas e que os objetivos por ele buscados poderiam ser alcançados por outra forma. Não se pode negar, todavia, que era relativo a uma decisão importante para o processo – a definição do juízo competente nos casos de incompetência relativa.

O código, nessa matéria, foi coerente com a premissa legislativa evidenciada acima, estabelecendo um marco procedimental para a produção daquela decisão incidental específica. Para reconhecimento da incompetência relativa do juízo a parte deveria adotar, obrigatoriamente, o caminho procedimental indicado.

Ainda que, no caso, seja difícil de objetar a desnecessidade[14] de uma exceção ritual, para uma alegação passível de ser realizada como simples preliminar de apelação, é inegável a coerência da opção legislativa.

A exceção tratada, de fato, criava uma referência processual importante, para uma definição, de igual modo importante no processo. A iniciativa ou não da parte, no sentido de excepcionar a incompetência relativa, definia se essa matéria tornar-se-ia controvertida – e deveria ser objeto de decisão específica – ou se a competência do juízo estava automaticamente prorrogada. Não há como negar que esse marco procedimental criava um referencial importante para as partes e para o próprio juiz do processo.

De alguma forma, esse procedimento evitava equívocos decorrentes de alegações mal formuladas e mal expressas, tornava mais difícil que a matéria fosse esquecida ou relegada para momento posterior no processo. O marco procedimental aqui tratado tem o caráter de um elemento de segurança processual. Torna clara a impugnação de competência formulada pela parte, sinalizando a possibilidade de o processo seguir caminhos bastante diversos. Serve ainda para destacar a necessidade de resposta pela parte contrária.

Com essa constatação, não se quer negar que procedimento fosse excessivamente dispendioso, para partes e para o próprio sistema jurisdicional. Pretende-se apenas recuperar o sentido original pelo qual, seguramente, essa exceção ritual veio a ser criada.

Tome-se, como exemplo, em segundo lugar, a chamada ação declaratória incidental. Este caso é um tanto diverso, mas, juntamente com o anterior, serve contraponto às opções legislativas do código agora vigente.

---

14. Cf. BEDAQUE, José Roberto dos Santos. *Efetividade do processo e técnica processual*. 3ª edição. São Paulo: Malheiros, 2010, p. 425-428.

Diversamente da exceção de incompetência, na disciplina da declaração incidente, o legislador de 1973 não estabeleceu um procedimento em separado. Quiçá pudesse tê-lo estabelecido.[15] De toda maneira, estabeleceu, a esse propósito, um claro marco procedimental, em contraste aquilo a que veio a fazer o Código de 2015. Indica o diploma de 1973: "*contestando o réu o direito que constitui fundamento do pedido, o autor poderá requerer, no prazo de 10 (dez) dias, que sobre ele profira sentença incidente*" (...). Ou seja, como consta da segunda parte desse mesmo dispositivo, dependendo o julgamento do processo, no todo ou em parte, da declaração da existência ou da inexistência do direito que lhe serve de pressuposto, o autor pode pedir, no prazo indicado, que o juiz se pronuncie sobre ele, formalmente, fazendo com que a decisão seja alcançada pela coisa julgada em relação à questão prejudicial.

Assim, para que a coisa julgada atingisse a decisão incidental fosse alcançada pela coisa julgada, o legislador estabeleceu a obrigatoriedade de um marco procedimental, no caso o pedido do autor, expressamente formulado, no prazo previsto no dispositivo.

Como se trata de questão prejudicial ao julgamento da causa, vale recordar, a ausência de iniciativa do autor – ou do próprio réu por via reconvencional – não inviabilizaria a decisão de mérito. Apenas, na inatividade das partes acerca do pleito declaratório incidental, o juiz decidiria *incidenter tantum* a questão controvertida, passando ao julgamento do mérito do processo. Nessa hipótese, entretanto, tal decisão não estaria apta a formar coisa julgada em relação à questão prejudicial.

Da perspectiva da análise aqui desenvolvida, o pedido do autor para que se "*profira sentença incidente*", constitui um marco procedimental. A partir dele, deve ser aberto prazo para resposta, mesmo sem previsão expressa nesse sentido, e, ao final, chegar-se-á a decisão incidente apta a gerar coisa julgada. Embora, diferentemente da exceção de incompetência, o Código de 1973 não estabeleça um procedimento completo para se chegar à decisão incidental, estabelece, por meio da obrigatoriedade de iniciativa do autor, um marco procedimental, sem o qual o resultado da sentença para a questão incidental, em termos de coisa julgada, seria bem diverso.

No contraste dessas soluções legislativas com aquelas consagradas com o Código de 2015, examinadas a seguir, ficam bem evidentes os valores prevalecentes para um e para outro diploma legal, permitindo cogitar se, eventualmente, o diploma vigente resvalou, nas situações estudadas para aquilo que se chamou acima de um *processo (in)civil* ou de um *processo líquido*.

4. DESPROCEDIMENTALIZAÇÃO: A META DO CPC DE 2015

Se para o CPC de 1973 o estabelecimento de marcos procedimentais bem delimitados era um instrumento central para garantir segurança jurídica ao processo, o

---

15. Sobre os aspectos gerais da disciplina da declaratória incidental, v. CALMON DE PASSOS, José Joaquim. *Comentários ao Código de Processo Civil, arts. 270 a 331*. 8ª edição. Rio de Janeiro: Forense, 1998, p. 404-407.

código vigente caminhou no sentido de reduzir os procedimentos, as *formalidades do processo*.

Afinal, um dos objetivos orientadores da proposta legislativa era a redução da complexidade do processo, a bem da redução da morosidade processual. A exposição de motivos é elucidativa a respeito: *"O novo Código de Processo Civil tem o potencial de gerar um processo mais célere, mais justo, porque mais rente às necessidades sociais e muito menos complexo".*[16] Sem dúvida, uma das causas apontadas como responsável pela demora do processo civil brasileiro era o excesso de procedimentos, em direto contraponto com o garantismo no processo civil.

Em momento ainda anterior à aprovação do novo código, dissertando sobre as razões da morosidade judicial, Luiz Fux, presidente da comissão do Senado, redatora do primeiro projeto de um novo Código de Processo Civil, assim coloca: "A primeira causa [do formalismo] foi tributada ao excesso de formalidades do processo oriunda da era do iluminismo, na qual o Judiciário, posto gozar de profunda desconfiança de comprometimento com o ancião regime, restou amordaçado pela suposta 'garantia das formas'. Trata-se do que Montesquieu preconizava; vale dizer: deverem os juízes ser apenas '*la bouche de la loi*'. Esse falso garantismo impregnou o processo de forma tão rígida de um excesso de etapas até o advento da solução judicial que as formas usuais de prestação da justiça alcançaram níveis alarmantes de insatisfação popular, arrastando nesse quadro, o descrédito do Poder Judiciário".[17]

Assim, para o hoje ministro do Supremo Tribunal Federal – STF, para o enfrentamento da morosidade processual, "ressoa evidente que as três causas importantes reclamavam ser enfrentadas: as excessivas solenidades processuais das quais o processo civil se encontrava prenhe; o excessivo número de demandas e a prodigalidade recursal na ótica antes apontada".[18]

Ao que tudo indica, portanto, nas premissas do código aprovado em 2015, a redução morosidade processual dever-se-ia fazer, sobretudo, pela via da simplificação e da eliminação de procedimentos, incluídos aqueles relativos aos recursos.[19]

---

16. Disponível em https://www2.senado.leg.br/bdsf/bitstream/handle/id/512422/ 001041135.pdf, acesso em 05.02.2019. A redução da complexidade teve um papel fundamental na elaboração do Código de 2015. A Exposição de Motivos assim enuncia os objetivos buscados pela comissão de juristas que trabalhou no projeto. "Com evidente redução da complexidade inerente ao processo de criação de um novo Código de Processo Civil, poder-se-ia dizer que os trabalhos da Comissão se orientaram precipuamente por cinco objetivos: 1) estabelecer expressa e implicitamente verdadeira sintonia fina com a Constituição Federal; 2) criar condições para que o juiz possa proferir decisão de forma mais rente à realidade fática subjacente à causa; 3) simplificar, resolvendo problemas e reduzindo a complexidade de subsistemas, como, por exemplo, o recursal; 4) dar todo o rendimento possível a cada processo em si mesmo considerado; e, 5) finalmente, sendo talvez este último objetivo parcialmente alcançado pela realização daqueles mencionados antes, imprimir maior grau de organicidade ao sistema, dando-lhe, assim, mais coesão" (p. 26).
17. FUX, Luiz. O novo processo civil. In FUX, Luiz. *O novo processo civil brasileiro – Direito em expectativa (reflexões acerca do projeto do novo Código de Processo Civil)*. Rio de Janeiro: Forense, 2011, p. 4-5.
18. Idem, ibidem, p. 7.
19. É o que se torna explícito, na exposição de motivos, quando trata das mudanças ligadas ao objetivo de redução de complexidade: "Extinguiram-se muitos incidentes: passa a ser matéria alegável em preliminar de contesta-

A iniciativa legislativa nesse sentido, por razões de simplificação, é tratada neste artigo por *desprocedimentalização*. Embora a exposição de motivos do novo código não traga outros elementos a esse propósito, o objetivo perseguido pelo projeto do novo Código de Processo Civil não é somente de simplicidade, de facilitação procedimental. Na verdade, o objetivo buscado atende, também, à justa crítica à procedimentalização demasiada, que gera gasto de tempo e de recursos, causando uma desnecessária burocratização do processo, devendo, por essa razão, ser eliminada.

A retomada dos exemplos tratados no item anterior – a exceção de incompetência e a declaratória incidental do Código de 1973 – em contraposição às opções legislativas do código ora vigente em relação às duas matérias permite evidenciar os valores predominantes na regulação processual dos dois diplomas legais.[20]

A arguição de incompetência relativa, no novo código, passou a ser feita por simples arguição em preliminar de apelação (art. 337, II). Isso significa dizer que o demandado não mais precisa alegar essa matéria por meio de *exceção ritual*, como era previsto do Código de 1973. Com isso, a alegação dessa matéria deixou de exigir a apresentação em petição em separado e a observância do procedimento específico que era previsto. Dessa maneira, facilitou-se a alegação da incompetência relativa e eliminou o assaz estranho formalismo de não se poder conhecer da matéria caso ela tivesse sido apenas arguida em contestação, sem observância da forma prevista.

Não se vislumbra a esse propósito, qualquer fragilização à segurança processual ou outro vestígio de um *processo (in)civil*. Afinal, o Código de 2015 estabeleceu um marco procedimental a respeito, isto é, a regra de alegar essa matéria em preliminar de contestação.

Tal regra, prevista no já mencionado artigo 337, inciso II, foi complementada pelo parágrafo 5º, prevendo o não conhecimento de ofício, e a prerrogativa do artigo 340, de apresentação da contestação no foro do domicílio do réu. Esse marco procedimental, que não chega a estabelecer um procedimento específico, como fazia o código revogado, atende à finalidade de sinalizar às partes o momento adequado para

---

ção a incorreção do valor da causa e a indevida concessão do benefício da justiça gratuita, bem como as duas espécies de incompetência. Não há mais a ação declaratória incidental nem a ação declaratória incidental de falsidade de documento, bem como o incidente de exibição de documentos. As formas de intervenção de terceiro foram modificadas e parcialmente fundidas: criou-se um só instituto, que abrange as hipóteses de denunciação da lide e de chamamento ao processo. Deve ser utilizado quando o chamado puder ser réu em ação regressiva; quando um dos devedores solidários saldar a dívida, aos demais; quando houver obrigação, por lei ou por contrato, de reparar ou garantir a reparação de dano, àquele que tem essa obrigação. A sentença dirá se terá havido a hipótese de ação regressiva, ou decidirá quanto à obrigação comum. Muitos procedimentos especiais" (...) "Extinguiram-se também as ações cautelares nominadas." (p. 32)

20. Em confirmação à afirmação quanto à *desprocedimentalização*, destaque-se que os procedimentos do CPC/1973 relativos à exceção de incompetência, à declaratória incidental, à impugnação ao valor da causa, ao deferimento e impugnação da assistência judiciária, referidos no idem anterior, foram eliminados no CPC/2015. A arguição de impedimento e suspeição teve procedimento regulado pelo artigo 146 do novo código, embora não mais com caráter de exceção, como no código anterior. A impugnação à assistência judiciária, está regulada no art. 100 do CPC/2015, mas não contempla procedimento em separado, nos moldes do que era previsto na Lei 1.060/1950.

alegação dessa matéria e viabiliza o estabelecimento de adequado contraditório, com a determinação de manifestação do demandado sobre a questão levantada (art. 351).

Diversamente, em relação à extensão da coisa julgada às questões prejudiciais incidentais, a disciplina estabelecida pelo Código de 2015, no entender deste autor, carece de marcos procedimentais precisos. Com isso, pode gerar incerteza e fragilizar a defesa do demandado. A esse propósito, ter-se-ia, então, o registro de um *processo (in) civil*, nos termos apontados de início.

Com efeito, embora se possa dizer que a disciplina do Código de 1973 não era livre de incertezas, notadamente no que diz respeito ao momento do julgamento da questão incidental, esse diploma processual positivou um marco procedimental bastante claro, ao estabelecer a necessidade de um expresso requerimento do autor para abertura de contraditório sobre a matéria e para tornar aplicável a coisa julgada (art. 325) – insista-se, sem prejuízo de o mesmo efeito ser buscado pelo réu pela via reconvencional.

O Código de Processo vigente, seguindo as diretrizes acima destacadas, desprocedimentalizou a extensão da coisa julgada às questões prejudiciais incidentais, deixando de exigir requerimento das partes com esse propósito. O parágrafo 1º, do artigo 503, determina que a coisa julgada, disciplinada no *caput*, "*aplica-se à resolução de questão prejudicial, decidida expressa e incidentalmente no processo*". Com isso, elimina a necessidade de especial e prévia deliberação judicial sobre estender a coisa julgada à questão prejudicial incidental.

Dessa maneira, a qualidade de imutabilidade da decisão sobre questão prejudicial incidental passa a ser *ex legis*, sem a necessidade de expressa manifestação judicial acerca de seu cabimento. Para tanto, segundo a nova disciplina processual, devem ser preenchidas as condições previstas nos incisos do dispositivo referido. Essas condições, em resumo, são: (i.) que a questão seja efetivamente prejudicial; (ii.) que tenha havido sobre ela efetivo contraditório; (iii.) se o juízo for competente para resolvê-la.

A vantagem de um marco procedimental, como estabelecido pelo diploma de 1973, era tornar explicita a necessidade de incidência de deliberação judicial sobre a questão prejudicial e consequente formação de coisa julgada em relação a essa decisão. Destaque-se que, se tratando de questão prejudicial, seu julgamento haveria, de qualquer modo, de ocorrer, com ou sem requerimento do autor. A coisa julgada, esta sim, dependia do requerimento. Observa-se, assim, que havia um referencial normativo, para as partes e para o julgador, a indicar a qualidade de imutabilidade dos efeitos aquela decisão específica.

A disciplina ora vigente apenas estende a qualidade da coisa jugada à decisão dessas questões prejudiciais, independentemente de qualquer iniciativa da parte nesse sentido. É verdade que, como apontado acima, a bem da segurança jurídica, estabelece condições para reconhecimento da coisa julgada nessa hipótese.

O problema é que a coisa julgada, em si, é matéria a ser controvertida em um *segundo processo*,[21] subsequente, ou seja, naquele em que ela for alegada, para fins de extinção sem resolução do mérito (art. 485, V, CPC/2015). Assim, as condições estabelecidas pelo parágrafo 1º, do artigo 503, do diploma vigente, serão objeto de controvérsia de e de decisão judicial apenas no processo que se seguir àquele no qual a questão prejudicial for decidida.

Dessa maneira, essa regulação específica parece gerar, de fato, uma situação de insegurança jurídica processual, por permitir que o processo termine sem uma certeza de que a questão incidente prejudicial está ou não abrangida pela coisa julgada. Ainda mais, essa disciplina processual, da maneira como está posta pelo código de processo vigente, pode ainda gerar insegurança para de defesa do demandado. Afinal, em um contexto prático, nem sempre é fácil extrair das narrativas das partes qual é a totalidade de questões levantadas, qual delas é efetivamente prejudicial, como deve ser o ataque para controvertê-las e o quanto de contraditório é bastante para satisfazer a condição do Código de 2015 (art. 503, §1º, II).

5. CONCLUSÕES

Diante das questões examinadas, pode-se concluir que, não obstante o necessário esforço que se deve empreender para facilitar os procedimentos do processo civil, não se pode esquecer que eles são um elemento essencial para estruturação do processo. Servem para garantir o desenvolvimento do processo com respeito às garantias fundamentais nas partes, sinalizando corretamente qual a conduta esperada das partes para a produção de determinado resultado. O procedimento é o instrumento pelo qual se dota o processo de normatividade, como mencionado acima,[22] não se podendo ignorar seu papel para um correto desenvolvimento do processo.

Por essa razão, optou-se por discutir duas situações que foram objetos de modificação no Código de Processo Civil de 2015. Em uma evidenciou-se a realização de uma desprocedimentalização positiva, no caso a eliminação do procedimento de exceção de incompetência. Em outra, a completa supressão de marcos procedimentais pode conduzir a resultados desfavoráveis à segurança das partes, como se observou no tocante à extensão da coisa julgada às decisões de questões incidentes prejudiciais.

Para afastar qualquer possibilidade de um *processo (in)civil*, importante ter em mente a importância da estruturação procedimental do processo. Sem que isso signifique incorrer em um processo formalista e burocratizado. Ao contrário, essa atenção se faz devida para que o anseio de aceleração procedimental não acabe por corromper garantias processuais básicas, ancoradas em marcos procedimentais necessários, aptos a sinalizar para as partes e para o juiz a atividade que se deve realizar para atingir determinados resultados no processo.

---

21. Nesse sentido, cf. MARINONI, Luiz Guilherme. *Coisa julgada sobre questão*. São Paulo: RT, 2018, p. 285-290.
22. V. item 2, acima.

PROCESSO (IN)CIVIL   **45**

6. REFERÊNCIAS BIBLIOGRÁFICAS

BEDAQUE, José Roberto dos Santos. *Efetividade do processo e técnica processual.* 3ª edição. São Paulo: Malheiros, 2010

CALMON DE PASSOS, José Joaquim. *Comentários ao Código de Processo Civil, arts. 270 a 331.* 8ª edição. Rio de Janeiro: Forense, 1998.

COSTANTINO, Giorgio. *Riflessioni sulla giustizia (in)civile (1995-2010).* Torino: G. Giappichelli, 2011, em especial p. 19/26.

FUX, Luiz. O novo processo civil. In FUX, Luiz. *O novo processo civil brasileiro – Direito em expectativa (reflexões acerca do projeto do novo Código de Processo Civil).* Rio de Janeiro: Forense, 2011, p. 4-5

GALANTER, Marc. Introduction: Compared to what? Assessing the quality of dispute processing. *Denver University Law Review*, n. 66 (1989), issue 3, p. xi-xiv.

MARINONI, Luiz Guilherme. *Coisa julgada sobre questão.* São Paulo: RT, 2018.

MENDONÇA, Luís Correia de. Processo Civil líquido e garantias (o regime processual experimental português). *Revista de Processo*, Vol. 170 (Abr./2009), p. 249/250.

MESQUITA, José Ignácio Botelho de. As novas tendências do direito processual: uma contribuição para seu reexame. In *Teses, estudos e pareceres de processo civil.* São Paulo: RT, 2005, p. 265.

_____. Processo civil e processo incivil. *Revista de Processo.* Vol. 131 (Jan/2006), p. 250-257.

RODRIGUES, Walter Piva. A motivação da sentença no novo CPC 2015. In BEDAQUE, José Roberto dos Santos [et al.] (coords.), Estudos de Direito Processual Civil em homenagem ao professor José Rogério Cruz e Tucci. Salvador: JusPodivm, 2018, p.781/790.

_____. Breves anotações sobre o incidente de assunção de competência no CPC/2015. In *Revista Síntese de Direito Civil*, v. 97 (set./out. 2015), p. 17-21.

_____. *Coisa julgada tributária* [prefácio de José Ignácio Botelho de Mesquita]. São Paulo: Quartier Latin, 2008.

_____. Discurso de agradecimento ao professor José Ignácio Botelho de Mesquita no lançamento do livro "Processo civil: homenagem a José Ignácio Botelho de Mesquita". In *Revista de Processo*, V. 39 (2014), n. 231, p. 449-450.

_____. Execução de prestação alimentícia: alterações legislativas, jurisprudência e questões procedimentais. In RODRIGUES, Walter Piva e [et al.] (coords). Processo civil: homenagem a José Ignácio Botelho de Mesquita. São Paulo: Quartier Latin, 2013, p. 189-205.

_____. Multa Processual. In LAGRASTA NETO, Caetano [et al.] (coords.). *Dicionário de direito de família.* São Paulo: Atlas, 2015, p. 720/722.

_____. O mandado de segurança contra atos judiciais na atual realidade forense. In SALLES, Carlos Alberto de. *As grandes transformações do processo civil brasileiro: homenagem ao Professor Kazuo Watanabe.* São Paulo: Quartier Latin, 2009, p. 477-483.

SALLES, Carlos Alberto de. *Arbitragem em contratos administrativos.* Rio de Janeiro: Forense, 2011.

_____. *Execução judicial em matéria ambiental.* São Paulo: Revista dos Tribunais, 1998.

_____. Processo: procedimento dotado de normatividade – uma proposta de unificação conceitual. In ZUFELATO, Camilo e YARSHELL (orgs.). *40 anos da Teoria Geral do Processo no Brasil: passado, presente e futuro.* São Paulo: Malheiros, 2013, p. 201-217.

SILVA, Paulo Eduardo Alves da. *Acesso à justiça, litigiosidade e o modelo processual civil.* Tese (Livre docência em Direito) – Faculdade de Direito de Ribeirão Preto, Universidade de São Paulo, São Paulo, 2018.

YOSHIKAWA, Eduardo Henrique de Oliveira. *Processo (in)civil e (in)segurança jurídica.* Tese (Doutorado em Direito) – Faculdade de Direito, Universidade de São Paulo, São Paulo, 2014.

MANDADO DE SEGURANÇA E COMPENSAÇÃO TRIBUTÁRIA: REFLEXÕES EM HOMENAGEM AO PROFESSOR WALTER PIVA RODRIGUES

Cassio Scarpinella Bueno

Livre-docente (2005), Doutor (1998) e Mestre (1996) pela Faculdade de Direito da Pontifícia Universidade Católica de São Paulo (PUCSP), todos com a nota máxima, e onde exerce as funções de Professor-Doutor de Direito Processual Civil nos cursos de Graduação, Especialização, Mestrado e Doutorado. Foi *Visiting Scholar* da *Columbia University* (Nova York) no ano acadêmico de 2000/2001. Vice-Presidente do Instituto Brasileiro de Direito Processual, membro do Instituto Iberoamericano de Direito Processual e membro da Associação Internacional de Direito Processual. Integrou a Comissão Revisora do Anteprojeto de CPC de 2015 no Senado Federal e participou dos Encontros de Trabalho de Juristas sobre o Projeto de CPC de 2015 no âmbito da Câmara dos Deputados. Autor de 22 livros. Escreveu mais de 90 livros em coautoria e mais de 90 artigos científicos, alguns publicados em revistas estrangeiras. Desenvolve intensa atividade acadêmica, como palestrante e conferencista, no Brasil e no exterior. Advogado.

Sumário: 1. Palavras iniciais – 2. As súmulas – 3. Repercussões patrimoniais em mandado de segurança – 4. Considerações finais – 5. Referências bibliográficas.

1. PALAVRAS INICIAIS

O presente trabalho trata das relações entre mandado de segurança e compensação tributária a partir da análise sobre a compatibilidade das Súmulas 213 e 461 do Superior Tribunal de Justiça com a Súmula 271 do Supremo Tribunal Federal por ocasião da justíssima homenagem ao Eminente Professor e Desembargador Walter Piva Rodrigues, profundo estudioso do tema e do direito processual tributário como um todo.

O tema é oportuníssimo considerando, dentre tantos fatores, a circunstância de o novo Código de Processo Civil, Lei n. 13.105, de 16 de março de 2015, estabelecer uma complexa disciplina de "precedentes"[1] – ou, como venho preferindo fazer referência, de "direito jurisprudencial" a partir do estabelecimento de deter-

---

1. Para uma análise dessa perspectiva do CPC de 2015, consultar, com proveito, os seguintes autores: Cláudia Aparecida Cimardi, *A jurisprudência uniforme e os precedentes no novo Código de Processo Civil brasileiro*, p. 234/315; Ronaldo Cramer, *Precedentes judiciais: teoria e dinâmica*, p. 192/198; William Pugliese, *Precedentes e a civil law brasileira*, p. 93-99; Hélio Ricardo Diniz Krebs, *Sistemas de precedentes e direitos fundamentais*, p. 156/178; Peter Panutto, *Precedentes judiciais vinculantes*, p. 159/191, e Gustavo Santana Nogueira, *Precedentes vinculantes no direito comparado e brasileiro*, p. 227/253.

minados "indexadores jurisprudenciais"[2] – que, em última análise, quer viabilizar a previsibilidade, a isonomia e a segurança jurídica, princípios fundantes (também) das relações tributárias.

É o que decorre, com todas as letras, do *caput* e do inciso IV de seu art. 927, *verbis*. "Os juízes e tribunais observarão: (...) IV – os enunciados das súmulas do Supremo Tribunal Federal em matéria constitucional e do Superior Tribunal de Justiça em matéria infraconstitucional;".

2. AS SÚMULAS

As Súmulas que interessam ao desenvolvimento do presente trabalho, anunciadas em ordem cronológica, têm os seguintes enunciados:

"Concessão de mandado de segurança não produz efeitos patrimoniais em relação a período pretérito, os quais devem ser reclamados administrativamente ou pela via judicial própria" (Súmula 271 do STF).

"O mandado de segurança constitui ação adequada para a declaração do direito à compensação tributária" (Súmula 213 do STJ).

"O contribuinte pode optar por receber, por meio de precatório ou por compensação, o indébito tributário certificado por sentença declaratória transitada em julgado" (Súmula 461 do STJ).

Como se pode verificar da leitura de seus enunciados, o mandado de segurança é considerado "ação adequada para a declaração do direito à compensação tributária" (Súmula 213 do STJ)[3]. Declarado o direito ao indébito tributário, é direito do contribuinte optar por recebê-lo, tal qual lhe tenha sido reconhecido pela decisão transitada em julgado, por meio de precatório ou por compensação (Súmula 461 do STJ).

A Súmula 271 do STF dispõe que a concessão de mandado de segurança não produz efeitos patrimoniais em relação a período pretérito e que, por isso, devem ser reclamados administrativamente ou pela via judicial própria[4].

---

2. Para a devida justificativa, v. meu *Novo Código de Processo Civil anotado*, p. 817 e, mais demoradamente, meu *Manual de direito processual civil*, p. 700/708.

3. Questão diversa é saber se é viável a concessão de liminar que defira compensação tributária. Trata-se de prática vedada pela Súmula 212 do STJ ("A compensação de créditos tributários não pode ser deferida em ação cautelar ou por medida liminar cautelar ou antecipatória"), tema que também é previsto expressamente pelo art. 1º, § 5º, da Lei n. 8.437/1992, no § 2º do art. 7º da Lei n. 12.016/2009 – que foram generalizados para a tutela provisória do CPC de 2015 mercê de seu art. 1.059 –, além de encontrar eco no art. 170-A do Código Tributário Nacional. É também sumulado no STJ o entendimento de que não cabe mandado de segurança para convalidar a compensação tributária realizada pelo contribuinte (Súmula 460: "É incabível o mandado de segurança para convalidar a compensação tributária realizada pelo contribuinte"). A razão fundante dos precedentes desta Súmula é no sentido de que a questão reclamaria *invariavelmente* revolvimento fático estranho aos limites do mandado de segurança. A *generalização* do entendimento, com o devido respeito, não pode ser aceito, merece necessário (e inafastável) exame casuístico. Para esta específica discussão, v. James Marins, *Direito processual tributário brasileiro*, p. 572/579.

4. É comum a associação da Súmula 271 do STF com a Súmula 269 do mesmo Tribunal, que tem o seguinte enunciado: "O mandado de segurança não é substitutivo de ação de cobrança".

MANDADO DE SEGURANÇA E COMPENSAÇÃO TRIBUTÁRIA

Para verificar como tais diretrizes podem ser combinadas, é o caso de iniciar a exposição tratando dos possíveis efeitos patrimoniais decorrentes da concessão de mandado de segurança.

3. REPERCUSSÕES PATRIMONIAIS EM MANDADO DE SEGURANÇA

Sobre a vedação do assunto tratado da Súmula 271 do STF, cabe destacar dispositivo introduzido no ordenamento jurídico pela Lei n. 12.016/2009 a chamada "nova lei do mandado de segurança".

O § 4º do art. 14 daquela Lei estabelece que "o pagamento de vencimentos e vantagens pecuniárias assegurados em sentença concessiva de mandado de segurança a servidor público da administração direta ou autárquica federal, estadual e municipal somente será efetuado relativamente às prestações que se vencerem a contar da data do ajuizamento da inicial".

Trata-se da disciplina que ocupava o art. 1º, *caput*, da Lei n. 5.021/1966 – expressamente revogada pelo art. 29 da Lei n. 12.016/2009 – e que continua a garantir que a concessão de mandado de segurança que diga respeito a vantagens pecuniárias envolverá as prestações que se venceram desde a impetração. Diferentemente do que dispunha o § 3º do art. 1º da Lei n. 5.021/1966, nenhuma palavra é dita com relação às prestações que se vencerem *antes* do "ajuizamento da inicial"[5].

O legislador mais recente, por certo, deixou-se influenciar pelas Súmulas 269 e 271 do Supremo Tribunal Federal ou, quando menos, pelas suas costumeiras *interpretações*, cujos enunciados já foram destacados no item 2, *supra*.

E mais: conquanto seja vedada a concessão de liminar em mandado de segurança para pagamento de vantagens funcionais a servidor público (art. 7º, § 2º, da Lei n. 12.016/2009), é coerente o entendimento de que, admitindo a implementação da vantagem somente a final, levando em conta os valores devidos desde a impetração, todos os valores eventualmente devidos estariam compreendidos no dispositivo em exame. Não é assim necessariamente, contudo. Pode ocorrer – e a prática demonstra que é esta a regra – que tenha havido anterior desconto indevido nos vencimentos e/ou nas vantagens pecuniárias do servidor público e que seja essa lesão já *consumada* que justifica a necessidade de o servidor público ingressar em juízo.

---

5. Era a seguinte redação daquele dispositivo: "§ 3º. A sentença que implicar em pagamento de atrasados será objeto, nessa parte, de liquidação por cálculo (arts. 906 a 908 do Código de Processo Civil), procedendo-se, em seguida, de acordo com o art. 204 da Constituição Federal." Os referidos artigos do Código de Processo Civil de 1939 equivalem, na atualidade, ao art. 524 do CPC de 2015, isto é, a memória de cálculo para demonstração do *quantum debeatur* na execução por quantia certa contra devedor solvente. O art. 204 da Constituição Federal de 1946, por sua vez, é o atual art. 100 da Constituição Federal, de 1988, que disciplina as regras que devem ser observadas para a execução contra a Fazenda Pública.

Pena que o legislador não tenha verificado que a Lei n. 5.021/1996 era norma jurídica *posterior* às duas destacadas Súmulas do STF e que, por isso mesmo, já deveria *prevalecer* para a regência da matéria[6].

É certo que a jurisprudência do Supremo Tribunal Federal e a ampla maioria da doutrina e da jurisprudência dos nossos Tribunais sempre entendeu que as diretrizes sumulares prevaleciam sobre aquela disciplina legislativa. É esta a razão, não há por que duvidar, que quer justificar a inserção do § 4º do art. 14 da Lei n. 12.016/2009[7].

Não é menos certo, todavia, que parcela da jurisprudência do Superior Tribunal de Justiça começava a trilhar caminho diverso, aplicando à hipótese descrita (pagamento por intermédio de mandado de segurança) a espécie as normativas legais apontadas, *combinando*, adequadamente, os diversos efeitos extraíveis de uma decisão concessiva do mandado de segurança: reconhecida a ilegalidade ou a abusividade relativa ao pagamento dos vencimentos de um servidor público, permite-se que essa mesma ilegalidade ou abusividade seja *reparada por inteiro*, desde o instante em que ela foi verificada – desde quando se constatou a *lesão a direito*, portanto, no plano material –, independentemente de ela coincidir, ou não, com a data do "ajuizamento da inicial".

Tive a oportunidade de demonstrar o acerto desta última afirmação em outro trabalho de minha autoria, do qual extraio os seguintes trechos:

> "Não obstante as considerações acima e sem prejuízo das considerações que encerraram o Título anterior, anima-me tecer algumas considerações à luz de julgados mais recentes, em especial do Superior Tribunal de Justiça.
>
> Este Tribunal (STJ, 1ª Turma, REsp 591.044/BA, rel. Min. Denise Arruda, j.un. 18-10-2005, *DJ*, 14-11-2005, p. 186) vem admitindo a distinção *processual* das obrigações de *fazer* e de *pagar*. Assim, por exemplo, no que diz respeito ao creditamento de correção monetária em contas *ativas* do FGTS. Em casos como estes, por se tratar de obrigação de fazer, é possível o implemento da decisão judicial pelo art. 461 do Código de Processo Civil. Já nos casos de conta *inativa*, como a tutela jurisdicional volta-se ao passado, é mister o emprego dos mecanismos de execução tradicionais. Trata-se, não há como negar, da *mesma* tese que sustentei acima quanto à combinação das eficácias "mandamental" e "condenatória" com a distinção que, particularmente, parece-me que esta junção decorre do próprio art. 1º, § 3º, da Lei 5.021/66.
>
> Em outras situações, o Superior Tribunal de Justiça (assim, *v.g.*: 1ª Seção, MS 12.026/DF, rel. Min. Denise Arruda, j.m.v. 22-11-2006, *DJ*, 18-12-2006, p. 281; 1ª Seção, MS 11.506/DF, rel. Min. Eliana Calmon, j.un. 14-6-2006, *DJ*, 7-8-2006, p. 197; 3ª Seção, MS 11.799/DF, rel. Min. Maria Thereza de Assis Moura, j.un. 13-9-2006, *DJ*, 9-10-2006, p. 258; STJ, 3ª Seção, MS 11.186/DF, rel. Min. Felix Fischer, j.un. 8-2-2006, *DJ*, 13-3-2006, p. 181; STJ, 3ª Seção, AgRg no MS 10.687/DF, rel. Min. José Arnaldo da Fonseca, j.m.v. 9-11-2005, *DJ*, 6-3-2006, p. 154), forte em precedente do Supremo Tribunal Federal (STF, 2ª Turma, rel. Min. Carlos Velloso, RMS 24.953/DF, j.un. 14-9-2004, *DJ*, 1º-10-2004, p. 37), tem sustentado que não consubstancia ação de cobrança o mandado de segurança que visa sanar omissão quanto ao cumprimento integral da portaria que reconhece

---

6. Para esta demonstração, consultar o meu *Mandado de segurança*, p. 306/318, e, mais recentemente, meu *A nova lei do mandado de segurança*, p. 120-125.

7. Foi o que escrevi no meu *A nova lei do mandado de segurança*, p. 120/125.

MANDADO DE SEGURANÇA E COMPENSAÇÃO TRIBUTÁRIA **51**

a condição de anistiado político, inclusive no tocante ao pagamento da parcela relativa a valores *pretéritos*, cujo montante devido encontra-se expressamente previsto em ato administrativo. Também nestes casos, similarmente ao que escrevi acima, embora tenha acabado por prevalecer o entendimento de que a concessão do mandado de segurança não pode ser obstaculizada só porque a *lesão* já ocorrida a direito líquido e certo envolve o *dever* de pagamento de valores.

A 2ª Turma do STJ (REsp 736.172/AL, rel. Min. Eliana Calmon, j.un. 14-8-2007, *DJ*, 23-8-2007, p. 244) já teve oportunidade de entender cabível mandado de segurança contra ato administrativo que determina a retenção de valores nas faturas mensais relativas à prestação de serviço, descabida a alegação de se tratar de ação de cobrança e a busca de reparação de situações pretéritas. Até porque, como a relatora aponta em seu voto, a impetração deu-se dias após a prática do ato apontado como coator. Aqui, como nos casos mencionados no parágrafo anterior, "Não se trata, pois, de ação de cobrança porque o efeito patrimonial será mera consequência do desfazimento do ato coator".

Nesse mesmo acórdão, além do já mencionado MS 12.026/DF, são referidos outros julgados em que a tese relativa ao descabimento do mandado de segurança diante das Súmulas 269 e 271 do STF foi rejeitada sob o argumento de que eventuais efeitos patrimoniais são *consequência* natural do reconhecimento da ilegalidade ou da abusividade do ato questionado pelo impetrante e não *causa* da impetração.

São eles: STJ, 5ª Turma, REsp 747.676/SP, rel. Min. Arnaldo Esteves Lima, j.un. 22-5-2007, *DJ*, 11-6-2007, p. 354, que entendeu cabível o mandado de segurança contra ato de indeferimento de pedido de conversão de licença-prêmio em pecúnia; STJ, 1ª Turma, REsp 644.789/CE, rel. Min. Denise Arruda, j.un. 14-11-2006, *DJ*, 4-12-2006, p. 264, que entendeu cabível o mandado de segurança para que a autoridade coatora admitisse os créditos presumidos do contribuinte e apreciasse pedido administrativo de ressarcimento em moeda corrente de tributos indevidos, afastando a incidência de írritas Instruções Normativas; STJ, 6ª Turma, REsp 571.856/PR, rel. Min. Paulo Medina, j.un. 17-2-2004, *DJ*, 15-3-2004, p. 312, que admitiu o mandado de segurança para questionar a retenção indevida de pensão previdenciária, e, por fim, STJ, 1ª Turma, REsp 410.371/DF, rel. Min. Francisco Falcão, j.un. 2-10-2003, *DJ*, 3-11-2003, p. 248, que entendeu pertinente o emprego do mandado de segurança para pleitear a devolução de valores apropriados indevidamente pelo Banco Central do Brasil.

Neste último acórdão, faz-se, ainda, menção ao REsp 29.950/SP, da 6ª Turma do STJ, rel. Min. Luiz Vicente Cernicchiaro, j.un. 14-12-1992, *DJ*, 1º-3-1993, p. 2537, em cuja ementa se lê que "Não se pode, em mandado de segurança, deduzir fato gerador de direito de crédito para reclamar pagamento. A Lei n. 5.021/66 veda, no *mandamus*, pedir 'vencimentos e vantagens pecuniárias'. Diferente, entretanto, se a causa de pedir for ilegalidade da sanção administrativa aplicada. No caso, concedida a segurança, repõe-se a situação jurídica anterior, em consequência, também o pagamento do que fora ilegalmente suspenso. A prestação jurisdicional cumpre ser exaustiva, no sentido de repor, as inteiras, quanto possível, o direito reconhecido". A orientação prevaleceu em outros oito acórdãos relatados pelo mesmo Ministro entre os anos de 1995 e 1999.

A análise de cada um desses acórdãos revela que toda vez que o mandado de segurança é empregado para afastar qualquer ilegalidade, mesmo que para "declarar" que determinado ato praticado pelo Estado-administração é um ato ilegal ou abusivo de poder, seus efeitos mandamentais, isto é, a *ordem* para que cesse a ilegalidade ou a abusividade, são a ele inerentes. E mais: que esta *ordem* inerente à *declaração* não é óbice para eventuais aspectos patrimoniais que as decisões jurisdicionais, inclusive a do mandado de segurança, podem assumir mesmo que *retroativamente* e como consequência "natural" da declaração de ilegalidade ou de abusividade. A "ordem" – o que, em geral, é chamado de "mandamento", "sentença mandamental", "eficácia mandamental"

– que caracteriza o mandado de segurança não é arredia, muito pelo contrário, a outras eficácias, a outros efeitos, a ela complementares, a ela inerentes, assim a *declaração* da ilegalidade ou abusividade do ato administrativo contrastado e eventuais efeitos patrimoniais decorrentes daquela declaração, daquele reconhecimento."[8].

Neste sentido, retomando a exposição, é frustrante verificar no § 4º do art. 14 da Lei n. 12.016/2009 regra *restritiva*, que exclui do mandado de segurança os efeitos *pretéritos*, embora de cunho patrimonial, relativos à abusividade ou ilegalidade, tais quais declaradas na sentença *concessiva* do mandado de segurança. Efeitos estes que deverão ser buscados pela "via administrativa" ou pela "via jurisdicional" apropriada, bem ao estilo da precitada Súmula 271 do Supremo Tribunal Federal, vale a pena frisar.

Justamente diante da frustração revelada pelo parágrafo anterior – constatação agressiva, até, ao "modelo constitucional do direito processual civil" e ao "princípio da efetividade do processo" ou, como prefiro denominar, "efetividade do direito material pelo e no processo"[9] – e porque é irrecusável a aplicação subsidiária do Código de Processo Civil ao mandado de segurança, mormente para fins de otimização dos resultados a serem nele obtidos, é importante ter presente, no problema proposta para análise, o disposto no inciso I do art. 515 do CPC de 2015, que deriva (com inequívoco e fundamental aperfeiçoamento) do inciso I do art. 475-N do CPC de 1973, que lá havia sido introduzido pela Lei n. 11.232/2005[10].

Também justifica a pertinência deste desdobramento a percepção de que o art. 14, § 4º, da Lei n. 12.016/2009 cuida, apenas e tão somente, do pagamento a servidores públicos, o que não se confunde, a nenhum título, com a recuperação, pelo contribuinte, do indébito tributário. Sim, porque a regra legislada, a exemplo dos precedentes da Súmula 271 do STF – embora seu enunciado nada revele sobre isto – só diz respeito ao pagamento de servidores públicos. Nada diz sobre mandados de segurança em matéria tributária.

O precitado art. 515, I, do CPC de 2015, ao atribuir eficácia de título executivo judicial às "decisões proferidas no processo civil que reconheçam a exigibilidade de obrigação de pagar quantia, de fazer, de não fazer ou de entregar coisa", é suficiente, por si só, para viabilizar a execução ou, como quer o CPC de 2015 de maneira generalizada (e correta), *cumprimento de sentença*.

Aplicando aquela regra ao mandado de segurança, é pertinente sustentar que o reconhecimento de que foi ilegal ou abusivo é suficiente para autorizar que a recomposição do direito violado se dê da forma mais ampla possível: para o *futuro*, na linha

---

8. *Mandado de segurança*, p. 310/313.

9. Para esta exposição, bem assim, para a minha visão mais atual (e mais ampla) do modelo constitucional do direito processual civil, consultar o vol. 1 de meu *Curso sistematizado de direito processual civil*, esp. p. 111/117 e 155/157.

10. Para o contraste lado a lado de ambos os dispositivos, v. o meu *Novo Código de Processo Civil anotado*, p. 489/490. Ponto importante que merece ser destacado nesta oportunidade é que não sobrevive, no art. 515, I, do CPC de 2015, a correta crítica de inconstitucionalidade *formal* que merecia ser feita ao seu antecessor. Para esta demonstração, v. o meu *A nova etapa da reforma do Código de Processo Civil*, vol. 1, p. 160-162.

do que expressamente autoriza o § 4º do art. 14 da Lei n. 12.016/2009, *mas também* – e aqui o ponto que merece ser sublinhado – para o *passado*. Para instrumentalizar a execução para o passado, é suficiente que o impetrante, obtendo o reconhecimento de seu direito pela sentença, liquide os valores respectivos (arts. 509 a 512 e 524 do CPC de 2015), cumprindo a decisão respectiva em face da Fazenda nos moldes do art. 100 da Constituição Federal, com observância da disciplina dos arts. 534 e 535 do CPC de 2015.[11] E é justamente com relação à *forma* do *cumprimento* desta sentença que, nos precisos termos do que lhe permite a Súmula 461 do STJ, o contribuinte pode *optar* pela *compensação* dos valores. Até porque, caso ela seja negada por algum ato administrativo, justifica-se nova impetração, desta vez com base na Súmula 213 daquele mesmo Tribunal.

A construção feita pelo parágrafo anterior pode muito bem ser afirmada e reafirmada com base na teoria de que uma decisão jurisdicional que afirma existir uma *lesão* a direito é, por si só, título hábil para fundamentar execução. Trata-se de lição do saudoso Teori Albino Zavascki e que parece ter sido a maior inspiração da redação que, passando pelo art. 475-N, I, do CPC de 1973, chegou ao art. 515, I, do CPC de 2015:

> "... se tal sentença traz definição de certeza a respeito, não apenas da existência da relação jurídica, mas também da exigibilidade da prestação devida, não há como negar-lhe, categoricamente, eficácia executiva. Conforme assinalado anteriormente, ao legislador originário não é dado negar executividade a norma jurídica concreta, certificada por sentença, se nela estiverem presentes todos os elementos identificadores da obrigação (sujeitos, prestação, liquidez, exigibilidade), pois isso representaria atentado ao direito constitucional à tutela executiva, que é inerente e complemento necessário do direito de ação. Tutela jurisdicional que se limitasse à cognição, sem as medidas complementares necessárias para ajustar os fatos ao direito declarado na sentença, seria tutela incompleta. E, se a norma jurídica individualizada está definida, de modo completo, por sentença, não há razão alguma, lógica ou jurídica, para submetê-la, antes da execução, a um segundo juízo de certificação, até porque a nova sentença não poderia chegar a resultado diferente do da anterior, sob pena de comprometimento da garantia da coisa julgada, assegurada constitucionalmente. Instaurar a cognição sem oferecer às partes e principalmente ao juiz outra alternativa de resultados que não um já prefixado representaria atividade meramente burocrática e desnecessária que poderia receber qualquer outro qualificativo, menos o de jurisdicional. Portanto, repetimos: não há como negar executividade à sentença que contenha definição completa de norma jurídica individualizada, com as características acima assinaladas. Talvez tenha sido esta a razão pela qual o legislador de 1973, que incluiu o par. ún. do art. 4º do CPC, não tenha reproduzido no novo Código a norma do art. 290 do CPC de 1939"[12].

---

11. Desenvolvi o assunto, longamente, em artigo anterior intitulado "Sentenças concessivas de mandado de segurança em matéria tributária e efeitos patrimoniais: estudo de um caso", publicado em obra coletiva em homenagem ao Humberto Theodoro Jr., p. 321/335. Após o advento da Lei n. 12.016/2009, manifestaram simpatia à ideia lá sustentada – e aqui reiterada – os seguintes autores: Humberto Theodoro Jr., *O mandado de segurança segundo a Lei n. 12.016, de 07 de agosto de 2009*, p. 38-41; Luiz Manoel Gomes Jr., *Comentários à nova lei do mandado de segurança*, p. 127/128; Flávio Luiz Yarshell e Viviane Siqueira Rodrigues, *Comentários à nova lei do mandado de segurança*, p. 193/195, e Marcus Claudius Saboia Rattacaso, *Comentários à nova lei do mandado de segurança*, p. 263/266.

12. Sentenças declaratórias, sentenças condenatórias e eficácia executiva dos julgados, p. 149/150. À mesma conclusão chegou o autor em outro trabalho de sua autoria, *Processo de execução: parte geral*, p. 307/313.

Assim, a despeito da timidez da Lei n. 12.016/2009, que não acompanhou, como lhe competia, a evolução legislativa iniciada em 1966, quiçá para ampliá-la, porque preferiu revogar expressamente aquele diploma legal – o que enobrecia, ainda mais, o mandado de segurança como mecanismo de tutela jurisdicional *efetiva* do direito reconhecido ao impetrante –, é certo que a construção destacada pelos parágrafos anteriores tem o condão de viabilizar que a concessão do mandado de segurança possa dar ampla proteção ao jurisdicionado, na medida em que se viabilize, ao longo do contraditório, o reconhecimento da lesão presente, futura e *pretérita* e a *necessidade* de sua reparação[13].

Não se trata, nesta perspectiva, de nada diverso do que se tem verificado na jurisprudência do Superior Tribunal de Justiça quanto ao *reconhecimento* do direito ao crédito tributário e à viabilidade de o contribuinte *optar* pelo mecanismo executivo de que se valerá para obter o indébito: a cobrança pelo sistema dos precatórios (ou sua dispensa, em se tratando de "menor quantia") ou a compensação, orientação esta que acabou se consolidando na precitada Súmula 461 do STJ.

Neste sentido, não é incorreto, entender que o advento daquela Súmula é prova segura que a orientação da Súmula 271 do STF – se é que ela ainda podia ser compreendida como vigente no direito brasileiro desde o advento da Lei n. 5.021/1966 – não pode mais ser aplicada para impedir a satisfação plena do direito reconhecido existente em prol do impetrante, inclusive para período anterior à impetração.

4. CONSIDERAÇÕES FINAIS

Se antes do advento do CPC de 2015, a já mencionada tese de inconstitucionalidade *formal* do art. 475-N, I, do CPC de 1973, poderia ser lembrada para negar acerto à conclusão aqui exposta, não é menos correto lembrar a insubsistência daquele questionamento diante do inciso I do art. 515 do CPC de 2015.

A substituição da palavra "existência" do dispositivo do CPC de 1973 por "exigibilidade" do dispositivo do CPC de 2015 é, em plena harmonia com a teoria geral da tutela jurisdicional executiva, correta. O que permite a execução não é apenas o *reconhecimento* da *existência* do direito, mas o que vai além dela, o reconhecimento de que o direito é *exigível*. Só é título executivo o documento que se refere a obrigação certa, líquida e *exigível* o que, de resto, é expresso no art. 783 do CPC de 2015 que, no particular, repete a fórmula do art. 586 do CPC de 1973[14].

---

13. Para a discussão do tema em sede de mandado de segurança, a partir do novel art. 515, I, do CPC de 2015, v. Dorival Renato Pavan, Comentários ao art. 515, esp. p. 605/611. O eminente processualista e Desembargador do Tribunal de Justiça do Estado do Mato Grosso do Sul, a propósito, conclui sua exposição quanto ao ponto destacando a necessidade de revisão da Súmula 271 do STF.

14. Aqui também, para a análise ladeada dos dois dispositivos, v. meu *Novo Código de Processo Civil anotado*, p. 688/689.

Tive oportunidade de me ocupar com essa demonstração em outro trabalho meu do qual extraio os seguintes trechos, pertinentes, sobretudo pela expressa a menção à Súmula 461 do STJ no mesmo sentido feito pelo número anterior:

"Desta forma, a "sentença que *reconhece* a *existência* de uma obrigação" deve ser entendida como "a sentença que declara a existência de uma obrigação que *não foi cumprida*, como deveria, no plano do direito material e que, por isto mesmo, impõe seu cumprimento pela atividade jurisdicional, substitutiva da vontade das partes". Até porque, com os olhos bem voltados ao novo dispositivo legal, não é suficiente que a sentença "reconheça" a obrigação. É mister que a obrigação, tal qual "reconhecida", seja de "fazer, não fazer, entregar coisa ou pagar quantia". A própria lei, neste sentido, exige que a sentença faça expressa referência ao direito material controvertido e, por isto, não há como recusar que ela leve em consideração o *inadimplemento* da obrigação, *reconhecendo-o*, para os fins de se transformar em título executivo judicial. Até porque, se a sentença deixar de fazer qualquer alusão ao inadimplemento, limitando-se a declarar a existência ou inexistência da obrigação, tal qual posta no plano do direito material, a hipótese equivale, integralmente, àquela constante do parágrafo único do art. 4º. Uma coisa, assim, é *declarar* a existência da obrigação, mesmo quando já violado o direito; outra, bem diferente – e é disto que o inciso I do art. 475-N se ocupa –, é reconhecer o próprio *inadimplemento, reprovando-o*. É este diferencial, de *reprovação*, que dá à "sentença" sua força, para fazer uso do designativo tradicional, "*condenatória*" ou, para empregar a nomenclatura proposta por este *Curso*, o seu efeito *executivo* (v. n. 8.5.6 do Capítulo 1 da Parte III do vol. 1). É nesse contexto que deve ser lembrada a Súmula 461 do STJ, que tem o seguinte enunciado: "O contribuinte pode optar por receber, por meio de precatório ou por compensação, o indébito tributário certificado por sentença declaratória transitada em julgado".

Ademais, não fosse pelo reconhecimento do *inadimplemento* e não haveria lugar para se cogitar de título executivo, tudo na forma demonstrada pelo n. 2, *supra*. Tratar-se-ia de sentença (meramente) "declaratória" – é este o nome dado pela doutrina tradicional à espécie (v. n. 8.5.1 do Capítulo 1 da Parte III do vol. 1) ou, na linha proposta por este *Curso*, de efeitos *não executivos* (v. n. 8.5.6 do Capítulo 1 da Parte III do vol. 1). Mas se fosse esta a hipótese, não haveria razão, nem lógica e nem jurídica, nem material e nem processual, em se falar de *execução* e, consequentemente, em título executivo, pressuposto necessário e suficiente para o desempenho de atividades jurisdicionais *executivas*. É que uma "sentença *declaratória*", que se caracteriza por se limitar a *declarar* a existência ou a inexistência de uma relação jurídica ou a falsidade de um documento, não comporta *execução*, porque seus efeitos principais, por definição, correspondem à tutela jurisdicional pretendida independentemente da prática de outros atos materiais de *realização concreta daquele mesmo direito*. É dizer: uma legítima "sentença *declaratória*", naquilo que ela o é, não admite execução porque ela, pelo que é, *satisfaz* o seu destinatário suficientemente.

Assim, seja para evitar violação frontal ao precitado parágrafo único do art. 65 da Constituição Federal ("princípio da bicameralidade" ínsito ao devido *processo legislativo* brasileiro), seja para evitar o entendimento de que o dispositivo aqui analisado está a criar um título executivo "impossível", a melhor interpretação a ser dada ao inciso I do art. 475-N é a de que o título executivo previsto pela regra é o das "sentenças" que reconheçam suficientemente o *inadimplemento* (e não a mera existência) de uma obrigação de fazer, não fazer, entregar coisa ou pagar quantia e que, por isto mesmo, independentemente do "nome" que ela tenha (se "condenatória" ou "executiva *lato sensu*" ou "mandamental" ou, até mesmo, se "declaratória" ou "constitutiva", empregados os nomes de acordo com a doutrina tradicional exposta pelos ns. 8.5.1 a 8.5.5 do vol. 1), admitir a prática de atos executivos voltados à satisfação daquele inadimplemento.

Trata-se de interpretação que, de resto, afina-se bastante bem ao "modelo constitucional do processo civil" porque permite que quaisquer "sentenças" que assim disponham dispensem qualquer outra atividade jurisdicional voltada ao reconhecimento jurisdicional de um direito já suficientemente reconhecido e, como tal, apto a ser satisfeito por obra do Estado-juiz. São "sentenças", a despeito da redação que tem o dispositivo, que têm a *função* (processual) de autorizar a *força do Estado-juiz* com vistas ao cumprimento compulsório da obrigação inadimplida justamente porque a atividade jurisdicional *cognitiva*, em tais casos, foi suficiente e exaustivamente exercida quanto ao *reconhecimento* do direito aplicável à espécie, faltante, apenas, o desempenho da atividade jurisdicional *executiva*.

Assim, até mesmo em função da nomenclatura usualmente empregada para descrever os fenômenos jurídicos – mormente quando sequer há consenso sobre ela – importa verificar, com clareza, cada caso concreto e suas peculiaridades para saber em que medida a atividade jurisdicional *cognitiva* autoriza, sem qualquer mácula ao "modelo constitucional do direito processual civil", o desenvolvimento da atividade jurisdicional *executiva*. Neste sentido, reconhecendo, em favor do réu, executividade à sentença que julgou improcedente o pedido do autor de inexigibilidade de dado crédito, v. o bem fundamentado acórdão proferido pela 25ª Câmara de Direito Privado do TJSP no AI 1.178.502-0/4, relatado pelo Desembargador Antônio Benedito Ribeiro Pinto, j.un. 31.7.2008, DJe 14.8.2008. No mesmo sentido, em sede de Recurso Especial Repetitivo, é o entendimento da 1ª Seção do STJ no REsp 1.261.888/RS, rel. Min. Mauro Campbell Marques, j. un. 9.11.2011, DJe 18.11.2011."[15]

Feitos estes esclarecimentos, é irrecusável a conclusão de que o direito do contribuinte de ver compensado o indébito tributário, como admite a Súmula 461 do STJ, pode ser exercido a partir da concessão de mandado de segurança que venha a reconhecer o indébito tributário.

E a Súmula 271 do STF? Em rigor, a Súmula sequer sobreviveu à Lei n. 5.021/1996, em que pese caudalosa jurisprudência e doutrina em sentido contrário. E mesmo que se quisesse querer sustentar aquele entendimento, é mais que certo entender que ela foi *absorvida* pela previsão legal constante do art. 14, § 4º, da Lei n. 12.016/2009, que não impede efeitos pretéritos em mandados de segurança tributários.

Ademais, o necessário confronto das Súmulas dos Tribunais Superiores com o direito legislado – inclusive das Súmulas do STF nos anos 1960, como a de número 271 – é providência inadiável diante do que o n. 2, *supra*, anunciou sobre o CPC de 2015 e o "direito jurisprudencial" nele disciplinado. Como admitir, pura e simplesmente, a aplicação daquelas orientações jurisprudenciais sem verificar, previamente, se elas efetivamente sobreviveram ao sem número de alterações normativas, inclusive constitucionais e legais, que se somaram desde suas edições? Afinal, elas se compatibilizam com o ordenamento jurídico atual? Como querer continuar a aplicar Súmulas se não compreendemos, antes de seus enunciados, seus *precedentes*? Por fim, mas não menos importante: como aplicar súmulas na dependência, única e exclusiva, mas tão comum entre nós, da *interpretação* de seu enunciado?[16]

---

15. *Curso sistematizado de direito processual civil*, vol. 3, p. 108-110.
16. Esta crítica vem sendo replicada com profundidade pela doutrina mais recente. Dentre tantas formulações, cabe dar voz a Lenio Luiz Streck e Georges Abboud (*O que é isto – o precedente judicial e as súmulas vinculantes?*, p. 127/128), para quem: "Do mesmo modo como não podemos dizer qualquer coisa sobre qualquer coisa

Quando o tema é mandado de segurança, arremato, dúvida alguma pode haver de quais são as opções a serem seguidas pelo intérprete em plena harmonia com o seu "modelo constitucional". O possível confronto da Súmula 271 do STF e do art. 14, § 4º, da Lei n. 12.016/2009 com as orientações contidas nas Súmulas 213 e 461 do STJ só pode ser resolvido em favor destas – e, em última análise, do impetrante que tem razão – e em detrimento daqueles para garantir fruição plena de seu direito, tal qual reconhecido pelo Estado-juiz.

5. REFERÊNCIAS BIBLIOGRÁFICAS

CIMARDI, Cláudia Aparecida. *A jurisprudência uniforme e os precedentes no novo Código de Processo Civil brasileiro*. São Paulo: Revista dos Tribunais, 2015.

CRAMER, Ronaldo. *Precedentes judiciais: teoria e dinâmica*. Rio de Janeiro: GEN/Forense, 2016.

GOMES JUNIOR, Luiz Manoel e outros. *Comentários à nova lei do mandado de segurança*. São Paulo: Revista dos Tribunais, 2009.

KREBS, Hélio Ricardo Diniz. *Sistemas de precedentes e direitos fundamentais*. São Paulo. Revista dos Tribunais, 2015.

MARINS, James. *Direito processual tributário: administrativo e judicial*. 9ª edição. São Paulo: Revista dos Tribunais, 2016.

NOGUEIRA, Gustavo Santana. *Precedentes vinculantes no direito comparado e brasileiro*. 2ª edição. Salvador: Jus Podivm, 2015.

PANUTTO, Peter. *Precedentes judiciais vinculantes*. Florianópolis: Empório do Direito, 2017.

PAVAN, Dorival Renato. Comentários ao art. 515. In: SCARPINELLA BUENO, Cassio (coord.). *Comentários ao Código de Processo Civil*, vol. 2. São Paulo: Saraiva, 2017.

PUGLIESE, William. *Precedentes e a civil law brasileira*. São Paulo: Revista dos Tribunais, 2016.

---

no cotidiano – porque isso nos afastaria da "vinculação linguística" que o modo prático de ser no mundo nos traz – também na aplicação do direito não podemos decidir sobre o modo como 'nos aproveremos'. No direito, igualmente não podemos 'trocar o nome das coisas'. Aliás, direito é *nomos*, Lei é *Gesetz* (deixar assentado). Interpretação é aplicação; é assentar sentidos. Os sentidos não são aleatórios. Não há grau zero. Há uma cadeia interpretativa que nos vincula. Tanto no cotidiano como no direito. Assim, de cada decisão extrai-se um princípio (subjacente a cada decisão) e que é aplicável aos casos seguintes. Ele os norteará. Podemos chamar a esse norteamento de 'vinculação interpretativa', que se constitui a partir da coerência e da integridade do direito. Desse modo, se é súmula ou lei, tanto faz. Trata-se de um texto que somente existe interpretativamente. Não há textos sem normas, e a norma exsurge da facticidade. Isso se chama de *applicatio*. Em cada interpretação, sendo súmula ou lei (ou precedente, para contentar os aficionados pela tese da *commonlização*), deve haver sempre a reconstrução do caso, o que implica reconstruir interpretativamente a história institucional do instituto ou dispositivo sob comento. Se estamos diante de um caso de *habeas corpus* que trata da discussão do dolo eventual ou culpa consciente em delito de trânsito, não adianta a dogmática jurídica examinar de forma lexicográfica os conceitos de dolo eventual ou culpa. Essa carga interpretativa fará parte da reconstrução do caso a ser examinado. Em que circunstâncias ocorreu o caso concreto? Não adianta uma súmula ou um ementário ou a simples invocação de um precedente trazer um belo conceito de dolo eventual... A questão é: diante daquele caso, é aplicável? Esse caso é similar aos anteriores que institucionalizaram aquilo que podemos chamar de 'princípio' norteador? (...)".

RATTACASO, Marcus Claudius Saboia. *Comentários à nova lei do mandado de segurança*. In: MAIA FILHO, Napoleão. ROCHA, Caio Cesar Vieira. LIMA, Tiago Asfor Rocha (orgs.). São Paulo: Revista dos Tribunais, 2010.

SCARPINELLA BUENO, Cassio. *A nova etapa da reforma do Código de Processo Civil*, vol. 1. 2ª edição. São Paulo: Saraiva, 2006.

_____. *A nova lei do mandado de segurança*. 2ª edição. São Paulo: Saraiva, 2010.

_____. *Curso sistematizado de direito processual civil: teoria geral do processo e Parte Geral do CPC.*, vol. 1. 9ª edição. São Paulo: Saraiva, 2018.

_____. *Curso sistematizado de direito processual civil: tutela jurisdicional executiva*, vol. 3. 7ª edição. São Paulo: Saraiva, 2014.

_____. *Mandado de segurança: comentários às Leis n. 1.533/51, 4.348.64 e 5.021/66.* 5ª edição. São Paulo: Saraiva, 2009.

_____. *Manual de direito processual civil*. 4ª edição. São Paulo: Saraiva, 2018.

_____. *Novo Código de Processo Civil anotado*. 3ª edição. São Paulo: Saraiva, 2017.

_____. Sentenças concessivas de mandado de segurança em matéria tributária e efeitos patrimoniais: estudo de um caso. In: SANTOS, Ernane Fidélis dos. WAMBIER, Luiz Rodrigues. NERY JR., Nelson. WAMBIER, Teresa Arruda Alvim (coord.). *Execução civil: estudos em homenagem ao Professor Humberto Theodoro Júnior*. São Paulo: Revista dos Tribunais, 2007.

STRECK, Lenio Luiz; ABBOUD, Georges. *O que é isto – o precedente judicial e as súmulas vinculantes?* 3ª edição. Porto Alegre: Livraria do Advogado, 2015.

THEODORO JUNIOR, Humberto. *O mandado de segurança segundo a Lei n. 12.016, de 07 de agosto de 2009*. Rio de Janeiro: GEN/FORENSE, 2009.

YARSHELL, Flávio Luiz. RODRIGUES, Viviane Siqueira. *Comentários à nova lei do mandado de segurança*. In: MAIA FILHO, Napoleão. ROCHA, Caio Cesar Vieira. LIMA, Tiago Asfor Rocha (orgs.). São Paulo: Revista dos Tribunais, 2010.

ZAVASCKI, Teori Albino. *Processo de execução: parte geral*. 3ª edição. Revista dos Tribunais, 2004.

_____. Sentenças declaratórias, sentenças condenatórias e eficácia executiva dos julgados. In: OLIVEIRA, Carlos Alberto (coord.). *Eficácia e coisa julgada*. Rio de Janeiro: Forense, 2006.

NOVOS DESAFIOS
DO DIREITO PRIVADO NA ERA DIGITAL

Claudio Luiz Bueno de Godoy

Professor Livre-Docente do Departamento de Direito Civil da Faculdade de Direito da
Universidade de São Paulo. Desembargador do Tribunal de Justiça do Estado de São Paulo.

Sumário: 1. Introdução – 2. A era digital e o direito – 3. Tratamento de dados pessoais. direito ao esquecimento – 4. A contratação digital. os "smart contracts" – 5. A responsabilidade civil. Novas formas de ilícitos. A inteligência artificial – 6. Conclusão – 7. Referências bibliográficas.

1. INTRODUÇÃO

O presente estudo tem origem em seminário realizado em conjunto pela Universidade de São Paulo e pela *Université Jean Moulin Lyon 3*, sobre as novas tecnologias e seu impacto no campo do direito, ali particularmente do direito da responsabilidade civil. Discutia-se, em especial, a necessidade de adaptação dos institutos tradicionais do direito ou se seria o caso de se pensar em um direito novo, em regimes jurídicos próprios que dessem conta especificamente das novas ocorrências no mundo digital.

E decerto que isso, muito embora sejam realmente pródigas as novas ocorrências danosas neste campo, não se restringe à matéria da responsabilidade civil. Atinge em cheio todos os segmentos em que as relações jurídicas se projetam e determinam uma recompreensão, quando menos, dos modelos clássicos que o sistema concebe.

O propósito deste trabalho é demonstrá-lo, primeiro, com exemplos destas novas perspectivas, em ramos diferentes do direito privado. Depois, será de se refletir sobre se diante desta realidade se impõe de fato um *direito especial* informático, telemático ou digital, se se preferir.

2. A ERA DIGITAL E O DIREITO

Segundo a aguda observação de Karl Engish[1], a ciência do direito, ao contrário das demais ciências da cultura, tem a característica especial de poder influenciar o seu objeto. Ao contrário de outros domínios, não o segue. Exemplifica com a arte e a ciência (a teoria) da arte. A arte percorre seu caminho e a ciência, nas suas palavras, *"vai a seu encalço"*. Por isso, e remontando à construção do sistema jurídico pelos romanos, acentua o autor que, se verdadeiramente há uma ciência jurídica – e tal o

---

1. ENGISH, Karl. *Introdução ao pensamento jurídico*. Trad.: J. Baptista Machado. 7ª ed. Lisboa: Fundação Calouste Gulbenkian. p. 12-13

seu dado característico, próprio –, ela é essencialmente uma "*ciência prática*". Ou seja, caminha ao lado ou mesmo influencia o direito.

Pois esta parece ser a situação imposta pela evolução das técnicas digitais em geral. A assim chamada *Era Digital* convoca o jurista a refletir sobre a atualidade e adequação dos institutos tradicionais do direito para enfrentar todos os novos desafios determinados pelo que se supõe ser uma renovada forma de relacionamento mesmo entre as pessoas.

Conforme detecta Ricardo Lorenzetti[2], o mundo digital acaba colocando em xeque noções comuns, antes que no campo do direito, mas assim – ainda na sua identificação e caracterização – do próprio tempo, do espaço, ou de noções como a de comunidade e a de cidadão. O tempo virtual é simultâneo, de interação imediata, posto fisicamente à distância. Neste sentido, o espaço (o *cyberespaço*) é maleável, sem a rigidez própria do espaço físico, geográfico. E nesse novo espaço, que não é físico e pode estar fisicamente disperso, se formam comunidades que se agrupam em torno de interesses muito específicos. Por isso, o cidadão se vê imerso em contexto cada vez mais circunscrito.

O resultado para o direito é multifacetário. Ainda de acordo com o escorço a que procede o mesmo autor[3], a nova noção de tempo reclama recompreender o que são, por exemplo, contratos entre presentes ou entre ausentes. Pode-se acrescentar ainda a própria definição do que seja domicílio, se se pensar nos estabelecimentos virtuais. O *cyberespaço* cria dificuldades adicionais para a imposição de regras de jurisdição. O padrão ou modelo de comportamento a que remetem as cláusulas gerais não se estabelecem a partir de práticas adotadas em um determinado espaço geográfico, porque as relações nele não mais se contém. Os direitos de *navegantes* na rede se devem também repensar diante da nova realidade de relações cada vez menos delimitadas segundo um dado padrão social, geograficamente contido.

Evidente que este novo modo de interação não deixaria de produzir efeitos de modo cada vez mais diversificado em ambiente variado do mundo jurídico. Desperta, por conseguinte, preocupações igualmente novas, as quais nem sempre a concepção mais estática dos institutos está apta a enfrentar. Insiste-se: daí se pensar em um direito informático, senão ao menos na compreensão mais estendida dos institutos já consolidados. Vejamos algumas destas preocupações ou de novas ocorrências que, exemplificativamente, as determinam.

3. TRATAMENTO DE DADOS PESSOAIS. DIREITO AO ESQUECIMENTO

Evidente que a questão da proteção e do tratamento dos dados pessoais não se reduz ao ambiente digital. Mas também é por demais sabido que os dados pes-

---

2. LORENZETTI, Ricardo. Informática, Cyberlaw, E-Commerce. In: *Direito & Internet. Aspectos jurídicos relevantes*. São Paulo: EDIPRO, 2000. p. 422

3. Idem. Ibidem.

soais dos indivíduos, no mundo virtual, são especialmente captados e tratados com bastante frequência, pondo em xeque elementos básicos da privacidade, da imagem ou identidade de cada qual. Nossos dados, afinal, estão inseridos em inúmeras plataformas digitais. E nelas se perde facilmente o seu exato controle pelo titular. Os acessos permitem identificar nossas preferências; os atendimentos, nossas carências; as pesquisas, nossos interesses. Programas baseados em algoritmos potencializam esta identificação. São nossos dados *tratados*. Enfim, somos neste contexto facilmente identificáveis e nossos direitos essenciais muito mais expostos à afronta.

Não foi então sem motivo, a revelar a clara preocupação despertada por esta realidade, que a Comunidade Europeia aprovou, em 27 de abril de 2016, o Regulamento Geral sobre a Proteção de Dados (*GDPR – General Data Protection Regulation – Regulamento 2016/679*). Ali se prevê que a proteção dos indivíduos relativamente ao tratamento de seus dados pessoais constitui direito fundamental, essencial. São os dados relativos à identidade e identificação da pessoa (art. 4.1), ademais de dados considerados sensíveis, por isso objeto de especial atenção, assim considerados aqueles que revelem origem racial ou étnica, opiniões políticas, convicções religiosas ou filosóficas, filiação sindical, dados genéticos ou biométricos, dados relativos à saúde ou à vida e orientação sexual da pessoa (art. 9°). São, conforme a previsão deste dispositivo, *categorias especiais de dados pessoais*.

Na França, assentando soluções consagradas no Regulamento, a Lei 2016-1321, de 7 de outubro, já se ocupou da mesma questão, que não passou ao largo da atenção da doutrina, particularmente em relação à proteção e ao tratamento dos dados pessoais no ambiente virtual. Agathe Lepage, por exemplo, realça o matiz da lei, que vem calcada no conceito de proteção dos direitos da personalidade do indivíduo que se expande como quando, na citação que faz de decisão da Corte de Cassação (*Cass. 1re civ., 3 nov. 2016, n. 15-22.595*), se considera que o IP de alguém, e porquanto permite indiretamente a sua identificação, seja um dado essencial a ser tutelado[4].

No Brasil, igual preocupação se manifesta, causa do projeto, recentemente convertido na Lei 13.709, de 14 de agosto de 2018, que institui também uma Lei de Proteção de Dados Pessoais. Do mesmo modo ali se prevê a proteção das informações, segundo o artigo 1° *inclusive nos meios digitais*, relacionadas à identificação da pessoa e a dados também ditos sensíveis, na mesma esteira e com mesmo rol do Regulamento Europeu.

---

4. LEPAGE, Agathe. La protection contre le numérique: les données personelles à l'aune de la loi pour une République numérique. In: *Le droit civil à l'ère numérique. Actes du colloque du Master 2 Droit privé général et du Laboratoire de droit civil*. Paris II. 21.04.2017. p. 35-36. http://web.lexisnexis.fr/Fb/Droit_civil_a_l_ere_numerique_112017/files/assets/common/downloads/publication.pdf, acessado em 23 de julho de 2018. Explique-se aqui que, na França, no lugar de *digital*, utiliza-se a expressão *numérique*, ao pressuposto de que, em informática, se tem a representação de informações por números. Tal a referência, por todos, de; LEVENEUR; Laurent. Op. cit. p. 5.

A virtualização, ademais, expande a possibilidade de recuperação e consulta a dados e ocorrências já marcadas pelo decurso de longo tempo. E aí se coloca a questão do *direito ao esquecimento*.

Haurido do direito do condenado à ressocialização e ao livre desenvolvimento de sua personalidade[5], e de que é exemplo histórico o *Caso Lebach*, na Alemanha[6], o direito ao esquecimento vem sendo aplicado, hoje, de maneira alargada, ampliada. Assim que, ainda no campo dos fatos em tese penais, aresto do Superior Tribunal de Justiça já o aplicou, e com maior dose de razão, a quem se viu processado, mas, afinal, absolvido de uma acusação penal[7].

Mas, a rigor, tem-se orientação ainda espraiada, porquanto também para o campo extrapenal, de pessoas "públicas" (assim postas na sua dimensão social) ou de pessoas comuns e de fatos a ela ligados que, com a passar do tempo, deixam de revelar interesse institucional. De um lado, certo que mesmo fatos e acontecimentos verídicos e objetivamente informados, relacionados a pessoa notória, não revelam este interesse institucional, necessária e ilimitadamente, só pela condição do indivíduo a que se ligam. É dizer que mesmo as pessoas notórias ou públicas têm direito a que não mais se divulguem e noticiem eventos ou imagens que, posto de interesse quando ocorrem, com o tempo perdem este seu sentido institucional. Porém, em contrapartida, isto não está a significar que, por si, o tempo seja apto a apagar da história quaisquer acontecimentos ligados a pessoas notórias, como se não se integrassem a uma memória a ser preservada. Também aqui será preciso ponderar o interesse institucional atual que a informação ou divulgação ainda despertem, *vis a vis* com os danos potencialmente causados à pessoa a que se refiram, pela sua atual condição ou circunstâncias que a recubram.

E a situação é ainda mais delicada quando se trata de pessoas comuns, portanto não públicas e notórias pela sua própria condição. Ganhou grande repercussão, a respeito, decisão da Corte Europeia, o Tribunal de Justiça da União Europeia, que, baseado na Diretiva 95/46/CE, e entre outras questões suscitadas, decidiu ser possível que informações, posto verídicas, fossem suprimidas, naquele caso, da indexação de motores de busca pela *internet*, também em virtude do direito ao esquecimento, e justamente à consideração de se tratar de pessoas comuns e acontecimentos a ela ligados, o que se entendeu deveria se ponderado. O caso envolvia a pretensão de ver excluída da lista de pesquisa de motor de busca a associação do nome do requerente a notícia de antigo arresto que havia sofrido em razão de dívidas para com a Previdência[8]. Tal o que se acolheu, note-se, mas ao fundamento de que se tratava, porquanto

---

5. A respeito: DUVAL, Hermano. *Direito à imagem*. São Paulo: Saraiva. 1988. p. 132.
6. Ver, por todos, e ainda com remissão a outros precedentes: MORAES, Maria Celina Bodin de; KONDER, Carlos Nélson. *Dilemas de direito civil constitucional. Casos e decisões*. Rio de Janeiro: Renovar, 2012. p. 290-293.
7. STJ, Resp. n. 1.334.097/RJ, 4ª t., rel. Min. Luis Felipe Salomão, j. 28.05.2013
8. Processo n. C-131/12, Google Spain SL e Google Inc. contra Agência Espanhola de Proteção de Dados (AEPD) e Mario Costeja González, j. 09.03.2012, acórdão de 13.05.2014.

potencialmente danoso, de dado de caráter *sensível* ao interessado, de resto pessoa comum, e tudo datado, ressalte-se, de 16 anos antes.

Pois renovada toda esta questão com a vigência do Regulamento Geral sobre a Proteção de Dados. Conforme se expressou, primeiro, em seus *considerandos* (item 65) "os titulares dos dados deverão ter direito a que os dados que lhes digam respeito sejam retificados e o ´direito a serem esquecidos` quando a conservação desses dados violar o presente regulamento ou direito da União ou dos Estados-Membros aplicável ao responsável pelo tratamento." Ressalvou-se porém que "os titulares de dados deverão ter direito a que seus dados pessoais sejam apagados e deixem de ser objeto de tratamento se deixarem de ser necessários para a finalidade para a qual foram recolhidos ou tratados, se os titulares dos dados retirarem seu consentimento ou se opuserem ao tratamento de dados pessoais que lhes digam respeito ou se o tratamento dos seus dados pessoais não respeitar o disposto no presente regulamento." Ressalva-se, mais, que "o prolongamento da conservação dos dados pessoais deverá ser efetuado de forma lícita quando tal se revele necessário para o exercício do direito de liberdade de expressão e informação, para o cumprimento de uma obrigação jurídica, para o exercício de funções de interesse público ou o exercício da autoridade pública de que está investido o responsável pelo tratamento, por razões de interesse público no domínio da saúde pública, para fins de arquivo de interesse público, para fins de investigação científica ou histórica ou para fins estatísticos, ou para efeitos de declaração, exercício ou defesa de um direito num processo judicial."

Depois, no item 66, se reforçou o direito se ser esquecido no ambiente virtual, em que o apagamento se deve facilitar pela adoção de medidas técnicas de solicitação de exercício do direito.

Tudo isso se levou ao texto do artigo 17° do Regulamento, itens 1 a 3. Previu-se o direito ao apagamento, *sem demora injustificada*, quando os dados deixarem de ser necessários à finalidade com que recolhidos e tratados; quando retirado o consentimento e ausente outra causa ao tratamento; quando houver a oposição do art. 21°, itens 1° e 2°; quando o tratamento for ilícito; quando o apagamento constitua obrigação ligada a direito dos Entes Públicos; quando os dados tenham sido recolhidos em meio a oferta de serviços da sociedade de informação a menores que então estivessem abaixo de dezesseis anos, com consentimento ou autorização dos pais (art. 8.1). Acrescenta o preceito a manutenção dos dados quando necessários ao exercício da liberdade de expressão e de informação; ao cumprimento de obrigação legal que exija o tratamento em face de direito do Ente Público e ligado às suas funções; a bem de interesse público no domínio da saúde; a fins de arquivo de interesse público, investigação científica ou histórica e para fins estatísticos, na medida em que o apagamento seja suscetível de tornar impossível ou prejudicar gravemente a obtenção dos objetivos desse tratamento; a fins de declaração, exercício ou defesa de um direito em processo judicial.

A propósito, apenas não se deixa de realçar que, quando necessária a preservação por esse motivo, a liberdade de informação se deve forçosamente ligar a um interesse institucional, ou seja, se deve evidenciar contida em seus objetivos lícitos, destarte sem que configurar abuso. Não há de se afastar o direito ao esquecimento em nome do exercício ao direito à informação que, em concreto, se revele abusivo, justamente por não guardar interesse na *prossecução de interesses legítimos,* conforme a expressão de Manuel da Costa Andrade[9]. É dizer então que, para obviar o apagamento, não basta argumentar se estar a exercer a liberdade de expressão e informação, mas sim que se o faz legitimamente, no caso concreto.

Por fim, anote-se que parece faltar igual explicitude – que se contém no Regulamento – sobre o direito ao esquecimento na recente lei brasileira de proteção de dados. O artigo 16 trata da eliminação de dados após o término de seu tratamento, com a ressalva da conservação para cumprimento de obrigação legal do responsável pelo mesmo tratamento, para estudos por órgão de pesquisa, garantida, sempre que possível, a anonimização, ou quando se cuidar de transferência a terceiros, respeitadas as condições da lei, ou uso exclusivo do responsável, desde que anonimizados os dados. Repete-se no art. 18, inciso IV, o direito do titular à anonimização, bloqueio ou eliminação de dados, quando desnecessários, excessivos ou tratados em desconformidade com a lei, bem assim quando revogado o consentimento outorgado ao tratamento (inciso VI), mas, de todo modo, sem uma organização sistemática e expressa de consagração do direito ao esquecimento, de garantia e limites ao seu exercício.

4. A CONTRATAÇÃO DIGITAL. OS "SMART CONTRACTS"

Já se disse ao início recompreender-se, no mundo virtual, a noção de presença e de ausência, o que, no campo dos contratos, possui reflexos evidentes e relativos ao que seja contratação entre presentes e ausentes, sabidamente a determinar o regramento sobre a vinculatividade da oferta e oportunidade da aceitação, tal qual levado ao texto dos artigos 427 e seguintes do Código Civil.

Outra menção à matéria contratual e ao mundo digital se reconduz, ainda uma vez, ao Regulamento Geral sobre a Proteção de Dados. E diz com o direito do indivíduo "de não ficar sujeito a nenhuma decisão tomada exclusivamente com base no tratamento automatizado, incluindo a definição de perfis, que produza efeitos na sua esfera jurídica ou que o afete significativamente de forma similar" (art. 22°), salvo, dentre outras hipóteses, se for baseada no seu consentimento ou "for necessária para a celebração ou a execução de um contrato entre o titular dos dados e um responsável pelo seu tratamento."

---

9. COSTA ANDRADE, Manuel da. *Liberdade de imprensa e inviolabilidade pessoal.* Coimbra: Coimbra Editores, 1996, p. 46 e 55. Ainda para os critérios que definem a regularidade do exercício da liberdade de informação, ver o quanto tive ocasião de expender em outra sede. Assim: GODOY, Claudio Luiz Bueno de. *Liberdade de imprensa e direitos da personalidade.* 3ª ed. São Paulo: Atlas, 2015. *Passim.*

Mas, ainda nesse último caso, isto é, de o titular dos dados contratar com o responsável pelo seu tratamento, mesmo assim ele tem "o direito de, pelo menos, obter intervenção humana por parte do responsável, manifestar o seu ponto de vista e contestar a decisão." (art. 22°, item 3). Na nova lei brasileira, igualmente se prevê que "o titular dos dados tem o direito a solicitar revisão, por pessoa natural, de decisões tomadas unicamente com base em tratamento automatizado de dados pessoais que afetem seus interesses, inclusive as decisões destinadas a definir o seu perfil pessoal, profissional, de consumo e de crédito ou os aspectos de sua personalidade." (art. 20). Acrescenta o parágrafo 1° que "o controlador deverá fornecer, sempre que solicitadas, informações claras e adequadas a respeito dos critérios e dos procedimentos utilizados para a decisão automatizada, observados os segredos comercial e industrial."

Significa dizer então que a contratação exclusivamente automatizada não permite recusa deste modo sem que, mediante a interferência humana, não haja justificativa clara da posição tomada em razão dos dados tratados, incluindo a definição de perfis. Perceba-se, tem-se previsão que se liga, a um só tempo, à recusa à contratação e, em seu contexto, a um agravado dever de informação e transparência.

Outro fenômeno a mencionar diz com os chamados *smart contracts* ou "contratos inteligentes". São aqueles inseridos em plataforma e que permitem automático controle de cumprimento e coativa satisfação, sem a necessidade de intervenção humana prévia. Como acentua Bruno Dondero[10], são aqueles inseridos em *blockchain* e que, desse modo, se executam automaticamente.

O *blockchain,* na explicação do mesmo autor[11], encerra uma tecnologia capaz de reunir outras e que serve ao registro de transações validadas por um *consenso distribuído*. São, grosso modo, *cadeias de blocos* porque há uma sequência encadeada na qual, a cada transação, se identificam as transações anteriores (na origem, para o uso da moeda criptografada – o *bitcoin*). Tal o que, permite, na casuística ainda de Bruno Dondero, por exemplo que um pacto de preferência se execute automaticamente quando se aponte na plataforma transação que o desrespeite[12].

A questão que aqui se coloca diz mesmo com a submissão destes contratos ao modelo jurídico até hoje conhecido, desde que se executam automática e irrecusavelmente, sem qualquer intervenção heterônoma dos mecanismos jurídicos tradicionais de força. Porém, vale a observação do autor citado: "même si les parties on ´mis en machine` leur contract, et ont prévu des effets automatiques, prétendument inéluctables, le paiement, c´est-à-dire au sens large l´exécutution du contract conformément aux termes convenus, sera toujours soumis au droit."[13] Quer dizer, há

---

10. DONDERO, Bruno. Les smart contracts. In: *Le droit civil à l´ère numérique. Actes du colloque du Master 2 Droit privé général et du Laboratoire de droit civil.* Paris II. 21.04.2017. p. 19. http://web.lexisnexis.fr/Fb/Droit_civil_a_l_ere_numerique_112017/files/assets/common/downloads/publication.pdf, acessado em 23 de julho de 2018.
11. Idem, p. 19-20.
12. Op. cit., p. 21.
13. Idem. p. 22.

mesmo uma estrutura contratual jurídica, em sua concepção conhecida, na própria iniciativa de inserir o contrato no processo virtual em questão.

5. A RESPONSABILIDADE CIVIL. NOVAS FORMAS DE ILÍCITOS. A INTELIGÊNCIA ARTIFICIAL

Certo que, na nova realidade que a tecnologia impõe e, em especial, no mundo digital, há novos riscos, os denominados *riscos digitais* ou *cibernéticos*. Há novos atos ilícitos – novos na sua conformação –, que decorrem de condutas ilícitas perpetradas no espaço virtual. Prodigalizam-se as situações de *softwares* invasores, instalados para subtração de dados ou para espionagem industrial. Mesmo a questão concorrencial se põe em outros termos no espaço digital.

Pois, exatamente neste sentido, dois exemplos podem ser citados.

Os Tribunais brasileiros têm sido convocados a decidir conflitos concorrenciais em que um determinado agente econômico contrata com provedor de busca a alocação de seu *site* em primeiro lugar quando o usuário pesquisa pelo nome de um produto ou uma marca, porém de outra empresa. É o que se tem chamado de *link patrocinado*, fenômeno muito próprio da publicidade virtual e dos respectivos sistemas de busca. E certo que, nessas situações, as decisões frequentemente são no sentido de que se configura concorrência desleal e vulneração de marca, porque o empresário se aproveita de modo indevido, parasitário (o *efeito carona*), de marca e investimentos alheios para publicidade ao consumidor que procura o produto ou produtor concorrente.

Sucede que, mais recentemente, se tem suscitado a discussão sobre se também o provedor de busca não responderia solidariamente pelos danos causados. E tal o que avulta se a lei brasileira *a priori* prevê que o provedor não responde por conteúdo gerado por terceiro, senão depois de se omitir diante de ordem judicial de retirada ou indisponibilização (art. 19 do *Marco Civil da Internet*), e posto se faça ressalva à necessidade de interpretação sistemática com os preceitos do Código de Defesa do Consumidor – como tal tomado o terceiro usuário vítima –, senão já uma direta incidência da CF/88, conforme tive ocasião de defender em outra sede[14]. Porém, e seja como for, pondera-se a este respeito que, no caso, antes que apenas a prestação do serviço de busca de resultados existentes na rede, o provedor contrata serviço específico, pago, para alocação prioritária do *site* de determinada empresa, a que o usuário é direcionado quando digita nome ou marca de terceiro. Ou seja, atuação no campo digital própria e pela qual ele se responsabilizaria, posto que com regresso diante de seu parceiro contratual[15].

---

14. GODOY, Claudio Luiz Bueno de. Uma análise crítica da responsabilidade civil dos provedores na Lei 12.965/14 (Marco Civil da internet). In: *Direito & Internet*. Coord: Newton de Lucca; Adalberto Simão Filho; Cíntia Rosa Pereira de Lima. São Paulo: Quartier Latin, 2015. p. 307-320.
15. De se conferir, a respeito, o que, em acórdão de minha relatoria, ficou decidido pela 2ª Câmara Reservada de Direito Empresarial do Tribunal de Justiça do Estado de São Paulo: Ap. civ. n. 1019621-41.2015.8.26.0001, j. 08.04.2018.

Outra situação é a das plataformas ou gestores de pagamento. São empresas de prestação de serviço específico, o de possibilitar, por plataformas que gerem, pagamento de compras realizadas na rede mundial. Pense-se, porém, na situação de empresa que efetua vendas virtuais de produtos contrafeitos, pagos por intermédio do serviço prestado pelo gestor. Imagine-se ainda que não se consiga localizar o vendedor e o gestor, comunicado, se recusa, para preservar a privacidade de seu cliente, a fornecer seus dados e a cessar a prestação de serviços. Poderia ele responder judicial e solidariamente pelos danos reclamados pela vítima, ainda que com direito de regresso? Não teria havido omissão indevida na comunicação com o cliente ou na iniciativa até de medida judicial diante dele, que preservasse a interrupção do serviço ou a comunicação dos dados à vítima? Pois tal o que o Tribunal de Justiça do Estado de São Paulo, igualmente, já teve ocasião de decidir[16].

Faz-se uma última referência, porque de todo modo se liga à evolução da tecnologia e às dificuldades que ela provoca no mundo do direito, à responsabilidade por danos advindos da *inteligência artificial autônoma*. E a propósito cabe pensar, por exemplo, em um robô, um veículo autônomo que provoca um acidente. Será necessário que, nesse caso, se pense em um novo modelo de responsabilidade civil ou seus mecanismos comuns dão conta de propiciar a resolução da questão indenizatória surgida?

Tratando da questão à luz do direito francês e da teoria da guarda que lá se desenvolveu, Jean-Sébastien Borghetti observa que, antes de qualquer alteração legislativa própria, o caso envolve muito mais uma recompreensão da ideia tradicional de guarda, que nestes casos se toma no seu sentido material, isto é, o de que o responsável seja aquele que detém a direção e o controle efetivo da coisa. Defende o autor que para as situações danosas descritas será preciso recorrer à noção jurídica de guarda e, neste sentido, à entrevisão – já que, justamente, no veículo autônomo não há condução humana – do poder jurídico de utilização e proveito do sistema virtual em que se constitui[17]. De todo modo, pondera o professor da Universidade de Paris II que para hipóteses de inteligência artificial autônoma e danos daí derivados será sempre o caso de refletir sobre o fato gerador dos danos em si, antes que o defeito do sistema, e sobre sua imputação a quem tenha feito uso e feito funcionar em seu proveito a inteligência artificial; quem se utiliza e põe em atuação o robô[18]

---

16. V., também de minha relatoria: Ap. civ. n. 1062352-80.2014.8.26.0100, 2ª Câmara Reservada de Direito Empresarial, j. 18.06.2018.
17. BORGHETTI, Jean-Sébastien. L´accident généré par l´intelligence artificielle autonome. In: *Le droit civil à l´ère numérique. Actes du colloque du Master 2 Droit privé général et du Laboratoire de droit civil*. Paris II. 21.04.2017. p. 23-28. http://web.lexisnexis.fr/Fb/Droit_civil_a_l_ere_numerique_112017/files/assets/common/downloads/publication.pdf, acessado em 23 de julho de 2018.
18. Idem, ibidem.

6. CONCLUSÃO

Como se viu, não são poucos os problemas gerados pela chamada *Era Digital* nos mais diversos campos do direito. E que suscitam a questão de se aquilatar a suficiência de mecanismos de autorregulamentação ou de heterorregulamentação, aqui inclusive com a dificuldade, no espaço virtual, da territorialidade, pelo que tem sido comuns as regras comunitárias, como o citado *Regulamento Geral sobre a Proteção de Dados (GDPR – General Data Protection Regulation)*.

Mas viu-se também que, ao menos na exemplificação procedida, não são estranhas soluções hauridas dos instrumentos comuns do direito, posto que reinterpretados ou recompreendidos.

Neste sentido, talvez pareça mais adequado imaginar, ao revés da construção de um *direito informático* aplicável aos vários ramos do direito privado, a previsão de novas *regras de conduta* no espaço digital, cujo desrespeito geraria consequências definidas pelos mecanismos conhecidos do direito objetivo. Ou, ainda, regras próprias, mas tópicas desde que, ao revés de constituir um corpo normativo autônomo, se integrariam ao sistema próprio de cada ramo do direito privado.

Se se pensar, exemplificativamente, no campo da responsabilidade civil, seriam ilícitos enfrentados pelos mecanismos conhecidos da responsabilidade civil, a que se reservariam regras acrescidas de atualização ou regras particulares para responsabilização de agentes específicos por sua atuação. Ainda no mesmo campo, este, parece, vem sendo o caminho do sistema brasileiro. Recentemente, editou-se a Lei 12.965, de 23 de abril de 2014, o chamado *Marco Civil da Internet*. Ali se estabeleceram regras específicas de conduta aos provedores, conforme a natureza de sua atuação. Estabeleceram-se, ainda, direitos e garantias básicas ao usuário. Ao final, foram previstas regras de responsabilidade civil, sem inovação quanto à sua essência, quanto à sua conformação ou constituição ontológica. Foram ou são regras de identificação de uma responsabilidade ora primária, ora subsidiária, ou regras de responsabilização por ação ou omissão. Portanto, do ponto de vista teórico, são virtualidades conhecidas do instituto da responsabilidade civil, porém dispostas particularmente para ocorrências lesivas que se manifestam por meio digital. Tal o quanto se haveria de pensar e estender para os outros ramos do direito privado.

Recentemente, no País, e tal qual já antes referido, se editou a lei – à semelhança do Regulamento Geral Europeu – de proteção dos dados pessoais (Lei 13.709/18). Pois ali se prevê, em capítulo próprio (Capítulo VI, Seção III), disposição sobre a responsabilidade solidária entre o operador e o responsável pelo tratamento de dados (art. 42, par. 1º, I), bem assim sobre excludentes de responsabilidade civil destes chamados *agentes de tratamento* de dados e sobre seu direito de regresso (art. 43). Veja-se, são, de novo, preceitos conhecidos, no campo da responsabilidade civil, mas adaptados ao campo do ilícito digital e, mais, assim tipificado no mesmo projeto de lei. O artigo 44 estabelece as hipóteses em que o tratamento de dados se considera *irregular*. Mas cabe realçar previsão específica que adapta mecanismo geral, por isso comum a inúmeras situações jurídicas processuais, porém para a responsabilidade digital em particular. Trata-se da *inversão do ônus da prova*. Conforme o parágrafo 2º do artigo 42 do projeto (que trata da obrigação de reparação de danos, frise-se, materiais ou morais, individuais ou coletivos – assim mais um reconhecimento positivo dos danos coletivos – dos agentes de tratamento de dados), "o juiz, no processo civil, poderá inverter o ônus da prova a favor do titular de dados quando, a seu juízo, for verossímil a alegação, houver hipossuficiência para fins de produção de prova ou quando a produção de prova pelo titular resultar-lhe excessivamente onerosa."

Bem se vê, portanto, que são normas, direitos, garantias, obrigações e deveres dos atores que se envolvem ou pessoas que são envolvidas em relações digitais, dispondo-se depois sobre as consequências do desatendimento a estes comandos, posto que explicitando e mesmo adaptando virtualidades próprias da matéria da responsabilidade civil e este específico campo de potencial ocorrência de danos.

Pois tal escolha, expandida para os ramos em geral do direito privado, parece talvez seja opção melhor do que pensar em criar um *direito digital* próprio, como se fugisse a uma integração sistemática ou à própria compreensão do direito como um sistema, então necessariamente marcado pela interconexão racional entre seus elementos constitutivos.

Evidente que nem por isso todas as dificuldades casuísticas estarão superadas. Certo o surgimento sempre de novas situações que não se cobrirão necessariamente por simples processo de subsunção, mas ainda por mecanismos mais sofisticados de integração sistemática, assim do sistema tal como construído.

Enfim, são situações que certamente convidam o intérprete a uma reflexão sobre os institutos do direito privado, mas que, conforme se entende, determinam uma sua evolução, o seu desenvolvimento antes que a construção de um novo ramo. De resto, fenômeno semelhante ao que a história demonstra.

7. REFERÊNCIAS BIBLIOGRÁFICAS

BORGHETTI, Jean-Sébastien. L´accident généré par l´intelligence artificielle autonome. In: *Le droit civil à l´ère numérique. Actes du colloque du Master 2 Droit privé général et du Laboratoire de droit civil*. Paris II. 21.04.2017. p. 23-28. http://web.lexisnexis.fr/Fb/Droit_civil_a_l_ere_numerique_112017/files/assets/common/downloads/publication.pdf, acessado em 23 de julho de 2018.

COSTA ANDRADE, Manuel da. *Liberdade de imprensa e inviolabilidade pessoal*. Coimbra: Coimbra Editores, 1996.

DONDERO, Bruno. Les smart contracts. In: *Le droit civil à l´ère numérique. Actes du colloque du Master 2 Droit privé général et du Laboratoire de droit civil*. Paris II. 21.04.2017. p. 19. http://web.lexisnexis.fr/Fb/Droit_civil_a_l_ere_numerique_112017/files/assets/common/downloads/publication.pdf, acessado em 23 de julho de 2018.

DUVAL, Hermano. *Direito à imagem*. São Paulo: Saraiva. 1988.

ENGISH, Karl. *Introdução ao pensamento jurídico*. Trad.: J. Baptista Machado. 7ª ed. Lisboa: Fundação Calouste Gulbenkian.

GODOY, Claudio Luiz Bueno de. *Liberdade de imprensa e direitos da personalidade*. 3ª ed. São Paulo: Atlas, 2015.

_____. Uma análise crítica da responsabilidade civil dos provedores na Lei 12.965/14 (Marco Civil da internet). In: *Direito & Internet*. Coord: Newton de Lucca; Adalberto Simão Filho; Cíntia Rosa Pereira de Lima. São Paulo: Quartier Latin, 2015. p. 307-320.

LEPAGE, Agathe. La protection contre le numérique: les données personelles à l´aune de la loi pour une République numérique. In: *Le droit civil à l´ère numérique. Actes du colloque du Master 2 Droit privé général et du Laboratoire de droit civil*. Paris II. 21.04.2017. p. 35-36. http://web.lexisnexis.fr/Fb/Droit_civil_a_l_ere_numerique_112017/files/assets/common/downloads/publication.pdf, acessado em 23 de julho de 2018.

LORENZETTI, Ricardo. Informática, Cyberlaw, E-Commerce. In: *Direito & Internet. Aspectos jurídicos relevantes*. São Paulo: EDIPRO, 2000.

MORAES, Maria Celina Bodin de; KONDER, Carlos Nélson. *Dilemas de direito civil constitucional. Casos e decisões*. Rio de Janeiro: Renovar, 2012.

ESTADO DEMOCRÁTICO BRASILEIRO: APERFEIÇOAMENTO DO SISTEMA REPRESENTATIVO

Dalmo de Abreu Dallari

Professor Emérito da Faculdade de Direito da Universidade de São Paulo e Professor Visitante da Faculdade de Direito da Universidade de Paris X. Autor de várias obras jurídicas, entre as quais "A Constituição na Vida dos Povos", que lhe valeu o Primeiro Prêmio entre as obras jurídicas galardoadas com o Prêmio Jabuti, da Câmara Brasileira do Livro, em 2010. Foi Secretários dos Negócios Jurídicos da Prefeitura Municipal de São Paulo, no governo da Prefeita Luíza Erundina. Naquela oportunidade, atendendo a uma proposta sua, foi criado, pela Lei Municipal 11.300/1992, o Serviço de Apoio Jurídico à População Carente – SAJ. A contribuição do Advogado e Professor Walter Piva Rodrigues foi fundamental para a implantação do SAJ, que dirigiu até o final do mandato da Prefeita, colaborando para a efetivação do apoio jurídico à população carente, deixando muito evidentes sua sólida cultura jurídica e seu espírito humanista.

Sumário: 1. Legislativo bicameral oneroso e antidemocrático – 2. Sistema eleitoral deformador da representatividade – 3. Reforma política e preparo da cidadania para efetivação da democracia representativa.

1. LEGISLATIVO BICAMERAL ONEROSO E ANTIDEMOCRÁTICO

A Constituição brasileira de 1988 definiu o Brasil como "Estado Democrático de Direito". E para efetivação do caráter democrático do Estado estabelece um conjunto de normas relativas à organização política, entre as quais se encontra o estabelecimento de um Poder Legislativo bicameral, composto de Senado e Câmara de Deputados. O bicameralismo, no caso brasileiro, é uma afronta à democracia representativa e deve ser substituído por um sistema unicameral, com o Poder Legislativo Federal exercido por uma Câmara de Deputados, na qual estarão representantes do povo eleitos por Estados, conhecendo, portanto, a vontade e os interesses dos eleitores de seu Estado e sendo todos eleitos pelo sistema de representação proporcional em que os eleitores de todos os Estados terão o mesmo peso político.

Como se irá demonstrar, além de não ter qualquer justificativa teórica a existência de uma Casa Legislativa representativa dos Estados, uma vez que o Brasil nunca foi e não é o produto de uma aliança de verdadeiros Estados, o processo de escolha dos Senadores atribui, na prática, maior peso político à vontade dos eleitores de Estados menos populosos, distorcendo, assim, a democracia representativa. O sistema bicameral já foi incluído na primeira Constituição brasileira, de 1824, segundo a qual o Poder Legislativo era delegado a uma Assembleia Geral, composta de duas Câmaras: a Câmara de Deputados e a Câmara de Senadores. E isso foi feito em benefício dos interesses das elites econômicas e sociais das Províncias, sem nenhum respeito pela vontade e pelos interesses do povo.

Numa rápida retrospectiva histórica, será fácil demonstrar o equívoco do bicameralismo brasileiro, que, além de não ter justificativa teórica e prática e de ser altamente oneroso, pelo custo da manutenção de duas Casas Legislativas, tem ainda um aspecto gravemente negativo em termos de democracia representativa. O bicameralismo como existe no Brasil contribui para que a gestão dos assuntos de relevante interesse público fique subordinada à interferência de indivíduos e grupos que dão absoluta prioridade aos seus próprios interesses. Isso acarreta, portanto, um distanciamento da representação popular, embora se usem mecanismos formais de escolha de representantes característicos da democracia representativa.

Sem recuar demais no tempo e mesmo sem uma aprofundada análise teórica, será fácil demonstrar o equívoco da criação de um Legislativo com duas Casas após a proclamação da República, em 1889, equívoco não resultante de ignorância mas da poderosa pressão dos que detinham o comando político e econômico em várias regiões brasileiras e que impuseram a manutenção, por via constitucional, de um instrumento de poderosa influência sobre as decisões do Legislativo e do Executivo, que seria composto por representantes, formalmente do povo mas realmente dos grupos poderosos. Para clara percepção dos graves desvios que vem sofrendo a democracia representativa, será interessante uma retrospectiva histórica, para se ter conhecimento de como ela foi implantada no Brasil e como evolui nas sucessivas Constituições brasileiras. Isso é muito importante para que seja bem evidenciada a distorção que vem ocorrendo agora, com a degradação do sistema de democracia representativa, que é formalmente consagrado na Constituição como cláusula pétrea, ou seja, como elemento essencial do Estado brasileiro.

No Brasil já aparecem os representantes do povo na primeira Constituição, de 1824, como parte de um sistema de governo não democrático, uma Monarquia hereditária e vitalícia. Em sentido oposto, como expressão de uma democracia brasileira, com representantes do povo nos órgãos dos Poderes Executivo e Legislativo o sistema nasceu com a proclamação da República, em 1889. Na Constituição de 1824 foi estabelecida a Monarquia como forma de governo, tendo o Imperador como chefe do Poder Executivo, estabelecendo-se a existência de um Poder Legislativo, composto de duas Câmaras: a Câmara de Deputados, cujos membros seriam eleitos pelo povo para um mandato com tempo determinado, e a Câmara de Senadores, composta por membros vitalícios, escolhidos por meio de eleições para representarem suas respectivas Províncias.

Começa aí o equívoco, ou o subterfúgio, de considerar necessário um Legislativo com duas Câmaras, o que foi feito para assegurar aos grandes proprietários, comerciantes e agentes financeiros a possibilidade de participar do governo. Isso fica evidente pela norma constitucional que exigia, para o Senador, que tivesse a idade mínima de quarenta anos e "rendimento anual por bens, indústria, comércio ou empregos a soma de oitocentos mil réis", que era, então, um valor muito elevado, ao alcance de poucos. Basta o conhecimento dessas normas constitucionais para que se perceba claramente a forte influência do poder econômico e das elites sociais sobre a organização dos órgãos de comando político e de fixação das normas jurídicas fundamentais, pondo em segundo plano o preceito democrático que exige a supremacia da vontade e dos interesses de todo o povo.

Sob influência de múltiplos fatores, internos e internacionais, em 15 de novembro de 1889 foi proclamada a República, introduzindo normas democratizantes na sociedade brasileira. O comando político do Brasil foi assumido por um Governo Provisório, que por um decreto extinguiu as assembleias provinciais, existentes nas Províncias brasileiras, que eram a expressão de uma descentralização política e administrativa, mas essencialmente subordinadas ao governo central. E no ano de 1890, como resultado da proclamação da República, foram realizadas eleições para o Congresso Constituinte da República, dizendo o decreto: "'consideram-se eleitores para as câmaras gerais, provinciais e municipais todos os cidadãos brasileiros no gozo de seus direitos civis e políticos, que souberem ler e escrever".

Na proclamação da República no Brasil, assim como na elaboração da primeira Constituição republicana, houve forte influência do modelo dos Estados Unidos, mas com um equívoco fundamental que foi a pretensão de fazer aplicação textual e completa do modelo estadunidense, quando havia situações históricas, políticas e jurídicas essencialmente diferentes. Com efeito, eis o que dispunha o Decreto 1 do Governo Provisório, publicado em 15 de novembro de 1889:

> Artigo 1º. Fica proclamada provisoriamente e decretada como a forma de governo da nação brasileira a República Federativa. Artigo 2º. As províncias do Brasil, reunidas pelo laço da federação, ficam constituindo os Estados Unidos do Brasil.

Em seguida foi designada uma comissão especial para redigir um projeto de Constituição, a ser submetido a uma Assembleia Constituinte que foi eleita no ano de 1890 e trabalhou intensamente aperfeiçoando o projeto. E no dia 24 de fevereiro de 1891 foi promulgada a primeira Constituição republicana e federativa do Brasil. Como se verifica, as províncias, que eram a expressão de uma descentralização político-administrativa, totalmente dependentes do governo central, passaram a denominar-se Estados. Num primeiro momento houve apenas a mudança do nome e só depois, com a aprovação da primeira Constituição republicana, que se declarou também federativa, elas ganharam autonomia.

O equívoco essencial é que, diferentemente dos Estados Unidos, o Brasil não tinha Estados que se uniram e proclamaram sua independência, para depois se associarem numa organização federativa, usando do poder soberano de que dispunham e mantendo parte de seus antigos poderes. Isso ocorreu para a constituição da República Federativa dos Estados Unidos da América. O que houve no Brasil foi, simplesmente, a mudança de modelo da Constituição, de monárquica para republicana. E isso foi feito sem que as Províncias participassem de uma coligação e decidissem aderir ao

Estado que estava sendo criado, pois elas nunca tiveram soberania, vale dizer, nunca foram verdadeiros Estados.

Como se ressaltou acima, pelo artigo 1º do Decreto 1 de 15 de novembro de 1989 o Governo Provisório implantou a República no Brasil, denominando-a República Federativa. E as Províncias passaram a denominar-se Estados, sem nunca terem sido verdadeiros Estados.

Foram realizadas as eleições para a Assembleia Constituinte e esta aprovou a Constituição de 1891, dispondo que o Poder Legislativo seria exercido pela Câmara de Deputados e pelo Senado, devendo cada Estado eleger três Senadores. Os candidatos a Deputado deveriam ter a idade suficiente para ser eleitores e seriam eleitos para uma legislatura, com duração de três anos. Para o Senado a idade mínima era de 35 anos e o mandato teria a duração de nove anos, estabelecendo-se que haveria três Senadores por Estado, não tendo qualquer influência o número de eleitores de cada Estado.

A Constituição de 1988 reproduz a definição do Brasil como República Federativa, com um Congresso Nacional composto de Câmara de Deputados e Senado, havendo igual número de Senadores para todos os Estados, não importando o número de habitantes e de eleitores.

Assim, portanto, os Estados com população muito maior e, consequentemente, com muito mais eleitores, terão o mesmo número de Senadores dos Estados menos populosos e com menor número de eleitores, o que já é uma quebra de um dos princípios da democracia representativa. E isso tem grande influência nas decisões do Senado, já se tendo verificado situações em que a aliança política de um conjunto dos Estados com menor número de eleitores fez prevalecer sua vontade, protegendo os interesses de seus dirigentes, derrotando os Estados com maior população e mais eleitores. Desse modo, por via indireta, a vontade dos eleitores de certos Estados teve peso maior do que a vontade dos eleitores dos demais Estados, ofendendo ostensivamente o princípio da igualdade de todos os membros do povo, que é uma das bases da democracia.

Bastam esses dados objetivos para se concluir que a existência do Senado, sem qualquer justificativa, pois o Brasil nunca foi e não é uma aliança de verdadeiros Estados, ofende princípios fundamentais da democracia representativa. A isso ainda se acrescentam outros pontos denunciadores das distorções da democracia representativa pela existência do sistema bicameral. Um desses pontos é a constatação, já divulgada pela imprensa e registrada em algumas obras de análise do sistema político brasileiro, de que em grande número de casos o Suplente de Senador é o financiador da campanha eleitoral do candidato a Senador. De acordo com as regras eleitorais, ao dar o seu voto para Senador o eleitor estará votando também no suplente que o candidato ao Senado tiver indicado quando pediu o registro de sua candidatura. Habitualmente não se divulga o nome do suplente e assim o eleitor não sabe em quem está votando, havendo muitos casos em que o

ESTADO DEMOCRÁTICO BRASILEIRO: APERFEIÇOAMENTO DO SISTEMA REPRESENTATIVO

Senador se licencia do exercício do mandato, ou para atender a alguma necessidade ou por ter feito um acordo com o seu financiador, permitindo-lhe o exercício do mandato durante certo tempo.

Assim, pois, não existe justificativa para a existência do Legislativo bicameral, sendo exigência democrática a instauração de um Legislativo unicameral. Os Deputados Federais continuarão a ser eleitos por Estados e assim estes terão entre os Deputados os representantes de seus interesses.

2. SISTEMA ELEITORAL DEFORMADOR DA REPRESENTATIVIDADE

Por várias de suas características fundamentais o sistema eleitoral brasileiro permite e mesmo estimula a falsificação da representatividade, servindo de instrumento para a degradação da democracia representativa proclamada na Constituição. Vários pontos da legislação eleitoral, como a exagerada facilidade para a criação de partidos políticos e o uso de alianças e coligações para possibilitar a eleição de candidatos que não receberam os votos suficientes para serem eleitos, são opostos à democracia representativa e por isso exigem mudança imediata.

Esses e outros graves defeitos da legislação eleitoral, que serão objeto de mais pormenorizada análise logo abaixo, criam a possibilidade de degradação do sistema representativo e têm sido usados para que pessoas sem o preparo indispensável para o exercício de um mandato parlamentar, até mesmo com baixíssimo nível de conhecimentos básicos e com dificuldade para se expressarem em português correto, mas, sobretudo, sem consciência da responsabilidade ética, política e social dos representantes do povo, recebam mandato para representar o povo brasileiro no Congresso Nacional.

Para que fiquem bem evidentes as graves imperfeições da legislação eleitoral e a necessidade urgente de sua modificação será suficiente assinalar alguns pontos básicos, relativos à organização e ao funcionamento dos instrumentos e meios de ação político-eleitoral: a criação de partidos políticos, a falta de vinculação com um colégio eleitoral específico, capaz de conhecer e avaliar as características do candidato e as coligações e alianças que permitem e favorecem a eleição de candidatos que não receberam os votos necessários para se elegerem por sua própria votação.

Começando pela excessiva facilidade para a criação de partidos políticos, dispõe a Constituição, no artigo 17, que "é livre a criação, fusão, incorporação e extinção de partidos políticos", exigindo que seja resguardado o pluripartidarismo e que os partidos tenham caráter nacional, proibidos os partidos estaduais e municipais. E no parágrafo 1º se estabelece que os partidos têm autonomia para "adotar os critérios de escolha e o regime de suas coligações eleitorais, sem obrigatoriedade de vinculação entre as candidaturas de âmbito nacional, estadual, distrital ou municipal". Em termos práticos, essas disposições constitucionais tornam inúteis as exigências, constantes da legislação dos partidos, de aprovação de um programa e de fidelidade dos eleitos por um partido ao programa respectivo. E a plena autonomia para coligações permite a aliança de partidos que tenham pontos programáticos reciprocamente opostos.

No tocante às exigências formais para a criação de partidos, a matéria está disciplinada por uma lei especial, que é a Lei 9096, de 19 de setembro de 1995, denominada Lei dos Partidos Políticos. Diz essa lei, no artigo 1º, que o partido político destina-se a assegurar, no interesse do regime democrático, a autenticidade do sistema representativo. Entretanto, a própria legislação dá aos partidos a possibilidade de alianças e coligações de partidos com programas opostos em muitos pontos, legalizando a distorção da representatividade.

Existem disposições quanto aos requisitos mínimos para a criação de um partido, expressas na Lei dos Partidos. Uma delas é facílima de ser atendida, sendo, na realidade, uma porta amplamente aberta para os aventureiros e oportunistas que prefiram criar o seu próprio partido. Com efeito, dispõe o artigo 8º da Lei dos Partidos que o requerimento de registro de partido político, que é o pedido de sua criação, "deve ser subscrito por seus fundadores, em número nunca inferior a cento e um, com domicílio eleitoral em, no mínimo, um terço dos Estados". Tendo-se em conta que, de acordo com os dados publicados pelo Tribunal Superior Eleitoral, em 2014 o Brasil tinha mais de 140 milhões de eleitores, a exigência de cento e um eleitores para pedir a criação de um partido político é irrisória, sendo um convite às aventuras político-eleitorais com a fachada de um partido político. Isso explica porque existem hoje 35 partidos políticos registrados na Justiça Eleitoral, muitos deles sendo apenas instrumentos de barganhas em proveito de seus dirigentes-proprietários. Esse é, portanto, um ponto que deve ser seriamente considerado, para que a criação de partidos seja, efetivamente, uma contribuição ao oferecimento de opções políticas ao eleitorado.

Outro ponto que deve ser seriamente considerado na busca da representação autenticamente democrática, é a vinculação dos candidatos a determinado colégio eleitoral, a fim de permitir que os eleitores realmente conheçam os candidatos, seus antecedentes e suas opções fundamentais quanto à inserção na vida comunitária e aos reais compromissos com objetivos sociais. Aqui se coloca a exigência do estabelecimento de um sistema eleitoral distrital, pelo qual os candidatos deverão ser vinculados a uma determinada região, só podendo receber votos dos eleitores dessa região. Desse modo os eleitores terão a possibilidade de conhecer as características pessoais e de integração comunitária dos candidatos, podendo fazer a escolha de seus representantes tendo conhecimento delas. Além disso, pela identificação resultante do vínculo distrital, terão a possibilidade de acompanhar o desempenho de seu representante, apresentando-lhe sugestões e propostas e fazendo o controle de sua atividade parlamentar, manifestando-lhe diretamente o apoio ou a divergência quando considerarem necessário ou oportuno.

Além desses aspectos, a questão do absurdo sistema legalmente denominado de "quociente eleitoral", que garante a obtenção de um mandato a um "deficiente eleitoral", deve ser examinada. Como já foi anteriormente assinalado, a Constituição, no artigo 17, § 1º, estabelece que os partidos têm autonomia para "adotar o regime de suas coligações eleitorais". Esse dispositivo é complementado pelos artigos 105 e seguintes do Código Eleitoral (Lei 4.737, de 15 de julho de 1965), tendo especial importância, por seus efeitos altamente danosos à democracia representativa, os artigos 106 e seguintes, que introduzem a figura do "quociente eleitoral". Pelo que aí se dispõe, determina-se o quociente eleitoral dividindo-se o número de votos válidos apurados pelo de lugares a preencher. Em seguida, apura-se o quociente partidário, dividindo-se o número de votos válidos dados a um partido ou uma coligação. E assim se verifica quantas vezes o partido ou a coligação atingiu o quociente eleitoral, vale dizer, quantos lugares foram assim conquistados. O preenchimento desses lugares no Legislativo será feito pela ordem decrescente da votação de seus candidatos, sem levar em conta se eles, individualmente, obtiveram votação igual ou superior ao quociente eleitoral.

A consequência desse procedimento é que num partido ou coligação poderá haver um candidato que, pelos votos que recebeu, atingiu e superou várias vezes o quociente eleitoral. E com isso, além de se eleger ele contribui para que outros candidatos da mesma legenda, que não obtiveram os votos suficientes para se eleger, preencham os lugares conquistados pelo puxador da legenda. Nas últimas eleições para deputado federal, em que eram disputadas 513 vagas, só 36 candidatos obtiveram votação suficiente para serem declarados eleitos. Entretanto muitos desses eleitos obtiveram votação superior ao quociente eleitoral e graças aos votos por eles obtidos o partido ou a coligação a que estavam vinculados conquistou muitos lugares, que foram preenchidos pelos candidatos que vinham em seguida, em ordem decrescente. Houve casos em que nenhum dos candidatos inscritos por determinado Estado obteve a votação necessária para se eleger, mas a soma dos votos obtidos por todos os candidatos da mesma legenda possibilitou que esta atingisse várias vezes o quociente eleitoral. Desse modo, grande número de candidatos que não obtiveram os votos suficientes para serem eleitos por sua própria votação foram declarados eleitos e receberam os demais mandatos conquistados pelo partido ou pela coligação a que estavam vinculados.

Em termos concretos e precisos, 477 candidatos receberam o mandato de deputado federal e foram empossados em 2015 sem terem recebido os votos que lhes dariam a condição de representantes do povo brasileiro. Pelos dados divulgados, verificou-se que no Distrito Federal, nos Estados do Acre, Alagoas, Espírito Santo, Maranhão, Mato Grosso, Piauí, Rio Grande do Norte e Tocantins nenhum dos empossados em 2015 obteve os votos necessários para serem eleitos, mas candidatos desses Estados foram empossados e receberam os mandatos de deputado federal graças à aplicação do quociente eleitoral. Evidentemente, esse critério promove a degradação da democracia representativa, pois a maioria dos mandatários não recebeu de seus eleitores o mandato assumido, não sendo, portanto, autênticos representantes do povo brasileiro.

Ainda com relação ao sistema eleitoral e à interferência de fatores que degradam a democracia representativa, deformando a representatividade, é de grande importância o registro e a análise de dispositivos constitucionais e legais relativos ao financiamento dos partidos político, da propaganda política e das campanhas eleitorais. Esse é um fator de muita influência, que já tem sido objeto de críticas apontando seus efeitos degradantes e de propostas buscando eliminar, ou pelo menos diminuir, a interferência maléfica do financiamento na autenticidade da representação.

Com relação aos aspectos econômicos e financeiros, a Constituição não desce a pormenores, limitando-se a estabelecer uma regra limitadora, que consta do artigo 17, no qual são enumerados preceitos que devem ser observados pelos partidos. Entre estes, está expresso no inciso II: "proibição de recursos financeiros de entidade ou governo estrangeiros ou de subordinação a estes". Quanto à obtenção e uso dos recursos financeiros foram estabelecidas regras pormenorizadas e específicas no Código Eleitoral e na Lei dos Partidos. No artigo 237, "caput", do Código Eleitoral há uma referência expressa ao abuso do poder econômico em matéria eleitoral, em prejuízo da livre manifestação do eleitorado, dispondo-se que serão punidos os que participarem de práticas dessa natureza. Ali ficou estabelecido que "a interferência do poder econômico e o desvio ou abuso do poder de autoridade, em desfavor da liberdade do voto, serão coibidos e punidos". Nos parágrafos que complementam esse dispositivo é atribuída legitimidade a qualquer eleitor e aos partidos políticos para promoverem a responsabilização dos que incorrerem nessas práticas.

Tornando mais rigorosa e específica a proibição de interferência do poder econômico nas atividades eleitorais, o artigo 241 estabelece normas relativas à propaganda eleitoral, atribuindo especial responsabilidade aos partidos. Eis o que dispõe esse artigo: "Toda propaganda eleitoral será realizada sob a responsabilidade dos partidos e por eles paga, imputando-se lhes solidariedade nos excessos praticados pelos seus candidatos e adeptos". Assim, pois, não se admite que terceiro participe do financiamento da propaganda eleitoral, para impedir que os partidos que têm adeptos nas classes mais ricas usem dessa possibilidade para desenvolver uma propaganda mais volumosa e influente.

A Lei dos Partidos, Lei 9.096, de 19 de setembro de 1995, contém disposições pormenorizadas a respeito dos aspectos financeiros das atividades partidárias e eleitorais. O Título III dessa Lei trata, especificamente, "Das finanças e contabilidade dos partidos". Ali se encontram dispositivos tratando de aspectos contábeis e do controle sobre os recebimentos e gastos dos partidos. Um ponto de fundamental importância que deve ser lembrado é que o Supremo Tribunal Federal, em decisões reiteradas, firmou o entendimento de que continuam proibidas as doações de pessoas jurídicas a campanhas políticas. Assim, as empresas permanecem sem poder contribuir para as campanhas.

É muito importante que haja ampla divulgação dessas regras legais, sabendo-se também que qualquer eleitor poderá denunciar a ocorrência de alguma das práticas

ESTADO DEMOCRÁTICO BRASILEIRO: APERFEIÇOAMENTO DO SISTEMA REPRESENTATIVO

proibidas e promover a responsabilidade dos que infringirem as normas legais. A possibilidade do uso desses meios legais de controle é um elemento valioso para que se impeça a interferência de fatores econômicos e financeiros nas disputas eleitorais, afetando negativamente a livre expressão do eleitorado, que é um atributo e uma exigência da democracia representativa.

3. REFORMA POLÍTICA E PREPARO DA CIDADANIA PARA EFETIVAÇÃO DA DEMOCRACIA REPRESENTATIVA

Na democracia representativa tem especial importância o preparo da cidadania para o exercício de seus direitos políticos, inclusive de suas decisões eleitorais, pois a falta de consciência de que seus direitos implicam necessariamente sua responsabilidade podem levar, e lamentavelmente tem levado, muitos eleitores brasileiros a concederem o mandato, dando-lhes a condição de representantes do povo, a pessoas sem consciência ética e sem o mínimo preparo no tocante aos conhecimentos básicos para expressarem a vontade do povo.

Com efeito, alguns aspectos concretos e bem conhecidos da vida pública brasileira deixam evidente que uma parte expressiva do eleitorado não tem consciência de seu papel na efetivação da democracia representativa e dos tremendos prejuízos que eles próprios sofrem e que acarretam para todo o povo quando fazem barganhas ou concessões com seus direitos de cidadania. Um dado muito evidente e expressivo é que militam na vida pública brasileira indivíduos notoriamente corruptos que, apesar dessa notoriedade, recebem os votos de grande número de eleitores. E assim conseguem a eleição e sucessivas reeleições, obtendo a condição de mandatários, representantes do povo, que lhes dá maior possibilidade de praticar atos de corrupção em prejuízo do interesse público e de terem maior proteção quanto ao risco de punição pela prática das ilegalidades.

A par disso, há também uma clara demonstração de despreparo para o uso dos direitos da cidadania quando os fatos tornam evidente que parlamentares, representantes do povo, estão absolutamente despreparados, por deficiência intelectual ou falta de consciência ética, para o exercício de um mandato político. Esse despreparo, ético e intelectual, de grande número de deputados federais – obviamente, eleitos pelo povo- ficou muito evidente na transmissão ao vivo da votação do pedido de *impeachment* da Presidente Dilma Rousseff na Câmara de Deputados. O que se viu foi um espetáculo deprimente e revoltante, que deveria despertar a consciência do povo brasileiro para que um bando de delinquentes e oportunistas não tenha a possibilidade de tomar decisões arbitrárias e antidemocráticas dizendo falar em nome do povo.

Naquela sessão de uma das Casas do Parlamento, que teoricamente representa o povo brasileiro, o que se viu foi a conjugação de vários fatores negativos, vergonhosos e desmoralizantes, para uma decisão que afronta o povo brasileiro porque tomada em seu nome por falsos representantes. Basta assinalar, como um dos pontos básicos, que, contrariando os princípios da ética política e da constitucionalidade democrática, um bando de deputados, sem legitimidade e sem representatividade, porque a maioria não se elegeu com votos próprios, mas como beneficiários do antidemocrático quociente eleitoral, decidiu revogar um mandato concedido em eleições livres e democráticas por mais de 54 milhões de brasileiros. A par disso tudo, é oportuno ressaltar outro ponto negativo ali presente: a sessão foi dirigida pelo Presidente da Câmara de Deputados, contra quem existia processo em andamento no Supremo Tribunal, além de já terem sido divulgadas informações precisas, de fontes autorizadas, sobre suas diversas e reiteradas práticas de ilegalidades. É mais um ponto expressivo demonstrando a deformação da democracia representativa brasileira.

Quanto ao desempenho dos deputados naquela sessão, a quase unanimidade dos que acompanharam a transmissão feita pela televisão, inclusive pessoas favoráveis à decisão final, tem manifestado indignação e decepção, pelo baixíssimo nível das manifestações de grande número dos parlamentares. Demonstrando baixo nível intelectual, falta de consciência da responsabilidade de atuar como membro de uma das Casas do Parlamento, muitos declararam os seus votos com palavras que iam do ridículo à revelação de pertencerem a bandos que tiveram acesso a um alto cargo do sistema político-representativo brasileiro por via ilegítima introduzida na legislação eleitoral. Com efeito, muitos manifestaram o seu voto, quanto à proposta de impeachment, dizendo que tomavam sua decisão para agradar as avós, os netos, as mães, os filhos, as cunhadas, os tios e os sobrinhos. E com isso fizeram lembrar o comportamento dos integrantes da máfia italiana, que se dizem membros de uma "famiglia".

A par disso, houve manifestações de homenagem a criminosos contra a humanidade, como fez o deputado Jair Bolsonaro, que ao votar fez o louvor de um criminoso que foi reconhecido e condenado como um dos mais violentos e desumanos torturadores durante o período da ditadura militar. Aliás, além da imoralidade da exaltação de um criminoso a manifestação do deputado Bolsonaro se enquadra num crime definido no Código Penal, que é a apologia do crime ou de um criminoso. Acrescente-se, ainda, outro dado de fundamental importância, revelador do despreparo daqueles mandatários para falarem em nome do povo brasileiro: a não ser em pouquíssimos casos e ainda assim com referências genéricas e vagas, praticamente a totalidade dos parlamentares não faz a mínima referência à fundamentação jurídica de suas conclusões, deixando evidente que não estavam preparados para o desempenho responsável do mandato parlamentar concedido pelo povo.

Em vista dessas evidentes degradações da democracia representativa, para beneficiar grupos e segmentos sociais tradicionalmente privilegiados e agora inconformados com a redução de seus privilégios, vem a propósito relembrar ponderações de Paulo Bonavides, mestre de Teoria do Estado e Direito Constitucional e Professor Emérito da Faculdade de Direito da Universidade Federal do Ceará, constantes de uma de suas notáveis contribuições ao Direito Público brasileiro que é a obra intitulada "Direito Constitucional da Democracia Participativa" (Ed. Moderna, 2003 (2ª. ed.). Eis o que diz o preclaro jurista:

"Os vícios eleitorais, a propaganda dirigida, a manipulação da consciência pública e opinativa do cidadão pelos poderes e veículos de informação, a serviço da classe dominante, que os subornou, até as manifestações executivas e legiferantes executadas contra o povo e a nação e a sociedade nas ocasiões governativas mais delicadas, ferem o interesse nacional, desvirtuam os fins do Estado, corrompem a moral pública e apodrecem aquilo que, até agora, o *status quo* fez passar por democracia e representação" (ob. cit., pág.25).

Por tudo o que foi exposto, dois pontos de fundamental importância devem ser objeto de reflexão e inspirar a tomada de iniciativas em favor da efetivação da democracia representativa no Brasil: um deles, para produzir efeitos a longo prazo, mas que é necessário ter início agora, é a preparação dos brasileiros para o exercício consciente responsável da cidadania. Para tanto devem ser incluídos nos currículos escolares disciplinas direcionadas para esse objetivo, podendo-se iniciar pelo nível básico, com uma disciplina que se poderia denominar "Introdução à Cidadania" ou "Educação para a Cidadania".

Na década de trinta do século passado foi implantada nas escolas a disciplina "Educação Moral e Cívica", que era lecionada no curso primário. Apesar de algumas deformações efetuadas por determinação de um governo ditatorial, essa disciplina foi extremamente útil, conscientizando os alunos sobre a necessidade e conveniência de comportamentos que respeitassem as regras sociais do respeito recíproco, da solidariedade e da boa convivência de modo geral, chamando a atenção para a existência de valores nacionais, valores de todo o povo brasileiro, que deveriam ser também respeitados por todos. Um ensinamento nessa linha deverá ser implantado no ensino de primeiro grau e ter continuidade nos níveis superiores, para a transmissão de informações básicas sobre a vida comunitária, tendo por inspiração o que dispõe o artigo 1º da Declaração Universal dos Direitos Humanos, aprovada pela ONU em 1948, que assim dispõe: "Todos os seres humanos nascem livres e iguais em dignidade e direitos. São dotados de razão e consciência e devem agir em relação uns aos com espírito de fraternidade".

A par disso é necessário e urgente que se inicie, imediatamente, o debate público de uma reforma do sistema eleitoral e partidário, aperfeiçoando muitos pontos e eliminando graves defeitos que contribuem para a distorção da democracia representativa. Deve ser feito, com a participação de entidades públicas e privadas e de toda a cidadania, um amplo e intenso trabalho de esclarecimento e conscientização, para que os aventureiros e oportunistas sem escrúpulos, assim como aqueles segmentos sociais poderosos que querem, antes de tudo, a manutenção de seus privilégios, não interfiram na correção dos defeitos e das deturpações que impedem o povo brasileiro de ser, efetivamente, um participante ativo do governo, ou por via direta ou por meio de representantes autênticos. Esse trabalho pelo aperfeiçoamento da ordem jurídica democrática brasileira deverá ser constante, por via pacífica e institucional, sendo necessário que todos os que desejam uma ordem social justa e democrática participem ativamente.

O povo brasileiro conquistou, com a Constituição de 1988, uma ordem constitucional democrática, mas a interferência de grupos poderosos, sem consciência ética e espírito público, fez com que na própria Constituição, que foi uma conquista do povo, fossem inseridos dispositivos contraditórios, ofensivos da qualificação do Brasil como democracia representativa. E isso teve continuidade na legislação subsequente, que define em pormenores a organização política e regulamenta as práticas político-eleitorais. É necessário um esforço determinado, de todos os cidadãos e das instituições que buscam a implantação de uma ordem social democrática e justa, para dar efetividade aos direitos fundamentais e à ordem democrática proclamados na Constituição.

Para que se obtenha tal resultado é absolutamente indispensável que se faça a correção dos graves desvios na preparação da cidadania que dificultam e em certa medida impedem o povo brasileiro de ser, efetivamente, um participante ativo do governo. Isso deverá ser um dos direitos fundamentais dos cidadãos, que poderá efetivar-se por influência direta nas decisões ou por meio de representantes autênticos, democraticamente eleitos. A atividade educativa e conscientizadora deverá ser constante, para que todos desejem uma ordem social justa e democrática e contribuam ativamente para sua construção e efetivação.

Reproduzo aqui reflexões registradas em meu livro "Direitos Humanos e Cidadania" (Ed. Moderna, 1999), onde, a par de considerações sobre a natureza associativa dos seres humanos e seu relacionamento com a liberdade e outros direitos fundamentais, chamei a atenção para pontos relacionados com a democracia representativa:

"Na consideração da liberdade individual deve estar presente a responsabilidade social que deriva da natureza associativa dos seres humanos. A igualdade democrática deve levar em conta a igualdade quanto aos direitos fundamentais, mas também a efetiva igualdade de oportunidades, que é bem mais do que a igualdade apenas formal ou a igualdade perante a lei. E a escolha de representantes deve ser verdadeiramente livre para ser democrática, além de não excluir a possibilidade de controle do desempenho dos representantes pelo povo, bem como a permanente influência do povo sobre o comportamento dos eleitos. Atendidos esses requisitos, a ordem democrática será, ao mesmo tempo, uma ordem justa, adequada para a proteção e promoção dos direitos humanos fundamentais e da dignidade de todos os seres humanos" (ob.cit., pág 20).

O povo brasileiro, com seu esforço e sua determinação, superou fortes resistências e conquistou a Constituição democrática de 1988, a "Constituição cidadã", na bem inspirada expressão de Ulisses Guimarães. Assim, com determinação, estimulada pela consciência dos direitos e das responsabilidades da cidadania, serão superadas as atuais barreiras e serão corrigidas as distorções antidemocráticas, dando-se efetividade à proclamação constitucional do Brasil como Estado democrático de direito.

SOBRE A HUMANIZAÇÃO DO PROCESSO E O INCALCULÁVEL PODER DA ALTERNATIVA NO ENSINO DO DIREITO: (IM)POSTURAS DO "PROFESSOR PIVA"

Daniel Guimarães Zveibil

Doutor e Mestre em Direito Processual Civil pela USP. Membro do CEAPRO e do IBDP. Defensor Público do Estado de São Paulo.

Sumário: 1. Introdução – 2. A existência e a validade dos direitos humanos não estão escritas nas estrelas – 3. Reflexão inicial do homenageado sobre a humanização do processo – 4. Tutela coletiva e a insuficiência da tecnologia jurisdicional: a indispensável emancipação de coletividades – 5. A garantia constitucional do mandado de segurança no projeto constitucional de defesa e concretização dos direitos fundamentais e não fundamentais líquidos e certos – 6. A correição parcial como instrumento de defesa do devido processo legal – 7. O agravo de instrumento e o devido processo legal – 8. A participação do advogado na produção da prova – 9. O direito de ser citado e a garantia do contraditório decorrente do devido processo legal constitucional – 10. Coisa julgada tributária, estado democrático de direito e pluralidade de meios (extra)processuais para solucionar crises de direito – 11. Proposta de síntese da humanização do processo no pensamento de piva – 12. O incalculável poder da alternativa no ensino do direito – 13. Referências bibliográficas.

1. INTRODUÇÃO

O presente artigo deseja apresentar parte do *pensamento processual* de Walter Piva Rodrigues desenvolvido metodicamente em mais de 40 anos de docência, sem contar os longos anos de advocacia que, a partir de 2006, fora substituída pela judicatura exercida no Tribunal de Justiça de São Paulo.

O pensamento processual do "professor Piva" – como é conhecido na Faculdade de Direito da USP e, em geral, nos meios acadêmicos – revela ampla preocupação não só em contribuir à necessária efetivação dos direitos humanos, indo além ao trabalhar arduamente, em suas reflexões, no sentido de fazê-los progredir. Esse modo de ser de nosso homenageado explica muito das (im)posturas a que aludiremos na sequência, bem como sua forte dedicação, especialmente ao longo da docência, voltada à assistência jurídica prestada aos necessitados por meio do Departamento Jurídico do XI de Agosto.

Nossa expectativa é estarmos à altura do imenso desafio de apresentarmos uma parte desse coerente pensamento processual de modo agradável, sem que nos estendamos em demasia e, simultaneamente, zelando para que esse pensamento não tenha sua densidade e sua profundidade diminuídas ou desfiguradas em razão de fissuras que se abram por eventuais falhas e imprecisões de nossa narrativa.

Divulgar, portanto, o pensamento de Piva, suas "imposturas" diante do senso comum e de visões subservientes aos modismos autoritários que muitas vezes observam, rondam e, impetuosas, brotam no meio acadêmico mal dissimuladas de novidades renovadoras e democráticas, é a homenagem que prestamos.

2. A EXISTÊNCIA E A VALIDADE DOS DIREITOS HUMANOS NÃO ESTÃO ESCRITAS NAS ESTRELAS

Quando Albert Einstein discursou perante a Sociedade Decálogo de Chicago para agradecer pela distinção recebida por sua atuação em prol dos direitos humanos, destacou a incansável dedicação de todas as suas capacidades para alcançar, ao longo de sua vida, uma visão mais profunda a respeito da *estrutura da realidade física*. Em perspectiva diversa, modestamente deixou vincado o fato de que nunca havia feito qualquer esforço sistemático visando amenizar a situação de muitas pessoas, lutar contra a injustiça e a repressão, e aprimorar as formas tradicionais de relacionamentos humanos, esclarecendo que, em matéria de direitos humanos:

> A única coisa que fiz foi isto: entre longos intervalos expressei minhas opiniões sobre assuntos públicos, sempre que eles me pareceram perturbadores e execráveis a tal ponto que meu silêncio faria me sentir culpado pela cumplicidade.[1]

Por meio desse contraste, Einstein ressaltou a distinção entre o renomado cientista físico e, de outro lado, o ativista de direitos humanos, enfatizando a aspereza da luta pela construção e eficácia dos direitos humanos ao asseverar, com simplicidade, que "a existência e a validade dos direitos humanos não estão escritas nas estrelas".[2]

Na visão de Einstein, as mais elevadas aspirações concernentes ao relacionamento entre seres humanos e, do mesmo modo, ao alcance de uma estrutura desejável de comunidade são matérias concebidas e ensinadas por indivíduos iluminados durante o curso da história. Assim, em seu modo de ver tais concepções resultam da experiência histórica vivida a partir do *intenso anseio humano por beleza e harmonia*, sendo, em geral, aceitas pelo ser humano "em teoria", e pisoteadas, em todos os tempos, por pessoas pressionadas por seus próprios instintos de agressividade. Tendo em mira esse ponto de vista, Einstein acentua que:

---

1. "The only thing I did was this: in long intervals I have expressed an opinion on public issues whenever they appeared to me so bad and unfortunate that silent would have made me feel guilty of complicity", em EINSTEIN, Albert. Human rights (Address to Chicago Decalogue Society, February 20, 1954). In: *Ideas and opinions*. New York: Three Rivers Press, c1982, p. 35.
2. No original: "The existence and validity of human rights are not written in the stars", em Ibidem, loc. cit.

Uma grande parte da história é constituída do esforço extenuante em favor dos direitos humanos, uma eterna luta em que a vitória final pode nunca ser conquistada. Contudo, perder o ânimo dessa luta significa a ruína da sociedade.[3]

Einstein também asseverou que, ao mencionar *direitos humanos*, referia-se principalmente aos direitos: de proteção do indivíduo contra a arbitrariedade de outros indivíduos ou de governos; de trabalhar sem exploração (com ganhos adequados); de liberdade de discussão e de ensino (cátedra); e a participação adequada do indivíduo na formação do seu respectivo governo. Deixa claro que esses direitos humanos, não obstante reconhecidos em teoria, careciam de efetividade pelo abuso de "manobras legais e formalistas" – ou seja, ele retorna para aquele conflito emocional lastreado, de um lado, no intenso anseio por beleza e harmonia, sendo este anseio, contudo, estrangulado por pessoas pressionadas por seus próprios instintos de agressividade.

Ele ainda chama atenção para direito humano pouco comentado e, mesmo assim, em seu modo de ver, destinado a tornar-se muito importante:

> Este é o direito, ou o dever, do indivíduo abster-se de cooperar nas atividades que considere erradas ou perniciosas.[4]

Recordou que no "Tribunal" de Nuremberg os julgamentos de criminosos de guerra alemães se basearam no reconhecimento desse direito-dever, pois ações criminosas não poderiam ser isentadas pelo fato de cometidas em observância a ordens governamentais; segundo Einstein, "a consciência supera a autoridade da lei do Estado".[5]

Ao final, alertando para os caminhos perigosos que podem ser adotados em razão de conflitos emocionais manifestados sem elaboração psíquica adequada, Einstein aponta, no contexto da política inaugurada pelo *macarthismo*, que o sentimento de *medo* do Comunismo levou os Estados Unidos da América a práticas incompreensíveis ao resto da humanidade civilizada, "e expôs nosso país ao ridículo"[6].

3. REFLEXÃO INICIAL DO HOMENAGEADO SOBRE A HUMANIZAÇÃO DO PROCESSO

O pensamento processual do homenageado, em nosso modo de ver, compreende perfeitamente que "a existência e a validade dos direitos humanos não estão escritas nas estrelas", mas que dependem de luta extenuante entre emoções que vivem ten-

---

3. "A large part of history is therefore replete with the struggle for those human rights, an eternal struggle in which final victory can never be won. But to tire in that struggle would mean the ruin of society", em Ibidem, loc. cit.
4. "This is the right, or the duty, of the individual to abstain from cooperating in activities which he considers wrong or pernicious", em Ibidem, loc. cit.
5. "(...) conscience supersedes the authority of the law of the state", em Ibidem, loc. cit.
6. EINSTEIN, Albert. Human rights (Address to Chicago Decalogue Society, February 20, 1954). In: *Ideas...*, cit., p. 36.

sionadas ao longo da existência humana – tensionadas nos escaninhos do íntimo de cada indivíduo, bem como nas relações intersubjetivas.

Em seu principal campo de estudo, o direito processual, especialmente a vertente constitucional, Piva defende firmemente o que ele concebe como a *humanização do processo.*

Para entendermos seu ideal de processo, é preciso atentarmos para o fato de que o homenageado possui firme (diríamos *indestrutível*) convicção quanto à necessidade de valorização da *clássica* instrumentalidade processual, indicando que "a situação do direito material repercute na disciplina do funcionamento das atividades projetadas para o cumprimento da tarefa jurisdicional."[7] Essa visão, evidentemente, abarca a indispensabilidade de se ministrar orientação jurídica para prevenção de conflitos, além da aplicação de meios de solução extrajudiciais consensuais, se o conflito ou a crise de direito forem apropriados para tanto[8].

Atento ao fato de que *instrumentos e institutos processuais tendem a se diferenciar em função do direito material*, a ponto de possuírem densidades e alcances significativamente distintos quando se revelem comuns a mais de um ramo processual, Piva é cuidadoso ao posicionar o estudo de uma visão unitária do processo *no plano constitucional*, perspectiva por meio da qual o processo emerge "como instrumento ético e político de tutela da pessoa humana e da liberdade humana."[9] Aponta uma série de princípios de direito processual na Constituição Federal (*e.g.*, devido processo legal, decorrendo daí a independência da magistratura, a igualdade processual, o contraditório, a ampla defesa, a assistência jurídica aos necessitados etc.) enquanto "garantias constitucionais cujo conteúdo exprime um direito especial do cidadão"[10].

Assim, o pequeno esboço inicial apresentado torna claramente perceptível, no pensamento processual do homenageado, o destaque que ele confere ao processo – portanto, à prestação jurisdicional – como *serviço público disponibilizado ao cidadão* (em linha bastante republicana) *e modelado pela Constituição Federal*. Este é seguramente um dos eixos principais de seu pensamento; e é a razão pela qual sua visão processual se revela enraizada no plano constitucional e equilibrada em relação aos sujeitos do processo, compartilhando do entendimento de Vicente Greco Filho ao vislumbrar o processo como uma *dupla garantia*: tanto *ativa* como *passiva*[11].

---

7. RODRIGUES, Walter Piva, A visão unitária do processo. *Revista de Ciências Sociais e Humanas da Universidade Metodista de Piracicaba*, vol. 07, n. 15, 1994, p. 61.

8. Piva aponta, por exemplo, a imprescindibilidade da cláusula constitucional da assistência jurídica "*integral*" e gratuita (RODRIGUES, Walter Piva, A assistência jurídica aos necessitados e as ações judiciais coletivas. In: FUNDAÇÃO KONRAD ADENAUER. *Cadernos Adenauer 3: Acesso à justiça e cidadania.* São Paulo: Fundação Konrad Adenauer, maio 2000, p. 56).

9. RODRIGUES, Walter Piva, A visão unitária do processo. *Revista de Ciências Sociais e Humanas da Universidade Metodista de Piracicaba*, vol. 07, n. 15, 1994, p. 62.

10. Ibidem, loc. cit.

11. Ibidem, loc. cit.

O aspecto de garantia ativa volta-se, em geral, à reparação da ilegalidade (em sentido amplo), podendo-se falar exemplificativamente em garantia do *habeas corpus*, do mandado de segurança e, também, na garantia geral do direito de ação[12]. E complementa, discernindo bem os processos penal e civil e sempre voltado para uma visão harmonizadora no plano constitucional:

> Em outra face, o processo é apresentado como garantia passiva, porquanto impede a justiça de próprias mãos, representando a certeza, no plano da ordem jurídica penal, de que o acusado terá ampla defesa, não se admitindo mesmo que nenhuma pena seja infligida à pessoa, a não ser por meio do devido processo legal. Igualmente, no plano do ordenamento substancial não penal, o processo consolida a segurança de que 'a submissão ao direito de outrem não fará por atividade deste, mas por atividades solicitadas ao Judiciário'[13].

Aspecto fundamental de seu pensamento é a constante preocupação em manter *o processo aderido à multifacetada realidade social brasileira*. Nesse sentido, após destacar que há garantias constitucionais comuns a todos os processos – incidindo, contudo, de modos distintos em razão dos variados direitos materiais –, Piva afirma cultivar justa expectativa de que estudos acadêmicos (doutrinários) no campo da Teoria Geral do Processo – conforme vimos, em sua perspectiva é *imprescindível localizá-la no plano constitucional* – de que estudos acadêmicos (doutrinários) contribuíssem "para o necessário ajuste das leis sobre o processo à multifária realidade geográfica e socioeconômica do Brasil."[14]

Seguindo essa linha, sempre com olhos firmes na Constituição Federal de 1988, Piva indica que ela tornou, em seu art. 22, I, o direito processual civil matéria de competência legislativa privativa da União, ressaltando, entretanto, duas regras específicas vitais para que o processo se ajustasse àquela "multifária realidade geográfica e socioeconômica do Brasil":

> (...) no seu parágrafo único [do art. 22, I da Constituição], lei complementar poderá autorizar os Estados 'a legislar em matéria sobre questões específicas das matérias relacionadas neste artigo'. Em passo seguinte, assegurou-se aos Estados a competência concorrente para legislar sobre procedimento em sua matéria processual (CF 88, art. 24, XI), estabelecendo-se, no parágrafo 1º do art. 24, que, 'no âmbito da legislação concorrente, a competência da União limitar-se-á a estabelecer normas gerais.'[15]

Sendo coerente sua inquietação com a necessária adesão do processo às diferenças sociais e regionais do Brasil, Piva sustenta um *Código Processual Nacional*, regulando aspectos comuns processuais e convivendo com a pluralidade de legislações processuais locais, destacando, contudo, que devem ser "respeitadas as particularidades

---

12. Ibidem, loc. cit.
13. Ibidem, p. 62-63.
14. Ibidem, p. 64.
15. Ibidem, p. loc. cit.

irreconciliáveis, ditadas pela natureza própria do direito material a ser atuado em cada forma peculiar de processo".[16]

Como se pode notar, o pensamento processual do homenageado é exatamente o que podemos adjetivar de *próprio* e *independente*, sendo incomum no meio acadêmico e processual tamanha atenção dirigida ao imprescindível ajuste de leis processuais à multifária realidade geográfica e socioeconômica do Brasil, e sempre com os olhos nos *direito constitucional processual* e *direito processual constitucional*[17]. Contudo, o mais relevante nisso tudo, é termos em mente o sentimento que sustenta esse pensamento próprio e independente do homenageado. Segundo suas próprias palavras:

> Pensamos que, assim, ficaria resguardada, com maior eficiência, a ansiada 'humanização' do processo, pela adequação desse instrumento de realização da Justiça às necessidades e condições dos locais onde vivem os cidadãos, destinatários da fundamental garantia da liberdade, em que se traduz, em última análise, o processo.[18]

Em síntese, o processo humanizado no pensamento de Piva estrutura-se *a partir dos direitos constitucional processual* e *processual constitucional*, voltando-se primordialmente às *necessidades específicas do ser humano*, levando-se em conta *suas realidades geográfica, social e econômica*, sem prejuízo do *tratamento igualitário a consumidores de justiça que estejam na mesma situação.*

Sigamos em frente, mergulhando em seu pensamento, a fim de apurarmos com maior riqueza de detalhes as facetas dessa *humanização* em um pensamento verdadeiramente original.

---

16. Ibidem, p. loc. cit.
17. FIX-ZAMUDIO, Héctor. Breves Reflexiones sobre el Concepto y el Contenido del Derecho Procesal Constitucional. In: MAC-GREGOR, Eduardo Ferrer (Coord.). *Derecho Procesal Constitucional*. Tomo I. Quinta Edición. México: Porruá, 2006, p. 273/274: "En efecto, el derecho procesal constitucional tiene como objeto esencial el análisis de las garantías constitucionales en sentido actual, es decir, los instrumentos predominantemente procesales que están dirigidos a la reintegración del orden constitucional cuando el mismo há sido desconocido o violado por los órganos del poder. De manera distinta, el que se puede calificar como 'derecho constitucional procesal' examina las instituciones procesales desde el ángulo y las perspectivas del derecho constitucional, debido a que las Constituciones contemporáneas, especialmente las surgidas en esta segunda pós-guerra, han elevado a la jerarquia de normas fundamentales a varias instituciones de carácter procesal y, si bien es verdade que con anterioridad, algunas de ellas ya figuraban en las Cartas constitucionales clásicas, lo eran en forma aislada, en tanto que en la actualidad existe la conciencia de otorgar rango constitucional a las categorias procesales de mayor importancia." Também: DINAMARCO, Cândido Rangel. *Instituições de Direito Processual Civil*. V. I. 8ª edição. São Paulo: Malheiros, 2016, item n. 109, p. 316-319; LEONEL, Ricardo de Barros. Considerações Introdutórias sobre o Direito Processual Constitucional. In: PUOLI, José Carlos Baptista; BONÍCIO, Marcelo José Magalhães; LEONEL, Ricardo de Barros (Coord.). *Direito Processual Constitucional*. Brasília: Gazeta Jurídica, 2016, cap. 10, item n. 01, p. 197-203; NERY JUNIOR, Nelson. *Princípios do Processo na Constituição Federal*. 12ª edição. São Paulo: RT, 2016, cap. I, item n. 02, p. 53-56; MORELLO, Augusto. M. *Constituición y Proceso*: La Nueva Edad de Las Garantías Jurisdiccionales. La Plata, Buenos Aires; Platense, Abeledo-Perrot, 1998, cap. III, p. 35-42; e SCARPINELLA BUENO, Cassio. *Curso Sistematizado de Direito Processual Civil*: Teoria Geral do Direito Processual Civil. Vol. I. 8ª edição. São Paulo: Saraiva, 2014, item n. 7.2, p. 67-71, que reconhece os direitos processual constitucional e constitucional processual, todavia em perspectiva metodológica na qual encaixa esses setores no Direito Processual Público.
18. RODRIGUES, Walter Piva, A visão unitária do processo. *Revista de Ciências Sociais e Humanas da Universidade Metodista de Piracicaba*, vol. 07, n. 15, 1994, p. 62-63.

4. TUTELA COLETIVA E A INSUFICIÊNCIA DA TECNOLOGIA JURISDICIONAL: A INDISPENSÁVEL EMANCIPAÇÃO DE COLETIVIDADES

Sempre voltado à preocupação republicana de fazer valer o direito *para todos*, porque o processo e o direito não podem ser privilégios de poucos ou de algumas classes, o homenageado publicou, em 2000, estudo intitulado "A assistência jurídica aos necessitados e as ações judiciais coletivas"[19].

O ponto crucial de seu estudo reside no fato de que o homenageado se sensibilizou profundamente ao prestar atenção *nas comunidades mais necessitadas*, que, em matéria de tutela coletiva, são representadas por pessoas jurídicas de direito privado constituídas sem fins lucrativos. Por meio deste olhar, concluiu ser insuficiente para garantir o acesso à Justiça dessas pessoas jurídicas o mero esquema processual diferenciado da tutela coletiva. Em suas palavras,

> Associações de bairro, associações das vítimas de uma catástrofe, associações de servidores/ funcionários em defesa de seus interesses mútuos, agrupamentos para a defesa em juízo dos mais variados interesses mútuos, agrupamentos para a defesa em juízo dos mais variados interesses e direitos, enfim, as alternativas de organização formal da comunidade, com muitas poucas exceções, contam com dificuldades econômico-financeiras para o suporte do patrocínio técnico, quer seja de advogados, quer, ainda de assistentes técnicos e profissionais das mais variadas especialidades, ou até mesmo de material mínimo para cumprir sua função institucional. Ademais, a realidade dessas associações nada difere daquela que contamina boa parte da população de baixa renda, que, potencialmente, poderia forjar e impulsionar essa nova modalidade de 'jurisdição coletiva'.[20]

Essa visão empática dirigida às coletividades mais necessitadas que vivem em nosso país, permitiu-lhe abordar o tema em perspectiva que, se não inédita, pouquíssimos tiveram sensibilidade para desenvolvê-la.

Neste estudo, ele começa conectando o direito fundamental de *assistência jurídica integral e gratuita*[21] ao serviço público prestado pela *Defensoria Pública*[22], reconhecendo na Defensoria Pública uma garantia constitucional para que a promessa estatal de *assistência jurídica integral* fosse cumprida. Aponta, ademais, o cerne dessa *integralidade* da assistência jurídica nas atividades que extrapolam a atividade processual (judicial)[23]. Então, avançando essa perspectiva *no contexto da tutela coletiva* sustentou, com absoluto rigor técnico-jurídico, que:

> O arco dessas atividades de orientação gratuita preventiva e o de defesa judicial, como é curial, não está demarcado pela natureza e estrutura dos direitos violados ou ameaçados de violação,

---

19. RODRIGUES, Walter Piva, A assistência jurídica aos necessitados e as ações judiciais coletivas. In: FUNDAÇÃO KONRAD ADENAUER. *Cadernos Adenauer 3: Acesso à justiça e cidadania*. São Paulo: Fundação Konrad Adenauer, maio 2000, p. 53-59.
20. Ibidem, p. 55.
21. CF/88, art. 5º, LXXIV.
22. CF/88, art. 134.
23. Ibidem, p. 56.

bem por isso estende-se aos direitos coletivos e difusos, o que, de resto, faz ampliar a categoria dos seus beneficiários.[24]

Bem estabelecida a noção de que *a assistência jurídica integral e gratuita não está condicionada ou limitada à natureza e estrutura de direitos violados ou ameaçados de violação*, Piva passa a censurar o fato da lei nº 1.060/50 definir o perfil de beneficiários "com contornos de tal forma limitativos, que melhor se afeiçoam às pessoas naturais, deixando ao desamparo as pessoas jurídicas."[25] Portanto, nosso homenageado defendia a necessidade de se alterar tal lei, especialmente pelo fato de que "o país desfruta o novo ambiente propiciado pela retomada do caminho democrático do Estado de Direito."[26]

Piva reconhece o valor da Defensoria Pública no campo da tutela coletiva em razão da atuação defensorial levar em conta o ponto de vista dos necessitados enquanto coletividade(s). Todavia, vai além mostrando-se muito à frente do seu tempo, ao bater-se na necessidade de *emancipação jurídico-social dessas comunidades*: isto é, aponta ser indispensável a atuação processual *direta* das comunidades necessitadas na chamada jurisdição coletiva.

Deste modo, em parceria com seu ex-aluno e professor universitário Augusto Marcacini, e repercutindo o esforço conjunto de integrantes da *Mesa de debates sobre a Assistência Jurídica à População Carente*, de iniciativa do Departamento de Direito Processual e do Departamento Jurídico do Centro Acadêmico XI de Agosto da FA-DUSP, em 2000 o homenageado propôs alteração da lei nº 1.060/50, a seguir transcrita:

> Art. 4º Considera-se necessitado, para fins de concessão de assistência jurídica e gratuita, nos termos da lei:
>
> (...) II – a pessoa jurídica sem fins lucrativos, de natureza assistencial e filantrópica, prestadora de serviços à comunidade em geral, que não tenha condições financeiras de arcar com as custas decorrentes do processo e os honorários de advogado, sem prejuízo de sua atividade[27]

A ideia da presente proposta acabou sendo adotada pela jurisprudência do Superior Tribunal de Justiça[28], o que explica sua positivação pelo *caput* do art. 98 do CPC/2015 ao reconhecer, no texto normativo, a gratuidade da justiça para a pessoa jurídica:

---

24. Ibidem, p. 56-57.
25. Ibidem, p. 57.
26. Ibidem, p. 57.
27. Ibidem, p. 58-59.
28. Informativo STJ 0228, período de 08 a 12 de novembro de 2004:

    Benefício. Gratuidade. Justiça. Pessoa jurídica. Este Tribunal vem mitigando o rigor da disposição constante do art. 542, § 3º, do CPC, quando a peculiaridade da hipótese justificar seu pronto pronunciamento, como o é neste caso. A jurisprudência já se firmou no sentido de que o benefício da gratuidade da justiça não se limita às pessoas físicas, podendo estender-se às jurídicas, desde que não possuam condições de arcar com as custas do processo e os honorários de advogado. Não basta, assim, a mera asserção da interessada no sentido de não estar em condições de pagar as custas e os honorários advocatícios. Bem ao reverso do que ocorre em relação à pessoa natural, a pessoa jurídica deve comprovar o alegado estado de penúria. Quarta Turma. REsp 323.860-SP, Rel. Min. Barros Monteiro, julgado em 9/11/2004.

Art. 98. A pessoa natural ou jurídica, brasileira ou estrangeira, com insuficiência de recursos para pagar as custas, as despesas processuais e os honorários advocatícios tem direito à gratuidade da justiça, na forma da lei.

Em nosso modo de ver, no campo do acesso à Justiça o próximo passo para se possibilitar a emancipação jurídico-social das comunidades necessitadas seria reconhecer a presunção de necessidade à pessoa jurídica sem fins lucrativos, ainda que essa pessoa tenha condições de arcar com o preço global de todo o processo – o que na vida real é incomum –, desde que esteja realizando a cláusula de finalidade para a qual fora constituída. Assim, em nossa visão, mesmo que ficasse provado o fato de que essa pessoa jurídica não se caracterize como "necessitada"[29], prescindindo de concessão de gratuidade judiciária segundo o entendimento atual cristalizado pela jurisprudência[30], poderíamos mudar esse posicionamento admitindo que o financiamento do acesso à Justiça por pessoa jurídica sem fins lucrativos se concretize por *impostos*, ou em outras palavras, a sociedade brasileira assumiria a responsabilidade de *socializar*[31] plenamente o preço global do processo movido por pessoa jurídica sem fins lucrativos, se ela estiver no exercício da finalidade institucional para a qual tenha sido criada, impedindo, assim, que recaia sobre ela preço individualizado e a que título for[32].

É bastante razoável admitirmos essa isenção *para quem atue sem buscar lucro*, preocupado somente em realizar, *in concreto*, direitos humanos dos destinatários dessa sua atuação, fortalecendo o tecido social em nosso país. *O dinheiro que deixará de aplicar no processo será utilizado em sua manutenção administrativa ou diretamente em sua atividade-fim.*

O próprio Estado brasileiro instituiu, por meio da Lei nº 13.019/2014, normas gerais para as parcerias entre a administração pública e organizações da sociedade civil, em regime de mútua cooperação, para a consecução de finalidades de interesse público e recíproco, mediante a execução de atividades ou de projetos previamente estabelecidos em planos de trabalho inseridos em termos de colaboração, em termos

---

29. Termo utilizado pela CF/88, no *caput* do art. 134.
30. Súmula STJ n. 481.
31. Juan Manuel Barquero Estevan deixa muito claro o que nós sabemos: que decisões atinentes a subvenções, ou mesmo assunção total de custos pelo Estado, de fato significam que os custos foram socializados e assumidos pela coletividade. ESTEVAN, Juan Manuel Barquero. *La función del tributo en el Estado social y democrático de Derecho*. Madrid: CEPC, 2002, p. 84.
32. Nada de estranho nisso, pois como explica Nabais, "há tarefas estaduais que, embora satisfaçam necessidades individuais, sendo portanto seus custos suscetíveis de ser divididos pelos cidadãos, por imperativas constitucionais não podem, no todo ou em parte, ser financiadas senão por impostos. Assim ocorre na generalidade dos atuais Estados sociais, em que a realização de um determinado nível dos direitos econômicos, sociais e culturais tem por exclusivo suporte financeiro os impostos. Como exemplo podemos referir, tendo em conta a Constituição portuguesa, a gratuidade (...) dos serviços de justiça no respeitante aos que não podem suportar a respectiva taxa etc." (NABAIS, José Casalta. A face oculta dos direitos fundamentais: os deveres e os custos dos direitos, *Revista de direito público da economia*, v. 5, n. 20, out./dez., 2007, 2007, p. 153-181; disponível também em: <http://www.egov.ufsc.br/portal/sites/default/files/anexos/15184-15185-1-PB.pdf>, acesso em 15 de maio de 2015).

de fomento ou em acordos de cooperação. Ou seja, *cresce em importância o reconhecimento dessas entidades privadas sem fins lucrativos na consecução de interesses públicos.*

Para fins dessa amplitude de gratuidade da justiça para a pessoa jurídica sem fins lucrativos, parece-nos suficiente aplicarmos os art. 3º, I e art. 5º, XXXIV, "a" e "b", LXXIV, e § 2º, todos dispositivos da Constituição Federal, além o art. 16, "2", da Convenção Interamericana de Direitos Humanos (CIDH), transcrito a seguir, tratado de direitos humanos que o Supremo Tribunal Federal atribui eficácia de norma infraconstitucional, mas supralegal – embora pensemos, *data venia*, ser de hierarquia constitucional:

Artigo 16. Liberdade de associação

1. Todas as pessoas têm o direito de associar-se livremente com fins ideológicos, religiosos, políticos, econômicos, trabalhistas, sociais, culturais, desportivos ou de qualquer outra natureza.

2. O exercício de tal direito *só pode estar sujeito às restrições previstas pela lei que sejam necessárias, numa sociedade democrática, no interesse da segurança nacional, da segurança ou da ordem públicas, ou para proteger a saúde ou a moral públicas ou os direitos e liberdades das demais pessoas* [grifado].

O CPC, ademais, ao dispor em seu art. 99, § 3º, "presume-se verdadeira a alegação de insuficiência deduzida exclusivamente por pessoa natural", não exclui o entendimento de que a pessoa jurídica de direito privado sem fins lucrativos prescinda dessa alegação de insuficiência, convergindo ao incentivo concedido pelo microssistema da tutela coletiva a essas pessoas jurídicas, pelo art. 5º, V, da Lei 7347/85.

Seja como for, destaca-se no presente estudo, principalmente como critério de *humanização do processo* no pensamento de Piva, sua profunda e sincera preocupação com a *emancipação processual das comunidades necessitadas*, valorizando a posição das pessoas jurídicas sem fins lucrativos enquanto *players* indispensáveis da tutela coletiva. Sua contribuição para que essa ideia se consolide na prática da justiça do cotidiano é inegável. E não temos dúvida de que o pensamento do homenageado se distingue sobremaneira na doutrina processual que, em geral, atém-se quase que exclusivamente à análise da tutela coletiva pela perspectiva do Ministério Público e, mais recentemente, da Defensoria Pública, limitando-se praticamente a bater-se em esquemas processuais diferenciados da tutela coletiva.

5. A GARANTIA CONSTITUCIONAL DO MANDADO DE SEGURANÇA NO PROJETO CONSTITUCIONAL DE DEFESA E CONCRETIZAÇÃO DOS DIREITOS FUNDAMENTAIS E NÃO FUNDAMENTAIS LÍQUIDOS E CERTOS

Outro tema da mais alta importância para o Estado Democrático de Direito, e que permite enxergar essa *humanização do processo* no pensamento de Piva está no *mandado de segurança*: objeto de estudo do homenageado em mais de uma oportunidade.

Em obra por meio da qual homenageou Kazuo Watanabe, cuidou Piva de apresentar artigo intitulado "O mandado de segurança contra atos judiciais na atual realidade forense"[33]. Por essa perspectiva, ressaltou *o vínculo existente entre a impetração do mandado de segurança e a necessária observância do devido processo legal*:

> (...) aríete que é utilizado, de modo singular e, até mesmo, concomitantemente com outros instrumentos, para romper as barreiras contrárias ao regular desenvolvimento do devido processo legal, representadas por *atos do Juízo* como 'órgão diretor do processo' mas que configurem ameaça ou lesão de direitos qualificados como 'líquidos e certos'.[34]

Nesse sentido, acompanhando Kazuo Watanabe, ressalta o caráter complementar do mandado de segurança "toda vez que entrar em colapso o sistema de instrumentos processuais preordenados à tutela de direitos"[35], atribuindo aos advogados o mérito de:

> abrir e firmar a caminhada em torno do cabimento do mandado de segurança toda vez que o recurso previsto em lei revelasse potencialidade insuficiente para remover, de pronto, flagrantes ilegalidades e situações de manifesto abuso de poder, cometidos por juízes e pelos próprios tribunais.[36]

No contexto de 2009, ou seja, *após* reformas processuais que já atribuíram a capacidade de concessão de liminar em agravo de instrumento e *antes* do Código de Processo Civil de 2015, Piva ressaltou que o mandado de segurança estava sendo impetrado contra atos dos relatores em razão dos tribunais nem sempre aceitarem os expedientes de "pedido de reconsideração" ou de "agravos" por falta de previsão legal e regimental. Citou como exemplo a hipótese em que o relator convertia em "retido" o agravo de instrumento.

Mas nosso homenageado avançou, sustentando a possibilidade de mandado de segurança em situações designadas como "teratológicas", mesmo quando houver o recurso previsto em lei.

Exemplifica a situação apontando prática comum, em matéria de inventário e arrolamento, consistente em decisões que determinam ao inventariante e interessados o cumprimento de formalidades "sob pena de extinção do processo". Ocorre que o inventário, segundo outra contribuição original do homenageado, possui *natureza de processo necessário*[37], havendo também o direito da Fazenda Pública na arrecadação de tributos e comumente a presença de incapazes, determinando a presença do Ministério Público como fiscal da lei. Em vista desse contexto, contra a decisão que ameaça impor a extinção do processo de inventário, segundo Piva, é "cabível, de logo, o mandado de segurança!"[38] A nosso ver correta a visão, pois se tecnicamente

---

33. RODRIGUES, Walter Piva. O Mandado de Segurança Contra Atos Judiciais na Atual Realidade Forense. In: SALLES, Carlos Alberto de (Coord.). *As Grandes Transformações do Processo Civil Brasileiro*. São Paulo: Quartier Latin, 2009, p. 477-483.
34. Ibidem, p. 478, em destaque no original.
35. Ibidem, p. 480.
36. Ibidem, p. 480-481.
37. RODRIGUES, Walter Piva, O inventário é "processo necessário". *Revista Dialética Processual*, vol. 05, agosto/2003, p. 107-109.
38. RODRIGUES, Walter Piva. O Mandado de Segurança Contra Atos Judiciais na Atual Realidade Forense. In: SALLES, Carlos Alberto de (Coord.). *As Grandes Transformações do Processo Civil Brasileiro*. São Paulo: Quartier Latin, 2009, p. 482.

o processo é "necessário" não há como se concretizar a ameaça de extinção do processo de inventário.

A defesa intransigente de Piva em favor da impetração do mandado de segurança no campo judicial, seja de forma complementar para melhor realização do devido processo legal, ou mesmo de modo *concorrente* aos meios usuais em situações que configurem inequívoco abuso de poder por parte da autoridade apontada como coatora, *reflete sua visão de mundo*: o Estado constitui *meio* no projeto constitucional de defesa e concretização dos direitos fundamentais e não fundamentais líquidos e certos, e o mandado de segurança representa a última trincheira (exceto se estiver em discussão a liberdade de ir e vir, atraindo a incidência o *habeas corpus*).

Exatamente seguindo esta vertente, outra demonstração clara de sua grave preocupação em relação ao mandado de segurança está na sua contribuição, escrita em 1993, em favor da ausência de honorários advocatícios em mandado de segurança, confirmando novamente *a independência de seu pensamento em razão de sua conclusão contrariar, à época, seu próprio interesse profissional enquanto advogado* – posição em que permaneceu até 2006, quando se tornou juiz.

Sempre conectando sua vida acadêmica aos desafios práticos da vida, Piva decidiu escrever sobre o tema após a publicação do acórdão em recurso especial 15.468-0/RS, em que o Superior Tribunal de Justiça decidiu serem devidos honorários advocatícios em mandado de segurança, contrariando a súmula 512 do Supremo Tribunal Federal. Ademais, inquietou-se em razão de comentário doutrinário proferido por juiz federal e professor de direito processual abonando a decisão mencionada, realçando os "efeitos pedagógicos" do restabelecimento do ônus da sucumbência no campo do mandado de segurança, situação que "por um lado, refreia o uso impertinente do *mandamus* pelo particular, e, por outro lado, estimula a autoridade a decidir, em instâncias administrativas, de modo mais refletido..."[39]

O homenageado jamais compactuou com interpretações que significassem retrocessos à ampla eficácia de garantias processuais constitucionais, especialmente se os fundamentos de tais interpretações revelassem muito mais preconceito contra as partes e cega veneração ao poder jurisdicional, precipitando em autoritarismo, no lugar de razões jurídicas sérias. Certamente, essa compreensão de mundo fez nosso homenageado sentir-se obrigado a enfrentar o posicionamento do Superior Tribunal de Justiça, bem como o respectivo posicionamento doutrinário avaliador, acentuando a necessidade de se debruçar, portanto, sobre o tema *honorários advocatícios em mandado de segurança*:

---

39. VASCONCELOS, Antonio Vital Ramos de *Repertório de jurisprudência IOB*, 1.ª quinzena de junho de 1993, n. 11/93, p. 210 apud RODRIGUES, Walter Piva. Honorários advocatícios em mandado de segurança. *Repertório de jurisprudência IOB*, 1.ª quinzena de outubro de 1993, n. 19/93, p. 375.

(...) até para que, a final, seja reconquistada a sua posição como eficiente instrumento em defesa da liberdade do cidadão diante do ato do Estado praticado ilegalmente ou com abuso de poder.[40]

Piva concluiu sua análise em favor da manutenção da súmula 512 do STF por permitir maior eficácia do mandado de segurança, propugnando também alteração da redação dessa súmula para exclusão de que o mandado de segurança constituiria verdadeira ação. Assim, a redação original – "Não cabe condenação em honorários de advogado na ação de mandado de segurança" – seria reduzida para esta fórmula: "Não cabe condenação em honorários de advogado em mandado de segurança."

Argumentos fortes foram acolhidos pelo homenageado para considerar o mandado de segurança *fora do sistema das ações*, acolhendo a clássica advertência de José Ignacio Botelho de Mesquita: "O mandado de segurança, se conceituado como ação, se torna inofensivo – tigre de papel – sem motivo para figurar entre as garantias constitucionais."[41] Esse posicionamento, com grandes reflexos práticos na funcionalidade do mandado de segurança[42], seria capaz de afastar do *mandamus* o regramento do CPC sobre honorários advocatícios.

De qualquer modo, registre-se que Piva, ao difundir esse pensamento cuja adesão restou minoritária, contribuiu fortemente para que ao longo dos anos se abrisse profunda fenda no posicionamento doutrinário majoritário consolidado entre nós a partir dos anos 1950.

Esse posicionamento doutrinário majoritário, que aparenta lógica e força por enxergar o mandado de segurança pelas lentes de festejadas teorias processuais europeias, especialmente italianas e, em segundo plano, germânicas, ocultava a diminuição drástica da força original do mandado de segurança, expulsando, ademais, a influência benfazeja da doutrina brasileira do *habeas corpus* e, mais remotamente, a influência latino-americana do *amparo*. Essa diminuição da força do mandado de segurança, pouco visível enquanto vigorou a ineficácia geral do procedimento ordinário, tornou-se paulatinamente bastante óbvia diante da longa e metódica transformação do procedimento ordinário, de sua *monitorização*, iniciada especialmente pelo CPC de 1939 por meio do despacho saneador e, posteriormente, sob a égide do CPC de 1973, por meio da generalização da possibilidade de julgamento antecipado da lide, e depois pela institucionalização da tutela antecipada genérica e de tutelas específicas em detrimento da antiga e equivocada primazia da conversão em perdas e danos. Sem dúvida, essa transformação do procedimento ordinário – hoje denominado *comum*[43] –

---

40. RODRIGUES, Walter Piva. Honorários advocatícios em mandado de segurança. *Repertório de jurisprudência IOB*, 1.ª quinzena de outubro de 1993, n. 19/93, p. 375.
41. BOTELHO DE MESQUITA, José Ignacio. Do mandado de segurança: contribuição para seu estudo. In: *Teses, Estudos e Pareceres de Processo Civil*. V. 03. São Paulo: RT, 2007, item n. 2.3, p. 81.
42. Inexistência de coisa julgada na hipótese de denegação de segurança, concessão de segurança gera substituição do ato cassado por outro ato de autoridade hierarquicamente superior, a relação processual forma-se apenas entre impetrante e o órgão competente do Poder Judiciário, não cabimento de verba honorária etc. (RODRIGUES, Walter Piva. Honorários advocatícios em mandado de segurança..., cit., p. 374-373 (está realmente em decrescente no original)).
43. CPC/2015, Parte Especial, Livro I, Título I.

trouxe diversos benefícios, mas impacta diretamente em procedimentos especiais de nosso sistema processual, pois existe uma óbvia equação nessa trama: quanto mais o procedimento comum absorve elementos processuais típicos, em termos históricos, de procedimentos especiais, mais diversos procedimentos especiais se esvaziam; e a equação em sentido contrário também é verdadeira.

Contudo, observando o mandado de segurança o homenageado não se engana com aparências, e ao comentar sobre o mandado de segurança enquanto *garantia processual constitucional fora do sistema das ações* mostrou absoluta consciência de toda a trama política, jurídica, e cultural em torno do mandado de segurança, colocando novamente em evidência sua preocupação pela *humanização do processo*:

> Essa construção doutrinária em torno do mandado de segurança como processo de natureza administrativa e de seu inquestionável fim político, com todas as implicações acima elencadas, causa inconteste perplexidade. É que muita vez, tem-se a impressão de que a boa doutrina ao apresentar solução a um velho problema, simplesmente, anestesia o espírito de pensadores. Mas, também, em relação aos estudos da ciência processual, há lugar para o inconformismo, mormente quando se repõe, na ordem do dia, a preocupação dos humanistas em estar redefinindo o conteúdo das relações em que se defrontam os cidadãos e o Estado.

E conclui:

> Traduzindo-se, afinal, o processo como uma fundamental garantia de liberdade, cuida-se de encontrar, para o que, ainda, continua sendo 'problema', as soluções que melhor resguardem seu escopo vital.[44]

Por outro lado, sendo Piva um legítimo homem de ciência, a segura convicção que sustenta quanto à natureza político-administrativa do mandado de segurança jamais constituiu qualquer empecilho para que nos oferecesse orientação autêntica, segura e livre de preconceitos ou de prejulgamentos (como dever ser qualquer orientação acadêmica), quando desenvolvíamos nossa proposta de tese de doutoramento em torno do mandado de segurança. E nossa proposta, anote-se, buscava não só superar a tradicional visão, quase unânime, que prevalece em matéria de mandado de segurança, mas também a visão minoritária da qual Piva de há muito revela-se como destacado representante (natureza político-administrativa do mandado de segurança).

Durante a orientação acadêmica que recebemos ao longo do doutoramento (já concluído em 2017), Piva dividiu sua tarefa basicamente em dois aspectos.

Quanto ao primeiro, proporcionou todo o incentivo necessário para que persistíssemos em nossa pesquisa nos momentos mais difíceis – aqueles momentos que ninguém admite publicamente ter vivenciado na pós-graduação, ou quase ninguém admite, mas que testa a resistência humana até sua última fibra.

---

44. RODRIGUES, Walter Piva. Honorários advocatícios em mandado de segurança..., cit., p. 373.

Por outro lado, sempre ouviu com imensa paciência nossas reflexões e apresentou questionamentos profícuos que abriam outras hipóteses a serem investigadas, para que nossa proposta de tese fosse realmente inédita e oferecesse perspectiva teórica sólida e diversa a *reintegrar* o mandado de segurança em sua clássica "eficácia potenciada", e que simultaneamente acomodasse fatores históricos, políticos, sociais e também circunscritos à dogmática jurídica.[45]

6. A CORREIÇÃO PARCIAL COMO INSTRUMENTO DE DEFESA DO DEVIDO PROCESSO LEGAL

O que chama atenção na perspectiva humanizada do processo de Piva é sua insistência na defesa do *devido processo legal*, o que é absolutamente coerente com seu entendimento básico do processo enquanto *dupla garantia*: tanto *ativa* como *passiva*.[46]

Não sem razão, ao homenagear Theotonio Negrão por seu marcante legado, Piva reafirmou sua firme convicção no conteúdo e na vinculação da garantia constitucional do devido processo legal, e sustentou a vigência da *correição parcial* em artigo intitulado: *Abolir a correição parcial?*[47]

Sempre preocupado em conectar o pensamento acadêmico com problemas práticos do cotidiano, vale ressaltar mais uma vez, demonstrou em seu artigo que persistia válido, do ponto de vista jurídico, o cabimento da correição parcial, e que, não obstante parte da jurisprudência recusasse sua manutenção no sistema processual, outra parte divergia abertamente e chegava ao ponto de não conhecer de agravo de instrumento porque a situação atraía a incidência da correição parcial. No exemplo citado em seu artigo, aos olhos do Tribunal constituiu "despacho de mero expediente" a ordem judicial para que os autos fossem encaminhados ao partidor olvidando questões suscitadas pela parte, mesmo estando presente nessas circunstâncias – segundo o homenageado – a inversão tumultuária do processo de inventário; e não se aplicou a *fungibilidade recursal* porque a correição parcial não se trataria de recurso.

Deste modo, apontando a *validade dos fundamentos jurídicos da correição parcial*, além da ausência de qualquer ato jurídico que os revogasse, Piva argumenta que, na prática, "efetivamente pululam situações processuais que pedem mecanismo de controle como é a correição parcial."[48] E *em termos de sistema processual*, demonstra que a lei posicionava o mandado de segurança como remédio subsidiário desse controle jurisdicional das arbitrariedades judiciais, indicando a seguinte ordem de

---

45. O resultado está em: ZVEIBIL, Daniel Guimarães. *O mandado de segurança no sistema processual brasileiro: contribuição para revitalização de sua "eficácia potenciada"*. Tese (Doutorado – Programa de Pós-Graduação em Direito Processual – FADUSP). Orientador: Walter Piva Rodrigues. São Paulo, 2017.
46. Acima, item n. 02.
47. RODRIGUES, Walter Piva. Abolir a correição parcial? *Revista do Advogado*, Ano XXV, abril de 2005, nº 81, São Paulo, p. 117-119.
48. Ibidem, p. 118.

prioridade no cabimento dos meios de impugnação: recursos, correição parcial e, por fim, mandado de segurança como *ultima ratio*.

Tomando em perspectiva essa ordenação dos meios de impugnação, Piva faz leitura que vai *muito além da análise dogmático-jurídica* – o que é coerente com sua biografia –, advertindo não existir ambiente político para supressão da correição parcial. Sua análise é clara e aponta a crescente hostilidade dos Tribunais contra o *mandamus* enquanto fator de alteração da consistência daquela ordenação (de meios de impugnação) voltada para proteção processual das partes:

> Como se sabe, a doutrina sempre se recusou a ter o *mandamus* como sucedâneo de recurso e mais recentemente a jurisprudência, após nova sistemática do agravo de instrumento (aliás, mal recebida pelos Tribunais que se queixam da sobrecarga de trabalho com a proliferação de agravos), vem estreitando o seu cabimento (pedem agora que a decisão seja teratológica). Dessa forma, não há ambiente para a defesa da supressão da correição parcial sob pena de uma omissão reiterada do Juízo diante de reclamos para que decida questões suscitadas no curso do processo ou mesmo despachos de mero expediente, que sejam gravosos, caracterizarem 'arbitrariedades', consolidando prejuízos tipicamente de natureza processual à parte, o que, de resto, fere a garantia de Justiça assegurada em patamar constitucional.[49]

A conclusão do homenageado é categórica, por sinal, sobre o posicionamento da correição parcial no sistema processual:

> A final, é caso de qualificar a *correição parcial entre os meios impugnativos do ato judicial*, prestigiando seu manuseio para manter a ordem natural e civil do processo e impedir a tirania (...).[50]

Como se sabe, a atual sistemática do CPC de 2015 modificou o regime processual do agravo de instrumento. Nela, tal regime processual *tende* à lógica recursal do vigente processo trabalhista previsto na CLT (irrecorribilidade em apartado de decisões interlocutórias)[51], e *coincide* com a lógica recursal do agravo no revogado CPC de 1939 e do recurso em sentido estrito no CPP vigente (irrecorribilidade mitigada das interlocutórias, ou rol taxativo para recurso em apartado de decisões interlocutórias)[52], pois prevê o cabimento recursal do agravo em hipóteses fechadas (rol taxativo)[53], e remete as demais decisões interlocutórias para o recurso de apelação.[54]

Esta configuração legal *renova fortemente a importância da reflexão proposta pelo homenageado*, o que persiste mesmo o STJ tendo flexibilizado o rol de cabimento do recurso de agravo de instrumento[55]: pois persiste o sistema de irrecorribilidade mitigada das interlocutórias ainda que, agora, com abertura maior e, infelizmente, por

---

49. Ibidem, loc. cit.
50. Ibidem, p. 119.
51. CLT, art. 893, § 1º.
52. CPC/1939, art. 841 a 852; CPP, art. 581.
53. CPC/, art. 1.015.
54. CPC, art. 1.009, § 1º.
55. Tema 988, STJ, da técnica de julgamento de recursos repetitivos.

outro lado bastante incerta a causar insegurança jurídica devido a possíveis preclusões imprevistas pelas partes em vista da grande imprecisão na manifestação do STJ.

7. O AGRAVO DE INSTRUMENTO E O DEVIDO PROCESSO LEGAL

Ao abordar o tema do agravo de instrumento, o *devido processo legal* novamente é a pedra de toque utilizada pelo homenageado. Longe de artificialidades, nesse estudo Piva define o devido processo legal como limitador da arbitrariedade estatal:

> Como se sabe, o devido processo legal como garantia das partes não tolera o exercício de 'poderes ilimitados' pelo juízo; daí a pertinência de a lei estar sempre traçando 'espaços' dentro dos quais os juízes possam exprimir sua vontade.[56]

Conforme vimos acima, o devido processo legal foi utilizado pelo homenageado enquanto fator a justificar a fortaleza do mandado de segurança e a manutenção da correição parcial, e segue exatamente esse sentido ao tratar do recurso de agravo de instrumento, registrando a enorme importância desse recurso para o exercício de direitos das partes no processo.

Nesse estudo, sua preocupação residia na *supressão prática* do agravo de instrumento em razão da criação do agravo na forma retida, abrindo-se ensancha para que a discricionariedade judicial se ampliasse sem controle seguro, tornado mais aberta a via para o autoritarismo judicial.

Nessa linha de preocupação, esclarece detalhadamente aquelas então novas modificações legislativas do CPC de 1973 em torno do agravo em sua forma retida, e como essa nova forma de processamento dialogava com o agravo interposto mediante instrumento, sempre procurando interpretar de modo mais assente ao devido processo legal. Nesse contexto, Piva passa a fazer profunda reflexão sobre a imensa pressão que aumentava sobre os juízes para que sobrevivesse o processo civil democrático – algo na linha "quanto maiores poderes, maiores as responsabilidades".

Ele começa ponderando sobre a necessidade de se conceder ao legislador "o benefício da presunção de sua boa-fé, mormente, quando se registra em exposição de motivos que 'é interessante evitar a superposição, a reiteração de recursos'". E segue argumentando:

> Todavia, ao abrir espaço à discricionariedade da magistratura, é curial anotar que o sistema só faz estimular, cada vez mais, a cobrança de responsabilidade 'subjetiva' a ensejar reparação de dano, alternativa pouco cogitada e de difícil caracterização no cotidiano que massacra juízes em imensa carga de trabalho.[57]

---

56. RODRIGUES, Walter Piva. Responsabilidade da Magistratura: o Agravo de Instrumento e a "reforma' de suas reformas legislativas. *Revista do Advogado*, Ano XXV, dezembro de 2005, nº 84, São Paulo, p. 235.
57. Ibidem, loc. cit.

E apoiado sobre a apresentação escrita por Botelho de Mesquita para a reimpressão da obra clássica do século XIX de Francisco de Paula Baptista[58], o homenageado aponta com precisão qual seria a *missão do agravo numa perspectiva que aborde seriamente o devido processo legal:*

> Enfim, é o agravo de decisões interlocutórias em qualquer de suas modalidades previstas em lei um forte instrumento de 'controle interno' de ilegalidades ou abusos que convém sejam eliminados, justamente, em virtude de o fim colimado pelo processo ser o de apurar a verdade [processual] e produzir sentença justa.[59]

Sob esse prisma, pondera que o legislador não poderia transformar o processo judicial em "caixa de surpresa ou armadilha para as partes", concluindo:

> (...) daí o vaticínio de que a evocação deste precedente possa conduzir os intérpretes na melhor aplicação da reforma ora comentada [da Lei 11.187/2005], o que significa superar vícios de forma para dar sentido ao objetivo do recurso de agravo de instrumento, qual seja, o seu real poder de controle de ilegalidade ou abuso cometido pelo juiz e/ou relator, conforme o caso.[60]

8. A PARTICIPAÇÃO DO ADVOGADO NA PRODUÇÃO DA PROVA

Em outro importante estudo, cujo tema é a participação do advogado na produção da prova, o homenageado faz uso inteligente do devido processo legal como contraponto à tendência do *processo novo* de supervalorizar o papel do juiz no processo civil, a ponto de ameaçar a liberdade da parte no processo. E no campo da busca da verdade processual, Piva adverte: "Reconstituir os acontecimentos continua sendo o que há de universal como finalidade da atividade dos sujeitos do 'devido processo legal' ('partes' ou não)!"[61] E nessa reconstituição alerta Piva: "atente-se para o papel do advogado na tarefa preeminente de eliminar dúvidas a respeito da verdade de uma afirmação feita no processo cujo resultado almeja ver proclamado a favor de seu patrocínio."[62]

A partir de então, o homenageado dá sentido mais conforme à Constituição do antigo e revogado art. 14 do CPC/73, que incluiu os advogados entre os responsáveis pela observância da "lealdade processual e boa-fé", devendo "expor os fatos em juízo conforme a verdade". Neste ponto, Piva rememora lição de José Olímpio de Castro Filho registrada em sua conhecida obra *Abuso de Direito no Processo Civil,*

---

58. "O que a experiência mostra e qualquer um que milite no foro o sabe, é que não há sentença injusta que não revele, na sua gestação, a mácula da ofensa a uma regra de processo, erigida muitas vezes ao desapego a formalismos e amor, fingido amor, à substância das coisas." (BOTELHO DE MESQUITA, José Ignacio. Apresentação. In: PAULA BAPTISTA, Francisco de. *Teoria e Prática do Processo Civil e Comercial*. 1ª Tiragem. São Paulo: Saraiva, 1988 (Clássicos do Direito Brasileiro)).

59. Ibidem, loc. cit.

60. Ibidem, loc. cit.

61. RODRIGUES, Walter Piva, A participação do advogado na produção da prova. *Revista Dialética Processual*, vol. 14, maio/2014, p. 104.

62. Ibidem, p. 105.

HUMANIZAÇÃO DO PROCESSO E O INCALCULÁVEL PODER DA ALTERNATIVA NO ENSINO DO DIREITO **101**

advertindo que, na verdade, a obrigação do advogado diz respeito à *probidade* e não obrigação de *verdade*,

> tudo a indicar que cada parte (leia-se, por igual, o seu patrono justamente detentor do *jus postu-landi*) vai expor, invariavelmente, a sua verdade o que, *data venia*, não representa quebra do dever enunciado no citado artigo de lei.[63]

Interpretação perfeitamente convergente à precariedade do ser humano, pois, nas palavras de Carnelutti: "Todo homem, temos dito, é uma parte. Precisamente por isso nenhum homem chega a apoderar-se da verdade. Aquilo que cada um de nós crê como sendo a verdade, não é mais que um aspecto da verdade."[64] Por outro lado, ainda analisando aquele art. 14 do CPC revogado, Piva oferece contribuição inestimável para que o "espaço" das partes continuasse demarcado e respeitado no âmbito do devido processo legal, garantia constitucional indispensável para o convívio social:

> Dessa forma [esclarece o homenageado], atenua-se a incidência do dispositivo; essa é uma assertiva que dispensa comentário. Todavia, põe a salvo a própria sobrevivência do processo contraditório como instituto para garantir a vida em sociedade cujo Estado adota o devido processo baseado no confronto da manifesta parcialidade dos patronos do autor e do réu ou mesmo do terceiro interessado.[65]

Ainda neste trabalho, o homenageado adverte que o respeito ao devido processo legal, especialmente às regras que dizem respeito às atividades dos patronos dos sujeitos vinculados à relação jurídica processual, vinculam o magistrado "a um indeclinável juízo sobre os fatos transportados para a causa."[66] "Daí a relevância" – acrescenta – "das normas que ditam o comportamento dos advogados (...) sobre a *introdução dos fatos no processo* mediante meios legítimos e morais".[67]

Sua defesa mais contundente do espaço reservado às partes no processo civil, especialmente a esse setor de "introdução dos fatos no processo", contudo, parte do apontamento de Barbosa Moreira sobre a falta de notícia histórica de haver ordenamento, antigo ou atual, em que o pronunciamento judicial ficasse pura e simplesmente dispensado de qualquer ligação com os fatos que dizem respeito e não pressupusesse meio algum de formar no espírito do julgador uma representação, mais ou menos fiel, mais ou menos implícita desses fatos. Baseado neste apontamento, o homenageado conclui de modo incisivo:

> Mais do que isso é exigir das atividades processuais um falso e inatingível compromisso com a própria 'realidade histórica' em que se subsumem as partes, salvo se for dado guarida a um

---

63. Ibidem, p. 106.
64. CARNELUTTI, Francesco. *Las Miserias del Proceso Penal*. (Traducción de Santiago Sentís Melendo). Bogotá: Temis, 2010, p. 37.
65. RODRIGUES, Walter Piva, A participação do advogado na produção da prova. *Revista Dialética Processual*, vol. 14, maio/2014, p. 106.
66. Ibidem, p. 107.
67. Ibidem, loc. cit., itálico no original.

abominável preconceito contra os advogados, o que é próprio só de pessoas inconfessadamente autoritárias que não compreendem que o processo invariavelmente é *post factum* e a jurisdição é o poder do Estado que não se confunde com mero órgão administrativo de consulta.[68]

9. O DIREITO DE SER CITADO E A GARANTIA DO CONTRADITÓRIO DECORRENTE DO DEVIDO PROCESSO LEGAL CONSTITUCIONAL

A preocupação com a efetividade do contraditório constitucional novamente leva Piva, em outro estudo, ao coração do devido processo legal, obrigando-o a tratar do tema da *citação*. O motivo que o levou a enfrentar o tema é a reforma processual ocorrida por meio da Lei 8.710/1993, responsável pela alteração da preferência tradicional em nosso sistema processual da citação por oficial de justiça, pela citação realizada por via postal.

Nesse estudo, Piva partiu da ponderação de Luiz Carlos de Azevedo, de que no século passado se tornou uma constante:

> (...) a redução gradativa da liberdade individual (...) seja em razão dos abusos praticados pelas autoridades, as quais atuam a seu gosto e contra a lei, seja porque é a própria lei que lhes capacita tal condição, tornando legais atitudes que antes significavam usurpação ao direito do cidadão.[69]

A indagação central do trabalho, portanto, referia-se à pertinência da reforma processual em questão à luz do devido processo legal ou das garantias constitucionais, ou simplesmente: "O que dizer agora diante dessa recente inovação (...)?"[70]

O homenageado novamente seguiu metodologia bastante marcada em seus estudos: tratou rapidamente da origem dessa reforma, não só das fontes de inspiração em leis extravagantes mas da ideologia que a permeava, e passou a centrar sua atenção, dentre outros aspectos, nas exceções legais que impunham a manutenção da primazia da citação por meio de oficial de justiça, anotando cuidadosamente que o respeito a essas exceções seria o mínimo esperado do devido processo legal, advertindo:

> (...) cabendo acrescentar que, indubitavelmente, a presença do auxiliar do juízo denota melhor garantia de que a finalidade do ato citatório, este considerado pela boa doutrina como 'condição *sine qua non* do contraditório e do exercício de defesa', será assim alcançado.[71]

De modo equilibrado enxergou vantagens e riscos da então nova reforma, tendo encontrado uma hipótese de citação ficta na segunda parte do parágrafo único do art. 223 (com redação da Lei 8.710/93), ponderando que a lei não havia garantido curador especial para essa situação específica. Em vista desse fato, alertou sobre a

---

68. Ibidem, loc. cit.
69. AZEVEDO, Luiz Carlos de. *O direito de ser citado – perfil histórico*. Osasco: FIEO/Resenha Tributária, 1980, p. 361 apud RODRIGUES, Walter Piva. O direito de ser citado. *Repertório de jurisprudência IOB*, 1.ª quinzena de janeiro de 1994, n. 1/94, p. 17.
70. RODRIGUES, Walter Piva. O direito de ser citado. *Repertório de jurisprudência IOB*, 1.ª quinzena de janeiro de 1994, n. 1/94, p. 19.
71. Ibidem, p. 17.

responsabilidade do autor em indicar os nomes daqueles que detém "poderes de gerência geral ou de administração", pois:

> O autor tem interesse precípuo na correta execução do 'in ius vocatio', cabendo-lhe, portanto, redobrar o seu controle sobre a validade do ato citatório até para que não frustre a almejada celeridade processual. Como se sabe, a falta ou nulidade de citação, no processo de conhecimento que teve curso à revelia do réu, podem ser arguidas em embargos à execução (art. 741, I, CPC/73); ou, ainda, tais defeitos constituem, igualmente, fundamento para a ação declaratória de inexistência de relação jurídica resultante da sentença na demanda precedente (...).[72]

Nesse estudo de 1993, apresenta conclusão compatível a quem pratica ciência e, por outro lado, não abre mão da defesa intransigente de direitos e garantias fundamentais:

> As alterações da lei n. 8.710/93 vão começar a produzir efeitos ao longo de 1994; portanto, cabe continuar refletindo sobre os proveitos das inovações, firmando compromisso de endossá-las na perspectiva de que, antes de sacrificar direitos, as leis do processo devem ser editadas para aproximar os jurisdicionados de seus juízes naturais.[73]

Eis aí, novamente, manifestação eloquente do pensamento do homenageado que humaniza o processo.

10. COISA JULGADA TRIBUTÁRIA, ESTADO DEMOCRÁTICO DE DIREITO E PLURALIDADE DE MEIOS (EXTRA)PROCESSUAIS PARA SOLUCIONAR CRISES DE DIREITO

Em sua tese de doutoramento, o homenageado vale-se da sociologia jurídica exposta por Celso Campilongo a fim de preparar o terreno no qual abordará a questão da *relativização da coisa julgada*. Sua preocupação reside na *transformação do Estado brasileiro* e, por conta desse fato, as funções do Poder Judiciário se alteraram ao longo do século XX, o que também impactou nas expectativas que giram em torno da coisa julgada:

> (...) que tinha por objetivo – segundo Celso Campilongo, citado por Piva – no Estado liberal, estabilizar a decisão, agora, no direito do Estado Social, construído para facilitar a atuação de um Estado dedicado a intervir e transformar a sociedade, torna-se um instrumento de discutível utilidade para algumas situações limites.[74]

Essas situações limites podem ser encontradas, por exemplo, nos campos do controle concentrado de constitucionalidade, da tutela coletiva, especialmente direitos ambiental e do consumidor, na medida em que exigem dos juízes atuação mais próxima dos modelos do *juiz-guardião* (cujo limite de atuação é a Consti-

---

72. Ibidem, loc. cit.
73. Ibidem, loc. cit.
74. CAMPILONGO, Celso Fernandes. *Política, Sistema Jurídico e Decisão Judicial*. São Paulo: Saraiva, 2011, item "A", "A.1", p. 39.

tuição) e do *juiz-político* (que maximiza autonomia política e alta criatividade judicial).[75]

O homenageado rejeita a hipótese de Mirjan Damaska, apontada por Celso Campilongo, na qual se imagina um Estado *ativo* (isto é, fortemente empenhado na transformação da sociedade) em que vale menos a estabilidade da coisa julgada e mais a maleabilidade e a flexibilidade das modificações e ajustes conforme a falência ou sucesso do Estado na consecução de objetivos.[76]

Em síntese, Piva opõe-se à flexibilização da coisa julgada devido ao enorme risco de arbítrio que se abre em função da mudança do critério de valoração do que seria "justo". Contudo, e isso é importante destacar, ele compreende bem as novas configurações política e social a imporem adaptações ou reajustes para as hipóteses de rescindibilidade da coisa julgada no sistema normativo. O seguinte trecho bem reflete esse espírito:

> Alargue-se o prazo de decadência para a propositura da ação rescisória (no passado adotou-se cinco anos) se são frequentes os 'erros de julgamento' ('empioramento' da formação técnico jurídica dos operadores do direito?) ou se os Tribunais mantém vivas e continuadas divergências e interpretação em relação ao mesmo texto de lei, convém sinalizar na lei de regência outros fundamentos a ensejar a ação rescisória.

> A adoção da 'flexibilização' da garantia da autoridade da coisa julgada se apresenta rigorosamente inadequada, mormente se o fundamento residir na necessidade de *mudança de critério de valoração do justo*, pois, o espaço reservado à subjetividade da magistratura, onde couber (CPC/1973, art. 127; 'o juiz só decidirá por equidade nos casos previstos em lei') é ele próprio objeto de controle interno da Instituição como forma constitucional de assegurar a justiça da decisão.[77]

Em disciplina ministrada no curso de pós-graduação da FADUSP, intitulada "Estudo da Coisa Julgada e outros Institutos de Imunização da Decisão Judicial no Processo Civil Brasileiro", o homenageado e seus assistentes tentam aprofundar essa perspectiva.

Esse aprofundamento se dá a partir da consciência de que a natureza (ou o conteúdo) do conflito jurídico (crise de direito) é o que define o meio (processual ou não) mais apropriado para solucioná-lo, e a coisa julgada deve ajustar-se ao propósito desse meio mais apropriado (ou adequado). É o que melhor explica atualmente – por exemplo – a ausência de coisa julgada material para variadas espécies de decisões, ou que a coisa julgada no campo da tutela coletiva possua peculiaridades em relação à coisa julgada material do processo individual, ou que existam sérias dúvidas em torno da "coisa julgada *erga omnes*" e do "efeito vinculante" no campo do controle concentrado de constitucionalidade, se considerarmos a imensa amplitude e as especificidades deste controle.

---

75. Ibidem, itens "B.2" e "B.3", p. 52-57.
76. RODRIGUES, Walter Piva. *Coisa julgada tributária*. São Paulo: Quartier Latin, 2008, item "09", p. 112.
77. Ibidem, p. 122.

Ressalte-se, porém, que sendo ele contrário à ideologia processual de fragmentação dos fins processuais (instrumentalidade do processo em sua nova acepção) por ser incompatível ao Estado democrático de direito[78], Piva é cuidadoso no sentido de resguardar o campo da jurisdição civil contenciosa, prometido expressamente pelo art. 5º, XXXV, da CF/88, não aceitando ideias que estiolariam essa promessa constitucional inerente ao Estado democrático de direito. Parece-nos ser este o motivo dele não concordar com a flexibilização pura e simples da coisa julgada, sem que se filtre novos anseios por meio de processos legislativos que eventualmente alterem hipóteses processuais de rescindibilidade da coisa julgada, ou o prazo decadencial máximo em que a rescisão possa ocorrer etc.

Por outro lado, sendo firme em seu pensamento a intangibilidade do campo da jurisdição contenciosa prometido constitucionalmente pelo art. 5º, XXXV, da CF/88, até em razão da indivisibilidade (ou complementariedade solidária) dos direitos humanos, Piva mostra-se aberto a outras formas de exercício da jurisdição, além de meios extraprocessuais que se mostrem mais apropriados a determinados tipos de crises de direito. Assim, por esse prisma, a coisa julgada e seus institutos afins (ação rescisória, por exemplo) podem sofrer alterações, ou mesmo podem ser afastados se o meio de solução mais apropriado ao conflito for antitético a uma segurança jurídica típica do modelo liberal.

Ou seja, Piva esforça-se por não incidir no senso comum, mas busca permanentemente harmonizar as exigências de uma sociedade complexa e altamente conflitante por meio de reajustes possíveis e necessários no campo da dogmática processual.

Tudo isso é analisado, discutido, rediscutido em uma das disciplinas em que o professor Piva oferece no curso de pós-graduação.

11. PROPOSTA DE SÍNTESE DA HUMANIZAÇÃO DO PROCESSO NO PENSAMENTO DE PIVA

Encerramos a breve apresentação do pensamento processual do homenageado, deixando de lado outros estudos, para não nos alongarmos em demasia. De qualquer modo, a partir desse pequeno retrato podemos propor algumas das características que sobressaem em seu ideal de processo:

(1) seu ideal de processo estrutura-se a partir dos direitos *constitucional processual e processual constitucional*, e seus raciocínios são inaugurados pela ideia de defesa intransigente do *devido processo legal* como método de solução a ser respeitado;

(2) preocupa-se em realizar as promessas jurídicas decorrentes da ordem normativa estatal, para que o direito não seja um faz de conta, observando a promessa do art. 5º, XXXV, da CF/88; em outras palavras, nas crises de direito em que o método adjudicatório se mostre mais apropriado, Piva acredita que as partes são titulares do direito de obter uma sentença de *conteúdo determinado* levando-se em consideração a ordem jurídica;

---

78. CF/88, art. 1º.

(3) em complemento à característica anotada no item "2", seu pensamento confere a mesma importância à utilização de outros meios de resolução de conflitos que, na hipótese concreta, possam se revelar mais apropriados para a justiça e estabilidade da solução final aplicada à crise de direito;

(4) dialoga com outras disciplinas para que a dogmática processual se mantenha rente à realidade fluente;

(5) prima por enxergar os *invisíveis de nossa sociedade* e o *largo espectro de realidades diferenciadas em nosso país*, defendendo que o processo deve observar necessidades específicas do humano, suas realidades geográfica, social, psicológica e econômica;

(6) seu ideal de processo abarca também, ao lado da característica "5", o necessário tratamento igualitário a ser ministrado para consumidores de justiça que estejam na mesma situação;

(7) em seu ideal de processo não há preconceito contra reformas processuais, contudo, é marcante sua consciência da condição humana que tende a abusar do poder e, por isso, inquieta-se quando as reformas concentram poderes sem justificativa plausível, especialmente quando não se enquadram no campo das *mutações técnicas*, e sim das *mutações políticas*.

12. O INCALCULÁVEL PODER DA ALTERNATIVA NO ENSINO DO DIREITO

Crítica e independência são qualidades-chave na (im)postura do homenageado, não se dobrando a modismos acadêmicos que contrariam os fundamentos teóricos e práticos dos direitos humanos – exceto se a novidade realmente contribuir, em seu entendimento, para o aperfeiçoamento de tais fundamentos.

Vimos acima que essa visão progressista não se limita a levar em consideração novas exigências ou pressões sociais, políticas, e econômicas, porque enquanto estudioso Piva possui um raro olhar cuja sensibilidade o capacita a enxergar grupos e indivíduos que permanecem historicamente invisíveis, passando a reclamar o reconhecimento como seres humanos a merecerem proteção jurídica.

Outro dia líamos *Para educar crianças feministas: um manifesto*, da escritora nigeriana e ativista de direitos humanos Chimamanda Ngozi Adichie. Na verdade, o manifesto é uma carta-resposta dirigida à sua amiga de infância, Ijeawele, sugerindo tópicos para que a filha de sua amiga recebesse educação que posicionasse a mulher como titular de igual valor e respeito em relação ao homem pelo simples fato da humanidade da mulher. E a certa altura, foi marcante a argumentação de Chimamanda em torno do *poder da alternativa* ao tratar dos exemplos que recebemos ao longo da vida:

> Cerque Chizalum [filha de Ijeawele] também com muitos tios. (...) encontre alguns homens não fanfarrões. Homens como seu irmão Ugomba, como nosso amigo Chinakueze. Porque a verdade é que ela vai se deparar com muitas fanfarronices masculinas na vida. Então, é bom que tenha alternativas cedo. O poder das alternativas é incalculável. Chizalum poderá se contrapor aos 'estereótipos de gênero' se o grupo familiar tiver fornecido alternativas a ela. Se conhece um tio que cozinha bem – e faz isso com a maior naturalidade –, e se chegar alguém dizendo que 'cozinhar é obrigação de mulher', ela poderá sorrir e descartar na hora essa bobagem.[79]

---

79. ADICHIE, Chimamanda Ngozi. *Para educar crianças feministas: um manifesto*. Tradução: Denise Bottmann. São Paulo: Companhia das Letras, 2017, item "10", p. 61.

Curioso que durante a redação da presente homenagem emergisse na memória consciente essa exata passagem, e com tanta nitidez. Por qual motivo surgiu essa lembrança?

Piva sempre discutia com seus alunos a importância de se absorver conceitos com precisão, tê-los firmes na mente, e compreender a função desses conceitos no mundo, nas disputas de poder, e como funcionavam em relação aos menos favorecidos, porque só essa (im)postura habilitaria os estudantes a enfrentarem o arbítrio. Normalmente explicava essa necessária (im)postura em exemplos práticos da vida forense, que coincidiam com a matéria. Eram considerações completamente fora dos manuais, que combinavam problemas da vida prática com discussões dos valores e ideologias do processo em jogo.

Sempre fez questão de explicar o porquê, em seu modo de ver, o direito de ação na jurisdição contenciosa civil seria um direito *concreto*, prometendo um *conteúdo determinado*. Advertia sobre os perigos do assunto ser praticamente retirado da pauta acadêmica, restando esquecido e deixado de lado como se supostamente não tivesse objetivos práticos; como se fosse mera expressão da pouca maturidade do período *conceitualista* de nossa ciência processual. E sem medo de ser tachado de ultrapassado, Piva tentava esclarecer que preferia insistir na discussão supostamente de pouca valia, pois esse debate – sobre a natureza da ação – ocultava ideologias e valores ligados a uma relação fundamental da qual o Estado democrático de direito depende absolutamente: *a relação entre o juiz e a lei*.

Essas e outras falas fugiam do senso comum, dos manuais, dos artigos que rezam cartilhas aqui e acolá, contrariavam modismos e feudos acadêmicos. Porém, essa (im)postura visava sobretudo alertar seus alunos para as armadilhas do mundo, realizando uma das principais funções da Faculdade de Direito: preparar os estudantes para a defesa intransigente do devido processo legal e dos direitos humanos, não importando as funções profissionais que assumissem ao longo da vida.

A (im)postura de Piva, se resgatarmos a reflexão de Einstein, tenta mostrar aos alunos que a luta pelos direitos humanos se inicia dentro de nós próprios, e que todo o conhecimento (interior e exterior) é necessário para essa imensa batalha. Precisamos nos convencer, de verdade, sobre a imprescindibilidade da defesa desses direitos. Devemos nos convencer de que não fazemos favor a ninguém quando estamos atuando em favor da prevalência dos direitos humanos, mas para nós próprios. E que a luta entre o intenso anseio humano por beleza e harmonia – diríamos justiça e paz – e o ódio que surge de nossos próprios instintos incontrolados de agressividade, é travada dentro de cada um de nós e vaza para o resto do mundo: é um caminho do intrapessoal para o intersubjetivo, e vice-versa. Em outras palavras, a existência e a validade dos direitos humanos não estão escritas nas estrelas: daí a imensa responsabilidade de cada um de nós pela (re)construção e efetivação dos direitos humanos.

Por essa perspectiva, Piva faz algo que não deveria ser feito por poucos professores, mas deveria ser prática institucionalizada de todas as Faculdades de Direito:

ele tenta combinar o direito, a ciência que o estuda, outras áreas de conhecimento, o nosso mundo interior (nossas emoções) e as relações deste mundo interior com a realidade sofrida que nos cerca. No fundo, tenta despertar o estudante para sua responsabilidade individual na defesa dos direitos humanos, o que passa pelo *reconhecimento do outro na aplicação do direito*, e essa singular pedagogia converge à lúcida compreensão de Albert Schweitzer, em seu estudo *Decadência e Regeneração da Cultura*, ao advertir que:

> (...) um outro motivo pela qual a renovação da cultura é dificultada consiste em que, na qualidade de realizadores do movimento, e de maneira decisiva, só podem ser tomados em consideração individualidades isoladamente. A regeneração da cultura nada tem a ver com movimentos relacionados a psicologia das multidões. (...) Ali onde as coletividades exercem mais influência sobre o indivíduo do que este possa exercer sobre elas, começa irremissivelmente a decadência (...).[80]

Ou seja, a (im)postura do homenageado em suas aulas reflete exatamente a necessidade de convencer cada um dos seus alunos a escolher o lado certo de uma disputa milenar; na verdade, uma eterna disputa própria da esfera humana, entre a cultura e a incultura, entre o arbítrio e a lei.

A opção de Piva sempre foi clara.

E tudo isso Piva fez sem perder a bondade. É lendária a tolerância do professor Piva com seus discentes. Todos sabemos. Testemunhamos episódios especialmente ao longo do Programa de Aperfeiçoamento de Ensino (PAE), nos quais Piva sempre ouviu pacientemente as justificativas de seus alunos abrindo novas oportunidades a fim de que os mais variados erros fossem reparados.

Entretanto poucos notaram que, silenciosamente, ele ensinava a seus alunos aquilo que há de mais básico e fundamental no ato de julgar o outro: *tentar entender o seu semelhante sem ideias preconcebidas*. Ele ensinava, com seu exemplo, a abstrairmos os sentidos estabelecidos por nossas bolhas existenciais e pelo senso comum em geral, convidando-nos à abertura de nossos sentidos para uma melhor compreensão das questões da vida e do direito. Ensinava que para julgar o outro temos de ser *fiéis à nossa condição humana*, que é sobretudo a condição da limitação e dos problemas cotidianos que nos assolam inevitavelmente.

A importância dessa aula silenciosa é absolutamente fundamental. Basta notarmos que advogados, defensores públicos, promotores de justiça, juízes, delegados de polícia: todos julgam em suas respectivas atividades, embora haja efeitos jurídicos diversos para o julgamento de cada um desses atores do sistema de Justiça. A tolerância sincera voltada ao entendimento do próximo no momento de julgar é, sem dúvida, a diferença que pode fazer entre florescer a cultura no sistema de Justiça, ou degenerar em incultura e consequente eclipse do Estado democrático de direito.

---

80. SCHWEITZER, Albert. *Decadência e degeneração da cultura*. Tradução de Pedro de Almeida Moura. 3ª edição. São Paulo: Melhoramentos, 1964, p. 84.

Por essas razões a bela passagem de Chimamanda Ngozi Adichie emergiu, involuntariamente, em nossa memória consciente durante a redação da presente homenagem. No ensino do direito Piva pertence a um seleto grupo de docentes que, ao longo de nossa história jurídica, representa *o incalculável poder da alternativa.*

13. REFERÊNCIAS BIBLIOGRÁFICAS

ADICHIE, Chimamanda Ngozi. *Para educar crianças feministas: um manifesto.* Tradução de Denise Bottmann. São Paulo: Companhia das Letras, 2017.

BOTELHO DE MESQUITA, José Ignacio. Do mandado de segurança: contribuição para seu estudo. In: *Teses, Estudos e Pareceres de Processo Civil.* V. 03. São Paulo: RT, 2007.

_____. Apresentação. In: PAULA BAPTISTA, Francisco de. *Teoria e Prática do Processo Civil e Comercial.* 1ª Tiragem. São Paulo: Saraiva, 1988 (Clássicos do Direito Brasileiro).

CAMPILONGO, Celso Fernandes. *Política, Sistema Jurídico e Decisão Judicial.* São Paulo: Saraiva, 2011.

CARNELUTTI, Francesco. *Las Miserias del Proceso Penal.* (Traducción de Santiago Sentís Melendo). Bogotá: Temis, 2010.

DINAMARCO, Cândido Rangel. *Instituições de Direito Processual Civil.* V. I. 8ª edição. São Paulo: Malheiros, 2016.

EINSTEIN, Albert. Human rights (Address to Chicago Decalogue Society, February 20, 1954). In: *Ideas and opinions.* New York: Three Rivers Press, c1982.

ESTEVAN, Juan Manuel Barquero. *La función del tributo en el Estado social y democrático de Derecho.* Madrid: CEPC, 2002, p. 84.

FIX-ZAMUDIO, Héctor. Breves Reflexiones sobre el Concepto y el Contenido del Derecho Procesal Constitucional. In: MAC-GREGOR, Eduardo Ferrer (Coord.). *Derecho Procesal Constitucional.* Tomo I. Quinta Edición. México: Porruá, 2006.

LEONEL, Ricardo de Barros. Considerações Introdutórias sobre o Direito Processual Constitucional. In: PUOLI, José Carlos Baptista; BONÍCIO, Marcelo José Magalhães; LEONEL, Ricardo de Barros (Coord.). *Direito Processual Constitucional.* Brasília: Gazeta Jurídica, 2016.

MORELLO, Augusto. M. *Constituición y Proceso*: La Nueva Edad de Las Garantías Jurisdiccionales. La Plata, Buenos Aires; Platense, Abeledo-Perrot, 1998.

NABAIS, José Casalta. A face oculta dos direitos fundamentais: os deveres e os custos dos direitos, *Revista de direito público da economia*, v. 5, n. 20, out./dez., 2007, p. 153-181, disponível também em: <http://www.egov.ufsc.br/portal/sites/default/files/anexos/15184-15185-1-PB.pdf>.

NERY JUNIOR, Nelson. *Princípios do Processo na Constituição Federal.* 12ª edição. São Paulo: RT, 2016.

RODRIGUES, Walter Piva. Abolir a correição parcial? *Revista do Advogado*, Ano XXV, abril de 2005, nº 81, São Paulo, p. 117-119.

_____. A assistência jurídica aos necessitados e as ações judiciais coletivas. In: FUNDAÇÃO KONRAD ADENAUER. *Cadernos Adenauer 3: Acesso à justiça e cidadania.* São Paulo: Fundação Konrad Adenauer, maio 2000, p. 53-59.

_____. *Coisa julgada tributária.* São Paulo: Quartier Latin, 2008.

_____. O direito de ser citado. *Repertório de jurisprudência IOB*, 1.ª quinzena de janeiro de 1994, n. 1/94, p. 16-19.

_____. Honorários advocatícios em mandado de segurança. *Repertório de jurisprudência IOB*, 1.ª quinzena de outubro de 1993, n. 19/93, p. 373-375.

_____. O inventário é "processo necessário". *Revista Dialética Processual*, vol. 05, agosto/2003, p. 107-109.

_____. O Mandado de Segurança Contra Atos Judiciais na Atual Realidade Forense. In: SALLES, Carlos Alberto de (Coord.). *As Grandes Transformações do Processo Civil Brasileiro*. São Paulo: Quartier Latin, 2009.

_____. A participação do advogado na produção da prova. *Revista Dialética Processual*, vol. 14, maio/2014, p. 103-107.

_____. Responsabilidade da Magistratura: o Agravo de Instrumento e a "reforma' de suas reformas legislativas. *Revista do Advogado*, Ano XXV, dezembro de 2005, n° 84, São Paulo, p. 232-236.

_____. A visão unitária do processo. *Revista de Ciências Sociais e Humanas da Universidade Metodista de Piracicaba*, vol. 07, n. 15, 1994, p. 61-68.

SCARPINELLA BUENO, Cassio. *Curso Sistematizado de Direito Processual Civil*: Teoria Geral do Direito Processual Civil. Vol. I. 8ª edição. São Paulo: Saraiva, 2014.

SCHWEITZER, Albert. *Decadência e degeneração da cultura*. Tradução de Pedro de Almeida Moura. 3ª edição. São Paulo: Melhoramentos, 1964.

ZVEIBIL, Daniel Guimarães. *O mandado de segurança no sistema processual brasileiro: contribuição para revitalização de sua "eficácia potenciada"*. Tese (Doutorado – Programa de Pós-Graduação em Direito Processual – FADUSP). Orientador: Walter Piva Rodrigues. São Paulo, 2017.

FONTES JURISPRUDENCIAIS

– Informativo STJ 0228, período de 08 a 12 de novembro de 2004: Quarta Turma. REsp 323.860-SP, Rel. Min. Barros Monteiro, julgado em 9/11/2004.

– Súmula STJ n. 481.

– Tema 988, STJ, da técnica de julgamento de recursos repetitivos.

OS PRECEDENTES VINCULANTES NA ÓTICA DAS DECISÕES DO DESEMBARGADOR WALTER PIVA RODRIGUES: UM CONTRIBUTO PARA A ANÁLISE DOS REEXAMES DETERMINADOS A PARTIR DE JULGAMENTO DE RECURSOS ESPECIAIS REPETITIVOS REPRESENTATIVOS DE CONTROVÉRSIA PELO SUPERIOR TRIBUNAL DE JUSTIÇA (STJ)

Daniel Monari

Mestre em Direito Comercial pela Faculdade de Direito da Universidade de São Paulo, onde se graduou. Escrevente técnico judiciário no TJSP.

José Jair Marques Junior

Doutorando e Mestre em Direito do Estado pela Faculdade de Direito da Universidade de São Paulo, onde se graduou (2010). Assistente jurídico no TJSP.

Leandro Bacich Scarabel Soares

Graduando pela Faculdade de Direito da Universidade de São Paulo. Graduado pela Faculdade de Medicina da Universidade de São Paulo. Estagiário no TJSP.

Livia Maria Bello Silva Parisotto

Pós-graduada em Direito Civil pela Escola Paulista da Magistratura (EPM) do TJSP. Graduada pela Faculdade de Direito da Universidade de São Paulo (2010). Assistente jurídico no TJSP.

Ludyevina Tominaga Garcia de Souza

Graduada pela Faculdade de Direito da Universidade de São Paulo (2017). Escrevente técnico judiciário no TJSP.

Marina Rodrigues da Silveira

Pós-graduada em Direito Processual Tributário pela Pontifícia Universidade Católica de São Paulo (PUC-SP) e em Direito Processual Civil pela Escola Paulista da Magistratura (EPM) do TJSP. Graduada pela Faculdade Estadual de Direito do Norte Pioneiro (FUNDINOPI), atualmente Universidade Estadual do Norte do Paraná (UENP). Assistente jurídico no TJSP.

Riccardo Spengler Hidalgo Silva

Graduado pela Faculdade de Direito da Universidade de São Paulo. Assistente jurídico no TJSP.

Sumário: 1. Considerações iniciais – ao *professor e desembargador Piva Rodrigues*, com o carinho e admiração de seus discípulos: o gabinete como instância reverberadora de conhecimento e aplicação prática do direito – 2. A transição do artigo 543-C, CPC/1973 para o conjunto dos artigos 927, III, 928, e 1.040, CPC/2015: o regime normativo dos precedentes vinculantes e o caso dos recursos especiais repetitivos representativos de controvérsia – 3. O desembargador Piva Rodrigues enquanto relator de reexame de demandas repetitivas e os seus entendimentos – 4. Considerações finais: *o engajamento* em prol da solução coletiva quando em conformidade com os imperativos de justiça no processo civil – 5. Referências bibliográficas.

1. CONSIDERAÇÕES INICIAIS – AO *PROFESSOR* E *DESEMBARGADOR PIVA RODRIGUES*, COM O CARINHO E ADMIRAÇÃO DE SEUS DISCÍPULOS: O GABINETE COMO INSTÂNCIA REVERBERADORA DE CONHECIMENTO E APLICAÇÃO PRÁTICA DO DIREITO

É digno de honra poder contribuir com um artigo que vem a integrar um esforço coletivo de diversos amigos, professores e profissionais da área jurídica em homenagem ao Culto Professor Walter Piva Rodrigues, por ocasião de seu septuagenário aniversário e quarenta e cinco anos de docência.

A equipe de servidores que atualmente integra a força de trabalho de seu gabinete, assim como os que nos antecederam, se regozija e se sente dia após dia estimulada a praticar o que o Excelentíssimo Professor nos ensina: encontrar, de forma técnica e com atenção à dignidade das pessoas e aos argumentos trazidos pelas partes, a interpretação do direito mais justa para resolver os conflitos que se apresentam nos processos judiciais de sua apreciação.

Escolhido Desembargador em lista tríplice do Quinto Constitucional da Advocacia, o Professor Piva, desde outubro de 2006, vem agregando ao Judiciário Paulista com as suas decisões, fruto de exercício de ponderação e reflexão cautelosa sobre as controvérsias surgidas. São aproximados doze anos, com dedicação e afinco na produção de decisões que, não raro, são selecionadas para servir de referencial de interpretação aos demais órgãos julgadores deste Tribunal Estadual, assim como de todo o país.

A veia acadêmica do Professor, que nos permite assim tratá-lo com essa proximidade, torna facilitado o aprendizado. As pesquisas e minutas de votos que lhe são submetidas são apreciadas com rigor e didatismo, em análises que permitem um diálogo franco, em posição de igualdade. Tal fato revela sua confiança e respeito em relação aos integrantes do gabinete.

As histórias de vida, desfrutadas de sua rica experiência enquanto advogado na capital paulista e docente na Velha e Sempre Nova Academia do Largo de São Francisco, são compartilhadas com orgulho pelo Professor. Engrandecem e motivam aqueles que as escutam, pois revelam sua nobreza, galhardia e inteligência no trato com os colegas e também o seu respeito e credibilidade perante a sociedade civil, os seus juízes pares no Tribunal de Justiça do Estado de São Paulo, os professores da Faculdade de Direito da Universidade de São Paulo.

Sua origem da advocacia lhe traz um diferencial enquanto julgador: consegue exercer a ótica calculada de riscos do exercício da advocacia, identificar padrões de comportamentos dos litigantes e, principalmente, vislumbrar as possibilidades em que o processo judicial seja resolvido de forma consensual, conciliatória e não adjudicada pelo Tribunal, mediante a cooperação das partes e patronos constituídos.

Feita essa breve apresentação, os servidores que hoje incorporam o seu gabinete propuseram-se a homenageá-lo optando por ilustrar os entendimentos do Professor a respeito de um dos temas de sua linha de pesquisa acadêmica, enquadrado na perspectiva da prática cotidiana da instância recursal no TJSP: o sistema de precedentes judiciais, enfocado no exemplo dos recursos especiais repetitivos representativos de controvérsia.

Linhas gerais, a proposta do presente artigo consiste em exibir a atuação do Desembargador Piva Rodrigues, na função de Relator, de recursos a si distribuídos, submetidos a um primeiro julgamento pelo colegiado da 9ª Câmara de Direito Privado e que, diante da existência de recursos repetitivos de controvérsia no Superior Tribunal de Justiça (STJ), ou estão com o andamento sobrestado, ou foram submetidos a reexame de julgamento, para aferição da conformidade ou revisão do acórdão recorrido em confronto com a tese repetitiva, em consonância à determinação da Presidência da Seção de Direito Privado do Tribunal de Justiça do Estado de São Paulo – TJ/SP.

Vale destacar que o Desembargador Piva Rodrigues, desde o momento em que ingressou na carreira judicante, continua responsável pela mesma cadeira junto à 9ª Câmara de Direito Privado, sendo o atual decano dessa Câmara. Integra, simultaneamente, o 5º Grupo de Direito Privado (que abarca as 9ª e 10ª Câmaras de Direito Privado), a Turma Especial de Direito Privado 1 (que congrega Desembargadores das Câmaras da Primeira Subseção de Direito Privado, com competência para julgamento de conflitos de competência, incidentes de resolução de demandas repetitivas, dentre outros) e, finalmente, o Grupo Especial de Direito Privado (que tem por atribuição principal processar e julgar conflitos de competência entre as Câmaras de Direito Privado e/ou Reservadas Empresariais de diversas subseções).

O maior contingente de causas e recursos a serem apreciados pelo Desembargador está afetado à 9ª Câmara de Direito Privado.

A Resolução 623/2013 do Tribunal de Justiça do Estado de São Paulo estabelece o rol de matérias atribuídas de competência preferencial às câmaras da Primeira Subseção de Direito Privado, em que integrada a 9ª Câmara de Direito Privado.

Dentre as variadas questões apreciadas, subsistem os assuntos de ações relativas a direito de família (tais como nulidade e anulação de casamento, divórcio, alimentos, tutela, curatela, inventário, união estável), a pessoas jurídicas sujeitas ao regime de direito privado (tais como associações, fundações, entidades civis, comerciais e religiosas), direito imobiliário (usucapião de bens imóveis, reivindicatória de bens imóveis, imissão de posse de bem imóvel, divisória, demarcatória, loteamento e localização de lotes, seguro habitacional, e ações relacionadas à compra e venda e compromisso de compra e venda de bens imóveis), direito de responsabilidade civil, contratual e extracontratual, direitos de autor, registros públicos, ações civis públicas sobre os temas da Primeira Subseção de Direito Privado, e, finalmente, planos e seguros de saúde, além de outros temas residuais (como falências, concordatas e respectivos incidentes processados pelo Decreto-lei 7.661/1945, além de ações de propriedade industrial, patentes e marcas, essas que tiverem sido distribuídas em grau recursal antes da instalação da Câmara Reservada de Direito Empresarial).

Identificados esses assuntos da competência da 9ª Câmara de Direito Privado, investigamos quais foram os temas, de natureza de direito material e processual, que tiveram a maior repercussão desde a entrada em vigor em 2008 da lei que, ao modificar o Código de Processo Civil então vigente, instituiu o sistema dos recursos especiais repetitivos de controvérsia (Lei Federal 11.672/2008) e quais foram os posicionamentos tomados pelo Desembargador Piva Rodrigues até meados de 2018 em reação aos julgados repetitivos, ao proceder ao *reexame* ou *juízo de retratação* do acórdão recorrido.

A partir dos dados averiguados de processos já sujeitos a sessão de julgamento (inclusive casos sujeitos a segredo de justiça, preservada a intimidade das partes neles envolvidos), buscamos responder a essa série de questionamentos: como tem se comportado o Desembargador Piva Rodrigues enquanto Relator de casos potencialmente submetidos a reexame de julgado por conta de fixação de teses de recursos repetitivos de controvérsia no Superior Tribunal de Justiça? Houve, de fato, determinação de reexame após os julgamentos dos repetitivos? Quando positiva a ordem de reexame, há absorção da tese repetitiva e readequação do entendimento anterior? Há refração à tese repetitiva? Se refratário ao entendimento do repetitivo, quais os fundamentos empregados? Seguimos à exposição.

2. A TRANSIÇÃO DO ARTIGO 543-C, CPC/1973 PARA O CONJUNTO DOS ARTIGOS 927, III, 928, E 1.040, CPC/2015: O REGIME NORMATIVO DOS PRECEDENTES VINCULANTES E O CASO DOS RECURSOS ESPECIAIS REPETITIVOS REPRESENTATIVOS DE CONTROVÉRSIA

Como já se defendeu doutrinariamente[1], o sistema processual civil brasileiro teve historicamente regras prescritas com funcionalidade voltada à resolução de lides de natureza individual, em esteira da evolução do direito civil, o principal marco jurídico sistematizado a dispor sobre a autonomia negocial dos indivíduos e pessoas jurídicas.

---

1. CUNHA, Leonardo José Carneiro da. "O regime processual das causas repetitivas". Em: *Revista de Processo*, vol. 179, ano 35, p. 139-174. São Paulo: Editora RT, janeiro/2010.

As ações coletivas, por sua vez, originadas de entidades institucionalizadas e autorizadas de representação de uma determinada parcela da sociedade, ou de órgãos públicos dotados de atribuição para o manejo de tais demandas, sem autorização prévia dos representados, foram sendo criadas e aperfeiçoadas à margem do sistema processual fixado pelo Código de Processo Civil de 1973. Foram leis especiais (a exemplo da Lei de Ação Popular, Ação Civil Pública, Código de Defesa do Consumidor) que, ao gravitar sobre o Estatuto Processual, trouxeram as balizas desse sistema em que as partes congregavam interesses múltiplos e a produção da atividade jurisdicional necessariamente atingia as coletividades envolvidas, com as gradações de vinculatividade e eficácia dispostas nas leis respectivas editadas.

Convivem, portanto, duas soluções de tipos de demandas, as individuais e as coletivas, sendo que o emprego das ações coletivas, até o momento, não teve justificada a sua operacionalidade nos casos de *macrolides*, ou ações individuais repetitivas, que vem crescendo em volume ao longo do tempo. Tanto porque a atuação coletivizada depende do interesse da entidade que atuaria, quanto da inviabilidade de se negar, *ex ante*, o acesso à justiça ao litigante individual, ou ao obrigá-lo a se valer do litisconsórcio ativo ou ao exigir sua prévia vinculação a uma entidade institucional que defenda seus interesses pessoais em conjunto de outros na mesma situação fático-jurídica.

É nesse cenário que se justifica a inserção do debate da identificação dos meios e instrumentos capazes de proporcionar o gerenciamento adequado do aumento em massa do número de processos judiciais, sem atentar contra as garantias fundamentais dos cidadãos.

Em sua redação original, a Constituição da República Federativa do Brasil - CRFB já previa, no rol de direitos fundamentais dispostos no artigo 5º, várias garantias relacionadas ao desenvolvimento do processo civil em prol do acesso à justiça aos cidadãos, a exemplo da garantia da inafastabilidade do Poder Judiciário (inciso XXXV), a obrigatoriedade de observância do devido processo legal para despojamento da liberdade ou dos bens dos indivíduos, abrangido, aqui, o direito de recorrer (inciso LIV), o respeito, em benefício dos litigantes, ao contraditório e à ampla defesa (inciso LV).

Especialmente diante da Emenda Constitucional 45/2004, observou-se um reforço à constatação de que o acesso à justiça deve ser viabilizado mediante instrumentos que permitam assegurar às partes *razoável duração do processo e celeridade na tramitação* das causas (artigo 5º, inciso LXXVIII). Em paralelo, outras modificações pontuais foram postas na Constituição da República Federativa do Brasil – CRFB, em concretização da postura de instrumentos que permitam julgamentos céleres e com decisões com repercussão e amplitude no maior número de casos similares possíveis (a exemplo do instrumento da súmula vinculante, editada para fixar tese sobre questões constitucionais reiteradamente decididas pelo Supremo Tribunal Federal – STF).

Os precedentes judiciais obrigatórios, como uma face dessa evolução, assimilam-se a uma inserção de uma *nova fonte de direito* que deve ser compulsoriamente observada pelos órgãos julgadores. Não que o precedente expedido, especialmente de tribunais superiores, fosse um instituto ignorado até então. Trata-se, na realidade, de conferir novos contornos aos precedentes, identificando como o quadro normativo infraconstitucional foi moldado e adaptado para abrigar esse novo sistema.

Ou seja, pode-se afirmar como admissível o entendimento segundo o qual a providência jurisdicional a ser produzida num caso não mais seja proferida de modo isolado, mas sim devendo atenção *qualificada* aos precedentes obrigatórios, ou *leading cases*, que porventura sejam proferidos pelos tribunais superiores (artigo 927, CPC/15).

Identificado o problema da proliferação de demandas e congestionamento dos tribunais, especialmente os superiores, na sequência das microrreformas do Poder Judiciário[2], o Congresso Nacional inicialmente aprovou a Lei Federal 11.418/2006, que regulamentou o artigo 102, § 3º, da Constituição da República Federativa do Brasil – CRFB, que havia criado o filtro de seleção da *repercussão geral* para os recursos extraordinários destinados ao julgamento pelo Supremo Tribunal Federal (STF). Assim, somente poderão ser admitidos os recursos extraordinários em que fossem demonstrados os requisitos de repercussão jurídica, econômica, social ou política que exorbite os interesses subjetivos do processo (artigo 543-A, CPC/73, regra reproduzida no artigo 1.035, § 1º, CPC/2015).

Dois anos mais tarde, a Lei Federal 11.672/2008 introduziu no Código de Processo Civil de 1973 o sistema de recursos especiais repetitivos de controvérsia (artigo 543-C e seguintes[3]), julgados pelo Superior Tribunal de Justiça (STJ), com dinâmica similar àquela anteriormente praticada em relação aos recursos extraordinários selecionados para julgamento com repercussão geral que fossem numerosos em multiplicidade e fundamentados em idêntica controvérsia (artigos 543-A e 543-B, CPC/73). O Código de Processo Civil de 2015 preservou o instituto, disciplinando-o especificamente a partir do artigo 1.036 e seguintes[4], além das referências genéricas estipuladas no artigo 927, inciso III[5], e 928[6] do Estatuto Processual.

---

2. Cf. BENETI, Sidnei. "Reformas de descongestionamento de Tribunais". Em: BONAVIDES, Paulo; MORAES, Germana; ROSAS, Roberto, *Estudos de Direito Constitucional em Homenagem a Cesar Asfor Rocha (Teoria da Constituição, Direitos Fundamentais e Jurisdição)*, Rio de Janeiro/São Paulo/Recife: Renovar, 2009, p. 507-522.

3. Esses dispositivos legais foram objeto de regulamentação interna no Superior Tribunal de Justiça, que editou a Resolução n. 8, de 7 de agosto de 2008, que estabeleceu "os procedimentos relativos ao processamento e julgamento de recursos especiais repetitivos".

4. Esses dispositivos legais foram objeto de regulamentação interna no Superior Tribunal de Justiça, que editou a Emenda Regimental n. 24, de 28 de setembro de 2016.

5. "Art. 927. Os juízes e os tribunais observarão:
   (...) III – os acórdãos em incidente de assunção de competência ou de resolução de demandas repetitivas e em julgamento de recursos extraordinário e especial repetitivos;"

6. "Art. 928. Para os fins deste Código, considera-se julgamento de casos repetitivos a decisão proferida em:
   (...) II – recursos especial e extraordinário repetitivos."

Vale dizer, a partir do julgamento de um ou mais recursos especiais representativos de controvérsia, ou *recursos pilotos,* será proferida decisão-paradigma sobre a interpretação de questão de direito federal, com força expansiva para ser replicada em todos os casos similares em andamento nas instâncias inferiores, ou no próprio Superior Tribunal de Justiça (STJ).

Em essência, o recurso especial representativo de controvérsia depende da existência de múltiplos recursos especiais interpostos com fundamento numa idêntica questão de direito.

No sistema original, do Código de Processo Civil de 1973, a competência para a aferição e escolha do(s) recurso(s) representativo(s) incumbia, pela lei, ao órgão do tribunal local responsável pela admissibilidade dos recursos excepcionais, devendo selecionar e admitir um ou mais recursos especiais representativos da controvérsia.

Já no Código de Processo Civil de 2015, a regra foi modificada, fixado um duplo regime de seleção dos recursos representativos de controvérsia.

Preservou-se, de um lado, a regra antiga, de que cabe ao presidente ou vice-presidente do tribunal local (de justiça ou regional federal) de selecionar dois ou mais recursos representativos da controvérsia. Poderá, nesse ato, determinar a suspensão de todos os processos pendentes, individuais ou coletivos, que tramitem na região ou no Estado (artigo 1.036, § 1°).

Porém, em conjunto, admite-se ao relator no tribunal superior, independentemente de prévia manifestação do presidente ou vice-presidente do tribunal de origem, selecionar dois ou mais recursos representativos da controvérsia para o julgamento da questão de direito idêntica (artigo 1.036, § 5°).

Em outra distinção do sistema anterior, a decisão específica sobre a afetação agora deverá ser proferida pelo relator do recurso especial no tribunal superior. Segundo o artigo 1.037, do Código de Processo Civil de 2015, a decisão pela afetação deverá conter os seguintes elementos: (i) identificação precisa da questão a ser submetida a julgamento; (ii) a determinação da suspensão de processamento de todos os processos pendentes, individuais ou coletivos, que versem sobre a questão e tramitem no território nacional; (iii) e, finalmente, a faculdade de se requisitar aos presidentes ou vice-presidentes dos tribunais locais a remessa de um recurso representativo de controvérsia.

Em fase simultânea à identificação dos recursos repetitivos de controvérsia, desde os primórdios do instituto, havia a determinação legal da suspensão dos recursos especiais em tramitação até o pronunciamento definitivo do Superior Tribunal de Justiça (artigo 543-C, § 1°, CPC/73).

No regime do Código de Processo Civil de 2015, houve um esclarecimento e uma expansão da ordem de suspensão, que agora deve atingir todos os processos em andamento que versam sobre a questão de direito submetida ao processamento do recurso repetitivo, e não apenas aqueles processos que se encontrem em fase de recurso especial.

As minuciosas regras de processamento dos recursos repetitivos de controvérsia, depois de admitidos, evidenciam a necessidade da instauração de uma ampla rede de conhecimento sobre o assunto objeto da controvérsia repetitiva. O relator do recurso repetitivo tem o poder de requisitar informações do tribunal de origem (artigo 543-C, § 3º, CPC/73, reproduzido no artigo 1.038, inciso III, CPC/2015), solicitar manifestação de pessoas, órgãos ou entidades com interesse na controvérsia (artigo 543-C, § 4º, CPC/73, reproduzido no artigo 1.038, inciso I, CPC/2015) e abrir vista ao Ministério Público para manifestação depois de recebidas as informações necessárias à instrução (artigo 543-C, § 5º, CPC/73, reproduzido no artigo 1.038, inciso III, CPC/2015). Como inovação, o Código de Processo Civil de 2015 traz a possibilidade de realização de audiência pública para coleta de informações de pessoas com experiência e conhecimento na matéria (artigo 1.036, inciso II).

Após julgado o recurso, ou recursos, repetitivo de controvérsia, tem lugar a análise da solução sobre os recursos especiais que estejam sobrestados nos tribunais de origem ou aqueles em trâmite no Superior Tribunal de Justiça (STJ), assim como aos demais processos que tenham sido objeto da suspensão determinada pelo relator do repetitivo no tribunal superior.

Como determinam os artigos 1.039 e 1.040 do Código de Processo Civil de 2015 (reproduzindo a regra do artigo 543-C, § 7º), se os acórdãos recorridos forem coincidentes com a orientação fixada pelo Superior Tribunal de Justiça (STJ), os recursos especiais terão o seguimento negado.

Caso os acórdãos recorridos estejam em divergência com o decidido no recurso repetitivo, abre-se a oportunidade de os órgãos julgadores que proferiram o acórdão impugnado pelo recurso especial examinar novamente o feito, com trato específico da questão de direito que foi resolvida pelo Superior Tribunal de Justiça (STJ).

Nesse sentido, o reexame, ou juízo de retratação, constitui uma etapa no julgamento dos recursos repetitivos de controvérsia, em que os recursos especiais interpostos contra acórdãos proferidos em desconformidade com a orientação pacificada pelo tribunal superior (no caso, o STJ), regressam à instância recursal originária e abrem a oportunidade de o tribunal local rever a sua decisão, para adaptá-la ao precedente do tribunal superior, ou, eventualmente, emitir as razões do convencimento pela manutenção do acórdão recorrido.

Cabe destacar que a atividade de reexame se enfoca exclusivamente quanto às matérias que foram sujeitas ao julgamento pelo recurso repetitivo. Mas, evidentemente, poderá ser exigido um novo julgamento de questões em relação às quais aquela resolvida pelo recurso repetitivo tenha natureza prejudicial.

Há a percepção de que, com o Código de Processo Civil de 2015, os dispositivos legais que regem o reexame do acórdão recorrido fixam uma *obrigatoriedade*[7] de

---

7. Em opinião lançada quando em vigor o sistema do CPC/73, Luís Guilherme Aidar Bondioli afirmou que o acórdão-paradigma em recurso representativo de controvérsia, tanto pelo STF quanto pelo STJ, não de-

observância da tese fixada pelo acórdão proferido pelo Superior Tribunal de Justiça (STJ) no recurso repetitivo. Extrai-se esse entendimento da leitura tanto do artigo 1.039, *caput*, do Código de Processo Civil de 2015, que sinaliza que os órgãos colegiados devem declarar prejudicados os demais recursos especiais que versem sobre idêntica controvérsia ou os decidam aplicando a tese firmada, quanto do artigo 1.040, inciso III, , que explicita que os processos, ainda pendentes de julgamento em primeiro e segundo graus de jurisdição, deveriam ter retomado o processamento para julgamento e aplicação da tese firmada pelo tribunal superior.

A despeito dessa visão da *obrigatoriedade* do precedente firmado no recurso especial repetitivo para os tribunais inferiores, a prática examinada da 9ª Câmara de Direito Privado, nos casos julgados pelo Desembargador Piva Rodrigues funcionando como Relator, exibe um duplo regime nos reexames de julgado determinados pelo Superior Tribunal de Justiça (STJ). Ou há a procedência do juízo de retratação (ocasião em que se afirma a existência da obrigatoriedade, com adesão à tese firmada no repetitivo), ou a manutenção do acórdão recorrido, com expressão de uma nova fundamentação reforçada para assinalar a *ineficácia* da solução do precedente repetitivo para o caso em discussão. Expõe-se tal raciocínio no item a seguir.

3. O DESEMBARGADOR PIVA RODRIGUES ENQUANTO RELATOR DE REEXAME DE DEMANDAS REPETITIVAS E OS SEUS ENTENDIMENTOS

A análise dos reexames de julgamento na prática da 9ª Câmara de Direito Privado será centralizada em dois macrotemas, com subtemas selecionados por amostragem: (i) questões processuais; (ii) questões de direito material, este último subdividido em (ii.a) contratos de compromisso de compra e venda de bem imóvel; (ii.b) contratos de planos de saúde; (ii.c) cobrança de despesas de conservação de loteamento por associação de moradores; (ii.d) obrigação de pagar alimentos fundamentada em relação de parentesco ou poder familiar.

Em relação às questões de fundo processual, apresentamos dois temas: (i.1) efeitos da declaração da *presunção de veracidade* do artigo 359, do Código de Processo Civil de 1973, em cautelar de exibição de documentos e (i.2.) os parâmetros objetivos exigidos para se comprovar *fraude à execução*.

Sobre a *cautelar de exibição de documentos*, no Recurso Especial 1.094.846/MS, julgado em 11.03.2009, Relator Ministro Carlos Fernando Mathias (Juiz Federal

---

tinha caráter vinculante, prestando-se à orientação de futuras decisões. Em suas palavras, *"fala-se de uma orientação emanada dos mais representativos tribunais do país, acerca de matérias nas quais a última palavra é dada por eles. Assim, malgrado os tribunais locais não fiquem atados pelos precedentes firmados no julgamento por amostragem, eles devem em regra seguir tal orientação e somente passar por cima dela quando houver relevantes fundamentos para tanto (p. ex., existência de elementos novos ou não levados em conta no julgamento da controvérsia pelo STF ou STJ)"*. ("A Nova Técnica de Julgamento dos Recursos Extraordinário e Especial Repetitivos". Em: THEODORO JÚNIOR, Humberto; LAUAR, Maíra Terra. *Tutelas diferenciadas como meio de incrementar a efetividade da prestação jurisdicional*. Rio de Janeiro: GZ Ed., 2010, p. 751-773, especificamente p. 770).

convocado do Tribunal Regional Federal da 1ª Região), foi fixada a seguinte tese repetitiva: "A presunção de veracidade contida no art. 359 do Código de Processo Civil, na hipótese de o requerido não efetuar a exibição de documento, não se aplica às ações cautelares de exibição de documentos."

Antes do julgamento do repetitivo, o entendimento do Desembargador Piva Rodrigues, à luz da doutrina e jurisprudência da época, era exposto no sentido de que o desatendimento da determinação de que se exibisse documento ou coisa não acarretava a consequência prevista no artigo 359 do Código de Processo Civil de 1973, a saber, admitirem-se como verdadeiros os fatos que, por meio do documento ou da coisa, a parte pretendia provar.

É o que se observa, a título de exemplo, no julgamento do Agravo de Instrumento 9059437-38.2008.8.26.0000 (julgado em 23.09.2008). Conclui-se que, quanto ao repetitivo em análise, o entendimento serviu para reafirmar a solução que já vinha sendo adotada, não tendo se identificado, até o momento, existência de ordem da Presidência da Seção de Direito Privado acionando-o para reexame de julgado[8]. Ademais, destaca-se que a aplicação do entendimento repetitivo não exige análise de circunstâncias fáticas, pois se trata de questão puramente de direito.

Já no tema da *fraude à execução*, no Recurso Especial 956.943/PR, julgado em 20.08.2014, Relatoria para o acórdão do Ministro João Otávio de Noronha, fixaram-se os seguintes pontos como orientação à detecção da ocorrência da fraude de execução envolvendo bens imóveis:

1.1. É indispensável citação válida para configuração da fraude de execução, ressalvada a hipótese prevista no § 3º do artigo 615-A do Código de Processo Civil de 1973;

1.2. O reconhecimento da fraude de execução depende do registro da penhora do bem alienado ou da prova de má-fé do terceiro adquirente (Súmula 375 do Superior Tribunal de Justiça – STJ).

1.3. A presunção de boa-fé é princípio geral de direito universalmente aceito, sendo milenar parêmia: a boa-fé se presume; a má-fé se prova.

1.4. Inexistindo registro da penhora na matrícula do imóvel, é do credor o ônus da prova de que o terceiro adquirente tinha conhecimento de demanda capaz de levar o alienante à insolvência, sob pena de torna-se letra morta o disposto no artigo 659, § 4º, do Código de Processo Civil de 1973.

1.5. Conforme previsto no § 3º do artigo 615-A do Código de Processo Civil de 1973, presume-se em fraude de execução a alienação ou oneração de bens realizada após averbação referida no dispositivo.

Com o julgamento do Recurso Especial 956.943/PR sob o regime dos recursos repetitivos e consequente fixação da orientação acima delineada, o entendimento até

---

8. Registra-se, nesse particular, ser comum a distribuição de recursos por prevenção ao órgão julgador – 9ª Câmara de Direito Privado –, aplicando-se regra do Regimento Interno do TJ-SP (artigo 105), em virtude da cessação de indicação de Juízes Substitutos que antigamente integravam a Câmara e que julgaram os casos em que interpostos recursos especiais que, em teoria, seriam sujeitos à dinâmica de reexame.

então adotado do Desembargador Piva Rodrigues foi modificado para se conformar ao posicionamento firmado pelo Superior Tribunal de Justiça (STJ).

Compreendia até então o Desembargador ser suficiente ao reconhecimento da fraude à execução a pendência de ação capaz de reduzir o devedor à insolvência, cuja citação válida tivesse se dado anteriormente à alienação do bem, a respeito da qual o terceiro adquirente pudesse ter conhecimento mediante consulta a foros de distribuição de cartório cível na comarca de situação do bem imóvel e do domicílio do executado. Constituía, pois, ônus do adquirente a prova de sua boa-fé, devendo este demonstrar que se acautelara no negócio jurídico mediante consulta a cartórios de distribuidores cíveis acerca de eventual existência de demanda que pudesse reduzir o devedor-alienante à insolvência, sob pena de se presumir sua má-fé.

A orientação adotada pelo Superior Tribunal de Justiça (STJ), ao fixar como condição ao reconhecimento da fraude de execução o registro da penhora do bem alienado ou a prova de má-fé do terceiro adquirente, conferiu maior objetividade à detecção de sua ocorrência pelo magistrado, extirpando a complexa e casuística análise acerca de potencialidade de conhecimento do exequente em relação à existência de demanda que pudesse reduzir o devedor-alienante à insolvência. Tal posicionamento, ademais, reafirmou a máxima segundo a qual boa-fé se presume, ao passo que a má-fé se prova. Há, nessa dinâmica desse repetitivo, a aplicação da questão de direito conjugada à análise de fatos, confrontados às provas documentais produzidas sobre os parâmetros objetivos delimitados pelo precedente, para se aferir a efetiva existência, ou não, da fraude à execução.

Num ponto seguinte, tratamos dos julgamentos em direito material.

Por primeiro, válido mencionar o julgamento dos Recursos Especiais Repetitivos 1.551.951/SP, 1.599.511/SP e 1.551.956/SP, julgados em 24.08.2016, Relator Ministro Paulo de Tarso Sanseverino, Segunda Seção, por meio dos quais se adotou o entendimento que reconhece (I) a *legitimidade passiva ad causam da incorporadora*, na condição de promitente/compromissária vendedora, para responder pela restituição ao consumidor dos valores pagos a título de comissão de corretagem e serviço de assessoria técnico-imobiliária (SATI), (II) a incidência da *prescrição trienal* sobre a pretensão de restituição dos valores pagos a título de comissão de corretagem e serviço de assessoria técnico-imobiliária (artigo 206, § 3º, inciso IV, CC), (III) a validade da transferência do pagamento da *comissão de corretagem* ao consumidor, desde que observado integralmente, pela promitente/compromissária vendedora, o dever de informação, e (IV) a abusividade da cobrança pela promitente/compromissária vendedora do *serviço de assessoria técnico-imobiliária (SATI)*.

Antes do julgamento desses recursos repetitivos, o entendimento do Desembargador Piva Rodrigues já era pela legitimidade da incorporadora para responder aos pedidos de restituição ao consumidor dos valores pagos a título de serviço de assessoria técnico-imobiliária (SATI) e comissão de corretagem, com abusividade da cobrança de serviço de assessoria técnico-imobiliária (SATI) e possibilidade da cobrança da comissão de corretagem em casos de previsão contratual expressa.

Houve necessidade de alteração do entendimento apenas com relação ao prazo prescricional: era aplicada a prescrição decenal (pela regra geral prevista no artigo 205. CC/2002) e passou a ser aplicada a prescrição trienal (artigo 206, § 3º, inciso IV, CC/2002), em conformidade com a orientação da Corte Superior.

Os mencionados recursos repetitivos resolveram as questões jurídicas mais relevantes ao tema, mas a aplicação do entendimento exige análise de circunstâncias fáticas. O serviço de assessoria técnico-imobiliária (SATI) e as taxas congêneres, por um lado, são sempre reconhecidos como abusivos. A comissão de corretagem, por outro, depende da análise das seguintes circunstâncias: existência de previsão contratual de repasse do custo ao consumidor, com prova de informação clara quanto ao preço total da unidade e da comissão de corretagem. A prescrição trienal, além da análise a respeito da data da propositura da ação e do termo inicial de contagem do prazo, exige ainda ponderação a respeito de que ato corresponde ao mencionado termo inicial, se a assinatura do contrato, o pagamento ou, em caso de pagamento parcelado, se o pagamento da primeira ou da última parcela.

Conclui-se que, quanto aos repetitivos em análise, o entendimento contribuiu para a unificação da Jurisprudência, mas, além de deixar espaço para interpretações distintas quanto ao cumprimento das condições necessárias à responsabilização do consumidor pelo pagamento da comissão de corretagem (a análise dos instrumentos contratuais e provas no que tange à informação prévia prestada envolve certo grau de subjetividade), deixou de fixar termo certo para o início da contagem do prazo prescricional , a gerar desnecessária insegurança jurídica nas instâncias ordinárias.

Sobre o tema da resolução de contrato de compromisso/promessa de compra e venda de bem imóvel, foi apreciado o Recurso Especial 1.300.418/SC, julgado em 13.11.2013, Relator Ministro Luis Felipe Salomão, Segunda Seção.

O acórdão paradigma resolveu questões relevantes ao tema, isto é, (i) a abusividade da cláusula contratual que determina a restituição dos valores somente ao término da obra ou de forma parcelada, na hipótese de resolução de contrato de compromisso/promessa de compra e venda de imóvel, por culpa de quaisquer contratantes e (ii) que a restituição deve ser integral, em caso de culpa exclusiva do compromissário/promitente vendedor/construtor, ou parcial, caso tenha sido o compromissário/promitente comprador quem deu causa ao desfazimento.

Em que pese o entendimento do Desembargador Piva Rodrigues, também nesse caso, seja similar ao adotado pelo recurso repetitivo, prudente ponderação no sentido de que sua aplicação exige análise de circunstâncias fáticas, entre elas identificar qual dos contratantes é responsável pelo desfazimento da avença, e, em caso de responsabilidade do compromissário/promitente comprador, qual o percentual a ser retido a fim de indenizar o compromissário/promitente vendedor, o que exige análise do valor pago e dos danos materiais sofridos por este último.

De qualquer modo, quanto ao recurso repetitivo em análise, o entendimento adotado pelo acórdão paradigma contribuiu, sem dúvida, para a unificação da Jurisprudência, deixando espaço, apenas, para análise das circunstâncias fáticas atinentes ao caso concreto.

Quanto ao tema dos *planos de saúde*, foram três os recursos especiais repetitivos julgados, o primeiro a respeito da legalidade dos reajustes por deslocamento de faixa etária e os dois próximos sobre qual o prazo prescricional aplicável às questões patrimoniais relacionadas aos contratos de plano ou seguro de assistência à saúde.

No Recurso Especial 1.568.244/RJ, julgado em 14.12.2016, de Relatoria do Ministro Ricardo Villas Bôas Cueva, Segunda Seção, fixou-se a tese segundo a qual o reajuste de mensalidade de plano de saúde individual ou familiar fundado na mudança de faixa etária do beneficiário é válido desde que (i) haja previsão contratual, (ii) sejam observadas as normas expedidas pelos órgãos governamentais reguladores e (iii) não sejam aplicados percentuais desarrazoados ou aleatórios que, concretamente e sem base atuarial idônea, onerem excessivamente o consumidor ou discriminem o idoso.

Antes desse repetitivo, o entendimento que era apresentado pelo Desembargador Piva Rodrigues era variável de acordo com o momento da vida do usuário em que o reajuste de faixa etária era aplicado. Independentemente da data em que ajustado o contrato, se antes ou depois da Lei Federal 9.656/1998 (conhecida Lei dos Planos de Saúde) ou antes ou depois do Estatuto do Idoso, o Desembargador Piva Rodrigues compreendia (i) pela regularidade da imposição de reajuste por deslocamento de faixa etária a usuários não idosos, com idade igual ou menor a 59 anos de idade, devendo respeito apenas à regulação setorial expedida pela ANS ou, eventualmente, a entidade reguladora que a antecedeu (especialmente a Resolução Normativa 63/2003); (ii) pela ilegalidade da imposição do reajuste a usuários maiores de 60 anos, sob qualquer circunstância em que vinculado ao aniversário do beneficiário do plano, em virtude da tese de aplicabilidade imediata da disposição proibitiva de reajuste a idosos constante do Estatuto do Idoso (artigo 15, § 3º) e também tratada de forma mais específica na Lei dos Planos de Saúde (artigo 15, cabeça e parágrafo único, em que vedada aplicação de reajuste a beneficiários idosos vinculados há mais de dez anos no mesmo plano de saúde).

Há um diagnóstico de que a fixação da tese no recurso repetitivo citado tem ensejado, necessariamente, a reabertura de julgamento dos acórdãos recorridos em praticamente todas as hipóteses, tanto em recursos especiais interpostos pela parte consumidora e usuária que impugna a incidência do reajuste, quanto por aquela operadora ou seguradora de saúde, ou administradora de benefícios do plano, que protesta pela declaração da validade da cláusula contratual que prevê os reajustes e pela regularidade dos aumentos praticados. Isso porque a definição de parâmetros abstratos para a aferição da regularidade, ou não, dos reajustes de faixa etária decorrente da tese do repetitivo torna necessária a reanálise pelo órgão julgador caso, no mínimo, um dos requisitos não tenha sido examinado no acórdão impugnado, independente de haver ou não impugnação específica no recurso especial interposto. A regularidade do reajuste etário afinada na tese repetitiva passa a depender da caracterização cumulativa de todos os requisitos e, por consequência, a análise de fatos e documentos juntados aos autos, uma vez reputados relevantes para a caracterização da abusividade, ou não do reajuste etário.

Ainda em relação aos *planos de saúde*, temos que nos Recursos Especiais 1.360.969/RS e 1.361.182/RS, julgados em 10.08.2016, de Relatoria para o acórdão atribuída ao Ministro Marco Aurélio Bellizze, Segunda Seção, fixou-se a tese segundo a qual na vigência dos contratos de plano ou de seguro de assistência à saúde, a pretensão condenatória decorrente da declaração de nulidade de cláusula de reajuste nele prevista prescreve em 20 anos (artigo 177, CC/1916) ou em 3 anos (artigo 206, § 3º, inciso IV, CC/2002), observada a regra de transição do artigo 2.028 do Código Civil de 2002.

Nesse tema, o entendimento do Desembargador Piva Rodrigues se alterou para se conformar à orientação do tribunal superior, tendo sido constatados reiterados reexames em regresso à turma julgadora respectiva. Até então ele se manifestava favoravelmente à incidência da regra da prescrição decenal, à míngua de regra específica na legislação a dispor sobre prazo prescricional em pretensões decorrentes dos relacionamentos em planos e seguros de saúde. Como se trata de análise de questão de direito, a análise fática no caso concreto se mostra determinante tão somente para a identificação do termo inicial do cômputo do prazo prescricional.

Na sequência, passando às *despesas de associação de moradores*, notamos o caso dos Recursos Especiais 1.280.871/SP e 1.439.163/SP, de Relatoria para o acórdão do Ministro Marco Buzzi, julgados em 11.03.2015, em que restou fixada a tese de que as taxas de manutenção de loteamento criadas por associação de moradores não obrigam aqueles proprietários ou possuidores de lotes não associados, ou que não tenham anuído à cobrança.

Segundo os acórdãos paradigmas dos recursos repetitivos, apenas constituem fontes de obrigação para o pagamento de tais despesas de conservação de loteamento lei ou contrato. Caso não haja demonstração dessas duas circunstâncias, o morador, pelo simples fato de integrar a estrutura orgânica do loteamento com a posse ou propriedade de um lote de terreno, não pode ser compelido a pagar, sob o argumento de aceitação ou consentimento tácito, devendo ser prestigiada a autonomia da vontade e a liberdade constitucional de associação. Há entendimento, igualmente, de que a liberdade de associação deteria um *status* hierárquico superior à regra que veda o enriquecimento sem causa, diante de fontes legais diversas que as embasam (Constituição Federal x Código Civil).

Este é outro exemplo de caso em que o Desembargador Piva Rodrigues teve, em regresso, o direcionamento de uma multiplicidade de reexames de julgado, em virtude de seu entendimento anterior ser ligado à franca possibilidade de cobrança de tais despesas de conservação de loteamento, com fundamento na vedação do enriquecimento sem causa (artigo 884, CC/2002).

A despeito de ter, no início, direcionado o seu entendimento em convergência com a orientação dos recursos repetitivos, o Desembargador Piva Rodrigues reviu novamente a sua orientação, readaptando o seu entendimento para compreender que a liberdade de associação não é a única questão de natureza constitucional envolvida no caso. Vislumbrou a fonte constitucional do instituto do enriquecimento sem causa, justamente na ideia de que a cobrança iniciada por associações de moradores também se justifica nos princípios constitucionais da solidariedade (artigo 3º, inciso I, CRFB) e da função social da propriedade (artigo 5º, inciso XXIII, CRFB), uma vez que todos os possuidores e proprietários imobiliários que estão em apropriação dos benefícios gerados com a manutenção e conservação do loteamento estão vinculados a repartir os custos provenientes da exploração dessa atividade de preservação realizada pela entidade associativa, independente de se exigir destes adesão ou filiação formal à associação.

Nesse caso, a análise de fatos e da prova documental juntada se mostra determinante, uma vez que somente na hipótese de existência efetiva da prestação dos serviços se justificará a procedência da cobrança com fundamento nos dois princípios constitucionais de solidariedade e função social da propriedade rotulados como prevalentes em comparação à liberdade associativa.

Por último, temos a questão da *composição da obrigação de pagar alimentos*, que teve no Recurso Especial 1.106.654/RJ, julgado em 21.11.2009, de Relatoria do Ministro Paulo Furtado, fixada a tese da obrigatoriedade da incidência da pensão alimentícia sobre o décimo terceiro salário e terço constitucional de férias, também conhecidos, respectivamente, por gratificação natalina e gratificação de férias.

O recurso repetitivo dirimiu a questão de direito, ao reforçar que o décimo terceiro salário e o terço constitucional de férias constituem a base de cálculos dos alimentos, visto que tais verbas estão compreendidas nas expressões "vencimento", "salário" ou "provento". Inexiste, nesse aspecto, qualquer desdobramento de fato relevante ao julgamento da causa subjacente, relacionada à composição do dever de pagar alimentos e a sua mensuração.

O entendimento prévio do Desembargador Piva Rodrigues já era manifestado pela incidência dos alimentos sobre as parcelas pagas a título de décimo terceiro salário e terço constitucional de férias, por se tratarem de verbas pagas com habitualidade. Não houve, portanto, constatação de entendimento divergente a justificar a remessa de processos para reexame à Relatoria.

Visto esse panorama das oscilações ou manutenções de entendimento pelo Desembargador Piva Rodrigues em decorrência dos julgamentos de recursos repetitivos e, ocasionalmente, dos reexames de julgamento ordenados, tecemos as seguintes ponderações gerais sobre a relevância do instrumento da tese firmada em recurso repetitivo para a prática do gabinete.

Em primeiro lugar, temos que, de fato, a solução de questões idênticas de direito repetitivas gera um fator de uniformização apreciável, gerando segurança jurídica e efeito de previsibilidade à atuação das partes no processo. Isso porque, a depender da direção predicada pelo precedente, pode haver ou um estímulo (no caso de se reconhecer a procedência de algum direito material violado) ou um refreio à judicialização.

Num segundo fator, observa-se nitidamente um prestígio à celeridade e eficiência da prestação jurisdicional, à vista da possibilidade de replicação do resultado do precedente repetitivo às causas em andamento, desde que preenchida a pertinência da solução do repetitivo à questão de direito em aberto nos processos em tramitação.

Em terceiro, constatamos que apenas a questão de direito idêntica, cujo entendimento é firmado pelo repetitivo, é definitivamente resolvida. Cabe ao órgão julgador, que processa o reexame, identificar se apenas a solução da questão de direito é suficiente para o enfrentamento da causa, ou se os desdobramentos de fato ainda se mostram relevantes para o encaixe à solução jurídica já posta pelo precedente repetitivo.

Por último, talvez a mais relevante das conclusões, extrai-se que a tese firmada no recurso especial repetitivo de controvérsia, ainda que uniformize o direito federal infraconstitucional aplicável, seja insuficiente para a resolução definitiva do caso. Principalmente quando subsistam à análise do órgão julgador outras questões de direito constitucional de relevo para a solução do caso, ou outros elementos de fato e de direito que são inéditos e impactam no litígio e devem ser obrigatoriamente levados em consideração quando do novo julgamento. Essa circunstância exige do órgão julgador o cumprimento de ônus reforçado de motivação, interpretação, ponderação das regras aplicáveis para o rejulgamento da causa.

4. CONSIDERAÇÕES FINAIS: *O ENGAJAMENTO* EM PROL DA SOLUÇÃO COLETIVA QUANDO EM CONFORMIDADE COM OS IMPERATIVOS DE JUSTIÇA NO PROCESSO CIVIL

O Professor Piva Rodrigues, ao longo de suas manifestações enquanto Desembargador Relator de casos na 9ª Câmara de Direito Privado do Tribunal de Justiça do Estado de São Paulo, tem prestigiado o entendimento segundo o qual os precedentes advindos da Jurisprudência do Superior Tribunal de Justiça em causas repetitivas são, por força de lei, obrigatórios, devendo ser observados e respeitados pelas instâncias inferiores.

Episódica e justificadamente, autoriza-se sejam tais precedentes vindos de julgamento de recursos repetitivos afastados, quando o entendimento da questão de direito repetitiva seja minimizado ou prejudicado por outros fatores de fato ou direito reputados igualmente relevantes para o deslinde da controvérsia, especialmente quando de magnitude constitucional, hierarquicamente superiores às questões de direito de nível infraconstitucional federal, exigindo rigor e detalhamento na motivação da decisão de reexame.

Da prática, houve, igualmente, outras constatações de relevo, como a importância da suspensão e sobrestamento dos processos já julgados ou em andamento afetados ao julgamento repetitivo, em prol da eficiência e da organização dos trabalhos do gabinete.

Em seus votos condutores de acórdãos como Relator, o Professor Piva compreende necessária uma aplicabilidade dos precedentes repetitivos racional, atenta às particularidades de cada caso e da constatação de que a uniformização da questão jurídica constitui um pressuposto para resolução do caso posto à discussão.

Em conversa em tom informal, ele nos confidenciou o seu temor de que, adotada essa solução da obrigatoriedade dos precedentes proferidos em recursos repetitivos, os órgãos julgadores dos tribunais locais passassem a se tornar instâncias exclusivamente de homologação das decisões proferidas nos tribunais superiores.

Acreditamos que seu temor faz sentido nas circunstâncias em que certos precedentes judiciais sejam aplicados, de forma irrefletida, desconsiderando as peculiaridades do caso submetido a análise.

Por um outro ângulo, o mencionado temor serve de alerta para os órgãos julgadores de base e de segunda instância, cuja competência também envolve analisar detidamente os fatos postos a debate no processo.

A operacionalidade da produção de *leading cases* é, pois, inegável, dada a multiplicidade de sua aplicação nas várias instâncias inferiores. Vale destacar o resultado exposto pelo autor Erik Navarro Wolkart, que aferiu que no STJ a distribuição de recursos especiais reduziu-se à metade, no intervalo de 2007 a 2013, ainda que constatada subida nos últimos anos anteriores à escrita do seu levantamento[9].

Notícia presente do sítio eletrônico do Superior Tribunal de Justiça[10], em comemoração ao decênio de vigência da lei que introduziu o sistema de recursos repetitivos, listou a existência de 772 acórdãos proferidos de acordo com o regime dos recursos repetitivos. Nessa oportunidade, ainda que não existisse uma estatística fechada, citou-se como presumível o impacto positivo de tais julgados, especialmente diante do filtro gerado para a acessibilidade do recurso à instância especial.

A realidade trazida pela introdução desse regime de julgamento dos recursos repetitivos evidencia um passo incontornável, um progresso na evolução do julgamento das demandas de massa, estando sujeita, logicamente, a aprimoramentos, especial-

---

9. WOLKART, Erik Navarro. "Precedentes no Brasil e cultura – um caminho tortuoso, mas, ainda assim, um caminho. Em: *Revista de Processo*, vol. 243, ano 40, p. 409-434. São Paulo: Editora RT, maio 2015.

10. SUPERIOR TRIBUNAL DE JUSTIÇA. "Lei dos Repetitivos completa dez anos com quase 800 acórdãos de demandas de massa". Disponível em: http://www.stj.jus.br/sites/STJ/default/pt_BR/Comunica%-C3%A7%C3%A3o/noticias/Not%C3%ADcias/Lei-dos-Repetitivos-completa-dez-anos-com-quase-800-a-c%C3%B3rd%C3%A3os-de-demandas-de-massa. Acesso em: 20 de agosto de 2018.

mente nos processos que envolvam simultaneamente temas de direito repetitivos e não repetitivos. Nessa hipótese última, tem compreendido o Desembargador Piva Rodrigues pela suspensão integral do processo, inclusive sobre aquelas questões não afetadas ao recurso repetitivo.

A principal contribuição deste artigo, enfim, resulta na identificação de dever de fundamentação reforçado pelas instâncias reexaminadoras de casos repetitivos, na linha do artigo 489 do Código de Processo Civil de 2015 e no artigo 93, inciso IX, da Constituição Federal, insuficiente a mera aplicação automatizada do julgado do precedente firmado na sede do recurso repetitivo de controvérsia. Ao fornecer solução reputada justa e equânime para situações equivalentes, o precedente firmado na sede de recurso repetitivo promove a solução coletiva de questões similares, gerando previsibilidade na produção jurisdicional, tratamento o qual tem se esforçado o Desembargador e Professor Piva Rodrigues a garantir às partes quando instado a proferir suas decisões.

5. REFERÊNCIAS BIBLIOGRÁFICAS

BENETI, Sidnei. "Reformas de descongestionamento de Tribunais". Em: BONAVIDES, Paulo; MORAES, Germana; ROSAS, Roberto, *Estudos de Direito Constitucional em Homenagem a Cesar Asfor Rocha (Teoria da Constituição, Direitos Fundamentais e Jurisdição)*, Rio de Janeiro/São Paulo/Recife: Renovar, 2009, p. 507-522.

BONDIOLI, Luís Guilherme Aidar. "A Nova Técnica de Julgamento dos Recursos Extraordinário e Especial Repetitivos". Em: THEODORO JÚNIOR, Humberto; LAUAR, Maíra Terra. *Tutelas diferenciadas como meio de incrementar a efetividade da prestação jurisdicional*. Rio de Janeiro: GZ Ed., 2010, p. 751-773.

CUNHA, Leonardo José Carneiro da. "O regime processual das causas repetitivas". Em: *Revista de Processo*, vol. 179, ano 35, p. 139-174. São Paulo: Editora RT, janeiro/2010.

SUPERIOR TRIBUNAL DE JUSTIÇA. "Lei dos Repetitivos completa dez anos com quase 800 acórdãos de demandas de massa". Disponível em: http://www.stj.jus.br/sites/STJ/default/pt_BR/Comunica%-C3%A7%C3%A3o/noticias/Not%C3%ADcias/Lei-dos-Repetitivos-completa-dez-anos-com-quase-800-ac%C3%B3rd%C3%A3os-de-demandas-de-massa. Acesso em: 20 de agosto de 2018.

WOLKART, Erik Navarro. "Precedentes no Brasil e cultura – um caminho tortuoso, mas, ainda assim, um caminho". Em: *Revista de Processo*, vol. 243, ano 40, p. 409-434. São Paulo: Editora RT, maio 2015.

LIÇÕES MAIORES
DE WALTER PIVA RODRIGUES

Eugênio Bucci

Professor Titular da Escola de Comunicações e Artes da Universidade de São Paulo. Membro do Conselho Científico-Cultural do Instituto de Estudos Avançados da Universidade Estadual de Campinas (Unicamp), do Conselho Consultivo do Programa de Comunicação e Jornalismo do Insper, do Conselho Consultivo do Instituto Palavra Aberta, do Conselhos Editoriais das revistas Interesse Nacional (ISSN 1982-8497) e Pesquisa Fapesp. Escreve quinzenalmente na página 2 do jornal "O Estado de S. Paulo".

Maria Paula Dallari Bucci

Livre Docente e Doutora em Direito do Estado pela Faculdade de Direito da Universidade de São Paulo. Professora da Faculdade de Direito da Universidade de São Paulo, Departamento de Direito do Estado. Foi Superintendente Jurídica da USP (2014-2017), onde exerceu a função de Procuradora-Geral (2014-2015). Foi Secretária de Educação Superior do Ministério da Educação (2008-2010), Consultora Jurídica do MEC (2005-2008) e Procuradora-Geral do Conselho Administrativo de Defesa Econômica (CADE) (2003-2005).

Nós dois, autores deste texto, fomos apresentados uma ao outro nos tempos em que estudávamos Direito no Largo de São Francisco. O casamento veio antes da formatura, assim como o nosso primeiro filho, Mário – que também se formaria, uns vinte e muitos anos depois, nas mesmas Arcadas. Temos um irmão (ou cunhado, dependendo do ângulo) que também se formou na São Francisco, e lá deu aulas um tempão, até se mudar para outra unidade da USP, o Instituto de Relações Internacionais. É o Pedro Dallari. Temos um pai (ou sogro) que lá estudou, que lá lecionou e exerceu o honroso posto de diretor: Dalmo Dallari. Temos uma sobrinha que já se aproxima da formatura: Teresa Bucci. A São Francisco integra nossa agenda íntima, corriqueira, mais cotidiana do que solene. Falamos sobre direito no café da manhã. Falamos da São Francisco na cama. Uma de nós virou professora de Teoria Geral do Estado. O outro de nós acabou virando professor na Escola de Comunicações e Artes, a ECA, da USP. Logo ali.

É por aí, por essa nossa condição de professores, que começamos a falar sobre Walter Piva Rodrigues. Identificamos nele, acima da magistratura, o magistério. Ele cumpriu um papel chave ao burilar a nossa vocação para dar aulas e orientar alunos. Ter convivido com ele quando frequentávamos a graduação na São Francisco foi um presente que ganhamos do destino e que nos marcou – nos moldou, em boa medida – para sempre.

O Piva tinha uma dedicação aos alunos que nos inspirou – embora não nos déssemos conta dessa inspiração naqueles tempos turbulentos. Um de nós era mau aluno em Processo Civil – e em todas as outras matérias também (exceção feita ao primeiro ano, quando um de nós teve sua temporada de bom aluno de direito). A outra de nós era ótima aluna. Com base nessa condição inquestionável, ululantemente óbvia, temos plena autoridade para dizer que o Piva não discriminava os corpos discentes pelo desempenho nas provas e nos trabalhos. Ele nos tratava com igualdade. Tratava a todos com igualdade. Era paciente quando passeava pela classe e olhava por cima dos óculos para dirigir àquele de nós que era mau aluno perguntas teóricas de difícil solução. Tinha a capacidade de ser didático e irônico ao mesmo tempo, em doses que não inibiam nem intimidavam os mais desgarrados de seu rebanho. O Piva tirava o paletó em sala. Extrema ousadia (naquela época, bem entendido; hoje estamos à beira de gente dando aulas em pernas de bermudas). Era um professor adorado que dava na gente a vontade de ser professor também.

O modo que ele tinha de estar presente não se limitava à classe. Ele era um orientador muito presente no Departamento Jurídico do XI de Agosto, onde, como gostava de contar, apareciam causas de direito de vizinhança entre pessoas que moravam embaixo de uma ponte. No Departamento Jurídico, uma de nós aprendeu profusamente com ele. Aprendeu processo civil e muito mais do que processo civil.

Com seus cabelos pretos, repartidos de lado, fixados à custa de brilhantina, ele não se cansava de ensinar e de aprender. Circulava à noite pelas Arcadas segurando sua malinha de couro, com ternos já em desalinho pela intensidade do dia de trabalho. Não fosse a indumentária, passaria facilmente por um estudante. Era jovial e jovem de verdade. Dava aula para muita gente mais velha do que ele. Conversava com a gente nas rodinhas que se formavam embaixo da escada, no vão entre as duas grandes classes do primeiro ano, atrás do fogo falso daquele monumento ao soldado constitucionalista, no porão do XI de Agosto, onde se vendia cerveja. Em todos esses lugares, mesmo quando só nos ouvia com atenção e candura, ele nos ensinava.

A São Francisco era uma escola além da classe ("classe", aqui, em pelo menos três sentidos). Aprendíamos sobre a Justiça e sobre o Brasil nos corredores, nos passeios ao redor do pátio, no túmulo do Júlio Frank, na escuridão do Salão Nobre quando vazio, na barbearia do seu Chico. A SanFran era um minibrasil, como diagnosticara o poeta Philadelpho Menezes, o Phila, militante trotskista da Política Obrera. No pátio a gente encontrava de tudo: os coxinhas, que pareciam joões dórias avant *la letre*, os bancários, que pareciam escoteiros de calça comprida, os comunas, que bajulavam o João Amazonas no final de semana e depois vinham contar como foi, e até burgueses que se declaravam anarquistas porque era mais chique. Tudo que havia no País comparecia de algum modo ao pátio, numa fauna ideológica sortida e variada. Até admiradores de Adolf Hitler transitavam por ali. Eleitores de Paulo Maluf também, por certo. Gays stalinistas, por supuesto. Havia também os policiais disfarçados de alunos medíocres que, nos estertores da ditadura, ainda se prestavam a abastecer o SNI de futricas a respeito do pessoal do movimento estudantil. Não se pode esquecer, claro, da turma da droga pesada – e não estamos falando dos manuais ou dos códigos comentados. Havia gente que pertencia a grupos de teatro, e eram bons. Por fim, não se pode esquecer, todo esse ecossistema de convívios improváveis era emoldurado pelos moradores de rua que ainda não fumavam crack. Pois no meio desse minibrasil emoldurado de miséria a céu aberto circulava o nosso querido Walter Piva. Quase nenhum professor se arriscava a tangenciar tantas rodas. A exceção era ele, acessível, atencioso, afetuoso.

Dirão uns e umas que o Piva era de esquerda, que era combativo. Dirão que ele não se deixava acuar, que se opunha à ditadura, que não faltava aos atos públicos – e eram tantos – e não se escondia quando o tempo fechava. Tudo isso é verdade, além de admirável. Quando assim o disserem, assinaremos embaixo. Mas isso talvez seja pouco para descrever uma personalidade tão difícil de rotular e de classificar.

O Piva carregava uma marca de alguém interessado nos que com ele queriam aprender. Tinha uma carga de humanidade rara. Esbanjava generosidade, mas não a ostentava. Era rico – rico na moeda da partilha. Não se via ambição no seu jeito de andar com sua pasta de couro. Nele não se insinuava aquela demanda mendicante por importância. Parecia ter deixado o ego no armário do escritório antes de vir para a Faculdade. Não vivia às voltas com administrar a própria imagem, com escrever a própria biografia, com antecipar o próprio epitáfio. Quando olhava para as Arcadas, não parecia ser mais um catedrático à procura de um lugarzinho para um dia pregarem um pedaço de mármore com seu nome em baixo relevo. Ele simplesmente estava ali por interesse desinteressado: interesse nos alunos sem interesse em ser homenageado por isso (ele há de achar estranho que agora queiramos homenageá-lo). Nada nele pecava por veleidades, por afetações pernósticas, por salamaleques empolados. O corte que o definia não decorria de categorias da política, mas de traços anteriores de caráter. Era um corte que o separava da vaidade, dos ornamentos retóricos, da autorreferência, do jusnarcisismo.

Pressentíamos nele a disposição ao acolhimento. E olhe que estamos falando aqui de um Walter Piva em início de carreira e que, mesmo em início de carreira, não padecia de vícios tão comuns os novatos, como a ganância intelectual ou os surtos de egocentrismos autorais. Nós o admirávamos por empatia. Só agora, quando refletimos a respeito, entendemos melhor os motivos da admiração. Nós, que nos identificávamos pela aversão à direita nacional, admirávamos o Piva como exemplo humano, mais do que como um "professor de esquerda". Aprendíamos com ele a baliza da conduta de um professor que guarda compromissos reais com a formação dos seus alunos. Ele não estava lá para criar um séquito em torno de si próprio. Não queria nos ganhar para a sua seita particular. Não queria ser candidato. Sequer pensava em fazer a livre-docência. Imagine.

Foi então que, quando nós dois, uma e o outro, nos tornamos professores, nós sentimos que, em alguma medida, devemos a ele a vocação à qual nos entregamos. Se formos, para os nossos alunos, um pouco do que ele foi para nós, teremos cumprido com brilho a nossa função pública.

Haveria muito mais o que dizer sobre ele. Os seus olhos miúdos se apertavam mais quando ele dava risada. E dava boas risadas. Foi assim sempre. Ria quando avisava que, nas novas gerações, os filhos demoravam mais a sair de casa. E nós ríamos pensando nele quando descobrimos na prática doméstica que ele tinha razão. Dele sentíamos que nos olhava com admiração sincera, desarmada. Sentíamos que não o constrangia deixar que todos vissem que ele aprendia com os alunos, assim como os alunos aprendiam com ele. Um de nós, certa vez, precisou dos conselhos dele para articular uma aproximação delicada com o professor Goffredo Telles Jr. Foram conselhos magistrais. Esse mesmo um de nós, outra vez, foi desabafar com ele quando viu que o seguro saúde não ia nos pagar o parto do nosso primeiro filho. Ele soube nos motivar confiança. Não precisamos pedir dinheiro emprestado a ninguém. Nossos caraminguás nos bastaram.

A vida passou, com seus dissabores e seus prazeres. Às vezes, o desembargador Walter Piva escreve para comentar aspectos da cena brasileira, fazer observações sobre um artigo de jornal, manter acesa a amizade genuína que nos atou. O Brasil não se converteu naquilo que se encerrava nos sonhos da nossa juventude, a nossa e a dele. As injustiças persistiram e se agravaram, ainda que algumas coisas tenham melhorado. A ditadura militar acabou, pelo menos – mas não sabemos até quando ela acabou. Filamentos das nossas utopias de esquerda foram engolfados pela corrupção. Outros filamentos se amofinaram no cinismo ou na idolatria mais subserviente. Alguma coisa, porém, sobrevive. A vontade de mudar tudo sobrevive.

Isso que sobrevive faz parte da essência. A gente ainda pode ver o Piva chegando para dar aulas, correndo na direção dos elevadores ou das escadas. Pode ver o Piva nos atos públicos. Pode ouvi-lo na labuta da sala de aula. Pode aprender de novo com ele no Departamento Jurídico. Sim, alguma coisa sobrevive. Uma Justiça que tem em suas fileiras um desembargador como Walter Piva não está (ainda) perdida.

DIREITOS HUMANOS E POLÍTICAS PÚBLICAS SOCIAIS: A PROTEÇÃO DOS DIREITOS FUNDAMENTAIS NO BRASIL E O PAPEL DO ESTADO E DO DIREITO

Eunice Aparecida de Jesus Prudente

Doutorado, Mestrado e Graduação pela Faculdade de Direito da Universidade de São Paulo. Docente no Departamento de Direito do Estado da Faculdade de Direito da Universidade de São Paulo. Diretora Técnica da Ouvidoria Geral do Estado de São Paulo.

Leandro Ferreira Bernardo

Doutorado pela Faculdade de Direito da Universidade de São Paulo, Mestrado pela PUC-PR e Graduado em Direito pela Universidade Estadual de Maringá-PR. Procurador Federal (AGU)

Sumário: 1. Introdução – 2. Direitos humanos e seu processo de construção – 2.1. Do surgimento e desenvolvimento dos direitos humanos – 2.2. Os graves problemas de violação de Direitos humanos no Brasil – 2.3. A violência no Brasil e as dificuldades para sua superação.

1. INTRODUÇÃO

Não obstante os grandes avanços, nas últimas décadas, em favor da busca na garantia de novos direitos destinados a grupos e indivíduos mais vulneráveis, a realidade aponta para relevantes barreiras ou obstáculos ainda persistentes e que prejudicam uma maior efetividade dos direitos humanos ao redor do mundo.

Particularmente no continente americano se constata a manutenção ou até mesmo agravamento das difíceis condições de vida em diversos países. Uma relevante parcela dos problemas nesses países tem, em regra, origens comuns: grande parte da sociedade marginalizada e sem acesso aos bens essenciais, acirramento de conflitos sociais, combinados com deficiência de atuação organizada pelo Estado como redutor de desigualdades[1].

Os problemas acima apontados se reproduzem no Brasil, território que, historicamente, tem sido palco de graves violações de direitos humanos. As violências social

---

1. Anistia Internacional. Informe anual 2017/2018: O Estado dos Direitos Humanos no Mundo. Disponível em: https://anistia.org.br/direitos-humanos/informes-anuais/informe-anual-20172018-o-estado-dos-direitos-humanos-mundo/. Acesso em: 27 de nov. 2018, p. 27: "Um número imenso de pessoas em toda a região das Américas enfrentou um aprofundamento da crise de direitos humanos, impulsionado pelo esvaziamento desses direitos nas leis, nas políticas e na prática, bem como pelo uso crescente da política de demonização e de divisão".

e estatal se fazem refletir em preocupantes estatísticas, dentre as quais se destacam aquelas que apontam para altos índices de mortes violentas intencionais que, de acordo com relatório lançado pelo Fórum Brasileiro de Segurança Pública, alcançou um total de 63.880 pessoas em 2017, número este que representou um aumento em relação ao ano anterior em 2,5%[2].

Outras violências aos direitos humanos se fazem sentir em grande escala no país e, nesse contexto, merecem especial atenção, seja pelas grandes proporções alcançadas, seja por evidenciar do mau funcionamento do sistema repressivo-punitivo estatal e da ineficiência da atuação estatal no fornecimento de políticas voltadas aos grupos menos favorecidos.

Some-se a isso, ainda, a atuação de articulados e poderosos grupos sociais direcionados a combater a ação de defensores de direitos humanos no Brasil e uma leniência dos órgãos estatais na proteção daqueles agentes. A combinação de todos esses aspectos contribui, decisivamente, para fazer com que o Brasil seja um país com vários obstáculos e riscos a grupos e indivíduos dedicados a melhorar a proteção de dignidade humana[3].

Na realidade contemporânea, em que a proteção dos direitos humanos é, diariamente, ameaçada, torna-se necessária uma apresentação de temas fundamentais para sua compreensão, bem como uma análise crítica sobre o papel da sociedade, das instituições públicas em sua promoção e preservação[4].

Merecerá especial atenção no presente trabalho uma análise crítica acerca do papel do Estado e do direito nesse ambiente de proteção dos direitos humanos, em especial na promoção de políticas públicas voltadas, sobretudo, para a proteção dos grupos sociais mais fragilizados.

2. DIREITOS HUMANOS E SEU PROCESSO DE CONSTRUÇÃO

Passadas algumas décadas do período pós segunda guerra mundial – guerra essa marcada, dentre outras coisas, pelas atrocidades provocadas contra minorias e que foi fundamental para o reconhecimento da necessidade de se proteger a existência digna

---

2. FBSP – Fórum Brasileiro De Segurança Pública. Anuário brasileiro de segurança pública 2018: segurança pública em números. Disponível em: <http://www.forumseguranca.org.br>. Acesso em: 02 dez. 2018, p. 3.

3. Anistia Internacional, op. cit., p. 91. Cf., também, CIDH – Comissão Interamericana de Direitos Humanos. Criminalização do trabalho das defensoras e dos defensores de direitos humanos. Disponível em: http://www.oas.org/pt/cidh/docs/pdf/Criminalizacao2016.pdf. Acesso em: 29 jan. 2019.

4. Lima Barreto, na obra *O cemitério dos vivos*, escrito no início do século passado (1919-1920), bem resume o problema da marginalização de setores da sociedade e sua invisibilização diante do poder público, quando o personagem-narrador Vicente Mascarenhas, em determinada altura do conto, internado em um hospital psiquiátrico, compara a situação do interno irresignado àquela de um detendo revoltoso diante da autoridade policial, e propõe um singelo e irônico questionamento, que parece se aplicar nas duas situações: "A Constituição é lá pra você?" LIMA BARRETO, Afonso Henrique de. *O cemitério dos vivos*, p. 77. Disponível em <http://www.dominiopublico.gov.br/>. Acesso em: 22 out. 2017. Sobre a passagem, Cf., também, SCHWARCZ, Lilia Moritz. *Lima Barreto*: triste visionário. São Paulo: Companhia das Letras, 2017, p. 399.

DIREITOS HUMANOS E POLÍTICAS PÚBLICAS SOCIAIS **135**

do ser humano, independentemente do ordenamento jurídico de direito interno a que estivesse vinculado o indivíduo ou, ainda, mesmo que este indivíduo não se estivesse protegido por nenhum Estado –, que marca o início da busca pela consolidação da proteção dos direitos humanos sob o ponto de vista político-jurídico, observa-se que há, ainda, muito a ser feito para garantir sua plena efetivação, em especial em países mais pobres e naqueles em que se constatam as maiores injustiças sociais.

Ao lado dos desafios à implementação daqueles direitos humanos, ainda se faz necessário vencer o desconhecimento da relevância de Direitos Humanos por parte da sociedade e, em algumas situações, até mesmo, buscar superar uma paradoxal repulsa por parcelas da sociedade da necessidade ou conveniência de deferir uma atuação estatal tendente a minimizar diferenças ou a garantir o mínimo de dignidade humana[5].

Diante de tal contexto, entende-se como relevante o exercício de uma análise crítica que permita revisitar o processo de construção dos direitos humanos, a partir de fundamentais aspectos históricos, políticos e jurídicos, bem como analisar relevantes desafios que, atualmente, se colocam como obstáculos para a sua plena efetivaçao.

2.1. Do surgimento e desenvolvimento dos direitos humanos

Sob o ponto de vista político-jurídico o conceito de direitos humanos tem surgimento somente após o período conhecido como modernidade[6]. Por outro lado, ganhou em relevância e efetividade somente com o processo de positivação das normas protetivas de direitos humanos, no século XX, e com a criação de instituições internacionais responsáveis pela fiscalização de seu cumprimento[7].

O século XX, em especial após a segunda guerra mundial, marca um período em que os direitos humanos passaram a representar uma verdadeira preocupação para o Direito[8]. A partir daí é inaugurado um estágio até então não alcançado de organização no âmbito da comunidade internacional, com a criação de importantes instituições e documentos jurídicos, que foram responsáveis pelo surgimento de um verdadeiro sistema de proteção dos direitos humanos.

Passou-se a reconhecer, nesse período, a necessidade de se criar instrumentos jurídicos e políticos que protegessem a existência digna do ser humano, independen-

---

5. BOBBIO, Norberto. *A era dos direitos*. Trad.: Carlos Nelson Coutinho; Apresentação: Celso Lafer. Rio de Janeiro: Elsevier, 2004, 6ª reimpressão, p. 1.
6. VILLEY, Michel. *O direito e os direitos humanos*. Trad.: Maria Ermantina de Almeida Prado Galvão. 2. ed. São Paulo: Editora WMF Martins Fontes, 2016, p. 137: "Os direitos humanos foram o produto da filosofia moderna, surgida no século XVII".
7. BOBBIO, op. cit., p. 26.
8. BITTAR, Eduardo C. B. *Introdução ao estudo do direito*: humanismo, democracia e justiça, p. 88: "[...] até o século XX, as 'filosofias' e as 'religiões' contribuem mais para o reconhecimento e a universalização da 'dignidade' do que o 'direito positivo'".

dentemente do ordenamento jurídico de direito interno a que estivesse vinculado o indivíduo ou mesmo que não estivesse protegido por nenhum Estado[9].

É nesse contexto que é criada a Organização das Nações Unidas, em 1945, e, na sequência, a Declaração Universal dos Direitos do Homem, em 1948, bem como outros documentos de defesa dos direitos e dignidade em favor do indivíduo que se seguiram nas décadas seguintes.

Ao longo das décadas que de consolidação do direito internacional dos Direitos Humanos, a lógica de proteção universal e individualizada de direitos humanos foi contraposta – ou complementada – por outra, representada pela busca em se garantir a proteção a coletividades específicas, destacadas a partir da sua hipossuficiência, enquanto categoria, e inseridas em suas realidades sociais. Melhor dizendo, à lógica universalista de proteção aos direitos humanos se contrapôs uma lógica mais pluralista, que pressupõe a impossibilidade de se ignorar as reivindicações de minorias, dentro do ambiente de sua cultura[10].

O desenvolvimento dos direitos humanos a partir de uma superação do pressuposto universalista do sistema – universalismo esse que tem sua origem dentro de uma tradição filosófica moderna racionalista de matriz ocidental[11] –, permitiu uma maior abertura no âmbito de proteção de garantias às culturas não hegemônicas e grupos de minorias dentro de cada sociedade e possibilitou a ampliação do espectro de alcance dos direitos humanos a temas diversificados, como bem aponta Eduardo Bittar:

> A luta em favor da dignidade da pessoa humana concerne a temas tão variados quanto delicados, tais como: tortura; discriminação e racismo; intolerâncias; idosos, juventude; meio ambiente;

---

9. Hannah Arendt, na obra "Origens do Totalitarismo", refere-se aos apátridas e minorias, como os judeus no contexto da 2ª Guerra Mundial, como verdadeiros "refugos da terra", ante a ausência de reconhecimento de seus direitos pelo Estado em que se encontravam (ARENDT, Hannah. *Origens do totalitarismo*. Tradução: Roberto Raposo. São Paulo: Companhia das Letras, 1989, p. 302).

10. EBERHARD, Christoph. *Para uma teoria jurídica intercultural*: o desafio dialógico. Revista Direito e democracia / Universidade Luterana do Brasil – Ciências Jurídicas, vol. 3, n. 2. Canoas: Ed. ULBRA, 2002, p. 492: "Em nível global, as bases da teoria dos direitos humanos estão sendo abaladas, pois são cada vez mais questionadas por tradições culturais diversas, especialmente a partir da conferência mundial de Viena sobre os direitos humanos, em 1993. As minorias reivindicam seus direitos culturais à própria identidade e autodeterminação, apontando para uma contradição dos direitos humanos apanhados entre tendências universalistas e relativistas. Como é possível resolver o impasse do paradigma universalismo/relativismo e desenvolver uma abordagem pluralista dos direitos humanos? Como podem os direitos humanos ser transformados em um símbolo verdadeiramente compartilhado por todas as culturas? Se tivermos em mente o fato de que, nos contextos ocidentais, eles são apenas mais ou menos respeitados, também precisaremos abordar a questão de como avançar de uma teoria dos direitos humanos para sua práxis. Seria o caso de termos de repensar nosso conceito de direitos humanos, e do próprio direito?".

11. FACHIN, *Teoria crítica do direito civil*. 3. ed. Rio de Janeiro: Renovar, 2012, p. 17. Importante apontar que, no âmbito do direito internacional de direitos humanos, ainda prepondera o viés universalista de proteção dos direitos humanos. Nesse sentido, aponta Flavia Piovesan que: "[...] os instrumentos internacionais de direitos humanos são claramente universalistas, uma vez que buscam assegurar a proteção universal dos direitos e liberdades fundamentais" (PIOVESAN, Flávia. *Direitos humanos e o direito constitucional internacional*, p. 155).

violências/ genocídio; trabalho escravo; violência contra a mulher; pessoas com deficiência; entre outros[12].

Para imprimir maior eficácia aos direitos humanos no sistema jurídico internacional despontam com grande relevância os órgãos fiscalizadores e tribunais internacionais ou regionais de direitos humanos, como espaços de reafirmação e reconhecimento dos valores e dos objetivos a serem seguidos pelos países, bem como como aplicadores de sanções a Estados e indivíduos violadores daqueles valores e objetivos[13].

No âmbito regional americano, cite-se os órgãos integrantes do Sistema Americano de Direitos Humanos, criados no âmbito da Organização dos Estados Americanos e que têm como institutos fundamentais a Comissão Interamericana de Direitos Humanos e a Corte Interamericana de Direitos Humanos[14].

Interessante observar que vários países submetidos à jurisdição da Corte – dentre os quais se posiciona o Brasil – têm sido condenados por violações de direitos previstos no sistema internacional de proteção de direitos humanos, em especial aqueles previstos na Convenção Americana de Direitos Humanos[15].

Em grande medida influenciados pela tendência no direito internacional dos direitos humanos em regular e proteger os direitos fundamentais dos indivíduos e de grupos específicos, os ordenamentos jurídicos internos de vários países passaram a abordar temáticas congêneres em seu âmbito de direito interno, aspecto que acabou por contribuir, ainda mais, para a ampliação dos espaços de proteção daqueles direitos fundamentais[16].

Característica fundamental na história do desenvolvimento dos direitos humanos – seja no âmbito internacional, seja no âmbito interno –, tem sido a sua construção como resposta às violações concretas de direitos fundamentais do ser humano observadas em diversas situações e diante da insuficiência dos ordenamentos internos

---

12. BITTAR, op. cit., p. 86-87. Cf., também, FLORES, Joaquin Herrera. *Teoria crítica dos direitos humanos*: os direitos humanos como produtos culturais. Tradução Luciana Caplan *et al.* Lumen Juris: Rio de Janeiro, 2009, p. 2.

13. BERNARDO, Leandro Ferreira. *O Brasil e a corte interamericana de direitos humanos*: uma análise das condenações sofridas pelo Brasil na corte interamericana de direitos humanos e do seu cumprimento. In: Bernardo, Leandro F.; ALTHAUS, Ingrid G. (Org.). O Brasil e o sistema interamericano de proteção dos direitos humanos. São Paulo: Iglu, 2011.

14. O Congresso Nacional brasileiro editou, em 03 de dezembro de 1998, o decreto Legislativo 89/98, que reconhece a competência obrigatória da Corte Interamericana de Direitos Humanos em todos os casos relativos à interpretação ou aplicação da Convenção Americana de Direitos Humanos para fatos ocorridos a partir do reconhecimento, de acordo com o previsto no parágrafo primeiro do art. 62 daquele instrumento internacional.

15. Sobre os casos de condenações sofridas pelo Brasil no âmbito da Corte Interamericana de Direitos Humanos, *vide*: BERNARDO, op. cit.

16. No Brasil, em um rápido olhar sobre os diversos diplomas produzidos, e sem a mínima intenção de esgotá-los, podemos apontar a legislação protetora da criança e do adolescente, do idoso, do deficiente, da mulher, à pessoa sujeita a condição de miserabilidade e do consumidor.

de cada país em resolver tais violações[17]. Nesse aspecto, os direitos humanos buscam dar concretude à expressão "dignidade humana", ante as mais diversas formas de possíveis violações de direitos fundamentais mais essenciais, a partir das peculiaridades dos mais diversos grupos, indivíduos[18].

A compreensão do conceito e alcance dos direitos humanos deve levar em conta, ainda, a realidade da complexa sociedade contemporânea, marcada por serias crises pelas quais passa a humanidade, tais como aquelas de caráter ambiental, político, moral, e que têm precipitado o mundo a conflitos ou dilemas de difícil solução[19].

2.2. Os graves problemas de violação de Direitos humanos no Brasil

O Brasil possui problemas sociais estruturais, históricos, que têm persistido e que, muitas vezes, têm sido agravados ao longo do tempo, de modo a comprometer a construção de uma sociedade mais próspera e mais justa em favor de todos[20].

A análise da formação e desenvolvimento da sociedade brasileira, especialmente a partir da utilização de aportes historiográficos, sociológicos, antropológicos, permite, em grande medida, apontar para as origens de graves problemas de violação de direitos humanos constatados na atualidade e que têm entre suas vítimas preferenciais grupos que foram marginalizados ao longo do processo histórico, como alguns abaixo expostos.

a) A marginalização e violência sofrida pela população negra

O longo histórico de escravização dos negros no país, por quase quatro séculos, a substituição do regime de servidão por uma realidade de flagrante ausência de direitos, a omissão do poder estatal em viabilizar a integração do negro à sociedade ou criação de medidas compensatórias em favor daquela relevante parcela da população garantiram, na prática, a manutenção do processo de marginalização social daquele grupo[21].

---

17. VILLEY, op. cit., p. 8: "Não esqueceremos que os direitos humanos são 'operatórios'; que são úteis aos advogados de excelentes causas, protegem dos abusos do governo e da arbitrariedade do 'direito positivo'".

18. Concorda-se com Dalmo Dallari, que, ao tratar do tema Direitos Humanos, afirma que "esses direitos são considerados fundamentais porque sem eles a pessoa humana não consegue existir ou não é capaz de se desenvolver e de participar plenamente da vida" (DALLARI, *Direitos humanos e cidadania*, p. 12). Cf., também, BITTAR, op. cit., p. 85.

19. BITTAR, op. cit., p. 105.

20. Ibid., p. 13.

21. Ao negro, trazido da África para ser escravizado, bem como aos seus descendentes que aqui nasceram, foi dispensada um tratamento ainda pior que aquele recebido pelos povos indígenas. Enquanto se verifica que o poder eclesiástico, representado pela Igreja Católica, desde as primeiras décadas da colonização no Novo Mundo, foi responsável pela criação de atos que reconheciam a humanidade dos povos indígenas e, portanto, capazes de adquirirem a igualdade entre os cristãos – vide a Bula *Sublimis Deus* e a encíclica *Veritas Ipsa*, publicadas pelo Papa Paulo III, em 1537 –, por outro lado, não se constatou a mesma preocupação de Roma em relação ao escravo africano. Cf. BOSI, Alfredo. *Dialética da colonização*. São Paulo: Companhia das Letras, 1992, 136. Cf., também, CUNHA, Manuela Carneiro da. *Índios no Brasil*: história, direitos e

A escravização de pessoas no auge do pensamento liberal, expressando as liberdades como núcleo do direito de ser pessoa humana, impressiona e revela racismo permeando as culturas, como preleciona, Eunice Prudente, uma espécie de "liberalismo de casa", introduzido pelos moços das famílias abastadas, formados na Europa, que encontrava limites na própria sociedade que detinha as ideias liberais:

> O liberalismo servia de motivo para retórica emocionante nos salões, ou quando mais atuantes, defendiam direitos humanos abstratamente, desvinculados da problemática brasileira, onde o negro era homem-coisa, conforme o direito da época, e o homem branco, não proprietário, mercadejava sua força de trabalho, sujeitando-se à proteção interesseira dos senhores proprietários da terra[22].

Acerca da ausência de melhorias na vida da população negra, ao fim da era escravista, apontam Lilia Schwarcz e Heloísa Sterling:

> [...] passada a euforia dos primeiros momentos da Lei Áurea, de 1888, foram ficando claras as falácias e incompletudes da medida. Se ela significou um ponto final no sistema escravocrata, não priorizou uma política social de inclusão desses grupos, os quais tinham poucas chances de competir em igualdade de condições com demais trabalhadores, sobretudo brancos, nacionais ou imigrantes[23].

A população formada por negros e pardos representava a maioria das pessoas no país, no século XIX[24], e continua a representar o maior contingente populacional na atualidade[25]. Como consequência, a marginalização da população negra e parda representou e representa, o descaso com uma quantidade relevante da sociedade e mantém presente a estrutura social que aponta o Brasil como um dos mais desiguais do planeta[26].

A histórica marginalização estrutural da população negra se reflete em índices de violência e de pobreza a que está sujeita[27].De acordo com dados estatísticos publicados pelo Fórum Brasileiro de Segurança Pública, a taxa de homicídios entre

---

cidadania. São Paulo: Claro Enigma, 2012, p. 129 e SCHWARCZ & STARLING, *Brasil*: uma biografia. 2. ed. São Paulo: Companhia das Letras, 2018, p. 14 e 64.

22. PRUDENTE, Eunice Aparecida Jesus. *Preconceito Racial e Igualdade Jurídica no Brasil*. Campinas: Julex, 1989, p. 15 e segs.
23. SCHWARCZ & STARLING, op. cit., p. 342.
24. CUNHA, Manuela Carneiro da. *Negros, estrangeiros*: os escravos libertos e sua volta à África. 2. ed. rev. e ampl. São Paulo: Companhia das Letras, 2012, p. 35.
25. De acordo com dados do IBGE, em 2010, 50,7% da população brasileira se considerava como preta (7,6%) ou parda (43,1%). Cf. IBGE. Somos todos iguais? O que dizem as estatísticas. Disponível em: https://agenciadenoticias.ibge.gov.br. Acesso em: 03 dez. 2018.
26. SOUZA, P. H. G.; MEDEIROS, M. "*The Concentration of Income at the Top in Brazil, 2006-2014*". Working Paper, n. 163. Brasília: Centro Internacional de Políticas para o Crescimento Inclusivo (IPC-IG), 2017. Disponível em http://www.ipcig.org/pub/. Acesso em:29 jan. 2019.
27. SCHWARCZ & STARLING, op. cit., p. 14.

jovens negros em 2016 foi no grau de "duas vezes e meia superior à de não negros (16,0% contra 40,2%)"[28].

Estima-se que – a partir daqueles dados estatísticos –existiam, em 2016, cerca de 729.463 pessoas encarceradas no nosso sistema prisional[29]. De outro lado, de acordo com o último relatório publicado pelo Departamento Penitenciário, 64% da população carcerária é formada por pessoas negras e pardas, e que no sistema penitenciário federal tal índice chega a 73%[30].

Os dados acima trazidos dão conta da fragilidade da tese ou mito – que vigorou por muito tempo no país – da chamada "democracia racial brasileira", mito esse que, nas palavras de Florestan Fernandes, acaba por "esconder ou 'para enfeitar a realidade", sem qualquer base verificável na prática[31]. Mais que isso, dificulta a abordagem e resolução desse grave problema social pelo Estado e sociedade.

b) A violência sofrida pelos povos indígenas e outros grupos pelo acesso à terra

Os povos indígenas têm sido, ao longo da história de formação da nossa sociedade, vítimas de um sistemático processo de violência social e que, em regra, quando não patrocinado, ao menos se apresenta como tolerada pelo poder público[32].

Em que pese a previsão de importantes garantias em seu favor no texto constitucional e na legislação em vigor e dos avanços obtidos nas últimas décadas, há uma flagrante tentativa, por importantes setores da sociedade, em se buscar a redução dos seus direitos. Destaca-se, dentro desse contexto, a busca de redução dos seus direitos territoriais, pela atuação direta do Estado – com a tentativa de aprovação de legislações prejudiciais[33], limitação da ação do poder executivo[34], em especial

---

28. FBSP. *Atlas da Violência: 2018*. http://www.forumseguranca.org.br>. Acesso em: 02 dez. 2018, p. 41. Ainda de acordo com o mesmo relatório (p. 41): "a desigualdade racial no Brasil se expressa de modo cristalino no que se refere à violência letal e às políticas de segurança. Os negros, especialmente os homens jovens negros, são o perfil mais frequente do homicídio no Brasil, sendo muito mais vulneráveis à violência do que os jovens não negros. Por sua vez, os negros são também as principais vítimas da ação letal das polícias e o perfil predominante da população prisional do Brasil".

29. Idem, *Anuário brasileiro de segurança pública 2018*: segurança pública em números. Disponível em: <http://www.forumseguranca.org.br>. Acesso em: 02 dez. 2018.

30. MJSP – Ministério da Justiça e Segurança Pública. *Levantamento Nacional de Informações Penitenciárias Atualização – Junho de 2016*. Disponível em: http://depen.gov.br/DEPEN/depen/sisdepen/infopen/relatorio_2016_22-11.pdf. Acesso em: 04dez. 2018, p. 61.

31. FERNANDES, Florestan. *O negro no mundo dos brancos*. 2. ed. revista. São Paulo: Global, 2007, p. 28.

32. CUNHA, Manuela Carneiro da. *História dos índios no Brasil*. São Paulo: Companhia das Letras; Secretaria Municipal de Cultura; FAPESP, 1992.

33. De olho nos ruralistas: observatório do agronegócio no Brasil. Bancada ruralista já propôs 25 Projetos de Lei que ameaçam demarcação de terras indígenas e quilombolas. Disponível em: https://deolhonosruralistas.com.br. Acesso em: 04 dez. 2018.

34. ISA – Instituto Socioambiental. *Massacre de índios isolados expõe o estrangulamento da Funai*. Disponível em: https://www.socioambiental.org/pt-br/noticias/massacre-de-indios-isolados-expoe-o-estrangulamento-da-funai. Acesso em: 04dez. 2018. Em análise a legislação orçamentária prevista e aquela devidamente aplicada nos últimos anos em favor de políticas voltadas aos povos indígenas, verifica-se uma flagrante estagnação. De acordo com levantamento do Instituto Socioambiental, em 2016, o orçamento previsto para a FUNAI foi de 542 milhões e representava uma redução em relação ao ano anterior (superior a R$ 700 milhões). Contudo, ainda segundo o levantamento, apenas pouco mais de R$ 400 milhões, fato que representou uma redução de cerca de R$ 137 milhões, na prática.

da FUNAI, e na criação de jurisprudências que esvaziam, na prática, as garantias previstas na Constituição[35] –, ou pela violência direta provocada por detentores de poder econômico e político.

Além dos povos indígenas, outros grupos historicamente marginalizados, como quilombolas e comunidades tradicionais, têm sido vítimas de violência no campo, na busca pelo acesso à terra[36]. Em vários casos, a contraposição a interesses de grandes fazendeiros, madeireiros, garimpeiros tem como resultado assassinatos e outras espécies de crimes contra a pessoa e o patrimônio, muitas vezes com a participação direta do poder público[37].

c) Outras violações de direitos humanos no Brasil

Outras espécies de violações de direitos humanos são cometidas no país das mais variadas formas, diariamente. Violações à liberdade de credo e de religião, à liberdade de orientação sexual e de gênero, à liberdade de disposição do corpo e da força de trabalho. Enfim, mesmo liberdades individuais mais fundamentais[38] – que são basilares no ideário do estado liberal se apresentam, na atualidade, sob riscos.

A punição da pobreza, a partir da desassistência por parte do Estado, da sua negligência em não possibilitar a garantia do mínimo existencial dos indivíduos, do tratamento desigual dentro do sistema de justiça, em especial no sistema penal e processual penal, a partir da classe social, é outra face da realidade social brasileira e que põe em evidência os desafios à proteção dos direitos humanos[39].

Em contrapartida, não se pode deixar de ressaltar que a construção de um sistema de proteção aos direitos humanos na busca da defesa de indivíduos e grupos minoritários e marginalizados ao longo das últimas décadas tem representado uma relevante barreira contra abusos, provocados tanto por indivíduos como pelo poder público[40].

---

35. Cite-se, aqui, a chamada teoria do "marco temporal", surgida por ocasião do julgamento do caso envolvendo a demarcação da terra indígena Raposa Serra do Sol, nos autos da Petição 3388/RR, que fixou entendimento segundo o qual, em resumo, a ocupação indígena, para fins de se possibilitar a demarcação, deve ter como marco temporal a data da promulgação da Constituição da República. Cf. BERNARDO, Leandro F. *A aplicação da jurisprudência do "marco temporal" nos processos demarcatórios e a legitimação do discurso do "vazio demográfico" na região platina brasileira pelo judiciário.* In: Os direitos dos povos indígenas: complexidades, controvérsias e perspectivas constitucionais. Publicações da Escola da AGU: Direito, Gestão e Democracia, v. 11, p. 163-178, 2019.
36. BERNARDO, Leandro Ferreira. *O problema do acesso à terra no estado multicultural.* Maringá: Unicorpore, 2012.
37. Anistia Internacional, op. cit., p. 92. O relatório da Anistia Internacional destaca o assassinato de 10 trabalhadores rurais às margens da fazenda Santa Lúcia, em Pau D'Arco, no Pará, em maio de 2017, em "operação conjunta das polícias civil e militar".
38. Vide art. 5º da Constituição da República de 1988.
39. MJSP, ibid., p. 33: De acordo com o relatório do Departamento Penitenciário Nacional, a esmagadora maioria dos presos possuem se incluem entre os analfabetos ou com baixos índices de alfabetização.
40. EBERHARD, op. cit., p. 492.

Contudo, não se pode considerar como suficiente a criação de leis nacionais ou a internalização de convenções e tratados internacionais para garantir a efetividade dos direitos humanos na nossa realidade. Nesse aspecto, deve-se destacar que tem sido comum, mesmo nas últimas décadas – em que se notou uma grande evolução do sistema de proteção de direitos humanos –, a superveniência de posturas e articulações reacionárias a tais conquistas, por setores da elite política e econômica da sociedade, que colidem com a busca da proteção de direitos essenciais de grupos mais marginalizados[41].

Nossa realidade social – calcada na desigualdade e dominada por uma elite pouco preocupada com a marginalização de grande parte da sociedade –, tem permitido, em muitas ocasiões, a legitimação da violação de direitos humanos a partir de narrativas que apontam para a necessidade de submeter ou condicionar os direitos humanos a valores outros, como o da busca de desenvolvimento econômico, a defesa de um liberalismo pautado pela meritocracia, da necessidade de proteção da família, dos valores religiosos[42].

Diante de tal cenário, em que pesem os avanços acima apontados, assiste-se a uma situação de persistência ou agravamento de diversos problemas no caminho de uma mais ampla proteção dos direitos humanos no Brasil. Nesse contexto, seja pela inação ou por atuação direta, o Estado contribui de forma decisiva para esse estado de coisas.

2.3. A violência no Brasil e as dificuldades para sua superação

Os graves problemas de violações de direitos humanos, bem como a ineficiência estatal e da sociedade na proteção dos direitos mais essenciais à população, em especial aquelas classes mais marginalizadas, contribuem, em grande medida, para a perpetuação da desigualdade e da segregação social. Mais do que isso, contribuem como importantes causas para os altos níveis de violência social constatados no país[43].

---

41. FAORO, Raymundo. *Os donos do poder*: formação do patronato político brasileiro, p. 830: "A elite política do patrimonialismo é o estamento, estrato social com efetivo comando político, numa ordem de conteúdo aristocrático".

42. DAMATTA, Roberto. *Relativizando*: uma introdução à Antropologia Social, p. 82: "O fato de termos constituído até o final do século passado uma sociedade de nobres, com uma ideologia aristocrática e anti-igualitária, dominada pela ética do familismo, da patronagem e das relações pessoais, tudo isso emoldurado por um sistema jurídico formalista e totalizante, que sempre privilegia o todo e não as partes (os indivíduos e os casos concretos), deu às nossas relações sociais um caráter especial".

43. Vale destacar conclusão do relatório da Anistia Internacional, sob o título "Informe anual 2017/2018: O Estado dos Direitos Humanos no Mundo (Anistia Internacional, 2018)". Destaca o relatório que: "No Brasil, as autoridades ignoraram o aprofundamento da crise de direitos humanos que elas próprias criaram. Na cidade do Rio de Janeiro, um surto de violência foi acompanhado de uma onda de homicídios ilegais pela polícia. Taxas elevadas de homicídios e de outras violações de direitos humanos prevaleceram em todo o país. Pouco se fez para reduzir o número de homicídios, controlar o uso da força pela polícia ou garantir os direitos dos povos indígenas. As condições caóticas, superlotadas e perigosas das prisões brasileiras resultaram em mais de 120 mortes de presos durante motins registrados em janeiro" (Anistia Internacional, op. cit., p. 29).

Lembre-se que no Brasil, de acordo com dados do Fórum Brasileiro de Segurança Pública, cerca de 63.880 pessoas foram vítimas por morte violenta apenas no ano de 2017[44]. Em grande percentual, aqueles homicídios são praticados por órgãos repressivos estatais – foram mais de 5.144 casos em 2017, de acordo com o levantamento referido[45]. De outro lado, há um elevado quantitativo de mortes em que os agentes policiais são, também, vitimados[46].

Acerca do atual processo de incremento da violência social atualmente existente, merece ser destacada a atuação estatal na política de combate às drogas adotada no país, com forte enfoque na repressão e na punição. Sob a égide dessa espécie de política pública – impregnada, historicamente, com um relevante cunho racista[47]–, tem-se constatado um relevante aumento do número de crimes violentos – seja por parte dos agentes do Estado, seja por integrantes da estrutura da indústria da droga, seja, ainda, por consumidores finais –, encarceramentos[48], crimes de corrupção e outras práticas delituosas, sem que se obtenha, como resultado, uma redução dos índices de uso e comercialização de substâncias entorpecentes, recuperação de usuários. Pelo contrário, a política de combate às drogas tem representado, no Brasil e no mundo, um grande fracasso[49].

Parece cada vez mais utópica a crença, por parte dos estratos sociais mais elevados, de que as classes marginalizadas poderiam ser afastadas espacialmente e que os seus problemas poderiam ser ocultados da face do corpo social integrado. Nas palavras de Bauman:

---

44. FBSP, *Anuário brasileiro de segurança pública 2018*: segurança pública em números. Disponível em: <http://www.forumseguranca.org.br>. Acesso em: 02 dez. 2018. Tal quantitativo representa um aumento em relação aos anos anteriores. De acordo com o relatório da Anistia Internacional: "As autoridades não adotaram medidas para reduzir a taxa de homicídios, que permaneceu alta para jovens negros. O número de homicídios aumentou nas grandes cidades, sobretudo no Nordeste. Estatísticas nacionais compiladas e publicadas pelo Fórum Brasileiro de Segurança Pública revelaram que 61.619 pessoas foram mortas em 2016, das quais 4.657 eram mulheres. As políticas de segurança pública continuaram a se basear em intervenções policiais altamente militarizadas, motivadas principalmente pela chamada política de 'guerra às drogas'" (Anistia Internacional, op. cit., p. 89).
45. FBSP, op. cit., p. 1.
46. Ibid. O referido relatório aponta um total de 367 homicídios de policiais em 2017.
47. DORIA, José Rodrigues da Costa. Os fumadores de maconha: efeitos e males do vício. In: *Maconha*: coletânea de trabalhos brasileiros. 2. ed. Rio de Janeiro: Oficinas Gráficas do IBGE, 1958.
48. MJSP, op. cit., p. 33: De acordo com o relatório do Departamento Penitenciário Nacional, a maioria das prisões decorrem de crimes ligados ao tráfico de drogas (28%).
49. MIRON, Jeffrey. *Government Policy Toward Illegal Drugs*: An Economist's Perspective. Disponível em: https://scholar.harvard.edu/. Acesso em: 12 fev. 2019. Cf., também, HARI, Johann. *A guerras às drogas não funciona. O que podemos aprender com o seu fracasso?* The Intercept Brasil. Disponível em: https://theintercept.com/2019/01/17/guerra-as-drogas-fracasso/. Acesso em: 15 fev. 2019 e HARI, Johann. *Na fissura: uma história do fracasso no combate às drogas.* Trad.: Hermano Brandes de Freiras. 1. ed. São Paulo: Companhia das Letras, 2018. Sobre a política repressiva e de coerção de guerra às drogas, liderada pelos Estados Unidos sobre a América Latina e seus efeitos danosos efeitos sobre as populações locais dessa região, cf. BOURGOIS, Philippe. *Decolonising drug studies in an era of predatory accumulation.* Third World Quarterly, 39:2, 385-398. Disponível em: https://doi.org/10.1080/01436597.2017.1411187. Acesso em: 13 fev. 2019, p. 391.

O mundo dos que procuram a pureza é simplesmente pequeno demais para acomodá-las. Ele não será suficiente para mudá-las para outro lugar: será preciso livrar-se delas uma vez por todas – queimá-las, envenená-las, despedaçá-las, passá-las a fio de espada. Mais frequentemente, estas são coisas móveis, coisas que não se cravarão no lugar que lhes é designado, que trocam de lugar por sua livre vontade[50].

A busca de uma ordem universal e de uma homogeneização das diversas sociedades humanas se mostrou, ao longo dos últimos séculos, incapaz de concretização, ao contrário do que previa o projeto da modernidade ocidental. A tentativa de se implantar, nas palavras de Bauman, uma "pureza" no mundo, a partir da simplista escolha entre assimilar ou excluir o elemento "estranho" se mostra cada vez mais inviável diante da constatação da pluralidade e diversidade de formas de vida e de organização[51].

De outro lado, a busca de medidas protetivas voltadas apenas à parcela mais rica da sociedade e que não se destinem a enfrentar problemas que se apresentam como de alcance amplo se mostram, na nossa realidade, inócuas. A tentativa de resolução de problemas de segurança de forma individualizada por aqueles estratos mais abastados – p. ex., com a procura, cada vez maior, de luxuosos condomínios residenciais para habitação, carros blindados para seu deslocamento, busca por acesso a armas –, não se mostra suficiente como medida que permita escapar dos problemas de violência social cotidiana, quando se constata que os reflexos do processo de violência a que está sujeita a parcela marginalizada da sociedade não conhecem limites espaciais[52].

Definitivamente, fica cada vez mais evidente que a redução da violência não poderá advir como consequência de uma ação estatal fundada, sobretudo, em repressão e segregação, mas do acolhimento social, da atuação do Estado, em especial por meio de políticas públicas voltadas a garantir o desenvolvimento desses grupos mais fragilizados e o respeito às suas diferenças.

Sob essa perspectiva, a redução da violência impõe medidas como, p. ex., o enfrentamento da seletividade do sistema punitivista no Brasil, sobretudo ante a clara constatação de ineficácia do atual e da ineficácia no atingimento dos objetivos primordiais da reinserção social[53].

Sobre o tema, afirma Sergio Adorno e Wania Pasinato:

---

50. BAUMAN, Zygmunt. *O mal-estar da pós-modernidade*. Tradução: Mauro Gama, Cláudia Martinelli Gama. Rio de Janeiro: Zahar, 1998, p. 14.

51. Ibid., p. 14.

52. BAUMAN, *Legisladores e intérpretes*: sobre modernidade, pós-modernidade e intelectuais. Tradução: Renato Aguiar. Rio de Janeiro: Zahar, 2010, p. 247.

53. A Lei de Execução Penal, Lei 7.210, de 11 de julho de 1984, prevê em seu art. 1º como um dos objetivos da execução da pena o de "proporcionar condições para a harmônica integração social do condenado e internado".

Em quaisquer combinações possíveis, a seletividade é fato, os mecanismos operam e produzem resultados: poucos são os crimes investigados, poucos são os indiciados convertidos em réus de processos penais[54].

Assim, a redução da violência passa, em grande medida, por uma profunda mudança no nosso sistema punitivista, que tem trazido, como efeito prático, a criminalização da pobreza[55]. Nesse contexto, o respeito à dignidade humana e a necessidade de sua efetivação constituem instrumentos imprescindíveis para uma maior pacificação social.

---

54. ADORNO, Sergio; PASINATO, Wânia. Violência e impunidade penal: Da criminalidade detectada à criminalidade investigada. *Dilemas* – Revista de Estudos de Conflito e Controle Social, [S.l.], v. 3, n. 7, p. 51-84, jan. 2010. ISSN 2178-2792. Disponível em: <https://revistas.ufrj.br/index.php/dilemas/article/view/7200>. Acesso em: 31 out. 2018, p. 59.
55. Ibid., p. 56: "Tolerância zero para com a impunidade penal constituiu assim uma espécie de ideal no imaginário coletivo das sociedades modernas".

MAGISTRADO:
O GUARDIÃO DA DIGNIDADE DA JUSTIÇA

Evandro Fernandes de Pontes

Advogado.

I.

Recebi dos organizadores, acreditando talvez em algum talento que valesse minha contribuição (talento esse cuja exiguidade reconheço), a tarefa de oferecer reflexões jurídicas que pudessem fazer jus a grandeza do Prof. Walter Piva Rodrigues.

Se alguma experiência acabei adquirindo (mesmo tendo me distanciado da processualística), esse pouco que os organizadores viram de potencialmente contributivo, deve-se, sim, a professores que tive na minha querida Faculdade do Largo de São Francisco, dentre eles, o querido Professor Piva.

Essa causa, digamos, mais emotiva, embora não pareça correto ao leitor e à leitora o emprego deste estilo que foge dos padrões da academia e do foro em geral, por expectadores de um estilo mais formal (justamente porque espectadores de bancas e julgamentos), estimula-me a pedir-lhes certa indulgência na leitura desta defesa em sequência que pretendo fazer da obra que entendo ser a mais preciosa do Professor Piva.

Dificilmente o leitor ou a leitora verão aqui longas citações doutrinárias ou as notas interpolares; ou mesmo aquele estilo preciso e cirúrgico do saudoso Mestre Botelho de Mesquita; ou ainda a força de um Goffredo Telles Junior (lembranças que não faço aqui, nesta homenagem ao Prof. Piva, meramente ao acaso) – nem mesmo a concisão de um Guilherme Madeira Dezem, magistrado que encabeça a nova leva de professores que faz o "difícil" flutuar no mundo dos fatos com tanta simplicidade: sim, tudo isso parece ser mais corriqueiro do que realmente é; e basta ler a obra do Magistrado Piva para que lições sobre a *dignidade da justiça* surjam espontaneamente.

Não leitor, por favor, leitora – essa falta de uma pesquisa doutrinária sobre o teor do art. 139, III do Código de Processo Civil que tento aqui oferecer não é obra de um cabotino ou de um aventureiro irresponsável que, militando décadas fora do contencioso, pretende, num átimo, reaprendê-lo. Passei por mais de 400 acórdãos da lavra do Professor Piva, compreendidos ao menos dentro de seus últimos 8 anos dentro da Magistratura.

Notem que, ainda assim, não consegui chegar nem perto da totalidade de sua obra como Magistrado (que muitos, agora com a indicação de Brett Kavanaugh para a Suprema Corte dos EUA, se espantaram com a sua "produtividade" como juiz de 2ª Instância nos EUA, por ter sido um dos juízes com maior número de decisões proferidas ao longo de 15 anos de Corte, por lá, desde a sua indicação em 2003 – "mais de 300 decisões!").

O Professor Piva, na função do Desembargador Piva, prolatou uma infinidade muito maior de acórdãos e, com um detalhe – assim como Kavanaugh, manteve em nosso sistema um padrão de qualidade absolutamente admirável: suas decisões são de uma justeza admirável, de uma concisão bela, de uma tecnicidade sóbria e tenaz (características talvez ausentes nesta tentativa de encômio jurídico). Piva está para a judicatura assim como João Gilberto está para a música: mínimos acordes necessários para se atingir, em poucas linhas, *o ouvido absoluto da justiça digna*.

Pude notar também que nesses anos todos, o Prof. Piva (assim como muitos outros magistrados e magistradas) deparou-se, estatisticamente, com duas palavras em enorme abundância, talvez mais do que o diariamente saudável: *saúde* e *moral*.

Não à toa, são esses os dois temas que muitos reclamam absoluta carência no Brasil de hoje: somos um país sem saúde, sem moral. E eis aí, vejam só, um bom ponto de partida para tentarmos falar da dignidade que requer o art. 139, III do Código de Processo Civil.

II.

Sabe-se pouco sobre o que é ser *digno* de verdade. Usamos muito essa palavra, mas não sei se sabemos, todos nós, ao certo, o que ela quer dizer.

Confesso que até escrever estas linhas, minha vaga noção beirava o erro e incompetência – graças ao Professor que fazia provas com consulta "para ter certeza que ao menos na hora da prova os alunos estariam estudando" (técnica que levo até hoje para a sala de aula, agora eu como professor), a justa homenagem me obrigou, mais uma vez, a consultar para escrever: o *digno* vem do latim, *dignus, i*; palavra de segunda declinação a indicar que se trata de um vocábulo muito antigo. Tem relações com vocábulos como *decus, is* (de terceira declinação), que traz a mente palavras como *decoro*.

Os latinos, na verdade, importaram dos gregos o conceito de [*dékomái*], verbo de 1ª conjugação que dizem significar algo como "pegar, aceitar ou receber [das mãos] de alguém", cognato de dokéo próximo de "esperar", portanto "pressupor" ou "ter expectativas", ou, ao fim, "formar opinião", "julgar". Por isso o *decus* ficou com aquele sentido cívico e heroico de "honra, glória, distinção, orgulho" e ao *dignus* coube aquele sentido de "adequação, adequado", portanto, de "justo [no sentido de servir ou vestir]" bem como de "algo que vale a pena".

Cícero, que alguns identificaram escondido neste encômio, usava bastante o termo *dignus*, sobretudo na República: *aliquid memoria dignum consequi*, observaram comentadores sobre passagem do genial jurista naquele livro I, 13[1] – *a quem a justa memória nunca abandona.*

Fato é que desde o "receber" grego, passando pelo seu "esperar" e chegando no heroico "honra" e culminando no simples "adequado", a dignidade hoje tem íntima relação com *mérito.*

Digno é aquilo que merece, que assim tem méritos de ser.

Enfim, *dignidade é mérito.*

Portanto, um processo digno e que precisa assim ser zelado, é um processo que preserva o mérito da discussão, do debate, da contenda.

Um processo indigno é aquele que foge de um mérito existente – e não confunda aqui, leitor, leitora, quando o processo precisa dar uma solução a uma questão sem mérito ou de pequeno mérito: são aqueles que vão à justiça porque lá "esperam" ter o que a vida sequer alimenta qualquer lógica esperança[2]. Não falo das demandas não razoáveis, mas das razoáveis, cujo papel do Magistrado é, na letra da lei processual, "reprimir ato contrário à *dignidade da justiça*".

Qual seja: é *dever do juiz* preservar a *dignidade da justiça*, o *mérito daquilo que se espera adequado.*

III.

Não há doutrina que, com mais justiça que o próprio Magistrado, fará digna homenagem ao Professor Piva.

Confesso que li tratados e comentadores nesse artigo 139, III do Código de Processo Civil, bem como do já ido 125, III daquele Código de 1973; mas de modo geral não encontrei lá o que vi nos Acórdãos do Professor Piva para ilustrar, de forma clara, esse significado próprio de *dignidade da justiça* que incumbe ao juiz preservar.

Felicidade não é bem a palavra que me tocou após leituras doutrinárias, tanto quanto tenha essa mesma palavra aparecido após, exatamente, a leitura dos acórdãos – lá vi um Magistrado, com todo esforço, lutando para preservar a *dignidade da justiça*; a *adequação do que é justo*, enfim, o que *merece a mão da jurisdição segura.*

Tomei a liberdade, então, de separar algumas decisões e trechos de decisões que ilustrariam essa ideia capturada longe da "poeira da glória" dos manuais de doutrina, a respeito de *dignidade* como sinônimo dessa busca de um mérito adequado para uma contenda madura e insolúvel pela razoabilidade natural da vida.

---

1. O trecho original na verdade diz: *quibus de rebus, quoniam nobis contigit, ut idem et in gerenda re publica aliquid essemus memoria dignum consecuti...* – "em tais assuntos, dês que nossa razão de ser nutrir-se-ia na busca de algo que valha a pena para a memória de nossa República..." (numa, aqui, ousada e mais do que livre tradução de um trecho que as escolas simplificam por pura clemência com os estudantes de latim diante da escultura em letras proposta por Cícero).
2. Seja por boa-fé, seja por má-fé – e nessa necessária diferença soube bem o Mestre Piva marcar, como veremos.

Começo por uma das poucas decisões em que o Desembargador Piva encarou o tema de forma explícita, na Apelação 9211615-40.2006.8.26.0000 (julgado 17/5/2011, D.O.: 01/6/2011; v.u.):

> Embargos à Arrematação. Sentença de improcedência, com aplicação de multa por ato atentatório à dignidade da justiça. Inconformismo. Acolhimento parcial. Válida a intimação acerca da alienação em hasta pública. Venda a preço vil não caracterizada – *Afasta-se, apenas, a imposição de multa por ato atentatório à dignidade da justiça, vez que não se constatou resistência injustificada a ordem judicial, mas, tão somente o exercício regular do direito de defesa.* Recurso parcialmente provido.

No corpo da decisão, notamos que a multa foi afastada pois, ainda que a argumentação do apelante-embargante tenha sido pobre e até contraditória em relação a jurisprudência assentada pelo STJ, o uso dos meios processuais se deu de forma regular e tinha por escopo justamente debater a justiça da arrematação e o mérito de seus fundamentos. Sensível a isso, o Desembargador Piva manteve a improcedência (suficiente para alcançar a justiça nesse caso) e afastou a multa (talvez superestimada nas fases anteriores pela pobreza do inconformismo). Mas havia, sim, um *mérito a ser considerado*.

Indiretamente é interessante observar os casos em que a Justiça é procurada para resolver desconfortos que não são direitos e, nesse caso, o Desembargador Piva usa da improcedência, mais uma vez, para manter a *dignidade da justiça*.

O caso do erro do pai ao dar nome a filha, gerando indignação da mãe que não se contentou com "Thais" pois queria que viesse do cartório a certidão com "Beatriz Thais"[3]; ou ainda a falta de trégua em um conflito com o Conselho Fiscal do "Alvinegro praiano"[4]: eis exemplos clássicos, típicos, bem acabados de improcedência para manutenção do justo – as demandas obviamente beiram o inútil, mas o mérito dado a questão

---

3. Apelação Cível com Revisão nr. 3000991-07.2013.8.26.0280 (julgado 18/11/2014, D.O.: 15/12/2014; v.u.).

4. Apelação Cível nr. 1011424-29.2016.8.26.0562 (julgado 10/4/2018, D.O.: 22/5/2018). Eis, de fato, matéria em que consigo, de alguma forma, opinar diretamente no mérito, trazendo algo que já escrevi sobre conselho fiscal em companhias abertas e que se aplica, por analogia integral às associações: a representação de conselho fiscal, naturalmente formal, não gera efeitos na decisão (que é de mérito), por outros órgãos de governo da sociedade ou associação (*Conselho Fiscal nas Companhias Abertas Brasileiras*. São Paulo: Almedina, 2012, p. 185 e ss.). Embora tratada como uma "assembleia de Conselho de Deliberativo" (o termo assembleia é exclusivo para o ato que reúne sócios e não administradores, como é o caso do conselho deliberativo, seja ele integrado por sócios ou não), a nulificação de uma reunião de conselho não se subsume aos requisitos, por analogia pelo art. 1.078 do Código Civil, justamente por *não se tratar, a reunião de conselho, do que a lei regula especificamente como uma reunião de sócios*. É correto, assim, o reconhecimento estatutário das regras internas de uma instituição de natureza societária (sobre o caráter estatutário dessas normas internas, vide meu "Comentários ao Caso BB-Visanet", *In Revista de Direito das Sociedades e dos Valores Mobiliários*, vol. 7. São Paulo: Almedina, maio de 2018, p. 279 e ss.) e aos critérios adicionais de conflito típico de órgãos de *gestão*, não se somam àqueles outros critérios de conflito que são típicos da relação entre sócio e conselheiro (este, em função administrativa). O homenageado com a palavra, no mérito: "Em conclusão, a ausência de detalhamento de conflito de interesse nas normas regulamentares internas na hipótese de desligamento de conselheiro integrante do Conselho Deliberativo da função administrativa exercida em Comitê Gestor do clube, equiparado à diretoria, torna admissível o regresso livre às funções no Conselho Deliberativo". Muitos conselheiros falham em notar que exercem funções administrativas e neste passo, quase levaram a justiça a erro, por conta de uma demanda desnecessária. Mas como bem pontuou o magistrado de primeira instância citado no Acórdão, "o Poder Judiciário não cai em 'pegadinhas'".

(improcedência) foram suficientes para assegurar a *dignidade da justiça*. Tanto em uma demanda quanto em outra, nada indique que a causa do mérito, em si, decorra menos de um inconformismo infantil, mas de boa-fé, do que propriamente de uma sorrateira indignação que tenta simular, no mérito, uma boa-fé com chifres, rabo e tridente.

Entretanto, nos casos em que houve por bem aquilatar o *mérito* e notar uma *indignidade* (qual seja, uma demanda onde há um evidente *não mérito*, bem traduzido como *má-fé*), o Desembargador Piva não mediu rigores para cumprir com o seu dever de *guardião da dignidade da justiça*. Veja-se a Apelação 0021809-60.2011.8.26.0002 (julgada 24/2/2015; D.O.: 25/2/2015, V.U.):

> Responsabilidade civil. Ação declaratória de inexistência de débito com pedidos de indenização por dano moral e cancelamento de apontamento negativo em cadastro de proteção ao crédito. Improcedência da ação, com condenação solidária da parte autora e de seu advogado a pagar por indenização e multa por litigância de má-fé. Também revogados os benefícios da justiça gratuita conferidos à autora. Apelo pela parte autora. Sentença reformada em parte.
>
> 1. Justiça gratuita. Revogação determinada na sentença, ao exclusivo fundamento da litigância de má-fé. Impossibilidade. Reconhecimento de litigância de má-fé jamais pode levar, por si só, à revogação da assistência judiciária gratuita. Obrigatoriedade de aferição de fundadas razões para a revogação da benesse, ligadas necessariamente à alteração do estado de hipossuficiência da parte. Inexistência desses motivos. Benefício revigorado, superada a questão do preparo recursal.
>
> 2. A parte autora detém legitimidade extraordinária, concorrente com o seu patrono, para impugnar excerto da sentença que condena o advogado, solidariamente com a autora, a pagar por indenização e multa por litigância de má-fé. Desnecessidade de o advogado interpor recurso específico. Conhecimento dessas matérias ventiladas no recurso.
>
> 3. Diante do contexto probatório coletado e da inércia em participar de audiência de instrução do artigo 342, CPC, a autora não consegue afastar o relevante fato de que celebrou o contrato do qual proveio a dívida que foi apontada à negativação. Mantido o julgamento de improcedência dos pedidos iniciais, declaratório de inexistência de dívida e indenizatório por dano moral.
>
> 4. Configurada a alteração da verdade dos fatos, provada por documento juntado pela ré não impugnado, fica confirmada sentença que condena a autora à litigância de má-fé, nos exatos valores fixados na faixa mínima prevista na lei.
>
> 5. Impossibilidade de se estender a condenação da litigância de má-fé ao advogado, sem se respeitar os cânones constitucionais do devido processo legal, ampla defesa e contraditório. Necessidade de apuração da conduta do advogado mediante ação própria, a ser intentada, no interesse, pela parte prejudicada. Exegese do artigo 32, parágrafo único, do Estatuto da OAB. Afastada a condenação do advogado a pagar pelas sanções decorrentes da litigância de má-fé.
>
> 6. Honorários advocatícios reduzidos. Aclarada a incidência do artigo 12 da Lei 1.060/50.
>
> 7. Manutenção da determinação de expedição de ofícios à OAB, MP e autoridade policial, comunicando o ocorrido no presente feito. Possibilidade, Poder Judiciário Tribunal de Justiça do Estado De São Paulo 9ª Câmara de Direito Privado Apelação 0021809-60.2011.8.26.0002 (1157/2011) – Voto 20929 – JJM ante a verificação em tese, pelo juízo sentenciante, de possíveis infrações éticas, disciplinares e penais, combinada à competência desses órgãos comunicados à apuração dos fatos e eventual responsabilização dos envolvidos. Aplicação do artigo 40 do Código de Processo Penal.
>
> 8. Recurso provido em parte.

Neste caso, a manutenção da dignidade da justiça dependia, portanto, desse reconhecimento das *causas do mérito*, dessa *falsa causa de pedir* que não chegou a movimentar a máquina judicial por inabilidade de composição na vida civil, mas sim por querer ludibriar e levar a erro, simulando uma causa que, de fato, não era.

Penso então, dessas lições de vida do Desembargador Piva, que uma vez identificada a dignidade com o *mérito*, vale as vezes, muita vez, verificar se a *causa do mérito* (aristotelicamente falando), dá suficientes indícios de estarmos num universo de boa-fé.

Compare esse último acordão com a decisão em Agravo de Instrumento nr. 2160866-55.2017 (julgado: 17/5/2018; D.O.: 17/5/2018, V.U.):

> Agravo de instrumento. Cumprimento de sentença. Insucesso no rastreamento de bens penhoráveis, sucedido a pedido, pela exequente, de bloqueio de cartões de crédito. Decisão recorrida indefere o pleito. Inconformismo da exequente. Não provimento. Decisão mantida. Medida atípica coercitiva que não se mostra proporcional, eis que passível de importar ingerência direta na esfera pessoal do executado. Recurso desprovido.

Os limites dos instrumentos da justiça são também e sobretudo, o campo em que o Magistrado mostra se realmente é um verdadeiro guardião da dignidade: "constitui fato notório a falta de colaboração da própria executada com o progresso da fase executiva, inexistindo manifestação positiva sua quanto a uma intenção firme e séria de quitar a dívida em aberto". Pois bem – tal fato notório autorizaria o Magistrado a navegar no campo da atipicidade sob custos jurídicos elevados? Vejam como o Desembargador Piva endereça a questão: "A despeito de todo o entusiasmo da doutrina quanto à potencialidade e efetividade das medidas executivas atípicas, anunciando sua funcionalidade nos casos em que haja espaço para a persuasão do devedor e inadimplente para o cumprimento de sua dívida, impondo-lhe medidas coercitivas, onerosas e inconvenientes que torne mais vantajoso o cumprimento da dívida em comparação à permanência do estado de inadimplência (...) tem-se, no caso concreto, que *não se mostra espaço* para a adoção da medida executiva atípica requerida pela parte agravante" (destaques conforme Acórdão original).

Eis ele, o art. 139, III do CPC em cores reais: preveniu-se e reprimiu-se ato que, potencialmente, poderia ser contrária a dignidade da justiça, muito apesar das circunstâncias notórias da falta de colaboração da contraparte, indignidade que se reprime no mérito, pela causa e não pelo processo, na forma cuja atipicidade pode, de fato, chegar a limites e extremos constitucionais perigosos.

IV.

Neste segundo passo, em que as *causas primárias* de análise de mérito (o que se popularizou chamar de *causa de pedir*) exigem *substancialmente* que a relação lógica *causa-consequência* mostre que o pedido é *digno*, a atuação do Magistrado para proteger e desembaraçar esse mérito do que lhe possa "dificultar o julgamento" (art. 321, *caput* do CPC) faz perfeito contraponto com o art. 139, III do mesmo CPC.

Desembaraçar a causa e prepará-la para o mérito é a mais sublime e completa constatação de que, investigando substancialmente as causas, observou o Magistrado o cumprimento escorreito do que lhe exige o art. 139, III do CPC.

E vemos em decisões do Desembargador Piva Rodrigues essa perseguição pelo desembaraço – bom exemplo é o Acórdão de Apelação Cível com Revisão nr. 0002305-70.2008.8.26.0294 (julgada: 05/5/2015; D.O.: 29/5/2015, V.U.) em que assentou: "Privilegiar terceiro que sequer prova estar inscrito em tal Programa é assegurar tratamento desigual diante de regras cogentes e inafastáveis às quais a CDHU está jungida a cumprir".

Esse padrão é também observado no recentíssimo Acórdão de Apelação Cível nr. 1024516-08.2016.8.26.0196 (julgada: 19/6/2018; D.O.: 22/6/2018, V.U.):

> COHAB/RP. Ação de reintegração de posse. Procedência do pedido. Inconformismo por parte dos réus. Não acolhimento. Não se mostra lícito e nem moral que os réus, ora apelantes, sem celebrar contrato ou pagar qualquer quantia, ocupem o imóvel, enquanto há outras pessoas, tão ou mais carentes, que aguardam longo período para obterem o cadastro no programa de habitação popular e que aguardam anos na fila, à espera de contemplação em sorteio. Sentença mantida. Recurso de apelação não provido.

Sob a mesma matéria, mas em caso diverso, o Magistrado assim protege a dignidade da justiça descendo na intimidade das causas[5]:

> Apelação Cível. Ação de imissão na posse. Improcedência do pedido. Recurso de apelação interposto pela autora e recurso adesivo interposto pelos réus.
>
> Recurso de apelação. Não acolhimento. Autora, mediante Termo de Acordo celebrado com a BANCOOP, assumiu a posição desta última para finalização das obras do empreendimento, assumindo os direitos e as obrigações até então existentes. Réus que, anos antes da celebração do Termo de Acordo, quitaram integralmente as parcelas do preço. Posse justa dos réus que impede a procedência do pedido de imissão na posse, bem como a condenação ao pagamento de indenização. Improcedência do pedido mantida. Recurso de apelação não provido.
>
> Recurso adesivo. Acolhimento. Honorários advocatícios necessidade de adequação, respeitando-se os padrões de dignidade profissional, bem como o trabalho desenvolvido.
>
> Recurso adesivo provido.
>
> Recurso de apelação interposto pela autora não provido e recurso adesivo interposto pelos réus provido.

A defesa da dignidade, em outros casos, nota-se em jurisdições de acolhimento. Ao fundamentar a decisão, repare-se no cuidado com o mérito e com as causas:

> Danos morais. Publicação de notícia caluniosa, injuriosa, difamatória e inverídica em jornal. Nulidade de expulsão de quadro associativo de sindicato. Decretação de carência em face de

---

5. Apelação Cível nr. 0016686-20.2012.8.26.0011 (julgado: 30/8/2016; D.O.: 01/9/2016, V.U.).

réus, pessoas físicas, e rejeição do pedido em face do Sindicato. Inconformismo. Acolhimento. Recurso provido para condenar o Sindicato réu em dano moral e declarar a exclusão do autor do quadro associativo.

Vejam agora, com lente próxima, o percurso do cuidadoso raciocínio do Magistrado que se porta, acima de tudo, como verdadeiro guardião da *dignidade da justiça* nesses mesmos autos: "Quanto ao dano moral, impõe-se reconhecer que o Jornal, a par de anunciar a demissão e, nesse ponto, a verdade foi respeitada, de tal forma que anunciou o nome dos demitidos que até mesmo esta Relatoria, totalmente equidistante das partes em litígio, ao ler o Jornal entendeu pelos grifos e negritos da transcrição de artigos do Estatuto que ali se enquadravam os motivos da exclusão. Todavia, não é o que ficou registrado na exordial e, pasme-se, omissa a contestação quanto a confirmar tenha o autor praticado atos ou adotado o comportamento qualificados nas normas estatutárias postas em destaque. Quanto ao mais, é inarredável o direito à liberdade do servidor sindicalizar-se sem que possa, por um tal fato, ser punido. É direito constitucional e basta!" (Apelação Cível nr. 994.03.089692-0, julgada: 27/4/2010; D.O.: 22/6/2010, V.U.).

Ao pedir "basta" logo após a palavra "constitucional" em uma frase que trata do "direito de liberdade", o Desembargador Piva constrói um dos mais belos e marcantes exemplos de um servidor da justiça perseguindo a sua função de *guardião da dignidade*.

É também na Apelação Cível nr. 1019774-15.2015.8.26.0053 (julgada 15/5/2018, D.O.: 17/5/2018, V.U.), extraída dos autos da Ação Civil Pública que o Ministério Público do Estado de São Paulo moveu contra a Prefeitura de São Paulo em 2015 por conta do imbróglio do "Parque Florestal II" em Capela do Socorro, que a dignidade da justiça encontrou no Desembargador Piva um forte guardião. Veja-se a ementa:

Ação Civil Pública. Procedência do pedido. Inconformismo por parte da Municipalidade de São Paulo. Não acolhimento. Legitimidade passiva configurada – cabe à Municipalidade a fiscalização e regularização de parcelamento do solo – inteligência do artigo 30, VIII, da CF, e do artigo 40 da Lei 6.766/79. Interesse processual presente – embora particular a área, há evidente repercussão no plano urbanístico e manifesto interesse social – irregularidade pendente há mais de 20 anos. Procedência do pedido – obrigação da Municipalidade de São Paulo de regularização do loteamento expressamente prevista no artigo 40 da Lei 6.766/79, que lhe impõe um poder/dever de regularização de parcelamentos feitos em desconformidade com a lei. Municipalidade de São Paulo que não exerceu o poder de polícia, permitindo que um novo núcleo habitacional desordenado se formasse e que famílias fossem residir no local sem as condições de habitabilidade adequadas – atuação, ao longo de todos esses anos, sem qualquer efetividade e omissão quanto ao ajuizamento da ação competente em face do loteador. Sentença mantida. Recurso de apelação não provido.

É uma decisão justa e perfeita.

A perseguição da dignidade pela estratégia de cercar o debate no mérito e na causa de pedir é evidente e eficiente: a falha no poder de polícia impôs conclusão necessária de procedência.

V.

A dignidade repousa no respeito ao mérito de cada discussão.

A devida curatela jurisdicional pelas causas substanciais primárias desse mérito é providência de cabal comprovação de que o Magistrado dirigiu o processo dentro do espírito do art. 139, III do CPC.

Se dou por aqui, então, encerrado o texto, não o faço para encerrar o encômio – ao Professor Piva, vida longa e nosso eterno

Muito Obrigado!

O PIB, ESSE DESCONHECIDO

Fábio Nusdeo

Doutorado em Economia pela Universidade de São Paulo. Professor titular aposentado da Universidade de São Paulo com vínculo ativo junto ao Programa de Pós-graduação em Direito da Universidade de São Paulo.

Quis a generosidade dos organizadores da presente coletânea editar em homenagem – mais do que justa – ao Eminente Amigo Professor Walter Piva Rodrigues, fosse eu convidado a dela participar. Na escolha do tema, muito embora possa parecer um tanto paradoxal, optei por um de caráter não nitidamente jurídico, ou seja, o Produto Interno Bruto – PIB, uma variável de caráter obviamente econômico, apresentada como algo, objetivo e incontestável, para tecer a seu respeito algumas reflexões provindas de um modesto cultor das letras jurídicas.

De tempos para cá, tem-se tornado frequentes as avaliações e as previsões referentes ao comportamento do PIB (Produto Interno Bruto). Parece oportuno, portanto, apresentar algumas considerações a respeito dessa variável, que tem marcada dimensão macroeconômica, por se referir à totalidade do valor dos bens e serviços produzidos ou disponibilizados a uma dada comunidade durante determinado período de tempo. Tal período é normalmente fixado em um ano, o que não significa não possa ser calculado para períodos menores, como o trimestre ou, mesmo, o mês.

Tais períodos menores, no entanto, não permitem dar o adequado tratamento estatístico à questão da sazonalidade, bastando lembrar, por exemplo, que durante os meses da chamada entressafra, a produção agrícola se atrofia, dificultando comparações com outros meses de pletora do mesmo ano. A sazonalidade é, pois, o primeiro problema que se coloca para a adequada comparação intertemporal do PIB.

Muito embora os estatísticos e os econometristas tenham desenvolvido métodos e técnicas para "corrigir" ou "ajustar" tal sazonalidade é preciso atenção para o fato de que nem tudo é sazonal, tais como fatores aleatórios diversos que afetam setores da atividade econômica ou ela toda em seu conjunto de maneira imprevista ou aleatória, como crises de liquidez, alterações climáticas extra padrão, crises de aversão ao risco, surgimento de novos concorrentes em alguns mercados, como no presente momento quando a oferta de petróleo se eleva enormemente com o produto proveniente do xisto betuminoso e a entrada em produção de novos campos de exploração antes tidos como inacessíveis ou antieconômicos. Assim sendo, é necessária muita cautela com as comparações entre os mesmos períodos de cada ano, durante os quais podem se alterar o número de variáveis relevantes ou a mudança das respectivas ponderações independentemente de fatores sazonais.

A sazonalidade, no entanto, é o menor dos problemas associados ao PIB, pois, como dito, o desenvolvimento do cálculo estatístico tem permitido reduzir tais distorções puramente sazonais que ocorrem e sempre ocorreram em todo o mundo. Adequado, portanto, discutir-se outros elementos sensíveis quanto à sua quantificação e utilização.

O primeiro deles reside na questão da dupla (ou enésima) contagem de um mesmo produto ao longo da sua cadeia produtiva.

Como parece claro, qualquer bem incorpora em si outros bens, produtos ou serviços que entram no seu feitio, normalmente chamados de componentes. Assim, um automóvel é o bem final de uma longa corrente a envolver os mais diferentes produtos (e seus valores) tais como as chapas ou folhas de aço, metais outros, vidros, couro, borracha, óleos, diversos objetos em plástico, etc. além de variados serviços de mão de obra. É por isso que as fabricas de automóveis são apropriadamente chamadas de "montadoras".

Na sequência é preciso não esquecer que as chapas de aço provem do aço bruto e este do ferro e este dos diversos minérios ferríferos, os quais passam pelos mais diferentes processos de extração e transformação. O mesmo se dá com todas as outras partes de qualquer veículo, inclusive a chamada "borracharia". E, pode-se acrescentar, de qualquer bem que venha a ser oferecido nos inúmeros mercados setoriais para compor um veículo.

Surge, assim, o intrincado problema de eliminar tal contagem em cascata, o que elevaria, irrealisticamente, os valores atribuídos ao PIB. Tal eliminação, no entanto, nem sempre pode ser cabal, havendo aí uma margem possível de sobreposição que os progressos da pesquisa quantitativa tendem a manter sob certo controle. Por outro lado, tal margem de erro tende a se repetir ano a ano, em que pese a tendência à sua progressiva superação, o que torna perfeitamente aceitável a comparação dos PIBs anuais, desde que em períodos de tempo não por demais extensos.

Tanto é assim que, periodicamente, em todo o mundo, os cálculos passam por uma revisão a fim de adequá-los às mudanças observadas entre uma revisão e outra, refletindo a dinâmica da própria vida econômica e a evolução tecnológica.

Um terceiro problema, provem do fato de o PIB considerar na sua construção apenas os bens e serviços de alguma forma precificados ou expressos monetariamente, ignorando que se os bens produzidos devem ser somados, alguns custos associados a essa produção, não diretamente expressos em moeda, devem ser subtraídos. É o que ocorre, claramente, com a poluição e a depleção dos recursos naturais.

Em quarto lugar, cabe lembrar que em países menos desenvolvidos haver ainda uma certa parcela de auto consumo, seja em nível de unidade produtora, seja em nível regional, ou seja, bens que atendem as necessidades de parte da população sem passar pelo circuito mercantil, como no caso do consumo "in loco", ou do escambo puro e simples. Com as alterações trazidas pelo progresso, em etapas de tempo posteriores, tal auto consumo passa a diminuir ou a desaparecer e aí todo o conjunto de bens circula pelos canais mercantis, ou seja, precificadamente, dando a ideia, inexata, de ter havido um aumento de disponibilidade desses bens, quando o que houve realmente foi a sua maior circulação, agora passível de quantificação e mensuração.

Um quinto aspecto a exigir atenção diz respeito ao cálculo da produção de bens e serviços – que é no que consiste o PIB – relacionado à destinação dos mesmos pelos vários setores da comunidade. Em outras palavras: os bens produzidos, realmente atendem às necessidades da sociedade à qual se destinam ? Em alguns casos poderão até desatendê-las. E gravemente.

O primeiro exemplo que acode à memória é o dos bilhões ou trilhões de litros de combustível que se perdem, na atmosfera quando queimados nos congestionamentos de tráfego das médias e grandes cidades. Eles são computados como integrantes do PIB mas não apenas deixam de atender a qualquer necessidade da população, como, ainda, causam-lhe evidentes males, tais como as doenças respiratórias como o próprio câncer, e, ainda, movimentam toda uma máquina de produção de remédios e de assistência médico hospitalar às vítimas da poluição, o que seria desnecessário caso a poluição, não existisse ou fosse bastante reduzida. Claramente, ela, poluição, permeia todas as atividades humanas, causando os seus notórios danos, que não passam de custos, chamados sociais, por recaírem sobre a comunidade como um todo.

A observação acima evidencia o fenômeno das externalidades negativas que vem a ser aqueles custos não precificados existentes em qualquer processo produtivo como acima indicado e por isso não descontados dos valores integrantes do PIB, e, pelo menos até há pouco, ignorados pelas próprias unidades produtoras. Assim, o abate de uma floresta, sem a sua reposição, aumenta os números do PIB de um dado ano pelo valor monetário da sua madeira. No entanto, não são daí deduzidos os serviços que deixaram de ser prestados por aquela floresta na regularização das chuvas, na estabilização do clima, na contenção do solo ou, mesmo, ao proporcionar um local de lazer para parcelas da comunidade. Tais serviços, simplesmente, deixarão de existir, em que pese a sua patente utilidade.

Daí ter-se desenvolvido no âmbito do Conselho Econômico e Social das Nações Unidas, a elaboração de um novo índice destinado a captar uma outra realidade, qual seja, o Índice de Desenvolvimento Humano. Ele inclui na sua construção o próprio PIB, mas colocando-o lado a lado com outras variáveis altamente significativas, como a "esperança de vida" e o nível educacional, o que se afigura muito mais funcional para qualquer diagnóstico que queira fazer de uma dada situação econômico-social.

Há, ainda, a ressaltar, como sexto problema, a questão da ponderação de cada setor da economia na formação do PIB, a qual, normalmente, altera-se ao longo do tempo. Assim, os três setores básicos de qualquer sistema econômico chamados de setor primário, compreendendo a agropecuária e a extração mineral ou vegetal (commodities), o setor secundário, correspondente à indústria de transformação e o setor de serviços em geral, cada um deles comportando diversas subdivisões.

Parece claro que em fases preliminares ao desenvolvimento econômico, a agropecuária e a indústria extrativa possam ser responsáveis por 50 ou 60% da atividade econômica total, vale dizer, do PIB. Foi o caso, no Brasil, do café, do algodão e do cacau. À indústria de transformação caberiam cerca de 20 ou 30% e aos serviços, em geral, ligados diretamente aos dois anteriores, os restantes, 20 ou 30%.

Como ocorreu no Brasil, um crescimento expressivo da indústria, superior ao do setor primário, parece evidente que tais proporções não poderão mais prevalecer, alterando-se os respectivos pesos ou porcentagens e que devem ser observados nos cálculos, a fim de conferir maior fidelidade às estimativas anuais baseadas naqueles percentuais. Nesses casos, os pesos atribuídos a cada setor terão, necessariamente, de ser alterados, passando a diminuir para o setor primário e a aumentar para os dois outros, perfazendo, por exemplo, 25, 40 e 35% respectivamente. Pela nova ponderação, um crescimento da agricultura e da extração em 10%, significará uma alta do PIB de 2,5%, caso os outros dois setores permaneçam estáveis, contra 5% na hipótese anterior (agricultura e extração com peso 50). Isto, por obvio, representaria uma inadequação do cálculo gerada pelo novo perfil setorial do aparelho produtivo.

Malgrado todas dificuldades ou distorções acima apontadas, como elas estão sempre presentes, repetindo-se, ano a ano, o PIB mantém-se como a grande variável macroeconômica, normalmente considerada em qualquer análise. No entanto, a sua utilidade restringe-se, basicamente, a dar uma ideia do crescimento ou retração da economia como um todo, sem autorizar, porém, qualquer paralelo confiável com relação a níveis de bem-estar vigentes em cada período.

Quando se fala, pois, em crescimento ou queda do PIB é importante questionar onde ou em que setores o movimento ocorreu: se foi na produção de alimentos, na indústria de produtos essenciais ou de infraestrutura nos serviços de maior significância, como os de saúde a avaliação será uma. Pelo contrário, caso tenha se dado em ramos de menor essencialidade, como automóveis de corrida, indústria de cosméticos e outros que tais, não se poderá concluir que tal elevação tenha representado algo de palpável em termos de padrão de vida da população. Tal afastamento entre PIB e padrão de vida tenderá a ser tanto maior quanto mais ampla for a disparidade de rendas existente em cada sociedade, como parece óbvio.

Finalmente, em sétimo lugar, na mesma esteira da distinção entre PIB e bem-estar, acima apresentada, pode-se trazer à baila a distinção entre PIB e desenvolvimento, uma vez que o primeiro nem sempre expressa a presença do segundo.

O desenvolvimento econômico tem sido definido como um processo autossustentado, que leva a renda *per capita* a se elevar continuamente ao longo de um dado período. Em outras palavras, é um processo contínuo pelo qual a disponibilidade de bens e serviços (PIB) cresce em proporção superior ao do incremento demográfico de uma dada sociedade.

Esta definição é aceitável, mas peca por ser incompleta ou por ser por demais otimista. Incompleta, porque poderá haver o crescimento assinalado sem se fazer acompanhar por um efetivo progresso em outros requisitos necessários para caracterizar um verdadeiro desenvolvimento. Otimista, porque, tomada por outro lado, leva

O PIB, ESSE DESCONHECIDO **161**

a crer que a simples elevação da renda implicará necessariamente aquele progresso, o que nem sempre corresponde à realidade.

A conclusão a se tirar é a de que o desenvolvimento é, sem dúvida, um processo como acima enunciado, mas exige não apenas o crescimento da renda (equivalente ao PIB) mas mudanças outras de caráter muito mais qualitativo do que quantitativo, sendo, pois, muito mais envolvente e exigente, sem se limitar a dados puramente numéricos, muito embora a variável escolhida – renda *per capita* – represente uma grandeza complexa, no sentido de abarcar toda uma gama de indicadores e de situações. Mas não é somente isso. O desenvolvimento envolve uma série infindável de modificações de ordem qualitativa e, também, quantitativa, de tal maneira a conduzir a uma radical mudança da estrutura da economia e da própria sociedade do país em questão. Mesmo quando tais mudanças serem quantitativamente expressas, elas traem ou revelam uma massa substancial de alterações de natureza qualitativa, inclusive de ordem psicológica, cultural e política.

Daí surge a diferença entre desenvolvimento e crescimento. Este último seria apenas o crescimento da renda e do PIB, porém sem implicar ou trazer mudanças estruturais mais profundas. E isso por duas razões alternativas: ou porque tal transformação estrutural já se verificou e o país, portanto, já se desenvolveu, ou então o crescimento, como soe acontecer é, apenas, transitório e não se auto sustentará, justamente por não conseguir alterar a estrutura da economia, como, por exemplo, a expansão industrial, o maior grau de urbanização, melhora do nível de ensino e saúde, a capacidade da absorção de tecnologia e, Porque não? o aperfeiçoamento do sistema político.

Pode dar-se o crescimento quando, em razão de um fator às vezes exógeno, isto é, externo ao sistema em foco, este último passa a aumentar acentuadamente o seu PIB e pois, a sua renda "per capita", sem alterar, porém, a sua estrutura produtiva e as suas características básicas. Trata-se mais de um surto do que um processo. Cessada a causa que lhe deu origem, tudo se contrai, tão ou mais rapidamente, do que quando se havia expandido, e aí há a volta à situação anterior.

Quando o fator desencadeante é externo e até mesmo exterior, no sentido geográfico, chama-se tal crescimento de induzido. Ele se ajusta perfeitamente ao sucedido com os ciclos da economia colonial brasileira.

Os ciclos do açúcar, do ouro, da borracha, do couro mostram um comportamento como o acima descrito. Um fator externo, de caráter até acidental – alta dos respectivos preços provocada por causas aleatórias – induziu a expansão geral nas zonas produtoras, um verdadeiro inchaço que não gerou qualquer mudança de estrutura das mesmas, mas apenas a sua ampliação. Desaparecido o fator de indução, tudo desaba e volta exatamente ao que era antes, sem deixar maiores vestígios, a não ser alguns casarões opulentos, igrejas, chafarizes e pouca coisa mais. Há estimativas segundo as quais, encerrado o ciclo do ouro nas Gerais, a renda caiu a níveis inferiores aos prevalecentes no seu início.

Já o café teve um destino diverso. Inicia-se como mais um ciclo típico de economia colonial e assim se comporta ao percorrer o Vale do Paraíba até aproximar-se da cidade de São Paulo. Contornando-a, devido ao seu clima mais frio, espraia-se pelo interior do Estado, já não mais como um ciclo, mas, sim, como uma atividade condutora do desenvolvimento por razões diversas, como a abolição da escravatura e a sua substituição pelo trabalho remunerado, o que fez surgir o mercado ainda quando incipiente.

De qualquer maneira, o que nele se procurou demonstrar foi que os dados exclusivamente quantitativos do PIB, quando isoladamente considerados ou não cotejados com outras variáveis, por assim dizer, "satélites" pouco ou nenhum significado terão como elementos explicativos de qualquer conjuntura econômica.

Hoje em dia, dada a consciência ecológica que, bem ou mal, instalou-se em boa parte das nações, usa-se uma expressão, cunhada na Noruega – *o desenvolvimento sustentável* – para significar aquele processo desenvolvimentista ou mesmo de mero crescimento que se dá levando em conta a preservação ecológica, já que, caso essa preservação não ocorra, o próprio processo estará logo mais comprometido ou exaurido. Como se pode verificar, a ideia é a mesma do *processo autossustentado de desenvolvimento* de que se falava há pouco. A auto sustentação envolve um mecanismo de cunho econômico; a sustentabilidade já apresenta uma natureza ecológica. Por essa razão, é aconselhável usar-se a expressão "desenvolvimento autossustentado" para significar o mecanismo econômico que assegura a continuidade do processo, deixando-se a expressão "desenvolvimento sustentável" para caracterizar a indispensável preservação da ecologia e não a sua destruição. Em outras palavras, a auto sustentação é um conceito econômico, no sentido da produção, enquanto a sustentabilidade é um conceito também econômico, mas voltado ao sentido de ecologia. Isto porque os bens ecológicos transformaram-se, também, em bens econômicos devido ao aumento de sua escassez relativa.

As considerações acima, tiveram, pois, o escopo de chamar a atenção para as possíveis discrepâncias entre PIB e bem-estar, por um lado e PIB e desenvolvimento por outro, discutindo preliminarmente os problemas ou "ciladas" que podem surgir no entendimento dessa importante variável macroeconômica.

DIREITOS HUMANOS E DIREITOS FUNDAMENTAIS: UM DIÁLOGO EM CONSTRUÇÃO

Fauzi Hassan Choukr

Doutor e Mestre em Processo Penal pela Faculdade de Direito da Universidade de São Paulo. Especializado em Direitos Humanos pela Universidade de Oxford – New College. Especializado em Direito Processual Penal pela Universidade Castilla La Mancha – Espanha. Promotor de Justiça no Estado de São Paulo.

Sumário: 1. Uma palavra de agradecimento - 2. Serve, ainda, a dogmática tradicional dos direitos fundamentais perante os problemas de efetividade?; 2.1. Direitos humanos e direitos fundamentais; 2.2. Direitos fundamentais e uma visão retrospectiva: a eterna crise da ineficácia; 2.3. Direitos humanos e uma visão prospectiva: movimento e construção - 3. Referências bibliográficas.

1. UMA PALAVRA DE AGRADECIMENTO

Foi com imensa emoção que recebi o convite do Dr. Daniel G. Zveibil para participar da obra coletiva na mais que justa homenagem ao Prof. Dr. Walter Piva Rodrigues pelo seu aniversário e por sua carreira acadêmica. A emoção é incontida porque foi o Professor Piva uma das minhas grandes referências de vida no plano pessoal e profissional.

Ainda no início da caminhada acadêmica, a Turma de 1988 da Fadusp, período noturno, foi agraciada com sua presença que, desde o primeiro momento, constituiu-se como a vivificação do comprometimento com a docência. Mas não a docência formal, funcional, mecânica e burocrática.

Foi, sim, brindada com alguém que sempre teve, no ensino, um compromisso de vida e que, como poucos à sua época – entre os que conheci, e muito menos entre os que viria a conhecer – sabia se colocar na posição do "outro", ensinando a todos nós o valor da alteridade e a entender que a pessoa humana não é um "objeto" algo "coisificável" e que a doutrina jurídica somente tem sentido se partir do Humano e a ele se voltar em suas conclusões.

Mas seu compromisso com a técnica jurídica compreendida a partir dessa premissa ainda se mostraria mais cativante porquanto o Professor Homenageado facultava a todos(as) quantos tivéssemos predisposição a participação em seu grupo de estudos, algo que no meu caso particular seria definitivo na forma que compreendo a formação jurídica e seu ensinamento.

Assim, com regularidade semanal, sentávamos nas velhas dependências do Departamento de Processo, cercados de livros, para estudar as nuances e dificuldades teóricas e práticas dos mais variados "institutos" processuais, sendo para mim perenes as discussões sobre litisconsórcio e legitimação.

A literatura empregada era constituída de artigos selecionados então discutidos em mesa de debates entre todos os presentes, numa metodologia que satisfaria os critérios Capes contemporâneos de avaliação de cursos de pós-graduação com sobras.

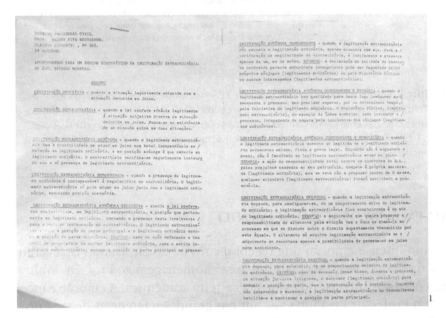

[1]

Foi nesse comportamento que busquei minha inspiração para, se um dia tivesse oportunidade, viesse a reproduzir, ainda que timidamente, o quanto me havia sido dado. E nas minhas experiências docentes, até hoje, insisto na leitura de periódicos que contemplem uma mais completa verticalização da análise do tema jurídico e os levo para discussões em sala de aula.

Tendo aprendido a admirar o Homem e o Professor, os tópicos que se seguirão buscam uma singela demonstração do ideal humanista que o Douto Homenageado soube semear naquela Turma de tantos anos atrás, tornando mais que nunca viva a letra da canção quando afirma que "amigo é coisa para se guardar... ainda que o tempo e a distância digam "não"".

---

1. Décadas depois, o material usado nas discussões ainda vive. Aqui, um dos resumos empregados nas discussões sobre "legitimação" a partir da obra de Barbosa Moreira em um de seus textos clássicos: MOREIRA, José Carlos Barbosa. "Apontamentos para um estudo sistemático da legitimação extraordinária". Em: Revista dos Tribunais. São Paulo: RT, 1969, n. 404. De resto essa discussão viria a inspirar-me, anos depois, no tratamento do tema da legitimação na denominada "ação penal privada subsidiária da pública". A ver em CHOUKR, Fauzi Hassan. Iniciação ao Processo Penal. Rio de Janeiro. Tirant. 2ª. Ed., 2018, especialmente capítulo 5.

Muito obrigado, eterno Professor!

2. SERVE, AINDA, A DOGMÁTICA TRADICIONAL DOS DIREITOS FUNDAMENTAIS PERANTE OS PROBLEMAS DE EFETIVIDADE?

Resumo: Enfrentar o tema da "efetividade" dos direitos humanos e fundamentais implica na retomada da discussão de seus fundamentos e na superação dos mecanismos técnico-jurídicos de "garantia". Tomados como mecanismos emancipatórios, devem ser tidos como condicionantes de racionalização de processos políticos de tomada de decisão na produção de políticas públicas e de estruturas normativas. Mais além, servem como primeira e mais densa camada de racionalidade na produção da decisão judicial. Desse último aspecto reclama-se, ainda, a amplitude interpretativa necessária para compreensão da extensão desses direitos e a consequente dificuldade de entender seus limites.

Palavras-chave: direitos fundamentais; fundamentos; eficácia

Sumário

1. Fundamentação dos Direitos humanos e fundamentais

2. Direitos fundamentais e uma visão retrospectiva: a eterna crise da ineficácia

3. Direitos humanos e uma visão prospectiva: movimento e construção

2.1. Direitos humanos e direitos fundamentais

No marco da proposta teórica do presente Seminário[2] o grande eixo de análise diz respeito ao relacionamento entre os direitos humanos e os fundamentais, suge-

---

2. Texto apresentado no Primer Seminario Internacional del Programa de Doctorado en Ciencias Jurídicas y Políticas Derechos Humanos Y Desarrollo Diálogos Hispano Brasileños Sobre Constitucionalismo Y Derechos Fundamentales realizado no Campus da Universidade Pablo Olavide, Sevilha, Espanha, no período de 20 a 23 de outubro de 2014.

rindo que existe entre eles uma diferenciação de espaços de construção que leva, por sua vez, à necessidade da existência de uma estrutura (normativa, cultural) dialogal entre ambos.

Naquilo que se pode considerar como eixo suplementar de análise, e agora já focado estritamente o âmbito dos direitos fundamentais, lança-se a provocação da insuficiência da dogmática "tradicional" na consecução de objetivos de eficiência desses direitos. Nesse âmbito específico subjaz a ideia de que, em algum momento, a denominada dogmática "tradicional" foi capaz de atender os anseios de eficiência / efetividade na fruição desses direitos tidos como fundamentais.

Para o enfrentamento de ambos aspectos problematizados deve-se, a meu juízo, focar em primeiro plano a fundamentação (meta)teórica desses "direitos" partindo-se, pela amplitude que lhe é própria, daqueles denominados "humanos".

Recorde-se que as condições políticas após o fim da Guerra Fria propiciaram o surgimento de uma fase de expansão de compromissos internacionais voltados para a proteção dos "direitos humanos" que, malgrado a polissemia que lhes cerca não se trata, reduzidamente, de uma noção "confusa, ilusória" e, possivelmente, "efeito de uma incultura, e de uma regressão da ciência jurídica"[3], mesmo porque, em nome dessa "incultura" vidas humanas são valorizadas e se tenta (re)construir, também no âmbito judiciário[4], uma rede de mecanismos que vai muito além daquela estabelecida no período anterior ao da própria criação do tecido internacional que uniria nações em torno de uma organização, malgrado as condições políticas peculiares a cada situação possam servir, ainda, de freio à plena efetividade desses direitos[5].

Melhor, portanto, acompanhar Bobbio ao se referir ao marco inicial dessa "incultura", a dizer, a Declaração Universal quando afirma que

> Com essa declaração, um sistema de valores é – pela primeira vez na história – universal, não em princípio, mas de fato, na medida em que o consenso sobre sua validade e sua capacidade para reger os destinos da comunidade futura de todos os homens foi explicitamente declarado. (...) Somente depois da Declaração Universal é que podemos ter a certeza histórica de que a humanidade – toda a humanidade – partilha alguns valores comuns; e podemos, finalmente, crer na universalidade dos valores, no único sentido em que tal crença é historicamente legítima, ou seja, no sentido em que universal significa não algo dado objetivamente, mas subjetivamente acolhido pelo universo dos homens. [6]

Compartilhamento de valores que, reconhecidos normativamente desde um plano exterior (mundial, regional ou comunitário) se reproduz no plano interno e,

---

3. E esse é somente o início da crítica. VILLEY, Michel. O direito e os direitos humanos. SP: Martins Fontes, 2007.p. 17.
4. A propósito, _Lutz, Ellen e Kathryn Sikkink. 2001. The Justice Cascade: The Evolution and Impact of Foreign Human Rights Trials in Latin America. Chicago Journal of International Law 2 (1):1-34.
5. Ratner, Steven R. and Jason S. Abrams. 1997. Accountability for Human Rights Atrocities in International Law: Beyond the Nuremberg Legacy. New York: Oxford University Press.
6. BOBBIO, Norberto. A era dos direitos. Rio de Janeiro: Campus, 1992. p. 28.

por tal razão, passa a ser concebido como "fundamental" um direito que, prioritariamente fora concebido como "humano".

Neste ponto, o Brasil, como integrante do sistema interamericano de direitos humanos[7], assina e ratifica[8] a convenção interamericana de direitos humanos[9] bem como aceita a competência da corte interamericana de direitos humanos desde 1998[10]. Ao mesmo tempo, é signatário e ratificador do pacto de direitos civis e políticos de Nova Iorque[11], bem como adere às Convenções de Genebra referentes ao denominado "direito internacional humanitário"[12] e, de resto, integra formalmente toda uma ordem internacional voltada para a defesa dos direitos humanos[13].

Particularmente sensível no que diz respeito à proteção dos direitos humanos, a estrutura normativa internacional acima mencionada se projeta para o direito interno não apenas nas dimensões de compatibilidade (texto internacional em cotejo com direito interno[14]), forma de sua inserção (texto internacional incorporado ao direito interno[15]) ou inserção vertical do texto internacional (posição hierárquica em

---

7. O sistema interamericano de proteção dos direitos humanos teve seu início formal com a Declaração Americana dos Direitos e Deveres do Homem, aprovada pela Nona Conferência Internacional Americana (Bogotá, Colômbia, 1948), durante a qual também foi criada a Organização dos Estados Americanos- OEA.
8. Ratificada pelo Brasil em 25.09.1992.
9. O sistema interamericano fortaleceu-se com a Convenção Interamericana, assinada em San José, Costa Rica, em 22 de novembro de 1969, tendo entrado em vigor em 18 de julho de 1978, nos termos do artigo 74, inciso 2 da Convenção, quando foi depositado o décimo primeiro instrumento de ratificação e registrado na ONU em 27 de agosto de 1979, sob o n. 17 955. No texto será designada também por CADH.
10. Desde 10 de dezembro de 1998.
11. Adotado pela Resolução 2.200-A da Assembleia Geral das Nações Unidas, em 16 de dezembro de 1966. Aprovado pelo Decreto Legislativo 226, de 12.12.1991. Ratificado pelo Brasil em 24 de janeiro de 1992. Em vigor no Brasil em 24.4.1992. Promulgado pelo Decreto 592, de 6.7.1992
12. Adotada a 12 de Agosto de 1949 pela Conferência Diplomática destinada a Elaborar as Convenções Internacionais para a proteção das Vítimas da Guerra, que reuniu em Genebra de 21 de Abril a 12 de Agosto de 1949, com entrada em vigor na ordem internacional: 21 de Outubro de 1950 tendo havido a adesão pelo Brasil em 29 de junho de 1957.
13. Assim, por exemplo: Convenção sobre Asilo (assinada em 1928; ratificação ou adesão em 3 de setembro de 1929); Convenção sobre Asilo Político (assinada em 1933; ratificada em 23 de fevereiro de 1937); Convenção para a Prevenção e a Repressão do Crime de Genocídio (assinada em 1948 e ratificada em 4 de setembro de 1951; Convenção (n. 98); Convenção Relativa ao Estatuto dos Refugiados (assinada em 1951 e ratificada em 13 de agosto de 1963); Convenção sobre Asilo Diplomático (assinada em 1954; ratificação ou adesão em 17 de setembro de 1937), Convênio Suplementar sobre a Abolição da Escravidão, do Tráfico de Escravos e das Instituições e Práticas Análogas à Escravidão (assinada em 1956; adesão em 6 de janeiro de 1966); Protocolo sobre o Estatuto dos Refugiados (1966; assinado em 1967; adesão em 7 de março de 1972); Convenção contra a Tortura e Outros Instrumentos ou Penas Cruéis Desumanas ou Degradantes (1984; assinada em 1984 e ratificada em 28 de setembro de 1989; Convenção Interamericana Para Prevenir e Punir a Tortura (1965; assinada em 1985 e ratificada em 20 de julho de 1989).
14. Ver, dentre outros, TRINDADE, Antonio Augusto Cançado. "A interação entre direito internacional e o direito interno na proteção dos direitos humanos. *Arquivos do Ministério da Justiça*, Brasília, vol. 46, n. 182, p. 27-54, jul./dez. 1993. No mesmo sentido, PIOSEVAN, Flávia. *Direitos Humanos e o Direito Constitucional Internacional*, São Paulo: Max Limonad, 1996; ROCHA, Fernando Luiz Ximenez. "A incorporação dos tratados e convenções internacionais de direitos humanos no direito brasileiro" in *Revista de Informação Legislativa*, a 33n.n. 130 abril/jun. 1996, p. 77-81.
15. Veja-se a posição de Carvalho Ramos, André, que, juntamente com outros autores anotava a autoexecutoriedade dos tratados versados sobre direitos humanos e sua inserção em nível constitucional e, apoiado em vasta lição doutrinária, afirmava ter a Constituição de 1988 incorporado automaticamente as normas

relação à Constituição e demais textos normativos) mas, de forma expressa, como condicionante do processo legislativo que, de um lado, (i) não pode afrontar explicitamente a tessitura internacional e, de outro (ii) deve empreender a nova legislação com a maior conformação possível ao disposto nas normas internacionais visando extrair-lhe a eficácia mais abrangente com o emprego de técnicas (processuais penais, para o caso do presente texto) que assegurem esse objetivo.

2.2. Direitos fundamentais e uma visão retrospectiva: a eterna crise da ineficácia

Mas para alcançar um "mínimo grau" de efetividade necessita-se, dentre outros aspectos – a projeção no plano interpretativo pela atuação do ator judicial, particularmente neste ponto a figura do Juiz e, com igual importância, do ator acadêmico no processo de aculturamento da comunidade profissional atuante.[16] E, se já não bastasse a dificuldade ínsita à construção de um saber jurídico (por via da dogmática jurídica) para os direitos "humanos", isso se acentua no cenário dos direitos "fundamentais".

Isto porque, a afirmação daquilo que, para o campo jurídico se denomina de "direitos humanos" pressupõe uma forma de saber apta para o reconhecimento de mutações sociais contínuas, formadora de um espaço "aberto" que se completa – sempre momentaneamente – por demandas sociais que se modificam em velocidade diferente daquela que o saber jurídico tradicional (dogmático) sempre acolheu.

Neste ponto, a dogmática tida como "tradicional", fruto de um saber verticalizado e responsivo às estruturas normativas jamais foi capaz de dotar de efetividade a fruição dos "direitos humanos" e, tampouco, dos "fundamentais". Esse saber, ademais, tende por tal razão ao engessamento dessas mesmas estruturas, tornando-as pouco permeáveis às mutações sociais que reclamam o (re)conhecimento jurídico.

Neste ponto, a dogmática tradicional, de natureza "criptnormativa" (FERRAZ JR.) voltada para a reprodução da segurança por meio da construção de um saber capaz de "garantir expectativas" com variações controláveis e mínimas não parece

---

de tratados internacionais de direitos humanos ratificados pelo Brasil, mas, em face das divergências com a jurisprudência (vide tópico supra) e da própria doutrina sugeria a adoção de uma "terceira via", qual fosse, "a aceitação da compatibilidade das normas constitucionais com a normatividade internacional de proteção aos direitos humanos como presunção absoluta, em face dos princípios da Constituição de 1988". *O Estatuto do Tribunal Penal Internacional e a Constituição Brasileira*, Tribunal Penal Internacional, CHOUKR Fauzi Hassan e AMBOS Kai, orgs., São Paulo, RT, 2000, p. 263-264.

16. Por certo essa maximização interpretativa exige um ambiente cultural próprio para sua semeadura e colheita, a dizer, a formação juridical cumpre também aqui um (ou "o") papel primordial. A extensão do presente artigo não permite o devido aprofundamento e desdobramentos nesse sentido. Ver, para início de discussão, LOUREIRO, M. F.; CHOUKR, F. H. Ensino Jurídico, Críticas E Novas Propostas: Paisagem No Horizonte? In: Horácio Wanderlei Rodrigues, Orides Mezzaroba, Ivan Dias da Motta. (Org.). **XXII Encontro Nacional do CONPEDI / UNICURITIBA Tema: 25 anos da Constituição Cidadã: Os Atores Sociais e a Concretização Sustentável dos Objetivos da República.** 1ed.Florianópolis: FUNJAB, 2013, p. 266-290.

se prestar suficientemente para o reconhecimento de tais direitos quando vistos "em ação", a dizer, postulados por forças sociais "em juízo"[17].

Observado por um viés decisionista, esses direitos têm dificuldade de serem reconhecidos em sua afirmação normativa e, consequentemente, judicial. Nesse sentido, o fracasso da dogmática "tradicional" é sensível e ela passa a funcionar como um obstáculo ao reconhecimento desses direitos até o momento em que venham a ser confinados num espaço normativo reconhecido como tal e objeto da produção de um saber a partir dos cânones aceitos.

2.3. Direitos humanos e uma visão prospectiva: movimento e construção

A dogmática somente tem algo a acrescer aos níveis de efetividade dos "direitos fundamentais" quando se encontra capaz de reconhecer que tais direitos fundam uma determinada ordem política fornecendo um mínimo estrutural para a construção de uma ordem internacional e interna e que acabam por condicionar a própria razão de Estado, na figura construída por DELMAS-MARTY.[18]

Assim, essa dogmática, "aberta" em suas bases faz eco à própria fundamentação desses direitos em contínua gestação e, num certo sentido, evolução. Neste sentido será muitas vezes a única capaz de gerar respostas minimamente satisfatórias para o reconhecimento, em juízo, de situações sociais normativamente carentes de regulação posto que a velocidade social necessariamente não vem no mesmo ritmo que a produção de um saber específico predeterminado e condicionante para orientação do julgador.

Como decorrência, espera-se desse saber que forneça aptidões, capacidades e ferramentas conceituais, ao interprete jurídico, de lidar com temas que estão, na sua essência, fora do campo jurídico e que, quando projetados para esse campo, exigem instrumentos mais refinados conceitualmente e operacionalmente que os fornecidos pela dogmática "tradicional". Esse é, no limite, o grande desafio da intelectualidade jurídica.

3. REFERÊNCIAS BIBLIOGRÁFICAS

BOBBIO, Norberto. A era dos direitos. Rio de Janeiro: Campus, 1992.

DELMAS MARTY, Mireille (Ed.). Raisonner la raison d'État: vers une Europe des droits de l'homme, travaux du séminaire» Politique criminelle et droits de l'homme», organisé... dans le cadre de l'Institut de Droit Comparé de Paris de 1987 à 1989. Presses universitaires de France, 1989.

---

17. E o mesmo poderia ser refletido para seu reconhecimento por outros espaços de poder institucionalizado, reflexão esta que escapa os objetivos do presente texto que se cinge a nuances do tema focados especificamente em relação ao saber jurídico e sua exigibilidade judicial.

18. DELMAS-MARTY, Mireille (Ed.). Raisonner la raison d'État: vers une Europe des droits de l'homme; travaux du séminaire» Politique criminelle et droits de l'homme», organisé... dans le cadre de l'Institut de Droit Comparé de Paris de 1987 à 1989. Presses universitaires de France, 1989.

LOUREIRO, M. F.; CHOUKR, F. H. Ensino Jurídico, Críticas E Novas Propostas: Paisagem No Horizonte? In: Horácio Wanderlei Rodrigues, Orides Mezzaroba, Ivan Dias da Motta. (Org.). *XXII Encontro Nacional do CONPEDI / UNICURITIBA Tema: 25 anos da Constituição Cidadã: Os Atores Sociais e a Concretização Sustentável dos Objetivos da República*. Florianópolis: FUNJAB, 2013, p. 266-290.

LUTZ, Ellen e KATHRYN Sikkink. 2001. The Justice Cascade: The Evolution and Impact of Foreign Human Rights Trials in Latin America. Chicago Journal of International Law 2 (1):1-34.

PIOSEVAN, Flávia. *Direitos Humanos e o Direito Constitucional Internacional*, São Paulo: Max Limonad, 1996.

Ramos, André Carvalho. O Estatuto do Tribunal Penal Internacional e a Constituição Brasileira. *Tribunal Penal Internacional*, in CHOUKR Fauzi Hassan e AMBOS Kai, orgs., São Paulo, RT, 2000, p. 263-264.

RATNER, Steven R. e JASON S. Abrams. 1997. Accountability for Human Rights Atrocities in International Law: Beyond the Nuremberg Legacy. New York: Oxford University Press.

ROCHA, Fernando Luiz Ximenez. "A incorporação dos tratados e convenções internacionais de direitos humanos no direito brasileiro" *in Revista de Informação Legislativa*, a 33n. n. 130 abril/jun. 1996, p. 77-81.

TRINDADE, Antonio Augusto Cançado. "A interação entre direito internacional e o direito interno na proteção dos direitos humanos. *Arquivos do Ministério da Justiça*, Brasília, vol. 46, n. 182, p. 27-54, jul./dez. 1993.

VILLEY, Michel. O direito e os direitos humanos. SP: Martins Fontes, 2007.

EVOLUÇÃO HISTÓRICO-LEGISLATIVO DOS LIMITES OBJETIVOS DA COISA JULGADA NOS DIPLOMAS PROCESSUAIS DE 1939, 1973 E 2015

Fernando Rey Cota Filho

Mestre em Direito Processual Civil pela Pontifícia Universidade Católica de São Paulo. Graduado em Direito pela Pontifícia Universidade Católica de São Paulo. Professor da graduação da FMU, pós-graduação da Mackenzie, Escola Paulista de Direito dentre outras instituições. Membro do CEAPRO, ABDPRO, APEJUR. Advogado.

Sumário: 1. O Código de Processo Civil de 1939 - 2. O Código de Processo Civil de 1973 - 3. O Código de Processo Civil de 2015 - 4. Referências bibliográficas.

1. O CÓDIGO DE PROCESSO CIVIL DE 1939

Para que possamos investigar o sistema processual de 1939 e como de fato ocorreram as influências externas à legislação, como doutrina e jurisprudência (dentro dos aspectos daquele sistema processual), temos que, necessariamente, passar pelos ensinamentos de Enrico Tullio Liebman, que teve grande influência tanto no que diz respeito ao sistema processual de 1939 (na sua forma de interpretação), quanto no de 1973, por ter sido professor do Ministro Buzaid, assim como vemos até hoje sua influência para o Código de Processo Civil de 2015.

Se a elaboração do Código de Processo Civil de 1973 teve grande influência de Liebman, o diploma de 1939 teve grande influência do Código Mortara da Itália (para sua elaboração, pois, conforme veremos, durante a vigência do CPC/39 Liebman se mudou para o Brasil e a sua compreensão sobre o sistema processual influenciou a forma com que aquele Código era interpretado), ainda que para parte da doutrina fique claro que os institutos foram adaptados para nossa realidade.

No que diz respeito à afirmação de que parte dos dispositivos foram adaptados à nossa realidade, cumpre-nos investigar especialmente aqueles que dizem respeito aos limites objetivos da coisa julgada. Assim, conforme se verifica do artigo 287 e seu parágrafo único, a intenção do legislador foi bem clara para fazer com que a coisa julgada alcançasse outras decisões que não somente ao pedido. Explica-se.

Na oportunidade em que o código dispõe que serão consideradas "decididas todas as questões que constituam premissa necessária da conclusão", podemos somente ter a certeza de que não se referia ao pedido formulado pelas partes, mas sim a alguma outra coisa, cumpriria investigar e compreender como ou a o que se refere o dispositivo.

Mas, antes mesmo de podermos demonstrar a influência de Liebman, importa primeiramente analisar o que consta do artigo 287 do Código de Processo Civil de 1939 e seu parágrafo único, vejamos:

Art. 287. A sentença que decidir total ou parcialmente a lide terá força de lei nos limites das questões decididas.

Parágrafo único. Considerar-se-ão decididas todas as questões que constituam premissa necessária da conclusão.

Essa investigação é necessária diante da controvérsia da doutrina, das alterações no ordenamento e para que se possa compreender de que forma isso impacta no objeto do processo, se há um maior alcance da coisa julgada em decorrência disso.

Assim sendo, numa primeira leitura parece que a única forma de se entender o sistema processual de 1939 reside no fato de que a questão prejudicial fazia (ou melhor dizendo: poderia fazer) coisa julgada. Ressaltando-se que para recair o manto da coisa julgada material sobre as questões prejudiciais não era necessário pedido[1], além da grande discussão sobre a possibilidade de se aumentar o objeto do processo "por acordo" para o sistema de 1939, o que equivaleria à Declaratória Incidental (expressa no CPC/73, e possivelmente implícita para o CPC/15), hipótese esta sob a qual a doutrina não chegou a uma conclusão unânime.[2]

Não obstante a clara dificuldade em se compreender o alcance do dispositivo acima mencionado, uma certeza há, qual seja, a de que o dispositivo remete ao alcance da coisa julgada, expandindo para fora do pedido feito e decidido tão somente. Vale dizer, que não nos parece ser possível interpretar o dispositivo no sentido de que para o sistema processual de 1939 a autoridade da coisa julgada estaria limitada ao pedido feito e decidido. Em outras palavras, o dispositivo deixa claro que as premissas necessárias da conclusão são consideradas decididas. De forma mais clara, aludido dispositivo não quis limitar a autoridade da coisa julgada material simplesmente ao pedido feito e decidido.

Por outro lado, parte da doutrina defende que aludido dispositivo consagrou a eficácia preclusiva da coisa julgada para o sistema de 1939. A diferença entre ambos é brutal e sepulta o alcance originário do dispositivo, conforme discorreremos em momento oportuno.

A esse mesmo entendimento chegou Bruno Garcia Redondo[3], vejamos:

---

1. Muito pelo contrário, é exatamente a falta de pedido que faz com que a autoridade da coisa julgada material recaia sobre questão prejudicial e isso pelo simples motivo de que em havendo pedido deixa de possuir o caráter prejudicial e torna-se *principaliter*.
2. ARRUDA ALVIM NETTO, José Manoel de. *Ação declaratória incidental*. Revista de Processo nº 20, edição de outubro/1980, p. 5.
3. REDONDO, Bruno Garcia, *Questões prejudiciais e limites objetivos da coisa julgada no novo CPC*. RePro out/2015, p. 4.

"Sob a égide do CPC/39, houve divergência doutrinaria a respeito da formação ou não de coisa julgada automática sobre as questões prejudiciais, devido à imprecisão dos termos do parágrafo único do art. 287, em parte fruto de tradução – com alteração de redação e supressões de trechos – do então art. 290 do Projeto de Código italiano ("projeto mortara") de 1926, cujo sistema diferia, em muito, do brasileiro"

Contudo não foi o que prevaleceu. A despeito de existir doutrina de escol defendendo que os limites objetivos da coisa julgada, tal como prescrito no dispositivo, deveria alcançar outros elementos da sentença que não somente o dispositivo (o decisum sobre o pedido formulado)[4], parte da doutrina enveredou para outro lado[5], qual seja, o de que deveria ser alcançado pelo manto da imutabilidade somente o pedido feito e decidido, impedindo, dessa forma, que a autoridade da coisa julgada material recaísse sobre outras questões do processo. Isso de acordo com a influência realizada por Liebman, que também entendia essa limitação para o Código Italiano.

Barbosa Moreira escreve acerca do alcance da coisa julgada para o CPC/39:

"Mas há outro, fortemente sublinhado pela doutrina, que assume particular interesse para a pesquisa aqui empreendida: a decisão que se proferisse no praeiudicium era capaz de irradiar efeitos ad futurum, dirá que tal função fosse necessariamente exercida em todos os casos".[6]

A lição de Liebman diz respeito especificamente à irradiação da coisa julgada para fora do processo.

E, para momento anterior a este, em 1922, Aureliano de Gusmão[7]:

"Os motivos fazem coisa julgada?

Geralmente se diz que da sentença só constitui coisa julgada aquilo que se contem no seu dispositivo, ou conclusão, e não nos seus fundamentos, ou na sua motivação".

Por mais que o ensinamento de Aureliano de Gusmão seja anterior ao sistema processual de 1939, isso demonstra que a doutrina já estava se debruçando sobre o tema e que determinar o alcance da coisa julgada é deveras importante para a garantia da segurança jurídica de uma sociedade, buscando a melhor forma de pacificar os conflitos de interesses.

De fato, ensina João Monteiro[8], com maestria, em momento anterior ao CPC/39, mas cujo raciocínio sobre a controvérsia para que haja decisão continua relativamente atual:

"A res judicata pressupõe o juízo do julgador, e este pressupõe a controvérsia das partes; logo, fazem cousa julgada as relações jurídicas que realmente foram controvertidas e julgadas".

---

4. No sentido de que a coisa julgada alcançaria mais do que o pedido feito e decidido: João Mendes, João Monteiro, Thereza Arruda Alvim
5. No sentido de que os limites da coisa julgada limitariam-se ao pedido feito e decidido: Liebman, por todos.
6. MOREIRA, José Carlos Barbosa. *Questões prejudiciais e coisa julgada*. Rio de Janeiro, 1967, p. 16
7. Op Cit. p. 69.
8. MONTEIRO, João. *Theoria do processo civil e comercial*. Ed Jornal do Brasil. 4ª Ed. 1925, p. 764.

Supondo que o réu somente controverta o valor exigido na petição inicial, numa demanda que visa a cobrança de determinado contrato, é certo que deixou de lado a existência/validade do contrato, e quanto a isso não há problema algum, já que contestar é um ônus, conforme ensina Eduardo Arruda Alvim[9]. Desta forma, o julgador, para que possa decidir de quem é o bem da vida, não precisará/deverá olvidar esforços sobre a validade ou não do contrato que deu origem à ação, isto pois, como não foi objeto de controvérsia, deve simplesmente aceitar este como verdadeiro e válido para decidir a questão. Em outras palavras, não participará da atividade mental do julgador a validade ou não do contrato, podendo passar (após superar as condições da ação e pressupostos processuais – que são questões preliminares), diretamente ao mérito. Nessa hipótese seja no CPC/39, seja no CPC/73, seja no CPC/15, somente o pedido realizado e decidido terá força de coisa julgada.

Ao iniciar um diálogo sobre o artigo 287 e seguintes do Código de Processo Civil de 1939, Guimarães[10] expôs:

> "Atribui o art. 287 'força de lei nos limites das questões decididas' à sentença que decidir a lide; dispõe o art. 290 que 'valerá como preceito' a sentença passada em julgado proferida na ação declaratória. Ambas estas fórmulas têm idêntico significado. O vocábulo 'preceito' não foi empregado no dispositivo citado com o sentido técnico-jurídico que lhe é próprio, mas com o sentido corrente de 'regra de proceder', 'norma'. Assim também a expressão 'força de lei' no art. 287 não se refere à lei em sentido material, que se caracteriza pela abstração e generalidade. A limitação do âmbito de incidência da 'força de lei' (nos limites das questões decididas e, implicitamente, nos limites da lide) é suficientemente esclarecedora: trata-se de norma (ou regra de proceder, preceito) reitora da espécie decidida (concreta) e vinculativa para as partes (individual)".

De forma mais abrangente, Jorge Americano[11] escreveu, em 1941 (entendimento que se manteve quando da publicação da edição de 1958 da obra[12]):

> "Os motivos da sentença não fazem cousa julgada, quando se aduzem como argumentação. Todavia, construindo-se a sentença, como um silogismo, todos os motivos que constituíram premissas reputam-se fazer corpo com a decisão, como partes integrantes e indispensáveis à própria decisão. Faz cousa julgada o motivo que constitui fundamento da sentença de forma tal que, abstraindo dele, a controvérsia não teria sido decidida pela forma com que se apresenta, isto é, quando nele estiver a relação do direito como causa imediata do dispositivo da sentença".

Assim, pelo que se depreende do entendimento de Jorge Americano, os motivos da sentença dão a baliza sobre o que foi julgado, não significando, portanto, que se pode falar em aumento do espectro da coisa julgada material às questões prejudiciais. Parece reconhecer que o parágrafo único do artigo 287 do CPC/39 serve para dar estabilidade às motivações a fim de não se alterar a estabilização do *decisum*, apenas.

---

9. *"Ocorrida a citação, o réu pode escolher defender-se ou não, sendo o direito de defesa um ônus para o 'réu"* (*in* ARRUDA ALVIM, Eduardo Pellegrini de. *Direito processual civil.* 3ª ed. RT, 2010, p. 388).

10. Op. Cit. p. 17.

11. AMERICANO, Jorge. *Comentários ao código de processo civil do Brasil.* Saraiva, São Paulo, 1941, p. 611-612.

12. AMERICANO, Jorge. *Comentários ao código de processo civil do Brasil.* Saraiva, São Paulo, 1958, p. 443.

Por outro lado, no mesmo ano de 1958, J. M. de Carvalho Santos[13] escreveu acerca dos limites objetivos da coisa julgada:

"O nosso Código de Processo, ao que nos parece, aceitou integralmente a teoria de Savigny, melhorada por Cogliolo.

Considerando decididas, e, pois, com força de coisa julgada, todas as questões que constituam premissa necessária da conclusão, o nosso Código acolheu, em última análise, a doutrina de Cogliolo, pois admite que exista um estreito vínculo entre a conclusão e certos motivos da sentença."

Assim sendo, Carvalho Santos, de forma diametralmente oposta à posição de Jorge Americano, defende que aludido dispositivo tratou sim de deixar claro que as questões prejudiciais seriam abarcadas pela coisa julgada material.

E mais:

"No sistema do nosso Código, sem dúvida, somente os motivos objetivos, que com a conclusão se identificam, poder ter a força de coisa julgada. Nunca, porém, os motivos meramente subjetivos.

Como motivos objetivos, no sistema de nosso Código, devem ser considerados tão somente aqueles que contenham a preliminar de decisão do ponto controvertido, forçando a que esta seja uma consequência necessária e concreta, na sua fórmula imperativa de condenação ou absolvição. Tanto vale dizer: que constituam premissa necessária da conclusão".

O primeiro destaque sobre o sistema processual de 1939 que nos traz Thereza Arruda Alvim[14] diz respeito ao dado de que a coisa julgada somente recairá sobre a prejudicial se esta for questão, e nunca um ponto, e concluímos que isto se dá por fugir a necessidade de que o julgador sobre esta se manifeste, o julgador não precisa realizar juízo sobre a relação. Não há conflito de interesse jurídico sobre este.

Neste mesmo sentido, Thereza Arruda Alvim[15], sobre o sistema processual anterior ao do CPC/39, no sentido de que para que se possa falar em autoridade da coisa julgada material sobre questões prejudiciais, essa pressupõe controvérsia entre as partes, pois sem haver controvérsia o julgador não se debruçará (ordinariamente) sobre isso, afinal se a parte a quem incumbia controverter não o fez, menos ainda caberá ao julgador.

Isto pois, "questão" é algo diferente de premissa necessária da conclusão. O aludido artigo refere-se às questões prejudiciais, não às preliminares. A impugnação ao valor da causa não faria coisa julgada, por exemplo. É uma premissa necessária para se julgar o mérito, trata-se de prejudicial ao mérito, todavia sobre esta não há que se falar em alcance da coisa julgada. Nem teria como, afinal, o objeto de impugnação ao valor da causa, por hipótese, ser objeto de ação autônoma.

---

13. CARVALHO SANTOS, João Manoel de. *Código de processo civil interpretado*. 5ª ed., Ed. Freitas Bastos, 1958, p. 147-148.
14. "logo, fazem coisa julgada as relações jurídicas que realmente foram controvertidas e julgadas" [Op. Cit. p. 33].
15. "a coisa julgada material pressupõe um julgamento do juiz e este a controvérsia entre as partes, portanto, fazendo coisa julgada as relações que foram controvertidas e julgadas" [Op. Cit. p. 33].

No sentido de que se trata a questão prejudicial ser aquela sobre a qual o artigo 287, CPC/39 se remete, ensina Pontes de Miranda, que sua origem remonta no Código Mortara da Itália:

"as premissas ou motivos necessários à conclusão têm-se por decididos. As consequências, ainda necessárias, não. O Legislador brasileiro não anuiu em dar valor de coisa julgada ao julgamento implícito consequencial; só abriu porta aos motivos de que a parte dispositiva expressa seja consequência necessária. (...)"[16]

Parece-nos, portanto, que, para Pontes de Miranda, desde que as premissas não sejam objeto de um novo processo tentando alterar a coisa julgada anterior, estas poderão ser repropostas.

Vale colacionar a pesquisa de Luis Machado Guimarães[17] no que diz respeito aos limites objetivos da coisa julgada para aquele sistema processual, oportunidade em que destacou a doutrina enxergar desde a interpretação literal do dispositivo (fazendo com que a autoridade da coisa julgada material alcançasse as questões prejudiciais), até quem defendesse as premissas ou motivos necessários a conclusão. Isso para, na sequencia explicar os motivos pelos quais a compreensão acima estava equivocada, citando o próprio idealizador no direito estrangeiro (Carnelutti)[18]:

"(...) 'compreendem-se no julgado não apenas as questões discutidas, mas todas as questões cuja solução é necessária para a declaração, a constituição ou a modificação do efeito jurídico realizado pela sentença. os limites do julgado são fixados, em outras palavras, pelo efeito jurídico declarado, constituído ou modificado, não pelas questões resolvidas. Assim se explica a noção do denominado julgado implícito: o julgado cobre todas as questões mencionadas, inclusive as que não foram explicitamente resolvidas ... neste sentido deve-se entender o aforismo: *tantum judicatum quantum disputatum vel quantum disputari debebat.*"[19]

E, por fim, aludido processualista concluiu não apenas as questões prejudiciais mas também todas as demais questões de fato e direito são antecedentes lógicas do mérito da causa (sendo, portanto, premissas necessárias da conclusão), e conclui, diante dessa interpretação que somente pode ser objeto do decisum a questão e não suas premissas necessárias, pois estas estariam recobertas pela eficácia preclusiva

---

16. PONTES DE MIRANDA, Francisco Cavalcanti. *Comentários ao Código de Processo Civil*. 2ª Edição, 1959 Ed Forense, cap. IV, p. 100.

17. Op. Cit. p. 20.

18. Merece ressalva o fato de que, não obstante a conclusão a que chegou Luis Machado Guimarães seja a mesma da maioria da doutrina e boa parte do Judiciário à época, não nos parece que era este o enfoque dado por Carnelutti, vejamos a passagem: *"La decisión es, pues, resolución de las cuestiones del litigio. (...) Digamos, por de pronto, a este propósito, que el número de cuestiones de um litigio puede ser diverso, y que no siempre se deducen em el processo todas las cuestiones del litigio. Se explica así que el art. 1351 Cód. Civ. Advertia que 'la autoridad de la cosa juzgada no intervendrá sino respecto a lo que haya formado la matéria de la sentencia', o sea de las cuestiones resueltas. Este es más um limite lógico que jurídico de la cosa juzgada: si la decisión consiste em la solución de cuestiones, y alguna de estas no han sido resueltas, no hay por qué hablar respecto de ellas de eficácia de la decisión, sino de que no existe ahí decision."* (CARNELUTTI, Francisco. *Sistema de derecho procesal civil*. Ed. Uteha Argentina. 1944, p. 317-318).

19. Op. Cit. p. 21.

da coisa julgada, não sendo recobertas pelo manto imutabilizador da coisa julgada material.[20]

Então, inicia Luiz Machado Guimarães, informando que parte da doutrina compreendeu que o alcance do artigo 287 – e seu parágrafo único – do CPC/39 deveria ser interpretado no sentido de que as questões prejudiciais seriam alcançadas sim pelo manto da coisa julgada material, para, na sequência, defender que este não era o alcance que o sistema processual italiano (de onde se originou nosso dispositivo), e serve de sustentação para isso o que Carnelutti escreveu. Pois bem, não se pode olhar um sistema processual pelos olhos de um outro sistema. Vale dizer, não se pode dizer que um dispositivo pátrio não deve ser entendido de determinada forma pois o país de cuja adaptação se teve origem não o aplica dessa forma, afinal não se trata de cópia do instituto, mas sim adaptação de um instituto para a nossa realidade. Por fim, por este fundamento não se pode acolher o ponto de Luiz Machado Guimarães. E termina a construção argumentativa no sentido de que somente sobre o pedido pode recair a autoridade da coisa julgada material e que por mais que as decisões sobre as questões sejam importantes para se compreender o alcance da coisa julgada material, com esta não se confundem.

Também trouxe essa conclusão sobre o sistema processual de 1939 Bruno Garcia Redondo:

> "não obstante, para o posicionamento que veio a prevalecer as 'questões' que eram consideradas como decididas (em espécie de 'rejeição implícita') eram, somente, as teses e os argumentos defensivos que poderiam ter sido invocados, mas não o foram (o que, sob a égide do art. 474 do CPC/1973), veio a ser denominado princípio do dedutível e do deduzido), e não propriamente as questões prejudiciais."[21]

Assim, Bruno Redondo chega à conclusão de que o parágrafo único do artigo 287 do CPC/39 construiu a eficácia preclusiva da coisa julgada.

Chiovenda[22] também ensinou sobre as questões prejudiciais decididas:

> "Le questioni e le nuove decisioni su questi punti solo in tanto sono exluse in quanto avessero per ruisultado di rimettere comunque in questione e peggio poi di miniuire o disconoscere il bene riconosciuto nel precedente giudicato. Ciò che dunque determina i limiti oggettivi dela cosa giudicata è la domanda di mérito dela parte attrice. È questa la principale conseguenza pratica del considerare nello studio dela cosa giudicata più l'affermazione di volontà che chiude il processo che il ragionamento logico che la precede.
>
> Questa esclusione dei motivi dela sentenza dalla cosa giudicata non si deve intendere nel senso formalístico, che passi in giudicato solo ciò che è scritto nel dispositivo dela sentenza: perchè al contrario per determinar ela portata dela cosa giudicata è per lo più necessário di risalire ai motivi, per poter identificare l'azione colla cicerca dela causa petendi."

---

20. Op. Cit. p. 21.
21. Op. Cit. p. 4.
22. CHIOVENDA Giuseppe. *Istituzioni di diritto processuale civile*. 2ª Ed. Vol1. Ed. Dott. Eugenio Jovene. 1935. p. 374-375.

Dessa forma, o raciocínio criado por Luis Machado Guimarães conclui que, não obstante o claro texto do código de processo civil de 1939 imponha o aumento do alcance da coisa julgada à questão prejudicial, aquele parágrafo único do artigo 287, CPC/39, de fato consagrou a eficácia preclusiva da coisa julgada, o que, com o maior respeito, não nos parece o melhor entendimento.

Por outro lado, Botelho de Mesquita ensina:

"Definida a autoridade da coisa julgada como a imutabilidade dos efeitos da sentença, sejam quais forem os limites objetivos que a doutrina e a lei lhe imponham, tais limites nunca alcançarão os motivos determinantes da sentença ao ponto de envolve-los. A heterogeneidade das duas categorias não permite a absorção de uma dentro do conceito de outra."[23]

O quanto exposto pelo Professor Botelho de Mesquita traduz exatamente à conclusão da pesquisa no que diz respeito aos limites objetivos para o CPC/39, no sentido de que não importava dar aplicação ao que determinava a legislação, mas sim realizar construção doutrinária a fim de que a interpretação a ser dada fosse no sentido que queria a doutrina, e não o legislador. Tal fato se verifica da lição de Botelho de Mesquita de forma bem clara, e também de outros doutrinadores de forma menos explícita, na medida em que a letra expressa de lei não era tida como o que buscou o legislador. Inclusive, muito pelo contrário, o que a doutrina fez foi sepultar o que determinou o legislador de 1939.

Por outro lado, continua Botelho de Mesquita:

"Em conclusão: a motivação da sentença não adquire a chamada autoridade da coisa julgada (imutabilidade dos efeitos da sentença), mas a lei processual a torna imutável para o fim de, por êste meio, realizar na prática a fixação do resultado do processo.

(...)

Revela-se com isto, que a norma do artigo 289 do Código de Processo Civil apresenta um duplo alcance. Ao determinar que "nenhum juiz poderá decidir novamente as questões já decididas, relativas à mesma lide", e não limitando esta proibição ao processo mas à lide, faz com que esta regra incida não só no processo em que tais questões foram decididas, como também em qualquer processo futuro sôbre a mesma lide".[24]

Conforme se denota, Botelho de Mesquita, nessa passagem, concedeu à lide seu significado sociológico para tratar do mundo fenomênico e poder concluir no sentido de que essas decisões alcançariam sim outros processos. Tal premissa é importante para que se verifique que, apesar de Botelho de Mesquita defender em momentos anteriores que a coisa julgada não alcança os motivos determinantes da decisão (sem especificar o significado de "motivos determinantes"), deixa claro nessa passagem que

---

23. MESQUITA, José Ignacio Botelho de. *A autoridade da coisa julgada e a imutabilidade da motivação da sentença*. São Paulo: 1963. p. 61.
24. MESQUITA, José Ignacio Botelho de. *A autoridade da coisa julgada e a imutabilidade da motivação da sentença*. São Paulo: 1963. p. 62.

entende que algum instituto torna imutável sim as decisões proferidas no processo, impondo observância dos demais julgadores posteriores.[25]

Dessa forma, conclui-se que Botelho de Mesquita defende que de alguma forma as decisões proferidas em um processo deveriam ser observadas em processo subsequente. Não atribui a esse fenômeno a imutabilidade da coisa julgada, mas parece que o alcance defendido seria o mesmo, ou algo bem próximo, ao da coisa julgada material. A lição de Botelho de Mesquita[26]:

> "A posição aqui assumida revela que é errado falar-se em extensão da coisa julgada aos motivos (objetivos ou subjetivos) da sentença", pois a imutabilidade do dispositivo não se estende" à motivação, mas impõe à motivação uma imutabilidade que se distingue, já pela sua natureza, já pelos seus fins, daquela atribuída aos efeitos da sentença. Revela-se, ainda, constitui um erro de perspectiva a generalizada colocação deste problema dentro do tema dos limites objetivos da coisa julgada. Este erro se deve à indevida reunião de imutabilidade e da eficácia da sentença dentro do mesmo conceito de autoridade da coisa julgada."

Inclusive, o exemplo ilustrativo feito por Mesquita é claro nesse sentido, afinal trata-se de ação possessória para acabar com o esbulho e aludido pedido é julgado procedente. Após isso, o mesmo autor ajuíza ação para obter indenização pelo uso indevido do imóvel, e defende a impossibilidade de a segunda ação ter por decisão o fundamento de que não ocorreu o esbulho.[27]

Thereza Arruda Alvim leciona que na "sentença se compreendem decididas todas as questões que se contiverem nos fundamentos, como premissas necessárias da conclusão ou dispositivo da sentença" e continua "a sentença deve ser conforme o pedido dos autos e restrita à matéria discutida, não julgando o juiz além, nem fora, do que pedirem as partes, salvo aquilo que virtualmente se considerar incluído no pedido", concluindo a Professora que parece o autor entender que a coisa julgada recai sobre as premissas necessárias à conclusão da sentença.[28]

Lição interessante sobre o CPC/39 nos trouxe Pedro Batista Martins, de que tão somente as questões expressamente referidas na parte dispositiva da sentença é que adquirem a autoridade de coisa julgada material, contendo o seu parágra-

---

25. E continua explicando o alcance do que defende: "Dentro do mesmo processo, a norma do artigo 289 opera a preclusão daquelas questões; age como o fechamento de uma comporta. Dentro de um processo subsequente, a mesma proibição torna imutável o pronunciamento do juiz precedente, compelindo, por isto, o segundo juiz a ater-se ao decidido. A diferença é determinada pelo fato de que, ao iniciar-se o primeiro processo, as comportas ainda estavam abertas, enquanto que, ao iniciar-se o segundo, elas já se encontravam fechadas." [MESQUITA, José Ignacio Botelho de. *A autoridade da coisa julgada e a imutabilidade da motivação da sentença*. São Paulo: 1963. p. 62]

26. Mesquita, José Ignacio Botelho de. *Teses, estudos e pareceres de processo civil, Volume 2*. São Paulo: RT. 2005P. 143.

27. "Portanto, no segundo processo o juiz, conhecendo a questão já decidida anteriormente, não poderia tornar a decidi-la, devendo simplesmente ater-se, nesta parte, ao que ficara decidido implicitamente no processo anterior e, em seguida, decidir livremente as questões novas de fato e de direito (podendo até mesmo julgar improcedente a ação, por falta de prova do prejuízo)." [MESQUITA, José Ignacio Botelho de. *A autoridade da coisa julgada e a imutabilidade da motivação da sentença*. São Paulo: 1963. p. 64-65].

28. ALVIM, Thereza. *Questões prévias e os limites objetivos da coisa julgada*. São Paulo, Editora RT, 1977, p. 35.

fo único a exceção ao princípio, admitindo o julgamento implícito de todas as questões que constituam premissa necessária da sentença, e, especificamente sobre as questões "mas, desde que a questão se apresente, no silogismo a que se reduz a sentença, como premissa necessária de que conclusão, isto é, desde que sem a aceitação da premissa, inaceitável se torne a conclusão, não só esta, senão também aquela, se há forçosamente considerar decidida, de modo implícito e virtual, pela sentença".[29]-[30]

Assim sendo, não obstante a literalidade da lei, parece-nos que foi criado um artifício doutrinário para alterar o alcance do instituto, pois boa parte da doutrina entendeu que o parágrafo único do artigo 287 daquele diploma significa imutabilidade das questões (antecedentes lógicos) tão somente para não poder se alterar a coisa julgada obtida no processo, e não a indiscutibilidade panprocessual.

Verificamos alhures que não aconteceu simplesmente de a doutrina oscilar em um ponto ou outro da interpretação do dispositivo, mas sim de terem posições extremamente opostas. O Poder Judiciário também não fugiu da oposição máxima.

> "Coisa julgada. Premissa necessária da conclusão. Decisão em reivindicatória. Títulos de domínio imprestáveis. Ineficácia para divisória. As questões que constituem premissa necessária da conclusão a sentença têm eficácia de coisa julgada material entre as partes do processo. Necessária é a premissa que, inobservada, implica teratologia da conclusão. É o caso, exempli gratia, da sucumbência do autor de ação reivindicatória, por falta de domínio. A premissa necessária, dessa conclusão, é o não reconhecimento do seu direito de propriedade, pelos títulos apresentados, os quais, de consequência, também ficam imprestáveis para a divisória, enquanto eficaz o julgado".[31]

Por este lado, fica evidente o esforço da doutrina (assim como do Poder Judiciário) em analisar o alcance da coisa julgada sobre as questões prejudiciais, e até o fim da vigência do código de 1939 houve divergência sobre seu alcance. Não obstante a doutrina que defende o alcance da coisa julgada às questões prejudiciais tenha perdido força com o passar dos anos, isto tudo mesmo ante a clara letra do dispositivo, em função dos ensinamentos de Liebman, que influenciou a época, impedindo que ocorresse o mesmo que previa o Código Mortara da Itália.

Portanto, não obstante a clara letra do dispositivo, criou-se interpretação que destoava da vontade do legislador, e reinou sobre o período a interpretação de que o parágrafo único do artigo 287 do CPC/39 de fato serviria como eficácia preclusiva da coisa julgada.

---

29. ALVIM, Thereza. *Questões prévias e os limites objetivos da coisa julgada*. São Paulo, Editora RT, 1977, p. 37.

30. "Exatamente para impedir que o segundo juiz modifique o resultado obtido no primeiro processo, torna-se imutável a decisão das questões que, naquele processo determinaram os efeitos que se quer tornar, por sua vez, insusceptível de modificação." [MESQUITA, José Ignacio Botelho de. *A autoridade da coisa julgada e a imutabilidade da motivação da sentença*. São Paulo: 1963. p. 68].

31. PONTES DE MIRANDA, Francisco Cavalcanti. *Comentários ao Código de Processo Civil*. 2ª Edição, 1959 Ed Forense, cap. IV, p. 56.

2. O CÓDIGO DE PROCESSO CIVIL DE 1973

Cumpre-nos, nesta etapa do trabalho, investigar e esclarecer a forma com que o sistema processual de 1973 aplicava o regime da coisa julgada, através de seus limites objetivos, assim como a forma com que esse sistema processual entendia alguns institutos que sofrem impacto em decorrência dos limites objetivos da coisa julgada, como o princípio da eficácia preclusiva da coisa julgada e o impacto do ajuizamento da ação declaratória incidental.

É imperioso que analisemos os limites objetivos da coisa julgada para o CPC/73, oportunidade em que passaremos sobre o pedido do autor, a compreensão sobre os limites da lide, assim como o que significa o princípio da congruência. Além disso, também investigar o instituto da eficácia preclusiva da coisa julgada e os limites da decisão para o juiz. Aludidos institutos possuem direta ligação um com o outro, principalmente porque, ao se compreender a acepção do objeto do processo, pode-se avançar o estudo para entender a delimitação da coisa julgada, no que diz respeito aos seus limites objetivos.

No sistema do CPC/73, a forma do alcance do princípio da congruência era bastante rígida no que diz respeito à liberdade de decisão pelo julgador, conforme se verifica dos artigos 128 e 460 daquele sistema processual. No que diz respeito sobre o conteúdo que deverá ser objeto da decisão judicial através da prestação jurisdicional temos a lição do Professor Walter Piva[32], no sentido de que compete às partes delimitar sobre o que o julgador irá decidir, expressão do também princípio dispositivo:

> "As partes, por sua vez, são livres e soberanas na determinação do conteúdo do processo (princípio dispositivo), elegendo o autor a "questão principal" que exprime o mérito da causa".

Por sua vez João Batista Lopes nos traz a presente lição:

> "o princípio da congruência entre a sentença e o pedido significa que o juiz não pode ir além, nem ficar aquém, nem sair dos limites fixados pelos autos no pedido (*ne eat iudex ultra petita partium*)."[33]

De fato, o princípio da congruência no sistema do Código de Processo Civil de 1973 era o mais forte princípio da congruência (que para esse sistema processual se confunde com o princípio dispositivo) que já existiu nos sistemas processuais pátrios, que regem o presente sistema. Aludido princípio era claro no sentido de que o julgador deveria decidir tão somente aquilo que havia sido pedido pelas partes[34] (ou ainda aquilo sobre o que a controvérsia das partes impõe decisão questões prévias), apenas sobre o dispositivo recairia a autoridade da coisa julgada material e o dispositivo deveria refletir o pedido realizado de acordo com a causa de pedir utilizada. Isto não significa que a questão prejudicial não tem como ficar acobertada

---

32. RODRIGUES, Walter Piva. Coisa julgada tributária. São Paulo: Quartier Latin. 2008. p. 83.
33. LOPES, João Batista. *Curso de direito processual civil*. Vol 2. São Paulo: Atlas, 2006, p. 151.
34. Nesse sentido, Botelho de Mesquita: "A lide entra no processo na medida em que a traz a petição inicial, ou, melhor explicando, a petição do autor limita a lide frente ao processo" (MESQUITA, José Ignacio Botelho de. Teses, estudos e pareceres de processo civil, Volume 2. São Paulo: RT. 2005. P. 124.

pelo manto da coisa julgada, mas sim que a forma de aumento do espectro da coisa julgada é outro (a ação declaratória incidental que será tratada abaixo).

Vale dizer, ante a fortificação do princípio dispositivo, através do princípio da congruência[35], temos que só recai a coisa julgada sobre o que for expressamente pedido e decidido, não havendo possibilidade, pela simples prejudicialidade, de se aumentar a coisa julgada. Nesse sentido, Dinamarco[36]:

> "Somente o preceito concreto contido na parte dispositiva das sentenças de mérito fica protegido pela autoridade da coisa julgada material, não os fundamentos em que ele se apóia".

Assim, extrai-se duas lições de Dinamarco, quais sejam, a de que a autoridade da coisa julgada material recai tão somente sobre a parte dispositiva da decisão (e essa limitada ao pedido das partes), assim como que os fundamentos que dão sustentação à sentença não são acobertados pelo manto da coisa julgada material.

Discordamos, por outro lado, de Dinamarco quando expõe que, mesmo em caso de silêncio da legislação sobre o alcance da coisa julgada material, essa deveria ser compreendida como limitação à parte dispositiva da decisão[37]. Isso pois, diferentemente do quanto exposto por Dinamarco, haveria sim a possibilidade de que se compreendesse a coisa julgada como algo diferente disso, afinal se trata de opção tomada de acordo com o modelo político-jurídico escolhido pela sociedade. Poderia, por exemplo, a autoridade da coisa julgada material recair também sobre outras questões decididas, ou evitar que o conflito de interesses em seu aspecto sociológico fosse renovado sob outra causa de pedir, entre outras tantas opções quanto forem possíveis.

Desta forma, verifica-se que para o sistema processual de 1973 a autoridade da coisa julgada material só pode recair sobre o pedido feito e decidido: a coisa julgada recai sobre a parte dispositiva da decisão.[38]-[39] Nesse sentido, Walter Piva[40]:

---

35. É possível enxergar enfoques distintos para cada um desses institutos. Vale dizer, por mais que a congruência e dispositivo sejam faces de uma mesma moeda, o princípio dispositivo, para o presente caso, diz mais respeito ao o que o autor leva ao Poder Judiciário para decisão (e para o CPC/73, a menos que houvesse pedido não haveria decisão com força de coisa julgada) enquanto a congruência tem seu viés mais voltado ao julgador, através das limitações para seu julgamento.

36. DINAMARCO, Cândido Rangel. *Instituições de direito processual civil*. V. III. 4ª ed. São Paulo: Malheiros. 2004 p. 313.

37. "Ainda que nada dispusesse a lei de modo explícito, o confinamento da autoridade da coisa julgada à parte dispositiva da sentença é inerente à própria natureza do instituto e à sua finalidade de evitar *conflitos práticos de julgados*, não meros conflitos teóricos (Liebman)" [DINAMARCO, Cândido Rangel. *Instituições de direito processual civil*. V. III. 4ª ed. São Paulo: Malheiros. 2004 p. 313].

38. "Cabe relembrar que a sentença é composta de relatório, fundamentação e dispositivo (CPC, art. 458). E, nos termos da legislação processual, apenas o dispositivo da sentença é coberto pela coisa julgada" [DELLORE, Luiz Guilherme. *Estudos sobre a coisa julgada e o controle de constitucionalidade*. Rio de Janeiro: Forense. 2013. p. 66].

39. E, principalmente, sobre o que significa o *decisum*: "Contudo, não se está a sustentar que se trata de uma questão meramente de topologia (a localização daquilo que está contido na parte final de decisão judicial)" [DELLORE, Luiz Guilherme. *Estudos sobre a coisa julgada e o controle de constitucionalidade*. Rio de Janeiro: Forense. 2013. p. 69].

40. RODRIGUES, Walter Piva. Coisa julgada tributária. São Paulo: Quartier Latin. 2008. p. 84.

EVOLUÇÃO HISTÓRICO-LEGISLATIVO DOS LIMITES OBJETIVOS DA COISA JULGADA

"Bem por isso, é a parte conclusiva da sentença aquele que se oferece, de forma adequada, para receber das normas processuais "o selo da imutabilidade", o que melhor se compreende em sistemas em que a finalidade essencial da atividade processual é "dirimir um conflito de interesses aplicando a lei ao caso concreto"".

Em outras palavras, a filiação, em uma ação de alimentos, de forma alguma fará coisa julgada sem que haja pedido expresso. Deve-se acrescentar à frase acima o final "desde que não tenha sido objeto de ação declaratória incidental". Isto pois, por mais que os limites da ação sejam colocados pelo Autor, pode o réu apresentar pedido incidente ao principal, desde que se limite a declarar a inexistência ou inexistência de relação jurídica.

Outra opção, ao réu, seria o ajuizamento de ação de reconvenção, ação autônoma com relação à principal, cujo objeto pode ser exatamente a questão prejudicial, fazendo que contra esta recaia autoridade da coisa julgada material, mas numa outra ação (como pedido principal e não mais como questão prejudicial).

Assim sendo, vimos que o legislador de 1973 entendeu por bem que sobre a prejudicial não deveria recair a autoridade da coisa julgada, naquele processo principal, discussão essa a que se debruçou o Professor Walter Piva[41]:

"O tema dos limites objetivos da coisa julgada pode ser examinado por outro prisma.

Trata-se da situação em que se dá a ampliação do pedido com a inclusão da questão prejudicial no *thema decidendum*".

No que diz respeito ao seu alcance, a lição de João Batista Lopes:

"Tem-se, pois, que, a rigor, só o dispositivo (a conclusão da sentença) opera coisa julgada material, isto é, se torna imutável. A fundamentação fática e jurídica da sentença e os motivos invocados pelo juiz não são atingidos pela coisa julgada, embora sejam importantes para se entender o sentido e o alcance do dispositivo."[42]

Dessa forma, os limites objetivos da coisa julgada, para o CPC/73, alcançam tão somente o pedido feito e decidido, balizado pelos fundamentos colacionados pelo autor em sua petição inicial (e eventualmente pela ação declaratória incidental ajuizada pelo réu), não alcançando qualquer outra decisão proferida no processo. Inclusive, no que diz respeito aos fundamentos constantes da petição inicial, a compreensão da causa de pedir é deveras importante para a limitação da coisa julgada. Inclusive, vale a lição de Giuseppe Granchi que, embora não trate do diploma processual presente, demonstra raciocínio que se encaixa como uma luva.

"La distinzione tra causae (processi da pretesa) e altri processo non serve solo a concatenare, da un lato, il rapporto, l'azione, il diritto, la pretesa, l'uguaglianza delle parti, i limiti soggettivi del giudicato."[43]

---

41. RODRIGUES, Walter Piva. Coisa julgada tributária. São Paulo: Quartier Latin. 2008. p. 88.
42. LOPES, João Batista. *Curso de direito processual civil*. Vol 2. São Paulo: Atlas, 2006, p. 157.
43. FRANCHI, Giuseppe. *La Litispendenza*. Verona: Casa Editrice Dott. Antonio Milani 1963. p. 42.

Também não alcança a causa de pedir, mas utilizando essa como limitação à atividade jurisdicional.

"Isso porque os limites objetivos da coisa julgada são delineados pelo pedido, não pela causa de pedir."[44]

De fato, os limites são estabelecidos pelo pedido, mas esses somente conseguem ser verificados de acordo com a causa de pedir que venha a ser utilizada. Isso pois, de acordo com a teoria da ação presente para o Código de Processo Civil de 1973, ao se alterar a causa de pedir, altera-se a ação e altera-se também, por consequência, o pedido. Dessa forma, não basta apenas verificar o pedido para se entender o alcance dos limites objetivos da coisa julgada, ao menos no que diz respeito para se compreender se há exceção de coisa julgada para uma "nova ação". Inclusive, no que diz respeito a forma de se enxergar a causa de pedir, temos a lição do Professor Botelho de Mesquita[45]:

"A causa de pedir se compõe dos seguintes elementos: a) o direito afirmado pelo autor e a relação jurídica de que esse direito se origina; b) os fatos constitutivos daquele direito e dessa relação jurídica; c) o fato (normalmente do réu) que torna necessária a via judicial e, por isso, faz surgir o interesse de agir, ou interesse processual."

Inclusive, Ovídio Baptista da Silva traz a seguinte lição:

"a lide, por definição, vem delimitada, com seus contornos nitidamente estabelecidos, na petição inicial, tal como a formulou o autor, o qual, na sua atividade processual subsequente, poderá e, na generalidade dos casos, deverá oferecer novos elementos visando a precisá-la, torná-la compreensível aos olhos do juiz, para que este possa cumprir com exatidão seu dever de prestar a tutela jurisdicional, que nunca poderá ser maior, ou menor, ou diversa da tutela que foi pedida pelo demandante; 2 – como decorrência desse princípio, temos que a efetiva controvérsia por ventura suscitada pelas partes será irrelevante para as dimensões dos limites objetivos da coisa julgada da futura sentença, pois, mesmo em caso de revelia do demandado, a sentença, que é a resposta jurisdicional ao pedido do autor, deve ter a mesma qualidade e a mesma extensão da demanda proposta."[46]

Assim sendo, para o CPC/73 a coisa julgada estaria limitada ao pedido feito pelo autor em sua petição inicial, desde que decidido. O réu, por sua vez, poderia aumentar o *thema decidendum* através de ação declaratória incidental ou reconvenção (para que fosse julgado no mesmo momento, havendo ainda a possibilidade de ajuizar ação declaratória autônoma).

---

44. OLIVEIRA, Bruno Silveira de. *Conexidade e efetividade processual*. São Paulo: RePro. 2007. p. 49.
45. MESQUITA, Botelho Inacio de. *Conteúdo da causa de pedir*. São Paulo: RT. Outubro de 1982. p. 171.
46. SILVA, Ovídio Araújo Baptista da. *Sentença e coisa julgada: ensaios*. Porto Alegre: Sergio Antonio Fabris Editor. 1979. P. 153.

3. O CÓDIGO DE PROCESSO CIVIL DE 2015

O objetivo precípuo do presente trabalho é analisar os limites objetivos da coisa julgada não para esgotar o tema, mas sim para que se possa compreender a evolução histórico-legislativa sobre o alcance dos limites objetivos da coisa julgada material nos sistemas processuais pátrios.

Assim, não será objeto do presente estudo a forma de interpretação dos requisitos para que a coisa julgada material alcance as questões prejudiciais, o mesmo há que se dizer sobre os problemas já possíveis de se enxergar mesmo com o pouco tempo de vigência da legislação que não serão objeto da presente investigação.

O CPC/15 determina que não apenas o pedido realizado seja recoberto pelo manto da coisa julgada material, mas, também, eventualmente, a questão prejudicial também fique acobertada pelo manto da coisa julgada material, desde que os requisitos dispostos nos dispositivos sejam preenchidos, conforme se verifica do artigo 503 do CPC/15.

Nesse sentido Dinamarco leciona que:

> "O código de Processo Civil de 2015 inovou no sistema ao mandar que em alguns casos, e sob certas circunstancias, a declaração meramente incidental da existência, inexistência ou modo de ser de uma relação prejudicial, contida entre os fundamentos da sentença, venha a ser coberta pela autoridade da coisa julgada material."[47]

Assim sendo, os parece que o CPC/15 retorna ao sistema de 1939[48], fazendo com que a coisa julgada recaia sobre questões prejudiciais[49].

Vejamos a Exposição de Motivos[50] do Anteprojeto do CPC/15:

> "O novo sistema permite que cada processo tenha maior rendimento possível. Assim, e por isso, estendeu-se a autoridade da coisa julgada às questões prejudiciais."

Assim sendo, claro é que o novel legislador entendeu por bem trazer um sistema no qual a coisa julgada recaia sobre questões prejudiciais também, desde que (i) desta resolução dependa o julgamento do mérito; (ii) tenha havido o contraditório

---

47. DINAMARCO, Cândido Rangel. *Instituições de direito processual civil.* V. II. 7ª ed. São Paulo: Malheiros. 2017, p. 184
48. Ao menos no que o sistema de 1939 buscou, ainda que deturpado pela doutrina e jurisprudência.
49. Art. 503. A decisão que julgar total ou parcialmente o mérito tem força de lei nos limites da questão principal expressamente decidida.
    § 1º O disposto no caput aplica-se à resolução de questão prejudicial, decidida expressa e incidentemente no processo, se:
    I – dessa resolução depender o julgamento do mérito;
    II – a seu respeito tiver havido contraditório prévio e efetivo, não se aplicando no caso de revelia;
    III – o juízo tiver competência em razão da matéria e da pessoa para resolvê-la como questão principal.
    § 2º A hipótese do § 1o não se aplica se no processo houver restrições probatórias ou limitações à cognição que impeçam o aprofundamento da análise da questão prejudicial."
50. http://www.senado.gov.br/senado/novocpc/pdf/Anteprojeto.pdf, acesso em 05.01.2016.

prévio e efetivo; (iii) haja competência do juízo para conhecer da matéria e pessoa podendo resolver como se questão principal fosse (assim como, desde que ausentes os limitadores do parágrafo segundo do mesmo dispositivo).[51]

Portanto, entendemos que existe a possibilidade sim, de na hipótese levantada, recair a autoridade da coisa julgada sobre a validade do contrato, ou qualquer outra questão prejudicial, para o CPC/15. De fato, sobre este aspecto, ilumina Nelson Nery Junior[52]:

> "o texto ora analisado é expresso em permitir que haja formação de coisa julgada material sobre a questão prejudicial de mérito decidida incidentemente no processo, desde que estejam presentes alguns requisitos." [requisitos acima citados]

Outra questão relevante a se considerar diz respeito à forma de se buscar segurança jurídica no sentido de se entender sobre o que recaiu a autoridade da coisa julgada material. Isso porque o sistema processual não impõe a necessidade de que o julgador deixe claro sobre o que recaiu a autoridade da coisa julgada material, ou mesmo de que os requisitos para que a cosa julgada material alcance a questão prejudicial foram preenchidos, o que pode levar a equívocos e eventualmente à necessidade de se ajuizar uma segunda ação para compreender o alcance da coisa julgada material da primeira ação, como por exemplo se ocorreu o contraditório prévio e efetivo sobre a questão prejudicial.

Por não haver uma determinação expressa no sentido de que se deve deixar claro o alcance da coisa julgada material sobre a questão prejudicial, não se pode exigir do julgador que assim aja (que não deixe pairar dúvida sobre o alcance da coisa julgada material). Mas, por outro lado, considerando que a coisa julgada possui íntima relação com a segurança jurídica, parece-nos que a melhor forma de se agir é não deixar que o jurisdicionado fique em dúvida sobre o que recaiu a autoridade da coisa julgada material, e há inúmeras formas de se fazer isso, seja através da própria decisão deixar isso claro, seja colocando a decisão sobre a questão prejudicial no *decisum*[53]. Em sentido inverso ao quanto descrito acima, a lição de Tucci[54]:

> "Preceitua o art. 503, §1.º, que a coisa julgada abrange a solução da questão prejudicial incidental, expressamente decidida na sentença. É um exemplo típico de que o dispositivo desta decisão não estará, do ponto de vista formal, na parte final da sentença. Localizar-se-á, em regra, entremeado na motivação do ato decisório."

---

51. Nesse sentido, Arruda Alvim: "No CPC/2015, o § 1º do art. 503, estabelece a possibilidade de que 'a resolução de questão prejudicial, decidida expressa e incidentemente no processo' também se torne imutável por força da coisa julgada, independentemente de pedido deduzido para tanto, desde que concorram alguns requisitos, explicitados em seus incisos" [ALVIM NETTO, José Manoel de Arruda. *Novo contencioso Cível*. São Paulo: RT. 2016, p. 306].

52. NERY JÚNIOR, Nelson; NERY, Rosa Maria de Andrade. *Comentários ao código de processo civil*. RT, São Paulo, 2015. p. 1221.

53. Conforme já delineado alhures, o fato de determinado *decisum* constar ou não da parte dispositiva não altera sua natureza, mas pode facilitar a interpretação do jurisdicionado e eventual futuro julgador.

54. TUCCI, José Rogério Cruz e. *Comentários ao código de processo civil*. artigos 485 ao 538. V. VIII. São Paulo: RT. 2016, p. 193.

A despeito da forma de interpretação do dispositivo realizada por Tucci, discordamos sobremaneira da forma com que deve a questão prejudicial ser decidida, afinal o que se busca com essa resolução é exatamente a segurança jurídica para o jurisdicionado em saber se aludida decisão será alcançada ou não pela coisa julgada material.

Em outras palavras, não há exigência legal para que o julgador deixe claro se os requisitos foram preenchidos ou não para que a coisa julgada material aumente seu espectro acobertando também a questão prejudicial, mas tal medida se impõe por caráter de segurança jurídica.

Aliado a isso há também que se considerar que se pode dizer, então, haver certa insegurança jurídica para aquele que busca aumentar o espectro da coisa julgada material pela questão prejudicial, afinal, a interpretação dos requisitos para sua verificação é dúbia. Claro que há estrutura no CPC/15 para dar maior segurança ao jurisdicionado, como por exemplo através da ação reconvencional, mas agir dessa forma, na verdade, retira o caráter prejudicial e torna o que seria a questão prejudicial em *principalliter*. Outra forma de garantir a segurança jurídica para que se saiba se a autoridade da coisa julgada material abarcará a questão prejudicial poderia ocorrer através do ajuizamento de ação declaratória incidental, que também é um instrumento que desnatura a questão prejudicial transformando-a em principal, caso se entenda pela sua manutenção no sistema processual de 2015.[55]

Concordaríamos com esse raciocínio se a forma de garantir que a coisa julgada material alcançasse as questões prejudiciais fosse mais clara de se verificar, o que não é.

No tocante a segurança jurídica, bem maior a ser alcançado pela coisa julgada, se tratarmos principalmente do alcance do manto da coisa julgada sobre a questão prejudicial, é recomendável (a despeito de não ser constar de qualquer dispositivo legal), que a decisão sobre a questão prejudicial conste do dispositivo da decisão[56]. Mais uma vez: os dispositivos expressos não determinam a forma de o julgador decidir sobre a questão prejudicial e verificação do preenchimento dos requisitos aptos a fazerem com que a coisa julgada material alcance também as questões prejudiciais, mas uma interpretação do ordenamento, especificamente no que diz respeito à segurança jurídica, impõe que busquemos formas de que o direito não seja surpresa, e uma das possíveis soluções é exatamente que o julgador deixe claro na sua decisão sobre isso. E, partindo dessa premissa, pode-se falar, inclusive, na possibilidade do

---

55. Também nesse sentido, Roberto Gouveia: "Oura consideração relevante é de que a compulsoriedade da formação da coisa julgada não impede o juiz, independentemente de qualquer pedido da parte, se pronunciar sobre a questão prejudicial, declarando-a no dispositivo. Pelo contrário, tal medida terá a importante função de esclarecimento. Com a declaração, não haverá quaisquer dúvidas sobre a formação da coisa julgada sobre a questão prejudicial." [GOUVEIA FILHO, Roberto P. Campos. *Novo código de processo civil comentado – Tomo II*. São Paulo: Editora Lualri. 2017, p. 290].

56. Por óbvio nunca defenderemos que somente o que consta da parte escalonada denominada de dispositivo será a parte sobre a qual a sentença dispõe, absolutamente. Contudo, por medida de cautela, clareza e segurança jurídica, não enxergamos melhor forma de deixar claro às partes sobre o que recaiu a autoridade da coisa julgada material.

manejo de embargos declaratórios, a fim de que se sane aludida omissão que deixa o jurisdicionado em uma situação de incerteza jurídica.

Outro enfoque relevante diz respeito ao fato de parte da doutrina não querer que a coisa julgada possa alcançar a questão prejudicial, exatamente por faltar pedido expresso para tanto (o que é uma contradição em si, uma vez que se houvesse pedido não se trataria de decisão de questão prejudicial, mas sim decisão sobre o pedido feito).

Inclusive, a doutrina que vê com maus olhos essa alteração legislativa para aumentar o espectro da coisa julgada material sobre as questões prejudiciais tem por base, dentre outros fundamentos, o fato de que ao haver a possibilidade de se recair a autoridade da coisa julgada material sobre a questão prejudicial, sobre ela haverá maior dispêndio de atividade jurisdicional, ocupação de tempo do processo, gastos econômicos (com perícia, hora/homem em análise), o que tornaria mais custoso tanto para as partes quanto para o Estado essa alteração. Inclusive Tesheiner, Gidi e Zanella[57] trazem essa preocupação em artigo publicado ainda durante o projeto do CPC/15, vejamos:

> "Outra consequência indesejada é que as partes podem aumentar desnecessariamente o esforço empregado na litigância das questões incidentais no primeiro processo, tentando comprovar e controverter todas as questões envolvidas, a fim de evitar prejuízos futuros. Isso torna os processos ainda mais complexos e demorados, o que é contrário ao ideal de economia processual."

No mesmo sentido temos Castro Mendes[58], sobre o graduar dos desforços para alcançar a solução do litígio:

> "Mais ainda: deve ser lícito às partes pautarem o seu esforço processual pelos interesses em causa – ao réu, que está convencido da nulidade do contrato de 20 mil contos, pode não interessar contestar uma pretensão, mesmo fundada nesse contrato, no valor de 5.
>
> A limitação do caso julgado à decisão (devendo esta adequar-se ao pedido, (...) permite às partes graduarem livremente a intensidade de esforços que uma decisão a seu favor lhes pareça merecer. E essa graduação é feita antes de mais pela lei através da atribuição de formas de processo consoante o seu valor, sendo que este se fixa pelo valor do pedido."

Logo, apura-se da lição de Castro Mendes que um dos fatores para decidir se a coisa julgada deve alcançar ou não as questões prejudiciais diz respeito à graduação de desforços que as partes podem ter no que refere-se a melhor demonstração sobre a questão prejudicial, influenciando o julgador a acolher sua fundamentação.

Também, parte da discussão no que diz respeito ao aumento do espectro dos limites objetivos da coisa julgada significa compreender se a questão prejudicial for decidida reconhecendo a validade da questão prejudicial e ainda assim o pedido feito pelo autor não lhe for concedido (ação julgada improcedente), se ainda assim

---

57. GIDI, Antonio; TESHEINER, José Maria Rosa; PRATES, Marília Zanella. *Limites objetivos da coisa julgada no projeto de código de processo civil reflexões inspiradas na experiência norte-americana*. São Paulo: Revista de Processo. 2011, p. 107.

58. MENDES, João de Castro. *Limites objectivos do caso julgado em processo civil*. Edições Ática. p. 119-120.

a coisa julgada alcançaria a questão prejudicial. Isso pois, quem defende que não faz coisa julgada a questão prejudicial caso não seja no mesmo sentido da decisão do pedido tem por fundamento o inciso I do parágrafo primeiro do art. 503 do CPC/15 que dispõe que a autoridade da coisa julgada material para alcançar a questão prejudicial precisa que essa decisão sobre a questão prejudicial dependa o julgamento do mérito. E isso no sentido de que, se é reconhecida a validade de um contrato, mas a ação de cobrança é julgada improcedente por pagamento, por hipótese, então dessa resolução não dependeu o julgamento do mérito.

No que diz respeito à improcedência de uma demanda, na qual houve o reconhecimento positivo da questão prejudicial, temos a indagação de Ovídio[59], ainda sobre a égide do CPC/73, mas cujo raciocínio é deveras interessante:

> "Outra consequência indesejada é que as partes podem aumentar desnecessariamente o esforço empregado na litigância das questões incidentais no primeiro processo, tentando comprovar e controverter todas as questões envolvidas, a fim de evitar prejuízos futuros. Isso torna os processos ainda mais complexos e demorados, o que é contrário ao ideal de economia processual."

Assim, a preocupação dos autores, além de outras de extrema pertinência, reside no fato de que a possibilidade de fazer com que recaia a autoridade da coisa julgada material sobre as questões prejudiciais pode levar a um aumento das atividades jurisdicionais, pois as partes acabam controvertendo mais pontos do que ordinariamente fariam, o que leva a um aumento de dispêndio da atividade probatória, entre outros, prolongando o estado de litispendência.

Contudo, a despeito da lógica empregada, talvez essa não seja a mais acertada, afinal a atividade intelectiva do julgador será a mesma sobre as questões prejudiciais, recaindo a autoridade da coisa julgada material sobre elas ou não.

Importante também verificar o impacto da coisa julgada sobre as questões prejudiciais ao se tratar de discussão sobre uma defesa material, e para tanto temos mais uma vez a provocação de Ovídio[60]:

> "(...) propondo o autor uma demanda reivindicatória sobre determinado imóvel, e vencendo, não poderia o mesmo réu, numa futura ação que o primeiro lhe movesse objetivando a reconhecimento de uma servidão, rediscutir a propriedade sobre o aludido imóvel, pois essa questão fora questão prévia ou premissa necessária à conclusão que possibilitou o reconhecimento da procedência da reivindicatória."

Por mais que no presente caso não se trate exatamente do que iremos buscar solução no presente tópico, o princípio da investigação terá por premissa indagação análoga com a presente, qual seja, a de se entender se recairia autoridade da coisa julgada material, e de que forma isso ocorreria, caso estivéssemos diante de uma ação

---

59. SILVA, Ovídio Araujo Baptista da. *Sentença e coisa julgada: ensaios*. Porto Alegre: Sergio Antonio Fabris Editor. 1979. p. 141-142.
60. SILVA, Ovídio Araujo Baptista da. *Sentença e coisa julgada: ensaios*. Porto Alegre: Sergio Antonio Fabris Editor. 1979. p. 140.

reivindicatória e o réu, em sua defesa, demonstrasse a necessidade de reconhecer a usucapião. Destaca-se que nos parece que Ovídio traz em seu exemplo, sobre as lições de Lopes da Costa, trata-se de limitação que se verifica por observância do princípio do deduzido e dedutível.

Conclui-se, dessa forma, que o sistema processual de 2015 inovou ao impor que os limites objetivos da coisa julgada material alcançarão outras coisas que não apenas o pedido realizado pelas partes, mas também a questão prejudicial, desde que preenchidos os requisitos para tanto, tornando-a também imutável e indiscutível.

4. REFERÊNCIAS BIBLIOGRÁFICAS

ABBOUD, Georges. *Sentenças interpretativas, coisa julgada e súmula vinculante*: alcance e limites dos efeitos vinculantes e erga omnes na jurisdição constitucional. Dissertação em direito. 2009. PUCSP.

ALVIM, Teresa Arruda. Notas sobre alguns aspectos controvertidos da ação rescisória. *Revista de Processo*. v 39. ano 1985, p. 8.

_____. *Nulidades do processo e da sentença*. 8. ed. São Paulo: RT. 2017. p. 57.

ALVIM, Thereza Celina de Arruda. *Questões prévias e os limites objetivos da Coisa julgada*. São Paulo: RT. 1974, p. 46.

ALVIM NETTO, José Manoel de Arruda. *Manual de direito processual civil*. V1. 11ª edição. São Paulo RT. 2007.

_____. *Manual de Direito Processual Civil*. São Paulo: RT, 2017.

_____. *Direito Processual Civil*: teoria geral do processo de conhecimento. Volume I. São Paulo: RT. 1972.

_____. *Direito Processual Civil*: teoria geral do processo de conhecimento. Volume II. São Paulo: RT. 1972.

_____. *Ação declaratória incidental*. Revista de Processo nº 20, edição de outubro/1980.

_____. *Novo contencioso Cível*. São Paulo: RT. 2016.

AMERICANO, Jorge. *Comentários ao código de processo civil do Brasil*. Saraiva, São Paulo, 1941.

_____. *Comentários ao código de processo civil do Brasil*. Saraiva, São Paulo, 1958.

ARAÚJO. Fabio Caldas de. *Curso de processo civil*. São Paulo: Malheiros. 2016.

ARRUDA ALVIM, Eduardo Pellegrini de. *Direito processual civil*, 3ª ed. RT, 2010.

_____. Novo conceito de sentença. O perfil da sentença e suas repercussões na Lei 11.232/05. In: NOGUEIRA, Gustavo. (Coord.). *A nova reforma processual*. Rio de Janeiro: Lumen Juris, 2007.

AURELLI, Arlete Inês. Institutos fundamentais do processo civil: Jurisdição, ação, processo. *Revista Brasileira de Direito Processual – RDBPRO*, n. 89, p. 31-45. Belo horizonte: Editora Forum, 2015.

ASSIS, Araken de. *Cumulação de ações*. 4. ed. São Paulo: Revista dos Tribunais, 2002.

BERMUDES, Sergio. *A reforma do código de processo civil*. 2ª ed. São Paulo: Saraiva. 1996.

BRASIL. *Anteprojeto do novo código de processo civil*. Disponível em: http://www.senado.gov.br/senado/novocpc/pdf/Anteprojeto.pdf, acesso em 05.01.2016.

BUENO, Cassio Scarpinella. *Curso sistematizado de direito processual civil*. 8ª ed. São Paulo: Saraiva. 2014.

_____. *Novo Código de Processo Civil anotado*. São Paulo: Saraiva, 2015.

CABRAL, Antonio do Passo in: *Breves Comentários ao Novo Código de Processo Civil*. Coord.: Teresa Arruda Alvim Wambier ... [et al.] São Paulo: RT. 2015.

CALAMANDREI, Piero. *Instituições de direito processual civil*. Tradução de Luiz Abezia e Sandra Drina Fernandes Barbiery. Campinas: Bookseller, 1999.

CANOVA, Augusto Cerino. *La domanda giudiziale ed il suo contenuto*. Utet: 1980.

CARLI, Carlo. *La demanda civil*. Buenos Ayres: Editora Aretua. 1900.

CARNELUTTI, Francisco. *Sistema de derecho procesal civil*. Ed. Uteha Argentina. 1944.

_____. *Instituições do processo civil*. Vol. I. Tradução de Adrián Sotero De Witt Batista. Campinas: Servanda. 1999.

CARVALHO SANTOS, João Manoel de. *Código de processo civil interpretado*, 5ª ed., Ed. Freitas Bastos, 1958.

CHIOVENDA Giuseppe. *Istituzioni di diritto processuale civile*. 2ª Ed. Vol 1. Ed. Dott. Eugenio Jovene. 1935.

_____. *Principios de derecho procesal civil*. Madrid: Editorial Reus. 1925.

DELLORE, Luiz Guilherme. *Estudos sobre a coisa julgada e o controle de constitucionalidade*, Rio de Janeiro: Forense. 2013.

DINAMARCO, Cândido Rangel. *Instituições de direito processual civil*. V1. 7ª Edição. São Paulo: Malheiros. 2013.

_____. *Instituições de direito processual civil*. V. III. 4ª ed. São Paulo: Malheiros. 2004.

_____. *Capítulos da sentença*. 2ª Edição. São Paulo: Malheiros. 2006.

FRANCHI, Giuseppe. *La Litispendenza*. Verona: Casa Editrice Dott. Antonio Milani 1963.

FORNACIARI JUNIOR, Clito. *Da reconvenção no direito processual brasileiro*. São Paulo: Saraiva. 1983.

GIANNOZZI, Giancarlo. *La modificazione dela domanda nel processo civile*. Milão: A. Giufreé. 1958.

GIDI, Antonio; TESHEINER, José Maria Rosa; PRATES, Marília Zanella. *Limites objetivos da coisa julgada no projeto de código de processo civil reflexões inspiradas na experiência norte-americana*. São Paulo: Revista de Processo. 2011.

GRANADO, Daniel Willian; SANTOS, Rosane Pereira dos; GENOSO, Gianfrancesco. Notas sobre a denunciação da lide, o Projeto do novo CPC e a condenação direta do denunciado. In: AURELLI, Arlete Inês et al. (Coords.). *O direito de estar em juízo e a coisa julgada. Estudos em homenagem a Thereza Alvim*. São Paulo: Revista dos Tribunais, 2014. p. 515-522.

GOUVEIA FILHO, Roberto P. Campos. *Novo código de processo civil comentado – Tomo II*. São Paulo: Editora Lualri. 2017.

GUIMARÃES, Luis Machado, *Estudos de direito processual civil*, Editora Jurídica, 1969.

GUSMÃO, Manoel Aureliano de, *Coisa Julgada no cível, no crime e no direito internacional*, Ed. Saraiva, São Paulo, 1922.

LIEBMAN, Enrico Tullio. *Eficácia e autoridade da sentença*. Rio de Janeiro: Forense. 1945.

_____. *Eficácia e autoridade da sentença e outros escritos sobre a coisa julgada*. 3ª ed. Rio de Janeiro: Forense. 2007.

_____. *Manuale di diritto processuale civile* I. 4ª ed. Milão: Dott. A. Giuffrè Editore. 1984

_____. *Processo de Execução*. São Paulo: Saraiva. 3ª ed. 1968.

LOPES, Bruno Vasconcelos Carrilho. *Limites objetivos e eficácia da coisa julgada*. São Paulo: Saraiva. 2016.

LOPES, João Batista. *Curso de direito processual civil*. Vol 2. São Paulo: Atlas, 2006.

MARQUES, José Frederico. *Manual de direito processual civil*. Volume II 1ª parte. São Paulo: Saraiva. 1974.

_____. *Manual de direito processual civil*. Volume I 10ª ed. São Paulo: Saraiva. 1983.

MENDES, João de Castro. *Limites objetivos do caso julgado em processo civil*. Edições Ática.

MENESTRINA, Francesco. *La pregiudiciale nel processo civile*. Milano: Giuffrè, 1904.

MESQUITA, José Ignacio Botelho de. *A autoridade da coisa julgada e a imutabilidade da motivação da sentença*. São Paulo: Salesianas. 1963.

_____. *Conteúdo da causa de pedir*. São Paulo: RT. Outubro de 1982.

_____. *Coisa Julgada*. São Paulo: Forense. 2004.

_____. *Teses, estudos e pareceres de processo civil*, Volume 2. São Paulo: RT. 2005.

MIRANDA, José Cavalcanti Pontes de. *Comentários ao Código de Processo Civil*, 2ª Edição, São Paulo: Ed Forense. 1959.

_____. *Tratado das ações*. Tomo I. São Paulo: RT. 1970.

MONTEIRO, João. *Theoria do processo civil e comercial*. Ed Jornal do Brasil. 4ª Ed. 1925.

MOREIRA, José Carlos Barbosa. *Correlação entre o pedido e a sentença*. Repro. v. 83.

_____. *Questões prejudiciais e coisa julgada*, Rio de Janeiro, 1967.

NERY JUNIOR, Nelson. *Princípios do processo na Constituição Federal*. 10ª ed. São Paulo: RT. 2010.

_____; NERY, Rosa Maria de Andrade. *Comentários ao código de processo* civil, RT, São Paulo, 2015.

NEVES, Celso. *Contribuição ao estudo da coisa julgada civil*. São Paulo: 1970.

OLIVEIRA, Bruno Silveira de. *Conexidade e efetividade processual*. São Paulo: RePro. 2007.

PAULA BAPTISTA, Francisco de. *Compendio de teoria e pratica do processo civil comparado com o comercial e de hermenêutica jurídica*. 7ª ed. Lisboa: Livraria Classica. 1910.

PICCININNI, Leo. *L'eccezione di giudicato nel processo civile*. Napoli: Jovene Editore. 2016.

REDONDO, Bruno Garcia, Questões prejudiciais e limites objetivos da coisa julgada no novo CPC, *RePro* out/2015.

RODRIGUES, Walter Piva. *Coisa julgada tributária*. São Paulo: Quartier Latin. 2008.

SANTOS, Moacyr Amaral. *Primeiras linhas de direito processual civil*. Vol 1. São Paulo: Saraiva. 2012.

SILVA, Ovídio Araujo Baptista da. *Limites objetivos da coisa julgada no direito brasileiro atual*. São Paulo: RePro, 1979, v. 15.

_____. *Sentença e coisa julgada*: ensaios. Porto Alegre: Sergio Antonio Fabris Editor. 1979.

SOARES, Marcelo Negri. *Constituição, devido processo legal e coisa julgada no processo civil*. São Paulo: Ed. Art Mutatis Mutandis. 2015.

TARUFFO, Michele. *La motivación de la sentencia civil*. Madrid: Editorial Trotta, 2011.

TUCCI, José Rogério Cruz e. *A causa petendi no processo civil*. 2ª ed. São Paulo: RT. 2001.

_____. *Comentários ao código de processo civil*, artigos 485 ao 538. V. VIII. São Paulo: RT. 2016.

VESCOVI, Enrico. *La modificación de la demanda*. Revista de Processo, v. 30. ano 1983.

WAMBIER, Teresa Arruda Alvim. *Omissão judicial e embargos de declaração*. São Paulo: RT, 2005.

PRESUNÇÃO DE VERACIDADE DA AFIRMAÇÃO DE INSUFICIÊNCIA DE RECURSOS E GRATUIDADE PROCESSUAL

Fernanda Tartuce

Doutora e Mestre em Direito Processual pela USP. Professora no programa de Mestrado e Doutorado da FADISP (Faculdade Autônoma de Direito de São Paulo). Professora e Coordenadora de Processo Civil na EPD (Escola Paulista de Direito). Presidente do Conselho do CEAPRO (Centro Avançado de Estudos de Processo). Membro do IBDP (Instituto Brasileiro de Direito Processual), do IBDFAM (Instituto Brasileiro de Direito de Família) e do IASP (Instituto dos Advogados de São Paulo). Advogada orientadora do Departamento Jurídico XI de Agosto. Mediadora e autora de publicações jurídicas.

Caio Sasaki Godeguez Coelho

Mestre em Direito Civil pela USP. Professor de pós-graduação em Processo Civil na EPD (Escola Paulista de Direito). Professor convidado de Processo Civil na Universidade Presbiteriana Mackenzie. Advogado orientador do Departamento Jurídico XI de Agosto.

Sumário: 1. Relevância do tema – 2. Justiça gratuita: visão geral – 3. Regime de presunções – 4. Suficiência da declaração de insuficiência de recursos – 5. Conclusão – 6. Referências bibliográficas.

1. RELEVÂNCIA DO TEMA

No Brasil, 14,8 milhões de pessoas vivem em situação de pobreza extrema[1]. Com tantas pessoas alijadas do sistema – assim como outras que, embora não sejam consideradas em pobreza extrema, também encontram dificuldades para manejar os parcos recursos que auferem –, não é difícil entender por que a Constituição Federal, no art. 5.º, XXXV, reconheceu o acesso à justiça como direito fundamental.

A garantia de acesso à justiça não pode ser vista simplesmente como um direito formal: o Estado deve oferecer instrumentos efetivos para que a população sem recursos financeiros para postular seus direitos em juízo possa fazê-lo.

Nesse sentido, o art. 5.º, LXXIV reconheceu o direito à assistência jurídica integral e gratuita a todos. Em observância a essa garantia, o Estado oferece instituições e mecanismos – como as Defensorias Públicas dos Estados e da União e a gratuidade de justiça – para sua concretização.

---

1. VALOR ECONÔMICO. *Pobreza extrema aumenta 11% e atinge 14,8 milhões de pessoas.* Disponível em: <https://www.valor.com.br/brasil/5446455/pobreza-extrema-aumenta-11-e-atinge-148-milhoes-de-pessoas>. Acesso em: 14 ago. 2018.

A efetivação, no entanto, por vezes encontra obstáculos dentro do Poder Judiciário. Como exemplo, especificamente no que se refere à gratuidade de justiça, não é incomum a incompreensão quanto a alguns preceitos básicos como a presunção de veracidade da afirmação de insuficiência de recursos, direito expressamente reconhecido pelo art. 99, § 3.º do CPC.

Como justificativa, parte dos magistrados ainda invoca o art. 5.º da Lei n. 1.060/50[2] (não revogado pelo CPC/15), ou, mais recentemente, o art. 99, 2.º do CPC[3]. A leitura dos dispositivos legais em conjunto pode, para alguns, gerar aparência sobre a presença de uma contradição no sistema: afinal ele estipula a presunção relativa de veracidade da declaração de insuficiência, por um lado, e a possibilidade de que o juiz possa afastá-la, por outro. O presente artigo objetiva examinar essa aparente contradição e oferecer uma proposta de harmonização para que a interpretação contemple os parâmetros legais e constitucionais.

2. JUSTIÇA GRATUITA: VISÃO GERAL

Como os conceitos de assistência judiciária, assistência jurídica e justiça gratuita foram usados por vezes de forma indiscriminada pelas leis que regulamentam essas figuras[4], dúvidas e equívocos em sua aplicação acabam se verificando[5].

A assistência judiciária consiste na atuação judicial gratuita feita por determinada entidade, geralmente vinculada ao Poder Público, como a Defensoria Pública[6]. O serviço de defesa em juízo de interesses daqueles que não dispõem de recursos para contratar um advogado particular pode também ser oferecido por instituições conveniadas ao Estado (como a Ordem dos Advogados do Brasil[7]), por entidades do terceiro setor (como o Departamento Jurídico XI de Agosto[8]) ou

---

2. Art. 5º. O juiz, se não tiver fundadas razões para indeferir o pedido, deverá julgá-lo de plano, motivando ou não o deferimento dentro do prazo de setenta e duas horas.

3. Art. 99 § 2o O juiz somente poderá indeferir o pedido se houver nos autos elementos que evidenciem a falta dos pressupostos legais para a concessão de gratuidade, devendo, antes de indeferir o pedido, determinar à parte a comprovação do preenchimento dos referidos pressupostos.

4. MARCACINI, Augusto Tavares Rosa. *Assistência jurídica, assistência judiciária e justiça gratuita*. Rio de Janeiro: Forense, 2003, p. 29.

5. DELLORE, Luiz; TARTUCE, Fernanda. Gratuidade da Justiça no Novo CPC. *Revista de Processo*, v. 39, n. 236, out. 2014. São Paulo: 2014, p. 305-23, p. 308.

6. MARCACINI, Augusto Tavares Rosa, ob. cit., p. 31.

7. DEFENSORIA PÚBLICA DO ESTADO DE SÃO PAULO. *Convênio n. 3/2016*, processo AC n. 9257/2016. Termo de Convênio que entre si celebram a Defensoria Pública do Estado de São Paulo e a Ordem dos Advogados do Brasil – Seção de São Paulo, para a prestação de assistência judiciária gratuita suplementar, nos limites deste Convênio, à população carente do Estado de São Paulo. Disponível em: <https://www.defensoria.sp.def.br/dpesp/repositorio/0/documentos/conv%C3%AAnios/Termo%20de%20Conv%C3%A-Anio%202016-2017%20(2).pdf>. Acesso em: 20 jul. 2018.

8. "O Departamento Jurídico XI de Agosto é a maior entidade particular de assistência jurídica gratuita do País. Atuando em diversas esferas do direito, nas vertentes consultivas e contenciosas o Departamento Jurídico segue cumprindo a missão para a qual foi idealizado há mais de 96 anos: iniciar os estudantes da Faculdade de Direito do Largo de São Francisco na prática da advocacia, ao mesmo tempo em que garante à população carente da cidade de São Paulo acesso gratuito à Justiça.". DEPARTAMENTO JURÍDICO XI

ainda por advogados que atuem isoladamente (por determinação judicial[9] ou em contribuição *pro bono*).

A assistência jurídica consiste na prestação de serviços jurídicos gratuitos não só por meio de atuação judicial, mas também de forma consultiva e preventiva àqueles que desses serviços necessitem. O conceito de assistência jurídica parece ter sido reconhecido no art. 186, § 3.º do CPC, que determina que pessoas representadas por profissionais atuantes em programas de prática jurídicas de faculdades ou entidades que prestem assistência jurídica gratuita em razão de convênios com a Defensoria Pública gozam de prazo em dobro. Parece, no entanto, que esse dispositivo quis referir-se à assistência judiciária em vez de jurídica, o que pode trazer problemas interpretativos[10].

Justiça gratuita, por fim, consiste na suspensão de exigibilidade das despesas processuais e eventuais verbas sucumbenciais enquanto perdurar a insuficiência de recursos do beneficiado. Destaque-se que ser beneficiário da justiça gratuita não implica tecnicamente em ser *isento* das despesas processuais e verbas sucumbenciais, mas tão somente que a obrigação de pagar de tais verbas fica sujeita a condição suspensiva até que reunidas condições para pagá-las ou até que a obrigação prescreva no prazo de cinco anos[11] (CPC, art. 98, §§ 2.º e 3.º)[12].

As obrigações cobertas pela condição suspensiva de exigibilidade em decorrência da gratuidade foram especificadas no art. 98, § 1.º do CPC[13], sendo aquelas

---

DE AGOSTO. *Quem somos*. Disponível em: < https://juridicoxideagosto.wordpress.com/quem-somos/>. Acesso em: 15 jul. 2018.

9. MARCACINI, Augusto Tavares Rosa, ob. cit., p. 31.

10. As entidades que celebram convênios com a Defensoria Pública para prestar assistência jurídica gratuita podem prestar, pela sua própria definição, serviços de assistência judiciária. Como visto, o conceito de assistência jurídica engloba o de assistência judiciária. No entanto, é perfeitamente possível que entidades celebrem convênios para prestar assistência jurídica gratuita excluindo-se a os serviços envolvidos na assistência judiciária. Essas entidades, assim, atuariam de forma consultiva e não contenciosa. Nesse caso, teria essa entidade direito ao prazo em dobro nos processos em que eventualmente atuasse (processos que não foram envolvidos pelo convênio)?

11. O artigo 98, § 3.º do CPC, fala em extinção das obrigações do beneficiário, parecendo referir-se a um prazo decadencial. No entanto, por coerência do sistema que coloca essas obrigações sob condição suspensiva de exigibilidade, soa mais adequado o entendimento de que há prescrição dessas obrigações – que passam, após cinco anos, a ser inexigíveis

12. Art. 98. § 2.º A concessão de gratuidade não afasta a responsabilidade do beneficiário pelas despesas processuais e pelos honorários advocatícios decorrentes de sua sucumbência. §3.º Vencido o beneficiário, as obrigações decorrentes de sua sucumbência ficarão sob condição suspensiva de exigibilidade e somente poderão ser executadas se, nos 5 (cinco) anos subsequentes ao trânsito em julgado da decisão que as certificou, o credor demonstrar que deixou de existir a situação de insuficiência de recursos que justificou a concessão de gratuidade, extinguindo-se, passado esse prazo, tais obrigações do beneficiário.

13. Art. 98. § 1.º. A gratuidade da justiça compreende: I – as taxas ou as custas judiciais; II – os selos postais; III – as despesas com publicação na imprensa oficial, dispensando-se a publicação em outros meios; IV – a indenização devida à testemunha que, quando empregada, receberá do empregador salário integral, como se em serviço estivesse; V – as despesas com a realização de exame de código genético - DNA e de outros exames considerados essenciais; VI – os honorários do advogado e do perito e a remuneração do intérprete ou do tradutor nomeado para apresentação de versão em português de documento redigido em língua estrangeira; VII – o custo com a elaboração de memória de cálculo, quando exigida para instauração da execução; VIII – os depósitos previstos em lei para interposição de recurso, para propositura de ação e para

relativas a despesas processuais com taxas, selos postais, publicação e honorários de advogados e peritos, dentre outros.

Em suma, pode-se concluir que o conceito de assistência jurídica gratuita é amplo, abrangendo a assistência judiciária e podendo englobar a justiça gratuita. A assistência judiciária é a assistência jurídica utilizada especificamente para a promoção ou a defesa de demandas judiciais. A justiça gratuita, por fim, refere-se à suspensão da exigibilidade de custas e despesas processuais enquanto perdurar a insuficiência de recursos daquele por ela beneficiado[14].

A principal lei que tratava da justiça gratuita era a Lei n. 1.060/50, que não foi integralmente revogada pelo CPC/2015[15]. Conforme a própria previsão da parte final do art. 98 do CPC, os artigos não revogados da Lei n. 1.060/50 continuam a ser aplicados em conjunto com o código processual, assim como o serão outras eventuais leis que vierem a disciplinar de forma mais especificada o tema[16].

Destaque-se que, ao contrário das leis anteriores – que utilizaram os três termos de forma indiscriminada –, o CPC/2015 utilizou, no título da seção IV e no art. 98[17], o termo "gratuidade de justiça" de forma acertada, como uma alternativa ao termo "justiça gratuita"[18]. Excetua-se a ressalva já feita quanto ao art. 186, § 3.º do CPC, que parece ter utilizado "assistência jurídica" quando quis dizer "assistência judiciária".

A nova regulação trazida pelo CPC/2015 consolidou diversos entendimentos jurisprudenciais consagrados na vigência do regime anterior. Como exemplo, o art. 98 ampliou expressamente o rol de possíveis beneficiários da gratuidade de justiça e passou a contemplar também pessoas jurídicas – possibilidade já reconhecida por súmula do STJ[19]. Além disso, incluíram-se algumas despesas que já eram contempladas na gratuidade por entendimento jurisprudencial ou praxe forense – como, por exemplo, o custo com a elaboração de memória de cálculo quando exigida para a instauração de execução[20].

---

a prática de outros atos processuais inerentes ao exercício da ampla defesa e do contraditório; IX – os emolumentos devidos a notários ou registradores em decorrência da prática de registro, averbação ou qualquer outro ato notarial necessário à efetivação de decisão judicial ou à continuidade de processo judicial no qual o benefício tenha sido concedido.

14. DELLORE, Luiz; TARTUCE, Fernanda, ob. cit., p. 307.

15. Art. 1.072. Revogam-se: III – os arts. 2.º, 3.º, 4.º, 6.º, 7.º, 11, 12 e 17 da Lei no 1.060, de 5 de fevereiro de 1950.

16. DELLORE, Luiz; TARTUCE, Fernanda, ob. cit., p. 309.

17. "Seção IV – Da Gratuidade da Justiça. Art. 98. A pessoa natural ou jurídica, brasileira ou estrangeira, com insuficiência de recursos para pagar as custas, as despesas processuais e os honorários advocatícios tem direito à gratuidade da justiça, na forma da lei.".

18. BASTOS, Cristiano de Melo. A justiça gratuita no novo Código de Processo Civil. **Revista dos Tribunais**, v. 105, n. 965, mar. 2016. São Paulo: RT, 2016, p. 61-73, p. 63

19. Súmula 481/STJ: "Faz jus ao benefício da justiça gratuita a pessoa jurídica com ou sem fins lucrativos que demonstrar sua impossibilidade de arcar com os encargos processuais.".

20. Art. 98. § 1.º. VII – o custo com a elaboração de memória de cálculo, quando exigida para instauração da execução. Essa possibilidade já havia sido reconhecida, por exemplo, no seguinte julgado: BRASIL. Superior Tribunal de Justiça. *Recurso Especial n. 1.274.566/SC*. Recorrente: Brasil Telecom S/A. Recorrido: Osni de Barros. Relator: Ministro Paulo de Tarso Sanseverino. Julgado em: 14 mai. 2014.

Nesse mesmo sentido, outra alteração que consagrou entendimento jurisprudencial foi a possibilidade de formular-se o pleito de gratuidade em qualquer momento do processo[21], ou seja, por meio de petição inicial, contestação, petição de ingresso de terceiro no processo ou em recurso[22], ou, ainda, se superveniente à primeira manifestação, de simples petição[23].

Se por um lado o CPC/2015 consolidou situações já reconhecidas pelos tribunais, por outro trouxe duas inovações que merecem destaque: as possibilidades de concessão parcial da gratuidade de justiça[24] e de parcelamento das despesas[25]. Embora não haja critérios objetivos para a aplicação desses dois dispositivos (fator que pode gerar dúvida para o juiz e as partes)[26], trata-se de uma ampliação do rol de opções disponíveis ao Poder Judiciário para aplicação em casos não extremos.

Mais especificamente no que se refere ao tema em análise, outra alteração foi a revogação pelo CPC/2015 do art. 4.º[27] da Lei n. 1.060/50, que estipulava que a parte, mediante simples afirmação, teria direito à gratuidade de justiça[28]. Esse dispositivo foi substituído pelos art. 99, §§ 2.º[29] e 3.º[30], CPC que, se por um lado continuaram a determinar que a alegação de insuficiência de recursos[31] se presume verdadeira

---

21. DELLORE, Luiz; TARTUCE, Fernanda, ob. cit., p. 310.
22. Art. 99. O pedido de gratuidade da justiça pode ser formulado na petição inicial, na contestação, na petição para ingresso de terceiro no processo ou em recurso.
23. Art. 99. § 1.º. Se superveniente à primeira manifestação da parte na instância, o pedido poderá ser formulado por petição simples, nos autos do próprio processo, e não suspenderá seu curso.
24. Art. 98. § 5.º. A gratuidade poderá ser concedida em relação a algum ou a todos os atos processuais, ou consistir na redução percentual de despesas processuais que o beneficiário tiver de adiantar no curso do procedimento.
25. Art. 98. § 6.º. Conforme o caso, o juiz poderá conceder direito ao parcelamento de despesas processuais que o beneficiário tiver de adiantar no curso do procedimento.
26. "Inúmeras outras dúvidas já surgem em relação às 2 inovações: a) Em quais despesas o juiz pode reduzir o valor a ser pago? (por exemplo, pode o juiz reduzir as custas judiciais? Preparo recursal? Taxa de mandato? Diligência do oficial de justiça? Valor da cópia reprográfica? Custo da certidão de objeto e pé? Valor do edital?) b) E de quanto será o percentual da redução? c) Cabe, ao mesmo tempo, no âmbito da justiça gratuita parcial, a gratuidade total para alguns atos e a redução de parte das despesas para outros atos? d) Uma vez deferido o parcelamento das despesas, em até quantas vezes será possível parcelar? e) E o ato processual terá de aguardar o término do pagamento parcelado para ter início? (pensando no exemplo da perícia exposto acima) f) Pode o juiz aplicar o parcelamento em conjunto com a justiça gratuita parcial? g) Cabe a justiça gratuita parcial e parcelamento para pessoa jurídica?". DELLORE, Luiz. *O lado B da justiça gratuita*. São Paulo: Jota, 2015. Disponível em: <https://www.jota.info/opiniao-e-analise/colunas/novo-cpc/novo-cpc-o-lado-b-da-justica-gratuita-13042015>. Acesso em: 3 abr. 2015.
27. Art. 4.º. A parte gozará dos benefícios da assistência judiciária, mediante simples afirmação, na própria petição inicial, de que não está em condições de pagar as custas do processo e os honorários de advogado, sem prejuízo próprio ou de sua família.
28. O artigo, na verdade, falava em assistência judiciária em vez de justiça gratuita; ao ponto, vide ressalvas anteriores sobre a confusão conceitual.
29. Art. 99. § 2.º. O juiz somente poderá indeferir o pedido se houver nos autos elementos que evidenciem a falta dos pressupostos legais para a concessão de gratuidade, devendo, antes de indeferir o pedido, determinar à parte a comprovação do preenchimento dos referidos pressupostos.
30. Art. 99. § 3.º. Presume-se verdadeira a alegação de insuficiência deduzida exclusivamente por pessoa natural.
31. O art. 98, CPC, fala em insuficiência de recursos, ao passo que o art. 4.º da Lei n. 1.060/50 falava em ausência de condições de pagamento das custas e honorários de advogado *sem prejuízo próprio ou de sua família*. A alteração veio em conformidade com o art. 5.º, LXXIV, CF, que também fala em insuficiência.

(pelo menos no que tange às pessoas naturais), por outro estipulam que o juiz, se entender que há elementos nos autos que coloquem em dúvida a insuficiência de recursos da parte, poderia determinar que ela comprovasse a sua situação financeira sob pena de indeferimento.

Essas duas previsões do CPC aparentam conflitar entre si, já que enquanto o § 3.º determina a presunção de veracidade da alegação, o § 2.º do art. 99 parece possibilitar o afastamento dessa presunção pelo juiz. A fim de que se enfrente essa aparente contradição e se consiga harmonizar ambos os dispositivos legais, é útil especificar o conceito e as consequências relacionadas aos regimes de presunção.

3. REGIME DE PRESUNÇÕES

A determinação das consequências jurídicas da afirmação de insuficiência de recursos pela parte é feita expressamente pelo art. 99, § 3.º, CPC, que reconhece a presunção de veracidade a essa alegação. Cabe, então, delimitar o significado dessa presunção.

O conceito de presunção não é adstrito ao raciocínio jurídico; na verdade, é proveniente da filosofia e, mais especificamente, da lógica. Nesse sistema, por presunção deve-se entender a validade antecipada e provisória de um juízo emitido[32]. A validade de uma proposição é determinada com base em sua relação com suas premissas e conclusões, podendo, assim, ser submetida a testes. Por meio da presunção, um juízo será considerado válido desde o momento em que é emitido, mesmo antes de ser submetido a teste pela parte a que se destina – sendo, portanto, antecipado – e assim o permanecerá até que sua validade seja infirmada por outra proposição – sendo, por conseguinte, provisório[33].

Em sentido jurídico, a presunção é a admissão de um fato pelo outro como se fossem um só ou o mesmo[34]. Por meio dela, permite-se que se façam julgamentos sobre fatos sem que se saiba se estes ocorreram ou não, porque são de difícil constatação ou prova[35]. Nas palavras de HARET, "(…) o fato presumido *A* pode não ser, mas será tido, para o universo do direito, como se fosse; assim como da mesma forma pode ser, no mundo real, mas será observado como se não fosse no domínio das normas jurídicas"[36].

Assim, em outras palavras, pela constatação da ocorrência de determinados fatos deduz-se a ocorrência de outro, porque o legislador ou o juiz entendem que, no geral, um fato decorre do outro ou que ambos ocorrem simultaneamente[37].

---

32. HARET, Florence. Por um conceito de presunção. *Revista da Faculdade de Direito da Universidade de São Paulo*, v. 104, jan./dez. 2009. São Paulo: Universidade de São Paulo, 2009, p. 725-44, p. 729.

33. Idem, ibidem.

34. Idem, ibidem.

35. Idem, ibidem.

36. HARET, Florence, ob. cit., p. 729.

37. ARENHART, Sergio Cruz; MARINONI, Luiz Guilherme. *Prova*. São Paulo: Revista dos Tribunais, 2009, p. 131.

Tradicionalmente, as presunções são divididas no processo civil em duas categorias, das quais decorrem duas outras subcategorias: (i) presunções judiciais (também denominadas de simples ou *homini*) e (ii) presunções legais, que se subdividem em (a) presunções relativas e (b) presunções absolutas[38].

As presunções judiciais são aquelas por meio das quais, provada a ocorrência ou não ocorrência de determinado *fato A*, o *juiz*, por um raciocínio lógico-dedutivo, considera o *fato B* – que é desconhecido ou não comprovado – como também ocorrido ou não ocorrido[39].

Como o juiz atribui a ocorrência do *fato A* por meio da prova do *fato B*, há certa confusão se a presunção judicial constituiria um meio de prova, isto é, se a prova do *fato B* não seria um meio para provar a ocorrência do *fato A*[40]. Conforme visto, entretanto, a presunção é um processo mental, um juízo efetuado pelo indivíduo (juiz) ou pela lei. Portanto, a presunção simples, um juízo efetuado pelo magistrado, não é um meio de prova[41]. Ao provar a ocorrência do *fato B* não se está provando a ocorrência do fato *A*, mas simplesmente demonstrando que o *fato A* decorre do *fato B*. Ocorrido este, ocorre aquele.

A aplicação da presunção judicial é mais clara quando o *fato B* for *causa suficiente* do *fato A*. Se o *fato A* tiver multiplicidade de causas, ou seja, não sendo o *fato B* causa suficiente dele, o raciocínio lógico da presunção judicial deixa de ser aplicável automaticamente[42].

Em não sendo o *fato B* causa suficiente do *fato A*, existem duas possibilidades: (i) que se prove a ocorrência dos outros fatos que, somados ao *fato B*, causam necessariamente (isto é, são causas suficientes) o *fato A*; ou (ii) que a prova do *fato B*, por si só, gere uma convicção no juiz que seja justificável[43], deixando de ser somente um indício da ocorrência do *fato A* dado seu valor probatório muito elevado[44]. Neste caso, embora o *fato B* não seja causa suficiente do *fato A*, a ocorrência daquele gera um juízo de probabilidade tal que cria a convicção, no juiz, de que o *fato A* ocorreu, mesmo que não se provem suas outras causas[45].

Como última consideração ao regime da presunção judicial, vale destacar que ela não é um meio de valoração de prova, ou seja, não estaria o juiz atribuindo um valor maior a uma prova em detrimento de outra. O juiz pode e deve valorar as provas utilizadas para comprovar o *fato B*, mas a ocorrência *per se* do *fato B* não pode

---

38. Idem, p. 132.
39. OLIVEIRA, Carlos Alberto Alvaro de. Presunções e ficções no Direito Probatório. *Revista de Procuradoria-Geral do Estado do Rio Grande do Sul*, v. 33, n. 70, jul./dez. 2012. Porto Alegre: 2012, p. 79-86, p. 83.
40. ARENHART, Sergio Cruz; MARINONI, Luiz Guilherme, ob. cit., p. 135-6.
41. OLIVEIRA, Carlos Alberto Alvaro de, ob. cit., p. 85.
42. Idem, ibidem.
43. ARENHART, Sergio Cruz; MARINONI, Luiz Guilherme, ob. cit., p. 136.
44. OLIVEIRA, Carlos Alberto Alvaro de, ob. cit., p. 85.
45. Denominada de "verossimilhança preponderante" por ARENHART e MARINONI. ARENHART, Sergio Cruz; MARINONI, Luiz Guilherme, ob. cit., p. 136.

ser valorada para determinar a ocorrência do *fato A*[46]. Não se valoram fatos, mas tão somente provas. É claro que o juiz poderia entender que a ocorrência do *fato B* não é suficiente ou, ao menos, suficientemente forte para presumir o *fato A*. Nesse caso, no entanto, o juiz não está valorando uma prova – já que, conforme dito, o *fato B* não é prova –, mas tão somente analisando se o *fato B* é ou não causa suficiente ou, ao menos, indício suficiente da ocorrência do *fato A*.

As presunções legais, por sua vez, consistem em prescrições legislativas que determinam *obrigatoriamente* que o juiz considere que o *fato A* decorre automaticamente do *fato B*. Assim, se na presunção judicial o juiz é livre para formar sua convicção sobre se o *fato A* pode ser considerado ocorrido pela mera prova da ocorrência do *fato B*, na presunção legal o legislador afasta a potencial convicção do juiz para instituir um regime de necessidade. Provada a ocorrência do *fato B*, o juiz deve considerar *necessariamente* ocorrido o *fato A*.

Percebe-se assim que a presunção legal estabelece uma regra de julgamento para o juiz porque o legislador, visando a proteger determinados valores, facilita a consideração da ocorrência de determinados fatos[47]. Essa facilitação decorre geralmente da dificuldade de provar determinados fatos[48].

Dada a proposição "*provada a ocorrência do fato B, o juiz deve considerar necessariamente ocorrido o fato A*", o que diferencia a presunção legal relativa (*iuris tantum*) da absoluta (*iuris et de iure*) é que, na primeira, a prova da não ocorrência do *fato A* deve ser considerada pelo juiz. Na segunda, é irrelevante a prova da não ocorrência do *fato A*: ocorrido o *fato B*, obrigatória e necessariamente deverá o juiz considerar ocorrido o fato *A*.

Alguns autores entendem que, na presunção legal relativa, a presunção se opera até que haja prova apta a desqualificá-la[49]. No entanto, na verdade, a presunção legal relativa *sempre* se opera, mesmo que haja prova apta a contradizer a ocorrência do fato presumido. Assim, é possível e relevante que se faça a prova da ocorrência ou não ocorrência do *fato A* (presumido), recaindo na pessoa a quem a presunção prejudica o interesse e o ônus de produzi-la. Sendo relevante a prova, o juiz deverá sempre que requerido pela parte, possibilitar a instrução do processo[50].

Portanto, existem dois momentos no processo mental efetuado pelo juiz no regime da presunção relativa: (i) aplica a presunção, de forma que, provado o *fato B*, considera ocorrido o *fato A*, mas (ii) permite que a parte contrária eventualmente demonstre que o *fato A* não ocorreu, mesmo com a ocorrência do *fato B*. Caso a parte contrária comprove que o *fato A* não ocorreu, deixe-se claro, *não se afasta o processo*

---

46. OLIVEIRA, Carlos Alberto Alvaro de, ob. cit., p. 85.
47. OLIVEIRA, Carlos Alberto Alvaro de, ob. cit., p. 80.
48. Idem, p. 82.
49. HARET, Florence. Por um conceito de presunção, ob. cit., p. 735.
50. OLIVEIRA, Carlos Alberto Alvaro de, ob. cit., p. 82.

de presunção, que é um processo *a priori*. A prova da não ocorrência do *fato A* simplesmente torna a presunção sem efeitos.

Na presunção legal absoluta, por sua vez, resta ao prejudicado conformar-se com a consideração, pelo juiz, de que o fato presumido ocorreu. Mesmo que se possa e efetivamente se comprove que o *fato A* não ocorreu, ainda assim deverá o juiz considerá-lo como ocorrido. É, portanto, irrelevante[51] a prova da ocorrência ou não do *fato A*, de forma que o juiz poderá dispensar a instrução do processo caso o ponto controvertido recaia exclusivamente sobre o *fato A*[52].

O fato de ser irrelevante a prova do *fato A*, no entanto, não quer dizer que a parte beneficiada pela presunção seja eximida de qualquer prova: ela deve provar a ocorrência do *fato B* para que a presunção se opere[53].

Em suma, dada a proposição *"provada a ocorrência do fato B, o juiz deve considerar necessariamente ocorrido o fato A"*, extraímos as seguintes regras probatórias: (i) a parte beneficiada pela presunção deve comprovar a ocorrência do *fato B* tanto na presunção relativa quanto na absoluta; (ii) tanto para a parte beneficiada quanto para a prejudicada pela presunção absoluta é irrelevante a prova do *fato A*; (iii) para a parte beneficiada pela presunção relativa é irrelevante a prova do *fato A* – salvo se a parte prejudicada demonstrar sua não ocorrência, caso em que será aberta à parte beneficiada a oportunidade de produzir prova em contrário; e (iv) é relevante para a parte prejudicada pela presunção relativa tanto a prova da não ocorrência do *fato B* quanto do *fato A*.

Elucidadas as regras das diferentes modalidades de presunções em nosso sistema jurídico, é possível passar ao enfrentamento do tema em análise: como se opera o regime da presunção de insuficiência de recursos estipulada nos § 2.º e § 3.º do art. 99 do CPC/2015?

4. SUFICIÊNCIA DA DECLARAÇÃO DE INSUFICIÊNCIA DE RECURSOS

A discussão sobre bastar a declaração de insuficiência de recursos pela parte para haver a presunção de que, de fato, ela não tem condições financeiras de arcar com despesas processuais e verbas sucumbenciais mudou de forma substancial com as diversas alterações legislativas sobre a gratuidade processual.

O art. 4.º da Lei 1.060/50, revogado pelo CPC/15, já havia sido alterado anteriormente pela Lei n. 7.510/86. A primeira versão deste artigo afirmava ser necessária

---

51. Parece mais adequado o entendimento de BARBOSA MOREIRA de que a prova em caso de presunção absoluta não é *inadmitida*, mas sim *irrelevante*. A parte prejudicada pode provar por meio de documentos, por exemplo, a ocorrência ou não do fato presumido, entretanto essa prova não é apta a afastar a presunção, sendo, portanto, irrelevante. MOREIRA, José Carlos Barbosa. *Temas de direito processual*: primeira série. São Paulo: Saraiva, 1977, p. 55.
52. OLIVEIRA, Carlos Alberto Alvaro de, ob. cit., p. 83.
53. Idem, p. 82.

a menção dos rendimentos próprios e da família pela parte que pretendesse gozar de gratuidade de justiça[54]. Não só era necessária essa menção, como também que a parte postulante desse benefício instruísse sua petição com um atestado expedido pela autoridade policial ou pelo prefeito municipal, conforme estipulava a redação original do § 1.º[55] do referido dispositivo.

O forte viés burocrático[56] para a comprovação da necessidade dos benefícios da justiça gratuita fez com que a Lei n. 6.707/79 alterasse a redação do art. 4.º, § 1.º, estipulando-se que, embora ainda fosse necessária a instrução da petição com um atestado emitido pela autoridade policial ou pelo prefeito municipal, ela seria dispensada caso a parte comprovasse que percebia dois ou menos salários mínimos locais regionais[57].

Quatro anos após essa primeira alteração, editou-se a Lei n. 7.115/83 que, embora não tenha revogado ou alterado de forma expressa o art. 4.º e § 1.º da Lei 1.060/50, o fez de forma indireta ao estipular que a declaração de vida, residência, pobreza, dependência econômica, dentre outras, presumiam-se verdadeiras[58]. Caso fosse demonstrada a falsidade da declaração, a parte declarante ficaria sujeita às penas civis, administrativas e criminais aplicáveis[59].

Por fim, após mais três anos, foi editada mais uma alteração legislativa com relação à forma de comprovação da necessidade de justiça gratuita. Por meio da Lei n. 7.510/86, pela primeira vez se reconheceu a presunção de pobreza a quem afirmasse a ausência de condições de arcar com despesas processuais e verbas sucumbenciais, alterando-se a redação tanto do *caput* do art. 4.º[60] quanto do § 1.º[61] da Lei 1.060/50. Estipulou-se ainda a multa de dez vezes o valor das custas processuais caso houvesse prova em sentido contrário à situação declarada pela parte.

---

54. Art. 4.º. A parte, que pretender gozar os benefícios da assistência judiciária, requererá ao Juiz competente lhes conceda, mencionando, na petição, o rendimento ou vencimento que percebe e os encargos próprios e os da família.

55. Art. 4.º. § 1.º. A petição será instruída por um atestado de que conste ser o requerente necessitado, não podendo pagar as despesas do processo. Êste documento será expedido, isento de selos e emolumentos, pela autoridade policial ou pelo prefeito municipal.

56. DELLORE, Luiz; TARTUCE, Fernanda, ob. cit., p. 308.

57. Art. 4.º. § 1.º. A petição será instruída por um atestado de que conste ser o requerente necessitado, não podendo pagar as despesas do processo. Este documento será expedido, isento de selos e emolumentos, pela autoridade policial ou pelo Prefeito Municipal, sendo dispensado à vista de contrato de trabalho comprobatório de que o mesmo percebe salários igual ou inferior ao dobro do mínimo legal regional.

58. Art. 1.º. A declaração destinada a fazer prova de vida, residência, pobreza, dependência econômica, homonímia ou bons antecedentes, quando firmada pelo próprio interessado ou por procurador bastante, e sob as penas da Lei, presume-se verdadeira.

59. Art. 2.º. Se comprovadamente falsa a declaração, sujeitar-se-á o declarante às sanções civis, administrativas e criminais previstas na legislação aplicável.

60. Art. 4.º. A parte gozará dos benefícios da assistência judiciária, mediante simples afirmação, na própria petição inicial, de que não está em condições de pagar as custas do processo e os honorários de advogado, sem prejuízo próprio ou de sua família. (Redação dada pela Lei nº 7.510, de 1986).

61. Art. 4.º. § 1.º. Presume-se pobre, até prova em contrário, quem afirmar essa condição nos termos desta lei, sob pena de pagamento até o décuplo das custas judiciais. (Redação dada pela Lei nº 7.510, de 1986).

O primeiro problema surgiu já antes da revogação desses dispositivos pelo CPC/2015: como o art. 5.º da Lei 1.060/50 continuou vigente mesmo após as referidas alterações legislativas, sua redação induzia à conclusão de que o juiz poderia indeferir a justiça gratuita caso tivesse justificativa para fazê-lo. Ou seja, embora determinada a presunção legal de veracidade da afirmação da parte, o juiz poderia afastá-la no caso concreto se assim entendesse.

Essa primeira problemática foi agravada ainda mais com a promulgação da Constituição Federal de 1988, que estipula, no art. 5.º, LXXIV, que "o Estado prestará assistência jurídica integral e gratuita aos que comprovarem insuficiência de recursos". Por certo prisma, seria possível concluir não só que o juiz *poderia* afastar a presunção relativa do art. 4.º, § 1.º – utilizando-se do art. 5.º, ambos da Lei 1.060/50 –, como também que a presunção em si da afirmação de insuficiência não havia sido recepcionada pela CF/88.

Em síntese, dois problemas precisam ser resolvidos para responder se a declaração de insuficiência de recursos, feita pela parte postulante aos benefícios da justiça gratuita, basta para que o juiz a conceda: (i) se a CF/88 recepcionou o art. 4.º, § 1.º, da Lei n. 1.060/50 e (ii) caso tenha sido recepcionado, se o juiz pode afastar a presunção de veracidade da declaração sem que haja impugnação da parte contrária.

A constitucionalidade do art. 4.º, § 1.º da Lei n. 1.060/50 já foi bastante debatida não só no plano teórico, como também na seara judicial. Após a promulgação da CF/88, muitos juízes deixavam de conceder a gratuidade – salvo se a parte postulante comprovasse a insuficiência de recursos[62].

Esse entendimento é seguido por alguns doutrinadores, como GALESKI e RIBEIRO, para quem, se por um lado a dispensa de comprovação da insuficiência de recursos é conforme a Constituição – pois estaria efetivando a garantia do acesso à justiça previsto em seu art. 5.º, XXXV – por outro a desrespeita, porque o postulante teria a obrigação de apresentar documentos que comprovassem sua afirmação[63].

Não se pode, entretanto, afirmar que o art. 4.º da Lei n. 1.060/50 seja incompatível com a Constituição. A garantia constitucional prevista no art. 5.º, LXXIV estabelece que a assistência jurídica integral e gratuita – e não a gratuidade de justiça –, é que depende da comprovação de insuficiência de recursos. Como visto no capítulo 1, a assistência jurídica integral envolve tanto serviços consultivos quanto eventual assistência judiciária que se faça necessária, com potencial pleito de gratuidade de justiça.

Além disso, o parâmetro da Constituição sobre a comprovação de insuficiência de recursos é necessário para que o Estado possa oferecer assistência jurídica gratuita; assim, diz respeito somente aos serviços prestados pela Defensoria Pública e entida-

---

62. MARCACINI, Augusto Tavares Rosa, ob. cit., p. 34.
63. GALESKI JUNIOR, Irineu; RIBEIRO, Marcia Carla Pereira. Direito e economia: uma abordagem sobre a assistência judiciária gratuita. In: *Anais do XIX Encontro Nacional do Conpedi*. Fortaleza: Conpedi, 2010, p. 2363-73, p. 2365.

des conveniadas. Afinal, nada impede que um advogado atue de forma voluntária e graciosa em prol de uma pessoa que precisa acessar a justiça[64].

Disso decorrem duas conclusões: (i) a obrigação de comprovação é necessária para a prestação de serviços de *assistência jurídica gratuita*, que envolve a prestação integral dos serviços consultivos, contenciosos (assistência judiciária) e eventualmente a gratuidade de justiça[65] e (ii) que a CF/88 tornou obrigatória a comprovação de insuficiência de recursos para que o *Estado* possa oferecer esses serviços, o que já é feito diretamente por meio de triagens efetuadas pelos órgãos que prestam essa modalidade de serviços (Defensoria Pública e órgãos conveniados, por exemplo)[66].

Assim, a presunção da veracidade da declaração de insuficiência de recursos não é incompatível com a CF/88. Como cabe à legislação infraconstitucional definir a política aplicável a essa situação, na medida em que há previsão sobre presunção, não é possível entender que esta deixe de ser aplicada.

O entendimento nesse sentido seria ilegal, ainda mais se se considerar que a intenção da Constituição Federal não foi reduzir, mas sim ampliar o acesso à justiça[67]. Caberia ao legislador editar nova lei que revogasse o art. 4.º da Lei n. 1.060/50. Além disso, a possibilidade de se entender em sentido contrário ou de modificar-se a lei foi sepultada, até o presente momento pelo menos, com a ratificação pelo CPC/15 de que se presume verdadeira a declaração de insuficiência de recursos feita por pessoa natural, conforme prevê o art. 99, § 3.º[68].

Superado o primeiro problema, cabe agora passar à análise do segundo: pode o juiz afastar a presunção de veracidade da declaração de pobreza e exigir que a parte postulante da gratuidade de justiça comprove nos autos sua situação financeira?

Conforme exposto, o art. 99, § 3.º do CPC, manteve a presunção de veracidade da declaração de insuficiência de recursos ao repetir a regra do art. 4.º, § 1.º da Lei n. 1.060/50 com uma única alteração substancial: ao afirmar que a presunção se aplica à declaração feita por pessoa natural, destaca que a presunção não alcança as pessoas jurídicas[69].

---

64. Essa possibilidade é prevista pelo art. 30, § 2.º do Código de Ética e Disciplina da Ordem dos Advogados do Brasil: Art. 30. § 2.º. A advocacia *pro bono* pode ser exercida em favor de pessoas naturais que, igualmente, não dispuserem de recursos para, sem prejuízo do próprio sustento, contratar advogado. ORDEM DOS ADVOGADOS DO BRASIL. *Resolução n. 02/2015*. Aprova o Código de Ética e Disciplina da Ordem dos Advogados do Brasil – OAB. Disponível em: <http://www.oabsp.org.br/novo-codigo-de-etica-oab.pdf?bwr=1>. Acesso em: 14 ago. 2018.

65. MARCACINI, Augusto Tavares Rosa, ob. cit., p. 34-5.

66. KUNIOCHI, Hamilton Kenji. *Assistência jurídica aos necessitados*: concepção contemporânea e análise de efetividade. Dissertação (Mestrado em Processo Civil) – Faculdade de Direito da Universidade de São Paulo, São Paulo, 2013, p. 106.

67. TARTUCE, Fernanda. Assistência judiciária gratuita – suficiência da declaração de pobreza – acórdão comentado. *Revista LEX de Direito Brasileiro*, n. 46, jul./ago. 2010. São Paulo: LEX, 2010, p. 81.

68. Art. 99. § 3.º. Presume-se verdadeira a alegação de insuficiência deduzida exclusivamente por pessoa natural.

69. DELLORE, Luiz; TARTUCE, Fernanda, ob. cit., p. 310.

Em primeiro lugar, cumpre destacar que a presunção trazida pelo art. 99, § 3.º do CPC é uma relativa, como facilmente se depreende tanto do disposto no § 2.º do mesmo dispositivo (que autoriza o juiz a indeferir o pleito caso haja nos autos elementos que evidenciem a falta de algum pressuposto para a concessão da gratuidade), quanto do fato de ser facultado à parte prejudicada impugnar e, eventualmente, comprovar que a parte postulante não teria direito a esse benefício, nos termos do art. 100[70] do CPC.

Conforme visto, sendo a presunção relativa uma regra de julgamento, o juiz deve, *necessariamente*, considerar que o postulante é vulnerável financeiramente. O problema surge quando se contrapõe a presunção relativa de veracidade dessa declaração com o § 2.º do art. 99 do CPC e do não revogado art. 5.º da Lei n. 1.060/50; tais dispositivos são abaixo transcritos, assim como os artigos que determinavam e determinam a presunção de veracidade:

> Art. 4º. A parte gozará dos benefícios da assistência judiciária, mediante simples afirmação, na própria petição inicial, de que não está em condições de pagar as custas do processo e os honorários de advogado, sem prejuízo próprio ou de sua família. (Revogado pela Lei n. 13.105, de 2015)
>
> § 1.º. Presume-se pobre, até prova em contrário, quem afirmar essa condição nos termos desta lei, sob pena de pagamento até o décuplo das custas judiciais. (Revogado pela Lei n. 13.105, de 2015)
>
> Art. 5.º. O juiz, se não tiver fundadas razões para indeferir o pedido, deverá julgá-lo de plano, motivando ou não o deferimento dentro do prazo de setenta e duas horas.
>
> Art. 99. § 2.º. O juiz somente poderá indeferir o pedido se houver nos autos elementos que evidenciem a falta dos pressupostos legais para a concessão de gratuidade, devendo, antes de indeferir o pedido, determinar à parte a comprovação do preenchimento dos referidos pressupostos.
>
> § 3º Presume-se verdadeira a alegação de insuficiência deduzida exclusivamente por pessoa natural.

Antes da vigência do CPC/2015, uma análise do art. 4.º, § 1.º, em conjunto com o art. 5.º da Lei n. 1.060/50, poderia ensejar a conclusão de que o juiz poderia afastar *ex officio* a presunção de veracidade da declaração de insuficiência de recursos.

O art. 99, § 2.º, por sua vez, manteve a fórmula anterior de que o juiz poderia indeferir o pedido. Entretanto, antes de fazê-lo deveria conceder à parte postulante um prazo para que comprovasse que sua situação financeira corresponde à declaração feita no processo. No mesmo sentido da conclusão anterior, uma análise rápida desse dispositivo em conjunto com o § 3.º do mesmo dispositivo poderia gerar a impressão de que o juiz teria a discricionariedade de aplicar ou não a presunção de veracidade.

Para sanar essa problemática, deve-se (i) entender a finalidade tanto da presunção de veracidade da declaração de pobreza quanto da possibilidade de o juiz indeferir o

---

70. Art. 100. Deferido o pedido, a parte contrária poderá oferecer impugnação na contestação, na réplica, nas contrarrazões de recurso ou, nos casos de pedido superveniente ou formulado por terceiro, por meio de petição simples, a ser apresentada no prazo de 15 (quinze) dias, nos autos do próprio processo, sem suspensão de seu curso.

benefício mesmo com ela apresentada e (ii) analisar a questão à luz do já examinado regime de presunções.

Com relação à finalidade desses dispositivos, cumpre destacar que tanto o art. 5.º da Lei n. 1.060/50 quanto o § 2.º do art. 99 do CPC têm o intuito claro de evitar que pessoas sem direito à gratuidade de justiça utilizem de forma fraudulenta a declaração. Como o Estado movimentará seu aparato para julgar um processo judicial sem que, potencialmente, haja o pagamento de taxas processuais, haverá claro prejuízo com relação a ele e, indiretamente, à sociedade como um todo. É por esse motivo que, em vez de atribuir somente à parte prejudicada a possibilidade de questionar a veracidade da declaração, abre-se ao juiz a oportunidade para que ele faça uma análise preliminar da situação financeira da parte.

Há inclusive aqueles que entendem que nem sequer deveria haver essa presunção, pois nem juiz, nem parte prejudicada, mas somente a parte postulante teria condições de comprovar a sua própria situação financeira, sendo difícil à outra parte trazer provas que contrapusessem a afirmação de insuficiência de recursos, dada a assimetria de informações entre as elas[71].

Contudo, é importante destacar que a presunção de veracidade da declaração de pobreza não veio somente para reduzir a burocracia que as leis exigiam para a concessão da gratuidade de justiça. Deve-se ter em mente a dificuldade que as pessoas que realmente fazem jus a esse benefício têm para comprovar sua situação financeira. A prova de insuficiência de recursos é prova negativa, ou seja, deve-se provar que não se tem recursos financeiros para arcar com despesas processuais e verbas sucumbenciais, o que é tarefa bastante árdua, senão, em alguns casos, impossível.

Na prática, poderia a parte comprovar, por exemplo, que (i) não tem veículos, (ii) não tem imóvel ou possui somente seu bem de família, (iii) aufere pouco ou nenhum rendimento, (iv) não tem emprego ou, se tiver, seu salário não é suficiente para arcar com as despesas processuais?

As provas (i) e (ii) são claramente negativas. Como provar que não se tem veículos ou imóveis? Mesmo que se fosse viável solicitar alguma certidão para fazê-lo, estar-se-ia novamente burocratizando a concessão da gratuidade de justiça, nos moldes anteriores a 1973 e dificultando-se o acesso à justiça. Exigir que uma pessoa hipossuficiente gaste os parcos recursos de que eventualmente dispõe com certidões negativas é completamente absurdo.

A prova (iii) – de que a pessoa aufere pouco ou nenhum rendimento –, por sua vez, poderia ser facilmente feita, para alguns, por meio da apresentação da declaração do imposto de renda. Parece claro, no entanto, que a vasta maioria dos indivíduos que precisam da justiça gratuita auferem renda abaixo do valor que os obrigaria a

---

71. GALESKI JUNIOR, Irineu; RIBEIRO, Marcia Carla Pereira, ob. cit., p. 2369.

fazer a Declaração de Ajuste Anual sobre Renda de Pessoa Física[72]. Além disso, como inexiste, desde 2008, a Declaração Anual de Isento[73], segundo a própria Receita Federal "a isenção poderá ser comprovada mediante declaração escrita e assinada pelo próprio interessado, conforme previsto na Lei n. 7.115/83"[74].

A prova (iv) – de falta de emprego ou de que, mesmo empregado, aufere salário insuficiente para arcar com gastos processuais –, por sua vez, talvez seja a única prova positiva que, de fato, poderia demonstrar a insuficiência de recursos, entretanto, se e somente se: (a) o postulante, em primeiro lugar, tivesse carteira de trabalho, o que não ocorre em muitos casos, e (b) estivesse empregado com carteira anotada pelo empregador. No caso (a), o postulante não teria como comprovar que está ou não empregado, senão somente afirmando em juízo que não tem carteira de trabalho e que não está trabalhando. Mesmo tendo carteira de trabalho, o postulante poderia não ter nela qualquer anotação, o que, por si só, não comprova que não esteja trabalhando, mas somente que não está em um emprego formal. Teria, então, que declarar que não possui emprego informal.

As provas (i), (ii) e (iii), portanto, somente se fazem mediante declaração. A prova (iv) somente é possível se o postulante tiver emprego formal; caso contrário também se faz mediante declaração. Eis, portanto, o motivo pelo qual a lei presume verdadeira a declaração de insuficiência de recursos feita pela parte: se por um lado pode-se dizer que é difícil para a parte prejudicada comprovar a situação financeira do postulante, por outro prisma para aquelas que de fato precisam da gratuidade de justiça é ainda mais difícil comprovar que *não têm recursos*, senão por meio de declaração[75].

Exigir, portanto, que a parte postulante comprove a insuficiência de recursos seria impor um ônus muito gravoso àqueles que de fato precisam do benefício. Assim, se por um lado afastar a presunção seria útil para barrar aqueles que estivessem agindo em fraude, por outro lado aqueles a quem de fato se destina o regime da gratuidade de justiça teriam o seu direito de acesso à justiça prejudicado caso não conseguissem

---

72. Para o ano-calendário de 2017, estariam dispensados de apresentar a referida declaração aqueles que auferissem rendimentos tributáveis abaixo de R$ 28.559,70 anuais, ou, na média, R$ 2.379,97 mensais. RECEITA FEDERAL. *Instrução normativa RFB n. 1.794, de 23 de fevereiro de 2018*. Dispõe sobre a apresentação da Declaração de Ajuste Anual do Imposto sobre a Renda da Pessoa Física referente ao exercício de 2018, ano-calendário de 2017, pela pessoa física residente no Brasil. Disponível em: <http://normas.receita. fazenda.gov.br/sijut2consulta/link.action?visao=anotado&idAto=90350>. Acesso em: 14 jul. 2018.

73. RECEITA FEDERAL. *Instrução normativa RFB n. 864, de 25 de julho de 2008*. Dispõe sobre o Cadastro de Pessoas Físicas (CPF) e dá outras providências. Disponível em: <http://normas.receita.fazenda.gov.br/ sijut2consulta/link.action?visao=anotado&idAto=15820>. Acesso em: 14 jul. 2018.

74. RECEITA FEDERAL. *DAI – Declaração Anual de Isento*. Disponível em: <http://idg.receita.fazenda.gov.br/ orientacao/tributaria/declaracoes-e-demonstrativos/dai-declaracao-anual-de-isento>. Acesso em: 14 jul. 2018.

75. Foram dados somente exemplos daquilo que poderia ser utilizado para comprovar a situação de insuficiência de recursos, podendo obviamente existir outras. Destaque-se somente que algumas formas de prova, tais como apresentação de extratos bancários, além de não serem definitivas (já que a parte também poderia não ter conta em banco ou movimentar dinheiro de outra forma), seria uma quebra muito forte da privacidade do postulante.

algum documento que comprovasse sua situação – o que, conforme se demonstrou, é bastante comum que ocorra.

Por esse motivo talvez o CPC/2015 tenha optado por manter a presunção de veracidade (no art. 99, § 3.°) e, ao mesmo tempo, permitir ao juiz evitar que as partes que estejam agindo de forma fraudulenta tenham o benefício concedido (art. 99, § 2.°). Sintetizada a finalidade da lei, pode-se por fim analisar a questão sob a ótica do regime de presunções.

Conforme abordado, a presunção relativa se opera por meio da seguinte proposição: *provada a ocorrência do fato B, o juiz deve considerar necessariamente ocorrido o fato A*. O *fato B* corresponde à declaração de insuficiência de recursos feita pela parte, ao passo que o *fato A é* a própria situação financeira de escassez de recursos. Portanto, pode-se traduzir a mesma proposição, aplicada ao tema em debate, da seguinte forma: *feita a declaração de insuficiência de recursos pela pessoa natural (fato B), o juiz deve considerar necessariamente que a parte está em situação de insuficiência de recursos para arcar com as despesas processuais e as verbas sucumbenciais (fato A)*.

Nesse caso, portanto, o juiz deve considerar que a parte postulante *de fato* possui recursos insuficientes e, *a priori*, conceder a gratuidade de justiça aplicando-se a regra de julgamento. A gratuidade de justiça somente poderia ser afastada caso a parte prejudicada comprovasse que o *fato A* não ocorreu, ou seja, se comprovasse que a parte postulante possui recursos suficientes para arcar as despesas processuais e as verbas sucumbenciais.

Com relação à parte prejudicada, parece claro que o regime de presunções se aplica normalmente, tendo ela o ônus de comprovar a suficiência de recursos da parte beneficiada. Ocorre que o § 2.° do art. 99 do CPC parece autorizar que o juiz, *ex officio*, afaste a presunção de veracidade e determine que a parte postulante comprove sua situação financeira.

Essa autorização é meramente aparente: a presunção relativa é regra de julgamento que *não pode ser afastada* pelo juiz. O legislador determinou a obrigatoriedade de que, provado o *fato B*, seja o *fato A* considerado verdadeiro. A discricionariedade de que o juiz possa afastar a presunção relativa faz com que a própria figura da presunção legal seja desnaturada: ter-se-ia, aqui, uma presunção simples, ou seja, o juiz deveria considerar de acordo com a própria convicção se o *fato B* demonstra o *fato A*.

Isso não quer dizer, contudo, que o § 2.° do art. 99 do CPC seja letra morta. Uma análise da própria literalidade do dispositivo ajuda a entender seu real intuito: o juiz pode indeferir a gratuidade de justiça caso haja nos autos elementos que *evidenciem* a falta do pressuposto legal para a concessão. Em outras palavras, o juiz pode indeferir o benefício se – e somente se – restar demonstrado claramente que o *fato A* é falso, isso é, ficar comprovado que a parte postulante de fato não possui insuficiência de recursos.

Note-se que, nesse caso, o juiz não afasta a presunção relativa, que sempre é aplicada. *A priori*, o juiz considera que a declaração de insuficiência de recursos é verdadeira e que, portanto, a parte postulante faz jus ao benefício. No entanto, ao analisar os autos, o juiz percebe algum fato, algum elemento que *evidencia, demonstra* que a parte possui recursos, dado que autoriza o indeferimento da gratuidade processual. Considera-se o *fato A* como consequência do *fato B*, mas há elementos que demonstram que o *fato A*, claramente, é falso.

Portanto, o juiz somente pode se utilizar do § 2.º do art. 99 caso tenha elementos suficientes para indeferir o pedido feito pela parte postulante. Mesmo nesse caso, ressalte-se, o CPC/2015 abre a possibilidade de que o postulante justifique as evidências de que possui recursos e eventualmente demonstre que, de fato, faz jus ao benefício.

Não é facultado ao juiz determinar que a parte postulante comprove a insuficiência de recursos como requisito à concessão da gratuidade processual – neste caso, estar-se-ia afastando a presunção relativa, o que, conforme já demonstrado, a desnaturaria pela própria lógica das presunções legais.

Portanto, tendo a parte declarado a insuficiência, o juiz só tem um caminho: aplicar a presunção de veracidade. Daqui decorrem duas alternativas: (i) reconhecer a incidência da gratuidade, caminho natural da presunção relativa; ou (ii) indeferir o pleito caso haja nos autos elementos *manifestos* que demonstrem que a parte postulante possui recursos para arcar com as despesas processuais e verbas sucumbenciais. Nesse último caso, antes de indeferir, o juiz abre contraditório ao postulante. Como elementos contundentes devem ser entendidos os elementos patentes de que a declaração é falsa – o que não quer dizer que esses elementos sejam inquestionáveis, já que ao postulante ainda é dada a oportunidade de justificá-los.

O juiz não pode, portanto, em caso de dúvida, deixar de conceder o benefício: nesse caso, aplica-se normalmente a presunção relativa. É importante, assim, que somente se utilize o art. 99, § 2.º do CPC em casos extremos. Nos outros casos, cabe à parte prejudicada impugnar o pedido, utilizando-se do contraditório diferido do art. 100 do CPC, trazendo aos autos elementos que demonstrem que a parte postulante fez uma falsa declaração.

Essa harmonização dos dois dispositivos faz com que se ratifiquem os precedentes judiciais[76] que autorizam o deferimento da gratuidade de justiça mediante simples

---

76. Entende nesse sentido PIVA RODRIGUES em diversos julgados por ele relatados, tais como: SÃO PAULO (Estado). Tribunal de Justiça do Estado de São Paulo. Agravo de Instrumento n. 2256726-20.2016.8.26.0000. Recorrente; Romão Norberto Alves. Recorrido: Celia Regina de Campos. Relator: Piva Rodrigues. Julgado em: 14 fev. 2017, SÃO PAULO (Estado). Agravo de Instrumento n. 2067351-63.2017.8.26.0000. Recorrente: Luiz Gonzaga Nobre (Espólio) e outro. Recorrido: Lavínia Machado de Almeida e outros. Relator: Piva Rodrigues. Julgado em: 4 jul. 2017. Além disso, no STJ e STF: BRASIL. Supremo Tribunal Federal. Agravo Regimental no Recurso Extraordinário n. 809.870/MG. Recorrente: Cooperativa de Crédito de Sete Lagoas LTDA – SICOOB CREDISETE. Recorrido: Petrarca Peixoto Pena. Relator: Ministra Carmem Lúcia. Julgado em: 14 mai. 2014, BRASIL. Supremo Tribunal Federal. Agravo Regimental no Recurso Extraordinário n. 245.646/RN. Recorrente: União. Recorrido: Arlene Lopes Fernandes e outros. Relator: Ministro Celso de Mello. Julgado em: 2 dez. 2008 e BRASIL. Superior Tribunal de Justiça. Agravo Regimental no Recurso

declaração da parte postulante. Ocorre que, na prática, não é incomum que os juízes se esqueçam da regra da presunção e, mesmo sem haver qualquer elemento *patente* que demonstre que a parte postulante não tem direito ao benefício, ainda assim determinem a juntada de documentos comprobatórios da situação patrimonial da parte[77].

Demonstra-se essa corriqueira exigência, por exemplo, por meio da Súmula n. 39 do Tribunal de Justiça do Rio de Janeiro:

> É facultado ao Juiz exigir que a parte comprove a insuficiência de recursos, para obter concessão do benefício da gratuidade de justiça (art. 5º, inciso LXXIV, da CF), visto que a afirmação de pobreza goza apenas de presunção relativa de veracidade.[78]

Essa súmula contém três erros à luz das diretrizes explicitadas: (i) utiliza a Constituição Federal como forma de justificar a possibilidade de exigência de documentos à parte postulante, confundindo os conceitos de assistência jurídica e justiça gratuita, assim como ignorando a interpretação que a própria legislação infraconstitucional dá ao art. 5.º, LXXIV da CF; (ii) pelo próprio regime das presunções, não se pode afastar a presunção relativa, que sempre se aplica e somente fica sem efeitos houver prova contundente de que o fato presumido é falso; (iii) caso fosse o fato presumido patentemente falso, deveria haver o indeferimento de plano da justiça gratuita, já que o julgado é anterior à vigência do CPC/15 e, assim, se aplicava diretamente o art. 5.º da Lei n. 1.060/50, que é expresso no sentido de que o juiz somente teria como opção indeferir o pedido se houvesse fundadas razões para tanto (ou seja, demonstração clara e evidente de que o postulante tinha recursos para arcar com as despesas processuais e verbas sucumbenciais).

É claro que, em observância ao contraditório, o juiz, mesmo que ainda não houvesse a previsão expressa do art. 99, § 2.º do CPC, deveria, antes de indeferir, dar à parte postulante o direito de demonstrar que fazia jus ao benefício da justiça gratuita. Esse entendimento era compartilhado por parte da doutrina, como, por exemplo, PIVA RODRIGUES e MARCACINI:

> "[m]uitas vezes tem o juiz razoáveis dúvidas acerca do cabimento do benefício, diante das aparências que o caso encerra; entretanto, deve ser dada ao beneficiário a oportunidade de esclarecê-las, já que, para requerer a gratuidade, não teve ele a obrigação de expor fundamentalmente sua situação patrimonial."[79]

Com o advento do CPC/2015 confirmou-se essa visão, de forma que, mesmo aplicando a presunção, caso o juiz entenda pelo indeferimento da justiça gratuita – o

---

Especial n. 1.009.376/MS. Recorrente: José Felix da Silva. Recorrido: Banco Panamericano S/A. Relator: Ministro Carlos Fernando Mathias (juiz convocado do TRF 1.ª Região). Julgado em: 12 ago. 2008.

77. TARTUCE, Fernanda, ob. cit., p. 82-3.

78. RIO DE JANEIRO. Tribunal de Justiça do Rio de Janeiro. Súmula n. 39. Gratuidade de justiça, insuficiência de recursos, comprovação. Aprovada em: 24 jun. 2002.

79. RODRIGUES, Walter Piva; MARCACINI, Augusto Tavares Rosa. Proposta de alteração da lei de assistência judiciária. *Revista da Faculdade de Direito da Universidade de São Paulo*, v. 3, jan./dez. 1998. São Paulo, Universidade de São Paulo, 1998, p. 393-413, p. 400.

que, destaque-se uma vez mais, somente pode ser feito se houver provas contundentes de que o postulante não faz jus ao benefício –, ainda assim deve abrir prazo para que a parte justifique e demonstre a necessidade da gratuidade processual.

Por fim, é importante notar que, se por um lado a presunção de veracidade da declaração de insuficiência de recursos é constitucional, por outro a exigência de documentos à parte postulante nos moldes feito por parte do Poder Judiciário e pelo TJRJ, além de ilegal, é inconstitucional porque: (i) afronta o acesso à justiça (art. 5.º, XXXV[80], CF), pois deixa o juiz de se manifestar acerca do mérito da demanda para focar na extremamente difícil prova de insuficiência de recursos; e (ii) viola a celeridade processual (art. 5.º, LXXVIII[81], CF) e a isonomia (art. 5.º[82], CF), pois essa determinação ilegal retarda o processo – o que não ocorre com relação àqueles que dispõem de recursos para acessar o judiciário[83].

5. CONCLUSÃO

A regulação da gratuidade processual nos moldes feitos pelo CPC/2015 ratificou diversos entendimentos jurisprudenciais e, ao mesmo tempo, trouxe inovações bem-vindas, como a possibilidade de parcelamento ou redução de despesas processuais e verbas sucumbenciais.

No entanto, especificamente com relação ao tema da presunção de veracidade da afirmação de insuficiência de recursos, deixou de desfazer algumas confusões conceituais que acarretam dificuldades para as partes terem esse benefício reconhecido em juízo.

Embora o CPC/2015 tenha ratificado no art. 99, § 3.º que a afirmação de pobreza se presume verdadeira quando feita por pessoa natural, trouxe no § 2.º do mesmo dispositivo a possibilidade de que o juiz determine que o postulante comprove sua situação financeira (assim como não revogou o art. 5.º da Lei n. 1.060/50, que dispõe no mesmo sentido). Embora aparentemente em contradição, na verdade essas previsões legais são complementares e, se aplicadas corretamente, visam a proteger tanto aqueles que fazem jus ao benefício quanto a sociedade como um todo.

Feita a declaração de insuficiência de recursos, o juiz deve, *necessariamente*, presumi-la como verdadeira, de forma a considerar veraz também a situação de insuficiência da parte postulante. A aplicação da presunção relativa é automática e obrigatória, dado que é regra de julgamento estipulada pelo legislador.

---

80. Art. 5.º. XXXV – a lei não excluirá da apreciação do Poder Judiciário lesão ou ameaça a direito.
81. Art. 5.º. LXXVIII – a todos, no âmbito judicial e administrativo, são assegurados a razoável duração do processo e os meios que garantam a celeridade de sua tramitação.
82. Art. 5.º. Todos são iguais perante a lei, sem distinção de qualquer natureza, garantindo-se aos brasileiros e aos estrangeiros residentes no País a inviolabilidade do direito à vida, à liberdade, à igualdade, à segurança e à propriedade, nos termos seguintes:
83. TARTUCE, Fernanda, ob. cit., p. 83.

Aplicada a regra de presunção *a priori* pelo juiz, resta a ele dois caminhos possíveis: (i) conceder o benefício ao postulante e atribuir o ônus à parte prejudicada de provar que a parte postulante possui recursos suficientes – operando-se, portanto, normalmente a presunção; ou (ii) indeferir o pedido se – e somente se – houver nos autos elementos contundentes de que a parte possui recursos suficientes. Essa última alternativa deve ser utilizada somente em casos extremos. Destaque-se que, mesmo nesse caso, a presunção se opera normalmente, embora não produza qualquer efeito pela demonstração manifesta nos autos de que a declaração é falsa.

Infelizmente uma parte do Poder Judiciário interpreta erroneamente o art. 99, § 2.º do CPC, vendo na regra uma autorização para afastar a presunção em casos nos quais não há dúvida sobre a situação de insuficiência de recursos da parte ou, ainda, quando não há elementos contundentes para tanto. O juiz somente pode determinar a comprovação da situação financeira da parte se – e somente se – for indeferir o pedido (em casos graves e extremos), dando ao postulante oportunidade ao contraditório.

Essa leitura dos dispositivos está em consonância tanto com a Constituição Federal quanto com uma leitura teleológica do sistema normativo da gratuidade processual. Além disso, valoriza o aspecto humano[84], aplicando-se a presunção automaticamente ante a alegação de dificuldade financeira e, por conseguinte, ensejando o deferimento do benefício – salvo se houver manifesta má-fé.

Além de promover os direitos constitucionais da igualdade, do acesso à justiça e da assistência jurídica gratuita integral, essa leitura promove uma visão humanística do regime de gratuidade de justiça, já que, como exposto outrora, "não há que se olhar o litigante como um oportunista, presumindo que requer os benefícios da gratuidade em má-fé para espuriamente se livrar de suas obrigações; a boa-fé (ainda!) se presume em nosso sistema"[85].

6. REFERÊNCIAS BIBLIOGRÁFICAS

ARENHART, Sergio Cruz; MARINONI, Luiz Guilherme. *Prova*. São Paulo: Revista dos Tribunais, 2009.

BASTOS, Cristiano de Melo. A justiça gratuita no novo Código de Processo Civil. *Revista dos Tribunais*, v. 105, n. 965, mar. 2016. São Paulo: RT, 2016, p. 61-73.

DELLORE, Luiz. *O lado B da justiça gratuita*. São Paulo: Jota, 2015. Disponível em: <https://www.jota. info/opiniao-e-analise/colunas/novo-cpc/novo-cpc-o-lado-b-da-justica-gratuita-13042015>. Acesso em: 17 jul. 2018.

_____, TARTUCE, Fernanda. Gratuidade da Justiça no Novo CPC. *Revista de Processo*, v. 39, n. 236, out. 2014. São Paulo: 2014, p. 305-23.

GALESKI JUNIOR, Irineu; RIBEIRO, Marcia Carla Pereira. Direito e economia: uma abordagem sobre a assistência judiciária gratuita. In: *Anais do XIX Encontro Nacional do Conpedi*. Fortaleza: Conpedi, 2010, p. 2363-73, p. 2364.

---

84. TARTUCE, Fernanda, ob. cit., p. 83.
85. Idem, ibidem.

HARET, Florence. Por um conceito de presunção. *Revista da Faculdade de Direito da Universidade de São Paulo*, v. 104, jan./dez. 2009. São Paulo: Universidade de São Paulo, 2009, p. 725-44.

MARCACINI, Augusto Tavares Rosa. *Assistência jurídica, assistência judiciária e justiça gratuita*. Rio de Janeiro: Forense, 2003.

MOREIRA, José Carlos Barbosa. *Temas de direito processual*: primeira série. São Paulo: Saraiva, 1977.

OLIVEIRA, Carlos Alberto Alvaro de. Presunções e ficções no Direito Probatório. *Revista de Procuradoria-Geral do Estado do Rio Grande do Sul*, v. 33, n. 70, jul./dez. 2012. Porto Alegre: 2012, p. 79-86.

RODRIGUES, Walter Piva; MARCACINI, Augusto Tavares Rosa. Proposta de alteração da lei de assistência judiciária. *Revista da Faculdade de Direito da Universidade de São Paulo*, v. 3, jan./dez. 1998. São Paulo, Universidade de São Paulo, 1998, p. 393-413, p. 400.

TARTUCE, Fernanda. Assistência judiciária gratuita – suficiência da declaração de pobreza – acórdão comentado. *Revista LEX de Direito Brasileiro*, n. 46, jul./ago. 2010. São Paulo: LEX, 2010, p. 75-83.

ORALIDADE E CONTRADITÓRIO EFETIVO: DILEMAS E PERSPECTIVAS DA TÉCNICA DE SUSTENTAÇÃO ORAL PERANTE OS TRIBUNAIS

Flávio Luiz Yarshell

Professor Titular do Departamento de Direito Processual da Faculdade de Direito da USP. Advogado.

Sumário: 1. O valor atual da oralidade – 2. Sustentação oral nos tribunais: vilã ou heroína? – 3. Sustentação oral e julgamento estendido.

1. O VALOR ATUAL DA ORALIDADE

Em artigo que já conta com alguns anos[1], dispusemo-nos a refletir sobre o assim denominado *princípio da oralidade*, fazendo-o com o objetivo – que pode soar muito mais pretensioso do que teve a intenção de ser – de projetar o que poderia ser o *futuro* desse postulado. Tendo examinado o que então (provocativamente) qualificamos como sua "ascensão" e "queda", concluímos com o que nos parecia ser a evolução mais provável – ou, quiçá, desejável do princípio.

Naquela oportunidade, afirmamos que a oralidade perdera a importância e o prestígio de outros tempos em boa medida por conta da notória e ainda crescente tendência à pré-constituição da prova (principalmente, mas não apenas, a documental). Assim, diante do que então chamamos de "relativo menoscabo de advogados e juízes pela colheita do depoimento pessoal e da recusa reiterada de se convocar o perito a prestar esclarecimentos em audiência", concluímos que pouco ou quase nada restara para se realizar em audiência – outrora festejada como o "palco da oralidade".

Apesar disso, ponderamos então ser um erro desprezar-se a oralidade como "método de trabalho". Segundo então afirmamos, ela continua a ser ferramenta relevante para a atividade cognitiva, na reconstrução dos fatos relevantes; cria ambiente adequado para maior e melhor colaboração dos sujeitos parciais; e previne mudanças sucessivas na presidência do processo, do que podem decorrer consequências nocivas que naquele momento procuramos apontar.

Entendíamos que a imediação continuava a apresentar boa parte das vantagens que a doutrina clássica lhe atribuíra, não apenas para a colheita da prova, mas para

---

1. Cf. nosso *Qual o futuro da oralidade?*, in "A prova no direito processual civil. Estudos em homenagem ao professor João Batista Lopes", coords. Olavo de Oliveira Neto, Elias Marques de Medeiros Neto e Ricardo Augusto de Castro Lopes, São Paulo, Verbatim, 2013, p. 233-242.

o gerenciamento da causa. Sob o ângulo decisório, embora o juiz deva se pautar por elementos objetivos constantes dos autos, o contato com as partes segue como algo salutar na medida em que permite melhor avaliação da prova, ainda que essencialmente documental. Além disso, completamos, a experiência colhida nos processos arbitrais mostrava que a exposição oral da causa antes da colheita da prova – quer pelos advogados, quer eventualmente e apenas pelas partes em depoimento pessoal – instruía os julgadores na acepção – mais ampla e completa – do termo.

No caso da prova pericial, apontamos que a oralidade – pela imediação que nela se contém – é forma de prevenir desvios que, embora não se presumam, podem ocorrer, com sérios prejuízos, inclusive para o magistrado que preside o feito.

E nem mesmo a massificação da justiça foi suficiente para infirmar a convicção então externada. Pelo contrário, foi então dito, no contexto de uma Justiça cada vez mais avolumada, que a oralidade pode impedir a injustiça de se julgar um caso em meio a outros que não guardam a necessária similitude. Julgar demandas com mesmo fundamento de forma concentrada é uma coisa; tratar demandas individuais "por atacado" é outra, que não se compadece com a justiça prometida e devida pelo Estado. Aliás, a sustentação oral nos tribunais – embora deva ser manejada com destreza e objetividade – é boa ilustração disso.

Atentos à circunstância de que, no nosso sistema, o recurso de apelação devolve questões de fato para o tribunal e que este último nenhuma imediação manteve com as partes e demais protagonistas da audiência, reconhecemos que a oralidade fica de alguma forma prejudicada. Mas, entendemos que isso não era – como não é – suficiente para anular o postulado. O tribunal, conquanto livre para reapreciar a prova colhida em audiência, deverá – ainda que para negá-la – considerar a valoração feita pelo julgador singular, justamente a partir de seu contato direto em audiência.

Aliás, a constatação de que assim ocorre parece ser realista e pragmática porque, conforme sabença generalizada, não raro os tribunais, diante de alegação de cerceamento de defesa por indeferimento de tal ou qual prova, refutam a invalidade sob o argumento de que o juiz é o destinatário da prova. Assim, os tribunais reiteradamente afirmam que se ao magistrado do grau antecedente pareceu ser suficiente o quadro probatório, isso bastaria para se descartar a necessidade da prova reclamada pela parte. Isso evidentemente é um erro porque uma coisa é considerar a valoração dada em primeiro grau; outra é o tribunal se colocar apenas como censor da conduta do juiz, ao invés de, como seria correto, colocar-se na posição de destinatário principal da prova colhida.

Por tudo isso, enfim, concluímos que, embora sem alimentar uma visão quase romântica da oralidade e de seus postulados, não convinha desprezá-los, como se aqueles nada tivessem a acrescentar ao processo. Daí, então, ter-se preconizado: "nem exaltação divorciada da realidade; nem desprezo que desumanize e torne impessoal a Justiça, ou que despreze os benefícios que o contato direto do juiz com partes, advogados e demais atores do processo pode trazer".

ORALIDADE E CONTRADITÓRIO EFETIVO **217**

Veio, então, o Código de Processo Civil de 2015.

Conforme tivemos oportunidade de observar em escrito precedente[2], conquanto o diploma vigente não tenha conseguido superar todos os obstáculos que conspiram contra a oralidade, ele procurou dar à regra uma nova dimensão, o que pode ser visto a partir da (ideal) estruturação da fase de conhecimento em primeiro grau em *três audiências*: uma prevista pelo art. 334, destinada à busca da autocomposição; outra voltada ao saneamento e organização do processo (art. 357); e uma terceira, para colheita de prova (arts. 358 e ss.).

Além disso, conforme destacamos, o Código previu a realização de audiências para justificação em casos de tutela provisória, conforme regra geral do art. 300, § 2º, e regra especial no âmbito da tutela possessória (art. 562). Ainda que em diferentes contextos, o Código empregou o vocábulo *audiência* em quase uma centena de oportunidades. Também a sustentação oral perante os tribunais – manifestação importante da oralidade em segundo grau – foi alvo de atenção e a regra do art. 937, dissemos então, é sensivelmente mais ampla do que a correspondente no Código anterior.

É certo que o Código não positivou a regra de vinculação do juiz que colheu a prova em audiência ao julgamento, tal como havia (embora de forma mitigada ao longo do tempo) – no art. 132 do diploma precedente. Sem a identidade física do juiz que presidiu os trabalhos da audiência, exceto nos casos em que o magistrado permaneça à frente do órgão jurisdicional até que profira decisão (ou que o faça imediatamente), forçoso convir que o postulado da oralidade, no campo da instrução, perde força. Como dissemos, se aquele que manteve contato direto com as partes e participou dos atos concentrados em audiência não é aquele que decide, então a utilidade da técnica se esvazia. E isso apenas se confirma pela consideração, já anotada, de que o recurso de apelação devolve questões de fato (ressalvados os limites da impugnação, conforme art. 1.013, *caput* e § 1º); e que, portanto, submete a magistrados que não tiveram contato com as partes e com a colheita da prova a reapreciação dessa última.

É certo também que o Código não estabeleceu um regime de irrecorribilidade em separado das interlocutórias: não obstante tenha extinto a figura do *agravo retido* (e, portanto, afastado a preclusão para decisões que poderiam ser objeto de tal forma de impugnação, conforme art. 1.009, § 1º), o Código previu uma série considerável de hipóteses que comportam agravo de instrumento (art. 1.015, além de outras regras esparsas). Ademais, não se pode descartar o emprego eventual de ação autônoma de impugnação, nos casos em que a lei não previr o recurso *e* no qual a impugnação apenas ao final, em apelação, subtrair interesse recursal.

Sem embargo dessas oscilações, insistimos na assertiva em ter o Código avançado ao estabelecer como palco de atividades do juiz e das partes – não apenas de instrução

---

2. Cf. nosso *Comentários ao Código de Processo Civil, arts. 334 ao 368*, em coautoria com Guilherme Setoguti J. Pereira e Viviane Siqueira Rodrigues, coords. Sérgio Cruz Arenhart e Daniel Mitidiero, vol. V, 2ª ed., São Paulo, Revista dos Tribunais, 2018, n. 2 dos comentários ao art. 334.

– a audiência. Se o papel que a oralidade pode desempenhar hoje não é exatamente o que teve no passado, ela pode e deve se prestar a servir como instrumento a serviço do efetivo contraditório (e não apenas voltado ao escopo jurídico, mas também ao escopo social, de pacificação, da jurisdição) – a exemplo, aliás, do que ocorre com frequência nos juízos arbitrais.

Nesse contexto, tem inegável destaque o papel que desempenha – ou possa desempenhar – a técnica de *sustentação oral* perante os tribunais. É disso que, portanto, passa-se a tratar, com duas observações importantes. Primeiro, o tema foi escolhido como uma forma singela de homenagear alguém que já exerceu a advocacia e que hoje é magistrado, na medida em que se trata de assunto que, como poucos, evidencia a íntima relação entre a qualidade da atividade de postulação e de julgamento. Segundo, a abordagem é despretensiosa e confessamente limitada. Se mérito ela tiver, será eventualmente o de chamar a atenção do leitor para aspectos que, por sua relevância, estejam a merecer maior aprofundamento em sede adequada para tanto.

2. SUSTENTAÇÃO ORAL NOS TRIBUNAIS: VILÃ OU HEROÍNA?

Em trabalho anteriormente publicado[3], tendo então invocado a experiência de mais de trinta e cinco anos de vida forense (cinco do quais também dedicados à judicatura perante o Tribunal Regional Eleitoral de São Paulo) – tive a oportunidade de fazer breves reflexões sobre essa técnica, que é sem dúvida uma das mais relevantes manifestações de oralidade.

Trata-se de assunto potencialmente polêmico: aquela mesma experiência – associada à da docência por período semelhante – diz que as visões de advogados e de magistrados a respeito do instituto são tendencialmente antagônicas. Assim, dissemos então, há uma inegável tensão, cordial ou nem tanto: uns que querem ser ouvidos, mas nem sempre habilitados a falar de forma técnica e objetiva; e outros que deveriam ouvir, mas que nem sempre estão verdadeiramente abertos ou dispostos a tanto.

Contudo, renova-se aqui a convicção de que se o assunto for abordado – tanto quanto possível – de forma técnica, serena e construtiva, talvez o resultado possa ser positivo e haja, por pouco que seja, contribuição para um diálogo mais franco entre profissionais que, afinal de contas, estão presumivelmente tentando fazer seu trabalho da melhor forma possível. Pensarmos que, de certa forma, estamos todos no mesmo barco e que todos temos uma parte de razão pode ajudar. Não será exatamente a "colaboração" de que trata o CPC, mas será, quando menos, uma forma de enxergar o fenômeno pelo ângulo do outro.

A primeira consideração – que vale como antídoto para evitar qualquer má interpretação – é a de que generalizações são perigosas e potencialmente injustas,

---

3. Cf. nosso *Reflexões sobre a sustentação oral nos tribunais*, publicado no periódico Carta Forense, edição de outubro de 2017. Alerta-se o leitor para a circunstância de que, por vezes, o texto é reprodução literal do que antes se escreveu.

de um lado e de outro. Há bons e maus profissionais em qualquer campo de atuação profissional. Mais do que isso e como também dissemos, há bons profissionais em dias não muito felizes e há maus profissionais que, ao menos ocasionalmente, redimem-se. Nesse particular, o grupo dos que querem falar é mais numeroso e, portanto, potencialmente sua atuação tende a ser mais onerosa – no contexto de volume de trabalho a realizar – sobre o grupo dos que precisam ouvir. Mas, em compensação, o grupo dos que devem ouvir detém o poder e isso é, em qualquer circunstância, um fator que aumenta sua responsabilidade. De todo modo e de volta ao ponto inicial: virtudes e defeitos que possam ser identificados nesse campo não podem ser dirigidos de forma indiscriminada, de parte a parte. Nesse, como em outros campos, acusar não costuma ser produtivo. Isso, naturalmente, não impede sejam feitas algumas constatações tomadas da experiência, com renovado intuito de melhorar o diálogo entre quem precisa de alguma forma trabalhar junto.

Como é sabido, a sustentação oral frequentemente é precedida da entrega de memoriais ao relator ou integrantes do órgão julgador, suposto que eles estejam abertos a tanto – o que precisa ser dito porque há uma minoria que, infelizmente, simplesmente se recusa a receber advogados, que diz não ter disponibilidade para tanto, que cria desculpas e embaraços dos mais variados. Então, realmente o advogado precisa atentar para o fato de que, se já tiver sido recebido, a sustentação pode significar uma indevida redundância que, forçoso reconhecer, tende a ser improdutiva.

Contudo, a situação tende a ser mais complexa do que parece à primeira vista: pode ocorrer que o advogado tenha tido acesso ao relator, mas não aos demais integrantes do colegiado; ou que o advogado da outra parte não tenha levado memoriais e que vá sustentar; ou que o advogado que tenha conseguido ser recebido não seja exatamente aquele que vai sustentar; ou que, entre a entrega dos memoriais e a efetiva realização do julgamento tenha se passado tempo relevante, no contexto do volume de causas julgadas pelo tribunal; e por aí afora. Portanto, se de um lado é preciso a consciência dos advogados de que a repetição pode ser contraproducente e, portanto, deve ser evitada; de outro lado, é preciso alguma margem de tolerância por parte dos julgadores para situações como essas e outras análogas, em que não será desarrazoado admitir a concomitância da oralidade, no gabinete e em sessão de julgamento.

Outra consideração importante: a oralidade, como já lembrado acima, pode e deve ser um eficaz instrumento do contraditório – para que ele se torne uma realidade palpável e não apenas um postulado idealizado, que se ensina nos bancos da Faculdade, mas que lá permanece, esquecido porque aniquilado ou desmentido pela realidade. Assim, mais do que a parte (por seu advogado) possa escrever, o que ela possa falar de forma objetiva, concatenada e consistente tende a produzir melhor efeito, especialmente num contexto de profissionais com grande carga de trabalho. Sendo assim, é compreensível a ojeriza que julgadores têm quanto à mera leitura de texto adrede preparado. De outra parte, a sustentação pode ser de alguma forma dirigida pelos julgadores para os pontos que efetivamente entendem relevantes (suposto que haja diferentes questões levantadas no caso). Isso tornará a sustentação mais produtiva e a sugestão, para além de se afeiçoar ao espírito das regras dos artigos 9º e 10 do CPC, encontra correspondência na experiência de outros países.

E nem se diga que esse "direcionamento" da sustentação seria violação ao devido processo legal ou mesmo às prerrogativas do advogado. Não há aí indevida antecipação de juízos porque, pelo contrário, dá-se à parte a oportunidade de intervir de forma eficaz na formação do convencimento do julgador, antes que ele seja expresso. Portanto, em princípio, não há quebra de imparcialidade, mas efetiva e substancial manifestação do contraditório. Nem há violação a qualquer prerrogativa porque, no final, o advogado é rigorosamente livre para usar do seu tempo como bem lhe aprouver. Em tese, o profissional pode entender que seja o caso de corrigir o direcionamento que o tribunal pretendeu dar e, nesse caso, sua sustentação será voltada a demonstrar que tais ou quais pontos, ao contrário do que entendeu o tribunal, são os verdadeiramente relevantes. Isso sim será debate autêntico e proveitoso.

Uma variação disso está na dispensa da sustentação quando o advogado que se habilita defende tese encampada pelo voto do relator, que de antemão saiba não haver divergência por parte dos demais integrantes da turma julgadora – o que é lícito, na medida em que possível o prévio envio dos votos. Tecnicamente, não há o que refutar: se o resultado prestes a ser anunciado corresponde à totalidade do ganho que a parte poderia esperar, o exercício do contraditório, via oralidade, realmente se torna inócuo e é dispensável. Não há aí qualquer desdouro para o advogado e, até pelo contrário, é de se presumir que a vitória se deveu ao bom trabalho que realizou até aquele momento, inclusive mediante a eventual entrega prévia de memoriais. Apenas é preciso cuidado porque nem sempre o resultado favorável a quem quer sustentar é o mais completo possível: o tribunal pode prover o recurso, por exemplo, para anular a sentença, mas a parte poderia insistir em julgamento favorável pelo mérito, sendo a anulação apenas subsidiária (e não um antecedente lógico). Podem haver relevantes discussões sobre capítulos acessórios (honorários, por exemplo) e o advogado deve, então, ficar atento a tais aspectos, sem que isso, nas circunstâncias, possa soar como uma espécie de "abuso da sorte"...

O êxito de uma sustentação – sem propriamente pensar em sua vinculação a um resultado favorável quanto ao mérito do recurso – depende do quê, como e em quanto tempo se diga o que precisa ser dito. Assim, objetividade e clareza são indispensáveis, mas provavelmente o mais eficaz seja tentar demonstrar de que forma, naquele caso, a solução preconizada é a mais adequada ao Direito e, portanto, é a mais justa. Ninguém duvida do peso que a jurisprudência tem na formação do convencimento, mas extensas referências a outros julgados, naquele momento, tendem a não serem produtivas. Nesse ponto, convém que o advogado tenha uma boa dose de consciência sobre até que ponto tais ou quais questões de direito já são sobejamente conhecidas do órgão perante o qual sustenta. Para qualquer ser humano é potencialmente enfadonho ouvir considerações que se supõem novidade, quando já são mais do que conhecidas. E, quanto ao tempo, equilíbrio e ponderação de parte a parte são desejáveis. O desafio de quem fala é ser objetivo, sem ser apressado porque

ORALIDADE E CONTRADITÓRIO EFETIVO **221**

o atropelo pode prejudicar a comunicação. Para quem ouve, a recomendação inicial e geral que às vezes se ouve da Presidência do órgão – exortando advogados a serem breves diante do volume de trabalho que existe – pode até ser feita. Mas, nesse caso, coerência é sinônimo de respeito e, portanto, para quem se preocupa com o tempo dos outros, começar a sessão de forma pontual, por exemplo, é fundamental.

Portanto, para dar resposta à indagação provocativamente feita acima, parece lícito dizer: nem vilã, nem heroína. A sustentação deve ser antes vista como uma forma de integração das atividades de quem postula e de quem julga, de forma técnica, objetiva, cordial e leal.

3. SUSTENTAÇÃO ORAL E JULGAMENTO ESTENDIDO

Particular desafio, nesse campo, está na situação de julgamento estendido, conforme regra do art. 942 do CPC/2015.

Nesse contexto, conforme igualmente já escrevemos[4], é lícito indagar se e de que forma seria devido garantir às partes sustentação oral, quando a hipótese legal ocorrer; quer em renovação a precedente preleção, quer originariamente. É preciso, na linha do acima exposto, garantir às partes a estrita observância do princípio do contraditório.

Não deveria haver dúvida de que o dispositivo garantiu o direito à nova sustentação. Contudo, como isso foi expresso no *caput* do dispositivo e ele tratou apenas da hipótese de nova sessão a ser designada, de fato parece possível interpretar que, a senso contrário, se o julgamento puder desde logo prosseguir – hipótese prevista pelo § 1º – não haveria tal possibilidade. Essa é a solução dada pelo Regimento Interno do TJSP, que fala em "renovação da sustentação oral" apenas se o feito retornar à Mesa, fazendo expressa alusão à regra do art. 942 do CPC (art. 150, com redação dada pelo Assento Regimental 552/2016).

Sobre isso, quem deve decidir se é caso de se prosseguir ou, diversamente, de se designar nova data são os próprios julgadores. A rigor, aqueles que passarão a integrar o colegiado devem ter palavra decisiva porque é da formação de seu convencimento que se trata. Se qualquer um deles não se sentir suficientemente instruído, isso deve bastar para que o julgamento seja interrompido e posteriormente retomado. Mas, isso não impede que, diante da divergência, o advogado peça a palavra e requeira expressamente que nova sessão seja designada. Isso pode ser justificado pela complexidade das questões de fato e de direito ou pelo volume de elementos de prova, por exemplo.

Além disso, é possível que não tenha havido sustentação oral ao ensejo do início do julgamento, do qual em seguida resultou divergência. Portanto, nesse caso não

---

4. Cf. nosso *Sustentação oral em julgamento estendido no caso de divergência do colegiado*, publicado no periódico Carta Forense, edição de março de 2017. Mais uma vez a expressa advertência sobre a reprodução literal do texto.

se trata de "renovar" o que não ocorreu. Então, suposto que os advogados estejam presentes e habilitados, a sustentação deve ser facultada para a continuação. Não há óbice legal, nem se pode cogitar de suposta preclusão por não ter havido o prévio exercício da palavra. É que a renúncia ao exercício daquela faculdade deve ser entendida de forma estrita, como válida para a realidade então presenciada. Diante da divergência, novo quadro se apresenta; tanto que o Código (embora nem precisasse dizer), garante que os julgadores que já votaram podem rever a posição antes externada. O que a lei quis evitar é a eventual redundância, de que não se cogita na hipótese aqui aventada.

E, mesmo que tenha havido sustentação oral precedente à formação da divergência, sendo o caso de se prosseguir no julgamento, a impossibilidade de nova sustentação não deve ser vista de forma absoluta. Quando se admite a sustentação em sessão subsequente, a racionalidade da lei é a de que, no intervalo, as ponderações das partes, então ouvidas por todos, tendem a se perder e a ser olvidadas, no volume de processos a decidir. Mas, é preciso equilíbrio, ponderação e lealdade – de todos – na solução a ser dada em cada caso: a experiência mostra que membros que não integram o órgão originário (onde nascida a divergência) nem sempre estão adequadamente inteirados da controvérsia ou sequer estiveram atentos aos votos precedentemente editados. Aqui não há crítica, mas mera constatação. Portanto, presumir-se que a sustentação feita já foi devidamente captada pelos que julgarão no desdobramento é algo incorreto e que não se coaduna com o postulado inscrito no art. 5º do CPC.

Ainda, é possível que a divergência esteja fundada em aspecto que não tenha sido considerado pelas partes ao ensejo da primeira sustentação. Isso não deve ser descartado, especialmente nos casos em que haja multiplicidade de questões a examinar; para não falar de eventuais casos em que o dissenso se funde em questão outrora não debatida, porque reconhecida de ofício – caso em que o contraditório se impõe, conforme regras dos artigos 9º e 10 do CPC já mencionados. Portanto, sem abrir margem para eventual redundância – indesejável sob qualquer aspecto – é preciso ter espírito aberto para que as partes possam, breve e objetivamente, completar sua preleção anterior.

Ainda no caso de ter havido sustentação precedente, mas apenas por uma das partes, embora estando presente a outra (seu advogado), a continuação em hipótese alguma deve ensejar que apenas a que não sustentou agora sustente. Isso colocaria as partes em manifesta e injustificada situação de desigualdade. Então, na eventual continuação, deve-se facultar a sustentação a ambas, com as ressalvas acima.

De forma pragmática, é possível contribuir para o convencimento dos julgadores que passarão a integrar o colegiado, diante da divergência, mesmo antes que ela se configure, isto é, como conduta cautelosa e preventiva das partes. Soa irrealista – salvo caso raro de dissensão que legitimamente se pudesse antever, por claras posições assumidas pelos julgadores em casos anteriores – imaginar que memoriais possam ser enviados ou despachados com os futuros e eventuais julgadores. De fato, não é possível, menos ainda na realidade forense que temos, trabalhar sobre a hipótese de uma divergência. Contudo, já agora em termos realistas, é possível que, em certas circunstâncias, ela seja previsível, como ocorre nos casos em que haja adiamento por pedido de vista. Nessa altura, já poderá inclusive haver divergência formada, mas ainda não consolidada diante da possibilidade de se voltar atrás até que termine o julgamento. Nesses casos, o envio de memoriais para os potenciais julgadores é providência que cabe ao profissional atento adotar.

A FUNÇÃO SOCIAL DA ADVOCACIA E O SIGILO PROFISSIONAL

Gilberto Bercovici

Professor Titular de Direito Econômico e Economia Política da Faculdade de Direito da Universidade de São Paulo

A Constituição Federal de 1988 dispõe em seu artigo 133: "O advogado é indispensável à administração da justiça, sendo inviolável por seus atos e manifestações no exercício da profissão, nos limites da lei". A elevação da atividade advocatícia à dignidade constitucional, ao lado de outros ofícios[1], atribui a esta profissão a dimensão de uma verdadeira missão de ordem pública, qual seja, a concretização da justiça na sociedade brasileira. Essa função reconhecida constitucionalmente é um dos requisitos institucionais para viabilizar o exercício da ampla defesa (artigo 5º, LV da Constituição de 1988)[2] e resguardar a garantia constitucional do devido processo legal (artigo 5º, LIV da Constituição). O conceito de devido processo legal significa que o processo deve observar a estrita legalidade, pressuposto do próprio Estado de Direito. Dele se desdobram as demais garantias processuais constitucionais, como os princípios do acesso à justiça, da ampla defesa e do contraditório.

A constitucionalização da função social da advocacia no ordenamento brasileiro é uma etapa na longa trajetória para o reconhecimento da importância do advogado para a realização dos direitos fundamentais na sociedade. Antes mesmo da previsão constitucional do papel da advocacia na administração da Justiça, o antigo Estatuto da Ordem dos Advogados do Brasil de 1963 (Lei 4.215, de 27 de abril de 1963), previa a importância pública do exercício da advocacia, em seus artigos 68 e 69[3].

Nehemias Gueiros, principal autor do anteprojeto do Estatuto da OAB de 1963, já compreendia a advocacia como atividade essencial à prestação jurisdicional do Estado e pacificação social, não como simples exercício de profissão liberal, mas

---

1. Para uma visão geral das funções essenciais à Justiça elencadas na Constituição federal de 1988, vide André Ramos TAVARES, *Curso de Direito Constitucional*, 14ª ed, São Paulo, Saraiva, 2016, p. 1112-1124. Sobre a advocacia, especialmente p. 1122-1124.
2. Segundo André Ramos Tavares, a garantia constitucional da ampla defesa consiste no "asseguramento de condições que possibilitam ao réu apresentar, no processo, todos os elementos de que dispõe. Entre as cláusulas que integram a garantia da ampla defesa encontra-se o direito à defesa técnica, a fim de garantir a paridade de armas (par conditio), evitando o desequilíbrio processual, a desigualdade e injustiça processuais" in André Ramos TAVARES, *Curso de Direito Constitucional cit.*, p. 620.
3. Artigo 68: "No seu ministério privado, o advogado presta serviço público, constituindo, com os juízes e membros do Ministério Público, elemento indispensável à administração da Justiça".
   Artigo 69: "Entre os juízes de qualquer instância e os advogados não há hierarquia nem subordinação, devendo-se todos consideração e respeito recíprocos".

GILBERTO BERCOVICI

ativamente engajada na realização da Justiça no ordenamento brasileiro[4]. Fábio Konder Comparato, em palestra proferida em 1983 na Conferência dos Advogados do Estado do Rio de Janeiro, enumerava as expectativas de uma advocacia coordenada com os princípios do Estado Democrático de Direito, ainda por se construir: *"A nova dimensão da advocacia depende de uma ampliação da esfera da cidadania. Num Estado de Direito, ao advogado, como titular de competência profissional legalmente reconhecida e exclusiva, caberá a tarefa de manejar os instrumentos jurídicos de realização dos objetivos constitucionais de transformação social"*[5].

A Constituição de 1988 consolidou esta vinculação indissociável entre advocacia e administração da justiça[6], e esta é a chave interpretativa para leitura das prerrogativas conferidas aos advogados no sistema jurídico brasileiro. Aliás, como bem preceitua Eduardo Bittar, as prerrogativas da advocacia não devem ser compreendidas como prerrogativas corporativas ou como mera proteção à privacidade, mas sim como garantias para a realização dos direitos da cidadania na ordem constitucional: "Neste sentido, o advogado não é, estritamente, defensor de seu cliente, mas atua em favor da efetivação do direito para realização da função social do direito para promover a paz social, devendo associar os interesses particulares com os interesses sociais comuns. Os atos do advogado constituem, portanto, munus público, ou seja, de imposição de deveres estabelecidos segundo os interesses da sociedade, de acordo com os princípios éticos que regulam a profissão. Colabora para a administração da justiça e proteção e concretização da Constituição, atuando para proteger o direito de igualdade dos cidadãos"[7].

---

4. Nehemias GUEIROS, *A Advocacia e o seu Estatuto*, Rio de Janeiro, Freitas Bastos, 1964, p. 38: "Deixou, o advogado, de ser a excrescência desdenhada por alguns ou a simples facção litigante encarada na parcialidade obrigatória como elemento perturbador da veneranda serenidade do juízo. É ele, agora, o próprio juízo, numa das suas justaposições essenciais e impretéríveis, compondo e contrapondo, como o outro causídico que se lhe defronta, não apenas o contraditório processual, mas a própria jurisdição do Estado, sem que ele – e só com o magistrado – não seria a Justiça, mas o arbítrio despótico e prepotente ou o dogma distribuído como mercê paternalista aos validos e favoritos das simpatias e inclinações pessoais do poder unipessoal judicante".

5. Fábio Konder COMPARATO, "A Função Social do Advogado" *in Para Viver a Democracia*, São Paulo, Brasiliense, 1989, p. 168.

6. Eduardo C. B. BITTAR, *Curso de Ética Jurídica: Ética Geral e Profissional*, 5ª ed, São Paulo, Saraiva, 2007, p. 464: "E esse o ponto que se procura grifar nesta reflexão, por entender-se ser essa a razão pela qual o legislador constitucional estatuiu normas magnas para a consagração da função advocatícia entre aquelas essenciais à prestação jurisdicional. A inserção da advocacia no contexto constitucional, antes de mera casualidade, é medida proposital e intencional do legislador, dentro do tônus principiológico e democrático que procurou dar à regulamentação das instituições jurídicas".

7. Eduardo C. B. BITTAR, *Curso de Ética Jurídica cit.*, p. 465. Adiante prossegue o autor, ao comentar a função de controle que a advocacia exerce sobre a jurisdição, contribuindo para o aprimoramento das instituições: "Mais ainda, em tempos em que o controle externo está em pauta, há que se dizer que não existe maior controle e, sublinhe-se, mais eficaz que qualquer outro, senão aquele exercido diuturnamente pelas partes postulantes no exercício de suas funções processuais. Por se tratar de partes interessadas nos resultados sociais e jurídicos do processo, maior é o interesse em que o julgamento se desenvolva sob os cânones da imparcialidade, da legalidade e da regularidade formal. Ainda aqui se pode nobilitar a função advocatícia na proteção dos interesses de seus clientes, bem como na administração da justiça em sua totalidade; a essa categoria profissional cumpre prover necessidades de uma justiça material na produção resultante do exercício do poder jurisdicional".

A responsabilidade do ofício advocatício perante a coletividade impõe a rigorosa regulação ética e disciplinar da profissão. No mesmo diapasão, a legislação infra-constitucional reafirma a função social constitucional da advocacia, no sentido da defesa da ordem jurídica e do Estado Democrático de Direito, bem como dos direitos humanos e das garantias fundamentais, afiançando o exercício livre e independente da advocacia, sem hierarquia entre as profissões jurídicas. É o que prescrevem os artigos 2^{o8} e 6^{o9} da Lei 8.906, de 4 de julho de 1994 (Estatuto da Ordem dos Advogados do Brasil) e o artigo 2º, *caput*[10], da Resolução do Conselho Federal da OAB 02, de 19 de outubro de 2015 (Novo Código de Ética da Ordem dos Advogados do Brasil), reflexos dos mandamentos constitucionais da profissão jurídica do advogado[11].

Ao representar os interesses de seu cliente o advogado defende os valores constitucionais, os princípios garantidores do Estado Democrático de Direito, impedindo a ocorrência de abusos e ilegalidades decorrentes da flexibilização dos direitos fundamentais à administração da Justiça.

O tratamento constitucional dado ao exercício da advocacia consiste em uma verdadeira garantia institucional. O conceito de garantia institucional foi desenvolvido especialmente por Carl Schmitt, durante a República de Weimar (1918-1933), ao tentar relativizar os direitos clássicos do liberalismo com as garantias institucionais, mencionadas pela primeira vez na Teoria da Constituição[12]. Em um texto posterior,

---

8. Artigo 2º da Lei 8.906/1994: "O advogado é indispensável à administração da justiça. § 1º No seu ministério privado, o advogado presta serviço público e exerce função social. § 2º No processo judicial, o advogado contribui, na postulação de decisão favorável ao seu constituinte, ao convencimento do julgador, e seus atos constituem múnus público. § 3º No exercício da profissão, o advogado é inviolável por seus atos e manifestações, nos limites desta lei".

9. Artigo 6º da Lei 8.906/1994: "Não há hierarquia nem subordinação entre advogados, magistrados e membros do Ministério Público, devendo todos tratar-se com consideração e respeito recíprocos. Parágrafo único - As autoridades, os servidores públicos e os serventuários da justiça devem dispensar ao advogado, no exercício da profissão, tratamento compatível com a dignidade da advocacia e condições adequadas a seu desempenho".

10. Artigo 2º, *caput* da Resolução do Conselho Federal da OAB 02/2015: "O advogado, indispensável à administração da Justiça, é defensor do Estado Democrático de Direito, dos direitos humanos e garantias fundamentais, da cidadania, da moralidade, da Justiça e da paz social, cumprindo-lhe exercer o seu ministério em consonância com a sua elevada função pública e com os valores que lhe são inerentes".

11. Toda interpretação dos dispositivos legais e regimentais da profissão do advogado deve atender aos princípios constitucionais que a regem e para qual servem. Como diz Bittar: "É esse o ponto que se procura grifar nesta reflexão, por entender-se ser essa a razão pela qual o legislador constitucional estatuiu normas magnas para a consagração da função advocatícia entre aquelas essenciais a prestação jurisdicional. A inserção da advocacia no contexto constitucional, antes de mera casualidade, é medida proposital e intencional do legislador, dentro do tônus principiológico e democrático que procurou dar à regulamentação das instituições jurídicas" in Eduardo C. B. BITTAR, *Curso de Ética Jurídica cit.*, p. 464.

12. Carl SCHMITT, *Verfassungslehre*, 8ª ed, Berlin, Duncker & Humblot, 1993, p. 170-174. Outros autores também trataram das garantias institucionais durante o período de Weimar, entendendo-as com um significado bem mais próximo do atualmente preponderante do que a concepção schmittiana. Vide, por exemplo, Richard THOMA, "Die juristische Bedeutung der grundrechtlichen Sätze der Deutschen Reichsverfassung im allgemeinen" *in* Hans Carl NIPPERDEY (org.), *Die Grundrechte und Grundpflichten der Reichsverfassung: Kommentar zum zweiten Teil der Reichsverfassung*, reimpr., Frankfurt am Main, Verlag Ferdinand Keip, 1975, vol. 1, p. 30-32 e Gerhard ANSCHÜTZ, *Die Verfassung des Deutschen Reichs vom 11. August 1919*, reimpr., 14ª ed, Aalen, Scientia Verlag, 1987, p. 519-520.

de 1931[13], Schmitt aprofundou sua conceituação de garantias institucionais, diferenciando tais garantias, reservadas às instituições de direito público (como a igreja, o exército, a autonomia orgânica local etc.), das chamadas garantias de instituto (*Institutsgarantien*), destinadas às instituições de direito privado (como casamento, propriedade etc.)[14]. O conceito de garantia institucional foi elaborado em contraposição à clássica noção liberal de direito subjetivo público, ou seja, contra a concepção liberal de direitos individuais oponíveis ao Estado.

Antiliberais e anti-individualistas na concepção schmittiana, as garantias institucionais protegeriam os indivíduos desde que estes pertencessem a alguma instituição, e não porque eles possuíssem direitos subjetivos fundamentais: a proteção está ligada à instituição, não à pessoa[15]. De acordo com Olivier Beaud, as garantias institucionais consistiriam em uma construção orgânica que permitia inserir o indivíduo dentro de um grupo social ao qual pertencesse, estabelecendo uma hierarquia das garantias, vinculadas à instituição, sobre a liberdade, ligada ao indivíduo[16].

Para Schmitt, as garantias institucionais prevaleceriam sobre os chamados direitos de liberdade: nas suas próprias palavras, *"a liberdade não é uma instituição jurídica"*[17]. Ou seja, os direitos de liberdade só poderiam ser garantidos se ligados a alguma instituição jurídica, prevalecendo, assim, a garantia institucional sobre a garantia das liberdades. Ao separar os direitos fundamentais em três categorias (direitos de liberdade, garantias institucionais e garantias de instituto), fazendo prevalecer as duas últimas sobre a primeira, Carl Schmitt deixou muito claro o que ele considera objeto de proteção na Constituição de Weimar: as instituições mais tradicionais do sistema jurídico-político alemão[18], subvertendo a lógica dos direitos fundamentais. A interpretação de Schmitt sobre os direitos e deveres fundamentais não se destinava, segundo Stolleis, a realçar o caráter liberal dos direitos civis, mas era uma tentativa de limitar a esfera de atuação do legislador, especialmente no tocante à propriedade privada. Desta forma, Schmitt teria utilizado o seu "institucionalismo" para cercear a instituição parlamentar[19].

---

13. Carl SCHMITT, "Freiheitsrechte und institutionelle Garantien der Reichsverfassung" in *Verfassungsrechtliche Aufsätze aus den Jahren 1924-1954: Materialien zu einer Verfassungslehre*, 3ª ed, Berlin, Duncker & Humblot, 1985, p. 140-173. Vide também Carl SCHMITT, "Grundrechte und Grundpflichten" in *Verfassungsrechtliche Aufsätze aus den Jahren 1924-1954 cit.*, p. 213-215.

14. Carl SCHMITT, "Freiheitsrechte und institutionelle Garantien der Reichsverfassung" *cit.*, p. 143 e 160-166 e Carl SCHMITT, "Grundrechte und Grundpflichten" *cit.*, p. 215-216.

15. Carl SCHMITT, "Freiheitsrechte und institutionelle Garantien der Reichsverfassung" *cit.*, p. 149.

16. Olivier BEAUD, *Les Derniers Jours de Weimar: Carl Schmitt face à l'Avènement du Nazisme*, Paris, Descartes & Cie., 1997, p. 88-95.

17. Carl SCHMITT, "Freiheitsrechte und institutionelle Garantien der Reichsverfassung" *cit.*, p. 167.

18. Para exemplos do que Schmitt classifica como garantia institucional, vide Carl SCHMITT, "Freiheitsrechte und institutionelle Garantien der Reichsverfassung" *cit.*, p. 153-160.

19. Michael STOLLEIS, *Geschichte des öffentlichen Rechts in Deutschland*, München, C.H. Beck, 1999, vol. 3, p. 105. Vide também Dominique SÉGLARD, "Présentation" in Carl SCHMITT, *Les Trois Types de Pensée Juridique*, Paris, PUF, 1995, p. 49-58 e Gilberto BERCOVICI, „Entre Institucionalismo e Decisionismo", *Revista Novos Estudos* n. 62, São Paulo, CEBRAP, março de 2002, p. 191-192.

A FUNÇÃO SOCIAL DA ADVOCACIA E O SIGILO PROFISSIONAL **229**

Após a Segunda Guerra Mundial, a doutrina publicista alemã vai criticar a concepção schmittiana de garantia institucional[20]. O esforço de reinterpretação do conceito de garantias institucionais tem por objetivo sua vinculação efetiva ao sistema de proteção dos direitos fundamentais. Garantia institucional passa a ser entendida como a proteção especial que a Constituição confere ao funcionamento de algumas instituições, cuja importância essencial para a vida social é reconhecida. A finalidade das garantias institucionais é resguardar o conteúdo essencial daquela determinada instituição, evitando sua supressão ou mutilação[21].

O artigo 5º, XIII da Constituição de 1988 garante o *livre exercício profissional*, ressalvadas as qualificações exigidas em lei[22]. Há profissões que, pela repercussão social que atingem, requerem proteção e regramento específico para que possam ser exercidas de forma livre para atendimento de sua função social. O exercício destas profissões é submetido a imperativos legais e regulamentos autodeterminados pela entidade regente de cada categoria, que também gere os órgãos de autorização (inscrição/exclusão de quadros) e disciplina de cada profissão[23]. No dizer de Bittar: "O que há de peculiar é que as profissões jurídicas são, se não em sua totalidade, ao menos em sua quase totalidade, profissões regulamentadas, legalizadas, regidas por normas e princípios jurídicos e éticos, de modo que seu exercício, por envolver questões de alto grau de interesse coletivo, não são profissões de livre exercício, mas sim de exercício vinculado a deveres, obrigações e comportamentos regrados. Esses comportamentos regrados vêm expressos em legislação que regulamenta a profissão, ou em códigos éticos, ou em regimentos internos, ou em portarias, regulamentos e circulares, ou até mesmo em texto constitucional. O que se encontra implícito nos princípios deontológicos é explicitado por meio de comandos prescritivos da conduta profissional jurídica"[24].

A Ordem dos Advogados do Brasil é a entidade legal que exerce o poder de polícia sobre a categoria dos advogados, e tem, entre suas atribuições, a de defender a ordem

---

20. Vide, por todos, Peter HÄBERLE, *Die Wesensgehaltgarantie des Art. 19 Abs. 2 Grundgesetz: Zugleich ein Beitrag zum Institutionellen Verständnis der Grundrechte und zur Lehre vom Gesetzesvorbehalt*, 2ª ed, Karlsruhe, C. F. Müller, 1972, p. 92-95.
21. Peter HÄBERLE, Peter, *Die Wesensgehaltgarantie des Art. 19 Abs. 2 Grundgesetz cit.*, p. 70-125 e Paulo BO-NAVIDES, *Curso de Direito Constitucional*, 7ª ed, São Paulo, Malheiros, 1998, p. 491-500.
22. Artigo 5º, XIII: "é livre o exercício de qualquer trabalho, ofício ou profissão, atendidas as qualificações profissionais que a lei estabelecer".
23. É interessante notar que, com a internacionalização da advocacia, adquiriu notável relevância o problema da atuação *cross-border* de advogados que orientam atividades de clientes multinacionais, haja vista que o advogado está sujeito à regulação estatal do local em que recebeu sua licença. Especialmente relevante é a questão da confidencialidade em negociações internacionais. Vide Robert MAGNUS, "Der Schutz der Vertraulichkeit bei grenzüberschreitender Anwaltstätigkeit", *Rabels Zeitschrift für ausländisches und internationales Privatrecht*, vol. 77, p. 111-130. O autor comenta a oposição de sistemas: a confidencialidade no direito continental europeu é prerrogativa exclusiva do advogado e tem aspecto sobretudo procedimental, enquanto no sistema anglo-americano atribui ao mandante a proteção da confidencialidade e é matéria sobretudo de direito substantivo. Para solucionar estes conflitos de normas, sugere-se que o advogado atenda às determinações legais e regimentais do local em que está inscrito, em razão do poder de polícia que a entidade reguladora da profissão exerce no âmbito disciplinar e ético ao qual está sujeito.
24. Eduardo C. B. BITTAR, *Curso de Ética Jurídica cit.*, p. 440.

constitucional e promover, com exclusividade, a representação, a defesa, a seleção e a disciplina dos advogados em toda a República Federativa do Brasil (artigo 44, I e II da Lei 8.906/1994)[25], sendo direito do advogado o livre exercício da profissão (artigo 7º, I da Lei 8.906/1994)[26].

Embora a função social da advocacia tenha sido referida no texto constitucional apenas em 1988, a regulação da profissão é anterior e se faz presente na organização do Estado Brasileiro após a Revolução de 1930. A Ordem dos Advogados do Brasil foi criada pelo Decreto 19.408, de 18 de novembro de 1930. A primeira regulamentação da profissão foi dada pelo Decreto 20.784, de 14 de dezembro de 1931 (Regulamento da Ordem dos Advogados Brasileiros), sucedendo-se vários diplomas até a publicação da Consolidação dos Dispositivos Regulamentares da OAB (Decreto 22.478, de 20 de fevereiro de 1933).

O Regulamento da OAB de 1933 (Decreto 22.478/1933) vigorou até a promulgação do primeiro Estatuto da OAB (Lei 4.215/1963). O Estatuto de 1963 permaneceu mais de trinta anos em vigor, até ser sucedido pelo Estatuto atualmente vigente (Lei 8.906/1994).

Os Regulamentos da OAB sempre se fizeram acompanhar por Códigos de Ética profissionais, elaborados pelo próprio órgão da classe dos advogados, como já determinava o primeiro Decreto sobre a profissão (Decreto 20.784/1931). A estrutura normativa da profissão assenta-se no Estatuto da OAB e no Código de Ética Profissional do Advogado. O Conselho Federal da OAB, pela competência prevista no artigo 84, III, do Decreto 22.478/1933, aprovou em 25 de julho de 1934 o primeiro Código de Ética Profissional da Ordem dos Advogados, vigente a partir de 15 de novembro daquele ano. O Código de Ética de 1934 vigorou até a promulgação do Código de Ética de 1995, vigente a partir de 1º de março de 1995.

Diante da rápida mudança da dinâmica social e das condições do exercício da profissão, o Conselho Federal da OAB (Portaria 116/2013, de 20 de maio de 2013), criou a Comissão Especial para Estudo da Atualização do Código de Ética e Disciplina da OAB. Os projetos e debates intensos entre as Seccionais, com a participação de outras entidades representativas dos advogados, como o IAB (Instituo dos Advogados do Brasil), IASP (Instituto dos Advogados de São Paulo), AASP (Associação dos Advogados de São Paulo), CESA (Centro de Estudos das Sociedades de Advogados), IDDD (Instituto de Defesa do Direito de Defesa), MDA (Movimento de Defesa

---

25. Artigo 44, I e II da Lei 8.906/1994: "A Ordem dos Advogados do Brasil (OAB), serviço público, dotada de personalidade jurídica e forma federativa, tem por finalidade:
    I – defender a Constituição, a ordem jurídica do Estado democrático de direito, os direitos humanos, a justiça social, e pugnar pela boa aplicação das leis, pela rápida administração da justiça e pelo aperfeiçoamento da cultura e das instituições jurídicas;
    II – promover, com exclusividade, a representação, a defesa, a seleção e a disciplina dos advogados em toda a República Federativa do Brasil".
26. Artigo 7º, I da Lei 8.906/1994: "São direitos do advogado: I – exercer, com liberdade, a profissão em todo o território nacional".

da Advocacia), entre outros, culminaram no projeto de um novo Código de Ética Profissional, que após os procedimentos deliberativos internos, foram aprovados em caráter definitivo na sessão de 19 de outubro de 2015, conforme a Resolução 02/2015. O Novo Código de Ética e Disciplina da Ordem dos Advogados do Brasil foi publicado em 04 de novembro de 2015, com *vacatio legis* de 180 dias, entrando definitivamente em vigor em 02 de maio de 2016.

O desempenho da função social da advocacia, prevista no texto constitucional, se desdobra em regras éticas nos níveis normativos legais e regulamentares. Estas normas éticas, expedidas na forma da lei, não são mera recomendação, mas normas imperativas. O descumprimento destas regras pelo profissional acarreta, inclusive, sanções legais e disciplinares. No ordenamento jurídico brasileiro, a conformação ética do exercício da advocacia acompanhou paralelamente a própria regulação da profissão.

As diretivas éticas da conduta do advogado são parâmetros fundamentais[27] para que a advocacia possa atingir sua função social, pautada pela realização da justiça, defesa da ordem jurídica e dos direitos dos cidadãos representados pelos advogados. O exercício da advocacia tem como condições essenciais a liberdade de defesa, o sigilo profissional, a recusa em depor e a inviolabilidade das comunicações.

Estas são as prerrogativas elementares da profissão e decorrem da lei. As prerrogativas têm natureza protetiva, e são fundamentais para garantia do devido processo legal, da ampla defesa e do contraditório, garantias fundamentais inscritas na Constituição Federal. As prerrogativas não são privilégio pessoal ou corporativo, mas condições essenciais para que o advogado exerça seu mister de acordo com a função social que a Constituição Federal lhe atribui. A liberdade profissional do advogado é protegida por imunidades para o exercício dos atos necessários para garantir os direitos fundamentais de seu cliente. A prerrogativa profissional é ponto de partida para a atingir a finalidade de proteção das garantias fundamentais do cidadão no acesso à justiça, ampla defesa e devido processo legal.

A relação entre o advogado e cliente (pessoa física ou jurídica) é fundamentada na boa fé e na confiança. A confiança recíproca é um requisito fundamental para a

---

27. Bittar identifica os princípios gerais das profissões jurídicas, que se referem a todos os ofícios do Direito e não apenas ao advogado: "Existem, pois, regramentos específicos que impedem que se fale em uma ética comum a todas as carreiras jurídicas, mas, mesmo assim, podem-se enunciar alguns princípios gerais e comuns a todas as carreiras jurídicas, a saber, entre outros: o princípio da cidadania. segundo o qual se deve conferir a maior proteção possível aos mandamentos constitucionais que cercam e protegem o cidadão brasileiro; o princípio da efetividade, segundo o qual se deve conferir a maior eficácia possível aos atos profissionais praticados, no sentido de que surtam os efeitos desejados; o princípio da probidade, segundo o qual se deve orientar o profissional pelo zeloso comportamento na administração do que é seu e do que é comum; o princípio da liberdade, que faz do profissional ser altaneiro e independente em suas convicções pessoais e em seu modo de pensar e refletir os conceitos jurídicos; o princípio da defesa das prerrogativas profissionais, base no qual o profissional deve proteger as qualidades profissionais de sua categoria com base nas quais se estabelecem as suas características intrínsecas; os princípios da informação e da solidariedade, para que haja clareza, publicidade e cordialidade nas relações entre profissionais do direito e, inclusive, outros profissionais" in Eduardo C. B. BITTAR, *Curso de Ética Jurídica cit.*, p. 441-442.

relação advogado-cliente (Novo Código de Ética da Ordem dos Advogados do Brasil, artigo 10)[28]. É princípio formativo do exercício da advocacia.

As prerrogativas se relacionam entre si para garantir a confiança plena entre advogado e cliente. Apenas a proteção absoluta ao vínculo profissional entre advogado e cliente pode assegurar a melhor atuação profissional possível do advogado, na defesa dos direitos legítimos de seu cliente. Não há possibilidade de atuação para o advogado conforme sua função constitucional se este não puder ter conhecimento irrestrito do contexto e de todos os fatos, relações e interesses a respeito de uma situação trazida por um cliente efetivo ou em potencial. A disponibilização de informações sensíveis desta natureza ao advogado só se realiza se a pessoa ou empresa que as revela tem certeza do manejo responsável destes dados pelo advogado, no sentido de que estes dados serão devidamente preservados e utilizados apenas no interesse do cliente.

Qualquer risco à segurança desta relação afetará de forma insanável as condições de atuação do advogado. Quando o advogado atua com autonomia e independência na melhor defesa de seu cliente, assiste-se à violação dos direitos fundamentais de seu representado, em sentido contrário ao disposto na Constituição Federal.

As prerrogativas da advocacia estão elencadas nos artigos 6º e 7º da Lei 8.906/1994 e em normas esparsas. Dentre as principais prerrogativas da advocacia dispostas na Lei 8.906/1994 está, sob o aspecto institucional, a ausência de hierarquia e subordinação entre advogados, magistrados e membros do Ministério Público; e sob o aspecto material e procedimental, a inviolabilidade das comunicações e atos praticados no exercício da profissão; garantia de comunicação plena com o cliente, inclusive do preso incomunicável; acesso aos autos administrativos ou judiciais de qualquer natureza, findos ou em curso.

O direito ao sigilo é, antes de mais nada, um direito fundamental do cidadão. A proteção da privacidade (artigo 5º, X da Constituição de 1988) e do sigilo de dados (artigo 5º, XII da Constituição de 1988) são garantias constitucionais correlatas. Podemos dizer que o direito subjetivo fundamental à privacidade e ao sigilo da privacidade[29] repercute na ordem jurídica como fundamento do sigilo profissional, descrito por André Ramos Tavares como: "O segredo profissional assegura o titular

---

28. Artigo 10 da Resolução do Conselho Federal da OAB 02/2015: "As relações entre advogado e cliente baseiam-se na confiança recíproca. Sentindo o advogado que essa confiança lhe falta, é recomendável que externe ao cliente sua impressão e, não se dissipando as dúvidas existentes, promova, em seguida, o substabelecimento do mandato ou a ele renuncie".

29. Segundo Tercio Sampaio Ferraz Júnior, o direito subjetivo fundamental à privacidade e ao segredo da privacidade pode ser compreendido como "o direito de o indivíduo excluir do conhecimento de terceiros aquilo que a ele só é pertinente e que diz respeito ao seu modo de ser exclusivo de no âmbito de sua vida privada. (...) A privacidade, como direito, tem por conteúdo a faculdade de constranger os outros a respeito e de resistir à violação do que lhe é próprio, isto é, das situações vitais que, por dizerem só a ele respeito, deseja manter para si, ao abrigo de sua única e discricionária decisão" in Tercio Sampaio FERRAZ JÚNIOR, "Sigilo de Dados: O Direito à Privacidade e os Limites à Função Fiscalizadora do Estado", *Revista da Faculdade de Direito da Universidade de São Paulo*, vol. 88, 1993, p. 439-440.

da informação íntima de não vê-la divulgada por quem dela tomou conhecimento em virtude de sua profissão, como é o caso do advogado e do médico, dentre outros. Há uma proibição dirigida a esses profissionais que não só os impede de divulgar a informação obtida como também lhes impõe o dever de zelar para que outros não tenham acesso a ela, quando se encontre em seu poder"[30].

As prerrogativas da advocacia, sob o aspecto material e procedimental, baseiam-se em uma premissa fundamental: a garantia do sigilo profissional. Como se verá adiante, o sigilo é inerente à atuação do advogado e é o liame essencial da relação advogado-cliente. O sigilo profissional é uma instância de privacidade institucionalizada. A violação de sigilo pelo advogado ou por terceiros implica sanção criminal (Código Penal, artigo 154)[31] e disciplinar (Lei 8.906/1994, artigo 34, VII)[32], bem como apuração de perdas e danos na esfera cível.

O sigilo profissional imposto ao advogado não é absoluto; apenas nas hipóteses de justa causa previstas no artigo 37 do Novo Código de Ética da Ordem dos Advogados do Brasil[33] – como para cobrança de honorários que o advogado não tenha recebido – permite-se ao advogado (como sujeito específico) afastar o dever profissional de preservação do sigilo.

Este mecanismo é de longa tradição no direito brasileiro. O Decreto 22.478/1933 em seu artigo 25[34], já elencava as prerrogativas dos advogados (retomando na íntegra o artigo 25 do Decreto 20.784/1931), dispondo, em seu inciso III, o direito do advogado de guardar o sigilo profissional. Por sua vez, o mesmo Decreto 22.478/1933 previa em seu artigo 27 o rol de faltas disciplinares, incluindo, em seu inciso IV, a violação de sigilo[35].

O Estatuto da OAB de 1963 (Lei 4.215/1963) igualmente reconhecia o sigilo profissional como prerrogativa da advocacia, tanto como dever (artigo 87, V)[36] quanto como direito (artigo 89, II e XIX)[37], constituindo sua violação infração disciplinar,

---

30. André Ramos TAVARES, *Curso de Direito Constitucional cit.*, p. 545.
31. Artigo 154 do Código Penal: "Revelar alguém, sem justa causa, segredo, de que tem ciência em razão de função, ministério, ofício ou profissão, e cuja revelação possa produzir dano a outrem:
    Pena - detenção, de três meses a um ano, ou multa de um conto a dez contos de réis.
    Parágrafo único. Somente se procede mediante representação".
32. Artigo 34, VII da Lei 8.906/1994: "Constitui infração disciplinar: VII – violar, sem justa causa, sigilo profissional"
33. Artigo 37 da Resolução do Conselho Federal da OAB 02/2015: "O sigilo profissional cederá em face de circunstâncias excepcionais que configurem justa causa, como nos casos de grave ameaça ao direito à vida e à honra ou que envolvam defesa própria".
34. Artigo 25, III do Decreto 22.478/1933: "São direitos dos advogados: III – guardar sigilo profissional".
35. Artigo 27, IV do Decreto 22.478/1933: "Constitui falta no exercício da profissão pelos advogados provisionados ou solicitadores: IV – violar sigilo profissional".
36. Artigo 87, V da Lei 4.215/1963: "São deveres do advogado e do provisionado: V – guardar sigilo profissional".
37. Artigo 89, II e XIX da Lei 4.215/1963: "São direitos do advogado e do provisionado:
    II – fazer respeitar, em nome da liberdade de defesa e do sigilo profissional, a inviolabilidade do seu domicílio, do seu escritório e dos seus arquivos;
    XIX – recusar-se a depor no caso do art. 87, inciso XVI, e a informar o que constitua sigilo profissional".

conforme o artigo 103, VIII[38]. Vê-se, portanto, que desde a primeira regulamentação da profissão advocatícia entre nós, foi expressamente garantido o sigilo profissional.

O Estatuto da Ordem dos Advogados do Brasil vigente (Lei 8.906/1994) confere ao advogado o direito à inviolabilidade de suas comunicações em seu artigo 7º, II[39]. O Novo Código de Ética da Ordem dos Advogados do Brasil trata da matéria do sigilo profissional no Capítulo VII (artigos 35 a 38), dispondo sobre a natureza do sigilo e o dever de observância pelo advogado nos artigos 35 e 36[40].

A inviolabilidade das comunicações do advogado (Lei 8.906/1994, artigo 7º, II) está diretamente vinculada ao direito-dever de sigilo profissional, para que os objetivos da atividade advocatícia de defesa do cidadão se concretizem. O sigilo, sob a ótica da prerrogativa, defende a relação jurídica advogado-cliente contra violações cometidas pelo Estado ou terceiros particulares. Já o sigilo, qualificado como dever do advogado, visa garantir segurança e confiança a esta relação jurídica, para que o advogado possa atender seu cliente da maneira mais eficiente possível, o que abrange o escopo do livre e amplo exercício de defesa. Neste sentido, são esclarecedoras as palavras de José Afonso da Silva: "Equivoca-se quem pense que a inviolabilidade é privilégio do profissional. Na verdade, é uma proteção do cliente que confia a ele documentos e confissões da esfera íntima, de natureza conflitiva e, não raro, objeto de reivindicação e até de agressiva cobiça alheia, que precisam ser resguardados e protegidos de maneira qualificada"[41].

Um aspecto central para a efetiva compreensão da abrangência subjetiva e ao contexto do sigilo profissional refere-se à interpretação da ressalva à garantia de inviolabilidade das comunicações do advogado feita ao final do artigo 7º, II da Lei 8.906/1994: "desde que relativas ao exercício da advocacia". A bem da verdade, esta ressalva, ao invés de restringir o escopo do sigilo, amplia-o.

O sigilo protege o advogado no exercício de suas atividades típicas e privativas, tais como enunciadas no artigo 1º, I, II e §2º da Lei 8.906/1994[42]. Ou seja, a invio-

---

38. Artigo 103, VIII da Lei 4.215/1963: "Constitui infração disciplinar: VIII – violar, sem justa causa, sigilo profissional".

39. Artigo 7º, II da Lei 8.096/1994: "São direitos do advogado: II – a inviolabilidade de seu escritório ou local de trabalho, bem como de seus instrumentos de trabalho, de sua correspondência escrita, eletrônica, telefônica e telemática, desde que relativas ao exercício da advocacia".

40. Artigo 35 da Resolução do Conselho Federal da OAB 02/2015: "O advogado tem o dever de guardar sigilo dos fatos de que tome conhecimento no exercício da profissão. Parágrafo único. O sigilo profissional abrange os fatos de que o advogado tenha tido conhecimento em virtude de funções desempenhadas na Ordem dos Advogados do Brasil".

Artigo 36 da Resolução do Conselho Federal da OAB 02/2015: "O sigilo profissional é de ordem pública, independendo de solicitação de reserva que lhe seja feita pelo cliente. § 1º Presumem-se confidenciais as comunicações de qualquer natureza entre advogado e cliente. § 2º O advogado, quando no exercício das funções de mediador, conciliador e árbitro, se submete às regras de sigilo profissional".

41. José Afonso da SILVA, *Curso de Direito Constitucional Positivo*, 34ª ed, São Paulo, Malheiros, 2011, p. 597.

42. Artigo 1º, I, II e §2º da Lei 8.096/1994: "São atividades privativas de advocacia:

I – a postulação a qualquer órgão do Poder Judiciário e aos juizados especiais;

II – as atividades de consultoria, assessoria e direção jurídicas.

A FUNÇÃO SOCIAL DA ADVOCACIA E O SIGILO PROFISSIONAL **235**

labilidade da comunicação do advogado – e por extensão, as regras de sigilo – são aplicáveis não apenas aos atos relacionados à representação judicial, mas igualmente às atividades consultivas, de assessoria e direção jurídicas. O rol específico de atos típicos da advocacia pode ser exemplificado com minudência nas atividades da advocacia contenciosa e preventiva, como (i) no caso dos atos praticados em processo judicial ou extrajudicial; (ii) aconselhamento estratégico em litígios e elaboração de pareceres e opiniões legais em litígios judiciais ou administrativos, atuais e futuros; (iii) orientação jurídica para tomada de decisões em operações econômicas ou administrativas pretendidas pelo cliente (análise de risco jurídico, orientação para estruturação contratual da operação); (iv) consultoria jurídica de qualquer espécie sobre situação jurídica concreta ou abstrata, com elaboração de pareceres e opiniões legais a partir de indagações formuladas pelo cliente; (v) supervisão para elaboração de atos e contratos relacionados às atividades essenciais e negociais de pessoa física e jurídica, em seus aspectos legais, como a conformação de documentação trabalhista, previdenciária, tributária, regulatória, imobiliária etc.[43] Este rol poderia se desdobrar indefinidamente, pois o que efetivamente qualifica o ato protegido por sigilo é o contexto no qual é praticado pelo advogado: se em algum momento a informação se referir a ato atrelado ao direito de defesa presente ou futuro do cliente, deve ser tutelado.

Até mesmo os advogados que atuam em empresas ou entidades de qualquer natureza, ainda que façam parte de seu corpo funcional, estão protegidos pela mesma regra de inviolabilidade e sigilo que acobertam as atividades dos advogados liberais, não podendo ser compelidos por autoridades públicas a revelarem informações de que tenham tomado conhecimento no exercício da profissão, pois exercem ato de assessoria ou direção jurídicas. É de se recordar, sobretudo no esteio da legislação penal, que o bem jurídico tutelado no crime de violação de sigilo profissional não é o segredo do advogado, mas a informação privativa do cliente assistido.

A reiterar o papel central que o sigilo do advogado tem na ordem jurídica, o advogado também está obrigado a guardar sigilo sobre fatos de que tenha tido conhecimento em virtude de sua atuação na OAB, ainda que o interessado não seja seu cliente (Novo Código de Ética da Ordem dos Advogados do Brasil, artigo 35, parágrafo

---

§ 2º Os atos e contratos constitutivos de pessoas jurídicas, sob pena de nulidade, só podem ser admitidos a registro, nos órgãos competentes, quando visados por advogados".

43. Conforme observam Bottini e Estellita, a colisão entre o dever de sigilo profissional do advogado imposto pelo Lei 8.906/1994 e o dever de informar previsto na Lei de Lavagem (Lei 9.613, de 3 de março de 1998) é apenas aparente. A Lei 8.906/1994 é lei especial anterior à Lei de Lavagem, e, portanto, não pode ser derrogada por lei geral posterior. Neste sentido, explicam os autores que apenas se o advogado prestar algum tipo de consultoria não jurídica, como quando agir como administrador de bens ou gestor de negócios como mandatário não processual, ou quando prestar consultoria em questão não jurídica, como a atuação como corretor de imóveis, incidirão os deveres previstos no artigo 10 (identificação de clientes e registro de operações) e artigo 11 (comunicação de operações financeiras) da Lei de Lavagem, pois extrapolam o âmbito das atividades típicas e privativas da advocacia. Vide Pierpaolo Cruz BOTTINI & Heloísa ESTELLITA, "Sigilo, Inviolabilidade e Lavagem de Capitais no Contexto do Novo Código de Ética", *Revista do Advogado* (AASP) n. 129, abril de 2016, p. 140-142.

único). É a hipótese, dentre outras, dos advogados que atuam nos Tribunais de Ética e Disciplina das Seccionais e no Conselho Federal, e que têm acesso a informações sensíveis e sigilosas relacionadas à atuação de advogados perante seus clientes, como contratos de prestação de serviços advocatícios, demonstrativos e notas de honorários, correspondências entre advogados ou advogado-cliente, minutas de acordos, contratos e peças processuais.

Vale igualmente observar que as regras de publicidade da advocacia são bastante rigorosas quanto à preservação do sigilo, bastando citar que o Novo Código de Ética da Ordem dos Advogados do Brasil (artigo 42, IV) veda a simples divulgação de listas de nomes de clientes e de demandas em que o advogado tenha atuado[44]. Ou seja, a mera referência a dados simples, como o nome de um cliente ou a identificação de uma demanda, já são níveis de informação sensíveis para a atividade advocatícia e preservação dos direitos fundamentais do representado.

São variados os dispositivos legais que reforçam, em diferentes apontamentos do ordenamento jurídico, a tutela ao sigilo profissional do advogado. Vejamos, por exemplo, as hipóteses de garantia da recusa do advogado em depor, em quaisquer esferas – judicial, administrativa e arbitral – sobre fato relacionado à sua atuação profissional. É o que determinam a) Lei 8.906/1994, artigo 7º, XIX[45], b) Novo Código de Ética da Ordem dos Advogados do Brasil, artigo 38[46], c) Código de Processo Penal, artigo 207[47], e d) Novo Código de Processo Civil, artigo 338, II[48]. Trata-se de indicativo sistemático do interesse público em se impedir a violação do sigilo profissional, como meio para garantir a ampla defesa do cidadão. Sobretudo a criminalização da violação de sigilo indica a proteção do segredo das informações comunicadas pelo cidadão a seu advogado como bem jurídico tutelado pela lei penal.

Ainda, é importante determinar a abrangência temporal do sigilo profissional. A tutela da confidencialidade das informações relacionadas às atividades advocatícias inicia-se já com o primeiro contato da pessoa com o advogado, ainda que seja um contato meramente prospectivo e que não avance para a formalização de um vínculo contratual.

---

44. Artigo 42, IV da Resolução do Conselho Federal da OAB 02/2015: "É vedado ao advogado: IV – divulgar ou deixar que sejam divulgadas listas de clientes e demandas".

45. Artigo 7º, XIX da Lei 8.096/1994: "São direitos do advogado: XIX – recusar-se a depor como testemunha em processo no qual funcionou ou deva funcionar, ou sobre fato relacionado com pessoa de quem seja ou foi advogado, mesmo quando autorizado ou solicitado pelo constituinte, bem como sobre fato que constitua sigilo profissional".

46. Artigo 38 da Resolução do Conselho Federal da OAB 02/2015: "O advogado não é obrigado a depor, em processo ou procedimento judicial, administrativo ou arbitral, sobre fatos a cujo respeito deva guardar sigilo profissional".

47. Artigo 207 do Código de Processo Penal: "São proibidas de depor as pessoas que, em razão de função, ministério, ofício ou profissão, devam guardar segredo, salvo se, desobrigadas pela parte interessada, quiserem dar o seu testemunho".

48. Artigo 388, II do Novo Código de Processo Civil: "A parte não é obrigada a depor sobre fatos: II – a cujo respeito, por estado ou profissão, deva guardar sigilo".

A FUNÇÃO SOCIAL DA ADVOCACIA E O SIGILO PROFISSIONAL **237**

Outro aspecto indicativo da importância basilar que nosso ordenamento confere ao sigilo trata da manutenção do dever de sigilo mesmo após o fim do contrato advocatício. A ultratividade desta regra denota com clareza que a preservação da confidencialidade nas relações entre cliente e advogado são essenciais ao próprio sistema jurídico.

Feitos os comentários sobre a abrangência subjetiva e contexto dos atos típicos e privativos do advogado protegidos pelo sigilo, bem como o alcance temporal do sigilo profissional, seguimos para a questão sobre o objeto do sigilo. Quais as comunicações[49] abrangidas no artigo 7º, II da Lei 8.906/1994? Sabiamente, a lei não enumera quais tipos de documentos ou mensagens podem servir como veículos de comunicações sigilosas. Seria má técnica incluir ou excluir *a priori* as formas de comunicação capazes de invocar a defesa da confidencialidade. Antes, a lei preferiu determinar o contexto no qual elas se produzem e devem ser protegidas. Desta maneira, comunicações de toda ordem, em qualquer meio, são confidenciais, *"desde que relativas ao exercício da advocacia"*.

O teste, portanto, para identificar se uma determinada comunicação é passível de proteção pelas regras do sigilo profissional, não é pelo tipo de comunicação ou pelo meio em que transitou, mas pelo contexto em que foi produzida, e, principalmente, se consiste em um dado relacionado ao exercício da defesa e garantia dos legítimos interesses da pessoa física ou jurídica atendida por advogado. Neste sentido, um contrato de prestação de serviços advocatícios apresenta todos os elementos necessários para invocar a tutela da proteção ao sigilo profissional. Trata-se de instrumento que consubstancia a própria relação contratual havida entre o advogado e cliente, que comunica os exatos termos em que se desenvolverá este vínculo e como se dará o cumprimento dos deveres de cada parte, especialmente dos deveres relacionados ao ofício do advogado.

Tomemos um caso análogo: embora Bottini e Estellita[50] enfrentem o problema do recebimento de honorários e as condutas típicas da Lei de Lavagem (Lei 9.613/1998), o que não é de nosso interesse neste texto, os autores tecem importantes avaliações sobre a proteção dos contratos de prestação de serviços advocatícios pelas regras de tutela do sigilo profissional do advogado. Observam que, por recomendação do artigo 48[51] do Novo Código de Ética da Ordem dos Advogados do Brasil, os contratos de prestação de serviços advocatícios devem

---

49. Usamos o termo "comunicação" no sentido linguístico estrito, significando o conteúdo de qualquer informação transmitida, e não apenas a transmissão simultânea de mensagens entre emissor e destinatário. Assim, podem ser qualificadas como "comunicações", conversa pessoal, diálogo telefônico, *emails*, mensagens instantâneas, envio de vídeos, apontamentos tomados em uma reunião, minutas, cópias de documentos, contratos, peças processuais, formulários preenchidos, diagramas, fotos, etc. O substrato pode ser em qualquer meio físico ou virtual.
50. Pierpaolo Cruz BOTTINI & Heloísa ESTELLITA, "Sigilo, Inviolabilidade e Lavagem de Capitais no Contexto do Novo Código de Ética" *cit.*, p. 134-148
51. O Novo Código de Ética da Ordem dos Advogados do Brasil estabelece em seu artigo 48, especialmente nos §§ 1º e 3º, as diretivas para elaboração dos contratos de prestação de serviços advocatícios:

ser elaborados com a maior precisão possível. A elaboração descritiva dos serviços contratados pode acarretar grave risco à preservação do sigilo profissional, caso o contrato venha a ser conhecido por parte estranha à relação advocatícia: "Ocorre que, em hipóteses particulares, o detalhamento do serviço a ser prestado pode implicar revelação da estratégia defensiva, o que, pelo que se viu, é justamente o objeto sobre o qual (também) recai o sigilo profissional. Não é difícil imaginar que, ao cumprir o dever de detalhar o objeto da contratação, possa o advogado se ver diante da necessidade de especificar a adoção de medidas estratégicas sob o ponto de vista da defesa, como a impetração de habeas corpus nesta ou naquela instância, acompanhamento e atuação em acordo de colaboração premiada, pleito medidas protetivas para testemunhas etc."[52]

Neste passo os autores comentam a importante decisão monocrática do então Presidente do Supremo Tribunal Federal, Ministro Enrique Ricardo Lewandowski, nos autos da Medida Cautelar no HC 129.569, em que se confirmou o sigilo da relação advocatícia, bem como os termos contratuais que a regem, em caso de convocação por Comissão Parlamentar de Inquérito, tendo a OAB Nacional, impetrante do *Habeas Corpus*, alegado "desrespeito à garantia constitucional ao livre exercício profissional (arts. 5º, XII e 170 da Constituição), ressaltando que a origem dos honorários não é matéria sindicável, não é possível inspecioná-la, sob pena de ferir o direito do cidadão a uma defesa independente e altiva". Conforme se lê na decisão proferida pelo Ministro Lewandowski: "Com efeito, para se preservar a higidez do devido processo legal, e, em especial, o equilíbrio constitucional entre o Estado-acusador e a defesa, é inadmissível que autoridades com poderes investigativos desbordem de suas atribuições para transformar defensores em investigados, subvertendo a ordem jurídica. São, pois, ilegais quaisquer incursões investigativas sobre a origem de honorários advocatícios, quando, no exercício regular da profissão, houver efetiva prestação do serviço. (...) Em face do exposto, defiro a ordem para que (...) (ii) seja preservada a confidencialidade que rege a relação entre cliente e advogado, inclusive no que toca à origem dos honorários advocatícios percebidos, notadamente para resguardar o sigilo profissional dos

---

Artigo 48, §§ 1º e 3º da Resolução do Conselho Federal da OAB 02/2015: "A prestação de serviços profissionais por advogado, individualmente ou integrado em sociedades, será contratada, preferentemente, por escrito.

§ 1º O contrato de prestação de serviços de advocacia não exige forma especial, devendo estabelecer, porém, com clareza e precisão, o seu objeto, os honorários ajustados, a forma de pagamento, a extensão do patrocínio, esclarecendo se este abrangerá todos os atos do processo ou limitar-se-á a determinado grau de jurisdição, além de dispor sobre a hipótese de a causa encerrar-se mediante transação ou acordo.

§ 3º O contrato de prestação de serviços poderá dispor sobre a forma de contratação de profissionais para serviços auxiliares, bem como sobre o pagamento de custas e emolumentos, os quais, na ausência de disposição em contrário, presumem-se devam ser atendidos pelo cliente. Caso o contrato preveja que o advogado antecipe tais despesas, ser-lhe-á lícito reter o respectivo valor atualizado, no ato de prestação de contas, mediante comprovação documental".

52. Pierpaolo Cruz BOTTINI & Heloísa ESTELLITA, "Sigilo, Inviolabilidade e Lavagem de Capitais no Contexto do Novo Código de Ética" *cit.*, p. 146.

advogados e o direito de defesa" (Medida Cautelar no HC 129.569, Min. Ricardo Lewandowski, j. 30/07/2015, DJe 06/08/2015).

Neste sentido, é interessante acompanhar a leitura de um outro trecho mais esclarecedor do parecer do Ministério Público Federal, que constou originalmente nos autos da Ação Direta de Inconstitucionalidade 4.841, e que foi citado brevemente na fundamentação da referida Medida Cautelar: "A lei antilavagem – frise-se bastante esse ponto – não alcança a advocacia vinculada à administração da justiça, porque, do contrário, seria atingido o núcleo essencial dos princípios do contraditório e da ampla defesa. É possível avançar um pouco mais, de maneira que o sigilo profissional também seja assegurado ao advogado no âmbito do processo administrativo, das atividades de consulta preventivas de litígio e da arbitragem, sempre com vistas a resguardar a observância de tais princípios. (...)".

Decisão no mesmo sentido já havia proferido o Tribunal de Justiça de Minas Gerais, ao conceder segurança que impediu busca e apreensão de contratos de honorários em favor de advogados que atuaram na defesa de réus denunciados, com o intuito de localizar recursos financeiros dos acusados. Decidiu o Desembargador ao conceder a segurança: "O sigilo profissional do advogado é essencial à administração da Justiça, vedando-se ao Juiz ou a Autoridade Policial a apreensão de documentos acobertados por aquele sigilo e de todos os que comprometam o cliente ou sua defesa, observando-se assim o princípio da ampla defesa. (...) Referido sigilo se estende a todas as anotações, documentos, correspondências e conversas telefônicas entre advogado e cliente. (...) A apreensão assim do contrato de serviço advocatício celebrado entre os impetrantes e os denunciados viola gravemente o sigilo profissional. (...) Os motivos apresentados na decisão não legitimam o ato excepcional de restrição às garantias fundamentais – tais como à intimidade, à dignidade da pessoa humana e à ampla defesa – cuja exceção é reservada aos casos também extremos" (TJMG, 5ª Câmara Criminal, Rel. Des. Pedro Coelho Vergara, Mandado de Segurança Cr 1.0000.14.058119-0/000, Processo 0581190-03.2014.8.13.0000, j. 11/11/2014, publicado em 17/11/2014).

No direito comparado, especialmente no sistema de *common law*, confere-se grande importância às prerrogativas profissionais do advogado. Cumpre dizer que o sigilo profissional é a prerrogativa advocatícia mais antiga desta tradição jurídica[53]. A dogmática hoje reconhece os contratos advocatícios e os ajustes de honorários como comunicação sigilosa, cobertos pelo privilégio da relação cliente-advogado, inclusive havendo determinação normativa a respeito. A legislação estadual da Califórnia, nos Estados Unidos, expressamente prescreve no seu Código de Profissões, item 6149, que o contrato de honorários advocatícios é considerado

---

53. Para uma descrição histórica nos Estados Unidos, vide Geoffrey C. HAZARD, "An Historical Perspective on the Attorney-Client Privilege", *California Law Review*, vol. 66, 1978, p. 1061-1091. Apesar de algumas referências esparsas ainda no período elizabetano (1559-1603), decisões específicas sobre privilégios de advogados são verificadas a partir de 1654 no *common law*.

confidencial, nos termos do item 6068 do Código de Profissões[54] e do item 952 do Código de Provas da Califórnia[55]:

"BUSINESS AND PROFESSIONS CODE – BPC

DIVISION 3. PROFESSIONS AND VOCATIONS GENERALLY [5000 – 9998.11]

(Heading of Division 3 added by Stats. 1939, Ch. 30)

CHAPTER 4. Attorneys [6000 – 6243]

(Chapter 4 added by Stats. 1939, Ch. 34)

ARTICLE 8.5. Fee Agreements [6146 – 6149.5]

(Heading of Article 8.5 amended by Stats. 1986, Ch. 475, Sec. 5)

6149.

A written fee contract shall be deemed to be a confidential communication within the meaning of subdivision (e) of Section 6068 and of Section 952 of the Evidence Code.

(Added by Stats. 1986, Ch. 475, Sec. 8.)"

---

54. "BUSINESS AND PROFESSIONS CODE – BPC
DIVISION 3. PROFESSIONS AND VOCATIONS GENERALLY [5000 – 9998.11]
(Heading of Division 3 added by Stats. 1939, Ch. 30)
CHAPTER 4. Attorneys [6000 – 6243]
(Chapter 4 added by Stats. 1939, Ch. 34)
ARTICLE 4. Admission to the Practice of Law [6060 – 6069]
6068. It is the duty of an attorney to do all of the following:
(...)
(e) (1) To maintain inviolate the confidence, and at every peril to himself or herself to preserve the secrets, of his or her client.
(2) Notwithstanding paragraph (1), an attorney may, but is not required to, reveal confidential information relating to the representation of a client to the extent that the attorney reasonably believes the disclosure is necessary to prevent a criminal act that the attorney reasonably believes is likely to result in death of, or substantial bodily harm to, an individual".

55. "EVIDENCE CODE – EVID
DIVISION 8. PRIVILEGES [900 – 1070]
(Division 8 enacted by Stats. 1965, Ch. 299)
CHAPTER 4. Particular Privileges [930 – 1063]
(Chapter 4 enacted by Stats. 1965, Ch. 299)
ARTICLE 3. Lawyer-Client Privilege [950 – 962]
(Article 3 enacted by Stats. 1965, Ch. 299)
952. As used in this article, "confidential communication between client and lawyer" means information transmitted between a client and his or her lawyer in the course of that relationship and in confidence by a means which, so far as the client is aware, discloses the information to no third persons other than those who are present to further the interest of the client in the consultation or those to whom disclosure is reasonably necessary for the transmission of the information or the accomplishment of the purpose for which the lawyer is consulted, and includes a legal opinion formed and the advice given by the lawyer in the course of that relationship".
(Amended by Stats. 2002, Ch. 72, Sec. 3. Effective January 1, 2003).

A FUNÇÃO SOCIAL DA ADVOCACIA E O SIGILO PROFISSIONAL **241**

No mesmo sentido, a jurisprudência do Estado da Califórnia confirma o sigilo de contratos advocatícios, notas e demonstrativos de honorários, pois trazem informações confidenciais da relação cliente-advogado. Para os tribunais daquela jurisdição, o sigilo destes documentos se dá em razão da relação subjacente entre advogado e cliente, fundada na confiança e confidencialidade. Exemplificativo é o julgado *County of Los Angeles Board of Supervisors et al., v. the Superior Court of Los Angeles County*[56]. Neste caso, a Corte de Apelação do Segundo Distrito da California (*California's Second Appellate District Court of Appeals*) decidiu que as notas de honorários emitidas por advogado são confidenciais em sua integralidade. Esta decisão segue o precedente estabelecido pela Suprema Corte da Califórnia em 2009, no caso *Cotsco*[57], que decidiu que a determinação se uma comunicação – inclusive relativas a honorários – é privilegiada decorre da natureza da relação subjacente. O teste aplicável é simplesmente identificar se há uma relação entre advogado e cliente, independentemente se a informação é factual ou legal: "when the communication is a confidential one between attorney and client, the entire communication, including its recitation or summary of factual material, is privileged".

Esta rápida incursão comparativa serve para reforçar o que já se podia concluir do exame do quadro normativo brasileiro acerca do sigilo profissional: não há, *a priori*, comunicações excluídas da confidencialidade garantida à relação advogado-cliente. Todas e quaisquer comunicações que tenham sido produzidas no âmbito da relação advogado-cliente, e que se refiram de qualquer forma aos termos da atuação do advogado no interesse de seu cliente – atuação esta que pode ser contenciosa ou consultiva – são cobertas pelo sigilo. Como já se disse antes, mas convém reforçar, os contratos advocatícios são preferencialmente extensivos e descritivos sobre os serviços que serão prestados. Estes contratos, com altíssima probabilidade, já trarão em si dados e informações sigilosas do cliente, tais como a descrição de situações litigiosas e estratégias de resolução de controvérsias, descrição de projetos que serão avaliados e estruturados pela consultoria jurídica, enfim, a exemplificação é interminável, mas a conclusão é pacífica: contratos advocatícios instrumentalizam uma relação de confidencialidade.

Neste ponto, algumas observações sobre o contrato de prestação de serviços advocatícios são necessárias. Em primeiro lugar, convém discriminar que o sigilo profissional que acoberta a relação entre advogado e cliente decorre da lei, e não de convenção contratual. A cláusula de confidencialidade, quando presente no contrato, age para reforçar e especificar as regras de operacionalização do sigilo. As duas dimensões se associam e se reforçam mutuamente, mas não é do contrato que advém a imperatividade da confidencialidade desta relação.

---

56. Case B257230, 2015 BL 103694, julgado em 13 de abril de 2015.
57. *Costco Wholesale Corp. v. Superior Court*, 47 Cal. 4th 725, 732 (2009).

Esta discussão é bastante presente na doutrina. Max Radin[58], em seu conhecido estudo comparativo sobre o sigilo profissional na tradição da *common law* e na tradição do direito continental, especialmente nos ordenamentos francês e alemão, já discutia há quase um século sobre o fundamento do dever de confidencialidade do advogado, se teria base contratual ou legal. Ao comentar a posição de Walter Jellinek[59], que atribuía a observância do sigilo profissional a uma relação contratual implícita entre advogado e cliente – e que terminou por ser minoritária na doutrina alemã – Radin conclui que o sigilo profissional é garantido por força de lei, e que as hipóteses em que se admite ou mesmo se obriga o afastamento do sigilo são típicos casos de conflito entre dois deveres legais, quais sejam, o dever de confidencialidade do advogado para com seu cliente e o dever de informação do advogado de certos atos criminosos ou de grave risco à vida ou à honra., ou, ainda a faculdade do advogado em invocar informações sigilosas para autodefesa ou para mover a execução de honorários.

O contrato, portanto, não é a fonte normativa do sigilo profissional, mas é o instrumento no qual este direito-dever se organiza. Como bem observa Likillimba, a confidencialidade no âmbito profissional decorre da lei e as cláusulas de confidencialidade apenas podem se tornar mais eficazes se forem organizadas contratualmente: "la notion de secret professionnel est plus une obligation légale que conventionnelle. En tant qu'obligation légale, le secret professionnel serait alors implicite, voire sous-jacent, dans les relations contractuelles entretenues par les professionnels, dans les cas limitativement énumérés par les lois et règlements les concernant, avec leurs clients ou avec leurs partenaires. Nonobstant sa source légale ou réglementaire, le secret professionnel entre personnes privées – plus généralement entre personnes de droit privé – présente une certaine efficacité lorsqu'il est organisé contractuellement"[60].

Resta, ainda, analisarmos a natureza do contrato de prestação de serviços e das obrigações nele contidas. Em linhas gerais, o contrato de prestação de serviços, na lição de Caio Mário da Silva Pereira, caracteriza-se pela bilateralidade, onerosidade e consensualidade. Seus elementos essenciais são o objeto, a remuneração e o consentimento: "O objeto da obrigação é a prestação da atividade, resultante da energia humana e tanto pode ser intelectual, como material ou física. (...) O trabalhador tem direito a uma remuneração ou retribuição como pagamento de sua prestação. Sujeito ao arbítrio das partes, que o convencionam livremente, normalmente importa em prestação pecuniária. Nada impede, entretanto, seu ajuste em outras espécies.

---

58. Max RADIN, "The Privilege of Confidential Communication between Lawyer and Client", *California Law Review*, vol. 16, n. 6, p. 487-497, 1928, especialmente p. 496-497.

59. Walter JELLINEK, „Der Umfang der Verschwiegenheitspflicht des Arztes und des Anwalts", *Monatsschrift für Kriminalpsychologie und Strafrechtsreform*, vol. 3, n. 10, 1907, p. 656-693, especialmente p. 672 e ss. sobre o sigilo profissional do advogado. A posição de Jellinek, sobre a base contratual do sigilo profissional do advogado acabou por ser minoritária na doutrina, consolidando-se o posicionamento sobre a natureza legal do sigilo profissional do advogado.

60. Guy-Auguste LIKILLIMBA, *La Fidélité en Droit Privé*, Aix-en-Provence, Presses Universitaires d'Aix-Marseille, 2003, p. 129.

A FUNÇÃO SOCIAL DA ADVOCACIA E O SIGILO PROFISSIONAL **243**

Aceitando que possa haver contrato civil de prestação de serviços, gratuito, frisamos, contudo, que tal não se presume jamais, havendo mister ajuste expresso neste sentido, pois não é curial que a prestação de atividade, com que alguém se enriquece, seja desacompanhada de retribuição *Dignus est operarius* mercede sua. Na falta, então, de estipulação, ou não chegando as partes a um acordo, fixar-se-á por arbitramento, segundo o costume do lugar, o tempo despendido e sua qualidade (Código Civil, art. 596), além de outras circunstâncias peculiares à profissão do credor etc. O consentimento, como em todo contrato, pressupõe emissão volitiva, e não exige aqui forma especial. Pode ser manifestado por escrito ou verbalmente, como pode resultar implícito, inferido do próprio fato da prestação do serviço". [61.]

O contrato de prestação de serviços advocatícios não se confunde com o mandato. Este é apenas o instrumento para o exercício de representação do cliente. O contrato de prestação de serviços advocatícios, como vimos pelos seus elementos essenciais acima, traz o escopo detalhado do serviço contratado, que poderá descrever estratégias de ação e política de honorários dependente de êxitos em objetivos delincados; ou, para os serviços de consultoria, descrição minuciosa de documentos legais para preparo dos estudos e pareceres de orientação, entre outros resultados. Como lembra Silvio Rodrigues, os contratos advocatícios contemplam, muitas vezes, obrigações de meio e de resultado[62]. Vemos, mais uma vez, que a descrição do objeto do contrato advocatício já traz, per se, dados e informações sigilosas afeitas à atuação do advogado em defesa de seu cliente.

As obrigações contempladas no contrato advocatício são de diferentes categorias. Ademais da obrigação principal, que é o objeto da prestação de serviço em si (defender um litígio, elaborar um contrato, estruturar uma operação, emitir parecer sobre um caso contencioso ou consultivo), o contrato advocatício ainda prevê uma série de deveres secundários, também chamados de deveres anexos ou instrumentais[63].

---

61. Caio Mário da Silva PEREIRA, *Instituições de Direito Civil*, 15ª ed, Rio de Janeiro, Forense, 2011, vol. 3, p. 346 e ss. Prossegue o autor, nas p. 349-350: "Como contrato bilateral que é, gera obrigações para ambas as partes. A do trabalhador é uma obrigação de fazer, que se deverá executar na forma devida, em tempo conveniente, de acordo com as normas técnicas que presidem à arte ou ofício, ou segundo os costumes, e ainda tem de cumprir-se no lugar estabelecido pelo contrato ou pelas circunstâncias. (...) A principal obrigação do empregador é efetuar o pagamento da remuneração, na espécie, no tempo e no lugar do ajuste, ou segundo os costumes. (...) O prestador do serviço deve estar habilitado a realizá-lo, segundo as normas que regem a atividade objeto do contrato, sob pena de não poder cobrar a remuneração normalmente correspondente ao trabalho executado, admitindo a lei que se a prestação do serviço tiver trazido benefício para a outra parte, e o prestador tiver agido de boa-fé, possa o juiz atribuir a ele uma compensação razoável".

62. "Há uma obrigação de meios, inafastável e de caráter comutativo, representado pelo recurso às vias judiciais, lançando o profissional mão, com zelo e dedicação, de todos os recursos capazes de alcançar os resultados almejados; outra, uma espécie peculiar de obrigação de resultado (consistente no atingimento de vários escopos), necessariamente aleatória, por não depender exclusivamente da vontade do obrigado" *in* Silvio RODRIGUES, *Direito Civil Aplicado*, São Paulo, Saraiva, 1983, vol. 2, p. 191.

63. Clóvis V. do Couto e SILVA, *A Obrigação como Processo*, Rio de Janeiro, Editora FGV, 2006, p. 91: "Categoria das mais importantes é a dos deveres secundários, como resultado da incidência do princípio da boa-fé. Já tivemos oportunidade de versar a transformação operada no conceito de relação obrigacional. O princípio da boa-fé, como de autonomia, incide não apenas no plano obrigacional, como também no dos direitos reais. Estamos, porém, tratando desse princípio na primeira daquelas dimensões. Os deveres que nascem

Os deveres secundários podem ser dependentes ou independentes. Esta segunda subcategoria, segundo Clóvis do Couto e Silva apresenta as seguintes singularidades: "(...) podem ser acionados independentemente da prestação principal. Em virtude de poderem ser acionados sem com isso acarretar o desfazimento da obrigação principal, é que se lhes denominou deveres anexos independentes. Dependem, contudo, da obrigação principal para seu nascimento, podendo, porém, como já se mencionou, perdurar ainda depois do cumprimento daquela. (...) Alguns desses deveres são, inclusive, objeto de normatização específica, como, por exemplo, o de guardar sigilo, dos médicos e advogados, que perdura ainda depois de cumprida a obrigação principal"[64].

À parte das infindáveis análises técnicas e classificações teóricas internar a que podem ser submetidos os contratos de prestação de serviço, importa direcionar o foco para os aspectos materiais do contrato de prestação de serviços advocatício e suas especificidades. Isto porque o serviço advocatício, como dito anteriormente, consiste em múnus público. O contrato materializa este vínculo *sui generis* entre advogado e cliente, personalíssimo, fundado na confiança entre as partes e garantido pelas prerrogativas legais da advocacia. Só esta combinação de fatores permitirá a realização da função social da advocacia e da plena defesa do representado.

---

dessa incidência são denominados secundários, anexos ou instrumentais. Corresponde ao termo germânico Nebenpflichten".

64. Clóvis V. do Couto e SILVA, *A Obrigação como Processo cit.*, p. 96.

DIREITO DE FAMÍLIA NO TEMPO: DO CÓDIGO CIVIL DE 1916 AO DE 2002 E ALÉM[1]

Giselda Maria Fernandes Novaes Hironaka

Professora Titular da Faculdade de Direito da Universidade de São Paulo (FADUSP). Coordenadora Titular e Professora Titular do Programa de Mestrado e Doutorado da Faculdade Autônoma de Direito de São Paulo (FADISP). Coordenadora Titular da área de Direito Civil da Escola Paulista de Direito (EPD). Mestre, Doutora e Livre docente pela Faculdade de Direito da Universidade de São Paulo (FADUSP). Ex Procuradora Federal. Fundadora e Diretora Nacional do IBDFAM (região sudeste) e Diretora Nacional do IBDCivil (região sudeste).

Sumário: 1. Introdução – 2. O Direito Civil de 1916 – 3. Relação entre as pessoas da família: homens, mulheres e filhos – 4. Casamento e o tratamento das entidades familiares – 5. Parentesco, filiação e guarda – 6. Conclusão – 7. Referências bibliográficas.

1. INTRODUÇÃO

O Direito é um fenômeno multifacetado, rico nos diversos ângulos possíveis de observação que ele oferece. Por ser algo construído sociologicamente, recebe a influência dos eventos que ocorrem na sociedade, assim como é constantemente alterado pela evolução dos costumes de um povo. Por isso, pode-se dizer que o Direito também é construído historicamente. Essa relação não é unidirecional, mas recíproca, significando que é tanto possível aprender mais sobre Direito com a história como, também, é possível aprender mais sobre a história com o Direito.

A evolução legislativa do Direito de Família ocorrida entre os Códigos de 1916 e 2002 demonstram bem essa relação simbiótica a qual me refiro. Outros pilares do direito privado como o contrato, a propriedade e a responsabilidade civil possuem mutação muito mais vagarosa em termos históricos. Entendam-me: novas modalidades de contratos surgem, assim como novas responsabilidades, mas a estrutura, o cerne dessas categorias, é milenar. Uma coisa é surgir um novo tipo de contrato ou forma de contratar – eletronicamente, por exemplo –, outra totalmente diferente é haver uma inversão completa dos próprios postulados da categoria jurídica. O con-

---

1. Artigo derivado de palestra que proferi na Reunião Científica do Departamento de Direito Civil da Faculdade de Direito da Universidade de São Paulo (FADUSP), em comemoração ao centenário da vigência da legislação civil codificada, no auditório Goffredo da Silva Telles Junior, em 07 de dezembro de 2017, sob a presidência da Professora Titular Silmara Juny de Abreu Chinellato e sob a coordenação do Professor Titular Nestor Duarte. A palestra teve como título "Direito de Família e Direito das Sucessões na vigência do Código Civil de 1916". Na pesquisa histórica auxiliou-me Rommel Andriotti, que é mestrando em "Função Social do Direito" com concentração em Direito Civil pela FADISP, mestrando em "Efetividade do Direito" com concentração em Processo Civil pela PUC/SP e especialista em Direito Civil e Processo Civil pela EPD.

trato, enquanto ideia, tem os mesmos contornos desde tempos imemoriais. Mas ao se dizer "direito de família", essa palavra, a "família", é concebida de forma totalmente diferente a depender do lugar e da época a que se refere.

Por isso, comparar o direito de família de uma e outra época não é apenas um exercício estritamente jurídico, mas também uma jornada cidadã, uma aventura histórica, um estudo da própria natureza humana e da evolução das coisas; isso porque, por detrás de cada mudança legislativa; veladas sob cada artigo que alterou regras, encontram-se mil histórias de pessoas como nós, que viveram, alegraram-se e sofreram, e suas experiências pessoais tocaram a muitos e também ao legislador, motivando-o a alterar as leis, na difícil (ou virtualmente impossível) missão de fazer a norma acompanhar os fatos.

Então, a ideia deste trabalho é esta: longe de pretender esgotar o tema, nem oferecer uma comparação completa artigo por artigo entre leis, quero apontar algumas das principais alterações na regulação do Direito de Família do último século, sobretudo relacionando o Código Civil de 1916 com o de 2002. Ao final, essa análise proporcionará, além da correlata bagagem jurídica, uma oportunidade rica para uma leitura sociológica e histórica da sociedade brasileira sob as lentes do Direito. Mais que isso, quem sabe, este artigo poderá fornecer a identificação de tendências legislativas iniciadas no início do século XX e que poderão se projetar para o futuro.

2. O DIREITO CIVIL DE 1916

Embora o Código de 1916 (CC/16) seja oficialmente o primeiro Código Civil brasileiro, seria impensável supor que ele não teria sido precedido por um rico histórico de tentativas anteriores. Não me preocuparei com grandes digressões, resgatando períodos antigos de outras civilizações, pois isso me afastaria do objetivo deste artigo. Cabe-me, aqui, apresentar as principais referências que sejam imediatamente anteriores à Lei n. 3.071, de 1º de janeiro de 1916 (CC/16) e que mereçam menção. Ei-las:

1. Ordenações Filipinas;

2. Alvará de 9 de novembro de 1754

3. Consolidação das Leis Civis de Teixeira de Freitas;

4. O Projeto de Nabuco de Araújo e o esboço de Teixeira de Freitas;

5. Projeto de Felício dos Santos;

6. Projeto de Coelho Rodrigues;

7. Consolidação de Carlos de Carvalho;

8. O Projeto de Beviláqua (que se tornaria o Código de 2016).

Traçando um panorama histórico desses diplomas normativos e projetos de lei, temos que, proclamada a independência brasileira em sete de setembro de 1822, as leis portuguesas de direito privado permaneceram em vigor, já que o Brasil, en-

DIREITO DE FAMÍLIA NO TEMPO: DO CÓDIGO CIVIL DE 1916 AO DE 2002 E ALÉM **247**

quanto país, acabara de nascer e ainda não havia legislado sobre essas matérias. As Ordenações Filipinas vigiam desde 1603, e assim permaneceriam por longo tempo, até serem substituídas pelo próprio Código Civil de 1916. Com o passar do tempo e com a edição de mais e mais leis civis, o compêndio de normas de direito privado se estendia em um intrincado emaranhado legislativo, com muitas leis esparsas incidindo sobre as mais diversas áreas do direito civil. Tudo isso era dificultado pela precariedade dos meios de comunicação da época, o que tornava árdua a tarefa de manter atualizado o conhecimento de quais normas estavam e não estavam em vigor. Daí a importância da Consolidação das Leis Civis de Teixeira de Freitas, civilista brilhante do oitocentismo brasileiro. Teixeira de Freitas entregou em 1858 uma consolidação de toda a legislação civil em vigor, trabalho muito aclamado e que facilitou em grande medida o labor jurídico da época.

Teixeira de Freitas seria chamado posteriormente pelo Ministro Nabuco de Araújo para escrever um Código Civil do Império, o que foi feito, mas o trabalho era muito avançado para seu tempo e recebeu duras críticas da comissão revisora. Desgostoso, Teixeira de Freitas resolveu abandonar o projeto, comunicando sua desistência ao então Ministro da Justiça, José de Alencar. É importante apontar que, embora referido esboço não tenha sido aproveitado imediatamente pelos brasileiros, certo é que serviu de inspiração para nossos países vizinhos, notadamente Argentina, Uruguai, Paraguai e, posteriormente, para o próprio Clóvis Beviláqua quando da elaboração de seu projeto.

Antes de o Brasil finalmente ter um Código Civil para chamar de seu, houve o Projeto de Joaquim Felício dos Santos; o de Coelho Rodrigues, este que foi o pai do Decreto n. 181[2], que introduziu o casamento civil no Brasil (o casamento válido era apenas o religioso) e a consolidação de Carlos de Carvalho, dentre outros projetos e leis esparsas. Esses nomes são apenas aqui citados dadas as limitações de espaço para narrar história tão vasta, apesar dos méritos de cada um deles.

Posteriormente, foi o Ministro Epitácio Pessoa quem convidou o jurista Clóvis Beviláqua para redigir um novo Projeto de Código Civil, projeto que foi bem-sucedido, dada a promulgação da Lei 3.071 em 1º de janeiro de 1916[3].

Clóvis Beviláqua, além de ter se inspirado nos projetos de Coelho Rodrigues e Teixeira de Freitas, recorreu aos sistemas jurídicos francês (*Code Napoléon* de 1804), canônico, romano e outros códigos civis modernos (como o alemão e o suíço) na elaboração de seu projeto. O Código ficou marcado por representar a imagem do

---

2. BRASIL. União. *Decreto n. 181, de 24 de janeiro de 1890*. Rio de Janeiro: Governo provisório da República dos Estados Unidos do Brasil, 1890 (ano da publicação originária). Disponível em: <http://www2.camara. leg.br/legin/fed/decret/1824-1899/decreto-181-24-janeiro-1890-507282-publicacaooriginal-1-pe.html>. Acesso em: 10 de fevereiro de 2018.

3. BRASIL. União. *Lei 3.071, de 1º de janeiro de 1916* [CC/16 – Código Civil]. Brasília: Congresso Nacional, 1916 [ano da publicação originária]. Disponível *in Portal da Legislação do Governo Federal*. Disponível em: http://legislacao.planalto.gov.br/legisla/legislacao.nsf/Viw_Identificacao/lei%203.071-1916?OpenDocument>. Acesso em: 27 de outubro de 2017.

direito positivo daquele tempo: individualista e voluntarista. É bom lembrar que a população brasileira era essencialmente agrícola, conservadora e católica, de modo que o Código foi elaborado para refletir essas características sociais. No prefácio que, em 1928, Clóvis Beviláqua redigiu para a tradução francesa do Código Civil brasileiro, tradução esta elaborada por Goulé, Daguin e Tizac, ele observou, quanto às fontes dessa codificação, o seguinte:

> O Código Civil brasileiro, inspirando-se no direito estrangeiro estudado na legislação e na doutrina, reflete imagem fiel da época em que foi publicado; ele fixa um momento de evolução jurídica mundial. Guarda, todavia, sua fisionomia original, tanto no aspecto técnico, quanto no social. Tecnicamente, é ele a criação própria dos jurisconsultos brasileiros que, desde Teixeira de Freitas e todos os que, com ele ou depois dele, emprestaram sua colaboração ao preparo do Código, todos formados pela cultura brasileira e esforçando-se em satisfazer os interesses da comunidade em cujo seio viviam, servindo-se dos meios que ela mesma lhes oferecia. Socialmente, o Código Civil é a expressão exata e característica da sociedade brasileira atual.[4]

Haja vista o fato de que o Código Civil de 1916, nas palavras de Beviláqua, expressa precisamente a sociedade brasileira da época, então há de se averiguar o que dizia o Código em seu livro de Direito de Família para conhecer que sociedade era aquela. Para esse fim, examinarei apenas alguns aspectos do Livro I da parte Especial daquela codificação, o Direito de Família, do primeiro Código Civil brasileiro. Fiz o recorte em determinados assuntos que, penso, são os mais relevantes. Depois, tracei os principais marcos de cada tema até chegar na forma como se dá seu tratamento atualmente.

3. RELAÇÃO ENTRE AS PESSOAS DA FAMÍLIA: HOMENS, MULHERES E FILHOS

Em primeiro lugar, o Código Civil de 1916 tratava a família de forma hierarquizada e patriarcal, o que derivava diretamente de uma tradição greco-romana de prevalência do pai (homem) sobre a mulher, filhos, agregados e empregados do lar[5]. O poder era considerado algo essencialmente masculino, colocado na pessoa do homem, o "chefe" da sociedade conjugal, sendo que à mulher cabia a função de *colaboração*[6]. Mais que isso, determinava-se que a mulher, ao casar, assumiria a condição de "companheira, consorte e auxiliar" do marido nos encargos da família[7].

---

4. BEVILÁQUA, Clóvis. *Code civil des Éstats-Unis du Brésil*; traduit et annoté par P. Goulé, C. Daguin e G. D'Ardenne de Tizac, Paris, Nationale, 1928, n. 29, p. 48-49 *apud* MOREIRA ALVES, José Carlos. *Panorama do direito civil brasileiro: das origens aos dias atuais*. Artigo publicado na Revista de Direito da Faculdade de Direito da Universidade de São Paulo (FADUSP). São Paulo: FADUSP, 1990? Disponível em <http://www.revistas.usp.br/rfdusp/article/viewFile/67220/69830>. Acesso em: 18 de fevereiro de 2018.

5. Na verdade, essa era uma tradição de praticamente todas as culturas antigas, sendo a greco-romana aqui destacada simplesmente porque foram essas as civilizações-berço das demais comunidades ocidentais que se seguiriam.

6. Art. 233. O marido é o chefe da sociedade conjugal, função que exerce com a colaboração da mulher, no interesse comum do casal e dos filhos (arts. 240, 247 e 251).

7. Art. 240. A mulher assume, pelo casamento, com os apelidos do marido, a condição de sua companheira, consorte e auxiliar nos encargos da família (art. 324).

Em outras palavras, a mulher era relegada a uma condição subalterna à do homem na vida do casal.

Isso ficava ainda mais evidente com a disposição do art. 233, inc. IV, do CC/16, que determinava que o homem tinha o direito de autorizar ou não que a mulher trabalhasse e tivesse uma profissão[8], o que só seria alterado quase cinquenta anos depois, com a Lei n. 4.121, de 1962[9].

Aliás, há de se lembrar que até 1962, a mulher casada era considerada *relativamente incapaz*, ao lado dos maiores de dezesseis e menores de vinte e um anos, dos pródigos e dos silvícolas[10]. Era algo muito curioso: a mulher era plenamente capaz após completar vinte e um anos, mas somente teria essa capacidade até casar. Após o matrimônio, as mulheres perdiam sua capacidade, voltando a serem consideradas como se menores fossem. E eis o dado mais curioso ainda: mesmo assim o casamento era tido como o sonho das mulheres!

Foi somente em 27 de agosto de 1962, com a publicação da Lei n. 4.121 (Estatuto da Mulher Casada), que as mulheres obtiveram a capacidade completa (a despeito de seu estado civil), a possibilidade de exercer poder familiar e a opção de exercer ou não profissão, sem precisar, para isso, de autorização do marido[11].

Outra norma relevante do Código de 16 era a que determinava que a mulher seria obrigada a adotar o nome do marido, situação que só seria alterada em 1977 com a Lei n. 6.515[12], que alterou o parágrafo único do art. 240 do CC/16 para inserir a expressão *"poderá* acrescer aos seus os apelidos do marido", quando antes essa inclusão era automática e compulsória. Vale já adiantar que o Código Civil de 2002 tornou opcional a adoção do sobrenome do consorte tanto para o homem como para a mulher[13].

---

8. Art. 233. O marido é o chefe da sociedade conjugal. Compete-lhe: I. A representação legal da família. II. A administração dos bens comuns e dos particulares da mulher, que ao marido competir administrar em virtude do regime matrimonial adaptado, ou do pacto antenupcial (arts. 178, § 9º, n. I, c, 274, 289, n. I, e 311). III. direito de fixar e mudar o domicílio da família (arts. 46 e 233, n. IV). (Vide Decreto do Poder Legislativo 3.725, de 1919). IV. O direito de autorizar a profissão da mulher e a sua residência fora do teto conjugal (arts. 231, n. II, 242, n. VII, 243 a 245, n. II, e 247, n. III). V. Prover à manutenção da família, guardada a disposição do art. 277", op. cit.
9. BRASIL. União. *Lei n. 4.121, de 27 de agosto de 1962, que dispõe sobre a situação jurídica da mulher casada.* Brasília: Congresso Nacional, 1962 (data da publicação originária). Disponível em: <http://www.planalto. gov.br/Ccivil_03/leis/1950-1969/L4121.htm#art1>. Acesso em: 9 de fevereiro de 2018.
10. Art. 6. São incapazes, relativamente a certos atos (art. 147, n. 1), ou à maneira de os exercer: I. Os maiores de dezesseis e menores de vinte e um anos (arts. 154 a 156). II. As mulheres casadas, enquanto subsistir a sociedade conjugal. III. Os pródigos. IV. Os silvícolas. Parágrafo único. Os silvícolas ficarão sujeitos ao regime tutelar, estabelecido em leis e regulamentos especiais, e que cessará à medida de sua adaptação", op. cit.
11. BRASIL, Lei 4.121, de 1962, op. cit.
12. Lei n. 6.515, art. 50, cf. BRASIL. União. *Lei n. 6.515, de 26 de dezembro de 1977, que regula os casos de dissolução da sociedade conjugal e do casamento, seus efeitos e respectivos processos e dá outras providências.* Brasília: Congresso Nacional, 1977 (ano da publicação originária). Disponível em: <http://www.planalto. gov.br/ccivil_03/leis/l6515.htm>. Acesso em: 14 de fevereiro de 2018.
13. Conforme o CC/02, art. 1.565, §1º, que diz "qualquer dos nubentes, querendo, poderá acrescer ao seu o sobrenome do outro".

Finalmente, deu-se a promulgação da Constituição brasileira de 1988[14], um marco para o direito de família brasileiro porque elaborada seguindo valores modernos e alinhados com a mentalidade da época, o que, no que tange ao direito de família, significou uma principiologia muito mais pluralista, flexível e tolerante. A Constituição Federal de 1988 foi referencial em termos de atualização da norma frente a todas as manifestações sociais que aquela época exalava. O que se observa com mais nitidez é que o caminho entre 1916 e 1988 foi de um declínio da família patriarcal. Esta foi sendo progressivamente malvista até chegar ao ponto em que a distinção entre os direitos de homens e mulheres se tornou inadmissível e, por isso, inconstitucional. Nesse sentido, ao ponto de ser repetitiva, a Constituição Federal de 1988 determina que haja isonomia no tratamento entre homens e mulheres tanto no art. 5º, inc. I, como também no art. 226, §5º, justamente para ressaltar que não se deve discriminar um sexo em prol do outro, na tentativa de eliminar de vez todo o ranço preconceituoso trazido pelas legislações de outrora, cujos efeitos se viam tão presentes na sociedade e no próprio Código Civil de 1916, como já visto.

A promulgação da Constituição foi particularmente importante de um ponto de vista hermenêutico porque o sistema já convivia novamente com muitas normas esparsas, além do fato de que os códigos e a própria Constituição anterior já tinham se tornado colchas de retalhos repletas de alterações, de modo que não havia mais uma harmonia sistemática. A Carta Política de 1988 teve, então, o mérito de reunificar o sistema, além de ter elegido um rol de novos valores para o ordenamento jurídico brasileiro, que são aplicáveis diretamente às relações entre os particulares. Assiste-se, nesse sentido, ao fenômeno da constitucionalização do direito privado[15], que desencadeia um alastramento dos valores constitucionais a todas as relações privadas, inclusive as relações familiares.

O atual Código Civil – Lei n. 10.406/2002[16] – é, evidentemente, uma importante baliza para o direito de família, mas trouxe menos inovações do que poderia ao tempo de sua publicação. Isso se deve ao fato, bem lembrado por Luciano Silva Barreto[17], de que o Código Civil de 2002 foi aprovado mais de 20 anos depois de quando ele foi pensado. E realmente, recordo-me que assisti a tudo isso de perto. Tive a opor-

---

14. BRASIL. *Constituição da República Federativa do Brasil de 1988 [CF/88]*. Brasília: Congresso Nacional (Poder Constituinte), outubro de 1988. Disponível no *Portal da Legislação do Governo Federal*: <http://www.planalto.gov.br/ccivil_03/constituicao/constituicao.htm>. Acesso em: 11 de julho de 2017.

15. V. PERLINGIERI, Pietro. *O direito civil na legalidade constitucional*. tradução de Maria Cristina De Cicco. Rio de Janeiro: Renovar, 2008; TEPEDINO, Gustavo; BARBOZA, Heloisa Helena; MORAES, Maria Celina Bodin de. *Código Civil interpretado conforme a Constituição da República*, 2ª ed., revista e atualizada – Rio de Janeiro: Renovar, 2007, p. 213; e também AFONSO DA SILVA, Virgílio. *A constitucionalização do direito: os direitos fundamentais nas relações entre particulares*, 1ª ed. São Paulo/SP: Malheiros editores, 2014.

16. BRASIL. (União). *Lei 10.406, de 10 de janeiro 2002 [CC/02 – Código Civil]*. Brasília: Congresso Nacional, 2002 [ano da publicação originária]. Disponível in *Portal da Legislação do Governo Federal*. 2002. Disponível em: <http://www.planalto.gov.br/ccivil_03/leis/2002/L10406.htm>. Acesso em: 19 de junho de 2017.

17. BARRETO, Luciano Silva. Evolução histórica e legislativa da família, *In Série Aperfeiçoamento de Magistrados n. 13 – 10 Anos do Código Civil – Aplicação, Acertos, Desacertos e Novos Rumos*, vol. I. [s.l.: s.n.], 2012?, p. 213.

tunidade de estudar o Projeto 634-B, que seria posteriormente o atual CC/02, ainda em 1973, em crédito do saudoso Professor Rubens Limongi França denominado *Institutos de Direito Civil à luz do Projeto 634-B,* o que consistiu em parte de meu mestrado na Faculdade de Direito da Universidade de São Paulo (FADUSP). Logo, sou testemunha ocular de que a tramitação do Código foi assaz extensa e atrasada por muitos percalços. Evidentemente que o projeto foi sendo atualizado conforme certas alterações legislativas ocorriam e a sociedade evoluía, mas as principais novidades que ele traria foram, por assim dizer, deixando de ser novidades à medida que outras leis tratavam daqueles assuntos que seriam regulados pelo Código vindouro. Ainda assim, o CC/02 foi uma enorme evolução, principalmente quando comparado ao seu precursor, e a falta inicial de arrojo em seus dispositivos foi sendo consertada pelo legislador, pela doutrina e pela jurisprudência no decorrer dos anos, que vêm constantemente atualizando a interpretação do Código para que reflita da melhor forma os interesses da coletividade dado o contexto atual.

Bom exemplo disso foi a recente declaração da inconstitucionalidade do art. 1.790 do Código Civil, que fazia diferenciação entre o regime sucessório do cônjuge e do companheiro. Recebi com grande satisfação a notícia do julgamento do RE n. 646.721/RS[18] e do RE n. 878.694/MG[19], pois assisti, em 2017, à consagração da tese que escrevi para o concurso de Professor Titular da FADUSP, em 2010, e que se tornaria meu *Morrer e Suceder*[20].

---

18. BRASIL. Supremo Tribunal Federal (STF). *Recurso Extraordinário (RE) n. 646.721/RS.* Relator: Ministro Marco Aurélio de Mello; Relator para o acórdão: Ministro Roberto Barroso. Brasília: STF, 11 de setembro de 2017. Disponível em: <http://www.stf.jus.br/portal/jurisprudencia/listarJurisprudencia.asp?s1=%28646721%2ENUME%2E+OU+646721%2EACMS%2E.%29&base=baseAcordaos&url=http://tinyurl.com/j9y92gj>. Acesso em: 18 de fevereiro de 2018.

19. "Ementa: Direito constitucional e civil. Recurso extraordinário. Repercussão geral. Inconstitucionalidade da distinção de regime sucessório entre cônjuges e companheiros. 1. A Constituição brasileira contempla diferentes formas de família legítima, além da que resulta do casamento. Nesse rol incluem-se as famílias formadas mediante união estável. 2. Não é legítimo desequiparar, para fins sucessórios, os cônjuges e os companheiros, isto é, a família formada pelo casamento e a formada por união estável. Tal hierarquização entre entidades familiares é incompatível com a Constituição de 1988. 3. Assim sendo, o art. 1790 do Código Civil, ao revogar as Leis 8.971/94 e 9.278/96 e discriminar a companheira (ou o companheiro), dando-lhe direitos sucessórios bem inferiores aos conferidos à esposa (ou ao marido), entra em contraste com os princípios da igualdade, da dignidade humana, da proporcionalidade como vedação à proteção deficiente, e da vedação do retrocesso. 4. Com a finalidade de preservar a segurança jurídica, o entendimento ora firmado é aplicável apenas aos inventários judiciais em que não tenha havido trânsito em julgado da sentença de partilha, e as partilhas extrajudiciais em que ainda não haja escritura pública. 5. Provimento do recurso extraordinário. Afirmação, em repercussão geral, da seguinte tese: "No sistema constitucional vigente, é inconstitucional a distinção de regimes sucessórios entre cônjuges e companheiros, devendo ser aplicado, em ambos os casos, o regime estabelecido no art. 1.829 do CC/2002". (RE 878694, Relator (a): Min. ROBERTO BARROSO, Tribunal Pleno, julgado em 10/05/2017, PROCESSO ELETRÔNICO DJe-021 DIVULG 05-02-2018 PUBLIC 06-02-2018)", conforme: BRASIL. Supremo Tribunal Federal (STF). Recurso Extraordinário (RE) n. 878.694/MG. Relator: Ministro Roberto Barroso. Brasília: STF, 6 de fevereiro de 2018. Disponível em: <http://www.stf.jus.br/portal/jurisprudencia/listarJurisprudencia. asp?s1=%28878694%2ENUME%2E+OU+878694%2EACMS%2E.%29&base=baseAcordaos&url=http:// tinyurl.com/he2a4o4>. Acesso em: 18 de fevereiro de 2018.

20. Ver, dentre outras passagens sobre a diferenciação do regime sucessório entre cônjuge e companheiro: "esse distinto tratamento que vem desde as páginas do direito de família, no Código Civil, repercute desastrosa-

4. CASAMENTO E O TRATAMENTO DAS ENTIDADES FAMILIARES

Analisar o casamento também é um excelente exercício jurídico, histórico e sociológico em termos de análise das diferentes sociedades no tempo. Quando o Código Civil de 1916 foi publicado, a única entidade familiar reconhecida foi aquela formada pelo casamento, em clara positivação das tradições religiosas dominantes[21].

O casamento, em regra, era indissolúvel, deveria valer para toda a vida, e o regime legal para os casamentos era o da comunhão universal de bens[22]. O art. 315 do Código Civil[23] dizia que a sociedade conjugal terminava somente pela morte de um dos cônjuges, pela nulidade ou anulação do casamento, ou via ação de desquite, que por sua vez só poderia ser ajuizada, nos termos do art. 317[24], se houvesse adultério, tentativa de morte, sevícia[25], injúria grave ou abandono voluntário do lar conjugal por ao menos dois anos consecutivos. Aliás, o adultério deixaria de ser motivo de desquite, nos termos do art. 319[26], se o autor (da ação de desquite) houvesse concorrido para que o réu o cometesse, ou ainda se o cônjuge inocente perdoasse o culpado, o que se presumiria haver ocorrido se aquele coabitasse com esse após ciência do fato.

---

mente no regramento sucessório dessas mesmas pessoas, causando inquietude e, quiçá, insegurança jurídica. Essa questão é tormentosa, sem dúvida, e tem levado os estudiosos do direito às mais diversas elucubrações, no sentido de procurar desvendá-la. Pessoalmente, não sabemos bem como responder, a não ser imaginando que o fundo de justificação tenha sido uma dose de preconceito descabido, senão abominável, que tocou, infelizmente, o legislador brasileiro. No nosso sentir, não há outra solução melhor que a de se buscar mudar, e logo, essa retrógrada e descompassada legislação, de molde a poder se atribuir, ao companheiro, direito minimamente idêntico ao direito que se atribui ao cônjuge, no que diz respeito – ao menos naquilo que nos toca dizer, neste estudo – às regras relativas ao direito de herdar", conforme HIRONAKA, Giselda Maria Fernandes Novaes. *Morrer e suceder: passado e presente da transmissão sucessória concorrente*, 2. ed. rev. São Paulo: Editora Revista dos Tribunais, 2014, 429/430.

21. Além disso, o Código seguia a ideia da própria Constituição vigente à época, a de 1891, que determinava: "art. 72. § 4º A República só reconhece o casamento civil, cuja celebração será gratuita", cf. BRASIL. União. *Constituição da República dos Estados Unidos do Brasil, de 24 de fevereiro de 1891*. Rio de Janeiro: Congresso Constituinte, 1891 (data da publicação originária). Disponível em: <https://legislacao.planalto.gov.br/legisla/legislacao.nsf/viwTodos/4ed91893cbdd0e10032569fa0074213f?OpenDocument&Highlight=1,&AutoFramed>. Acesso em: 10 de fevereiro de 2018.

22. O art. 258 do Código Civil de 1916 diz: "Art. 258. Não havendo convenção, ou sendo nula, vigorará, quanto aos bens, entre os cônjuges, o regime da comunhão universal", op cit.

23. CC/16, "Art. 315. A sociedade conjugal termina: I. Pela morte de um dos cônjuges. II. Pela nulidade ou anulação do casamento. III. Pelo desquite, amigável ou judicial. Parágrafo único. O casamento valido só se dissolve pela morte de um dos conjuges, não se lhe aplicando a preempção estabelecida neste Código, art. 10, Segunda parte", op. cit.

24. CC/16, "Art. 317. A ação de desquite só se pode fundar em algum dos seguintes motivos: I. Adultério; II. Tentativa de morte; III. Sevicia, ou injuria grave", op. cit.

25. Refere-se a maus-tratos, crueldade, tortura física e mental, martírio.

26. "Art. 319. O adultério deixará de ser motivo para desquite: I. Se o autor houver concorrido para que o réu o cometesse (Vide Decreto do Poder Legislativo 3.725, de 1919). II. Se o cônjuge inocente lhe houver perdoado. Parágrafo único. Presume-se perdoado o adultério, quando o cônjuge inocente, conhecendo-o, coabitar com o culpado", op. cit.

Em 1977, houve a edição da Emenda Constitucional (EC) n. 09[27], que modificou a Constituição Federal da República Federativa do Brasil de 1967[28] para possibilitar a dissolução do casamento mediante divórcio, desde que houvesse prévia separação judicial por mais de três anos. No mesmo ano foi editada a Lei 6.515[29], que trouxe diversos avanços, dentre os quais a possibilidade de ação direta de divórcio, cabível contanto que houvesse cinco anos ou mais de separação de fato. Essa mesma lei também foi a responsável por trocar o regime legal de bens do universal para o Regime Parcial de Bens[30]. Então, desde 1977 que a comunhão parcial é o regime patrimonial padrão para casamentos no Brasil.

Após, a Constituição Federal de 1988 trouxe enorme avanço para o tema. São méritos de nossa Carta Magna a proteção constitucional das entidades familiares não fundadas no casamento (CF/88, art. 226, §3°); as famílias monoparentais (CF/88, art. 226, §4°); a garantia da possibilidade de dissolução da sociedade conjugal, independentemente de culpa (CF/88, art. 226, §6°); o planejamento familiar, voltado para os princípios da dignidade da pessoa humana e da paternidade responsável (CF/88, art. 226, § 7°); além da previsão de ostensiva intervenção estatal no núcleo familiar no sentido de proteger seus integrantes e coibir a violência doméstica (CF/88, art. 226, § 8°).

Hoje, consideradas as evoluções mais recentes na matéria, já se admitem ainda mais entidades familiares, como aquela formada pela união de pessoas do mesmo sexo[31] e a que resulta do reconhecimento da dupla paternidade[32]. Isso revela uma tendência de flexibilização dos critérios para a caracterização de uma entidade como sendo familiar, e essa tendência não tem indícios de parar. Nesse sentido, já se fala em reconhecimento das famílias pluriafetivas, por exemplo.

5. PARENTESCO, FILIAÇÃO E GUARDA

No início do século XX, fazia-se diferenciação entre filhos legítimos, ilegítimos, naturais e adotivos[33]. Deveras, no art. 377 do Código Civil de 1916 consta que

---

27 BRASIL. *Emenda Constitucional (EC) n. 9, de 28 de junho de 1977.* Brasília: Mesas da Câmara dos Deputados e do Senado Federal, 1977 (ano da publicação originária). Disponível em: <http://www.planalto.gov.br/ccivil_03/constituicao/Emendas/Emc_anterior1988/emc09-77.htm>. Acesso em: 20 de fevereiro de 2018.

28. BRASIL. *Constituição da República Federativa do Brasil de 1967 (CF/67).* Brasília: Constituinte, 1967 (ano da publicação originária). Disponível em: <http://www.planalto.gov.br/ccivil_03/constituicao/constituicao67. htm>. Acesso em: 08 de fevereiro de 2018.

29. BRASIL. União. *Lei n. 6.515, de 26 de dezembro de 1977, que regula os casos de dissolução da sociedade conjugal e do casamento, seus efeitos e respectivos processos e dá outras providências.* Brasília: Congresso Nacional, 1977 (ano da publicação originária). Disponível em: <http://www.planalto.gov.br/ccivil_03/leis/l6515.htm>. Acesso em: 14 de fevereiro de 2018.

30. Conforme art. 50, item 7, que alterou o art. 258, *caput*, do Código Civil de 1916, *ibidem*.

31. V. ADPF n. 132 e ADI n. 4.277, do STF.

32. V. RE 898.060, julgado pelo STF.

33. Por exemplo, o art. 183, inc. I, dizia: "art. 183. Não podem casar (arts. 207 e 209): I. Os ascendentes com os descendentes, seja o parentesco legítimo ou ilegítimo, natural ou civil". Outro exemplo: "Art. 332. O

"quando o adotante tiver filhos legítimos, legitimados ou reconhecidos, a relação de adoção não envolve a de sucessão hereditária"[34]. Apenas em 1949 foi editada a Lei 883, que dispõe sobre o reconhecimento de filhos ilegítimos[35], que possibilitou aos filhos antes tidos por "ilegítimos" a obtenção de direito a alimentos e herança, consistindo em importante passo para o reconhecimento da igualdade entre os filhos, não importando sua origem. Isso seria sacramentado na própria Constituição de 1988, que determina, no artigo 227, §6°: "Os filhos, havidos ou não da relação do casamento, ou por adoção, terão os mesmos direitos e qualificações, proibidas quaisquer designações discriminatórias relativas à filiação"[36].

Com relação à guarda, merecia-a aquele não fosse o culpado na ação de desquite, ou seja, não se pensava no que seria melhor para a criança ou adolescente, mas sim na averiguação da culpa pelo término do relacionamento[37]. Isso transformava o "ficar com a criança" em um verdadeiro prêmio para quem vencesse a ação, motivando o litígio, a troca gratuita de acusações mútuas e o recrudescimento do tratamento entre os envolvidos. A criança se tornava mero objeto de disputa, de modo que seus interesses não apenas ficavam em segundo plano como, mais que isso, poderiam ser completamente ignorados. Infelizmente, essa penosa situação durou muito tempo.

O regramento jurídico da guarda e da adoção teria um grande avanço no Brasil após a Convenção da Organização das Nações Unidas (ONU) sobre os direitos da criança, realizada em 20 de novembro de 1989 em Nova Iorque e internalizada no Brasil por meio do Decreto n. 99.710/99[38]. Essa convenção motivaria a promulgação, não muito tempo depois, da Lei n. 8.069, de 13 de julho de 1990 – o Estatuto da Criança e do Adolescente (ECA)[39] –, que possui subseções próprias para a guarda, a tutela e a adoção. Há de se lembrar que o ECA tornou o reconhecimento do Estado

---

parentesco é legitimo, ou ilegítimo, segundo procede, ou não de casamento; natural, ou civil, conforme resultar de consanguinidade, ou adoção".

34. CC/16, art. 377, cf. BRASIL. União. *Lei n° 3.071, de 1° de janeiro de 1916* [CC/16 - Código Civil]. Brasília: Congresso Nacional, 1916 [ano da publicação originária]. Disponível *in Portal da Legislação do Governo Federal*. Disponível em: http://legislacao.planalto.gov.br/legisla/legislacao.nsf/Viw_Identificacao/lei%20 3.071-1916?OpenDocument>. Acesso em: 27 de outubro de 2017.

35. BRASIL. União. *Lei n. 883, de 21 de outubro de 1949, que dispõe sobre o reconhecimento de filhos ilegítimos*. Rio de Janeiro: Congresso Nacional, 1949 (ano da publicação originária). Disponível em: <http://www.planalto.gov.br/ccivil_03/leis/1930-1949/L0883.htm>. Acesso em: 11 de fevereiro de 2018.

36. BRASIL, CF/88, op. cit.

37. CC/16, "art. 326. Sendo o desquite judicial, ficarão os filhos menores com o conjugue inocente. § 1° Se ambos forem culpados, a mãe terá direito de conservar em sua companhia as filhas, enquanto menores, e os filhos até a idade de seis anos. § 2° Os filhos maiores de seis anos serão entregues à guarda do pai", op. cit.

38. BRASIL. União. *Decreto n. 99.710, de 21 de novembro de 1990, que promulga a Convenção sobre os Direitos da Criança*. Brasília: Presidência da República, 1990 (ano da publicação originária). Disponível em: <http://www.planalto.gov.br/ccivil_03/decreto/1990-1994/d99710.htm>. Acesso em: 18 de fevereiro de 2018.

39. BRASIL. União. *Lei n. 8.069, de 13 de julho de 1990, que dispõe sobre o Estatuto da Criança e do Adolescente (ECA)*. Brasília: Congresso Nacional, 1990 (ano da publicação originária). Disponível em: <http://www.planalto.gov.br/Ccivil_03/leis/L8069.htm>. Acesso em: 17 de fevereiro de 2018.

de filiação um "direito personalíssimo, indisponível e imprescritível, podendo ser exercitado contra os pais ou seus herdeiros"[40].

O próximo marco legislativo no assunto de filiação e parentesco foi a Lei n. 8.560, de 29 de dezembro de 1992, que dispôs sobre a investigação de paternidade dos filhos havidos fora do matrimônio[41]. Dentre outras medidas, essa lei deu ao Ministério Público legitimidade para ajuizar ação de investigação de paternidade, independentemente de iniciativa do interessado[42], bem como, após alteração legislativa em 2009, permitiu que todos os meios de prova lícitos valessem na ação de investigação, mas sobretudo o exame de código genético (DNA), cuja recusa na realização por parte do réu gera presunção *iuris tantum* de paternidade[43].

Finalmente, o Código Civil de 2002 alterou completamente o tratamento das ações que discutissem a guarda. O art. 1.583, §2º, do CC/02, passou a determinar que a guarda seria atribuída ao genitor que revelasse melhores condições de exercê-la, considerados certos fatores de interesse para o menor. Essa alteração já estava em conformidade com a Constituição Federal pois, conforme já visto, ela possibilitara o divórcio ou separação sem discussão de culpa. Após, em reforma realizada nessa parte do Código Civil em 2008, trouxe-se a possibilidade de haver a guarda compartilhada (que hoje é a regra), prevista no art. 1.583 e parágrafos, sendo que a guarda unilateral será atribuída, conforme diz o art. 1.584[44], a quem melhor atenda às necessidades específicas do filho. Portanto, em uma ação de guarda atual o assunto principal é o melhor interesse da criança, e não quem fez aquilo ou não fez aquilo outro, ou quem tem ou não culpa.

6. CONCLUSÃO

De todo o exposto, verifica-se desde logo que as concepções de família adotadas em um século e em outro são absolutamente incompatíveis. As pessoas que viviam no início do século XX achariam absurdas as entidades familiares com as quais

---

40. Conforme art. 27, *caput*, do ECA, *ibidem*.

41. BRASIL, União *Lei n. 8.560, de 29 de dezembro de 1992, que regula a investigação de paternidade dos filhos havidos fora do casamento*. Brasília: Congresso Nacional, 1992 (ano da publicação originária). Disponível em: <http://www.planalto.gov.br/CCivil_03/leis/L8560.htm>. Acesso em: 19 de fevereiro de 2018

42. Lei n. 8.560, art. 2º, "§ 4º Se o suposto pai não atender no prazo de trinta dias, a notificação judicial, ou negar a alegada paternidade, o juiz remeterá os autos ao representante do Ministério Público para que intente, havendo elementos suficientes, a ação de investigação de paternidade", *ibidem*.

43. "Art. 2º-A. Na ação de investigação de paternidade, todos os meios legais, bem como os moralmente legítimos, serão hábeis para provar a verdade dos fatos. (Incluído pela Lei 12.004, de 2009). Parágrafo único. A recusa do réu em se submeter ao exame de código genético – DNA gerará a presunção da paternidade, a ser apreciada em conjunto com o contexto probatório. (Incluído pela Lei nº 12.004, de 2009)", *ibidem*.

44. "Art. 1.584. A guarda, unilateral ou compartilhada, poderá ser: (Redação dada pela Lei nº 11.698, de 2008). I – requerida, por consenso, pelo pai e pela mãe, ou por qualquer deles, em ação autônoma de separação, de divórcio, de dissolução de união estável ou em medida cautelar; (Incluído pela Lei nº 11.698, de 2008). II – decretada pelo juiz, em atenção a necessidades específicas do filho, ou em razão da distribuição de tempo necessário ao convívio deste com o pai e com a mãe. (Incluído pela Lei nº 11.698, de 2008)".

convivemos hoje e, em equivalente medida, as pessoas que vivem hoje julgariam inadmissível a família que existia nos anos vinte do século precedente.

Tudo isso contribui para o entendimento de que o Direito de Família é um ramo muito dinâmico, em movimento bastante acelerado quando comparado a outras áreas do Direito. Suas alterações buscam refletir os interesses e costumes de um povo. Dentre os aspectos a se considerar para que uma pessoa seja feliz, o seu envolvimento com sua família é um dos mais importantes. Tendo em vista que a própria fugacidade da felicidade enquanto conceito, e da própria sociedade volúvel e gasosa em que vivemos, era de se esperar que o Direito de Família exigisse um empenho maior dos juristas para ver-se atualizado enquanto conjunto de normas representativas dos costumes e anseios de um povo. Nesse sentido, há muito o que evoluir, e sempre haverá. Porém, ao mesmo tempo, considerando todas as mudanças ocorridas até este momento, muitas das quais mencionadas neste artigo, acredito que os juristas de família do Brasil podem olhar para trás e, ao fazê-lo, sentirem-se orgulhosos. E é assim que eu me sinto.

7. REFERÊNCIAS BIBLIOGRÁFICAS

AFONSO DA SILVA, Virgílio. *A constitucionalização do direito: os direitos fundamentais nas relações entre particulares*. São Paulo/SP: Malheiros editores, 2014

BARRETO, Luciano Silva. Evolução histórica e legislativa da família, *In Série Aperfeiçoamento de Magistrados n. 13 – 10 Anos do Código Civil – Aplicação, Acertos, Desacertos e Novos Rumos*, vol. I. [s.l.: s.n.], 2012?

BEVILÁQUA, Clóvis. *Code civil des Éstats-Unis du Brésil*; traduit et annoté par P. Goulé, C. Daguin e G. D'Ardenne de Tizac, Paris, Nationale, 1928, n. 29, p. 48-49 *apud* MOREIRA ALVES, José Carlos. *Panorama do direito civil brasileiro: das origens aos dias atuais*. Artigo publicado na Revista de Direito da Faculdade de Direito da Universidade de São Paulo (FADUSP). São Paulo: FADUSP, 1990? Disponível em <http://www.revistas.usp.br/rfdusp/article/viewFile/67220/69830>. Acesso em: 18 de fevereiro de 2018.

BEVILAQUA, Clóvis. *Código civil dos Estados Unidos do Brasil (CC/16), comentado por Clovis Bevilaqua. Edição histórica*. Rio de Janeiro: Ed. Rio, 1973.

BEVILAQUA, Clovis. *Em defesa do projecto de Código Civil Brazileiro*. São Paulo: Livraria Francisco Alves, 1906

BRASIL. (União). *Lei 10.406, de 10 de janeiro 2002* [CC/02 – Código Civil]. Brasília: Congresso Nacional, 2002 [ano da publicação originária]. Disponível in *Portal da Legislação do Governo Federal*. 2002. Disponível em: <http://www.planalto.gov.br/ccivil_03/leis/2002/L10406.htm>. Acesso em: 19 de junho de 2017.

BRASIL. *Constituição da República Federativa do Brasil de 1967 (CF/67)*. Brasília: Constituinte, 1967 (ano da publicação originária). Disponível em: <http://www.planalto.gov.br/ccivil_03/constituicao/constituicao67.htm>. Acesso em: 08 de fevereiro de 2018.

BRASIL. *Constituição da República Federativa do Brasil de 1988 [CF/88]*. Brasília: Congresso Nacional (Poder Constituinte), outubro de 1988. Disponível no *Portal da Legislação do Governo Federal*: <http://www.planalto.gov.br/ccivil_03/constituicao/constituicao.htm>. Acesso em: 11 de julho de 2017.

DIREITO DE FAMÍLIA NO TEMPO: DO CÓDIGO CIVIL DE 1916 AO DE 2002 E ALÉM **257**

BRASIL. *Emenda Constitucional (EC) n. 9, de 28 de junho de 1977*. Brasília: Mesas da Câmara dos Deputados e do Senado Federal, 1977 (ano da publicação originária). Disponível em: <http://www.planalto.gov.br/ccivil_03/constituicao/Emendas/Emc_anterior1988/emc09-77.htm>. Acesso em: 18 de fevereiro de 2018.

BRASIL. Supremo Tribunal Federal (STF). *Recurso Extraordinário (RE) n. 646.721/RS*. Relator: Ministro Marco Aurélio de Mello; Relator para o acórdão: Ministro Roberto Barroso. Brasília: STF, 11 de setembro de 2017. Disponível em: <http://www.stf.jus.br/portal/jurisprudencia/listarJurisprudencia.asp?s1=%28646721%2ENUME%2E+OU+646721%2EACMS%2E%29&base=baseAcordaos&url=http://tinyurl.com/j9y92gj>. Acesso em: 18 de fevereiro de 2018.

BRASIL. Supremo Tribunal Federal (STF). *Recurso Extraordinário (RE) n. 878.694/MG*. Relator: Ministro Roberto Barroso. Brasília: STF, 6 de fevereiro de 2018. Disponível em: <http://www.stf.jus.br/portal/jurisprudencia/listarJurisprudencia.asp?s1=%28878694%2ENUME%2E+OU+878694%2EACMS%2E%29&base=baseAcordaos&url=http://tinyurl.com/he2a4o4>. Acesso em: 18 de fevereiro de 2018.

BRASIL. União. *Constituição da República dos Estados Unidos do Brasil, de 24 de fevereiro de 1891*. Rio de Janeiro: Congresso Constituinte, 1891 (data da publicação originária). Disponível em: <https://legislacao.planalto.gov.br/legisla/legislacao.nsf/viwTodos/4ed91893cbdd0e10032569fa0074213f?OpenDocument&Highlight=1,&AutoFramed>. Acesso em: 10 de fevereiro de 2018.

BRASIL. União. *Decreto n. 181, de 24 de janeiro de 1890*. Rio de Janeiro: Governo provisório da República dos Estados Unidos do Brasil, 1890 (ano da publicação originária). Disponível em: <http://www2.camara.leg.br/legin/fed/decret/1824-1899/decreto-181-24-janeiro-1890-507282-publicacaooriginal-1-pe.html>. Acesso em: 10 de fevereiro de 2018.

BRASIL. União. *Decreto n. 99.710, de 21 de novembro de 1990, que promulga a Convenção sobre os Direitos da Criança*. Brasília: Presidência da República, 1990 (ano da publicação originária). Disponível em: <http://www.planalto.gov.br/ccivil_03/decreto/1990-1994/d99710.htm>. Acesso em: 18 de fevereiro de 2018.

BRASIL. União. *Lei n. 4.121, de 27 de agosto de 1962, que dispõe sobre a situação jurídica da mulher casada*. Brasília: Congresso Nacional, 1962 (data da publicação originária). Disponível em: <http://www.planalto.gov.br/Ccivil_03/leis/1950-1969/L4121.htm#art1>. Acesso em: 9 de fevereiro de 2018.

BRASIL. União. *Lei n. 6.515, de 26 de dezembro de 1977, que regula os casos de dissolução da sociedade conjugal e do casamento, seus efeitos e respectivos processos e dá outras providências*. Brasília: Congresso Nacional, 1977 (ano da publicação originária). Disponível em: <http://www.planalto.gov.br/ccivil_03/leis/l6515.htm>. Acesso em: 14 de fevereiro de 2018.

BRASIL. União. *Lei n. 8.069, de 13 de julho de 1990, que dispõe sobre o Estatuto da Criança e do Adolescente (ECA)*. Brasília: Congresso Nacional, 1990 (ano da publicação originária). Disponível em: <http://www.planalto.gov.br/Ccivil_03/leis/L8069.htm>. Acesso em: 17 de fevereiro de 2018.

BRASIL. União. *Lei n. 8.560, de 29 de dezembro de 1992, que regula a investigação de paternidade dos filhos havidos fora do casamento*. Brasília: Congresso Nacional, 1992 (ano da publicação originária). Disponível em: <http://www.planalto.gov.br/CCivil_03/leis/L8560.htm>. Acesso em: 19 de fevereiro de 2018

BRASIL. União. *Lei n. 883, de 21 de outubro de 1949, que dispõe sobre o reconhecimento de filhos ilegítimos*. Rio de Janeiro: Congresso Nacional, 1949 (ano da publicação originária). Disponível em: <http://www.planalto.gov.br/ccivil_03/leis/1930-1949/L0883.htm>. Acesso em: 11 de fevereiro de 2018.

BRASIL. União. *Lei 3.071, de 1º de janeiro de 1916* [CC/16 – Código Civil]. Brasília: Congresso Nacional, 1916 [ano da publicação originária]. Disponível in *Portal da Legislação do Governo Federal*. Disponível em: http://legislacao.planalto.gov.br/legisla/legislacao.nsf/Viw_Identificacao/lei%203.071-1916?OpenDocument>. Acesso em: 27 de outubro de 2017.

HIRONAKA, Giselda Maria Fernandes Novaes. *Morrer e suceder: passado e presente da transmissão sucessória concorrente*, 2. ed. rev. São Paulo: Editora Revista dos Tribunais, 2014.

MOREIRA ALVES, José Carlos. *Panorama do direito civil brasileiro: das origens aos dias atuais*. Artigo publicado na Revista de Direito da Faculdade de Direito da Universidade de São Paulo (FADUSP). São Paulo: FADUSP, 1990? Disponível em <http://www.revistas.usp.br/rfdusp/article/viewFile/67220/69830>. Acesso em: 18 de fevereiro de 2018.

PERLINGIERI, Pietro. *O direito civil na legalidade constitucional*. tradução de Maria Cristina De Cicco. Rio de Janeiro: Renovar, 2008

TEPEDINO, Gustavo; BARBOZA, Heloisa Helena; MORAES, Maria Celina Bodin de. *Código Civil interpretado conforme a Constituição da República, 2ª ed., revista e atualizada* – Rio de Janeiro: Renovar, 2007.

CITAÇÃO POSTAL NO CÓDIGO DE PROCESSO CIVIL DE 2015: AVANÇOS E CONTRAPESOS

Guilherme Silveira Teixeira

Mestre em Direito Processual Civil pela Universidade de São Paulo. Juiz de Direito do Tribunal de Justiça do Estado de São Paulo.

Sumário: 1. Introdução – 2. Citação de pessoa jurídica (Art. 248, § 2º, NCPC) – 3. Citação em condomínio edilício ou loteamento com controle de acesso (Art. 248, § 4º, NCPC) – 4. Citação postal em geral (Art. 248, § 1º, NCPC): uma visão sistemática – 5. Mecanismos de controle – 6. É possível alegar ausência de efetivo recebimento? – 7. À guisa de conclusão – 8. Referências bibliográficas.

1. INTRODUÇÃO

O direito processual civil brasileiro vem assistindo nas últimas décadas a uma valorização da chamada citação indireta. Ao contrário da direta, em que o ato citatório é recebido pessoal e efetivamente pelo sujeito legitimado ao oferecimento de resposta, diz-se indireta a citação feita na pessoa de terceiro que, por lei ou contrato, está autorizado a recebê-la com eficácia em face do interessado[1].

Embora não recebida diretamente pelo citando, trata-se a citação indireta de modalidade real e não ficta (por edital e por hora certa), sujeitando-se a parte às graves consequências da revelia em caso de não oferecimento de resposta no prazo legal. Justamente por isso, seu emprego guardou a marca da excepcionalidade na versão primitiva da codificação processual anterior, resumindo-se a hipóteses legais quantitativamente inexpressivas e de restrita incidência prática, como aquelas do revogado artigo 215, reproduzidas no artigo 242 do Código vigente.

A segurança jurídica que sempre animou tal conformação processual vem cedendo espaço à efetividade. Sem ignorar a magnitude constitucional da regular integração do réu ao contraditório processual (devido processo legal), a prática forense revela dificuldades das mais diversas à efetivação da citação pessoal direta. Com frequência não desprezível, traduzem sério obstáculo ao andamento da marcha processual e, por consequência, à prestação da tutela jurisdicional em tempo razoável, valor também consagrado pela Constituição (art. 5º, LXXVIII).

---

1. DINAMARCO, Cândido Rangel, *Instituições de direito processual civil*, 7ª ed, v. III, São Paulo: Malheiros, 2017, p. 490-1.

Já há algum tempo jurisprudência e legislador têm se mostrado sensíveis a tal realidade, buscando equacionar segurança e efetividade de maneira mais equilibrada[2]. A flexibilização da rigidez quanto à entrega pessoal da citação atende a esse reclamo e insere-se no contexto de certezas, probabilidades e riscos de que é feito todo o processo civil. Parte-se da premissa empírica de que são verdadeiramente raros os casos em que a informação não chega ao destinatário, o que legitima a assunção de riscos dessa ordem, devidamente contrabalanceados pelos meios corretivos adequados[3].

Nesse passo, tem-se, por exemplo, a teoria da aparência, que há muito lastreia a validade de citação de pessoa jurídica recebida por aquele que simplesmente se apresente com poderes de presentação, ainda que não os tenha de fato, conforme estrita exigência legal então vigente, neste caso flexibilizada. Na mesma linha, é possível mencionar a elevação da citação postal a regra geral do processo civil, em detrimento da citação por oficial de justiça (art. 222 do CPC/73, alterado pela Lei 8.710/93).

Avançando na mesma direção, o Código de Processo Civil de 2015 (art. 248) introduziu novas hipóteses de citação indireta, a um só tempo positivando entendimentos jurisprudenciais já existentes (embora não necessariamente pacíficos) e suscitando novas questões hermenêuticas.

Sendo assim, o objetivo deste artigo é examinar as hipóteses citatórias disciplinadas pelo referido artigo 248 em seus parágrafos primeiro, segundo e quarto, de modo a delimitar-lhes o alcance normativo e a estruturar critérios de validação do ato e meios defensivos à disposição do réu.

2. CITAÇÃO DE PESSOA JURÍDICA (ART. 248, § 2º, NCPC)

§ 2º Sendo o citando pessoa jurídica, será válida a entrega do mandado a pessoa com poderes de gerência geral ou de administração ou, ainda, a funcionário responsável pelo recebimento de correspondências.

A nova disciplina legal da citação pessoa jurídica pouco inova em relação àquilo que já era admitido na jurisprudência. Mesmo a aparência de presentação, inicialmente exigida (teoria da aparência), sob a codificação anterior já não figurava dentre os requisitos de validade do ato. Predominava o entendimento de que basta o comprovado recebimento da carta de citação no estabelecimento da pessoa jurídica por qualquer pessoa responsável por tal função, ainda que não aparentasse poderes de gestão[4]. A nova norma apenas positiva tal entendimento.

Ressalte-se que o texto legal menciona pessoa jurídica, sem especificar a existência ou não de finalidade lucrativa. Irrelevante, pois, o exercício de atividade empre-

---

2. Na doutrina o debate também não é novo. Vide *O destinatário da citação pelo correio*, LIMA, Alcides de Mendonça, FORNACIARI JUNIOR, Clito, RIZZI, Luiz Sergio de Souza, PELUSO, Antônio Cezar, In *Revista de Processo*, 5/177, jan-mar/1977.

3. DINAMARCO, Op. Cit., p. 495.

4. STJ, EREsp 249.771-SC, Corte Especial, rel. **Min. Fernando Gonçalves, j. 7/11/2007.**

CITAÇÃO POSTAL NO CÓDIGO DE PROCESSO CIVIL DE 2015: AVANÇOS E CONTRAPESOS

sarial (ressalve-se norma específica, como a aplicável às pessoas jurídicas de direito público, citadas somente por oficial de justiça – art. 247, III, NCPC). A supressão da distinção não é indiferente na medida em que eventual não encaminhamento interno da carta citatória ao efetivo responsável era carreado ao risco da empresa, um dos fundamentos da admissão do recebimento da citação por funcionário sem poderes de administração[5]. Tal como positivada, a norma vigente ignora tal diferenciação.

Por sua vez, o "funcionário responsável pelo recebimento de correspondências" mencionado em lei deve ser interpretado como aquele que efetivamente recebeu a carta citatória, ainda que o tenha feito eventualmente e fora de suas atribuições habituais. Se a recebeu, estava respondendo pela função. Ao contrário do que possa sugerir uma primeira leitura do texto legal, inexiste fundamento para se exigir que o recebedor exerça tal função em caráter habitual.

3. CITAÇÃO EM CONDOMÍNIO EDILÍCIO OU LOTEAMENTO COM CONTROLE DE ACESSO (ART. 248, § 4º, NCPC)

> § 4º Nos condomínios edilícios ou nos loteamentos com controle de acesso, será válida a entrega do mandado a funcionário da portaria responsável pelo recebimento de correspondência, que, entretanto, poderá recusar o recebimento, se declarar, por escrito, sob as penas da lei, que o destinatário da correspondência está ausente.

Inovação legal significativa, a admissibilidade da citação na pessoa do funcionário da portaria visa suprir limitação que comprometia sobremaneira a efetividade prática da citação postal nos grandes centros urbanos, em que parcela considerável da população reside em condomínios edilícios. Como ordinariamente ocorre, correspondências em geral não são aí recebidas diretamente pelo condômino, mas por funcionário do condomínio (quando existente), que apenas *a posteriori* as encaminha ao destinatário. Assinado por terceiro o aviso de recebimento e inexistente, em mãos do carteiro, prova de efetivo encaminhamento, a validação do ato citatório encontrava resistência na jurisprudência[6].

A norma aplica-se a condomínios edilícios, loteamentos e também, por analogia, a conjuntos de unidades imobiliárias que não se enquadrem, rigorosamente, àquelas definições legais (v. g.: ruas com acesso limitado), desde que dotados de controle de acesso e pessoa responsável pelo recebimento de correspondências. As situações fáticas são similares e compartilham da razão subjacente à norma, qual seja viabilizar a citação em conformidade com a prática local de recebimento e encaminhamento

---

5. DINAMARCO, Op. Cit., p. 493.
6. STJ, *SEC 1102/AR*, Corte Especial, rel. Min. Aldir Passarinho Junior, DJe 12/05/2010. Em sentido oposto, Carlos Alberto Carmona, por ocasião do advento da Lei 8.710/93, já defendia, mesmo sem expressa previsão legal, a validade da citação recebida por funcionário do condomínio edilício (*A citação e a intimação no Código de Processo Civil: o árduo caminho da modernidade*, in IOB – Repertorio de Jurisprudência: civil, processual, penal e comercial n. 4, 1994, p. 74).

das correspondências endereçadas aos moradores, que em regra não as recebem diretamente das mãos do carteiro.

Ao incumbir o funcionário da portaria de receber a carta citatória a lei pressupõe seu conhecimento não apenas da identidade de todos os moradores locais, mas também de que, no momento do ato, o citando não está ausente. Tais informações, contudo, nem sempre lhe estão disponíveis. Pense-se em um condomínio com dezenas ou até centenas de unidades, com alta rotatividade de moradores.

Uma listagem dos moradores à disposição do porteiro, com periódica atualização pelo condomínio, contempla, em princípio, o primeiro ponto. O segundo, contudo, encerra dificuldades, uma vez que a ausência do morador pode não ser comunicada ao condomínio. Em casos tais, o funcionário simplesmente desconhece o fato, que tampouco pode ser de imediato esclarecido por ocasião da breve presença do carteiro. O porteiro estará obrigado, todavia, a receber a citação, uma vez que a única hipótese legal de recusa é a declaração de ausência, baseada em efetivo conhecimento. Na dúvida, impõe-se-lhe o recebimento. Ao citando incumbe, então, provar sua ausência ao tempo da entrega da carta no condomínio. Comprovada a alegação, a citação deve ser anulada. Tal ponto será melhor examinado mais adiante.

4. CITAÇÃO POSTAL EM GERAL (ART. 248, § 1º, NCPC): UMA VISÃO SISTEMÁTICA

> § 1º A carta será registrada para entrega ao citando, exigindo-lhe o carteiro, ao fazer a entrega, que assine o recibo.

A hipótese legal em comento aplica-se aos casos em que não configuradas as situações específicas anteriores. Terá lugar, de forma recorrente, nas citações em casas térreas residenciais.

A exemplo do texto legal anterior (art. 223, § ún., CPC/73), o atual manteve redação que, à primeira vista, exige que a carta seja recebida pessoalmente pelo citando. Em interpretação literal, o recebimento por terceiro não validaria a citação.

Sob a égide do Código de 1973, tal posicionamento foi acolhido sem maiores questionamentos pela doutrina[7], tampouco identificados após sua revogação. Em

---

7. Não se identifica, a rigor, uma problematização doutrinária da questão, maciçamente alinhada à indispensabilidade do recebimento pessoal da carta pelo citando. Nesse sentido: DINAMARCO, Op. Cit., p. 500; MEDINA, José Miguel Garcia, *Código de Processo Civil comentado*, 3ª tir., São Paulo: RT, 2011, p. 212; THEODORO JÚNIOR, Humberto. *Curso de Direito Processual Civil*. v. I., 55ª ed., Rio de Janeiro: Forense, 2014, p. 309; NERY JÚNIOR, Nelson; NERY, Rosa Maria de Andrade. *Comentários ao Código de Processo Civil*. 11ª ed. São Paulo: RT, 2010, p. 499; MARINONI, Luiz Guilherme, MITIDIERO, Daniel, *Código de Processo Civil comentado artigo por artigo*. 2ª ed. São Paulo: RT, 2010, p. 226; MARCATO, Antonio Carlos (coord.), *Código de Processo Civil interpretado*, 2ª ed., São Paulo: Atlas, 2005, p.644; *Novo Curso de Direito Processual Civil*, GONCALVES, Marcus Vinicius Rios, v. I, 3ª ed., São Paulo: Saraiva, 2006, 352; NEVES, Daniel Amorim Assumpção, *Manual de Direito Processual Civil*, 7ª ed, São Paulo: Método, 2015, p. 390; DIDIER JUNIOR, Fredie, *Curso de Direito Processual Civil*, v. 1, 17ª ed., Salvador: Juspodivm, 2015, p. 615.

contrapartida, a matéria suscita divergência nos tribunais. De início, a Corte Especial do Superior Tribunal de Justiça pacificou entendimento no sentido da imprescindibilidade do recebimento pessoal da carta citatória[8], verificando-se, todavia, precedente recente no sentido inverso[9].

Seja como for, fato é que, com o advento do novo diploma processual, sobreveio novo fundamento, agora de ordem sistemática, a reforçar a possibilidade de citação postal da pessoa física na pessoa de terceiro.

Uma vez admitida expressamente pela legislação a validade da citação recebida por funcionário responsável pelo recebimento de correspondência nos casos de condomínio edilício, loteamento e pessoa jurídica (art. 248, §§ 2º e 4º, NCPC), a exigência de entrega da carta citatória pessoalmente ao citando nas hipóteses do parágrafo primeiro passou a representar flagrante disparidade de tratamento.

Com efeito, se o sistema processual vigente, em clara opção pela efetividade do processo, passou a considerar válida a citação recebida por terceiro sem vínculo pessoal ou profissional direto com o citando (v. g. porteiro), ou por funcionário hierarquicamente distante do centro decisório da pessoa jurídica, não se pode reputar menos seguro seu recebimento por terceiro que a receba de dentro do próprio imóvel em que residente o citando, à vista da presumida proximidade entre as partes, não raro integrantes do mesmo núcleo familiar.

Reveste-se de segurança o ato capaz de levar ao réu tempestivo conhecimento da existência e dos termos da demanda, desta forma assegurando-lhe efetiva oportunidade de exercício do direito de defesa. Em princípio – e observados os meios de controle, a seguir articulados –, o compartilhamento de um mesmo espaço físico residencial denota suficiente proximidade entre terceiro e citando, afigurando-se idôneo a garantir que a citação cumpra tal finalidade.

---

8. "A citação de pessoa física pelo correio deve obedecer ao disposto no art. 223, parágrafo único, do Código de Processo Civil, necessária a entrega direta ao destinatário, de quem o carteiro deve colher o ciente. Subscrito o aviso por outra pessoa que não o réu, o autor tem o ônus de provar que o réu, embora sem assinar o aviso, teve conhecimento da demanda que lhe foi ajuizada" (STJ, Corte Especial, ED no REsp 117.949, Min. Menezes Direito, j 3.08.05, DJU 26.09.05). Na mesma linha: TJSP; Apelação 1013117-06.2016.8.26.0576, rel. Des. Mourão Neto, 27ª Câmara de Direito Privado, São José do Rio Preto, j. 07/03/2017; TJSP, AI 2131120-79.2016.8.26.0000, rel. Des. Francisco Giaquinto, Guarulhos, 13ª Câmara de Direito Privado, J. 13/08/2016; TJSP, Apelação 0002620-35.2013.8.26.0323, rel. Des. Correia Lima, 20º Câmara de Direito Privado, j. em 20/06/2016; TJSP, AI 2062886-45.2016.8.26.0000, rel. Des. Carlos Alberto Garbi, São Paulo, 2ª Câmara Reservada de Direito Empresarial, j. 11/05/2016; TJSP, Apelação 0011760-33.2011.8.26.0010, rel. Des. Luís Fernando Nishi, j. 29/01/2015; TJSP, AI 2039086-56.2014.8.26.0000, rel. Des. Manoel Justino Bezerra Filho, j. 29/04/2014.

9. STJ, AgInt nos EDcl no REsp 1635685/SP, T4, rel. Min. Luis Felipe Salomão, DJE 19/05/2017. Observa-se que em alguns julgados os precedentes invocados na fundamentação do voto referem-se a modalidades distintas de citação postal, a despeito da diversidade de regramentos legais (pessoa física citada em casa residencial, pessoa física citada em condomínio edilício, citação de pessoa jurídica, citação em execução fiscal, esta última regida por legislação própria que expressamente dispensa a entrega pessoal da carta citatória – art. 8º, II, Lei 6.830/80). A aparente imprecisão no emprego da *ratio decidendi* dificulta a delimitação dos entendimentos jurisprudenciais predominantes para cada uma das situações em questão.

Nesse passo, defende-se que à literalidade do texto legal deve sobrepor-se a interpretação sistemática das normas disciplinadoras da citação, sob pena de se ter um regime bastante flexível e efetivo para as hipóteses dos parágrafos 2º e 4º e muito rígido e pouco efetivo para as hipóteses do parágrafo 1º (todos do art. 248, NCPC).

Constitui preceito elementar em teoria geral do direito que a interpretação da lei tem na literalidade do texto seu mero *ponto de partida*. O sentido literal extraído do uso linguístico geral ou jurídico de uma palavra ou frase empregada pelo legislador serve ao processo interpretativo, antes de tudo, como uma primeira orientação, a subsidiar-se, em sequência, do contexto normativo em que inserido o dispositivo legal. O sentido de cada proposição jurídica só se infere, no mais das vezes, quando se a considera como parte da regulação a que pertence. O contexto significativo da lei viabiliza a busca de uma *concordância objetiva* entre as disposições legais singulares[10].

Se é verdade que o sentido literal demarca o campo de atuação do intérprete, fixando-lhe limite de interpretação de que não se pode prescindir num direito positivado, é igualmente correto e necessário considerar que tal sentido nem sempre é inequívoco e que, dentre as interpretações possíveis, deve prevalecer aquela que possibilita a garantia de uma concordância *material* com as demais disposições regulatórias da mesma matéria[11]. No caso em estudo, a literalidade do texto não é unívoca, à falta de menção expressa à entrega *pessoal* ao citando. Fosse este o caso, estaria obstada a solução sistemática ora preconizada.

Com efeito, a discrepância do tratamento legal é patente e injustificada, merecendo ser sanada pela interpretação sistemática, para além do apego à letra do texto isolado e em conformidade à coerência interna do sistema processual. Tal coerência está lastreada em demanda de efetividade que, melhor positivada em dispositivos afins, revela-se, esta sim, a inequívoca opção do legislador[12].

5. MECANISMOS DE CONTROLE

Aos riscos inerentes à citação postal, preço pago por sua inegável efetividade, devem corresponder expedientes de cautela e controle da presença *in concreto* de seus requisitos legais. Deve-lhes atenta observância o magistrado no momento em que a defere, em que aprecia a alegação de nulidade do réu e, sobretudo, quando examina eventual configuração de revelia. Tal atuação judicial diz com os pressupostos de desenvolvimento válido e regular do processo, matéria de ordem pública a compor-

---

10. LARENZ, Karl, *Metodologia da ciência do direito*, 5ª ed., trad. José Lamego, Lisboa: Calouste Gulbenkian, 2009, p. 457.

11. LARENZ, Op. Cit., p 458.

12. "O emprego isolado da interpretação filológica e o abuso das regras e filigranas gramaticais estagnam e mumificam o sentido dos textos, impedem sua adaptação às necessidades sociais sempre mutáveis e sempre revestidas de modalidades novas, dificultam a evolução natural do direito". RAO, Vicente. *O direito e a vida dos direitos*, 7ª ed., São Paulo: RT, 2013, p. 477.

CITAÇÃO POSTAL NO CÓDIGO DE PROCESSO CIVIL DE 2015: AVANÇOS E CONTRAPESOS **265**

tar cognição *ex officio*. Mais que isso, vale dizer: a ausência do réu para se defender impõe ao juiz redobrada atenção no desempenho de sua tarefa.

Cautela primordial é a exigência de prova de que o citando, pessoa física ou jurídica, de fato reside ou está domiciliado[13] no endereço no qual recebida a citação. A aferição far-se-á especialmente relevante na iminência de decretação da revelia. Antes disso, quando do deferimento do ato, o rigor é desnecessário, uma vez que, se o réu vier a apresentar tempestiva defesa, a citação terá cumprido sua finalidade.

Reputa-se comprovado, por exemplo, o endereço constante de instrumento contratual entabulado pelos litigantes, ou aquele levantado em pesquisa junto a sistemas informatizados à disposição do juízo (*v. g.*: Sistema BacenJud). Neste último caso, os endereços pesquisados podem estar desatualizados (informação normalmente indisponível nos bancos de dados oficiais), o que não impede o encaminhamento da carta mas impõe ao autor, na hipótese de recebimento por terceiro e ausência de contestação, a prova de atualidade.

Um indicador de tal atualidade é o recebimento da carta por terceiro com o mesmo sobrenome do citando, a apontar presumida existência de vínculo conjugal ou parentesco (cônjuge, filho, genitor), embasando, por conseguinte, a convicção de que no local reside o núcleo familiar a que pertencente a parte ré. Trata-se de critério respaldado pela jurisprudência[14].

Impõe-se, ainda, a comprovação do recebimento mediante assinatura da pessoa que recebeu a carta, devidamente identificada. Ao contrário do parágrafo primeiro, que formula expressa exigência nesse sentido, os parágrafos segundo e quarto não o fazem, o que, entretanto, não a dispensa, conforme entendimento pacífico consubstanciado na Súmula 429 do Superior Tribunal de Justiça[15]. Editada sob o Código anterior, a Súmula segue sendo aplicável, porquanto subsistentes as razões constantes nos precedentes que a motivaram.

As exigências indicadas, referentes à fidedignidade do endereço, constituem ônus processual da parte autora. Contentam-se com prova sumária, dispensados maiores questionamentos antes do ingresso do réu no processo e de eventual impugnação da validade do ato. Antes disso, não se tem, ainda, matéria controvertida, mas apenas controle oficial, o que dispensa cognição exauriente.

Demonstrado nesses termos que o endereço é fidedigno, a citação recebida no local, ainda que por terceiro, afigura-se, em princípio, válida, aperfeiçoando-se a

---

13. A lei processual não distingue, para os presentes fins, domicílio e residência. A ambos pode ser endereçada a correspondência, podendo o réu ser citado onde se encontre (art. 243, NCPC).

14. Nesse sentido: TJSP, AI 2175595-86.2017.8.26.0000, rel. Percival Nogueira, São Paulo, 6ª Câmara de Direito Privado, j. 04/10/2017; TJSP, Apelação 1005485-94.2015.8.26.0597, Rel. José Aparício Coelho Prado Neto, 9ª Câmara de Direito Privado, Sertãozinho, j. 12/04/2016; TJSP, AI 2151534-98.2016.8.26.0000, rel. Artur Marques, 35ª Câmara de Direito Privado, j. 07/11/2016; TJSP, Apelação 9201352-46.2006.8.26.0000, rel. Luis Fernando Nishi, São Pedro, 32ª Câmara de Direito Privado, j. 28/04/2011.

15. Súmula STJ 429: "A citação postal, quando autorizada por lei, exige o aviso de recebimento" (DJE 13/05/2010).

integração do réu à relação jurídica processual e desencadeando-se a produção dos efeitos materiais e processuais inerentes ao ato citatório válido (art. 240, NCPC).

Caso recebida por terceiro, a citação, conquanto hígida *prima facie*, estará sujeita a invalidação em determinadas situações. Alegação e comprovação do fato ensejador da nulidade ficam, sempre, a cargo do requerido. Incumbe-lhe alega-lo na primeira oportunidade em que lhe couber falar nos autos, sob pena de preclusão, salvo prova de legítimo impedimento (art. 278, § 1º NCPC).

O mencionado dispositivo, aplicável às invalidades em geral, também excepciona à preclusão aquelas que o juiz deva decretar de ofício. A inovação textual do novo diploma nada mais faz que tornar expressa uma regra já vigente sob a codificação anterior, qual seja a cognoscibilidade a qualquer tempo das matérias de ordem pública.

O tema ora tratado, contudo, comporta uma particularidade. Embora a nulidade da citação constitua matéria cognoscível de ofício, é certo que, na hipótese em tela, seu reconhecimento depende de fato alegado e comprovado pela parte ré. Sem que ela o traga ao processo, o controle oficial não tem como ser exercido neste particular. Por impossibilidade lógica, o magistrado não pode conhecer *ex officio* de nulidade cujo fundamento fático não consta dos autos. Logo, é de se concluir que a alegação da parte submete-se à regra geral da preclusão temporal. O que preclui, a rigor, é a alegação da parte, sem a qual a matéria sequer pode ser conhecida. Sua natureza de ordem pública por si não autoriza o réu a invocar nulidade de citação a qualquer tempo.

Enquanto ao autor incumbe, apenas, produzir prova sumária de correção do endereço – como visto –, compete ao réu, além da contraprova a tal correção – pode provar, por exemplo, que jamais residiu ou teve domicilio naquele endereço –, alegar e comprovar que, a despeito de residente ou domiciliado no local, estava ausente quando da entrega da carta e que, por isso, não recebeu a citação a tempo de apresentar defesa[16].

Para justificar a anulação da citação a ausência deve ter se estendido por lapso temporal suficiente ao comprometimento da ampla defesa. Se o citando, por exemplo, retornou de longa viagem na fluência ou após a expiração do prazo para contestação, o prejuízo está configurado, impondo-se a renovação da oportunidade defensiva, o que se dará nos termos da lei processual, de resto alterada, nesse ponto, em relação ao regime anterior – enquanto antes o novo prazo contava-se da intimação da decisão

---

16. "Na forma do artigo 248, § 4º, do CPC, nos condomínios edilícios é possível a realização da citação mediante entrega da carta ao funcionário da portaria responsável pelo recebimento da correspondência. Cabe à parte demandada o ônus de alegar e demonstrar eventual fato que obstou o conhecimento respectivo. 2. No caso em exame, afirmou a ré que a correspondência chegou às suas mãos tempos depois, uma vez que se encontrava ausente do local, em viagem. A prova apresentada é suficientemente firme nesse sentido, o que autoriza reconhecer o obstáculo havido, ensejando o reconhecimento do vício. 3. Daí a desconstituição da sentença, com a determinação de retorno dos autos ao Juízo de primeiro grau, a fim de possibilitar a abertura de oportunidade para a demandada apresentar defesa" (TJSP, Apelação, rel. Des. Antonio Rigolin, São Caetano do Sul, 31ª Câmara de Direito Privado, j. 04/10/2017, VU).

CITAÇÃO POSTAL NO CÓDIGO DE PROCESSO CIVIL DE 2015: AVANÇOS E CONTRAPESOS **267**

reconhecendo a nulidade, agora conta-se do comparecimento espontâneo do réu (art. 214, § 2º, CPC/1973; art. 239, § 1º, NCPC). Ao revés, ausências de curta duração não costumam representar prejuízo e, logo, não comprometem a validade do ato[17]. A caracterização do prejuízo dependerá, invariavelmente, da análise do caso concreto.

Tendo em conta a possibilidade de rediscussão da matéria no futuro (em especial na fase executiva), e com vistas a prevenir-se de eventual declaração de nulidade, faculta-se ao autor, uma vez recebida a citação por terceiro e à falta de apresentação de defesa, pleitear a renovação do ato por oficial de justiça. A parte autora dispõe dessa faculdade mesmo que o juiz tenha validado a citação postal na pessoa de terceiro, uma vez que o fez mediante cognição sumária e sem integração do réu ao contraditório processual. Em comparecendo futuramente ao processo, a parte ré poderá articular matéria defensiva capaz de, ampliando a cognição, ensejar a invalidação. O recebimento da carta por terceiro, nesse caso, constitui justificativa idônea para tal pleito (art. 247, V, NCPC), desde que realizada, em primeiro lugar, a tentativa de citação postal, vez que regra geral.

6. É POSSÍVEL ALEGAR AUSÊNCIA DE EFETIVO RECEBIMENTO?

Assentada a possibilidade de recebimento da citação postal por terceira pessoa, questão diversa, e das mais relevantes pela gravidade de suas implicações, é a admissibilidade da alegação do réu no sentido de que, embora estivesse presente em sua residência ou domicílio ao tempo da entrega, a carta citatória recebida por terceiro não lhe foi tempestivamente *encaminhada*. A indagação vale para as três modalidades legais de citação postal: não encaminhamento interno para o administrador da pessoa jurídica (art. 248, § 2º), para o condômino (art. 248, § 4º) e para o citando nas situações residuais do parágrafo primeiro do artigo 248. Constitui fundamento defensivo idôneo alegar ausência de efetivo recebimento?

Na citação da pessoa jurídica, a alegação não comporta conhecimento, sendo indiferente que a carta citatória recebida por funcionário sem poderes de gerência ou administração não tenha sido encaminhada interna e tempestivamente a pessoa dotada de tais poderes.

A impertinência da alegação decorre do fato de que a lei processual, para o específico fim citatório, expressamente dispensa a exigência. A pessoa jurídica, com fim lucrativo ou não, constitui-se de um conjunto de bens ou pessoas organizadas e voltadas a uma finalidade social comum, da qual participam todos os seus funcionários, inclusive o responsável pelo recebimento de correspondências. O recebedor da carta, a despeito da ausência de poderes de gestão, está integrado à consecução

---

17. ARRUDA ALVIM, Angélica, *Condomínio no Código de Processo Civil de 2015*, p. 41/2, In ARRUDA ALVIM, Teresa, CIANCI, Mirna, DELFINO, Lucio (coords.), *Novo CPC aplicado visto por processualistas*, São Paulo: RT, 2017, p. 41/2.

desse fim comum, o que se afigura suficiente ao aperfeiçoamento do ato, sem espaço para indagação atinente a trâmites administrativos internos.

Abordagem diversa merecem as demais hipóteses legais, as quais, à falta do mencionado pressuposto inerente às pessoas jurídicas (organização em torno de uma finalidade comum), apresentam questões mais intricadas.

A interpretação literal do parágrafo quarto do artigo 248, bem assim a interpretação sistemática ora defendida em relação ao parágrafo primeiro, poderiam sugerir a irrelevância do efetivo recebimento da carta pelo citando. Recebida pelo terceiro das mãos do carteiro, seria indiferente à validade do ato o efetivo e tempestivo encaminhamento à pessoa física do réu. Em outras palavras, a alegação de não recebimento da citação constituiria fundamento defensivo inidôneo, do qual o magistrado estaria simplesmente desobrigado de conhecer.

Tal solução representaria uma presunção *absoluta* de recebimento da citação pela parte ré, interpretação normativa de questionável constitucionalidade. Com efeito, os imperativos constitucionais do contraditório, da ampla defesa e do devido processo legal afiguram-se incompatíveis com uma ficção legal de caráter absoluto, impermeável a toda e qualquer evidência em sentido contrário[18].

Por tal razão, tem-se, por exclusão, que as modalidades de citação indireta em comento trazem consigo presunção meramente *relativa*, a carrear ao réu o ônus de provar o alegado não recebimento. Nesse sentido é o entendimento consagrado em alguns precedentes jurisprudenciais do Tribunal de Justiça do Estado de São Paulo nestes primeiros anos de vigência do Código de Processo Civil[19], não se identificando, todavia, pacificação da matéria.

O que dizer, então, do fato de se tratar de prova de fato negativo? Isso bastaria para desonerar o citando do ônus probatório? Em consequência, seria devida sua inversão, incumbindo-se o autor de provar que o réu, ao contrário do que alega, tomou efetivo e tempestivo conhecimento dos termos da demanda?

---

18. As presunções absolutas configuram-se como "autênticas *ficções legais* insuscetíveis de questionamento mesmo diante da demonstração de uma realidade contrária. [...]. As presunções absolutas (*juris et de jure*) têm tanta força – mandando que se aceite o fato presumido e desconsiderando qualquer prova contrária – que na realidade elas não são institutos de direito probatório mas expedientes com os quais o legislador constrói certas *ficções* e nelas se apoia para impor as consequências jurídicas que entende convenientes" (DINAMARCO, Op. Cit. p. 137).

19. Presunção relativa e ônus probatório do réu na hipótese do art. 248, § 4º, do NCPC: AI 2164458-10.2017.8.26.0000, rel. Des. Claudio Godoy, São Paulo, 2ª Câmara Reservada de Direito Empresarial, j. 18/06/2018; AI 2252633-77.2017.8.26.0000, rel. Des. Ruy Coppola, Campinas, 32ª Câmara de Direito Privado, j. 21/03/2018; Apelação 1002504-60.2017.8.26.0003, rel. Des. Walter Cesar Exner, São Paulo, 36ª Câmara de Direito Privado, j. 21/09/2017; Apelação 1001449-85.2017.8.26.0161, rel. Des. Artur Marques, Diadema, 35ª Câmara de Direito Privado, j. 14/08/2017. Presunção relativa e ônus probatório do réu na hipótese do art. 248, § 1º, do NCPC: AI 2108512-53.2017.8.26.0000, rel. Des. Carlos Alberto de Salles, Presidente Prudente, 3ª Câmara de Direito Privado, j. 12/06/2018; AI 2175595-86.2017.8.26.0000, rel. Des. Percival Nogueira, 6ª Câmara de Direito Privado, j. 04/10/2017.

A questão merece ser analisada à luz dos novos dispositivos legais[20]. Sob o regramento vigente, parecem insubsistentes as razões jurídicas que outrora embasaram interpretação – como visto já questionada antes mesmo da revogação do diploma de 1973 – no sentido de que "subscrito o aviso por outra pessoa que não o réu, o autor tem o ônus de provar que o réu, embora sem assinar o aviso, teve conhecimento da demanda que lhe foi ajuizada"[21].

Conforme examinado, atualmente a lei não exige do autor mais que prova sumária da fidedignidade do endereço do réu. Carrear-lhe, também, comprovação de efetivo recebimento seria extrapolar a disciplina legal da citação indireta. Seria impor à parte autora ônus sem fundamento na lei processual, com subversão e esvaziamento de seus legítimos propósitos de efetividade.

Outrossim, prova de fato negativo nem sempre é sinônimo de prova diabólica, como tal entendida aquela de impossível ou muito difícil produção. Há que se diferenciar a negativa absoluta da relativa. A absoluta é a negação da ocorrência de um fato de maneira indefinida no tempo e/ou no espaço (*v. g.* "Tal pessoa jamais esteve em Lisboa"). A relativa é a negação da ocorrência de um fato de maneira definida no tempo e/ou no espaço ("Tal pessoa não estava em Lisboa na noite de Natal"). A relativa não padece da indefinição da absoluta, podendo ser provada, em tese, pela demonstração de fato positivo que, sendo logicamente compatível com a afirmada negativa, permita concluir pela veracidade da afirmação ("Tal pessoa estava em Madri na noite de Natal"). Por isso, tem-se que somente as negativas absolutas são insusceptíveis de prova, o que decorre de sua absoluta indefinição, não da negatividade em si[22].

A alegação de não recebimento da carta de citação representa uma negativa relativa, porquanto situada em tempo e espaço. Incumbe a quem alega, portanto, a comprovação do fato. Esta é a regra geral.

Afigura-se admissível a inversão do ônus probatório, medida, todavia, de caráter excepcional e submetida a requisitos legais específicos, cujo preenchimento se faz imprescindível e deve ser concretamente demonstrado pelo réu, mediante requerimento fundamentado (art. 373, § 1º, NCPC).

---

20. Sobre o tema observa Helena Najjar Abdo que "a orientação vigente sob a égide do CPC de 1973 era a da existência de uma presunção em favor do citando, cabendo ao interessado (normalmente o autor) o ônus de comprovar a ciência por parte do réu acerca da citação, dentro do prazo, mesmo sem ter recebido diretamente a respectiva carta (STJ, AgRg nos EDcl no Ag. 795.944/PB, 3ª T., rel. Min. Sidnei Beneti, j. 01.04.2008, DJe 15.04.2008, v.u.). Com a mudança perpetrada pelo CPC de 2015, essa orientação terá de ser certamente revista, pois a nova redação legal fixa presunção no sentido de que a citação postal foi realizada uma vez entregue no edifício ou loteamento com controle de acesso em que domiciliado o citando, cabendo a este, se for o caso, comprovar que ela não ocorreu" (In WAMBIER, Teresa Arruda Alvim, DIDIER JUNIOR, Fredie, TALAMINI, Eduardo, DANTAS, Bruno, *Breves Comentários ao Novo Código de Processo Civil* (coords.), São Paulo: RT, 2015, p. 697/8).
21. O já mencionado precedente do STJ EDREsp 117.949, Min. Menezes Direito, DJU 26.09.05.
22. DIDIER JUNIOR, Fredie, OLIVEIRA, Rafael Alexandria de, BRAGA, Paula Sarno, *Curso de Direito Processual Civil*, v. 2, 10ª ed., Salvador: Juspodivm, 2015, p. 117.

Sem prejuízo, tratando-se de matéria de ordem pública e sendo verossímil a alegação de não recebimento, pode o magistrado valer-se de seus poderes instrutórios e determinar de ofício a produção de prova voltada à apuração do fato (*v. g.*: requisição de informações do condomínio acerca do encaminhamento interno das correspondências).

7. À GUISA DE CONCLUSÃO

O conjunto de modificações trazidas pelo Código de Processo Civil de 2015 impõe alguns ajustes de ordem sistemática na interpretação das normas disciplinadoras da citação postal, em prevalência à isolada consideração de cada uma das hipóteses legais e dos parâmetros consolidados em doutrina e jurisprudência na vigência da codificação anterior.

Os postulados de efetividade do novo diploma processual devem ser observados pelo intérprete em concomitância ao adequado manuseio dos critérios de controle voltados à segurança do devido processo legal. Ambos os valores são igualmente caros à ordem constitucional, que restará vilipendiada na hipótese de desmesurado predomínio de um em detrimento do outro. Harmoniza-los de maneira equilibrada na prática processual constitui, pois, um dever inarredável.

Em fechamento, e registrando a honra de participar desta merecida homenagem ao estimado Professor Walter Piva Rodrigues, sintetizo as principais conclusões deste trabalho:

a) O direito processual civil brasileiro vem experimentando uma valorização da chamada citação indireta. Razões de efetividade do processo têm animado essa tendência, em especial a busca pela prestação da tutela jurisdicional em tempo razoável (art. 5º, LXXVIII, CR). Atestam-na mudanças legislativas e jurisprudenciais verificadas sob a égide do Código de Processo Civil de 1973 e, sobretudo, de 2015;

b) Dentre as principais inovações do novo Código está a possibilidade expressa de citação, em condomínio edilício ou loteamento com controle de acesso, na pessoa do funcionário responsável pelo recebimento de correspondências em geral (art. 248, § 4º, NCPC). A novidade enseja discussão atinente à admissibilidade da alegação de não recebimento pela pessoa do citando;

c) A despeito da literalidade do texto legal (art. 248, § 1º, NCPC), tal modalidade de citação postal comporta interpretação sistemática a autorizar o recebimento do ato por pessoa diversa do citando, sob pena de injustificado tratamento distintivo em relação às demais hipóteses citatórias;

d) A citação indireta exige a atuação *ex officio* de mecanismos preventivos de controle de sua validade. Dentre eles: prova sumária de que o citando de fato residia, estava domiciliado ou sediado no endereço ao tempo do recebimento da carta (fidedignidade e atualidade do endereço); prova sumária de efetivo recebimento mediante assinatura da pessoa que a recebeu, ainda que terceiro. Satisfeitas tais exigências, a citação é válida e está apta à produção dos efeitos materiais e processuais que lhe são próprios;

e) Caso recebida por terceiro, faculta-se ao citando invocar a nulidade da citação na primeira oportunidade em que lhe couber falar nos autos, sob pena de preclusão. O ônus probatório incumbe ao citando;

f) Ressalvada a citação da pessoa jurídica, nas demais hipóteses o efetivo encaminhamento ao citando da carta recebida por terceiro funda-se em presunção relativa, sendo admissível, em tese, alegação de não recebimento pela parte ré. Incumbe-lhe o ônus da prova, sendo certo que se trata de fato negativo de caráter relativo e não absoluto. Afigura-se admissível a inversão, medida, entretanto, de caráter excepcional e submetida a requisitos legais específicos (art. 373, § 1º, NCPC).

8. REFERÊNCIAS BIBLIOGRÁFICAS

ARRUDA ALVIM, Angélica, *Condomínio no Código de Processo Civil de 2015*, In ARRUDA ALVIM, Teresa, CIANCI, Mirna, DELFINO, Lucio (coords.), *Novo CPC aplicado visto por processualistas*, São Paulo: RT, 2017.

CARMONA, Carlos Alberto, *A citação e a intimação no Código de Processo Civil: o árduo caminho da modernidade*, IOB – Repertorio de Jurisprudência: civil, processual, penal e comercial, n. 4, 1994.

DIDIER JUNIOR, Fredie, *Curso de Direito Processual Civil*, v. 1, 17ª ed., Salvador: Juspodivm, 2015.

_____, OLIVEIRA, Rafael Alexandria de, BRAGA, Paula Sarno, *Curso de Direito Processual Civil*, v. 2, 10ª ed., Salvador: Juspodivm, 2015.

DINAMARCO, Cândido Rangel, *Instituições de direito processual civil*, 7ª ed, v. III, São Paulo: Malheiros, 2017.

GONCALVES, Marcus Vinicius Rios, *Novo Curso de Direito Processual Civil*, v. I, 3ª ed., São Paulo: Saraiva, 2006.

LARENZ, Karl, *Metodologia da ciência do direito*, 5ª ed., trad. José Lamego, Lisboa: Calouste Gulbenkian, 2009.

LIMA, Alcides de Mendonça, FORNACIARI JUNIOR, Clito, RIZZI, Luiz Sergio de Souza, PELUSO, Antônio Cezar, *O destinatário da citação pelo correio*, Revista de Processo, 5/177, jan-mar/1977.

MARCATO, Antonio Carlos (coord.), *Código de Processo Civil interpretado*, 2ª ed., São Paulo: Atlas, 2005.

MARINONI, Luiz Guilherme, e MITIDIERO, Daniel, *Código de Processo Civil comentado artigo por artigo*. 2ª ed. São Paulo: RT, 2010.

MEDINA, José Miguel Garcia, *Código de Processo Civil comentado*, 3ª tir., São Paulo: RT, 2011.

NERY JÚNIOR, Nelson, e NERY, Rosa Maria de Andrade. *Comentários ao Código de Processo Civil*. 11ª ed. São Paulo: RT, 2010.

NEVES, Daniel Amorim Assumpção, *Manual de Direito Processual Civil*, 7ª ed, São Paulo: Método, 2015.

RAO, Vicente. *O direito e a vida dos direitos*, 7ª ed., São Paulo: RT, 2013.

THEODORO JÚNIOR, Humberto. *Curso de Direito Processual Civil*. v. I., 55ª ed., Rio de Janeiro: Forense, 2014.

WAMBIER, Teresa Arruda Alvim, DIDIER JUNIOR, Fredie, TALAMINI, Eduardo, DANTAS, Bruno (coords.), *Breves Comentários ao Novo Código de Processo Civil* (coords.), São Paulo: RT, 2015.

GRATUIDADE DE JUSTIÇA NO NOVO CÓDIGO DE PROCESSO CIVIL

Hamilton Kenji Kuniochi

Mestre em Direito Processual Civil pela Universidade de São Paulo. Assistente jurídico de Desembargador no Tribunal de Justiça do Estado de São Paulo.

Sumário: 1. Justiça gratuita: conceito e alcance – 2. Prerrogativas – 3. Destinatários – 3.1. Pessoa jurídica – 4. Presunção de hipossuficiência – 5. Necessidade de comprovação – 6. Pedido feito no curso do processo e em sede de recurso – 7. Impugnação pelo adversário processual – 8. Indeferimento de ofício – 9. Recursos – 10. Referências bibliográficas.

1. JUSTIÇA GRATUITA: CONCEITO E ALCANCE

O novo Código de Processo Civil passou a regrar a gratuidade de justiça, em harmonia com o direito fundamental à assistência jurídica garantido constitucionalmente no art. 5º, LXXIV da Carta de 1988. A matéria era originalmente tratada pela Lei Federal 1.060, de 5 de fevereiro de 1950. Essa lei regulamentava o artigo 141, § 35, da Constituição Federal de 1946, o previa a concessão da assistência judiciária aos necessitados.

A Lei 1.060/50 foi derrogada pela nova codificação processual, a qual incorporou as construções jurisprudenciais consolidadas sobre o tema, em especial a possibilidade de concessão da gratuidade de justiça às pessoas jurídicas, o custeio de perícias e o prazo em dobro para entidades conveniadas ao órgão oficial de prestação do serviço. Inovou, ainda, ao prever a concessão parcial da gratuidade e ao instituir um procedimento mais célere e simplificado para a concessão e a impugnação.

A justiça gratuita deve ser entendida como a isenção de todas as custas e despesas, processuais ou não, necessárias ao exercício de direitos e faculdades processuais, e relativas ao exercício do devido processo legal[1]. Como asseveram Walter Piva Rodrigues e Augusto Tavares Rosa Marcacini: *"o pobre deve ser dispensado de todas as despesas decorrentes de sua participação no processo. De nada adiantaria isentar o pobre do pagamento da taxa judiciária, permitindo o ingresso em juízo, se, depois, para bem atuar no processo necessitar gastar o dinheiro que não tem"* [2].

---

1. A. T. R. MARCACINI. *Assistência Jurídica, Assistência Judiciária e Justiça Gratuita*. São Paulo, Forense, 2003, p. 31.
2. "É irrelevante, até, distinguir quem é o credor desta despesa. Pode ser o próprio Poder Público, como podem ser os cartórios extrajudiciais, ou qualquer particular. Todos têm o dever de colaborar com a realização da justiça, guardadas as possibilidades de cada um" (W. P. RODRIGUES e A. T. R. MARCACINI, *Proposta de Alteração da Lei de Assistência Judiciária* in *Revista da Faculdade de Direito da Universidade de São Paulo*, v. 93, 1998, p. 399).

O artigo 98, § 1º, do Código de Processo Civil vigente enumera as seguintes isenções:

"I – as taxas ou as custas judiciais;

II – os selos postais;

III – as despesas com publicação na imprensa oficial, dispensando-se a publicação em outros meios;

IV – a indenização devida à testemunha que, quando empregada, receberá do empregador salário integral, como se em serviço estivesse;

V – as despesas com a realização de exame de código genético – DNA e de outros exames considerados essenciais;

VI – os honorários do advogado e do perito e a remuneração do intérprete ou do tradutor nomeado para apresentação de versão em português de documento redigido em língua estrangeira;

VII – o custo com a elaboração de memória de cálculo, quando exigida para instauração da execução;

VIII – os depósitos previstos em lei para interposição de recurso, para propositura de ação e para a prática de outros atos processuais inerentes ao exercício da ampla defesa e do contraditório;

IX – os emolumentos devidos a notários ou registradores em decorrência da prática de registro, averbação ou qualquer outro ato notarial necessário à efetivação de decisão judicial ou à continuidade de processo judicial no qual o benefício tenha sido concedido."

Não se fala apenas em despesas processuais porque a gratuidade não abarca apenas aquelas que têm respaldo meramente procedimental ou vinculado ao exercício do direito de ação, figurativamente representados, *grosso modo*, pelas taxas judiciárias, despesas com serventuários da justiça e honorários advocatícios. De acordo com o texto legal, certos dispêndios atinentes à produção de prova também gozem de isenção de pagamento, desobrigando o beneficiário do pagamento dos honorários de perito.

A nova legislação processual manteve no rol de dispensas os gastos com a realização do exame de paternidade efetuado por meio da análise do traço genético, repetindo o inciso VI do art. 3º da antiga Lei 1.060/50, que havia sido introduzido em reforma legislativa, pela Lei 10.317, de 2001.

As despesas do assistido com as perícias judiciais devem receber o mesmo tratamento das demais custas processuais, a teor do artigo 98, § 1º, inciso VI, do Código de Processo Civil, e não mereceriam referência especial, não fosse a particularidade de que afeta a remuneração do profissional liberal nomeado pelo juiz para auxiliar no processo, em situações muitas vezes complexas ou em causas de elevado valor.

O antigo Código de Processo Civil e a Lei 1.060/50 não traziam previsão sobre como o perito deveria ser remunerado quando a incumbência de pagar os honorários periciais recaía sobre o assistido pela gratuidade de justiça. Segundo Dinamarco, Alfredo Buzaid, o autor do anteprojeto do Código de Processo Civil de 1973, cogitava a criação de quadros de peritos oficiais instituídos pelos tribunais e remunerados pelo Estado para realizar perícias de interesse das partes atendidas pela assistência judiciária, porém esta ideia não foi adiante[3].

O Código de Processo Civil de 2015 expressa, no artigo 95, § 3º, incisos I e II, duas possibilidades para o pagamento da perícia quando for de responsabilidade de beneficiário da gratuidade processual:

"I – custeada com recursos alocados no orçamento do ente público e realizada por servidor do Poder Judiciário ou por órgão público conveniado;

II – paga com recursos alocados no orçamento da União, do Estado ou do Distrito Federal, no caso de ser realizada por particular, hipótese em que o valor será fixado conforme tabela do tribunal respectivo ou, em caso de sua omissão, do Conselho Nacional de Justiça."

O inciso I se coaduna com o artigo 98, § 1º, inciso V, que dispõe sobre a gratuidade do exame de DNA e de outros exames considerados essenciais que, em São Paulo, são realizados gratuitamente pelo IMESC (Instituto de Medicina Social e Criminologia do Estado de São Paulo), sendo, portanto, um órgão público conveniado ao Judiciário. Todavia, não há peritos públicos nos quadros dos servidores da Justiça Estadual.

O inciso II já tinha aplicação em São Paulo antes mesmo da edição do novo Código. Isso porque a Corregedoria Geral de Justiça já determinava que se atendesse à Deliberação 92 de 2008 do Conselho Superior da Defensoria Pública do Estado[4]:

"Art. 1º: O pagamento de perito indicado para atuar em processo judicial de natureza cível, de competência da Justiça Estadual, em que o ônus da prova pericial tenha sido atribuído à parte beneficiária da assistência judiciária gratuita, será feito com recursos do será feito com recursos do Fundo de Assistência Judiciária – FAJ, quando houver recursos orçamentários e financeiros disponíveis, até os limites previstos na seguinte tabela: (...)

§ 2º O pagamento de peritos, nos termos desta Deliberação, deverá ser suportado exclusivamente com recursos disponíveis no Fundo de Assistência Judiciária – FAJ e não poderá ultrapassar o montante constante da tabela do caput do presente artigo, ainda que superior o valor arbitrado pelo juiz da causa a título de honorários periciais, sendo que o levantamento deste numerário implicará quitação e renúncia ao direito de reclamar saldos desta contraprestação."

Desta forma, no Estado de São Paulo, existe previsão de verba com destinação específica, do Fundo de Assistência Judiciária, fundo destinado ao custeio das despesas das partes assistidas pela Defensoria Pública estadual, para a remuneração dos

---

3. C. R. DINAMARCO, *Instituições de Direito Processual Civil*, v. II, 5ª ed., São Paulo, Malheiros, 2005, p. 805.
4. A jurisprudência do Tribunal de Justiça de São Paulo vem seguindo esta orientação:
"Agravo de instrumento Ação anulatória c/c reparação por danos morais com pedido de antecipação de tutela. Autor, requerente de perícia médica, beneficiário da justiça gratuita. Decisão que determinou o pagamento dos honorários do perito às rés. Insurgência. Requerida a perícia pelo autor, beneficiário da justiça gratuita, não pode ser imposto ao réu o pagamento dos honorários periciais. A perícia, nesse caso, será realizada pelo perito nomeado, que será remunerado pelo Fundo de Assistência Judiciária FAJ, ou receberá a final seus honorários se a ré for vencida, ou pelo IMESC. Agravo provido." (Agravo de Instrumento 0257791-60.2011.8.26.0000, Rel. Des. Morais Pucci, 27ª Câmara de Direito Privado, v.u., j. 17.07.2012)

peritos no estado de São Paulo, quantia que deverá ser restituída ao fundo pela parte adversária em caso de esta sair derrotada ao final do processo.

2. PRERROGATIVAS

Duas prerrogativas legais são dirigidas à entidade de direito público que realiza a assistência judiciária e encontram-se previstas em dispositivos não revogados da Lei 1.060/50[5].

A primeira, trazida pelo artigo 16, parágrafo único, após a reforma realizada pela Lei 6.248, de 1975, diz respeito à inexigibilidade de apresentação de instrumento de mandato quando a parte é representada em juízo por advogado integrante de serviço estatal de assistência judiciária, ou seja, o que se entende contemporaneamente por defensor público[6]. Outros órgãos privados a ela associados não gozam desta distinção.

A segunda prerrogativa reside no artigo 5º, § 5º e estabelece o prazo em dobro e a intimação pessoal dos defensores públicos. Porém, diversamente da anterior, esta estende sua abrangência aos que "exercem cargo equivalente" à Defensoria Pública[7] pela escrita constitucional, atingindo, assim, as organizações não governamentais e órgãos conveniados ao Estado, inclusive estudantis[8].

O Código de Processo Civil de 2015 repetiu a prerrogativa à Defensoria Pública, em seu art. 186, esclarecendo, em substituição à menção genérica ao "cargo equivalente" da lei antiga, que a sua incidência também abrange os escritórios de prática jurídica das faculdades de Direito e as entidades que prestam assistência jurídica gratuita conveniados com a Defensoria Pública.

Quanto aos advogados particulares, não conveniados com órgãos oficiais de assistência judiciária, o Supremo Tribunal Federal decidiu por restringir-lhes a aplicação das prerrogativas aqui tratadas:

---

5. Embora o dispositivo do art. 5º, § 5º da Lei de Assistência Judiciária, não tenha sido expressamente revogado, está tacitamente revogado, por força do artigo 2º, § 1º, da Lei de Introdução às Normas do Direito Brasileiro, pois a matéria de que trata foi inteiramente regulada pelo art. 186 do novo diploma processual.

6. "Art. 16. Parágrafo único. O instrumento de mandato não será exigido, quando a parte for representada em juízo por advogado integrante de entidade de direito público incumbido na forma da lei, de prestação de assistência judiciária gratuita"

7. Art. 5º, § 5º Nos Estados onde a Assistência Judiciária seja organizada e por eles mantida, o Defensor Público, ou quem exerça cargo equivalente, será intimado pessoalmente de todos os atos do processo, em ambas as Instâncias, contando-se-lhes em dobro todos os prazos"

8. Tornou-se paradigmático o aresto do Superior Tribunal de Justiça:
"Assistência judiciária. Prazos dobrados. Aos advogados do centro acadêmico xi de agosto, da faculdade de direito da Usp, entidade conveniada com o estado de São Paulo "visando a prestação de assistência judiciária gratuita, " enquanto prestantes da referida assistência às pessoas carentes, contam-se em dobro todos os prazos. Recurso especial a que se deu provimento. Unânime." (REsp 23.952/SP, 4ª Turma, Rel. Min. Fontes de Alencar, DJ 06.10.1992). No mesmo sentido, REsp 1.106.213/SP, 3ª Turma, Rel. Min. Nancy Andrighi, j. 25.10.2011.

GRATUIDADE DE JUSTIÇA NO NOVO CÓDIGO DE PROCESSO CIVIL **277**

"Entendo que os Advogados dativos não são destinatários das prerrogativas processuais estabelecidas tanto pelo diploma legislativo em questão quanto pela Lei Complementar 80/94. As leis referidas claramente restringiram a dimensão subjetiva da aplicabilidade, pois limitaram aos Defensores Públicos, ou aos que exercem, no âmbito do sistema de assistência judiciária organizado e mantido pelo Poder Público, cargo equivalente – e a estes, somente – os benefícios de índole processual já mencionados."[9]

3. DESTINATÁRIOS

O texto constitucional estabelece como requisito para a obtenção dos direitos à assistência jurídica e gratuidade de justiça a "insuficiência de recursos" (art. 5º, LXXIV), terminologia repetida no art. 98, *caput*, do Código de Processo Civil[10]. A hipossuficiência, sustenta Fernanda Tartuce, é uma forma de vulnerabilidade processual de natureza econômica[11].

Tanto a Lei 1.060/50 como o Código de Processo Civil de 2015 adotam a nomenclatura "necessitado". A antiga lei, contudo, utilizou, no § 1º do artigo 4º, o termo "pobre", quando determina a presunção de veracidade da declaração judicial de impossibilidade de arcar com as custas do processo sem prejuízo da própria subsistência ou da família[12], que acabou consagrada no jargão forense como "declaração de pobreza". Esse parágrafo foi adicionado pela Lei 7.510, de 4 de julho de 1986, que introduziu a presunção de veracidade da declaração.

3.1. Pessoa jurídica

Até o advento do Código de Processo Civil de 2015, a concessão do direito à assistência jurídica e a gratuidade processual às pessoas jurídicas não havia sido admitida pelo legislador, que apenas deitara olhos para as necessidades das pessoas

---

9. STF, Ag 167.023/RS, Rel. Min. Celso de Mello, DJ 29.06.1995. No mesmo sentido, AI 153928 AgR-ED-ED -EDv-AgR, Rel. Min. Néri da Silveira, DJ 13.06.2003. E, mais recentemente, AI 747.252/SP-AgR, Rel. Min. Gilmar Mendes, Pleno, DJe 18.09.2009 e AgR no AI 242.160, Rel. Min. Dias Toffoli, 1ª Turma, j. 28.02.2012. O Superior Tribunal de Justiça segue o mesmo posicionamento:
   "agravo regimental. Intempestividade. Gratuidade judiciária deferida. Advogado particular. Prazo em dobro previsto no § 5º do art. 5º da Lei 1.60/50. Inaplicabilidade.
   1. A jurisprudência desta Corte já decidiu que "o prazo em dobro é concedido apenas ao Defensor Público da Assistência Judiciária, não se estendendo à parte, beneficiária da justiça gratuita, mas representada por advogado que não pertence aos quadro da Defensoria do Estado" (AgRg no Ag 765.142/SP, Rel. Min. Carlos Alberto Menezes Direito, DJ 12.3.2007).
   2. Agravo Regimental improvido." (AgRg no AgRg no AREsp 21.076/PE, Rel. Min. Menezes Direito, 3ª Turma, j. 07.02.2012, v.u.)
10. O art. 2º, parágrafo único, da Lei 1.060/50, estipulava o conceito de necessitado como "*todo aquele cuja situação econômica não lhe permita pagar as custas do processo e os honorários de advogado, sem prejuízo do sustento próprio ou da família*", preceito normativo surgido no ordenamento Pátrio através Decreto 2.457/1897 e recepcionado pelo Código de Processo Civil de 1939.
11. F. TARTUCE, *Igualdade e Vulnerabilidade no Processo Civil*, Rio de Janeiro, Forense, 2012, p. 183.
12. "§ 1º. Presume-se pobre, até prova em contrário, quem afirmar essa condição nos termos desta lei, sob pena de pagamento até o décuplo das custas judiciais."

físicas. Um argumento utilizado pelos defensores da corrente contrária à concessão às pessoas jurídicas fundava-se na exegese do art. 2º da Lei 1.060/50, segundo o qual faz jus à assistência aquele que, de outro modo, teria prejudicado seu sustento e o da família; como a pessoa jurídica não tem família, logo, não pode ser assistida. Esse posicionamento já havia sido derrotado por Barbosa Moreira, que alegou que as circunstâncias de prejuízo próprio ou da própria família não se cumulam[13], o que se depreende facilmente, pela utilização da conjunção "ou", alternativa, ao invés de "e", aditiva. Não por acaso, o termo "família" foi suprimido da redação do art. 98 da lei processual vigente. Somente após a edição da Súmula 481 pelo Superior Tribunal de Justiça, em 2012, a questão da concessão da justiça gratuita às pessoas jurídicas foi superada.

A nova legislação processual acolheu o entendimento sumulado, reconhecendo a possibilidade e a legalidade da concessão e demonstrando não haver incompatibilidade entre os conceitos de hipossuficiência econômica e de pessoa jurídica. A exigência de comprovação da incapacidade, entretanto, é inafastável, não prevalecendo a presunção de veracidade de declaração de hipossuficiência apresentada por uma pessoa jurídica.

4. PRESUNÇÃO DE HIPOSSUFICIÊNCIA

Desde a promulgação da Constituição Federal, em 1988, até a edição do novo Código de Processo Civil, em 2015, a questão polêmica residia no art. 5º, LXXIV, no qual se imputa como dever do Estado a prestação de assistência jurídica integral e gratuita aos carentes de recursos, mediante comprovação desta situação. Discutia-se se, com essa redação, o constituinte teria alterado o instituto, não recepcionando o artigo 4º da Lei 1.060/50 e rejeitando a mera declaração de insuficiência financeira aposta em petição ou subscrita pelo interessado para concessão da gratuidade da justiça.

A Constituição se refere a um serviço público complexo e que exige aparelhamento estatal específico, não se resumindo apenas à mera isenção de custas e despesas. Nesse viés, a referida norma constitucional encontra aplicação para o serviço de assistência jurídica oferecido pelas entidades estatais, ou seja, as Defensorias Públicas. Ao lado delas, devem ser admitidos também os entes, particulares ou não, que exercem as mesmas atividades, dentre os quais são exemplos a Ordem dos Advogados do Brasil e o Departamento Jurídico XI de Agosto.

É nesse sentido que se deve aplicar a regra dada pela Constituição para comprovação de pobreza, e quem se incumbe da verificação por meio da apresentação de provas é o ente que irá prestar a assistência jurídica ao interessado. Por tal razão, Araken de Assis destaca que a previsão constitucional é da prestação do serviço de

---

13. J. C. B. MOREIRA, *O Direito à Assistência Jurídica*, apud *Revista de Direito da Defensoria Pública*, n. 5, p. 131-132.

GRATUIDADE DE JUSTIÇA NO NOVO CÓDIGO DE PROCESSO CIVIL **279**

assistência jurídica pelo Estado aos que comprovarem a necessidade do serviço, sendo que "talvez seja possível, no âmbito administrativo, relevar tal prova e acreditar nas alegações dos interessados[14]".

O legislador do novo Código de Processo Civil foi prudente ao abordar o instituto valendo-se unicamente da expressão "gratuidade da justiça". Fica claro, dessa forma, que o tratamento pela lei processual se refere unicamente ao benefício de isenção de despesas a ser concedido a litigantes em juízo, e não ao atendimento e assessoramento técnico-jurídico especializado realizado pela Defensoria Pública ou por entidades conveniadas ou que lhe faça as vezes.

5. NECESSIDADE DE COMPROVAÇÃO

O § 3º do art. 99 da atual legislação manteve o tratamento de que a afirmação de hipossuficiência somente goza de presunção relativa se realizada por pessoa natural, interpretação que a doutrina e os Tribunais extraíam do art. 4º da Lei 1.060/50 e da Súmula 418 do Superior Tribunal de Justiça. Exige-se, portanto, comprovação da condição financeira da pessoa jurídica, sempre que esta requerer a gratuidade processual.

O § 2º do mesmo dispositivo veda ao juiz o indeferimento do pedido sem oportunizar à parte requerente a comprovação dos requisitos para a concessão da gratuidade. Esta norma enfatiza a relatividade da presunção de hipossuficiência, e atende ao espírito de cooperação[15] desejado pelo Código, vedando a "decisão surpresa" com base na aparência de capacidade financeira da parte.

Gozando de presunção relativa da veracidade da afirmação de hipossuficiência, a pessoa natural não deve ser compelida a fazer prova desta condição inexistindo motivo relevante e fundamentado para tanto. No entanto, em não raras vezes, determinações judiciais estabelecem exigências de apresentação de declarações de bens e receitas, demonstrativos financeiros e até declaração escrita de pobreza, sem justo motivo para tanto.

Mais do que excesso de rigor formal, tratam-se de exigências que violam o artigo 99, §§ 2º e 3º do Código de Processo Civil. Ademais, o posicionamento dos tribunais é amplamente favorável à suficiência da declaração de hipossuficiência[16].

Contudo, na nova sistemática processual, decisão interlocutória dessa natureza não é passível de recurso, uma vez que não consta do rol das hipóteses de agravo de instrumento do art. 1.015. Somente as decisões de indeferimento ou de revogação

---

14. A. de ASSIS, *Garantia do Acesso à Justiça – benefício da gratuidade* in J. R. C. e TUCCI, *Garantias Constitucionais do Processo Civil*, São Paulo, RT, 1999, p. 23.
15. DINAMARCO, *Instituições de Direito Processual Civil*, v. I, 9ª ed., São Paulo, Malheiros, 2017, p. 47.
16. No Superior Tribunal de Justiça decidiu-se, em três ocasiões: REsp 121799/RS, DJ 26/06/2000, p. 198, Min. Hamilton Carvalhido; REsp 469594/RS, 3ª Turma do STJ, Relª. Min. Nancy Andrighi, J. 22/05/03, D.J. 30/06/03 e REsp. 174.538-SP, Primeira Turma, Rel. Min. Garcia Vieira, j. 08.09.98, DJ. 26.10.98, p. 47.

da gratuidade são recorríveis de acordo com o texto legal, havendo previsão expressa no art. 1.015, inciso V.

Para o instituto é um sério revés, que enfraquece a presunção de hipossuficiência expressa no § 3º do art. 99 do Código. Somente a interpretação jurisprudencial favorável ao cabimento de agravo de instrumento possibilitará o questionamento de decisões nesse sentido. Contudo, enquanto não houver posicionamento dos tribunais superiores, o entendimento é de que se trata de rol taxativo.

O art. 105 do Código de Processo Civil autoriza ao advogado assinar declaração de hipossuficiência, desde que a parte que representa tenha lhe outorgado poderes específicos por instrumento de mandato.

Muitas decisões judiciais, sem levantar qualquer questionamento, exigem da parte interessada que traga aos autos do processo declaração de pobreza, firmada de próprio punho, não reconhecendo a legitimidade e tampouco a veracidade da mera declaração subscrita por advogado com poderes específicos, como se esta precisasse de um "reforço" para ser reconhecida, traduzida unicamente no exame da caligrafia da pessoa, que não se presta a mensurar a condição financeira de quem escreve.

A presunção relativa de hipossuficiência, portanto, somente pode vir a ser atacada havendo fundada dúvida do contrário. Somente deve fazer prova de suas condições aquele interessado sobre o qual recaiam fundadas dúvidas acerca de sua hipossuficiência econômica.

6. PEDIDO FEITO NO CURSO DO PROCESSO E EM SEDE DE RECURSO

As partes podem, a qualquer momento, requerer a gratuidade de justiça, como consagra o art. 99, *caput*, da lei processual. Contudo, o pedido feito com o processo em marcha distingue-se do pedido realizado na primeira oportunidade pelo demandante porque corresponde a uma modificação para pior na capacidade econômica do demandante, daí porque não se presume, pois altera a realidade até então apresentada nos autos.

Embora a lei vigente não afaste expressamente a presunção de hipossuficiência nessa hipótese, o juiz poderá fazê-lo, pois restou gerada fundada dúvida quanto à condição financeira da parte pleiteante, como autoriza o art. 99, § 2º do Código.

O procedimento foi simplificado. A Lei 1.060/50, por seu artigo 6º, exigia a instauração de incidente apartado para os pedidos de gratuidade efetuados durante o trâmite do processo. Por esta razão, os requerimentos deveriam ser feitos em petição própria. Atualmente, de acordo com o art. 99, § 1º, do Código de Processo Civil, basta a simples petição, nos mesmos autos.

No sistema da Lei 1.060/50, os tribunais exigiam, rigorosamente, que o pedido de gratuidade fosse formulado em petição autônoma, específica. Não se admitia o requerimento em sede de preliminar de recurso endereçado ao órgão jurisdicional

GRATUIDADE DE JUSTIÇA NO NOVO CÓDIGO DE PROCESSO CIVIL **281**

superior. Pleitear a isenção de custas em preliminar recursal, com a simples declaração de pobreza e sem a juntada das guias de custas e preparo de recurso implicava a deserção do recurso, como enunciava a Súmula 187 do Superior Tribunal de Justiça[17].

As cortes faziam aplicação estrita do artigo 6° da revogada lei de assistência judiciária[18], com a justificativa de que se trata de manobra da parte na tentativa de esquivar-se do pagamento das despesas recursais, muitas vezes elevadas:

> "É que, segundo se vê dos fundamentos da decisão, agiu a parte sem qualquer cautela e, na verdade, com a deliberada intenção de se esquivar dos ônus sucumbenciais, porquanto em momento algum anteriormente, ao longo da lide, postulou o benefício, só o fazendo à undécima hora, concomitantemente com a interposição da apelação, e considerando como certo o acolhimento do pedido de gratuidade" (STJ, 4ª T., REsp 539.832/RS, Rel. Min. Aldir Passarinho Junior, j. 28.10.2003, v.u.)·

No entanto, o Superior Tribunal de Justiça, excepcionalmente acolheu pedido de gratuidade efetuado no próprio corpo da peça de recurso especial, entendendo suficiente a mera declaração de pobreza e afastando o vício da deserção, em ocasião na qual o pedido fora efetuado anteriormente, em primeiro grau e reiterado no segundo, mas não havia sido apreciado pelo órgão estadual[19].

---

17. "Súmula 187: É deserto o recurso interposto para o Superior Tribunal de Justiça, quando o recorrente não recolhe, na origem, a importância das despesas de remessa e retorno dos autos." (DJ 30.05.1997).

18. "Processual civil. Assistência judiciária. Postulação tardia, feita concomitantemente com a apelação. Propósito identificado de se esquivar da sucumbência. Desnecessidade de abertura de prazo para preparo. Fatos. Interpretação. Súmula n. 7-STJ. Apelação. Deserção. CPC, arts. 511 e 234.

I. Identificado pelo Tribunal estadual propósito da parte de se esquivar de sucumbência a ela imposta, mediante pedido de gratuidade feito tardiamente, concomitantemente com a interposição da apelação, julgada deserta, não se justifica a anulação do acórdão para que se oportunize o pagamento do preparo, mormente porque o recolhimento das custas é a regra legal e geral, e a exceção (a dispensa), deve ser precedida de decisão judicial expressa, até lá valendo o princípio comum a todos.

II. Inexistência de circunstância especial, a demandar solução diversa.

III. Recurso especial não conhecido." (STJ, 4ª T., REsp 539.832/RS, Rel. Min. Aldir Passarinho Junior, j. 28.10.2003, v.u.)

No mesmo sentido era o entendimento do Tribunal de Justiça de São Paulo:

"Apelação. Ação declaratória de inexigibilidade de título – Procedência – Assistência judiciária requerida apenas com a interposição da apelação Ausência de demonstração do estado de pobreza – Descabimento Incidência da regra geral, segundo a qual deve haver o recolhimento do preparo recursal no ato de interposição do recurso Art. 511 do CPC – Propósito de frustrar o pagamento do preparo e da sucumbência – Deserção – Recurso não conhecido." (TJSP, 38ª Câm. Dir. Privado, Apelação 0003070-92.2010.8.26.0125, Rel. Des. Spencer Almeida Ferreira, j. 23.11.2011, v.u.). No mesmo sentido: TJSP, 11ª Câm. Dir. Privado, Apelação 1.181.097-4, Rel. Des. Celso Lourenço Morgado, j. 10.02.2006, v.u.; TJSP, 1ª Câm. Dir. Privado, Apelação 418.652-4/2-00, Rel. Des. Luiz Antonio de Godoy, j. 18.09.2007, v.u.; TJSP, 33ª Câm. Dir. Privado, Apelação 883756- 0/6, Rel. Des. Richard Francisco Chequini, j. 04.10.2006, v.u.

19. Excerto do voto do Ministro Massamy Uyeda, do Superior Tribunal de Justiça a respeito de um caso no qual a parte requereu, mediante declaração de hipossuficiência, a concessão do benefício da gratuidade processual, não tendo sido o pedido apreciado pelo tribunal estadual em primeira e em segunda instâncias, e julgado deserto agravo de instrumento. O STJ afastou a deserção:

"O Superior Tribunal de Justiça (...) já manifestou o entendimento de que, na falta de exame expresso, pelo Juiz ou Tribunal, do pedido de justiça gratuita, tem-se por deferido o benefício, em favor da facilitação do acesso à Justiça, o que não impede, contudo, a análise posterior, pelo julgador, da capacidade financeira e econômica do requerente de arcar com as despesas processuais (ut REsp 407.036/MT, 3ª Turma, relatora Ministra Nancy Andrighi, DJ de 24/06/2002).

Em novo entendimento, o Supremo Tribunal Federal decidiu pela concessão do benefício mesmo sendo o pedido formulado em preliminar de recurso extraordinário, a despeito de não ter sido efetuado pagamento das custas e despesas de porte e remessa, sustentando-se na interpretação ampla do art. 5º, inciso XXXV, da Constituição e afastando a declaração de deserção. O julgamento se deu por maioria de votos na 1ª Turma da Suprema Corte[20].

Tal posicionamento mais recente do Supremo Tribunal Federal foi acompanhado pelo legislador, uma vez que o Código de Processo Civil extinguiu o incidente apartado para os pedidos de gratuidade efetuados durante o trâmite dos processos, previsto no art. 6º da Lei 1.060/50.

Como visto anteriormente, o art. 99, § 1º, simplificou o procedimento, bastando a simples petição para o pedido após a primeira manifestação da parte. Já o § 7º do mesmo dispositivo, por seu turno, dispôs que o requerimento formulado em recurso dispensa o recolhimento do preparo, sem que isso implique deserção.

Observe-se que o art. 1.010, § 3º determina que o recurso de apelação deve ser interposto perante o juízo de primeiro grau e remetido ao tribunal independentemente de juízo de admissibilidade. Assim, cabe ao tribunal *ad quem* a aferição do recolhimento de custas, assim como decidir sobre pedido de gratuidade.

7. IMPUGNAÇÃO PELO ADVERSÁRIO PROCESSUAL

No regime da Lei 1.060/50, a outra parte poderia pleitear a impugnação do pedido por meio de incidente processual, na forma do art. 4º, § 2º, ou a revogação, quando já deferido, com fundamento no art. 7º da referida lei.

O art. 100 do Código de Processo Civil de 2015 dispensa o incidente, prevendo que a impugnação pode ser feita na oportunidade de resposta, e na mesma petição, seja ela a contestação, réplica ou contrarrazões de recurso. Se o pedido for formulado em petição simples, assim também será a impugnação, que deverá ser apresentada no prazo de 15 dias.

Embora não haja previsão legal, a parte poderá pedir a qualquer momento a revogação da gratuidade concedida a seu adversário processual – assim como a qual-

---

(...) Portanto, faz jus o recorrente aos benefícios da assistência judiciária gratuita, sendo importante deixar assente que o art. 257 do Regimento Interno do Superior Tribunal de Justiça é claro ao consignar que, no julgamento do apelo nobre, esta Corte Superior deve aplicar o direito à espécie, sendo esse o caso dos autos." (STJ, 3ª T., REsp 1.185.599 – MG, Rel. Min. Massamy Uyeda, j. 15.02.2012, v.u.).

20. "JUSTIÇA GRATUITA – REQUERIMENTO – AUSÊNCIA DE APRECIAÇÃO – CONSEQUÊNCIAS – Uma vez pleiteado o reconhecimento do direito à justiça gratuita, afirmando a parte interessada não ter condições de fazer frente a preparo, cumpre afastar a deserção" (STF, 1ª T, AgReg no AI 652.139/MG, Rel. Designado Min. Marco Aurélio, vencido o Relator Min. Dias Toffoli, DJ 22.5.2012).

A Ministra Cármen Lúcia, em voto vista no acórdão acima ementado, afirmou: "O pedido de assistência judiciária tem sido deferido pelos Ministros deste Supremo Tribunal Federal quando formulado na petição do recurso extraordinário, nesse sentido: RE 584.709, de minha autoria, DJe 29.11.2010; RE 599;076, Rel. Min. Ricardo Lewandowski, DJe 19;3;2010; e RE 596;403. Rel. Min. Dias Toffoli, DJe 3.3.2010"

quer momento pode a outra parte requerer a concessão –, tendo notícia ou prova de que a contraparte não faz jus ao direito de gratuidade.

Quanto às obrigações decorrentes da sucumbência, decaem[21] em cinco anos após o trânsito em julgado, se o litigante não comprovar, nesse prazo, o desaparecimento da situação de insuficiência de recursos do litigante beneficiário da gratuidade, vencido no processo. É o que dispõe o art. 98, § 3º, do Código. Durante o lapso temporal determinado pelo artigo 98, § 3º, portanto, tem-se um período no qual estas obrigações ficam suspensas, podendo ser exigidas mediante comprovação de que o sucumbente beneficiário da gratuidade passou a possuir recursos suficientes para pagar as verbas sucumbenciais.

Araken de Assis acertadamente conclui que a posição do impugnante está extremamente desvantajosa, pois *"dificilmente ele logrará reunir prova daquela equação entre receita e despesa que gera a figura do 'necessitado'"*[22], enfraquecendo o controle do judiciário e tornando o deferimento quase automático e irreversível.

Para que o impugnante possa de fato reunir condições de combater o deferimento da gratuidade processual a seu adversário, portanto, não deve ser compelido a apresentar prova pré-constituída cabal e inequívoca da conjuntura de sua contraparte. Poderá apresentar apenas os elementos, mínimos e concretos, capazes de suscitar a dúvida do magistrado, exigindo que o impugnado se pronuncie a respeito e demonstre sua condição.

Não há necessidade de o impugnante apresentar ou produzir todas as provas[23]; a ele basta a apresentação de indícios razoáveis e fundamentados para combater a presunção *iuris tantum* de veracidade da afirmação de hipossuficiência, possibilitando confronto com os elementos de prova a serem trazidos pelo impugnado. Dinamarco afirma que "embora o Código se haja esmerado em reduzir os incidentes do processo, nesse caso estará instaurado um autêntico incidente destinado à solução da questão da gratuidade da justiça, em pleno contraditório entre as partes[24].

Assim, levantada a presunção de hipossuficiência, o ônus da prova retorna ao requerente da gratuidade, o qual em sua resposta deverá demonstrar sua condição. A situação processual, nesse momento, se equivale às hipóteses de existência de fun-

---

21. De acordo com a letra da lei, o prazo é decadencial, pois extingue as obrigações decorrentes da sucumbência.
22. A. de ASSIS, *Garantia de acesso à Justiça: benefício da gratuidade*, São Paulo, RT, 2001, p. 24.
    Acrescenta ARAKEN DE ASSIS que "o impugnante deparará com imensas dificuldades, ao alegar a inexistência dos requisitos, para administrar provas hábeis de quanto ganha e gasta o beneficiário. Atenuam-se os obstáculos, parcialmente, na hipótese de desaparecimento da condição de necessitado, pois a mudança de fortuna deixa rastros visíveis. Só a obtenção de dados fiscais atualizados e completos permite conferir a equação cujo resultado é o conceito de necessitado. Porém, dificilmente se convencerá o juiz a quebrar o sigilo fiscal do beneficiário para tal finalidade" (Op. Cit., p. 30-31).
23. Em sentido contrário ARAKEN DE ASSIS, que opina: "a rigor, só prova cabal em contrário à condição de necessitado, que utiliza as variáveis da receita e da despesa, desfaz a presunção do artigo 4º, § 1º" (Op. Cit., p. 31).
24. DINAMARCO, *Instituições de Direito Processual Civil*, v. II, 7ª ed., São Paulo, Malheiros, 2017, p. 807.

dadas dúvidas do julgador para a concessão e a do pedido feito no curso do processo, tratadas anteriormente.

8. INDEFERIMENTO DE OFÍCIO

O fato de a declaração de hipossuficiência emitida por pessoa natural presumir-se verdadeira não impede, como visto, que o juiz a questione. A autoridade judicial, porém, antes de decidir sobre o cabimento ou não do pedido, deve permitir que a parte possa fazer prova de sua condição, sob pena de incorrer em cerceamento de defesa e violar o contraditório[25]. É o que determina o art. 99, § 2º, do Código de Processo Civil.

A lei não prevê hipótese de indeferimento de plano, ainda na hipótese de manifesta inadmissibilidade. Daí se infere que a vontade do legislador é possibilitar ao requerente a comprovação de sua situação financeira, robustecendo a presunção de hipossuficiência da simples afirmação feita pela parte.

Quanto ao pedido feito por pessoa jurídica, como já vimos, a presunção relativa de veracidade não as socorre, sendo necessária a demonstração da sua condição de hipossuficiência, não sendo razoável o indeferimento de plano. Se o pedido não vier acompanhado de provas, o juiz deverá ordenar a sua apresentação, sob pena de indeferimento.

Somente na hipótese de a pessoa jurídica ter instruído seu pedido com os documentos suficientes para a demonstração de sua situação financeira o juiz poderá decidir de plano, deferindo ou indeferindo o requerimento. Entendemos que esta é a única hipótese de decisão *ex officio* a respeito da gratuidade da justiça.

Caso o pedido esteja acompanhado de provas documentais, mas o julgador entender pela sua insuficiência, este poderá determinar a vinda de novos elementos para formação de sua convicção.

9. RECURSOS

Durante o regime da Lei 1.060/50 houve ampla discussão a respeito de qual seria o recurso cabível contra decisões que versassem sobre a gratuidade da justiça. Isso porque, conquanto se tratasse de decisão interlocutória, que, no sistema processual brasileiro, desafia agravo de instrumento, a redação do art. 17 da lei de assistência judiciária estabelecia ser hipótese de apelação.

---

25. "É natural que se adote aí maior cautela, incumbindo ao órgão judicial, se houver indícios de abuso, determinar, mesmo de ofício, as diligências necessárias ao conhecimento da realidade. O que não se afigura razoável é negar a priori o cabimento da medida." (J.C. BARBOSA MOREIRA. *O Direito à Assistência Jurídica: Evolução no Ordenamento Brasileiro de Nosso Tempo* in S. de F. TEIXEIRA (Coord.), *As Garantias do Cidadão na Justiça*, São Paulo, Saraiva, 1993, p. 212.)

GRATUIDADE DE JUSTIÇA NO NOVO CÓDIGO DE PROCESSO CIVIL **285**

Como esclarece Marcacini, a opção pela apelação pelo legislador tinha a finalidade de municiar o recurso de efeito suspensivo, que o sistema recursal de 1973 não previa para os agravos de instrumento[26].

A jurisprudência do Superior Tribunal de Justiça pacificou o entendimento de que o recurso cabível era o agravo de instrumento, adequando o sistema da lei de assistência judiciária ao Código de Processo Civil[27]. Todavia, em um primeiro momento, havia se posicionado pelo cabimento de apelação, se a decisão recorrida fosse proferida em incidente de impugnação processado em apartado[28].

Essa discussão tornou-se superada com o advento do Código de Processo Civil de 2015, o qual, na forma dos artigos 101 e 1.015, inciso V, passou a determinar que são passíveis de agravo de instrumento as decisões que versarem sobre "rejeição do pedido de gratuidade da justiça ou acolhimento do pedido de sua revogação".

Com a aplicação do princípio *tempus regit actum*, o agravo de instrumento é o meio recursal cabível contra decisões proferidas em incidentes de impugnação à gratuidade da justiça opostos sob o regime da Lei 1.060/50, mas decididos sob o atual Código de Processo Civil. Nesse sentido já há precedentes do Superior Tribunal de Justiça[29].

---

26. MARCACINI, Op. Cit., p. 107.

27. "Processual civil. Agravo regimental no agravo de instrumento. Recurso especial. Alegação de ofensa ao art. 522 do CPC. Inexistência. Recurso contra decisão que indefere assistência judiciária. Agravo de instrumento. Acórdão recorrido em conformidade com a jurisprudência do STJ.

    1. Nos termos do art. 522 do CPC e da jurisprudência desta Corte Superior, o recurso cabível contra decisão que indefere a assistência judiciária é o agravo de instrumento. Precedentes.

    2. Estando o acórdão recorrido em conformidade com o posicionamento sedimentado no STJ, fica o recurso especial obstado pelo respectivo verbete sumular 83.

    3. Agravo regimental a que se nega provimento." (AgRg no Ag 1081843/SP, Rel. Ministra Maria Isabel Gallotti, Quarta Turma, julgado em 02/08/2011, DJe 12/08/2011)"

28. "Assistência judiciária. Recurso cabível. Fungibilidade. Multa do art. 538, parágrafo único, do Código de Processo Civil. Súmula 98 da Corte. Precedentes.

    1. Havendo impugnação ao deferimento da assistência judiciária, processada em autos apartados, contra a sentença que a acolhe cabe o recurso de apelação. Não há, portanto, plausibilidade para admitir-se, no caso, a fungibilidade recursal.

    2. Nos termos da Súmula 98 da Corte não são protelatórios os embargos para fim de prequestionamento.

    3. Recurso especial conhecido e provido, em parte." (REsp 256.281/AM, Rel. Ministro Carlos Alberto Menezes Direito, Terceira Turma, julgado em 22/05/2001, DJ 27/08/2001, p. 328)"

29. "Direito intertemporal processual. Impugnação à assistência judiciária gratuita. Incidente instaurado em autos apartados na vigência dos arts. 4°, 7° e 17 da Lei 1.060/50. Decisão da impugnação prolatada na vigência do CPC/2015. Princípio do "tempus regit actum". Teoria do isolamento dos atos processuais. Recurso cabível. Agravo de instrumento.

    1. O propósito recursal consiste em definir o recurso cabível contra o provimento jurisdicional que, após a entrada em vigor do CPC/2015, acolhe incidente de impugnação à gratuidade de justiça instaurado, em autos apartados, na vigência do regramento anterior (arts. 4°, 7° e 17 da Lei 1.060/50).

    2. A sucessão de leis processuais no tempo subordina-se ao princípio geral do "tempus regit actum", no qual se fundamenta a teoria do isolamento dos atos processuais.

    3. De acordo com essa teoria – atualmente positivada no art. 14 do CPC/2015 – a lei processual nova tem aplicação imediata aos processos em desenvolvimento, resguardando-se, contudo, a eficácia dos atos pro-

Deve-se observar, contudo, que o sistema recursal vigente desde 2015 restringiu as situações de recorribilidade por agravo de instrumento para um rol expresso. Dessa maneira, não são recorríveis todas as decisões que versam sobre a gratuidade, mas apenas aquelas indicadas nos artigos 101 e 1.015, inciso V do Código, quais sejam, as que indeferem ou revogam o dito benefício.

Não são recorríveis, portanto, as decisões que mantém ou concedem a gratuidade processual. Nestas hipóteses, o adversário processual prejudicado não ficará desamparado, pois poderá apresentar nova impugnação, a qualquer tempo, como visto anteriormente, porquanto a matéria não se submete aos efeitos da preclusão.

10. REFERÊNCIAS BIBLIOGRÁFICAS

ASSIS, Araken de. *Garantia de Acesso à Justiça: Benefício da Gratuidade* In TUCCI, José Rogério Cruz e. *Garantias Constitucionais do Processo Civil*. São Paulo, RT, 1998.

BABO, Carlos. Assistência Judiciária. Porto, Livraria Latina Editora, 1944.

BARBOSA, Ruy Pereira. *Assistência Jurídica*. Rio de Janeiro, Forense, 1998.

BARBOSA MOREIRA, José Carlos, *O Direito à Assistência Jurídica: Evolução no Ordenamento Brasileiro de Nosso Tempo* in TEIXEIRA, Sálvio de Figueiredo (coord.), *As Garantias do Cidadão na Justiça*, São Paulo, Saraiva, 1993.

_____. *O Direito à Assistência Jurídica*, apud *Revista de Direito da Defensoria Pública*, n. 5, p. 131-132.

_____. *Temas de Direito Processual – sétima série*. São Paulo, Saraiva, 2001.

DIDIER JR., Fredie e OLIVEIRA, Rafael. *Benefício da Justiça Gratuita*, 3ª ed., Salvador, JusPodivm, 2008.

DINAMARCO, Cândido Rangel, *Instituições de Direito Processual Civil*, v. I, 9ª ed., São Paulo, Malheiros, 2017.

_____, *Instituições de Direito Processual Civil*, v. II, 5ª ed., São Paulo, Malheiros, 2005.

_____, *Instituições de Direito Processual Civil*, v. II, 7ª ed., São Paulo, Malheiros, 2017.

GIANNAKOS, Ângelo Maraninchi, *Assistência Judiciária no Direito Brasileiro*, Porto Alegre, Livraria do Advogado, 2008.

---

cessuais já realizados na forma da legislação anterior, bem como as situações jurídicas consolidadas sob a vigência da norma revogada.

4. Em homenagem ao referido princípio, esta Corte consolidou o entendimento de que "a lei a reger o recurso cabível e a forma de sua interposição é aquela vigente à data da publicação da decisão impugnada, ocasião em que o sucumbente tem a ciência da exata compreensão dos fundamentos do provimento jurisdicional que pretende combater" (AgInt nos EDcl no AREsp 949.997/AM, 3ª Turma, DJe de 21/09/2017).

5. Na espécie, em que pese a autuação do incidente de impugnação à gratuidade de justiça em autos apartados, segundo o procedimento vigente à época, o provimento jurisdicional que revogou o benefício foi prolatado já na vigência do CPC/2015, que prevê o cabimento do recurso de agravo de instrumento.

6. A via recursal eleita pelo recorrente, portanto, mostra-se adequada, impondo-se a devolução dos autos ao Tribunal de origem para que prossiga no julgamento do agravo de instrumento.

7. Recurso especial conhecido e provido."

(REsp 1666321/RS, Rel. Ministra Nancy Andrighi, Terceira Turma, julgado em 07/11/2017, DJe 13/11/2017).

MANCUSO, Rodolfo de Camargo, *Acesso à Justiça – Condicionantes Legítimas e Ilegítimas*, São Paulo, RT, 2012.

MARCACINI, Augusto Tavares Rosa, *Assistência Jurídica, Assistência Judiciária e Justiça Gratuita*, 1ª ed., 2ª tir., Rio de Janeiro, Forense, 2001.

_____, RODRIGUES, Walter Piva, *Proposta de Alteração da Lei de Assistência Judiciária* in *Revista da Faculdade de Direito da Universidade de São Paulo*, v. 93, 1998.

MESQUITA, José Ignácio Botelho de, *Teses, Estudos e Pareceres de Processo Civil*, v. 1, São Paulo, RT, 2005.

SILVA, Fernanda Tartuce. *Igualdade e Vulnerabilidade no processo civil*. Rio de Janeiro, Forense, 2012

OBJETO LITIGIOSO DA EXECUÇÃO CIVIL

Heitor Vitor Mendonça Sica

Professor-Associado de Direito Processual Civil da Faculdade de Direito da Universidade de São Paulo. Livre-docente, Doutor e Mestre em Direito Processual Civil pela mesma instituição. Advogado.

Sumário: 1. Introdução – 2. Objeto litigioso da fase de cumprimento de decisão civil que reconhece exigibilidade de obrigação (Art. 515, I, do CPC de 2015) – 3. Objeto litigioso da fase de cumprimento de decisão civil que homologa autocomposição judicial (Art. 515, II, do CPC de 2015) – 4. Objeto litigioso da fase de cumprimento de decisão civil que homologa autocomposição extrajudicial (Art. 515, III, do CPC de 2015) – 5. Objeto litigioso da fase de cumprimento de formal ou certidão de partilha (Art. 515, IV, do CPC de 2015) – 6. Objeto litigioso das fases de "cumprimentos anexos" de decisões decorrentes de impositivos legais processuais (Art. 515, I e V, do CPC de 2015) – 7. Objeto litigioso do processo autônomo de execução de sentença penal condenatória (Art. 515, VI, do CPC de 2015) – 8. Objeto litigioso do processo autônomo de execução de sentença arbitral nacional (Art. 515, VII, do CPC de 2015) – 9. Objeto litigioso do processo autônomo de execução de sentença judicial e arbitral estrangeiras homologadas ou de carta precatória a que se concedeu *exequatur* (Art. 515, VIII e IX, do CPC de 2015) – 10. Objeto litigioso da fase de cumprimento de mandado monitório convertido em título executivo (Art. 701 do CPC 2015) – 11. Objeto litigioso do processo autônomo de execução de título extrajudicial – 12. Conclusão.

1. INTRODUÇÃO

O presente trabalho visa a examinar o tormentoso tema da definição do "objeto litigioso" do processo de execução.

Não se pode duvidar da utilidade dessa empreitada, pois da caracterização do objeto litigioso do processo decorre a definição de diversos aspectos fundamentais do funcionamento do processo, tais como competência, legitimidade, litispendência, coisa julgada, conexão etc.[1-2]

---

1. Conforme já reconhecemos em outra obra (SICA, Heitor Vitor Mendonça. O direito de defesa no processo civil brasileiro: um estudo sobre a posição do réu. São Paulo: Atlas, 2011. p. 257.), com apoio em doutrina estrangeira (CERINO CANOVA, Augusto. La domanda giudiziale ed il suo contenuto. In: ALLORIO, Enrico. Commentario del Codice di Procedura Civile. Torino: UTET, 1980. v. 2. p. 113 e ss.; CONSOLO, Claudio. Spiegazioni di diritto processuale civile. G. Giappichelli, 2010. v. 1 (Le tutele: di mérito, sommarie ed esecutive). p. 203; DE LA OLIVA SANTOS, Andrés. Objeto del proceso y cosa juzgada en el proceso civil. Madrid: Civitas, 2005. p. 24-25) e pátria (BUZAID, Alfredo. Da lide: estudo sobre o objeto litigioso. Estudos e pareceres de direito processual civil. Notas de adaptação ao direito vigente de Ada Pellegrini Grinover e Flávio Luiz Yarshell. São Paulo: RT, 2002. p. 74; DINAMARCO, Cândido Rangel. Instituições de direito processual civil. 3. ed. São Paulo: Malheiros, 2009. v. 2, p. 108).
2. Ao tempo do CPC de 1973, outra repercussão relevante dessa questão recaía sobre os honorários sucumbenciais. Conforme pontuamos em outro texto (Breves comentários ao art. 20 do CPC, à luz da jurisprudência do Superior Tribunal de Justiça. p. 103-143), aquele diploma determinava que as decisões que julgavam

Logo se percebe que não se trata de questão meramente teórica e de interesse exclusivamente acadêmico.

Normalmente, as investigações acerca do objeto litigioso são desenvolvidas com os olhos voltados para o chamado "processo de conhecimento", mas é notável a importância de fazê-lo igualmente no tocante à execução.[3]

Reconhece-se haver outras proposições teóricas que descartam a utilidade do "objeto litigioso do processo" para a análise dos fenômenos processuais.[4] Contudo, o sistema processual brasileiro continua a ser construído com base nesse modelo, e a doutrina[5] e os tribunais nacionais[6] continuam a tê-lo como referencial.

Para que essa tarefa seja adequadamente cumprida, impõe-se, a título de premissa, fixar o conceito de objeto litigioso aqui adotado.

Deixando-se de lado as construções elaboradas anteriormente à afirmação da autonomia da ciência processual, a doutrina elaborou, ao longo de décadas, diversas teorias para explicar o objeto litigioso do processo, que sempre apresentou relações mais ou menos íntimas com o conceito de pretensão.

---

demanda deveriam fixar honorários sucumbenciais (arts. 20, caput e §§ 4º e 34), mas não as decisões que apreciavam simples "incidente" ou recurso (art. 20, § 1º, a *contrario sensu*). Para saber se eram cabíveis ou não os honorários sucumbenciais, mostrava-se, então, necessário saber diferenciar uma "demanda incidente" de um simples "incidente". Contudo, o CPC de 2015 parece ter rompido com essa solução, seja por não mais repetir a norma que figurava no art. 20, § 1º, do CPC de 2015, seja por prever expressamente o cabimento, em algumas situações, da fixação de honorários no julgamento de recurso (art. 85, § 11).

3. Como registra: TARZIA, Giuseppe. L'oggetto del processo di espropriazione. Milano: Giuffrè, 1961. p. 55.
4. V.g. CABRAL, Antonio do Passo. Coisa julgada e preclusões dinâmicas: entre continuidade, mudança e transição de posições processuais estáveis. Salvador: JusPodivm, 2013. p. 150-160. Aqui se destaca o caráter estático e privatista da concepção tradicional do objeto litigioso, que deveria ser substituída por uma análise dinâmica da argumentação desenvolvida ao longo do processo. Na mesma linha, referido autor demonstra a insuficiência da regra da "tríplice identidade" e a incongruência da regra da "eficácia preclusiva da coisa julgada". Embora não seja, aqui, o objetivo desenvolver longa tratativa sobre o objeto litigioso, importa registrar que não há como fugir da constatação de que o legislador construiu diversos institutos (tais como a conexão, litispendência e coisa julgada) com base nas concepções do objeto litigioso assentadas na Europa continental e no Brasil há décadas (arts. 55, 337, §§ 1º ao 4º, 487, I, 503, 504 etc.), ainda que houvesse outros modelos dogmáticos (eventualmente até superiores) nos quais se inspirar. É preciso, pois, separar as análises que se pode fazer de lege lata e de lege ferenda.
5. Esse modelo teórico o é acolhido por autores que seguem linhas teóricas diversas, tais como: Arruda Alvim (Manual de direito processual civil. 16. ed. rev., atual. e ampl. São Paulo: RT, 2013. p. 446-448); Greco (Instituições de processo civil. 5. ed. rev., atual. e ampl. Rio de Janeiro: Forense, 2015. v. 1, p. 184-196); Cassio Scarpinella Bueno (Curso sistematizado de direito processual civil. 8. ed. rev. e atual. São Paulo: Saraiva, 2014. v. 1, p. 349-351); Fredie Didier Jr. (Curso de direito processual civil. 18. ed. Salvador: JusPodivm, 2016. v. 1, p. 434-438); Araken de Assis (Processo civil brasileiro. São Paulo: RT, 2015. v. 1, p. 690-699); Wambier e Talamini (Curso avançado de processo civil. 15. ed. rev. e atual. São Paulo: RT, 2015. v. 1, p. 174-178).
6. À guisa de exemplo, selecionamos alguns julgamentos em que o STJ afirmou expressamente que o objeto litigioso é composto de pedido e causa de pedir, e que desses elementos decorre a solução de diversas questões, tais como a regra da congruência, os limites objetivos da coisa julgada, fixação de competência etc.: REsp 1283206/PR, Rel. Min. Mauro Campbell Marques, 2ª Turma, j. 11.12.2012, DJe 17.12.2012; REsp 1230097/PR, Rel. Min. Luis Felipe Salomão, 4ª Turma, j. 06.09.2012, DJe 27.09.2012; CC 3.220/SP, Rel. Min. Sálvio de Figueiredo Teixeira, 2ª Seção, j. 30.09.1992, DJ 03.11.1992, p. 19694).

Como bem se sabe, o conceito de pretensão é bastante controvertido[7], tendo passado por longo processo de desenvolvimento teórico. Atribui-se[8] a Karl Heniz Schwab[9] a mais importante e influente estruturação desse conceito para a ciência processual, por ter aprofundado a distinção entre pretensão material e pretensão processual.

A primeira consubstancia-se no "direito de exigir", que surge no plano material quando violado determinado direito subjetivo. É nessa acepção que o termo é empregado pelo art. 189 do CC brasileiro ("Violado o direito, nasce para o titular a pretensão (...)"), que traz indisfarçável influência do direito alemão (BGB, § 194) e, por sua vez, remota inspiração na doutrina de Windscheid[10], ainda que não seja imune a críticas[11]. Essa categoria não nos interessa, seja porque ela se mostra desnecessária para a análise do processo[12], seja porque está relacionada apenas à tutela condenatória, sendo-lhe estranhas as demandas de cunho declaratório e constitutivo[13].

---

7. Moreira Alves o considera "um dos mais obscuros da Teoria Geral do Direito" (Direito subjetivo, ação e pretensão. Revista de Processo, v. 13, n. 47, jul.-set. 1987. p. 112).
8. Reconhecendo o pioneirismo da obra de Schwab: BUZAID, Alfredo. Da lide: estudo sobre o objeto litigioso. Estudos e pareceres de direito processual civil. Notas de adaptação ao direito vigente de Ada Pellegrini Grinover e Flávio Luiz Yarshell. São Paulo: RT, 2002. p. 104-106; CRUZ E TUCCI, José Rogério. A causa petendi no processo civil. 3. ed. rev., atual. e ampl. São Paulo: RT, 2009. p. 94; LEONEL, Ricardo de Barros. Causa de pedir e pedido: o direito superveniente. São Paulo: Método, 2006. p. 43.
9. SCHWAB, Karl Heinz. El objeto litigioso en el proceso civil. Trad. Tomás A. Banzhaf. Buenos Aires: EJEA, 1968. p. 3-9. No entanto, Buzaid (Da lide: estudo sobre o objeto litigioso, cit., p. 94-95) observa que a ideia de pretensão processual diversa da de pretensão material já vinha expressa na obra de Wach (Pretensíoon de declaración. Trad. Juan M. Semon. Buenos Aires: Ejea, 1962), pela qual o processualista alemão procurou demonstrar o autônomo cabimento da demanda declaratória (negativa, sobretudo).
10. Windscheid, que definiu a pretensão (Anspruch) como a "dirección personal del derecho en virtud de la cual se le exige algo a una persona determinada". (WINDSCHEID, Bernhard; MUTHER, Theodor. Polêmicas sobre la "actio". Tradução de Tomás A. Banzhaf. Buenos Aires: EJEA, 1974. p. 235.)
11. Entre nós, Pontes de Miranda (Tratado de direito privado. Rio de Janeiro: Borsoi, 1955. t. 5, p. 451) considera que a definição de pretensão como direito é "infeliz". Barbosa Moreira (Notas sobre pretensão e prescrição no sistema do novo Código Civil brasileiro. Revista Forense, v. 99, n. 366, abr. 2003. p. 121) questiona que essa conceituação de pretensão dá margem à dúvida em saber: trata-se de um novo direito (derivado daquele violado), ou é o mesmo direito, passado por uma metamorfose? O eminente jurista botafoguense considera que essa discussão tem cores indisfarçavelmente imanentistas.
12. Preferimos deixar de considerar, para análise do processo, da pretensão de direito material e, correlatamente, da chamada ação de direito material. Entendemos que esses conceitos são fruto de investigação feita a partir do direito material, analisando-se o processo "de fora". A propósito, pertinente lembrar a advertência do Ministro Moreira Alves de que "[s]e o Direito é um todo, não nos devemos perder com extremismos de privatismo ou de publicismo. É o tema que escolhi é apto para essa demonstração. É um tema que, se focalizado sob o ângulo puramente privado, faz com que cheguemos a determinadas conclusões, e se focalizado pelo ângulo puramente publicístico, faz com que se chegue a conclusões diversas". (MOREIRA ALVES, José Carlos. Direito subjetivo, ação e pretensão. Revista de Processo, v. 13, n. 47, p. 109-123, jul.-set. 1987. p. 109.) Não há, portanto, equívoco, mas sim desnecessidade, na linha defendida por Barbosa Moreira (Notas sobre pretensão e prescrição no sistema do novo Código Civil brasileiro. Revista Forense, v. 99, n. 366, abr. 2003. p. 121) e Bedaque (Efetividade do processo e técnica processual. 3. ed. São Paulo: Malheiros, 2010. p. 282).
13. Assim pontuou Schwab (El objeto litigioso en el proceso civil. Trad. Tomás A. Banzhaf. Buenos Aires: EJEA, 1968. p. 5) e lhe acompanhou, entre nós, Ricardo de Barros Leonel (Causa de pedir e pedido: o direito superveniente. São Paulo: Método, 2006. p. 40).

A segunda consubstancia-se num conceito exclusivamente processual[14], que se manifesta num ato judicial de exigência de um direito, que não leva em conta se o direito afirmado realmente existe ou não[15]. Justamente por isso distingue-se da pretensão material[16] e pode perfeitamente ter cunho declaratório[17] ou constitutivo[18], e ser negativa[19].

A despeito desse importante avanço conceitual, que é decorrência necessária da autonomia da ciência processual e continua a angariar adeptos em diversos países com os quais compartilhamos raízes jurídicas comuns[20], ainda persistem dúvidas, especialmente para caracterizar a pretensão processual como fato ou ato jurídico[21]

---

14. Como entendem BUZAID, Alfredo. Da lide: estudo sobre o objeto litigioso. Estudos e pareceres de direito processual civil. Notas de adaptação ao direito vigente de Ada Pellegrini Grinover e Flávio Luiz Yarshell. São Paulo: RT, 2002. p. 74; e DINAMARCO, Cândido Rangel. O conceito de mérito em processo civil. Fundamentos do processo civil moderno. 6 ed. rev. São Paulo: Malheiros, 2010, t. 1. p. 270.

15. Tanto que Guasp e Aragoneses (Derecho proceso civil: parte especial, procesos declarativos y de ejecución. 7. ed. Cizur Menor: Thomson Civitas, 2006. v. 2. p. 265) realçam bem a existência de pretensões processuais "fundadas y sinceras" ou "infundadas y insinceras".

16. Como ensina ROSEMBERG, Leo. Tratado de derecho procesal civil. Tradução de Angela Romera Vera. Buenos Aires: Ediciones Jurídicas Europa-América, 1955. t. 1 e 2. p. 29.

17. A propósito, v.g. GUASP, Jaime; ARAGONESES, Pedro. Derecho proceso civil: parte especial, procesos declarativos y de ejecución. 7. ed. Cizur Menor: Thomson Civitas, 2006. v. 2. p. 266; e, na doutrina pátria, DINAMARCO, Cândido Rangel. Instituições de direito processual civil. 3. ed. São Paulo: Malheiros, 2009. p. 106.

18. Assim entende ORSI, Luigi. Prettesa. Enciclopedia del diritto. Milano: Giuffrè, 1969. v. 35. p. 373. Com efeito, para reconhecer que haja pretensão processual à constituição ou desconstituição de relações jurídicas, é preciso afastá-la do conceito de pretensão material, que está ligada à ideia de direito a uma prestação que não foi cumprida pelo obrigado, não incluindo as situações em que uma parte sujeita a outra a uma mudança de situação jurídica, por meio do que se convencionou chamar de direito potestativo ou poder formativo.

19. Assim entendem, também, GUASP, Jaime; ARAGONESES, Pedro. Derecho proceso civil: parte especial, procesos declarativos y de ejecución. 7. ed. Cizur Menor: Thomson Civitas, 2006. v. 2. p. 266; e DINAMARCO, Cândido Rangel. O conceito de mérito em processo civil. Fundamentos do processo civil moderno. 6 ed. rev. São Paulo: Malheiros, 2010, t. 1. p. 271.

20. Na Itália, vide Claudio Consolo (Domanda giudiziale. Digesto delle discipline privatistiche: sezione civile. Torino: UTET, 1998. v. 7. p. 48); na Espanha, Jaime Guasp e Pedro Aragoneses (Derecho proceso civil: parte especial, procesos declarativos y de ejecución. 7. ed. Cizur Menor: Thomson Civitas, 2006. v. 2. p. 259, 264); no Brasil, Fabio Peixinho Gomes Corrêa (O objeto litigioso no processo civil. São Paulo: Quartier Latin, 2009. passim).

21. Na doutrina estrangeira, Carnelutti (Instituciones del proceso civil. Trad. Santiago Sentis Melendo. Buenos Aires: El Foro, 1997. v. 3. p. 31) considerava a pretensão como um ato jurídico justamente porque constitui uma declaração de vontade. No mesmo sentido, os espanhóis Guasp e Aragoneses (Derecho proceso civil: parte especial, procesos declarativos y de ejecución. 7. ed. Cizur Menor: Thomson Civitas, 2006. t. 2, p. 265) e o brasileiro Milton Paulo de Carvalho: "[o] pedido ou a pretensão processual é o ato de declaração de vontade formulado no sentido da obtenção de dois resultados indissociáveis, quais sejam, o imediato, ou de força, consistente na provisão jurisdicional de determinada espécie, e o mediato, ou efeito, consistente no bem da vida objeto da relação de direito material. O pedido ou pretensão processual não se confunde com a pretensão de direito material" (CARVALHO, Milton Paulo de. Do pedido no processo civil. Porto Alegre: Sergio Fabris, 1992. p. 78. grifos nossos.). Já Couture (Fundamentos del derecho procesal civil. 3. ed. Buenos Aires: Depalma, 1958. p. 68, 72 e 90) definia pretensão como um fato jurídico, porque é uma afirmação do sujeito, que contém uma autoatribuição de um direito de que é merecedor da tutela jurisdicional. No mesmo sentido, Dinamarco (Instituições de direito processual civil. 3. ed. São Paulo: Malheiros, 2009. p. 106), para quem "[p]retensão é um estado de espírito que se exterioriza em atos de exigência, não uma situação do sujeito perante a ordem jurídica". Em outra obra, Dinamarco havia assentado (O conceito de mérito em processo civil. Fundamentos do processo civil moderno. 6 ed. rev. São Paulo: Malheiros, 2010, t. 1. p. 269-270): "o objeto do processo é a pretensão processual, que se caracteriza como fenômeno de natureza exclusivamente processual, um ato,

OBJETO LITIGIOSO DA EXECUÇÃO CIVIL **293**

(tema que não nos interessa aqui diretamente) e para delimitar sua extensão (se abrange apenas o pedido ou também a causa de pedir[22]).

Quanto a esse último aspecto, que aproxima as concepções alemã e italiana em torno do problema, pode-se adotar uma linha conciliatória, de modo a se entender como objeto litigioso do processo o pedido ou o conjunto de pedidos formulados pelos demandantes,[23] os quais devem ser "iluminados" pelas respectivas causas de pedir.[24] Esse constitui o *meritum causae*, a *res in iudicium deducta*, a ser examinada pelo juiz *principaliter*.

Essa fórmula precisa ser melhor explicada no tocante aos seus dois elementos, isto é, pedido e causa de pedir.

Quanto ao pedido, o elemento relevante é o bem da vida[25] pretendido pelo demandante, sobre o qual recai o que costuma ser denominado de pedido mediato, em contraposição ao pedido imediato, que é a atividade jurisdicional necessária à obtenção desse bem da vida.[26]

---

algo que alguém faz e não tem, uma manifestação de vontade (...) Um direito enquanto apenas afirmado (...)] a) a pretensão (e, por conseguinte, o objeto do processo) consiste na afirmação de um direito material; b) ela se revela em fatores exclusivamente processuais; c) ela está no pedido".

22. Esse é o principal dissenso da tradicional doutrina alemã sobre o tema. Buzaid (Da lide: estudo sobre o objeto litigioso. Estudos e pareceres de direito processual civil. Notas de adaptação ao direito vigente de Ada Pellegrini Grinover e Flávio Luiz Yarshell. São Paulo: RT, 2002. p. 109-111), após sintetizar as teorias de diversos autores, dividiu-os entre os que concebem que a pretensão processual é apenas o pedido (como Schwab) e outros que a consideram como o pedido e os fatos a ele subjacentes (Rosemberg e Habscheid). Para um exame desse tema (que não nos interessa diretamente), confira-se ainda: CRUZ E TUCCI, José Rogério. A causa petendi no processo civil. 3. ed. rev., atual. e ampl. São Paulo: RT, 2009. p. 95-109.

23. Conforme acolhemos em outra obra (SICA, Heitor Vitor Mendonça. O direito de defesa no processo civil brasileiro: um estudo sobre a posição do réu. São Paulo: Atlas, 2011., p. 249-258), com apoio na doutrina, v.g:. DINAMARCO, Cândido Rangel. O conceito de mérito em processo civil. Fundamentos do processo civil moderno. 6 ed. rev. São Paulo: Malheiros, 2010, t. 1, p. 299-348; DINAMARCO, Cândido Rangel. Instituições de direito processual civil. 3. ed. São Paulo: Malheiros, 2009. v. 2, p. 102 e ss.; LEONEL, Ricardo de Barros. Causa de pedir e pedido: o direito superveniente. São Paulo: Método, 2006. p. 103-104; entre outros.

24. Essa é a fórmula de consenso proposta por Ricardo Leonel (Causa de pedir e pedido: o direito superveniente. São Paulo: Método, 2006, p. 86), com apoio em vasta doutrina, como a de Cruz e Tucci (A motivação da sentença no processo civil, p. 22) e Ada Pellegrini Grinover (Considerações sobre os limites objetivos e a eficácia preclusiva da coisa julgada, p. 25-27).

25. Aqui, acata-se a acepção mais ampla possível de "bem da vida", que inclui qualquer vantagem apta a satisfazer um "interesse", o que compreenderia até mesmo o accertamento judicial apto a eliminar incertezas jurídicas em função de uma demanda meramente declaratória. Essa concepção é aceita há mais de um século (v.g.: CHIOVENDA, Giuseppe. Principi di diritto processuale civile. 3. ed. Ristampa. Napoli: Jovene, 1965. p. 173) e, em que pesem as críticas (como aquelas construídas por CERINO CANOVA, Augusto. La domanda giudiziale ed il suo contenuto. In: ALLORIO, Enrico. Commentario del Codice di Procedura Civile. Torino: UTET, 1980. v. 2, p.34), continua a ser acolhida pela doutrina moderna tanto estrangeira (COMOGLIO, Luigi Paolo; FERRI, Corrado; TARUFFO, Michele. Lezioni sul processo civile. Bologna: Il Mulino, 1998. p. 252), quanto pátria (como a de OLIVEIRA, Carlos Alberto Alvaro. Teoria e prática da tutela jurisdicional. Rio de Janeiro: Forense, 2008. p. 160).

26. Essa dicotomia é cultivada há longuíssimo tempo pela doutrina estrangeira (v.g.: MONTERO AROCA, Juan; GÓMEZ COLOMER, Juan Luis; MONTÓN REDONDO, Alberto; BARONA VILAR, Silvia. Derecho jurisdicional II: proceso civil. 13. ed. Valencia: Tirant lo Blanch, 2004. p. 120) e nacional (v.g.: CHIOVEN-DA, Giuseppe. Instituições de direito processual civil. Trad. J. Guimarães Menegale. Notas de Enrico Tullio Liebman. São Paulo: Saraiva, 1945. v. 3. p. 122-124; YARSHELL, Flávio Luiz. Curso de direito processual civil. São Paulo: Marcial Pons, 2014. v. 1. p. 280).

Essa ordem de importância entre pedido mediato e imediato é de fácil explicação em face da constatação de que a atividade jurisdicional é simples instrumento, que se desenvolve em função do fim perseguido, qual seja, a satisfação em concreto de quem busca a tutela jurisdicional. Ademais, é evidente que se podem reconhecer várias vias para obtenção do mesmo bem da vida, de modo que o objeto litigioso pode subsistir inalterado, embora diversas as atividades jurisdicionais pleiteadas.[27]

Ademais, o pedido mediato é que constitui, efetivamente, o conteúdo mínimo da demanda[28], sendo eventualmente dispensável o pedido imediato. Pense-se em uma petição inicial extremamente sucinta, sem um "rótulo" ou *nomem iuris*, em que o autor se limita a indicar qual é o bem da vida desejado. Em se tratando da eliminação da incerteza, apenas um resultado é possível: o proferimento de uma sentença declaratória, mostrando-se irrelevante que o autor não tenha expressamente indicado que pretende essa providência judicial. Em se tratando de petição inicial que manifesta pretensão sobre soma em dinheiro, coisa, fazer ou não fazer, a falta de menção a qual providência o autor pretende exigirá que o juiz avalie se foi exibido documento revestido das características de título executivo extrajudicial, hipótese em que caberá execução forçada, ou, do contrário, se o caso será de dar prosseguimento ao processo para proferimento de sentença condenatória. A esse resultado chega-se pela incidência do princípio *iura novit curia*, também no campo do processo[29], ainda que temperado pela necessidade de contraditório efetivo, proibindo-se decisões-surpresa[30]. Não convém ir além dessas considerações que, repita-se, são aqui aceitas a título de premissa.

A questão ora proposta pode ser analisada também sob o prisma das relações entre demandas cognitivas: uma de cunho declaratório e outra de cunho condenatório, relativas ao mesmo episódio da vida. O exemplo lembrado por Eduardo Talamini, é o da ação declaratória movida pela família de Vladimir Herzog em face do Estado, para o fim expresso de obter exclusivamente a declaração de que houve assassinato

---

27. De certa forma, essa é a opinião acolhida por Proto Pisani (Lezioni di diritto processuale civile. 6. ed. Napoli: Jovene, 2014. p. 57), Dinamarco (Instituições de direito processual civil. 3. ed. São Paulo: Malheiros, 2009. v. 2, p. 154-155), Bruno Silveira de Oliveira (Conexidade e efetividade processual. São Paulo, RT, 2005. p. 84) e, de maneira mais clara e enfática, Marcelo Pacheco Machado (A correlação no processo civil: relações entre demanda e tutela jurisdicional. Salvador: JusPodivm, 2015. p. 233), que assim sintetiza o seu pensamento (com o qual concordamos): "[o] pedido imediato está voltado para a técnica processual e, pela sua variabilidade, não é critério confiável para individualização do objeto litigioso do processo. Para tanto, levamos em conta apenas em consideração o pedido mediato, que se relaciona com o direito material".

28. Ricardo Leonel (Causa de pedir e pedido: o direito superveniente. São Paulo: Método, 2006. p. 89) pondera, com acerto, que a discussão em torno do objeto litigioso gravita em torno do "conteúdo mínimo" da demanda. Embora referido estudioso tenha se debruçado sobre o conteúdo mínimo da causa de pedir, essa reflexão há de se aplicar no tocante ao pedido.

29. CRUZ E TUCCI, José Rogério. A causa petendi no processo civil. 3. ed. rev., atual. e ampl. São Paulo: RT, 2009. p. 44, 54-55.

30. Na hipótese ora levada em consideração a título de exemplo, se o juiz constatasse a existência de um título executivo extrajudicial a amparar a petição inicial, deveria intimar o autor a dizer se quer ou não se valer da prerrogativa instituída pelo art. 785 do CPC de 2015, de modo a se seguir, em primeiro lugar, à realização de atividade cognitiva plena e exauriente ou, eventualmente, a aplicação da técnica monitória

OBJETO LITIGIOSO DA EXECUÇÃO CIVIL **295**

do então jornalista cometido pelos agentes públicos encarregados de sua prisão nos porões da ditadura militar. Essa demanda poderia ser colocada em confronto com outra hipotética, que pedisse reparação dos danos justamente em razão dessa responsabilidade do Estado, para o fim de demonstrar que o pedido imediato (providência jurisdicional) seria diferente em ambos os casos.

Entretanto, entende-se que, nessa situação, os pedidos mediatos veiculados nos processos são distintos: no primeiro, o bem da vida perseguido é a eliminação da incerteza acerca do ato ilícito; no segundo, é o valor pecuniário necessário a indenizar as vítimas do ilícito. E nem se diga que a declaração acerca do ato ilícito estaria "embutida" na demanda condenatória. Em realidade, trata-se de mera questão prejudicial, a ser resolvida *incidenter tantum* e que não integra o objeto litigioso do processo (mesmo sendo passível de ser coberta pela coisa julgada material caso respeitados os requisitos dispostos no art. 503, § 1º, do CPC/2015; nem por isso, faz parte do objeto litigioso). Ainda assim, seria possível, sim, reconhecer continência do primeiro processo em relação ao segundo[31], não em razão de o objeto litigioso do segundo abranger o do primeiro, mas sim pelo objeto do segundo tornar desnecessário o exame do objeto do primeiro[32].

Pela mesma razão, justifica-se a posição por nós adotada em monografia anterior[33] no sentido de reconhecer que a resposta de mérito do réu, orientada ao propósito de obter a improcedência da demanda do autor, seria portadora de seu próprio objeto litigioso. Afinal, o autor pede um bem da vida (a eliminação de uma incerteza, a mudança de uma situação jurídica, uma prestação etc.) e o réu, nessa situação, pede outro (a declaração de que o autor não tem o direito que reclama ter).

Quanto à causa de pedir, o elemento que se destaca é a alegação de "fato jurídico (...) concebido como fato ocorrido e enquadrável *sub specie iuris*",[34] usualmente denominada pela doutrina de causa de pedir remota, em contraposição à causa de pedir próxima, consistente no enquadramento jurídico da espécie.[35]

A razão para a preponderância da causa de pedir remota sobre a próxima decorre do entendimento majoritário de que o sistema processual brasileiro há muito acolheu as máximas *iura novit curia* e da *mihi factum dabo tibi ius*, de modo a não

---

31. Como sustenta, por exemplo, Araken de Assis (Cumulação de ações, p. 153).
32. Divisando objeto litigioso do processo e objeto do processo, confira-se, por exemplo: SANCHES, Sydney. Objeto do processo e objeto litigioso do processo. Revista de Processo, São Paulo, v. 4, n. 13, p. 31-47, jan.-mar. 1979, passim.
33. SICA, Heitor Vitor Mendonça. O direito de defesa no processo civil brasileiro: um estudo sobre a posição do réu. São Paulo: Atlas, 2011, passim.
34. CRUZ E TUCCI, José Rogério. A causa petendi no processo civil. 3. ed. rev., atual. e ampl. São Paulo: RT, 2009. p. 27.
35. Nesse sentido: CRUZ E TUCCI, José Rogério. A causa petendi no processo civil. 3. ed. rev., atual. e ampl. São Paulo: RT, 2009. p. 165-170; THEODORO JR., Humberto. Curso de direito processual civil. 56. ed. rev., atual. e ampl. Rio de Janeiro: Forense, 2015. v. 1, p. 77; SCARPINELLA BUENO, Cassio. Curso sistematizado de direito processual civil. 7. ed. rev. e atual. São Paulo: Saraiva, 2014. v. 2, t. 1, p. 104-106. Segundo todos esses autores, não há que se confundir "fundamento jurídico" com "fundamento legal"; apenas o primeiro é considerado para caracterização da causa de pedir próxima.

haver adstrição necessária do juiz à matéria jurídica invocada pelo demandante, que constituiria mera "proposta" do autor de categorização jurídica dos fatos principais por ele narrados.[36] Haveria, pois, preponderância dos fatos sobre o direito, por projeção da chamada "teoria da substanciação" que, por sua vez, é ínsita a um sistema rígido de estabilização do objeto litigioso que continua presente no ordenamento processual brasileiro.[37]

Entende-se que o CPC de 2015 não alterou essa concepção, embora a proibição de "decisões-surpresa" (art. 10) exija que juiz proponha prévio debate às partes antes do reenquadramento jurídico dos fatos principais que lhe foram submetidos. De outro lado, a regra da adstrição ou congruência (arts. 141 e 492) impõe que o juiz se atenha aos fatos principais alegados pelo demandante.[38]

A concepção de objeto litigioso aqui adotada não deixa de ser de corte "processualista", pois se baseia nos elementos objetivos efetivamente apresentados pelo demandante ao postular o exercício da jurisdição, ou seja, a pretensão processual, que não se confunde com a pretensão material. Contudo, levam-se em consideração alguns elementos das teses "substancialistas",[39] em face da valorização do papel do direito material, embora restrito ao que foi efetivamente postulado (pedido mediato e causa de pedir remota).

Esses elementos bastam para assentar a premissa conceitual e permitir a identificação do objeto litigioso da execução nos itens seguintes, que levarão em conta as diferentes naturezas e origens dos títulos que a embasam.

---

36. Cf., v.g.: CRUZ E TUCCI, José Rogério. A causa petendi no processo civil. 3. ed. rev., atual. e ampl. São Paulo: RT, 2009. p. 207-212; CRUZ E TUCCI, José Rogério. A motivação da sentença no processo civil. São Paulo: Saraiva, 1987. p. 104-106; DINAMARCO, Cândido Rangel. Instituições de direito processual civil. 3. ed. São Paulo: Malheiros, 2009. v. 2, p. 130-133; TESHEINER, José Maria Rosa. Eficácia da sentença e coisa julgada no processo civil, São Paulo: RT, 2001. p. 47; SCARPINELLA BUENO, Cassio. Curso sistematizado de direito processual civil. 8. ed. rev. e atual. São Paulo: Saraiva, 2014. v. 1, p. 72-73. Os autores aqui referidos tomaram como base o disposto no art. 282, III, do CPC de 1973, mas pode-se considerar que o entendimento persiste válido à luz do CPC de 2015, cujo art. 319, III, tem a mesma redação.

37. Conforme amplamente demonstrado por Cruz e Tucci (A regra da eventualidade como pressuposto da denominada teoria da substanciação. Revista do Advogado, n. 39, p. 39-43, jul. 1993. p. 39-43).

38. Ao assim proceder, o juiz pode eventualmente descartar parte dos fatos que o demandante alegou como principais, atendo-se aos demais para reenquadramento jurídico. A título de exemplo, pense-se na ação de improbidade administrativa na qual se acusa o agente público de "perceber vantagem econômica, direta ou indireta, para facilitar a alienação, permuta ou locação de bem público ou o fornecimento de serviço por ente estatal por preço inferior ao valor de mercado" (art. 9º, III, da Lei 8.429/1992). O juiz poderia reconhecer inexistente a percepção de vantagem econômica (um dos fatos principais alegados pelo autor), mas presentes os demais, de modo a enquadrar a conduta no inciso IV do art. 10 do mesmo diploma ("permitir ou facilitar a alienação, permuta ou locação de bem integrante do patrimônio de qualquer das entidades referidas no art. 1º desta lei, ou ainda a prestação de serviço por parte delas, por preço inferior ao de mercado"). O inverso, contudo, não seria possível, pois implicaria acrescentar fatos principais não alegados na demanda inicial.

39. Separando as teorias sobre objeto litigioso entre essas duas grandes correntes, na doutrina estrangeira, HABSCHEID, Walter J. L'oggetto del processo nel diritto processuale civile tedesco. Rivista Trimestrale di Diritto e Procedura Civile, v. 35, p. 454-464, 1980. p. 454-464; e, na doutrina brasileira, LEONEL, Ricardo de Barros. Causa de pedir e pedido: o direito superveniente. São Paulo: Método, 2006. p. 84-86.

2. OBJETO LITIGIOSO DA FASE DE CUMPRIMENTO DE DECISÃO CIVIL QUE RECONHECE EXIGIBILIDADE DE OBRIGAÇÃO (ART. 515, I, DO CPC DE 2015)

Antes de iniciar a empreitada proposta neste estudo, convém, por cautela, afastar de plano o entendimento de que a execução não teria *meritum causae*, conforme defendido (embora muito minoritariamente) por alguns doutrinadores no passado.[40] À luz dos elementos suscitados no item anterior, não é preciso maior esforço para descartá-la. Há, em qualquer modalidade de execução, pedido e causa de pedir. Resta investigar quais seriam.

Assentada essa premissa, o caso é de identificar o objeto litigioso da execução fundada no "título executivo por excelência",[41] isto é, a decisão judicial civil que reconhece exigibilidade de obrigação (art. 515, I, CPC de 2015). Mostra-se absolutamente necessário não apenas analisar o pedido nela formulado, mas, sobretudo, o pedido deduzido na fase de conhecimento que a antecedeu.

Os doutrinadores que sustentam haver pedidos diferentes na fase cognitiva e na fase executiva – e, portanto, existirem dois diferentes objetos litigiosos – prendem-se exclusivamente ao pedido imediato. Nessa linha, afirmam que, no primeiro, o demandante visa à prolação de uma decisão e, no segundo, à realização de atos executivos.[42] Esse entendimento apresenta um defeito fundamental, que é relegar

---

40. V.g.: BUZAID, Alfredo. Do agravo de petição no sistema do Código de Processo Civil. 2. ed. rev. e aum. São Paulo: Saraiva, 1956. p. 109; WAMBIER, Teresa Arruda Alvim. A sentença que extingue a execução. In: WAMBIER, Teresa Arruda Alvim (coord.). Processo de execução e assuntos afins. São Paulo: RT, 1998. p. 396. A segunda autora parece ter mudado de opinião em escritos ulteriores, por exemplo, naquele escrito em coautoria com José Miguel Garcia, intitulado Hipóteses excepcionais de formação de coisa julgada material no processo de execução havendo (ou não) exceção de pré-executividade. In: DIDIER JR., Fredie (coord.). Execução civil: estudos em homenagem a Paulo Furtado. Rio de Janeiro: Lumen Iuris, 2006. p. 317-352.

41. Expressão usada por, v.g., José Alberto dos Reis (Processo de execução. 3. ed. Reimpressão. Coimbra: Coimbra Editora, 1985. v. 2, p. 69), Andolina ("Cognizione" ed "esecuzione forzata nel sistema della tutela giurisdizionale: corso di lezioni. Milano: Giuffrè, 1983. p. 13) e Dinamarco (Execução civil. 8. ed. rev. e atual. São Paulo: Malheiros, 2002. p. 480).

42. José Frederico Marques, ainda sob a vigência do CPC de 1939, afirmou que a ação autônoma de execução veicula pretensão que "tem em vista a aplicação da sanção imposta em sentença condenatória" e que, portanto, o "conteúdo da ação executória é a própria sanção, da mesma forma que no de conhecimento é o petitum do autor" (Instituições de direito processual civil. 3. ed. rev. Rio de Janeiro: Forense, 1971. v. 5, p. 72). A construção peca por ignorar que mesmo a doutrina que acolhe a tese autonomista reconhece que, na execução, também se veicula um pedido. Ademais, a tese defendida pelo aludido jurista mostra-se excessivamente apegada à ideia de sanção, que já tivemos ensejo de analisar criticamente supra com apoio em vários doutrinadores. Marcelo Navarro Ribeiro Dantas, em artigo dedicado especificamente ao tema, afirma que "os atos praticados, no processo executório, para a satisfação desse direito, constituem o mérito da execução" (Admissibilidade e mérito na execução. Revista de Processo, v. 12, n. 47, p. 24-42, jul.-set. 1987. p. 35). Solução similar foi acolhida por Rosalina P. C. Rodrigues Pereira (Ações prejudiciais à execução. São Paulo: Saraiva, 2001. p. 95) e Leonardo Carneiro da Cunha (Mérito e coisa julgada na execução. Revista da Esmape, Recife, v. 14, n. 29, p. 311-332, jan.-jun. 2009. p. 322-323). Essa tese incorre justamente no equívoco aqui apontado, ou seja, dar ênfase absoluta ao pedido imediato em relação ao pedido mediato. Ademais, a construção proposta qualifica o fenômeno por aspecto externo a ele, ou seja, que atos serão praticados em decorrência de sua propositura. Já Fredie Didier Jr. pontua: "a) Há mérito no processo de execução; b) objeto do processo de execução é, no entanto, diferente do 'mérito' cautelar e do

O pedido mediato a plano absolutamente secundário, numa inversão descabida de importância entre o direito material e o direito processual.[43]

A realidade insofismável é a de que o bem da vida perseguido, em ambas as fases (cognição e execução), é exatamente o mesmo,[44-45] de modo que o desdobramento do pedido imediato de uma fase para outra (cognição e execução) não é suficiente para implicar modificação do objeto litigioso.[46]

Considerando-se que o pedido mediato em ambas as fases é um só e que, conforme concepção ora adotada, o pedido imediato não é relevante para caracterização do objeto litigioso, exsurge induvidosa a conclusão de que o objeto litigioso da execução

---

mérito no processo de conhecimento" (Esboço de uma teoria da execução civil. Revista de Processo, v. 29, n. 118, p. 9-28, nov.-dez. 2004. p. 16). Também acolhe a ideia de que existe mérito, mas sustenta que ele é "diferente", Gelson Amaro de Souza (Mérito no processo de execução. IOB-Repertório de Jurisprudência: Civil, Processual, Penal e Comercial, São Paulo, v. 3, n. 22, p. 787-792, nov. 2009. p. 788). Entendemos que o erro aqui está em afirmar que há mérito distinto em cada uma dessas situações quando, na realidade, o mérito se apresenta igual em todos esses campos; apenas é tratado de formas distintas, conforme será adiante examinado.

43. O equívoco não se restringe a autores brasileiros. Veja-se, por exemplo, que Ferruccio Tommaseo define "azione executiva" tautologicamente como "diritto all'esecuzione forzata" (TOMMASEO, Ferruccio. L'esecuzione forzata. Padova: Cedam, 2009. p. 4-5).

44. Satta, coberto de razão, destacou há décadas que a execução é um momento ou um aspecto da tutela jurisdicional (L'esecuzione forzata. Torino: UTET, 1950. p. 3). No mesmo sentido, Betti afirma ser característica imanente da obrigação a idoneidade à realização forçada (Il concetto della obbligazione costruito dal punto di vista dell'azione. Diritto sostanziale e processo. Milano: Giuffrè, 2006. p. 71). Vide, ainda, na doutrina estrangeira, Carlos A. Ayarragaray (Introducción a la ejecución de sentencia. Buenos Aires: Valerio Abeledo, 1943. p. 17) e Giovanni Tomei (Cosa giudicata o preclusione nei processi sommari ed esecutivi. Rivista Trimestrale di Diritto e Procedura Civile, Milano, v. 48, n. 3, p. 827-861, 1994. p. 829). Araken de Assis, embora cultor da recíproca autonomia entre "ação de conhecimento" e "ação de execução" (Manual da execução. 18. ed. rev., atual. e ampl. São Paulo: RT, 2016. p. 628-630), reconhece que o bem da vida perseguido se mantém inalterado em ambos (Comentários ao Código de Processo Civil. Rio de Janeiro: Forense, 2000. v. 6, p. 34). No mesmo sentido: MOURÃO, Luiz Eduardo Ribeiro. Coisa julgada. Belo Horizonte: Fórum, 2008. p. 310-311. Essa ideia, de solar simplicidade, foi obscurecida por décadas em uma vã tentativa de qualificar a condenação como algo externo à obrigação, que se acrescenta a ela, vindo a lume para esse fim justamente as ideias de condenação como declaração de cabimento da sanção executiva (fórmula célebre acolhida por LIEBMAN, Enrico Tullio. Processo de execução. São Paulo: Saraiva, 1946. p. 9-17, e por vários autores estrangeiros e nacionais, entre os quais se destacam, v.g.: CASTRO, Artur Anselmo de. A acção executiva singular, comum e especial. 3. ed. Coimbra: Coimbra Editora, 1977. p. 10; MARQUES, José Frederico. Instituições de direito processual civil. 3. ed. rev. Rio de Janeiro: Forense, 1971. v. 5, p. 23, 36; DINAMARCO, Cândido Rangel. Instituições de direito processual civil. 3. ed. São Paulo: Malheiros, 2009. p. 32-33).

45. Essa afirmação persiste válida em que pesem algumas possibilidades de alteração por fatos supervenientes, por exemplo, a conversão da obrigação de fazer, não fazer ou dar coisa em pecúnia por impossibilidade de execução específica ou por escolha do credor (art. 499). Essa possibilidade não desnatura o fenômeno, já que é ínsita ao direito material controvertido e produz a substituição da obrigação pelo seu equivalente em dinheiro.

46. Mesmo Liebman reconheceu que o processo de cognição e o processo de execução subsequente versam a "mesma matéria", que o objetivo de ambos é a efetivação "da mesma regra jurídica", que visam satisfazer "progressivamente, com atividades de natureza diferente, o mesmo direito subjetivo" e que esse argumento pesou a favor da tese da unificação da cognição e execução. Contudo, coerente com as suas premissas, o aludido processualista afirmou que essa concepção restou superada "desde que o processo se tornou objeto de estudo sistemático por si próprio, feito do ponto de vista da função pública que nele se desenvolve" (LIEBMAN. Processo de execução. São Paulo: Saraiva, 1946. p. 89).

do título judicial referido no art. 515, I, do CPC de 2015 continua a ser aquele que ensejou o ajuizamento da demanda inicial.

No caso de procedência parcial do pedido inicial, o cumprimento da decisão recairá sobre menos bens da vida em relação aos que foram originariamente deduzidos, mas o objeto litigioso se mantém, ainda que em parte.

Mesmo que se defenda que o pedido imediato tenha relevância para caracterização do objeto litigioso – não é esse o entendimento aqui adotado –, ainda assim se chegaria à mesma conclusão. Para tanto, bastaria reconhecer que o sujeito que move demanda destinada a provocar o exercício de atividade cognitiva apresenta um pedido mediato, que recai sobre um bem da vida, e dois pedidos imediatos cumulados sucessivamente: o primeiro, consistente no reconhecimento da necessidade de tutela do seu interesse pela decisão judicial, e o segundo, encadeado sucessivamente,[47] de que esse interesse seja satisfeito em sede de execução forçada, se necessário for.[48] O pedido imediato sucessivo, de realização de atividade executiva, encontra-se ínsito na demanda baseada em uma crise de direito material conotada pela insatisfação de uma obrigação[49] (no sentido lato aqui acolhido, conforme item 1, supra).

No tocante à causa de pedir, ela se extrai da alegação do ato ou fato violador ou ameaçador da esfera jurídica feita pelo demandante quando postulou a atividade cognitiva.[50] Esse elemento persiste na execução[51] e não se confunde com o título

---

47. Embora seguindo linhas teóricas distintas, reconhecem a cumulação sucessiva de pedidos Araken de Assis (Cumprimento de sentença. Rio de Janeiro: Forense, 2006. p. 173 e 175) e Leonardo Greco (Ações na execução reformada. In: SANTOS, Ernane Fidélis dos; WAMBIER, Luiz Rodrigues; NERY JUNIOR, Nelson; WAMBIER, Teresa Arruda Alvim (coord.). Execução civil: estudos em homenagem ao Professor Humberto Theodoro Júnior. São Paulo: RT, 2007. p. 856).

48. Entende-se que a redação do art. 515, I, do CPC de 2015, conduziria ao entendimento de que a execução forçada seria um efeito "natural" da sentença que reconhece certeza de obrigação de fazer, não fazer, dar coisa ou pagar dinheiro, de modo que se dispensaria que, na petição inicial de um processo de conhecimento, se deduzisse, desde logo, o ulterior pedido imediato de execução, no caso de procedência do primeiro pedido imediato de proferimento de decisão de procedência. O decreto de procedência traria consigo o acolhimento de ambos os pedidos: o de declaração em sentença e o de execução.

49. Assim também se pronunciou: AMENDOEIRA JR., Sidnei. Fungibilidade de meios. São Paulo: Atlas, 2008. p. 151.

50. Nesse sentido manifestou-se Mandrioli, segundo o qual "la situazione sostanziale sussiste anche nel momento terminale e finale dell'attività tutelatrice – ossia, nella realizzazzione (dato processuale) dalla sanzione (dato sostanziale richiamato) – consente ora un rilievo della massima importanza". (L'azione executiva: contributo alla teoria unitaria dell'azione e del processo, p. 121.) Andolina, de maneira ainda mais precisa, pontuou que "la formazione del titolo esecutivo non pone 'in vitro' il rapporto giuridico obbligatorio; quest'ultimo, per contro, continuando a vivere la própria normale vicenda, rimane esposto alla possibile incidenza di eventi modificativi od estintivi". ("Cognizione" ed "esecuzione forzata nel sistema della tutela giurisdizionale": corso di lezioni. Milano: Giuffrè, 1983. p. 101.)

51. Assim sustentava Emilio Betti (Il concetto della obbligazione costruito dal punto di vista dell'azione. Diritto sostanziale e processo. Milano: Giuffrè, 2006. p. 53-54). Na doutrina brasileira, acata essa ideia Debora Ines Kram Baumöhl (A nova execução civil: a desestruturação do processo de execução. São Paulo: Atlas, 2006. p. 67), para quem a causa de pedir na execução é a situação de fato originária do direito alegado pelo autor.

executivo,[52] que apenas tem uma eficácia certificadora e torna desnecessária a prova dos fatos subjacentes ao litígio,[53] cobertos por preclusão ou coisa julgada.[54]

Esses mesmos fatos integrantes da causa de pedir da demanda originalmente deduzida e julgada continuam a ter relevância para determinar diversos aspectos da execução, tais como competência[55] e regime de impenhorabilidade.[56]

---

52. Nesse sentido, na doutrina estrangeira: CASTRO MENDES, João de. A causa de pedir na acção executiva. Revista da Faculdade de Direito da Universidade de Lisboa, v. 17, 1965. p. 11-24; SAMPAIO, J. M. Gonçalves. A acção executiva e a problemática das execuções injustas. 2. ed. rev., actual. e ampl. Coimbra: Almedina, 2008. p. 79; COSTA, Salvador da. A injunção e as conexas acção e execução. Coimbra: Almedina, 2001. p. 313). Entre os autores brasileiros: DINAMARCO, Cândido Rangel. Execução civil. 8. ed. rev. e atual. São Paulo: Malheiros, 2002. p. 432; YARSHELL, Flávio Luiz. Tutela jurisdicional. 2. ed. São Paulo: DPJ, 2006. p. 94; BAUMÖHL, Debora Ines Kram. A nova execução civil: a desestruturação do processo de execução. São Paulo: Atlas, 2006. p. 67-68; PESSOA, Fabio Guidi Tabosa. Tutela executiva e prescrição. In: ZUFELATO, Camilo e YARSHELL, Flávio Luiz (coord.). 40 anos da teoria geral do processo no Brasil: passado, presente e futuro. São Paulo: Malheiros, 2013. p. 273. Em sentido contrário, entre os estudiosos estrangeiros, e.g.: CARDOSO, Eurico Lopes. Manual da acção executiva. 2. ed. Reimpressão. Coimbra: Almedina, 1992. p. 19; DENTI, Vittorio. L'esecuzione forzata in forma specifica. Milano: Giuffrè, 1953. p. 17; Bruno Capponi, que afirma que "chi agisce in sede esecutiva in ragione del possesso del titolo non ha nè l'onere di dedurre la vincenda che há determinato la formazione di quel titolo; nè l'esistenza di provare l'esistenza del diritto (certo, liquido ed esigibile) che dallo stesso documento resulta" (CAPPONI, Bruno. Manuale dell'esecuzione civile. Torino: G. Giappichelli, 2010. p. 101). Entre os brasileiros, Marcelo Lima Guerra sustenta que "o autor não faz afirmações de fato ou de direito sobre os quais fundamenta seu pedido" (GUERRA, Marcelo Lima. Execução forçada: controle de admissibilidade. 2. ed. rev. e atual. São Paulo: RT, 1998. p. 122), e que a execução se submete apenas a um requisito: o título. Rosalina Pereira assevera que a causa de pedir na execução de título extrajudicial é apenas o próprio título (Ações prejudiciais à execução. São Paulo: Saraiva, 2001. p. 89). Leonardo Greco (GRECO, Leonardo. O processo de execução. Rio de Janeiro: Renovar, 1999. v. 1, p. 318) adota posição intermediária, ao dizer que o título executivo integra a causa de pedir que, contudo, não se resume nele, ante a necessidade de expor os fatos geradores de seu direito.

53. Juvêncio Vasconcelos Vianna afirma que "[o] título e a causa de pedir não são coisas exatamente coincidentes ou, melhor dizendo, não se pode reduzir a realidade da causa petendi ao fenômeno do título executivo" (VIANNA, Juvêncio Vasconcelos. A causa de pedir nas ações de execução. In: CRUZ E TUCCI, José Rogério; BEDAQUE, José Roberto dos Santos (coord.). Causa de pedir e pedido no processo civil (questões polêmicas). São Paulo: RT, 2002. p. 108). Contudo, adiante prossegue sustentando que, "na execução de título judicial, haverá uma simplificação da causa de pedir em relação ao processo de conhecimento". Entendemos que não há uma "simplificação", mas, sim, a superação da incerteza sobre os fatos já reconhecidos como fundamento da decisão exequenda. A barreira preclusiva, contudo, não desnatura o fenômeno: a causa petendi subsiste. Seguindo trilha similar, Carlos Silveira Noronha (A causa de pedir na execução. Revista de Processo, v. 19, n. 75, p. 26-39, jul.-set. 1994. p. 32) assevera que a causa de pedir na execução de título judicial representa uma mutação da causa de pedir no processo original, pela eliminação da incerteza. Segundo pensamos, a causa de pedir é a mesma, ainda que não haja a mesma atividade cognitiva a seu respeito.

54. A incidência de um ou outro fenômeno – que entendemos serem distintos – variará em função de ser a execução, respectivamente, provisória e definitiva.

55. Embora a competência para o cumprimento de sentença proferida em processo civil perante a jurisdição estatal brasileira seja, em geral, do próprio órgão que a proferiu (art. 516, I e II), pode-se cogitar de o exequente optar "pelo juízo do local onde se encontrem os bens sujeitos à execução ou pelo juízo do local onde deva ser executada a obrigação de fazer ou de não fazer". Caso isso ocorra, será necessário verificar qual a matéria envolvida na causa de pedir deduzida na demanda original: se a execução for fundada em relações de matrimônio, união estável ou parentesco, determinar-se-á a competência de vara de família (quando houver, segundo a lei de organização judiciária local); se o litígio que se pretende eliminar com a execução concernir a direitos do consumidor, a competência será da respectiva vara especializada (quando houver, segundo, novamente, a lei local); e assim por diante.

56. É a natureza do direito controvertido e julgado pela decisão exequenda que determina parte dos casos de penhorabilidade do bem de família (art. 3º, II, III, IV, V e VII, da Lei 8.009/1990).

OBJETO LITIGIOSO DA EXECUÇÃO CIVIL **301**

Ademais, mesmo após a formação do título executivo, a relação jurídica decidida pelo juiz continua a se desenvolver dinamicamente,[57] expondo-se à incidência de fatos ou atos supervenientes, passíveis de serem reconhecidos na fase de execução,[58] nos termos dos arts. 525, § 1º, VII, e 535, VI, do CPC de 2015. Tais circunstâncias não incidem sobre outra relação jurídica criada pela decisão exequenda, mas sim sobre a mesma relação jurídica examinada por ela.

Esse ponto é crucial para compreensão do que se disse até aqui: o objeto litigioso, tal como definido no item anterior, não se esgota pelo fato de ter havido decisão julgando procedente ou improcedente o pedido, seja porque o interesse manifestado pelo demandante quanto ao bem da vida persiste insatisfeito, seja porque a relação jurídica constitui realidade dinâmica, que continua a se desenvolver mesmo após a passagem da fase de conhecimento para a fase de execução.

As razões completas para sustentação desse ponto exigiram aprofundamento incompatível com os limites do objeto deste estudo. Porém, a ideia fundamental é a de que a relação jurídica de direito material da qual se extrai o objeto litigioso continua a se desenvolver dinamicamente no plano concreto, de modo que pode sofrer com diversas vicissitudes objetivas e subjetivas, cujo reconhecimento se dá incidentalmente na execução. Vejam-se os exemplos da sucessão (alteração subjetiva) ou das causas modificativas, extintivas ou impeditivas da obrigação ocorridas após a produção do título executivo.

Em face dos argumentos até aqui apresentados, desponta claro que a atividade executiva que se segue à atividade cognitiva desenvolvida em processo civil perante a jurisdição estatal brasileira representa simples desdobramento do exercício do direito de ação, do qual se lançou mão para a efetiva satisfação da situação jurídica de direito material afirmada em juízo.

Não há como reconhecer uma nova e diferente demanda na acepção estrita do termo,[59] apta a "ativar" o poder jurisdicional, quanto a conflito ou parcela do conflito

---

57. Calha aqui lembrar-se da clássica lição de Clóvis V. do Couto e Silva (A obrigação como processo. Rio de Janeiro: Editora FGV, 2006. p. 115), em que a obrigação pode ser considerada um processo que se desenvolve entre o nascimento e o adimplemento.

58. Essa realidade incontestável não passou despercebida mesmo por um dos grandes arautos da concepção autonomista: "não é e nem poderia ser absoluta a independência da execução em face da verdadeira situação jurídica material existente entre as partes. A dívida pode não mais existir por pagamento, prescrição ou qualquer outro fato extintivo e nesse caso seria inadmissível prosseguir-se na execução". (LIEBMAN, Enrico Tullio. Processo de execução. São Paulo: Saraiva, 1946. p. 315).

59. Conforme pontuamos em outra monografia (SICA, Heitor Vitor Mendonça. O direito de defesa no processo civil brasileiro: um estudo sobre a posição do réu. São Paulo: Atlas, 2011. p. 83-86), com apoio em literatura estrangeira (COLESANTI, Vittorio. Eccezione (diritto processuale civile). Enciclopedia del diritto. Milano: Giuffrè, 1970. v. 14. p. 188; COMOGLIO, Luigi Paolo. Note riepilogative su azione e forme di tutela, nell'ottica della domanda giudiziale. Rivista di Diritto Processuale. v. 48, 1993. p. 471) e nacional (DINAMARCO, Cândido Rangel. Litisconsórcio, 8 ed., rev. e atual., São Paulo: Malheiros, 2009, p. 71; YARSHELL, Flávio Luiz. Tutela jurisdicional. 2. ed. São Paulo: DPJ, 2006. p. 56-57), entende-se por demanda o ato processual decorrente do exercício do direito de ação, que ativa o poder jurisdicional (na expressão de: COMOGLIO, Luigi Paolo; FERRI, Corrado; TARUFFO, Michele. Lezioni sul processo civile. Bologna: Il Mulino, 1998. p. 228). É o ato de postulação que encerra uma pretensão processual, informada por seus três elementos:

que somente poderia ser tratado mediante provocação do interessado. O conflito já foi levado ao Poder Judiciário e a tutela jurisdicional só restará outorgada quando o bem da vida disputado no plano concreto for efetivamente entregue a quem tem razão.[60]

Essa realidade não se altera em face da necessidade de que a fase de cumprimento seja iniciada sob provocação do exequente. Tem-se, nesse caso, domínio excepcional do impulso de parte, que se sobrepõe ao impulso oficial e se manifesta sob a forma de um mero requerimento[61] (e não de uma demanda incidente, porquanto lhe falta objeto litigioso próprio).

Nesse passo, pode-se, aqui, fazer um paralelo entre a fase de execução de título executivo judicial produzido pela jurisdição estatal civil brasileira e a fase recursal. De fato, sempre se reconheceu que o recurso não representa novo exercício de direito de ação, não amplia o objeto litigioso do processo, tampouco implica instauração de um novo processo, mas, sim, encerra desdobramento do feixe de poderes exercitáveis por ambas as partes em juízo.[62] E, em razão do caráter voluntário dos meios de impugnação às decisões judiciais, também se exige a provocação do litigante sucumbente.

Assim, se já havia sido superada a tese de que a execução civil não teria mérito,[63] resta aqui afirmar que o mérito que anima a antecedente fase de conhecimento e foi resolvido pela decisão lá proferida persiste na fase de sua respectiva execução, embora seja tratado de forma diversa

Um exemplo pode corroborar as afirmações precedentes, aproveitando-se o ensejo não apenas para contemplar a questão do mérito em sede de tutela executiva, mas igualmente o mérito em sede de tutelas provisórias de urgência. Pense-se que, por meio de contrato verbal, Caio comprou determinada coisa infungível de Tício, pactuando a entrega no prazo de um ano. Antes do advento do termo, Caio tem notícia

---

partes, pedido e causa de pedir, tendo como objetivo um bem da vida disputado entre as partes no plano material (assim, e.g.: SILVA, Ovídio A. Baptista da. Curso de processo civil. 7. ed. rev. e atual. Rio de Janeiro: Forense, 2006. v. 1. p. 157; CARVALHO, Milton Paulo de. Do pedido no processo civil. Porto Alegre: Sergio Fabris, 1992. p. 78).

60. Aliás, se dúvida havia sobre essa realidade sob o prisma constitucional, ela se dissipou completamente em face do art. 4º do CPC de 2015.

61. Contrapondo o conceito de demanda em sentido estrito e o conceito de simples requerimento, confiram-se, na doutrina estrangeira: CONSOLO, Claudio. Domanda giudiziale. Digesto delle discipline privatistiche: sezione civile. Torino: UTET, 1998. v. 7. p. 47-48; GRASSO, Edoardo. La pronuncia d'ufficio. Milano: Giuffrè, 1967. p. 34; na doutrina nacional: DINAMARCO, Cândido Rangel. Instituições de direito processual civil. 3. ed. São Paulo: Malheiros, 2009. p. 643.

62. V.g.: BARBOSA MOREIRA, José Carlos. Comentários ao Código de Processo Civil. 17. ed. rev. e atual. Rio de Janeiro: Forense, 2013. v. 5. p. 232-233; KOZIKOSKI, Sandro Marcelo. Manual dos recursos cíveis: teoria geral e recursos em espécie. 4. ed. rev. e atual. Curitiba: Juruá, 2007. p. 46 e ss. Seria de questionar, na mesma medida, se outros meios de impugnação a decisões judiciais catalogados como "ações autônomas" – tais como a ação rescisória – seriam ou não portadores de verdadeiro objeto litigioso ou se conteriam apenas desdobramento do objeto litigioso deduzido no processo em que proferida a decisão impugnada (tal como os recursos). Contudo, por estranha aos objetivos aqui traçados, não há razão de aprofundar essa investigação.

63. Sandro Gilbert Martins (A defesa do executado por meio de ações autônomas: defesa heterotópica. 2. ed. rev., atual. e ampl. São Paulo: RT, 2005. p. 82-86) faz ampla resenha doutrinária a fim de demonstrar que é largamente prevalecente a tese segundo a qual efetivamente existiria mérito na execução, embora os autores referidos não tenham atingido consenso sobre qual seria exatamente esse mérito.

de que Tício está a danificar o objeto do contrato e, para tanto, formula um pedido de sequestro.[64] Após o advento do termo sem entrega da coisa, Caio ajuíza demanda de procedimento comum pleiteando o reconhecimento da obrigação de dar. Julgada procedente a demanda, Caio promove execução. Em todos os casos, o pedido mediato recai sobre o mesmo bem da vida (a coisa infungível), fundado na mesma causa de pedir remota (o contrato). Variará, em cada um desses momentos – atividade cognitiva sumária urgente, atividade cognitiva exauriente, atividade executiva –, o pedido imediato, isto é, as providências jurisdicionais a serem adotadas. Contudo, todas essas atividades jurisdicionais se acham totalmente integradas e coordenadas, sendo ínsita ao pedido de tutela condenatória a adoção de medidas urgentes para evitar risco de infrutuosidade, bem como a eventual necessidade de ulterior execução desde o momento em que haja uma decisão provisória ou definitiva cuja eficácia esteja liberada. A visão constitucional dos fenômenos implica inexoravelmente o reconhecimento de que se trata de um único *meritum litis*, que recebe tutela adequada e tempestiva, visando à satisfação do interesse do jurisdicionado com o máximo de efetividade.

Se em vez de pedido de tutela provisória urgente de natureza cautelar (conservativa) fosse cogitado o pedido de tutela antecipada (satisfativa), restaria ainda mais clara a ubiquidade do mesmo objeto litigioso em todos esses momentos em que se desdobra a tutela jurisdicional. O que se antecipa é justamente a fruição do bem da vida que se pretende, com base nos fundamentos invocados na causa de pedir, que serão, primeiro, examinados sumariamente e, depois, exaurientemente,[65] salvo eventual estabilização (art. 304). Não se vê a doutrina cogitar da existência de um diverso objeto litigioso específico para a tutela antecipada. Por que, então, se cogitaria disso na execução?

Reconhecer em cada um desses pedidos de tutela – cognitiva, executiva, cautelar, antecipada – um diferente objeto litigioso significaria atribuir maior importância ao meio que ao fim. Representaria dar prevalência ao pedido imediato (providência jurisdicional) em detrimento do pedido mediato (bem da vida); conferir proeminência a questões incidentais (por exemplo, se há ou não risco de demora) em face de questões finais (se o demandante faz ou não jus à proteção da situação jurídica de direito material lamentada).[66]

---

64. No CPC de 1973, tratava-se de uma ação cautelar preparatória (arts. 822-825); à luz do CPC de 2015, trata-se de um pedido de tutela provisória urgente cautelar antecedente (arts. 300, 301 e 305 a 310).

65. A constatação é absolutamente corrente e, para ilustrá-la, mostra-se suficiente invocar autores filiados a diferentes escolas de pensamento: Calmon de Passos (Da antecipação da tutela. In: TEIXEIRA, Sálvio de Figueiredo (coord.). Reforma do Código de Processo Civil. São Paulo: Saraiva, 1996. p. 190); Dinamarco (A reforma do Código de Processo Civil. 5. ed. rev., atual. e ampl. São Paulo: Malheiros, 2001. p. 141-143) e Marinoni (Antecipação da tutela. 7. ed. rev. e ampl. São Paulo: Malheiros, 2002. p. 44 e ss.).

66. Em apoio a essas afirmações, confira-se, por exemplo, Marinoni (Antecipação da tutela. 7. ed. rev. e ampl. São Paulo: Malheiros, 2002. p. 160-162), de acordo com o qual o art. 273 corrigiu o problema da "duplicação de procedimentos para o julgamento de uma única lide". No mesmo sentido, William Santos Ferreira (Tutela antecipada no âmbito recursal. São Paulo: RT, 2000. p. 69-75) sustenta haver vários "momentos" da tutela jurisdicional.

Assim, a um só tempo resta aqui assentada a proposta para superar a ideia de "mérito cautelar", bem como de "mérito executivo" – ao menos no sentido de *meritum causae*.[67-68-69] Releva dizer que essa afirmação não diz respeito às hipóteses de procedimentos catalogados como "cautelares satisfativas autônomas"[70], tampouco processos executivos autônomos (que serão adiante investigados, nos itens 7 a 9 e 11, infra).

Em suma, a passagem da fase de conhecimento para a fase de execução da decisão que reconhece exigibilidade de obrigação (art. 515, I, CPC de 2015) não representa ajuizamento de demanda em sua acepção estrita, não encerra objeto litigioso ou *meritum causae* próprio.

---

67. Diferenciando os fenômenos, v.g.: DINAMARCO, Cândido Rangel. O conceito de mérito em processo civil. Fundamentos do processo civil moderno. 6 ed. rev. São Paulo: Malheiros, 2010, t. 1. p. 299-348. Eis o erro de alguns autores, que não se preocupam em separar meritum causae (que constitui o objeto litigioso do processo, com as consequências na definição de diversos institutos processuais, tais como litispendência, coisa julgada, conexão, competência etc.) do mérito de todo ato processual (incluídos os mais banais, como, por exemplo, a apresentação do rol de testemunhas ou a impugnação à gratuidade de justiça), que é examinado depois que se supera o juízo de admissibilidade). Exemplo do equívoco se colhe, v.g.: "soa inconcebível dizer que no processo cautelar não existe mérito. O que existe então? Apenas questões de admissibilidade? A resposta salta aos olhos: não! Todo processo jurisdicional tem uma questão levada à apreciação do órgão judicante (*res in iudicium deducta*). Essa questão, independentemente de ser de direito material ou não, é o mérito" (GOUVEIA FILHO, Roberto Pinheiro Campos; PEREIRA, Mateus Costa. Ação cautelar e tutela cautelar. In: COSTA, Eduardo José Fonseca; MOURÃO, Luiz Eduardo Ribeiro; NOGUEIRA, Pedro Henrique Pedrosa Nogueira. Teoria quinária da ação: estudos em homenagem a Pontes de Miranda nos 30 anos de seu falecimento. Salvador: JusPodivm, 2010. p. 591).

68. Aqui se apresenta, pois, nossa discordância em relação aos autores que reconhecem a existência de meritum causae próprio no processo cautelar, tais como Pontes de Miranda (Comentários ao Código de Processo Civil. 2. ed. Rio de Janeiro: Forense, 1974. t. 12. p. 14), que identificava a existência de uma "pretensão material à segurança", e Ovídio Baptista da Silva (Ação cautelar inominada no direito brasileiro. Rio de Janeiro: Forense, 1979. p. 154 e ss.; Processo cautelar. 3 ed., Rio de Janeiro: Forense, 2001., p. 67 e ss.). Contudo, tampouco aceitamos a tese diametralmente oposta, defendida, por exemplo, por Humberto Theodoro Júnior, segundo o qual "a ação cautelar é puramente instrumental e não cuida da lide (conflito de interesses, que é objeto da ação principal)" (THEODORO JR., Humberto. Processo cautelar. 20. ed. rev. e atual. São Paulo: Leud, 2002. p. 156). Em realidade, na cautelar projeta-se o mérito do processo principal, o qual, contudo, será analisado em sede de cognição sumária, em caráter provisório e precário, com finalidade apenas conservativa.

69. Essa afirmação não se altera à luz da possibilidade de estabilização da tutela sumária urgente antecipada antecedente. A demanda que a postula veicula mérito, o qual, se estabilizado na forma dos arts. 303 e 304 do CPC de 2015, resta examinado apenas em sede de cognição sumária. Se não houver a estabilização, o demandante "aditará" a petição inicial (art. 303, § 1º, I, do CPC de 2015).

70. Sob a vigência do CPC de 1973, havia meritum litis próprio e autônomo em algumas cautelares ditas "satisfativas", em que a tutela jurisdicional, ainda que fundada em cognição sumária, não se apresentava provisória e precária, tais como a busca e apreensão (arts. 839 a 843) e a exibição (arts. 844 e 845), pois não se destinavam a preparar processo principal ulterior. Nesse sentido: SCARPINELLA BUENO, Cassio. Curso sistematizado de direito processual civil. 6. ed. rev. e atual. São Paulo: Saraiva, 2014. v. 4. p. 263, 266; YARSHELL, Flávio Luiz. Ação rescisória: juízos rescindente e rescisório. São Paulo: Malheiros, 2005. p. 227, 233-235; NEVES, Daniel Amorim Assumpção. Ações probatórias autônomas. São Paulo: Saraiva, 2008. p. 254-262. Sob o império do CPC de 2015, é mais difícil reconhecer a subsistência de tais exemplos, em face da supressão da autonomia do processo cautelar e da extinção de alguns procedimentos regulados no Livro III do CPC de 1973. Contudo, pode-se reconhecer o cabimento da produção antecipada de provas (arts. 381 a 383) fundada no direito material à entrega de documentos, em razão da amplitude dos incisos II e III do art. 381 (conf. CALDAS, Adriano; JOBIM, Mário Félix. A produção antecipatória de prova no novo CPC. In: JOBIM, Mário Félix; FERREIRA, William Santos; DIDIER JR., Fredie (coord.). Direito probatório. Salvador: JusPodivm, 2015. p. 449-464). De toda forma, Flávio Yarshell (Ação rescisória: juízos rescindente e rescisório. São Paulo: Malheiros, 2005. p. 235) sustenta que, se nessas demandas ditas "satisfativas" houver cognição adequada, elas poderão ensejar formação de coisa julgada material.

OBJETO LITIGIOSO DA EXECUÇÃO CIVIL **305**

Note-se, ademais, que essa realidade não se alteraria se o sistema processual brasileiro houvesse mantido a recíproca autonomia dos processos de conhecimento e de execução. À luz da concepção de objeto litigioso acolhida como premissa, é possível que haja dualidade de processos sem existir dualidade de demandas e, consequentemente, de objetos litigiosos.[71]

3. OBJETO LITIGIOSO DA FASE DE CUMPRIMENTO DE DECISÃO CIVIL QUE HOMOLOGA AUTOCOMPOSIÇÃO JUDICIAL (ART. 515, II, DO CPC DE 2015)

No tocante ao cumprimento da decisão que homologa autocomposição, é preciso, de início, registrar que os incisos II e III do art. 515 do CPC de 2015 se referem a duas diferentes modalidades: judicial e extrajudicial.

À luz do CPC de 1973, que disciplinava os fenômenos de forma similar ao CPC de 2015 nos incisos III e V do seu art. 475-N, o STJ[72] proferiu acórdão contrário à possibilidade de homologação de acordos celebrados entre sujeitos que ainda não haviam judicializado seu conflito.[73] Desse modo, restava minimizada a distinção entre autocomposição judicial e extrajudicial para efeito de homologação judicial e subsequente execução: ambas recairiam sobre litígio já deduzido em processo judicial civil e se diferenciariam apenas quanto ao *locus* em que celebradas, isto é, perante o juiz, conciliador ou mediador (autocomposição judicial) ou por meio de peça celebrada sem interveniência desses sujeitos imparciais e levada pelos advogados aos autos de processo já pendente para homologação (autocomposição extrajudicial).

Contudo, esse entendimento não pode subsistir, seja porque se revela em si anacrônico,[74] seja porque se mostra incompatível com novas disposições contidas no

---

71. Era o que ocorria não apenas com o processo cautelar à luz do CPC de 1973, consoante tratativa realizada supra, mas igualmente com outros fenômenos, por exemplo, a liquidação de sentença por arbitramento anteriormente às reformas empreendidas nesse mesmo diploma por força da Lei 11.232/2005. Anteriormente à Lei 11.232/2005, o litigante vencedor que postulava a liquidação por arbitramento não deduzia nova demanda (pois persistia o objeto litigioso da demanda que culminou na sentença ilíquida), mas, por opção do legislador, instaurava novo processo, conforme sustentamos em: SICA, Heitor Vitor Mendonça. A nova liquidação de sentença e suas velhas questões. In: SCARPINELLA BUENO, Cassio; WAMBIER, Teresa Arruda Alvim (coord.). Aspectos polêmicos da nova execução. São Paulo: RT, 2008. p. 210-239.

72. STJ, 3ª Turma, REsp 1184151/MS, Rel. Min. Massami Uyeda, Rel. p/ Acórdão Min. Nancy Andrighi, j. 15.12.2011, DJe 09.02.2012.

73. Conforme assentamos em outro texto (SICA, Heitor Vitor Mendonça. Comentários aos arts. 513 a 527 do CPC de 2015. In: CABRAL, Antonio do Passo; CRAMER, Ronaldo (coord.). Comentários ao novo Código de Processo Civil. Rio de Janeiro: Forense, 2015.), aquela Corte entendeu que seria temerário criar um título executivo judicial coberto por coisa julgada material, com base em cognição sumária e parcial relativamente a alguns aspectos gerais de validade do negócio jurídico autocompositivo, ponderando-se, ainda, que "[a] dmitir que o judiciário seja utilizado para esse fim é diminuir-lhe a importância, é equipará-lo a um mero cartório, função para a qual ele não foi concebido".

74. O entendimento do STJ suprarreferido desponta um tanto contraditório com o disposto no art. 475-N, III, do CPC de 1973 (cuja norma foi em linhas gerais reproduzida pelo art. 515, § 2º, do CPC de 2015), segundo a qual o juiz homologará autocomposição judicial mesmo sobre matéria ainda não submetida a juízo. Essa norma atribui claramente ao Poder Judiciário a incumbência de homologar acordo sobre litígio (ou parcela

CPC de 2015, em especial a norma fundamental de valorização de soluções autocompositivas (art. 3º, § 2º) e a previsão expressa do cabimento do procedimento comum de jurisdição voluntária (arts. 719 a 724) para "homologação de autocomposição extrajudicial, de qualquer natureza ou valor" (art. 725, VIII).[75]

Ou seja, os sujeitos que celebrarem autocomposição quanto a conflito ainda não deduzido perante o Estado-juiz podem, sim, dele se socorrer exclusivamente para homologá-la,[76] visando a uma maior simplicidade e rapidez em uma ulterior execução.

Nesse passo, em face do CPC de 2015 e da superação do aludido entendimento do STJ com ele incompatível, a autocomposição judicial é aquela celebrada por sujeitos que já se apresentam como partes de um processo civil pendente, ao passo que a autocomposição extrajudicial seria aquela firmada por litigantes que ainda não deduziram qualquer demanda perante o Estado-juiz, sendo ambas homologáveis judicialmente e aptas, portanto, à constituição de um título executivo judicial conforme os incisos II e III do art. 515.

Cabe, então, analisar primeiramente o objeto litigioso do cumprimento de decisão homologatória de autocomposição judicial.

Entende-se que não há como recusar a aplicação da mesma conclusão atingida no item anterior, qual seja a de que subsistirá em sede executiva o mesmo objeto litigioso do processo em que a autocomposição foi celebrada e homologada.

A demanda original, quanto à qual houve composição, encerrava um objeto litigioso, consistente na pretensão a um bem da vida em razão de determinada situação jurídica de direito material. Com a autocomposição, as partes superam as discussões em torno da titularidade ou não do direito afirmado na demanda original e o juiz atribui oficialidade estatal a essa solução consensual. Caso a avença seja descumprida, a execução terá como objetivo o mesmo bem da vida, com base na mesma situação jurídica anteriormente lamentada e reconhecida pelas partes quando da celebração da composição amigável. A situação desvela-se igual à do objeto litigioso da execução da decisão que reconhece exigibilidade da obrigação, enfrentada no item anterior.

---

de litígio) ainda não judicializada. De resto, o entendimento do STJ poderia ser facilmente burlado: bastaria a uma das partes ajuizar demanda como se o litígio ainda estivesse pendente de solução e, na sequência, ambas apresentariam o acordo para homologação.

75. Ao tempo de vigência do CPC de 1973, havia uma lacuna normativa. Por um lado, reconhecia-se a possibilidade de o juiz homologar uma autocomposição extrajudicial (art. 475-N, V), mas não se previa um procedimento para essa finalidade. Cassio Scarpinella Bueno (A nova etapa da reforma do Código de Processo Civil: comentários sistemáticos às Leis 11.187 de 19-10-2005 e 11.232 de 22.12.2005. 2. ed. rev., atual. e ampl. São Paulo: Saraiva, 2006. v. 1, p. 168-169) propunha justamente o emprego do procedimento comum de jurisdição voluntária previsto nos arts. 1.103 a 1.111 do CPC de 1973. Para se chegar a esse resultado, seria necessário entender que o rol do art. 1.112 seria exemplificativo, em face do art. 1.103. O art. 725, VIII, do CPC de 2015 eliminou qualquer dúvida a respeito.

76. O procedimento se desenvolve da seguinte forma: (a) se apenas parte dos signatários formular o pedido de homologação, os demais serão citados (art. 721, primeira parte), ao passo que se todos os signatários apresentarem conjuntamente o pedido de homologação, as citações serão desnecessárias; (b) na sequência, o juiz verificará a necessidade de oitiva do Ministério Público (art. 721) e da Fazenda Pública (art. 722); e (c) estando o processo em termos, ele será decidido em dez dias.

OBJETO LITIGIOSO DA EXECUÇÃO CIVIL **307**

É evidente que a autocomposição pode reduzir o objeto litigioso original à luz das concessões mútuas que o(s) demandante(s) tenha(m) feito (art. 840 do CC e art. 487, III, b, do CPC de 2015) e/ou em razão de reconhecimento por parte do demandado ou renúncia por parte do demandante (art. 487, III, a e c). Nesse caso, o objeto litigioso da execução terá uma identidade apenas parcial em relação ao objeto litigioso originalmente deduzido. No entanto, a questão em nada difere da hipótese de execução de decisão que julga parcialmente procedente a demanda. Contudo, há que se sopesar uma diferença entre a hipótese de execução de decisão que reconhece exigibilidade de obrigação (art. 515, I) em relação àquela que homologa autocomposição judicial (art. 515, II). No primeiro caso, a decisão deve guardar congruência com a demanda original (arts. 141 e 492), ao passo que no segundo, a decisão pode recair sobre outros elementos não integrantes originalmente da demanda original, em face da autorização de ampliação objetiva e subjetiva da relação processual contida no art. 515, § 2º. Se isso ocorrer, o objeto litigioso em sede de posterior execução seria mais amplo que o objeto litigioso originalmente deduzido. Essa possibilidade não há que causar qualquer estranhamento, haja vista que também durante a fase de conhecimento podem-se verificar as mesmas ampliações subjetivas (em especial por força de intervenção de terceiros) e objetivas (como no caso da reconvenção, embora o limite seja a decisão declaratória de saneamento e organização, ex vi do art. 329, II, do CPC/2015). Ademais, essa ampliação do objeto litigioso submete-se a uma prévia cognição judicial, ainda que meramente delibativo, ao ensejo do pedido de homologação.

É possível reconhecer, então, a subsistência do objeto litigioso originalmente deduzido pelas partes na fase de conhecimento em relação à fase de cumprimento de autocomposição judicial homologada, ainda que com eventuais reduções ou ampliações[77] impostas pela vontade das partes autocompostas e submetidas a uma atividade cognitiva apenas homologatória. Essa última questão interessará diretamente à análise do objeto litigioso da fase de cumprimento de decisão civil que homologa autocomposição extrajudicial (art. 515, III), reservada ao item seguinte.

4. OBJETO LITIGIOSO DA FASE DE CUMPRIMENTO DE DECISÃO CIVIL QUE HOMOLOGA AUTOCOMPOSIÇÃO EXTRAJUDICIAL (ART. 515, III, DO CPC DE 2015)

Entende-se possível transpor as mesmas conclusões extraídas do item anterior para a execução da decisão homologatória de autocomposição extrajudicial, mas não sem antes fazer uma reflexão mais detida.

Não se pode pôr em dúvida que a homologação judicial da autocomposição extrajudicial é feita ao cabo de um procedimento em que há exercício de atividade

---

77. Da mesma forma seria encarado o objeto litigioso da decisão extra petita, contra a qual já não mais coubesse algum meio de impugnação apto a obter a sua anulação parcial. Haveria, excepcionalmente e por força do efeito sanatório da coisa julgada, uma parcial descoincidência entre o objeto litigioso em sede executiva e na etapa cognitiva que antecedeu a formação do título.

cognitiva e que, em face do descumprimento do avençado, pode haver execução na mesma relação processual, ex vi dos arts. 513 e 516.

Entretanto, importa reconhecer que o procedimento homologatório, além de encerrar atividade cognitiva limitadíssima,[78] representa exercício de jurisdição voluntária.[79] Em função desse enquadramento, poder-se-ia argumentar que nesse procedimento não haveria objeto litigioso.[80] Entretanto, consideramos não ser esse o entendimento correto.

Quando o sujeito celebra uma autocomposição extrajudicial por meio da qual lhe é atribuído o direito a algum bem da vida, e a leva à homologação judicial, mesmo que por meio de um procedimento de jurisdição voluntária, é evidente o seu interesse em promover eventual execução, caso o outro sujeito celebrante não honre o avençado.[81] Há, nesse procedimento judicial de homologação, ao menos um objeto potencialmente litigioso.

Na hipótese de descumprimento da autocomposição, passa a existir litígio e o procedimento prossegue para a execução da autocomposição homologada, deixando de ser de jurisdição voluntária e passando a ser de jurisdição contenciosa. Aliás, essa transformação constitui fenômeno bem aceito pelos estudiosos e pelos tribunais.[82]

De todo modo, em ambos os momentos – antes ou depois do descumprimento da autocomposição – o processo dizia respeito ao mesmo bem da vida e à mesma relação jurídica substancial subjacente. A eclosão do litígio decorrente do inadimplemento

---

78. Apenas à análise dos requisitos de validade da autocomposição como negócio jurídico, conforme entende, v.g.: DINAMARCO, Cândido Rangel. Instituições de direito processual civil. 3. ed. São Paulo: Malheiros, 2009. v. 3, p. 272-274.

79. Conforme reconhecido no já aludido art. 725, VIII, do CPC de 2015.

80. Convém aqui invocar a sintética fórmula usada pelo STJ e muitas vezes repetida: "A 'jurisdição voluntária' distingue-se da contenciosa por algumas características, a saber: na voluntária não há ação, mas pedido; não há processo, mas apenas procedimento; não há partes, mas interessados; não produz coisa julgada, nem há lide". (STJ, 4ª Turma, REsp 238573/SE, Rel. Min. Sálvio de Figueiredo Teixeira, j. 29.08.2000.)

81. Aliás, essa é mesma razão pela qual se entende que outro procedimento homologatório – o de decisão estrangeira – seja considerado portador de objeto litigioso. Barbosa Moreira acerba, a esse respeito, que "aquele que requer a homologação de sentença estrangeira pretende, sem dúvida, um bem, que consiste na atribuição de eficácia sentencial, no território brasileiro, à decisão alienígena, sem a qual não poderá o requerente fazê-la valer no Brasil A isso se opõe o interessado que não se faça valer a sentença estrangeira em nosso país – e aí está o conflito de interesses" (BARBOSA MOREIRA, José Carlos. Comentários ao Código de Processo Civil. 17. ed. rev. e atual. Rio de Janeiro: Forense, 2013. v. 5, p. 84)(destaque do original).

82. Essa possibilidade é reconhecida pela doutrina (citando-se, a título de exemplo: FAZZALARI, Elio. La giurisdizione volontaria. Padova: Cedam, 1953. p. 170; e GRECO, Leonardo. Jurisdição voluntária moderna. São Paulo: Dialética, 2003. p. 36-38) e pelos tribunais, colhendo-se no STJ, à guisa de exemplo, dois julgados em que essa realidade se apresentou. No primeiro caso, analisava-se o processo de alienação da coisa comum, catalogado como procedimento de jurisdição voluntária (art. 1.112, V, do CPC de 1973), no qual se instaurou conflito entre os condôminos. Aquela Corte entendeu que o processo havia se tornado de jurisdição contenciosa, com todas as consequências daí decorrentes, em especial na distribuição dos custos do processo à luz do princípio da sucumbência (REsp 8596/SP, Rel. Min. Cláudio Santos, 3ª Turma, j. 20.08.1991, DJ 23.09.1991, p. 13081). O julgado referido em nota anterior (STJ, 4ª Turma, REsp 238573/SE, Rel. Min. Sálvio de Figueiredo Teixeira, j. 29.08.2000) também retrata situação na qual, em ação de retificação de registro público de óbito, deflagrou-se entre os interessados verdadeiro litígio.

OBJETO LITIGIOSO DA EXECUÇÃO CIVIL **309**

do avençado apenas implica a conversão de um objeto potencialmente litigioso num objeto propriamente litigioso.[83]

Assim, o fato de o procedimento que culmina na formação do título executivo judicial ora examinado ser animado pelo exercício de jurisdição voluntária não impede que se reconheça a aplicabilidade da mesma conclusão atingida nos itens precedentes, isto é, a subsistência do objeto litigioso da fase cognitiva na fase executiva.

Mesmo que se entenda que o pedido imediato tenha relevância para caracterização do objeto litigioso – repita-se não ser esse o entendimento aqui adotado –, ainda assim se chegaria à mesma conclusão. No procedimento de homologação da autocomposição extrajudicial identificam-se dois pedidos imediatos, encadeados sucessivamente: o primeiro, como é óbvio, de homologação, e o segundo, ínsito ao primeiro, de eventual realização de atividade executiva no caso de descumprimento do avençado.

5. OBJETO LITIGIOSO DA FASE DE CUMPRIMENTO DE FORMAL OU CERTIDÃO DE PARTILHA (ART. 515, IV, DO CPC DE 2015)

Para investigar o objeto litigioso da execução fundada em formal ou certidão de partilha, é inescapável partir do exame da natureza jurídica do arrolamento e do inventário. Quando consensuais, ostentam natureza de procedimentos de jurisdição voluntária[84] e, apesar de não terem por substrato um conflito a ser dirimido, ainda assim têm objeto consistente na destinação das posições jurídicas ativas e passivas deixadas pelo falecido. Os legitimados estão a buscar bem(ns) da vida deixado(s) pelo falecido, com base em relações jurídicas com ele existentes.

É bem verdade que a configuração do direito material, que é no mais das vezes plurilateral, implica que a estrutura da relação jurídica processual seja bem diversa daquela de caráter bilateral ("Caio versus Tício") com a qual a doutrina está habituada a raciocinar. Ademais, trata-se de um objeto conotado por alto grau de flexibilidade (diversamente do que dispõem os arts. 329 e 357, § 2°), tanto do ponto de vista objetivo, quanto no subjetivo, seja pela inclusão de bens originalmente não indicados (art. 621), seja pela possível identificação de herdeiros não apontados originalmente (os quais terão que ser citados, nos termos do art. 626 ou, se omitidos, poderão intervir espontaneamente, conforme prevê o art. 629).

---

83. O entendimento de que a jurisdição voluntária representa forma de intervenção em situações potencialmente litigiosas, com finalidade preventiva, é cultuada há tempos na doutrina estrangeira e pátria. A título de exemplo, confiram-se: CARNELUTTI, Francesco. Instituciones del proceso civil. Trad. Santiago Sentis Melendo. Buenos Aires: El Foro, 1997. v. 3. p. 44-47; DIDIER JR., Fredie. Curso de direito processual civil. 18. ed. Salvador: JusPodivm, 2016. v. 1. p. 128-131.

84. Nesse sentido, v.g.: DIDIER JR., Fredie. Curso de direito processual civil. 18. ed. Salvador: JusPodivm, 2016. v. 1. p. 193-194. Contrariamente se posicionou Paulo Cezar Pinheiro Carneiro, para quem o inventário, mesmo que consensual, teria sempre caráter de procedimento de jurisdição contenciosa (CARNEIRO, Paulo Cezar Pinheiro. Comentários ao Código de Processo Civil. 7 ed. rev. e atual. Rio de Janeiro: Forense, 2003. v. 9, t. 2, p. 15-16).

Contudo, tais diferenças não desnaturam o fato de que os herdeiros e legatários pretendem bem(ns) da vida com base em relações jurídicas de direito material. Se todos os legitimados estão amigavelmente compostos, o procedimento é animado por jurisdição voluntária e o pedido de partilha é unívoco, embora decomponível nos quinhões e legados a serem atribuídos a cada um deles. Se os legitimados estão em conflito, formularão diversos pedidos diferentes de partilha (art.647 do CPC de 2015), caracterizando-se típico procedimento de jurisdição contenciosa. De uma forma ou de outra, ao final o juiz julgará a partilha por meio de sentença, expedindo-se o respectivo formal nos termos do art. 654, caput, do CPC de 2015, o qual pode ser substituído por simples certidão nos termos do parágrafo único do mesmo dispositivo.

Assim, os bens atribuídos a herdeiros ou legatários devem ser entregues conforme a partilha e, se não o forem, poderão ser exigidos por meio de execução de título judicial em face de quem tenha sido parte do processo (art. 513, § 5º) e se encontre em poder dos referidos bens.[85]

Nota-se aqui, então, o mesmo fenômeno detectado nos itens anteriores, isto é, a subsistência do objeto litigioso deduzido no curso do processo em sede de execução da sentença que decretou a partilha. Mesmo que o procedimento tenha se mantido de jurisdição voluntária durante todo o seu curso, a execução da sentença que decretou a partilha testemunhará a conversão de objeto potencialmente litigioso para propriamente litigioso. Se o procedimento se transformou em contencioso anteriormente à partilha, a execução já se iniciará com o objeto litigioso que subsistiu da fase cognitiva.

De qualquer maneira, vislumbra-se que o pedido de atribuição de um quinhão ou bem componente do espólio, com supedâneo nas relações jurídicas existentes entre o requerente e o falecido, mantém-se inalterado na passagem da fase de conhecimento (inventário ou arrolamento) para a fase de execução (cumprimento do formal ou certidão de partilha).

6. OBJETO LITIGIOSO DAS FASES DE "CUMPRIMENTOS ANEXOS" DE DECISÕES DECORRENTES DE IMPOSITIVOS LEGAIS PROCESSUAIS (ART. 515, I E V, DO CPC DE 2015)

A execução forçada pode ter ensejo não apenas em razão do acolhimento de pretensões integrantes do *meritum causae*, mas também em virtude de pronunciamentos do juiz em face de atos ou fatos processuais e por força da incidência de imperativos legais processuais, tais como: (a) multas sancionatórias por litigância

---

85. Entendemos que o art. 655 do CPC de 2015 – ao dispor que transitada em julgado a sentença de partilha "receberá o herdeiro os bens que lhe tocarem" – não estabelece uma hipótese de sentença autoexecutável (como entendeu Leonardo Greco (O processo de execução. Rio de Janeiro: Renovar, 2001. v. 2, p. 175), com base no art. 1.027 do CPC de 1973, substancialmente equivalente), devendo se sujeitar à iniciativa do interessado mercê da correta interpretação proposta para o art. 513, § 1º, do CPC de 2015.

OBJETO LITIGIOSO DA EXECUÇÃO CIVIL **311**

de má-fé[86] ou ato atentatório à dignidade da justiça;[87] (b) multas coercitivas para cumprimento de obrigação de fazer, não fazer,[88] dar coisa[89] e pagar quantia;[90] (c) honorários sucumbenciais devidos ao advogado do litigante vencedor;[91] (d) reembolso das custas e despesas adiantadas pelo litigante vencedor;[92] (e) indenização decorrente da cassação da decisão judicial exequenda;[93] e, por fim, (f) honorários do auxiliar da justiça.[94]

As cinco primeiras hipóteses aludidas (de "a" a "e") se encaixam na norma genérica do art. 515, I,[95] enquanto a última ("f") se ajusta ao art. 515, V.

O primeiro passo para identificar o objeto litigioso de tais execuções está em reconhecer que ele não se encontra contemplado no processo em que são proferidas as decisões exequendas, o que se explica por dois motivos principais.

Em primeiro lugar, reconhece-se unanimemente a desnecessidade de provocação do interessado para que o juiz ordene o pagamento de tais quantias.[96] Há quem entenda tratar-se de "pedidos implícitos",[97] mas parece mais apropriado falar em "efeitos legais" ou "efeitos anexos da sentença".[98] De qualquer modo, mostra-se irrelevante a dedução de pedido de condenação de um sujeito ao pagamento de tais verbas.

Esse primeiro argumento, contudo, não bastaria, por si só, para sustentar a afirmação assentada supra, pois há várias verbas sobre as quais o juiz dispõe sob o pálio dos "efeitos legais" ou "anexos" da sentença, mas estão abrangidas no *meritum litis* originalmente deduzido pelas partes,[99] tais como as prestações periódicas vencidas

---

86. Art. 81.
87. Arts. 77, §§ 1º e 2º, 161, parágrafo único, 334, § 8º, 774, parágrafo único, e 903, § 6º.
88. Arts. 536 e 537.
89. Art. 538, § 3º.
90. Art. 523.
91. Art. 85.
92. Arts. 82 e 84.
93. Situação lembrada por Teori Albino Zavascki (Sentenças declaratórias, sentenças condenatórias e eficácia executiva dos julgados. Revista de Processo, v. 17, n. 109, mar. 2003. p. 45-56), as quais encontram previsão nos arts. 302, 495, § 5º, 520, II, e 776.
94. Art. 515, V.
95. O raciocínio proposto no corpo do texto desponta mais facilmente defensável à luz do texto do art. 515, I, do CPC de 2015, em relação ao dispositivo equivalente presente no CPC de 1973 reformado (art. 475-N, I) ou no mesmo diploma em sua redação original (art. 584, I). Isso porque substituiu-se o termo "sentença" pelo vocábulo "decisão", de maior amplitude (teria sido ainda melhor o uso do termo "pronunciamento", prestigiado pelo art. 203).
96. É o que decorre da leitura dos arts. 77, § 2º, 81, 85, 774, parágrafo único, 95, § 1º, e 465, § 3º.
97. Assim entende CARVALHO, Milton Paulo de. Do pedido no processo civil. Porto Alegre: Sergio Fabris, 1992. p. 101-104.
98. E.g.: DINAMARCO, Cândido Rangel. Instituições de direito processual civil. 3. ed. São Paulo: Malheiros, 2009. p. 137; SCARPINELLA BUENO, Cassio. Curso sistematizado de direito processual civil. 7. ed. rev. e atual. São Paulo: Saraiva, 2014. v. 2. p. 93 e ss.
99. Aqui se apresenta o mesmo fenômeno descrito por Arruda Alvim (Tratado de direito processual civil. 2. ed. refundida do Código de Processo Civil comentado. São Paulo: RT, 1990. v. 1. p. 389), a que nos referimos anteriormente: da "amplitude predeterminada do objeto litigioso", segundo o qual "a própria lei fixa (= pré-fixa) a sua extensão".

após ajuizamento da demanda (art. 323), os juros e a correção monetária (art. 322, § 1º).[100]

Assim, é preciso agregar um segundo argumento, fundado no reconhecimento de que essas cominações não dizem respeito ao direito material,[101] pois se baseiam em atos e fatos decorridos no curso da relação jurídica de direito processual.

É possível afirmar, então, que tais execuções não contêm o mesmo objeto litigioso originalmente deduzido no processo em que são proferidas as decisões exequendas, sendo portadoras de um objeto litigioso próprio. Não se pode dizer, contudo, que se trata de um mérito em sentido amplo (como se costuma utilizar ao tratar dos recursos[102]), mas, sim, de *meritum causae* na acepção estrita do termo. Essa afirmação não se põe em contradição com o quanto foi referido anteriormente, por se entender que, embora fundadas em fatos ou atos jurídicos ocorridos no curso da relação processual, tais decisões efetivamente geram efeitos no plano concreto, com respeito a relações creditícias, baseadas, sobretudo, na responsabilidade civil. As regras que as regem são consideradas heterotópicas.[103-104]

---

100. A prova de que essas verbas se acham incluídas no objeto litigioso do processo em que se exigem as parcelas vencidas ou o valor do principal a despeito de pedido se extrai da constatação de que, se elas forem objeto de um processo autônomo ulterior, o correto é reconhecer a litispendência.

101. Apenas poder-se-á reconhecer integrado ao *meritum causae* o pedido expresso de condenação ao pagamento de honorários contratuais, ex vi dos arts. 389, 395 e 404 do CC, cujo cabimento ainda se mostra controvertido nos tribunais, conforme assentamos em outro texto (SICA, Heitor Vitor Mendonça. Breves comentários ao art. 20 do CPC, à luz da jurisprudência do Superior Tribunal de Justiça. In: MAZZEI, Rodrigo Reis; LIMA, Marcellus Polastri (coord.). Honorários de advogado: aspectos materiais e processuais. São Paulo: Lumen Juris, 2014, item 4).

102. Lembre-se que todo recurso versa um pedido de reforma, anulação ou integração da decisão recorrida o que constitui seu mérito, mas não necessariamente a decisão recorrida é de mérito e a decisão que julgar o recurso o será. Daí falar em mérito em sentido amplo (concernente ao conteúdo do ato postulatório), em contraposição a mérito em sentido estrito (ou *meritum causae*), relativo ao conteúdo da demanda, para os fins dos arts. 487 e 502 do CPC de 2015. Sobre essa diferenciação, confira-se, por todos: DINAMARCO, Cândido Rangel. O conceito de mérito em processo civil. Fundamentos do processo civil moderno. 6 ed. rev. São Paulo: Malheiros, 2010. t. 1, p. 299-348.

103. Bruno Vasconcelos Carrilho Lopes (Honorários advocatícios no processo civil. São Paulo: Saraiva, 2008. p. 8-11), com apoio nas lições de Chiovenda, acolhe essa solução no tocante aos honorários sucumbenciais, afirmando tratar-se de normas de direito processual material, que, apesar de sua natureza eminentemente processual, conferem um direito subjetivo de crédito ao advogado em face da parte que deu causa ao processo (ibidem, p. 9-10). No tocante às multas, logramos encontrar opiniões bastante dissonantes. De um lado, Marcelo José Magalhães Bonício (Análise do sistema de multas previstas no Código de Processo Civil. Revista de Processo, São Paulo, v. 29, n. 118, p. 29-40, nov.-dez. 2004. p. 9-28) sustenta que as multas, ainda que previstas no bojo de leis processuais, constituem obrigações de direito material, absolutamente iguais àquelas estabelecidas, por exemplo, em contratos de natureza civil. No extremo oposto, acha-se a opinião de Guilherme Rizzo Amaral (As astreintes e o processo civil brasileiro: multa do artigo 461 do CPC e outras. 2. ed. rev., atual. e ampl. Porto Alegre: Livraria do Advogado, 2010. p. 69-70) e de Sérgio Cruz Arenhart (A doutrina brasileira da multa coercitiva – Três questões ainda polêmicas. Revista Forense, Rio de Janeiro, v. 104, n. 396, p. 233-255, mar.-abr. 2008. p. 234) para quem as astreintes seriam apenas técnicas de tutela jurisdicional, desvinculada da pretensão de direito material. Entendemos que a posição intermediária adotada quanto aos honorários de sucumbência também se aplica aqui, isto é, trata-se da incidência de normas processuais que geram direitos subjetivos de crédito no plano concreto.

104. Esse entendimento se baseia na ideia de que a sentença irradia projeções processuais e materiais, como bem pontuado por Miguel Teixeira de Sousa (O objecto da sentença e o caso julgado material (estudo sobre a funcionalidade processual). Lisboa, 1983. p. 10-15).

OBJETO LITIGIOSO DA EXECUÇÃO CIVIL **313**

Essas execuções não costumam receber atenção da doutrina e poderiam ser denominadas como "anexas"; são levadas a efeito, por via de regra, nos mesmos autos[105] e têm ensejo em momentos diferentes: (a) incidentalmente ao processo (como no caso da execução de multa por litigância de má-fé ou ato atentatório à dignidade da justiça aplicada no curso do processo ou da execução dos honorários periciais finais);[106] (b) concomitantemente à execução da decisão relativa ao direito material controvertido que conotava o *meritum causae*, com ela não se confundindo (como no caso da execução das verbas sucumbenciais); ou, por fim, (c) até mesmo depois de terminada a execução da decisão atinente ao objeto litigioso (como na hipótese de indenização por cassação da decisão provisoriamente exequenda ou por *contempt of court*).

Para pôr à prova o entendimento ora defendido, basta pensar que o art. 85, § 18, do CPC de 2015 passou a admitir[107] o ajuizamento de demanda autônoma para obter a fixação e subsequente cobrança de verba honorária sucumbencial relativa ao processo findo por sentença passada em julgado que não dispõe sobre esse direito ou não o quantifica. Essa demanda teria, evidentemente, seu objeto litigioso, ainda que fundada em fato jurídico processual.

Assim, diferentemente do que se passou nas demais modalidades de execução até aqui examinadas, nesse caso há que se reconhecer a existência de *meritum litis* próprio, distinto daquele contido na demanda original que ensejou o proferimento da decisão exequenda.

7. OBJETO LITIGIOSO DO PROCESSO AUTÔNOMO DE EXECUÇÃO DE SENTENÇA PENAL CONDENATÓRIA (ART. 515, VI, DO CPC DE 2015)

Neste item e nos demais, cabe-nos analisar a questão do objeto litigioso nas execuções de títulos produzidos fora do processo civil perante a jurisdição estatal brasileira, a começar pela execução civil da sentença penal condenatória (art. 515, VI).

Embora tenha sido adotada a independência entre responsabilização penal e civil (art. 935, 1ª parte, do CC e arts. 64 e 66 do CPP), acolheram-se alguns temperamentos, entre os quais justamente a possibilidade de execução civil dos danos decorrentes do crime objeto de condenação por sentença penal (art. 935, in fine, do CC, art. 91, I, do CP, art. 63 do CPP e art. 515, VI, do CPC de 2015), desde que transitada em julgado (não se cogitando de execução provisória).

Conforme tivemos oportunidade de assentar em outro trabalho,[108] a sentença penal condenatória acerta a existência do ato ensejador de responsabilidade civil

---

105. Arts. 81, § 3º, 774, parágrafo único, 777, 495, § 3º, e 520, II.
106. Pressupõe-se que a falta de pagamento dos honorários iniciais, fixados nos termos dos arts. 465, §§ 2º a 4º, do CPC de 2015, implicaria a preclusão da prova pericial.
107. Revogou-se o Enunciado 453 da Súmula do STJ que dispunha em sentido contrário.
108. SICA, Heitor Vitor Mendonça. Comentários aos arts. 513 a 527 do CPC de 2015. In: CABRAL, Antonio do Passo; CRAMER, Ronaldo (coord.). Comentários ao novo Código de Processo Civil. Rio de Janeiro: Forense, 2015. p. 807-808.

e o elemento subjetivo (doloso ou culposo) do ofensor. Com base nessa decisão, a vítima ou seus sucessores podem iniciar liquidação civil pelo procedimento comum (art. 509, II, do CPC de 2015), na qual se desenvolve amplo contraditório destinado à demonstração da existência de dano, que pode resultar em uma sentença de procedência ou de improcedência.

Diante desse contexto, é difícil até mesmo afirmar que a sentença penal condenatória seria, por si só, um título executivo, pois lhe falta mais do que simples liquidez, mas, sim, a própria certeza objetiva e subjetiva.[109] A única diferença para uma pura e simples ação ex delicto está no fato de o processo se iniciar informado pela indiscutibilidade dessas questões resolvidas na fundamentação da sentença penal condenatória.

Apenas poder-se-ia reconhecer a existência de título executivo civil quanto à parcela líquida da indenização já fixada na sentença penal condenatória, tema tratado alguns parágrafos adiante.

À luz de tais considerações, não se pode reconhecer nesse novo e autônomo processo civil a persistência do objeto litigioso do processo penal condenatório,[110] o qual era caracterizado pela imputação penal[111] e cuja lógica é inteiramente diversa do objeto litigioso civil, seja pela diminuta importância do pedido (que é sempre genérico, consistente na condenação nos limites da lei), seja em virtude da dinâmica inteiramente diversa da causa de pedir (em que assume maior relevo a causa de pedir próxima, em face da tipicidade da ação penal).[112] Em outras palavras: o pedido

---

109. Em outro texto (SICA, Heitor Vitor Mendonça. A nova liquidação de sentença e suas velhas questões. In: SCARPINELLA BUENO, Cassio; WAMBIER, Teresa Arruda Alvim (coord.). Aspectos polêmicos da nova execução. São Paulo: RT, 2008. p. 229) propusemos que se reconhecesse que, em algumas modalidades de liquidação, a condenação caracterizadora do título executivo contém simples fixação do ato ou fato que é pressuposto para imposição de uma condenação, acrescida do reconhecimento de probabilidade de dano (algo inferior ao an debeatur). A atividade judicial desenvolvida a partir daí é de cognição exauriente, e visa, agora sim, reconhecer o cabimento ou não de uma condenação. Ou seja, liquidar por artigos não significa apenas quantificar a condenação, mas criar condições para que ela seja imposta. "A sentença genérica (...) limita-se a declarar a existência de um fato ou ato apto a gerar direito a uma quantia em dinheiro e a simples probabilidade de dano. De outro lado, reserva a apuração de sua efetiva ocorrência para depois. Nada há de errado quanto a isso, já que, para que se configure o ato ilícito, não é necessário que tenha ocorrido dano (essa é uma decorrência externa do ato). (...). Portanto, a sentença genérica não traz consigo condenação, a qual acaba sendo imposta apenas pela decisão que julgar procedente a liquidação por artigos. A sua natureza é, portanto, meramente declaratória." No referido texto, invocamos em nosso apoio à lição de Calamandrei (La condena "genérica" a los daños. Introducción al estudio sistemático de las providencias cautelares. Trad. Marino Ayera Merín. Prólogo de Eduardo J. Couture. Buenos Aires: Librería "El Foro", 1996. p. 164) e recusamos o entendimento de grande parte da doutrina pátria, segundo o qual todas as espécies de sentença passíveis de liquidação seriam condenatórias e que todas as sentenças proferidas em sede de liquidação seriam declaratórias, como entendem, por exemplo, Dinamarco (Instituições de direito processual civil. 3. ed. São Paulo: Malheiros, 2009. v. 4, p. 727-729) e Wambier-Wambier-Medina (Breves comentários à nova sistemática processual civil 2. São Paulo: RT, 2006. v. 2, p. 102).

110. Há processo penal não condenatório, como no caso do habeas corpus, revisão criminal etc.

111. Conforme leciona: BADARÓ, Gustavo Henrique Righi Ivanhy. Correlação entre acusação e sentença. 3. ed. São Paulo: RT, 2013. p. 74-75.

112. De fato, a denúncia apenas descreve e classifica o delito (art. 41 do CPP), cuja tipificação poderá ser alterada pelo juiz, mediante contraditório (arts. 383 e 384 do CPP), cabendo à sentença fixar a pena independentemente de pedido específico a respeito (art. 59 do CP e art. 387, I a III, do CPP).

de indenização objeto da execução civil não se pode reputar abrangido no objeto litigioso do processo penal.[113] A prova disso é que não há necessidade de qualquer pronunciamento expresso na sentença penal no sentido de reconhecer os efeitos no plano da execução civil.[114]

Resta considerar se essa afirmação persiste válida à luz dos arts. 63 e 387, IV, do CPP, com redação dada pela Lei 11.718/2009, segundo os quais a sentença penal condenatória fixaria um "valor mínimo" de indenização. Essas novas disposições passaram a exigir do juiz que inclua na sentença penal expressa menção a aspectos relacionados à indenização civil. Compete, então, verificar se essa alteração legislativa seria apta a alterar a concepção de objeto litigioso do processo penal, de modo a nele "enxertar" um objeto litigioso civil. A depender da resposta a essa questão, reconhecer-se-á a persistência da "parcela civil" do objeto litigioso do processo penal na execução da sentença condenatória nele proferida. A resposta a essa questão depende, por sua vez, da solução de outra indagação: a fixação de montante indenizatório mínimo depende ou não de pedido expresso e *principaliter*?

Aury Lopes Jr. é um dos que defendem a necessidade de pedido expresso na denúncia,[115] por entender que assim se propiciaria o regular contraditório ao réu. Contudo, discordamos quanto à necessidade de pedido expresso na denúncia ou queixa, por variadas razões.

Embora seja imprescindível o contraditório no tocante à indenização mínima, sua observância não depende de veiculação de pedido logo no ato processual inicial, bastando que o juiz exorte as partes a se manifestarem ainda que posteriormente à apresentação da denúncia ou queixa. Bastaria, para esse fim, a observância da proibição de prolação de "decisão-surpresa" que, embora positivada apenas no texto do CPC de 2015 (art. 10), emerge da garantia constitucional do contraditório e, portanto, há de ser observada igualmente no processo penal (art. 15).

---

113. Esse quadro não se altera nem mesmo no caso de condenação à prestação pecuniária a favor da vítima (art. 43, I, do CP, com redação dada pela Lei 9.714/1998), pois, ainda assim, trata-se de sanção penal, e não de efeito civil da sentença penal condenatória, conforme reiteradamente afirmado pelo STJ: AgRg no HC 252.460/MG, Rel. Min. Og Fernandes, 6ª Turma, j. 02.04.2013, DJe 16.04.2013; RHC 42.544/RS, Rel. Min. Marilza Maynard (Desembargadora convocada do TJSE), 6ª Turma, j. 03.01.2014, DJe 15.01.2014; e RHC 40.530/RS, Rel. Min. Maria Thereza de Assis Moura, 6ª Turma, j. 15.10.2013, DJe 24.10.2013. Não se pode negar, contudo, a plena convergência e coincidência entre a pretensão civil e a pretensão penal.
114. Nesse sentido lecionaram: MENDONÇA LIMA, Alcides de. Comentários ao Código de Processo Civil. Rio de Janeiro: Forense, 1974. v. 6, t. 1. p. 303; GRECO, Leonardo. O processo de execução. Rio de Janeiro: Renovar, 2001. v. 2. p. 139; MARINONI, Luiz Guilherme; ARENHART, Sérgio Cruz. A execução dos títulos judiciais equiparados à sentença condenatória tradicional. In: ARRUDA ALVIM NETO, José Manuel de; ARRUDA ALVIM, Eduardo; BRUSCHI, Gilberto Gomes; CHECHI, Mara Larsen; COUTO, Mônica Bonetti (coord.). Execução civil e temas afins: entre o CPC/73 e o novo CPC. São Paulo: RT, 2014. p. 730). Contrariamente entendeu Botelho de Mesquita (Da autoridade civil da coisa julgada penal. In: BARBOSA MOREIRA, José Carlos (coord.). Estudos de direito processual em memória de Luiz Machado Guimarães: no 25º aniversário de seu falecimento. Rio de Janeiro: Forense, 1997. p. 239-240), para quem há julgamento implícito sobre o direito à indenização civil, localizado no dispositivo da sentença penal condenatória, apta a ser coberta pela coisa julgada penal.
115. LOPES JR., Aury. Direito processual penal. 12. ed. São Paulo: Saraiva, 2015. p. 881.

Ademais, não parece que dos requisitos da denúncia ou da queixa (arts. 41 e 44) se infira a obrigatoriedade de pedido indenizatório expresso, tampouco se extrairia do art. 387 do CPP que o juiz penal "julgaria" algum pedido indenizatório.

Outrossim, jamais se cogitou que se impusesse ao autor da ação penal o ônus de formular um pedido genérico de indenização, a ser liquidado e executado no âmbito cível. Nesse passo, não faria sentido exigir que essa providência fosse tomada no tocante à parcela da indenização cujo valor seria fixado na sentença penal.

Veja-se também que, se tratar-se de um pedido civil cumulado ao processo penal – e, portanto, ensejador de ampliação de seu objeto litigioso –, seria necessário verificar se o juízo penal ostentaria competência para julgá-lo.[116] Da mesma forma, seria preciso ter em conta se os pedidos cumulados se sujeitam a procedimentos compatíveis entre si.[117]

A tudo isso acresça-se que, ao prevalecer o entendimento de que seria necessário pedido expresso, o Ministério Público só poderia formulá-lo como substituto processual em ação penal pública se preenchidas duas condições, cumulativamente: (a) acolhimento da tese (controvertida) de que o art. 68 do CPP foi recepcionado pela Constituição Federal;[118] e (b) a vítima ou seus sucessores não ostentarem condições financeiras. Faltando uma dessas condições, o Ministério Público não poderia atuar, em observância ao art. 18 do CPC de 2015. Nesse caso, os arts. 63 e 387, IV, do CPP restariam completamente esvaziados, pois ficariam circunscritos à ação penal privada movida pela própria vítima ou seus sucessores. Não há absolutamente nenhum elemento nesses dispositivos que autorize essa aplicação restritiva.

Restando assentada a desnecessidade de pedido expresso para fixação de um valor mínimo de indenização pela sentença penal, a disposição a esse respeito seria descrita como "efeitos anexos da sentença"[119] ou "efeitos secundários da sentença",[120] ao lado dos demais efeitos civis que já eram previstos para a sentença penal pelo art. 91, I, do CPP antes mesmo da reforma de 2009.[121-122]

---

116. Afinal, a cumulação de pedidos só poderia ser autorizada se o juiz fosse competente para julgar todos eles. Embora haja norma a respeito apenas no CPC (art. 327, § 2º, II), há de ser observada igualmente no processo penal.

117. Conforme emerge do art. 327, § 1º, III, do CPC de 2015.

118. Conforme argumenta BURINI, Bruno Corrêa. Efeitos civis da sentença penal. São Paulo: Atlas, 2007. p. 124.

119. Vide doutrina citada no item 6, supra.

120. Assim entendem: MIRABETE, Julio Fabbrini. Processo penal. 8. ed. São Paulo: Atlas, 1998. p. 156; CABRAL, Antonio do Passo. O valor mínimo da indenização cível fixado na sentença condenatória penal: notas sobre o novo art. 387, IV, do CPP. Revista da EMERJ. v. 13, n. 49, p. 309, 2010.

121. Nesse sentido se manifestou Araken de Assis (Eficácia civil da sentença penal. 2. ed. rev., atual. e ampl. São Paulo: RT, 2000. p. 88-93), apoiado em ampla pesquisa doutrinária.

122. A afirmação de que a fixação de indenização mínima é "efeito" da sentença não se mostra incompatível com a concepção de que a coisa julgada é qualidade dos efeitos da sentença (conforme restou consagrado no art. 502 do CPC de 2015). O direito ao valor mínimo de indenização torna-se indiscutível simultaneamente à produção de coisa julgada, haja vista que não se pode executar civilmente sentença penal antes do seu trânsito em julgado. A concepção aqui exposta igualmente não se mostra incompatível com a ideia de limites objetivos da coisa julgada limitada às questões principais (art. 503 do CPC de 2015). Aqui, há uma

OBJETO LITIGIOSO DA EXECUÇÃO CIVIL **317**

Seguindo-se esse raciocínio, o juiz penal, ao fixar a indenização mínima, não resolve questão *principaliter*, mas apenas se desincumbe da análise incidente de mais um elemento[123] a ser imunizado pela coisa julgada penal com o objetivo de facilitar a tutela do direito da vítima ou seus sucessores no plano civil, dispensando-se ao menos em parte a necessidade de liquidação. Sob tal perspectiva, a reforma legislativa se limitou a ampliar a área da sentença penal imunizada para efeitos civis, antes restrita, consoante exposto, à existência do ato ensejador de responsabilidade civil e ao elemento subjetivo (doloso ou culposo) do ofensor, nos termos do art. 91, I, do CPP.

A interpretação aqui proposta procura preservar a finalidade fundamental do processo penal sem desvirtuá-lo,[124] e acomodar de maneira mais adequada as questões relativas ao regime de competência e de compatibilidade procedimental.

Diante do quadro traçado, a execução civil da sentença penal condenatória transitada em julgado realmente há de ensejar a instauração de um novo processo,[125] destinado à liquidação e cumprimento ou apenas ao cumprimento,[126] o qual seria portador de objeto litigioso próprio e autônomo,[127] cujo exame, contudo, estará limitado pela projeção da coisa julgada penal no processo civil.

8. OBJETO LITIGIOSO DO PROCESSO AUTÔNOMO DE EXECUÇÃO DE SENTENÇA ARBITRAL NACIONAL (ART. 515, VII, DO CPC DE 2015)

Em prosseguimento, passa-se a examinar o objeto litigioso da execução fundada em título executivo previsto no art. 515, VII, isto é, a sentença arbitral nacional, haja vista que a sentença arbitral estrangeira se sujeita à homologação perante o STJ e, portanto, enquadra-se no inciso VIII do mesmo dispositivo adiante examinado.[128]

---

regra especial aplicável à coisa julgada penal, que recai sobre elementos não "naturais" da sentença penal e se projeta no âmbito civil (conforme sustenta: BURINI, Bruno Corrêa. Efeitos civis da sentença penal. São Paulo: Atlas, 2007. p. 112).

123. Há quem entenda que não se trata de um dever, mas apenas de uma faculdade (v.g.: BADARÓ, Gustavo Henrique Righi Ivanhy. Processo penal. Rio de Janeiro: Campus: Elsevier, 2012. p. 138).

124. Preocupação externada por Aury Lopes Jr. (Direito processual penal. 12. ed. São Paulo: Saraiva, 2015. p. 242).

125. Carreira Alvim (Execução de sentença penal, arbitral e estrangeira (art. 475-N, parágrafo único, do CPC). In: WAMBIER, Teresa Arruda Alvim (coord.). Aspectos polêmicos da execução. São Paulo: RT, 2007. p. 337) chega a dizer que as liquidações/cumprimentos de sentenças penais seriam "fases civis" do processo penal.

126. Será uma hipótese nitidamente excepcional, em que o valor mínimo fixado pelo juiz seria apto a satisfazer a vítima ou seus sucessores.

127. Nesse sentido: SCARPINELLA BUENO, Cassio. Curso sistematizado de direito processual civil. 7. ed. rev. e atual. São Paulo: Saraiva, 2014. v. 3. p. 34.

128. O art. 34 dispõe que a eficácia da sentença arbitral estrangeira observará "os tratados internacionais com eficácia no ordenamento interno e, na sua ausência, estritamente de acordo com os termos desta Lei". O Decreto 4.311/2002, editado pelo Senado Federal, internalizou no ordenamento jurídico brasileiro o "Tratado sobre reconhecimento e execução de sentenças arbitrais estrangeiras" de Nova York, de 1958, cujo art. III, parte final, dispõe que "não serão impostas condições substancialmente mais onerosas ou taxas e cobranças mais altas do que as impostas para o reconhecimento e a execução de sentenças arbitrais domésticas". A partir de então, poder-se-ia argumentar que a sentença arbitral estrangeira seria diretamente exequível independentemente de prévia homologação. Todavia, tem prevalecido (na linha da argumentação tecida de

Não há como fugir do mesmo método observado nos itens anteriores, isto é, partir da definição acerca da natureza jurídica da arbitragem (jurisdicional ou contratual).

Se a opção for pelo caráter jurisdicional da arbitragem, de modo a equiparar juiz estatal e árbitro, entre eles haverá apenas uma divisão de competências,[129] e a execução de sentença arbitral se aproximaria substancialmente da execução da sentença proferida no processo judicial civil.

De outro lado, se a opção for pelo caráter contratual da arbitragem, a execução da sentença arbitral veicularia um objeto litigioso novo, que jamais havia sido tratado em processo jurisdicional civil. Ao propor a execução da sentença arbitral, haveria pela primeira vez a veiculação do objeto litigioso.

A primeira solução é largamente preferível em função de vários argumentos: (a) a arbitragem representa meio de solução de controvérsias desenvolvido segundo as garantias processuais constitucionais que resultam em exercício de poder;[130] (b) com base no argumento anterior, o art. 18 da Lei 9.307/1996 atribui aos árbitros o papel de "juiz de fato e de direito"; (c) a sentença arbitral não se sujeita à homologação, tampouco amplo reexame de mérito pelo Poder Judiciário;[131] e (d) a sentença arbitral é equiparada à sentença judicial, ao constituir título executivo judicial, nos termos do art. 31 da referida Lei 9.307/1996.[132]

Nesse passo, aplica-se o entendimento construído no item 2, supra, no sentido de considerar que o objeto litigioso deduzido em sede arbitral subsiste na execução da sentença nele proferida.[133] A aproximação aqui alvitrada não ignora que processo judicial e processo arbitral pertencem a microssistemas distintos, mas ambos bebem da fonte da teoria geral do processo[134] e apresentam inúmeros pontos de contato.[135]

---

     modo irrepreensível por Carlos Alberto Carmona (Arbitragem e processo: um comentário à Lei 9.307/96. 2. ed. rev., atual. e ampl. São Paulo: Atlas, 2004. p. 355)) a tese contrária, segundo a qual a introdução do tratado no ordenamento brasileiro não derrogou o art. 35 da Lei 9.307/1996, e esse dispositivo exige, sim, expressamente a homologação de sentenças arbitrais estrangeiras.

129. O primeiro exerce atividades cognitivas e o segundo, atividades executivas, conforme destaca, e.g.: CARMONA, Carlos Alberto. Árbitros e juízes: guerra ou paz? In: CARMONA, Carlos Alberto; MARTINS, Pedro A. Batista; LEMES, Selma M. Ferreira. Aspectos fundamentais da lei de arbitragem. Rio de Janeiro: Forense, 1999. p. 423.

130. Conforme pontua com precisão Cândido Rangel Dinamarco (A arbitragem na teoria geral do processo. São Paulo: Malheiros, 2013. p. 15-29).

131. Argumento sustentado por Carlos Alberto Carmona (Arbitragem e processo: um comentário à Lei 9.307/96. 2. ed. rev., atual. e ampl. São Paulo: Atlas, 2004. p. 43).

132. Argumento realçado por Joel Dias Figueira Júnior (Arbitragem, jurisdição e execução: análise crítica da Lei 9.307, de 23.09.1996. São Paulo: RT, 1999. p. 155-157).

133. Nesse sentido, Flávio Yarshell (Cumprimento da sentença arbitral: análise à luz das disposições da Lei 11.232/2005. In: BRUSCHI, Gilberto Gomes (coord.). Execução civil e cumprimento de sentença. São Paulo: Método, 2006. p. 191-192) sustenta que a obrigação exigida em sede execução é exatamente aquela que havia sido objeto da demanda original, a qual, uma vez julgada, originou a formação do título executivo.

134. DINAMARCO, Cândido Rangel. A arbitragem na teoria geral do processo. São Paulo: Malheiros, 2013. p. 15-22.

135. A demonstração desse aspecto é a pedra de toque do trabalho de Eduardo de Albuquerque Parente (Processo arbitral e sistema. São Paulo: Atlas, 2012. p. 40-60).

OBJETO LITIGIOSO DA EXECUÇÃO CIVIL **319**

Essa realidade não se altera pelo fato de: (a) a conformação do pedido no processo arbitral ter elementos diversos do pedido deduzido no processo judicial,[136] pois se mantém a característica primordial de recair sobre um bem da vida em litígio; e (b) ser exigida a citação pessoal do executado (art. 515, § 1º, do CPC de 2015), a qual poderia muito bem ser dispensada por reforma legislativa que admitisse a possibilidade de simples intimação da parte ao ensejo do início da execução de sentença arbitral nos moldes previstos no art. 513, § 2º.[137]

9. OBJETO LITIGIOSO DO PROCESSO AUTÔNOMO DE EXECUÇÃO DE SENTENÇA JUDICIAL E ARBITRAL ESTRANGEIRAS HOMOLOGADAS OU DE CARTA PRECATÓRIA A QUE SE CONCEDEU *EXEQUATUR* (ART. 515, VIII E IX, DO CPC DE 2015)

Para encerrar a identificação do objeto litigioso em sede de execução de títulos judiciais, passa-se à execução das sentenças ou das cartas rogatórias estrangeiras, proferidas ou expedidas por tribunal estatal ou arbitral.

Em geral,[138] trata-se de execução que só pode se desenvolver após uma prévia atividade cognitiva por parte do STJ (art. 105, I, i, da CF), que resulte na homologação da sentença ou na concessão de *exequatur* à carta rogatória.[139]

Diante da constatação de que há uma prévia atividade cognitiva antecedente à execução, há que se pensar se é possível aplicar aqui a mesma solução encontrada nos itens 2 a 5, supra, e 10, infra, isto é, a subsistência, *in executivis*, do objeto litigioso do pedido do procedimento cognitivo antecedente à execução.

No presente caso, a atividade cognitiva que precede a formação do título executivo desdobra-se em duas etapas: no processo movido perante tribunal estrangeiro

---

136. Cândido Rangel Dinamarco (A arbitragem na teoria geral do processo. São Paulo: Malheiros, 2013. p. 133) destaca que o pedido no processo judicial deve ser interpretado de maneira estrita, ao passo que na arbitragem haveria uma flexibilidade maior na interpretação do pedido, a fim de evitar a nulidade da sentença arbitral capitulada no art. 32, V, da Lei 9.307/1996 (ausência de julgamento integral da lide).

137. Do ponto de vista prático, essa transição poderia ser feita mediante envio dos autos arbitrais ao juízo estatal, tal como se tornou usual fazer quanto ao envio ao árbitro dos autos da medida judicial de urgência movida antes da instituição da arbitragem ou, ainda, mediante expedição de carta de sentença, solução adotada para a execução da sentença estrangeira homologada, conforme art. 216-N do Regimento Interno do STJ, que será adiante examinada.

138. Salvo disposição contrária em tratado internacional assinado pelo Brasil e integrado ao ordenamento jurídico nacional, conforme arts. 960 e 961 do CPC de 2015.

139. Entende-se que a distinção entre as hipóteses é mais formal que material: no primeiro caso, pressupõe-se que o processo terminou e que a própria parte interessada em fazer a sentença valer no território brasileiro a apresenta à homologação; no segundo caso, a autoridade prolatora da decisão solicita a cooperação da justiça brasileira por meio da carta rogatória. Fenômeno similar ocorre na arbitragem, na qual existe a "carta arbitral" para cumprimento de todos os atos que não sejam decisões finais, parciais ou totais. Esse já era o entendimento consagrado na doutrina brasileira (v.g.: LEÃO, Fernanda Gouvêa. Arbitragem e execução. 2012. Dissertação (Mestrado) – Faculdade de Direito da Universidade de São Paulo, São Paulo. p. 63) antes mesmo de a carta arbitral passar a ser disciplinada textualmente no ordenamento pátrio (art. 280, § 3º, do CPC de 2015 e art. 22-C da Lei 9.307/1996, introduzido pela Lei 13.129/2015).

(cuja instauração não induz litispendência para a justiça brasileira, ex vi do art. 24 do CPC de 2015) e no processo de homologação da sentença estrangeira perante o STJ.

As considerações tecidas no item 2 aqui se aplicam para o fim de reconhecer a coincidência do objeto litigioso que anima o processo em tribunal estrangeiro e a execução movida perante a Justiça brasileira.

O que aqui há de diferente concerne à etapa de homologação da sentença estrangeira. Para exame desse alvitre, a primeira dúvida que se põe concerne à sua natureza jurídica.

Prevalece na doutrina brasileira o entendimento de que se trata de processo de jurisdição contenciosa,[140] pois seu objetivo é, segundo Barbosa Moreira:[141]

"(...) [a] emissão de pronunciamento através do qual (...) se confere à decisão alienígena idoneidade para produzir, no território nacional, efeitos como sentença; ou, em outras palavras, através do qual se lhe comunica a força de um ato de jurisdição praticado no Brasil."

Trata-se, portanto, de um processo contencioso perante a justiça estatal brasileira, cujo objetivo litigioso é um bem da vida[142] (a ser obtido, quando o caso,[143] por meio de subsequente execução forçada realizada por juiz estatal brasileiro) e que se sustenta em uma relação jurídica de direito substancial examinada pelo tribunal estatal ou arbitral estrangeiro.[144] Essa afirmação persiste válida para o processo de obtenção de *exequatur* para cartas rogatórias expedidas com base em decisões interlocutórias estrangeiras concessivas de tutela provisória (conforme permite o art. 962 do CPC de 2015), mas não para as cartas rogatórias cujo objetivo seja apenas o cumprimento de ato processual (tais quais a citação de pessoa domiciliada ou sediada no Brasil, oitiva de testemunhas etc.).[145]

Essa realidade não se altera em face da circunstância de que o STJ não examina a justiça ou injustiça da decisão submetida à homologação ou da ordem espelhada na carta rogatória pendente de *exequatur*, limitando-se a controlar "a observância de algumas formalidades, correspondentes ao mínimo de garantias que se entende com-

---

140. V.g.: MARQUES, José Frederico. Instituições de direito processual civil. 3. ed. rev. Rio de Janeiro: Forense, 1971. v. 5. p. 288-289; ARAGÃO, Paulo Cezar; ROSAS, Roberto. Comentários ao Código de Processo Civil. São Paulo: RT, 1975. v. 5. p. 151; GRECO, Leonardo. O processo de execução. Rio de Janeiro: Renovar, 2001. v. 2. p. 165.

141. BARBOSA MOREIRA, José Carlos. Comentários ao Código de Processo Civil. 17. ed. rev. e atual. Rio de Janeiro: Forense, 2013. v. 5. p. 83.

142. Como reconhece textualmente Barbosa Moreira (Comentários ao Código de Processo Civil. 17. ed. rev. e atual. Rio de Janeiro: Forense, 2013. v. 5. p. 84).

143. Cumpre lembrar que nem toda sentença homologatória estrangeira ensejará execução, que só será necessária se houver uma obrigação (em sentido amplo) de fazer, não fazer, dar coisa ou entregar dinheiro a ser exigida de maneira forçada no território brasileiro (consoante leciona: BARBOSA MOREIRA, José Carlos. Breves considerações sobre a execução de sentença estrangeira à luz das recentes reformas do CPC. Temas de direito processual: nona série. São Paulo: Saraiva, 2007. p. 343-345).

144. Essa afirmação vale para as decisões finais de mérito (art. 961, § 1º, do CPC de 2015), bem como para as decisões não definitivas, fundadas ou não em urgência, cujo cumprimento, objeto de carta rogatória (arts. 960, § 1º, e 962, § 2º, do CPC de 2015), recai sobre posições no direito material.

145. Essa assertiva se acha em consonância ao entendimento defendido no item 1, supra.

OBJETO LITIGIOSO DA EXECUÇÃO CIVIL

patível com a colaboração do Brasil",[146] e a verificar se a decisão estrangeira produzirá efeitos que ofendam "a soberania nacional, a ordem pública e os bons costumes" (art. 17 da LINDB). Trata-se de mais uma hipótese prevista no ordenamento pátrio, entre tantas outras, de processo sujeito à cognição judicial parcial, horizontalmente limitada. Há, ademais, notável semelhança com os casos de homologação de auto-composição (art. 515, II e III).

Obtida a homologação ou o *exequatur*, abre-se a execução perante o órgão da justiça federal de 1º grau territorialmente competente (art. 109, X, da CF c.c. o art. 516, III, do CPC de 2015), para o qual se apresentará uma "carta de sentença" (consoante arts. 216-N e 216-V do Regimento Interno do STJ, que permanecem vigentes em face do art. 960, § 2º, do CPC de 2015).[147]

Se a decisão estrangeira foi proferida em um processo de natureza civil, pode-se dizer que ele abrigou um objeto litigioso consistente em um bem da vida, cujo direito emerge de uma relação jurídica material, originalmente deduzida perante o tribunal estatal ou arbitral estrangeiro.[148] Esse objeto litigioso subsiste no pedido de homologação ou de concessão de *exequatur* e na ulterior fase de execução da decisão homologada, aplicando-se aqui, com poucas adaptações, as conclusões alcançadas nos itens 3 e 4, supra, que tratam de situações similares.[149]

Se a decisão estrangeira foi proferida em um processo penal, a parte que pretende vê-la produzir efeitos civis no território brasileiro deve, da mesma forma, submetê-la à homologação (art. 790 do CPP). Nesse caso, o pedido de homologação veiculará pela primeira vez o objeto litigioso civil, que subsistirá na subsequente fase de execução, aplicando-se mutatis mutandis as mesmas conclusões atingidas nos itens 2 a 6, supra.

---

146. BARBOSA MOREIRA, José Carlos. Comentários ao Código de Processo Civil. 17. ed. rev. e atual. Rio de Janeiro: Forense, 2013. v. 5. p. 60.

147. Aqui o sistema mostra-se ambíguo, pois ora sinaliza que a execução de sentença estrangeira ou carta rogatória seriam processos autônomos (especialmente a exigência de citação pessoal, imposta pelo art. 515, § 1º, do CPC de 2015), ora indica que seria uma simples "fase" (especialmente o fato de a execução ser instrumentalizada por uma "carta de sentença", conforme o art. 216-N do Regimento Interno do STJ). Se todos os sujeitos diante os quais a decisão estrangeira produzirá efeitos devem ser citados perante o STJ (art. 216-H do Regimento Interno do STJ c.c. o art. 960, § 2º, do CPC de 2015), bem se poderia cogitar, de lege ferenda, que a citação pessoal fosse substituída pela intimação da parte ao início da execução da sentença ou carta rogatória já tornadas eficazes pelo STJ, nos moldes previstos no art. 513, § 2º, do CPC de 2015.

148. Paulo Cezar Aragão (Comentários ao Código de Processo Civil. São Paulo: RT, 1975. v. 5. p. 152) defende a "radical autonomia (...) entre a ação de homologação e a lide nela contida, e a lide originária, já decidida pelo juiz estrangeiro". Na linha das conclusões construídas nos itens 4 e 5, supra, o processo de homologação (e, por extensão, a execução da sentença homologada) continua a versar sobre a mesma relação jurídica substancial, com a diferença de que o seu (re)exame é limitado temporalmente nessas duas esferas por força de fenômenos preclusivos.

149. O entendimento aqui esposado alinha-se à opinião prevalecente na doutrina de que a homologação tem função integrativa da decisão estrangeira, pois preenche a condictio iuris necessária à sua eficácia em território nacional (como sustenta há décadas Luis Machado Guimarães (Homologação de sentença estrangeira. Estudos de direito processual civil. Rio de Janeiro: Editora Jurídica e Universitária, 1969. p. 332-333), secundado mais recentemente por Barbosa Moreira (Comentários ao Código de Processo Civil. 17. ed. rev. e atual. Rio de Janeiro: Forense, 2013. v. 5. p. 92-93)). Ou seja, não se trata de um processo inteiramente novo, sem referibilidade ao objeto do processo precedente.

HEITOR VITOR MENDONÇA SICA

De toda forma, para o que aqui interessa, basta afirmar que o objeto litigioso da execução de decisões estrangeiras é o mesmo da "fase" de homologação ou concessão de *exequatur.*

10. OBJETO LITIGIOSO DA FASE DE CUMPRIMENTO DE MANDADO MONITÓRIO CONVERTIDO EM TÍTULO EXECUTIVO (ART. 701 DO CPC 2015)

Embora não inserido no rol do art. 515, deve-se considerar como título judicial o mandado monitório em face do qual não se opuseram embargos (art. 701, § 2.º),[150] o que implica a necessidade de tratá-lo neste estudo.[151]

Em realidade, a situação não discrepa substancialmente da hipótese de decisão civil que reconhece exigibilidade de obrigação, em que pese a cognição do juiz a respeito ser sumária,[152] e malgrado as dúvidas acerca da estabilidade da decisão que reputa convertido de pleno direito o mandado monitório em título executivo judicial.[153]

De fato, a ação monitória apresenta um pedido (que recai sobre pagamento de quantia em dinheiro, coisa fungível ou infungível, móvel ou imóvel ou obrigação de fazer ou de não fazer, nos termos do art. 700, I a III) e uma causa de pedir (uma relação jurídica de direito material, espelhada em uma "prova escrita sem eficácia de título executivo").[154] Nesse passo, o objeto litigioso da fase inicial persiste na fase de cumprimento da sentença.

11. OBJETO LITIGIOSO DO PROCESSO AUTÔNOMO DE EXECUÇÃO DE TÍTULO EXTRAJUDICIAL

A última etapa da tarefa aqui proposta é, de todas, certamente a que se mostra mais simples, pois não há qualquer dúvida de que a execução de título extrajudicial

---

150. Entendendo se tratar de um título executivo judicial não contemplado pelos arts. 584 e 475-N do CPC de 1973 (equivalentes ao art. 515 do CPC de 2015), confira-se: DINAMARCO, Cândido Rangel. A execução na reforma do Código de Processo Civil. Revista da Esmape, Recife, v. 2, n. 3, p. 96-110, jan.-mar. 1997. p. 101. De modo diverso entendeu Luiz Eduardo Ribeiro Mourão (Do título executivo formado em decorrência do ajuizamento de ação monitória. In: BRUSCHI, Gilberto Gomes; SHIMURA, Sergio (coord.). Execução civil e cumprimento da sentença 3. São Paulo: Método, 2008. p. 440), para quem, ante a falta de embargos ao mandado, deveria o juiz proferir uma sentença condenatória, para que houvesse um título executivo que respeitasse os princípios da tipicidade e da taxatividade. Reputamos o entendimento equivocado, pois há uma exigência de que os títulos judiciais estejam previstos em lei, mas não necessariamente concentrados num único dispositivo. Ademais, o CPC de 2015 dispõe expressamente que, à falta de embargos, o título se forma "de pleno direito" (art. 701, § 2°).

151. Não parece haver sentido em incluir aqui a decisão que, após a oposição de embargos, dá razão ao autor da ação monitória. Nesse caso, descortina-se a existência de uma sentença que julga procedente a ação monitória, com cognição exauriente após observância do procedimento comum, de modo que se produz título executivo judicial catalogado no art. 515, I.

152. Como registrado, por exemplo, por José Rogério Cruz e Tucci (Ação monitória. 3. ed. rev., atual. e ampl. São Paulo: RT, 2001. p. 44-45).

153. Sobre a qual discorre com profundidade Talamini (Tutela monitória: a ação monitória – Lei 9.079/95. 2. ed. rev., atual. e ampl. São Paulo: RT, 2001. p. 92 e ss.).

154. Ainda que tal prova deva se revestir de características que permitam dela inferir um grau maior de probabilidade quanto à existência do direito, conforme já alertava Cruz e Tucci (Prova escrita na ação monitória. Revista Forense, Rio de Janeiro, v. 96, n. 349, p. 101-108, jan.-mar. 2000. p. 104-105).

OBJETO LITIGIOSO DA EXECUÇÃO CIVIL **323**

veicula objeto litigioso próprio e autônomo, não subsistente de processo anterior. Há evidentemente pretensão a um bem da vida emergente de uma situação jurídica de direito material retratada no título. Sob esse prisma, o objeto litigioso da demanda de execução de título extrajudicial não difere do objeto litigioso da demanda cognitiva; por meio de ambas o sujeito que se afirmar lesado postula a satisfação de um interesse mediante um fazer, não fazer, dar coisa ou pagar quantia, em razão de ato ou fato ocorrido no plano concreto. Há diferença apenas quanto à forma como esse objeto litigioso é "tratado". Isso se deve ao fato de o demandante afirmar que o seu alegado direito está amparado em uma representação documental[155] catalogada entre os incisos do art. 784 do CPC de 2015.

12. CONCLUSÃO

Consoante tratativa desenvolvida nos itens 2 a 5 e 10, supra, a execução dos títulos descritos nos incisos I a IV do art. 515 e no art. 701 do CPC de 2015 é realizada em mera fase procedimental e encerra o mesmo objeto litigioso que animava a fase cognitiva que culminou com a formação do título, pela subsistência do pedido mediato (que persiste insatisfeito, reclamando execução) e da mesma causa de pedir remota (embora desnecessária a prova dos fatos já acertados na decisão exequenda, porquanto, coberta por preclusão ou coisa julgada).

Devem-se excepcionar, dessa afirmação, as execuções fundadas em provimentos decorrentes de imperativos processuais legais, catalogáveis no art. 515, I e V, do CPC de 2015 e advindas de atos ou fatos ocorridos no curso do processo (nos termos pontuados no item 6, supra).

À luz das considerações trazidas pelos itens 7 e 11, supra, a execução da sentença penal condenatória (art. 515, VI) e a dos títulos executivos extrajudiciais são atavicamente realizadas por processos autônomos portadores de objeto litigioso próprio (e não objeto litigioso que subsistiu de procedimento cognitivo prévio).

Por fim, na execução da sentença arbitral, da sentença estrangeira homologada e da carta rogatória a que se deu *exequatur* (art. 515, VII a IX) igualmente subsiste o objeto litigioso tratado nos processos arbitral, de homologação e de concessão de *exequatur* respectivamente antecedentes. Essa constatação autorizaria que se cogitasse fossem tais execuções transformadas em meras fases, desde que se alterasse o art. 515, § 1º, do CPC de 2015.

---

155. Por ora, valemo-nos da denominação mais "neutra" proposta por Italo Andolina (Contributo alla dottrina del titolo esecutivo. Milano: Giuffrè, 1982. p. 122-130; "Cognizione" ed "esecuzione forzata nel sistema della tutela giurisdizionale": corso di lezioni. Milano: Giuffrè, 1983. p. 57 ss.), que representa uma versão intermediária entre as diversas teorias que se propõem a explicar a natureza e a função do título executivo, tema que escapa dos propósitos deste estudo.

ANÁLISE COMPARATIVA DAS EXPOSIÇÕES DE MOTIVOS DOS CÓDIGOS DE PROCESSO CIVIL BRASILEIROS

João Pereira Monteiro Neto

Doutorando e Mestre em Direito Processual pela Faculdade de Direito da Universidade de São Paulo (USP). Especialista em Direito Processual Civil pelo Instituto Brasiliense de Direito Público (IDP). Membro do Instituto Brasileiro de Direito Processual (IBDP). Advogado.

Sumário: 1. Introdução – 2. Código de Processo Civil de 1939; 2.1. Breve escorço histórico; 2.2. Exposição de Motivos: características, justificativas e objetivos; 2.3. Alterações centrais – 3. Código de Processo Civil de 1973; 3.1. Breve escorço histórico; 3.2. Exposição de Motivos: características, justificativas e objetivos; 3.3. Alterações centrais (originais); 3.4. Segunda fase (reformas posteriores) – 4. Código de Processo Civil de 2015; 4.1. Exposição de Motivos: características, justificativas e objetivos; 4.2. Alterações centrais – 5. Considerações finais – 6. Referências bibliográficas – Anexo: quadro comparativo?

1. INTRODUÇÃO

O conhecimento milenar védico, como na versão ocidental reportada em poesia por John Godfrey Saxe[1] ou em filosofia por Blaise Pascal,[2] ensina que a visão isolada das *parcialidades* não permite a compreensão do *todo*. Também a visão do *presente* depende de um olhar sobre o *passado* para viabilizar uma análise em perspectiva, sem a qual *informação* pode substituir-se a *formação*. A construção do conhecimento *em contexto e globalidade* permite focar o que é efetivamente pertinente em um mundo voltado para "realidades ou problemas cada vez mais multidisciplinares, transversais".[3]

O estudo panorâmico dos fenômenos processuais não desmente a atualidade nem a pertinência de soluções técnicas outrora empregadas, mas permite que seu manejo seja expurgado de problemas já identificados, evitando assim o retrocesso. É necessário "pensar o passado para compreender o presente e preparar o futuro", como expunha Heródoto, ao propor a possibilidade de separação entre fatos e mitos segundo

---

1. SAXE, John Godfrey. *The blind men and the elephant*. In *The poetical works*. Household Edition. p. 111-2. Cambridge: The Riverside Press, 1889.
2. Ao tratar da [in]suficiência do argumento de autoridade na construção do pensamento filosófico, Pascal considera que o acúmulo de conhecimento científico advém da complementariedade entre gerações, o que por si não basta se as experiências precedentes forem descontextualizadas pela apreensão subsequente – PASCAL, Blaise. *Pensées*. t. I. Paris: Ledentu libraire, 1820, p. 41-51.
3. MORIN, Edgar. *Os sete saberes necessários à educação no futuro*. Trad. Catarina Eleonora F. da Silva e Jeanne Sawaya. Rev. Edgard de Assis Carvalho. 2. ed. São Paulo: Cortez, 2000, p. 35-6.

o exame comparativo das respectivas fontes.[4] A desconstrução de inúmeros dogmas na ciência processual também tem sido possível em razão de método semelhante, e talvez o exemplo mais óbvio seja o desfazimento do mito da celeridade processual.[5]

Há eminente índole comparativa em todo "regime de historicidade", que se pode definir como modelo de articulação da tríade temporal (passado, presente e futuro) em determinados contextos e circunstâncias sociais; não basta a análise das fontes, mas a compreensão e o dimensionamento dos variados resultados dentro dos respectivos âmbitos de significação, iluminando a compreensão não apenas sobre "a totalidade do tempo, mas principalmente [sobre os] momentos de crise do tempo, aqui e lá, quando vêm justamente perder sua evidência as articulações do passado, do presente e do futuro".[6]

O presente estudo visa justamente a oferecer, em linhas breves e de relevo expositivo, elementos que permitam avivar o modo de articulação do Código de Processo Civil brasileiro em seus três episódios ou versões (1939, 1973 e 2015), mediante exame voltado aos respectivos textos justificadores.

A proposta consiste, basicamente, na análise das características, das justificativas e dos objetivos gerais apresentados nas Exposições de Motivos dos códigos brasileiros para as normas de processo civil, com o escopo específico de formular, à guisa de conclusão, um quadro comparativo didático, parametrizado por aqueles três elementos, acrescidos de rol ilustrativo das alterações centrais que acompanharam cada uma das versões codificadas.

Em um cenário de adensamento de teorias – traço típico da pós-modernidade –, como no campo do processo civil contemporâneo, a busca acentuada de soluções fecunda terreno propício ao *presentismo*, marcado pelo açodamento das respostas e pela centralidade do presente:[7] a ansiedade que permeou as inúmeras reformas no

---

4. "Ao escrever a sua História, Heródoto de Halicarnasso expõe suas investigações para impedir que o que fizeram os homens, com o tempo, não se apague da memória e que os grandes e maravilhosos feitos, concluídos tanto pelos bárbaros quanto pelos gregos, não sejam esquecidos; em particular, a causa com que gregos e bárbaros entraram em guerra uns contra os outros" – HERÓDOTO. *Histórias – Livro I*. Introdução geral de Maria Helena da Rocha Pereira. Introdução ao Livro I, versão do grego e notas de José Ribeiro Ferreira e Maria de Fátima Silva. Lisboa: Edições 70, 1994, p. 1.

5. Cf. BARBOSA MOREIRA, José Carlos. *O futuro da justiça: alguns mitos*. In *Revista de Processo*. v. 102, p. 228-37. São Paulo: Revista dos Tribunais, 2001; *O problema da duração dos processos: premissas para uma discussão séria*. In *Temas de Direito Processual: nona série*. p. 367-77. São Paulo: Saraiva, 2007.

6. HARTOG, François. *Regimes de historicidade: presentismo e experiências do tempo*. Trad. Andréa Souza de Menezes *et al*. Belo Horizonte: Autêntica Editora, 2013, p. 37.

7. Cf. NICOLAZZI, Fernando. *A história entre tempos: François Hartog e a conjuntura historiográfica contemporânea*. In *História: Questões & Debates*. n. 53, p. 229-57. Curitiba: Editora Universidade Federal do Paraná, 2010, p. 236-43. "É o problema universal de todo cidadão do novo milênio: como ter acesso às informações sobre o mundo e como ter a possibilidade de articulá-las e organizá-las? Como perceber e conceber o Contexto, o Global (a relação todo/partes), o Multidimensional, o Complexo? Para articular e organizar conhecimentos e assim reconhecer os problemas do mundo, é necessária a reforma do pensamento. Entretanto, esta reforma é paradigmática [...] é a questão fundamental da educação, já que se refere a nossa aptidão para organizar o conhecimento" – MORIN, Edgar. *Os sete saberes necessários à educação no futuro...* p. 35.

CPC/1973 ocorridas nas últimas décadas, muitas vezes desacompanhadas de estudos empíricos em suporte às alterações assimiladas, ilustram bem essa situação.[8]

A tendência histórica de alteração das normas processuais ainda antes de seu período de maturação prática (verificação de resultados consistentes) – positivos ou negativos – revela traços de inequívoca *fluidez presentista* (*v.g.*, Leis n. 5.925/1973 e 13.256/2016). Se a construção de um modelo processual adequado às premências da contemporaneidade reclama soluções criativas, não se pode, por outro lado, desprezar o olhar *em perspectiva*, que inclua as experiências do passado na construção das soluções do presente-futuro; ilustra a assertiva o fato de o problema da tutela jurisdicional *possível* no cenário de massificação social constar dos três discursos de justificação analisados, a par de a necessidade de combate à morosidade processual acompanhar também todas as Exposições de Motivos.

A adequada visão do processo depende de uma perspectiva global compatível com a própria multidimensionalidade da sociedade a que se pretende oferecer modos operosos e efetivos em prol da garantia constitucional do acesso à justiça; do contrário, produzirá resultados opostos a seus desideratos; não apenas pode deixar de "compor adequadamente", como pode, sim, exponenciar "conflitos" ou, ainda mais grave, cercear liberdades e garantias fundamentais.[9]

Por fim, o interesse em oferecer um estudo específico à luz das Exposições de Motivos também reside nas peculiaridades dos discursos que geralmente acompanham o gênero preambular.[10] Não raramente as razões justificadoras estão muito *aquém* ou muito *além* dos resultados efetivamente identificados nos respectivos corpos normativos, ainda que inexistam mudanças relevantes, por ocasião da tramitação e dos debates legislativos, a justificar tal contraste entre o programa inicial e a fórmula final.[11]

---

8. MESQUITA, José Ignacio Botelho de. *As novas tendências do direito processual: uma contribuição para o seu reexame.* In *Teses, Estudos e Pareceres de Processo Civil.* v. 1, p. 263-307. São Paulo: Revista dos Tribunais, 2005, p. 306-7.
9. Cf. TUCCI, José Rogério Cruz e. *Contra o processo autoritário.* In *O novo Código de Processo Civil.* p. 267-82. Org. Carlos Alberto Carmona. São Paulo: Atlas, 2015.
10. "Ainda que não faça parte integrante do texto legal, a exposição de motivos cumpre importante papel para situar o Código em seu contexto histórico-político-social. A análise da exposição de motivos permite não apenas resgatar as razões explícitas da elaboração do novo Código, mas também o contexto ideológico de sua elaboração. Permite, ainda, identificar quais os elementos teóricos que embasaram a elaboração técnica do anteprojeto; as correntes doutrinárias adotadas pelos elaboradores do anteprojeto; os problemas do sistema processual civil anterior que se pretendia ver resolvidos; as promessas de melhoras no sistema processual; as inovações nos institutos processuais já existentes e quais os novos institutos que foram criados" – MARTINS, Flademir Jerônimo Belinati; MOREIRA, Glauco Roberto Marques. *Comentários críticos à Exposição de Motivos do Novo Código de Processo Civil (CPC): notas sobre o Novo CPC e sua ideologia, a partir da análise de sua Exposição de Motivos.* In *Processo, jurisdição e efetividade da justiça II.* p. 444-74. Coords. André Cordeiro Leal, Maria dos Remédios Fontes Silva e Valesca Raizer Borges Moschen. Florianópolis: CONPEDI, 2015, p. 456.
11. Por exemplo, no caso de 1939, a primeira Exposição a ser examinada, o discurso é de tal modo ufanista que o leitor desavisado descartaria a possibilidade de constarem dezenas de procedimentos especiais, minuciosamente regulados ao longo de centenas de dispositivos, em um Código anunciado, porém, como

2. CÓDIGO DE PROCESSO CIVIL DE 1939

2.1. Breve escorço histórico

O Estatuto Processual Civil de 1939 (Decreto-Lei 1.608, de 18 de setembro de 1939) constitui, em sentido estrito, o primeiro código nacional das normas de processo civil;[12] adveio durante o *Estado Novo* instaurado por Getúlio Vargas e foi editado graças ao empenho pessoal de Francisco Campos, então Ministro da Justiça, também idealizador teórico da Constituição Federal outorgada em 1937.[13]

Embora represente estritamente o primeiro Código de Processo Civil brasileiro, sua edição inseriu-se naquele que era já considerado o *quinto período* histórico[14] da ciência processual erigida após a independência, em 1822, marcada pelo desmembramento pátrio do então Reino Unido de Portugal, Brasil e Algarves (1815-22);

"simplificador". A identificação dessas circunstâncias contrastantes ajuda a compreender a ideologia que informa o cenário das edições normativas em geral.

12. Embora o Regulamento 737/1850 (Decreto 737, de 25 de novembro de 1850), que determinava a "ordem do Juízo no Processo Comercial", seguido pelo Regulamento 738 (Regulamento dos Tribunais do Comércio e do processo falimentar), de mesma data, seja considerado a primeira "codificação" processual brasileira subsequente ao Código de Processo Criminal de 1832 (Lei de 29 de novembro de 1832), suas disposições aplicavam-se ao então denominado "processo comercial"; o Livro III das Ordenações Filipinas do Reino de Portugal continuava vigente para as causas cíveis. Apenas em 19 de setembro de 1890, já em era republicana, foi editado o Decreto 763, que determinou a extensão do Regulamento. 737/1850 aos processos das "causas cíveis em geral". Portanto, embora o Regulamento 737/1850 constituísse já uma "primeira codificação" – no sentido liberal que impregna o respectivo conceito – de normas processuais para causas não criminais, a dicotomização no tratamento legislativo das normas de processo (*comercial* e *cível*) situa o momento histórico anterior sob outro paradigma, autorizando a assertiva de ser o Estatuto de 1939 o primeiro texto estrita e originalmente consolidado como Código de Processo Civil nacional.

13. Cf. BONAVIDES, Paulo; ANDRADE, Paes de. *História constitucional do Brasil.* Brasília: Senado Federal, 1988, p. 334-5.

14. Trata-se de constatação, à época, fundada em critério cronológico que situa o direito processual civil brasileiro em quatro períodos antecedentes: (i) *primeiro período* (1832-50), delimitado pelo Código de Processo Criminal de 1832 (Lei de 29 de novembro de 1832) – considerado o "marco inicial da nacionalização do processo civil" –, que continha Anexo ("Título Único") integrado por vinte e sete (27) artigos para a "Disposição Provisória acerca da administração da Justiça Civil", e pelo Regulamento 737/1850 (Decreto 737, de 25 de novembro de 1850), que determinava a "ordem do Juízo no Processo Comercial"; (ii) *segundo período* (1850-89), situado entre o Regulamento 737/1850 e a proclamação da República (15 de novembro de 1889), interstício de considerável incremento de normas esparsas (leis e decretos), como esclarece o ensejo da "Consolidação das Leis do Processo Civil", realizada em 1871 e aprovada com força de lei pela Resolução de Consulta de 28 de dezembro de 1876, com o objetivo de regularizar e de uniformizar a praxe judiciária, tarefa que, por incumbência do governo imperial, ficou a cargo do Conselheiro Antonio Joaquim Ribas (1820-90), razão por que se passou a denominar correntemente de "Consolidação Ribas"; (iii) *terceiro período* (1889-1934), correspondente à primeira fase republicana, especialmente marcada pelas Constituições Federais de 1891 e de 1934, momento de bipartição entre normas processuais de competência privativa da União, para feitos de competência da justiça federal (organizada pelo Decreto 848/1890) ou do "Poder Judiciário da União" (art. 34, item 22, e art. 55 da CF/1891), e normas processuais estaduais (arts. 62 e 63); (iv) *quarto período* (1934-39), correspondente ao momento de sobrevida dos códigos estaduais, imediatamente anterior à edição do Código de Processo Civil de 1939, que reunificou as normas de processo civil brasileiras, cuja competência legislativa passou a ser privativa da União (art. 5º, XIX, *a*, da CF/1934 e art. 16, XVI, da CF/1937) – COSTA, Moacyr Lobo da. *Breve notícia histórica do direito processual civil brasileiro e de sua literatura.* São Paulo: Revista dos Tribunais, 1970, p. 1-28, 29-56, 57-82, 83-98.

decorre, pois, de sucessivos incrementos tanto na legislação quanto na doutrina processuais pátrias.[15]

A esse respeito, basta observar o Título Único anexado ao Código de Processo Criminal de 1832 (Lei de 29 de novembro de 1832), que, a pretexto de dispor provisoriamente "acerca da administração da justiça civil", importou na simplificação do procedimento, na supressão de formalidades excessivas e inúteis, na exclusão de recursos desnecessários, criando, enfim, "condições excelentes para a consecução das finalidades do processo civil, estabelecendo as bases para um futuro Código de Processo Civil, que, infelizmente, não veio a ser elaborado".[16]

As normas de processo civil anexadas ao Código de Processo Criminal de 1832, autêntico marco inaugural da nacionalização do processo civil,[17] embora condensadas em vinte e sete (27) dispositivos, continham modernidades que, apenas no século seguinte, viriam a consagrar-se sistematicamente na doutrina como aspectos da oralidade processual, já abarcando noções de *imediatidade do juiz*, de *eventualidade e* de *irrecorribilidade em separado das interlocutórias*, entre outras disposições notáveis, como a preocupação com a *publicidade* dos atos probatórios e a valorização da *autocomposição*.[18]

Também o Regulamento 737, de 25 de novembro de 1850 – subsequente à edição do Código Comercial (Lei 556, de 25 de junho de 1850) –, considerado, em sentido amplo, "o primeiro código processual elaborado no Brasil", continha substanciais avanços, não obstante a ausência de consenso doutrinário acerca dessas inovações à época.[19] Aliás, em vários aspectos, o Código de Processo Civil de 1939 limitou-se a reproduzir disposições anteriormente contidas no Regulamento 737/1850.

---

15. Cf. Ibidem, p. 26-8, 51-6, 75-82, 95-8.
16. CINTRA, Antonio Carlos de Araújo; GRINOVER, Ada Pellegrini; DINAMARCO, Cândido Rangel. *Teoria geral do processo*. Prefácio do Prof. Luís Eulálio de Bueno Vidigal. 31. ed. São Paulo: Malheiros, 2015, p. 117.
17. "Até a promulgação da Disposição Provisória, os institutos do processo civil eram parte integrante do Direito reinícola. Com essa lei iniciou-se, no campo do processo civil, o lento trabalho de emancipação do direito processual brasileiro" – COSTA, Moacyr Lobo da. *Breve notícia histórica...* p. 5.
18. "Mas, recebida [a Disposição Provisória] como verdadeira revolução na praxe forense, o conservadorismo reacionário tratou de mutilá-la, na primeira oportunidade" – Ibidem, p. 11.
19. "O Regulamento 737 dividiu os processualistas. Foi considerado 'um atestado da falta de cultura jurídica, no campo do direito processual, da época em que foi elaborado'; e foi elogiado como 'o mais alto e mais notável monumento legislativo do Brasil, porventura o mais notável código de processo até hoje publicado na América'. Na realidade, examinado serenamente em sua própria perspectiva histórica, o Regulamento 737 é notável do ponto de vista da técnica processual, especialmente no que toca à economia e simplicidade do procedimento" – CINTRA, Antonio Carlos de Araújo; GRINOVER, Ada Pellegrini; DINAMARCO, Cândido Rangel. *Teoria geral do processo...* p. 117. Uma das principais críticas ao corpo normativo de 1850 é endereçada com os seguintes adjetivos: "procedimento escrito, separações estanques das fases do processo, lentidão extrema da marcha dos feitos em juízo, impulso processual à exclusiva mercê da vontade das partes, regras legais de convencimento, participação quase supletória do juiz na própria produção de provas, tudo aquilo, enfim, que faz o processo comum inadaptável às condições do direito moderno, é encontrado no regulamento 737" – MARQUES, José Frederico. *Instituições de direito processual civil*. v. I. Campinas: Millenium, 1999, p. 114.

Originariamente, as disposições do Regulamento 737/1850[20] disciplinavam apenas os processos de demandas relacionadas ao direito comercial (ressalvada a aplicação subsidiária prevista em seu art. 743), mas "a superioridade do sistema processual introduzido pelo Regulamento sobre o processo tradicional formalista, complicado e moroso",[21] previsto nas Ordenações Filipinas (Livro III) e ainda aplicáveis às demandas relativas ao direito civil, culminou na extensão das normas processuais de 1850 aos feitos cíveis em geral, com algumas exceções, a partir da edição do Decreto 763/1890, editado em 19 de setembro.[22]

Na verdade, o Decreto 763/1890 cuidou apenas de imprimir condensação normativa que, já em 1855, fora antevista em obra fundamental da processualística brasileira.[23]

O regime federativo adotado pela Carta de 1891 – primeira Constituição republicana – abarcou a tese de que os Estados-membros (antes, Províncias) deveriam legislar privativamente em matéria processual (arts. 34, n. 23, e 65, n. 2),[24] reservada à União competência legislativa para normas processuais direcionadas à recém-criada justiça federal, organizada pelo Decreto 848, de 11 de outubro de 1890,[25] editado sob a égide do Governo Provisório chefiado por Deodoro da Fonseca. Simples cotejo

---

20. O Regulamento continha estrutura tripartida: (i) primeira parte ("Do Processo Comercial"): processo comercial em geral e "espécies de ações" (arts. 1º-475); (ii) segunda parte ("Da execução"): fases executiva e liquidatória (arts. 475-638); (iii) terceira parte: abrangia dois títulos específicos para regular os recursos (arts. 639-71) e o sistema de nulidades (arts. 672-94). Havia ainda uma parte final para disposições gerais e transitórias (arts. 695-743).

21. COSTA, Moacyr Lobo da. *Breve notícia histórica...* p. 81.

22. "Art. 1º São aplicáveis ao processo, julgamento e execução das causas cíveis em geral as disposições do regulamento 737 de 25 de novembro de 1850, exceto as que se contêm no título 1º, no capítulo 1º do título 2º, nos capítulos 4º e 5º do título 4º, nos capítulos 2º, 3º e 4º e seções 1ª e 2ª do capítulo 5º do título 7º, e no título 8º da primeira parte. Parágrafo único. Continuam em vigor as disposições legais que regulam os processos especiais, não compreendidos no referido regulamento" (ortografia atualizada).

23. Trata-se do "Compêndio de Teoria e Prática do Processo Civil e Comercial", de Francisco de Paula Baptista (1811-82), cuja primeira edição é de 1855. Paula Baptista é considerado "processualista digno de ombrear-se com os maiores que, na Europa, levavam a efeito, a partir de meados do século XIX, a revisão científica do direito processual civil" – BUZAID, Alfredo. *Paula Batista: Atualidades de um velho processualista.* In *Revista Justitia*, p. 11-41. São Paulo: Justitia, 1950, p. 37. "O *Compêndio* de Paula Baptista é sem dúvida o ponto de partida da moderna ciência processual brasileira. É o ponto de referência obrigatório para a aferição dos rumos do direito processual civil e para a compreensão dos estágios que alcançou posteriormente" – MESQUITA, José Ignacio Botelho de. *Apresentação: Teoria e Prática do Processo Civil e Comercial.* In *Teses, Estudos e Pareceres de Processo Civil.* v. 1, p. 308-14. São Paulo: Revista dos Tribunais, 2005, p. 314.

24. Tese sustentada, dentre seus mais notáveis expoentes, pelo então Ministro e Secretário de Estado dos Negócios da Justiça do Governo Provisório, Campos Salles: considerava que "tocar na autonomia dos Estados era ferir a República em seu coração" e defendia com veemência a "soberania legislativa das unidades federativas [...] influenciado pelo figurino americano" – CUNHA, Fernando Whitaker da. *Campos Salles e o Ministério Público.* In *Revista Justitia.* v. 64, p. 61-74. São Paulo: Justitia, 1969, p. 62.

25. Com a instauração republicana, fez-se necessária a instalação da justiça federal, que deveria coexistir com as justiças nos Estados. Representativa, a esse respeito, é a Exposição de Motivos do Decreto 848/1890, redigida por Campos Salles: "o organismo judiciário do sistema federativo, sistema que repousa essencialmente sobre a existência de duas soberanias na tríplice esfera do poder público, exige para o seu regular funcionamento uma demarcação clara e positiva, traçando os limites entre a jurisdição federal e a dos Estados, de tal sorte que o domínio legítimo de cada um destes soberanos seja rigorosamente mantido e reciprocamente respeitado" (ortografia atualizada) – VELLOSO, Carlos Mário da Silva. *Do Poder Judiciário: organização e competência.*

das disposições do Decreto 848/1890 com as normas processuais de 1850 denotam, aliás, que o Regulamento 737 foi praticamente reproduzido ao ensejo de organização da justiça federal, seguindo a linha uniformizadora do já mencionado Decreto 763/1890.[26]

Durante o período de dualidade jurisdicional da primeira fase republicana, as normas processuais do Regulamento 737/1850 continuariam transitoriamente aplicáveis até que os entes federativos editassem seus próprios códigos estaduais, o que desestimulou a edição de normas processuais próprias no âmbito dos Estados-membros; alguns entes jamais as editaram (Goiás, Amazonas, Mato Grosso e Alagoas) ou, quando aprovados os códigos locais, mantiveram "em suas linhas mestras a contextura do velho Regulamento, que lhes serviu não só de modelo, como de fonte de seus dispositivos",[27] à exceção de alguns casos.[28]

O modelo prospectado pelos republicanos idealizadores da Carta de 1891 ruiu ante a crise política e socioeconômica que marcou o fim da República Velha – não contornada com a Emenda Constitucional de 3 de setembro de 1926 –, culminando no movimento revolucionário de 1930, que "marcou a queda da primeira Constituição republicana".[29]

A Constituição Federal de 1934 (art. 5º, XIX, *a*) restabeleceu a competência legislativa da União para legislar sobre normas de processo, privatividade mantida com a Constituição outorgada de 1937 (art. 16, XVI) – a Constituição do *Estado Novo*[30] – e que conduziu, enfim, à edição do Código de Processo Civil de 1939 (Decreto-Lei 1.608, de 18 de setembro de 1939).

In *Revista de Direito Administrativo*. n. 200, p. 1-19. Rio de Janeiro: Escola de Direito da Fundação Getúlio Vargas, 1995, p. 7.

26. Ressalvadas as adaptações necessárias (organização e competência) e algumas alterações procedimentais, como, por exemplo, (i) a limitação dos incidentes de *exceção*, que, no Regulamento 737/1850, poderiam ser "de incompetência e suspeição", de "ilegitimidade das partes", de "litispendência" e de "coisa julgada" (art. 74, §§ 1º-4º), ao passo que estavam limitadas, no Decreto 848/1890, às hipóteses de "incompetência" e de "suspeição" (art. 122, *a* e *b*); (ii) a supressão da citação por mandado nos feitos da justiça federal (art. 98 do Decreto 848/1890), modalidade admitida pelo Regulamento de 1850 (art. 42).

27. "Na elaboração desses Códigos, os legisladores acharam mais fácil copiar do que inovar" – COSTA, Moacyr Lobo da. *Breve notícia histórica...* p. 63.

28. "Os Códigos da Bahia, de Minas [Gerais] e de São Paulo passam a ser os mais aperfeiçoados, segundo os cânones das novas doutrinas processuais que começavam a se difundir nos meios jurídicos do país. Mas, mesmo assim, afora o aprimoramento técnico e o apuro da linguagem, de maior rigor científico na conceituação dos institutos e dos atos processuais, foram poucas as contribuições originais que trouxeram para o aperfeiçoamento do processo civil brasileiro" – Ibidem, p. 70.

29. "A revolução de 30 marcou a queda da primeira Constituição republicana. As mesmas armas que derribaram a monarquia, e ergueram a República constitucional de 1891, depois do golpe de 15 de novembro de 1889, inspiraram a caminhada revolucionária da Aliança Liberal e desfizeram o sonho constitucional de Rui Barbosa: a Carta de 91" – BONAVIDES, Paulo; ANDRADE, Paes de. *História constitucional do Brasil...* p. 260.

30. "Getúlio Vargas, no poder, eleito que fora pela Assembleia Constituinte para o quadriênio constitucional, à maneira de Deodoro, como este, dissolve a Câmara e o Senado, revoga a Constituição de 1934, e promulga a Carta Constitucional de 10.11.37. Fundamentou o golpe deitando proclamação ao povo brasileiro, onde disse entre outras coisas: 'por outro lado, as novas formações partidárias, surgidas em todo o mundo, por sua própria natureza refratária aos processos democráticos, oferecem perigo imediato para as instituições,

2.2. Exposição de Motivos: características, justificativas e objetivos

Dois nomes dividem o protagonismo na edição do Código de Processo Civil de 1939: Francisco Campos – Ministro da Justiça durante o Estado Novo, um dos principais ideólogos da Constituição Federal outorgada em 1937,[31] político brasileiro de notória expressão na primeira metade do século anterior – e Pedro Baptista Martins, advogado e jurista renomado, autor do Anteprojeto de Lei que viria a converter-se no novo código nacional, em obediência ao comando constitucional de unificação das normas processuais.

Em 4 de fevereiro de 1939, Francisco Campos publicou o Anteprojeto apresentado por Pedro Baptista Martins; inúmeras sugestões seguiram-se à publicação, apreciadas pelo próprio Ministro da Justiça, assessorado por Guilherme Estellita e Abgar Renault.[32] Após a frustração de duas tentativas prévias de edição de um código nacional,[33] a Exposição de Motivos do Código de Processo Civil foi publicada em 24

---

exigindo, de maneira urgente e proporcional à virulência dos antagonismos, o reforço do poder central'. Assim, se implantou a nova ordem denominada *Estado Novo*. Prometeu plebiscito para aprová-lo, mas nunca o convocou. Instituiu-se pura e simplesmente a ditadura" – SILVA, José Afonso da. *Curso de direito constitucional positivo*. 16. ed. São Paulo: Malheiros, 1999, p. 84-5. "Tantas vezes se disse que a Constituição brasileira de 10 de novembro de 1937 teve como parâmetro a Constituição polonesa, promulgada em 23 de abril de 1935, que à nossa Carta se juntou sempre o apodo de *Polaca*" – PORTO, Walter Costa. *Constituições brasileiras*. v. IV. 3. ed. Brasília: Senado Federal, Subsecretaria de Edições Técnicas, 2012, p. 18. A Constituição "Polaca", no contexto de seus desígnios, extinguiu a justiça federal (v. Decreto-Lei 6, de 16 de novembro de 1937); "são órgãos do Poder Judiciário: o Supremo Tribunal Federal, os juízes e tribunais dos Estados, do Distrito Federal e dos Territórios, os juízes e tribunais militares" (art. 90). Os juízes nos Estados absorveram a competência da extinta justiça federal para julgar, em primeira instância, as causas de interesse da União, transferindo-se ao Supremo Tribunal Federal a competência para reexaminá-las em sede recursal ordinária (art. 101, item 2º, *a*). A restauração da justiça federal adveio, primeiro, com a criação do Tribunal Federal de Recursos (art. 94, II, da CF/1946); depois, com a recriação da justiça federal em primeira instância, o que só ocorreu durante o regime militar, com o Ato Institucional n. 2, de 27 de outubro de 1965, que deu nova redação ao referido art. 94, II, da Carta Constitucional vigente. "Outro aspecto curioso era que a Carta Outorgada de 1937, embora produto de uma centralização absoluta do poder, afirmava que o Brasil continuava sendo um Estado Federal. [...] Como se verifica, o descompasso entre as afirmações formais da Constituição e o que ocorre na prática ainda é uma das características do sistema jurídico-social brasileiro" – DALLARI, Dalmo de Abreu. *Constituição e evolução do Estado Brasileiro*. In *Revista da Faculdade de Direito da Universidade de São Paulo*. v. 72, n. 1, p. 325-34. São Paulo, 1977, p. 332.

31. "À guisa de mensagem, a Exposição do Ministro da Justiça Francisco Campos sobre o Estado Novo procura justificar que o regime fora 'imperativo de salvação nacional'. Francisco Campos refere-se ao manifesto de Getúlio Vargas, destacando: [...] 'as solicitações do interesse coletivo reclamam imperiosamente a adoção de medidas que afetam os pressupostos e convenções do regime, incumbe ao homem de Estado o dever de tomar uma decisão excepcional, de profundos efeitos na vida do País, acima das deliberações ordinárias da atividade governamental' [...]" – BONAVIDES, Paulo; ANDRADE, Paes de. *História constitucional do Brasil...* p. 260. Cf. VIDIGAL, Luis Eulálio de Bueno. *Francisco Campos e a Constituição de 1937*. In *Revista da Faculdade de Direito da Universidade de São Paulo*. v. 63, p. 169-78. São Paulo, 1968.

32. "Cerca de quatro mil sugestões, resultantes da ampla discussão a que foi submetido por advogados, juízes, institutos e associações, foram enviadas ao Ministério da Justiça e minuciosamente examinadas [por Francisco Campos, Guilherme Estellita e Abgar Renault], muitas das quais incluídas entre as emendas sofridas pelo Anteprojeto, como declarou o Ministro" – COSTA, Moacyr Lobo da. *Breve noticia histórica...* p. 99.

33. A primeira tentativa foi capitaneada por Vicente Rao, Ministro da Justiça e Negócios Interiores (24.7.1934-7.1.1937), que, em 1936, publicou o Anteprojeto elaborado por uma Comissão Especial de juristas liderada por Arthur Ribeiro (integravam-na o também Ministro do Supremo Tribunal Federal Carvalho Mourão e o advogado Levi Carneiro); os membros da Comissão dividiram-se em relatorias específicas para partes

ANÁLISE COMPARATIVA DAS EXPOSIÇÕES DE MOTIVOS DOS CÓDIGOS DE PROCESSO CIVIL BRASILEIROS **333**

de julho de 1939 e o texto normativo final adveio posteriormente em 18 de setembro, mediante o Decreto-Lei 1.608/1939, com vigência a partir de 1º de março de 1940, após a data inicial (1º de fevereiro) ter sido prorrogada pelo Decreto-Lei 1.965/1940.

A Exposição de Motivos apresentada e redigida por Francisco Campos contém discurso inegavelmente impregnado pelo ideário populista que esteava a propaganda de governo getulista, integrando o arcabouço ideológico do *Estado Novo*. O texto justificador do Código de 1939 é alentado por uma *linguagem praxista*, no sentido de estar substanciado em fórmulas e estereótipos: o emprego tipográfico dos "motivos", ao longo de toda a exposição, é ainda realçado pelas alta incidência e características das citações e dos argumentos de autoridade.[34]

A tipografia acentuada pelo caráter tendencial do texto[35] – o que lhe aporta pouco apuro científico ou de linguagem – bem poderia integrar o método de trabalho do "Juiz Bridoye",[36] o célebre personagem da literatura fantástica de François Rabelais (1494-1553), irônica e justamente citado por Francisco Campos.[37]

---

do código prospectado, incumbindo a cada um a redação parcial do projeto, o que adviria com o auxílio de subcomissões legislativas. O trabalho foi concluído em novembro de 1935 e publicado pela Imprensa Nacional no ano subsequente, mas, "encaminhado ao Congresso Nacional, com Mensagem do Presidente da República, o Projeto do Código de Processo Civil e Comercial ficou sepultado nas gavetas da Comissão de Justiça da Câmara dos Deputados, em decorrência do golpe de 10 de novembro de 1937" – COSTA, Moacyr Lobo da. *A assistência no Código de Processo Civil*. In *Revista da Faculdade de Direito da Universidade de São Paulo*. v. 61, n. 2, p. 140-53. São Paulo, 1966, p. 144. A segunda tentativa, também sem êxito, relaciona-se à Comissão de juristas integrada pelos Desembargadores Edgard Costa, Álvaro Berford e Goulart de Oliveira, da então Corte de Apelação do Distrito Federal, e pelos advogados Álvaro Mendes Pimentel, Múcio Continentino e Pedro Baptista Martins; que, "ante as divergências surgidas no seio da comissão quanto à orientação a ser dada ao projeto", não logrou êxito na obtenção de um texto comum, o que estimulou um dos membros, Pedro Baptista Martins, a entregar isoladamente um anteprojeto, aceito por Francisco Campos – COSTA, Moacyr Lobo da. *Breve notícia histórica...* p. 99.

34. Cita políticos como William Howard Taft, presidente dos Estados Unidos da América (1909-13), sucessor de Theodore Roosevelt, também Chefe da Justiça entre 1921-30, e Elihu Root, advogado contemporâneo de Taft, agraciado em 1912 com o Nobel da Paz, e que, em 1906, teve uma célebre passagem pelo Brasil, quando Secretário de Estado norte-americano. Cita ainda Roscoe Pound, expoente da sociologia jurídica – mentor de expressões como "justiça social" e "jurisprudência sociológica" – que, assim como Taft e Root, criticava a praxe judiciária estadunidense, vista como individualista e dissociada do ideal de justiça, apregoando a superação da justiça legal (*legal justice*) pela justiça social (*social justice*). Cf. POUND, Roscoe. *The law and the people*. In *The University of Chicago magazine*. v. 3, n. 1, p. 1-16. Chicago. *University of Chicago Press*, 1910; GIACOMUZZI, José Guilherme. *As raízes do realismo americano: breve esboço acerca de dicotomias, ideologia e pureza no direito dos USA*. In *Revista de Direito Administrativo*. n. 239, p. 359-88. Rio de Janeiro: Escola de Direito da Fundação Getúlio Vargas, 2005, p. 373-7.

35. Cf. BARBOSA MOREIRA, José Carlos. *Os novos rumos do processo civil brasileiro*. In *Temas de Direito Processual: sexta série*. p. 193-208. São Paulo: Saraiva, 1997, p. 194.

36. RABELAIS, François. *Le tiers livre des faicts et dicts heroïques du Bon Pantagruel*. In *Les cinq livres de F. Rabelais* – Livre III: Pantagruel. Paris: Édition Jouaust, 1876, p. 190-210.

37. A passagem do texto da Exposição de Motivos é a seguinte: "[...] o processo tem por fim a investigação de fatos. Será possível ao juiz investigá-lo apenas no papel, nos relatórios e depoimentos escritos, abstraindo-se das pessoas e das coisas? Seguramente não, a não ser que o processo de julgamento corresponda ao da investigação dos fatos onde eles não se encontram, isto é, a não ser que os juízes passem a adotar para o julgamento o mesmo processo de Bridoye, o da sorte tirada pelos dados" – CAMPOS, Francisco. *Projecto do Código de Processo Civil: exposição de motivos*. In *Revista Forense*. v. 36, n. 80, p. 5-18. Rio de Janeiro, 1939, p. 14.

A reunificação do direito processual, no Brasil, por obra de um governo central forte e *ao lado* do povo, foi o pretexto para lançar "fórmula mágica" no combate às "injustiças" provocadas pelas supostas mazelas do aparato judiciário das antigas oligarquias. O personagem da ficção *rabelaisiana* defendia que a justiça era "indeclinável", razão por que a *álea* lhe serviria de melhor veículo: lançava dados para identificar a solução do caso concreto; em síntese, a "justiça para o povo" e a "justiça sorteada" – lados da mesma moeda.

Não por acaso, o principal autor citado por Francisco Campos é um estudioso do funcionamento da administração judiciária, o norte-americano William Franklin Willoughby (1867-1960), intenso crítico do sistema judicial dos Estados Unidos da América na penúltima virada de séculos – considerava-o de bases privatísticas e injustas – e que propugnava pela necessidade da tomada de consciência da natureza publicística do processo, mediante a assunção de uma postura *ativa* e *de autoridade* do juiz (em especial, quanto a atos diretivos e instrutórios)[38] para não prevalecer no processo o resultado [arbitrário] pelo duelo entre meros contendedores, circunstância responsável por ruir a credibilidade social na justiça.[39]

Enfim, as características textuais da Exposição de Motivos do Código de Processo Civil de 1939 expõem a prevalência de conotação política e social, marcadamente disposta no modelo ideológico do Estado Social propagandeado pelo populismo da época, alardeando-se a chegada de um "novo" *processo-providência*,[40] mediante a substituição da "justiça legal" pela nova ordem da "justiça social", propalada pela sociologia jurídica no início do século passado[41] e que alimentou o ideário que consubstancia o texto de Francisco Campos.[42]

É verdade, porém, que a Exposição de Motivos não se ateve exclusivamente à retórica do *Estado Novo*, como lhe reclamara o contexto sociopolítico; introduziu

---

38. "Outro característico do sistema processual consubstanciado no projeto, e que se pode considerar como corolário da função ativa e autoritária do juiz, é, seguramente, o papel atribuído ao juiz em relação à prova. No processo dominado pelo conceito duelístico da lide judiciária, as testemunhas e os peritos são convocados pelas partes para as ajudar na comprovação das suas afirmativas" – Ibidem, p. 9-10.

39. "A rigor, toda decisão cujo resultado seja *simplesmente* mensurável pelas habilidades processuais dos advogados é comparável à vitória do contendedor melhor armado em um conflito. [...] Trata-se de um sistema que tem destruído a confiança do povo em relação à administração pública da justiça" [tradução livre] – WILLOUGHBY, William Franklin. *Principles of judicial administration*. Washington: The Brookings Institution, 1929, p. 457.

40. "[...] podemos falar do cunho popular do novo processo; ele é um instrumento de defesa dos fracos, a quem a luta judiciária nos quadros do processo anterior singularmente desfavorecia" – CAMPOS, Francisco. *Projecto do Código de Processo Civil...* p. 6.

41. "Os paradigmas da justiça estão mudando [...] a substituição da vetusta *justiça legal* pela nova ordem da *justiça social*" [tradução livre] – POUND, Roscoe. *The law and the people*. In *The University of Chicago magazine*. v. 3, n. 1, p. 1-16. Chicago: *University of Chicago Press*, 1910, p. 16. Cf. EHRLICH, Eugen. *Fundamentos da sociologia do direito*. Trad. René Ernani Gertz. Brasília: Editora Universidade de Brasília, 1986.

42. "O processo em vigor, formalista e bizantino, era apenas um instrumento das classes privilegiadas, que tinham lazer e recursos suficientes para acompanhar os jogos e as cerimônias da justiça, complicados nas suas regras, artificiosos na sua composição e, sobretudo, demorados nos seus desenlaces" – CAMPOS, Francisco. *Projecto do Código de Processo Civil...* p. 5.

ANÁLISE COMPARATIVA DAS EXPOSIÇÕES DE MOTIVOS DOS CÓDIGOS DE PROCESSO CIVIL BRASILEIROS

também esclarecimentos acerca das inovações técnicas então apresentadas, ainda que impregnados por matizes cujos contornos incutiriam mais a percepção de mutações políticas do que, em câmbio, técnicas:[43] o Estado, guardião dos "bens públicos", não poderia "deixar de responder pelo maior deles, que é precisamente a Justiça; na sua organização e no seu processo, não poderia deixar de imprimir os traços da sua autoridade".[44]

Assim, por exemplo, justificou-se o rompimento com formalismos exacerbados contrapondo a simplificação procedimental à necessidade de "restituir ao público a confiança na justiça e restaurar um dos valores primordiais da ordem jurídica, que é a segurança nas relações sociais reguladas pela lei",[45] fundando as bases da concepção publicística do processo civil no Brasil, de expressa inspiração na doutrina chiovendiana.[46]

Agora declaradamente "público", o então novo processo civil teria, em literal síntese, os seguintes objetivos: (i) combater a morosidade processual; (ii) estabelecer coerência entre os fins do Estado e a norma processual; (iii) criar condições para que o Estado pudesse, por intermédio do processo, "imprimir os traços da sua autoridade" (o juiz deve ter "função ativa e autoritária"); (iv) simplificar e racionalizar as formas, mediante o rompimento com formalismos exacerbados decorrentes do princípio dispositivo, "restituindo ao público a confiança na justiça"; (v) zelar pela efetividade processual ("tornar eficaz o instrumento de efetivação do direito"); (vi) organizar toda a "congérie de regras, de minúcias rituais e técnicas" que atentam contra o "espírito de sistema".

2.3. Alterações centrais

A Exposição de Motivos do Código de Processo Civil de 1939 não deixa dúvidas acerca da franca guinada metodológica à publicização do processo,[47] cujo elemento

---

43. "As mutações que se observam no processo podem agrupar-se, a meu ver, em duas grandes categorias. A primeira é a das alterações necessárias a que o processo se aperfeiçoe enquanto instrumento para a realização de um fim determinado, sem que este fim em si mesmo seja alterado. Vamos chamá-las de mutações técnicas. A segunda é a das mutações que se tornam necessárias em razão de se haver alterado o fim que por meio do processo se visa a atingir. A essas mutações, daria a designação de mutações políticas" – MESQUITA, José Ignacio Botelho de. *As novas tendências do direito processual...* p. 263.

44. CAMPOS, Francisco. *Projeto do Código de Processo Civil...* p. 5-6.

45. Ibidem, p. 6.

46. "Prevaleceu-se o Código, nesse ponto, dos benefícios que trouxe ao moderno direito processual a chamada concepção publicística do processo. Foi o mérito dessa doutrina, a propósito da qual deve ser lembrado o nome de Giuseppe Chiovenda, o de ter destacado com nitidez a finalidade do processo, que é a atuação da vontade da lei num caso determinado. Tal concepção nos dá, a um tempo, não só o caráter público do direito processual, como a verdadeira perspectiva sob que devemos considerar a cena judiciária em que avulta a figura do julgador. O juiz é o Estado administrando a justiça; não é um registo passivo e mecânico de fatos, em relação aos quais não o anima nenhum interesse de natureza vital. Não lhe pode ser indiferente o interesse da justiça. Este é o interesse da comunidade, do povo, do Estado, e é no juiz que um tal interesse se representa e personifica" – Ibidem, p. 7-8.

47. Consequência da "autonomia da ação em relação ao direito material, afirmada sobretudo por Wach e Chiovenda, respectivamente na Alemanha e na Itália [e que] fez com que a ação fosse colocada no plano

central identifica-se com (i) a adoção do *sistema da oralidade* – e, consequentemente, de seus corolários (em especial, a concentração de atos, a regra da eventualidade, a exigência de identidade física do juiz e a limitação à recorribilidade das interlocutórias: *v.g.*, arts. 120, 181-2, 190, 209, 271, 851-2) – e com (ii) a *ampliação dos poderes* diretivos e instrutórios do juiz (*v.g.*, arts. 116-7, 210, 223, parágrafo único, 224, 248, 254, parágrafo único, 255, II, 257, § 1º, 258, 266, II, 294, IV [redação original], V [incluído pelo Decreto-Lei 4.565/1942], 295, 296, II), assegurando-se, inclusive, a razoável duração do processo (art. 112).

Trata-se de orientação normativa afeita a uma acepção instrumental do processo, cujas formas – de contorno publicístico (passagem do *liberal* para o *social*) – não mais estariam orientadas para si, mas para um escopo maior: a realização da justiça, em prenúncio da tomada de consciência metodológica *instrumentalista* que – embora sob outras bases – paulatinamente ganharia corpo e maior expressão a partir da segunda metade do século passado,[48] demonstrando que o Código de Processo Civil de 1939 era "relativamente avançado para a época",[49] em especial quanto a seus Livros I ("Disposições gerais"), II ("Do processo em geral"), III ("Do processo ordinário") e VII ("Dos recursos").[50]

O rompimento com normas anteriores deliberadamente taxadas de "pragmáticas" – associando *pragmatismo* a *privatismo* no processo[51] – prestigiaria o primado do fundo sobre a forma (*v.g.*, arts. 202, 233, 275), em especial com (i) a afirmação do princípio do prejuízo (*pas de nullité sans grief*: *v.g.*, arts. 273-5, 278, § 2º), também em seu aspecto de aproveitamento dos atos processuais (*v.g.*, arts. 165, § 1º, 276, 810), e com (ii) o fortalecimento dos poderes saneatórios do juiz (*v.g.*, arts. 202, 294, § 4º, 295), inclusive em sede recursal, mediante a possibilidade de o tribunal converter o julgamento em diligência, quando identificada ou arguida "preliminar sobre nulidade suprível" (art. 877, parágrafo único).

---

do direito público. [...] O mesmo aconteceu em relação ao processo. Embora o processo seja instaurado em razão de um litígio, não há como se confundir o litígio – o direito material, de contorno privado – e o processo – através do qual a jurisdição atua" – MARINONI, Luiz Guilherme. *Teoria geral do processo*. 3. ed. São Paulo: Revista dos Tribunais, 2008, p. 390.

48. "A visão instrumental do processo, com repúdio ao seu exame exclusivamente pelo ângulo interno, constitui abertura do sistema para a infiltração dos valores tutelados na ordem político-constitucional e jurídico-material (a introspecção não favorece a percepção dos valores externos e a consciência dos rumos a tomar)" – DINAMARCO, Cândido Rangel. *A instrumentalidade do processo*. 13. ed. São Paulo: Malheiros, 2008, p. 368.

49. BONICIO, Marcelo José Magalhães. *Introdução ao processo civil moderno*. São Paulo: Lex Editora, 2009, p. 19; SILVA, Ovídio Araújo Baptista da; GOMES, Fábio. *Teoria geral do processo civil*. 3. ed. São Paulo: Revista dos Tribunais, 2002, p. 31.

50. Os demais, que totalizavam dez (10), eram os Livros IV ("Dos processos especiais"), V ("Dos processos acessórios"), VI ("Dos processos da competência originária dos tribunais"), VIII ("Da execução"), IX ("Do juízo arbitral") e X ("Disposições finais e transitórias").

51. Associação não inteiramente adequada, como, há quase um século antes (1855), denunciara Paula Baptista, ao demonstrar que a feição pública do processo – em oposição à concepção liberal então reinante – não autorizaria simplificações desintegradoras, que omitissem "atos e formas garantidoras da verdade" – BUZAID, Alfredo. *Paula Batista: Atualidades de um velho processualista...* p. 19-21.

ANÁLISE COMPARATIVA DAS EXPOSIÇÕES DE MOTIVOS DOS CÓDIGOS DE PROCESSO CIVIL BRASILEIROS **337**

Finalmente, um dos principais aspectos tratado pelo Código de Processo Civil de 1939 foi a necessidade de simplificação procedimental, questão cuja tônica, a exemplo das necessidades de redução do tempo excessivo do processo e de coesão da jurisprudência, estaria também presente nas sucessivas edições normativas (1973 e 2015). Aliás, algumas fórmulas *simplificadoras* de 1939, após alteração na disciplina dos respectivos institutos, foram retomadas em 2015; ilustrativamente, o capítulo de contestação relativo à impugnação ao valor da causa (art. 48, § 1°, do CPC/1939 e art. 293 do CPC/2015) e a inserção da demanda reconvencional no próprio bojo da peça defensiva (art. 190 do CPC/1939 e art. 343 do CPC/2015).[52]

3. CÓDIGO DE PROCESSO CIVIL DE 1973

3.1. Breve escorço histórico

A edição do Código de Processo Civil de 1973 é acompanhada de uma curiosa peculiaridade: a existência de duas Exposições de Motivos com textos fundamental-mente iguais, mas apresentados em contextos políticos muito distintos.

Durante o breve governo de Jânio Quadros, em 1961, que pretendia um amplo programa de reformas dos códigos brasileiros, o então Ministro da Justiça Oscar Pe-droso Horta convidou Alfredo Buzaid, professor da Faculdade de Direito da Univer-sidade de São Paulo e expoente da "Escola Paulista de Processo" – fundada quando Liebman estava radicado no Brasil[53] –, para elaborar um anteprojeto de reforma do Código de Processo Civil.

Em 8 de janeiro de 1964, Alfredo Buzaid apresentou ao então Ministro da Justiça e Negócios Interiores de João Goulart, Abelardo de Araújo Jurema, o Anteprojeto do Código de Processo Civil. Naquele momento, o catedrático desconhecia que, na verdade, ele próprio, como futuro Ministro da Justiça do governo de Médici, seria o responsável por propor ao Presidente da República o encaminhamento do Projeto finalizado ao Congresso Nacional, mais de oito anos depois, em 31 de julho de 1972.

Após a apresentação do Anteprojeto de 1964, o Ministério da Justiça nomeou uma comissão incumbida de revisar o texto, composta pelo próprio Alfredo Buzaid, por Luís Machado Guimarães e por Guilherme Estellita, que, vale recordar, atuara

---

52. Também outras tendências ("novidades") prestigiadas pelo Código de Processo Civil de 2015 tinham normas correlativas no primeiro código processual civil nacional; como exemplifica a valorização do "despacho saneador" (art. 294 do CPC/1939), retomada com a "decisão de saneamento e de organização do processo" (art. 294 do CPC/1939 e art. 357 do CPC/2015), e a decisão definitiva em caráter *principaliter* das questões prejudiciais de mérito (art. 287, parágrafo único, do CPC/1939 e art. 503, § 1°, do CPC/2015).

53. "Quando Enrico Tullio Liebman iniciou seu curso de extensão universitária na Faculdade de Direito, foi Alfredo Buzaid um dos mais assíduos frequentadores, tornando-se em pouco amigo pessoal do notável mestre italiano" – FACULDADE DE DIREITO DA UNIVERSIDADE DE SÃO PAULO. *Prof. Dr. Alfredo Bu-zaid – Diretor da Faculdade de Direito.* In *Revista da Faculdade de Direito da Universidade de São Paulo.* v. 63, p. 421-5. São Paulo, 1968, p. 421. Cf. BUZAID, Alfredo. *A influência de Liebman no direito processual civil brasileiro.* In *Revista da Faculdade de Direito da Universidade de São Paulo.* v. 72, n. 1, p. 131-52. São Paulo, 1977.

ao lado de Francisco Campos também como revisor do Código de Processo Civil de 1939, projetado por Pedro Baptista Martins. Guilherme Estellita faleceu pouco tempo depois de sua nomeação como membro da Comissão Revisora e, em seu lugar, foram convidados José Frederico Marques e Luiz Antônio de Andrade.[54] Ambos permaneceram na Comissão Revisora que, mais tarde, seria também integrada por José Carlos Moreira Alves e Cândido Rangel Dinamarco.[55]

As Exposições de Motivos apresentadas em 1972 e em 1964 são praticamente idênticas, embora fosse evidente que os resultados das propostas normativas anexadas eram substancialmente diversos.[56] O que há de efetiva diferença entre os textos justificadores não corresponde a contraste, mas, na verdade, a mero complemento.

Os Livros IV e V esboçados para integrar o Código não estavam contemplados pela Exposição de Motivos apresentada em 1964, como esclarecera o próprio autor: "faltam, como se vê, o quarto livro, dedicado aos procedimentos especiais, e o quinto, que reúne disposições de excepcional importância, sobretudo pelo reflexo que vão produzir na organização judiciária".[57] O Anteprojeto de 1964 registrava que não parecera lógico nem plausível "tratar dos procedimentos especiais, sem conhecer, primeiro, os trabalhos dos eminentes mestres incumbidos de redigir os Códigos das Obrigações, de Sociedades, de Títulos de Créditos e de Navegação",[58] no âmbito do programa de reformas legislativas iniciado no governo de Jânio Quadros.

Já a Exposição de Motivos que acompanha o Projeto de Código de Processo Civil apresentado em 31 de julho de 1972, e encaminhado ao Congresso Nacional em 2 de agosto por mensagem do Presidente da República, dedica dois subitens para tratar das "inovações constantes" dos Livros IV e V.[59]

---

54. COSTA, Moacyr Lobo da. *Breve notícia histórica...* p. 113.

55. BUZAID, Alfredo. *A influência de Liebman no direito processual civil brasileiro...* p. 152.

56. Basta mencionar as reflexões dos processualistas, que por natural repercutiriam posteriormente no texto final do Projeto, como, por exemplo, as suscitadas por ocasião de evento organizado pelo Instituto Brasileiro de Direito Processual Civil [atualmente, Instituto Brasileiro de Direito Processual – IBDP], do qual Alfredo Buzaid foi cofundador em agosto de 1958: o 2º Congresso de Direito Processual (Campos do Jordão/SP), ocorrido em abril de 1965, do qual participaram "quase todos os professores de direito processual civil das principais Faculdades de Direito de todo o país, magistrados e advogados" – COSTA, Moacyr Lobo da. *Breve notícia histórica...* p. 113.

57. BUZAID, Alfredo. *Anteprojeto de Código de Processo Civil.* Apresentado ao Ministro da Justiça e Negócios Interiores pelo Prof. Alfredo Buzaid. Rio de Janeiro: Departamento de Imprensa Nacional, 1964, p. 11.

58. Ibidem, p. 11.

59. "O Livro IV está dividido em dois títulos: a) procedimentos de jurisdição contenciosa; b) procedimentos de jurisdição voluntária. O primeiro abrange as ações de consignação, de depósito, de anulação e substituição de títulos ao portador, de prestação de contas, de usucapião de terras particulares, de divisão e demarcação de terras, de inventário e partilha, de embargos de terceiros, de habilitação e de restauração de autos, bem como as ações possessórias e o juízo arbitral. O segundo contém regras gerais sobre a jurisdição voluntária e procedimentos especiais. [...] o projeto não incluiu alguns procedimentos especiais que constam do Código de Processo Civil vigente [...]. A exclusão foi intencional. No regime jurídico atual figuram tais institutos, ao mesmo tempo, em vários diplomas legais, onde têm regulamentação paralela. Esta fragmentação não se coaduna com a boa técnica legislativa que recomenda, tanto quanto possível, tratamento unitário. [...] O Livro V reúne disposições gerais e transitórias" – SENADO FEDERAL. *Código de Processo Civil – Histórico da Lei n. 5.869/1973.* v. I, t. I. Brasília: Subsecretaria de Edições Técnicas, 1974, p. 25-6.

ANÁLISE COMPARATIVA DAS EXPOSIÇÕES DE MOTIVOS DOS CÓDIGOS DE PROCESSO CIVIL BRASILEIROS

Outra diferença entre os textos justificadores de 1964 e 1972 reside nas considerações relativas ao então denominado "procedimento sumaríssimo" (nomenclatura alterada para "sumário" pela Lei 9.245/1995), cuja proposta de introdução no sistema processual civil decorreu de dispositivo da Constituição Federal de 1967: "para as causas ou litígios, que a lei definirá, poderá ser instituído processo e julgamento de rito sumaríssimo, observados critérios de descentralização, de economia e de comodidade das partes" (art. 112, parágrafo único, da CF/1967, com redação dada pela EC 1/1969); o que posteriormente ensejou o art. 275 do Código de 1973.

Durante a vigência do Código de Processo Civil de 1939, "as preocupações da doutrina se concentraram de modo predominante, senão exclusivo, em temas de índole essencialmente técnica", não obstante as circunstâncias sociopolíticas de sua edição.[60] Esse fenômeno, relacionado ao natural avanço da ciência processual brasileira no início da segunda metade do século passado,[61] também ocorreu no contexto de aprimoramento do Anteprojeto original que culminou no Código de Processo Civil de 1973; aliás, como já mencionado, os próprios textos das Exposições de Motivos de 8 de janeiro de 1964 e de 31 de julho de 1972 são substancialmente idênticos.[62]

Os atos praticados pelo governo militar voltados à (re)afirmação de seu autoritarismo externavam-se, principalmente, pelo *fortalecimento e imunização* do poder central, pela *supressão* de feições típicas, de membros ou de órgãos dos demais poderes e pela *restrição* total ou parcial de direitos e garantias;[63] não eram veiculados

---

60. "É certo que, entre as notas básicas do sistema do Código, ganhava realce o aumento dos poderes do juiz na direção do feito. Mas esse traço está longe de exibir, historicamente, relação necessária ou mesmo constante com o autoritarismo político" – BARBOSA MOREIRA, José Carlos. *Os novos rumos do processo civil brasileiro...* p. 194.

61. "Foi esse, pode-se dizer, o período por excelência da construção dogmática do direito processual no Brasil. A ciência do processo nele atingiria, entre nós, nível de apuro a que, até então, só em rasgos momentâneos e excepcionais parecera capaz de aspirar" – Ibidem, p. 194.

62. Em um de seus discursos sobre a conjuntura política do período, Alfredo Buzaid frisou que, embora a elaboração das leis seja "uma das atividades fundamentais na política de um povo", para formulá-las bem é necessária a técnica, cujo conhecimento pertence a técnicos – BUZAID, Alfredo. *A missão da Faculdade de Direito na conjuntura política atual.* In *Revista da Faculdade de Direito da Universidade de São Paulo.* v. 63, p. 71-112. São Paulo, 1968, p. 109.

63. Exemplos de atos autoritários notórios, relativamente ao que interessa para o estudo: (i) suspensão das "garantias constitucionais ou legais de vitaliciedade e estabilidade" dos juízes por seis meses (art. 7º do Ato Institucional – AI n. 1, de 9 de abril de 1964), que se acabaram por prorrogar (art. 14 do AI n. 2/1965) até a CF/1967; (ii) impossibilidade de controle jurisdicional de "atos praticados pelo Comando Supremo da Revolução" com fundamento em quaisquer Atos Institucionais (art. 19 do AI n. 2/1965); (iii) reiteração das disposições anteriores, sem prazo de vigência (arts. 6º e 11 do AI n. 5/1968); (iv) afastamentos *ad nutum* (art. 6º, § 1º, do AI n. 5/1968), como v.g. a "aposentadoria compulsória" (*rectius*, cassação) de três (3) Ministros do Supremo Tribunal Federal (Victor Nunes Leal, Evandro Lins e Silva e Hermes Lima), o que levou Antonio Gonçalves de Oliveira, então Presidente do STF, a renunciar dois dias depois ao cargo e a requerer, no mesmo ato, sua aposentadoria, atitude acompanhada pelo então decano Lafayette de Andrada). "Suprimidas essas garantias, no todo ou em parte, desnatura-se a condição jurídica do magistrado, que se torna um servidor do Estado como outro qualquer. Ele deixa de ser juiz. O Poder Judiciário brasileiro aceitou essa condição. Conviveu com ela longamente. De 9 de abril de 1964 até 13 de abril de 1977, data da Emenda Constitucional n. 7" – MESQUITA, José Ignacio Botelho de. *As novas tendências do direito processual...* p. 283-4.

JOÃO PEREIRA MONTEIRO NETO

– em regra[64] – por normas processuais civis, o que permitiu não apenas a sobrevida das vigas mestras do arcabouço normativo que fora prospectado antes de abril de 1964, mas também a própria convalidação das ideias científicas então efervescentes, culminando na edição da Lei 5.869/1973.[65]

3.2. Exposição de Motivos: características, justificativas e objetivos

O espírito propulsor do Código de Processo Civil de 1973 é fundamentalmente técnico e, por consequência, a Exposição de Motivos que o acompanha porta um discurso de prevalentes vieses científico e tecnológico.

A preocupação científica de Alfredo Buzaid é perceptível já de início ao explicar a opção por propor um "novo código", em vez de um "plano de reforma", como inicialmente fora prospectado em 1961: "quando a dissensão é insuperável a tendência é de resolvê-la mediante concessões, que não raro sacrificam a verdade científica a meras razões de oportunidade"; esclarece que "o grande mal das reformas é o de transformar o Código em mosaico, com coloridos diversos que traduzem as mais variadas direções".[66]

O discurso tecnológico da Exposição de Motivos é informado por um ideário analítico, preocupado em erigir a operosidade do *instrumento* processual sobre bases científicas, razão por que se abandona a linguagem praxista do Código de 1939. A linguagem preambular, para o Código de 1973, é agora conceitual.

Alfredo Buzaid cita o pouco apuro de linguagem, identificado no corpo normativo anterior, como um dos aspectos da falta de técnica ou de cientificidade congênita e sistêmica do Código de Processo Civil de 1939; refere-se, por exemplo, ao vocábulo "lide", antes empregado com variado sentido semântico (*v.g.*, ora como "processo",

---

64. É evidente que existem exceções; os exemplos mais diretos identificam-se com normas processuais que integram o microsistema de prerrogativas do Poder Público em juízo: exemplo de normas nesse sentido, no período militar: (i) art. 5º da Lei 4.348/1964, que passou a prever a impossibilidade de medidas liminares em mandado de segurança impetrado para a reclassificação, para a equiparação e para a concessão de aumento ou para a extensão de vantagens a servidores públicos; (ii) art. 39 da Lei 4.357/1964, que, embora de curta vigência (revogado pela Lei 4.862/1965), estabelecia a impossibilidade de "medida liminar em mandado de segurança, impetrado contra a Fazenda Nacional, em decorrência da aplicação" de seus preceitos normativos (relativos à emissão de Obrigações do Tesouro Nacional – OTNs e a regras sobre imposto de renda); (iii) art. 1º, § 4º, da Lei 5.021/1966, que desautorizava a concessão de medida liminar para o pagamento de qualquer vantagem pecuniária a servidor público etc.

65. "Afigura-se óbvio que a disciplina legal do processo (e não só do processo) sofre a incidência das características do regime político sob o qual é editada. Mas, à luz da experiência histórica, também deveria ser óbvio que constitui exagero de simplificação conceber essa relação à guisa de vínculo rígido, automático e inflexível, para considerar que, se determinada lei (processual ou qualquer outra) surgiu sob governo autoritário, essa contingência cronológica fatalmente lhe imprime o mesmo caráter e a torna incompatível com o respeito às garantias democráticas. A realidade é sempre algo mais complexo do que a imagem que dela propõem interpretação assim lineares, para não dizer simplórias" – BARBOSA MOREIRA, José Carlos. *O neoprivatismo no processo civil*. In *Temas de Direito Processual: nona série*. p. 87-101. São Paulo: Saraiva, 2007, p. 88-9.

66. SENADO FEDERAL. *Código de Processo Civil – Histórico da Lei 5.869/1973...* p. 9; BUZAID, Alfredo. *Ante-projeto de Código de Processo Civil...* p. 8.

ANÁLISE COMPARATIVA DAS EXPOSIÇÕES DE MOTIVOS DOS CÓDIGOS DE PROCESSO CIVIL BRASILEIROS | **341**

ora como "mérito da causa"), mas que, a partir de então, seria utilizado para designar o "mérito da causa"; também esclarece que o Projeto abandonou expressões de equivocidade incompatível com o rigor terminológico pretendido pelo novo Código, como o vocábulo "instância", que passou a substituir-se por "processo".[67]

Além da correção semântica da terminologia mantida e da substituição ou supressão de vocábulos de equivocidade incorrigível, a Exposição de Motivos do Código de 1973 enfatiza a relevância das "definições legais" para categorias ou institutos processuais considerados fundamentais, como a *conexão*, a *litispendência* e a *coisa julgada*.[68]

A opção por alterar o "plano inicial de reforma" para "projeto de novo código" está explicada pela síntese das próprias justificativas apresentadas tanto no Anteprojeto de 1964 quanto no Projeto de 1972: (i) a necessidade de sincronizar o código com as normas extravagantes das últimas duas décadas (unidade do sistema processual); (ii) a necessidade de aprimoramento da técnica, afinando-a com institutos modernos, inspirados no direito estrangeiro (universalização científica); (iii) o alcance de equilíbrio entre *conservação* e *inovação* (noção desenvolvimentista);[69] (iv) a relevância na mitigação de aspectos da oralidade cujo sistema, segundo o modelo rígido incorporado em 1939, mostrava-se incompatível com as peculiaridades nacionais (adaptação à realidade).

Na verdade, a crítica de Alfredo Buzaid à oralidade abarcada pelo CPC/1939 – considerava-a intensa demais para os lindes geográficos e para as particularidades demográficas do Brasil – não era ao sistema oral em si, mas a uma equivocada e generalizada concepção que, tratando a oralidade como grande trunfo para a então nova dimensão publicística do processo, implicou um estado de improvisação normativa metodologicamente injustificável.[70]

---

67. SENADO FEDERAL. *Código de Processo Civil – Histórico da Lei 5.869/1973...* p. 13-4.
68. "Pedro Batista Martins, autor do projeto do Código de Processo Civil atual, não lhe acolheu a sugestão. 'O conceito de conexão', escrevia, 'não pode ser realmente fixado em princípios aprioristicos e abstratos. Defini-lo seria um erro de consequências incalculáveis, porque bem poderia acontecer que a experiência viesse a apresentar novas figuras de conexão que se não pudessem ajustar às categorias discriminadas na lei.' Os argumentos expendidos por este eminente escritor não procedem. A conexão pode e deve ser conceituada pelo legislador, precisamente para eliminar as vacilações da doutrina e da jurisprudência. [...] Também por falta de definição legal, o conceito de litispendência andou de envolta com o de prevenção de jurisdição. [...] Para arrematar esta ordem de considerações, convém lembrar o conceito de coisa julgada. O projeto tentou solucionar esses problemas, perfilhando o conceito de coisa julgada elaborado por Liebman e seguido por vários autores nacionais" – Ibidem, p. 15-7.
69. Acerca desse aspecto, Alfredo Buzaid cita Niceto Alcalá-Zamora y Castillo (*Principios técnicos y políticos de una reforma procesal: conferencia dictada en la Universidad de Honduras el 25 de abril de 1949*), ao reforçar a necessidade de harmonização de "dois princípios antagônicos de técnica legislativa: o da *conservação* e o da *inovação*. [...] O reformador não deve olvidar que, por mais velho que seja um edifício, sempre se obtém, quando demolido, materiais para construções futuras" – Ibidem, p. 11.
70. Pertinentes, no ponto, as palavras de célebre Professor da Universidade Autónoma de Madrid, "no se puede concebirse a la 'oralidad' – como erróneamente han hecho no pocos juristas – como una especie de 'protagonista' del proceso y del procedimiento; es 'una parte' de un sistema de principios – oralidad, inmediación, concentración, posibilidad de publicidad general – que no puede excluir totalmente la escritura. [...] Esto es, 'la oralidad no se puede improvisar': precisa conocer con profundidad sus ventajas e inconvenientes en

Embora considerasse que a elaboração da *primeira parte* (arts. 1º-297) estava afinada "segundo os princípios modernos da ciência do processo", a Exposição de Motivos publicada em 1972, a exemplo de sua primeira versão em 1964, registra que as outras três partes do Código de Processo Civil de 1939[71] continham "defeitos" e "inconvenientes" insuperáveis no âmbito de uma reforma parcial, que reclamava, portanto, a edição de um novo código ("reforma da totalidade"), no intuito "de adaptar o direito brasileiro à nova orientação legislativa dos povos civilizados".[72]

O plano de reforma total anunciado por Alfredo Buzaid contempla uma nova estruturação para cinco "livros" – em vez dos dez anteriores –, que operem por integração-complementariedade e que possam, a igual tempo, disciplinar de modo específico as espécies tratadas, relativas aos então denominados processos "de conhecimento", "de execução" e "cautelar" (Livros I a III), com o acréscimo de parte dedicada aos "procedimentos especiais" (Livro IV), dividida em dois títulos ("jurisdição contenciosa" e "jurisdição voluntária"), seguida de conclusão para tratar de "disposições finais e transitórias" (Livro V).

O caráter publicístico do processo civil, envolto em retórica política na justificação do Código de 1939, é então reafirmado assertivamente como operosidade e técnica do método estatal para "administrar a justiça" – "dar razão a quem a tem é, na realidade, [...] um interesse público de toda a sociedade" –, cujo aspecto instrumental conduz à necessidade de dotação "de *meios racionais*, tendentes a obter a atuação do direito", proclamando a "universalização" do processo civil, que o distinguiria de outros ramos do direito (condensadores da "índole do povo").[73]

---

cada tipo de proceso, y mucho derecho comparado" – GUILLÉN, Víctor Fairén. *Teoría general de derecho procesal*. México, D.F.: Universidad Nacional Autónoma de México, 2006, p. 399-400. Cf. ALCALÁ-ZA-MORA Y CASTILLO, Niceto. *Estudios de teoría general e historia del proceso (1945-1972)*. t. II. México, D.F.: Universidad Nacional Autónoma de México, 1992, p. 10; CARDOSO, Oscar Valente. *A oralidade (e a escrita) no Novo Código de Processo Civil brasileiro*. In *Cadernos do Programa de Pós-Graduação em Direito da Universidade Federal do Rio Grande do Sul*. v. VIII, n. 1, p. 247-79. Porto Alegre: UFRGS, 2013, p. 248-63.

71. Alfredo Buzaid, como a doutrina majoritária da época, considerava quadripartita a estrutura do CPC/1939: (i) *primeira parte* (Livros I a III: "disposições gerais", "processo em geral" e "processo ordinário"); (ii) *segunda parte* (Livros IV e V: "processos especiais" e "processo acessórios"); (iii) *terceira parte* (Livros VI e VII: "processos da competência originária dos tribunais" e "recursos"); (iv) *quarta parte* (Livro VIII: "execução"). Os Livros IX e X tratavam, respectivamente, "do juízo arbitral" e "das disposições finais e transitórias". Em síntese, considerava a *segunda parte* muito extensa em ritos especiais, dispostos de forma assistemática, sem critério ou unidade; a *terceira parte* conservava em termos gerais a disciplina recursal herdada de Portugal; a *quarta parte* era reprodução do Regulamento 737/1850, com sutis alterações – BUZAID, Alfredo. *Anteprojeto de Código de Processo Civil...* p. 10.

72. Ibidem, p. 10-1; SENADO FEDERAL. *Código de Processo Civil – Histórico da Lei 5.869/1973...* p. 11-2.

73. "Na elaboração do projeto tomamos por modelo os monumentos legislativos mais notáveis do nosso tempo. Não se veja nessa confissão mero espírito de mimetismo, que se compraz antes em repetir do que em criar, nem desapreço aos méritos de nosso desenvolvimento cultural. Um Código de Processo é uma instituição eminentemente técnica. E a técnica não é apanágio de um povo, senão conquista de valor universal. [...] Ora, dar razão a quem tem é, na realidade, não um interesse privado das partes, mas um interesse público de toda sociedade. Assim entendido, o processo civil é preordenado a assegurar a observância da lei; há de ter, pois, tantos atos quantos sejam necessários para alcançar essa finalidade. Diversamente de outros ramos da ciência jurídica, que traduzem a índole do povo através de longa tradição, o processo civil deve ser dotado exclusivamente de *meios racionais*, tendentes a obter a atuação do direito. As duas exigências que

ANÁLISE COMPARATIVA DAS EXPOSIÇÕES DE MOTIVOS DOS CÓDIGOS DE PROCESSO CIVIL BRASILEIROS

A Exposição de Motivos não desconsidera, porém, a relevância de traços locais para a disciplina das normas processuais nos vários países, a exemplo da necessidade de amoldar aspectos do sistema oral às peculiaridades continentais e sociais do Brasil; reitera que "a exceção aberta à regra geral [oralidade] confirma-lhe a eficácia e o valor científico".[74]

3.3. Alterações centrais (originais)

A Exposição de Motivos para o Código de 1973 reforça o caráter publicístico do processo civil, cuja "finalidade é dar razão a quem efetivamente a tem", com uma adequada "atuação do direito", mediante "instrumento dúctil para a administração da justiça", sistematizado de forma racional e dotado de técnicas que lhe permitam "fácil manejo".[75]

Houve inequívoca guinada científica à valorização do caráter instrumental do processo, no contexto de propagação das doutrinas processuais predominantes na Europa continental, cuja influência aqui se intensificou – em especial após a estada brasileira de Liebman[76] –, inclinadas à concepção de uma nova *função social* do processo, desempenhada com o estabelecimento de "instrumentos processuais idôneos a tornar cada vez mais eficiente o sistema de justiça civil, como exigência para o melhor funcionamento de toda a coletividade, complexa e socialmente considerada".[77] Trata-se de concepção, aliás, que inspirou "importantes reformas legislativas na maioria dos sistemas processuais europeus".[78]

Dessas matrizes inovadoras, houve inúmeras mudanças, em comparação ao regime do Código de 1939; serão ilustrativamente sintetizadas aquelas centrais à lógica do então novo sistema processual civil. A primeira alteração, como já mencionado, refere-se à própria estrutura organizacional do Código (constituição e concatenação de seus livros e partes), mais orgânica e lógica do que a anterior.

---

concorrem para aperfeiçoá-lo são a rapidez e a justiça. Força é, portanto, estruturá-lo de tal modo que ele se torne efetivamente apto a administrar, sem delongas, a justiça. As nações mais adiantadas não se pejaram de exaltar os méritos dos Códigos de outros países" – Ibidem, p. 12-3.

74. "Ocorre, porém, que o projeto, por amor aos princípios, não deve sacrificar as condições próprias da realidade nacional. O Código de Processo Civil se destina a servir ao Brasil. [...] O Brasil não poderia consagrar uma aplicação rígida e inflexível do princípio da identidade, sobretudo porque, quando o juiz é promovido para comarca distante, tem grande dificuldade para retomar ao juízo de origem e concluir as audiências iniciadas. [...] Outro ponto é o da irrecorribilidade, em separado, das decisões interlocutórias. A aplicaçao deste princípio entre nós provou que os litigantes, impacientes de qualquer demora no julgamento do recurso, acabaram por engendrar esdrúxulas formas de impugnação. Podem ser lembradas, a título de exemplo, a correição parcial e o mandado de segurança" – Ibidem, p. 19.

75. Ibidem, p. 8 e 13.

76. O próprio Código de Processo Civil de 1973 foi considerado "um monumento imperecível de glória a Liebman, representando o fruto do seu sábio magistério no plano da política legislativa" – BUZAID, Alfredo. *A influência de Liebman no direito processual civil brasileiro...* p. 152.

77. CARRATTA, Antonio. *Funzione sociale e processo civile fra XX e XXI secolo.* In *La funzione sociale nel diritto privato tra XX e XXI secolo.* p. 87-138. Coord. Francesco Macario e Marco Nicola Miletti. Roma: Università degli Studi Roma TrE-Press, 2017, p. 89 [tradução livre].

78. Ibidem, p. 90 [tradução livre].

As alterações normativas foram abrangentes: desde a adoção da chamada "teoria eclética" do direito de ação (*v.g.*, arts. 3º, 267, VI, 295, II e III, 301, X), ou o dimensionamento da coisa julgada também segundo a concepção de Liebman (art. 467), até inovações procedimentais que visavam ao melhor aproveitamento do tempo no processo, como a redução do "campo de aplicação do despacho saneador",[79] mediante a técnica de "julgamento conforme o estado do processo" (arts. 329-30), o que, como é notório, incrementou profundas transformações na praxe judiciária.

A disciplina normativa do sistema oral abarcado pelo Código de 1939, objeto de extensas críticas de Alfredo Buzaid, como já citado anteriormente, foi racionalizada para adequar-se às particularidades geográficas e demográficas brasileiras: (i) excepcionada a identidade física do juiz nas hipóteses de "transferência, promoção ou aposentadoria" (art. 132, redação original) ou nos casos de "afastamento por qualquer motivo" (redação dada pela Lei 8.637/1993); e (ii) alterado o regime de recorribilidade para admitir o agravo de instrumento contra todas as decisões interlocutórias (art. 522, original).

O procedimento ordinário sofreu mudança substancial com as alterações operadas na fase saneatória do processo, com a introdução das chamadas "providências preliminares", reguladas nos artigos 323-8, que, a depender do caso, abrangiam medidas ou circunstâncias variáveis entre "especificação de provas" (art. 324), concessão de prazo para "réplica" (arts. 326-7) e oferecimento de "ação declaratória incidental" pelo autor (art. 325).

Além de sua modalidade ordinária, o novo "procedimento comum" (no CPC/1939, os ritos eram "ordinário" e "especiais") admitiu uma espécie *abreviada*, por força do já mencionado dispositivo constitucional (art. 112, parágrafo único, da CF/1967, com redação dada pela EC 1/1969): o então denominado "procedimento sumaríssimo" ("sumário", após a Lei 9.245/1995), previsto originariamente para demandas com repercussão econômica de até cinquenta (50) salários mínimos, cujos parâmetros foram alterados em posteriores reformas.

A boa-fé processual, exigência contemplada de forma tímida pelo CPC/1939 (*v.g.*, arts. 63 e 179), erige-se a diretriz, com a previsão de "responsabilidade das partes por dano processual" decorrente de "litigância de má-fé" (arts. 16-7) e de resguardo da "dignidade da justiça" em sede de execução (arts. 599, II, 600-1). Também foram reforçados os poderes diretivos do juiz para, além de "prevenir ou reprimir qualquer ato contrário à dignidade da justiça", garantir o equilíbrio entre as partes, mediante tratamento isonômico (art. 127). O "princípio da sucumbência", cujos efeitos norteiam-se pelo parâmetro da causalidade, foi adotado pelo CPC/1973 (*v.g.*, arts. 20-3, 26, 453, § 3º).

A disciplina do direito probatório foi objeto de atenção especial, não apenas circunstanciada pela ampliação dos poderes instrutórios do juiz, mas também rela-

---

79. BUZAID, Alfredo. *Anteprojeto de Código de Processo Civil...* p. 28.

tivamente à admissão da prova (art. 332), ao regime da prova pericial e à sistematização de determinadas espécies ou procedimentos incidentais, como a tomada do depoimento pessoal (arts. 342-7), a confissão (arts. 348-54), o incidente de exibição de documento ou coisa (arts. 355-63) e a arguição de falsidade documental (arts. 390-5). O perito, *imparcial*, sujeito aos regimes de impedimento e suspeição (art. 423), passa a ser nomeado pelo juiz (art. 421);[80] as partes têm a faculdade de indicar assistentes técnicos (art. 422, original). A inspeção judicial de pessoas ou coisas, de ofício ou a requerimento da parte, recebeu tratamento específico (arts. 440-3).

Medidas de simplificação procedimental foram contempladas, como a sensível redução do número de procedimentos especiais e a diminuição das espécies recursais (art. 496, original). Foram extintos o "agravo de petição" (art. 846 do CPC/1939), "o agravo no auto do processo" (art. 851 do CPC/1939),[81] os "embargos de nulidade e infringentes do julgado" (art. 833 do CPC/1939) e o "recurso de revista" (art. 853 do CPC/1939).

Por outro lado, foi expandida a disciplina legal da intervenção de terceiros (arts. 56-80), criada a figura do "chamamento ao processo" (art. 77-80), importado do direito português, e ampliada a sistematização dos institutos já existentes no regime anterior, inclusive quanto à "assistência" (arts. 50-5), antes reduzida ao art. 93 do CPC/1939, embora o Código de 1973 tenha mantido a inadequação no tratamento conjunto ao litisconsórcio (Capítulo V do Título II do Livro I). Houve, ainda, designação de título específico para disciplinar a atuação do Ministério Público, "considerado em sua dupla função de órgão agente e de órgão interveniente" (arts. 81-5).[82]

Constou também a preocupação com a "uniformidade da jurisprudência" para combater "um mal que gera profunda instabilidade nas relações jurídicas, criando um clima de insegurança e despertando no ânimo dos litigantes certa decepção, ao verem que a justiça do caso concreto fica à sorte da distribuição dos feitos";[83] foi concebido, por exemplo, o incidente de uniformização previsto nos arts. 476-9, tanto para a superação do método voluntário da *revista recursal* quanto para a sofisticação do método *ex officio* e profilático do *prejulgado*, previstos no regime anterior (respectivamente, arts. 853 e 861 do CPC/1939).[84]

---

80. "A experiência cotidiana mostra que, no regime vigente, cada parte indica um perito e o juiz nomeia um terceiro desempatador. O que se observa ordinariamente é que nos autos aparecem três laudos. Custa a crer que os peritos divirjam na maioria das vezes... [sic] Esse inconveniente será sanado pela intervenção direta do juiz, que apreciará o comportamento dos peritos que se esquecem que sua função é servir à justiça e não às partes" – Ibidem, p. 29.
81. Respectiva modalidade (análoga) seria revigorada com a Lei 9.139/1995, que alterou a redação do art. 522 do CPC/1973 para prever o "agravo retido nos autos".
82. SENADO FEDERAL. *Código de Processo Civil – Histórico da Lei 5.869/1973...* p. 21.
83. BUZAID, Alfredo. *Anteprojeto de Código de Processo Civil...* p. 29.
84. Aliás, o corpo normativo anexado ao Projeto apresentado ao Congresso Nacional em 1972 ainda previa o "recurso de revista" (arts. 500, IV, e 541-9). Justamente porque o incidente de "uniformização de jurisprudência" já estava contemplado no Projeto (arts. 480-3), e representava uma sofisticação do anterior instituto do "prejulgado" (art. 2º da Lei 319/1936 e, depois, art. 861 do CPC/1939), a espécie recursal foi retirada durante o trâmite e os debates legislativos.

No Livro II, voltado ao processo de execução, o Código de Processo Civil de 1973, em sua versão original, unificou o procedimento executivo para títulos judiciais e extrajudiciais, encerrando a dicotomia anterior entre a "ação executiva" (arts. 298-301 do CPC/1939) e a "execução da sentença" (art. 889 do CPC/1939). Outra mudança relevante, quanto ao tema, foi a previsão da "execução por quantia certa contra devedor insolvente" (Título IV do Livro II), o que aproximara a insolvência civil do regime de falência, equiparando o devedor civil ao comerciante (arts. 748-86): "se este tem direito à extinção das obrigações, decorrido o prazo de cinco anos contados do encerramento da falência [...], nenhuma razão justifica que o devedor civil continue sujeito aos longos prazos prescricionais", que o inabilitam praticamente aos atos da vida civil.[85]

Finalmente, no Livro III, relativo ao "processo cautelar", a Exposição de Motivos do Código de 1973 limita-se a esclarecer a subdivisão em dois capítulos, respectivamente relativos às "disposições gerais sobre medidas inominadas" e a seu procedimento (arts. 796-812), subsidiariamente aplicáveis às espécies típicas (art. 812), e às medidas nominadas, cujo procedimento era especificamente regulado (arts. 813-89).

3.4. Segunda fase (reformas posteriores)

O Código de Processo Civil de 1973 sofreu profundas modificações, a partir da última década do século XX. O parâmetro de ruptura enfrentado pela Exposição de Motivos oferecida em 2010 (Anteprojeto do CPC/2015) não corresponde à normatização originária do Código de 1973, mas a outra bastante diversa, que se consolidou após *minirreformas* específicas.[86]

Eis o motivo por que não seria possível avançar sem, antes, apresentar a consolidação do corpo normativo que precedeu o Código do século XXI. Trata-se de apresentação panorâmica sobre o cenário que culminou, enfim, na edição de um novo Código de Processo Civil;[87] as considerações, aqui, serão de evidente brevidade

---

85. SENADO FEDERAL. *Código de Processo Civil – Histórico da Lei 5.869/1973...* p. 21.
86. "Trata-se do que se chamou de *minirreformas* e que se expressa numa série de projetos independentes, cada um visando a determinado instituto ou setor do Código (citação postal, prova pericial, processo de conhecimento, procedimento sumário, recursos, execução, liquidação de sentença, procedimentos especiais)" – CINTRA, Antonio Carlos de Araújo; GRINOVER, Ada Pellegrini; DINAMARCO, Cândido Rangel. *Teoria geral do processo...* p. 127.
87. Há inúmeros trabalhos que abordam especificamente as reformas que serão mencionadas. Cf. ALVIM, José Eduardo Carreira. *Alterações do código de processo civil.* 2. ed. Rev. e atual. Luciana Gontijo Carreira Alvim Cabral. Rio de Janeiro: Impetus, 2006; ARAGÃO, Egas Dirceu Moniz de. *Reforma processual: dez anos.* In *Revista Forense.* v. 98, n. 362, p. 15-23. Rio de Janeiro: Forense, 2002; ARMELIN, Donaldo; BONICIO, Marcelo José Magalhães *et al. Comentários à execução civil. Título judicial e extrajudicial.* 2. ed. São Paulo: Saraiva, 2009; ASSIS, Araken de; MADEIRA, Luís Gustavo Andrade (Coords.). *Direito processual civil: as reformas e questões atuais do direito processual civil.* Porto Alegre: Livraria do Advogado, 2008; BARROS, Ennio Bastos de. *Comentários às novas alterações do Código de processo civil: Leis 8.898 de 29.6.94, 8.950, 8.951, 8.952 e 8.953, de 13.12.94 e 9.040 de 9.5.95.* São Paulo: Jurídica Brasileira, 1995; BAUMÖHL, Debora Ines Kram. *A nova execução civil: a desestruturação do processo de execução.* São Paulo: Atlas, 2006; BUENO, Cassio Scarpinella. *A nova etapa da reforma do Código de Processo Civil: comentários sistemáticos à Lei n. 11.382, de 6 de dezembro de 2006.* São Paulo: Saraiva, 2007; CÂMARA, Alexandre Freitas. *Lineamentos do novo*

e com o objetivo exclusivo de possibilitar um liame entre as Exposições de Motivos dos Códigos de 1973 e de 2015.

Antes das reformas iniciadas na última década do século passado, houve dezenove leis modificadoras,[88] cujas mais significativas foram a Lei 5.925/1973 – que, antes de o Código de 1973 entrar em vigor, alterou dezenas de dispositivos, a pretexto de "retificá-los"[89] –, a Lei 6.515/1977 ("Lei do Divórcio", que também alterou os arts. 100, I, 155, II, 733, § 2º, do CPC/1973), a Lei 6.771/1980 (aprimorou a redação do art. 17), a Lei 6.851/1980 (sofisticou a sistemática dos arts. 687, 692 e 700), a Lei 7.019/1982 (alterou os arts. 1.031-8) e a Lei 7.270/1984 (incluiu os §§ 1º a 3º no art. 145).

Na verdade, as mais significativas inovações processuais civis verificadas no período que antecedeu as minirreformas ocorreram na legislação extravagante; por exemplo, a Lei 6.830/1980 ("Lei de Execução Fiscal"), a Lei 7.244/1984 ("Lei do Juizado Especial de Pequenas Causas"), a Lei 7.347/1985 ("Lei da Ação Civil Pública"), a Lei 8.009/1980 ("Lei do Bem de Família"), a Lei 8.038/1990 ("Lei dos Recursos")[90] e a Lei 8.078/1990 ("Código de Defesa do Consumidor").

Finalmente, a partir de 1992, com a edição da Lei 8.455/1992 (aperfeiçoa a prova pericial), estabelece-se marco inicial efetivo para a chamada "Reforma" do Código de 1973,[91] setorizada por leis específicas cujas temáticas operaram-se no âmbito das

---

processo civil. 2. ed. Belo Horizonte: Del Rey, 1996; CARMONA, Carlos Alberto; MARCATO Ana Cândida Menezes *et al.* (Coords.). *Reflexões sobre a reforma do código de processo civil: estudos em homenagem a Ada Pellegrini Grinover, Cândido Rangel Dinamarco e Kazuo Watanabe*. São Paulo: Atlas, 2007; CAVALCANTI, Bruno; ELALI, André *et al.* (Coords.). *Novos temas de processo civil*. São Paulo: MP Editora, 2006; CAVALCANTI, Francisco. *Inovações no processo civil: estudo das normas alteradas pelas Leis n. 8.898/94, 8.951/94, 8.952/94, 8.953/94 e 8.954/94*. Belo Horizonte: Del Rey, 1995; CIANCI, Mirna. *O acesso à justiça e as reformas do CPC*. São Paulo: Saraiva, 2009; COÊLHO, Marcus Vinícius Furtado. *Processo civil reformado*. Rio de Janeiro: Forense, 2008; DINAMARCO, Cândido Rangel. *A reforma do Código de Processo Civil: Leis 8.455, de 24.8.92, 8.637, de 31.3.93, 8.710, de 24.9.93, 8.718, de 14.10.93, 8.898, de 29.6.94, 8.950, de 13.12.94, 8.951, de 13.12.94, 8.952 de 13.12.94 e 8.953, de 13.12.94*. 2. ed. São Paulo: Malheiros, 1995; *Reforma da reforma: Lei 10.352, de 26.12.2001, Lei 10.358, de 27.12.2001, Lei 10.444, de 7.5.2002, Lei 9.800, de 26.5.1999 (Lei do "Fax"), e Lei 10.173, de 9.1.2001 (Lei dos idosos)*. 4. ed. São Paulo: Malheiros, 2003; FUX, Luiz. *A reforma do processo civil: comentários e análise crítica da reforma infraconstitucional do poder judiciário e da reforma do CPC*. Niterói: Impetus, 2006; LEONEL, Ricardo de Barros. *Reformas recentes do processo civil: comentário sistemático*. São Paulo: Método, 2007; MACHADO, Antônio Cláudio da Costa. *A reforma do processo civil interpretada: artigo por artigo, parágrafo por parágrafo*. 2. ed. São Paulo: Saraiva, 1996; MARINONI, Luiz Guilherme. *A antecipação da tutela na reforma do processo civil*. 2. ed. São Paulo: Malheiros, 1996; OLIVEIRA, Carlos Alberto Alvaro de (Coord.). *A nova execução: comentários à Lei n. 11.232, de 22 de dezembro de 2005*. Rio de Janeiro: Forense, 2006; TEIXEIRA, Sálvio de Figueiredo (Coord.). *Reforma do código de processo civil*. São Paulo: Saraiva, 1996.

88. Cronologicamente, as Leis 5.925/1973, 6.314/1975, 6.355/1976, 6.458/1977, 6.515/1977, 6.745/1979, 6.771/1980, 6.780/1980, 6.820/1980, 6.851/1980, 6.858/1980, 7.005/1982, 7.019/1982, 7.219/1984, 7.270/1984, 7.359/1985, 7.363/1985, 7.513/1986, 7.542/1986.

89. Fenômeno que se repetiu no Código de Processo Civil de 2015, com a edição da Lei 13.256/2016 durante a *vacatio legis*.

90. Visou a regulamentar a configuração trazida pela Constituição Federal de 1988 para os recursos e para os processos de competência originária do Supremo Tribunal Federal e do então recém-criado Superior Tribunal de Justiça.

91. DINAMARCO, Cândido Rangel. *A reforma do Código de Processo Civil...* p. 31.

citadas *minirreformas*. No ano seguinte, advieram as Leis n. 8.637/1993 (relativa à identidade física do juiz), n. 8.710/1993 (incrementou os mecanismos de citação e de intimação em geral) e n. 8.718/1993 (passou a autorizar o aditamento do pedido, antes da citação).

As mais profundas mudanças, contudo, iniciaram-se em 1994, "oriundas da comissão liderada pelos Ministros Sálvio de Figueiredo Teixeira e Athos Gusmão Carneiro", orientadas por um "escopo pragmático bem definido", como "parte de um movimento organizado no sentido de simplificar o Código",[92] inaugurando uma *segunda fase* do CPC/1973, que esteve, a partir de então, em constante mutação.

Primeiro, adveio a Lei 8.898/1994, de 29 de junho; depois, as Leis n. 8.950, 8.951, 8.952 e 8.953, todas de 13 de dezembro de 1994. Com elas, foram respectivamente modificadas as disciplinas (i) da fase de liquidação de sentença; (ii) dos recursos; (iii) dos procedimentos especiais relativos às ações de consignação em pagamento e de usucapião; (iv) de normas processuais gerais e de normas relativas à antecipação dos efeitos da tutela jurisdicional, à tutela específica de obrigação de "fazer" e de "não fazer", à conciliação, ao processo cautelar, entre outras; (v) do processo de execução e de embargos à execução. Ao todo, apenas as alterações promovidas entre 1992 e 1994 atingiram, de algum modo, cerca de dez por cento (10%) dos artigos contidos no Código de 1973.[93]

Desde então, sobrevieram inúmeras normas de modificação – setorizadas pela doutrina em duas etapas (1992-9 e 2001-10) –, portadoras de vasto âmbito temático,[94] cujos principais aportes referem-se, em síntese, à efetividade das decisões judiciais, à estrutura procedimental (organização modular do processo ou sincretização de fases), à disciplina e à admissão dos recursos, ao fortalecimento gradual da atividade cognitiva

---

92. Ibidem, p. 32.
93. Ibidem, p. 31.
94. A conferir, ilustrativamente, destacam-se como alterações principais: (i) em 1995, as Leis n. 9.079/1995 (instituição da ação monitória), n. 9.139/1995 (alterou a disciplina do recurso de agravo), n. 9.245/1995 (alterou o procedimento sumário); (ii) em 1998, a Lei 9.756 (modificou a sistemática do conflito de competência); (iii) em 2001, Lei 10.173 (instituiu prioridade de trâmite por idade), n. 10.352 (aportou inovações para a remessa necessária e o regime dos recursos), n. 10.358 (robusteceu o dever de lealdade processual, alterou normas sobre provas e distribuição por dependência); (iv) em 2002, Lei 10.444 (alterações na disciplina da tutela antecipada, do procedimento sumário, do processo de execução, da tutela específica obrigacional [incluiu a obrigação de "entregar coisa"] e da execução provisória); (v) em 2005, Leis 11.187 (alterou novamente a disciplina do recurso de agravo), n. 11.232 (estabeleceu a fase de cumprimento da sentença, revogando dispositivos relativos ao anterior processo autônomo de execução fundado em títulos judiciais); (vi) em 2006, Leis 11.276 (alterou dispositivos relativos à interposição recursal, ao recebimento da apelação e ao saneamento de nulidades processuais), 11.280 (trata de incompetência relativa, prescrição, ação rescisória, meios eletrônicos, distribuições por dependência etc.), 11.382 (imprimiu nova disciplina ao processo autônomo de execução, readequando-o à nova organicidade do regime satisfativo, entre outras disposições), 11.418 (disciplinou a nova exigência de repercussão geral para o recurso extraordinário); (vii) em 2007, Lei 11.441/2007 (desjudicializou, em dadas hipóteses, o inventário e partilha, o divórcio e a separação consensuais); (viii) em 2008, Lei 11.672 (estabeleceu o regime e o procedimento de recursos repetitivos, no âmbito do Superior Tribunal de Justiça); (ix) em 2009, Lei 12.008 (estendeu a prioridade de trâmite para portadores de doença grave); (x) em 2010, Lei 12.322 (alterou o regime de recorribilidade das decisões de inadmissão originária de recursos extraordinário e especial).

ANÁLISE COMPARATIVA DAS EXPOSIÇÕES DE MOTIVOS DOS CÓDIGOS DE PROCESSO CIVIL BRASILEIROS **349**

sumária e ao estímulo às formas autocompositivas de resolução das controvérsias. Na legislação extravagante, houve, no período, outras importantes inovações, em mais de uma dezena de leis,[95] além daquelas inerentes à "Reforma do Poder Judiciário", operada pela Emenda Constitucional n. 45, de 30 de dezembro de 2004.

Esse é o quadro multifacetado das várias alterações das normas processuais civis que culminaram, enfim, na propalada necessidade de sincronização de um novo código com as reformas das duas décadas que precederam a apresentação do Anteprojeto de 2010.

4. CÓDIGO DE PROCESSO CIVIL DE 2015

4.1. Exposição de Motivos: características, justificativas e objetivos

O cenário descrito por Alfredo Buzaid como "mosaico de coloridos diversos" para justificar a necessidade de um novo código de processo civil,[96] editado em 1973, está igualmente presente na Exposição de Motivos que acompanhou o Anteprojeto do Código de Processo Civil de 2015. Apresentado em 8 de junho de 2010, pela comissão de juristas incumbida da elaboração do texto-base,[97] o programa de justificação do Estatuto vigente registra que "o enfraquecimento da coesão entre as normas processuais civis foi uma consequência natural do método consistente em se incluírem, aos poucos, alterações no CPC, comprometendo a sua forma sistemática".[98]

---

95. Por exemplo, Leis n. Lei 9.099/1995 ("Lei dos Juizados Especiais"), n. 9.307/1996 ("Lei da Arbitragem"), n. 9.800/1999 ("Lei do Fax"), n. 9.868/1999 ("Lei da Ação Direta de Inconstitucionalidade"), n. 9.882/1999 ("Lei da Arguição de Descumprimento de Preceito Fundamental"), n. 10.259/2001 ("Lei dos Juizados Especiais Federais"), n. 10.406/2003 (Código Civil), n. 11.101/2005 ("Lei de Falência e Recuperação Judicial"), n. 11.417/2006 ("Lei da Súmula Vinculante"), 11.419/2006 ("Lei do Processo Eletrônico"), n. 12.016/2009 ("Lei do Mandado de Segurança"), n. 12.153/2009 ("Lei dos Juizados Especiais da Fazenda Pública") e n. 12.562/2012 ("Lei da Representação Interventiva no Supremo Tribunal Federal").

96. BUZAID, Alfredo. *Anteprojeto de Código de Processo Civil...* p. 8.

97. "A Presidência do Senado Federal, mediante os atos ns. 379 e 411, de 2009, instituiu a Comissão de Juristas responsável pela elaboração do Anteprojeto do Código de Processo Civil. [...] Luiz Fux a presidiu, tendo como relatora-geral dos trabalhos Teresa Arruda Alvim Wambier. O prazo fixado para sua entrega foi de cento e oitenta dias, contados a partir do dia 1º de novembro de 2009. Antes da entrega do Anteprojeto ao Senado Federal, a Comissão divulgou seus estudos iniciais contendo proposições temáticas sobre as quais gravitariam as discussões a seu respeito. A partir dela, realizaram-se oito audiências públicas a fim de que se pudesse ouvir a sociedade civil sobre as questões levantadas. Estas tiveram lugar em Belo Horizonte, Minas Gerais (26.2.2010), Fortaleza, Ceará (5.3.2010), Rio de Janeiro (11.3.2010), Brasília, Distrito Federal (18.3.2010), São Paulo (26.3.2010), Manaus, Amazonas (9.4.2010), Porto Alegre (15.4.2010) e Curitiba (16.4.2010). A apresentação do Anteprojeto ao Presidente do Senado Federal, Senador José Sarney, ocorreu no dia 8 de junho de 2010, devidamente precedida de Exposição de Motivos firmada pela Comissão de Juristas que o elaborou. O Anteprojeto hoje tramita [tramitou] como Projeto de Lei 166/2010 no Senado Federal" – MARINONI, Luiz Guilherme; MITIDIERO, Daniel. *O projeto do CPC: críticas e propostas*. São Paulo: Revista dos Tribunais, 2010, p. 63.

98. SENADO FEDERAL. *Anteprojeto do Novo Código de Processo Civil*. Comissão de Juristas Responsável pela Elaboração do Anteprojeto do Novo Código de Processo Civil. Brasília: Senado Federal – Subsecretaria de Edições Técnicas, 2010, p. 22.

Embora o corpo normativo anexado ao Anteprojeto concluído em 2010 tenha sofrido profundas modificações, em relação ao texto final aprovado – houve extensos e profícuos debates, em especial durante a tramitação na Câmara dos Deputados (Projeto de Lei 8.046/2010)[99] –, o texto da Exposição de Motivos originariamente apresentado não se descontextualizou.

Uma das razões, para a continuidade de sua pertinência como preâmbulo, pode ser atribuída às características da própria linguagem que permeia o texto: o discurso é principiológico,[100] informado pelos valores e garantias constitucionais do processo, razão por que seu ideário é basicamente solidarista e procura ressaltar a preocupação com os atuais contextos sociais e coletivos.

---

99. O Anteprojeto foi, de início, autuado como Projeto de Lei do Senado – PLS n. 166/2010, sob relatoria do Senador Valter Pereira. No Senado Federal, a tramitação foi rápida, com relatório final apresentado em 24 de novembro e aprovado em 1º de dezembro de 2010, sem grandes modificações. Em 22 de dezembro de 2010, chegou à Câmara dos Deputados, autuado como Projeto de Lei – PL n. 8.046/2010, sob relatoria do Deputado Paulo Teixeira. Por Ato da Presidência, de 15 de junho de 2011, foi criada "Comissão Especial destinada a proferir parecer" sobre a proposta, presidida pelo Deputado Fábio Trad, com primeira vice-presidência do Deputado Miro Teixeira (eleitos em reunião de 31.8.2011), composta de "vinte e cinco (25) membros titulares e de igual número de suplentes, mais um titular e um suplente, atendendo ao rodízio entre as bancadas não contempladas". Os membros foram designados pelo Ato da Presidência de 17 de agosto de 2011 e, no mesmo ato, convocados para a reunião de instalação, marcada para o dia seguinte (18.8.2011). Na Comissão, foram designados cinco (5) Sub-Relatores (Relatores-Parciais) para assuntos específicos ("parte geral", "processo de conhecimento e cumprimento de sentença", "procedimentos especiais", "processo de execução", "processos nos tribunais, meios de impugnação das decisões judiciais e disposições finais e transitórias"), sob a Relatoria-Geral do Deputado Sérgio Barradas Carneiro, depois momentaneamente substituído pelo deputado Paulo Teixeira, que passou a figurar como Relator-Geral Substituto, após reassumida a função pelo Relator original. Entre 29 de agosto e 22 de dezembro de 2011, foram apresentadas novecentas (900) Emendas na Comissão (EMCs n. 1-900/2011). Na Câmara dos Deputados, realizaram-se quinze (15) audiências públicas e treze (13) Conferências Estaduais (Recife, Salvador, Belo Horizonte, Rio de Janeiro, João Pessoa, Campo Grande, Manaus, Porto Alegre, Fortaleza, Cuiabá, São Paulo, Vitoria da Conquista e Macapá). Foram ouvidos cento e trinta e três (133) palestrantes especialistas em processo civil, além da realização de mesas redondas com os colaboradores técnicos das sub-relatorias e dos demais juristas de todo o Brasil que, aportando suas contribuições e visões particulares, ajudaram a formatar e a consolidar o Relatório Final submetida ao Plenário; em especial, destacam-se os juristas integrantes da Comissão de Notáveis constituída em 5 de setembro de 2011, posteriormente ampliada no período de Relatoria-Geral do Deputado Paulo Teixeira. A aprovação pela Comissão Especial ocorreu em 16.7.2013. Em 26 de março de 2014, o Relator apresentou, em Plenário, a redação final do Substitutivo da Câmara dos Deputados ao PL n. 8.046-A/2010 do Senado Federal (PLS n. 166/2010), que, aprovado, foi enviado ao Senado Federal, em 27 de março de 2014, e autuado como Substitutivo da Câmara dos Deputados – SCD n. 166/2010, em 31 de março de 2014. A partir de 26 de junho de 2014, o Senador Vital do Rêgo foi o Relator do SCD. Após a emissão de relatório final de Comissão Especial designada para o SCD, o texto-base foi aprovado no Senado Federal em 16 de dezembro de 2014, com votação no dia subsequente de dezenove (19) destaques controvertidos. Após revisão redacional, o texto final foi enviado à Presidência da República em 24 de fevereiro de 2015 e, finalmente, foi sancionado no dia 16 de março de 2015 – com sete (7) vetos (arts. 35, 333, 515, X, 895, § 3º, 937, VII, 1.015, XII, 1.055), todos mantidos – e publicado no Diário Oficial da União – DOU do dia 17 de março de 2015.

100. "As legislações contemporâneas que tutelam os direitos fundamentais costumam ser estruturadas por meio de proposições principiológicas, as quais sinalizam para os valores e fins maiores a ser tutelados pela ordem jurídica" – SOARES, Ricardo Maurício Freire. *O discurso principiológico do código brasileiro de defesa do consumidor*. In *Revista de Ciências Jurídicas e Sociais da Universidade Paranaense*. v. 18, n. 2, p. 187- 200. Umuarama: UNIPAR, 2015, p. 192.

ANÁLISE COMPARATIVA DAS EXPOSIÇÕES DE MOTIVOS DOS CÓDIGOS DE PROCESSO CIVIL BRASILEIROS | **351**

O Código de Processo Civil de 2015 constituiu autêntica manifestação do "atual estágio da construção do ordenamento jurídico", cuja "função é desenvolver o modelo constitucional criado para o ramo da ciência jurídica a que se refere",[101] evidenciando sua principal base teórica: "a constitucionalização do direito processual civil".[102]

A aderência do Código de Processo Civil aos fundamentos do chamado *processo civil constitucional*[103] está atestada em seu primeiro dispositivo: "o processo civil será ordenado, disciplinado e interpretado conforme os valores e as normas fundamentais estabelecidos na Constituição da República Federativa do Brasil". A Exposição de Motivos do Código de 2015 cuida, basicamente, de anunciar essa guinada metodológica: "um sistema processual civil que não proporcione à sociedade o reconhecimento e a realização dos direitos, ameaçados ou violados [...] não se harmoniza com as garantias constitucionais".[104]

O problema da falta de "agilidade" e de "efetividade" na prestação jurisdicional – para utilizar termos consagrados por ocasião do II Pacto Republicano de Estado, de 13 de abril de 2009, "por um sistema de justiça mais acessível, ágil e efetivo" – já constava das justificativas para o *movimento reformador* iniciado na última década do século passado.[105]

Sob esse aspecto, os argumentos de justificação para o Código de Processo Civil de 2015 também se aproximam das Exposições de Motivos dos Códigos anteriores, embora os respectivos textos estejam situados em três contextos políticos e históricos bastante distintos; no entanto, todos portam a ideia de que o problema da inefetividade da prestação jurisdicional está relacionado à falta de operosidade da norma processual.[106]

---

101. CÂMARA, Alexandre Freitas. *Bases teóricas para um novo Código de Processo Civil*. In *Processo Civil em movimento: diretrizes para o novo CPC*. p. 19-27. Coords. Eduardo Lamy, Pedro Manoel Abreu, Pedro Miranda de Oliveira. Florianópolis: Conceito Editorial, 2013, p. 24.
102. Ibidem, p. 25.
103. "O tema situa-se como moderna colocação metodológica da ciência processual" – DINAMARCO, Cândido Rangel. *A instrumentalidade do processo...* p. 25. "A condensação metodológica e sistemática dos princípios constitucionais do processo toma o nome de direito processual constitucional" – CINTRA, Antonio Carlos de Araújo; GRINOVER, Ada Pellegrini; DINAMARCO, Cândido Rangel. *Teoria geral do processo...* p. 88.
104. SENADO FEDERAL. *Anteprojeto do Novo Código de Processo Civil...* p. 21.
105. Cf. DINAMARCO, Cândido Rangel. *A reforma do Código de Processo Civil...* p. 29-30.
106. Ilustrativamente, confiram-se os seguintes excertos: (i) a "preocupação em se preservar a forma sistemática das normas processuais, longe de ser meramente acadêmica, atende, sobretudo, a uma necessidade de caráter pragmático: obter-se um grau mais intenso de funcionalidade" (SENADO FEDERAL. *Anteprojeto do Novo Código de Processo Civil...* p. 22); (ii) introduziram-se "modificações substancias, a fim de simplificar a estrutura do Código, facilitar lhe o manejo, racionalizar-lhe o sistema e torná-lo um instrumento dúctil para a administração da justiça" (SENADO FEDERAL. *Código de Processo Civil – Histórico da Lei n. 5.869/1973...* p. 10); (iii) "o processo em vigor, formalista e bizantino, era apenas um instrumento das classes privilegiadas, que tinham lazer e recursos suficientes para acompanhar os jogos e as cerimônias da justiça, complicados nas suas regras, artificiosos na sua composição e, sobretudo, demorados nos seus desenlaces" (CAMPOS, Francisco. *Projecto do Código de Processo Civil...* p. 5-6). Cf. ALMEIDA, Matheus Guarino Sant'Anna Lima de; ALMEIDA, Gabriel Guarino Sant'Anna Lima de; DUARTE, Fernanda; IORIO FILHO, Rafael Mario. *Argumentos de justificação para as reformas processuais: uma análise semiolinguística das exposições de motivos do Código de Processo Civil de 1939 e do Anteprojeto de Reforma de 2010*. In *Revista de Estudos Empíricos em Direito*. v. 3, n. 2, p. 162-82. Rede de Pesquisa Empírica em Direito, 2016, p. 179-81; MARTINS, Flademir Jerônimo Belinati; MOREIRA, Glauco Roberto Marques. *Comentários críticos à Exposição de Motivos do Novo Código de Processo Civil...* p. 472-3.

O texto justificador para o CPC/2015 enumera razões que podem ser sintetizadas em um trinômio de questões fundamentais: (i) necessidade de sincronizar o código com as reformas das últimas duas décadas, harmonizando "conservação e inovação"; (ii) necessidade de obtenção de um processo justo, sem dilações indevidas (II Pacto Republicano de Estado, de 13 de abril de 2009); (iii) necessidade de criação de novas técnicas, sobretudo inspiradas no direito estrangeiro, para o desenvolvimento sistemático de diretrizes atuais e ajustadas à contemporaneidade (v.g., ética, convencionalidade e verticalização decisória).

Os objetivos constantes da Exposição de Motivos publicada em 2010 são categóricos e literais: (i) "estabelecer expressa e implicitamente verdadeira sintonia fina com a Constituição Federal"; (ii) "criar condições para que o juiz possa proferir a decisão de forma mais rente à realidade fática subjacente à causa"; (iii) "simplificar, resolver problemas e reduzir a complexidade de subsistemas, por exemplo, o recursal"; (iv) "dar todo o rendimento possível a cada processo"; (v) "imprimir maior grau de organicidade ao sistema, dando-lhe mais coesão";[107] são eles que estabelecem a ordem programática de todo o texto justificador, estruturado em cinco partes.[108]

4.2. Alterações centrais

As alterações centrais promovidas no direito processual civil brasileiro pelo Código de 2015 afinam-se com a guinada metodológica de constitucionalização do processo, cujo exemplo mais literal é a própria enunciação dos seguintes princípios: dignidade humana, contraditório, isonomia, autonomia da vontade, proporcionalidade, efetividade, acesso à justiça, motivação, legalidade, publicidade, eficiência, segurança jurídica, boa-fé, proteção da confiança e duração razoável dos processos.

Referidos postulados constitucionais estão textualizados e sistematicamente incorporados pelo Código de Processo Civil vigente,[109] como ilustra, de maneira mais direta, o redimensionamento do princípio do contraditório e sua importância, por exemplo, na revalorização da fase ordinatória do processo. Nesse cenário, é também enunciado o *princípio cooperativo* (art. 6º do CPC), cujos escopos visam a proteger, "mediante a construção de um processo civil pautado pela colaboração, não só o *direito ao contraditório*, mas também a *confiança* das partes na prolação de uma decisão dentro do *quadro de expectativas* gerado pelo conteúdo do debate".[110]

---

107. SENADO FEDERAL. *Anteprojeto do Novo Código de Processo Civil...* p. 23.
108. Ibidem, p. 23-37.
109. "O novo Código de Processo Civil trata com muito zelo os princípios constitucionais do processo, contendo uma boa gama de disposições reafirmando esses princípios e impondo sua observância. Não só recomenda a sua observância logo a partir de seu art. 1º, como também, na disciplina dos institutos que o compõem, repete-se com bastante frequência na exigência dessa observância (notadamente com relação ao princípio do contraditório)" – DINAMARCO, Cândido Rangel; LOPES, Bruno Vasconcelos Carrilho. *Teoria geral do novo processo civil*. 2. ed. São Paulo: Malheiros, 2017, p. 54.
110. MITIDIERO, Daniel. *Colaboração no processo civil: pressupostos sociais, lógicos e éticos*. 3. ed. São Paulo: Revista dos Tribunais, 2015, p. 89-90.

ANÁLISE COMPARATIVA DAS EXPOSIÇÕES DE MOTIVOS DOS CÓDIGOS DE PROCESSO CIVIL BRASILEIROS **353**

Igualmente importantes, para a perspectiva do processo civil constitucional internalizada pelo Código de 2015, são as denominadas "primazia do *fundo* sobre a *forma*" e "simplificação procedimental" (*v.g.*, eliminação de incidentes, disciplina dos atos processuais, regimes recursais, extinção do processo cautelar autônomo, unificação da fase de cumprimento de sentença), como aspectos inerentes à instrumentalidade do processo, e o fortalecimento da atividade cognitiva sumária (*v.g.*, estabilização da tutela antecipatória, reestruturação das tutelas provisórias) e dos métodos não adversariais, como aspectos inerentes à efetividade do processo e à garantia de inafastabilidade da [adequada] tutela jurisdicional.

Considerando que um dos desafios atuais reside, justamente, em verificar os métodos processuais adequados à resolução de controvérsias típicas da complexidade contemporânea (*v.g.*, conflitos de massa e processos civis de interesse público), o Código de Processo Civil de 2015 sobreleva tanto a valorização da atividade jurisprudencial quanto a tendência de molecularização dos conflitos.

Outras exigências contemporâneas constam igualmente abarcadas pela nova disciplina processual civil, como (i) a contextualização da praxe aos autos e atos eletrônicos (*v.g.*, citação e intimação, endereço das partes, cartas, audiências, atos processuais por videoconferência, ampliação da publicidade, prova documental eletrônica, julgamentos, sustentação oral, organização de processos, regime recursal, busca e constrição patrimonial, leilão eletrônico) e a (ii) desjudicialização de atos e procedimentos (*v.g.*, auxílio direto em cooperação jurídica internacional, usucapião administrativa, homologação notarial do penhor legal).

5. CONSIDERAÇÕES FINAIS

A apresentação panorâmica das Exposições de Motivos dos Códigos de Processo Civil brasileiros permite inferir diversos aspectos comparativos, que oscilam entre contrastes e coincidências; respectivos traços seguem esquematizados em quadro didático (*vide* anexo).

Justificativas gerais como a busca de "equilíbrio entre conservação e inovação" e a necessidade de "sincronizar o código com alterações anteriores", imprimindo organicidade sistêmica, são comuns aos textos justificadores. Vários objetivos arrolados pelas Exposições de Motivos também são recorrentes nas três edições normativas; os mais evidentes: combater a morosidade processual, criar um processo de maior facilidade de manejo, imprimir unidade ao sistema, sincronizar a técnica processual ao ideal de efetividade.

Na realidade, a principal diferença entre os textos justificadores para os Códigos de 1939, de 1973 e de 2015 reside nas características das respectivas linguagens e nos padrões argumentativos que acompanham as considerações preambulares. Aliás, não por outro motivo a Exposição de Motivos do Código de Processo Civil de 2015, apresentada em 2010, não se descontextualizou, apesar das acentuadas diferenças entre o Anteprojeto e o texto final do Projeto de Lei aprovado.

A Exposição de Motivos do Código de Processo Civil de 1939 contém acentuado discurso político, impregnado de ideário populista e veiculado por linguagem praxista. Por outro lado, a justificação para o CPC/1973 varia o teor da mensagem preambular anterior e porta acentuado discurso tecnológico, condizente tanto com o ideário analítico quanto com a linguagem conceitual característicos de seu texto. Já a Exposição de Motivos do Código de Processo Civil de 2015 contém linguagem valorativa e porta o discurso principiológico inerente à guinada metodológica de constitucionalização do processo civil, informado por um ideário solidarista.

A justaposição das características textuais justificadoras dos três Códigos de Processo Civil brasileiros contribui, enfim, para a visualização do arcabouço ideológico que acompanha as mudanças reestruturais da norma processual civil: do "processo-providência" (CPC/1939) ao "processo-tutela" (CPC/2015), intercalado pelo "processo-instrumento" (CPC/1973), como síntese da trilogia jurisdicional "Estado-Função-Garantia", ou, simplesmente, processos de conformação *pública* (1939), *instrumental* (1973) e *constitucional* (2015).

6. REFERÊNCIAS BIBLIOGRÁFICAS

ALCALÁ-ZAMORA Y CASTILLO, Niceto. *Principios técnicos y políticos de una reforma procesal: conferencia dictada en la Universidad de Honduras el 25 de abril de 1949*. In *Publicaciones de la Universidad Nacional de Honduras*. v. 2. Tegucigalpa: López y Cia, 1950.

_____. *Estudios de teoría general e historia del proceso (1945-1972)*. t. II. México, D.F.: Universidad Nacional Autónoma de México, 1992.

ALMEIDA, Matheus Guarino Sant'Anna Lima de; ALMEIDA, Gabriel Guarino Sant'Anna Lima de; DUARTE, Fernanda; IORIO FILHO, Rafael Mario. *Argumentos de justificação para as reformas processuais: uma análise semiolinguística das exposições de motivos do Código de Processo Civil de 1939 e do Anteprojeto de Reforma de 2010*. In *Revista de Estudos Empíricos em Direito*. v. 3, n. 2, p. 162-82. Rede de Pesquisa Empírica em Direito, 2016. Disponível em: <reedpesquisa.org>.

ALVIM, José Eduardo Carreira. *Alterações do código de processo civil*. 2. ed. Rev. e atual. Luciana Gontijo Carreira Alvim Cabral. Rio de Janeiro: Impetus, 2006.

ARAGÃO, Egas Dirceu Moniz de. *Reforma processual: dez anos*. In *Revista Forense*. v. 98, n. 362, p. 15-23. Rio de Janeiro: Forense, 2002.

ARMELIN, Donaldo; BONICIO, Marcelo José Magalhães; CIANCI, Mirna; QUARTIERI, Rita. *Comentários à execução civil. Título judicial e extrajudicial*. 2. ed. São Paulo: Saraiva, 2009.

ASSIS, Araken de; MADEIRA, Luís Gustavo Andrade (Coords.). *Direito processual civil: as reformas e questões atuais do direito processual civil*. Porto Alegre: Livraria do Advogado, 2008.

BARBOSA MOREIRA, José Carlos. *As Reformas do Código de Processo Civil: condições de uma avaliação objetiva*. In *Temas de Direito Processual: sexta série*. p. 81-93. São Paulo: Saraiva, 1997.

_____. *O futuro da justiça: alguns mitos*. In *Revista de Processo*. v. 102, p. 228-37. São Paulo: Revista dos Tribunais, 2001.

_____. *O neoprivatismo no processo civil*. In *Temas de Direito Processual: nona série*. p. 87-101. São Paulo: Saraiva, 2007.

ANÁLISE COMPARATIVA DAS EXPOSIÇÕES DE MOTIVOS DOS CÓDIGOS DE PROCESSO CIVIL BRASILEIROS

_____. *O problema da duração dos processos: premissas para uma discussão séria*. In *Temas de Direito Processual: nona série*. p. 367-77. São Paulo: Saraiva, 2007.

_____. *Os novos rumos do processo civil brasileiro*. In *Temas de Direito Processual: sexta série*. p. 193-208. São Paulo: Saraiva, 1997.

_____. *Reformas processuais*. In *Temas de Direito Processual: sétima série*. p. 1-6. São Paulo: Saraiva, 2001.

BARROS, Ennio Bastos de. *Comentários às novas alterações do Código de processo civil: leis 8.898 de 29.6.94, 8.950, 8.951, 8.952 e 8.953, de 13.12.94 e 9.040 de 9.5.95*. São Paulo: Jurídica Brasileira, 1995.

BAUMÖHL, Debora Ines Kram. *A nova execução civil: a desestruturação do processo de execução*. São Paulo: Atlas, 2006.

BONAVIDES, Paulo; ANDRADE, Paes de. *História constitucional do Brasil*. Brasília: Senado Federal, 1988.

BONICIO, Marcelo José Magalhães. *Introdução ao processo civil moderno*. São Paulo: Lex Editora, 2009.

BUENO, Cassio Scarpinella. *A nova etapa da reforma do Código de Processo Civil: comentários sistemáticos à Lei n. 11.382, de 6 de dezembro de 2006*. São Paulo: Saraiva, 2007.

BUZAID, Alfredo. *A influência de Liebman no direito processual civil brasileiro*. In *Revista da Faculdade de Direito da Universidade de São Paulo*. v. 72, n. 1, p. 131-52. São Paulo, 1977.

_____. *A missão da Faculdade de Direito na conjuntura política atual*. In *Revista da Faculdade de Direito da Universidade de São Paulo*. v. 63, p. 71-112. São Paulo, 1968.

_____. *Anteprojeto de Código de Processo Civil*. Apresentado ao Ministro da Justiça e Negócios Interiores pelo Prof. Alfredo Buzaid. Rio de Janeiro: Departamento de Imprensa Nacional, 1964.

_____. *Paula Batista: Atualidades de um velho processualista*. In *Revista Justitia*. p. 11-41. São Paulo: Justitia, 1950.

CÂMARA, Alexandre Freitas. *Bases teóricas para um novo Código de Processo Civil*. In *Processo Civil em movimento: diretrizes para o novo CPC*. p. 19-27. Coords. Eduardo Lamy, Pedro Manoel Abreu, Pedro Miranda de Oliveira. Florianópolis: Conceito Editorial, 2013.

_____. *Lineamentos do novo processo civil*. 2. ed. Belo Horizonte: Del Rey, 1996.

CAMPOS, Francisco. *Projecto do Código de Processo Civil: exposição de motivos*. In *Revista Forense*. v. 36, n. 80, p. 5-18. Rio de Janeiro, 1939.

CARDOSO, Oscar Valente. *A oralidade (e a escrita) no Novo Código de Processo Civil brasileiro*. In *Cadernos do Programa de Pós-Graduação em Direito da Universidade Federal do Rio Grande do Sul*. v. VIII, n. 1, p. 247-79. Porto Alegre: UFRGS, 2013.

CARMONA, Carlos Alberto; MARCATO Ana Cândida Menezes *et al*. (Coords.). *Reflexoes sobre a reforma do código de processo civil: estudos em homenagem a Ada Pellegrini Grinover, Cândido Rangel Dinamarco e Kazuo Watanabe*. São Paulo. Atlas, 2007.

CARRATTA, Antonio. *Funzione sociale e processo civile fra XX e XXI secolo*. In *La funzione sociale nel diritto privato tra XX e XXI secolo*. p. 87-138. Coord. Francesco Macario e Marco Nicola Miletti. Roma: Università degli Studi Roma TrE-Press, 2017.

CAVALCANTI, Bruno; ELALI, André; VAREJÃO, José Ricardo (Coords.). *Novos temas de processo civil*. São Paulo: MP Editora, 2006.

CAVALCANTI, Francisco. *Inovações no processo civil: estudo das normas alteradas pelas Leis n. 8.898/94, 8.951/94, 8.952/94, 8.953/94 e 8.954/94*. Belo Horizonte: Del Rey, 1995.

CIANCI, Mirna. *O acesso à justiça e as reformas do CPC*. São Paulo: Saraiva, 2009.

CINTRA, Antonio Carlos de Araújo; GRINOVER, Ada Pellegrini; DINAMARCO, Cândido Rangel. *Teoria geral do processo*. Prefácio do Prof. Luís Eulálio de Bueno Vidigal. 31. ed. São Paulo: Malheiros, 2015.

COÊLHO, Marcus Vinícius Furtado. *Processo civil reformado*. Rio de Janeiro: Forense, 2008.

COSTA, Moacyr Lobo da. *A assistência no Código de Processo Civil. In Revista da Faculdade de Direito da Universidade de São Paulo*. v. 61, n. 2, p. 140-53. São Paulo, 1966.

_____. *Breve notícia histórica do direito processual civil brasileiro e de sua literatura*. São Paulo: Revista dos Tribunais, 1970.

CUNHA, Fernando Whitaker da. *Campos Salles e o Ministério Público. In Revista Justitia*. v. 64, p. 61-74. São Paulo: Justitia, 1969.

DALLARI, Dalmo de Abreu. *Constituição e evolução do Estado Brasileiro. In Revista da Faculdade de Direito da Universidade de São Paulo*. v. 72, n. 1, p. 325-34. São Paulo, 1977.

DINAMARCO, Cândido Rangel. *A instrumentalidade do processo*. 13. ed. São Paulo: Malheiros, 2008.

_____. *A reforma do Código de Processo Civil: Leis 8.455, de 24.8.92, 8.637, de 31.3.93, 8.710, de 24.9.93, 8.718, de 14.10.93, 8.898, de 29.6.94, 8.950, de 13.12.94, 8.951, de 13.12.94, 8.952 de 13.12.94 e 8.953, de 13.12.94*. 2. ed. São Paulo: Malheiros, 1995;

_____. *Reforma da reforma: Lei 10.352, de 26.12.2001, Lei 10.358, de 27.12.2001, Lei 10.444, de 7.5.2002, Lei 9.800, de 26.5.1999 (Lei do "Fax"), e Lei 10.173, de 9.1.2001 (Lei dos idosos)*. 4. ed. São Paulo: Malheiros, 2003.

_____; LOPES, Bruno Vasconcelos Carrilho. *Teoria geral do novo processo civil*. 2. ed. São Paulo: Malheiros, 2017.

EHRLICH, Eugen. *Fundamentos da sociologia do direito*. Trad. René Ernani Gertz. Brasília: Editora Universidade de Brasília, 1986.

FACULDADE DE DIREITO DA UNIVERSIDADE DE SÃO PAULO. *Prof. Dr. Alfredo Buzaid – Diretor da Faculdade de Direito. In Revista da Faculdade de Direito da Universidade de São Paulo*. v. 63, p. 421-5. São Paulo, 1968.

FUX, Luiz. *A reforma do processo civil: comentários e análise crítica da reforma infraconstitucional do poder judiciário e da reforma do CPC*. Niterói: Impetus, 2006.

GIACOMUZZI, José Guilherme. *As raízes do realismo americano: breve esboço acerca de dicotomias, ideologia e pureza no direito dos USA. In Revista de Direito Administrativo*. n. 239, p. 359-88. Rio de Janeiro: Escola de Direito da Fundação Getúlio Vargas, 2005.

GUILLÉN, Víctor Fairén. *Teoría general de derecho procesal*. México, D.F.: Universidad Nacional Autónoma de México, 2006.

HARTOG, François. *Regimes de historicidade: presentismo e experiências do tempo*. Trad. Andréa Souza de Menezes *et al*. Belo Horizonte: Autêntica Editora, 2013.

HERÓDOTO. *Histórias – Livro I*. Introdução geral de Maria Helena da Rocha Pereira. Introdução ao Livro I, versão do grego e notas de José Ribeiro Ferreira e Maria de Fátima Silva. Lisboa: Edições 70, 1994.

LEONEL, Ricardo de Barros. *Reformas recentes do processo civil: comentário sistemático*. São Paulo: Método, 2007.

MACHADO, Antônio Cláudio da Costa. *A reforma do processo civil interpretada: artigo por artigo, parágrafo por parágrafo*. 2. ed. São Paulo: Saraiva, 1996.

MARINONI, Luiz Guilherme. *A antecipação da tutela na reforma do processo civil*. 2. ed. São Paulo: Malheiros, 1996.

ANÁLISE COMPARATIVA DAS EXPOSIÇÕES DE MOTIVOS DOS CÓDIGOS DE PROCESSO CIVIL BRASILEIROS

_____. *Teoria geral do processo*. 3. ed. São Paulo: Revista dos Tribunais, 2008.

_____; MITIDIERO, Daniel. *O projeto do CPC: críticas e propostas*. São Paulo: Revista dos Tribunais, 2010.

MARQUES, José Frederico. *Instituições de direito processual civil*. v. I. Campinas: Millenium, 1999.

MARTINS, Flademir Jerônimo Belinati; MOREIRA, Glauco Roberto Marques. *Comentários críticos à Exposição de Motivos do Novo Código de Processo Civil (CPC): notas sobre o Novo CPC e sua ideologia, a partir da análise de sua Exposição de Motivos*. In *Processo, jurisdição e efetividade da justiça II*. p. 444-74. Coords. André Cordeiro Leal, Maria dos Remédios Fontes Silva e Valesca Raizer Borges Moschen. Florianópolis: CONPEDI, 2015.

MESQUITA, José Ignacio Botelho de. *Apresentação: Teoria e Prática do Processo Civil e Comercial*. In *Teses, Estudos e Pareceres de Processo Civil*. v. 1, p. 308-14. São Paulo: Revista dos Tribunais, 2005.

_____. *As novas tendências do direito processual: uma contribuição para o seu reexame*. In *Teses, Estudos e Pareceres de Processo Civil*. v. 1, p. 263-307. São Paulo: Revista dos Tribunais, 2005.

MITIDIERO, Daniel. *Colaboração no processo civil: pressupostos sociais, lógicos e éticos*. 3. ed. São Paulo: Revista dos Tribunais, 2015.

MORIN, Edgar. *Os sete saberes necessários à educação no futuro*. Trad. Catarina Eleonora F. da Silva e Jeanne Sawaya. Rev. Edgard de Assis Carvalho. 2. ed. São Paulo: Cortez, 2000.

NICOLAZZI, Fernando. *A história entre tempos: François Hartog e a conjuntura historiográfica contemporânea*. In *História: Questões & Debates*. n. 53, p. 229-57. Curitiba: Editora Universidade Federal do Paraná, 2010.

OLIVEIRA, Carlos Alberto Alvaro de (Coord.). *A nova execução: comentários à Lei n. 11.232, de 22 de dezembro de 2005*. Rio de Janeiro: Forense, 2006.

_____. *Do formalismo no processo civil*. 2. ed. São Paulo: Saraiva, 2003.

PASCAL, Blaise. *Pensées*. t. I. Paris: Ledentu libraire, 1820. Disponível em: <archive.org>.

PORTO, Walter Costa. *Constituições brasileiras*. v. IV. 3. ed. Brasília: Senado Federal, Subsecretaria de Edições Técnicas, 2012.

POUND, Roscoe. *The law and the people*. In *The University of Chicago magazine*. v. 3, n. 1, p. 1-16. Chicago: University of Chicago Press, 1910. Disponível em: <archive.org>.

RABELAIS, François. *Le tiers livre des faicts et dicts heroïques du Bon Pantagruel*. In *Les cinq livres de F. Rabelais – Livre III: Pantagruel*. Paris: Édition Jouaust, 1876. Disponível em: <archive.org>.

RIBEIRO, Arthur. *Código do Processo Civil e Commercial da República*. In *Archivo Judiciario – Suplemento*. v. 36, p. 137-45. Rio de Janeiro: Jornal do Commercio, 1935.

SAXE, John Godfrey. *The blind men and the elephant*. In *The poetical works*. Household Edition. p. 111-2. Cambridge: The Riverside Press, 1889. Disponível em: <archive.org>.

SENADO FEDERAL. *Anteprojeto do Novo Código de Processo Civil*. Comissão de Juristas Responsável pela Elaboração do Anteprojeto do Novo Código de Processo Civil. Brasília: Senado Federal – Subsecretaria de Edições Técnicas, 2010.

_____. *Bibliografia: Reforma processual civil*. Compilada para subsidiar os trabalhos da comissão de juristas para elaboração do Novo Código de Processo Civil. Biblioteca Acadêmico Luiz Viana Filho. Brasília: Senado Federal – Secretaria de Biblioteca, 2009.

_____. *Código de Processo Civil – Histórico da Lei n. 5.869/1973*. v. I, t. I. Brasília: Subsecretaria de Edições Técnicas, 1974.

SILVA, José Afonso da. *Curso de direito constitucional positivo*. 16. ed. São Paulo: Malheiros, 1999.

SILVA, Ovídio Araújo Baptista da. *Processo e Ideologia: o paradigma racionalista*. 2. ed. Rio de Janeiro: Forense, 2006.

_____; GOMES, Fábio. *Teoria geral do processo civil*. 3. ed. São Paulo: Revista dos Tribunais, 2002.

SOARES, Ricardo Maurício Freire. *O discurso principiológico do código brasileiro de defesa do consumidor*. In *Revista de Ciências Jurídicas e Sociais da Universidade Paranaense*. v. 18, n. 2, p. 187-200. Umuarama: UNIPAR, 2015.

TEIXEIRA, Sálvio de Figueiredo. *O Código de Processo Civil brasileiro: origens, inovações e crítica*. In *Revista da Faculdade de Direito da Universidade Federal de Minas Gerais*. v. 24, n. 17, p. 127-40. Belo Horizonte, 1976.

_____ (Coord.). Reforma do Código de Processo Civil. São Paulo: Saraiva, 1996.

TUCCI, José Rogério Cruz e. *Contra o processo autoritário*. In *O novo Código de Processo Civil*. p. 267-82. Org. Carlos Alberto Carmona. São Paulo: Atlas, 2015.

VELLOSO, Carlos Mário da Silva. *Do Poder Judiciário: organização e competência*. In *Revista de Direito Administrativo*. n. 200, p. 1-19. Rio de Janeiro: Escola de Direito da Fundação Getúlio Vargas, 1995.

VIDIGAL, Luis Eulálio de Bueno. *Francisco Campos e a Constituição de 1937*. In *Revista da Faculdade de Direito da Universidade de São Paulo*. v. 63, p. 169-78. São Paulo, 1968.

WILLOUGHBY, William Franklin. *Principles of judicial administration*. Washington: The Brookings Institution, 1929. Disponível em: <archive.org>.

ANEXO: QUADRO COMPARATIVO[111]?

CPC/1939 Exposição de Motivos	CPC/1973 Exposição de Motivos	CPC/2015 Exposição de Motivos
CARACTERÍSTICAS	**CARACTERÍSTICAS**	**CARACTERÍSTICAS**
Discurso político.	Discurso tecnológico.	Discurso principiológico.
Ideário populista (*público*).	Ideário analítico (*instrumental*).	Ideário solidarista (*constitucional*).
Linguagem praxista.	Linguagem conceitual.	Linguagem valorativa.
Prevalência de preocupação política e social.	Prevalência de preocupação técnica.	Prevalência de preocupação com o contexto social e coletivo.
Processo-providência.	Processo-instrumento.	Processo-tutela.
Jurisdição-Estado.	Jurisdição-Função.	Jurisdição-Garantia.
JUSTIFICATIVAS	**JUSTIFICATIVAS**	**JUSTIFICATIVAS**
Exigência constitucional de edição de um código de processo civil unitário (federal).	Necessidade de sincronizar o código com as normas extravagantes das últimas duas décadas.	Necessidade de sincronizar o código com as reformas das últimas duas décadas.
Necessidade de tornar o processo acessível a todo cidadão. Desburocratização.	Necessidade de aprimoramento da técnica.	Necessidade de obtenção de um processo justo, sem dilações indevidas (II Pacto Republicano de Estado, de 13 de abril de 2009).

---

111. ? Os trechos citados (entre aspas) correspondem a reproduções literais de excertos das Exposições de Motivos dos respectivos Códigos de Processo Civil (1939, 1973 e 2015).

ANÁLISE COMPARATIVA DAS EXPOSIÇÕES DE MOTIVOS DOS CÓDIGOS DE PROCESSO CIVIL BRASILEIROS

CPC/1939 Exposição de Motivos	CPC/1973 Exposição de Motivos	CPC/2015 Exposição de Motivos
Adoção do paradigma publicístico. Ruptura com o modelo privatístico: "à concepção duelística do processo haveria de substituir-se a concepção autoritária do processo".	Equilíbrio entre conservação e inovação.	Equilíbrio entre conservação e inovação.
Adoção do sistema processual da oralidade, transportado do direito estrangeiro.	Incorporação de institutos novos, inspirados no direito estrangeiro, mitigação da oralidade.	Criação de institutos novos, inspirados no direito estrangeiro, e desenvolvimento de técnicas fundadas em novas diretrizes (*v.g.*, ética, convencionalidade e verticalização decisória).
OBJETIVOS	**OBJETIVOS**	**OBJETIVOS**
Combater a morosidade processual.	Combater a morosidade processual.	Combater a morosidade processual.
Estabelecer coerência entre os fins do Estado e a norma processual: "restaurar um dos valores primordiais da ordem jurídica, que é a segurança nas relações sociais reguladas pela lei".	Corrigir os problemas do CPC/1939, que "foi alvo de improvisação", cujo único êxito foi sua primeira parte, que "abarcou o sistema da oralidade, rompendo com a tradição do procedimento escrito, de origem medieval". Sintonizar a norma processual com os avanços científicos transnacionais e imprimir "apuro de linguagem".	"Estabelecer expressa e implicitamente verdadeira sintonia fina com a Constituição Federal".
Criar condições para que o Estado possa, por intermédio do processo, "imprimir os traços da sua autoridade". O juiz deve ter "função ativa e autoritária".	Reforçar o caráter publicístico do processo, cuja "finalidade é dar razão a quem efetivamente a tem".	"Criar condições para que o juiz possa proferir a decisão de forma mais rente à realidade fática subjacente à causa".
Simplificar e racionalizar as formas, mediante o rompimento com formalismos exacerbados decorrentes do princípio dispositivo, "restituindo ao público a confiança na justiça".	"Facilitar o manejo e racionalizar a sistemática", tornando o processo "instrumento dúctil para a administração da justiça".	"Simplificar, resolver problemas e reduzir a complexidade de subsistemas, por exemplo, o recursal".
Orientar as normas pelo princípio da efetividade processual: "tornar eficaz o instrumento de efetivação do direito".	Obter uma adequada "atuação do direito".	"Dar todo o rendimento possível a cada processo".
Organizar toda a "congérie de regras, de minúcias rituais e técnicas" que atentam contra o "espírito de sistema".	Imprimir "unidade ao sistema processual", estabelecendo o código de processo civil como norma central.	"Imprimir maior grau de organicidade ao sistema, dando-lhe mais coesão".
ALTERAÇÕES CENTRAIS **Texto normativo**	**ALTERAÇÕES CENTRAIS** **Texto normativo**	**ALTERAÇÕES CENTRAIS** **Texto normativo**
Guinada metodológica à publicização do processo, mediante a adoção do sistema processual da oralidade, com a enunciação dos princípios da "concentração dos atos do processo" e da "identidade física do juiz".	Guinada científica à valorização do caráter instrumental do processo. Transnacionalidade da ciência processual: "a técnica não é apanágio de um povo, senão conquista de valor universal".	Guinada metodológica à constitucionalização do processo (enunciação, *v.g.*, dos princípios da dignidade humana, isonomia, autonomia da vontade, proporcionalidade, efetividade, acesso à justiça, motivação, legalidade, publicidade, eficiência, segurança jurídica, boa-fé, proteção da confiança).
Adoção de técnicas de saneamento: previsão do "despacho saneador".	Alteração estrutural da fase ordinatória e de sua operosidade, mediante a técnica de "julgamento conforme o estado do processo", pois, com sua adoção, "ficou reduzido o campo de aplicação do despacho saneador".	Adoção do contraditório em perspectiva cooperativista e revalorização da fase ordinatória.

CPC/1939 Exposição de Motivos	CPC/1973 Exposição de Motivos	CPC/2015 Exposição de Motivos
A "absolvição de instância" deve ser exceção, no processo *público*. "Quando o juiz puder decidir o mérito a favor da parte a quem aproveite a declaração da nulidade, não a pronunciará, nem mandará repetir o ato, ou suprir-lhe a falta".	Mitigação ou racionalização da oralidade (Obs.: trata-se de circunstância que contribuiu, de certo modo, para a proliferação da chamada "jurisprudência defensiva").	Primazia do *fundo* sobre a *forma*.
Fortalecimento dos poderes instrutórios do juiz (*v.g.*, colheita da prova testemunhal, produção da prova pericial, indicação de assistentes técnicos pelas partes).	Alterações no sistema de provas (*v.g.*, na disciplina de nomeação do perito). Fortalecimento gradual da atividade cognitiva sumária (segunda fase do Código).	Fortalecimento da atividade cognitiva sumária (*v.g.*, estabilização da tutela antecipatória, reestruturação das tutelas provisórias).
Simplificação procedimental (*v.g.*, abolidos recursos contra despachos interlocutórios, adoção do princípio do prejuízo, unificação procedimental).	Simplificação procedimental (*v.g.*, redução do número de procedimentos especiais, redução do número de recursos, coesão terminológica). Sincretização de fases processuais (a partir da segunda fase do Código).	Simplificação procedimental (*v.g.*, eliminação de incidentes, disciplina dos atos processuais, regimes recursais, extinção do processo cautelar autônomo, unificação da fase de cumprimento de sentença).
Fortalecimento do método público (não duelístico).	Estímulo à conciliação (a partir da segunda fase do Código) como instrumento de fomento à oralidade (*v.g.*, audiência preliminar).	Fortalecimento dos métodos não adversariais.
Coerência interna e coesão da jurisprudência (interposição simultânea do recurso de revista e do recurso extraordinário).	Valorização da "uniformidade da jurisprudência" para combater "um mal que gera profunda instabilidade nas relações jurídicas, criando um clima de insegurança e despertando no ânimo dos litigantes certa decepção, ao verem que a justiça do caso concreto fica à sorte da distribuição dos feitos".	Valorização da atividade jurisprudencial e molecularização dos conflitos.
Exigências contemporâneas à edição normativa, como a adequação do processo "às profundas transformações sociais e políticas", que "levaram os benefícios da ordem jurídica a terrenos que a velha aparelhagem judiciária não estava capacitada para alcançar".	Exigências contemporâneas à edição normativa, como a adequação das regras processuais (i) aos lindes geográficos brasileiros; (ii) ao "surto do progresso que deu lugar à formação de um grande parque industrial"; (iii) à intensificação demográfica.	Exigências contemporâneas à edição normativa, como (i) a contextualização da praxe aos autos e atos eletrônicos (*v.g.*, citação e intimação, endereço das partes, cartas, audiências, atos processuais por videoconferência, ampliação da publicidade, prova documental eletrônica, julgamentos, sustentação oral, organização de processos, regime recursal, busca e constrição patrimonial, leilão eletrônico) e a (ii) desjudicialização de atos e procedimentos (*v.g.*, auxílio direto em cooperação jurídica internacional, usucapião administrativa, homologação notarial do penhor legal).

PODERES DE EFETIVAÇÃO E A INCONSTITUCIONALIDADE DA PARTE FINAL DO INCISO IV DO ARTIGO 139 DO CPC DE 2015

José Carlos Baptista Puoli

Professor Doutor de Direito Processual Civil da USP. Advogado.

Sumário: 1. Introdução – 2. A execução civil como instrumento processual de aplicação de sanções jurídicas – 3. A incorporação, pelo Processo Civil brasileiro, de técnicas executivas "coercitivas" – 4. O Artigo 139, inciso IV do CPC. Justificativas, alcance legítimo de sua parte "inicial" e inconstitucionalidade da parte "final" da regra (quanto à autorização para tomada de medidas coercitivas atípicas na execução de obrigação pecuniária) – 5. O precedente da Quarta Turma do Superior Tribunal de Justiça (Recurso em *Habeas Corpus* 97.876-SP) – 6. Conclusão – 7. Referências bibliográficas.

1. INTRODUÇÃO

Na fase instrumentalista do estudo do processo civil, a doutrina tem proclamado que a função da ciência processual não pode se esgotar "apenas" com o propiciar acesso amplo à jurisdição, tendo-se também de buscar modos para garantir que haja, no máximo quanto possível, uma decisão de mérito. Fala-se, ainda, da necessidade de o processo ir além destas duas importantes metas se preocupando, também, com a produção efetiva dos resultados práticos buscados por quem se viu na necessidade de pedir solução judicial para questão conflituosa não resolvida amigavelmente no dia a dia "da vida". Neste sentido Cândido Dinamarco menciona o "processo civil de resultados"[1], numa expressão simples e muito adequada para retratar que o processo tem de se aperfeiçoar, mais e mais, para bem realizar esta missão, qual seja a de contemplar técnicas e instrumentos necessários para fazer com que o "conteúdo" da decisão de mérito tenha aptidão para transformar a realidade dos litigantes, "entregando" o bem da vida a quem de direito.

Para tanto, a percepção sobre ser o processo civil um instrumento para realização do direito material tem, entre outras diversas repercussões, a de que o juiz seja dotado de mais elevada quantidade de poderes para realizar as três "macro" tarefas acima

---

1. In, "Instituições de Direito Processual Civil", vol. I, p. 110, em especial p. 111, quando o autor, citando Chiovenda, afirma que o "na medida do que for praticamente possível, o processo deve propiciar a quem tem um direito tudo aquilo e precisamente aquilo que ele tem o direito de receber... o processo vale pelos resultados que produz na vida das pessoas".

identificadas. Foi neste contexto que, em escrito de 2002, tive a oportunidade de mencionar ser, naquela ocasião, "inquestionável a conclusão sobre terem os poderes do juiz crescido muito em nosso ordenamento, numa tropia que, por certo, não pode ser tida, ainda, como estabilizada"[2]. Longos anos se passaram desde então e aquela previsão tem sido confirmada no âmbito da legislação, da doutrina e da jurisprudência, sendo certo estarem, hoje, não apenas os processualistas, mas os operadores do Direito em geral, e especialmente os juízes, conscientes desta realidade, posto ser esta uma das características marcantes de nosso tempo, em que o juiz não é mais um mero espectador do litígio, sendo, isto sim, um agente "ativo", por interessado em bem aplicar a lei, pacificar o conflito apresentado para sua análise e, quando necessário, utilizar dos instrumentos legalmente postos à sua disposição para fazer com que sejam realizados os resultados práticos preconizados pelo direito material.

Neste âmbito se insere esta singela homenagem a Walter Piva Rodrigues, Doutrinador e Magistrado que, seguindo os passos de José Inácio Botelho de Mesquita, fez do Magistério profissão de fé, em que, por toda uma carreira, tem transmitido aos alunos da nossa amada Faculdade de Direito do Largo de São Francisco não apenas a paixão pelo estudo do processo civil, como também a necessidade de se manter um modo humano e sempre gentil de tratar com seus semelhantes. E, no tocante ao estudo do processo, o Professor Piva Rodrigues já teve oportunidade de mencionar a necessidade de se analisar as "situações de instabilidade interpretativa geradas pelas reformas"[3] das leis processuais, em advertência sábia, que me animou a escolher o tema tratado neste texto, qual seja a análise de regra da Lei nº 13.105/2015 em que, ao advento do vigente Código de Processo Civil brasileiro, se pretendeu "aumentar", ainda mais, os poderes do juiz.

Esta questão já havia chamado minha atenção nos idos de 2016, sendo que, agora, por conta da polêmica jurisprudencial e doutrinária existente a respeito do tema, bem como em vista de recente julgado da Quarta Turma do Superior Tribunal de Justiça[4], me parece haver renovada necessidade de análise da questão. Assim sendo e nos limites de um artigo será analisado aqui o inciso IV do artigo 139 do CPC que, de um lado, contém em sua parte inicial norma que bem se insere no espírito da instrumentalidade do processo, especificando a possibilidade de serem adotadas medidas "indutivas, coercitivas, mandamentais ou sub-rogatórias necessárias para assegurar o cumprimento de ordem judicial", visando à realização adequada da execução de obrigações de fazer, não fazer e de entrega de coisa. Enquanto que, de outro lado, se equivocou o legislador ao, em redação "muito ampla" permitir (sem qualquer ressalva limitadora que pudesse bem especificar a hipótese de incidência da parte final da norma) que tais tipos de providências sejam determinados "inclusive nas ações que tenham por objeto prestação pecuniária".

---

2. In, "Os Poderes do Juiz e as Reformas do Processo Civil", p. 213.
3. In, "Execução de Prestação Alimentícia: Alterações legislativas, Jurisprudência e Questões Procedimentais", p. 190.
4. Recurso em Habeas Corpus nº 97.876-SP, relatado pelo Ministro Luis Felipe Salomão e julgado em 5/6/2018.

Em verdade, este "preceito" já vinha causando alvoroço desde a fase de debates a respeito do, então, "projeto de lei", sendo certo que agora, com mais dois anos de vigência do CPC (desde março de 2016), tem-se por efetiva a necessidade de verificar se realmente pode o juiz ter tamanha liberdade criativa para fazer cumprir condenações ao pagamento de dinheiro ou se, como será mais à frente analisado, há obstáculo de ordem constitucional a impedir que, com o devido respeito, a "ânsia" por efetividade do processo possa dar ensejo a soluções práticas de, a meu ver, não desejado caráter arbitrário e punitivista. Fala-se, por exemplo, da "possibilidade", aventada até em matérias jornalísticas que, logo em seguida ao advento do CPC/2015, revelavam o "apelo" emocional do tema e, em retumbante manchete, mencionavam que "devedores podem ter passaporte e carteira de habilitação suspensos."[5]

Note-se que já naquela ocasião a própria reportagem do Jornal "Valor" expunha em linhas gerais a polêmica que reveste a "ideia" de genericamente autorizar-se a limitação de direitos por ato judicial, em caso de dívida pecuniária não honrada. Em vista disto, e inclusive com análise do recente pronunciamento do STJ (acima referido) o presente texto busca colaborar com o debate, tomando posição a respeito do tema. É o que se passa a fazer, iniciando com breves referências a respeito da "execução".

2. A EXECUÇÃO CIVIL COMO INSTRUMENTO PROCESSUAL DE APLICAÇÃO DE SANÇÕES JURÍDICAS

Modernamente, dentre outros possíveis critérios de classificação, tem sido utilizado na doutrina o tipo de crise a ser debelada para classificar as diferentes tutelas que podem ser obtidas no âmbito do processo civil. Neste contexto, quando se tem uma crise de certeza, por não ser de antemão certo quem detém o direito de obter determinado bem vida, organiza a lei processual procedimentos com ênfase na busca por informações a respeito dos fatos havidos, de modo que, formada (com tais informações) a convicção do juiz, se possa proferir decisão de mérito, reconhecendo quem tem razão para ficar com o bem disputado. De outro lado, quando já se tem "importante" grau de certeza a respeito da existência do direito, mas a obrigação não é realizada espontaneamente pelo "devedor", tem-se uma crise de inadimplemento, a ser solucionada por intermédio da organização de procedimento cuja preocupação seja eminentemente prática, não outorgando, na regra geral, oportunidades para "debate" sobre quem efetivamente é titular do direito, preocupando-se, isto sim, com a tentativa de fazer com que seja, na prática, realizado o resultado almejado pelo interessado. Tem-se, assim, o gênero execução que, em nosso sistema processual,

---

5. Jornal "Valor", edição de 6/7/8 de agosto de 2016, p. E1. Além desta, vide notícia no "site" Migalhas, dando conta de decisão judicial no Foro de São Paulo, no bojo da qual foi mencionada dificuldades executivas no caso concreto e, para além de determinar-se a suspensão da CNH e a apreensão do passaporte, determinou-se, ainda "o cancelamento dos cartões de crédito do executado até o pagamento da presente dívida". In, http://www.migalhas.com.br/Quentes/17,MI245189,101048-Passaporte+e+apreendido+para+forcar+homem+a+quitar+divida , acesso em 6/9/2016.

contempla duas espécies, qual seja o cumprimento de sentença (fundado num título executivo judicial) e a execução realizada em processo autônomo, posto estar fundada (em regra) em título executivo extrajudicial que dispensa fase de conhecimento e permite haja "pronto" pedido executivo.

Quanto ao termo "execução" parte-se de sua conotação ampla e "cotidiana", no sentido de realizar algo, para daí chegar ao sentido jurídico processual em que o cerne da ideia de realização se mantém presente, mas com a estipulação de um processo, ou fase processual, que terá por missão a de preconizar a realização do resultado estampado no título executivo mas que, no plano do direito material, restou não cumprido e, assim, dá ensejo ao pedido do interessado para que o Estado juiz tome as providências necessárias para que se tenha a realização prática da obrigação não satisfeita. Neste sentido, Cândido Dinamarco leciona no sentido de ser a "tutela jurisdicional executiva" "adequada à eliminação das crises de adimplemento, caracterizadas pela pretensão de um sujeito receber um bem e pela resistência de outro sujeito que, negando ou não a obrigação, não entrega o bem"[6]. E, considerando ser alta a probabilidade de o beneficiário do título executivo ter, por lei, direito ao bem da vida tem-se a tradicional afirmativa de que a execução judicial é organizada para que, no caso de obrigação não adimplida (ou seja, no qual houve a mencionada resistência na entrega), se tenha a aplicação da sanção jurídica[7].

Para tanto, e como já mencionado, a preocupação da execução é eminentemente prática, estruturando-se atos executivos que permitam a "agressão" à esfera de direitos do devedor que resiste ao cumprimento da obrigação. O uso, neste texto, do termo "agressão" é deliberado. Se poderia usar, aqui, de palavras mais amenas, mas a escolha do termo se faz para evidenciar que na execução se pretende sim "invadir" a esfera de direitos do devedor fazendo com que seja, ao menos, viável a tomada de medidas sub-rogatórias[8] para que, mesmo no caso de resistência do devedor, se tenha a realização prática do resultado.

Durante muito tempo nosso ordenamento jurídico preferiu não atuar diretamente com objetivo de interferir na vontade do executado, limitando, com a ressalva de algumas situações específicas, a atuação executiva às medidas sub-rogatórias. Tratava-se da escolha política de limitar o uso da "força", por acreditar-se ser intangível a vontade humana[9]. Contudo, esta situação tem sido alterada. Primeiramente

---

6. In, "Instituições de Direito Processual Civil", vol. IV, p. 56.
7. Apesar de ser tradicional tal menção, como bem menciona Teori Albino Zavascki "se é certo que a execução forçada é meio para aplicar sanção, também é certo que nem toda sanção jurídica depende de execução forçada para atuar efetivamente". In, "Processo de Execução – Parte Geral", p. 29.
8. Neste texto adota-se a conceituação de Cândido Dinamarco quando diz que a sub-rogação consiste "numa autêntica substituição de atividades, inclusive no plano físico, quando o Estado-juiz apanha bens pertencentes ao executado (penhora, busca e apreensão), faz incidir sobre eles as providências cabíveis (avaliação, adjudicação, alienação em hasta pública) e termina por fazer aquilo que desde antes do processo o devedor deveria ter feito..."In, "Instituições de Direito Processual Civil", vol. IV, p. 50.
9. Nas palavras de Ada Pellegrini Grinover: "Durante muito tempo a resistência do obrigado foi vista como limite intransponível ao cumprimento das obrigações de fazer ou não fazer. A intangibilidade da vontade

no âmbito da realização de obrigações de fazer, não fazer e de entrega de coisa e, mais recentemente, mesmo na execução de obrigações pecuniárias passou nosso sistema processual a contemplar a possibilidade de serem utilizados meios coercitivos. A isto será dedicado o próximo tópico deste artigo.

3. A INCORPORAÇÃO, PELO PROCESSO CIVIL BRASILEIRO, DE TÉCNICAS EXECUTIVAS "COERCITIVAS"

Como já mencionado acima, por escolha política, o Direito processual civil brasileiro por muito tempo preferiu não atuar diretamente na vontade do devedor que resiste ao cumprimento da obrigação, mesmo no caso desta estar contemplada por decisão judicial. Contudo, esta escolha trouxe repercussões, sendo a mais notável a relacionada com a deficiência do processo de execução que, neste formato, em grande número de casos não conseguia realizar o resultado pretendido.

E tal falta de eficiência era sentida especialmente em casos de obrigação de fazer, não fazer ou de entrega de coisa. É que nestas, a conduta do devedor resistente mais facilmente faz com que se verifiquem, na expressão de José Carlos Barbosa Moreira, "um resíduo de discrepância"[10] entre os resultados realizados pela via judicial e aqueles que, no plano do direito material, deveriam ter sido realizados. Esta situação fez com que, por intermédio notadamente da Lei nº 8.952, de dezembro de 1994, houvesse a alteração do texto do artigo 461 do CPC para que, com inspiração no artigo 84 do Código de Defesa do Consumidor (Lei nº 8.078/90), se tornasse genérica a possibilidade de o juiz atuar mais livremente com vistas à realização de uma execução realmente específica, em que se busca o exato, ou repetindo para enfatizar, o específico resultado previsto no plano do direito material. Com o advento de tal alteração legislativa, importantes e tradicionais amarras foram eliminadas, ou atenuadas, de forma a permitir que o juiz pudesse determinar não apenas a realização do, já mencionado, resultado específico ou, ao menos, do resultado prático equivalente ao do contido no pedido, caso não fosse possível o exato adimplemento tal como solicitado (no CPC/2015, vide o "caput" do artigo 536).

Para permitir isto, mitigou-se o já comentado dogma da intangibilidade da vontade humana, passando-se a permitir, por exemplo, que o juiz aplicasse até mesmo de ofício multas, de forma a induzir o devedor ao adimplemento, em vista do desconforto gerado pelo "peso" de ser destinatário da sanção pecuniária, para além da obrigação "devida".

O legislador também outorgou ao juiz outra importante permissão, qual seja a possibilidade de utilizar "medidas de apoio", que nada mais são que medidas de

---

humana era elevada à categoria de verdadeiro dogma, retratado pelo art. 1.142 do Código Civil francês...". In, "Tutela Jurisdicional nas obrigações de fazer e não fazer", p. 66.

10. A este respeito, v. "Tendências na Execução de Sentenças e Ordens Judiciais", In "Temas de Direito Processual." 4ª Série, p. 215/217, texto no qual Barbosa Moreira fala do postulado processual no sentido da busca da "maior coincidência possível" e comenta as dificuldades de obtenção deste ideal.

elevado potencial "agressivo", mas que se justificam em vista da necessidade de realização específica de obrigações que, de outro modo, acabavam fadadas a uma conversão em pecúnia que jamais surtia o efeito desejado, gerando frustração para o credor e descrédito para o Direito. Foi para vencer esta situação que, enfim, criou-se o §5º do artigo 461 do CPC de 1973, com lista exemplificativa de providências possíveis, tendo ali deixado o legislador generoso "espaço" criativo para que o juiz do caso concreto determinasse providências que melhor se adequassem ao caso concreto, para a obtenção do resultado especificamente pretendido ou, ao menos, do resultado prático equivalente (no CPC/2015 vide o artigo 536, §1º).

Apesar de, sim, ter sido deixado este "espaço" criativo, é importante mencionar que o legislador, na lista exemplificativa de providências do mencionado §5º, já cuidou de indicar "importante" rol de providências que, de um lado outorgou melhores instrumentos para que o juiz atuasse e, de outro, deu prévio conhecimento a respeito de tais possibilidades "sancionatórias", permitindo que os sujeitos em geral saibam, ao menos quando consultem um advogado, do tipo de "risco" que a resistência à realização de obrigações específicas pode ensejar.

Tamanho o sucesso de tal iniciativa que, em 2002 (pela Lei 10.444/2002), tal regime, que inicialmente havia sido destinado apenas para as obrigações de fazer e não fazer, foi ampliado para contemplar, também, as obrigações de "entrega de coisa".

Mas não ficou nisto, eis que em 2005, com o advento da Lei 11.232/2005, passou o legislador a também permitir o uso "genérico" de técnica coercitiva para execução de obrigações pecuniárias. Contudo, considerada a circunstância de ser "inespecífico"[11] este outro tipo de execução, a técnica utilizada apenas parcialmente coincidiu com o regime destinado às obrigações antes mencionadas. O "ponto" coincidente consistiu na autorização de imposição da multa (que no caso da obrigação pecuniária, foi estipulada em patamar fixo de 10%) a incidir no caso do cumprimento da obrigação reconhecida em título executivo judicial não ocorrer no prazo previsto pelo artigo 475-J do CPC de 1973 (no "novo" CPC vide o artigo 523, "caput" e § 1º).

De realçar, novamente, que a previsão prévia de tal sanção "pecuniária" tem se mostrado importante instrumento de aperfeiçoamento da execução, seja pelo "peso" da multa em si, seja pelo fato de permitir que os sujeitos, em geral, previamente saibam o "quanto" a resistência pode acarretar em termos da "sanção" cabível em resposta ao comportamento não desejado.

Enfim, pode-se dizer que o legislador vinha sendo "firme" e correto na busca de elementos de aperfeiçoamento legislativo necessário a buscar maior eficiência do processo executivo. De todo modo, necessário salientar que nas alterações legislativas acima nomeadas teve o legislador o cuidado de, na expressão popular, "separar o

---

11. A respeito da execução inespecífica, Cândido Dinamarco ensina que esta "é estruturada para restaurar apenas a utilidade que o bem sacrificado representava... A execução inespecífica tem lugar (a) quando o direito insatisfeito já tinha por objeto dinheiro ou (b) quando uma obrigação de entrega ou de conduta é convertida em pecúnia ...". In, "Instituições de Direito Processual Civil", vol. IV, p. 510.

joio do trigo", adotando diferentes tipos de providências, conforme o tipo e natureza diferenciada da obrigação a ser executada. De um lado, no caso do "fazer, não fazer e dar", com estipulação de lista importante, mas exemplificativa, de providências de apoio, além da previsão da sanção pecuniária (multa). Por sua vez, no âmbito da execução de obrigação pecuniária estipulando-se, "apenas", o sancionamento com multa, na hipótese expressamente prevista por lei.

E a diferença de tais "regimes" se faz porque, no tocante às obrigações pecuniárias, tem-se uma maior possibilidade para a técnica sub-rogatória ser eficaz, surtindo resultados razoáveis e, assim, permitir menor amplitude quanto ao cabimento de ordens diversas de sanções. Fala-se de resultados razoáveis, eis que o direito processual ainda enfrenta, e continuará enfrentando, limitações executivas, em especial quando o devedor não dispõe de patrimônio, ou o tiver "escondido".

No caso do devedor que não dispõe de bens pouco há a fazer. Mas no caso daquele que "esconde" patrimônio tem também havido avanços relevantes eis que, com a evolução dos modos tecnológicos de controle e pesquisa de informações, tem ficado cada vez mais difícil a "blindagem" patrimonial. Mas não é só, posto ter o legislador processual também criado potente e autônoma sanção para quem não exibe seu patrimônio, eis que, como previsto pelo artigo 600 do CPC de 73 (no "novo" CPC vide artigo 774), desde que o devedor seja intimado com tal finalidade, passou a ser considerado ato atentatório à dignidade da justiça a omissão do devedor que não revela seu patrimônio e/ou não informa onde o mesmo se encontra.

Pode-se dizer que este conjunto de providências não seria suficiente.

Contudo, ainda que este modelo não seja perfeito, parece certo dizer que tal sistema atende aos objetivos de maior efetividade do processo, com o necessário respeito à Constituição. O mesmo não ocorreu, contudo, na parte final do artigo 139, IV do CPC em que o legislador, num excesso de voluntarismo, criou regra que, para dizer o mínimo, é equivocada por disseminar incertezas que decorrem das interpretações díspares a respeito de seu alcance e possibilidade de aplicação. É do que se trata a seguir, demonstrando ter-se ali regra inconstitucional quanto à tentativa de permitir uso de regime atípico e "ilimitado" de sanções no âmbito da execução de obrigação de pagamento em dinheiro.

4. O ARTIGO 139, INCISO IV DO CPC. JUSTIFICATIVAS, ALCANCE LEGÍTIMO DE SUA PARTE "INICIAL" E INCONSTITUCIONALIDADE DA PARTE "FINAL" DA REGRA (QUANTO À AUTORIZAÇÃO PARA TOMADA DE MEDIDAS COERCITIVAS ATÍPICAS NA EXECUÇÃO DE OBRIGAÇÃO PECUNIÁRIA)

No item acima já foi mencionado haver sim tendência legislativa de, no direito processual civil brasileiro, incorporar em maior grau, a utilização de técnicas coercitivas[12] no lugar que, tradicionalmente, era reservado "apenas" para técnicas sub-ro-

---

12. A despeito de o legislador mencionar medidas "indutivas, coercitivas, mandamentais", neste texto estas três referências são aglutinadas na expressão "técnicas coercitivas", aqui usadas em conformidade com a lição de

gatórias. Neste âmbito, tem-se que a previsão da parte inicial do inciso IV do artigo 139 do CPC é perfeitamente adequada ao momento metodológico do processo civil brasileiro, posto haver, s.m.j., total compatibilidade da previsão de mais este poder no rol de prerrogativas do juiz, posto que o magistrado encontrará, na possibilidade de "determinar todas as medidas indutivas, coercitivas, mandamentais ou sub-rogatórias necessárias para assegurar o cumprimento de ordem judicial", importantíssima autorização para usar da "força" necessária para fazer valer as determinações judiciais, com prestígio ao Judiciário e ao próprio Direito. Neste sentido, Fernando Gajardoni leciona no sentido de o inciso em comento, caracterizar um "dever de efetivação" necessário na medida em que "a atividade jurisdicional nem sempre se completa com a mera declaração do direito"[13]. Em sentido similar, Humberto Theodoro Júnior menciona que o dispositivo em comento materializa um "poder de coerção do juiz que deve impor às partes e aos terceiros o respeito às suas ordens e decisões"[14].

Reitere-se: Na medida em que se quer ver aplicado o direito material é fundamental que o magistrado tenha importante patamar de autorização para impor sua autoridade e fazer valer suas decisões.

Contudo, há de haver diferenças na extensão de tal poder, conforme for o tipo de obrigação que deu ensejo à ordem judicial.

Basicamente, e na esteira do que vinha sendo realizado pelo próprio legislador brasileiro (em anteriores e já referidas alterações do texto normativo), há maior alcance da autorização de uso das técnicas coercitivas nas execuções de obrigações versando sobre fazer, não fazer e entrega de coisa, eis que nestas é conhecida a limitação e a maior ineficácia das técnicas sub-rogatórias[15].

Contudo, no âmbito das obrigações pecuniárias, o dispositivo não pode ser tão amplo eis que, aqui, a técnica de sub-rogação é, desde que exista patrimônio conhecido, razoavelmente adequada. E inobstante assim seja, ainda há o reforço preconizado em normas nas quais o legislador, de modo expresso e prévio, permite a realização de outras situações de "desconforto". Mencionem-se dois exemplos contidos no próprio CPC, qual seja a já referida multa de 10%, "mantida" pelo "novo" Código no artigo 523 e, ainda, a possibilidade de protesto de decisões judiciais transitadas em julgado (artigo 517 do CPC). Note-se que nestas hipóteses, a exemplo do que, em grande parte, também foi feito pelo legislador no campo das obrigações de fazer e não fazer, há prévia estipulação do que pode ser realizado por conta de resistência, de

---

    Cândido Dinamarco que a este respeito menciona serem estas medidas que "consistem em pressões sobre a vontade do obrigado, para que cumpra. Mediante elas o Estado-juiz procura persuadir o inadimplente, impondo-lhe situações tão onerosas e inconvenientes que em algum momento seja para ele mais vantajoso cumprir do que permanecer no inadimplemento". In, "Instituições de Direito Processual Civil", vol. IV, p. 51.

13. In, "Teoria Geral do Processo – Comentários ao CPC de 2015", p. 458.

14. In, "Curso de Direito Processual Civil", vol. I, p. 425.

15. Em sentido similar ao deste texto, Cândido Dinamarco menciona que "as obrigações de fazer e as de não fazer são as que oferecem ao obrigado mal-intencionado maiores possibilidades de inadimplir, porque o resultado depende de atos de sua vontade". In, "Instituições de Direito Processual Civil, vol. IV, p. 66/67.

forma que nestas situações não haverá "surpresa", assegurando-se, assim, a necessária segurança jurídica a respeito do tipo de sancionamento que poderá ser aplicado.

Importante realçar, pois, que os "problemas" decorrentes da norma do inciso IV em estudo se materializam na parte final da regra em que, sem qualquer redação restritiva, seguiu o legislador pelo "campo minado" de, em nome de mais uma dose do politicamente correto, afirmar cabíveis todas e quaisquer medidas de efetivação que "poderiam" ser, numa leitura rasa do ordenamento jurídico brasileiro, indistintamente aplicadas "inclusive nas ações que tenham por objeto prestação pecuniária".

Com o devido respeito aos que pensam em contrário[16], não se pode ter este tipo de poder sancionatório sem que exista prévia noção a respeito das medidas que a autoridade poderá adotar.

E nem se diga que o mesmo ocorre no âmbito das obrigações de fazer, não fazer e de entrega de coisa, de modo que tal "ampliação" nada traria de novo, traz sim eis que, em termos de proporcionalidade e razoabilidade da previsão normativa, verifica-se ser neste outro campo (fazer, não fazer e entrega de coisa) tolerável a maior amplitude de autorização do uso de medidas executivas atípicas eis que, nestas situações, a lei já contempla importante listagem (ainda que exemplificativa) de providências encontrando-se, também, justificativa para tal escolha legislativa nas, já mencionadas, peculiaridades do tipo de obrigação a ser realizado, posto serem muito limitadas as possibilidades de, com uso medidas sub-rogatórias, serem bem resolvidas as crises de inadimplemento destes tipos "diferenciados" de obrigações.

Contudo, no caso da obrigação pecuniária, a norma tem de ser diversa, posto serem, aqui, as técnicas sub-rogatórias razoavelmente bem sucedidas, de maneira que, com tal maior êxito (da "sub-rogação") passa a ser intolerável, s.m.j., a pretensão de, por lei ordinária, amesquinhar o comando do artigo 2º, II da Constituição Federal.

Explica-se: Tamanha a subjetividade das alternativas que se abrem, em vista da parte final do inciso IV do artigo 139 do CPC, que apenas no caso concreto ter-se-á noção da sanção aplicada, com o amargo e odioso gosto da surpresa, eis que a lei não

---

16. Em sentido contrário ao do preconizado neste texto citem-se, dentre outros doutrinadores de "escol": Cássio Scarpinella Bueno, que ao comentar o inciso IV do artigo 139 do CPC menciona ser tal norma "verdadeira regra de flexibilização das técnicas executivas" e, s.m.j. reclama do atraso de "mais de dez anos", do legislador em ampliar tal flexibilidade para também nela contemplar as execuções de obrigação pecuniária. In, "Manual de Direito Processual Civil", p. 165. De seu lado, Fernando da Fonseca Gajordoni, com a sua conhecida qualidade de raciocínio e vibrante modo de exposição, é efetivo defensor desta ampla aplicabilidade da norma, tendo inclusive intitulado trabalho a respeito de tal regra com o sugestivo título de "A revolução silenciosa da execução por quantia", in http://jota.uol.com.br/a-revolucao-silenciosa-da-execucao-por-quatia, acesso em 19/9/2016. Também em sentido contrário ao do defendido neste texto, v. Daniel Amorim Assumpção Neves, In "Novo Código de Processo Civil – Inovações Alterações Supressões – Comentadas", p. 152. Confira-se, ainda, o enunciado número 48 da Escola Nacional de Formação e Aperfeiçoamento de Magistrados, o qual afirma que: "O art. 139, IV, do CPC/2015 traduz um poder geral de efetivação, permitindo a aplicação de medidas atípicas para garantir o cumprimento de qualquer ordem judicial, inclusive no âmbito do cumprimento de sentença e no processo de execução baseado em títulos extrajudiciais".

traz tal estipulação prévia em termos que fossem, ao menos, razoavelmente claros quanto ao tipo de sancionamento cabível e alcance da incidência da norma.

Enfim, face a existência de técnica também efetiva e que, mesmo com limitações, razoavelmente bem soluciona os casos de execução pecuniária, deverá ser contida a ânsia por efetividade processual a todo custo, eis que é incontornável a necessidade de observar-se o princípio da legalidade que, nos exatos e bem postos termos do artigo 5º, II da CF/88, deixa claro que "ninguém será obrigado a fazer ou deixar de fazer algo senão em virtude lei."

Assim se propugna para que haja segurança jurídica, sendo necessário que o sancionamento de condutas esteja minimamente preconizado por regras prévias e específicas posto ser plenamente claro que, num Estado Democrático de Direito, os sujeitos devem conhecer previamente as sanções preconizadas pelo Ordenamento para, assim, decidirem a respeito das condutas que irão tomar, fazendo cálculo de risco e/ou conveniência a respeito das alternativas existentes, com base naquilo que a lei expressa a respeito das sanções aplicáveis em caso de adotar-se a conduta não desejada.

O que, com o devido respeito, não é aceitável é que, sob o pretexto de fazer cumprir decisões judiciais, passe a haver um verdadeiro "cheque em branco" nas mãos dos magistrados que, ao sabor de um completo e pleno subjetivismo, escolhe-rão quando, como e com qual alcance aplicar sanções não eleitas pelo legislador e desconhecidas do público em geral.

Não foi à toa que o próprio legislador, no âmbito da própria Lei nº 13.105/2015, manteve no CPC regime diferenciado de execuções, conforme varia o tipo de obri-gação cuja satisfação se quer garantir ao exequente. Neste ensejo parece plenamente correta a advertência de Teresa Arruda Alvim Wambier, Conceição, Ribeiro e Mello, quando "valoram" a circunstância de o próprio CPC ter optado por criar diferentes procedimentos executivos para obrigações de fazer, não fazer e entrega de coisa, de um lado, e para as obrigações de pagar quantia, de outro. Deste modo plenamente justificável a advertência de tais doutrinadores no sentido de que a regra do inciso IV do artigo 139 deva ser interpretada "restritivamente, sob pena de deixar de fazer sentido o tratamento em separado das ações que versam à obtenção de prestação in natura"[17]. E assim é porque parece ser aqui plenamente aplicável a advertência de Leonardo Greco quando, num contexto mais amplo, menciona que "a hermenêutica da modernidade, que reduz a autoridade e a observância da lei, favorece o arbítrio, gera insegurança jurídica e estimula o juiz a realizar justiça à sua moda, criando a lei do caso concreto e substituindo-se aos demais poderes. Esse caminho é incompatível com o Estado Democrático de Direito"[18].

---

17. In, "Primeiros Comentários ao Novo Código de Processo Civil", p. 263.
18. In, "Novas perspectivas da efetividade e do garantismo processual", p. 12.

Neste contexto importante lembrar ser o Direito Processual um dos ramos do Direito Público, se "avizinhando" de outras áreas de tal seguimento que trata das relações entre o Estado e o Cidadão. Deste modo, parece plenamente razoável invocar a lição do Direito Administrativo que tem bastante tradição em buscar modos de regular e limitar a atuação da autoridade, em proteção ao cidadão[19].

E neste contexto, quando a doutrina administrativista analisa aspectos da atuação sancionadora da administração, bem esclarece que tanto a tipificação da conduta "não desejada", quanto a sanção a ser aplicada devem estar prévia e razoavelmente definidas por lei. Dentre obras clássicas que se posicionam neste sentido, Hely Lopes Meirelles ensina que "a legalidade dos meios empregados pela Administração é o último requisito para validade do ato de polícia. Na escolha do modo de efetivar as medidas de polícia não se compreende o poder de utilizar meios ilegais para sua consecução, embora lícito e legal o fim pretendido. Em tema de polícia, adverte Bonnard "La fin ne justifie pás tous lês moyesn"[20]. A seu turno, Celso Antonio Bandeira de Mello, ao comentar o alcance do princípio da legalidade no direito administrativo, menciona que a "Administração não poderá proibir ou impor comportamento algum a terceiro, salvo se estiver previamente embasada em determinada lei que lhe faculte proibir ou impor algo a quem quer que seja."[21] [22]

No caso do inciso IV do artigo 139 do CPC não houve qualquer detalhamento na indicação da conduta não desejada, nem tampouco uma mínima especificação da sanção e, nem, ainda, qualquer referência às hipóteses de isenção da "pena". Salvo melhor juízo, estas deficiências impedem que se possa ter por constitucional a parte final do inciso IV, do artigo 139 do CPC, ora em análise.

Sintomática, quanto à intolerável ausência de tipicidade, comentário contido na matéria jornalística de início mencionada[23], quando Daniel Amorim Assumpção Neves afirma que o tipo de providência ali tratado (bloqueio de passaporte e/ou de CNH) "não é uma medida para aqueles devedores que não têm bens e que não há, no processo indícios de que estejam maquiando patrimônio". Tal diferenciação, contudo, não foi feita pelo legislador e decorre de uma tentativa de fazer distinções que, s.m.j., teriam de ser preconizadas pela lei, sob pena de na prática jurisprudencial haver entendimento diverso do sugerido pelo doutrinador acima mencionado.

---

19. No sentido de ser útil e viável o uso, no estudo do processo, de alguns raciocínios desenvolvidos no âmbito do Direito Administrativo já tive a oportunidade de mencionar que "há que se reconhecer que em matéria de determinação do espectro de atuação e controle do poder dos agentes estatais, tanto o Direito Administrativo quanto o Direito Processual Civil tratam de fenômenos similares, ambos afetos ao direito público, numa unidade de objetivos desta matéria específica que permitiria concluir que, a este respeito, os escopos do processo e do Direito Administrativo são comuns e intercambiáveis...". In. "Poderes do juiz e as reformas do processo civil", p. 41-42.
20. In, "Direito Administrativo Brasileiro", p. 143.
21. In, "Curso de Direito Administrativo", p. 102.
22. Mencione-se ainda, neste contexto, Carlos Ari Sundfeld, quando esclarece que a validade dos atos de direito público depende não apenas da "não contrariedade com o direito", "mas também de seu amparo em norma (constitucional ou legal) autorizadora específica". In, "Princípios Gerais do Direito Público", p. 156.
23. Vide nota 3, acima.

Inclusive, importante realçar que a falta deste tipo, de prévia e legal diferenciação de casos, parece ter incrível potencial danoso em especial em dias de retração econômica, como são os que vivemos no Brasil atualmente, tempo em que inúmeros sujeitos podem passar (e na prática já estão passando!) a se ver na contingência de não ter condições de, a tempo e modo, cumprir obrigações pecuniárias.

Neste contexto, insta também referir o posicionamento de José Rogério Cruz e Tucci que já teve oportunidade de se manifestar favorável à aplicação, pelo juiz, do tipo de medida coercitiva de que trata este texto, mas condiciona tal possibilidade a que tenham "sido esgotados todos os meios executivos possíveis" e a que, a despeito disto, ainda se dê "oportunidade à manifestação do executado."[24] Uma vez mais o problema está em que o legislador não contemplou estas condicionantes, de forma a fazer com que se dissemine a insegurança decorrente de saber quando e com que alcance poderão ser aplicadas tais graves e agressivas sanções.

Mas as dificuldades não param aí. Note-se que na reportagem já tantas vezes mencionada, e de novo por conta da ausência de "tipificação legal", Fernando da Fonseca Gajardoni assevera que "a medida deve ter alguma relação com o caso concreto". Em sentido similar, Tucci, no artigo acima mencionado, também afirma que não se poderá "olvidar a proporcionalidade entre o meio processual de coerção imposto e o valor jurídico que se se busca proteger".

Lendo-se a lei, contudo, não se encontra menção a estas "barreiras", nem tampouco aos parâmetros por intermédio dos quais se poderá, a cada caso concreto, estabelecer a desejada "relação" e/ou a necessária proporcionalidade.

E demonstrando que, s.m.j., neste tipo de situação não bastam as lições da doutrina e/ou mesmo os precedentes judiciais para bem orientar o aplicador da lei, calha mencionar a "outra" notícia referida na nota "4" deste artigo, a qual dá conta de decisão judicial em que, para além da suspensão da "CNH" e da apreensão do passaporte do devedor, determinou-se, até, o cancelamento dos cartões de crédito do executado![25] Como diria o ditado popular: "Vá dormir com um barulho destes", ficando, enfim, lícito indagar: Afinal, o que permite a lei seja no caso concreto realizado a título de sancionamento da conduta de não honrar obrigação pecuniária?

Com o devido respeito, bastam as referências acima anotadas para verificar que, a despeito da boa intenção daqueles que têm prestigiado a "regra" contida na parte final do inciso IV do artigo 139 do CPC, certo é que não se pode aceitar tal nível de subjetivismo, havendo inconstitucionalidade desta norma que, de modo

---

24. Vide "Ampliação dos poderes do juiz no novo CPC e princípio da legalidade", in http://www.conjur.com.br/2016-set-27/paradoxo-corte-ampliacao-poderes-juiz-cpc-principio-legalidade, acesso em 6 de outubro de 2016.

25. Na data de "fechamento" deste texto, registre-se que a eficácia da ordem judicial em comento encontrava-se provisoriamente suspensa por força de liminar deferida em "habeas corpus", no Tribunal de Justiça do Estado de São Paulo.

desproporcional permite sancionamento atípico em caso de execução judicial de obrigações pecuniárias.

Neste sentido, s.m.j., mencione-se artigo de Marcelo Abelha Rodrigues quando, apesar de registrar a indignação quanto a devedores recalcitrantes que deliberadamente escondem patrimônio, chega à conclusão de que "não há no nosso sistema processual a possibilidade de aplicação de ofício pelo juiz de sanções punitivas processuais atípicas"[26].

E assim é porque, não havendo tipificação adequada, não se tem como possam os jurisdicionados previamente conhecer quando estarão sujeitos a estas, dentre outras inúmeras possibilidades de grave sancionamento que não foram objeto de prévia descrição, nem da exata conduta sancionada, nem tampouco das sanções e/ou do alcance destas, impedindo, s.m.j., a aplicação dos "parâmetros" subjetivos que deverão ser "criados" pelo julgador ao sabor do caso concreto, eis que num Estado Democrático de Direito não se pode aceitar um nível tão elevado de arbítrio.

Não se está aqui a dizer que não haverá qualquer "espaço" para uso de técnicas coercitivas no campo da execução de obrigações pecuniárias.

Há sim, só que condicionada à prévia existência de regras legais minimamente especificadas para o caso. Exemplos disto já foram mencionados neste texto, cumprindo novamente referir, para lembrança, as hipóteses dos artigos 523, 517 e 774 do CPC.

Note-se, que nestes casos há razoavelmente bem especificada deliberação do legislador que canalizou o desejo da sociedade de realizar execuções pecuniárias mais eficientes e, com razoabilidade, especificou situações de condutas não desejadas, estipulando, ainda, o "sancionamento" respectivo.

Sem isto, e com o devido respeito aos que pensam de outro modo, na leitura rasa da parte final do que consta do inciso IV do artigo 139 do CPC há efetiva e incontornável inconstitucionalidade, quanto à autorização para tomada de medidas coercitivas atípicas na execução de obrigação pecuniária eis que, ressalvada a situação das obrigações de fazer, não fazer e entrega de coisa (pelos motivos já expostos) é, data vênia, inconstitucional tão ampla outorga de poderes ao julgador, no tocante à tarefa de escolher a "pena" e sua respectiva intensidade bem como, ainda, a necessidade de estipular quando caberá eventual isenção para quem não "tem bens".

E, para além do vício decorrente do ferimento ao princípio da legalidade, insta mencionar, para fechar este tópico, que a norma em estudo também não se "salva" quando exposta a "prova", sob enfoque da proporcionalidade[27].

---

26. In, "O que fazer quando o executado é um cafajeste? Apreensão de passaporte? Da carteira de motorista?", in http://www.migalhas.com.br/dePeso/16,MI245946,51045-O+que+fazer+quando+o+executado+e+um+cafajeste+Apreensao+de+passaporte, acesso em 21/9/2016.

27. A respeito de a proporcionalidade e a razoabilidade constituírem temática constitucional que interfere com a análise dos textos infraconstitucionais, confira-se, entre vários outros, a lição do Ministro Gilmar Mendes quando, em sede doutrinária, afirmou que "a aplicação do princípio da proporcionalidade configura um dos

É que, como já várias vezes mencionado neste texto, no campo das obrigações de fazer, não fazer e de entrega de coisa, jamais se cogitou de inconstitucionalidade da atipicidade das medidas executivas posto que lá, diferentemente do que ocorre nas obrigações pecuniárias, há limitação prática relevante que impede a obtenção de resultados razoáveis com uso da sub-rogação.

De outro lado, nas obrigações pecuniárias, a sub-rogação dá resultados razoáveis, de forma que, permitir, mesmo neste cenário outro, uso tão indiscriminado do arbítrio judicial, é sim ferir o comando constitucional de proporcionalidade o qual, dentre outras repercussões veda o uso de meios excessivos, quando providências "menos agressivas" ou onerosas, puderem trazer resultados razoáveis ao sistema. Mencione-se, por fim, que melhor sorte não resta à regra em comento quando sua aplicação implicar em supressão, ainda que provisória, de direitos fundamentais constitucionalmente outorgados os quais, s.m.j., apenas com prévia e específica previsão legal poderão encontrar hipóteses de limitação.

5. O PRECEDENTE DA QUARTA TURMA DO SUPERIOR TRIBUNAL DE JUSTIÇA (RECURSO EM *HABEAS CORPUS* 97.876-SP)

Feitas as considerações acima, insta voltar os olhos ao que consta do acórdão do Recurso em Habeas Corpus 97.876-SP, relatado pelo Ministro Luis Felipe Salomão e julgado em 5/6/2018. Na mencionada decisão, a meu sentir de maneira acertada, a unanimidade dos integrantes da Colenda Quarta Turma do Superior Tribunal de Justiça, nos termos do voto do Ilustre Relator menciona que ainda que a "sistemática do código de 2015 tenha admitido a imposição de medidas coercitivas atípicas, não se pode perder de vista que a base estrutural do ordenamento jurídico é a Constituição Federal, que resguarda de maneira absoluta o direito de ir e vir, em seu art. 5º, XV". E prossegue o voto condutor da decisão afirmando que "o fato de o legislador, quando da redação do art.139, IV, dispor que o juiz poderá admitir todas as medidas indutivas, coercitivas, mandamentais ou sub-rogatórias, não pode significar franquia à determinação de medidas capazes de alcançar a liberdade pessoal do devedor, de forma desarrazoada... assim, entendo que a decisão judicial que, no âmbito de ação de cobrança de duplicata, determina a suspensão do passaporte do devedor e, diretamente, impede o deslocamento do indivíduo, viola os princípios constitucionais da liberdade de locomoção".

E, em sentido similar ao acima exposto neste texto, pontua este importantíssimo precedente que "considerando que a medida executiva significa restrição de direito fundamental de caráter constitucional, sua viabilidade condiciona-se à previsão

---

temas mais relevantes do moderno direito constitucional..." para concluir, depois de examinadas diversas decisões do Supremo Tribunal Federal, estar consolidado o "desenvolvimento do princípio da proporcionalidade ou da razoabilidade como postulado constitucional autônomo que tem a sua *sedes materiae* na disposição constitucional que disciplina o devido processo legal". In "Direitos Fundamentais e Controle de Constitucionalidade", p. 67 e 83.

legal específica, tal qual se verifica em âmbito penal... entendimento diverso pode conduzir à aceitação de que medidas coercitivas, que por natureza voltam-se ao "convencimento" do coagido ao cumprimento da obrigação... sejam transformadas em medidas punitivas... impostas ao executado..."

Entretanto, foi diversa a solução adotada no mesmo julgado, no tocante à apreensão da carteira nacional de habilitação (CNH). Quanto a esta, o v. acórdão acolhe lições doutrinárias referentes à excepcionalidade da medida, necessidade de esgotamento de medidas executivas "típicas", prévio e amplo contraditório e necessidade de reforçada fundamentação, mas entende que esta apreensão, por não ocasionar ofensa do "direito de ir e vir do paciente" pode ser decretada judicialmente.

Com o devido respeito, no próprio v. acórdão já se encontra evidencia sobre ser, também este tipo de apreensão, injustificável. É que, nas palavras da "fundamentação" encontra-se menção a que "a retenção desse documento tem potencial para causar embaraços consideráveis a qualquer pessoa e, alguns determinados grupos, ainda de forma mais drástica, caso de profissionais, que tem na condução de veículos, a fonte de sustento. É fato também que, se detectada esta condição particular... a possibilidade de impugnação da decisão é certa", mas por "inadequação de outra natureza".

Em outras palavras, e como admite a própria decisão do STJ, também a retenção de CNH é apta a produzir indevida restrição a outros direitos fundamentais. Isto, a meu sentir e pelas razões já expostas neste artigo, faz com que também em relação à CNH se tenha de ter prévia e expressa estipulação legal retirando a subjetividade que marcará a análise sobre quão essencial poderá ser, num dado caso concreto, o exercício do direito de condução de veículos para o interessado.

Ademais, o tema exige que haja a análise dos aspectos processuais acima mencionados, notadamente quanto à possibilidade de, por intermédio da sub-rogação, haver razoáveis condições de obtenção do cumprimento de obrigações pecuniárias, bem como da circunstância de, também estas medidas típicas, prévia e expressamente contempladas na lei serem produzidos incômodos "legítimos" para o executado. Neste sentido, e corroborando o aqui exposto, nosso homenageado, em sede jurisdicional já teve oportunidade de conduzir acórdão unânime da Colenda Nona Câmara de Direito Privado do Tribunal de Justiça do Estado de São Paulo repelindo, no âmbito de cobrança pecuniária, um outro exemplo de providência restritiva de direitos, qual seja a ordem de "bloqueio de cartões de crédito", o que se fez, como mencionou o Professor Piva Rodrigues (no acórdão) na medida em que este tipo de providência "acaba por se sobrepor aos princípios de razoabilidade e proporcionalidade, eis que passível de importar ingerência direta na esfera pessoal do executado". E quanto à razoabilidade das providências típicas (prévia e especificamente reguladas) segue o voto da lavra do aqui homenageado mencionando a "possibilidade de protesto de sentença judicial transitada em julgado enquanto meio alternativo e eficaz ao credor para satisfação de seu crédito à luz do quanto dispõe o artigo 517 do Código de Processo Civil"[28].

Enfim, salvo melhor juízo, o mesmo risco punitivista e violador de direitos fundamentais também pode ser visualizado nestes, dentre vários outros exemplos de subjetiva restrição a direitos que se faça sem prévia e expressa escolha pelo legislador da possibilidade de cabimento de cada uma destas importantes restrições de direitos. Por ser assim, parece claro que, como acima se procurou expor, há aqui mácula à Constituição Federal eis que, como bem expôs Araken de Assis: "é evidentemente inconstitucional diante do princípio da dignidade humana tirar o passaporte, carteira de habilitação. Que que tem isso com dívidas? Não tem absolutamente nada. Não é a correlação instrumental entre o objetivo da execução e o meio empregado. Isso é simples vingança, simples punição."[29]

6. CONCLUSÃO

Na esteira do acima exposto, entende-se ser inconstitucional a norma do inciso IV do artigo 139 do CPC, na parte final da regra em que, sem qualquer ressalva e/ou redação restritiva, indevidamente quis o legislador afirmar cabíveis todas e quaisquer medidas de efetivação "inclusive nas ações que tenham por objeto prestação pecuniária". Ousa-se, assim, discordar dos que pensam em sentido contrário, afirmando ser inaplicável sistemática de sancionamento atípico em sede de execução de obrigações pecuniárias o que deve persistir, até que se tenha preceito legal, preconizando, ao menos com razoável detalhamento, a conduta não desejada, as sanções aplicáveis e as hipóteses de isenção da "pena".

É o que cumpria expor para análise pela comunidade jurídica, inclusive em vista do novo horizonte posto a respeito da questão pelo recente e importante precedente do Superior Tribunal de Justiça acima comentado, bem como pelo também recente ajuizamento de ação direta de inconstitucionalidade perante o Supremo Tribunal Federal[30] onde, por certo, será finalizada a polêmica, com o reconhecimento, espera-se, da necessidade de prévia e específica regulação legal para permitir a restrição a direitos, tais como os exemplificados no presente texto.

7. REFERÊNCIAS BIBLIOGRÁFICAS

BANDEIRA DE MELLO, Celso Antonio. "Curso de Direito Administrativo", Malheiros Editores, 28ª Edição, São Paulo, 2011.

BARBOSA MOREIRA, José Carlos. "Tendências na Execução de Sentenças e Ordens Judiciais", In "Temas de Direito Processual."4ª Série, Saraiva, São Paulo, 1989.

---

28. Agravo de instrumento 2160866-55.2017.8.26.0000, j. 17.5.2018.
29. IN, https://www.migalhas.com.br/Quentes/17,MI278711,11049-Professor+Araken+de+Assis+afirma+ser+totalmente+contrario+aos+poderes, acesso em 1º/8/2018.
30. v. ADI nº 5941-DF, distribuída para relatoria do Ministro Luiz Fux e ainda não julgada, quando do "fechamento" deste artigo.

BUENO, Cássio Scarpinella, "Manual de Direito Processual Civil: Inteiramente estruturado à luz do novo CPC – lei n. 13.105, de 16-3-2015", Editora Saraiva, São Paulo, 2015.

DINAMARCO, Cândido Rangel. "Instituições de Direito Processual Civil", Malheiros, 6ª Edição, Volume I, São Paulo, 2009.

_____, "Instituições de Direito Processual Civil", Malheiros, 3ª Edição, Volume IV, São Paulo, 2009.

GAJARDONI, Fernando da Fonseca. "Teoria Geral do Processo – Comentários ao CPC de 2015 – Parte Geral", Forense, São Paulo, 2015.

_____, "A revolução silenciosa da execução por quantia", in http://jota.uol.com.br/a-revolucao-silenciosa-da-execucao-por-quatia , acesso em 19/9/2016.

GRECO, Leonardo. "Novas perspectivas da efetividade e do garantismo processual", In, O novo Código de Processo Civil – O projeto do CPC e o desafio das garantias fundamentais. Oba Coletiva. Marcia Cristina Xavier de Souza e Walter dos Santos Rodrigues, Coordenadores. Elsevier, Rio de Janeiro, 2012.

GRINOVER, Ada Pellegrini. "Tutela Jurisdicional nas obrigações de fazer e não fazer", in Revista de Processo nº 79, julho-setembro de 1995.

MEIRELLES, Hely Lopes. "Direito Administrativo Brasileiro", Malheiros, 35ª Edição, São Paulo, 2008.

MENDES, Gilmar Ferreira. "Direitos Fundamentais e Controle de Constitucionalidade". Celso Bastos Editor, São Paulo, 1998.

NEVES, Daniel Amorim Assunção. "Novo Código de Processo Civil – Inovações Alterações Supressões – Comentadas", Forense, Rio de Janeiro, 2015.

PUOLI, José Carlos Baptista. "Os poderes do juiz e as reformas do processo civil", Juarez de Oliveira, São Paulo, 2002.

RODRIGUES, Marcelo Abelha. "O que fazer quando o executado é um cafajeste? Apreensão de passaporte? Da carteira de motorista?", in http://www.migalhas.com.br/dePeso/16,MI245946,51045-O+que+-fazer+quando+o+executado+e+um+cafajeste+Apreensao+de+passaporte, acesso em 21/9/2016.

SUNDFELD, Carlos Ari. "Princípios Gerais do Direito Público", Malheiros, 2ª Edição, São Paulo, 1993.

THEODORO JÚNIOR, Humberto. "Curso de Direito Processual Civil", Volume I, 57ª Edição, Rio de Janeiro, 2016.

TUCCI, José Rogério Cruz e. "Ampliação dos poderes do juiz no novo CPC e princípio da legalidade", in http://www.conjur.com.br/2016-set-27/paradoxo-corte-ampliacao-poderes-juiz-cpc-principio-legalidade, acesso em 6 de outubro de 2016

WAMBIER, Teresa Arruda Alvim. "Primeiros Comentários ao Novo Código de Processo Civil", Editora RT, São Paulo, 2015.

ZAVASCKI, Teori Albino. In, "Processo de Execução – Parte Geral", Editora RT, 3ª Edição, São Paulo, 2004.

REGIME LEGAL DAS BIOGRAFIAS: O EQUILÍBRIO ENTRE A LIBERDADE DE EXPRESSÃO DO AUTOR DA OBRA E OS DIREITOS DA PERSONALIDADE DO BIOGRAFADO

José Carlos Costa Netto

Doutor e Mestre em Direito Civil pela Universidade de São Paulo. Foi presidente do Conselho Nacional de Direito Autoral e representante brasileiro na União de Berna (direito de autor) e Convenção de Roma (direitos conexos aos de autor) e vice-presidente da Associação Brasileira de Direito Autoral (Abda). Desembargador do Tribunal de Justiça de São Paulo.

Na hipótese de biografias, para que se possa justificar a dispensa da autorização do biografado, entende-se que este deva ser uma personalidade pública, que haja relevância histórica no enfoque biográfico e que não haja ofensa de bens morais e jurídicos do biografado (*injúria, difamação, calúnia e outras violações à dignidade deste*).

Nesse passo, a difusão de vida e obra de determinada personalidade pode se elevar ao plano da indispensabilidade, sob o aspecto de cultura histórica, não sendo sequer admissível que possa tal personalidade e informações sobre sua obra serem subtraídas – *a qualquer título* – do conteúdo de livros e outras obras que se destinam a levar, fidedignamente, esses bens ao grande público.

Assim, nesses casos, a "*imagem-retrato*"[1] ou "*imagem-atributo*"[2] do biografado devem ser consideradas nesse contexto e em harmonia aos princípios constitucionais de:

– liberdade de expressão da atividade intelectual, artística, científica e de comunicação, independentemente de censura ou licença (*art. 5º, IX*);

– a garantia a todos, como dever do Estado, do "*pleno exercício dos direitos culturais e acesso às fontes da cultura nacional*" (*devendo, ainda, o Estado, apoiar e incentivar "a valorização e a difusão das manifestações culturais*" – art. 215).

Nesse quadro, as restrições à livre utilização de imagens advindas dos direitos – *no âmbito privado do titular originário, da imagem e obra com relevância histórica que, em hipótese de falecimento, passam a ser exercidos pelos herdeiros*[3] – devem ser dirigidas à preservação da memória da personalidade biografada, combatendo-se as eventuais

---

1. Reprodução física da imagem da pessoa como, por exemplo, o retrato fotográfico.
2. Reputação (imagem) adquirida pela pessoa.
3. Conforme os parágrafos únicos dos artigos 12 e 20 do Código Civil vigente.

ofensas aos seus bens morais e jurídicos, como a difamação, injúria, calúnia e outras violações à sua dignidade.

Em outra vertente, a liberdade de utilização da imagem da personalidade histórica é alicerçada no interesse público de informação de natureza cultural-histórica e, portanto, seja qual for a modalidade de obra intelectual que utilize sua imagem (*retrato ou atributo*), e seja qual for o estilo dessa obra, não poderá conflitar com essa finalidade, ou seja, com fidelidade aos fatos históricos, sem a prevalência de dramatização que possa resultar em enredo e diálogos fictícios ou invasivos da intimidade do titular do direito de imagem, deslocando para um segundo plano a narrativa fidedigna de conteúdo histórico.

Nesse sentido, a observação de SERGIO FAMÁ D'ANTINO de que é muito tênue o limite entre o direito à informação e o direito à vida privada, à intimidade das pessoas[4]. A jurisprudência pátria tem se pronunciado a respeito da preservação desses interesses de proteção dos bens morais do titular de imagem, do direito à informação e da fidelidade aos fatos históricos referidos. Nesse tema, o Supremo Tribunal Federal entendeu, sob o prisma constitucional, que a proteção da privacidade e da própria honra não constituem direito absoluto, "*devendo ceder em prol do interesse público*"[5].

Nesse sentido não destoa o Superior Tribunal de Justiça (STJ):

"III – O direito à imagem qualifica-se como direito de personalidade, extrapatrimonial, de caráter personalíssimo, por proteger o interesse que tem a pessoa de opor-se à divulgação dessa imagem, em circunstâncias concernentes à sua vida privada"[6].

"Não se pode cometer o delírio de, em nome do direito de privacidade, estabelecer-se uma redoma protetora em torno de uma pessoa para torná-la imune de qualquer veiculação atinente a sua imagem. Se a demandante expõe sua imagem em cenário público, não é ilícita ou indevida sua reprodução pela imprensa, uma vez que a proteção à privacidade encontra limite na própria exposição realizada"[7].

"1. Ingerência na vida privada, sem a devida autorização da pessoa, consiste em violar direito de privacidade. 2. Cabe indenização por dano moral pelo uso indevido da imagem que, por se

---

4. Em sua palestra no Congresso "Aspectos Polêmicos da Atividade do Entretenimento", realizado pela Academia Paulista de Magistrados, em Mangaratiba, Rio de Janeiro (*março de 2004*), transcrita nos Anais do Congresso, publicação APM, São Paulo, 2004, p. 53. Registre-se que a APM (Academia Paulista dos Magistrados), desde a sua fundação em 2/2/2001, sob a presidência, nos anos iniciais, do Desembargador Carlos Renato de Azevedo Ferreira, tem exercido papel fundamental nos estudos científicos, seminários e congressos nacionais, internacionais e mundiais, como o inédito I Congresso Mundial de Gestão Coletiva de Direitos Autorais realizado em São Paulo, em outubro de 2004, com o evento de encerramento da profícua gestão do seu primeiro presidente.
5. Item "3" da ementa do acórdão de 7/2/2006, proferido por votação unânime pela Primeira Turma do Supremo Tribunal Federal (*relator o Ministro Eros Grau*) no HC 87.341/PR (*DJ de 3/3/2006, p. 00073*).
6. Ementa (*transcrição parcial*) do acórdão de 11/12/2002, do STJ, v.u. de sua Segunda Seção (*relator Ministro Salvio de Figueiredo Teixeira*), proferido no REsp 230.268/SP (*DJ 4/8/2003, p. 216*).
7. Ementa (*transcrição parcial*) do acórdão de 18/3/2004, do STJ, v.u. de sua Quarta Turma (*relator o Ministro Cesar Asfor Rocha*), proferido no REsp 595600/SC (*DJ 13/9/2004, p. 259*).

tratar de direito personalíssimo que garante ao indivíduo a prerrogativa de objetar sua exposição, no que se refere à sua privacidade"[8].

"Direito Civil. Recurso especial. Ação de indenização por danos materiais e morais. Uso indevido da imagem. Peculiaridades evidenciadas. Elemento psicológico. Veiculação restrita da imagem. – Para imputar o dever de compensar danos morais pelo uso indevido da imagem com fins lucrativos é necessário analisar as circunstâncias particulares que envolveram a captação e exposição da imagem[9]."

"2. A responsabilidade civil decorrente de abusos perpetrados por meio da imprensa abrange a colisão de dois direitos fundamentais: a liberdade de informação e a tutela dos direitos da personalidade (honra, imagem e vida privada). A atividade jornalística deve ser livre para informar a sociedade acerca de fatos cotidianos de interesse público, em observância ao princípio constitucional do Estado Democrático de Direito; contudo, o direito de informação não é absoluto, vedando-se a divulgação de notícias falaciosas, que exponham indevidamente a intimidade ou acarretem danos à honra e à imagem dos indivíduos, em ofensa ao princípio constitucional da dignidade da pessoa humana"[10].

O acórdão de 16/2/2006 do STJ sobre a situação específica do direito de imagem da personalidade pública, nesse caso também se tratando de pessoa falecida (*o popular jogador de futebol conhecido como "Garrincha"*) segue a mesma linha decisória:

"Civil. Danos morais e materiais direito à imagem e à honra de pai falecido.

Os direitos de personalidade, de que o direito à imagem é um deles, guardam como principal característica a sua intransmissibilidade.

Nem por isso, contudo, deixa de merecer proteção a imagem e a honra de quem falece, como se fossem coisas de ninguém, porque elas permanecem perenemente lembradas nas memórias, como bens imortais que se prolongam para muito além da vida, estando até acima desta, como sentenciou Ariosto. Daí porque não se pode subtrair dos filhos o direito de defender a imagem e a honra de seu falecido pai, pois eles, em linha de normalidade, são os que mais se desvanecem com a exaltação feita à sua memória, como são os que mais se abatem e se deprimem por qualquer agressão que lhe possa trazer mácula.

Ademais, a imagem de pessoa famosa projeta efeitos econômicos para além de sua morte, pelo que os seus sucessores passam a ter, por direito próprio, legitimidade para postularem indenização em juízo, seja por dano moral, seja por dano material."[11]

Importante destacar o trecho do conteúdo decisório desse acórdão que endossa, como razão de decidir, o fundamento exarado pelo Desembargador Sérgio Cavalieri Filho, do Tribunal de Justiça do Rio de Janeiro:

---

8. Ementa (*transcrição parcial*) do acórdão de 19/4/2005, do STJ, v.u. de sua Segunda Turma (*relator o Ministro Francisco Peçanha Martins*), proferido no REsp 440150/ RJ (*DJ 6/6/2005. p. 250*).
9. Ementa (*transcrição parcial*) do acórdão de 14/6/2005, do STJ, v.u. de sua Terceira Turma (*relatora a Ministra Nancy Andright*), proferido no REsp 622872/ RS (*DJ 1/8/2005, p. 446*).
10. Ementa (*transcrição parcial*) do acórdão de 12/12/2005, do STJ, v.u. de sua Quarta Turma (*relator o Ministro JORGE SCARTEZZINI*), proferido no REsp 719592/ AL (*DJ 1/2/2006*).
11. Ementa do acórdão de 16/2/2006, v.u. Quarta Turma do Superior Tribunal de Justiça (*relator o Ministro Cesar ASFOR ROCHA*), proferido no 521.697/ RJ (*DJ 20/3/2006*).

"É bem verdade que a Constituição Federal, em seu artigo 5º, inciso IX, garante a liberdade de expressão da atividade intelectual, artística, científica e de comunicação, independentemente de censura ou licença. Até que ponto, entretanto, escudado nessa liberdade de expressão pode alguém invadir a intimidade alheia, conspurcar a sua imagem ou dela tirar proveito econômico? Tenho como certo que o limite é encontrado no próprio texto constitucional, tendo em vista que logo no inciso seguinte (n. X, do artigo 5º) ele garante a inviolabilidade da intimidade, da vida privada, da honra e da imagem das pessoas.

Ensina a melhor doutrina que sempre que direitos constitucionais são colocados em confronto, um condiciona outro, atuando como limites estabelecidos pela própria Lei maior para impedir excessos e arbítrios.

Assim, se o direito à livre expressão da atividade intelectual contrapõe-se ao direito à inviolabilidade da intimidade, da vida privada, da honra e da imagem segue-se como consequência lógica que este último condiciona o exercício do primeiro.

À luz destes princípios, pondera o insigne Carlos Alberto Bittar que na divulgação da imagem é vedada qualquer ação que importe em lesão à honra, à reputação, ao decoro (ou à chamada imagem moral ou conceitual), à intimidade e a outros valores da pessoa (uso torpe) (...) Não são permitidas, pois, quaisquer operações que redundem em sacrifício desses valores, que receberão sancionamento em conformidade com o bem violado e nos níveis possíveis. (*Os Direitos da Personalidade*, Forense Universitária, 1988, p. 90 e 91.)

O direito à privacidade, por seu turno, segundo doutrina da Suprema Corte dos Estados Unidos universalmente aceita, é o direito que toda pessoa tem de estar só, de ser deixada em paz e de tomar sozinha as decisões na esfera de sua privacidade. O ponto nodal desse direito, na precisa lição do já citado Carlos Alberto Bittar, encontra-se na exigência de isolamento mental ínsita no psiquismo humano, que leva a pessoa a não desejar que certos aspectos de sua personalidade e de sua vida cheguem ao conhecimento de terceiros. Limita-se, com esse direito, o quanto possível, a inserção de estranho na esfera privada ou íntima da pessoa. São elementos: a vida privada, o lar, a família etc. No campo do direito à intimidade são protegidos, dentre outros, os seguintes bens: confidências, informes de ordem pessoal, recordações pessoais, memórias, relações familiares, vida amorosa ou conjugal, saúde física ou mental, afeições, atividades domésticas etc. Esse direito, conclui, reveste-se das conotações fundamentais dos direitos da personalidade, devendo-se enfatizar a sua condição de direito negativo, ou seja, expresso exatamente pela não exposição a conhecimento de terceiro de elementos particulares da esfera reservada do titular. Nesse sentido, pode-se acentuar que consiste no direito de impedir o acesso a terceiros nos domínios da confidencialidade (obra citada, pp. 103 e 104).

Costuma-se ressalvar, no tocante à inviolabilidade da intimidade, a pessoa dotada da notoriedade, principalmente quando exerce vida pública. Fala-se então nos chamados "direito à informação e direito à história" a título de justificar a revelação de fatos de interesse público, independentemente da anuência da pessoa envolvida. Entende-se que, nesse caso, existe redução espontânea dos limites da privacidade (como ocorre com os políticos, atletas, artistas e outros que se mantêm em contato com o público). Mas o limite da confidencialidade persiste preservado; sobre fatos íntimos, sobre a vida familiar etc. não é lícita a divulgação sem o consentimento do interessado"[12].

---

12. Trecho da decisão do Desembargador SERGIO CAVALIERI FILHO, do Tribunal de Justiça do Rio de Janeiro, transcrita e endossada, como razão de decidir, pelo acórdão de 16/2/2006, do STJ, v.u. de sua Quarta Turma do Superior Tribunal de Justiça (*relator o Ministro Cesar Asfor Rocha*), proferido no RE 521.697 / RJ (*DJ 20/3/2006*).

Assim, é nítida a conclusão de que nas hipóteses de utilização de imagem de interesse público, e, quando não resulte em violação ao direito à intimidade nem ofender a honra e a boa fama do biografado e, também, uma vez que se prenda a biografia à fidelidade dos fatos notórios, objetivos, que compõem a trajetória histórica da personalidade biografada, é justo que prevaleça esse interesse público em relação a eventuais reivindicações de ordem privada que tenham como finalidade impedir a realização dessa obra e de sua relevante difusão nos meios de comunicação compatíveis.[13]

Finalmente, cabe destacar a parte do acórdão que enfoca a natureza econômica da utilização, complementar à decisão *como "último aspecto a ser destacado".* Conclui (*trecho já transcrito, "in fine"*):

> "Configura locupletamento sem causa explorar comercialmente a popularidade do biografado sem autorização de quem de direito ou sem lhe dar a devida participação".

Nesse passo, é adequado deduzir que, não fosse o entendimento do Tribunal pela violação do direito de intimidade e ofensa à dignidade do biografado, a exploração comercial em questão deveria resultar na *"devida participação"* econômica de *"quem de direito"* (*no caso, os herdeiros*), restando claro, naturalmente, mesmo nessa hipótese, que o biografado não é titular de direito material sobre a obra biográfica escrita por terceiros.[14]

Portanto, na hipótese de personalidade pública, é válido concluir que, uma vez remunerado adequadamente, o titular do direito (*ou seus herdeiros*), se estes manifestarem seu interesse de recebimento de remuneração, a utilização de sua imagem com finalidade comercial que não importe em ofensa aos seus direitos de intimidade, sua honra, boa fama ou respeitabilidade, não deverá, em princípio, representar ilicitude, a não ser, naturalmente, em utilizações comerciais abusivas como é o caso – *destacado pelo art. 18 do Código Civil vigente (relativo ao uso do nome)* – de *"propaganda comercial"* e atividades comerciais afins[15] que em nada ou muito pouco se

---

13. Recentemente, cabe destacar o judicioso acórdão de 22.09.2016 do STJ – Superior Tribunal de Justiça, por maioria de sua Terceira Turma, relator o Ministro Paulo de Tarso Sanseverino (REsp 1.369.571-PE): "4. Os direitos à informação e à livre manifestação do pensamento não possuem caráter absoluto, encontrando limites em outros direitos e garantias constitucionais que visam à concretização da dignidade da pessoa humana. 5. No desempenho da função jornalística, as empresas de comunicação não podem descurar de seu compromisso com a veracidade dos fatos ou assumir uma postura displicente ao divulgar fatos que possam macular a integridade moral de terceiros" (transcrição parcial da ementa)

14. Conforme a lição de Silmara Juny de Abreu Chinellato: "Registre-se, desde logo que o biografado não é titular de direito autoral, próprio e exclusivo do criador da obra intelectual, a menos que seja verdadeiro coautor. Segundo o art. 15 § 1º da lei de Direito autoral não é coautor quem 'simplesmente auxiliou o autor na produção da obra literária, artística ou científica, revendo-a, atualizando-a, bem como fiscalizando ou dirigindo sua edição ou apresentação por qualquer meio." (Biografias não autorizadas: Liberdade de Expressão, Outros Direitos da Personalidade e Direito de Autor). Artigo publicado em Cadernos de Pós-Graduação em Direito, Comissão de Pós-Graduação da Faculdade de Direito da USP, São Paulo, n.30, 2014, p.28 e 29.

15. Embora não seja, propriamente, uma atividade com afinidade à *"propaganda comercial"*, pode-se evidenciar a finalidade comercial com o objetivo que prevalece ao atendimento do interesse público de acesso ao conhecimento e à cultura na hipótese, por exemplo, dos *"álbuns de figurinhas"*. Sobre esse tema relevante, o precedente do Superior Tribunal de Justiça (STJ), no acórdão de 20/9/2005, proferido por votação unânime de sua Quarta Turma.

relacionem com o atendimento ao salutar interesse público de acesso à informação e cultura, especialmente em relação à difusão da história e suas personalidades, e que, consequentemente (*nessa hipótese, portanto, de comercializações abusivas como o uso de nome ou imagem de figura pública em "propaganda comercial"*), deverão ser precedidas da competente autorização do titular da imagem ou seus herdeiros.

Nesse aspecto, a solução prática de casos concretos encontra segura diretriz no Código Civil vigente, que consolidou em nosso direito positivo princípio fundamental que, em situação que representa colidência entre direitos fundamentais – *de interesse público, de um lado, e direitos de personalidade (mesmo que esteja em questão apenas os aspectos patrimoniais destes direitos) de outro* –, qual seja, o equilíbrio do titular no exercício de seu direito a ponto de enquadrar como ato ilícito os abusos:

"Também comete ato ilícito o titular de um direito que, ao exercê-lo, excede manifestamente os limites impostos pelo seu fim econômico ou social, pela boa-fé ou pelos bons costumes"[16].

Em recente decisão, o Supremo Tribunal Federal – acórdão de 10.06.2015, por votação unânime (Pleno), de relatoria da Ministra Carmem Lúcia – julgou a ação direta de inconstitucionalidade n] 4.815/DF, relativa aos artigos 20 e 21 do Código Civil vigente, com a seguinte ementa:

(a) sobre o objeto da ação:

"2. O objeto da presente ação restringe-se à interpretação dos arts. 20 e 21 do Código Civil relativas à divulgação de escritos, à transmissão da palavra, à produção, publicação, exposição ou utilização da imagem de pessoa biografada. 3. A Constituição do Brasil proíbe qualquer censura. O exercício do direito à liberdade de expressão não pode ser cerceada pelo Estado ou por particular. 4. O direito de informação, constitucionalmente garantido, contém a liberdade de informar, de se informar e de ser informado. O primeiro refere-se à formação da opinião pública, considerado cada qual dos cidadãos que pode receber livremente dados sobre assuntos de interesse da coletividade e sobre as pessoas cujas ações, público-estatais ou público-sociais, interferem em sua esfera do acervo do direito de saber, de aprender sobre temas relacionados a suas legítimas cogitações. 5. Biografia é história. A vida não se desenvolve apenas a partir soleira da porta de casa. 6. Autorização prévia para biografia constitui censura prévia particular. O recolhimento de obras é censura judicial, a substituir a administrativa. O risco é próprio do viver. Erros corrigem-se segundo o direito, não se coarctando liberdades conquistadas. A reparação de danos e o direito de resposta devem ser exercidos nos termos da lei."

(b) Sobre a hierarquia de leis, coexistência de normas constitucionais e exigibilidade de autorização da pessoa biografada:

"7. A liberdade é constitucionalmente garantida, não se podendo anular por outra norma constitucional (inc. IV do art. 60), menos ainda por norma de hierarquia inferior (lei civil), ainda que sob o argumento de se estar a resguardar e proteger outro direito constitucionalmente assegurado, qual seja, o da inviolabilidade do direito à intimidade, à privacidade, à honra e à imagem. 8. Para a coexistência das normas constitucionais dos incs. IV, IX e X do art. 5º, há de se acolher o balan-

---

no recurso especial 113.963/SP, relator o Ministro Aldir Passarinho Júnior: *"Constitui violação ao Direito de Imagem, que não se confunde com o de Arena, a publicação, carente de autorização dos sucessores do 'de cujus', de fotografia de jogador em álbum de figurinhas alusivo à campanha do tricampeonato mundial de futebol, devida, em consequência, a respectiva indenização, ainda que elogiosa a publicação"* (item II da Ementa).

16. Art. 187 do Código Civil de 2002.

ceamento de direitos, conjugando-se o direito às liberdades com a inviolabilidade da intimidade, da privacidade, da honra e da imagem da pessoa biografada e daqueles que pretendem elaborar as biografias. 9. Ação direta julgada procedente para dar interpretação conforme à Constituição aos arts. 20 e 21 do Código Civil, sem redução de texto, para, em consonância com os direitos fundamentais à liberdade de pensamento e de sua expressão, de criação artística, produção científica, declarar inexigível autorização de pessoa biografada relativamente a obras biográficas literárias ou audiovisuais, sendo também desnecessária autorização de pessoas retratadas como coadjuvantes (ou de seus familiares, em caso de pessoas falecidas ou ausentes)".

Em conclusão, a decisão do STF é de que a interpretação dos arts. 20 e 21 do Código Civil de 2002, em vigor, "sem redução de texto", deve ser pela desnecessidade de autorização prévia do titular do direito de personalidade (nome e imagem) quando:

(a) se tratar de obras biográficas (*expressadas tanto como obras literárias como obras audiovisuais*),

(b) por ser a interpretação – *dos dispositivos legais infraconstitucionais* – limitada a obras biográficas, as pessoas biografadas sejam aquelas que, por gerar interesse público, já se inserem, por vontade própria ou por força das circunstâncias, no plano das limitações – *dentro de critérios de razoabilidade* – ao exercício pleno do direito de privacidade e de imagem, e incompatível com sua notoriedade.[17]

(c) Em virtude da natureza informativa e documental e não de ficção[18] da obra biográfica houver fidelidade, pelo autor, a fatos licitamente[19] comprovados[20] e de interesse público[21] relacionados com a trajetória de vida do biografado.

---

17. Nesse sentido, consigna o acórdão: "Observo que o homem, quando caminha, o que vai à frente é o seu passado; ele constrói a sua biografia com o seu passado. Enquanto esse homem adquire notoriedade, isso passa a fazer parte da historiografia social, que está iminentemente ligada à ideia da necessidade de informação do contexto social em que se encarta a pessoa biografada. A verdade é que o biografado, quando ganha publicidade, efetivamente aceita essa notoriedade, que não é adquirida sponte sua. Essa notoriedade é adquirida pela comunhão de sentimentos públicos de que ele é destinatário - admiração e enaltecimento do seu trabalho. Não há que se falar, por conseguinte, em renúncia aos direitos fundamentais de privacidade e intimidade pela pessoa biografada – o que seria inconstitucional – ocorrendo, na verdade, limitação voluntária ao seu exercício pelo próprio titular, ao aceitar a notoriedade – o que é possível, desde que respeitados o núcleo essencial dos aludidos direitos fundamentais e a cláusula geral de dignidade da pessoa humana (CANOTILHO, J. J. Gomes. Direito Constitucional e Teoria da Constituição. Coimbra: Almedina, 7ª Edição, 2003, p. 464-465)..." Note-se que, na medida em que cresce a notoriedade da pessoa, diminui a sua reserva de privacidade" (Acórdão referido do STF, trecho do voto vencedor do Ministro Luiz Fux, páginas 207 e 210).

18. Nesse caminho, registra o acórdão: "Outra importante discussão no âmbito das obras biográficas é a exigência de veracidade de seu conteúdo. É que, como regra, as biografias são apresentadas aos leitores como obras de não ficção. Assim, requer-se do biógrafo uma postura responsável e uma investigação mais responsável mais cuidadosa do que aquela exigida do jornalista e da imprensa em geral" (acórdão referido do STF, trecho do voto vencedor do Ministro Luiz Roberto Barroso, p.172).

19. A respeito, esclarece o aresto: "Também parece evidente que biografias ou qualquer outro tipo de publicação devem ter limite na legalidade. Não se pode cogitar do cometimento de ilícitos para a obtenção de informações a serem narradas, como o grampo do telefone do biografado ou a instalação de escutas ilegais em sua na casa" (acórdão referido do STF, trecho do voto do Ministro Luiz Roberto Barroso, p.173).

20. Nessa linha o acórdão: "Não se trata de impedir a revelação de fatos pessoais, juízos de valor ou pontos de vista, ainda que controvertidos, positivos, neutros ou desagradáveis, mas sim de rechaçar que ataques pessoais e informações manifestamente falsas sejam apresentados de forma dolosa ao público sob forma de relato isento...por fim, uma vez que as informações sejam obtidas por meio lícito e sejam verdadeiras (ou não sabidamente falsas), não haveria ilicitude na divulgação." (acórdão referido do STF, trecho do voto vencedor do Ministro Luiz Roberto Barroso, p.173).

21. Consigna o acórdão: "Corre–se o risco de haver abusos, de se produzirem escritos ou obras audiovisuais para divulgação com o intuito exclusivo de se obterem ganhos espúrios pela amostragem da vida de pessoas com

Assim, na presença desses requisitos essenciais para que se considere uma obra intelectual como *"biografia"*, a *"autorização prévia"* para sua publicação *"constitui censura prévia particular"* e fica vedada.[22]

Não significa deduzir, no entanto, que – *fora do âmbito da vedação de exigência da "autorização prévia" do biografado* – esteja este impedido de recorrer ao Judiciário na hipótese de violação de seus direitos (*que não importem, naturalmente, em alegação de inexistência de sua autorização previa para publicação de obra biográfica em que seja o protagonista ou "coadjuvante"*). O fato de a ementa (item 6) do acórdão em questão, do STF, consignar " A reparação de danos e o direito de resposta devem ser exercidos nos termos da lei " não significa excluir a possibilidade de exercício no tocante das demais legítimas reivindicações do biografado, inclusive a tutela inibitória, da apreciação do Poder Judiciário, nos termos do inciso XXXV do art. 5º da Constituição Federal que estabelece que *"a lei não excluirá da apreciação do Poder Judiciário lesão ou ameaça a direito"*[23]

---

detalhes que não guardam qualquer traço de interesse público. Risco é próprio do viver. Erros corrigem-se segundo o direito, não é se abatendo liberdades conquistadas que se segue na melhor trilha democrática traçada com duras lutas. Reparam-se danos nos termos da lei" (acórdão referido do STF, trecho do voto de relatoria da Min. Carmem Lúcia, p.128). Ainda nesse sentido, o mesmo aresto: "Ainda que se reconheça que algum âmbito da privacidade de pessoas públicas deva ser interditado á curiosidade alheia, a definição do conteúdo dessa esfera de proteção é uma tarefa muito complexa. É por isso que se deve utilizar com cautela critérios como o de "interesse público", que deve ser presumido quando envolver pessoas notórias. Em certos casos, será inegável a existência de interesse público no conhecimento dos fatos narrados, ainda que privados." (acórdão referido do STF, trecho do voto vencedor do Min. Luiz Roberto Barroso, p. 171 e 172).

22. Essa conclusão – que sintetizamos aqui –se depreende não apenas o dispositivo do acórdão unânime do Plenário do STF em comento que julga " procedente o pedido formulado na ação direta para dar interpretação conforme à Constituição aos artigos 20 e 21 do Código Civil, sem redução de texto, para, em consonância com os direito fundamentais à liberdade de pensamento e de sua expressão, de criação artística, produção científica, declarar inexigível o consentimento da pessoa biografada relativamente a obras biográficas literárias ou audiovisuais, sendo por igual desnecessária autorização de pessoas retratadas como coadjuvantes (ou de seus familiares, em caso de pessoas falecidas" (p.3/4 do acórdão), mas também do desfecho do voto vencedor do Min. Gilmar Mendes: "Nesse contexto, entendo que a prévia autorização para a publicação de obras de biografia gera sério dano à liberdade de comunicação, à liberdade científica, à liberdade artística e que, por outro lado, na ocorrência de eventuais transgressões, a Constituição Federal assegura mecanismos para possíveis reparações , inclusive direito de resposta. Por tais razões, acompanho o voto da Ministra Relatora para dar interpretação conforme a Constituição aos artigos 20 e 21 do Código Civil, sem redução de texto, e afastar a interpretação que exija prévia autorização para a publicação de obras de biografia" (p. 252-253 do acórdão).

23. Ao longo das 268 laudas desse emblemático acórdão do STF essa questão – de que não se pode limitar ao biografado, em relação à violação de seus direitos de personalidade apenas a reivindicação concernente a direito de resposta e reparação de danos – restou pacificada o judicioso e esclarecedor debate havido entre a Ministra Relatora Carmem Lucia e os ministros Gilmar Mendes, Luiz Fux, Dias Toffoli, Ricardo Lewandowski e Luiz Roberto Barroso, devidamente registrado e inserido no próprio acórdão às págs.231 a 240, transcrito, em relação aos trechos mais significativos, a seguir em face de sua relevância: "O Senhor Ministro Gilmar Mendes – Presidente, gostaria de iniciar cumprimentando a ministra Cármen Lúcia por seu brilhante voto. Também, vou fazer juntada de voto e não vou me alongar, só gostaria de rememorar dois aspectos que me parecem importantes. De um lado, em relação a todos os dispositivos que já foram multicitados, é bom lembrar que as disposições que estão em questionamento, na verdade, tentam, de algum forma, densificar aquilo que está no texto constitucional, especialmente o que está no artigo 5º, inciso X, quando fala que: "X – são invioláveis a intimidade, a vida privada, a honra e a imagem das pessoas, assegurado o direito a indenização pelo dano material ou moral decorrente de sua violação;" Então, esse é um ponto importante, a meu ver, porque o texto é muito claro quando diz que se cuida de valores, de direitos

invioláveis. Portanto, a forma de reparação que indica é uma das possíveis, dependendo da gravidade do tema. (...). O próprio texto – já chamei a atenção em outros escritos – constante do art. 220 da Constituição contém uma redação que, às vezes, é indutora de equívoco, na linha da Primeira Emenda americana. Ao dizer, no texto constitucional, no parágrafo primeiro, que: "nenhuma lei conterá dispositivo que possa constituir embaraço à plena liberdade de informação jornalística em qualquer veículo de comunicação social, observado o disposto no art. 5º" – e aí vem a referência aos vários incisos, inclusive o inciso X, que trata da defesa da privacidade. O texto não está vedando que o legislador se ocupe da matéria, como muitos fazem uma leitura um tanto quanto, a meu ver, terrestre, pedestre, rasteira do tema. Não me parece que seja assim. O que está dizendo é que não pode haver lei que embarace a informação. E aí vêm as dimensões objetivas e subjetivas dos direitos fundamentais. Aqui, há um dever do legislador de atuar para proteger esses valores. Por isso é que gostaria só de fazer essas notas, Presidente, tendo em vista posições já assumidas no Plenário, chamando atenção a esse aspecto – e essa interpretação que estou fazendo do art. 220, § 1º, encontra respaldo, inclusive, em leitores da Constituição americana em relação à Primeira Emenda –, para que se assente que a proteção que se possa obter poderá ser outra que não, eventualmente, a indenização. Haverá casos em que certamente poderá haver a justificativa até mesmo de uma decisão judicial que suste uma publicação, desde que haja justificativa, mas não nos cabe tomar essa decisão a priori. A meu ver, fazer com que, como já foi dito aqui, a publicação das obras de biografia dependa da autorização traz sério dano à liberdade de comunicação, à liberdade científica, à liberdade artística. Evidente. E, por isso, de fato, devemos encaminhar no sentido da declaração de inconstitucionalidade da norma. Agora, já faria ressalvas em relação ao segundo ponto trazido na conclusão do voto da eminente ministra Carmem Lúcia, pelo menos no que diz respeito à possibilidade de que a transgressão haverá de se reparar mediante indenização. Pode ser que não seja assim, pode ser que tenha de haver reparos, por exemplo: a publicação de uma nova edição com correção. O Senhor Ministro Dias Toffoli: O direito de resposta. O Senhor Ministro Gilmar Mendes – Sim. São todas as situações. A Senhora Ministra Cármen Lúcia (Relatora) – Ministro, se Vossa Excelência me permite, o que eu quis dizer é que, ao fixarmos essa inconstitucionalidade com redução de texto, nós não estávamos afastando em nada o artigo, tanto que, basicamente, eu repito "apenas reafirmar...", por isso eu comecei a alínea "b" nesse sentido, "reafirmar o que diz a Constituição, sem embargo de...", porque é como está na Constituição. Quer dizer, então, não é exclusividade nem nada, apenas estou reafirmando para não se dizer, como disse o Ministro Dias Tóffoli muito bem: alguém poderia pensar que estamos declarando a inconstitucionalidade e, com isso... O Senhor Ministro Luiz Fux – Ministro Gilmar, só exatamente corroborando a posição de Vossa Excelência, a proposta minimalista é exatamente nós fixarmos esse julgado em relação à exigência ou não de licença prévia para publicação de biografia, por quê? Porque nós não estamos aqui, e nem podemos, como foi aqui destacado, afirmar que estamos interditando o acesso ao Judiciário, até porque o Código Civil, quando inaugurou o capítulo... A Senhora Ministra Cármen Lúcia (Relatora) – É isso, é isso. É exatamente isso, por isso eu circunscrevi...O Senhor Ministro Gilmar Mendes – O acesso ao Judiciário dar-se-á apenas para fins de indenização...O Senhor Ministro Luiz Fux – É inimaginável que nós possamos fixar uma tese dizendo que a parte não pode acessar o Judiciário. A Senhora Ministra Cármen Lúcia – O que poderia é ser expletivo esse inciso b. Eu só não quero é que alguém imagine que, como nós estamos declarando sem redução do texto a interpretação dos dispositivos do Código Civil, o inciso X do art. 5 da Constituição de alguma forma ficou comprometido por nós. Não, nós estamos repetindo que está mantida a norma constitucional de responsabilidade em sua inteireza. O Senhor Ministro Luís Roberto Barroso – Ministro Gilmar, só um minutinho. A minha proposta de tese minimalista, que eu acho que até agora é consenso, é: não é compatível com a Constituição interpretação dos arts. 20 e 21 do Código Civil que importe na necessidade de autorização prévia de pessoa retratada em obra biográfica para fins de sua divulgação por qualquer meio de comunicação. Eu acho que esse ponto nos une a todos. Acho que esse é um ponto consensual. O Senhor Ministro Gilmar Mendes – Eu concordava já com o primeiro ponto da eminente ministra Cármen Lúcia. Só estou fazendo a ressalva em relação ao item...O Senhor Ministro Dias Toffoli: É que parece que a única maneira de reparar seria a precificação. O Senhor Ministro Ricardo Lewandowski (Presidente) – Exatamente. A Senhora Ministra Cármen Lúcia (Relatora) – É muito simples. Sabe o que pode ser feito? O Senhor Ministro Dias Toffoli: Então, para tudo tem um preço, e podemos, então, fazer o que bem entendermos, basta ter o dinheiro para pagar esse preço? A Senhora Ministra Cármen Lúcia (Relatora) – Era muito mais simples retirar o inciso b. E ficar o inciso a da minha conclusão, quer dizer, que nem é inciso a. O Senhor Ministro Gilmar Mendes – É. Porque, aí, acho que coincide com a posição do Ministro ... O Senhor Ministro Ricardo Lewandowski (Presidente) – ... imaginei que Vossa Excelência certamente não excluiria essa possibilidade, até em função do princípio da inafastabili-

Consequentemente, com base nos fundamentos que expressamos, a juridicidade e o bom senso deverá nortear o discernimento dos envolvidos e, nos conflitos, o Judiciário, para a correta identificação, perante as peculiaridades do caso concreto, se a tutela deverá ser a de natureza inibitória, quando o titular ou seus herdeiros podem reivindicar, entre outras medidas, a suspensão da publicação e recolhimento de exemplares em estoque ou já em livrarias, das editoras ou distribuidoras, ou de natureza indenizatória, para reparação de eventuais danos perpetrados, nada impedindo que possa haver a cumulação das duas modalidades de tutela.

---

dade da jurisdição. O Senhor Ministro Luiz Fux – O minimalismo é importante por isso, porque ... Nós não estamos decidindo isso. A Senhora Ministra Cármen Lúcia (Relatora) – Para evitar qualquer polêmica, eu prefiro concluir o meu voto retirando a alínea b. O Senhor Ministro Dias Toffoli: Eu fico mais confortável. A Senhora Ministra Cármen Lúcia (Relatora) – O que elimina, até porque, aqui nós estamos julgando para declarar ou não declarar, aqui não é repercussão geral nem nada. Então, nesse caso, eu prefiro reajustar para retirar a alínea b. O Senhor Ministro Dias Toffoli: Fica só o item a. O Senhor Ministro Luiz Fux – Presidente, até para prestar um esclarecimento de ordem doutrinária mesmo, esse campo dos direitos da personalidade ficou muito tempo relegado ao um segundo plano, em que a lesão dele apenas era reparável através da indenização. O novo Código Civil, quando inaugurou o capítulo dos direitos da personalidade, trouxe no art. 21 aquilo que já havia na Europa, que é a tutela inibitória. Então, eu acho que nós deveríamos nos adstringir ao tema licença para biografia, para não abrir o leque do que nós estamos julgando, porque nós estamos julgando só isso. O Senhor Ministro Luís Roberto Barroso – Eu só gostaria de consignar a minha posição, Ministra Cármen. Eu concordo com a alínea b do voto de Vossa Excelência, quando diz "reafirmar o direito à inviolabilidade da intimidade, privacidade, honra, imagem da pessoa, nos termos do art. 5º, cuja transgressão haverá de se reparar", e aí é a única modificação que eu faria seria: a posteriori. Eu gostaria de deixar claro, Presidente, se eventualmente não tiver ficado, que eu não acho que via judicial, ou qualquer outra via, seja legítima a interferência do Judiciário previamente à publicação. Acho que, em nenhuma hipótese, o Judiciário deve impedir a publicação de uma obra. O Senhor Ministro Gilmar Mendes – Nós já tivemos aqui o célebre caso da fita Globo-Garotinho, em que o Tribunal, num contexto eleitoral, entendeu, por exemplo. O Senhor Ministro Luiz Fux – Que se sai publicada na véspera da eleição... A Senhora Ministra Cármen Lúcia (Relatora) – Não é biografia O Senhor Ministro Gilmar Mendes – Tendo em vista uma ponderação específica... A Senhora Ministra Cármen Lúcia (Relatora) – Mas aí não é biografia. O Senhor Ministro Gilmar Mendes – Só para dar um exemplo da jurisprudência do Tribunal e não buscar jurisprudência...A Senhora Ministra Cármen Lúcia (Relatora) – Isso não é biografia. Nós estamos falando de biografias. Eu prefiro retirar, Presidente, porque, na alínea b, eu repeti o que estava na Constituição para garantir que o inciso X continua hígido. O Senhor Ministro Dias Toffoli: Fica melhor assim. A Senhora Ministra Cármen Lúcia (Relatora) – Então, é o óbvio ululante; agora, como no Brasil até o óbvio ululante gera polêmica, eu retiro. O Senhor Ministro Ricardo Lewandowski (Presidente) – Está bem. O Senhor Ministro Dias Toffoli: É Melhor Assim. O Senhor Ministro Gilmar Mendes – O que a norma diz e é tema que já visitei, também, é que é inviolável. E o que é inviolável, segundo o conselheiro Acácio, não deve ser violado. A Senhora Ministra Cármen Lúcia (Relatora) – Mas a Constituição...O Senhor Ministro Gilmar Mendes – E, se há uma regra que de fato assume centralidade no texto constitucional, Presidente, é a regra do art. 5º, XXXV. É aquela que estabelece a proteção judicial efetiva: "Art. 5º. (...) XXXV. a lei não excluirá da apreciação do Poder Judiciário lesão ou ameaça a direito." Mas, com o ajuste, Ministra, estamos de acordo. O Senhor Ministro Ricardo Lewandowski (Presidente) – Sim, e, aí, inclusive, Ministro, eu acho que está embutido o poder cautelar do magistrado, dentro do seu prudente arbítrio. O Senhor Ministro Gilmar Mendes – Claro. Sim, terá de ser examinado no caso concreto. O Senhor Ministro Ricardo Lewandowski (Presidente) – Cada caso examinará. O Senhor Ministro Gilmar Mendes – Acompanho Vossa Excelência.

PROTAGONISMO DO JUIZ E DAS PARTES NO SANEAMENTO E NA ORGANIZAÇÃO DO PROCESSO

José Rogério Cruz e Tucci

Professor Titular e ex-Diretor da Faculdade de Direito da Universidade de São Paulo.
Membro da Academia Brasileira de Letras Jurídica. Advogado.

Sumário: 1. Aproximação dos regimes processuais europeus – 2. Audiência de saneamento sob a perspectiva da comparação jurídica – 3. Antecedentes da reforma brasileira – 4. Regramento do vigente CPC – 5. Resolução de questões processuais pendentes – 6. Fixação das questões de fato e deferimento dos meios de prova – 7. Distribuição do ônus da prova – 8. Delimitação das questões de direito – 9. Designação de audiência de instrução e julgamento – 10. Previsão de pedido de esclarecimento formulado pelas partes – 11. Delimitação consensual acerca das *questiones facti e iuris* – 12. Complexidade da causa e imposição de audiência para o saneamento compartilhado – 13. Procedimento para a futura produção de prova testemunhal – 14. Procedimento para a futura produção de prova pericial – 15. Intervalo mínimo entre a realização das audiências de instrução e julgamento – 16. Limites da eficácia preclusiva da decisão de saneamento – 17. Referências bibliográficas.

1. APROXIMAÇÃO DOS REGIMES PROCESSUAIS EUROPEUS

A instituição de um sistema jurídico harmônico, a vigorar no âmbito da Comunidade Europeia, não constitui por certo um ideal tão distante, sobretudo depois da assinatura do Tratado de Maastricht, aos 7 de fevereiro de 1992, em que veio concebido um modelo político federativo para reger as relações entre os países signatários.

Assim é que, além de relevantes aspectos de natureza econômica e social, os Estados-membros passaram a adotar uma normativa legal tanto quanto possível uniforme para disciplinar, *e. g.*, as sociedades comerciais, a defesa da concorrência, a tutela dos consumidores e, ainda, muitas outras matérias no plano do direito material.

Já no que concerne a um "processo comum europeu", adverte Fazzalari que a equiparação substancial de diferentes sistemas constitui, sem dúvida, tarefa árdua, tendo-se em conta as dificuldades objetivas para unificar conteúdos normativos, experiências e culturas jurídicas discrepantes e, inclusive, valores éticos de matiz bem diversificado.[1]

---

1. Prefazione, *La giustizia civile nei paesi comunitari*, p. VII.

No entanto, a interação política e estratégica da maioria das nações da União Europeia não pode evitar a influência recíproca de vários regimes jurídicos, chegando-se até a admitir, como meta concreta, um "direito processual europeu". [2]

Cumpre observar que o art. 6.º, 1, da Convenção Europeia para Salvaguarda dos Direitos do Homem e das Liberdades Fundamentais, subscrita em Roma no dia 4 de novembro de 1950, prescreve que: "Toda pessoa tem direito a que sua causa seja examinada equitativa e publicamente num prazo razoável, por um tribunal independente e imparcial instituído por lei, que decidirá sobre seus direitos e obrigações civis ou sobre o fundamento de qualquer acusação em matéria penal contra ela dirigida".

Aduza-se que essa importante regra supranacional é considerada a fonte motriz de toda a dogmática atinente às garantias do devido processo legal então disseminadas de modo praticamente análogo entre os países europeus, na certeza de que não basta assegurar o acesso aos tribunais, e, consequentemente, o *direito ao processo*. Delineia-se inafastável, também, a absoluta *regularidade* deste (*direito no processo*), com a verificação efetiva de todas as garantias e formalidades em lei previstas.

Tendo presente essa notória realidade, que irrompe da deliberada consagração de um *due process* como expressão de liberdade, assevera Carpi que, mais recentemente, a Corte de Justiça da Comunidade Europeia, sediada em Luxemburgo, ditou as premissas mínimas, a partir da exegese pretoriana da Convenção de Bruxelas (1968), especialmente no que toca à competência e à execução das sentenças, para a elaboração de um *código de processo civil europeu*. [3]

Desse modo, há que se ter presente o deliberado desejo, entre os países-membros, de aperfeiçoamento e modernização das instituições judiciárias, para atender às exigências ditadas pela União Europeia, cujo escopo precípuo é o de lutar contra a morosidade da justiça.

Dentre vários temas que têm merecido atenção da legislação e da doutrina europeias, focada na razoável duração do processo, destaca-se o do "saneamento compartilhado" do processo, visando sobretudo a antecipar o julgamento da causa ou, então, a escoimar o processo de eventuais vícios que possam vir a comprometer a higidez da decisão futura.

Nesta fase do procedimento, a cooperação das partes atinge o seu ponto culminante, convergindo a atuação de todos os protagonistas da relação processual para um declarado objetivo, qual seja o de selar os rumos do processo.

---

2. Cf. Marcel Storme, *Perorazione per un diritto giudiziario europeo*, Rivista di diritto processuale, p. 293 s.; *Diritto processuale internazionale*, La giustizia civile nei paesi comunitari, p. 26 ss.; Elio Fazzalari, *Per un processo comune europeo*, Rivista trimestrale di dirittto e procedura civile, p. 665 s.; Eric Stein, *Un nuovo diritto per l'Europa*, 1991; Peter Stein, *I fondamenti del diritto europeo – Profili sostanziali e processuali dell'evoluzione dei sistemi giuridici*, 1995.

3. *Reflections on the Harmonization of Civil Procedural Law in Europe in Relation to the 1968 Brussels Convention*, Scritti in onore di F. Mancini, 2, p. 112-113.

2. AUDIÊNCIA DE SANEAMENTO SOB A PERSPECTIVA DA COMPARAÇÃO JURÍDICA

Registre-se de início que, sob o prisma histórico, como já tive oportunidade de escrever[4], a denominada audiência preliminar ou de debates, idealizada nos fins do século XIX por Franz Klein, resulta de inequívoca influência do direito austríaco,[5] à vista das finalidades que persegue e que vão desde a apreciação de questões prévias atinentes ao objeto formal do processo, solução das exceções dilatórias e fixação do *thema probandum*, para a realização da audiência subsequente, na qual serão produzidas as provas orais e apresentadas as alegações finais.

Inspirando-se na denominada regra da aceleração processual (*Beschleunigungsprinzip*), o legislador alemão de época mais recente procurou introduzir medidas tendentes a diminuir o lapso temporal entre o início do processo e a sentença definitiva, visando decididamente a conferir maior efetividade ao processo.

Acompanhando, assim, um movimento que se generalizou no continente europeu, a partir da década dos anos sessenta, e, em especial, com base em um ensaio escrito pelo Professor Fritz Baur, publicado pela primeira vez em 1966, sob o título *Caminhos para a concentração da oralidade no processo civil*,[6] instituiu-se informalmente, desde 1967, um procedimento mais concentrado e célere, batizado com o nome de "modelo de Stuttgart" (*Stuttgarter Modell*).

Foi este, na verdade, inicialmente implantado na famosa 20ª Seção do Tribunal (*Landgericht*) de Stuttgart, presidida então por R. Bender, cuja meta se resumia no desejo de desenvolver um "processo modelo", ou seja, um processo rápido, eficiente e justo.[7]

Regido assim pelos postulados da oralidade, concentração e eventualidade, esse "modelo", consoante a abalizada opinião de Grunsky, apresenta-se como um antídoto eficaz contra os fatos serodiamente apresentados.[8]

Tão profícuos foram os resultados iniciais desse procedimento, que acabou sendo definitivamente introduzido no ZPO pela reforma de 1976/77, com a modificação, em particular, dos §§ 271 e seguintes. Atualmente, pois, sobrelevando a importância da colaboração das partes, prescreve o § 282 do ZPO que cada litigante deve apresentar todas as suas alegações fáticas e jurídicas, de ataque e de defesa, em uma única oportunidade, para facilitar, à evidência, a tramitação do procedimento.

---

4. Cruz e Tucci, *Lineamentos da nova reforma do CPC*, 2ª ed., São Paulo, Saraiva, 2002, p. 55 e ss.
5. V., a propósito, por todos, Franco Cipriani, *Nel centenario del regolamento di Klein (il processo civile tra libertà e autorità)*, Rivista di diritto processuale, p. 969 ss.
6. *Wege zu einer Konzentration der mündlichen Verhandlung im Zivilprozess*, agora estampado em Fritz Baur, *Beiträge zur Gerichtsverfassung und zum Zivilprozessrecht*, p. 223 ss.
7. V., a propósito, Nicolò Trocker, *Processo civile e constituzione – Problemi di diritto tedesco e italiano*, p. 88 ss.
8. Wolfgang Grunsky, *Il cosiddetto "Modello di Stoccarda" e l'accelerazione del processo civile tedesco*, Rivista di diritto processuale, p. 366. V. Rolf Bender, *The Stuttgart Model*, Acess to Justice, v. 2, t. 2, ed. Cappelletti e Weisner, p. 437-438.

Nos domínios do processo civil austríaco, após a reforma de 2002, o § 258 do ZPO, prestigiando a oralidade, contempla a realização de uma audiência preparatória (*vorbereitende Tagsatzung*), destinada a dirimir eventuais exceções processuais e a complementar as posições das partes, para, em seguida, discutir e preparar as posteriores etapas do processo ("... *Erörterung des weiteren Fortgangs des Prozesses und der Bekanntgabe des Prozessprogramms*").

Na Itália, a Lei 353, de 26 de novembro de 1990, introduziu profundas modificações no processo civil em geral e no processo de conhecimento em particular.

Dominada pelas regras da oralidade e da eventualidade, pode-se afirmar que a referida lei procurou valorizar o procedimento de primeiro grau de jurisdição sobretudo com a introdução de fases preclusivas bem nítidas.

Duas audiências vieram previstas pela reforma peninsular: a primeira, que ora interessa, regrada no art. 183 do CPC italiano, denominada *prima udienza di trattazione*, destina-se à estabilização do processo, podendo as partes complementar as suas alegações, e se encerra com o exame e decisão sobre questões cognoscíveis *ex officio* e relativas ao objeto formal do processo.

Tal inovação, aperfeiçoada há mais de uma década, tem colhido bons frutos, dada a sensível celeridade que imprimiu ao processo, tendo-se presente a concentração de seus atos e da preclusão atinente ao objeto do litígio (*deduzioni di merito*) logo a partir da fase postulatória.[9]

Anote-se, por outro lado, que a novel legislação processual de Portugal, em vigor desde 2013, seguiu, neste particular, o CPC revogado (art. 508º-A), dando um importante passo ao consagrar o direito "a obter, em prazo razoável, uma decisão de mérito e a respectiva execução".[10]

A experiência do processo civil português acerca desta temática é deveras profícua, uma vez que o denominado "despacho saneador", como ato judicial precipuamente destinado ao controle e ao julgamento da matéria relativa às nulidades processuais, é criação genuína do direito português, introduzido no art. 24 do Decreto 12.353, de 1926.[11]

---

9. Luigi Paolo Comoglio, Corrado Ferri e Michele Taruffo, *Lezioni sul processo civile*, p. 486; Gian Franco Ricci, *Principi di diritto processuale generale*, p. 155.

10. José Lebre de Freitas, *Revisão do processo civil*, Revista da Ordem dos Advogados, p. 427.

11. Cf. José Alberto dos Reis, *Breve estudo sobre a reforma do processo civil e comercial*, p. 149 e s. O referido texto legal ampliou a intervenção do juiz e transformou o despacho regulador em despacho saneador. Consta do relatório preambular do Decreto 12.353/1926, a seguinte passagem: "No sistema atual, o juiz mantém inteiramente alheio e estranho à controvérsia que se debate nos autos até o momento em que vai proferir a sentença; ignora absolutamente o que está dentro do processo, embora tenha presidido a atos da maior importância, como exames, vistorias e inquirições de testemunhas. A sua presença é *nominal*... O Decreto propõe-se remediar estes males. Em primeiro lugar obriga o juiz, por uma forma indireta, a tomar conhecimento, desde o início do processo, da questão que se controverte e a acompanhá-la com atenção. O dever, imposto ao juiz, de indeferir *in limine* a petição inicial em certos casos e a necessidade de resolver, no fim dos articulados, as questões que possam obstar à apreciação do objeto da ação, forçam-no a pôr-se a par do litígio..." (cf. Fernando Luso Soares, *Processo civil de declaração*, p. 709-710).

Atualmente, inserido no capítulo intitulado *Da gestão inicial do processo e da audiência prévia*, o art. 591º do Código português, após as diligências atinentes à regularização de eventuais exceções dilatórias, será realizada *audiência prévia*, que comporta as seguintes atividades: *a*) tentativa de conciliação (art. 594º); *b*) discussão das partes quando a matéria de fato e de direito, objetivando a propiciar julgamento do mérito; *c*) delimitação dos termos do pedido e suprimento de eventuais imprecisões na exposição da matéria de fato; *d*) proferimento do despacho saneador; *e*) determinação, após o debate, a adequação formal, a simplificação ou a agilização processual; e *f*) programar, em conjunto com os advogados das partes, os atos a serem realizados na audiência final.

Aduza-se que esta audiência, a rigor, não é obrigatória, podendo ser dispensada em duas ocasiões ditadas pelo subsequente art. 592, a saber: *i*) nas ações não contestadas; e *ii*) quando acolhida exceção dilatória.

Frisa, a propósito, Miguel Teixeira de Sousa, sob a égide do CPC português de 1996, que a regra implantando a então denominada "audiência preliminar" constitui uma inovação da qual há legitimamente muito a esperar. "Ela permite dar expressão ao princípio da concentração e ao desejo de reduzir a duração do processo, mas – importa acrescentar – isso não será alcançado se a sobrecarga de trabalho dos tribunais conduzir a que a audiência preliminar seja convocada para muito depois de findos os articulados ou se, aliada a essa sobrecarga, os hábitos de trabalho dos advogados a transformarem numa formalidade sem utilidade prática. Com a sua consagração, a tramitação do processo passa a estruturar-se em torno de duas audiências: a audiência preliminar e a audiência de discussão e julgamento. Aquela é antecedida pela fase da discussão escrita entre as partes, esta última antecede o proferimento da decisão final. Estreita deve ser também a conexão entre essas audiências: a separá-las devem estar somente as indispensáveis actividades instrutórias, pelo que, tanto quanto possível, elas devem subordinar-se a um princípio de continuidade".[12]

O imperativo de evitar a realização de atos processuais absolutamente inúteis foi também o declarado propósito perseguido pela nova *Ley de Enjuiciamiento Civil* da Espanha pela Lei 1/2000. Trata-se de um diploma processual moderno e ambicioso, com 827 artigos, que entrou em vigor, para substituir a secular legislação de 1881, no dia 8 de janeiro de 2001.[13]

Sem dúvida que uma das mais expressivas novidades do Código espanhol é a introdução da *audiencia previa al juicio* – aliás estranha da tradição do processo civil espanhol –, regrada nos arts. 414 a 430.

Embora de realização obrigatória, também na Espanha, a exemplo do sistema português, reserva-se a esse relevante momento processual: *a*) a tentativa de conci-

---

12. Miguel Teixeira de Sousa, *Apreciação de alguns aspectos da "revisão do processo civil – projecto"*, Revista da Ordem dos Advogados, p. 396.
13. V., para uma análise crítica da legislação espanhola, Manuel Serra Domínguez, *La Ley 1/2000 sobre enjuiciamiento civil*, 2000.

liação ou transação entre as partes; *b*) o exame das questões processuais que possam obstar a marcha do processo (função saneadora); *c*) fixação do objeto do litígio; e *d*) deferimento dos meios de prova.[14]

De anotar-se, por outro lado, que o denominado Código-Tipo para a América Latina, cujo anteprojeto data de 1988, tem interesse à luz da comparação jurídica por refletir algumas tendências da moderna ciência processual.

Centrado no dogma da oralidade, verifica-se que o Código-Tipo combate o formalismo e o tecnicismo dos juízes e adota um procedimento mais singelo, sem excesso de solenidade, buscando evitar um distanciamento temporal entre as fases instrutória e decisória. Pelo regime estabelecido no art. 301, a audiência preliminar, em princípio, obrigatória, tem igualmente por escopo otimizar as atividades processuais.

Com efeito, frustrada a conciliação, as etapas sucessivas da audiência se desenrolam em estreita colaboração entre os litigantes e o órgão julgador.[15]

Na precisa síntese de Teresa Sapiro Anselmo Vaz, "o Código-Tipo para a América Latina harmoniza o princípio dispositivo com o princípio inquisitório, com a introdução de um princípio de colaboração entre as partes e o juiz, em ordem à fixação do objecto do processo, constituindo a audiência preliminar o fulcro central de todo o processo".[16]

3. ANTECEDENTES DA REFORMA BRASILEIRA

Foi com certeza nesse contexto e imbuído de grande interesse em racionalizar o desenvolvimento do procedimento em primeiro grau de jurisdição, que o legislador brasileiro introduziu, pela Lei 8.952, de 13 de dezembro de 1994, a denominada "audiência de conciliação", ditada pela modificação do art. 331, assim redigido: "Se não se verificar qualquer das hipóteses previstas nas seções precedentes e a causa versar sobre direitos disponíveis, o juiz designará audiência de conciliação, a realizar-se no prazo máximo de 30 (trinta) dias, à qual deverão comparecer as partes ou seus procuradores, habilitados a transigir. § 1º Obtida a conciliação, será reduzida a termo e homologada por sentença. § 2º Se, por qualquer motivo, não for obtida a conciliação, o juiz fixará os pontos controvertidos, decidirá as questões processuais pendentes e determinará as provas a serem produzidas, designando audiência de instrução e julgamento, se necessário".

---

14. Cf. Juan Montero Aroca *et alii, El nuevo proceso civil (Ley 1/2000)*, p. 393, com a observação de que a audiência prévia supõe uma alteração de orientação deveras importante.

15. José Lebre de Freitas (*Em torno da revisão do direito processual civil*, Revista da Ordem dos Advogados, p. 14) lembra que o denominado princípio da cooperação (*Arbeitsgemeinschaft*) é hoje reputado como uma das traves mestras do direito processual civil, "já há décadas propugnado por Rosenberg e ainda há dois anos reafirmado como princípio fundamental do processo civil no IX Congresso Mundial de Direito Judiciário". V., a respeito, Elício de Cresci Sobrinho, *Dever de esclarecimento e complementação no processo civil*, p. 106.

16. *Novas tendências do processo civil no âmbito do processo declarativo comum (alguns aspectos)*, Revista da Ordem dos Advogados, p. 883.

Não é difícil concluir, à simples leitura do supratranscrito dispositivo legal, que a anterior reforma do nosso CPC alvitrou, de modo particular, agilizar o procedimento, possibilitando, de logo, às partes, a autocomposição do litígio respeitante a direitos disponíveis, e, à falta de conciliação, pela intransigência daquelas ou pela impossibilidade substancial, a fixação de modo objetivo, dos pontos controvertidos da causa que reclamam instrução probatória.

Verifica-se, assim, da interpretação conjugada dos arts. 329 a 331 do CPC revogado, que três caminhos se ofereciam ao juiz ao ensejo da conclusão da fase postulatória na órbita do processo de conhecimento. Em primeiro lugar, incumbia-lhe examinar se o objeto formal do processo (pressupostos processuais e condições da ação) encontrava-se em absoluta ordem, evitando-se, com esse expediente, perda de tempo, energia e dinheiro. Em seguida, não sendo caso de julgamento segundo o estado dos autos (art. 329) ou de extinção antecipada do processo (art. 330), deveria o juiz, tratando-se de procedimento comum ordinário, designar audiência preliminar (art. 331).

Desse modo, quando da fase saneadora, nao havendo conciliação das partes no momento inaugural desse importante ato processual, ou não sendo ela cabível (direito indisponível), o juiz passava então a prolatar a decisão declaratória de saneamento e procedia à especificação do fato ou fatos essenciais consistentes no *thema probandum* (art. 331, § 2º, CPC/1973).

É exatamente nesta etapa que, como visto, as legislações modernas depositam grande importância à audiência prévia ou preliminar, sobretudo no que se refere à definição do objeto do processo. Assim também, para evitar qualquer espécie de surpresa aos litigantes, à luz da atual concepção da garantia do contraditório, impõe-se aí ao juiz, segundo recente e prestigiosa doutrina, o dever de comunicar às partes as questões fáticas que ele reputa relevantes para a formação de sua própria convicção.[17]

Como bem ponderam António Montalvão Machado e Paulo Pimenta, a seleção da matéria fática pendente de prova resulta de um debate entre o juiz e os advogados das partes, no qual todos devem intervir com um "espírito de entreajuda processual".[18]

Não pode restar dúvida de que toda essa atuação judicial consubstancia medida de flagrante economia de tempo, especialmente porque ao julgador cabia como cabe zelar para que a produção da prova se restrinja ao fato ou fatos probandos. Na verdade, da forma como idealizada e se bem implementada, a audiência destinada

---

17. Cf. Luigi Montesano, *La garanzia costituzionale del contraddittorio e i giudizi civili di "terza via"*, Rivista di diritto processuale, p. 936. Apesar da incidência do princípio *iura novit curia*, pelo qual o juiz goza de liberdade para aplicar o direito ao caso concreto, a fixação das *quaestiones facti* confere o necessário equilíbrio, que sempre deve existir na órbita do processo de conhecimento, entre aquele princípio e os regramentos do contraditório e da congruência, "que se configuran, de esse modo, como verdaderos límites al primero" (Francisco Javier Ezquiaga Ganuzas, Iura novit curia y *aplicación judicial del derecho*, p. 32). V., em senso assemelhado, Carlos Alberto Alvaro de Oliveira, *O juiz e o princípio do contraditório*, Revista de Processo, p. 10.

18. *O novo processo civil*, p. 209.

ao saneamento e à organização do feito presta-se a fomentar a inafastável interação entre os primordiais atores do processo.

4. REGRAMENTO DO VIGENTE CPC

Sob a rubrica *Do saneamento e da organização do processo*, o *caput* do art. 357 do nosso vigente CPC estabelece que não se verificando qualquer uma das hipóteses de julgamento com ou sem resolução do mérito, anteriormente enunciadas, o juiz deverá proceder ao saneamento e à organização do processo, por meio de ato decisório proferido em gabinete ou em audiência, sendo que, nesta segunda situação, a atividade saneadora será compartilhada entre o juiz e as partes.

A atuação judicial, em tal oportunidade processual, desponta complexa e abrange: *a*) a solução de questões processuais que porventura ainda estejam pendentes; *b*) a fixação das questões de fato sobre as quais recairá a produção das provas, com o deferimento dos meios probatórios reputados pertinentes; *c*) a definição quanto à distribuição do ônus da prova, segundo as diretrizes especificadas no art. 373; *d*) a delimitação das questões de direito que serão consideradas para a decisão da causa; e, ainda, *e*) a designação, quando necessário, de audiência de instrução e julgamento.

Trata-se, como facilmente se observa, de um ato programático de suma relevância, que exige do magistrado acurado exame dos autos e adequada fundamentação para justificar cada capítulo da decisão de saneamento.[19] Não se admite, pois, "saneamento implícito", tendo se tornado obsoleto o enunciado da Súmula 424/STF.[20]

5. RESOLUÇÃO DE QUESTÕES PROCESSUAIS PENDENTES

A praxe forense mostra que, pelo constante acúmulo de serviço, de um modo geral, a grande maioria dos juízes relega para este momento do processo a análise das preliminares de natureza processual.

É, com efeito, depois da réplica do autor que, efetivamente, o órgão julgador se debruça sobre o processo para dirimir as eventuais "questões processuais pendentes", como, *v. g.*, a arguição de incompetência ou a falta de legitimidade.

Tenha-se presente que esta atuação judicial não constitui apenas uma atribuição legal subordinada à eventual disposição ou discricionariedade. Constitui verdadeiro

---

19. Cf., nesse sentido, STJ, 1ª T., REsp 780.285-RR, rel. Min. Francisco Falcão, v. u., DJ 27.3.2006: "a fase saneadora do processo é de extrema importância para o seu deslinde, tendo conteúdo complexo, sendo que nela o juiz examinará os pontos arguidos na contestação, de caráter preliminar, assim como os pressupostos processuais e os requerimentos de produção de provas, exigindo-se, para tanto, a devida fundamentação. Sendo assim, não há como o julgador deixar de proceder ao despacho saneador, deixando *in albis* as preliminares suscitadas e passando diretamente para a fase de instrução e julgamento, presumindo-se, assim, que o processo encontra-se sanado, sob pena de nulidade absoluta do feito".

20. Consulte-se, sobre a evolução da jurisprudência acerca desta questão, Theotonio Negrão *et alli*, *Código de Processo Civil e legislação processual em vigor*, p. 471, nt. 11 ao art. 331.

dever imposto ao juiz de enfrentar, com toda atenção e acuidade, possível arguição de existência de vício processual, atinente à ausência dos pressupostos de constituição e desenvolvimento válido do processo, de uma das condições de admissibilidade de ação, ou, ainda, de alguma irregularidade, cuja análise já deveria ter sido efetivada pelo julgador, caso fosse ele incontornável, implicativo de julgamento sem resolução do mérito.

Seja como for, o juiz, em princípio, é o único responsável pelos prejuízos ocasionados às partes pela postergação desse necessário escrutínio, relegando-o para fase ulterior, após, por exemplo, a devida instrução da causa, correndo o risco de ser obrigado a proferir sentença terminativa. Inadmite-se, portanto, em qualquer hipótese, decisão (não rara, aliás) proferida nos seguintes termos: *"As preliminares se confundem com o mérito, razão pela qual deixo de apreciá-las nesta oportunidade"*.

Afigura-se de todo inadmissível este comportamento absolutamente descompromissado com a própria índole da atividade jurisdicional!

6. FIXAÇÃO DAS QUESTÕES DE FATO E DEFERIMENTO DOS MEIOS DE PROVA

Visando a extrair o máximo proveito da atividade instrutória, o art. 357, II, do CPC, também impõe ao juiz o dever de fixar as questões de fato, sobre as quais será produzida a prova. Com este expediente, afasta-se a prática de atos desnecessários ou inúteis, ao ensejo da colheita da prova oral, que não guarda, qualquer relação com os fatos probandos, efetivamente relevantes para o deslinde da causa.

Observa, a propósito, Paulo Lucon[21], que o prévio conhecimento destes pontos fáticos não interessa apenas ao convencimento do magistrado, mas igualmente às partes que orientarão suas condutas no tocante à atividade instrutória de acordo com o quanto estabelecido na decisão de saneamento. A delimitação das questões de fato realizada em tal oportunidade desempenha ainda outra relevante função, qual seja a de simplificar o controle da regra da congruência. Uma vez fixadas as questões de fato relevantes para o julgamento da causa, mais facilmente se poderá constatar se o juiz a respeitou ou não. Se não a respeitou, afere-se com maior objetividade se o julgamento desponta *extra, ultra* ou *citra petita* (art. 141 CPC).

Ainda nesta linha de atividade ordinatória, o juiz examinará a especificação de provas formulada pelas partes, deferindo aquelas que forem reputadas pertinentes para a certificação das questões de fato então fixadas. Exige-se, igualmente, adequada fundamentação deste ato decisório, sobretudo quando for indeferido algum meio de prova pleiteado por um dos litigantes (art. 370, par. ún., CPC).

Cumpre frisar que, a teor do art. 370 do CPC, diante da omissão ou imprecisão das partes, quanto à postulação das provas, o juiz detém o poder-dever de determinar

---

21. *Código de Processo Civil anotado*, nt. ao art. 357.

ex officio a produção de qualquer meio de prova que entender necessária diante das peculiaridades fáticas do caso concreto.

E esta prerrogativa sequer fica sujeita à preclusão, como assentou a 3ª Turma do Superior Tribunal de Justiça, no julgamento do Recurso Especial 1.132.818-SP, de relatoria da Ministra Nancy Andrighi: "... não há preclusão absoluta em matéria de prova, até por se tratar de questão de ordem pública. Mesmo proferido o despacho saneador, o juiz pode, mais tarde, determinar a realização de outras provas, caso entenda que essa providência é necessária à instrução do processo".[22]

Permito-me abrir parênteses para esclarecer que a literatura processual se preocupou no passado e ainda hoje debate a opção, que tem norteado as legislações modernas, pela ampliação dos poderes do juiz, seja no que se refere à produção da prova, seja no que concerne à direção do processo.

Na visão de Calamandrei, inspirada na doutrina de Chiovenda, a ampliação dos poderes instrutórios do juiz não enfraquece o princípio dispositivo, uma vez que permanecem salvaguardadas a proibição de julgamento *ultra petita* e o dever de decidir *secundum allegata*.[23]

Oportuno é observar que esta lição se amolda perfeitamente à moderna dogmática processual, no sentido de que a "ampliação dos poderes do juiz", ou seja, a concepção de um juiz proativo, não implica, *tout court*, a instituição de um processo necessariamente autoritário. Com efeito, hoje, a dilatação dos poderes judiciais de direção e de instrução deve ser sempre equacionada com as garantias constitucionais do processo ("autoridade da lei"), a permitir que as partes possam participar – cooperando com o juiz, em constante contraditório – de todos os rumos que o procedimento venha a trilhar, por força de decisão judicial, incluindo-se, aí, por óbvio, toda a atividade relacionada à produção da prova (consulte-se, à guisa de exemplo, o art. 6º do CPC, com a seguinte redação: "*Todos os sujeitos do processo devem cooperar entre si para que se obtenha, em tempo razoável, decisão de mérito justa e efetiva*").

Mais recentemente, ainda sobre esta importante temática, registra-se acirrada polêmica teórica, que envolveu inúmeros processualistas.

A partir de um livro escrito por Juan Montero Aroca, intitulado *Los princípios políticos de la nueva Ley de Enjuiciamiento Civil: los poderes del juez y la oralidad*, de 2001, no qual vem repudiada, de forma veemente, a opinião de quem sustenta que o processo está a serviço de determinados fins estatais e que a função jurisdicional é o meio para alcançar os escopos políticos do Estado democrático, o debate se instaurou com a posição crítica assumida por Giovanni Verde, então Vice-Presidente

---

22. V. u., DJe 10.5.2012.
23. V., a respeito, as importantes considerações de Michele Taruffo, *Calamandrei e le riforme del processo civile*, Piero Calamandrei – Ventidue saggi su un grande maestro, p. 160-161.

do Conselho Superior da Magistratura italiana, no artigo *Le ideologie del processo in un recente saggio*.[24]

Embora sobrelevando as garantias processuais, Montero Aroca resume o seu ponto de vista, quanto ao exercício dos poderes instrutórios atribuídos ao julgador, afirmando que a chamada "publicização" do processo civil tem origem na ideologia fascista e totalitária, sendo certo que a concessão de amplos poderes discricionários ao juiz – especialmente nos sistemas processuais austríaco, soviético, alemão e italiano –, não se sustenta, visto que o processo civil tem por objeto direitos subjetivos privados, de interesse exclusivo dos litigantes e não do Estado. Assim, o juiz jamais pode ter maior protagonismo do que a atuação das próprias partes.[25]

Ora, como destaca Joan Picó i Junoy, a tese dos "revisionistas", de que a inatividade do juiz se justifica pelo caráter privado do objeto discutido no processo civil encontra-se completamente ultrapassada, diante de uma perspectiva "publicista" ou "social" do processo, que o concebe como instrumento necessário para o exercício da função jurisdicional do Estado. Mesmo que o cerne dos litígios discutidos no âmbito do processo civil tem natureza, em regra, privada ou disponível, dúvida não há de que o modo de o processo desenvolver-se não comporta ingerência das partes, mas, sim, do Estado-juiz, "único titular da função jurisdicional, que se serve do processo como instrumento para garantir a efetividade desta função".[26]

Ademais, cumpre salientar que a atividade probatória *ex officio* vem contemplada na grande maioria das legislações processuais do mundo ocidental, como importante regra técnica, quando reputado necessário o seu emprego, de complementação da produção da prova, em prol da adequada solução do litígio.

Suplantada a concepção individualista do direito civil e do processo civil, pode-se alvitrar, na atualidade, um processo com escopos sociais bem mais nítidos, um processo de conotação mais pública do que privada. Em nosso atual direito positivo, no contexto da denominada tutela jurisdicional das liberdades, o micro sistema formado, em particular, pelas leis que regulamentam a ação popular (Lei 4.717/65), a ação civil pública (Lei 7.347/85), a ação de improbidade administrativa (Lei 8.429/92) e as ações para proteção dos consumidores (Lei 8.078/90) e dos investidores do mer-

---

24. Rivista di diritto processuale, p. 676-687. Reproduzido em espanhol, sob o título *Las ideologías del proceso en un reciente ensayo*, Proceso civil e ideología, coord. Juan Montero Aroca, p. 67 ss.

25. *Los principios políticos de la nueva Ley de Enjuiciamiento Civil: los poderes del juez y la oralidad, passim; El proceso civil llamado "social" como instrumento de "justicia" autoritaria*, Proceso civil e ideología, p. 130 ss.; *Síntesis de las concepciones históricas del proceso civil*, Teoría & Derecho – Revista de pensamento jurídico, p. 15 ss.

    A discutível posição de Montero Aroca foi secundada por Franco Cipriani, *Prefazione* à edição italiana do livro de Montero Aroca, *I principi politici del nuovo processo civile spagnolo*, 2002; e por Girolamo Monteleone, *Principi e ideologie del processo civile: impressioni di un "revisionista"*, Rivista trimestrale di diritto e procedura civile, p. 575 ss.; reproduzido em espanhol, sob o título *Principios e ideologías del proceso civil: impresiones de "un revisionista"*, Proceso civil e ideología, coord. Juan Montero Aroca, p. 97 ss.

26. *El derecho procesal entre el garantismo y la eficacia: un debate mal planteado*, Proceso civil e ideología, p. 121-122.

cado de capitais (Lei 7.913/89), têm regras próprias, que interagem com a legislação processual codificada, mantendo com essa estrito relacionamento no que se refere ao procedimento e às peculiaridades processuais.

Enfrentando esta importante temática, José Roberto dos Santos Bedaque, com arrimo na prestigiosa doutrina de Barbosa Moreira, escreve que a simplificação do procedimento, a instituição de instrumentos ajustados às especificidades do direito material e o aperfeiçoamento das técnicas tradicionais tendem, com efeito, a ampliar o acesso à ordem jurídica justa, uma vez que, além de imprimir maior celeridade ao meio estatal apto à solução das controvérsias, aumentam o diâmetro de efetividade da tutela jurisdicional. Estas técnicas, destinadas a conferir maior efetividade ao instrumento, "acabam por implicar a concessão de maiores poderes ao julgador na condução do processo, mas de modo nenhum comprometem a liberdade das partes quanto à determinação dos limites objetivos e subjetivos da decisão, que não pode alcançar senão aquilo que fora determinado pelos sujeitos parciais ao fixar os limites da demanda". [27]

Conclui-se, pois, que a atual concepção de "processo justo" não compadece qualquer resquício de discricionariedade judicial, até porque, longe de ser simplesmente "la bouche de la loi", o juiz proativo de época moderna deve estar determinado a zelar, tanto quanto possível, pela observância, assegurada aos litigantes, do devido processo legal.

7. DISTRIBUIÇÃO DO ÔNUS DA PROVA

Acompanhando tendência preconizada pela moderna doutrina processual, o art. 357, III, ora analisado, autoriza o juiz a determinar a distribuição do ônus da prova, em consonância com a regra do art. 373 do CPC, inserida entre as disposições gerais do capítulo das provas e que contempla, em seu *caput*, a clássica distribuição subjetiva do ônus da prova. Assim, repetindo o preceito do revogado art. 333, o ônus da prova incumbe ao demandante, para provar o fato constitutivo de seu direito (art. 373, I); e, ao réu, "*quanto à existência de fato impeditivo, modificativo ou extintivo do direito do autor*" (art. 373, II).

Todavia, o § 1º do art. 373 avança nesta matéria, ao acolher a técnica da denominada distribuição dinâmica do ônus da prova, seja por força de lei, seja a partir do exame de peculiaridades da situação concreta, possibilitando ao juiz repartir o ônus da prova, de modo diferente daquele estabelecido no *caput*, atribuindo-o à parte que dispõe de maior destreza para produzir determinada prova. A avaliação a ser feita pelo juiz, entre a excessiva dificuldade da obtenção da prova por uma das partes e a facilidade de acesso ou de produção da prova pela outra, pode muito bem recair sobre um único fato.

---

27. Cf. Bedaque, *Instrumentalismo e garantismo: visões opostas do fenômeno processual?*, artigo inédito. V., ainda, Bedaque, *Poderes instrutórios do juiz*, p. 140-142.

É evidente que há aí, quando a inversão é determinada *ope iudicis*, certo subjetivismo, não podendo o juiz se afastar de um critério de razoabilidade e bom senso.[28]

De qualquer forma, é sempre imprescindível que a inversão do *onus probandi* seja ordenada por meio de ato decisório devidamente motivado, permitindo, ainda, que a parte a quem atribuído tal encargo tenha plena oportunidade para dele se desincumbir.

O CPC, como se nota, optou de uma vez por todas por afastar a ideia de que a inversão do ônus da prova seria regra de julgamento, posição esta sustentada por inúmeros doutrinadores.[29]

Cuidando de comentar o art. 6º, VIII, do Código de Defesa do Consumidor, sempre defendi orientação oposta, qual seja a de que a inversão é regra de instrução e que, por esta razão, deve ser determinada antes do início da fase instrutória, na decisão declaratória de saneamento, na qual, igualmente, serão fixados, de forma precisa, os fatos que o produtor ou fornecedor deverá provar.[30]

De um modo geral, o ato decisório que modifica a normativa sobre o ônus da prova deve ser proferido antes do início da instrução da causa. Em hipótese alguma o *onus probandi* é passível de dinamização, seja esta legal ou judicial, apenas no momento da sentença, como se fosse regra de julgamento. Na verdade, qualquer alteração na estrutura da atividade probatória deve dar-se concomitantemente ao deferimento das provas, a evitar ofensa ao direito fundamental ao contraditório.[31]

Atualmente, a respeito desta questão, o Superior Tribunal de Justiça esposa entendimento uníssono. Examinando controvérsia sobre a responsabilidade de procedimento médico em cirurgia estética, a 3ª Turma proveu o Recurso Especial 1.395.254-SC, relatado pela Ministra Nancy Andrighi, asseverando que: "A jurisprudência da 2ª Seção, após o julgamento do REsp 802.832-MG, rel. Min. Paulo de Tarso Sanseverino, DJe de 21.9.2011, consolidou-se no sentido de que a inversão do ônus da prova constitui regra de instrução, e não de julgamento".[32]

8. DELIMITAÇÃO DAS QUESTÕES DE DIREITO

Para evitar qualquer risco de afronta ao princípio da congruência, estabelecido no art. 141 do CPC, e, outrossim, de atividade processual desfocada da *quaestio* ou *quaestiones iuris*, que integram o objeto litigioso, o inc. IV do art. 357, determina que a decisão de saneamento e de organização do processo, exatamente como ocorre em

---

28. V. Lucas Buril de Macêdo e Ravi Medeiros Peixoto, *Ônus da prova e sua dinamização*, p. 127.
29. V., para uma síntese da atual posição doutrinária, Camilo José D'Ávila Couto, *Dinamização do ônus da prova no processo civil*, p. 164 ss.
30. Cruz e Tucci, *Técnica processual civil do Código de Defesa do Consumidor*, Devido processo legal e tutela jurisdicional, p. 116-117.
31. Cf., nesse sentido, o detido estudo de Artur Carpes, *Ônus dinâmico da prova*, p. 137.
32. V. u., DJe 29.11.2013.

relação aos pontos fáticos essenciais, delimite as questões de direito que realmente são relevantes para o julgamento de mérito.

Por força do princípio *iura novit curia*, tais questões não ficam circunscritas àquelas suscitadas pelos litigantes. Enfatiza, a respeito, Fredie Didier Júnior[33], que o art. 10 do CPC impõe ao magistrado o dever de consultar as partes sobre qualquer questão de direito que tenha efetivo significado para o deslinde da controvérsia, afastando o perigo de ser proferida decisão baseada em fundamento surpresa, expressamente vedado pelo diploma processual em vigor.

Sempre afirmei que o ato decisório de saneamento é igualmente útil, quando fixadas tais balizas de fato e de direito, ficando elas documentadas nos autos, para auxiliar, como uma verdadeira bússola, o novo juiz da causa que eventualmente venha substituir, meses depois, o magistrado que teve o zelo de esquadrinhar o objeto do processo.

9. DESIGNAÇÃO DE AUDIÊNCIA DE INSTRUÇÃO E JULGAMENTO

Ao ensejo do saneamento, geralmente também é designada a audiência de instrução e julgamento, quando sua realização é reputada imprescindível, por ser descabido, à vista de particularidades do *thema decidendum*, o julgamento conforme o estado do processo (extinção do processo ou julgamento antecipado da lide).

Visualizando, pois, a necessidade da produção de prova oral, torna-se inafastável a realização da audiência de instrução e julgamento. Esta deverá ser designada, segundo dispõe o § 9º desse art. 357, com um intervalo mínimo de uma hora entre o seu início e o da próxima audiência. Nesse caso, dependendo da complexidade da causa e, em particular, da extensão da prova oral a ser colhida, o juiz deverá estar atento para que na designação da audiência de instrução e julgamento haja um lapso temporal razoável entre aquelas que deverão ser realizadas no mesmo dia, evitando-se perda de tempo de todos os demais envolvidos e, pior ainda, que a subsequente audiência se frustre pelo adiantado da hora.

10. PREVISÃO DE PEDIDO DE ESCLARECIMENTO FORMULADO PELAS PARTES

Diante da decisão de saneamento e organização do processo, o § 1º do art. 357 faculta às partes, sob pena de preclusão, pleito de esclarecimento ou de complementação, no prazo de 5 dias.

Em primeiro lugar, deve ser observado que a matéria sujeita à preclusão não inclui, por certo, aquela passível de impugnação por meio de recurso, a ser manejado em momento posterior. Além disso, se houver, por exemplo, redistribuição do ônus

---

33. *Curso de direito processual civil*, p. 692.

da prova (art. 373, § 1º, CPC), poderá ser interposto agravo de instrumento, a teor do disposto no art. 1.015, XI, do CPC.

Ademais, verifica-se ser redundante tal disposição legal (art. 357, § 1º), porque sempre possível, contra qualquer ato decisório, de acordo com o art. 1.022 do CPC, a oposição de embargos de declaração. Desde que seja caso de solicitar esclarecimento, será sempre preferível a parte valer-se dos embargos de declaração, que provocam a interrupção do prazo para a interposição do recurso cabível (art. 1.026), do que correr o risco da preclusão, se o juiz simplesmente rejeitar o pedido de esclarecimento.

Ressalte-se que o legislador foi demasiadamente otimista ao tratar desta matéria, partindo do pressuposto de que todos os magistrados ou pelo menos a grande maioria deles estará disposta, em regime de franca cooperação, a prestar prontamente os esclarecimentos solicitados pelas partes. Muitos e muitos juízes, pelo contrário, como soe acontecer, rejeitarão o pleito de esclarecimento sob o fundamento-bordão de que o tribunal não está obrigado a responder as dúvidas dos litigantes.

Seja como for, o pedido de esclarecimento, a ser oferecido por ambas ou por qualquer uma das partes, deverá ser formulado no prazo de 5 dias, a contar da intimação ou da audiência na qual a decisão de saneamento e de organização do processo foi proferida.[34]

11. DELIMITAÇÃO CONSENSUAL ACERCA DAS *QUESTIONES FACTI* E *IURIS*

Os demandantes têm a faculdade de apresentar ao juiz, para homologação, convenção consensual sobre a fixação das questões de fato e de direito, acima referidas. O § 2º do art. 357 diz mais: tal acordo ostenta eficácia vinculante às partes e ao juiz.

Tal regra tem certamente como fonte inspiradora o art. 12 do *Nouveau Code de Procédure Civile* francês, que autoriza as partes, de comum acordo, a delimitarem a extensão da matéria que será objeto de debate.[35]

Nota-se, ainda, sem qualquer dificuldade que a importante diretriz normativa, prevista no art. 357, § 2º, deve ser interpretada em conjunto com o art. 190 do CPC: "Versando o processo sobre direitos que admitem autocomposição, é lícito às partes plenamente capazes estipular mudanças no procedimento para ajustá-lo às especificidades da causa e convencionar sobre os seus ônus, poderes, faculdades e deveres processuais, antes ou durante o processo".

A bem da verdade, esta inovação segue orientação que tem sido prestigiada pelas experiências jurídicas mais avançadas.

---

34. Como a lei não traça qualquer distinção, permito-me discordar da posição sustentada por Fredie Didier Júnior, com apoio em opinião de Daniel Mitidiero, no sentido de que se o ato decisório de saneamento for proferido em audiência, o pleito de esclarecimento deve ser formulado até o término desta, "sob pena de preclusão" (*Curso de direito processual civil*, p. 693).

35. V., a propósito, Anne Le Gallou, *Le juge e le droit: présentation de l'article 12 NCPC*, Revue juridique de l'Ouest, p. 477 ss.

Observa-se que, em época contemporânea, buscando racionalizar a marcha do processo foi introduzida, em 1999, no sistema jurídico inglês, importante reforma – *The Woolf Reforms* –, que criou uma verdadeira comunidade de trabalho entre o juiz e as partes, visando a um maior dinamismo processual em prol da celeridade.

Cumpre salientar que nas hipóteses mais complexas, o procedimento a ser adotado pela regra 29 das *Civil Procedure Rules* é o denominado *multi-track*, que confere ao tribunal ampla liberdade de atuação, admitindo alterações na consecução dos atos processuais, em consonância com a natureza, relevância e duração da demanda.

Para o início desse respectivo procedimento é prevista a realização de um significativo ato processual, informado pela oralidade, denominado *case management conference*, ou seja, uma audiência na qual, sob a direção do juiz, em franca cooperação, as partes convencionam os limites do litígio e estabelecem, de comum acordo, o cronograma e os limites e a sequência das provas a serem produzidas.[36]

Em França e na Itália, igualmente, são atualmente admitidos, com peculiaridades próprias, acordos processuais sobre o desenrolar do procedimento.[37]

Deve ter-se presente, nesse particular, que as convenções sobre os atos procedimentais têm natureza estritamente processual, não se confundindo com os negócios propriamente ditos, que ocorrem incidentalmente no âmbito do processo e que têm por objeto o próprio direito litigioso (como, p. ex., a transação).

Diante de tais premissas, sob o aspecto dogmático, o gênero negócio jurídico processual pode ser classificado nas seguintes espécies: *a*) negócio jurídico processual (*stricto sensu*), aquele que tem por objeto o direito substancial; e *b*) convenção processual, que concerne a acordos entre as partes sobre matéria estritamente processual.

As convenções almejam, pois, alterar a sequência programada dos atos processuais prevista pela lei, mas desde que não interfiram em seus efeitos. Enquanto há disponibilidade no modo de aperfeiçoamento dos atos do procedimento, a sua eficácia descortina-se indisponível, ainda que o objeto do litígio admita autocomposição.

Trilhando esse mesmo raciocínio, frisa Dinamarco que a escolha voluntária para regrar o procedimento não vai além de se direcionar em um ou outro sentido, sem liberdade, contudo, para construir o conteúdo específico de cada um dos atos. Os seus respectivos efeitos são sempre os que resultam da lei e não da vontade das partes.[38]

---

36. V., a propósito, Cruz e Tucci, *Direito processual civil inglês*, Direito processual civil europeu (obra coletiva), p. 227 ss.

37. Consulte-se, a propósito, Loïc Cadiet, *Les convenctions relatives au procès en droit français. Sur la contractualisation du règlement des litiges*, Accordi di parti e processo – suplemento da Rivista trimestrale di diritto e procedura civile, p. 8 ss,; Remo Caponi, *Autonomia privata e processo civile: gli accordi processuali*, Accordi di parti e processo, p. 99 ss.; Maria Francesca Ghirga, *Le novità sul calendario del processo: le sanzioni previste per il suo mancato rispetto*, Rivista di diritto processuale, p. 166 ss.; e, na literatura pátria, Antonio do Passo Cabral, *Convenções processuais: entre publicismo e privatismo*, p. 109 ss.

38. *Instituições de direito processual civil*, 2, p. 475.

Assim sendo, é vetado às partes, por exemplo, estabelecerem que não se aplica a presunção de veracidade se algum fato não for contestado pelo réu, ou, ainda, atribuir peso/valor a determinada prova em relação a outro meio probatório.

Pois bem, dentre as novidades inseridas no CPC destaca-se exatamente aquela contemplada no *caput* do art. 190, acima transcrito.

É certo que as convenções de natureza processual já existiam em nosso sistema processual (dispensa de audiência, suspensão do processo, distribuição do ônus da prova, critério para a entrega de memoriais, adiamento de julgamento em segundo grau), embora sem a amplitude que agora vem prevista no novel diploma processual.[39]

Vale salientar que esta prerrogativa concedida às partes não pode ser identificada com os modos de solução consensual da controvérsia, que decorrem, como acima frisado, de verdadeiros negócios jurídicos, atinentes ao mérito da controvérsia.

Tais pactos, a exemplo do que se verifica no terreno da arbitragem, podem ser projetados antes mesmo da eclosão da lide ou celebrados incidentalmente já no curso do processo judicial. Não se afasta, pois, a possibilidade da ocorrência de mais de uma convenção processual entre as partes num mesmo processo.

Importa aduzir, em conclusão, a evitar qualquer dúvida, que as convenções processuais, amplamente admitidas pelo art. 190 do CPC, que ostentam natureza e conteúdo estritamente processual, não têm qualquer identidade dogmática com os negócios jurídicos processuais, de cunho substancial e que têm por objeto o direito controvertido.

12. COMPLEXIDADE DA CAUSA E IMPOSIÇÃO DE AUDIÊNCIA PARA O SANEAMENTO COMPARTILHADO

Inspirando-se na moderna doutrina que já adotara entre os princípios éticos que informam a ciência processual o denominado "dever de cooperação recíproca em prol da efetividade", o art. 6º do CPC objetiva desarmar todos os participantes do processo, infundindo em cada qual um comportamento pautado pela boa-fé, para se atingir uma profícua comunidade de trabalho. E isso, desde aspectos mais corriqueiros, como a simples consulta pelo juiz aos advogados da conveniência da designação de audiência numa determinada data, até questões mais complexas, como a expressa previsão de cooperação dos demandantes ao ensejo do saneamento do processo (art. 357, § 3º, CPC). Trata-se aí de *cooperação em sentido formal*.

O estatuto processual em vigor, neste particular, estabeleceu verdadeira transformação das relações entre o juiz e os litigantes, determinante do abandono definitivo de velhos hábitos forenses de desprezo pela recíproca atuação dos juízes e dos

---

39. V., sobre o tema, Robson Godinho, *Negócios processuais sobre o ônus da prova no novo Código de Processo Civil*, 2015.

patronos das partes, para abrir espaço a uma estreita colaboração, cujo resultado, qualquer que seja ele, sempre será mais profícuo.

Uma das mais emblemáticas inovações do CPC de 2015 concerne à reconfiguração da função atribuída ao juiz, que determina uma direção ativa do processo, possibilitando-lhe traçar uma rota segura que mais se adapte às exigências da causa.

Em obra que marcou época, discorrendo sobre a independência e o sentido de responsabilidade do juiz, Calamandrei asseverava que os advogados sempre devem enaltecer os magistrados "que ousam romper a regra monástica do seu silêncio para transformarem a audiência, de inútil solilóquio de um retórico diante de uma assembleia de assistentes sonolentos, num diálogo entre interlocutores vivos que procuram, por meio da discussão, compreender-se e convencer-se". Na verdade – conclui Calamandrei –, "para que as instituições judiciárias atendam às exigências de uma sociedade de homens livres, que seja banido o seu tradicional traço secreto, permitindo que também no processo permeie entre juízes e advogados este sentido de confiança, de solidariedade e de humanidade, que é em todos os campos o espírito vivificador da democracia".[40]

Verifica-se, destarte, que o CPC ampliou o sentido do art. 339 do velho diploma, agora repetido no art. 378: "*Ninguém se exime do dever de colaborar com o Poder Judiciário para o descobrimento da verdade*". Afirma-se que, nesta hipótese, a lei prevê a *cooperação em sentido material*, uma vez que faz recair sobre as partes e terceiros o dever de prestarem a sua recíproca colaboração para a descoberta da verdade.

É de ter-se presente que, além de situações de natureza técnica, que impõem a cooperação, valores de deontologia forense, sobrelevados pelos operadores do Direito – juízes, promotores e advogados –, também se inserem na esperada conduta participativa.

Pela perspectiva cooperativa por parte do tribunal despontam os deveres de prevenção, de esclarecimento, de consulta e de auxílio às partes, que podem ser resumidos da seguinte forma: *a) dever de prevenção*: cabe ao juiz apontar as inconsistências das postulações das partes, para que possam ser aperfeiçoadas a tempo (*v. g.*: emenda da petição inicial para especificar um pedido indeterminado; individualizar as parcelas de um montante que só é globalmente indicado); *b) dever de esclarecimento*: cabe ao juiz determinar às partes que prestem esclarecimentos quanto a alegações obscuras ou circunstâncias que demandem complementações; *c) dever de consulta*: cabe ao juiz colher previamente a manifestação das partes sobre questões de fato ou de direito que influenciarão o julgamento; e *d) dever de auxílio*: cabe ao juiz facilitar às partes a superação de eventuais dificuldades ou obstáculos que impeçam o exercício de direitos ou faculdades (p. ex: o juiz deve proceder à remoção de empecilho à obtenção de um documento ou informação que seja indispensável para a prática de um determinado ato processual).

---

40. *Processo e democrazia*, p. 90.

Já o dever de cooperação dos litigantes repousa no dever de se pautarem por probidade e boa-fé, de apresentarem os esclarecimentos determinados pelo juiz e de cumprirem as intimações para comparecimento em juízo. Esse dever não é apenas retórico. O art. 334 do CPC, que disciplina a audiência de conciliação e de mediação, preceitua, no § 8°, que: "*O não comparecimento injustificado do autor ou do réu à audiência de conciliação é considerado ato atentatório à dignidade da justiça e será sancionado com multa de até dois por cento da vantagem econômica pretendida ou do valor da causa, revertida em favor da União ou do Estado*", dependendo, é claro, se o aludido ato processual foi designado em processo que se desenvolve, respectivamente, perante a justiça federal ou a justiça estadual.

O mais importante é que a colaboração, ditada pelo novel diploma processual, esteja a serviço da celeridade processual na direção do julgamento de mérito. Nesse sentido, *e. g.*, dispondo sobre as cartas de comunicação processual, o art. 261, § 3°, do CPC, reza que: "*A parte a quem interessar o cumprimento da diligência cooperará para que o prazo a que se refere o caput seja cumprido*". Procura-se, assim, evitar situações que proporcionem deliberada procrastinação do procedimento ou mesmo nulidade do processo.

Aos poucos a jurisprudência passa a reconhecer o dever de cooperação, como se extrai do seguinte julgado: "Nos termos do art. 535 do CPC[1973], os embargos de declaração constituem modalidade recursal destinada a suprir eventual omissão, obscuridade e/ou contradição que se faça presente na decisão contra a qual se insurge, de maneira que seu cabimento revela finalidade estritamente voltada para o aperfeiçoamento da prestação jurisdicional, que se quer seja cumprida com a efetiva *cooperação das partes*".[41]

Os profissionais do direito sabem que há demandas bem mais intrincadas do que outras, que se diferenciam pelo grau de complexidade. Ninguém ousará discordar de que uma causa, na qual se pretende indenização por danos material e moral, provocados pelo extravio de bagagem, é mais simples do que uma ação declaratória de nulidade de um contrato, cumulada com pedidos de cancelamento de registro imobiliário e de ressarcimento por perdas e danos e lucros cessantes.

Daí, porque, nas questões mais singelas, o magistrado, em regra, prescinde de maior participação ativa das partes para proferir a decisão de saneamento e de organização do processo.

Todavia, verificando-se que, diante das circunstâncias de uma situação concreta mais complexa, sobretudo quando pairarem dúvidas e dificuldades de compreensão atinentes, precipuamente, à matéria de fato, mas, também, às questões de direito, que podem ser melhor definidas com a cooperação das partes, deverá o juiz designar

---

41. STJ, 1ª T., EDcl no AgRg no Agravo 1.300.872-CE, rel. Min. Napoleão Nunes Maia Filho, v. u., DJe de 3.2.2015.

"audiência de saneamento", para que as providências acima referidas sejam compartilhadas pelos protagonistas do processo (art. 357, § 3º, CPC).

Tal determinação, como se percebe, encontra-se em absoluta sintonia com a previsão do aludido art. 6º do CPC. Ademais, aplica-se aqui, por analogia, a regra salutar do art. 334, § 12º, segundo a qual o juiz deverá designar a audiência de saneamento com um intervalo de pelo menos 20 minutos entre o início de uma e o da próxima.

A experiência forense revela que a contribuição dos advogados na fixação dos pontos litigiosos, preparando o processo para a atividade instrutória, é quase sempre oportuna e profícua.

Convidar as partes a integrar ou esclarecer as suas respectivas alegações, como se extrai da redação do § 3º do art. 357, implica inclusive a possibilidade de aditamento ou mesmo de alteração do pedido e/ou da causa de pedir, segundo dispõe o art. 329, II, do CPC, desde que consinta o réu, assegurando-se-lhe o contraditório.

13. PROCEDIMENTO PARA A FUTURA PRODUÇÃO DE PROVA TESTEMUNHAL

Procurando igualmente racionalizar a gestão do processo, os § 4º a 7º do art. 357 do CPC contêm algumas regras sobre o procedimento da prova testemunhal. Em primeiro lugar, deferido esse meio de prova, o juiz deverá fixar um prazo comum, não superior a 15 dias, para que as partes apresentem o rol das respectivas testemunhas (§ 4º).

Quando for designada audiência de saneamento compartilhado, os litigantes terão de comparecer à audiência, cada qual munido de seu rol de testemunhas (§ 5º), cujo número não excederá a 10, sendo 3, no máximo, para depor sobre cada fato (§ 6º). O juiz, no entanto, diante das peculiaridades fáticas e da complexidade da causa, de acordo com art. 357, § 7º, tem a prerrogativa de reduzir a lista das testemunhas, prestando às partes a devida justificativa.

Numa demanda que tenha por objeto a apuração de responsabilidade pelos prejuízos ocasionados por acidente de trânsito, 10 testemunhas é realmente um número excessivo para a prova oral de circunstâncias fáticas singelas, acerca, por exemplo, da dinâmica da colisão, do excesso de velocidade ou da luz do semáforo no momento da colisão.

14. PROCEDIMENTO PARA A FUTURA PRODUÇÃO DE PROVA PERICIAL

A mesma lógica pauta a hipótese de deferimento de prova pericial, devendo o juiz, de conformidade com o disposto no art. 465 do CPC, nomear desde logo perito e fixar o prazo de entrega do laudo. Sendo também possível, o juiz deverá estabelecer, no próprio ato decisório de saneamento, o calendário para a produção da prova pericial (art. 357, § 8º, CPC).

PROTAGONISMO DO JUIZ E DAS PARTES NO SANEAMENTO E NA ORGANIZAÇÃO DO PROCESSO

Certamente muito mais eficiente, no entanto, quando o juiz alvitrar tratar-se de hipótese que recomende a prova pericial, é a realização de saneamento compartilhado, em audiência, para que, de comum acordo, os litigantes estipulem as datas das sucessivas etapas do procedimento do referido meio de prova.

Embora omissa a lei processual, sendo designada audiência, as partes deverão estar preparadas para indicar, caso deferida a produção de prova pericial, os seus respectivos assistentes técnicos e apresentar os quesitos a serem respondidos.

15. INTERVALO MÍNIMO ENTRE A REALIZAÇÃO DAS AUDIÊNCIAS DE INSTRUÇÃO E JULGAMENTO

Embora com redação criticável, porque não há clareza suficiente sobre qual audiência se está tratando, dispõe, finalmente, o § 9º do art. 357, que as pautas de audiência (por certo destinada à instrução e julgamento da causa) deverão observar um intervalo mínimo de pelo menos uma hora entre cada uma delas. A meu ver, constitui dever do juiz cuidar para que a pauta das respectivas audiências seja escalonada, de sorte a resguardar aquele interregno de tempo, entre o início de uma e o da audiência subsequente.

Não é preciso dizer que dependendo da extensão da prova oral, diante do número de testemunhas que prestará depoimento, o lapso de uma hora pode ser muito exíguo. Cabe assim ao magistrado designar a audiência de instrução e julgamento sucessiva num horário adequado, considerando-se, ainda que de forma presumida, o tempo de duração da audiência anterior.

A exemplo do § 12 do art. 334 do CPC, o supra referenciado preceito legal revela, à evidência, respeito às partes e aos seus procuradores, uma vez que, na praxe forense, inclusive atualmente, inúmeras audiências são designadas para um único horário ou com intervalo mínimo, ficando pois comprometida a tarde toda dos mencionados atores do processo, que permanecem nas dependências do fórum durante horas e horas, aguardando o pregão para o início da audiência que lhes interessa.

16. LIMITES DA EFICÁCIA PRECLUSIVA DA DECISÃO DE SANEAMENTO

Considerada a relevância da decisão de saneamento e de organização do processo, torna-se oportuno examinar a extensão da eficácia preclusiva no que se refere ao seu respectivo núcleo decisório.

Invoque-se, a propósito, como ponto de partida, a regra do *caput* art. 505 do CPC: "Nenhum juiz decidirá novamente as questões já decididas relativas à mesma lide".

Comentando o art. 471 do diploma revogado, correspondente a este dispositivo, praticamente com a mesma redação, Moniz de Aragão esclarece serem duas as suas finalidades: uma atinente à coisa julgada e outra à preclusão.[42]

---

42. *Sentença e coisa julgada - Exegese do Código de Processo Civil*, p. 264.

É até intuitivo que, diante da segurança jurídica assegurada com a formação da coisa julgada, o que foi definitivamente decidido não é passível de ser novamente objeto de julgamento. E isso deve ocorrer não apenas no âmbito do mesmo processo, como, igualmente, em processo sucessivo.

Saliente-se, inicialmente, que a expressão "questões decididas" imbrica-se à doutrina de Carnelutti, relativa à distinção entre "processo integral" (contendo toda a lide) e "processo parcial" (contendo apenas parte da lide), sempre dependendo do poder de disposição do demandante quanto à delimitação do objeto litigioso.[43]

No entanto, sobretudo com a expressa admissão, pelo CPC (art. 203, § 2º), de decisão interlocutória de mérito, é possível que esta se torne, no curso do processo, indiscutível, diante da preclusão.

Não sendo ela impugnada por meio de agravo de instrumento (art. 1.015, II), transita em julgado, adquirindo o *status* de coisa julgada material. Outro regime é reservado às questões de natureza processual. Apreciadas e julgadas estas no curso do processo, em especial, no ato decisório de saneamento, somente poderão ser impugnadas, dependendo do objeto da decisão, por agravo de instrumento, ou, então, no momento oportuno, por meio de apelação. Todavia, tratando-se de matéria de ordem pública, o juiz poderá revê-las, enquanto não exaurida a sua jurisdição, diante da inexistência de preclusão *pro iudicato*.

Enfatiza Sérgio Porto que, embora indiferente a natureza do ato decisório, sentença ou interlocutória, sendo de mérito, toda a matéria que tenha se caracterizado como questão controvertida e que tenha provocado julgamento, não sendo impugnada ou não sendo mais passível de recurso, adquire estabilidade, vedando nova decisão, por incidência da coisa julgada material.[44]

Sob outra perspectiva, dentre as espécies de preclusão, em relação aos protagonistas do processo, há ainda a denominada preclusão *pro iudicato*, pela qual é vedado ao juiz decidir questão de mérito já julgada.

Assim, a preclusão, normalmente, atinge a atividade dos demandantes, mas, igualmente, pode também ocorrer em relação ao órgão jurisdicional, impondo-lhe o obstáculo de não mais poder decidir matéria de mérito, referente a direito disponível, a qual, nos termos do *caput* do art. 505, foi objeto de precedente julgamento.

Cumpre deixar claro que a vedação no sentido de desautorizar o juiz a rever anterior ato decisório concerne apenas questões de direito disponível, atinentes ao mérito, uma vez que, consoante o disposto no art. 485, § 3º, do CPC, não alcança a matéria de natureza processual de ordem pública, que pode ser reexaminada, pelo próprio juiz da causa, até o momento de proferir sentença.

---

43. *Istituzioni del processo civile italiano*, v. 1, p. 255-256.
44. *Comentários ao Código de Processo Civil*, p. 206.

Fredie Didier Júnior, enfrentando esta questão já sob as novas regras processuais, sustenta diferente opinião, trazendo inúmeros argumentos que convidam à reflexão. Embora entendendo que o art. 485, § 3º, do CPC, autoriza a cognição em qualquer grau e tempo de jurisdição da matéria arrolada nos respectivos incs. IV, V, VI e IX, isso somente ocorrerá se não tiver sido precedentemente examinada: "convém precisar a correta interpretação que se deve dar ao enunciado do § 3º do art. 485 do CPC. O que ali se permite é o conhecimento, a qualquer tempo, das questões relacionadas à admissibilidade do processo – não há preclusão para a verificação de tais questões, que podem ser conhecidas *ex officio*, até o trânsito em julgado da decisão final, mesmo pelos tribunais. Mas não há qualquer referência no texto legal à inexistência de preclusão em torno das questões *já decididas*".[45]

Se fosse consistente esta linha de raciocínio, quando já decidida, por exemplo, em primeiro grau uma preliminar de natureza processual, não impugnada a decisão por meio do recurso cabível, o tribunal estaria impedido de reexaminá-la de ofício, porque coberta pela preclusão. Na verdade, o tribunal não só pode como deve enfrentar as questões de ordem pública, visto que não há se falar em preclusão *pro iudicato* sobre esta matéria.

Tive oportunidade de examinar esta problemática sob a égide do CPC revogado, valendo-me da lição de Galeno Lacerda.[46] Na verdade, há ensinamentos que se perpetuam. Como a redação do atual *caput* do art. 505 é praticamente a mesma da anterior (art. 471 CPC/1973), invoco mais uma vez a doutrina do insigne processualista gaúcho, ainda atual, ao refutar a posição de Liebman, no sentido da impossibilidade de ser reavivado, no curso do processo, o exame acerca de questões cujo deslinde já havia sido coberto pela preclusão.

Com efeito, após sistematizar as nulidades processuais e tentar solucionar os problemas que defluíam da atividade saneadora do juiz, Galeno Lacerda afirmava que: "a violação de normas imperativas, ao contrário do que ocorre com a anulabilidade, deve ser declarada de ofício pelo magistrado. Enquanto, porém, a ofensa à lei reclamada pelo interesse público provoca nulidade insanável, a infração de preceito imperativo ditado em consideração a interesse da parte impede o juiz a tentar o suprimento, antes de declarar a nulidade. Ora, o problema da preclusão de decisões *no curso do processo* é substancialmente diverso do problema da preclusão das decisões *terminativas*. Enquanto nestas o magistrado esgota a jurisdição, extinguindo a relação processual, naquelas ele *conserva a função jurisdicional*, continua preso à relação do processo. Em face desta premissa, a pergunta se impõe: Pode o magistrado, que conserva a jurisdição, fugir ao mandamento de norma imperativa, que o obriga a agir de ofício, sob pretexto de que a decisão interlocutória precluiu? Reconhecido

---

45. *Curso de direito processual civil*, p. 699.
46. Cruz e Tucci, *Sobre a eficácia preclusiva da decisão declaratória de saneamento*, Temas polêmicos de processo civil, p. 49 ss., com arrimo na obra de Galeno Lacerda, *Despacho saneador*, escrita sob a vigência do CPC de 1939.

o próprio erro, poderá a falta de impugnação da parte impedi-lo de retratar-se? Terá esta com sua anuência, tal poder de disposição sobre a atividade ulterior do juiz? A resposta, evidentemente, no caso, deve ser negativa. Se o juiz conserva a jurisdição, para ele não preclui a faculdade de reexaminar a questão julgada, desde que ela escape à disposição da parte, por emanar de norma processual imperativa. Daí se conclui que a preclusão *no curso do processo* depende, em última análise da disponibilidade da parte em relação à matéria decidida. Se indisponível a questão, a ausência de recurso não impede o reexame pelo juiz. Se disponível, a falta de impugnação importa concordância tácita à decisão. Firma-se o efeito preclusivo não só para as partes, mas também para o juiz, no sentido de vedada se torna a retratação".[47]

Desse modo, também sob a vigência do CPC de 2015, se depois de ter proferido a decisão de saneamento, enquanto não esgotada a jurisdição, entender o juiz que se equivocara quanto às matérias arroladas nos incs. IV, V, VI e XI do art. 485 e no inc. II do art. 487, impõem-lhe a função de dirigente do processo e o dever de velar pela duração razoável do processo (art. 139), reexaminá-la e resolvê-la novamente. É o que determina o art. 485, § 3º, no sentido de autorizar ao juiz conhecer de ofício das supra aludidas matérias, até que, à evidência, não tenha exaurido a sua própria jurisdição.[48]

Esta mesma orientação tem prevalecido atualmente em nossos tribunais, como, v. g., colhe-se em acórdão da 3ª Turma do Superior Tribunal de Justiça, no Agravo Regimental no Recurso Especial 1.377.422-PR, relatado pelo Ministro Ricardo Villas Bôas Cueva: "Nos termos da jurisprudência desta Corte as matérias de ordem pública decididas por ocasião do despacho saneador não precluem, podendo ser suscitadas na apelação, ainda que a parte não tenha interposto o recurso de agravo".[49]

Em senso análogo, a 2ª Turma, a seu turno, por ocasião do julgamento do Recurso Especial 1.483.180-PE, com voto condutor do Ministro Herman Benjamin, assentou, à unanimidade de votos, que: "Esta Corte Superior possui entendimento consolidado de que as matérias de ordem pública decididas por ocasião do despacho saneador não precluem, podendo ser suscitadas na apelação, ainda que a parte não tenha interposto o recurso de agravo".[50]

---

47. *Despacho saneador*, p. 160-161.
48. V., em senso análogo, sob o regime do CPC/1973, Moacyr Amaral Santos, *Primeiras linhas de direito processual civil*, v. 2, p. 299.
49. V. u., DJe 17.4.2015. Confira-se, outrossim, STJ, 3ª T., EDcl no Ag 1.378.731-PR, rel. Min. João Otávio de Noronha, v. u., DJe 24.5.2013: "As matérias de ordem pública decididas por ocasião do despacho saneador não precluem, podendo ser suscitadas na apelação, ainda que a parte não tenha interposto o recurso de agravo".
50. DJe 27.11.2014. O STJ, por paradoxal que possa parecer e de forma injustificada, considera a arguição de prescrição como mera exceção, em afronta à letra do art. 487, II, do CPC: 4ª T., AgRg no AREsp 411.528-MG, Min. Raul Araújo, v. u., DJe 11.5.2015: "Conforme assentado na jurisprudência desta Corte, 'Afastada a prescrição no despacho saneador e não havendo recurso, opera-se a preclusão, não sendo admissível a rediscussão da matéria no âmbito de apelação. Precedentes: AgREsp 1.013.225/SC, rel. Min. Humberto Martins, DJe 4.2.9; AgREsp 1.069.442-PR, rel. Min. Sidnei Beneti, DJe 3.11.8; AgREsp 1.045.481-PR, rel. Min. Massami Uyeda, DJe 28.8.8; REsp 706.754-RJ, rel. Min. João Otávio de Noronha, DJe 5.5.8; REsp

17. REFERÊNCIAS BIBLIOGRÁFICAS

ARAGÃO, Egas Dirceu Moniz de. *Sentença e coisa julgada Exegese do Código de Processo Civil*, Rio de Janeiro, Aide, 1992.

BAUR, Fritz. *Wege zu einer Konzentration der mündlichen Verhandlung im Zivilprozess*, Beiträge zur Gerichtsverfassung und zum Zivilprozessrecht, Tübingen, Mohr, 1983.

BEDAQUE, José Roberto dos Santos. *Efetividade do processo e técnica processual: tentativa de compatibilização*, São Paulo, Malheiros, 2006.

_____. *Instrumentalismo e garantismo: visões opostas do fenômeno processual?*, artigo inédito.

_____. *Poderes instrutórios do juiz*, 5ª ed., São Paulo, Ed. RT, 2011.

BENDER, Rolf. *The Stuttgart Model*, Acess to Justice, v. 2, t. 2, ed. Cappelletti e Weisner, Milano-Sijthoff, Giuffrè-Alphen aan den Rijn, 1979.

CABRAL, Antonio do Passo. *Convenções processuais: entre publicismo e privatismo*, tese de livre-docência, Faculdade de Direito da USP, 2015.

CADIET, Loïc. *Les convenctions relatives au procès en droit français. Sur la contractualisation du règlement des litiges*, Accordi di parti e processo suplemento da Rivista trimestrale di diritto e procedura civile, 2008.

CALAMANDREI, Piero. *Processo e democrazia*, Padova, Cedam, 1954.

CAPONI, Remo. *Autonomia privata e processo civile: gli accordi processuali*, Accordi di parti e processo – suplemento da Rivista di diritto e procedura civile, 2008.

CARNELUTTI, Francesco. *Istituzioni del processo civile italiano*, v. 1, 5ª ed., Roma, Foro Italiano, 1956.

CARPES, Artur. *Ônus dinâmico da prova*, Porto Alegre, Livraria do Advogado, 2010.

CARPI, Federico. *Reflections on the Harmonization of Civil Procedural Law in Europe in Relation to the 1968 Brussels Convention*, Scritti in onore di F. Mancini, 2, Milano, Giuffrè, 1998.

CIPRIANI, Franco. *Nel centenario del regolamento di Klein (il processo civile tra libertà e autorità)*, Rivista di diritto processuale, 1995.

_____. *Prefazione* à edição italiana do livro de Montero Aroca, *I principi politici del nuovo processo civile spagnolo*, Napoli, ESI, 2002.

COMOGLIO, Luigi Paolo, FERRI, Corrado e TARUFFO, Michele. *Lezioni sul processo civile*, Bologna, Mulino, 1995.

COUTO, Camilo José D'Ávila. *Dinamização do ônus da prova no processo civil*, Curitiba, Juruá, 2014.

593.776-MG, rel. Min. Denise Arruda, DJU 4.12.6' (2ª T., REsp 1.147.112-PR, rel. Min. Castro Meira, DJe 19.8.2010)"; 2ª T., REsp 1.276.048-SP, Min. Assusete Magalhães, v. u., DJe 12.2.2015: "Hipótese em que o juiz de 1º grau, após afastar a tese de prescrição do direito de ação, no despacho saneador – contra o qual não foi interposto qualquer recurso –, novamente decidiu a questão, quando da prolação da sentença, acolhendo a referida prejudicial de mérito, reexaminando matéria preclusa, questão que já se encontrava acobertada pela preclusão também para o Tribunal de origem, em flagrante afronta ao art. 471 do CPC. 'O art. 471[CPC/1973] do CPC é peremptório ao prescrever que nenhum juiz decidirá de novo as questões já decididas – precisamente por falar em nenhum juiz o texto dessa disposição abrange também o juiz da causa, manifestamente compreendido na generalidade do advérbio'. Esse artigo também se aplica às decisões interlocutórias... Esta Corte firmou o entendimento segundo o qual, 'afastada a prescrição no despacho saneador e não havendo a interposição de recurso, não pode o Tribunal, em sede de apelação, sob pena de vulneração do instituto da preclusão, proferir nova decisão sobre a matéria'...".

CRUZ E TUCCI, José Rogério e TUCCI, Rogério Lauria. *Indevido processo legal decorrente da apresentação simultânea de memoriais*, Devido processo legal e tutela jurisdicional, São Paulo, Ed. RT, 1993.

_____. *Direito processual civil inglês*, Direito processual civil europeu contemporâneo (obra coletiva), coord. Cruz e Tucci, São Paulo, Lex, 2010.

_____. *Lineamentos da nova reforma do CPC*, 2ª ed., São Paulo, Saraiva, 2002.

_____. *Sobre a eficácia preclusiva da decisão declaratória de saneamento*, Temas polêmicos de processo civil, São Paulo, Saraiva, 1990.

_____. *Técnica processual civil do Código de Defesa do Consumidor*, Devido processo legal e tutela jurisdicional, São Paulo, Ed. RT, 1993.

DE CRESCI SOBRINHO, Elício. *Dever de esclarecimento e complementação no processo civil*, Porto Alegre, Fabris, 1988.

DIDIER JÚNIOR, Fredie. *Curso de direito processual civil*, v. 1, 17ª ed., Salvador, Jus Podivm, 2015.

DINAMARCO, Cândido Rangel. *Instituições de direito processual civil*, 2, 6ª ed., São Paulo, Malheiros, 2009.

FAZZALARI, Elio. *Per un processo comune europeo*, Rivista trimestrale di dirittto e procedura civile, 1994.

_____. *Prefazione*, La giustizia civile nei paesi comunitari, obra coletiva dir. Elio Fazzalari, Padova, Cedam, 1994.

FERRI, Corrado, TARUFFO, Michele e COMOGLIO, Luigi Paolo. *Lezioni sul processo civile*, Bologna, Mulino, 1995.

GANUZAS, Francisco Javier Ezquiaga. Iura novit curia y *aplicación judicial del derecho*, Valladolid, Lex Nova, 2000.

GHIRGA, Maria Francesca. *Le novità sul calendario del processo: le sanzioni previste per il suo mancato rispetto*, Rivista di diritto processuale, 2012.

GODINHO, Robson. *Negócios processuais sobre o ônus da prova no novo Código de Processo Civil*, São Paulo. Ed. RT, 2015.

GRUNSKY, Wolfgang. *Il cosiddetto "Modello di Stoccarda" e l'accelerazione del processo civile tedesco*, Rivista di diritto processuale, 1971.

LACERDA, Galeno. *Despacho saneador*, Porto Aledre, Sulina, 1953.

LEBRE DE FREITAS, José. *Introdução ao processo civil. Conceito e princípios gerais à luz do Código revisto*, Coimbra, Coimbra Ed., 1996.

_____. *Revisão do processo civil*, Revista da Ordem dos Advogados, Lisboa, 55, 1995.

LE GALLOU, Anne. *Le juge e le droit: présentation de l'article 12 NCPC*, Revue juridique de l'Ouest, v. 8, n. 4, 1995.

LUCON, Paulo Henrique dos S. *Código de Processo Civil anotado* (obra coletiva), AASP-OAB/PR, 2015.

MACÊDO, Lucas Buril e PEIXOTO, Ravi Medeiros. *Ônus da prova e sua dinamização*, Salvador, Jus Podivum, 2014.

MACHADO, António Montalvão e PIMENTA, Paulo. *O novo processo civil*, 2ª ed., Coimbra, Almedina, 2000.

MONTELEONE, Girolamo. *Principi e ideologie del processo civile: impressioni di un "revisionista"*, Rivista trimestrale di diritto e procedura civile, 2003 (= *Principios e ideologías del proceso civil: impresiones de "un revisionista"*, Proceso civil e ideología, coord. Juan Montero Aroca, Valencia, Tirant lo Blanch, 2006).

MONTERO AROCA, Juan *et alii. El nuevo proceso civil (Ley 1/2000)*, Valencia, Tirant Lo Blanch, 2000.

_____. *Síntesis de las concepciones históricas del proceso civil*, Teoría & Derecho – Revista de pensamento jurídico, 7, Tirant lo Blanch, Valencia, 2010.

_____. *El proceso civil llamado "social" como instrumento de "justicia" autoritaria*, Proceso civil e ideología, coord. Juan Montero Aroca, Valencia, Tirant lo Blanch, 2006.

NEGRÃO, Theotonio *et alli. Código de Processo Civil e legislação processual em vigor*, 48ª ed., São Paulo, 2017.

OLIVEIRA, Carlos Alberto Alvaro de. *O juiz e o princípio do contraditório*, Revista do Advogado da AASP, n. 40, 1993 (= Revista de Processo, 73, 1994).

PEIXOTO, Ravi Medeiros e MACÊDO, Lucas Buril. *Ônus da prova e sua dinamização*, Salvador, Jus Podivum, 2014.

PICÓ I JUNOY, Joan. *El derecho procesal entre el garantismo y la eficacia: un debate mal planteado*, Proceso civil e ideología, coord. Juan Montero Aroca, Valencia, Tirant lo Blanch, 2006.

_____. *Las garantías constitucionales del proceso*, Barcelona, Bosch, 1997.

PORTO, Sérgio. *Comentários ao Código de Processo Civil*, v. 6, São Paulo, Ed. RT, 2000.

REIS, José Alberto dos. *Breve estudo sobre a reforma do processo civil e comercial*, 2ª ed., Coimbra, Coimbra Ed., 1929.

RICCI, Gian Franco. *Principi di diritto processuale generale*, Torino, Giappichelli, 1995.

SANTOS, Moacyr Amaral. *Primeiras linhas de direito processual civil*, v. 2, 26ª ed., São Paulo, Saraiva, 2010.

SERRA DOMÍNGUEZ, Manuel. *La Ley 1/2000 sobre enjuiciamiento civil*, Barcelona, J. M. Bosch, 2000.

SOARES, Fernando Luso. *Processo civil de declaração*, Coimbra, Almedina, 1985.

SOUSA, Miguel Teixeira de. *Apreciação de alguns aspectos da "revisão do processo civil – projecto"*, Revista da Ordem dos Advogados, 55, 1995.

STEIN, Eric. *Un nuovo diritto per l'Europa*, trad. it. Ilaria Mattei, Milano, Giuffrè, 1991.

STEIN, Peter. *I fondamenti del diritto europeo – Profili sostanziali e processuali dell'evoluzione dei sistemi giuridici*, Milano, Giuffrè, 1995.

STORME, Marcel. *Diritto processuale internazionale*, La giustizia civile nei paesi comunitari, obra coletiva dir. Elio Fazzalari, Padova, Cedam, 1994.

_____. *Perorazione per un diritto giudiziario europeo*, Rivista di diritto processuale, 1986.

TARUFFO, Michele, COMOGLIO, Luigi Paolo e FERRI, Corrado. *Lezioni sul processo civile*, Bologna, Mulino, 1995.

_____. *Calamandrei e le riforme del processo civile*, Piero Calamandrei – Ventidue saggi su un grande maestro, Per la storia del pensiero giuridico moderno, 32, coord. Paolo Barile, Milano, Giuffrè, 1990.

TROCKER, Nicolò. *Processo civile e constituzione – Problemi di diritto tedesco e italiano*, Milano, Giuffrè, 1974.

VAZ, Teresa Sapiro Anselmo. *Novas tendências do processo civil no âmbito do processo declarativo comum (alguns aspectos)*, Revista da Ordem dos Advogados, Lisboa, 55, 1995.

VERDE, Giovanni, *Le ideologie del processo in un recente saggio*, Rivista di diritto processuale, 2002 (= *Las ideologías del proceso en un reciente ensayo*, Proceso civil e ideología, coord. Juan Montero Aroca, Tirant lo Blanch, Valencia, 2006).

REFLEXÕES SOBRE OS TERMOS E PRAZOS PROCESSUAIS: O LOCAL DA SUSPENSÃO

José Luiz Gavião de Almeida

Livre-Docente e Doutor em Direito Civil pela Faculdade de Direito da USP; Professor Titular da Faculdade de Direito da Universidade de São Paulo; Professor de Direito Civil do UNASP; Mestre, Desembargador do Tribunal de Justiça do Estado de São Paulo.

Rodrigo da Silveira Barcellos

Mestre em Sociedade da Informação pela FMU e Doutorando em Direito Civil pela Universidade de Coimbra; Professor Titular da Faculdade de São Paulo, Assistente de Desembargador no Tribunal de Justiça do Estado de São Paulo.

Sumário: 1. Introdução – 2. Termo e prazo – 3. Artigo 224 do CPC – 4. Local para a suspensão – 5. Conclusões – 6. Referências bibliográficas.

1. INTRODUÇÃO

Com o intuito da pacificação social e da realização da justiça, o processo e seus procedimentos são os meios para a efetivação da jurisdição[1], poder estatal, exercido mediante as atividades disciplinadas pela Constituição e pela lei[2].

O código de Processo Civil de 2015 trouxe algumas modificações relativamente aos prazos processuais.

A conceituação de prazo é esclarecida como o intervalo de tempo estabelecido para que, dentro dele, os atos jurídicos sejam praticados; desde que processual a natureza do ato, ter-se-á um prazo processual. Classificado o ato, segundo a sua origem, em legal e judicial, e este último tratado no art. 218 do Código de Processo Civil, deve ser praticado nos prazos fixados em lei, cabendo, em caso de omissão, ao juiz fixar o seu tamanho, levando em conta a complexidade do ato a ser praticado (art. 218 § 1º) ou em cinco dias se o juiz não tiver assinalado sua duração (art. 218 §3º)[3].

No caso de processo eletrônico, as partes terão as vinte e quatro horas do dia para peticionar (artigo 213):

---

1. NEVES, Daniel Amorim Assumpção. Manual de Direito Processual Civil. 8ª ed. Salvador. JusPodivm, 2016.1-2.
2. DINAMARCO, Cândido Rangel; LOPES, Bruno Vasconcelos Carrilho. Teoria Geral do Novo Processo Civil. São Paulo: Malheiros, 2016. p. 77.
3. CÂMARA, Alexandre Freitas. O Novo Processo Civil Brasileiro. 2. Ed. São Paulo: Atlas, 2016. p. 135.

> Art. 213. A prática eletrônica de ato processual pode ocorrer em qualquer horário até as 24 (vinte e quatro) horas do último dia do prazo.
>
> Parágrafo único. O horário vigente no juízo perante o qual o ato deve ser praticado será considerado para fins de atendimento do prazo.

Não estão mais, as partes, por seus Advogados, limitadas ao horário de funcionamento do Fórum.

Estabeleceu-se, outrossim, garantia efetiva para a prática dos atos processuais, tanto que se for criado obstáculo em detrimento da parte, esse período em que ela esteve inibida de atuar lhe será devolvido (artigo 221):

> Art. 221. Suspende-se o curso do prazo por obstáculo criado em detrimento da parte ou ocorrendo qualquer das hipóteses do art. 313, devendo o prazo ser restituído por tempo igual ao que faltava para sua complementação.

Também se garantiu-se a prorrogação do prazo em Comarcas de difícil acesso (artigo 222).

> Art. 222. Na comarca, seção ou subseção judiciária onde for difícil o transporte, o juiz poderá prorrogar os prazos por até 2 (dois) meses.

Permitiu-se, por justa causa, a prática dos atos processuais cujo prazo já decorreu (artigo 223).

> Art. 223. Decorrido o prazo, extingue-se o direito de praticar ou de emendar o ato processual, independentemente de declaração judicial, ficando assegurado, porém, à parte provar que não o realizou por justa causa.
>
> § 1º Considera-se justa causa o evento alheio à vontade da parte e que a impediu de praticar o ato por si ou por mandatário.
>
> § 2º Verificada a justa causa, o juiz permitirá à parte a prática do ato no prazo que lhe assinar.

Relativamente ao processo eletrônico, manteve-se a sistemática do prazo ser iniciado no dia útil seguinte ao da publicação (artigo 224 § 3º)[4], mas como da publicação considera-se o dia útil seguinte ao da disponibilização da informação no Diário Eletrônico da Justiça (artigo 224 § 2º).

---

4. Art. 224. Salvo disposição em contrário, os prazos serão contados excluindo o dia do começo e incluindo o dia do vencimento.

   § 1º Os dias do começo e do vencimento do prazo serão protraídos para o primeiro dia útil seguinte, se coincidirem com dia em que o expediente forense for encerrado antes ou iniciado depois da hora normal ou houver indisponibilidade da comunicação eletrônica.

   § 2º Considera-se como data de publicação o primeiro dia útil seguinte ao da disponibilização da informação no Diário da Justiça eletrônico.

   § 3º A contagem do prazo terá início no primeiro dia útil que seguir ao da publicação.

A forma de contagem dos prazos ganhou inovador e interessante regra no artigo 219 do Código de Processo Civil. Diz esse dispositivo que "*na contagem de prazo em dias, estabelecido por lei ou pelo juiz, computar-se-ão somente os dias úteis*".

O inovador dispositivo, que põe de fora da contagem os feriados (artigo 214), entre os quais se incluem os sábados, os domingos e os dias em que não haja expediente forense (artigo 216)[5], o período do recesso forense[6] compreendido entre 20 de dezembro e 20 de janeiro[7] (artigo 220)[8], os dias de calamidade pública (artigo 222 § 2º)[9], o tempo que por justa causa impediu o ato processual (aqui só para o termo final), o termo inicial ou final que coincida com dia de expediente forense abreviado ou que não contar com comunicação eletrônica (artigo 224 § 1º) e a vontade das partes homologada pelo juiz, mesmo em se tratando de ato peremptório (artigo 222 § 1º).

Toda essa legislação nova, entretanto, deve ser analisada e interpretada levando em consideração os objetivos do legislador, o primordial, com certeza, a obtenção da tão reclamada celeridade processual.

Mas outros escopos foram buscados. E não se pode deixar de considerar, entre eles, a preocupação com o Advogado, sua atuação em defesa dos interesses das partes, a facilitação dos prazos, o que se deu com uniformização deles, e a possibilidade de efetiva utilização do tempo para a prática dos atos processuais.

---

5. Art. 216. Além dos declarados em lei, são feriados, para efeito forense, os sábados, os domingos e os dias em que não haja expediente forense.
6. MARCACINI, Augusto Tavares Rosa. "Intimações judiciais por via eletrônica: riscos e alternativas", in Boletim de Doutrina ADCOAS n. 24, p. 480-488.
7. Nesta discussão o estudo legislativo 213 do Senado Federal, assim tratou: "A despeito de o CPC/2015 erroneamente designar de "férias forenses" (art. 214) a suspensão dos prazos e audiências no período compreendido entre 20 de dezembro e 20 9 de janeiro de cada ano, na verdade tal suspensão não implica inatividade judiciária, na medida em que os juízes, os membros do Ministério Público, da Defensoria Pública e da Advocacia Pública e os auxiliares da Justiça deverão exercer suas atribuições normalmente durante esse mesmo período (§ 1º do art. 220). O que se percebe é que apenas não se realizarão audiências nem sessões de julgamento no mencionado período, em que ficará suspenso o curso dos prazos processuais, de maneira a propiciar aos advogados privados um período minimamente prolongado de descanso, atendendo a uma antiga reivindicação da classe, sem prejuízo, porém, das citações, intimações, penhora e da tutela de urgência (art. 214)". Fonte: https://www12.senado.leg.br/publicacoes/estudos-legislativos/tipos-de-estudos/textos-para-discussao/td213. Acesso em 21/11/2018.
8. Observe-se que a suspensão deste prazo é apenas em favor das partes, pois os Juízes, Ministério Público, Defensoria e Advocacia Pública não têm o prazo suspenso.
9. Art. 222. Na comarca, seção ou subseção judiciária onde for difícil o transporte, o juiz poderá prorrogar os prazos por até 2 (dois) meses.

    § 1º Ao juiz é vedado reduzir prazos peremptórios sem anuência das partes.

    § 2º **Havendo calamidade pública, o limite previsto no caput para prorrogação de prazos poderá ser excedido.**

2. TERMO E PRAZO

Em sentido comum as expressões não diferem. Termo é definido como "tempo determinado, prazo".[10] Prazo vem descrito como "prazo; tempo determinado; espaço de tempo durante o qual deve realizar-se alguma coisa".[11]

Na acepção jurídica as expressões têm significado diverso, conquanto complementares. Termo é o dia em que começa ou se extingue a eficácia de um ato jurídico.[12] Percebe-se a possibilidade de dividir o termo em inicial ou final, conforme diga respeito ao início ou fim o tempo em que se inicia ou se extingue o ato jurídico.

Já "o prazo é o lapso de tempo transcorrido entre a declaração de vontade e o advento do termo"[13], que seja ele inicial ou final. É a quantidade de tempo que medeia um termo inicial e um final.

O prazo é mais utilizado pelas leis para indicar qual o período que tem as partes ou todos que atuam no processo para a prática de seus atos.

No estabelecimento do período de prática do ato é de suma importância a identificação do termo inicial desse prazo e do seu termo final.

Ao estabelecer, a lei, o prazo em que devem os atos ser praticados, deve identificar como são determinados os termos iniciais ou finais, sem o que impossível é saber quando se inicia a contagem do prazo e qual o último instante em que esse ato deve ser realizado.

Vale destacar que quanto ao termo, no que diz respeito ao processo eletrônico, o legislador utilizou diversos dispositivos, que precisam ser bem entendidos para não deixar certa dúvida a respeito da sua ocorrência.

3. ARTIGO 224 DO CPC

O artigo 224 manda que os prazos sejam contados excluindo-se o dia do começo e incluindo-se o dia do vencimento. Mas o parágrafo terceiro desse dispositivo diz que a contagem do prazo terá início no primeiro dia útil que se seguir à publicação, lembrando que a publicação se considera acontecida no dia seguinte à sua disponibilidade no diário eletrônico.

Os dispositivos indicam que o prazo inicial se dá no primeiro dia útil após a publicação, e que esta, em caso de publicação eletrônica, não é o dia de sua disponibilização na mídia, mas o dia seguinte. Assim, publicada eletronicamente a deter-

---

10. Dicionário Aurélio Eletrônico.
11. Idem.
12. BEVILÁQUA, Clóvis. Código Civil dos Estados Unidos do Brasil. 3ª ed. Rio de Janeiro: Francisco Alves, 127. Volume I comentários ao artigo 123.
13. RODRIGUES, Silvio. Direito Civil, Parte Geral, 34ª ed. Saraiva. São Paulo. p. 258.

minação para a prática do ato no dia 10, fica entendida como acontecida no dia 11 e o termo inicial se inicia no dia 12, se dia útil (§ 1º do artigo 224 do CPC).

O Código não estabeleceu, entretanto, regra sobre prorrogação ou não do prazo em caso de a publicação ter ocorrido em domingo ou feriado. Melhor é entender que o artigo 224, *caput*, do CPC manda considerar o dia da publicação, fazendo-o começar apenas se ocorrer em *dia útil*. Se assim não for, o escopo do legislador de facilitar a vida do Advogado, garantindo-lhe a necessidade de trabalhar apenas nos dias úteis, ficará frustrada. Isso porque terá ele, obrigatoriamente, que acompanhar as publicações acontecidas em sábados, domingos e feriados, para ter garantido o tempo que se lhe deu para a prática do ato a que está obrigado[14].

A fórmula de contagem do prazo, com a exclusão do dia de início, foi medida imaginada para que o Advogado pudesse ter livres todos os dias do prazo que lhe foi dado para a prática do ato. Não quis o legislador que o primeiro dia coincidisse com o da ciência da obrigação de atuar. Esse objetivo, entretanto, não seria alcançado se o dia da publicação caísse em dia de alforria no trabalho, que deixaria de assim ser em havendo obrigação do Advogado de consultar os meios de comunicação dos atos processuais.

Lembre-se, outrossim, que há prazos exíguos, alguns contados em horas. Se o dia da publicação pudesse ser considerado como ocorrido num domingo ou feriado, teria o Advogado, no primeiro dia útil seguinte, que tomar conhecimento da determinação e realiza-la, nem sempre em condições de fazê-lo.

Por isso, parece mais coerente com a sistemática imaginada pelo legislador que se a disponibilidade na mídia se der numa sexta-feira, por exemplo, que o dia em que ela se deu seja considerado a segunda-feira, a publicação na terça-feira e o início do prazo na quarta-feira. Se a determinação se der numa sexta-feira, deve a publicação ser considerada ocorrida na segunda-feira e o prazo inicial considerado a terça-feira.

4. LOCAL PARA A SUSPENSÃO

Também interessante se mostra a solução dos prazos que correm em processos eletrônicos, quando o Advogado não mantiver escritório no Juízo onde corre o feito. É que pode o termo final ou inicial acontecer em feriado municipal da Comarca do processo e o Advogado manter escritório em outra cidade, ou vice-versa.

Se na Comarca onde corre o processo há expediente normal, e o Advogado tem escritório em cidade que guarda feriado, surge a dúvida em saber se nesse dia corre ou não o prazo, isto é, se estaria o Advogado sujeito ou não ao termo fatal por ser dia útil na cidade onde corre o feito.

---

14. Nesse sentido: GAJARDONI, Fernando da Fonseca. Teoria Geral do Processo – Comentários ao CPC de 2015. São Paulo: Método, 2015. p. 701.

A solução pela contagem dos prazos consoante o dia é útil na Comarca por onde corre o processo parece a mais fácil. É mais simples, e conta com a tradição, pois os prazos processuais são suspensos ou não conforme as contingências do local onde o processo está.

A sistemática, entretanto, está completamente modificada.

A contagem do prazo, de dias corridos para dias úteis, teve evidente e indiscutível propósito, qual seja, atender a anseios dos Advogados. A interpretação que deve ser feita, por isso, deve levar em consideração o atendimento dos interesses dos Advogados.

O processo eletrônico, como se viu, caminha para uma falta de identidade territorial. Não mais está ligado ao funcionamento do fórum onde corre o processo, nem precisa ter o deslocamento do Advogado ao local onde está o feito para que atos de protocolo de petição de atendimento das determinações judiciais ou legais sejam praticados.

Sendo assim, não se pode ver obstáculo ao cumprimento do prazo processual quando na Comarca do feito uma intempérie qualquer obsta a circulação das pessoas. O Advogado, de seu escritório, pode protocolar a peça que precisa estar no processo. Não pode alegar obstáculo o Advogado que precisa protocolar peça que lhe foi exigida quando o trânsito do Fórum onde está o processo ficar inacessível. Não é mais preciso estar no Fórum para atender à determinação judicial ou legal, em muitos casos. Do escritório, quer este esteja na Comarca ou fora dela, os atos hoje podem ser praticados.

É verdade que sendo feriado na cidade onde corre o processo o Advogado que atua em outra Comarca não está inibido de praticar ato processual pela via eletrônica. Neste caso, que foi regulado pelo legislador de 2015, preferiu-se prorrogar o prazo para a prática do ato, conforme é artigo 224 do CPC[15]. É situação geral, onde a prorrogação a ninguém prejudica. Demais disso, se não observar o prazo de suspensão, praticando o ato, este não será desconsiderado.

Antigamente, se o feriado era na Comarca do feito, não poderia ser contado o prazo, pois os Advogados, da Comarca ou fora dela, como necessitassem ir ao Fórum para praticar o ato processual, estavam inibidos de fazê-lo. Para não serem privados do prazo integral que a lei lhes garantia, o prazo se prorrogava. O mesmo se dá, hoje, em relação aos processos não eletrônicos. Ou a atos processuais que obriguem as partes ao comparecimento no Fórum.

Mas hoje, se na cidade do escritório onde trabalha o Advogado for feriado, e na Comarca por onde tramita o processo não for, impor ao profissional praticar ato

---

15. WAMBIER, Teresa Arruda Alvim; MELLO, Rogério Licastro Torres De; RIBEIRO, Leonardo Ferres da Silva. Primeiros Comentários ao Novo Código de Processo Civil Artigo por Artigo. São Paulo: Editora Revista dos Tribunais, vol.1, 2015. p. 368.

como termo final e fatal de seu prazo processual é recusar a ele, que patrocina a causa, o descanso que a legislação quis garantir.

O fato de só correr prazo nos dias úteis e o fato do processamento eletrônico, provocaram completa modificação na contagem dos prazos processuais. Antes pensava-se em não prejudicar a parte com a diminuição de seu prazo para falar nos autos, e o obstáculo era a barreira física do fechamento do Cartório.

Hoje essa barreira física não mais existe quando o processo é eletrônico. A circunstância de estar o Fórum por onde corre o processo fechado ou não, por isso, é irrelevante em alguns casos.

O que se há de considerar é o direito do Advogado de não ter os seus dias de descanso extirpados. E isso ocorreria se, a despeito de ser feriado no local onde atua, o dia fosse útil da Comarca do processo, e isso o obrigasse a trabalhar. Depois, sendo o prazo calculado em dias úteis e não dias corridos, esses dias úteis devem ser respeitados em favor do profissional do Direito.

Não se diga que a contagem ficaria impossível, pois sem objetividade, visto que a contagem seria diversa para cada profissional.

Hoje já existe determinação de que, embora diversos os Advogados de cada uma das partes, a intimação se faça para um, à escolha da parte, que o indica como recebedor das cientificações. Esse mesmo que recebe as notícias do processo, e que se apresenta como o responsável, deve indicar seu local de trabalho (artigo 105 § 2º e 106 I, ambos do CPC).[16]

Também não se alegue que discussão a respeito traria tumulto ao processo. O incidente, se ocorrido, poderia ser simplesmente resolvido nos autos. O Advogado invoca

---

16. Art. 105. A procuração geral para o foro, outorgada por instrumento público ou particular assinado pela parte, habilita o advogado a praticar todos os atos do processo, exceto receber citação, confessar, reconhecer a procedência do pedido, transigir, desistir, renunciar ao direito sobre o qual se funda a ação, receber, dar quitação, firmar compromisso e assinar declaração de hipossuficiência econômica, que devem constar de cláusula específica.

§ 1º A procuração pode ser assinada digitalmente, na forma da lei.

§ 2º *A procuração deverá conter o nome do advogado, seu número de inscrição na Ordem dos Advogados do Brasil e endereço completo.*

§ 3º Se o outorgado integrar sociedade de advogados, a procuração também deverá conter o nome dessa, seu número de registro na Ordem dos Advogados do Brasil e endereço completo.

§ 4º Salvo disposição expressa em sentido contrário constante do próprio instrumento, a procuração outorgada na fase de conhecimento é eficaz para todas as fases do processo, inclusive para o cumprimento de sentença.

Art. 106. Quando postular em causa própria, incumbe ao advogado:

I – *declarar, na petição inicial ou na contestação, o endereço, seu número de inscrição na Ordem dos Advogados do Brasil e o nome da sociedade de advogados da qual participa, para o recebimento de intimações;*

II – *comunicar ao juízo qualquer mudança de endereço.*

§ 1º Se o advogado descumprir o disposto no inciso I, o juiz ordenará que se supra a omissão, no prazo de 5 (cinco) dias, antes de determinar a citação do réu, sob pena de indeferimento da petição.

§ 2º Se o advogado infringir o previsto no inciso II, serão consideradas válidas as intimações enviadas por carta registrada ou meio eletrônico ao endereço constante dos autos.

a tempestividade de sua manifestação informando a existência de feriado na cidade onde tem escritório. Não impugnando o fato a parte contrária, nada impede que o Juiz imediatamente resolva a controvérsia, dando por prorrogado o prazo e considerado o ato tempestivo. Com isso o Advogado não perde o direito que tem de se manifestar em tantos dias úteis quantos os fixados pelo Código de Processo Civil. A possibilidade dessa prorrogação, inclusive, parece haver sido prevista no artigo 221 e no artigo 223 do Código de Processo Civil. A perda de dia útil ao profissional, para preparar sua manifestação, pode colorir o feriado como obstáculo suficiente para impedir que o prazo flua (artigo 221). Ou ser tido como justa causa para que o mandatário não tenha o prazo completo para praticar o ato processual que precisava realizar.

Nota-se que algumas hipóteses de empecilho pessoal ao Advogado, de atuar, foram consideradas pelo legislador, como as descritas no artigo 313 do CPC:[17]

Nestes casos os prazos de suspensão são ainda maiores. Por isso não se pode ver afronta à celeridade processual uma prorrogação de um ou alguns dias apenas. E isso

---

17. Art. 313. Suspende-se o processo:

I – pela morte ou pela perda da capacidade processual de qualquer das partes, de seu representante legal ou de seu procurador;

II – pela convenção das partes;

III – pela arguição de impedimento ou de suspeição;

IV– pela admissão de incidente de resolução de demandas repetitivas;

V – quando a sentença de mérito:

a) depender do julgamento de outra causa ou da declaração de existência ou de inexistência de relação jurídica que constitua o objeto principal de outro processo pendente;

b) tiver de ser proferida somente após a verificação de determinado fato ou a produção de certa prova, requisitada a outro juízo;

VI – por motivo de força maior;

VII – quando se discutir em juízo questão decorrente de acidentes e fatos da navegação de competência do Tribunal Marítimo;

VIII – nos demais casos que este Código regula.

IX – *pelo parto ou pela concessão de adoção, quando a advogada responsável pelo processo constituir a única patrona da causa;* (Incluído pela Lei 13.363, de 2016)

X – *quando o advogado responsável pelo processo constituir o único patrono da causa e tornar-se pai.* (Incluído pela Lei 13.363, de 2016)

§ 1º Na hipótese do inciso I, o juiz suspenderá o processo, nos termos do art. 689.

§ 2º Não ajuizada ação de habilitação, ao tomar conhecimento da morte, o juiz determinará a suspensão do processo e observará o seguinte:

I – falecido o réu, ordenará a intimação do autor para que promova a citação do respectivo espólio, de quem for o sucessor ou, se for o caso, dos herdeiros, no prazo que designar, de no mínimo 2 (dois) e no máximo 6 (seis) meses;

II – falecido o autor e sendo transmissível o direito em litígio, determinará a intimação de seu espólio, de quem for o sucessor ou, se for o caso, dos herdeiros, pelos meios de divulgação que reputar mais adequados, para que manifestem interesse na sucessão processual e promovam a respectiva habilitação no prazo designado, sob pena de extinção do processo sem resolução de mérito.

§ 3º *No caso de morte do procurador de qualquer das partes, ainda que iniciada a audiência de instrução e julgamento, o juiz determinará que a parte constitua novo mandatário, no prazo de 15 (quinze) dias, ao final do qual extinguirá o processo sem resolução de mérito, se o autor não nomear novo mandatário, ou ordenará o prosseguimento do processo à revelia do réu, se falecido o procurador deste.*

para garantia da facilitação da atividade do Advogado que, por ricochete, importa na garantia constitucional do direito de defesa e do devido processo legal, à parte.

Poder-se-ia objetar a utilização para a aplicação do direito à suspensão da existência de feriado no local onde trabalha o Advogado com o artigo 217 do Código de Processo Civil:

> Art. 217. Os atos processuais realizar-se-ão ordinariamente na sede do juízo, ou, excepcionalmente, em outro lugar em razão de deferência, de interesse da justiça, da natureza do ato ou de obstáculo arguido pelo interessado e acolhido pelo juiz.

Mas o dispositivo, por certo, não é óbice à suspensão defendida. Primeiro porque não é incisivo, falando que os atos realizar-se-ão ordinariamente, não sempre ou obrigatoriamente. Depois, os exemplos dados parecem referir-se a processo não digital, ou a atos que exigem comparecimento ao Fórum.

Também o parágrafo único do artigo 213 não se mostra proibidor do entendimento acima dado.

> Art. 213. A prática eletrônica de ato processual pode ocorrer em qualquer horário até as 24 (vinte e quatro) horas do último dia do prazo.
>
> Parágrafo único. O horário vigente no juízo perante o qual o ato deve ser praticado será considerado para fins de atendimento do prazo.

O parágrafo único, que manda observar o horário do juízo perante o qual o ato será praticado parece indicar situação referente ao processo não eletrônico, isso porque o caput, que fala no eletrônico, não limita o horário. Quando muito poderia o artigo estar a ser referir a situações de diferença de horário em razão do fuso, e a vedação, com regra punitiva de perdimento de prazo, só a essa situação poderia ser considerada.

5. CONCLUSÕES

As modificações apresentadas numa lei nova sempre levam à discussão sobre sua melhor e mais correta interpretação. É preciso entender que o "novo" precisa ser entendido como diferente daquilo que já se vinha fazendo. Em razão disso é que são apresentados estes questionamentos, tudo no sentido de garantir ao Advogado uma melhor proteção em sua atuação, respeitado o objetivo do legislador, que fica evidente em determinados artigos, de lhe garantir maior respeito no que concerne ao seu direito de efetiva inatividade o descanso.

6. REFERÊNCIAS BIBLIOGRÁFICAS

BEVILÁQUA, Clóvis. Código Civil dos Estados Unidos do Brasil. 3ª ed. Rio de Janeiro: Francisco Alves, 127. Volume I comentários ao artigo 123.

CÂMARA, Alexandre Freitas. O Novo Processo Civil Brasileiro. 2. Ed. São Paulo: Atlas, 2016.

DINAMARCO, Cândido Rangel; LOPES, Bruno Vasconcelos Carrilho. Teoria Geral do Novo Processo Civil. São Paulo: Malheiros, 2016.

MARCACINI, Augusto Tavares Rosa. "Intimações judiciais por via eletrônica: riscos e alternativas", in Boletim de Doutrina ADCOAS n. 24.

NEVES, Daniel Amorim Assumpção. Manual de Direito Processual Civil. 8ª ed. Salvador. JusPodivm, 2016.

RODRIGUES, Silvio. Direito Civil, Parte Geral, 34ª ed. Saraiva. São Paulo.

GAJARDONI, Fernando da Fonseca. Teoria Geral do Processo – Comentários ao CPC de 2015. São Paulo: Método, 2015.

WAMBIER, Teresa Arruda Alvim; MELLO, Rogério Licastro Torres De; RIBEIRO, Leonardo Ferres da Silva. Primeiros Comentários ao Novo Código de Processo Civil Artigo por Artigo. São Paulo: Editora Revista dos Tribunais, vol.1, 2015.

O *CONTEMPT OF COURT* E SUA PERSPECTIVA HISTÓRICA NA *COMMON LAW*

Júlio César Bueno

LL.M (Cantab 1996), Ph.D (USP 2001). Advogado.

"There is no greater crime than Contempt and Disobedience, for all persons within the Realm ought to be obedient to the King and within his Peace." (Henry de Bracton, *De Legibus et Consuetudinibus Angliae: English & Latin: Bracton on the Laws and Customs of England*, tradução e anotações de Samuel E. Thorne, Buffalo: W.S. Hein, 1997, p. 39.)

Sumário: 1. O *contempt of court* – 2. OS desafios da investigação histórica de direito compara-do – 3. A busca pela correta designação terminológica – 4. Os limites necessários aos estudos históricos – 5. A proteção da dignidade e da administração da justiça no período anglo-saxão: o *contempt of the king* e as *oferhyrnes* – 6. A proteção da dignidade e administração da justiça a partir da conquista normanda e a formação da *common law* – 7. A atribuição divina do poder real e de sua lei – 8. A *star chamber* e a sua influência no procedimento do *contempt of court* – 9. Conclusão: a evolução da doutrina do *contempt of court* nos países que adotam a *common law* – 10. Referências bibliográficas.

1. O *CONTEMPT OF COURT*

1. A adequada e eficaz administração da justiça, em conformidade com a lei, é função básica do Estado e garantia fundamental do cidadão. Assim, durante séculos, os juízos e tribunais da *common law* assumiram e implementaram o poder de pre-venção e punição de condutas capazes de obstruir, prejudicar, embaraçar, impedir, desrespeitar ou perturbar a administração da justiça. Porém, não há nada de intrín-seco nas palavras de uma ordem ou decisão judicial capaz de, por si só, compelir o jurisdicionado a obedecê-la. A mera ordem ou decisão judicial, desprovida de meios e recursos que assegurem e garantam o seu efetivo cumprimento, pode revelar-se inútil diante da obstinada recalcitrância do seu destinatário ou de comportamentos desidiosos ou desrespeitosos das partes, advogados, funcionários de um juízo ou tribunal e terceiros para com a administração da justiça.

2. É, pois, indispensável que o poder judiciário disponha de meios e recursos eficazes e válidos para impor sua autoridade e fazer-se respeitar, sob pena de suas ordens ou decisões serem recebidas pelos jurisdicionados como meras recomendações ou solicitações de conduta, ausente um fundado temor social pela sua desobediência. Esse poder de repressão de condutas perniciosas e comprometedoras da administração da justiça é "poder de contempt" ou *contempt power*. É exercido por um juiz singular – com ou sem a participação de um júri popular – ou por um tribunal de recursos,

em procedimento sumário, e as regras que lhe governam o exercício constituem a doutrina do *contempt of court.*

3. Para Fox, a doutrina do *contempt of court* é o conjunto de regras colocadas à disposição do poder judiciário "para preservar a disciplina, essencial à administração da justiça", prevenindo ou reprimindo "atos de desobediência ao rei e suas cortes ou obstrução ao curso da justiça".[1] Para Hazard e Taruffo, a doutrina do *contempt of court* deve ser compreendida a partir do efeito produzido por suas regras e princípios diante do caso concreto e sua funcionalidade, sendo "a última instância das sanções judiciais", pois é o poder intimidatório decorrente de sua aplicação que confere eficácia ao recurso judicial e importância ao direito da parte, prevenindo ou reprimindo a prática de atos contrários ao seu reconhecimento e efetivação em juízo.[2] *Lord* Simon também destaca a sua funcionalidade e define *contempt of court* como "um termo genérico que descreve a conduta [do Judiciário] em relação a determinados atos praticados, num juízo ou tribunal, com vistas à subversão do referido sistema de administração da justiça ou, ainda, a fim de impedir que os cidadãos façam uso do sistema para a solução de conflitos".[3]

4. A doutrina do *contempt of court* pode ser, assim, definida, como o conjunto de princípios e regras destinados a assegurar a adequada administração da justiça e preservar a sua dignidade, por meio dos quais a lei, em nome do interesse público, toma a si o encargo de defender-se e assegurar que seus comandos sejam efetivamente respeitados e cumpridos, prevenindo e reprimindo os atos de desobediência, desprezo, interrupção, obstrução e impedimento, atuais ou iminentes, das partes ou de terceiros, no curso de um processo judicial, denominados atos de *contempt of court.* Trata-se do fundamento jurídico que permite ao poder judiciário vindicar a sua autoridade e infligir punição sumária a todos os que ousarem interferir na administração da justiça, prejudicando-a, por meio da prática dos atos definidos como atos de *contempt of court.*[4]

---

1. "Rules for preserving discipline, essential to the administration of justice, came into existence with the law itself, and *contempt of court (contemptus curiae)* has been a recognized phrase in English law from the twelfth century to the present time. In the Anglo-Saxon laws and trough the records of the Curia Regis and the Parliament, the first treatises on law and the Year Books, the development of 'contempt' in the legal sense can be traced, until by the fourteenth century the principles upon which punishment was inflicted to restrain disobedience to the King and his courts as well as other acts which tend to obstruct the course of justice, had become firmly established." *Sir* John C. Fox, *The History of Contempt of court: the Form of Trial and the Mode of Punishment,* Oxford: Clarendon Press, 1927, p. 1.
2. "The ultimate judicial sanction is to hold a recalcitrant party in *contempt of court. Contempt of court* consists of refusal to obey a direct order." Geoffrey C. Hazard Jr. e Michele Taruffo, *American Civil Procedure: An Introduction,* New Haven: Yale University Press, 1993, p. 202.
3. "*Contempt of court* is a generic term descriptive of conduct in relation to particular proceedings in a court of law which tends to undermine that system or to inhibit citizens from availing themselves of it for the settlement of their disputes." *Attorney General* v. *Times Newspaper Ltd* (1974) AC 307. Segundo *Lord* Simon, relator deste importante caso julgado pela *House of Lords,* da Inglaterra, é "a lei" e não somente "a justiça" ou "o poder judiciário" que se defendem por meio das regras de *contempt of court.*
4. Para melhor exame do tema, Júlio César Bueno, *Contribuição ao estudo do contempt of court e seus reflexos no processo civil brasileiro,* Universidade de São Paulo, São Paulo, 2001.

O *CONTEMPT OF COURT* E SUA PERSPECTIVA HISTÓRICA NA *COMMON LAW*

2. OS DESAFIOS DA INVESTIGAÇÃO HISTÓRICA DE DIREITO COMPARADO

5. Problema crucial a ser enfrentado em face do estudo de qualquer instituto estrangeiro é a dificuldade de lhe dar uma tradução adequada, capaz de transmitir todas as nuanças e particularidades, preservando o sentido original. Essa busca, especialmente quando nos debruçamos sobre um instituto jurídico estrangeiro, procurando adaptá-lo ao que mais poderia se assemelhar a ele no vernáculo, quase sempre se mostra frustrante e enganadora, podendo levar a imperfeições e a aberrações, e até mesmo ao comprometimento de todo o sentido e da adequada compreensão do estudo.

6. Em se tratando de estudo comparativo, a observância de determinadas cautelas mostra-se imprescindível. Ao discorrer sobre a necessidade de melhor conhecermos a *common law*, Barbosa Moreira apresenta-nos algumas cautelas necessárias no estudo, para que não tenhamos uma visão equivocada do fenômeno estrangeiro e possamos desenvolver um estudo comparativo isento e tecnicamente correto na tentativa de adoção de algum dos seus institutos no sistema jurídico nacional. A primeira cautela é "a aferição escrupulosa da compatibilidade entre o enxerto pretendido e a compleição do organismo que o vai acolher" para que se evite qualquer chance de "rejeição do transplante". Isso porque, às vezes, "copia-se parte de algo que, lá, integra um todo incindível, e a cuja exata compreensão somente se tem acesso à luz do contexto global", daí que "fracionar o conjunto para usar apenas um fragmento dele é, à evidência, deturpar a tese, com a consequência dificilmente evitável, em certos casos, de chegar a resultado oposto àquele a que levaria a consideração total do modelo". A outra cautela é a de "obter informação tão completa quanto possível acerca daquilo que se propõe como padrão", para que se evite a "afoiteza de 'importações' levadas a cabo sem o conhecimento integral e preciso das características da peça importada e da maneira por que ela se insere, estrutural e funcionalmente, no mecanismo de origem".[5]

7. Essas recomendações encontram eco nas posições de importantes comparativistas,[6] em especial Marc Ancel, que aponta, além das precauções acima, outras igualmente importantes: (a) é preciso trabalhar no idioma original do sistema jurídico

---

5. "Acontece que, entre nós, o louvável aumento do interesse pelos ordenamentos processuais anglo-saxônicos nem sempre se tem feito acompanhar da correlata intensificação da pesquisa de subsídios nas fontes originais. Publicam-se estudos – alguns, de mérito inegáveis – em que o direito inglês e o norte-americano são descritos e avaliados com base restrita a exposições de segunda mão, constantes, v.g., de livros ou artigos italianos. Ora, por menos discutíveis que se afigurem a autoridade dos expositores e a fidelidade da imagem que buscam transmitir, raia pela imprudência contentarmo-nos, pura e simplesmente, com o que nos oferecem intermediários, ainda os mais credenciados. Seria compreensível que nos resignássemos a confiar exclusivamente neles se se tratasse de ordenamentos exóticos, vazados em línguas indecifráveis para o consumo dos leitores ocidentais; não é, decididamente, o caso do inglês, na linguagem quotidiana da população instruída (e até em parte da inculta), no Brasil não menos que alhures." José Carlos Barbosa Moreira, Notas sobre alguns aspectos do Processo (Civil e Penal) nos Países Anglo-Saxônicos, *Temas de Direito Processual: Sétima Série*, São Paulo: Saraiva, 200, p. 158.

6. As recomendações de Barbosa Moreira são referendadas por K. Zweigert e H. Kötz, *An introduction to comparative law*, tradução do alemão para o inglês por Tony Weir, 2. ed., Oxford: Clarendon Press, 1992; Eric Agostini, *Direito Comparado*, Lisboa: Rés-Editora, s.d.; Carlos Ferreira de Almeida, *Introdução ao Direito*

que se pretende estudar e evitar confiar em traduções apressadas e falsos cognatos; (b) "não se deve contentar, passiva e rapidamente, com um texto de lei estrangeira que, aparentemente, dê a indicação desejada, mas que não foi nem verificado, nem confrontado com o seu contexto"; (c) "é conveniente, por outro lado, que se evite considerar, apressadamente, que os mesmos problemas, colocando-se nas mesmas condições, conduzem sempre às mesmas soluções"; (d) "deve-se desconfiar das generalizações"; (e) o enfrentamento do direito comparado deve ser feito "nas mesmas condições nas quais o fariam os juristas do país considerado, principalmente quanto à determinação da fonte"; (f) deve-se conhecer a estrutura do direito estrangeiro estudado e seu funcionamento efetivo; (g) "o meio social deve ser levado em consideração"; (h) "é conveniente também aperceber e delimitar com atenção o que se poderia chamar de ideologia jurídica do sistema"; (i) o comparativista "deve avizinhar-se do direito estrangeiro com uma nova visão, com uma grande curiosidade de descoberta e com a vontade de sair do seu particularismo"; (j) "é preciso também que o comparativista não se enclausure na sistematização de seu próprio direito, e renuncie a considerá-la necessária e indiscutível"; por fim (k) é necessária a definição de algumas questões prévias, quais sejam o "campo do estudo comparativo e a escolha das fontes de informação".[7]

8. Tratando-se, assim, de investigação comparativa, procuramos seguir as recomendações acima relacionadas. Para tanto, dirigimos a nossa investigação para os principais estudos escritos sobre o *contempt of court* nos países da *common law*, todos no idioma original inglês. Entre esses destacamos os pioneiros trabalhos de Cooper (1821), Gray Indemnity Committee (1882), Oswald (1892), Halsbury (1923) e Fox (1927),[8] e os estudos contemporâneos de Swayzee, Hinds, Borrie, Miller, Goldfarb e Arlidge, Eady e Smith.[9] Também, examinamos os relatórios preparados pelas comis-

---

    Comparado, Coimbra: Almedina, 1994; e Marc Ancel, *Utilidades e Métodos do Direito Comparado*, tradução de Sérgio José Porto, Porto Alegre: Fabris, 1980.

7. Marc Ancel, op. cit., p. 110-113.

8. Henry Cooper, *The right assumed by the judges to fine a defendant while making his defence in person, denied: being a shorthand report of the important legal argument of Henry Cooper in the King v. Davison; on moving for a new trial*, London: W. Hone, 1821; Gray Indemnity Committee, *The power of judges to punish for contempt of court, as exemplified by the case of the high sheriff of Dublin, 1882*, London: Simpkin, Marshall & Co., 1882; James Francis Oswald, *Contempt of court: Committal, and Attachment and Arrest Upon Civil Process, in the Supreme Court of Judicature With the Practice and Forms*, London: William Clowes and Sons, 1892; Earl of Halsbury, *The English and Empire Digest*, vol. 16, London: Butterwoth & Co., 1923; e Fox, op. cit. Note-se que Molina Pasquel se ressentia de não ter tido acesso ao trabalho de Oswald para o desenvolvimento de seu estudo e ressalta a importância do doutrinador inglês: "Hay una traducción de Oswald, *On Contempt*, por el italiano V. de Rossi, mencionada por Crocioni y otros autores europeos, que no se ha podido obtener para consulta, a pesar de las gestiones directas en Italia por medio de especialistas." Roberto Molina Pasquel, *Contempt of court; correcciones disciplinarias y medios de apremio*, Mexico: Fondo de Cultura Economica, 1954, p. 13.

9. Cleon Oliphant Swayzee, *Contempt of court in Labor Injunction Cases*, New York: Columbia University Press, 1935; Ronald L. Goldfarb, *The Contempt Power*, New York: Columbia University Press, 1963; Alfred Hinds, *Contempt of court*, London: Bodley Head, 1966; Gordon Borrie et al., *Borrie & Lowe: The Law of Contempt*, 3. ed., London: Butterworths, 1996; Christopher John Miller, *Contempt of court*, 2. ed., Oxford: Clarendon Press, 1997 e A. Arlidge et al., *Arlidge, Eady & Smith on Contempt*, 2. ed., London: Sweet & Maxwell, 1999.

sões de revisão das leis de *contempt of court* na Inglaterra, Irlanda, Canadá, Austrália e Hong Kong,[10] a legislação mais atualizada sobre o assunto na Inglaterra, Estados Unidos da América e Austrália, e as decisões mais importantes de seus tribunais superiores. A consulta a juristas italianos deu-se unicamente para a verificação da posição da doutrina italiana sobre uma eventual adoção do instituto do *contempt of court* no direito local, mas não com o objetivo de compreendê-lo ou conceituá-lo. Nesse aspecto destacamos o interessante estudo comparativo de Cremonini.[11]

3. A BUSCA PELA CORRETA DESIGNAÇÃO TERMINOLÓGICA

9. Como afirma Gilissen, "a história do direito visa a fazer compreender como é que o direito actual se formou e desenvolveu, bem como de que maneira evoluiu no decurso dos séculos".[12] Gilissen sumariza, assim, com precisão, as razões pelas quais devemos nos embrenhar na busca do entendimento histórico de um instituto jurídico. Sem a perspectiva histórica, os fatos e a evolução havidos podem parecer nada mais que meras alterações pontuais, espontâneas e inexplicáveis. A perspectiva histórica de um instituto jurídico, portanto, é que nos dá a oportunidade de entendê-lo em toda a sua extensão

10. No caso do *contempt of court*, conceito há séculos consagrado na *common law*, com um significado muito particular e especial adquirido ao longo da história, enfrentamos a mesma dificuldade, senão a real impossibilidade, de corretamente expressá-lo em idioma distinto do qual foi concebido. A compreensão de suas raízes históricas mostra-se, portanto, essencial. A doutrina do *contempt of court* foi concebida a partir de circunstâncias históricas bastante especiais. Suas regras e características evoluíram durante séculos, a partir do conceito de *contempt of the king* existente à época dos reinos anglo-saxões, chegando a ser hoje reconhecida, na *common law*, como algo inerente ao próprio exercício da atividade jurisdicional e o meio natural de se assegurar a autoridade, a eficiência, a dignidade e o respeito da administração da justiça.

11. Não são poucos, especialmente entre os britânicos, os que defendem a inadequação atual da expressão *contempt of court* e defendem a sua substituição por

---

10. Ministry of Justice of Great Britain, *Contempt of court, a Report*, London: Stevens, 1959; Great Britain Committee on Contempt of court, *Report of the Committee on Contempt of court*, London: H. M. Stationery Off., 1974; Ireland Law Reform Commission, *Consultation paper on contempt of court: the Law Reform Commission*, Dublin: The Commission, 1991; Law Reform Commission of Canada, *Contempt of court: Offences Against the Administration of Justice*, Ottawa: The Commission, 1977; Law Reform Commission of Canada, *Report on contempt of court: Law Reform Commission of Canada*, Ottawa: The Commission, 1982; Australian Law Reform Commission, *Contempt: The Law Reform Commission: Report 35*, Canberra: Australian Law Reform Commission, 1987; e Law Reform Commission of Hong Kong, *Report on contempt of court (topic 4): the Law Reform Commission of Hong Kong*, Hong Kong: The Commission, 1987.

11. Carlandrea Cremonini, An Italian Lawyer looks at Civil Contempt: From Rome to Glastonbury, *Civil Justice Quarterly*, v. 3, 1984, p. 133-162.

12. John Gilissen, *Introdução Histórica ao Direito*, trad. de A. M. Hespanha e L. M. Macaísta Malheiros, 2. ed., Lisboa: Fundação Calouste Gulbenkian, 1995, p. 13.

contempt of justice ou outra mais abrangente. Pode parecer preciosismo terminológico, mas as pretensões nesse sentido são fartas, antigas, e encontram defensores ferrenhos entre os acadêmicos e membros dos tribunais superiores, na Inglaterra especialmente. Goldfarb não faz qualquer menção a essa proposta[13] e nem encontramos tais pretensões entre autores e juristas norte-americanos. Miller, no entanto, cita vários casos julgados na Inglaterra nos quais tal substituição é considerada.[14]

12. Entre os casos citados, ressaltem-se as considerações do *Lord President* Clyde no caso *Johnson* v. *Grant*:

> "A frase *contempt of court* nem minimamente descreve a verdadeira natureza da classe de ofensa com a qual estamos aqui nos preocupando. ... A ofensa consiste na interferência com a administração da lei; na obstrução e perversão do curso da justiça. ... Não é a dignidade da Corte que é ofendida – uma falsa e restrita ideia das questões envolvidas no ato de insubmissão –, é a supremacia fundamental da lei que é desafiada."[15]

13. No mesmo sentido a posição do *Lord* Salmon L. J., no caso *Morris* v. *The Crown Office*:

> "A descrição arcaica desses procedimentos como *contempt of court* é, na minha visão, infeliz e enganadora. Sugere que tais procedimentos objetivam dar segurança à dignidade dos juízes e protegê-los de serem insultados. Nada poderia estar mais distante da verdade. Essa proteção não é necessária. O único objetivo dos procedimentos de *contempt* é dar às nossas cortes o poder de efetivamente proteger o direito do público, assegurando que a administração da justiça não seja obstruída ou impedida."[16]

14. Essa tendência de substituição da expressão *contempt of justice* por outra supostamente mais adequada, no entanto, não prosperou. No importante relatório preparado sob os auspícios do *Lord Justice* Phillimore em 1974, a proposta foi descartada pelas raízes históricas do termo e pela própria dificuldade de se encontrar outro termo mais adequado, que pudesse dar atualidade ao instituto sem descartar funcionalidade histórica.[17] Mais recentemente apenas dois casos trataram do assunto na Inglaterra.[18]

---

13. Goldfarb, op. cit.
14. Cf. Miller, op. cit., p. 2. O autor cita os casos *Johnson* v. *Grant* (1923) SC 789, *Morris* v. *The Crown Office* (1970) 2 QB 129, *Jenisson* v. *Baker* (1972) 2 QB 61 e *Heatons Transport* (*St Helens*) *Ltd* v. *TGWU* (1973) AC 27.
15. *Johnson* v. *Grant* (1923) SC 790.
16. *Morris* v. *The Crown Office* (1970) 2 QB 129.
17. O Comitê Phillimore foi criado em junho de 1971 por sugestão do *Lord* Hailsham L. C. com o objetivo de considerar e de discutir todas as propostas de mudança nas regras pertinentes ao *contempt of court*. O relatório ficou pronto em meados de 1974 e foi publicado em dezembro do mesmo ano. Suas conclusões serão oportunamente consideradas junto com outros relatórios semelhantes da Austrália. Várias das propostas analisadas e as conclusões tiradas deram origem a uma legislação que visava a regular o sistema de responsabilidade objetiva – o chamado strict liability rule – de empresas de comunicação por atos de *contempt of court* praticados por representantes ou dirigentes. Trata-se da Lei do *contempt of court* 1981 (*Contempt of court Act* 1981), vigente no Reino Unido, com algumas exceções aplicáveis à Escócia. Cf. Great Britain Committee on Contempt of court. *Report of the committee on contempt of court: Phillimore Committee Report*. London: H.M. Stationery Off., 1974, Cmnd. 5794, § 12.
18. *Attorney General* v. *BBC* (1981) AC 344 e *Attorney General* v. *Newspaper Publishing PLC* (1987) 3 All ER 294.

15. Conforme relatado no caso *Attorney General* v. *BBC*, a rede de comunicação inglesa BBC havia anunciado a veiculação de programa televisivo no qual seriam revelados detalhes comprometedores do dia a dia de uma seita religiosa de origem alemã denominada *The Exclusive Brethren* ou "A Irmandade dos Eleitos". A seita religiosa, preocupada com a repercussão do programa televisivo nas suas atividades religiosas e na opinião pública inglesa, pleiteou e obteve medida judicial proibindo a BBC de efetivamente veiculá-lo. Tendo descumprido a ordem judicial, os representantes legais da BBC foram acusados da prática de um ato de *contempt of court*.

16. Ao julgar o recurso de apelação contra a sentença condenatória dos representantes legais da BBC, o relator, Lord Salmon L. J., embora reconhecendo a importância histórica do termo *contempt of court*, mostrou-se contrário à sua manutenção por entender que, isoladamente, ele não mais expressaria, com clareza, a função que efetivamente desempenhava. Na sua opinião, o *contempt of court* voltava-se muito mais à manutenção e proteção do sistema legal, em benefício de todos os cidadãos, que à exclusiva proteção dos juízos, tribunais e membros do Poder Judiciário.[19] No mesmo sentido posicionou-se *Lord* Scarman, acompanhando a posição do relator, quando afirmou já haver chegado a hora "de rearranjarmos o direito de forma que o antigo mas enganoso termo *contempt of court* desapareça de nosso vocabulário jurídico".[20]

17. Não há dúvida de que são posições sérias e fundamentadas, com grande peso na comunidade jurídica, especialmente na Inglaterra. No entanto, a sugestão de mudança do termo para *contempt of justice* não recebeu maior acolhida no meio científico. A manutenção do termo *contempt of court* parece-nos, igualmente, ser a posição mais ponderada e consentânea com a realidade do instituto, mostrando-se desnecessária e inadequada a alteração do nome para *contempt of justice*. Primeiramente, não se podem negar as vantagens da manutenção de um termo há muito utilizado e amplamente familiar, não somente entre operadores do direito de países da *common law*, como de países da *civil law*.[21]

18. A simples mudança terminológica representaria, assim, preciosismo estéril, que em nada contribuiria para uma melhor compreensão do instituto e de sua aplicação. Ademais, várias das críticas impostas ao termo *contempt of court* poderiam ser igualmente apresentadas em relação à expressão *contempt of justice* ou outros termos já cogitados (*contempt of law*, por exemplo), que, da mesma forma, não esgotariam todas as acepções e aplicações do instituto.

19. Em nosso vernáculo, as expressões "a *common law*" e "o *common law*" são sinônimas e servem para designar ora "o *common law system*" ora "a *common law jurisdiction*". Correspondem ao direito consuetudinário vigente nos países an-

---

19. "The description *contempt of court* no doubt has a historical basis but it is nonetheless most misleading. Its object is not to protect the dignity of the courts but to protect the administration of justice." *Attorney General* v. *BBC* (1981) AC 344.
20. *Attorney General* v. *BBC* (1981) AC 362.
21. Ademais, dificilmente se encontraria um termo mais apropriado, como bem aponta Miller, op. cit., p. 2.

glo-saxões, que foi estabelecido pelos normandos na Inglaterra após a Conquista Normanda de 1066. À época a Inglaterra estava dividida em vários reinos, com leis e procedimentos judiciais distintos. Para obter o controle político integral no território conquistado, os normandos decidiram implantar uma jurisdição una, com um direito comum – *i.e.*, leis de aplicação geral – e procedimentos judiciais uniformes. Daí o conceito de *common law* como uma "jurisdição comum": nem se trata apenas de uma "lei comum" que haja sido imposta, nem apenas de um "sistema judiciário" que haja sido implantado.

20. A expressão *common law* designaria, assim, o somatório desses dois elementos básicos, que passam a compor a jurisdição una assumida pelos normandos no novo território conquistado. Recasens Siches prefere a expressão *"el common law"*, referindo ao conceito de "derecho comum", assim como Goldschmidt, Couture, Rúa, Sesma e Séroussi. Machado Filho segue essa linha e utiliza a expressão "o *common law*" no seu primoroso trabalho sobre o tema. Outros, porém, parece-nos que em maior número, tem preferido a expressão "a *common law*". Marcel, no seu famoso estudo sobre o direito anglo-saxão, prefere a expressão com o artigo feminino "la": seu trabalho é, portanto, sobre *"la 'common law' d'Angleterre"*. Molina Pasquel, igualmente, utiliza *"la common law"*. A reforçar essa tendência temos Sidou, Wolkmer e Lopes que, juntamente com a versão brasileira do famoso trabalho comparativo de David, preferem a expressão "a *common law*". Esta é, também, a nossa opção, por se referir ao conceito de "jurisdição comum", por nos parecer ser de uso mais corrente em nosso vernáculo e por entendermos ser a opção mais consentânea com a nossa tradição no estudo do regime anglo-saxão.[22]

21. Já o vocábulo *contempt* deriva do verbo inglês *to contemn*, de origem latina *contemptus*, particípio passado do verbo *contemnere*. É sinônimo de *despise* (desprezo), *scarn* (escárnio) ou *disdain* (desdém),[23] e tem na língua inglesa quatro significados principais: (a) o ato de desprezar ou desrespeitar alguém ou algo que se crê

---

22. Recasens Siches, *Panorama del pensamiento juridico em el siglo XX*, Ciudad de Mexico: Porrúa, 1963, p. 581-586; Roberto Goldschmidt, *Las Astreintes, las Sanciones por Contempt of Court y Otros Medios para Conseguir el Cumplimiento de las Obrigaciones de Hacer y de no Hacer, Estudos de Direito Comparado*, Córdoba: Imprensa de la Universidad, 1952, p. 309-344; Eduardo J. Couture, *Fundamentos del Derecho Procesal Civil*, 3. ed., Buenos Aires: Depalma, 1990; Julio César Cueto Rúa, *El "Common law": Su estructura Normativa: Su Enseñanza*, Buenos Aires: Abeledo-Perrot, 1956; Victoria Iturralde Sesma, *El precedente em el common law*, Madrid: Civitas, 1995; Roland Séroussi, *Introducción al Derecho inglês y norteamericano*, Barcelona: Ariel, 1998; Sebastião Machado Filho, *O sistema do common law, Notícia do Direito Brasileiro*, n. 4, segundo semestre, 1997, p. 21-84; Marc Ancel, *La "common law" d'Angleterre*, Paris: Rousseau, 1927; Roberto Molina Pasquel, *Contempt of Court: Correcciones disciplinarias y medios de apremio*, Ciudad de Mexico: Fondo de Cultura Económica, 1954; J. M. Othon Sidou, *Processo Civil Comparado: Histórico e Contemporâneo*, Rio de Janeiro: Forense Universitária, 1997); Antonio Carlos Wolkmer, *Fundamentos de História do Direito*, Belo Horizonte: Del Rey, 1996; José Reinaldo Lima Lopes, *O Direito na História: Lições Introdutórias*, São Paulo: Max Limonad, 2000; e René David, *Os grandes sistemas do direito contemporâneo*, São Paulo: Martins Fontes, 1986.

23. "*Contemn* verb, transitive [Middle English contempnen, to slight, from Latin contemnere: com-, intensive pref.. See com-+temnere, to despise.] con·temned, con·temn·ing, con·temns To view with contempt; despise. See synonyms at despise. … Con·tempt noun [Middle English, from Latin contemptus, past participle of contemnere, to despise. See contemn.] 1. Disparaging or haughty disdain, as for something base or unworthy; scorn. 2. The state of being despised or dishonored; disgrace. 3. Open disrespect or willful disobedience of

vil, menor ou sem valor; (b) o ato ou expressão que denota uma atitude de desprezo ou desrespeito por alguém ou algo que se crê vil, menor ou sem valor; (c) o ato de ser desprezado ou desrespeitado, de ser posto em desgraça, de ser tratado como vil, menor ou sem valor; e, por fim, (d) o ato de desprezo, desrespeito, desobediência ou confronto aberto para com uma autoridade judicial ou legislativa.[24]

22. O elemento comum nas acepções indicadas é o sentimento de desprezo calculado, de um combinado desprazer e falta de respeito por alguém ou algo que se crê "vil, menor ou sem valor", ou que não se tem "em boa conta", e que, por esse motivo, deve ser tratado como se merecedor não fosse de atenção especial ou distinção.[25] Na sua acepção exclusivamente jurídica – *i.e.*, como um ato de desprezo, desrespeito, desobediência ou confronto aberto – para com uma autoridade judicial ou legislativa, conforme indicado na letra "d" acima – o vocábulo *contempt* assume a expressão *contempt of court*.

23. O vocábulo *contempt* deriva do verbo inglês *to contemn*, de origem latina *contemptus*, particípio passado do verbo *contemnere*. É sinônimo de *despise* (desprezo), *scarn* (escárnio) ou *disdain* (desdém),[26] e tem na língua inglesa quatro significados principais: (a) o ato de desprezar ou desrespeitar alguém ou algo que se crê vil, menor ou sem valor; (b) o ato ou expressão que denota uma atitude de desprezo ou desrespeito por alguém ou algo que se crê vil, menor ou sem valor; (c) o ato de ser desprezado ou desrespeitado, de ser posto em desgraça, de ser tratado como vil, menor ou sem valor; e, por fim, (d) o ato de desprezo, desres-

---

the authority of a court of law or legislative body." Houghton Mifflin, *The American Heritage Dictionary of the English Language*, 3. ed., Boston: Houghton Mifflin, 2001.

24. "*Contempt* [L. contemptus, fr. contemnere: Cf. of. contempt. See Contemn.] 1. The act of contemning or despising; the feeling with which one regards that which is estimable [worthy of respect or admiration] as mean, vile, or worthless; disdain; scorn. 2. The state of being despised; disgrace; shame. 3. An act or expression denoting contempt. 4. (Law) Disobedience of the rules, orders, or process of a court of justice, or of rules or orders of a legislative body; disorderly, contemptuous, or insolent language or behavior in presence of a court, tending to disturb its proceedings, or impair the respect due to its authority. Contempt is in some jurisdictions extended so as to include publications reflecting injuriously on a court of justice, or commenting unfairly on pending proceedings; in other jurisdictions the courts are prohibited by statute or by the constitution from thus exercising this process." Noah Webster, *Webster's revised unabridged dictionary*, New York: Merriam, 1913, p. 311. As mesmas acepções são dadas por William Little, *The Shorter Oxford English dictionary on historical principles*, 3. ed. revisada e aumentada, Oxford: Clarendon Press, 1990, p. 380; William C. Burton, *Legal thesaurus*, 2. ed., New York: Simon & Schuster Macmillan, 1992, p. 112; e Eugene Ehrlich. *The highly selective dictionary for the extraordinary literate*, New York: Harper Collins, 1997, p. 39.

25. Philip M. Rideout (editor), *The Newbury House dictionary of American English*, Greenwich [USA]: Heinle & Heinle, 1996, p. 165; University of Cambridge, *Cambridge International Dictionary of English*, Cambridge [Engl.]: Cambridge University Press, 1995, p. 295, disponível em: http://dictionary.cambridge.org.

26. "*Contemn* verb, transitive [Middle English contempnen, to slight, from Latin contemnere: com-, intensive pref.. See com- + temnere, to despise.] con·temned, con·temn·ing, con·temns To view with contempt; despise. See synonyms at despise. ... Con·tempt noun [Middle English, from Latin contemptus, past participle of contemnere, to despise. See contemn.] 1. Disparaging or haughty disdain, as for something base or unworthy; scorn. 2. The state of being despised or dishonored; disgrace. 3. Open disrespect or willful disobedience of the authority of a court of law or legislative body." Houghton Mifflin, *The American Heritage Dictionary of the English Language*, 3. ed., versão eletrônica em CD-ROM licenciada por INSO Corporation, 2001.

peito, desobediência ou confronto aberto para com uma autoridade judicial ou legislativa.[27]

24. Note-se que o elemento comum nas acepções indicadas é o sentimento de desprezo calculado, de um combinado desprazer e falta de respeito por alguém ou algo que se crê "vil, menor ou sem valor", ou que não se tem "em boa conta", e que, por esse motivo, deve ser tratado como se merecedor não fosse de atenção especial ou distinção.[28] Na sua acepção exclusivamente jurídica – i.e., como um ato de desprezo, desrespeito, desobediência ou confronto aberto para com uma autoridade judicial ou legislativa, conforme indicado na letra "d" acima – o vocábulo *contempt* assume a expressão *contempt of court*.

25. *Contempt* não se traduz por "contumácia", como bem já apontou Molina Pasquel.[29] O vocábulo "contumácia" na língua inglesa é *contumacy*, com origem no inglês medieval *contumacie*, derivado do latim *contumacia* ou *contumax*. Tem por sinônimos *obstinacy* (obstinação), *impenitence* (impenitência), *inflexibility* (inflexibilidade), *stubbornness* (teimosia) e *perverseness* (perversidade). Pode significar "a obstinada ou desdenhosa resistência a uma autoridade" e "a teimosa rebelião", ou, ainda, assumir conotação jurídica, como "o deliberado desprezo ou desobediência a qualquer mandado legítimo ou ordem judicial" ou "a desobediência às regras ou ordens de uma corte judicial".[30]

---

27. "*Contempt* [L. contemptus, fr. contemnere: Cf. of. contempt. See Contemn.] 1. The act of contemning or despising; the feeling with which one regards that which is estimable [worthy of respect or admiration] as mean, vile, or worthless; disdain; scorn. 2. The state of being despised; disgrace; shame. 3. An act or expression denoting contempt. 4. (Law) Disobedience of the rules, orders, or process of a court of justice, or of rules or orders of a legislative body; disorderly, contemptuous, or insolent language or behavior in presence of a court, tending to disturb its proceedings, or impair the respect due to its authority. Contempt is in some jurisdictions extended so as to include publications reflecting injuriously on a court of justice, or commenting unfairly on pending proceedings; in other jurisdictions the courts are prohibited by statute or by the constitution from thus exercising this process." Noah Webster, *Webster's revised unabridged dictionary*, New York: Merriam, 1913, p. 311. As mesmas acepções são dadas por William Little, *The Shorter Oxford English dictionary on historical principles*, 3. ed. revisada e aumentada, Oxford: Clarendon Press, 1990, p. 380; William C. Burton, *Legal thesaurus*, 2. ed., New York: Simon & Schuster Macmillan, 1992, p. 112; e Eugene Ehrlich. *The highly selective dictionary for the extraordinary literate*, New York: Harper Collins, 1997, p. 39.

28. Philip M. Rideout (editor), *The Newbury House dictionary of American English*, Greenwich [USA]: Heinle & Heinle, 1996, p. 165; University of Cambridge, *Cambridge International Dictionary of English*, Cambridge [Engl.]: Cambridge University Press, 1995, p. 295, disponível em: http://dictionary.cambridge.org.

29. "No creemos, pues, que sea adequado en ningún caso traducir contempt por 'contumacia', aun cuando en algunos casos pudiere así hacerse. Si bien es cierto que la jurisprudencia británica y norteamericana, al hablar del civil contempt como la conducta procesal obstinada en no obedecer los proveídos judiciales, lo explica como 'contumacia', también lo es que simplemente expresan una noción descriptiva o meramente equivalente, nunca sinónima del contempt." Molina Pasquel, op. cit., p. 21.

30. "*Contumacy* [L. contumacia] Obstinate or contemptuous resistance to authority; stubborn rebelliousness." Houghton Mifflin, op. cit. "Contumacy, n. [L. contumacia, from contumax, haughty stubborn; contumere. 1. Stubbornness; unyielding obstinacy; perverseness; inflexibility. 2. In law, a wilful contempt of, and disobedience to, any lawful summons or order of court, as a refusal to appear in court when legally summoned, or disobedience to its rules and orders." Noah Webster, *Webster's New Twentieth Century Dictionary of the English Language Unabridged*, New York: The World Publishing, 1952, p. 378.

O *CONTEMPT OF COURT* E SUA PERSPECTIVA HISTÓRICA NA *COMMON LAW* **437**

26. No Brasil, "contumácia" é definido por Silveira Bueno como "obstinação; teimosia; pirraça",[31] e por Buarque de Holanda Ferreira, como "grande teimosia; obstinação, aferro, afinco, pertinácia" ou "a recusa a comparecer em justiça por questão criminal".[32] Para Plácido e Silva, "em sentido amplo, quer significar a obstinação de alguém em não comparecer a juízo, quando a isso é obrigado ou nisso tem interesse" e em termos jurídicos pode ser conceituada como "a desobediência deliberada em não comparecer a juízo, quando convocado para isso".[33]

27. Ainda que existam acepções bastante semelhantes entre os dois vocábulos, preferimos não traduzir o vocábulo *contempt* por "contumácia" por entendermos ser esta última uma qualidade apenas, ou uma característica a mais, de um ato de *contempt*, mas não, propriamente, a sua essência. Mesmo que os atos de *contempt* sejam, quase sempre, praticados com contumácia, obstinação e perseverança, entendemos que nem todo ato contumaz pode ser tratado, diretamente, como ato típico de *contempt of court*.[34] Assim, seguindo uma orientação de Molina Pasquel[35] – que, curiosamente, foi por ele próprio posteriormente abandonada em seu trabalho, quando admitiu a possibilidade de utilização do vocábulo "desacato" como correspondente de *contempt* – reconhecemos as dificuldades de se obter uma tradução adequada para o vocábulo *contempt* e para a expressão *contempt of court*, e optamos por mantê-los, sempre, no original.[36]

---

31. Silveira Bueno, *Grande dicionário etimológico prosódico da língua portuguesa*, p. 811; e idem, *Grande dicionário da língua portuguesa - Lisa*, p. 140.

32. "*Contumácia* [Do lat. contumacia.] S. f. 1. Grande teimosia; obstinação, aferro, afinco, pertinácia. 2. Jur. Recusa a comparecer em justiça por questão criminal." Aurélio Buarque de Holanda Ferreira, *Dicionário da língua portuguesa*. 5. ed. Curitiba: Positivo, 2010.

33. "Derivado do latim *contumatia*, de *contumax* (orgulhoso, soberbo, desdenhoso, obstinado), em sentido amplo, quer significar a obstinação de alguém em não comparecer a juízo, quando a isso é obrigado ou nisso tem interesse. Na técnica jurídica, a contumácia, indicando essa obstinação, mostra a desobediência deliberada em não comparecer a juízo, quando convocado para isso". Oscar José de Plácido e Silva, *Vocabulário Jurídico*, 2. ed., Rio de Janeiro: Forense, 1992, p. 558.

34. Analogamente, *contempt* não guarda referência com o verbo *conter*, cuja raiz latina é *continere*: "Conter [Do lat. continere.] V. t. d. 1. Ter ou encerrar em si; compreender; incluir: 2. Reprimir, refrear, sofrear: 3. Moderar o ímpeto de; manter em certos limites: V. p. 4. Refrear-se, reprimir-se, moderar-se: 5. Manter-se por força de contenção; conservar-se. 6. Estar incluído; incluir-se: 7. Consistir; encerrar-se, resumir-se, cifrar-se: [Irreg. Conjug.: v. ter. Pres. ind.: contenho, conténs, contém, contemos, contendes, contêm. Cf. contem, do v. contar]." Buarque de Holanda Ferreira, op. cit.

35. "El primer problema que nos enfrenta en el estudio del *Contempt*, como sucede en el estudio de cualquier institución anglosajona, es la dificultad de encontrar una traducción adecuada a los conceptos del idioma inglés. La experiencia del autor en diversos trabajos realizados en otras cuestiones jurídicas le han llevado al convencimiento de que la mayoría de los problemas originados en la falta de comprensión de las instituciones del derecho anglosajón por los juristas latinos, se debe no tanto a la diversidad de sistemas cuanto a la inadecuada traducción de términos que con las mismas raíces algunas veces, o de gran similitud a conceptos jurídicos latinos, tienen un significado totalmente diverso; o si no totalmente, por lo menos tan diverso que la traducción literal resulta algunas veces contraria, o conduce a aberraciones que hacen inexplicable la institución o su funcionamiento, y sólo producen obscuridad y confusión." Molina Pasquel, op. cit., p. 19.

36. O mesmo se aplica aos vocábulos e expressões estrangeiras mais importantes, que terão, sempre que possível, o necessário esclarecimento. Outro cuidado também se fez presente com relação às referências de maior destaque: além da fonte de pesquisa, também o texto original é citado.

4. OS LIMITES NECESSÁRIOS AOS ESTUDOS HISTÓRICOS

28. Plucknett sugere-nos que "a história do direito é uma estória que não pode começar do começo", porque, "por mais remota que seja a data a partir da qual a iniciamos, sempre será necessário admitir que muito do passado distante [que existe por trás dela] terá que ser, ainda, considerado como diretamente relacionado à sua história mais recente".[37] Daí a importância de extrapolarmos a atualidade do instituto a ser estudado, na busca de uma visão adequada de sua evolução, cuidando, sempre, porém, de estabelecer um limite temporal razoável, um início histórico consistente, a fim de evitar o desperdício e a perda do foco do tema que deu origem à nossa pesquisa, numa eterna busca de novas referências de estudo. Como conclui Plucknett, "quanto mais avançamos nas nossas investigações, mais escassas se tornam nossas fontes e mais controversa e incerta a sua interpretação".[38] Há que se definir, portanto, um ponto de partida histórico, mesmo com os riscos dessa limitação, na busca de uma maior clareza no estudo a ser desenvolvido.

29. Para tanto, um limite temporal óbvio seria o da Conquista Normanda de 1066, que marca o fim do longo período dos reis anglo-saxões e os primórdios do *common law*.[39] Por meio dela promoveu-se a imposição de métodos precisos e ordenados de governo e de justiça no território conquistado e poderíamos supor ser este, portanto, o marco inicial da maior preocupação com o estabelecimento de regras de proteção da dignidade e da administração da justiça e, por conseguinte, a elaboração dos princípios do *contempt of court*.

30. Tal preocupação, porém, já existia entre os próprios conquistadores e entre os reis anglo-saxões antes da Conquista Normanda, e possivelmente existiu, também, em períodos ainda mais remotos. Tomaremos, portanto, como marco da nossa investigação histórica, as leis existentes à época dos reis anglo-saxões e o sistema organizacional instaurado pelos povos nórdicos na Normandia, antes de tomarem a Inglaterra. A partir daí discorreremos sobre a evolução do instituto no direito inglês, a sua adoção nos Estados Unidos da América e as questões atuais mais importantes, em especial a importância e o papel atual desempenhado pelo instituto.

---

37. "Legal history is a story which cannot be begun at the beginning. Hovever remote the date at which we start, it wil always be necessary to admit that much of the still remoter past that lies behind it will have to be considered as directly bearing upon the later history." Theodore F. T. Plucknett, *A Concise History of the Common law*, 5. ed., Boston: Little, Brown, 1956, p. 3.

38. "Moreover, the further back we push our investigations, the scantier become our sources, and the more controversial and doubtful their interpretation." Idem.

39. Diz-se da conquista da Inglaterra, em 1066, pelo Duque William da Normandia ("William, O Consquistador"), na Batalha de Hastings. De origem nórdica, William, O Consquistador, passou a reunir sob seu comando os reinos da Inglaterra e França. Cf. Kenneth O. Morgan (editor), *The Oxford History of Britain*, edição revisada, Oxford: Oxford University Press, 1999, p. 60-191; Gilissen, op. cit., p. 207-220; Plucknett, op. cit., p. 11-34; e Arthur Hogue, *Origins of the common law*, Indianapolis: Liberty Fund, 1986, p. 3-55.

5. A PROTEÇÃO DA DIGNIDADE E DA ADMINISTRAÇÃO DA JUSTIÇA NO PERÍODO ANGLO-SAXÃO: O *CONTEMPT OF THE KING* E AS *OFERHYRNES*

31. A Inglaterra foi por várias vezes invadida por três grandes tribos de guerreiros germânicos entre 410 e 430 d.C., que ali se instalaram: os Saxões, os Jutos e os Anglos. O território encontrava-se dividido em vários reinos, cada qual com seu próprio conjunto de leis. As leis eram impostas com base em tradições locais e nos costumes dos habitantes e não se cogitava da criação de um sistema judicial uniforme – um "direito comum" a todos – em face da inexistência de uma máquina judicial capaz de elaborá-lo e fazê-lo obedecido por todos os habitantes de todos os reinos. Ademais, os guerreiros germânicos eram analfabetos, o que comprometia qualquer processo de codificação.[40]

32. Apesar disso, de tempos em tempos eram promulgadas leis pelos reis anglo-saxões, algumas delas já apresentando a noção de proteção da dignidade e administração da justiça. Nelas encontramos o conceito de *contempt of the king*, que significava a falta cometida contra o rei pela desobediência ou desprezo a uma ordem judicial, considerando-se o próprio rei instituidor e mantenedor da justiça. A penalidade ao ato de *contempt of the king* era denominada de *oferhyrne* ou *sursise*.[41] Nas leis dos reis Æthelberht ("Rei de Kent", 560-616 d.C.) e Alfred (871-901 d.C.), encontramos regras que reforçam a autoridade real e a importância da submissão integral ao seu poder e às suas leis, com penalidades físicas e pecuniárias para os desobedientes e mentirosos. O juramento para a obtenção da proteção real em juízo é sagrado e qualquer inverdade dita conduz a uma punição severa. As leis de Edward ("O Rei Velho", 901-924 d.C.) impunham regras ainda mais específicas de proteção à justiça, como, por exemplo, a multa para aquele que escondia dos olhos da justiça o ofensor já condenado.[42]

33. Nas leis do rei Athelstan (924-939 d.C.), impunha-se a multa de 120 *shillings* para o senhor que negasse a aplicação da justiça ("... the lord who denies justice ...") contrariamente ao determinado pelo rei.[43] Previu-se, ainda, a punição daquele que deixasse de atender a um chamado da corte por três vezes. A expressão utilizada

---

40. Morgan, op. cit., p. 61; e Lord Templeman e Charles P. Reed, *English Legal System*, London: Old Bailey Press, 1997, p. 1.

41. Fox, op. cit., p. 1.

42. "Of those who protect a convicted offender. 8. If any one disregard this, and break his oath and his wed, which all the nation has given, let him make bot as the doom-book may teach: but if he will not, let him forfeit the friendship of us all, and all that he has. If any one harbour him after that, let him make bot as the doom-book may say, and as he ought who harbours a fugitive, if it be here within. If it be within the east-country, let him make bot according as the frith-gewritu say." The Anglo-Saxon Dooms 560-975 d.C., Medieval Sourcebook. Disponível em: http://www.fordham.edu/halsall/sbook.html.

43. "Of denial of right. 3. And the lord who denies justice, and upholds his evil-doing than, and the wing be applied to on that account; let him pay the ceapgeld, and give to the king 120 shillings: and he who applies to the king before he has prayed for justice, as oft it shall behove him; let him pay the like wite that the other should if he had denied him justice. And the lord who is privy to his theow's theft, and it is made manifest against him, let him forfeit the theow, and be liable in his wer, for the first time. If he do so ofter, let him

nas leis do rei Athelstan é "... Of him who fails to attend the gemot ...", que, numa tradução livre, seria "... Daquele que falha em não atender ao *gemot* ...". O vocábulo *gemot* pode ser traduzido por "assembleia real", "corte" ou "reunião do conselho do rei", e consistia numa reunião formal, na presença do rei ou de algum de seus representantes, durante a qual se desempenhavam funções legislativas, administrativas e judiciais. As regras do *gemot* deviam ser respeitadas por todos, sob pena de sanções pecuniárias ou físicas.[44] Ao desobediente eram impostas sanções que poderiam variar de uma simples multa pecuniária à perda total dos bens e prisão. Poderia ser, ainda, declarado inimigo do rei e de seus amigos, não podendo mais com estes conviver. Uma vez preso, esperava-se que fosse morto por um de seus pares. Se escapasse, era a todos do povo vedado dar-lhe qualquer tipo de guarida.[45]

34. Nas várias leis dos reis anglo-saxões, o praticante de perjúrio – aquele que deliberadamente promovesse falso, enganoso ou incompleto testemunho ao rei – era severamente punido, com penas cumulativas e crescentes, justificando-se, inclusive, a tomada de seus bens por um oficial do rei.[46] O praticante de perjúrio era considerado da mesma classe dos bruxos, adivinhadores, loucos, poluidores, profanadores e adúlteros notórios, sofrendo as piores punições por seus atos.[47] A ele era dado o direito de purgar sua falta para com o rei pelo pagamento de determinada quantia ou pela submissão a um ordálio,[48] durante o qual se lhe imputavam testes diversos,

---

be liable in all that he has: and, also, such of the king's horderes, or of our reeves, as shall be privy to the thieves who have stolen, let him be subject to the like." The Anglo-Saxon Dooms 560-975 d.C., op. cit.

44. "Of gemot-terms. 11. I will that each reeve have a gemot always once in fourweeks; and so do that every man be worthy of folk-right: and that every suit have an end and a term when it shall be brought forward. If that any one disregard, let him make bot as we before ordained." The Anglo-Saxon Dooms 560-975 d.C., op. cit.

45. "Of him who fails to attend the gemot. 21. If any one, when summoned fail to attend the gemot thrice; let him pay the king's oferhyrnes, and let it be announced seven days before the gemot is to be. But if he will not do right, nor pay the oferhyrnes; then let all the chief men belonging to the burh ride to him, and take all that he has, and put him in bohr. But if any one will not ride with his fellows, let him pay the king's oferhyrnes. And let it be announced at the gemot, that the frith be kept toward all that the king wills to be within the frith, and theft be foregone by his life and by all that he has. And he who for the wites not desist, then let all the chief men belonging to the burh ride to him, and take all that he has; and let the king take possession of half, of half the men who may be in the riding; and place him in borh. If he knows not who will be his borh, let them imprison him. If he will not suffer it, let him be killed, unless he escape. If any one will avenge him, or be at feud with any of them, then be he foe of the king, and to all his friends. If he escape, and any one harbour him, let him be liable to his wer; unless he shall dare to clear himself by the flyma's-wer, that he knew he was a flyma." The Anglo-Saxon Dooms 560-975 d.C., op. cit.

46. "Of perjurers. 3. Also we have ordained concerning those men who were perjurers; if that were made evident, or an oath failed to them, or were out-proved, that they afterwards should not be oath-worthy, but ordeal-worthy. ... Of the reeve who does not lawfully exact. 5. And if the reeve do not lawfully exact it, with the witness of those men who are assigned him to bear witness, then let him make bot of my oferhyrnes, with 120 shillings." The Anglo-Saxon Dooms 560-975 d.C., op. cit.

47. "Of witches, diviners, perjurers etc. 11. If witches or diviners, perjurers or morth-workers, or foul, defiled, notorious adulteresses, be found anywhere within the land; let them be driven from the country, and the people cleansed, or let them totally perish within the country, unless they desist, and the more deeply make bot." The Anglo-Saxon Dooms 560-975 d.C., op. cit.

48. O vocábulo "ordálio" vem do latim ordalium, plural de ordalia, e do franco ordal, e indica um "julgamento com base no juízo de Deus" Buarque de Holanda Ferreira aceita os vocábulos "ordálio" e "ordália", mas indica como principal acepção o vocábulo "ordálio". Silveira Bueno somente reconhece o vocábulo "or-

extremamente penosos. O resultado do ordálio – a sobrevivência ou não do perjuro – dependeria de uma manifestação divina, que o livraria de toda a acusação ou simplesmente confirmaria a sua culpa perante todos.[49]

35. O extremo cuidado com o testemunho prestado em juízo tem uma explicação. Por influência direta do período formulário romano, os procedimentos judiciais eram extremamente rígidos e fundamentalmente baseados em juramentos apresentados ao julgador sobre os fatos que dariam suporte ao seu direito. As leis dos reis Alfred e Edward indicavam modalidades distintas de juramentos, cada uma correspondendo a um determinado tipo de procedimento judicial. Os juramentos, portanto, a formalidade e a veracidade das informações prestadas eram da mais alta importância

---

dálio", descrevendo-o como "prova que se exigia [na Idade Média] de pessoas imputadas de crime para provar a sua inocência ou não: entrar no fogo e não ser queimado, enfim, o que se chamava de Juízo de Deus." Preferimos o vocábulo "ordálio", já que o mais amplamente aceito e possivelmente o que melhor corresponda ao conceito original de "julgamento pelo fogo". O vocábulo "ordália" pode ser entendida, assim, como cada etapa individual de um processo de "ordálio". O "ordálio" era uma espécie de julgamento ou de prova judiciária sem combate, usada na Idade Média, na qual os contendores se submetiam a situações aflitivas ou penosas a fim de demonstrar inocência contra acusações contra si formuladas. Para um melhor entendimento sobre o sistema de ordálios, sugerimos a leitura do alentado trabalho de Bartlet, no qual são descritas as várias e penosas modalidades de ordálios, sendo a mais antiga delas a do caldeirão em chamas e água quente, pela qual o acusado deveria colocar a sua mão direita dentro do caldeirão em chamas e água quente para procurar um pequeno anel que ali havia sido jogado. Se o encontrasse e mostrasse ao público presente, estaria absolvido, tendo conseguido demonstrar a veracidade de suas alegações. Cf. Buarque de Holanda Ferreira, op. cit.; Silveira Bueno, *Grande dicionário da língua portuguesa - Lisa*, p. 420; e Robert Bartlet, *Trial by fire and water: The medieval judicial ordeal*, Oxford: Clarendon Press, 1999.

49. "Of perjurers. 26. And he who shall swear a false oath, and it be made clear against him; that he never after be oath-worthy, nor let him lie within a hallowed burial-place, though he die, unless he have the testimony of the bishop in whose shrift-shire he may be, that he has made such bot as his confessor prescribed to him. And let his confessor announce to the bishop, within thirty days, whether he would turn to the bot. If he do not so, let him make bot in such wise as the bishop shall prescribe to him. 27. But if any one of my reeves will not do this, and care less about it than we have commanded; then let him pay my oferhyrnes, and I will find another who will. And let the bishop exact the oferhyrnes of the reeve for the first time five pounds; for the second time, his wer; for the third time, let him forfeit all that he has, and the friendship of us all. All this was established in the great synod at Greatanlea: in which was the archbishop Wulfhelm, with all the noblemen and witan whom King Aethelstan gather. … Doom concerning hot iron and water. 28. And concerning the ordeal we enjoin by command of God, and of the archbishop, and of all the bishops: that no man come within the church after the fire is borne in with which the ordeal shall be heated, except the mass-priest, and him who shall go thereto. and let there be measured nine feet from the stake to the mark, by the man's feet who goes thereto. But if it be water, let it be heated till it low to boiling. And be the kettle of iron or of brass, of lead or of clay. And if it be a single accusation, let the hand dive after the stone up to the wrist, and if it be threefold, up to the elbow. And when the ordeal is ready, then let two men go in of either side; and be they agreed that it is so hot as we before have said. And let go an equal number of men of either side, and stand on both sides of the ordeal, along the church; and let these all be fasting, and abstinent from their wives on that night; and let the mass-priest sprinkle holy water over them all, and let each of them taste of the holy water, and give them all the book and the image of Christ's rood to kiss: and let no man mend the fire any longer when the hallowing is begun; but let the iron lie upon the hot embers till the last collect: after that let it be laid upon the stapela; and let there be no other speaking within, except that they earnestly pray to Almighty God that he make manifest what is truest. And let him go thereto; and let his hand be enveloped, and be it postponed till after the third day, whether it be foul or clean within the envelope. And he who shall break this law, be the ordeal with respect to him void, and let him pay to the king 120 shillings as wite. Walreaf is the nithing's deed: if any one de Sire to deny it, let him do so with eight and forty full-born thanes." The Anglo-Saxon Dooms 560-975 d.C., op. cit.

para a adequada aplicação da justiça, e qualquer inverdade nesse processo levava o perjuro a ser seriamente punido.

6. A PROTEÇÃO DA DIGNIDADE E ADMINISTRAÇÃO DA JUSTIÇA A PARTIR DA CONQUISTA NORMANDA E A FORMAÇÃO DA *COMMON LAW*

36. A expressão *contemptus curiae*[50] é reconhecida no direito inglês desde o século XII, referindo-se aos meios tendentes a impedir desobediência ao rei e a seus tribunais e oficiais, preservar a dignidade e a eficiência da justiça e prevenir quaisquer atos de obstrução aos seus procedimentos.[51] Tal conceito, como vimos, já se encontrava presente nos *dooms* anglo-saxões, desde as leis introduzidas pelo rei Æthelberht ("Rei de Kent", 560-616 d.C.), e foi sofrendo um processo de elaboração formal com os anos que se passaram, até a formação de um conceito formal de *contempt of court*, na forma de um instituto jurídico autônomo e inerente a toda a atividade judicial.[52]

37. Maitland ressalta a importância da doutrina do *contempt of court* no processo de formação do *common law* que se seguiu à Conquista Normanda e inclui o uso eficiente, pelo rei, do poder de reprimir atos de *contempt of court* entre as grandes razões que possibilitaram o estabelecimento e a evolução de um sistema jurídico comum na Inglaterra conquistada. Era por meio do *contempt of court* que o rei assegurava a sua autoridade, fazia valer as suas regras de modo uniforme para todo o reino e garantia a gratidão dos seus súditos para com um sistema judicial eficiente por ele implantado. Além da eficiência comprovada, os súditos preferiam o sistema judicial real por não estar ele baseado nos ordálios, que eram procedimentos ainda muito mais incertos e certamente muito mais violentos que os estabelecidos pelo rei.[53]

38. A Conquista Normanda marca o fim do período anglo-saxão e os primórdios do *common law*. Ao tomarem a Inglaterra, os normandos assumiram um território já

---

50. O vocábulo *curis* ou *curiae* é o correspondente no latim ao vocábulo *court* do inglês. Cf. Houghton Mifflin, op. cit.

51. "Rules for preserving discipline, essential to the administration of justice, came into existence with the law itself, and contempt of court (*contemptus curiae*) has been a recognized phrase in English law from the twelfth century to the present time. ... and the earliest mention of the word in the statutes seems to be the Statute of Labourers (25 Edward III, statute 2, c. 5), which provides that offenders shall be attached by their bodies to be before the justices to answer for contempt in failing to obey the statute, so that they may make fine or ransom to the King in case they be convicted, and otherwise that they be ordered to prison, there to remain until they have found surety to comply with the statute. Attachment is the process by which they are brought up for trial." Fox, op. cit., p. 1, 47.

52. "In the Anglo-Saxon laws and through the records of the Curia Regis and the Parliament, the first treatises on law and the Year Books, the development of 'contempt' in the legal sense can be traced, until by the fourteenth century the principles upon which punishment was inflicted to restrain disobedience to the King and his courts as well as other acts which tend to obstruct the course of justice, had become firmly established." Idem.

53. Frederic William Maitland, *The constitutional history of England*, Cambridge [Eng.]: The University Press, 1931, p. 111-114; Henry Hallam, *The constitutional history of England, from the accession of Henry VII to the death of George II*, New York: W. J. Widdleton, 1874; William Stubbs, *The constitutional history of England in its origin and development*, Oxford: Clarendon Press, 1903; e *Sir* Paul Vinogradoff, *Transfer of land in old English law*, Cambridge [Mass.]: Harvard Law Review Association, 1907.

acostumado a uma rígida estrutura administrativa.[54] Recepcionaram os *dooms* anglo-saxões, adaptando-os à nova realidade político-administrativa, buscando torná-los mais adequados ao regime legal que haviam implementado com êxito na Normandia e que pretendiam instaurar também no novo território. De acordo com Plucknett, "os invasores escandinavos, que se estabeleceram na Normandia, implementaram, em um século e meio (911-1066 d.C.), a mais bem administrada justiça da Europa e os dons de uma administração forte e contabilidade e finanças bem ordenadas, que haviam sido demonstradas no ducado [Ducado da Normandia], viriam a encontrar as maiores oportunidades de expressão no reino conquistado [Inglaterra]".[55]

39. A cuidadosa organização dos reis normandos conduziu a um processo de centralização da justiça. O poder real instituiu um governo central em Westminster, assumiu toda a organização da justiça, impôs uma lei comum – a *common law* – e ordenou o pleno cumprimento de suas regras, sob pena de *contempt of court*, resgatando o conceito existente à época dos reis anglo-saxões de *contempt of the king*. O conceito de *contempt of court* surge, pois, como um meio de assegurar a autoridade e dignidade do soberano, tendo por fundamento o caráter divinal da lei e de seu poder. Como aponta Oswald, "na sua origem todo *contempt* consistirá numa ofensa mais ou menos dirigida ao soberano como a fonte-mãe da lei e da justiça".[56]

7. A ATRIBUIÇÃO DIVINA DO PODER REAL E DE SUA LEI

40. A divindade real já era um conceito reconhecido entre as várias tribos dos anglo-saxões e foi mantido e afirmado pelos normandos. O rei era tido por escolhido de Deus, devendo governar sobre todo o reino e garantir a sua paz, defendendo a autoridade da lei, instituída por comando divino. O rei era a própria personificação da lei, de quem emanavam todas as regras e a partir de quem toda a força necessária deveria ser empregada para fazê-las válidas e obedecidas, a qualquer custo, em qualquer circunstância.[57] Como escreveu Bracton, por volta de 1265:

---

54. Para maiores referências sobre o estabelecimento de um sistema jurídico e político na Inglaterra pelos conquistadores normandos, Cf. Laurence Marcellus Larson, *The King's household in England before the Norman Conquest*, Madison: Bulletin of the University of Wisconsin, 1904.

55. "The Norse invaders who had settled in Normandy had made it in a century and a half (911-1066) the best-ruled state in Europe, and the gifts for administration and for orderly accounting and finance which had been displayed in the duchy were to have fuller opportunities in the conquered kingdom." Plucknett, op. cit., p. 11.

56. Oswald, op. cit., p. 1.

57. Cf. John C. H. Wu, *Fountain of Justice: A Study in the Natural Law*, New York: Sheed and Ward, 1955; Herbert W. Titus, *God's Revelation: Foundation for the Common law*, Regent University Law Review, v. 4, 1994, p. 1-36; John Neville Figgis, *The divine right of kings*, New York: Harper & Row, 1965, p. 38-65; John Milton, *The tenure of kings and magistrates*, New York: H. Holt and Company, 1911; e, ainda, talvez a mais importante de todas as referências sobre, pelo menos do ponto de vista histórico, James Ussher, *The power communicated by God to the prince, and the obedience required of the subject. Briefly laid down, and confirmed out of Holy Scriptures, testimony of the primitive church. The dictates of right reason, and opinion of the wisest among the heathen writers*. London: Anne Seile, 1661.

41. "O rei mesmo ... deve estar não abaixo do homem, mas abaixo de Deus, e abaixo da lei, porque a lei faz o rei ... Porque não há rei quando é a vontade e não a lei que tem a supremacia. Que como um vigário de Deus ele deve estar abaixo da lei é claramente demonstrado pelo exemplo de Jesus Cristo ... Porque ainda que Deus tivesse à sua disposição, para a salvação da humanidade, muitos meios e caminhos ... Ele usou, não a força de seu poder, mas o conselho de sua justiça. Desse modo, Ele preferiu estar abaixo da lei para que pudesse salvar os que estavam abaixo da Lei. Porque Ele não queria usar sua força, mas seu julgamento."[58]

42. Um ato de desprezo ou descaso à administração da justiça, portanto, era recebido como um ato de desprezo e descaso para com o próprio rei, de quem emanava toda a justiça.

43. Como afirma Goldfarb,[59] é tortuoso o caminho para a identificação do desenvolvimento da premissa de que o "chefe supremo", o todo poderoso de uma nação, deve ser sempre obedecido, "sob pena de cometer-se uma ofensa grave, passível de severa punição". Mas podemos supor que, pelo menos em parte, a sua origem decorra "das antigas formas de governo, secular e religioso ... dos antigos papas e imperadores", que impunham a ideia de que o descumprimento de comandos divinos – e o rei possuía uma autoridade que lhe havia sido outorgada diretamente por Deus – era considerado um pecado.

44. Daí o fato de o *contempt of court* ser considerado o maior dos crimes possíveis, por se voltar diretamente contra o rei, desafiando a sua autoridade e ameaçando a paz do reino. Nas palavras de Bracton, "não há crime maior que *contempt* e desobediência, pelo que todas as pessoas pertencentes ao Reino devem ser obedientes ao rei e agir nos limites de sua paz".[60]

8. A *STAR CHAMBER* E A SUA INFLUÊNCIA NO PROCEDIMENTO DO *CONTEMPT OF COURT*

45. O *King's Council* – o "Conselho do Rei" – desde o início assumiu o processamento dos casos de *contempt of court* e atribuiu à *Star Chamber* amplos poderes para lidar com tais feitos. A *Star* Chamber era assim chamada porque os juízes que a compunham reuniam-se numa sala, dentro do palácio de Westminster, que tinha

---

58. "The king himself ... ought not to be under man but under God, and under the law, because the law makes the king ... For there is no king where will, and not law, wields dominion. That as a vicar of God he [the king] ought to be under the law is clearly shown by the example of Jesus Christ ... for although there lay open to God, for the salvation of the human race, many ways and means ... He used, not the force of His power, but the counsel of His justice. Thus He was willing to be under the law, that He might redeem those who were under the Law. For He was unwilling to use power, but judgement." Henry de Bracton, *De Legibus et Consuetudinibus Angliae: English & Latin: Bracton on the Laws and Customs of England*, tradução e anotações de Samuel E. Thorne, Buffalo: W.S. Hein, 1997, p. 39. Bracton era inglês, nascido no condado de Bratton, e desempenhou funções de clérigo e juiz. É considerado o primeiro grande tratadista da *common law*.

59. Goldfarb, op. cit., p. 10.

60. "There is no greater crime than Contempt and Disobedience, for all persons within the Realm ought to be obedient to the King and within his Peace." Bracton, op. cit., p. 39. A importância dessa citação é extensamente discutida por Fox, op. cit., p. 47.

O CONTEMPT OF COURT E SUA PERSPECTIVA HISTÓRICA NA COMMON LAW

o formato de estrela.[61] Sua jurisdição era limitada a assuntos de especial interesse do rei, de cujo poder emanava diretamente toda a autoridade para a aplicação e efetivação de suas decisões. A *Star Chamber* alcançou grande popularidade durante o reinado de Henrique VIII pela sua capacidade de impor a lei e fazer obedecidas as suas decisões. Ao mesmo tempo, as demais cortes, chamadas de "cortes de *common law*", sofriam de uma séria crise de autoridade, mostrando-se fracas e incapazes de se impor, seja pela falta de mecanismos processuais ágeis, seja pela alta incidência de casos de corrupção entre seus juízes.

46. Foi durante a chancelaria de Thomas Wolsey (1515-1529) que a atividade judicial da *Star Chamber* e o seu poder cresceram vertiginosamente. Além de julgar os casos de afronta ao rei, a *Star Chamber* passou a tratar com vigor os casos de perjúrio, injúria, falsificação de documentos, fraude e, de modo especial, as ofensas diretas contra a administração da justiça e os caso de descumprimento de ordens judiciais ordens – os atos de *contempt of court* – assim como contra qualquer outra ação considerada "ameaça à paz do reino". Wolsey encorajava os jurisdicionados a apresentarem seus pleitos diretamente à *Star Chamber*, não a utilizando apenas como uma corte de recursos em segundo grau de jurisdição. Contribuiu, assim, para diminuir, gradativamente, o poder e a importância das cortes comuns de *common law*. O contraponto era que seus métodos não apresentavam as mesmas salvaguardas de direitos e garantias processuais dos feitos desenvolvidos nas cortes de *common law*. Suas decisões eram irrecorríveis, suprimindo-se o direito ao duplo grau de jurisdição, e as sanções eram aplicadas de modo arbitrário e implacável.

47. O procedimento da *Star Chamber* era muito menos formal e dispensava a instauração de um tribunal de júri para o indiciamento ou a prolação de uma sentença, procedimento obrigatório nas cortes de *common law*. As ações podiam ser instauradas *ex officio*, a partir de informações recebidas de terceiros, e os membros da *Star Chamber* tinham o poder de submeter o acusado a um pesado e exaustivo interrogatório, conduzido sob coerção e sob pena de perjúrio, para que pudessem apurar a veracidade das alegações contra ele formuladas.

48. Nos casos de *contempt of court* esse procedimento sumário assumiu um caráter ainda mais intenso, fora padrões e garantias exigidos nos casos comuns levados aos juízos e tribunais de *common law*. Como exemplo, tenha-se que nos casos comuns levados aos juízos ou tribunais de *common law* o mandado de citação do acusado deveria indicar todas as circunstâncias da sua acusação, i. e., a natureza e a data do ato por ele supostamente praticado ou do contrato por ele firmado, o nome do seu acusador ou autor da ação de cumprimento de contrato proposta etc.

49. Em se tratando de atos de *contempt of court*, por força das regras da *Star Chamber*, tais "cuidados" não eram observados. O suposto *contemnor*[62] era citado por

---

61. Cf. G. R. Elton, *Star Chamber Stories*, Londres: Methuen, 1958.
62. Aquele que pratica um ato de *contempt of court* é chamado de *contemnor* ou *contemner*. Preferimos a expressão *contemnor*, no entanto, por ser a mais comumente utilizada na Inglaterra e nos Estados Unidos da América.

meio de um mandado judicial denominado *writ of attachment*, no qual era informado da existência de acusação de que teria cometido um ato de *contempt of court*, sendo ordenado a comparecer perante a *Star Chamber* para indicar "as razões porque seu ato não deveria ser considerado ato de *contempt of court*".

50. O *writ of attachment* não especificava a natureza do ato praticado, nem a possível data de sua ocorrência, nem o nome de seu eventual acusador, nem as razões porque determinado ato praticado poderia ser considerado ato de *contempt of court*. Continha, apenas, informações sobre o início de um processo de *contempt of court* e a data do julgamento, e outros dados normalmente importantes à defesa do acusado eram simplesmente ignorados e omitidos no mandado de citação.

51. A justificativa para esse procedimento era a de que, em se tratando de ato de *contempt of court*, toda a acusação poderia ser resumida na eventual prática de um "ato de afronta ao rei e à sua paz". Parecia desnecessária, assim, qualquer explicação adicional sobre as circunstâncias havidas no mandado de citação, reservando-se os detalhes do caso concreto para o momento da acusação formal e a defesa do *contemnor* durante o julgamento que o aguardava. O suposto *contemnor*, portanto, somente vinha a ter conhecimento completo dos fatos e alegações contra ele apresentados quando já se encontrava em juízo e, mesmo assim, deveria estar pronto para apresentar a sua defesa de uma só vez.

52. Ademais, o julgamento do suposto *contemnor* muitas vezes se realizava no mesmo dia de sua citação, ou na manhã seguinte, importando apenas que se trouxesse o suposto *contemnor* à presença do rei para as explicações necessárias. Obviamente que o rei não participava das audiências com os *contemnors*, fazendo-o, porém, por intermédio dos seus juízes e membros do tribunal, a quem dava toda a autoridade e poder para "fazer valer a sua lei e manter a paz do reino".

53. Esta é a razão da denominação do mandado judicial como *writ of attachment*, pois aos funcionários do juízo era dada a missão de trazer o *contemnor* para que fosse julgado, não importando quais fossem os meios necessários para que o objetivo fosse alcançado. Em determinadas circunstâncias o *contemnor* era literalmente agarrado (*attached*) e detido pelos oficiais do juízo para que não fugisse. O mandado judicial assumia, dupla função: a de citar o acusado e a de promover a sua condução coercitiva ao juízo.

54. O julgamento dos casos de *contempt of court*, por sua vez, também apresentavam um caráter duplo. De um lado procedia-se a um verdadeiro interrogatório do *contemnor*, que era convocado a comparecer em juízo para dar as explicações necessárias sobre todo o ocorrido, sob juramento. De outro, tendo o *contemnor* apresentado as suas explicações e as suas defesas possíveis, já devia receber um veredicto, imediatamente. Se fosse condenado, poderia ficar indefinidamente, até que cumprido a ordem judicial contra a qual se insurgia. Poderia, da mesma forma, ser surrado,

O *CONTEMPT OF COURT* E SUA PERSPECTIVA HISTÓRICA NA *COMMON LAW*

colocado no pelourinho,[63] marcado com ferro ardente, sofrer mutilações, ter seus membros quebrados e arrancados ou ter os bens sequestrados, tudo com uma função essencialmente coerciva, para que fosse quebrada a recalcitrância do *contemnor*. A multa não era uma sanção tradicional da *Star Chamber*, mas aos poucos passou a ser incorporada no seu rol pelo aspecto financeiro: uma parcela do montante arrecadado servia à manutenção do próprio tribunal e o restante era passado aos cofres do rei.

55. Como vimos, a *Star Chamber* não estava limitada às regras normalmente aplicadas aos juízos e tribunais de *common law* e podia criar suas próprias regras e procedimentos e aplicar as sanções que quisesse. Os casos relatados por Fox[64] na sua primorosa investigação histórica, dão conta das mais terríveis sanções aplicadas contra um *contemnor* com o fim de compeli-lo ao cumprimento de uma ordem judicial. Há, por exemplo, o caso de um judeu que, tendo se recusado a cumprir uma ordem judicial que lhe impunha a apresentação de vários documentos mencionados numa ação em curso, foi condenado a comer somente carne de porco até que se decidisse mudar de posição. Noutro, um rico comerciante teve vários de seus dedos cortados, um a um, em semanas diferentes, e ameaçado a perder todos os outros casos não concordasse em revelar onde mantinha escondidos os registros de propriedade de terrenos que pertenciam a um antigo sócio. Vários são os exemplos de penas privativas de liberdade aplicadas por dezenas e dezenas de anos, ou de castigos e humilhações públicas impostas.

56. Exatamente em função das rigorosíssimas sanções que aplicava aos casos de *contempt of court*, passou a ser largamente respeitada. No reinado de Charles I, a *Star Chamber* passou a ser usada inclusive para impor o cumprimento de diretrizes políticas ou eclesiásticas, tornando-se um símbolo da opressão aos oponentes do rei e do Arcebispo William Laud. Havia, ainda, grande revolta contra o uso do pelourinho e dos demais castigos corporais, métodos jamais utilizados pelos juízos e tribunais de *common law*.

57. De tão poderosa e respeitada, passou a ser temida e odiada. Assim, mesmo reconhecendo a necessidade e a utilidade ocasional de alguns de seus métodos, bem como a importância que adquiriu especialmente no trato dos casos de *contempt of court*, o parlamento inglês passou a limitar gradativamente o seu poder, até a sua extinção em 1641. Os procedimentos por ela adotados para os casos de *contempt of court*, porém, foram quase que integralmente aceitos e incorporados pelos demais juízos ou tribunais, influenciando toda a sistemática do processamento de *contempt of court* até os dias de hoje.[65]

---

63. *Pillory*, ou pelourinho, era uma estrutura de madeira num poste, com buracos para a cabeça e mãos, na qual os condenados eram trancados e expostos ao desprezo público como forma de castigo.
64. Fox, op. cit.
65. Todas as informações sobre a *Star Chamber* foram tiradas do impecável trabalho de Elton, op. cit.

9. CONCLUSÃO: A EVOLUÇÃO DA DOUTRINA DO *CONTEMPT OF COURT* NOS PAÍSES QUE ADOTAM A *COMMON LAW*

58. A maior diversificação, expansão e complexidade da sociedade inglesa levaram o rei a atribuir o exercício de seus poderes de governo, especialmente o poder jurisdicional, a representantes locais. Tais representantes, distribuídos por todo o reino, passaram a aplicar a justiça aos casos concretos que lhes eram apresentados e o número de cortes judiciais sujeitas ao regime do *common law* aumentou rapidamente.

59. Para o exercício das funções jurisdicionais, os representantes do rei comprometiam-se a tornar efetivas as ordens proferidas, punindo os atos de desobediência e desrespeito, bem como a refrear a prática de atos capazes de ameaçar, impedir ou obstruir a adequada administração da justiça. Os representantes do rei receberam, assim, com a investidura do poder jurisdicional, a competência para a punição de atos de *contempt* ou desrespeito à autoridade real e o *contempt power*, até então de exclusividade do rei e de seus assessores mais diretos, passou a ser utilizado também pelos juízos e tribunais locais de modo uniforme, em todos os processos judiciais.

60. O caráter divinal do poder real passou, com o tempo, a ser questionado, mas o conceito de inspiração divina da lei, a sua absoluta autoridade e a obrigação indelegável do rei para fazê-la plenamente respeitada permaneceu firme, nos séculos vindouros, chegando até à grande sistematização legal proposta por *Sir* William Blackstone em 1759.[66]

61. As regras de Blackstone, ainda que preparadas com vistas ao sistema legal inglês, tiveram um imenso impacto nos Estados Unidos da América e influenciaram e incentivaram a recepção das regras de repressão aos atos de *contempt of court* naquele país.[67]

62. Gradualmente, tanto na Inglaterra quanto nos Estados Unidos da América, eventuais questionamentos sobre o direito dos tribunais de punir atos de desobediência, obstrução ou desrespeito praticados passaram a ser rebatidos com o argumento de que se trataria de um poder inerente ao próprio exercício da atividade judicial, que teria existido "desde sempre", pela imprescindibilidade de suas funções. A necessidade então se torna "a mãe do chamado inato e natural poder dos tribunais", nas palavras de Goldfarb, e um poder originalmente associado à figura do rei e a ele tão

---

66. Para Blackstone, as regras de conduta impostas ao reino pelo rei eram "regras prescritas pelo poder supremo de um Estado, comandando o que é certo e proibindo o que é errado". A tais regras também estaria submetido o soberano, por ser a lei "uma regra de ação, prescrita por alguém superior, à qual até mesmo o superior deve obedecer". *Sir* William Blackstone, *Commentaries on the Laws of England*, Filadélfia: J. B. Lippincott, 1898, p. 9, 43-44.

67. "The Courts of England have uniformly from the beginning exercised the right to punish for Contempt and the Courts of America have always exercised a like power." Blackstone, op. cit., apud Fox, op. cit., p. 222. Cf. Oliver Wendell Holmes Jr., *The common law*, Nova Iorque: Dover, 1991, e John Chipman Gray, *The Nature and Sources of the Law*, Nova Iorque: Columbia University Press, 1909.

somente vinculado se torna um poder intrinsecamente ligado à máquina judiciária como um todo.[68]

63. Atualmente, de modo geral, não se discute se as regras de prevenção aos atos de *contempt of court* devem ou não existir. Simplesmente existem, é um fato, na Inglaterra e nos Estados Unidos da América, bem como em vários outros países que adotam o sistema do *common law*. Além da Inglaterra, dos Estados Unidos da América, também encontramos referências a regras de repressão aos atos de *contempt of court* na Austrália, África do Sul, Bangladesh, Canadá, Cingapura, Egito, Escócia, Índia, Irlanda do Norte, Israel, Malásia, Nigéria, Nova Zelândia, País de Gales, Paquistão, Porto Rico, Trinidad Tobago e República da Irlanda.

64. As eventuais ponderações dirigem-se, assim, não à conveniência de sua existência, mas às hipóteses, aos limites e à forma de sua aplicação nos casos concretos, como iremos ver no decorrer deste estudo. É da necessidade de respeito e obediência à administração da justiça e, por conseguinte, da busca de uma maior eficácia de suas decisões, que se extraem os fundamentos atuais para a proteção à dignidade e ao exercício da atividade jurisdicional, sendo a doutrina do *contempt of court* a expressão mais exata e precisa desse anseio.

10. REFERÊNCIAS BIBLIOGRÁFICAS

AGOSTINI, Eric. *Direito comparado*. Lisboa: Rés-Editora, s.d.

ALMEIDA, Carlos Ferreira de. *Introdução ao Direito Comparado*. Coimbra: Almedina, 1994.

ANCEL, Marc. *La "common law" d'Angleterre*. Paris: Rousseau, 1927.

_____. *Utilidades e Métodos do Direito Comparado*. Tradução de Sérgio José Porto. Porto Alegre: Fabris, 1980.

ANCEL, Marc. *La "common law" d'Angleterre*. Paris: Rousseau, 1927.

ARLIDGE, A., et al. *Arlidge, Eady & Smith on Contempt*. 2. ed. London: Sweet & Maxwell, 1999.

AUSTRALIAN LAW REFORM COMMISSION. *Contempt: The Law Reform Commission: Report 35*. Canberra: Australian Govt. Pub. Service, 1987.

BARBOSA MOREIRA, José Carlos. Notas sobre alguns aspectos do Processo (Civil e Penal) nos países anglo-saxônicos. Temas de direito processual, segunda série. São Paulo: Saraiva, 2001. p. 155-178.

BARTLET, Robert. *Trial by fire and water: The medieval judicial ordeal*. Oxford: Clarendon Press, 1999.

BLACKSTONE, William, *Sir*. *Commentaries on the Laws of England*. Filadélfia: J. B. Lippincott, 1898.

BORRIE, Gordon, et al. *Borrie & Lowe: The Law of Contempt*. 3. ed. London: Butterworths, 1996.

BRACTON, Henry de. *De legibus et consuetudinibus angliae: English & Latin: Bracton on the laws and customs of England*. Tradução e anotações de Samuel E. Thorne. Buffalo: W. S. Hein, 1997.

BUARQUE DE HOLANDA FERREIRA, Aurélio Buarque de Holanda. Dicionário da língua portuguesa. 5. ed. Curitiba: Positivo, 2010.

---

68. Goldfarb, op. cit., p. 13.

BUENO, Júlio César; *Contribuição ao estudo do contempt of court e seus reflexos no processo civil brasileiro*. Universidade de São Paulo, São Paulo, 2001.

_____. O contempt of court por descumprimento de ordem judicial. *Revista do Advogado*. AASP, n. 84, dez. 2005.

BURTON, William C. *Legal Thesaurus*. 2. ed. New York: Simon & Schuster Macmillan, 1992.

COOPER, Henry. *The right assumed by the judges to fine a defendant while making his defence in person, denied: being a shorthand report of the important legal argument of Henry Cooper in the King v. Davison; on moving for a new trial*. London: W. Hone, 1821.

COUTURE, Eduardo J. *Fundamentos del Derecho Procesal Civil*. 3. ed. Buenos Aires: Depalma, 1990.

CREMONINI, Carlandrea. An Italian Lawyer looks at Civil Contempt: From Rome to Glastonbury. *Civil Justice Quarterly*, v. 3, 1984, p. 133-162.

DAVID, René. *Os grandes sistemas do direito contemporâneo*. São Paulo: Martins Fontes, 1986.

EHRLICH, Eugene. *The highly selective dictionary for the extraordinary literate*. New York: Harper Collins, 1997.

ELTON, G. R. *Star Chamber Stories*. Londres: Methuen, 1958.

FIGGIS, John Neville. *The divine right of kings*. New York: Harper & Row, 1965.

FORDHAM UNIVERSITY. The Anglo-Saxon Dooms 560-975 d.C., Medieval Sourcebook. Disponível em: http://www.fordham.edu/halsall/sbook.html.

FOX, John C., *Sir*. The King v. Almon 1. *Law Quarterly Review*, v. 24, 1908, p. 184.

GILISSEN, John. *Introduction bibliographique a l'histoire du droit et a l'ethnologie juridique*. Bruxelles: Institut de sociologie, Université Libre de Bruxelles, 1988.

GOLDFARB, Ronald L. *The contempt power*. New York: Columbia University Press, 1963.

GOLDSCHMIDT, Hans. *English law from the foreign standpoint*. London: Pitman and Sons, 1937.

Gray Indemnity Committee. *The power of judges to punish for contempt of court, as exemplified by the case of the high sheriff of Dublin, 1882*. London: Simpkin, Marshall, 1882.

GRAY, John Chipman. *The nature and sources of the law*. New York: Columbia University Press, 1909.

Great Britain Committee on Contempt of Court. *Report of the committee on contempt of court: Philimore Committee Report*. London: Her Majesty's Stationery Office, 1974.

HALLAM, Henry. *The constitutional history of England, from the accession of Henry VII to the death of George II*. New York: W. J. Widdleton, 1874.

HALSBURY, Earl of. *Halsbury's Laws of England: The English and empire digest*. London: Butterwoth, 1923.

HAZARD JR., Geoffrey C., TARUFFO, Michele. *American Civil Procedure: An Introduction*. New Haven: Yale University Press, 1993.

HINDS, Alfred. *Contempt of court*. London: Bodley Head, 1966.

HOGUE, Arthur. *Origins of the common law*. Indianapolis: Liberty Fund, 1986.

HOLMES JR., Oliver Wendell. *The common law*. New York: Dover, 1991.

HOUGHTON MIFFLIN. *The American Heritage Dictionary of the English Language*. 3. ed. Boston: Houghton Mifflin, 2001.

IRELAND LAW REFORM COMMISSION. *Consultation paper on contempt of court: the Law Reform Commission*. Dublin: The Commission, 1991.

LARSON, Laurence Marcellus. *The King's household in England before the Norman Conquest*. Madison: Bulletin of the University of Wisconsin, 1904.

LAW REFORM COMMISSION OF CANADA. *Contempt of court: offences against the administration of justice*. Ottawa: The Commission, 1977.

_____. *Report on contempt of court: Law Reform Commission of Canada*. Ottawa: The Commission, 1982.

LAW REFORM COMMISSION OF HONG KONG. *Report on contempt of court (topic 4): the Law Reform Commission of Hong Kong*. Hong Kong: The Commission, 1987.

LITTLE, William. *The shorter Oxford English dictionary on historical principles*. 3. ed. revisada e aumentada. Oxford: Clarendon Press, 1990.

LOPES, José Reinaldo Lima. *O Direito na história: lições introdutórias*. São Paulo: Max Limonad, 2000.

MAITLAND, Frederic William e POLLOCK, Frederick, *Sir. The constitutional history of England*. Cambridge [Eng]: University Press, 1961.

MILLER, Christopher John. *Contempt of court*. 2. ed. Oxford: Clarendon Press, 1997.

MILTON, John. *The tenure of kings and magistrates*. New York: H. Holt and Company, 1911.

MINISTRY OF JUSTICE OF GREAT BRITAIN. *Contempt of court, a Report*. London: Stevens, 1959.

MOLINA PASQUEL, Roberto. *Contempt of court; correcciones disciplinarias y medios de apremio*. Ciudad de Mexico: Fondo de Cultura Economica, 1954.

MORGAN, Kenneth O. (edição). *The Oxford history of Britain*. Oxford: Oxford University Press, 1999.

OSWALD, James Francis. *Contempt of court: committal, and attachment and arrest upon civil process, in the Supreme Court of judicature with the practice and forms*. London: William Clowes and Sons, 1892.

PLÁCIDO E SILVA, Oscar José de. *Vocabulário Jurídico*. 2 vol. 2. ed. Rio de Janeiro: Forense, 1992.

PLUCKNETT, Theodore F. T. *A concise history of the common law*. 5. ed. Boston: Little, Brown, 1956.

RIDEOUT, Philip M. (edição). *The newbury house dictionary of American English*. Greenwich: Heinle & Heinle, 1996.

RÚA, Julio César Cueto. *El "common law": su estrutuctura normativa: su enseñanza*. Buenos Aires: Abeledo-Perrot, 1956.

SÉROUSSI, Roland. *Introducción al Derecho inglês y norteamericano*. Barcelona: Ariel, 1998.

SESMA, Victoria Iturralde. *El precedente em el common law*. Madrid: Civitas, 1995.

SICHES, Recasens. *Panorama del pensamiento juridico em el siglo XX*. Ciudad de Mexico: Porrúa, 1963.

SIDOU, J. M. Othon. *Processo civil comparado: histórico e contemporâneo*. Rio de Janeiro: Forense Universitária, 1997.

STUBBS, William. *The constitutional history of England in its origin and development*. Oxford: Clarendon Press, 1903.

SWAYZEE, Cleon Oliphant. *Contempt of court in labor injunction cases*. New York: Columbia University Press, 1935.

TEMPLEMAN, *Lord*, REED, Charles P. *English legal system*. London: Old Bailey Press, 1997.

TITUS, Herbert W. God's revelation: foundation for the common law. *Regent University Law Review*, v. 4, 1994, p. 1-36.

UNIVERSITY OF CAMBRIDGE. *Cambridge International Dictionary of English*. Cambridge [Engl.]: Cambridge University Press, 1995. Disponível em: http://dictionary.cambridge.org, 19 jul. 2001.

USSHER, James. *The power communicated by God to the prince, and the obedience required of the subject. Briefly laid down, and confirmed out of Holy Scriptures, testimony of the primitive church. The dictates of right reason, and opinion of the wisest among the heathen writers*. London: Anne Seile, 1661.

VINOGRADOFF, Paul, *Sir. Transfer of land in old English law*. Cambridge [Mass.]: Harvard Law Review Association, 1907.

WEBSTER, Noah. *Webster's Revised Unabridged Dictionary*. New York: Merriam, 1913.

_____. *Webster's New Twentieth Century Dictionary of the English Language Unabridged*. New York: The World Publishing, 1952.

WOLKMER, Antonio Carlos. *Fundamentos de história do direito*. Belo Horizonte: Del Rey, 1996.

WU, John C. H. *Fountain of Justice: A study in the natural law*. New York: Sheed and Ward, 1955.

ZWEIGERT, K. e KÖTZ, H. *An introduction to comparative law*. Tradução do alemão para o inglês por Tony Weir. 2. ed. Oxford: Clarendon Press, 1992.

AGRAVO DE INSTRUMENTO NO CPC/2015: NOVA E VELHA REFORMA LEGISLATIVA NAS HIPÓTESES DE CABIMENTO

Leonardo Manso Vicentin

Mestre em Direito Processual Civil pela Faculdade de Direito da USP. Juiz de Direito do Tribunal de Justiça do Estado de São Paulo.

Sumário: 1. Introdução – 2. Esboço histórico – 3. Primeiras manifestações doutrinárias – 4. Apontamentos iniciais da jurisprudência – 5. Breves conclusões.

1. INTRODUÇÃO

Foi com enorme honra e alegria que recebi o convite para escrever algumas linhas em homenagem ao Professor Piva, a quem devoto eterna gratidão pelas lições que dele colhi no Direito e na vida. E a escolha do tema foi das tarefas mais fáceis, pois, nos idos de 2007, fui surpreendido pela provocação em sala de aula, feita pelo meu Professor na disciplina Instituições Judiciárias, ministrada então ao quarto ano da Faculdade de Direito do Largo de São Francisco. Se o problema do Judiciário é a morosidade, vamos "abolir os recursos"?

Fazia o Professor Piva referência à obra de Alcides Mendonça Lima, "Introdução aos Recursos Cíveis" (RT SP 1976 – p. 389-397), que sem muito esforço repudiou a solução simples e equivocada para um problema complexo. O suficiente, porém, para instigar a curiosidade dos alunos e, entre eles, direcionei meu trabalho de conclusão de curso[1], denominado tese de láurea na Faculdade, a investigar os fundamentos das teses que já defenderam a supressão ou a manutenção do agravo de instrumento no nosso sistema processual.

Orientado pelo Professor Piva, levantei por um período os resultados dos julgamentos de agravo de instrumento proferidos pela 9ª Câmara de Direito Privado do TJ/SP, observando então que o número de recursos providos era relevante, ou seja, situações de urgência suscetíveis de causa à parte lesão grave e de difícil reparação recebiam intervenção imediata do Tribunal de forma recorrente, o que, de plano, conjuntamente com outros motivos cuja descrição foge ao restrito objetivo deste, fez excluir a hipótese de supressão do agravo de instrumento dentre as soluções

---

1. VICENTIN, Leonardo Manso. **Agravo de instrumento em casos de lesão grave e de difícil reparação: efeitos da recorribilidade imediata de decisões interlocutórias à luz da razoável duração do processo.** São Paulo: Unibuk Editora, 2012.

adequadas ao enfrentamento da morosidade judiciária. O regime de cabimento deste recurso, na redação final do CPC/1973, atendia de forma razoável os interesses em conflito, e a razoável duração do processo haveria de ser buscada de outras formas, como o tem sido nos últimos anos.

Com advento do CPC/2015 o tema voltou à tona, eis que verificada nova tentativa de limitação do agravo de instrumento, a fim de mais uma vez tentar-se o abreviamento do tempo de duração do processo mediante artifício legislativo. Os mesmos problemas debatidos ao longo do século XX estão sendo revisitados pela doutrina e pela jurisprudência à luz do vigente texto de lei.

2. ESBOÇO HISTÓRICO

A definição do momento de surgimento do agravo de instrumento enquanto instrumento recursal não é consensual entre os historiadores.

Nas Ordenações Afonsinas, em várias passagens, encontramos a expressão *estormento d'agravo*, utilizada para identificar as dificuldades encontradas pelas partes quando o juiz relutasse a reformar a decisão interlocutória.

Para Moacyr Lobo da Costa[2] o agravo de instrumento surgiu apenas nas Ordenações Manoelinas de 1521 e, nas Ordenações Filipinas, em 1603, ganhou maior relevância, inserido entre os cinco agravos nelas albergados (agravo ordinário, agravo de ordenação não guardada, agravo de instrumento, agravo de petição e agravo no auto do processo).

Teresa Arruda Alvim Wambier, por sua vez, aduz que o agravo tem origem das querimas ou querimônias:

> Com D. Afonso IV, estabeleceu-se que as interlocutórias não seriam mais apeláveis, salvo algumas exceções expressas. Isto porque o fato de todas as interlocutórias serem apeláveis, indiscriminadamente, mais gerava problemas do que trazia soluções. Ficaram, então, diversas decisões sem recurso.
>
> Surgiram, assim, já nesta época, ou seja, antes das Ordenações Afonsinas, as 'querimas' ou 'querimônias'. Tratava-se de queixas, de reclamações, acompanhadas de informações colhidas e apresentadas pela parte, que se julgava prejudicada, dirigidas ao magistrado hierarquicamente superior ou ao Soberano. Significaram, então, uma reação a um silêncio quase que artificialmente imposto à parte. Eram um apelo ao Príncipe, que se consubstanciava em queixas, que eram entregues ao Monarca, quando este percorria o reino. Estas 'querimas' eram apreciadas por 'cartas diretas' e se davam 'cartas de justiça' aos que se haviam queixado, produzindo-se a alteração da decisão, pelo próprio juiz que as tinha proferido, quando a ele se apresentava tal carta. O problema que surgia é que destas cartas constava amiúde uma cláusula 'assy como querellau', que queria dizer o seguinte: a decisão tinha de ser modificada, se as coisas se tivessem passado tal como tivessem sido descritas nas informações. Ora, o que ocorria quando as cartas eram exibidas aos Juízes da

---

2. COSTA, Moacyr Lobo da. *História do Direito Português*. Coimbra: Almedina, 3ª. Edição, 1996, p. 266.

AGRAVO DE INSTRUMENTO NO CPC/2015

Terra, é que a verdade destas informações era posta em dúvida pelo magistrado. As partes procediam, então, a todo um trabalho com o escopo de demonstrar a verdade.[3]

Essa possibilidade imediata de socorro ao Soberano, inclusive, remete, ao nosso sentir, às origens da formação da estrutura social e política portuguesa, a qual, segundo a tese acolhida por Raymundo Faoro, não conheceu as nuances fundamentais do feudalismo, isto é, não teve em sua gestação "corpos intermediários dotados de autonomia política como os feudos"[4], a ensejar relevante concentração de poderes na figural real.

Cabe lembrar que as Ordenações Filipinas foram profusamente adotadas em nosso país, tornando-se a primeira legislação processual brasileira, mesmo após a Independência.

Em novembro de 1850 surge o chamado Regulamento 737, criado, de início, para estabelecer os trâmites das causas comerciais, uma espécie de Código de Processo Comercial. Com o passar do tempo, este também serviu de fundamento para o processamento das causas cíveis, e com ele houve a extinção do agravo no auto do processo, mantido, porém, o agravo de instrumento, cabível em situações previstas de modo expresso.

O CPC/1939 também previa um rol *numerus clausus* das hipóteses de cabimento de agravo de instrumento, embora primasse pelo princípio da oralidade, o que suprimia, em parte, a relevância desta via recursal.

A tradição brasileira de taxatividade do rol contemplativo das hipóteses de cabimento do agravo de instrumento é rompida com a entrada em vigor do CPC/1973.

A partir de então não haveria mais uma especificação das hipóteses, podendo o agravo de instrumento ser utilizado para casos previstos em leque amplo e subjetivo de decisões interlocutórias, passando por reformas, como a Lei 9.139/95 e a Lei 11.187/05, até chegar à redação última de seu artigo 522:

> Das decisões interlocutórias caberá agravo, no prazo de 10 (dez) dias, na forma retida, salvo quando se tratar de decisão suscetível de causar à parte lesão grave e de difícil reparação, bem como nos casos de inadmissão da apelação e nos relativos aos efeitos em que a apelação é recebida, quando será admitida a sua interposição por instrumento.

Assim, no CPC/1973, o agravo de instrumento era exceção e agravo retido a regra. Se o retido não fosse interposto no momento adequado, haveria preclusão.

Desse modo, encerramos a breve síntese histórica do agravo de instrumento e passamos à sua análise no CPC/2015.

---

3. WAMBIER, Teresa Arruda Alvim. *Os agravos no CPC brasileiro*. 4. Ed. São Paulo: Revista dos Tribunais, 2006, p. 39-41.

4. FAORO, Raymundo. *Os donos do poder*: formação do patronato político brasileiro. 5. ed. São Paulo: Globo, 2012, p. 4.

3. PRIMEIRAS MANIFESTAÇÕES DOUTRINÁRIAS

A recorribilidade das decisões interlocutórias sofreu significativa mudança com o advento do CPC/2015. Isso porque o CPC/1973 albergava como regra a recorribilidade imediata das também denominadas decisões intercalares, ao passo que o novo estatuto processual estabeleceu regramento inverso, extinguindo o agravo retido e limitando o cabimento do agravo de instrumento às situações previstas expressamente em lei.

Nos truncados dizeres do § 1º do artigo 1.009 do CPC/2015: "As questões resolvidas na fase de conhecimento, se a decisão a seu respeito não comportar agravo de instrumento, não são cobertas pela preclusão e devem ser suscitadas em preliminar de apelação, eventualmente interposta contra a decisão final, ou nas contrarrazões". Logo, a despeito da supressão do agravo retido, também se extirpou a preclusão imediata incidente sobre as decisões contra as quais tal modalidade recursal era cabível.

Nessa esteira, o CPC/2015 restringiu as hipóteses de cabimento do agravo de instrumento, ao prever rol expresso em seu artigo 1.015:

> Art. 1.015. Cabe agravo de instrumento contra as decisões interlocutórias que versarem sobre:
>
> I – tutelas provisórias;
>
> II – mérito do processo;
>
> III – rejeição da alegação de convenção de arbitragem;
>
> IV – incidente de desconsideração da personalidade jurídica;
>
> V – rejeição do pedido de gratuidade da justiça ou acolhimento do pedido de sua revogação;
>
> VI – exibição ou posse de documento ou coisa;
>
> VII – exclusão de litisconsorte;
>
> VIII – rejeição do pedido de limitação do litisconsórcio;
>
> IX – admissão ou inadmissão de intervenção de terceiros;
>
> X – concessão, modificação ou revogação do efeito suspensivo aos embargos à execução;
>
> XI – redistribuição do ônus da prova nos termos do art. 373, § 1º;
>
> XII – (Vetado);
>
> XIII – outros casos expressamente referidos em lei.
>
> Parágrafo único. Também caberá agravo de instrumento contra decisões interlocutórias proferidas na fase de liquidação de sentença ou de cumprimento de sentença, no processo de execução e no processo de inventário.

Da leitura do parágrafo único supramencionado depreende-se que todas as decisões interlocutórias proferidas no bojo de liquidação de sentença, cumprimento de sentença, processo de execução e processo de inventário estão sujeitas à interposição de agravo de instrumento. Conclui-se, *a contrario sensu*, que o rol do artigo 1.015

estabelece limites ao cabimento de recurso imediato apenas no que diz respeito às decisões interlocutórias preferidas no curso da fase de conhecimento.

De saída, a doutrina tece críticas à opção do legislador por esse método restritivo, fazendo apontamentos e levantando dúvidas acerca de sua efetividade e coerência.

Daniel Neves, por exemplo, sustenta tal opção acarreta cerceamento de defesa, violando o devido processo legal, a pretexto de desafogar os tribunais. Assim, a técnica legislativa não teria sido a mais adequada, uma vez que ao longo dos anos o agravo de instrumento não pode ser apontado como responsável pelo represamento de processos em segundo grau de jurisdição, eis que tal dificuldade não é encontrada em todos os tribunais:

> Num primeiro momento duvido seriamente do acerto dessa limitação e das supostas vantagens geradas ao sistema processual. A decantada desculpa de que o agravo de instrumento é o responsável pelo caos vivido na maioria de nossos tribunais de segundo grau não deve ser levada a sério. Há tribunais que funcionam e outros não, e em todos eles se julgam agravos de instrumento. Como não se pode seriamente considerar que em determinados Estados da Federação as partes interponham agravos de instrumento em número significativamente maior que em outros, fica claro que referido recurso não é culpado pela morosidade dos tribunais de segundo grau[5].

Para Dierle Nunes, Humberto Theodoro Jr, Alexandre Melo Franco Bahia e Flávio Quinad Pedro[6] o CPC/2015 foi incoerente ao limitar, na fase de conhecimento, "a recorribilidade das interlocutórias por meio de agravo de instrumento às hipóteses expressamente previstas em lei, e permitir uma recorribilidade ilimitada das interlocutórias, por meio do mesmo recurso, em determinados procedimentos e fases". Ou seja, não haveria motivo justo para que, dependendo do momento de desenvolvimento do processo, a decisão pudesse ou não ser questionada prontamente pelo agravo.

A taxatividade do artigo 1.015 já causava debates antes da entrada em vigor do CPC/2015, os quais prosseguiram desde então, estabelecendo dissenso doutrinário acerca da melhor interpretação a ser dada ao dispositivo.

Ocorre que a prática processual gera situações em que a reanálise imediata da decisão por meio de agravo de instrumento revela-se necessária, mas não encontra guarida expressa no art. 1.015, a ensejar potenciais prejuízos irreversíveis às partes.

Diante desta celeuma, diversos posicionamentos doutrinários surgem, a fim de encontrar uma solução capaz de harmonizar o sistema processual. Estabelecendo um parâmetro geral inicial, uns defendem que o rol das hipóteses de cabimento do agravo tem natureza exemplificativa, alguns enveredam para a possibilidade de interpretar extensivamente cada uma das hipóteses, enquanto outros rejeitam a possibilidade

---

5. NEVES, Daniel Amorim Assumpção. *Novo CPC comentado artigo por artigo*. 2ª ed. Salvador: Juspodivm, 2017. p. 1725.
6. NUNES, Dierle; THEODORO JR, Humberto; BAHIA, Alexandre Melo Franco; PEDRO, Flavio Quinad. *Novo CPC*: fundamentos e sistematização. Rio de Janeiro: Forense, 2015, p. 32 e 34.

de qualquer tipo de interpretação ampliativa, restando ao prejudicado apenas as vias do mandado de segurança e da correição parcial.

Nelson Nery Junior e Rosa Maria de Andrade Nery, ao examinar a possibilidade de gravame de difícil ou impossível reparação, isto é, situação prevista pela última redação do CPC/1973 como autorizadora do cabimento de agravo de instrumento, propugnam a admissão da impetração do mandado de segurança ou da interposição de correição parcial:

> Se a interlocutória tiver potencialidade de causar imediato gravame de difícil ou impossível reparação, de tal sorte que não se possa esperar seja exercida a pretensão recursal como preliminar da apelação, pode ser, desde logo, submetida ao exame do tribunal competente para conhecer da apelação, pelo exercimento do mandado de segurança e da correição parcial. [7]

Preferindo não banalizar o uso do mandado de segurança contra ato judicial como sucedâneo recursal, Cassio Scarpinella Bueno estimula interpretação ampliativa do rol do art. 1.015, porém, adstrita ao objetivo colimado pelo legislador em cada uma das hipóteses, a fim de se evitar proliferação indevida desta modalidade recursal:

> No máximo, será bem-vinda, justamente para não generalizar o emprego do mandado de segurança como sucedâneo recursal, interpretação ampliativa, por extensão ou por analogia, das hipóteses do art. 1.015, sempre conservando, contudo, a razão de ser de cada uma de suas hipóteses para não generalizá-las indevidamente.
>
> Um exemplo que se mostra pertinente diz respeito à interlocutória que rejeitar preliminar de incompetência (absoluta ou relativa) levantada pelo réu em sede de contestação (art. 337, II). Que a hipótese não é expressamente prevista no art. 1.015, não há espaço para duvidar. É possível (ou desejável), contudo, sustentar que a situação é imediatamente recorrível diante da previsão do inciso III daquele dispositivo, que prevê o agravo de instrumento contra a decisão que rejeita a convenção de arbitragem? Em ambos os casos, forçoso reconhecer, o que está em discussão é a competência do órgão jurisdicional. A resposta positiva parece ser superior à negativa, com a vantagem de não generalizar, como alertado, o uso do mandado de segurança contra ato judicial. [8]

Por suposto que aceita a tese da interpretação ampliativa do rol das hipóteses de cabimento do agravo de instrumento, há de se atentar para a possibilidade de que as partes, na expectativa acerca da natureza exaustiva da lista do artigo 1.015 e por isso não interpondo o agravo de instrumento, podem ser surpreendidas com a preclusão da questão decidida, ou seja, estabelece-se um quadro de insegurança jurídica que pode gerar aumento na utilização deste recurso.

Nesse diapasão, em artigo sobre os efeitos colaterais da interpretação extensiva na temática em exame, André Vasconcelos Roque, Bárbara Pombo, Fernando da Fonseca Gajardoni, Luiz Dellore, Marcelo Pacheco Machado e Zulmar Duarte, aduzem

---

7. JUNIOR, Nelson Nery; NERY, Rosa Maria de Andrade. *Código de Processo Civil Comentado*. 16ª ed. São Paulo: Revista dos Tribunais, 2016, p. 2233.

8. BUENO, Cassio Scapinella. *Manual de direito processual civil*: volume único. 2ª ed. São Paulo: Saraiva, 2/2016. Vital Source Bookshelf Online, p. 691.

que romper a lógica recursal prevista pelo legislador pode gerar séria repercussão no sistema de preclusões:

> Quando são ampliadas as hipóteses de recorribilidade para situações não antecipadas pelo legislador, há um importante efeito colateral para o qual ainda não se deu a devida atenção: também podem ser criadas novas hipóteses de preclusão imediata, não imaginadas pelos advogados e demais profissionais do direito.

> O sistema preclusivo erigido pelo CPC/2015 está estritamente vinculado às hipóteses de cabimento do agravo. A ampliação das situações de cabimento pode acarretar maior extensão da ocorrência da preclusão imediata, como se depreende do artigo 1.009, § 1°, do CPC/ 2015. Somente não precluem – até o momento em que seja interposta a apelação ou apresentadas as contrarrazões à apelação – as questões não suscitáveis de imediato na via do agravo de instrumento.

> Assim, a ampliação jurisprudencial dos temas passíveis de serem objeto de agravo pode trazer a reboque a expansão da ocorrência da preclusão imediata do processo. Imagine-se, por exemplo, um advogado que deixa de interpor agravo de instrumento, por não encontrar a competência entre as matérias relacionadas no artigo 1.015 do CPC/2015, confiando que poderá rediscuti-la na apelação ou em contrarrazões à apelação.[9]

Entre os autores que sustentam a taxatividade do rol estão Luiz Rodrigues Wambier e Eduardo Talamini. Criticando a aplicação extensiva das regras previstas no art. 1.015, afirmam que "não parece ser essa a solução adequada. Por mais criticável que sejam algumas das hipóteses "esquecidas" pelo legislador, não é dado ao intérprete flexibilizar um critério de cabimento que se pretendeu verdadeiramente restritivo". Por outro lado, esses autores também não descartam a possibilidade de a parte impetrar mandado de segurança também em casos de potenciais danos graves, e não enxergam essa possibilidade como uma anomalia do sistema:

> Havendo situação geradora do risco de graves danos derivada de decisão interlocutória para a qual a lei não preveja o cabimento do agravo de instrumento, poderá a parte ajuizar mandado de segurança. Ainda que esses casos sejam absolutamente excepcionais, o emprego do mandado de segurança nada de tem de "anômalo". Não tem como ser negado, dada a natureza constitucional dessa garantia. A simples consideração da norma constitucional consagradora do mandado de segurança já daria respaldo para essa conclusão (art. 5.°, LXIX, da CF/1988). Mas não bastasse isso, a regulamentação infraconstitucional dessa garantia (que jamais poderia reduzi-la), confirma tal orientação. Nos termos do art. 5.°, II, da Lei 12.016/2009, apenas não cabe o mandado de segurança contra ato judicial quando esse for passível de recurso dotado de efeito suspensivo.[10]

Examinando-se em conjunto a dinâmica proposta pelo CPC/2015 e os anseios da prática forense, ante os desafios cotidianos que surgem a partir da infinidade de possibilidades proporcionadas pelos embates jurídicos, é preciso questionar se é

---

9. ROQUE, André Vasconcelos e Outros. *Hipóteses de Agravo de Instrumento no Novo CPC: os efeitos colaterais da interpretação extensiva.* Disponível em: <https://www.jota.info/opiniao-e-analise/colunas/novo-cpc/hipoteses-de-agravo-de-instrumento-no-novo-cpc-os-efeitos-colaterais-da-interpretacao-extensiva-04042016>. Acesso em 07/06/2018.

10. WAMBIER, Luiz Rodrigues; TALAMINI, Eduardo. Curso avançado de Processo Civil, volume 2 [livro eletrônico]: cognição jurisdicional (Processo Comum de Conhecimento e Tutela Provisória). 5ª edição em e-book baseada na 16ª edição impressa. São Paulo: Editora Revista dos Tribunais, 2016, p. 277.

possível afirmar de modo lógico que o rol do artigo 1.015, embora taxativo, pode ser interpretado de forma extensiva.

É usual a afirmação de que, na interpretação extensiva, o sentido da norma é ampliado para além do texto, quando este comporta alcance maior do que o expresso pelo legislador, revelando algo implícito no dispositivo, desde que não haja ruptura na estrutura proposta. Sobre a possibilidade de interpretação extensiva em rol taxativo em matéria tributária, vale transcrever trecho do quanto decidido pelo Superior Tribunal de Justiça no REsp 1.111.234/PR: "Apesar de o rol de serviços anexo à Lei Complementar 56/87 ser taxativo em sua enumeração, admite-se uma interpretação extensiva dos seus itens, abarcando-se todas as espécies do gênero tributado.". Igualmente, na esfera penal, REsp 197.661/PR: "o cabimento do recurso em sentido estrito não corresponde a "numerus clausus" se submetendo, por isso, à interpretação extensiva e à integração por analogia, desde que a situação a que se busca enquadrar tenha similitude com as hipóteses do art. 581 do CPP".

No âmbito do processo civil, Fredie Didier Jr. e Leonardo Carneiro da Cunha[11] afirmam ser possível a conciliação entre os dois conceitos, exemplificado que caso semelhante ocorria com a ação rescisória no CPC/1973, em seu artigo 485, VII, que estabelecia o seu cabimento quando houvesse fundamento para invalidar confissão, desistência ou transação, em que tivesse se baseado a sentença. Nessa situação a alusão à desistência deveria ser interpretada como "renúncia sobre o que se funda a ação", estendendo o dispositivo para as ocasiões de reconhecimento da procedência do pedido.

Esses autores acautelam, mais uma vez, para o risco de se ressuscitar o uso excessivo do mandado de segurança, de prazo mais elástico, o que pode, principalmente em termos de política judiciária, trazer sérios prejuízos:

> É verdade que interpretar o texto normativo com a finalidade de evitar o uso anômalo e excessivo do mandado de segurança pode consistir num consequencialismo. Como se sabe, o consequencialismo constitui método de interpretação em que, diante de várias interpretações possíveis, o intérprete deve optar por aquela que conduza a resultados econômicos, sociais ou políticos mais aceitáveis, mais adequados e menos problemáticos. Busca-se, assim, uma melhor integração entre a norma e a realidade. É um método de interpretação que pode servir para confirmar a interpretação extensiva ora proposta. Adotada a interpretação literal, não se admitindo agravo de instrumento contra decisão que trate de competência, haverá o uso anômalo e excessivo do mandado de segurança, cujo prazo é bem mais elástico que o do agravo de instrumento. Se, diversamente, se adota a interpretação extensiva para permitir o agravo de instrumento, haverá menos problemas no âmbito dos tribunais, não os congestionando com mandados de segurança contra atos judiciais.[12]

---

11. DIDIER JR., Fredie; CUNHA, Leonardo Carneiro da Cunha. Agravo de instrumento contra decisão que versa sobre competência e a decisão que nega eficácia a negócio jurídico processual na fase de conhecimento: uma interpretação sobre o agravo de instrumento previsto no CPC-2015. *Revista Jurídica da Seção Judiciária de Pernambuco*, Recife, n. 8, 2015, p. 182.

12. DIDIER JR., Fredie; CUNHA, Leonardo Carneiro da Cunha. Op. cit., p. 184-185.

AGRAVO DE INSTRUMENTO NO CPC/2015 **461**

Os debates doutrinários são extremamente relevantes, uma vez que inseridos em ambiente de profunda reflexão científica, razão pela qual devem ser criteriosamente absorvidos pela jurisprudência. Nessa perspectiva, o posicionamento dos tribunais será crucial para definir a conferir previsibilidade às condutas mais prudentes a serem adotadas pelos operadores do direito, a fim de conduzir o processo com a maior segurança jurídica possível e não causar prejuízos às partes.

4. APONTAMENTOS INICIAIS DA JURISPRUDÊNCIA

Com o intuito de compreender os fundamentos das decisões que vêm sendo tomadas por alguns dos principais tribunais do país, faz-se necessário apontar alguns acórdãos proferidos desde a entrada em vigor do Novo CPC.

O Tribunal de Justiça do Estado de São Paulo vem decidindo, como regra e de forma explícita, pela taxatividade do rol:

> Agravo de instrumento. Direito de vizinhança. Nunciação de obra nova. Justiça gratuita Elementos dos autos que condizem com o alegado estado de insuficiência financeira Benefício concedido – Pedido de redução dos honorários periciais – *Hipótese não prevista no rol taxativo do art. 1.015, do CPC/15, que impede o seu conhecimento.* Recurso provido na parte conhecida. (TJSP; Agravo de Instrumento 2063969-62.2017.8.26.0000; Relator (a): Melo Bueno; Órgão Julgador: 35ª Câmara de Direito Privado; Foro de São Bernardo do Campo; Data do Julgamento: 20/06/2017; Data de Registro: 20/06/2017). (grifou-se)

> Recurso. Agravo de instrumento. Emenda da petição inicial – Embargos à execução valor da causa. *Em razão taxatividade do rol contido no artigo 1.015 do CPC/2015, inadmissível a interposição de agravo de instrumento contra a decisão que determina a emenda da petição inicial de embargos opostos à execução, a fim de ser alterado o valor atribuído à causa.* Recurso não conhecido. (TJSP; Agravo de Instrumento 2175887-71.2017.8.26.0000; Relator (a): Itamar Gaino; Órgão Julgador: 21ª Câmara de Direito Privado; Foro de São Paulo; Data do Julgamento: 18/12/2017; Data de Registro: 18/12/2017). (grifou-se)

> Agravo de Instrumento. Ação de recálculo de proventos e pensão por morte. Recurso contra decisão que declina da competência e remete os autos ao Juizado Especial. *Hipótese na qual a decisão atacada não se encontra prevista nas hipóteses do artigo 1.015 do CPC – Rol taxativo (numerus clausus). Precedentes –* Recurso não conhecido

> (TJSP; Agravo de Instrumento 2104345-56.2018.8.26.0000; Relator (a): Sidney Romano dos Reis; Órgão Julgador: 6ª Câmara de Direito Público; Foro de Itapira; Data do Julgamento: 12/06/2018; Data de Registro: 12/06/2018). (grifou-se)

Já o Tribunal de Justiça do Rio de Janeiro, na maioria dos julgados, também adota o entendimento de que o rol é taxativo, a incluir a hipótese ressalvada acima pela doutrina de rejeição da preliminar de incompetência do juízo. Não obstante, há manifestação no sentido de que a existência de alguma particularidade relevante no caso concreto pode ensejar a ampliação episódica do cabimento do agravo de instrumento:

> Direito Processual Civil. Decisão que determina a emenda à petição inicial. Ausência de hipótese de cabimento de agravo de instrumento. *O artigo 1.015 do Código de Processo Civil de 2015 apresenta rol taxativo de hipóteses de cabimento do recurso de agravo de instrumento. A decisão*

agravada não integra o rol taxativo, sendo inadmissível o recurso. Precedentes desta Corte. Recurso não conhecido. (TJRJ; Agravo de Instrumento 0056938-54.2016.8.19.0000; Relator (a): Marco Antônio Ibrahim; Órgão Julgador: 4ª Câmara Cível; Data do Julgamento: 07/12/2016; Data de Registro: 07/12/2016). (grifou-se)

Agravo de instrumento. Embargos à execução. Rejeição da preliminar de incompetência do Juízo. *Hipótese não enquadrada no rol taxativo do artigo 1.015 do NCPC.* Recurso que não se conhece. (TJRJ; Agravo de Instrumento 0022492-54.2018.8.19.0000; Relator (a): Cláudio Luiz Braga Dell'orto; Órgão Julgador: 18ª Câmara Cível; Data do Julgamento: 13/06/2018; Data de Registro: 13/06/2018). (grifou-se)

Agravo de instrumento. Decisão que homologou os honorários periciais. Aplicação do novo código de processo civil. Enunciado administrativo 3 do col. STJ. Agravo de instrumento que é descabido. Rol do artigo 1.015 que, embora não seja taxativo, não pode ser lido como meramente exemplificativo. Mens legis da novel legislação. Inadmissibilidade do presente. 1. *O rol do artigo 1.015 do Novo Código de Processo Civil, considerada a sua mens legis, não pode ser considerado exemplificativo, pelo que descabe, sem que haja alguma particularidade relevante, ampliar as hipóteses de agravo de instrumento;* 2. *In casu,* a decisão agravada apenas homologou os honorários periciais, de modo que deverá ser impugnada mediante referência em preliminar de contestação; 3. Recurso não conhecido. (TJRJ; Agravo de Instrumento 0019421-15.2016.8.19.0000; Relator (a): Fernando de Andrade Pinto; Órgão Julgador: 25ª Câmara de Direito Civil; Data do Julgamento: 04/05/2016; Data de Registro: 04/05/2016). (grifou-se)

Nessa esteira, muito embora a ideia de taxatividade do rol estabelecido no artigo 1.1015 do CPC/2015 venha avultando-se sobre as demais, há decisões colegiadas nos tribunais espalhados pelo país admitindo interpretação extensiva, a incluir, em sentido inverso do supracitado, a hipótese de definição da competência do juízo:

Agravo de instrumento. Processual civil. Decisão interlocutória. Declinação de competência. Excepcionalidade da situação. Conhecimento do recurso. *Caso dos autos em que a controvérsia estabelecida na origem (indenizatória envolvendo processos da Boate Kiss), pela excepcionalidade da situação, no caso concreto, permite admitir o ataque da decisão declinatória de competência pela via instrumental, segundo uma interpretação ampliativa do constante no inciso III do artigo 1.015 do Código de Processo Civil e os preceitos constitucionais da duração razoável do processo, celeridade e razoabilidade.* (TJRS – AI: 70074266040 RS, Relator: Tasso Caubi Soares Delabary; Data de Julgamento: 27/09/2017, 9ª Câmara Cível, Data de Publicação: 29/09/2017) (grifou-se)

Direito processual civil. Agravo interno em agravo de instrumento. *Decisão que acolhe preliminar de incompetência. Cabimento. Art. 1.015 do CPC. Interpretação analógica e extensiva. Possibilidade.* Cabimento do recurso. Decisão monocrática reformada.

I. O Código de Processo Civil de 2015 não contempla a decisão que acolhe a preliminar de incompetência no rol dos pronunciamentos que podem ser impugnados por meio de agravo de instrumento descrito em seu artigo 1.015.

II. Não obstante o caráter exaustivo do catálogo do artigo 1.015, não é vedado o recurso à interpretação extensiva ou analógica de alguma das hipóteses nele listadas, sobretudo com o propósito de favorecer a segurança jurídica e a razoável duração do processo (TJDFT – Acórdão n.978761, 20160020344135AGI, Relator: SÉRGIO ROCHA, Relator Designado: James Eduardo Oliveira 4ª Turma Cível, Data de Julgamento: 19/10/2016, Publicado no DJE: 17/11/2016). (grifou-se)

Recursos envolvendo a mesma relação jurídica complexa – Prevenção do relator e respectivo órgão fracionário que receberam a primeira distribuição válida – ART. 79, § 7º, do RITJMG –

AGRAVO DE INSTRUMENTO NO CPC/2015 **463**

Agravo de instrumento – Art. 1.015 do CPC/2015 – Taxatividade das hipóteses de cabimento que não exclui a possibilidade de uma interpretação extensiva – Inversão do custeio da perícia com base na redistribuição do ônus da prova – Adequação da via recursal eleita (...) (TJMG – AI: 10024122239221001 MG, Relator: Eduardo Mariné da Cunha; Data de Julgamento: 13/09/0016, Câmaras Cíveis / 17ª Câmara Cível, Data de Publicação: 19/09/2016) (grifou-se)

A questão chegou aos Tribunais Superiores. A 4ª Turma do Superior Tribunal de Justiça, ao julgar o Recurso Especial 1.679.909/RS, manifestou-se pela possibilidade de aplicação de interpretação analógica ou extensiva ao inciso III do artigo 1.015 do novo Código (*Art. 1.015. Cabe agravo de instrumento contra as decisões interlocutórias que versarem sobre: III – rejeição da alegação de convenção de arbitragem*). Registrou-se nesse acórdão que é possível utilizar-se do agravo de instrumento diante de decisões concernentes à competência, interpretando extensivamente o dispositivo em comento, visto que, segundo o ministro relator, Luis Felipe Salomão, "*ambas possuem a mesma* ratio, *qual seja, afastar o juízo incompetente para a causa, permitindo que o juízo natural e adequado julgue a demanda*".

Esse posicionamento tem o objetivo de propiciar maior agilidade à recorribilidade das decisões que versam sobre competência, já que essa possiblidade não se encontra prevista expressamente no rol do artigo 1.015, o que pode gerar consequências relevantes no processo, caso tramite em juízo incompetente, bem como a ineficácia do seu exame apenas na preliminar da apelação. Nos dizeres do relator:

> "Evitam-se, por essa perspectiva: a) as inarredáveis consequências de um processo que tramite perante um juízo incompetente (passível até de rescisória – art. 966, II, CPC); b) o risco da invalidação ou substituição das decisões (art. 64, § 4º, primeira parte); c) o malferimento do princípio da celeridade, ao se exigir que a parte aguarde todo o trâmite em primeira instância para ver sua irresignação decidida tão somente quando do julgamento da apelação; d) tornar inócua a discussão sobre a (in)competência, já que os efeitos da decisão proferida poderão ser conservados pelo outro juízo, inclusive deixando de anular os atos praticados pelo juízo incompetente, havendo, por via transversa, indevida "perpetuação" da competência; e) a angústia da parte em ver seu processo dirimido por juízo que, talvez, não é o natural da causa."[13]

Ante a importância do assunto e a controvérsia sobre a temática, no Recurso Especial 1.704.520/MT houve afetação ao rito dos processos repetitivos, mas sem suspensão dos agravos de instrumento que tratam da matéria[14]:

> Proposta de afetação. Recurso especial. Representativo de controvérsia. Seleção. Afetação. Rito. Arts. 1.036 e ss. Do CPC/15. Direito processual civil. Agravo de instrumento. Controversia. Natureza. Rol do art. 1.015 do CPC/15. 1. Delimitação da controvérsia: definir a natureza do rol do art. 1.015 do CPC/15 e verificar possibilidade de sua interpretação extensiva, para se admitir a

---

13. STJ. Recurso Especial 1.679.909/RS. Relator: Ministro Luis Felipe Salomão. DJE: 01/02/2018. Disponível em: < https://ww2.stj.jus.br/processo/revista/documento/mediado/?componente=ITA&sequencial=1655954&num_registro=201701092223&data=20180201&formato=PDF >. Acesso em 18/06/2018.

14. STJ. ProAfR no Recurso Especial 1.704.520 – MT (2017/0271924-6). Relatora: Ministra Nancy Andrighi. DJE: 28/02/2018. Disponível em: < https://ww2.stj.jus.br/processo/revista/documento/mediado/?componente=ITA&sequencial=1677361&num_registro=201702719246&data=20180228&formato=PDF>. Acesso em 18/06/2018.

interposição de agravo de instrumento contra decisão interlocutória que verse sobre hipóteses não expressamente versadas nos incisos de referido dispositivo do Novo CPC. 2. Afetação do recurso especial ao rito do art. 1.036 e ss. do CPC/2015.

Em 01.08.2018, o julgamento iniciou-se com o voto da relatora Ministra Nancy Andrighi, para quem o rol do artigo 1.015 deve ser interpretado sob a ótica de uma "taxatividade mitigada", de modo a se admitir o agravo de instrumento para impugnar decisões interlocutórias suscetíveis de causar à parte dano de difícil reparação. A prevalecer este voto – o julgamento foi interrompido a pedido de vista da Ministra Maria Thereza –, retornaremos ao regime final do CPC/1973, sucessivamente reformado após profundos debates doutrinários e jurisprudenciais ocorridos a partir de diversas situações verificadas durante mais de um século de praxe forense.

5. BREVES CONCLUSÕES

Diante desse contexto, a conclusão a que chegamos na análise do regime de cabimento do agravo de instrumento à época final de vigência do CPC/1973 não se alterou muito ao examinarmos o CPC/2015.

Primeiro, a interpretação casuística do sistema de cabimento de agravo de instrumento contra decisões interlocutórias não pode gerar preclusão que surpreenda o interessado, sob pena de violação à boa-fé, à cooperação e o contraditório (CPC/2015, artigos 5º, 6º e 9º).

Segundo, impedir o recurso imediato em situações de urgência contra decisões suscetíveis de causar lesão grave e de difícil reparação significa, como sempre se verificou, inevitável uso recorrente de meios impugnativos diversos, como o mandado de segurança e a correição parcial, o que rompe a lógica do sistema recursal, atravancando o procedimento e gerando insegurança jurídica. Se o receio é de uso protelatório do agravo, esta conduta já é punível pelo sistema (CPC/2015, artigo 80, VII).

Por fim, a eterna lição de Botelho de Mesquita, "o processo não é instrumento útil para debelar a crise do Poder Judiciário"[15], a qual tem sido adequadamente enfrentada mediante racionalização dos recursos humanos, materiais e tecnológicos.

---

15. MESQUITA, José Ignacio Botelho de. *Teses, estudos e pareceres de processo civil*. Vol. 1. São Paulo: Editora Revista dos Tribunais, 2005, p. 255-262.

DA EFICÁCIA PRECLUSIVA DA COISA JULGADA NO BRASIL[1]

Letícia Antunes Tavares

Doutoranda em Direito do Estado pela Faculdade de Direito da Universidade de São Paulo. Cursou "Master in Comparative Law" pela Samford University/EUA. Especialista em Direito Público pela Escola Paulista de Magistratura. Juíza de Direito do Tribunal de Justiça de São Paulo.

Sumário: 1. Introdução – 2. Da importância do tema – 3. Breves considerações sobre a coisa julgada – 4. Da eficácia preclusiva da coisa julgada; 4.1. Considerações iniciais; 4.2. Definição e previsão legal; 4.3. Extensão e função da eficácia preclusiva da coisa julgada; 4.4. Objeto do efeito preclusivo; 4.4.1. Limite temporal; 4.5. Limite objetivo da eficácia preclusiva da coisa julgada; 4.6. Limite subjetivo da eficácia preclusiva da coisa julgada – 5. Conclusão – 6. Referências bibliográficas.

1. INTRODUÇÃO

A coisa julgada é tema que suscita muitas discussões no direito processual. Nada obstante, trata-se de instituto de índole constitucional, com previsão expressa na nossa Lei Maior, ao qual se confere a estatura de direito fundamental, tendo em vista sua importância para a pacificação de conflitos e para a garantia da segurança jurídica.

Além da previsão constitucional, a coisa julgada vem definida e bem delineada pela legislação processual civil. Com efeito, o código atual trouxe importantes inovações, tratando do tema em seus artigos 502 a 508.

A novel legislação, na esteira da antiga, toma como base o conceito de coisa julgada delineado por Liebman, tratando o instituto como uma qualidade da decisão de mérito não mais sujeita a recurso.

Analisando-se o assunto, uma questão de especial importância vem a lume: a eficácia preclusiva da coisa julgada, considerada o escudo protetor do instituto, ou um meio de defesa da imutabilidade da coisa julgada.

E este estudo terá por objetivo aprofundar o tema, com vistas a definir a eficácia preclusiva da coisa julgada, analisar seus limites, funções e extensão no direito brasileiro. Antes, porém, para melhor compreensão do assunto, de rigor se faz uma

---

1. Este artigo reproduz em parte o trabalho apresentado como requisito para conclusão da disciplina "Estudo da Coisa Julgada e outros Institutos de Imunização da Decisão Judicial no Processo Civil Brasileiro", cursada na Faculdade de Direito da Universidade de São Paulo, sob a regência do Professor homenageado, Des. Walter Piva Rodrigues, com o auxílio dos Profesores Rodolfo da Costa Manso Real Amadeo, Luiz Dellore, Daniel Zveibil, Marco Antonio Perez de Oliveira e Júlio César Bueno.

breve análise do instituto da coisa julgada e de sua relevância no ordenamento jurídico brasileiro.

2. DA IMPORTÂNCIA DO TEMA

Segundo Cândido Rangel Dinamarco (2017:356), a coisa julgada é instituto de direito constitucional, assegurando a imunidade de situações consumadas, com vistas à garantia de segurança jurídica, um dos valores mais caros nas democracias modernas.

A importância da segurança jurídica como valor a ser assegurado pelo instituto da coisa julgada é assinalada por José Carlos Barbosa Moreira (1988:99): "os litígios não devem perpetuar-se. Entre os dois riscos que se deparam – o de comprometer a segurança da vida social e o de consentir na eventual cristalização de injustiças –, prefere o ordenamento assumir o segundo".

Dita o artigo 5º, inciso XXXVI, da Constituição Federal que "a lei não prejudicará o direito adquirido, o ato jurídico perfeito e a coisa julgada". Referida disposição constitucional se encontra inserida no rol dos direitos e garantias fundamentais do indivíduo, tratando-se, portanto, de cláusula pétrea, nos termos do artigo 60, parágrafo 4º, inciso IV, da Constituição de 1988[2].

Tal garantia já havia sido reconhecida pelos constituintes de 1934 (art. 113, "3"), 1946 (art. 141, §3º), 1967 (art. 150, §3º) e 1969 (art. 153, §3º), perdurando até a atualidade, o que reforça sua importância.

Segundo Celso Neves (1971:237), foi a Constituição de 1934 que inseriu a coisa julgada no sistema constitucional positivo brasileiro e de forma apartada do alcance retroativo das leis. E, como se nota, referido direito foi reconhecido em diversos outros diplomas constitucionais brasileiros, com exceção da Constituição Imperial, da Constituição Republicana e da Carta de 1937.

Nada obstante, na vigência da Constituição do Império de 1824 foi editado o Regulamento 737 de 1850, que, em seu artigo 185, arrolava a coisa julgada como uma forma de presunção de verdade absoluta, decorrente da sentença, mesmo que houvesse prova em contrário (DELLORE, 2013:23/24). Ainda, na vigência da Constituição de 1891, houve a promulgação do Código Civil de 1916, que em sua Introdução, artigo 3º, dispunha sobre o assunto.

---

2. Cabe aqui expor, brevemente, a divergência doutrinária acerca da interpretação do artigo 5º, inciso XXXVI, da Constituição Federal, no que toca ao direito adquirido, de acordo com a lição de Ingo Wolfgang Sarlet e Rodrigo Brandão (2013:1137). Tal discussão é pertinente, na medida em que, para alguns doutrinadores o conceito de coisa julgada e ato jurídico perfeito se inserem na concepção de direito adquirido (MENDES, 2013:368). Para os autores (SARLET e BRANDÃO, 2013:1137), o entendimento majoritário é de que a garantia constitucional citada possui *status* de cláusula pétrea, estando fora do alcance do constituinte derivado. Porém, para uma corrente minoritária, a palavra "lei" empregada no artigo 5º, inciso XXXVI, da Constituição Federal, deve ser interpretada como lei em sentido estrito, não sendo oponível ao constituinte reformador.

Também, na vigência da Carta de 1937, de caráter autoritário, foi promulgado o Decreto-lei 4.657/42, que acabou eliminando a ressalva do artigo 3º da Introdução ao Código Civil de 1916 (NEVES, 1971: 236). Sem prejuízo, o Código de Processo Civil de 1939 fazia menção à coisa julgada, sem, todavia, defini-la, tratando-a como exceção a ser oposta pelo requerido, bem como hipótese de nulidade da sentença que a ofendesse (artigos 182, inciso II e 798, "b"). Já na vigência da Constituição de 1946, foi promulgada a Lei n. 3.238/57, que voltou a tratar do citado artigo 3º da Lei de Introdução (NEVES, 1971:236), sendo esta ainda a redação em vigor até a presente data: "Art. 6º A Lei em vigor terá efeito imediato e geral, respeitados o ato jurídico perfeito, o direito adquirido e a coisa julgada. (...) § 3º Chama-se coisa julgada ou caso julgado a decisão judicial de que já não caiba recurso".

Como se nota, desde os primórdios do Brasil independente, a coisa julgada é objeto de preocupação constitucional e infraconstitucional, cujo cerne se encontra na necessidade de garantia de segurança jurídica. Segundo DINAMARCO (2016:448), a segurança jurídica, escopo da pacificação social, "é reconhecido fator de paz entre as pessoas no convívio social, contando com uma garantia constitucional". Nesse mesmo sentido Luiz Dellore (2013:13) leciona que a coisa julgada surgiu mais por razões políticas do que jurídicas, "com o desiderato de obter a pacificação dos conflitos".

Assim sendo, a coisa julgada se mostra instituto de grande importância para a sociedade, galgando o *status* de direito fundamental, com vistas à pacificação de conflitos e à garantia da segurança jurídica. E, se a finalidade do instituto é a proteção de um princípio tão importante num Estado Democrático de Direito, de rigor se faz o estudo daquilo que se considera o instrumento protetor da própria coisa julgada, qual seja, sua eficácia preclusiva.

Portanto, feitos breves esclarecimentos a respeito da importância do tema, cumpre-nos, primeiramente, tecer alguns comentários a respeito da coisa julgada, para que se possa compreender plenamente sua eficácia preclusiva.

3. BREVES CONSIDERAÇÕES SOBRE A COISA JULGADA

Tendo em vista o objeto deste estudo, fazem-se necessárias algumas considerações sobre a coisa julgada, em especial na atual conjuntura legislativa, sem a pretensão de esgotar o assunto ou mesmo de fazer uma análise crítica sobre tema tão complexo.

De acordo com o artigo 502 do Código de Processo Civil atual, "denomina-se coisa julgada material a autoridade que torna imutável e indiscutível a decisão de mérito não mais sujeita a recurso".

De acordo com DINAMARCO (2016:448), "coisa julgada é, por definição, a imutabilidade dos efeitos da sentença de mérito (Liebman)". Com efeito, "a autoridade da coisa julgada não é o efeito da sentença, mas uma qualidade, um modo de ser e de manifestar-se dos seus efeitos, quaisquer que sejam, vários e diversos, consoante as diferentes categorias das sentenças" (LIEBMAN, 1984: 6).

Cabe aqui salientar, como muito bem desenvolvido nas aulas da disciplina "Estudo da Coisa Julgada e outros Institutos de Imunização da Decisão Judicial no Processo Civil Brasileiro", a existência de divergência em relação ao conceito de coisa julgada. Neste contexto, de rigor citar a lição de José Ignácio Botelho de Mesquita (2004:7), para quem a coisa julgada implicaria na imutabilidade do elemento declaratório da sentença e não de seus efeitos. Tal posição foi encampada por Luiz Dellore (2013:63), para quem a coisa julgada seria o

> efeito do trânsito em julgado da sentença de mérito, que torna imutável e indiscutível a conclusão última do raciocínio do juiz – o denominado elemento declaratório da sentença, ao que se soma a manifestação de vontade no caso de procedência e o juízo de rejeição do pedido, no caso de improcedência.

A atual redação trouxe importantes alterações em relação àquela prevista no Código de Processo Civil de 1973: "denomina-se coisa julgada material a eficácia, que torna imutável e indiscutível a sentença, não mais sujeita a recurso ordinário ou extraordinário" (art. 467).

Com efeito, comparando os dois dispositivos legais, nota-se que a novel legislação preferiu a palavra "autoridade" ao invés de "eficácia", aproximando-se, na perspectiva teórica, das lições de Liebman, conforme observa Cassio Scarpinella Bueno (2015:333). Ainda, o emprego da expressão "decisão de mérito" em substituição à palavra "sentença" prevista na antiga legislação, está de acordo com a nova sistemática, que admite as decisões interlocutórias de mérito. Assim, a palavra "decisão" deve ser compreendida em sentido amplo, de forma a abarcar tanto sentenças, quanto decisões interlocutórias.

E, leciona DINAMARCO (2017: 353/354), tendo em vista a previsão do artigo 356 do Código de Processo Civil, que se faz o alargamento do discurso sobre a coisa julgada material, antes tratado exclusivamente em face da sentença e de seus efeitos, para abranger as decisões interlocutórias de mérito. Todavia, conforme alerta o autor, não se poderia falar em coisa julgada formal (tradicionalmente conceituada como a preclusão máxima), em relação à decisão interlocutória de mérito, porquanto após prolação desta o processo segue seu curso e não se extingue desde logo. Assim, nesta hipótese, haveria mera preclusão.

Cumpre ainda traçar uma distinção entre coisa julgada formal e material: a primeira seria a "a imutabilidade da sentença, no próprio processo em que foi prolatada (eficácia endoprocessual)"; a segunda, "a imutabilidade e indiscutibilidade da sentença, não só no processo em que foi proferida, mas também para qualquer outro processo (eficácia pamprocessual)" (DELLORE, 2016:618).

A título de esclarecimento, vale destacar que, de acordo com José Afonso da Silva (2014: 137), o artigo 5º, inciso XXXVI, da Constituição Federal, muito citado na primeira parte deste estudo, se refere à coisa julgada material, tão-somente, e não à coisa julgada formal. Por sua vez, a definição de coisa julgada prevista na também mencionada Lei de Introdução diz respeito apenas ao seu aspecto formal.

Assim, a coisa julgada formal implica na imutabilidade da decisão contra a qual não caiba mais recurso dentro do processo em que foi prolatada. Por sua vez, a ideia de coisa julgada material, prevista na Constituição Federal e no Código de Processo Civil, que implica na imutabilidade e indiscutibilidade da decisão de mérito, gera efeitos processuais que se estendem para além do processo em que a decisão foi prolatada.

Ainda, é certo que ao tratar de coisa julgada, não se pode deixar de mencionar seus limites objetivos e subjetivos.

Os limites objetivos encampam a parte dispositiva da sentença e, hoje, com a novel legislação processual civil, também abrangem a questão prejudicial expressamente apreciada na motivação da sentença e que seja determinante para o resultado do julgamento desde que observados os requisitos do artigo 503, parágrafo 1º, do Código de Processo Civil.

Segundo Cassio Scarpinella Bueno (2015:335), o código atual extinguiu a ação declaratória incidental. E, independentemente de iniciativa do réu e/ou autor, a questão prejudicial transitará materialmente em julgado, desde que observados os requisitos do citado dispositivo legal.

Já os limites subjetivos estão dispostos no artigo 506 do Código de Processo Civil, que dita que "a sentença faz coisa julgada às partes entre as quais é dada, não prejudicando terceiros". A regra abrange também os sucessores das partes (DINAMARCO, 2017:389).

Para BUENO (2015:337), o novo código inovou substancialmente, eliminando a segunda parte do antigo artigo 474 do Código de 1973, que se referia às ações de estado e aos litisconsortes citados. Para o autor, o artigo era redundante, pois "se os terceiros referidos são citados como litisconsortes necessários, sujeitam-se à coisa julgada porque passam a ser partes".

E, para finalizar esta breve exposição, de rigor apontar que a coisa julgada possui duplo alcance: um positivo e outro negativo.

Segundo MESQUITA (2004:67), o aspecto negativo se expressa na proibição dirigida ao juiz de julgar o mérito de ação idêntica a outra já decidida por sentença transitada em julgado. Trata-se de hipótese a ser alegada como matéria de defesa, nos termos do artigo 337, inciso VII, do Código de Processo Civil. Por sua vez, o aspecto positivo obriga o juiz, ao proferir decisão em outra causa não idêntica à previamente julgada, a tomar como "premissa de sua decisão a conclusão da sentença anterior transitada em julgado" (MESQUITA, 2004:67).

Nesse mesmo sentido João de Castro Mendes (1968:38), ao tratar do processo civil português, faz distinção entre a função negativa e a função positiva do caso julgado[3], lecionando que a eficácia do caso julgado se traduz em duas ordens de efeitos:

> Pode impedir a colocação no futuro da questão que a decidiu ou pode impor a adopção no futuro da solução que a decidiu. Os fenômenos são diferentes e não apenas nos fundamentos – são formas distintas de eficácia do caso julgado. Com efeito, tal eficácia pode consistir num impedimento, proibição de que volte a suscitar-se no futuro a questão decidida – e estamos perante aquilo que nós chamamos função negativa do caso julgado; ou pode consistir na vinculação a certa solução – e estamos perante a função positiva.

O autor (1968:39), ainda, diferencia "exceção de caso julgado" de "outras manifestações da autoridade do caso julgado", afirmando que a primeira representaria o modo de aproveitamento da função negativa e a segunda traduziria a função positiva. Ainda, segundo MENDES (1968:42) a diferença entre estas hipóteses corresponde, respectivamente, à distinção entre eficácia direta e eficácia reflexa do caso julgado, esta exercitada em processos em que não é idêntico o objeto.

Feitas estas considerações, que são fundamentais para compreensão do tema proposto, resta-nos abordar o ponto principal deste estudo: a eficácia preclusiva da coisa julgada no direito brasileiro.

4. DA EFICÁCIA PRECLUSIVA DA COISA JULGADA

4.1. Considerações iniciais

O princípio da eficácia preclusiva da coisa julgada material está expresso na máxima *"tantum iudicatum quantum disputatum vel disputari debeat* (tanto foi julgado quanto foi disputado ou deveria ser disputado)", ínsita ao previsto no Código de Processo Civil (STJ, AR 4.591/PE, Rel. Ministro Mauro Campbell Marques, Primeira Seção, julgado em 08/11/2017, DJe 14/11/2017).

Para LOPES (2012:97) a eficácia preclusiva da coisa julgada impede a eternização a investigação sobre o passado, prestigiando a segurança jurídica.

Trata-se de assunto ligado aos limites objetivos da coisa julgada. E, o termo "eficácia preclusiva da coisa julgada" é recorrentemente utilizado nos meios forenses, mas não consta expressamente da lei. Ademais, expressa o comando conhecido como o "princípio do deduzido e do deduzível" (DELLORE, 2016:658).

MOREIRA (1988:100) alerta que não se pode confundir coisa julgada com preclusão[4]. Para o autor, a coisa julgada é apenas uma das situações jurídicas que

---

3. A expressão caso julgado é utilizada no direito português para se referir à coisa julgada. "Tal opção terminológica se justifica como forma de ressaltar o encerramento e a impossibilidade de revisão de decisões jurídicas transitadas em julgado" (SOARES, 2009:90). Referida expressão foi mantida pelo legislador português após a reforma promovida pela Lei 41/2013.

4. Para Enrico Tullio Liebman (2005:302) a preclusão permite o andamento ordenado do processo e pode ser definida como a "perda ou extinção do direito de realizar um ato processual, em virtude: a) do decurso do prazo; b) da falta do exercício no momento oportuno, quando a ordem legalmente estabelecida para a

DA EFICÁCIA PRECLUSIVA DA COISA JULGADA NO BRASIL

apresentam eficácia preclusiva, ou seja, dentre seus efeitos está o de produzir uma determinada modalidade de preclusão, sem que fique excluída a produção de efeito análogo para outras hipóteses.

Segundo LOPES (2012:99), a concepção atual de eficácia preclusiva da coisa julgada deve ser atribuída a Machado Guimarães que elaborou estudo a respeito, na vigência do Código de Processo Civil de 1939. Esclarece o autor que a eficácia preclusiva é inerente a institutos como a preclusão, a coisa julgada formal e a coisa julgada material, os quais geram algum tipo de estabilidade. Citando as ideias de Machado Guimarães e distinguindo os tipos de eficácia preclusiva em cada um destes institutos, LOPES (2012:99/100) assevera que na preclusão a eficácia preclusiva é definida como endoprocessual e se restringe às questões de fato; na coisa julgada formal, a eficácia preclusiva também é endoprocessual, abrangendo questões de fato e de direitos; e na coisa julgada material, a eficácia preclusiva é mais ampla, operando-se no mesmo processo e também em outros relativos à mesma lide.

Enfim, Araken de Assis (1989:110) se refere à eficácia preclusiva da coisa julgada como expressão sinônima de julgamento implícito.

Todavia, com a devida vênia, a eficácia preclusiva da coisa julgada guarda relação com a preclusão das questões não suscitadas, não podendo ser considerada julgamento implícito.

E, José Carlos Barbosa Moreira (1988:99) critica o uso desta expressão, pois "julgamento implícito" poderia gerar a ideia de que a solução de questões não apreciadas ficaria sujeita à autoridade da coisa julgada e, portanto, imune a nova discussão em outra lide envolvendo as mesmas partes. Para o autor, o objetivo maior da eficácia preclusiva da coisa julgada é o de proibir que eventuais alegações e defesas deduzidas ou não, venham a ser utilizadas como meios de ataque ao resultado do processo (MOREIRA, 1988:102).

Traçadas estas premissas, de rigor a análise da definição de eficácia preclusiva da coisa julgada e de sua base legal em nosso ordenamento jurídico.

4.2. Definição e previsão legal

MOREIRA (1988:100), em seu estudo sobre a eficácia preclusiva da coisa julgada material no sistema do processo civil brasileiro, define tal eficácia como o "impedimento que surge, com o trânsito em julgado, à discussão e apreciação das questões suscetíveis de influir, por sua solução, no teor do pronunciamento judicial, ainda que não examinadas pelo juiz".

DINAMARCO (2017: 391) também define a eficácia preclusiva da coisa julgada, aludindo à coisa julgada material. Para o autor a eficácia preclusiva seria a "aptidão,

---

sucessão das atividades importar uma consequência assim grave; c) da incompatibilidade com uma atividade já realizada; d) do fato já se ter exercido o direito uma vez".

que a própria coisa julgada material tem, de excluir a renovação de questões em tese capazes de neutralizar os efeitos da sentença cobertos por ela". Tal definição, conforme observa LOPES (2012: 105), é uma de tantas outras na doutrina que tem influência das ideias de Barbosa Moreira, para quem a eficácia preclusiva seria um dos elementos decorrentes da estabilidade gerada pela coisa julgada.[5]

Todavia, de rigor anotar que "a proibição de rediscussão da lide com novos argumentos (eficácia preclusiva da coisa julgada) não impede a repropositura da ação com outro fundamento de fato ou de direito (nova causa de pedir)" (NERY JUNIOR e NERY, 2016:1344).

Para LOPES (2012:110), a intenção do legislador foi de impedir que o requerido sucumbente proponha nova ação, veiculando argumentação que poderia ter sido apresentada na primeira, a fim de atenuar sua derrota. E o autor apresenta a seguinte definição de eficácia preclusiva da coisa julgada, entendendo que esta seria a fórmula que melhor atende ao intento da lei: "o impedimento à propositura de demandas incompatíveis com a situação jurídica definida na sentença transitada em julgado, na medida da incompatibilidade".

Assim sendo, conforme ressalta Barbosa Moreira (1988:102), a eficácia preclusiva da coisa julgada somente "se opera nos processos em que se ache em jogo a *auctoritas rei iudicatae* adquirida por sentença anterior".

Ocorre que, atualmente, a eficácia preclusiva da coisa julgada possui escopo mais amplo ao abranger não apenas a sentença, mas também demais decisões de mérito.

É o que dispõe o artigo 508 do Código de Processo Civil: "transitada em julgado a decisão de mérito, considerar-se-ão deduzidas e repelidas todas as alegações e as defesas que a parte poderia opor tanto ao acolhimento quanto à rejeição do pedido".

Vale destacar que o citado dispositivo legal promoveu alteração em relação ao código anterior, utilizando a palavra "decisão", em substituição ao termo "sentença", para abarcar as decisões interlocutórias de mérito, como salientado no capítulo 3 deste estudo, ao tratarmos da previsão do artigo 502 do Código de Processo Civil, o que se aplica, também, à presente hipótese.

Ainda, nos termos do *caput* do artigo 505 do Código de Processo Civil, "nenhum juiz decidirá novamente as questões já decididas relativas à mesma lide (...)". Segundo DINAMARCO (2106:392), "o art. 508 do Código de Processo Civil complementa e esclarece a norma da eficácia preclusiva trazida pelo art. 505". Para o autor,

> o objetivo visado pelo art. 508 é impedir não só que o vencido volte à discussão de pontos já discutidos e resolvidos na motivação da sentença, como também que ele venha a suscitar pontos novos, não alegados, nem apreciados, mas que sejam capazes de alterar a conclusão contida no decisório.

---

5. Para LOPES (2012:103), Barbosa Moreira, ao defender que a imperatividade da decisão decorre de sua natureza estatal e que a coisa julgada está ligada à ideia de imutabilidade do julgado, "denomina coisa julgada o fenômeno que Machado Guimarães denominou eficácia preclusiva da coisa julgada".

DA EFICÁCIA PRECLUSIVA DA COISA JULGADA NO BRASIL

Ainda, para o Professor, tal regra é complementada pelo artigo 509, parágrafo 4º, do Código de Processo Civil, que trata da proibição de nova discussão da lide ou modificação da decisão que a julgou na fase de liquidação da sentença (DINAMARCO, 2017:393).

4.3. Extensão e função da eficácia preclusiva da coisa julgada

Na linha do exposto no item 4.1 deste estudo, quando apresentamos a distinção dos tipos de eficácia preclusiva, MOREIRA (1988:101) leciona que, se decisão somente produzir coisa julgada formal, o efeito preclusivo se limitará ao interior do processo em que foi proferida; porém, se a decisão gerar coisa julgada material, o efeito preclusivo se projetará externamente ao feito em que proferida, qualificando-se, segundo o autor, como eficácia preclusiva "pan-processual". Isso, todavia, sem prejuízo do efeito que a decisão acobertada pela coisa julgada material produz no interior do próprio processo.

Por sua vez, Nelson Nery Junior e Rosa Maria de Andrade Nery (2016:1344) propõem uma classificação bastante didática quando tratam dos efeitos da eficácia preclusiva, apontando a existência da eficácia preclusiva primária ou interna e secundária ou externa, "conforme esses efeitos devam ocorrer dentro do mesmo processo ou projetar-se também para processos futuros".

Quanto à função da eficácia preclusiva da coisa julgada, MOREIRA (1988:101) destaca seu caráter instrumental, tratando-se de meio para conservar a imutabilidade do julgado.

Para DINARMARCO e LOPES (2016:203),

> a eficácia preclusiva atua no sistema com um autêntico escudo protetivo da própria coisa julgada e reforça a estabilidade jurídica proporcionada por essa autoridade, impedindo a propositura pelo réu de demandas que venham a contornar ou minimizar sua derrota...

Assim, a eficácia preclusiva seria um mecanismo de autodefesa deste instituto, estando disciplinada pelos artigos 505, *caput* e 508, ambos do Código de Processo Civil (DINAMARCO, 2017:391).

Analisados a função e a extensão do instituto, trataremos, a seguir, do objeto da eficácia preclusiva da coisa julgada.

4.4. Objeto do efeito preclusivo

O tratamento do assunto em item separado tem por fim justamente sanar eventuais dúvidas a respeito das questões que estariam abrangidas ou não pela eficácia preclusiva da coisa julgada, na tentativa de facilitar o estudo do tema. Além disso, a questão referente ao limite temporal, ou seja, o termo final para que eventual fato seja suscitado e, então acobertado pelo efeito preclusivo, será tratada na sequência, em razão de sua relação com o objeto da eficácia preclusiva da coisa julgada.

Para MOREIRA (1988:103/105), a eficácia preclusiva da coisa julgada material atinge, em suma, (i) as questões de fato, (ii) as questões de direito e (iii) as questões solúveis mediante aplicação de direito a fato e referentes a relação jurídica ou *status* a cuja existência ou inexistência se subordina a relação jurídica sobre que versa o pedido.

Também, submetem-se à eficácia preclusiva da coisa julgada, (i) as questões suscetíveis de conhecimento de ofício pelo juiz, que não foram apreciadas, (ii) bem como aquelas questões que dependem de iniciativa da parte e que não foram suscitadas (MOREIRA, 1988:106).

E sobre a incidência da eficácia preclusiva sobre matérias de ordem pública já decidiu o C. Superior Tribunal de Justiça:

> Ocorrendo o trânsito em julgado da sentença condenatória prolatada em ação indenizatória, surge a eficácia preclusiva da coisa julgada, impedindo o conhecimento até mesmo das matérias de ordem pública, como a prescrição da pretensão indenizatória, na fase de cumprimento de sentença. (AgInt no REsp 1377016/MG, Rel. Ministro Ricardo Villas Bôas Cueva, Terceira Turma, julgado em 27/06/2017, DJe 03/08/2017).

Nelson Nery Junior e Rosa Maria de Andrade Nery (2016:1345) definem de forma clara e sintética a abrangência da eficácia preclusiva da coisa julgada:

> a) As questões de fato, bem como as de direito efetivamente alegadas pelas partes ou interessados, tenham ou não sido examinadas pelo juiz na sentença; b) a questões de fato e de direito que poderiam ter sido alegadas pelas partes ou interessados, mas não o foram; c) as questões de fato e de direito que deveriam ter sido examinadas *ex officio* pelo juiz, mas não o foram.

Também, é irrelevante, para a produção do efeito preclusivo, (i) que a omissão tenha sido voluntária ou involuntária e (ii) que a questão de fato fosse conhecida pela parte, bastando que tivesse acontecido. A eficácia preclusiva não alcança os fatos supervenientes (MOREIRA, 1988:106/107).

Todavia, existem dúvidas sobre o alcance da eficácia preclusiva da coisa julgada em relação a pedido não decidido, ou seja, na hipótese de decisão *infra petita*. Segundo DELLORE (2016:659), há divergência sobre o assunto, sendo que de acordo com o C. Superior Tribunal de Justiça, não há coisa julgada em relação ao pedido não apreciado, sendo cabível a propositura de nova demanda, na esteira do atual artigo 503 do Código de Processo Civil (EREsp 1264894/PR, Rel. Ministra Nancy Andrighi, Corte Especial, julgado em 16/09/2015, DJe 18/11/2015).

E, para finalizar, vale destacar que dentre os objetos da eficácia preclusiva da coisa julgada não se pode incluir os casos de autocomposição. Segundo o Ilustre Professor homenageado, Desembargador Walter Piva Rodrigues, "não cabe falar, tampouco, em eficácia preclusiva da coisa julgada (artigo 474. CPC), que ocorre apenas nas hipóteses em que há julgamento da lide. O dispositivo não se aplica em casos de autocomposição como o presente" (TJSP; Apelação Com Revisão 0064387-30.2000.8.26.0000; Relator (a): Piva Rodrigues; Órgão Julgador: 9ª Câmara de Direito

Privado; Foro de Ribeirão Preto – 4ª. Vara Cível; Data do Julgamento: N/A; Data de Registro: 09/04/2007).

4.4.1. Limite temporal

Neste tópico trataremos do momento em que há de ser suscitado o fato para que a respectiva arguição fique abrangida pelo efeito preclusivo, ou seja, abordaremos o limite, o termo final para arguição de eventual questão, para que possa ser encampada pela eficácia preclusiva da coisa julgada.

E, neste aspecto esclarece o Professor Barbosa Moreira que a decisão de primeiro grau já produz efeito preclusivo sobre as questões de fato, salvo motivo de força maior, nos termos do artigo 1.014 do Código de Processo Civil, hipótese em que tais questões poderão ser suscitadas em sede de apelação. Contudo, com o trânsito em julgado, até estas questões, ficam preclusas. Portanto, a "ocorrência da força maior só é relevante para afastar a eficácia preclusiva do julgamento de primeiro grau, não é relevante para afastar a eficácia preclusiva da coisa julgada" (MOREIRA, 1988:107/108).

Por sua vez, DINAMARCO (2017:393), ao escrever sobre o assunto, aborda-o sobre a perspectiva do "último momento útil" para alegação dos fatos sobre os quais se impõe a eficácia preclusiva. Segundo o autor, "o último momento útil" coincidiria com aquele em que os autos são remetidos conclusos para sentença, devendo-se, contudo, verificar, no caso concreto, com base na lógica do razoável, se parte teve a oportunidade para alegar tal fato.

Ainda sobre o assunto, vale citar trecho do voto da lavra do Eminente Desembargador Walter Piva Rodrigues que trata da incidência da eficácia preclusiva da coisa julgada, na fase de cumprimento de sentença[6], sobre questões que poderiam ter sido suscitadas pela parte, mas não o foram, no momento adequado:

> operando-se o trânsito em julgado da sentença, tem-se como inadequada a apresentação de tese de retenção de benfeitoria nesse momento processual (cumprimento de sentença), sendo igualmente inapropriada a abertura de oportunidade para apresentação de provas a fundamentar tal tese (TJSP; Agravo de Instrumento 2024486-25.2017.8.26.0000; Relator (a): Piva Rodrigues; Órgão Julgador: 9ª Câmara de Direito Privado; Foro de Monte Aprazível, 1ª Vara; Data do Julgamento: 06/09/2017; Data de Registro: 06/09/2017).

---

6. Em relação à execução da sentença, vale esclarecer que Barbosa Moreira (1988:108) faz distinção entre o efeito preclusivo da coisa julgada e o efeito preclusivo que se manifesta na execução da sentença, em relação a fatos que poderiam ter sido deduzidos no processo de conhecimento. Segundo o autor, "não é lícito ao devedor opor-se à execução com base em fatos extintivos ou modificativos do crédito do exequente, salvo no caso de superveniência. A arguição dos fatos que já antes existiam fica preclusa no processo de execução, pouco importando se foram ou não arguidos no de conhecimento, e também, quanto aos que não o foram, o motivo da omissão. Trata-se de efeito preclusivo típico: as questões relativas a esses fatos, se oportunamente suscitadas, eram capazes de influir no teor do julgamento; uma vez acolhidas, obstariam à condenação, e portanto à execução. Agora, contudo, tornaram-se irrelevantes, de sorte que não aproveita ao executado suscitá-las, nem lhe confere a lei meio algum de eficazmente fazê-lo".

4.5. Limite objetivo da eficácia preclusiva da coisa julgada

A palavra limite nos remete à ideia de contenção, de restrição (AULETE, 2013:382) e, ao propormos o presente tópico, basicamente, visamos aferir a real extensão dos efeitos da eficácia preclusiva da coisa julgada, em relação ao seu objeto, valendo lembrar que o limite objetivo da eficácia preclusiva da coisa julgada é distinto do limite objetivo da própria coisa julgada, estudado brevemente no item 3 deste trabalho.

Como leciona Luiz Dellore (2016:658), somente há eficácia preclusiva diante da mesma demanda[7] (mesmas partes, causa de pedir e pedido), muito embora exista uma "corrente minoritária que, sem considerar o conceito pátrio de coisa julgada (especialmente a tríplice identidade), sustenta a eficácia preclusiva em relação a outras causas de pedir[8], mesmo que não constantes da primeira demanda".

Tal limitação pode ser extraída também do disposto no citado artigo 505 do Código de Processo Civil, quando traz menção expressa à "mesma lide". Segundo DINAMARCO (2017:392), tal locução revela a intenção de limitar a proibição de questionar pontos que serviram de base para a sentença transitada em julgado às causas que versem sobre as mesmas partes, causa de pedir e pedido, não havendo proibição para o julgamento de pretensões diversas.

"O art. 508, CPC não pode alcançar jamais causas de pedir estranhas ao processo em que transitada em julgado a sentença de mérito" (MARINONI; ARENHART; MITIDIERO, 2015:520).

E o Colendo Superior Tribunal de Justiça parece aderir à posição majoritária, tendo decidido, ao se pronunciar sobre a eficácia preclusiva da coisa julgada, que:

> Infere-se que em ambas as demandas, além da coincidência das partes, há identidade no pedido e na causa de pedir. Evidencia-se, portanto, a tríplice identidade entre as demandas, estando a pretensão da autora acobertada pela coisa julgada, em razão da decisão proferida no âmbito do juizado especial, que julgou improcedente o pedido. (AgRg no REsp 1204324/RJ, Rel. Ministro Marco Buzzi, Quarta Turma, julgado em 15/09/2016, DJe 28/11/2016).

---

7. Segundo GRINOVER (2002:25) o objeto do processo seria a pretensão deduzida pelo autor e apreciada pela sentença, abrangente do pedido e à luz da causa de pedir. E, como já alertava ASSIS (1989:113), é tarefa árdua a tentativa de explicar quando uma demanda contém o mesmo objeto litigioso.

8. Para melhor compreensão do assunto e sem a pretensão de esgotar o tema, é importante expor, no tocante ao conteúdo da causa de pedir, que dentre as teorias da individualização e da substanciação do pedido, nosso legislador optou por posição equilibrada, "elevando à condição de requisito necessário da inicial tanto a indicação dos fatos como do fundamento jurídico do pedido" (MESQUITA, 1982:48). Com efeito, o conteúdo da causa de pedir possui reflexos diretos no instituto ora em análise, por sua relação com a identificação da demanda. Assim, é de rigor salientar que, em nosso ordenamento jurídico, a ação exigiria a substanciação do pedido, inclusive, com a explicitação da causa de pedir remota (fatos constitutivos do direito do autor), excluídos os argumentos de fato e de direito utilizados pelo autor para sustentar os fundamentos do pedido (MESQUITA, 1982:48). Vale consignar que para DINAMARCO E LOPES (2016:171), no que concerne à causa de pedir, o fato alegado, mais do que o fundamento jurídico do pedido, é o grande elemento identificador de demandas, em razão da sua concretude e da possibilidade de vincular o juiz.

DA EFICÁCIA PRECLUSIVA DA COISA JULGADA NO BRASIL **477**

Além disso, vale citar que o Código de Processo Civil (artigo 1.072, inciso VI) atual revogou o artigo 98, parágrafo 4º, da Lei 12.529/2011 (Estrutura o Sistema Brasileiro de Defesa da Concorrência), que, no âmbito das decisões do Conselho Administrativo de Defesa Econômica, impedia a dedução de nova causa de pedir, que era, então, abrangida pela eficácia preclusiva da coisa julgada. A revogação promovida pela atual legislação processual civil vem ao encontro da posição doutrinária prevalecente, assinalando que a eficácia preclusiva da coisa julgada somente se aplica à mesma causa de pedir.

4.6. Limite subjetivo da eficácia preclusiva da coisa julgada

Na linha do explanado no tópico anterior, optamos por tratar deste assunto em separado por dois motivos. O primeiro decorre da redação do artigo 506 do Código de Processo Civil atual, com a previsão de que a coisa julgada não poderia prejudicar terceiros e com a supressão da expressão "não beneficiar terceiros", anteriormente expressa no Código de 1973[9]; o segundo se justifica porque alguns autores defendem que a eficácia preclusiva da coisa julgada estaria voltada tão-somente ao réu, como veremos a seguir.

Em linhas gerais, cumpre esclarecer que a eficácia preclusiva restringe-se às partes da demanda, não se aplicando a terceiros que não intervieram no processo, sem muita diferenciação em relação aos limites subjetivos da coisa julgada tratados brevemente no capítulo 3 deste estudo.

Vale destacar, todavia, a posição de Cândido Rangel Dinamarco (2017:395), no que toca a uma das modalidades de intervenção de terceiros: a assistência simples. Para o autor, nos termos do artigo 123 do Código de Processo Civil, o assistente ficaria impedido de "discutir a justiça da decisão", ressalvadas as hipóteses previstas nos incisos do dispositivo legal. Para o autor, tal previsão traduz a eficácia preclusiva da coisa julgada, que se projetaria para o assistente, podendo ser denominada de "eficácia da intervenção".

Ainda, há posição de prestígio na doutrina no sentido de que não há eficácia preclusiva da coisa julgada que possa influenciar a esfera jurídica do autor. Para o LOPES (2012:106), o antigo artigo 474 do Código de 1973 e, atualmente, artigo 508 do Código de 2015, "deve ser interpretado como uma especificação da regra que impede a propositura de demanda idêntica e o foco da análise deve ser dirigido ao réu"[10].

---

9. Referida alteração tem suscitado muitos debates, implicando em diversos tipos de interpretação, incluindo a corrente que defende que a modificação não produz nenhum efeito prático, não havendo diferenciação em relação ao que se adotava na vigência do Código de 1973 (DELLORE, 2016:648).

10. A título de complementação, e para os que consideram que a eficácia preclusiva da coisa julgada se volta apenas ao réu, vale citar a divergência doutrinária que aponta um suposto desequilíbrio entre as posições de autor e réu, em decorrência da preclusão gerada pelo instituto ora em análise. Segundo LOPES (2012:124), a relação entre a aplicação do impedimento decorrente da eficácia preclusiva da coisa julgada ao réu e a limitação da coisa julgada à causa de pedir alegada pelo autor tem suscitados discussões doutrinárias a respeito da existência de eventual tratamento privilegiado ao autor. Nesse sentido BURGER (1996:26) destaca que,

Contudo, com a devida vênia, o citado dispositivo legal que trata do tema não faz distinção entre autor e réu. A corroborar tal afirmação nota-se que a lei faz menção expressa a "alegações" e "defesas", que a "parte poderia opor tanto ao acolhimento tanto à rejeição do pedido". Veja-se que se fosse a intenção do legislador dirigir o instituto apenas ao réu, não faria sentido a menção distinta a "alegações" e "defesas", nem mesmo a "acolhimento" ou "rejeição" do pedido. Ademais, o código trata expressamente de "parte", conceito que abrange, portanto, tanto o autor como o réu.

Na tentativa de melhor ilustrar tal conclusão, cita-se, a título de exemplo, o caso em que o réu, numa ação de cobrança, alega prejudicial de prescrição e o autor, em réplica, não se contrapõe, deixando de juntar aos autos cópia de documento que comprovaria a constituição do requerido em mora extrajudicialmente, com a consequente interrupção do prazo prescricional.

Parece evidente, no caso, que eventual reconhecimento da prescrição pelo juiz da causa fará incidir a eficácia preclusiva da coisa julgada em desfavor do autor, que não poderá ajuizar nova demanda, sanando sua omissão, nem mesmo juntar o documento faltante em seu recurso de apelação, pelas razões expostas no item que trata do limite temporal.

Portanto, ao que parece, a eficácia preclusiva da coisa julgada aplica-se indistintamente ao autor e ao réu, respeitadas as posições em sentido contrário.

5. CONCLUSÃO

Como estudado, a eficácia preclusiva da coisa julgada é um instrumento de defesa do próprio instituto da coisa julgada, que há muito vem sendo reconhecido pelo legislador brasileiro, sendo, hoje, considerado direito fundamental, que prestigia a segurança jurídica, com vistas à pacificação social.

O atual Código de Processo Civil trouxe importantes inovações no que toca à coisa julgada e, em seus artigos 505 e 508, faz referência à conhecida eficácia preclusiva da coisa julgada, que pode ser definida como o impedimento decorrente do instituto de se propor nova demanda baseada em questões incompatíveis com a situação jurídica estabelecida por decisão transitada em julgado.

Tal regra não impede, todavia, a propositura de nova ação, com outro fundamento fático e de direito, ou seja, com nova causa de pedir.

---

se a eficácia preclusiva da coisa julgada abrange todos os fundamentos que poderiam ter sido deduzidos em torno da causa de pedir, tal posicionamento feriria o princípio da isonomia, pois o réu, em razão o princípio da eventualidade, teria que deduzir na contestação todas as causas impeditivas, modificativas ou extintivas do direito do autor. Para LOPES (2012:214/215), todavia, não se poderia falar em desequilíbrio na posição das partes, em decorrência da alegada posição de privilégio do autor. Isso porque ao réu incumbe o ônus de se defender da causa de pedir específica apresentada pelo autor, sendo-lhe garantidos, além dos meios de defesa, diversos outros instrumentos processuais (e.g. reconvenção) que podem ampliar o objeto do processo e viabilizar uma decisão mais abrangente sobre o conflito de interesses.

Analisados, também, a extensão, o objeto e o limite temporal da eficácia preclusiva da coisa julgada, observou-se que os limites objetivos e subjetivos de referida eficácia são distintos daqueles analisados quando tratamos brevemente do instituto da coisa julgada. Como estudado, somente se fala em eficácia preclusiva quando se está diante da mesma demanda, muito embora exista quem defenda que a eficácia preclusiva abrange outras causas de pedir, corrente esta que perdeu força com a revogação do artigo 98, parágrafo 4º, da Lei n. 12.529/2011. Ainda, nos termos do exposto, a eficácia preclusiva da coisa julgada aplica-se indistintamente ao autor e ao réu, conforme se pode notar da própria dicção legal, sem embargo das posições em sentido contrário.

Enfim, conclui-se este trabalho ressaltando a importância deste instrumento como meio de proteção e mesmo de reforço da própria coisa julgada, impedindo assim reabertura de discussão judicial, em prol da segurança jurídica.

6. REFERÊNCIAS BIBLIOGRÁFICAS

ASSIS, Araken de. Reflexos sobre a eficácia preclusiva da coisa julgada. In: OLIVEIRA, Carlos Alberto Alvaro de (org.). *Saneamento do Processo: estudos em homenagem ao Prof. Galeno Lacerda*. Porto Alegre: Sérgio Antonio Fabris Editor, 1989, p. 109-129

AULETE, Caldas. *Aulete de bolso: dicionários da língua portuguesa*. Porto Alegre: L &PM, 2013.

BUENO, Cassio. Scarpinella, *Novo Código de Processo Civil anotado*. São Paulo: Saraiva, 2015.

BURGER, Adriana Fagundes. Reflexões em torno da eficácia preclusiva da coisa julgada. *Revista Jurídica*. Porto Alegre. Ano XLIV, n. 223, maio de 1996, p. 21-27.

DELLORE, Luiz. *Estudos sobre a coisa julgada e controle de constitucionalidade*. Rio de Janeiro: Forense, 2013.

_____, Luiz. In. GAJARDONI, Fernando da Fonseca, *et. al.*, *Processo de conhecimento e cumprimento de sentença: comentários ao CPC de 2015*. Rio de Janeiro: Forense, 2016.

DINAMARCO, Cândido Rangel e LOPES, Bruno Vasconcelos Carrilho. *Teoria Geral do novo processo civil*. São Paulo: Malheiros, 2016.

_____. *Instituições de direito processual civil: v.I*, 8. ed., São Paulo: Malheiros, 2016.

_____. *Instituições de direito processual civil: v.III*, 7. ed., São Paulo: Malheiros, 2017.

GRINOVER, Ada Pellegrini. Considerações sobre os limites objetivos e a eficácia preclusiva da coisa julgada. *Revista Síntese de Direito Civil e Processual Civil*. Porto Alegre, v. 3, n. 16, mar-abr, 2002, p. 22-29.

HORTA, Raul. Machado. *Direito Constitucional*, 5. ed., Belo Horizonte: Del Rey, 2010.

LIEBMAN, Enrico Tulio. *Eficácia e autoridade da sentença e outros escritos sobre a coisa julgada*. Trad. Alfredo Buzaid, Benvindo Aires e Ada Pellegrini Grinover. 3. ed., Rio de Janeiro: Forense, 1984.

_____, Enrico Tulio. *Manual de Direito Processual Civil, v. 1*. Trad. Cândido Rangel Dinamarco. 3. ed., São Paulo: Malheiros, 2005.

LOPES, Bruno Vasconcelos Carrilho. *Limites objetivos e eficácia preclusiva da coisa julgada*. São Paulo: Saraiva, 2012.

MARINONI, Luiz Guilherme; ARENHART, Sérgio Cruz; MITIDIERO, Daniel. *Novo código de processo civil comentado*. São Paulo: Revista dos Tribunais, 2015.

MENDES, Gilmar Ferreira. In: CANOTILHO, José Joaquim Gomes *et at. Comentários à Constituição do Brasil*. São Paulo: Saraiva/Almedina, 2013.

MENDES, João de Castro. *Limites Objectivos do Caso Julgado em Processo Civil*. Lisboa: Ática, 1968.

MESQUITA, José Ignácio Botelho de. *A coisa julgada*. Rio de Janeiro: Forense, 2004.

_____, José Ignácio Botelho de. Conteúdo da causa de pedir. *Revista dos Tribunais*. v. 564, São Paulo: Revista dos Tribunais, 1982, p. 41-51.

MORAES, Alexandre de. *Direito Constitucional*. 19. ed., São Paulo: Atlas, 2006.

MOREIRA, José Carlos Barbosa. A eficácia preclusiva da coisa julgada material no sistema do processo civil brasileiro. In: MOREIRA, José Carlos Barbosa. *Temas de direito processual*, São Paulo: Saraiva, 1988, 2ª ed., p. 97-109.

NEVES, Celso. *Coisa julgada civil*. São Paulo: Revista dos Tribunais, 1971.

NERY JUNIOR, Nelson e NERY, Rosa Maria de Andrade, *Código de processo civil comentado*. 16. ed., São Paulo: Revista dos Tribunais, 2016.

PELUSO, Antonio Cezar, *As Constituições do Brasil*. Barueri: Manole, 2011.

SARLET, Ingo Wolfgang e BRANDÃO, Rodrigo In: CANOTILHO, José Joaquim Gomes *et at. Comentários à Constituição do Brasil*. São Paulo: Saraiva/Almedina, 2013.

SILVA, José Afonso da. *Comentário Contextual à Constituição*. 9. ed. São Paulo: Malheiros, 2014.

SOARES, Carlos Henrique. *Coisa julgada constitucional*. Coimbra: Almedina, 2009.

MEDIDAS PROCESSUAIS NÃO LEGISLADAS EM MATÉRIA TRIBUTÁRIA – A EXCEÇÃO DE PRÉ-EXECUTIVIDADE, A AÇÃO PARA ANTECIPAÇÃO DE GARANTIA, O LITISCONSÓRCIO PASSIVO EVENTUAL TRIBUTÁRIO E A AÇÃO CONSIGNATÓRIA EM PAGAMENTO NA INEXISTÊNCIA DE DÚVIDA JURÍDICA

Luís Eduardo Schoueri

Doutorado em Direito Econômico e Financeiro pela USP (1993). Mestrado em Direito pela Universidade de Munique (1992). Graduado em Direito pela Faculdade de Direito da USP (1987). Graduado em Administração Pública pela Fundação Getúlio Vargas (1986). Livre-Docente em Direito Tributário pela Faculdade de Direito da USP (1996). Professor Titular de Direito Tributário da Faculdade de Direito da Universidade de São Paulo – USP. Foi Professor Visitante na Levin College of Law, da University of Florida, EUA (2008); Professor Visitante na Wirtschaftsuniversität Wien, Áustria (2010); Professor Visitante na Université Paris 1 Pantheon-Sorbonne, França (2010-2011); Professor Convidado na Université Catholique de Louvain, Bélgica (2012); Professor, por oito edições consecutivas, do LLM em Tributação Internacional da Wirtschaftsuniversität Wien, Áustria (2011-2018); Professor, por seis edições consecutivas, do LLM em Tributação Internacional do Amsterdam Center for Tax Law, da Universidade de Amsterdam, Holanda (2013-2018); Professor, por seis edições consecutivas, do Tax Law Summer School, na Pontifícia Universidade Católica Portuguesa (2013-2018); Professor do The Greit Lisbon Summer Course on European Tax Law, da Faculdade de Direito da Universidade de Lisboa (2013 e 2017-2018); Hauser Global Professor of Law na New York University (2016/1); e Professor-in-Residence do International Bureau of Fiscal Documentation (IBFD), Amsterdam (2017-2018). Além de diversas publicações no Brasil e no exterior, é autor de vários livros em direito tributário. É vice-presidente do Instituto Brasileiro de Direito Tributário e vice-presidente da Associação Comercial de São Paulo, além de membro do Academic Board of the Advanced Diploma in International Tax (ADIT), do Chartered Institute of Taxation (CIOT).

José Gomes Jardim Neto

Doutorando em Direito Econômico, Financeiro e Tributário pela Universidade de São Paulo – USP. Mestrado em Direito Econômico, Financeiro e Tributário pela Universidade de São Paulo – USP (2008). Especializou-se em Administração de Empresas pela Escola de Administração de Empresas de São Paulo da Fundação Getulio Vargas – EAESP – FGV/SP (2002). Graduou-se em Direito pela Universidade de São Paulo – USP (1999). Professor do Programa de Pós-Graduação *Lato Sensu* da FGV Direito SP (FGVLAW). Juiz de Direito em São Paulo. Membro do Instituto de Pesquisas Tributárias – IPT. Foi advogado tributarista em São Paulo de 1999 a 2012.

Sumário: 1. Problemas relativos à apresentação de garantia em juízo; 1.1. A exceção de pré-executividade contra o custo de garantir o juízo na esfera tributária; 1.1.1. Cognição limitada e dilação probatória; 1.1.1.1. Dilação probatória e dever de colaboração entre as partes; 1.1.2. Condenação em honorários na exceção de pré-executividade; 1.2. A ação para antecipação de garantia – a urgência em garantir o juízo; 1.2.1. Suspensão da exigibilidade, registro no cadin e protesto da cda; 1.2.1.1. O oferecimento antecipado da garantia como reforço da fundamentação do contribuinte em pedido liminar em mandado de segurança ou de tutela provisória; 1.2.1.2. Suspensão do registro no Cadin e do protesto da CDA; 1.2.2. Relações da ação de antecipação de garantia com a execução fiscal – 2. Problemas relacionados à consignação em pagamento do crédito tributário; 2.1. Um caminho para a resolução do problema derivado da questão de fato: o uso tributário do instrumento processual litisconsórcio passivo alternativo ou eventual; 2.2. A consignatória em pagamento na inexistência de dúvida jurídica – 3. Considerações finais – 4. Referências bibliográficas.

Há quase 20 anos, na redação do prefácio da primeira edição de sua clássica obra Instituições de Direito Processual Civil, o Professor Cândido Rangel Dinamarco se dizia convencido de que o processo civil somente será boa técnica se oferecer soluções boas, "processo justo é o processo que produz soluções justas". Acrescentava que atualmente todos esperavam do juiz que ele termine o processo produzindo justiça substancial às partes (Dinamarco, Instituições de Direito Processual Civil 2017, 25 a 32).

Essa expectativa se observa alcançada na atividade diária do Desembargador Piva Rodrigues em seus votos no Tribunal de Justiça de São Paulo. Caso interessante se nota em acórdão de 2017, em que se baseou nas lições de um dos seus alunos – Rodolfo da Costa Manso Real Amadeo – para decidir que os embargos de terceiro, por uma interpretação teleológica, podem ser opostos mesmo após o trânsito em julgado da sentença de reintegração de posse, sendo esta justamente a linha que prescreveria "um ideário de justiça substancial ao caso" (TJSP, Apelação 1015764-94.2015.8.26.0224. Relator: Desembargador Piva Rodrigues. Julgamento: 21/2/2017 2017).

Note-se que após milênios discutindo a ideia de Justiça e verificada a incapacidade de estabelecer balizas consensuais para dimensioná-la ou conceituá-la, os juristas sempre retornam a ela, ainda que alguns o façam para até mesmo negar a sua existência. No processo civil, a técnica pura e isolada deu lugar a uma busca incessante do legislador pela efetividade, velocidade e uniformização das decisões, esta última intimamente relacionada com a isonomia, uma das mais afirmadas faces da justiça material.

Num contexto em que o processo justo também se busca na isonomia, a uniformização de decisões a partir de precedentes parece fazer um excelente papel, permitindo ao mesmo tempo maior isonomia entre os cidadãos, segurança jurídica e pronta resolução de situações jurídicas a partir de instrumentos criados pelo legislador a partir de demandas da sociedade e da comunidade jurídica – dos quais fazemos parte advogados, defensores, juízes, professores, promotores, estudantes e demais juristas. Tais instrumentos que se somam a muitos outros criados pelo legislador nessa busca pelo aperfeiçoamento do sistema processual.

Não são poucas as vezes, todavia, em que o operador do Direito não encontra, entre instrumentos processuais expressamente disponíveis no ordenamento, um caminho que possa ser veloz, seguro, efetivo ou mesmo justo.

É nesse momento que parecem surgir algumas das mais interessantes criações processuais, que não provêm diretamente do legislador, mas especialmente da interpretação do sistema processual a serviço do preenchimento de supostas lacunas deixadas por ele no sistema processual.

Se a resolução de problemas surgidos a partir desses hiatos é trabalho diante do qual inevitavelmente se depara a parte que demanda em juízo, as soluções propostas serão certamente entregues à jurisprudência, que pode ou não aceitá-las a partir não apenas da análise da boa técnica do arranjo encontrado, mas da busca da justiça substancial, o que demanda aplicar uma visão menos superficial dos objetivos do sistema processual e menos literal de suas estruturas.

Neste artigo, desse ponto partimos para visualizar alguns caminhos que, não manifestos na lei processual ou tributária, encontraram ou estão ainda a buscar um lugar no entendimento sedimentado de nossos Tribunais, por força de problemas relacionados à apresentação de garantia ou à consignação do pagamento para fins tributários. Incluídos no primeiro caso estão a exceção de pré-executividade e a ação de antecipação de garantia para futura execução fiscal; no segundo caso, o litisconsórcio passivo eventual após o pagamento e a ação consignatória em pagamento na ausência de dúvida jurídica imediata sobre o credor tributário.

1. PROBLEMAS RELATIVOS À APRESENTAÇÃO DE GARANTIA EM JUÍZO

É muitíssimo interessante visualizar como dois problemas do contribuinte derivados da necessidade de apresentação de garantia para o crédito tributário se originam de situações opostas. O contribuinte pode querer afastar a obrigação de sua apresentação, quando ela é um requisito para o exercício de um direito ou, do lado contrário, antecipar a sua apresentação quando não é exigida, para fruir de um dos seus efeitos.

Na primeira hipótese, temos a figura da exceção de pré-executividade e, na segunda, a ação para antecipação de garantia. Parte dos problemas visualizados nos dois instrumentos serão analisados a seguir.

1.1. A exceção de pré-executividade contra o custo de garantir o juízo na esfera tributária

A apresentação de garantia em juízo quase sempre gera algum custo ao devedor e, considerando-se os casos em que não há propósito protelatório na defesa, pode ele ser desproporcional ao verdadeiro débito ou absolutamente injusto no caso de inexistência deste. Mas diante do fato de que aquele a efetivamente merecer proteção é, em regra, o credor, já sob a égide do Código de Processo Civil de 1939 os embargos do devedor não eram admitidos sem estar previamente garantida a execução[1], regra mantida no art. 737 da redação original do posterior Código de Processo Civil (Brasil, Lei 5.869, de 11 de janeiro de 1973 1973) e acolhida também pelo § 1º do art. 16 da Lei de Execução Fiscal (Brasil, Lei 6.830, de 22 de setembro de 1980 1980), esta última vigente até hoje.

Essa obrigação e seu respectivo custo ao devedor são o germe da denominada exceção (ou objeção) de pré-executividade, concebida, muitas décadas antes de sua utilização frequente nos anos oitenta e noventa, por Pontes de Miranda (Dinamarco, Instituições de Direito Processual Civil 2017, 816). Antes mesmo de garantir o juízo seria possível por petição simples levar algumas matérias ao juiz, para que, no bojo da própria execução, fossem elas conhecidas e, se acolhidas, gerassem a extinção ou mesmo a correção do título executivo.

Dinamarco destaca que, apesar de não adotar o seu nome, a técnica foi adotada no novo Código de Processo Civil em seu art. 803, onde se declara a nulidade nas hipóteses em que a documentação dos autos seja suficiente para decidir pela iliquidez do crédito, excesso de execução ou ilegitimidade de uma das partes e se permite que isso seja apresentado pela parte por simples petição (Dinamarco, Instituições de Direito Processual Civil 2017, 75).

Todavia, na esfera cível é inegável ter perdido parte de sua utilidade após as modificações procedidas pela lei 11.382/2006 no último código e reafirmadas no atual, que retiraram a obrigação de assegurar o juízo para que os embargos sejam recebidos, atribuindo à garantia ou caução a característica de, conjuntamente com os fundamentos dos embargos (se relevantes), atribuir efeito suspensivo a estes.

Na esfera das execuções fiscais, a tomar os ensinamentos de relevante parte da doutrina, a exemplo de Paulo Cesar Conrado, o mesmo se daria, uma vez que haveria coincidência de conteúdo de ordem procedimental, sendo a Lei de Execução Fiscal, neste ponto, mera repetição do Código de Processo Civil (Conrado, Execução Fiscal 2017, 182-183).

Todavia, embora reconhecendo a aplicação da regra da não suspensão automática dos embargos à execução fiscal, a especialidade desta e a clareza da regra do texto posto no §1º de seu art. 16, levou ao Superior Tribunal de Justiça a manter a exigibilidade, na execução fiscal, da apresentação de garantia para a oposição de embargos à execução, entendimento sedimentado no Recurso Especial 1.272.827/PE

---

1. "Art. 995. Os embargos do executado, ou do terceiro, não serão admitidos sem estar previamente seguro o juízo, mediante depósito da coisa sobre que ocorrer a execução." (Brasil, Decreto-Lei 1.608, de 18 de setembro de 1939 1939)

(STJ, Recurso Especial: REsp 1272827 PE 2011/0196231-6. Primeira Seção. Relator Mauro Campbell Marques. Julgamento: 22/5/2013 2013).[2]

Assim, *na esfera tributária o instrumento manteve plenamente sua utilidade*, sendo possível a sua utilização mesmo sem a garantia do juízo, não deixando de ter, todavia, algumas limitações, a seguir enfrentadas.

1.1.1. Cognição limitada e dilação probatória

A limitação mais importante da via informal talvez seja a *cognição limitada* do Juízo a matérias que não demandem dilação probatória.

A razão para isso é o fato de que, diferentemente dos embargos do devedor, verdadeira ação de conhecimento, a exceção é pedido feito nos autos do processo executivo (seja autônomo ou o hoje denominado cumprimento de sentença), que não serve à cognição, não é classificado como de conhecimento, mas de execução de uma obrigação a partir do monopólio do uso da força pelo Estado, exercido por meio da jurisdição.

O processo executivo permitiria a análise de matérias em tese cognoscíveis de ofício, tais qual a ausência de pressupostos processuais ou de condições da ação, ou de ordem pública, do que seria exemplo eventual inconstitucionalidade da hipótese tributária em que se fundaria a constituição do crédito tributário. Isso foi sedimentado na Súmula 393 cujo texto nos diz que "[a] exceção de pré-executividade é admissível na execução fiscal relativamente às matérias conhecíveis de ofício que não demandem dilação probatória." (STJ, Súmula 393, de 23 de setembro de 2009 2009).

Quanto a serem as matérias conhecíveis de ofício, na esfera tributária é de se perguntar se há espaço para afastar algum tema, já que o lançamento é ato vinculado, mas nem sempre é fácil estabelecer de antemão as questões que não demandam dilação probatória.

Uma conclusão imediata, mas prematura, *seria entender que somente questões exclusivamente de direito seriam passíveis de alegação pela via da exceção*, como o exemplo citado da hipótese de incidência inconstitucional. E, de fato, questões unicamente de direito não demandam, em regra[3], provas.

---

2. Não obstante, no mesmo julgamento entendeu-se que a atribuição do efeito suspensivo aos embargos do devedor na execução fiscal passou a ser condicionada aos novos requisitos do CPC, quais sejam: a "apresentação de garantia; verificação pelo juiz da relevância da fundamentação (fumus boni juris) e perigo de dano irreparável ou de difícil reparação (periculum in mora)", tese firmada como Tema 526 de Recursos Repetitivos. O julgamento bem apontou que a suspensão automática dos embargos veio primeiramente por construção jurisprudencial. Com efeito, em termos efetivamente positivos, ela não durou sequer doze anos, pois o então § 1º do art. 739 foi inserido pela em 13 de dezembro de 1994 pela lei 8.953 (Brasil, Lei 8.953, de 13 de dezembro de 1994. 1994) e foi revogado em 6 de dezembro de 2006 pela Lei 11.382 (Brasil, Lei 11.382, de 6 de dezembro de 2006 2006).

3. Eis a exceção: "A parte que alegar direito municipal, estadual, estrangeiro ou consuetudinário provar-lhe-á o teor e a vigência, se assim o juiz determinar" (art. 376 do CPC).

Há, entretanto, situações de fato que independem da fase de dilação probatória, que podem ser divididas em duas espécies: 1) aqueles provados por prova pré-constituída, ou seja, documentalmente; e 2) aqueles previstos no art. 374 do CPC, quais sejam, notórios, afirmados por uma parte e confessados pela parte contrária, admitidos como incontroversos no processo ou, ainda, em cujo favor milita a presunção legal de existência ou veracidade.

Excluídas as questões unicamente de direito, portanto, dificilmente será possível saber de imediato, a partir da apresentação da petição de exceção de pré-executividade, se o fato narrado depende ou não de dilação probatória, sendo necessário esperar a resposta da Fazenda.

1.1.1.1. Dilação Probatória e dever de colaboração entre as partes

A Primeira Seção do STJ, em sede de embargos de divergência, sedimentou em 2005 que a exceção de pré-executividade pode ser suficiente para a alegação de **prescrição** no âmbito fiscal, desde que não haja necessidade de dilação probatória (STJ, Embargos De Divergência Em Recurso Especial: 2005).

De fato, o instituto admite hipóteses de interrupção e suspensão, de forma que acolhê-la depende, no mínimo, da resposta da parte contrária.

Mas a divergência do Fisco quanto à sua ocorrência pode se basear unicamente em situação de direito, caso em que a exceção será plenamente cabível, sendo absolutamente desnecessária a dilação probatória. Essa foi a situação de inúmeros precedentes em que o Poder Tributante alegava o prazo de prescrição diferenciado previsto no art. 46 da Lei 8.212, que veio a ser declarado inconstitucional. O Superior Tribunal de Justiça reiteradamente encaminhou autos de volta à primeira instância nesses casos, após o tribunal de segunda instância entender que prescrição demandaria dilação probatória, a exemplo do REsp 1.11.925/SP (STJ, Recurso Especial: REsp 1136144/RJ. Relator Ministro Luiz Fux. Primeira Seção. Julgado em 9/12/2019. 2009), definindo que "a prescrição, causa extintiva do crédito tributário, é passível de ser veiculada em exceção de pré-executividade, máxime quando fundada na inconstitucionalidade" no tema repetitivo 262.

Também no caso da *prescrição intercorrente* não parece haver qualquer óbice ao seu reconhecimento pela via de exceção de pré-executividade, especialmente depois do recente desenvolvimento da matéria com a fixação das teses 566, 567, 569, 570 e 571 em sede de Recursos Repetitivos, quando se fixaram algumas balizas necessárias para a matéria.

No julgamento do Recurso Especial 1340553/RS, ficou claro que o prazo de um ano de suspensão do processo (§ 2º do art. 40 da Lei de Execução Fiscal) inicia-se automaticamente com a intimação da Fazenda sobre a não localização do devedor ou de bens e logo depois inicia-se a contagem de cinco anos de prescrição intercorrente, sendo esta a única intimação necessária para que um prazo se inicie (Temas 567 e

569). Ainda, qualquer causa suspensiva ou interruptiva da prescrição dependerá necessariamente da demonstração da Fazenda (Temas 570 e 571).

As provas necessárias à alegação do contribuinte estarão todas nos autos, sendo possível a sua alegação por simples petição. A Fazenda, por sua vez, deverá ser específica se alegar alguma causa de suspensão ou interrupção do prazo de prescrição intercorrente e, apenas se trouxer documentação comprobatória nos autos poderá afastar o seu reconhecimento, já que a demonstração a ela caberá neste caso.

Situação de fato que pode obstar a defesa por meio da exceção seria a existência de *parcelamento* tomado pelo contribuinte, especialmente quando este não informa a sua existência na apresentação de sua petição. Necessária a verificação de eventual interrupção e suspensão por força de parcelamento, conforme vêm decidindo reiteradamente a Primeira (STJ, Agravo Regimental no Agravo em Recurso Especial: AgRg no AREsp 216.173/RS: Rel. Ministro Napoleão Nunes Maia Filho: Primeira Turma: julgado em 12/05/2015. 2015) e a Segunda (STJ, Agravo Interno no Agravo em Recurso Especial: AgInt no AREsp 1094881/SC. Relatora Ministra Aussete Magalhães. Segunda Turma. Julgamento em 17/10/2017 2017) Turmas do Superior Tribunal de Justiça, os embargos à execução passam a ser a via necessária.

A contagem do prazo de prescrição, realmente, é questão de fato que pode demandar dilação probatória a partir da impugnação da Fazenda, mas é preciso uma ressalva: esta terá de se manifestar precisamente sobre as razões pelas quais não é possível acolher a prescrição. Se não o fizer, além de não cumprir a regra geral da impugnação específica dos fatos alegados, estará a descumprir o *dever de colaboração*. Este já se encontrava positivado no art. 339 do antigo CPC, segundo o qual ninguém se exime de colaborar com o Poder Judiciário para descobrimento da verdade e foi reafirmado no art. 378 do atual Código.

Acrescente-se, como muito bem ponderado por Paulo Cesar Conrado, o *dever de cooperação entre as partes*, positivado no art. 6º do novo CPC, pode iluminar situações em que a Fazenda é chamada a " falar sobre exceção de pré-executividade em que se suscitam elementos fáticos não exaustivamente demonstrados pelo executado" (Conrado, Execução Fiscal 2017, 265/269), justamente porque alguns documentos sejam de muito mais fácil acesso pelo órgão público.

A partir desse ponto é de se questionar o tema 108 de repetitivos, em que foi fixada a seguinte tese: "[n]ão cabe exceção de pré-executividade em execução fiscal promovida contra sócio que figura como responsável na Certidão de Dívida Ativa – CDA."

Há situações em que tais deveres podem servir para flexibilizar a análise da questão em casos específicos. Constar o *sócio-gerente* da CDA depende inequivocamente da apuração de sua responsabilidade na fase administrativa. Caso isso não tenha se dado no processo administrativo, a comprovação documental deveria servir para que o sócio seja excluído da execução. Com efeito, se há presunção de veracidade na CDA, mais ainda há na documentação do processo administrativo que a constituiu.

Alguma apuração de responsabilidade do sócio deve haver ou a questão realmente dependeria de provas, mas da Fazenda e não do contribuinte.

O tema, de toda forma, deve circunscrever-se, no máximo, ao âmbito do STJ. Isso porque discutir o cabimento da via baseado na violação aos inc. XXXV, LIV e LV do art. 5º da Constituição Federal perante o STF esbarra no Tema 660 de Repercussão Geral, que definiu tais questões como de ofensa indireta à Constituição, havendo já decisões nesse sentido específicas em relação à matéria, a exemplo do Agravo em Recurso Extraordinário 878475/SP (STF, AGRAVO REGIMENTAL NO Recurso Extraordinário com Agravo: ARE 878475 AgR. Relator Min. Roberto Barroso. Primeira Turma. jjulgado em 12/5/2015. 2015).

1.1.2. Condenação em honorários na exceção de pré-executividade

Demandando prova pré-constituída – a exemplo do mandado de segurança, em que a condenação em honorários é indevida – e apresentada nos próprios autos da ação executiva, poderia ser discutido se o acolhimento da exceção implicaria a *condenação em honorários da Fazenda Pública*. Há ainda uma razão expressa na norma positiva, que seria o art. 26 da Lei de Execução Fiscal: "[s]e, antes da decisão de primeira instância, a inscrição de Dívida Ativa for, a qualquer título, cancelada, a execução fiscal será extinta, sem qualquer ônus para as partes." A questão, todavia, pacificou-se no Superior Tribunal de Justiça, havendo hoje a tese 421 firmada em sede de Recurso Repetitivo, cujo enunciado diz ser "possível a condenação da Fazenda Pública ao pagamento de honorários advocatícios em decorrência da extinção da Execução Fiscal pelo acolhimento de Exceção de Pré-Executividade."

A solução é lógica, especialmente diante da antiga razão da previsão de condenação em honorários, que era indenizar a parte que contratou advogado.[4]

Um ponto que voltou a ficar pendente é o *montante dessa condenação no caso específico da exceção de pré-executividade.*

Com efeito, fixou-se no tema repetitivo 410 que a condenação em honorários em sede de exceção de pré-executividade seguiria o quanto disposto no § 4º do art. 20 do antigo CPC, cujo enunciado estabelecia que "[n]as causas de pequeno valor, nas de valor inestimável, naquelas em que não houver condenação ou for vencida a Fazenda Pública, e nas execuções, embargadas ou não, os honorários serão fixados consoante apreciação equitativa do juiz, atendidas as normas das alíneas a, b e c do parágrafo anterior"

A aplicação equitativa sempre gerou muita insatisfação entre os advogados por desvincular-se do valor econômico da demanda, de modo que, especialmente em relação à Fazenda Pública, foi muito grande a movimentação que resultou no

---

4. É discutível se a razão se mantém, porque, hoje, os honorários foram definitivamente destinados ao advogado no texto do caput do art. 85 do CPC.

estabelecimento de uma tabela de porcentagens segundo o valor da causa, de forma objetiva no § 3º do art. 85, nas condenações da Fazenda Pública.

Apesar da grande divergência ainda existente em Tribunais de Segunda Instância, a matéria já se pacificou no Superior Tribunal de Justiça em ambas as turmas, que vêm decidindo que a apreciação equitativa na condenação da Fazenda somente tem cabimento após o novo Código nas causas em que inestimável ou irrisório o proveito econômico (STJ, Agravo Interno no Recurso Especial: AgInt no REsp 1736151/SP: Rel. Ministro Sérgio Kukina: Primeira Turma. Julgado em 25/10/2018. 2018).

Pacificada essa questão é de se perguntar se o acolhimento da exceção de pré-executividade pode ser excetuado desse parágrafo, diante do tema 410, que o equipara à impugnação e remete à fixação por equidade. Nesse ponto específico, quer nos parecer que o referido tema está superado com o advento do novo CPC.

Está pendente ainda, todavia, o tema 961, cuja questão submetida a julgamento é "a possibilidade de fixação de honorários advocatícios, em exceção de pré-executividade, quando o sócio é excluído do polo passivo da execução fiscal, que não é extinta." Segundo a decisão que afetou o tema, a União sustentou que a não extinção do feito levaria ao afastamento da condenação em honorários (STJ, Decisão Monocrática no Recurso Especial: REsp 1358837/SP: Rel. Ministra Assusete Magalhães. Proferida em 27/9/2016 2016).

De fato, excluído o sócio, ela continua contra as demais partes e, numa situação de pluralidade de sócios e administradores, a condenação em honorários segundo a tabela do § 3º do art. 85 pode se revelar excessiva, mas isso não altera o fato de que houve a contratação de um advogado para que a parte fosse excluída. Ainda, não afasta a provável culpa do Fisco em executar alguém que não tem responsabilidade sobre o débito, ou seja, não sendo o contribuinte a dar causa à demanda, em tese ele não pode suportar o ônus da sucumbência.

Não há uma regra específica neste caso para a Fazenda, mas uma solução possível é considerar que o percentual da regra geral de condenação em honorários pelo reconhecimento de ilegitimidade não se inicia em 10%, mas em 3%, podendo alcançar 5%, conforme o parágrafo único do art. 338 do CPC.

Parece plenamente possível a aplicação conjunta do art. 338 com o § 3º do art. 85. Se a porcentagem devida de honorários no caso de ilegitimidade de parte se inicia em 30% do valor mínimo estabelecido na regra geral (10%) e atinge no máximo 50% deste percentual. É possível aplicar 30% a 50% do piso estabelecido contra a Fazenda em cada uma das faixas do § 3º.

Assim, a condenação poderia variar de 3 a 5% no caso de valor da condenação de até 200 salários mínimos (inc. I), 2,4% a 4% entre 200 e 2000 salários mínimos (inc. II), 1,5% a 2,5% na faixa entre 2000 a 20.000 salários mínimos, 0,9% a 1,5% na faixa seguinte (inc. IV), até atingir 0,3% a 0,5% no caso de exclusão de sócio na parte da demanda que superasse 100.000 salários mínimos (inc. V).

1.2. A ação para antecipação de garantia – a urgência em garantir o Juízo

Oferecer garantia idônea e respeitando a ordem legal sempre representa um custo ao contribuinte. Mesmo que ele possua um imóvel, não poder dispor dele para uma transação é uma limitação bastante importante. Uma carta de fiança-bancária ou mesmo o seguro garantia também não saem baratos. Reinaldo Ravelli Neto destaca que a primeira pode exigir o aporte de 1,5% a 6% do valor da dívida e o seguro-garantia, embora possa custar o equivalente a um terço dela, exige requisitos importantes, tais quais patamares mínimos de receita operacional e patrimônio líquidos, percentual mínimo de margem operacional, cobertura de juros de 1,2 vez, entre outros (Ravelli Neto 2018). Ademais, com o crescente número de execuções fiscais, fruto de decisões polêmicas no CARF baseadas em votos de qualidade e envolvendo cifras de grandes proporções, é questionável se em pouco tempo já não haverá mais seguros disponíveis.

O custo da apresentação de garantia exige delinear qual o propósito intencionado com a sua antecipação e ele se baseia primordialmente no conteúdo dos artigos 205 e 206 do CTN (Brasil, Lei 5.172, de 25 de outubro de 1966). O primeiro permite à lei ordinária que exija a prova da quitação de determinado tributo por certidão negativa e o segundo traz a figura da certidão positiva com efeitos de negativa – CPD-EN, emitida no caso de créditos não vencidos, com exigibilidade suspensa ou, ainda, em curso de cobrança executiva em que tenha sido efetivada a penhora.

Assim, diante de situações em que se exige essa prova de quitação – participação em licitações por exemplo –, o contribuinte se via melhor amparado com uma execução fiscal em curso (se garantida) que ainda aguardando a propositura dela pela Fazenda Pública.

Por essa razão, dois contribuintes sem condições ou disponibilidade para depositar o valor do crédito tributário vencido, mas com bens suficientes para garanti-lo, poder-se-iam ver em situação desigual, a partir da propositura pela Fazenda da execução fiscal contra apenas um deles: somente aquele "agraciado" com a demanda teria direito a oferecer os seus bens à penhora e obter a CPD-EN. Mas como muito bem observado no voto do Relator Ministro Ari Parglender no Recurso Especial 99.653/SP, a mera situação de uma execução fiscal já proposta e garantida com aquela em que não houve ajuizamento seria analogia imprópria, porque nesta última os interesses da Fazenda estariam a descoberto. No mesmo voto, ele concluía: "[a]gora, se o contribuinte, como no caso, se dispõe a oferecer caução real para obter a certidão negativa, o Judiciário está obrigado a tutelar, cautelarmente, os seus interesses" (STJ, recurso especial: REsp 99653/SP. Rel. Ministro ari pargendler. Segunda turma. Julgado em 15/10/1998. 1998).

Desses fatores é possível identificar a causa de pedir na ação de antecipação de garantia. Segundo nos ensinou o saudoso Professor Titular José Ignácio Botelho de Mesquita, mestre sempre citado pelo Homenageado, "[a] causa de pedir se compõe dos seguintes elementos: a) o direito afirmado pelo autor e a relação jurídica de que esse direito se origina; b) os fatos constitutivos daquele direito e dessa relação jurídica; c) o fato (normalmente do réu) que torna necessária a via judicial e, por isso, faz surgir o interesse de agir, ou interesse processual" (Botelho de Mesquita 1982). A antecipação de garantia seria fundamentada, portanto no direito a assegurar o juízo previamente e obter os efeitos do art. 206 do CTN face a regras ou princípios jurídicos, tais qual a isonomia (1) na possibilidade fática de o contribuinte oferecer um bem à penhora ou apresentar uma fiança bancária ou seguro garantia (2); e na inércia do ente tributante em ajuizar a execução e sua resistência ou impossibilidade de aceitar a garantia antecipadamente (3).

Tal questão se viu pacificada no STJ em 2001, no julgamento dos Embargos de Divergência em Recurso Especial 205.815/MG, quando a Primeira Seção sedimentou que "não ajuizada a execução fiscal, por inércia da Fazenda Nacional, o devedor que antecipa a prestação da garantia em juízo, de forma cautelar, tem direito à certidão positiva com efeitos de negativa, por isso que a expedição desta não pode ficar sujeita à vontade da Fazenda" (STJ, Embargos de Divergência em Recurso Especial: EREsp 205.815/MG. Rel. Ministro Francisco Peçanha Martins. Primeira Seção. Julgado em 14/03/2001. 2001). Depois, foi novamente afirmada em 2010 com o julgamento do REsp 1123669/RS, afetado ao rito dos repetitivos, tendo sido firmada a tese do tema 237: "É possível ao contribuinte, após o vencimento da sua obrigação e antes da execução, garantir o juízo de forma antecipada, para o fim de obter certidão positiva com efeito de negativa."

Note-se que, do fato de não ser necessária a propositura dos embargos à execução fiscal para que a certidão do art. 206 seja emitida, não se pode exigir do contribuinte que discuta efetivamente a dívida na ação de antecipação de garantia. A ação pode, portanto, ter a aceitação da garantia antecipada e a consequente emissão da certidão como objeto isolado, sendo opção, nesse contexto, acumular pedido de anulação do crédito tributário.

A pacificação da matéria no âmbito do STJ levou a Procuradoria Geral da Fazenda Nacional a regulamentar a antecipação de garantia pela via administrativa na Portaria 33/2018 (Procuradoria Geral da Fazenda Nacional 2018). Esta portaria permite que a oferta da garantia na esfera administrativa, dentro de 30 dias da notificação pela PGFN, impeça o protesto da CDA e inscrição em cadastros negativos.

1.2.1. *Suspensão da exigibilidade, registro no CADIN e protesto da CDA*

A *suspensão da exigibilidade do crédito tributário*, a partir do oferecimento de garantia em juízo já foi objeto de análise em sede de recursos repetitivos (Tema 378), quando se sedimentou que *o oferecimento de garantia não é equiparável ao depósito integral do tributo*, sendo taxativo o rol do art. 151 do CTN.

De fato, não seria muito coerente que a antecipação da garantia por si só, em ação que nem mesmo demanda discutir a nulidade do crédito tributário, suspendesse a exigibilidade do débito que ela mesma pretende garantir. Se suspendesse a exigibilidade, nem mesmo seria possível que a execução fiscal fosse proposta.

Por outro lado, a aceitação simples da garantia do juízo como hipótese de suspensão de exigibilidade poderia trazer algumas consequências não pretendidas pelo legislador que estabeleceu o depósito integral como hipótese de suspensão. Pode-se visualizar contribuinte que, em situação de dificuldade financeira, preterisse o Erário em benefício de credores privados, oferecendo bem a penhora para garantir crédito tributário que por ele sabidamente é devido. Em outras palavras, se o depósito judicial, de um lado, é muito próximo de uma fiança bancária ou de um seguro garantia em termos de segurança, de outro lado, estas últimas exigem esforço menor para o contribuinte que o pagamento, diferentemente do depósito. Isso poderia levar, numa situação extrema, ao uso indiscriminado das garantias para aliviar situação financeira desfavorável, com imprevisível prejuízo ao Poder Público e ao custeio dos serviços essenciais.

Parece acertada, nesse quadro, a decisão do Superior Tribunal de Justiça.

Não obstante, pretendemos aqui distinguir duas situações que podem ser objeto de distinção face ao quanto estabelecido naquele tema: 1) o oferecimento da garantia como reforço da fundamentação do contribuinte em pedido de suspensão da exigibilidade por decisão judicial; e 2) a suspensão do registro no CADIN e afastamento do protesto judicial da certidão.

1.2.1.1. O oferecimento antecipado da garantia como reforço da fundamentação do contribuinte em pedido liminar em mandado de segurança ou de tutela provisória

Relatamos como acertada a decisão do Superior Tribunal de Justiça que não equiparou ao depósito integral nos autos a garantia oferecida antecipadamente em juízo.

Situação diversa da fixada na tese, contudo, seria aquela em que a garantia ofertada não pretende substituir o depósito previsto no inc. II do art. 151 do Código Tributário Nacional, mas ser um reforço do fundamento relevante ou da probabilidade do direito já existente, de forma a tornar menos gravosa ou temerária a concessão da suspensão da exigibilidade do crédito tributário nos termos dos incisos IV e V do mesmo artigo.

Note-se que está pacificado o entendimento de que, uma vez existente o fundamento relevante, a concessão da suspensão da exigibilidade do crédito tributário não demanda depósito do valor do tributo, sendo este uma prerrogativa do contribuinte que não pode ser dele exigido.

Mas nada obsta que, utilizando-se de instrumento similar o contribuinte ofereça ao Juízo a segurança de que, vindo a tutela provisória ou a liminar a ser cassada por decisão de improcedência da demanda, o Fisco não teria prejuízo para além da demora no recebimento do crédito.

MEDIDAS PROCESSUAIS NÃO LEGISLADAS EM MATÉRIA TRIBUTÁRIA **493**

Além disso, permitir que a garantia seja fator de segurança na concessão da tutela provisória está plenamente de acordo com o § 1º do art. 300 do CPC, que permite ao juiz exigir caução real ou fidejussória para a concessão da tutela de urgência.

Aceita essa possibilidade, ela poderia ser enquadrada como intermediária entre o depósito integral do tributo e a concessão de liminar ou tutela provisória baseadas unicamente no fundamento relevante do contribuinte.

Evidentemente é situação mais interessante também para o Poder Tributante que a mera suspensão não garantida do crédito, pois teria direito ao recebimento do valor integral do tributo imediatamente após o trânsito em julgado, com bastante segurança, especialmente nos casos de apresentação de fiança bancária ou seguro garantia.

1.2.1.2. Suspensão do registro no CADIN e do protesto da CDA

Por fim, é necessário perguntar se a garantia antecipada deve levar à suspensão do registro no CADIN ou dos efeitos do protesto da CDA. Não é objeto deste estudo examinar a constitucionalidade de ambas as constrições ao contribuinte. Tomando-as por existentes, vale examinar qual o efeito da garantia antecipada.

Quanto ao primeiro dos casos, é de se ressaltar que há requisitos expressos em lei ordinária para que se dê a *suspensão do registro do CADIN*.

Na esfera federal, o inc. I do art. 7º da Lei 10.522/2002 demanda o cumprimento de dois requisitos do devedor: 1) o ajuizamento de ação com o objetivo de discutir a natureza da obrigação ou o seu valor; 2) o oferecimento de garantia idônea e suficiente ao Juízo, na forma da lei. O inc. II do mesmo artigo admite a mesma suspensão no caso de suspensão da exigibilidade do crédito tributário (Brasil, Lei 10.522, de 19 de julho de 2002. 2002). Assim, mesmo quando há a penhora na execução fiscal, o registro no CADIN continuaria ativo, demandando o ajuizamento dos embargos à execução.

Pela exata mesma razão, quando há a antecipação da garantia, pareceria ser possível exigir que o contribuinte também discuta o débito, mas poderia ser suscitado um conflito entre a lei do CADIN federal e o CTN, uma vez que a lei somente pode exigir a quitação de tributos nos termos do art. 205 e o artigo seguinte autoriza que a penhora em execução fiscal produza os efeitos da quitação dos tributos para fins dessa exigência.

De toda forma, vimos anteriormente que a Procuradoria Geral da Fazenda Nacional a regulamentou a antecipação de garantia pela via administrativa na Portaria 33/2018 (Procuradoria Geral da Fazenda Nacional 2018), prevendo que a oferta da garantia na esfera administrativa, dentro de 30 dias da notificação pela PGFN, impede o protesto da CDA e inscrição em cadastros negativos. Assim, aceita judicialmente a garantia, independentemente do pedido de nulidade do crédito,[5] a mesma razão parece levar à suspensão do registro no CADIN na esfera federal.

Nesse quadro parece ser possível afirmar necessária a revisão do entendimento que se instalou na ementa do Recurso Repetitivo que deu origem à tese fixada no tema repetitivo 264 (STJ, Recurso Especial: REsp 1137497/CE. Rel. Ministro Luiz Fux. Primeira Seção. Julgado em 14/04/2010. 2010), indicando a obrigatoriedade dos dois requisitos, com referência expressa a eles nos incisos do art. 7º da Lei do CA-DIN. A Segunda Turma do Superior Tribunal de Justiça, já emitiu decisão específica, inadmitindo a exclusão do cadastro em caso no qual, embora acolhida a antecipação da garantia em ação judicial, esta não discutia o débito – Recurso Especial 1147268/PR (STJ, Recurso Especial: REsp 1147268/PR. Rel. Ministro Castro Meira. Segunda Turma. Julgado em 07/10/2010. 2010).

Problema ainda maior enfrenta o contribuinte diante do *CADIN do Estado de São Paulo*. A lei paulista, diferentemente da lei federal, não prevê a suspensão do registro do devedor no caso de ação ajuizada discutindo o débito e garantida por caução idônea, mas apenas e tão somente, em seu art. 8º [6], nos casos em que há suspensão de sua exigibilidade, remetendo o devedor às hipóteses do art. 151 do CTN.

Aqui parece ser efetivamente ilegítima a exigência, a qual se chocaria frontalmente com o art. 206 do CTN, impedindo que o contribuinte exerça suas atividades quando estiver a discutir crédito tributário que entenda inexigível, ainda que tenha patrimônio suficiente para assegurar a sua extinção caso não seja bem sucedido na lide.

A permissão de exigência de certidão de quitação de tributo por lei ordinária, como já afirmado, é derivada do art. 205 do CTN, não podendo a lei do CADIN extrapolar seus limites. Vale dizer que, ainda que assim não fosse, o CTN é anterior à criação dos Cadastros de Inadimplentes, de modo que não teria como prever a suspensão de registro naquele momento. *Mutatis mutandis*, raciocínio similar àquele aplicado pelos tribunais quando do advento da antecipação de tutela, então sem previsão no art. 151, o que só se deu com o acréscimo do inc. V ao artigo.

Boa parte das Câmaras do Tribunal de Justiça de São Paulo, nesse contexto, vêm acolhendo os pedidos do contribuinte para que a garantia seja suficiente para afastar a inscrição no CADIN e mesmo o protesto da dívida ativa, desde que idônea. Recente voto do Relator Desembargador Luís Francisco Aguilar Cortez na apelação 1008140-42.2018.8.26.0562, julgada pela 1ª Turma de Direito Público, destaca que "[a] exigibilidade judicial não depende da inscrição no CADIN ou protesto, situações distintas que não se confundem, sendo a garantia suficiente para obstar,

---

5. Já o mero ajuizamento de demanda sem que haja o oferecimento da garantia não suspende os efeitos do registro no CADIN: "[a]a mera discussão judicial da dívida, sem garantia idônea ou suspensão da exigibilidade do crédito, nos termos do art. 151 do CTN, não obsta a inclusão do nome do devedor no CADIN" (tese fixada em sede de recursos repetitivos – tema 264).

6. "Artigo 8º O registro do devedor no CADIN Estadual ficará suspenso na hipótese de suspensão da exigibilidade da pendência objeto do registro, nos termos da lei" (Estado de São Paulo 2008).

nesta fase, outros efeitos pretendidos pelo credor" (TJSP, Apelação Cível 1008140-42.2018.8.26.0562. Relator Luís Francisco Aguilar Cortez. 1ª Câmara de Direito Público.Julgamento: 30/01/2019 2019). Há precedentes recentes também da 3ª (TJSP, Agravo de Instrumento 2222691-63.2018.8.26.0000. Relator (a): Kleber Leyser de Aquino. Órgão Julgador: 3ª Câmara de Direito Público. Data do Julgamento: 04/12/2018. 2018), 4ª (TJSP, Agravo de Instrumento 2042912-51.2018.8.26.0000. Relator (a): Ana Liarte. Órgão Julgador: 4ª Câmara de Direito Público. Data do Julgamento: 30/07/2018. 2018), 5ª (TJSP, Apelação Cível 1032770-40.2018.8.26.0053. Relator (a): Heloísa Martins Mimessi. Órgão Julgador: 5ª Câmara de Direito Público. Data do Julgamento: 25/02/2019. 2019), 6ª (TJSP, Apelação Cível 1016482-06.2017.8.26.0068. Relator (a): Reinaldo Miluzzi. Órgão Julgador: 6ª Câmara de Direito Público. Data do Julgamento: 27/09/2018. 2018), 8ª (TJSP, Apelação Cível 1005809-18.2017.8.26.0176. Relator (a): Ponte Neto. Órgão Julgador: 8ª Câmara de Direito Público. Data do Julgamento: 13/02/2019. 2019), 9ª (TJSP, Agravo de Instrumento 2038179-42.2018.8.26.0000. Relator (a): Oswaldo Luiz Palu. Órgão Julgador: 9ª Câmara de Direito Público. Data do Julgamento: 25/06/2018. 2018) 10ª (TJSP, Apelação Cível 1017882-66.2018.8.26.0053. Relator: Torres de Carvalho. Órgão Julgador: 10ª Câmara de Direito Público. Data do Julgamento: 04/02/2019. 2019), 11ª (TJSP, Agravo de Instrumento 2137056-17.2018.8.26.0000. Relator (a): Oscild de Lima Júnior. Órgão Julgador: 11ª Câmara de Direito Público. Data do Julgamento: 16/08/2018. 2018), 12ª (TJSP, Apelação Cível 1025526-60.2018.8.26.0053. Relator (a): Souza Nery. Órgão Julgador: 12ª Câmara de Direito Público. Data do Julgamento: 06/02/2019. 2019), 14ª (TJSP, Apelação Cível 1019157-84.2017.8.26.0053. Relator (a): Henrique Harris Júnior. Órgão Julgador: 14ª Câmara de Direito Público. Data do Julgamento: 25/02/2019. 2019), 15ª (TJSP, Agravo Interno Cível 2186423-10.2018.8.26.0000. Relator (a): Erbetta Filho. Órgão Julgador: 15ª Câmara de Direito Público. Data do Julgamento: 19/12/2018. 2018) e 18ª Câmaras de Direito Público (TJSP, Apelação / Remessa Necessária 1021515-85.2018.8.26.0053. Relator (a): Ricardo Chimenti. Órgão Julgador: 18ª Câmara de Direito Público. Data do Julgamento: 25/02/2019. 2019).

Um quinto das Câmaras de Direito Público do Tribunal de Justiça de São Paulo, contudo, não vislumbram esse direito, de forma a interpretar mais restritivamente a possibilidade. A 13ª Câmara do Tribunal de Justiça de São Paulo, forte na aplicação da tese firmada no tema 378 do STJ, quanto à impossibilidade de suspensão da exigibilidade por meio de garantia antecipada e no requisito da suspensão da exigibilidade posto no art. 8º da Lei Estadual 12.799/2008, destacando a inaplicabilidade da jurisprudência do STJ face à especificidade da Lei Estadual, decidiu: "[c]onquanto se admita que o oferecimento de seguro garantia possa servir, por um lado, como garantia do Juízo, para fins da obtenção de certidão positiva com efeitos de negativa, de outra banda, não tem o condão de suspender a exigibilidade do crédito tributário – Impossibilidade, nessas condições, de automática sustação do protesto da CDA e suspensão do registro no CADIN/SP" (TJSP, Apelação Cível 1008202-24.2017.8.26.0625. Relator (a): Spoladore Dominguez. Órgão Julgador: 13ª Câmara de Direito Público. Data do Julgamento: 12/12/2018. 2018). No mesmo sentido vem decidindo a 2ª (TJSP, Agravo de Instrumento 2136986-97.2018.8.26.0000. Relator (a): Luciana Bresciani. Órgão Julgador: 2ª Câmara de Direito Público. Data do Julgamento: 27/11/2018. 2018) e a 7ª (TJSP, Agravo de Instrumento 2211849-24.2018.8.26.0000. Relator (a): Fernão Borba Franco. Órgão Julgador: 7ª Câmara de Direito Público. Data do Julgamento: 22/11/2018. 2018) Câmaras de Direito Público.

É necessário observar que, mesmo quando acatado o direito de afastamento do Cadastro Negativo, majoritariamente tais decisões exigem que a garantia ofertada observe a ordem de preferência do art. 11 da Lei 6.830/80, mas vêm entendendo que há equiparação, nessa oferta, do seguro garantia e da fiança bancária ao dinheiro, ressalvada a impossibilidade de fazerem elas o papel do depósito integral.

Ainda, as decisões que afastam a inscrição no CADIN também vedam normalmente o *protesto da Certidão de Dívida Ativa* ou suspendem seus efeitos a partir da aceitação da garantia ofertada.

Esta posição parece a mais adequada à construção jurisprudencial e legislativa referente ao protesto da CDA e justa, considerando a relação de semelhança entre os cadastros negativos e a razão pela qual permitiu-se o protesto de um título que não depende desse ato para ser exigido.

Destaque-se que a jurisprudência pátria rechaçava o protesto da CDA. Era pacífico o entendimento no Superior Tribunal de Justiça no sentido de que era desnecessário o protesto, por gozar a certidão de liquidez e certeza, havendo precedentes de ambas as Turmas de Direito nesse sentido , do que são exemplos os julgamentos dos Recursos Especiais 287824/MG (STJ, Recurso Especial: REsp 287.824/MG. Rel. Ministro Francisco Falcão. Primeira Turma. Julgado em 20/10/2005. 2005) e 1093601/RJ (STJ, Recurso Especial: REsp 1093601/RJ. Rel. Ministra Eliana Calmon. Segunda Turma. Julgado em 18/11/2008. 2008).

Embora a obrigação de protesto prévio da CDA nunca tenha sido concebida nem sequer imaginada, face à demanda dos entes federativos que se viam em alegada desvantagem por não poderem se utilizar do ato de protesto de títulos que, na prática, se transformou de requisito em meio de cobrança, foi incluída a previsão expressa da CDA entre os títulos protestáveis em 2012, por meio da alteração do art. 1º da Lei 9.492/1997 pela lei 12.767.

Essa alteração foi um dos motivos da mudança da jurisprudência do STJ, acrescentada do entendimento de que o protesto não é mais vinculado exclusivamente aos títulos cambiais, passando a ser também "modalidade alternativa de cobrança" (STJ, Recurso Especial: REsp 1126515/PR. Rel. Ministro Herman Benjamin. Segunda Turma. julgado em 03/12/2013. 2013). O STF, por sua vez, afastou a alegação de inconstitucionalidade da mudança, declarando que "O parágrafo único do art. 1º da Lei 9.492/1997, inserido pela Lei 12.767/2012, que inclui as Certidões de Dívida Ativa – CDA no rol dos títulos sujeitos a protesto, é compatível com a Constituição

Federal, tanto do ponto de vista formal quanto material" (STF, Ação Direta De Inconstitucionalidade: ADI 5135. Relator(a): Min. Roberto Barroso. Tribunal Pleno. Julgado em 09/11/2016. 2016).

Pois bem. Independentemente da concordância com a decisão das Cortes Superiores, fato é que tal modificação veio em momento muito posterior ao CTN, de forma que não seria possível ao art. 206 trazer a previsão de afastamento do protesto.

Todavia, assim como em relação ao CADIN, o conteúdo teleológico da norma do art. 206 é evitar que o contribuinte que tenha garantido o pagamento de sua dívida tributária sofra restrição em sua atividade profissional. Daí porque, com maior razão até que o CADIN, que causa restrições apenas na contratação com o Poder Público, o protesto da CDA deve ser afastado se o débito estiver garantido. Nenhum sentido há, ademais, em pretender o Poder Público restringir a atividade do contribuinte no âmbito privado, quando está permitida a contratação com ele próprio.

1.2.2. Relações da ação de antecipação de garantia com a execução fiscal

Se a ação for unicamente objetivada para a antecipação da garantia, inexistindo pedido de anulação parcial ou total do débito, ela deve ser considerada ação assessória à futura execução fiscal e, nos termos do art. 61 do CPC, distribuída diretamente no juízo das execuções fiscais. Nesse sentido vem decidindo a Câmara Especial do Tribunal de Justiça de São Paulo, a exemplo do Conflito de Competência 0002974-83.2018.8.26.0000 (TJSP, Conflito de competência cível 0002974-83.2018.8.26.0000. Relator (a): Ana Lucia Romanhole Martucci. Órgão Julgador: Câmara Especial. Data do Julgamento: 26/02/2018. 2018).

O mesmo raciocínio poderia ser aplicado, em tese, aos casos em que existisse ação anulatória, uma vez que há ação de conhecimento possível em vara de execuções fiscais com mesmas partes, causa de pedir e pedido, inclusive sujeita à litispendência, que são os embargos à execução.

Todavia, segundo já afirmado pela Primeira Seção do STJ, embora haja relação de prejudicialidade entre a anulatória e a execução fiscal, a competência absoluta em razão da matéria das Varas de Execuções Fiscais impede o conhecimento de ações anulatórias. Isso se sedimentou em julgamento da primeira Seção no Conflito de Competência 105.358/SP (STJ, Conflito de Competência: CC 105.358/SP. Rel. Ministro Mauro Campbell Marques. Primeira Seção. Julgado em 13/10/2010. 2010). Daí que a remessa apenas se dá se a Vara competente para a execução fiscal não for especializada nesta matéria.

Ainda assim, há uma questão muito interessante a pontuar. Aceita a garantia na ação anulatória, a execução fiscal proposta pode ter seu andamento suspenso até que se resolva o pedido na anulatória, tendo em vista ter essa ação identidade (partes, pedido e causa de pedir) com eventuais embargos à execução, ressalvado o caso de não haver fundamento relevante mínimo para que se vislumbre sua eventual procedência. Nesse último caso, entendido pelo STJ que nem mesmo os embargos à execução teriam o poder de suspender a execução fiscal, é de se aplicar o mesmo entendimento à anulatória.

2. PROBLEMAS RELACIONADOS À CONSIGNAÇÃO EM PAGAMENTO DO CRÉDITO TRIBUTÁRIO

Nos termos do art. 164 do CTN, a consignação em juízo do crédito tributário é possível nos casos de: "I – de recusa de recebimento, ou subordinação deste ao pagamento de outro tributo ou de penalidade, ou ao cumprimento de obrigação acessória; II – de subordinação do recebimento ao cumprimento de exigências administrativas sem fundamento legal; III – de exigência, por mais de uma pessoa jurídica de direito público, de tributo idêntico sobre um mesmo fato gerador" (Brasil, Lei 5.172, de 25 de outubro de 1966. 1966).

A mera recusa no recebimento do tributo prevista na primeira parte do inc. I não é observável atualmente. O Professor Hugo de Brito Machado Segundo nos lembra que a maioria dos tributos é derivada de lançamento por homologação e recolhida em instituições bancárias, não sendo sequer viável ao Fisco oferecer resistência, sem meios para tanto (Machado Segundo 2019, 523). A segunda parte do mesmo inciso tem situações possíveis, como a subordinação ao recolhimento de multa de mora no caso de denúncia espontânea ou mesmo juros calculados com base em taxa inconstitucional.

O inc. II, poderia ser vislumbrado no caso de exigências, consideradas inconstitucionais, ilegais ou ilegítimas pelo contribuinte, estabelecidas como condições para aderir a programa de parcelamento. Mas Primeira Seção Superior Tribunal de Justiça entendeu que o disposto no § 1º do art. 164, cujo conteúdo dispõe que a ação consignatória para fins tributários "só pode versar sobre o crédito que o consignante se propõe a pagar" (§ 1º do referido artigo), seria um óbice a esta finalidade: "[a] ação consignatória (...) tem por objetivo apenas liberar o devedor de sua obrigação com a quitação de seu débito, por meio de depósito judicial, quando o credor injustificadamente se recusa a fazê-lo" e que recolher parceladamente o valor do débito por essa via é "desviar-se da finalidade por ela pretendida" (STJ, Agravo Regimental NOs Embargos de Divergencia no Recurso Especial: AgRg nos EREsp 690478 / RS: Primeira Seção. Relator Humberto Martins. Julgamento: 14/5/2008 2008). Parece sujeito a críticas tal posicionamento diante da regra para a qual o antigo CPC dedicava o artigo 892 e o novo passou a prever no art. 541: "[t]ratando-se de prestações sucessivas, consignada uma delas, pode o devedor continuar a depositar, no mesmo processo e sem mais formalidades, as que se forem vencendo, desde que o faça em até 5 (cinco) dias contados da data do respectivo vencimento" (Brasil, Lei 13.105, de 16 de março de 2015 2015). A ser mantido tal entendimento, o caso das prestações sucessivas fica adstrito a fatos geradores futuros, difícil de ser imaginado fora da hipótese do inc. III do art. 164 e a hipótese do inc. II tende a sumir da esfera prática.

A exigência de crédito por mais de uma pessoa jurídica de direito público é, de qualquer forma, a situação mais crítica e aquele em que a consignatória se apresenta como talvez o único caminho preventivo seguro.

O inc. I do art. 146 da Constituição Federal atribui à lei complementar dispor sobre o conflito de competência em matéria tributária, o que é observado normalmente pelo nosso legislador, a exemplo das Leis Complementares 87/96 e 116/2003, que formam um sistema muito útil ao aplicador do Direito Tributário que se pergunta sobre a incidência de ISS ou ICMS em um determinado caso ou mesmo a qual Estado ou Município seria devido o tributo. Todavia, embora a clareza da redação das regras de resolução de conflitos de competência seja a regra, ela nem sempre se faz presente. Por outro lado, mesmo regras claras podem ser apontadas como conflitantes com disposições constitucionais. James Marins cita como exemplos a exigência de IPTU por mais de um Município, conflitos na arrecadação do ISS e de ISS por um Município e ICMS pelo Estado sobre a mesma operação (Marins, Direito Processual Tributário Brasileiro 2017, 535 a 537).

Quando isso se dá (e o contribuinte antecipa a existência do problema) ele pode decidir se seguirá seu próprio entendimento, sujeitando-se inevitavelmente ao risco de autuação do ente que dele discordar, ou tomar a iniciativa de utilizar-se do mecanismo previsto no art. 164 do Código Tributário Nacional, que lhe dará segurança imediata. Se esta for a sua opção, depositando o contribuinte o maior valor exigido, isso resultará na suspensão da exigibilidade dos créditos de ambos sujeitos ativos e, julgada procedente consignação, nos termos do § 2º do art. 164 do CTN, o pagamento se reputa efetuado e a importância consignada é convertida em renda, de forma que o contribuinte se vê liberado, pela sistemática, do risco não só do pagamento, mas até mesmo da cobrança em duplicidade.

É a consignatória, portanto, poderoso instrumento processual para resguardar o contribuinte da fome desmedida e ilegítima resultante da cobrança, por duas pessoas jurídicas de direito público que constarão do polo passivo, de obrigação tributária resultante de uma mesma operação.

Mesmo assim, há requisito previsto expressamente no inc. III do art. 164, ligado diretamente ao interesse de agir do contribuinte, que pode gerar problemas de solução não imediata: a necessidade de *exigência* de duas ou mais pessoas jurídicas.

Esta pode faltar, por razão de fato ou de direito.

A primeira que será visualizada neste artigo é uma *questão de fato*: a efetivação do *pagamento* a um dos entes. O contribuinte pode, por não ter dúvida prévia ou mesmo por escolha e razoável certeza de seu entendimento jurídico, efetuar o pagamento a uma das pessoas jurídicas que se entende legítima para instituir o crédito tributário sobre a sua operação.

A exigência também pode em tese faltar por uma *questão de direito*: pode haver decisão vinculante que afaste o interesse do sujeito ativo, mas não seja ela definitiva.

No presente artigo, analisa-se a possibilidade de uma decisão judicial vinculante, do Supremo Tribunal Federal, em sede de Medida Cautelar em Ação Direta de Inconstitucionalidade.

2.1. Um caminho para a resolução do problema derivado da questão de fato: o uso tributário do instrumento processual litisconsórcio passivo alternativo ou eventual

Por muitas vezes, seja por nem mesmo imaginar que outro ente exigiria o tributo ou mesmo na ausência de orientação jurídica, bem como por opção previamente estudada, o contribuinte *efetua o pagamento* a um dos entes tributantes e, depois, se vê na iminência ou diante da materialização de um auto de infração daquele preterido.

Em relação aos pagamentos já efetuados, é inviável a ação consignatória. Juridicamente, o ente que recebeu o pagamento não tem o interesse de exigi-lo mais e o seu crédito tributário já foi extinto. Em termos práticos, o contribuinte teria de dispor do valor integral em relação ao ente preterido e, vindo a ser decidido que este outro é o ente competente para a tributação, nada garantiria a devolução do valor pelo ente cujo crédito foi adimplido.

Tomemos o exemplo de um contribuinte que pague o crédito de ISS ao Município A, vindo a ser autuado pelo Município B, que entende sujeito serviço prestado como sujeito à sua jurisdição. Uma resposta simples seria escolher ajuizar uma ação anulatória de débito fiscal contra o Município B. E, de fato, vindo a ser procedente a demanda, o problema estaria resolvido.

Mas a improcedência seria catastrófica. Em primeiro lugar, o contribuinte teria pago duas vezes e, dado o tempo de trâmite de uma ação judicial, somado ao tempo que o Município B demorou para efetuar o lançamento, já ter visto prescrever o crédito que teria direito a reaver contra o Município A.

Em segundo lugar e principalmente, ainda que estivesse dentro do prazo, absolutamente nada lhe garantiria a procedência da segunda ação. Isso porque o limite subjetivo da coisa julgada delineia que esta se dá entre as partes, nos termos do art. 506 do CPC: "[a] sentença faz coisa julgada às partes entre as quais é dada, não prejudicando terceiros."

Como destaca o Professor Cândido Rangel Dinamarco, haveria mácula ao contraditório se a decisão atingisse a terceiro que não gozasse das prerrogativas inerentes à parte e há efetivo desinteresse processual dele, de forma que lhe falta, por força do pedido estrito da primeira ação, legitimidade *ad causam* (Dinamarco, Instituições de Direito Processual Civil 2017, 384 a 387) .

Para resolver a questão relativa ao contraditório, uma primeira solução, relativamente simples, seria estabelecer um litisconsórcio passivo, com a inclusão dos dois Municípios no polo passivo da demanda. Com as mesmas prerrogativas, estaria garantido ao Município A defender-se, trazendo aos autos suas razões de fato e de

MEDIDAS PROCESSUAIS NÃO LEGISLADAS EM MATÉRIA TRIBUTÁRIA **501**

direito pelas quais entende que o tributo foi corretamente recolhido a seus cofres e, assim, nada ter a reclamar se o resultado da demanda não lhe favorecesse.

Mas ainda subsiste, neste caso, o problema da legitimidade. Com efeito, eventual pleito do autor para que se incluísse na ação anulatória o Município A deveria ser imediatamente rejeitado, pois ele não tem legitimidade para responder sobre o crédito do Município e a anulação ou manutenção deste não lhe afetaria. Em outras palavras, ele não possui e sequer tem acesso ao bem da vida (auto de infração) que o autor quer ver desconstituído. Vale dizer que se fosse a opção o ajuizamento de ação de repetição de indébito contra o Município A, o mesmo problema ocorreria na tentativa de inclusão do Município B na demanda.

A solução, dessa forma, deve passar pela inclusão, na demanda, de pedido que torne ambos os Municípios legítimos e ela se encontra justamente naquilo que ambos não podem ter ao mesmo tempo: a relação jurídica tributária com o contribuinte. Com efeito, reconhecendo-se que ela nasce em favor de um deles um, necessariamente não ocorrerá para o outro. Ambos têm legitimidade ad causam para sagrarem-se vencedores ou sucumbentes neste pedido.

Essa figura, que importa o cúmulo alternativo ou subsidiário de pedidos contra dois ou mais réus é denominada como litisconsórcio passivo alternativo ou eventual e fundado, segundo Dinamarco, na liberdade de demandar e na garantia constitucional do direito de ação, previsto no inc. XXXV do art. da Constituição Federal.

Vale destacar, nesse contexto, que a própria ação consignatória em pagamento, na existência de dois credores, é uma previsão expressa de um litisconsórcio alternativo.

Um dos pedidos, conforme o estágio da cobrança pelo Município B, poderá variar de declaração de inexistência de relação jurídica (se não houver ainda lançamento) a anulação de débito fiscal (ou mesmo este para os débitos líquidos e certos e aquele para os futuros), mas o outro será inequivocamente de repetição de indébito contra o Município A.

Em tese, os pedidos poderão ser formulados alternativamente (na forma do art. 326, parágrafo único do CPC), para que o juiz acolha um deles sem preferência do autor, mas vislumbra-se que na prática a ordem deverá ser subsidiária (na forma do art. 326, *caput*, do CPC): em regra, será para que se acolha a anulatória contra o Município A e, somente na negativa deste, que se julgue procedente a repetição de indébito contra o ente B, mas o contrário também é bem possível, seja por razões jurídicas ou em razão econômica de valores de alíquotas. Nesta última hipótese, o litisconsórcio será denominado eventual.

Por ser extremamente incomum, especialmente em matéria tributária, a solução do litisconsórcio eventual não deixa de esbarrar em eventual resistência do Poder Judiciário, que demande do contribuinte percurso processual longo.

O único acórdão encontrado em cortes superiores foi proferido em 2009, relativamente a uma ação proposta em 2001, em decisão da Segunda Turma do STJ (STJ,

Recurso Especial: REsp 727.233/SP. Rel. Ministro Castro Meira, Segunda Turma. julgado em 19/03/2009. 2009), mas veremos que o caso se encontra pendente até hoje.

Segundo se lê no extrato eletrônico dos autos (TJSP, 12ª Vara da Fazenda Pública da Capital. Procedimento Comum Cível 0014509-40.2001.8.26.0053, CNEC Engenharia S/A x Municipalidade de São PAulo x Municipalidade de Jundiaí, distribuído em 5/7/2001. 2001), a autora é uma empresa de engenharia que, tendo recolhido regularmente o tributo no Município de São Paulo, veio a ser autuada por Jundiaí-SP, por prestação de serviços de engenharia consultiva relativa à obra da Construtora Camargo Correia nesta última cidade. O Município de Jundiaí entendeu na ocasião que os serviços demandavam o pagamento no local da prestação, iniciando o procedimento de cobrança a autora.[7]

Assim, a ação foi ajuizada para intentar a anulação do débito fiscal perante o Município de Jundiaí e, subsidiariamente, caso não acolhida tal intenção, fosse repetido o indébito por São Paulo.

A primeira sentença proferida nos autos extinguiu a ação contra o Município de São Paulo, sendo determinada a remessa à Comarca de Jundiaí.

O Primeiro Tribunal de Alçada Cível de São Paulo manteve a decisão, destacando ser impossível que as duas Municipalidades formassem o polo passivo com interesses conflitantes entre seus direitos, especialmente diante do teor do antigo art., 289 do CPC, que admitia pedidos sucessivos, mas não conflitantes.

De fato – e por outro lado – seria uma interpretação possível, embora formal, entender-se que inexiste interesse num pedido de repetição se o próprio contribuinte afirma, para que seja aceito o primeiro pedido, que o tributo era devido a São Paulo, tendo ele procedido de forma correta.

Todavia, os pedidos subsidiários importam *sempre* previsão antecipada do contribuinte da possibilidade de o Poder Judiciário não acolher integralmente seus argumentos. Não há contradição alguma em alegar-se algo em juízo e admitir-se, de antemão, que a alegação pode não ser admitida. Juridicamente, no caso de conflito de competência, o não acolhimento da alegação, ademais, importa juridicamente a conclusão de que o tributo é devido a outro ente. É o que se dá na consignatória, prevista pelo próprio ordenamento de forma expressa.

Assim, tomou o melhor caminho o Superior Tribunal de Justiça ao reformar a decisão do Primeiro TAC e determinar que fosse reintegrado o Município de São

---

7. A questão de direito material não é simples, havendo ainda controvérsia atualmente, mas vem se posicionando o STJ no sentido de que, se prestado conjuntamente com algum serviço de construção civil, o local da obra dá o tom do aspecto material do fato gerador, como fixado no Recurso Especial 1.117.121/SP, julgado sob o rito dos repetitivos (STJ, Recurso Especial: REsp 1117121/SP. Rel. Ministra Eliana Calmon. Primeira Seção. Julgado em 14/10/2009. 2009); do contrário, inexistente o serviço, o local do estabelecimento deve ser observado para a incidência, do que é exemplo o quanto fixado no julgamento do Recurso Especial 1.121.219/SP (STJ, Recurso Especial: REsp 1211219/SP. Rel. Ministro Og Fernandes. Segunda Turma. Julgado em 24/04/2014. 2014).

Paulo àquela lide (STJ, Recurso Especial: REsp 727.233/SP. Rel. Ministro Castro Meira, Segunda Turma. julgado em 19/03/2009. 2009).

Embora o caso ainda está pendente de resolução de recurso, a questão processual já se sedimentou, valendo destacar que a nova sentença, proferida pela MM. Juíza de Direito Maria Fernanda de Toledo Rodovalho em 2009, atribuiu a competência para a instituição e cobrança do imposto ao Município de São Paulo, por inexistir serviço de construção por parte da autora.

Por fim, entendemos possível vislumbrar uma situação ainda mais interessante, quando o contribuinte pedir, primeiramente, que se reconheça a inexistência de relação jurídica contra os dois (caso em que será devida a repetição por A e a anulação do auto de B), com pedido secundário e terciário. Seria o caso se, mesmo após pagar para A o tributo, vislumbrasse ele que a sua atividade não estaria sujeita à incidência de tributo nenhum.

2.2. A consignatória em pagamento na inexistência de dúvida jurídica

O Brasil conta hoje com 5.570 municípios (IBGE 2019) e o conflito de competência relativo ao ISS pode, em tese, dar-se inclusive entre os mais longínquos, bastando pensar, a partir do exemplo do item anterior, em uma empresa de engenharia sediada no Amapá que dê consultoria para uma construtora no Rio Grande do Sul, ou vice-versa.

Boa parte dos conflitos pacificou-se após a sedimentação da regra geral, posta no art. 3º da Lei Complementar 116/2003, cujo *caput* estabelecera que o serviço considerava-se prestado e o imposto devido no local do estabelecimento prestado ou, na falta do estabelecimento, no local do domicílio do prestador, excetuando-se à época os serviços previstos nos incisos I a XXII do mesmo artigo, entre os quais se incluíam principalmente serviços em que o local da execução muitas vezes era mais importante que o próprio local do estabelecimento prestado, entre eles serviços ligados à construção civil, limpeza e reciclagem, jardinagem, tratamento de esgoto, florestamento, depósito e guarda, diversão, transporte, entre outros (Brasil, Lei Complementar 116, de 31 de julho de 2003).

No final de 2016, veio a ser aprovada a Lei Complementar 157 que modificou o local da incidência dos serviços constantes nos itens 4.22, 4.23, 5.09, 13.01, 10.04 e 15.09, a partir de emendas ao projeto original – PLP 366 –, lideradas especialmente pelo Deputado Federal Hildo Rocha (Câmara dos Deputados 2015), inserindo os incisos XXIII a XXV no art. 3º da Lei Complementar 116.

A modificação se pôs de forma contrária ao sistema criado pela Lei Complementar, que privilegia o local do estabelecimento prestador e que, nas exceções previstas, apresenta serviços em que, de alguma forma, é verificável a olho nu a prestação em outro local. Relativamente às operadoras de cartão de crédito ainda é possível verificar a tomada do serviço a partir das máquinas, mas o mesmo não se pode afirmar quanto ao *leasing* e planos de saúde. Com efeito, nas justificativas das emendas ao PLP 366, sobreleva o acúmulo de obrigações dos municípios com cada vez mais demandas e as suas crises financeiras, com repasses menores do Fundo de Participação (Câmara dos Deputados 2015, 23-25).

A dificuldade criada para tais atividades foi enorme, bastando lembrar que, no caso de operadoras de cartão de crédito, planos de saúde e operadoras de leasing, praticamente todos os 5.570 municípios do país puderam instituir a cobrança e passar a ser, de uma hora para outra, sujeitos ativos de suas obrigações, cada um deles com uma legislação própria e sem que houvesse um sistema integrado de cobrança do ISS. Além disso, a não definição do que seria tomador de serviços, em vez de resolver um conflito de competência – um dos objetivos primários e fundado em determinação constitucional da lei complementar 116/2003 –, criava imediatamente inúmeros deles.

Diante disso, foi deferida medida cautelar na Ação Direta de Inconstitucionalidade 5835, em 23/3/2018, pelo Ministro Alexandre de Moraes, para suspender a eficácia da modificação que incluiu 3 novos incisos ao art. 3º da Lei Complementar do ISS, bem como, por arrastamento, toda legislação local editada para a sua complementação (STF, Medida Cautelar na Ação Direta de Inconstitucionalidade 5835: Ministro Relator Alexandres de Moraes: Decisão de 23/3/2018 2018).

Pois bem. A partir do momento em que publicada a decisão, não há dúvida jurídica atual sobre a qual Município recolher o ISS no caso das atividades prestadas. Também não deve haver – e na hipótese de existir poderá ser diretamente enfrentada por reclamação ao STF – exigência atual de dois municípios em relação a referidas operações. A decisão é vinculante e tem força *erga omnes*.

Todavia, este é um curioso caso em que uma decisão vinculante não retira a insegurança jurídica do contribuinte. Note-se que esta é a regra, mesmo quando se trata de decisão precária, regra das Medidas Cautelares em Ações Diretas de Inconstitucionalidade.

Isso porque, uma vez cassada definitivamente a decisão e na eventualidade de não serem modulados os seus efeitos, não haverá para o contribuinte a obrigação de recolher de forma corrigida um tributo suspenso, mas de recolher um tributo, novamente, já pago a outro Município. Note-se: não há suspensão da incidência, mas atribuição da legitimidade da instituição e cobrança ao Município onde se localiza o estabelecimento prestador.

Por conta da garantia de acesso à justiça, posta no inc. XXXV do art. 5º da Constituição Federal, não se pode afastar do Poder Judiciário apreciação de lesão ou ameaça a direito, de forma que, ameaçado o contribuinte de pagar duas vezes o tributo, uma ação judicial deve ser reservada a ele.

Não podendo o contribuinte isoladamente acessar a via constitucional do controle concentrado – nem seria eficaz que todos eles o fizessem –, uma ação judicial em primeira instância pode ser intentada.

MEDIDAS PROCESSUAIS NÃO LEGISLADAS EM MATÉRIA TRIBUTÁRIA **505**

E esta ação, parece-nos, deve ser a ação consignatória em pagamento, exatamente aquela prevista no inc. III do art. 164 do CTN. Mas haveria exigência por duas ou mais pessoas jurídicas de direito público?

Embora num primeiro momento possa parecer que não – pois a decisão vinculante impede esta ação –, pelo menos para os Municípios que instituíram a lei para cobrar o tributo, a exigência existe, embora esteja, tanto quanto os incisos XXIII a XXV do art. 3° da Lei Complementar 116, temporariamente suspensa.

É sutil aqui a diferença entre a exigência suspensa e a exigência extinta, mas isso pode ser definitivamente resolvido em juízo, processualmente.

O inciso II do art. 548 do Código de Processo Civil é claro ao dizer que, na hipótese de somente um dos supostos credores comparecerem, o juiz decidirá de plano, e o inciso seguinte estabelece que, comparecendo os dois, ele declarará extinta a obrigação, continuando o processo a correr unicamente entre os dois presuntivos credores.

Ora, não comparecendo ou negando a exigência, o Município do local do tomador estará abrindo mão definitivamente de seu crédito tributário. Se comparecer, poderá pedir a suspensão da ação até que se resolva a Ação Direta, nos termos da alínea *a* do inc. V do art. 313 do CPC, uma vez que a resolução do mérito depende inequivocamente do julgamento de outra causa. Até mesmo o prazo máximo de um ano de suspensão, previsto no § 4° do mesmo artigo pode ser eventualmente estendido diante da Constituição Federal, uma vez que o efeito vinculante da decisão do Supremo em ADI está ali previsto.

Por fim, é de se ressaltar um problema de ordem prática. A depender do caso, pode ser necessário chamar como litisconsortes milhares de Municípios à lide, tornando esta de dificílima condução.

Algumas soluções podem ser eventualmente pensadas. Uma delas seria, considerando-se que a exigência está suspensa, postergar a citação das Municipalidades onde se localizam os tomadores para o momento imediatamente posterior à resolução da demanda no Supremo. Esta solução, todavia, enfrentaria a oposição dos Municípios onde sediados os estabelecimentos prestadores, pois a exigência deles é imediata.

De toda forma, uma vez judicializada a questão, o cálculo de quanto seria cabível a cada Município, desde que depositados os valores sobre as prestações a alíquota máxima, caberia a cada um deles individualmente, sob pena de tacitamente estarem a renunciar as prestações.

3.   CONSIDERAÇÕES FINAIS

As aqui denominadas Medidas Processuais Tributárias não legisladas são instrumentos ou alternativas que somente encontram vida no processo civil atual porque este hoje vislumbra a efetividade, velocidade, a justiça da decisão e a isonomia dos jurisdicionados, não se aceitando que, por uma lacuna processual, dois contribuintes possam se ver em situação muito diferente.

Por essa mesma razão, elas de maneira nenhuma se esgotam naquelas aqui estudadas. Não encontrando o contribuinte uma solução processual cabível no ordenamento, pode ele inovar, desde que a nova solução seja imprescindível à solução de direito material e que esta não esteja preclusa.

O tema está ligado à atividade enérgica, mas nem por isso menos densa, do advogado contencioso tributarista na defesa de seus clientes, aos estudos doutrinários de Direito Processual Tributário e também à atividade jurisdicional, por meio da qual as medidas inovadoras podem ou não ser acolhidas.

Pareceu-nos, assim, uma justa homenagem ao querido Professor Walter Piva Rodrigues, cujo brilhantismo é motivo de muito prestigio para a Advocacia, a Academia e o Poder Judiciário, onde hoje exerce a magistratura com a serenidade esperada do verdadeiro Juiz.

4. REFERÊNCIAS BIBLIOGRÁFICAS

BOTELHO DE MESQUITA, José Ignácio. "Conteúdo da Causa de Pedir." *Revistas dos Tribunais*, Outubro de 1982: 41.

BRASIL. *Decreto-Lei 1.608, de 18 de setembro de 1939*. set de 1939. http://www.planalto.gov.br/ccivil_03/Decreto-Lei/1937-1946/Del1608.htm (acesso em 3 de 3 de 2019).

—. *Lei 11.382, de 6 de dezembro de 2006*. https://www.planalto.gov.br/ccivil_03/_Ato2004-2006/2006/Lei/L11382.htm#art2 (acesso em 4 de 3 de 2019).

—. *Lei 6.830, de 22 de setembro de 1980*. 22 de set de 1980. http://www.planalto.gov.br/ccivil_03/LEIS/L6830.htm (acesso em 3 de 3 de 2019).

BRASIL. *Lei Complementar 116, de 31 de julho de 2003*. http://www.planalto.gov.br/ccivil_03/Leis/LCP/Lcp116.htm (acesso em 11 de 3 de 2019).

—. *Lei 10.522, DE 19 de julho de 2002*. 2002. http://www.planalto.gov.br/ccivil_03/Leis/2002/L10522.htm (acesso em 8 de 3 de 2019).

—. *Lei 13.105, de 16 de março de 2015*. http://www.planalto.gov.br/ccivil_03/_Ato2015-2018/2015/Lei/L13105.htm (acesso em 5 de 3 de 2019).

—. *LEI 5.172, De 25 De Outubro De 1966*. http://www.planalto.gov.br/ccivil_03/leis/L5172.htm (acesso em 8 de 3 de 2019).

BRASIL. *Lei 5.869, de 11 de janeiro de 1973*. https://www.planalto.gov.br/ccivil_03/LEIS/L5869.htm (acesso em 3 de 3 de 2019).

—. *Lei 8.953, de 13 de dezembro de 1994*. https://www.planalto.gov.br/ccivil_03/LEIS/L8953.htm#art1 (acesso em 4 de 3 de 2019).

CÂMARA dos Deputados. *PLP 266/2003: Emendas Apresentadas*. 2015. https://www.camara.leg.br/proposicoesWeb/prop_emendas?idProposicao=603566&subst=0 (acesso em 10 de 3 de 2019).

CONRADO, Paulo Cesar. *Execução Fiscal*. 3ª. São Paulo: Noeses, 2017.

—. *Execução Fiscal*. 3ª. São Paulo: Noeses, 2017.

DINAMARCO, Cândido Rangel. *Instituições de Direito Processual Civil*. 9ª. Vol. I. São Paulo: Malheiros, 2017.

—. *Instituições de Direito Processual Civil*. 7ª. Vol. III. São Paulo: Malheiros, 2017.

ESTADO DE SÃO PAULO. *Lei 12.799, de 11 de janeiro de 2008*. https://www.al.sp.gov.br/repositorio/legislacao/lei/2008/alteracao-lei-12799-11.01.2008.html (acesso em 8 de 3 de 2019).

IBGE. *Panorama – Cidades*. 2019. https://cidades.ibge.gov.br/brasil/panorama (acesso em 10 de 3 de 2019).

MACHADO SEGUNDO, Hugo de Brito. *Processo Tributário*. 11ª. São Paulo: Atlas, 2019.

MARINS, James. *Direito Processual Tribut[ario Brasileiro: administrativo e judicial*. São Paulo: Revista dos Tribunais/Thomson Reuters, 2019.

__. *Direito Processual Tributário Brasileiro*. 10ª. São Paulo: Revista dos Tribunais, 2017.

—. *Direito Processual Tributário Brasileiro: adminitrativo e judicial*. São Paulo: Revista dos Tribunais – Thomson Reuters, 2019.

PROCURADORIA GERAL DA FAZENDA NACIONAL. *PORTARIA PGFN 33, DE 08 DE FEVEREIRO DE 2018*. 2018. http://sijut2.receita.fazenda.gov.br/sijut2consulta/link.action?idAto=90028&visao=anotado (acesso em 10 de 5 de 2019).

RAVELLI NETO, Reinaldo. "sustos Diretos e Indiretos das Garantias: seus impactos na realidade empresarial." Em *Garantias Judiciais no Processo Tributário*, 19 a 28. São Paulo: Blucher, 2018.

STF. *Ação Direta de Inconstitucionalidade: ADI 5135. Relator(a): Min. Roberto Barroso. Tribunal Pleno. Julgado em 09/11/2016*. http://www.stf.jus.br/portal/jurisprudencia/listarJurisprudencia.asp?s1=%28LEI%-2D012767%29&base=baseAcordaos&url=http://tinyurl.com/jd7uyyk (acesso em 5 de 3 de 2019).

—. *Agravo em Recurso Extraordinário: ARE 707173. Relator Ministro Roberto Barroso. Primeira Turma. Julgado em 7/4/2015*. (acesso em 2 de 3 de 2019).

—. *Agravo Regimental no Recurso Extraordinário com Agravo: ARE 878475 AgR. Relator Min. Roberto Barroso. Primeira Turma. jjulgado em 12/5/2015*. http://www.stf.jus.br/portal/jurisprudencia/visualizarEmenta.asp?s1=000229008&base=baseAcordaos (acesso em 4 de 3 de 2019).

—. *Medida Cautelar na Ação Direta de Inconstitucionalidade 5835: Ministro Relator Alexandres de Moraes: Decisão de 23/3/2018*. http://redir.stf.jus.br/estfvisualizadorpub/jsp/consultarprocessoeletronico/ConsultarProcessoEletronico.jsf?seqobjetoincidente=5319735 (acesso em 11 de 3 de 2019).

STJ. *Agravo Interno no Agravo em Recurso Especial: AgInt no AREsp 1094881/SC. Relatora Ministra Aussete Magalhães. Segunda Turma. Julgamento em 17/10/2017.*. http://www.stj.jus.br/SCON/jurisprudencia/toc.jsp?livre=PRESCRI%C7%C3O+E+%24XECUTIVIDADE+E+OF%CDCIO&b=ACOR&thesaurus=JURIDICO&p=true (acesso em 4 de 3 de 2019).

—. *Agravo Interno no Recurso Especial: AgInt no REsp 1736151/SP· Rel. Ministro Sérgio Kukina: Primeira Turma. Julgado em 25/10/2018*. http://www.stj.jus.br/SCON/jurisprudencia/toc.jsp?livre=%28%22PRIMEIRA+TURMA%22%29.ORG.&ref=CPC-15+MESMO+ART+ADJ+%2700085%27+MESMO+PAR+ADJ+%2700003%27&b=ACOR&thesaurus=JURIDICO&p=true (acesso em 4 de 3 de 2019).

—. *Agravo Regimental no Agravo em Recurso Especial: AgRg no AREsp 216.173/RS: Rel. Ministro Napoleão Nunes Maia Filho: Primeira Turma: julgado em 12/05/2015*. http://www.stj.jus.br/SCON/jurisprudencia/toc.jsp?livre=%28PRESCRI%C7%C3O+E+%24XECUTIVIDADE+E+PARCELAMENTO%29+E+%28%22PRIMEIRA+TURMA%22%29.ORG.&b=ACOR&thesaurus=JURIDICO&p=true (acesso em 4 de 3 de 2019).

—. *Agravo Regimental nos Embargos de Divergencia em Recurso Especial: AgRg nos EREsp 1188875 / MG. Primeira Seção. Relator Ministro Benedito Gonçalves. Julgamento: 11/5/2011.* http://www.stj.jus.br/SCON/jurisprudencia/toc.jsp?livre=TRIBUTARIO+E+A%C7%C3O+ADJ+DECLARAT%-D3RIA+E+INTERESSE+ADJ+DE+ADJ+AGIR&b=ACOR&thesaurus=JURIDICO&p=true (acesso em 2 de mar de 2019).

—. *Agravo Regimental nos Embargos de Divergencia no Recurso Especial: AgRg nos EREsp 690478 / RS: Primeira Seção. Relator Humberto Martins. Julgamento: 14/5/2008.* http://www.stj.jus.br/SCON/jurisprudencia/toc.jsp?livre=%28A%C7%C3O+ADJ+CONSIGNAT%D3RIA+E+PARCELAMEN-TO+%29+E+%28%22PRIMEIRA+SECAO%22%29.ORG.&b=ACOR&thesaurus=JURIDICO&p=true (acesso em 2 de mar de 2019).

—. *Conflito de Competência: CC 105.358/SP. Rel. Ministro Mauro Campbell Marques. Primeira seção. Julgado em 13/10/2010.* http://www.stj.jus.br/SCON/jurisprudencia/toc.jsp?processo=105358&b=ACOR&-thesaurus=JURIDICO&p=true (acesso em 5 de 3 de 2019).

—. *Decisão Monocrática no Recurso Especial: REsp 1358837/SP: Rel. Ministra Assusete Magalhães. Proferida em 27/9/2016.* https://ww2.stj.jus.br/processo/revista/documento/mediado/?componente=MON&-sequencial=65618417&num_registro=201202680262&data=20161003&tipo=0&formato=PDF (acesso em 4 de 3 de 2019).

—. *Embargos de Divergência em Recurso Especial: . 2005.* http://www.stj.jus.br/SCON/jurisprudencia/toc.jsp?processo=388000&b=ACOR&thesaurus=JURIDICO&p=true (acesso em 3 de 4 de 2019).

—. *Embargos de Divergência em Recurso Especial: EREsp 205.815/MG. Rel. Ministro francisco peçanha martins. Primeira seção. Julgado em 14/03/2001.* http://www.stj.jus.br/SCON/jurisprudencia/toc.jsp (acesso em 5 de 3 de 2019).

—. *Recurso Especial: REsp 1093601/RJ. Rel. Ministra Eliana Calmon. Segunda Turma. julgado em 18/11/2008.* http://www.stj.jus.br/SCON/jurisprudencia/toc.jsp (acesso em 5 de 3 de 2019).

—. *Recurso Especial: REsp 1117121/SP. Rel. Ministra Eliana Calmon. Primeira Seção. Julgado em 14/10/2009.* http://www.stj.jus.br/SCON/jurisprudencia/toc.jsp?processo=1117121&b=ACOR&thesaurus=JU-RIDICO&p=true (acesso em 10 de 3 de 2019).

—. *Recurso Especial: REsp 1126515/PR. Rel. Ministro Herman Benjamin. Segunda Turma. julgado em 03/12/2013.* http://www.stj.jus.br/SCON/jurisprudencia/toc.jsp (acesso em 5 de 3 de 2019).

—. *Recurso especial: REsp 1136144/RJ. Relator Ministro Luiz Fux. Primeira Seção. Julgado em 9/12/2019.* (acesso em 2019 de 3 de 4).

—. *Recurso especial: REsp 1137497/CE. Rel. Ministro luiz fux. Primeira seção. julgado em 14/04/2010.* http://www.stj.jus.br/SCON/jurisprudencia/toc.jsp?repetitivos=REPETITIVOS&proces-so=1137497&b=ACOR&thesaurus=JURIDICO&p=true (acesso em 5 de 3 de 2029).

—. *Recurso especial: REsp 1147268/PR. Rel. Ministro castro meira. Segunda turma. julgado em 07/10/2010.* http://www.stj.jus.br/SCON/jurisprudencia/toc.jsp?livre=CADIN+E+CAU%C7%C3O+E+ANTE-CIP%24&b=ACOR&thesaurus=JURIDICO&p=true (acesso em 3 de 5 de 2019).

—. *Recurso Especial: REsp 1272827 PE 2011/0196231-6. Primeira Seção. Relator Mauro Campbell Marques. Julgamento: 22/5/2013.* https://ww2.stj.jus.br/processo/revista/documento/mediado/?componen-te=ITA&sequencial=1237146&num_registro=201101962316&data=20130531&formato=PDF (acesso em 3 de 3 de 2019).

—. *Recurso especial: REsp 1644846/RS. Rel. Ministro gurgel de faria. Primeira turma. julgado em 27/06/2017.* s.d.

—. *Recurso especial: REsp 287.824/MG. Rel. Ministro francisco falcão. Primeira Turma. julgado em 20/10/2005.* http://www.stj.jus.br/SCON/jurisprudencia/toc.jsp (acesso em 5 de 3 de 2019).

—. *RECURSO ESPECIAL: REsp 99653/SP. Rel. Ministro ari pargendler. Segunda turma. Julgado em 15/10/1998.* 1998. http://www.stj.jus.br/SCON/jurisprudencia/toc.jsp?i=1&b=ACOR&livre=(('RESP'.clap.+e+@ num='99653')+ou+('RESP'+adj+'99653'.suce.))&thesaurus=JURIDICO&fr=veja (acesso em 5 de 3 de 2019).

—. *Recurso Especial: REsp 1211219/SP. Rel. Ministro Og Fernandes. Segunda Turma. Julgado em 24/04/2014.* http://www.stj.jus.br/SCON/jurisprudencia/toc.jsp?livre=ENGENHARIA+E+ISS+E+CONSUL-T%24&b=ACOR&thesaurus=JURIDICO&p=true (acesso em 5 de 3 de 2019).

—. *RECURSO ESPECIAL: REsp 727.233/SP. Rel. Ministro CASTRO MEIRA, SEGUNDA TURMA. julgado em 19/03/2009.* 2009. http://www.stj.jus.br/SCON/jurisprudencia/toc.jsp (acesso em 8 de 3 de 2019).

—. *Súmula 393, de 23 de setembro de 2009.* 2009. https://ww2.stj.jus.br/docs_internet/revista/eletronica/ stj-revista-sumulas-2013_36_capSumula393.pdf (acesso em 3 de 4 de 2019).

Supremo Tribunal Federal. *Recurso Extraordinário: RE 439796 PR. Relator: Ministro Joaquim Barbosa. Julgamento: 6/11/2013.* http://www.stf.jus.br/portal/jurisprudencia/listarJurisprudencia.asp?s1=%-28FLUXO+ADJ+DE+ADJ+POSITIVA%C7%C3O%29&base=baseAcordaos&url=http://tinyurl.com/ yd87htvo (acesso em 19 de fev de 2019).

TJSP. *Agravo de Instrumento 2211849-24.2018.8.26.0000. Relator (a): Fernão Borba Franco. Órgão Julgador: 7ª Camara de Direito Público. Data do Julgamento: 22/11/2018..* https://esaj.tjsp.jus.br/cjsg/ resultadoCompleta.do (acesso em 5 de 3 de 2019).

—. *Agravo Interno Cível 2186423-10.2018.8.26.0000. Relator (a): Erbetta Filho. Órgão Julgador: 15ª Câmara de Direito Público. Data do Julgamento: 19/12/2018.* https://esaj.tjsp.jus.br/cjsg/resultadoCompleta. do (acesso em 5 de 3 de 2019).

—. *12ª Vara da Fazenda Pública da Capital. Procedimento Comum Cível 0014509-40.2001.8.26.0053, CNEC Engenharia S/A x Municipalidade de São PAulo x Municipalidade de Jundiaí, distribuído em 5/7/2001.* https://esaj.tjsp.jus.br/cpopg/show.do?processo.codigo=1HZX3COOD0000&processo.foro=53&conversationId=&dadosConsulta.localPesquisa.cdLocal=-1&cbPesquisa=NMPARTE&dadosConsulta. tipoNuProcesso=UNIFICADO&dadosConsulta.valorConsulta=cnec+engenharia&uuidCaptcha= (acesso em 10 de 3 de 2019).

—. *Agravo de Instrumento 2038179-42.2018.8.26.0000. Relator (a): Oswaldo Luiz Palu. Órgão Julgador: 9ª Câmara de Direito Público. Data do Julgamento: 25/06/2018.* https://esaj.tjsp.jus.br/cjsg/resultadoCompleta.do (acesso em 5 de 3 de 2019).

—. *Agravo de Instrumento 2042912-51.2018.8.26.0000. Relator (a): Ana Liarte. Órgão Julgador: 4ª Câmara de Direito Público. Data do Julgamento: 30/07/2018.* 2018. https://esaj.tjsp.jus.br/cjsg/resultadoCompleta.do (acesso em 5 de 3 de 2019).

—. *Agravo de Instrumento 2136986-97.2018.8.26.0000. Relator (a). Luciana Bresciani. Órgão Julgador: 2ª Câmara de Direito Público. Data do Julgamento: 27/11/2018.* https://esaj.tjsp.jus.br/cjsg/resultado-Completa.do (acesso em 5 de 3 de 2019).

—. *Agravo de Instrumento 2137056-17.2018.8.26.0000. Relator (a): Oscild de Lima Júnior. Órgão Julgador: 11ª Câmara de Direito Público. Data do Julgamento: 16/08/2018.* https://esaj.tjsp.jus.br/cjsg/resultadoCompleta.do (acesso em 5 de 3 de 2019).

—. *Agravo de Instrumento 2222691-63.2018.8.26.0000. Relator (a): Kleber Leyser de Aquino. Órgão Julgador: 3ª Câmara de Direito Público. Data do Julgamento: 04/12/2018.* https://esaj.tjsp.jus.br/cjsg/ resultadoCompleta.do (acesso em 5 de 3 de 2019).

—. *Apelação / Remessa Necessária 1021515-85.2018.8.26.0053. Relator (a): Ricardo Chimenti. Órgão Julgador: 18ª Câmara de Direito Público. Data do Julgamento: 25/02/2019.* https://esaj.tjsp.jus.br/cjsg/ resultadoCompleta.do (acesso em 5 de 3 de 2019).

—. *Apelação Cível 1005809-18.2017.8.26.0176. Relator (a): Ponte Neto. Órgão Julgador: 8ª Câmara de Direito Público. Data do Julgamento: 13/02/2019.* https://esaj.tjsp.jus.br/cjsg/resultadoCompleta.do (acesso em 5 de 3 de 2019).

—. *Apelação Cível 1008202-24.2017.8.26.0625. Relator (a): Spoladore Dominguez. Órgão Julgador: 13ª Câmara de Direito Público. Data do Julgamento: 12/12/2018.* https://esaj.tjsp.jus.br/cjsg/resultado-Completa.do (acesso em 5 de 3 de 2019).

—. *Apelação Cível 1016482-06.2017.8.26.0068. Relator (a): Reinaldo Miluzzi. Órgão Julgador: 6ª Câmara de Direito Público. Data do Julgamento: 27/09/2018.* https://esaj.tjsp.jus.br/cjsg/resultadoCompleta. do (acesso em 5 de 3 de 2019).

—. *Apelação Cível 1017882-66.2018.8.26.0053. Relator: Torres de Carvalho. Órgão Julgador: 10ª Câmara de Direito Público. Data do Julgamento: 04/02/2019.* https://esaj.tjsp.jus.br/cjsg/resultadoCompleta. do (acesso em 5 de 3 de 2019).

—. *Apelação Cível 1019157-84.2017.8.26.0053. Relator (a): Henrique Harris Júnior. Órgão Julgador: 14ª Câmara de Direito Público. Data do Julgamento: 25/02/2019.* https://esaj.tjsp.jus.br/cjsg/resultado-Completa.do (acesso em 5 de 3 de 2019).

—. *Apelação Cível 1025526-60.2018.8.26.0053. Relator (a): Souza Nery. Órgão Julgador: 12ª Câmara de Direito Público. Data do Julgamento: 06/02/2019.* https://esaj.tjsp.jus.br/cjsg/resultadoCompleta.do (acesso em 5 de 3 de 2019).

—. *Apelação Cível 1032770-40.2018.8.26.0053. Relator (a): Heloísa Martins Mimessi. Órgão Julgador: 5ª Câmara de Direito Público. Data do Julgamento: 25/02/2019.* https://esaj.tjsp.jus.br/cjsg/resultado-Completa.do (acesso em 5 de 3 de 2019).

—. *Apelação Cível 1008140-42.2018.8.26.0562. Relator Luís Francisco Aguilar Cortez. 1ª Câmara de Direito Público.Julgamento: 30/01/2019.* https://esaj.tjsp.jus.br/cjsg/resultadoCompleta.do (acesso em 5 de 3 de 2019).

—. *Apelação 1015764-94.2015.8.26.0224. Relator: Desembargador Piva Rodrigues. Julgamento: 21/2/2017.* https://esaj.tjsp.jus.br/cjsg/getArquivo.do?conversationId=&cdAcordao=10203156&cdFo-ro=0&uuidCaptcha=&vlCaptcha=pnyt&novoVlCaptcha= (acesso em 21 de fev de 2019).

—. *Conflito de competência cível 0002974-83.2018.8.26.0000. Relator (a): Ana Lucia Romanhole Martucci. Órgão Julgador: Câmara Especial. Data do Julgamento: 26/02/2018.* https://esaj.tjsp.jus.br/cjsg/resul-tadoCompleta.do (acesso em 5 de 3 de 2019).

BREVE ANÁLISE ACERCA DOS LIMITES OBJETIVOS DA COISA JULGADA NO CPC/2015

Luiz Dellore

Mestre e doutor em Direito Processual pela USP. Mestre em Direito Constitucional pela PUC/SP. Pesquisador visitante (*visiting scholar*) na Syracuse University/EUA. Professor de Direito Processual do Mackenzie (graduação), Fadisp (mestrado e doutorado), EPD (especialização) e de cursos preparatórios. Advogado concursado da Caixa Econômica Federal. Ex-assessor de Ministro do STJ. Membro do IBDP (Instituto Brasileiro de Direito Processual) e do CEAPRO (Centro de Estudos Avançados de Processo).

Sumário: 1. Introdução – 2. Do conceito de coisa julgada no CPC/2015 – 3. Dos limites objetivos da coisa julgada: a inovação trazida pelo CPC/2015; 3.1. Posições favoráveis à inovação; 3.2. Posições desfavoráveis à inovação; 3.3. Alguns debates em relação ao novo sistema – 4. Conclusões – 5. Referências bibliográficas.

1. INTRODUÇÃO

É com alegria que participo desta merecida coletânea em homenagem ao Prof. Walter Piva Rodrigues.

O "Prof. PIVA", como costumeiramente é chamado, na linha do trabalho do Prof. Botelho de Mesquita, enfrentou o árido tema da coisa julgada em seus estudos acadêmicos. E, honrado, posso dizer que me filio a esta escola, sendo a coisa julgada um dos temas de minha predileção.

Assim, retomando um assunto já antes enfrentado[1], venho aqui tecer alguns comentários acerca das inovações relativas aos limites objetivos da coisa julgada no novo Código de Processo de 2015 (CPC/2015), a L. 13.105/2015.

No que se refere especificamente à coisa julgada, há várias inovações em relação ao sistema anterior, em relação ao conceito, limites objetivos, limites subjetivos, decisão passível de ser coberta pela coisa julgada e mesmo aspectos da ação rescisória. E existem, no meu entender, avanços e retrocessos.

Neste artigo haverá a análise, inicialmente, do conceito de coisa julgada, para que então possa se enfrentar seus limites objetivos[2], que é o foco deste texto – tema esse já enfrentado, também, pelo Prof. Piva.

---

1. Tratei da coisa julgada em meu mestrado e doutorado, publicados na obra *Estudos sobre coisa julgada e controle de constitucionalidade*. Rio de Janeiro: Forense, 2013. À luz da nova legislação, cf. *Comentários ao CPC/2015*. Processo de conhecimento. 2. ed. São Paulo: Método, 2018.
2. Venho enfrentando o tema dos limites objetivos da coisa julgada desde o início da tramitação da lei que deu origem ao CPC/2015, em 2010. Dentre outros trabalhos, destaco os seguintes:

2. DO CONCEITO DE COISA JULGADA NO CPC/2015

Dúvida não há a respeito de ser a coisa julgada um dos temas mais complexos do direito processual[3].

De forma simplificada[4], a *res judicata* pode ser definida como a imutabilidade e indiscutibilidade da sentença, em virtude do trânsito em julgado da decisão.

A imutabilidade tem como consequência a impossibilidade de rediscussão da lide já julgada, o que se dá com a proibição de propositura de ação idêntica àquela já decidida anteriormente[5]. Este é o aspecto negativo da coisa julgada.

Já a indiscutibilidade tem o condão de fazer com que, em futuros processos (diferentes do anterior), a conclusão a que anteriormente se chegou seja observada e respeitada[6]. Este é o aspecto positivo da coisa julgada.

Contudo, essa distinção entre imutabilidade e indiscutibilidade, elaborada por parcela da doutrina e muito bem explanada por BOTELHO DE MESQUITA, ainda é objeto de dúvidas e divergências, tanto no campo doutrinário, quanto jurisprudencial[7]. Diante disso, o novo Código poderia ter tornado mais clara a distinção entre

---

(i) Da ampliação dos limites objetivos da coisa julgada no novo Código de Processo Civil: quieta non movere. *Revista de Informação Legislativa*, n. 190, p. 35-43, 2011.

(ii) Da coisa julgada no novo Código de Processo Civil (PLS 166/2010 e PL 8046/2010): limites objetivos e conceito. In: Freire, Alexandre; Dantas, Bruno; Nunes, Dierle; Didier Jr., Fredie; Medina, José Miguel Garcia; Fux, Luiz; Camargo, Luiz Henrique Volpe; Oliveira, Pedro Miranda de. (Org.). *Novas Tendências do Processo Civil – Estudos sobre o Projeto do Novo CPC*. Salvador: Juspodivm, 2013, v. 1, p. 633-646.

(iii) Da coisa julgada no Novo Código de Processo Civil (L. 13.105/2015): conceito e limites objetivos. In: Didier Jr, Fredie; Macedo, Lucas Buril de; Freire, Alexandre (Org). *Procedimento comum*. 2ª ed. Salvador: Juspodivm, 2016, p. 819-838 (vale esclarecer que o presente artigo é uma atualização desse último trabalho).

3. LIEBMAN, um dos maiores estudiosos do tema, afirma que a coisa julgada é um "misterioso instituto" (*Eficácia e autoridade da sentença*, p. 16). Já BARBOSA MOREIRA (Ainda e sempre a coisa julgada. *Revista dos Tribunais*, p. 9) assim destaca: "Quem se detiver, porém, no exame do material acumulado, chegará à paradoxal conclusão de que os problemas crescem de vulto na mesma proporção em que os juristas se afadigam na procura das soluções".

4. O tema foi desenvolvido, com vagar, na obra *Estudos sobre coisa julgada e controle de constitucionalidade*, mencionada na nota 1.

5. Estamos aqui diante da clássica figura da "exceção de coisa julgada" (cf. BOTELHO DE MESQUITA, no artigo A coisa julgada, p. 11).

6. Segundo Botelho de Mesquita, "O juiz do segundo processo fica obrigado a tomar como premissa de sua decisão a conclusão a que se chegou no processo anterior" (Op. cit., p. 12).

7. Um bom exemplo de aplicação da distinção entre imutabilidade e a indiscutibilidade, ainda que não sejam utilizados esses termos, consta do seguinte julgado: "Civil e processo civil. Ato ilícito. Cobrança abusiva. Trânsito em julgado do acórdão proferido em ação de cobrança ajuizada pelo réu. Coisa julgada material. Impossibilidade de reexame do mérito da questão pelo tribunal de origem. (...) 2. O Tribunal de origem, que antes se manifestara sobre a ilicitude do protesto de cheque decorrente de cobrança de honorários médicos indevidos, com acórdão transitado em julgado, não pode rejulgar o mérito da controvérsia, porquanto acobertado pelo manto da coisa julgada. 3. É devida indenização por danos materiais, no equivalente ao dobro do indevidamente cobrado na ação anteriormente ajuizada pelo réu, e por danos morais, tendo em vista a ofensa a dignidade do autor em face da cobrança ilícita e do protesto indevido. 4. Recurso especial conhecido em parte e, nesta parte, provido. (STJ, REsp 593154/MG, Rel. Ministro Luis Felipe Salomão, Quarta Turma, julgado em 09/03/2010, DJe 22/03/2010)".

essas duas características decorrentes da coisa julgada. Mas, infelizmente, isso não ocorreu.

Acerca do conceito de coisa julgada, o NCPC basicamente reproduziu o sistema anterior, com alterações de menor relevância. Nesse sentido, reproduzimos o texto do Código anterior (CPC/1973) e do atual[8].

CPC/73:

Art. 467. Denomina-se coisa julgada material a eficácia, que torna imutável e indiscutível a sentença, não mais sujeita a recurso ordinário ou extraordinário.

CPC/2015:

Art. 502. Denomina-se coisa julgada material a autoridade que torna imutável e indiscutível a decisão de mérito não mais sujeita a recurso.

Como se percebe, a alteração é mínima:

(i) troca de "eficácia" por "autoridade";[9]

(ii) troca de sentença por decisão (essa alteração é a mais relevante, pois deixa claro que qualquer ato decisório que aprecie o mérito e não seja recorrido é capaz de ser coberto pela coisa julgada – inclusive a decisão interlocutória);

(iii) supressão da expressão "recurso ordinário ou extraordinário", para deixar ainda mais cristalino que qualquer recuso obsta o trânsito em julgado; e

(iv) principalmente, não houve qualquer regulação acerca da distinção entre imutabilidade e indiscutibilidade.

Assim, é certo que prosseguem, mesmo com o CPC/2015, as discussões a respeito do próprio conceito de coisa julgada.

3. DOS LIMITES OBJETIVOS DA COISA JULGADA: A INOVAÇÃO TRAZIDA PELO CPC/2015

Desde o anteprojeto elaborado pela Comissão de Juristas em 2010 até a versão final revisada pelo Senado no início de 2015, o texto do CPC/2015 passou por muitas alterações.

E, especificamente quanto aos limites objetivos da coisa julgada, foram diversas as modificações.

---

8. DELLORE, Luiz et. al. *Novo CPC anotado e comparado*, 2ª ed. Indaiatuba: Foco Jurídico, 2016, p. 256.

9. O fato é que, na definição original de Liebman, utiliza-se a palavra autoridade. Assim, a alteração aproxima a definição legal da doutrinária liebmaniana.

O anteprojeto inicial, enviado ao Senado (onde recebeu o número PL 166/2010[10]) foi acompanhado de Exposição de Motivos – que, frise-se, não foi alterada após as inúmeras modificações que o texto recebeu.

E a Exposição de Motivos, no seu item 4, assim destaca[11]:

"O novo sistema permite que cada processo tenha maior rendimento possível. Assim, e por isso, estendeu-se a autoridade da coisa julgada às questões prejudiciais".

Mas, trata-se de uma firme escolha, sem dúvidas ou controvérsias, ao menos para o *legislador*?

No seio da comissão de juristas que elaborou o projeto, sim – é o que nos afirma um dos membros dessa comissão[12].

Contudo, no âmbito do Congresso Nacional, a resposta é não. Isso porque a questão relativa aos limites objetivos da coisa julgada foi uma das mais alteradas ao longo da tramitação do Código.

Nesse sentido, vale conferir qual foi a evolução do tema durante o processo legislativo:

(i) no Senado (PL 166/2010): dispositivo e questão prejudicial são cobertos pela coisa julgada;

(ii) na Câmara dos Deputados (PL 8046/2010), Relatório Barradas: só o dispositivo é coberto pela coisa julgada;

(iii) na Câmara dos Deputados, Relatório Paulo Teixeira: dispositivo e questão prejudicial são cobertos pela coisa julgada;

(iv) texto base aprovado pela Câmara dos Deputados, no final de 2013: só o dispositivo é coberto pela coisa julgada;

---

10. Para ter acesso aos diversos textos do NCPC, acesse: http://www.dellore.com/products/textos-do-ncpc/.
11. *Novo CPC anotado*, cit., p. 360.
12. Assim se manifestou Teresa Arruda Alvim Wambier: "Nós propusemos, no Projeto de Lei para o novo Código de Processo Civil brasileiro, entre outras coisas, a mudança do regime da coisa julgada, inspirados pelo desejo de se obter dos procedimentos resultados de longo alcance e mais efetivos. Em resumo: o conflito social subjacente ao processo nunca mais deveria ser trazido ao Judiciário. Não fomos longe o suficiente para dizer que nenhum outro *petitum* (demanda) poderia ser extraído da mesma causa petendi. Não. De acordo com o regime proposto, o autor poderia, por exemplo, pedir danos materiais na primeira ação e, anos depois, requerer danos morais, todos decorrentes da mesma causa de pedir. Entretanto, no novo regime, que foi originalmente proposto pela comissão, criamos uma regra determinando que a decisão sobre relação jurídica, cuja existência e validade fosse pressuposto da decisão em si, também ficasse coberta pelo manto da coisa julgada, mesmo no caso de a decisão ser *incidenter tantum*. Não obstante as diferenças entre os membros dessa comissão tão heterogênea, todos nós concordamos no sentido de que não há motivo para restringir a autoridade da coisa julgada ao decisum em si, pois o nível de cognição dessas questões antecedentes é profundo o bastante para gerar uma decisão sobre o mérito. Futuras ações seriam obstadas, se baseadas na mesma relação jurídica sobre a qual já havia uma decisão *incidenter tantum*. Assim, a abrangência da coisa julgada seria ampliada." (O que é abrangido pela coisa julgada no direito processual civil brasileiro: a norma vigente e as perspectivas de mudança. Revista de Processo, v. 39, p. 77-78).

(v) destaques ao NCPC, aprovados pela Câmara dos Deputados, em março de 2014 dispositivo e questão prejudicial são cobertos pela coisa julgada.

E essa opção, portanto, foi a versão final sancionada.

Isso cabalmente demonstra, inclusive por parte do legislador, a dúvida em relação ao caminho a ser trilhado.

Mas deixemos de lado a tramitação e foquemos no texto legislativo. Para facilitar a compreensão, façamos a comparação entre o texto do CPC/1973 e do CPC/2015[13].

CPC/1973:

Art. 468. A sentença, que julgar total ou parcialmente a lide, tem força de lei nos limites da lide e das questões decididas.

CPC/2015:

Art. 503. A decisão que julgar total ou parcialmente o mérito tem força de lei nos limites da questão principal expressamente decidida[14].

§ 1º O disposto no caput aplica-se à resolução de questão prejudicial, decidida expressa e incidentalmente no processo, se:

I – dessa resolução depender o julgamento do mérito;

II – a seu respeito tiver havido contraditório prévio e efetivo, não se aplicando no caso de revelia;

III – o juízo tiver competência em razão da matéria e da pessoa para resolvê-la como questão principal.

CPC/1973:

Art. 469. Não fazem coisa julgada:

I – os motivos, ainda que importantes para determinar o alcance da parte dispositiva da sentença;

II – a verdade dos fatos, estabelecida como fundamento da sentença;

III – a apreciação da questão prejudicial, decidida incidentemente no processo.

CPC/2015

Art. 504. Não fazem coisa julgada:

I – os motivos, ainda que importantes para determinar o alcance da parte dispositiva da sentença;

II – a verdade dos fatos, estabelecida como fundamento da sentença.

---

13. *Novo CPC anotado*, cit., p. 256.
14. A versão original, do anteprojeto e do PL 166/2010, era a seguinte: Art. 490. A sentença que julgar total ou parcialmente a lide tem força de lei nos limites dos pedidos e das questões prejudiciais expressamente decididas.

Do cotejo entre ambos os textos, é fácil perceber que o CPC/2015, abandonando o sistema antes vigente, traz, como nova regra, que a coisa julgada também abrangerá a questão prejudicial.

E isso independentemente de pedido das partes, bastando que tenha havido decisão do magistrado a respeito da questão prejudicial.

Em síntese, tem-se a ampliação dos limites objetivos da coisa julgada: no CPC/1973, apenas o dispositivo era coberto pela coisa julgada; no CPC/2015, o dispositivo e a questão prejudicial são cobertos pela coisa julgada.

Mas essa não seria uma boa alteração?

O tema é controvertido, como bem destacado em análise da questão elaborada pelo Prof. Walter Piva Rodrigues[15]. Vejamos, então, argumentos nos dois sentidos.

3.1. Posições favoráveis à inovação

Uma das principais defensoras dessa tese, não por acaso, esteve na Comissão de Juristas.

Teresa Arruda Alvim Wambier, após expor que a escolha foi pacífica no âmbito da Comissão de Juristas[16], destaca que a escolha de estender a coisa julgada à prejudicial passa por dois principais argumentos: bom senso e agilidade.

Em relação ao primeiro argumento, tal autora assim entende[17]:

Escolhas feitas pelo legislador devem respeitar o bom senso O atual regime da coisa julgada no Brasil permite, como dissemos, que a mesma questão (cuja decisão determina o julgamento de mérito) seja decidida de duas maneiras diferentes em duas (ou mais) ações sucessivas. Mesmo se essas decisões forem tomadas como base (passo necessário) para o decisum (= decisão da *Hauptsache*), não se pode negar que elas são logicamente contraditórias. Essa possibilidade não favorece a previsibilidade jurídica, não gera consistência ou promove a uniformidade.

De seu turno, quanto ao segundo argumento (agilidade), a posição é a seguinte[18]:

O regime da coisa julgada no processo brasileiro não conduz à eficiência. Todas as portas estão abertas para se rediscutir cada uma e todas as questões, exceto a questão principal (o mérito): o divórcio, a anulação do contrato etc.

Se o novo regime da coisa julgada for realmente aprovado, com o futuro Código de Processo Civil, o que poderá ser discutido em futuras demandas deixa de ser uma lista extensa de questões, e então, me parece, os procedimentos serão naturalmente mais rápidos.

---

15. A motivação da sentença no novo CPC 2015, in *Estudos de Direito Processual em homenagem ao Professor José Rogério Cruz e Tucci*. Salvador: Juspodium, 2018.
16. Vide nota 13 acima.
17. Op. cit., p. 81.
18. Op. cit., p. 82.

E sintetiza[19]:

O regime da coisa julgada, na nossa opinião, proposto pela primeira versão do Projeto de Lei do novo Código de Processo Civil apresentado ao Senado em 2010, que agora está sendo discutido pela Câmara dos Deputados, está entre o regime mais amplo da coisa julgada, embora não chegue nem perto, a amplitude que propusemos, àquela existente nas jurisdições de Common Law. Na minha opinião, não há motivo plausível para considerar que passos necessários para a decisão – quando tenha havido debate suficiente entre as partes sobre o tema – possam ser considerados, julgados ou decididos de maneira diversa em ações subsequentes.

Atualmente, o que não pode mais ser questionado e redecidido depois do fim do processo, é somente a decisão (o núcleo da decisão), deixando-se portas abertas a novas discussões sobre todas e quaisquer questões analisadas e decididas como pressupostos lógicos de decisões. Esse sistema nos parece ser, de certo modo, arcaico: não favorece a uniformidade, a previsibilidade, a estabilidade ou a eficiência da justiça civil.

Outro autor que elogia a escolha do CPC/2015 é Bruno Vasconcelos Carrilho Lopes. Inicialmente, afirma que há "fundadas razões de interesse público" para se cogitar da extensão da coisa julgada aos fundamentos da decisão, principalmente por força da economia processual[20].

Na sequência, sustenta[21]:

O máximo aproveitamento do processo impõe que se atribua força de coisa julgada a todas as decisões ou partes da decisão que respeitem os requisitos para um julgamento definitivo: a existência de cognição prévia e exauriente e o respeito ao contraditório. Estando presentes tais requisitos, o princípio da economia processual tornará incompatível com a ordem constitucional a rediscussão de questões já enfrentadas pelo Poder Judiciário.

E, analisando a solução proposta pelo CPC/2015 (antes de sua efetiva aprovação e sanção), assim conclui o autor[22]:

Está, portanto, na hora de o legislador brasileiro repensar a opção feita no Código de Processo Civil de 1973, pois a realidade da vida contemporânea exige um processo mais econômico, efetivo e que produza soluções harmônicas. Nesse ponto merece aplausos o Projeto de Novo Código de Processo Civil, que optou em seus arts. 20 e 490[23] por estender a coisa julgada às questões prejudiciais decididas na motivação da sentença. Prudentemente, e em respeito às expectativas dos jurisdicionados que figurarem como partes de processos iniciados na vigência do Código de 1973, o art. 1.001[24] do Projeto dispõe que a nova disciplina somente será aplicável aos processos instaurados após o início de sua vigência. Em reparo à disciplina traçada no Projeto, deve ser mais uma vez ressaltado que nem todas as questões prejudiciais decididas na motivação da sentença são passíveis de ficarem imunizadas pela coisa julgada material. Para que a novidade seja legítima e haja o respeito ao devido processo legal, a coisa julgada deverá ficar restrita às questões preju-

---

19. Op. cit., p. 83/84.
20. A extensão da coisa julgada às questões apreciadas na motivação da sentença. *Revista de Processo*, v.38. n. 216, p.431.
21. Op. cit., p. 432.
22. Op. cit., p. 434.
23. A remissão é à versão anterior do NCPC, sendo a referência atual ao art. 503, caput e § 1º.
24. A remissão ao NCPC aprovado é ao art. 1.054.

diciais que figurem como fundamentos necessários da sentença, não sendo aplicável, portanto, (a) à fundamentação das decisões submetidas ao regime da cognição sumária e definitiva, (b) às questões decididas desfavoravelmente ao vencedor e (c) aos motivos da sentença que contiver fundamentos alternativos.

Relevante destacar que as ressalvas mencionadas no texto ("a", "b", e "c", todas absolutamente pertinentes, ressalte-se) *não* constam do texto final. Assim, resta saber como a jurisprudência tratará do tema.

Por fim, vale trazer à baila breve reflexão de Marcelo Pacheco Machado. Para o autor capixaba, o novo sistema acarreta a existência de regimes distintos para a coisa julgada, a saber: "coisa julgada comum" e "coisa julgada excepcional"[25].

A distinção seria a seguinte:

O Novo Código de Processo Civil parece mesmo ter dois regimes distintos e autônomos de coisa julgada. Para fins didáticos, e seguindo a posição verbalmente já manifestada por Fredie Didier, gostaria de adotar a seguinte terminologia (a) (regime de) coisa julgada comum; (b) (regime de) coisa julgada excepcional.

A regra geral, aplicável a todos os casos, não muda. O objeto litigioso do processo, definido pelo pedido e identificado pela causa de pedir, deverá sofrer o seu correspondente reflexo na sentença (correlação ou congruência), tornando-se "questão principal expressamente decidida".

Ocorre que, além disso, em certas condições especiais, a coisa julgada pode excepcionalmente extrapolar os limites do tema principal decidido na sentença, para imutabilizar também as questões prejudiciais.

Esta possibilidade é excepcional. Não basta que existam ou tenham sido decididas questões prejudiciais na sentença, como premissa lógica pra a conclusão e julgamento dos pedidos.

É necessário que outros requisitos estejam devidamente preenchidos. Para se tornar imutável, a questão prejudicial precisa ser decidida (a) após contraditório efetivo; (b) por juiz absolutamente competente para decidi-la, caso esta tivesse sido veiculada como questão principal; (c) em processo com cognição exauriente.

Após expor seu raciocínio, assim conclui o autor:

Temos motivos sim para ficarmos preocupados com a coisa julgada sobre questão prejudicial. Trata-se de técnica processual complexa e de difícil identificação no caso concreto. No entanto, esta foi a escolha legislativa

---

25. *Que coisa julgada é essa?*, in http://jota.info/novo-cpc-que-coisa-julgada-e-essa, acesso em 20/04/2016. No mesmo sentido, DIDIER Jr., Fredie. *Comentários ao Novo Código de Processo Civil*. Rio de Janeiro: Forense, 2016, p. 768. De minha parte, não entendo necessário ou pertinente se falar em coisas julgadas distintas ou regimes distintos de coisa julgada. Trata-se de uma teorização que dificulta a compreensão de um tema já complexo e que pode dar margens a se entender que existem distinções entre a coisa julgada da principal e da prejudicial – o que não se pode admitir, pois coisa julgada é a imutabilidade e indiscutibilidade da decisão, decorrente do transito em julgado, como já exposto nos comentários ao art. 502. Ou seja, é a mesma coisa julgada, com as mesmas regras, apenas com requisitos distintos para sua formação (que não desnaturam o instituto ou modificam sua verificação ou aplicação)

Ou seja, mesmo autores que entendem favorável a inovação, fazem ressalvas interpretativas em relação a elas – como se viu em Bruno Vasconcelos Carrilho Lopes e Marcelo Pacheco Machado.

Mas, vejamos quais são as críticas.

3.2. Posições desfavoráveis à inovação

Quando da tramitação do projeto na Câmara dos Deputados, essa casa do Legislativo mostrou-se muito mais sensível às críticas e sugestões do que o Senado.

Nesse contexto, ouvindo os comentários de processualistas em relação à ampliação dos limites objetivos da coisa julgada, vale destacar a posição do deputado Sérgio Barradas Carneiro, um dos relatores do projeto de novo Código.

Quando da elaboração de seu relatório, que seria votado na Comissão montada para debater o CPC/2015, os artigos que tratavam dos limites objetivos da coisa julgada tinham a seguinte redação:

> Art. 517. A decisão que julgar total ou parcialmente o mérito tem força de lei nos limites das questões expressamente decididas.
>
> Art. 518. Não fazem coisa julgada:
>
> I – os motivos, ainda que importantes para determinar o alcance da parte dispositiva da sentença;
>
> II – a verdade dos fatos, estabelecida como fundamento da sentença;
>
> III – a apreciação da questão prejudicial, decidida incidentemente no processo.

Ou seja, o NCPC, no Relatório Barradas, *mantinha* o modelo do CPC/1973, e não era aquele inicialmente aprovado no Senado.

Vale acompanhar trecho da justificativa para alteração do texto, elaborada pelo deputado Barradas:

> Embora louvável a intenção da comissão que elaborou o anteprojeto do novo Código de Processo Civil, a doutrina e a jurisprudência brasileiras não têm reclamado do modelo atual, não havendo qualquer problema causado com a limitação da coisa julgada material à parte dispositiva da sentença[26].

Crítica bem fundamentada à inovação é de Antonio Gidi, José Maria Tesheiner e Marília Zanella Prates.

---

26. Ademais, a justificativa do deputado faz menção expressa ao texto de TESHEINER et al. logo a seguir mencionado e assim expõe: "A intenção da comissão – bastante louvável, reafirme-se – é de alcançar maior economia processual e menos gasto de tempo, mas a experiência norte-americana, tal como revelada pelo trabalho doutrinário acima citado, demonstra que tal ampliação da coisa julgada material tem causado demoras injustificáveis nos processos judiciais".

Em artigo publicado na Revista de Processo[27], esses três autores tratam especificamente da proposta de ampliação dos limites objetivos da coisa julgada no PL 166/2010. E o fazem à luz do instituto da *issue preclusion* nos Estados Unidos.

E manifestam-se contrariamente à proposta, afirmando que não traria economia ou efetividade, mas sim maior demora e complexidade aos processos.

Após afirmarem que, "através da *issue preclusion*, tornam-se imutáveis e indiscutíveis as questões prejudiciais", esclarecem que isso não é isento de críticas no modelo americano[28].

E explicam[29]:

A regra para a aplicação da *issue preclusion* é, basicamente, a de que não se pode rediscutir em outro processo a mesma questão que tenha sido efetivamente controvertida e expressamente decidida em processo anterior. Além disso, a questão deve ter sido essencial para o julgamento que encerrou o processo e sua importância para futuros processos deve ter sido previsível pelas partes, à época da primeira demanda. Tais pressupostos são o fruto de uma longa construção jurisprudencial da prática norte-americana e derivam do respeito à garantia constitucional do devido processo legal. Para que sejam aplicados em um caso concreto, tais pressupostos devem ser comprovados pela parte que alegar a *issue preclusion* a seu favor.

Porém, apesar de parecer ser um sistema lógico, pontuam quais são algumas das dificuldades[30]:

Todavia, na prática, a necessidade de se analisar a presença de cada um desses requisitos torna-se um grande problema, que inviabiliza sua aplicação. Em primeiro lugar, segundo observação dos relatores do *Restatement (second) of judgments*, definir se uma questão surgida em uma demanda é idêntica à outra decidida em demanda anterior é um dos problemas mais difíceis na aplicação da *issue preclusion*.

Estabelecer se uma questão foi efetivamente controvertida entre as partes em um determinado processo tampouco é tarefa simples. E a questão também deve ter sido expressamente decidida pelo juiz na demanda anterior, o que nem sempre ocorre. O autor pode, por exemplo, apresentar dois fundamentos jurídicos alternativos em suporte de sua pretensão, vindo o juiz a decidir com base em apenas um deles, caso em que a questão envolvendo o fundamento não apreciado pelo juiz não terá efeito de *issue preclusion*.

E, considerando os problemas observados na prática jurisdicional norte-americana, traçam o seguinte panorama[31]:

---

27. Limites objetivos da coisa julgada no projeto de Código de Processo Civil: reflexões inspiradas na experiência norte-americana. *Revista de Processo*, 194, p. 101-138.
28. Op. cit., p. 109-110.
29. Op. cit., p. 111.
30. Op. cit., p. 111-112.
31. Op. cit., p. 113.

Ao dizer que qualquer questão prejudicial expressamente decidida terá efeito de coisa julgada, o art. 490 do novo CPC parece incluir questões não necessárias, não essenciais e que não foram adequadamente controvertidas pelas partes.

De seu turno, após a análise das divergências existentes no sistema estadunidense e das dificuldades de eventual compatibilização desse modelo com o nosso sistema, pontificam que o direito brasileiro "não deve adotar a coisa julgada sobre as questões prejudiciais". E sintetizam da seguinte forma[32]:

> Em face das críticas feitas pela doutrina brasileira anterior ao Código de Processo Civil de 1973, diante da experiência prática norte-americana e a incompatibilidade dos requisitos da *issue preclusion* com a nossa realidade, conclui-se que o direito brasileiro não deve adotar a coisa julgada sobre as questões prejudiciais, nos termos da proposta contida no Projeto do Novo Código de Processo Civil.
>
> (...)
>
> Da forma como está redigido, o art. 490[33] da proposta de novo Código de Processo Civil não contém nenhuma diretriz concreta para a sua aplicação prática, o que levará a infindáveis controvérsias por várias décadas, até que a jurisprudência consolide o seu entendimento.
>
> (...)
>
> Em suma, a solução restritiva adotada atualmente no Brasil com relação aos limites objetivos da coisa julgada sobre as questões prejudiciais é mais simples, econômica e efetiva, e deve ser mantida. Não nos parece ser boa política legislativa adotar regras complexas, de efetividade duvidosa, para resolver problemas inexistentes".

Cumpre destacar que houve réplica de Teresa Arruda Alvim Wambier a esse texto – sem, contudo, menção específica aos autores[34]:

> Já se disse, equivocadamente, que a proposta feita pela comissão que redigiu o Projeto de Lei para o novo Código de Processo Civil seria similar ao regime da coisa julgada do *Common Law*, pelo menos em certa medida. Todavia, tal entendimento é inteiramente desacertado, como demonstraremos adiante.

De seu turno, em textos anteriores, como por exemplo o publicado na Revista de Informação Legislativa editada com foco no projeto de NCPC, manifestei-me contrariamente à alteração dos limites objetivos da coisa julgada[35].

Em resumo, em trabalhos anteriores sustentei o seguinte – que segue sendo válido considerando a redação final do CPC/2015 que entrou em vigor:

---

32. Op. cit., p. 132 e 135.
33. Na versão final do NCPC, art. 503, § 1º.
34. Op. cit., p. 5. 80.
35. Da ampliação dos limites objetivos da coisa julgada no novo Código de Processo Civil, cit. e Da coisa julgada no novo Código de Processo Civil (PLS 166/2010 e PL 8046/2010), cit., (o segundo texto, quando elaborado, o NCPC no Congresso limitava a coisa julgada ao dispositivo).

Independentemente da complexidade da causa, muitas vezes há diversos argumentos levantados pelas partes no decorrer do processo que podem ser classificados como questão prejudicial, mas a respeito dos quais pouco ou nenhum debate existe.

Como exemplo, basta imaginar, em uma demanda envolvendo um contrato, a discussão de nulidade de cláusula, nulidade do contrato, objeto ilícito, questões relacionadas aos poderes exercidos por quaisquer das partes, violação de cláusulas etc. Independentemente da profundidade da cognição, tais questões acabam sendo apreciadas pelo juiz na sentença, ainda que de maneira breve.

Mas, pelo CPC, acaso não haja a propositura de declaratória incidental por qualquer das partes, apenas o pedido é que será coberto pela coisa julgada. Assim, ambas as partes estão plenamente cientes a respeito de qual parte da decisão será coberta pela coisa julgada.

Contudo, pela proposta de redação do NCPC, se quaisquer dessas questões forem brevemente mencionadas, seja na inicial seja na contestação, e forem apreciadas pela sentença, poderão ser cobertas pela coisa julgada, ainda que não haja maior discussão no bojo do processo.

Assim, se o pedido for o cumprimento de uma determinada cláusula e houver a alegação de que o contrato foi celebrado por quem não tinha poderes para tanto, é possível que a sentença venha a declarar isso com força de coisa julgada – sem que qualquer das partes tenha formulado pedido nesse sentido. E, talvez, de forma surpreendente para ambas as partes.

(...)

Trata-se, claramente, de uma situação que causará insegurança jurídica e demandará, por parte do advogado, um extremo cuidado na hora de elaborar a inicial ou a contestação, para que não seja levantada uma questão que possa ser considerada como prejudicial – a qual ou demandará maior dilação probatória (e maior demora na tramitação do processo) ou eventualmente não seria conveniente para debate naquele momento. Há um claro enfraquecimento do princípio dispositivo.

Mas, especialmente, haverá um hercúleo trabalho por parte de quem for interpretar uma sentença: afinal, o que se deve entender por 'questões prejudiciais expressamente decididas'? É certo que a expressão admite grande variação interpretativa. Caberão embargos declaratórios para que o juiz diga se 'expressamente decidiu' alguma questão?

Mas, prossigo, ainda há outros pontos de problemas.

O juiz poderá decidir uma questão prejudicial apenas na fundamentação o da sentença, para fins de coisa julgada? Ou seja, o "expressamente decidida" presente na legislação se refere exatamente a qual situação?

Independentemente do mérito (ser favorável ou contrário ao alargamento dos limites objetivos da coisa julgada), parece haver consenso entre os processualistas quanto à necessidade de clareza em relação exatamente a *qual parte da decisão* será coberta pela coisa julgada.

Exatamente nesse sentido, vale conferir o trabalho realizado por um dos subgrupos de pesquisa do Ceapro – Centro de Estudos Avançados de Processo[36]:

---

36. Proposta de melhoria da coisa julgada e questão prejudicial no novo CPC, in. http://www.conjur.com.br/2014-out-13/proposta-coisa-julgada-questao-prejudicial-cpc, acesso em 20/4/16. Elaborado por André Luis Cais, Fábio Peixinho Gomes Correa, Guilherme Setoguti J. Pereira, João Francisco Naves da Fonseca, Luiz Dellore, Marco Antonio Perez de Oliveira e Rennan Faria Krüger Thamay.

A conveniência de conferir estabilidade às questões prejudiciais resolvidas pela sentença é assunto controvertido entre os processualistas, mas existe consenso em torno de que os limites da vinculação ao julgado deverão, acima de qualquer outra coisa, ser muito claros para todos os que participam do processo. A ampliação da imutabilidade da sentença deve ser cuidadosamente estruturada, de maneira a assegurar um grau maior de harmonia e pacificação social.

Isso nos leva ao último tópico deste breve artigo: da forma como (pouco) regulado no CPC/2015, o tema suscita uma série de dúvidas. Lançaremos as perguntas na sequência (mas as efetivas respostas, só quando o STJ pacificar a jurisprudência...).

3.3. Alguns debates em relação ao novo sistema

Como se viu no tópico anterior, a escolha de alargar os limites, em meu entender, não parece a melhor. Mas, indubitavelmente, isso não é o principal problema envolvendo o tema.

O grande problema está nas dúvidas e dificuldades práticas que decorrem da aplicação do novo diploma, especificamente em relação ao art. 503 § 1º do CPC/2015.

Para tanto, trago algumas perguntas que decorrem da interpretação do texto legislativo.

1) Só o que consta efetivamente do dispositivo ou também o que consta da fundamentação será coberto pela coisa julgada?

2) Cabem embargos de declaração para que isso seja esclarecido?

3) A abrangência da coisa julgada deve ser decidida pelo próprio juiz ou isso ficará a cargo de um próximo juiz, se e quando esse tema surgir?

4) É possível ainda ajuizar uma ação declaratória acerca da questão prejudicial? Ou não há mais interesse de agir?

5) E se o juiz não decidir e o tribunal decidir a questão prejudicial? Há coisa julgada? Aplica-se a teoria da causa madura? E o duplo grau de jurisdição?

6) O juiz precisa, na fase instrutória, formalizar a fixação da controvérsia sobre a questão prejudicial, de modo a assegurar a efetividade do contraditório?

7) Se a questão principal for decidida a favor de uma parte, mas a *questão prejudicial* não, será necessário à parte vitoriosa recorrer da sentença que lhe foi favorável, para evitar a formação da coisa julgada? Para facilitar, cabe ilustrar. Autor pede multa por violação a cláusula contratual, réu alega nulidade da cláusula; juiz (i) afirma que a cláusula é válida e (ii) não reconhece ser devida a multa à luz do caso concreto.

De forma breve, as respostas, em meu entender, seriam as seguintes – reiterando que o assunto é polêmico, que há divergência na doutrina e que a efetiva resposta depende da fixação da jurisprudência pelo STJ:

1) Somente se constar expressamente do dispositivo é que a decisão da prejudicial será coberta pela coisa julgada – conclusão a que se chegou no Ceapro[37];

2) Se houver dúvida em relação ao que foi decidido com força de coisa julgada, qualquer das partes poderá opor declaratórios requerendo que o magistrado esclareça se a questão prejudicial foi decidida e se foi coberta pela coisa julgada, apontando omissão por isso não ter constado no dispositivo;

3) Na linha das duas respostas anteriores, compete ao próprio juiz que proferiu a sentença delimitar qual parte da decisão estará coberta pela coisa julgada;

4) Enquanto as perguntas anteriores estão em aberto na jurisprudência, uma forma de ter alguma segurança é, exatamente, formular um pedido declaratório para que o juiz se manifeste a respeito da questão prejudicial, com força da coisa julgada – ou seja, algo semelhante à declaratória incidental do sistema anterior, mas que agora é uma demanda proposta por dependência, com pedido declaratório[38];

5) Se o tribunal decidir a prejudicial, mas não o juiz, observados os requisitos do § 1º e constando do dispositivo, a prejudicial será coberta pela coisa julgada – desde que a causa esteja madura quanto ao tema (art. 1.013, § 3º);

6) No momento do saneador, se ocorrer a fixação dos pontos e provas quanto à questão principal, também deverá ocorrer em relação à prejudicial, sob pena de contraditório incompleto, de modo que incapaz a ocorrência de coisa julgada sobre a prejudicial;

7) Questão que já suscita bons debates[39]. Porém, diante do silêncio legislativo, a solução mais segura para a parte (ainda que possa ser danosa), é entender que (i)

---

37. Nesse sentido, enunciado 8 do Ceapro: "Deve o julgador enunciar expressamente no dispositivo quais questões prejudiciais serão acobertadas pela coisa julgada material, até por conta do disposto no inciso I do art. 505 (artigo 503, § 1º)". É o meu entendimento, exposto na obra Comentários ao CPC/2015. Processo de Conhecimento. 2. ed. São Paulo: Método, 2018. Em sentido inverso, enunciado 438 do FPPC (Fórum Permanente de Processualistas Civis): "É desnecessário que a resolução expressa da questão prejudicial incidental esteja no dispositivo da decisão para ter aptidão de fazer coisa julgada". Na linha desse entendimento, THEODORO Jr. Humberto. *Curso de Direito Processual*, v. 1, 56ª ed. Rio de Janeiro: Forense, 2015, p. 1110.

38. Exatamente nesse sentido foi aprovado, na 1ª Jornada de Direito Processual do CJF, o enunciado 35: Considerando os princípios do acesso à justiça e da segurança jurídica, persiste o interesse de agir na propositura de ação declaratória a respeito da questão prejudicial incidental, a ser distribuída por dependência da ação preexistente, inexistindo litispendência entre ambas as demandas (arts. 329 e 503, § 1º, do CPC). Vale destacar que a proposta de enunciado for elaborada por mim.

39. O subgrupo de coisa julgada do Ceapro debruçou-se a respeito do tema, divulgando texto em que aponta três possibilidades (OLIVEIRA, Marco Antonio Peres et. alii. O requisito da dependência do julgamento no novo regime da coisa julgada, http://www.migalhas.com.br/dePeso/16,MI222158,41046-O+requisito+da+dependencia+do+julgamento+no+novo+regime+da+coisa, acesso em 18/08/2018): (i) não haverá coisa julgada em relação à questão prejudicial, pois isso só ocorrerá, nos termos do art. 503, § 1º, I se "dessa resolução (da questão prejudicial) depender o julgamento do mérito". Assim, como para decidir o mérito não houve necessidade de apreciar a nulidade da cláusula, não haveria coisa julgada em relação a isso. (ii) haverá coisa julgada, pois a lei não traz qualquer restrição, então qualquer decisão acerca da prejudicial será coberta pela coisa julgada, independentemente do resultado da questão principal. (iii) não haverá coisa julgada em relação à prejudicial (corrente i), porém, se a parte quiser, poderá recorrer para, no caso de provimento do seu recurso, formar-se a coisa julgada em seu favor também em relação à questão prejudicial.

há coisa julgada sobre a prejudicial, ainda que decidida de forma oposta à principal e (ii) há, portanto, interesse recursal, de modo que a parte que teve a sentença favorável poderá ter de recorrer por força da prejudicial.

4. CONCLUSÕES

Pelo que se expôs, é possível concluir o quanto segue:

(i) O CPC/2015 inova em relação à coisa julgada.

(ii) Quanto ao conceito de coisa julgada, há pouca inovação – permanecendo em aberto o debate quanto à distinção entre imutabilidade e indiscutibilidade.

(iii) Em relação aos limites objetivos da coisa julgada, o CPC/2015 optou por seu alargamento, para incluir a questão prejudicial, independentemente de pedido.

(iv) Mas essa escolha não é pacífica na doutrina e não o foi no Congresso Nacional, sendo que no total foram 5 (cinco) redações distintas, cada uma oposta à anterior.

(v) O CPC/2015 abandona o sistema do CPC/1973, e afirma que a questão prejudicial é coberta pela coisa julgada.

(vi) Há defensores e opositores da inovação. Os primeiros falam em bom senso, institutos de direito estrangeiro e economia processual. Os segundos apontam que o sistema passará a ser muito mais complexo, com grandes divergências no cotidiano forense – especialmente instabilidade e insegurança jurídicas e dificuldades interpretativas em relação ao que seria coberto pela *res judicata*.

(vii) Mais do que um debate quanto à melhor teoria, a principal preocupação se refere a uma série de dúvidas que surgem na aplicação da novidade. E a efetiva definição de quais as correntes vencedoras somente virá com a definição do STJ – o que pode levar bons anos para ocorrer.

5. REFERÊNCIAS BIBLIOGRÁFICAS

BOTELHO DE MESQUITA, José Ignacio. A coisa julgada. In: _____. *A coisa julgada*. Rio de Janeiro: Forense, 2004.

_____. Coisa julgada – efeito preclusivo. In: _____. *A coisa julgada*. Rio de Janeiro: Forense, 2004.

DELLORE, Luiz. Da ampliação dos limites objetivos da coisa julgada no novo Código de Processo Civil: quieta non movere. *Revista de Informação Legislativa*, n. 190, p. 35-43, abr./jun. 2011.

_____. Da coisa julgada no novo Código de Processo Civil (PLS 166/2010 e PL 8046/2010): limites objetivos e conceito. In: Freire, Alexandre; Dantas, Bruno; Nunes, Dierle; Didier Jr., Fredie; Medina, José Miguel Garcia; Fux, Luiz; Camargo, Luiz Henrique Volpe; Oliveira, Pedro Miranda de. (Org.). *Novas Tendências do Processo Civil – Estudos sobre o Projeto do Novo CPC*. Salvador: Juspodivm, 2013, v. 1, p. 633-646.

_____. Da coisa julgada no Novo Código de Processo Civil (L. 13.105/2015): conceito e limites objetivos. In: Didier Jr, Fredie; Macedo, Lucas Buril de; Freire, Alexandre (Org). *Procedimento comum*. 2ª ed. Salvador: Juspodivm, 2016, p. 819-838.

_____. *Estudos sobre coisa julgada e controle de constitucionalidade*. Rio de Janeiro: Forense, 2013.

_____.; ROQUE, Andre; GAJARDONI, Fernando; DUARTE, Zulmar. *Comentários ao CPC/2015. Processo de Conhecimento*. 2ª ed. São Paulo: Método, 2018.

_____.; ROQUE, Andre; GAJARDONI, Fernando; TOMITA, Ivo; DUARTE, Zulmar. *Novo CPC anotado e comparado*. 2ª ed. Indaiatuba: Foco Jurídico, 2016.

DIDIER Jr., Fredie. Comentário ao art. 503. In. CABRAL, Antonio do Passo e CRAMER, Ronaldo (Org). *Comentários ao Novo Código de Processo Civil*. Rio de Janeiro: Forense, 2016.

DINAMARCO, Cândido Rangel. *Instituições de direito processual civil*. São Paulo: Malheiros Ed., 2001. v. 3.

ESTELLITA, Guilherme. *Da cousa julgada*. Rio de Janeiro: Livro do Vermelho, 1936.

GIDI, Antonio; TESHEINER, José Maria e PRATES, Marília Zanella. Limites objetivos da coisa julgada no projeto de Código de Processo Civil: reflexões inspiradas na experiência norte-americana. *Revista de Processo*, 194, p. 101-138, abr. 2011.

LIEBMAN, Enrico Tullio. *Eficácia e autoridade da sentença*. Trad. Alfredo Buzaid e Benvindo Aires. Rio de Janeiro: Forense, 1945.

LOPES, Bruno Vasconcelos Carrilho. A extensão da coisa julgada às questões apreciadas na motivação da sentença. Revista de Processo. São Paulo. v. 38. n. 216. p. 431-8. fev. 2013.

MACHADO, Marcelo Pacheco. *Que coisa julgada é essa?*, in http://jota.info/novo-cpc-que-coisa-julgada-e-essa,acesso em 17/04/2015.

MARQUES, José Frederico. *Instituições de direito processual civil*. 4. ed. Rio de Janeiro: Forense, 1981. v. 4.

MOREIRA, José Carlos Barbosa. Ainda e sempre a coisa julgada. *Revista dos Tribunais*, n. 416, p. 9-17, jun. 1979.

_____. Eficácia da sentença e autoridade da coisa julgada. In: _____. *Temas de direito processual*. 3a série. São Paulo: Saraiva, 1984.

OLIVEIRA, Marco Antonio Peres; CAIS, André Luis; CORREA, Fabio Peixinho Gomes; DELLORE, Luiz; SETOGUTI PEREIRA, Guilherme; FONSECA, Joao Francisco Naves da e THAMAY, Rennan Faria Kruger. *Proposta de melhoria da coisa julgada e questão prejudicial no novo CPC*, in http://www.conjur.com.br/2014-out-13/proposta-coisa-julgada-questao-prejudicial-cpc, acesso em 20/4/2016.

_____.; CORREA, Fabio Peixinho Gomes; DELLORE, Luiz; SETOGUTI PEREIRA, Guilherme; SIQUEIRA, Thiago; CARVALHO, Antonio; ARENAL, Leticia; SCHMITZ, Leonard; THAMAY, Rennan Faria Kruger e ZVEIBEL, Daniel Guimarães. O requisito da dependência do julgamento no novo regime da coisa julgada, http://www.migalhas.com.br/dePeso/16,MI222158,41046-O+requisito+da+dependencia+do+julgamento+no+novo+regime+da+coisa, acesso em 18/01/2016

PORTO, Sérgio Gilberto. Apontamentos Sobre Duas Relevantes inovações no projeto de um Novo CPC, *Revista jurídica*, ano 58, n. 401, p. 49-61, fev. 2011.

RODRIGUES, Walter Piva. *Coisa Julgada Tributária*. São Paulo: Quartier Latin, 2008.

_____. A motivação da sentença no novo CPC 2015. *Estudos de Direito Processual em homenagem ao Professor José Rogério Cruz e Tucci*. Salvador: Juspodium, 2018.

SALLES, Sérgio Luiz Monteiro. Evolução do instituto do caso julgado: do processo romano ao processo comum. *Revista da Faculdade de Direito das Faculdades Metropolitanas Unidas*, São Paulo, v. 3, n. 3, p. 173-200, ago. 1989.

SANTOS, Ernane Fidélis dos. *Manual de direito processual civil*. 10. ed. São Paulo: Saraiva, 2003. v. 1.

SANTOS, Moacyr Amaral. *Primeiras linhas de direito processual civil*. 23. ed. São Paulo: Saraiva, 2004.

TESHEINER, José Maria Rosa. *Eficácia da sentença e coisa julgada no processo civil*. São Paulo: Ed. Revista dos Tribunais, 2001.

THEODORO JÚNIOR, Humberto. *Curso de Direito Processual*, v. 1, 56ª ed. Rio de Janeiro: Forense, 2015.

WAMBIER, Teresa Arruda Alvim. O que é abrangido pela coisa julgada no direito processual civil brasileiro: a norma vigente e as perspectivas de mudança. *Revista de Processo*, v. 39, p. 75-89, 2014.

NOVOS PERFIS DA AÇÃO RESCISÓRIA SEGUNDO O DISPOSTO NO ART. 966, § 2º, DO CPC

Marcelo José Magalhães Bonizzi

Pós-doutor pela Faculdade de Direito de Lisboa. Professor doutor da USP. Membro do Instituto Brasileiro de Direito Processual. Procurador do Estado de São Paulo.

Sumário: 1. Introdução – 2. A nova face da ação rescisória segundo o CPC de 2015; 2.1 A ação rescisória da decisão que impede nova propositura da demanda; 2.2 A ação rescisória da decisão que não admite recurso; 2.2.1. Ação rescisória contra decisão que não observa a distinção entre o tema do recurso e o chamado "padrão decisório" fixado em súmula ou decisão proferida em julgamento de recursos repetitivos – 3. Considerações finais.

1. INTRODUÇÃO

A ação rescisória possui muitas particularidades, a começar pela tipicidade de suas hipóteses de cabimento. É um tipo de tutela jurisdicional que só pode ser prestada nas estritas situações previstas em lei, porque tem como objetivo desconstituir uma decisão judicial transitada em julgado[1].

Também é curioso pensar que ela só pode ser exercida no prazo de dois anos, contado do trânsito em julgado da decisão que se pretende rescindir e que, para ser admitida, o autor precisa depositar em juízo quantia equivalente a cinco por cento do valor da causa, que será convertida em multa e entregue ao réu caso os pedidos sejam julgados improcedentes ou se a própria ação for considerada inadmissível, segundo consta no inciso II do art. 968.

Todas essas características especiais da ação rescisória sugerem que seu espaço no sistema processual é naturalmente restrito. O pensamento tradicional, aliás, é o de que a ação rescisória só deve ser utilizada em situações verdadeiramente graves[2] e isso é plenamente justificado, não só para valorizar o tempo e os esforços gastos no processo em que a decisão que se pretende rescindir foi proferida, mas também em prol da segurança jurídica que a coisa julgada propiciou. Diante disso, resta claro

---

1. A competência para julgar a ação rescisória é dos tribunais, inclusive dos tribunais superiores, conforme o caso. Essa competência "originária" também é um fator que a diferencia das demais formas de tutela jurisdicional.
2. "Isso deverá ocorrer, porém, somente em casos excepcionais, e é por isso que a lei restringe ao máximo o uso do remédio contra as sentenças que transitaram em julgado, só o permitindo nas hipóteses por ela taxativamente enumeradas" (Odilon de Andrade. In *Comentários ao Código de Processo Civil*, v. IX. Rio de Janeiro: Forense, 1946, p. 57).

que, para desconstituir uma decisão judicial já transitada em julgado é naturalmente preciso que existam fortes motivos[3].

No entanto, o CPC de 2015 parece ter abandonado essa lógica ao abrir novos campos de atuação para a ação rescisória, principalmente depois da reforma promovida pela Lei n. 13.256, de 2016.

Ao que tudo indica, é correto dizer que a ação rescisória se encontra, atualmente, com um campo de incidência mais abrangente do que aquele que estava no CPC anterior[4] e um dos objetivos do presente estudo, para além de traçar esse novo perfil, é lançar luzes sobre as consequências dessa opção do sistema processual civil brasileiro.

Não se trata, aqui, portanto, de um estudo sobre todas as atuais hipóteses de ação rescisória, mas sim de um olhar sobre alguns dos novos aspectos desse tradicional instituto, conforme se verá a seguir.

2. A NOVA FACE DA AÇÃO RESCISÓRIA SEGUNDO O CPC DE 2015

As disposições do art. 966 desse diploma processual partem de um pressuposto muito conservador, que aparece logo em seu *caput*: apenas as decisões de mérito, transitadas em julgado, podem ser rescindidas. Assim era a redação do diploma anterior que, em seu art. 485, era clara ao restringir a rescisória às decisões de mérito transitadas em julgado, enquanto que o CPC de 1939, em seu art. 798, fazia referência às nulidades da sentença, só admitindo ação rescisória em hipóteses ainda mais restritas do que as previstas nas legislações subsequentes.

No entanto, esse conservadorismo inicial é rapidamente rompido no § 2º do mesmo art. 966[5], que desenha um novo modelo de ação rescisória, conforme se verá a seguir.

2.1 A ação rescisória da decisão que impede nova propositura da demanda

Segundo as disposições do art. 966, § 2º, inciso I, também será rescindível a decisão que, embora não seja de mérito, tenha o efeito de impedir nova propositura[6] da mesma demanda.

---

3. "A ação rescisória é, pois, remédio específico cujo escopo é corrigir injustiças graves decorrentes de determinados vícios do processo, a despeito dos quais se formou a coisa julgada" (Luis Eulalio de Bueno Vidigal. In *Da ação rescisória dos julgados*. São Paulo: Saraiva, 1948, p. 38).

4. Os aspectos históricos da ação rescisória, desde os remotos institutos romanos da *retractatio* e da *restitutio in integrum*, foram bem resumidos por Jorge Americano, in *Da acção rescisória dos julgados no direito brasileiro*. São Paulo: Jorge Americano, 1926, p. 21-46. Para uma análise mais ampla, v., por todos, Moacyr Lobo da Costa. In *A revogação da sentença: gênese e genealogia*. São Paulo: Ícone, 1995.

5. É evidente a falta de sistematização do legislador. Melhor seria detalhar quais decisões podem ser rescindidas, sem mencionar se são de mérito ou não.

6. Embora a lei silencie a respeito, parece natural imaginar que o acolhimento da rescisória mencionada possa permitir a "continuidade"" da mesma demanda, pois nem sempre será preciso propor outra. Assim, por exemplo, reconhecida a incompetência absoluta do juízo que decretou a extinção do processo sem

Na vigência do CPC anterior já tomava forma, na jurisprudência, um movimento bastante significativo no sentido de admitir ação rescisória contra sentenças de extinção sem julgamento do mérito, mas que impediam que o autor voltasse a juízo com demanda idêntica, principalmente porque essa proibição era praticamente igual àquela decorrente da coisa julgada. Por exemplo, o STJ já admitiu rescisória contra decisão que extinguiu o processo sem julgamento do mérito, por ilegitimidade de parte[7], partindo do pressuposto que estaria fechada a via jurisdicional em relação aquele réu, mesmo que essa decisão, teoricamente, não transitasse em julgado.

Esse movimento não passou despercebido por parte da doutrina que, a despeito das complexidades que envolvem a separação entre mérito e condições da ação, resumiu seu pensamento a esse respeito de forma lapidar: "... o que justifica o cabimento da rescisória – se ocorrentes quaisquer das hipóteses do art. 485 do CPC – é a impossibilidade de nova propositura da mesma demanda, ou, mais precisamente, a impossibilidade do julgamento do mérito objeto dessa segunda demanda"[8].

É exatamente esse o ponto. O novo CPC, ao dispor que cabe ação rescisória das decisões que impedem a propositura de nova demanda apenas reconhece o que, em termos de jurisprudência e de doutrina, já vinha sendo aceito.

Assim, por exemplo, a decisão que extingue um processo sem julgamento de mérito porque o réu é parte ilegítima, embora não impeça que o autor volte a juízo (art. 486, caput, do novo CPC) impede, na verdade, que o autor reproponha essa demanda em face do "mesmo réu", nos termos do disposto no § 1º desse mesmo dispositivo legal, cuja redação, aliás, é tão confusa quanto a que estava no CPC anterior. Se não coubesse ação rescisória dessa decisão, o autor jamais poderia voltar a juízo com mesma pretensão em relação a esse réu. Foi esse o problema que as novas disposições resolveram.

É falsa, no entanto, a afirmação contida no *caput* do artigo 486 do CPC, segundo a qual o pronunciamento judicial que não resolve o mérito "não obsta que a parte proponha de novo a ação", porque ela não pode propor a mesma ação sem corrigir o que o CPC impropriamente chama de "vício" em seu art. 486, § 1º, quando, na verdade, trata-se de questões relacionadas às condições da ação ou aos pressupostos processuais e não de problemas intrínsecos a um determinado ato judicial. Considerando que impedir alguém de processar um determinado réu, na linha do exemplo dado, é praticamente o mesmo que afirmar que há coisa julgada, teria sido melhor que a regra que está no art. 486 fosse clara desde o início: alguns pronunciamentos judiciais que não resolvem o mérito podem impedir que a parte proponha de novo a "mesma" ação.

---

julgamento de mérito, o que o autor da rescisória obterá será a continuidade da mesma demanda e não a possibilidade de propor outra idêntica.

7. STJ-2ª Seção, AR 336, Min. Aldir Passarinho Jr., j. 24.08.05.
8. Flávio Luiz Yarshell. In *Ação rescisória: juízos rescindente e rescisório*. São Paulo: Malheiros, 2005, p. 163-164.

Também é falsa a afirmação que está no *caput* do art. 966, que diz que somente as decisões de mérito poderão ser rescindidas, porque mesmo as decisões que impeçam o autor de propor de novo a mesma ação podem ser rescindidas, mesmo que não sejam de mérito. É nítida a falta de sistematização do CPC a complicar ainda mais um cenário bastante árduo. A expressão "propor de novo a ação" significa repetir ação anteriormente proposta, com o mesmo pedido, a mesma causa de pedir e, também, as mesmas partes. Se o autor alterar algum desses elementos estará propondo outra ação e não será preciso aplicar, portanto, as disposições legais em análise.

De volta ao tema principal, resta indagar qual seria o resultado de uma ação rescisória nesse contexto. Vale lembrar que é preciso que esteja presente algumas das hipóteses previstas no art. 966, como a incompetência absoluta do juízo que proferiu a decisão (inciso II), para que seja admitida ação rescisória contra a decisão que, por exemplo, tenha extinguido um processo por falta de legitimidade passiva. Em outras palavras, se essa extinção sem julgamento do mérito foi determinada por um juízo que era absolutamente incompetente, a ação rescisória poderá ser acolhida. Há, portanto, a necessidade de conjugação de dois elementos: i) uma decisão que impeça a repropositura da demanda e ii) a existência de alguma das hipóteses previstas nos incisos do art. 966, como a incompetência absoluta do juízo.

A consequência do acolhimento do pedido será a desconstituição da decisão que extinguiu o processo mencionado no exemplo dado (*iudicium rescindens*). Diante disso, a análise do mérito poderá ser feita, ou seja, o processo terá seguimento até seu julgamento de mérito. No exemplo dado, esse julgamento será feito por outro juízo, visto que o primeiro não possuía competência para isso, o que importará na redistribuição do processo para algum juízo que seja competente.

Importante observar que serão poucas as chances de ocorrer o juízo rescisório (*iudicium rescissorium*) nessas circunstâncias por um motivo muito simples: a decisão que foi rescindida não julgou o mérito, ela apenas impedia a repropositura da mesma demanda. O que o autor da ação rescisória ganhou foi a liberdade de prosseguir com mesma pretensão que tinha no passado, o que, em linhas gerais, permite dizer que raramente haverá o juízo rescisório. Aliás, ao menos teoricamente, parece inaplicável aqui a chamada "teoria da causa madura", em que um tribunal, nos termos do art. 1.013, §§ 3º e 4º, pode decidir o mérito que até então não havia sido julgado, sem precisar devolver os autos ao primeiro grau de jurisdição. Em sede de rescisória, por exemplo, de uma sentença que extinguiu o processo sem julgamento de mérito, raramente o tribunal que acolheu o pedido de rescisão poderá prosseguir no julgamento e proferir um julgamento de mérito que resolva o litígio, posto que a pretensão inicial do autor da ação rescisória era apenas o de prosseguir na demanda anteriormente proposta.

De fato, se o objetivo da ação rescisória é apenas o de permitir o ajuizamento ou o prosseguimento de uma demanda, de pouca ou nenhuma utilidade será a teoria da causa madura. Daí porque, ao menos em tese, inclusive por este fator,

NOVOS PERFIS DA AÇÃO RESCISÓRIA SEGUNDO O DISPOSTO NO ART. 966, § 2º, DO CPC

praticamente não há espaço para o juízo rescisório nessa nova modalidade de ação rescisória.

Por último, vale lembrar que a prescrição, inicialmente interrompida pela citação que ocorreu no processo em que foi proferida a decisão rescindenda, não corre no prazo da ação rescisória, por dois motivos: i) o autor não está inerte e ii) ele não pode dar início a um novo processo ou prosseguir naquele que já foi iniciado enquanto a ação rescisória não for definitivamente julgada. Ao final, se vitorioso, o autor da rescisória poderá dar continuidade à mesma demanda ou propor outra demanda (idêntica) sem se preocupar com a prescrição, cujo prazo só recomeçará após o trânsito em julgado da decisão proferida na rescisória.

2.2 A ação rescisória da decisão que não admite recurso

A inquietante inovação está no § 2º, inciso II, do art. 966. Assim como ocorre com a hipótese prevista no inciso I, aqui também não é preciso que a decisão rescindenda tenha julgado o mérito, basta que ela impeça a admissibilidade de um recurso. Considerando que a regra não faz referência a nenhum recurso específico, temos que a ação rescisória será cabível em todas as hipóteses em que houver a inadmissibilidade de um recurso, desde que estejam presentes algumas das hipóteses previstas nos incisos do art. 966.

Nesse ponto temos uma grande novidade. Ao contrário do que ocorreu com a hipótese de rescisória contra a decisão que impedia nova propositura da demanda, que já contava com apoio da jurisprudência que se formou no passado, aqui vemos positivada uma hipótese que a jurisprudência[9] anterior ao novo CPC rejeitava de forma veemente: a rescisória contra decisão que impede a admissibilidade de um recurso.

Em princípio, a decisão que impede a admissibilidade de um recurso está sujeita a agravo interno, quando se tratar de rejeição liminar do recurso de apelação[10] ou de agravo de instrumento pelo relator sorteado, nos termos do disposto no art. 1.021. Se esse agravo interno não corrigir o erro cometido, caberá recurso especial ou, em circunstâncias muito especiais, até mesmo recurso extraordinário. Após o trânsito em julgado, porém, será admissível ação rescisória, nos exatos termos do disposto no art. 966, § 2º, II, ora em estudo.

O resultado final dessa ação rescisória consiste na desconstituição da decisão que negava seguimento a um determinado recurso, o que significa que jamais haverá

---

9. "Também por não se tratar de pronunciamento acerca do mérito, a jurisprudência sempre se inclinou pelo não cabimento de rescisória contra juízo de admissibilidade de recurso" (Theotonio Negrão, José Roberto F. Gouvea e Luis Guilherme A. Bondioli. In *Código de Processo Civil e legislação processual em vigor*. 42ª ed. São Paulo: Saraiva, 2010, p. 564).

10. Segundo as novas regras, não compete mais ao juiz de primeiro grau fazer o exame de admissibilidade do recurso de apelação (art. 1.009, § 3º), o que eliminou a necessidade de interpor agravo contra a decisão que negava seguimento à apelação e, em consequência, eliminou também a possibilidade de interpor ação rescisória contra a decisão que nega seguimento ao recurso de apelação.

juízo rescisório nesse contexto. De fato, seria mesmo difícil supor que o tribunal, ao julgar a ação rescisória que tinha por objeto desconstituir decisão que negava seguimento a um recurso, pudesse prosseguir no julgamento e já decidir o mérito como se se tratasse de uma ação rescisória tradicional.

Merece destaque, neste ponto, o tratamento dispensado aos recursos especial e extraordinário, que frequentemente são obstados pelos tribunais de origem, estaduais ou federais[11]. A decisão que nega seguimento a esses recursos também está sujeita a agravo interno (art. 1.030, § 2º) e, em última análise, ao agravo em recurso especial ou em recurso extraordinário que lhes é destinado pela regra do art. 1.042. Após o trânsito em julgado, segundo o CPC atual, cabe ação rescisória dessas decisões.

A advertência que se pode fazer em relação a esse tema é a de que o autor precisa fundamentar sua ação rescisória em alguma das hipóteses previstas nos incisos do art. 966, como, por exemplo, no chamado "erro de fato", previsto no inciso VIII desse dispositivo legal. Não basta estarmos diante de uma decisão que nega seguimento a recurso, pois somente caberá ação rescisória se, além disso, estiver presente alguma das hipóteses do art. 966.

Se acolhido o pedido feito na ação rescisória, o efeito imediato disso é o de desconstituir a decisão que negava seguimento a um determinado recurso. Assim, por exemplo, se um recurso especial tem seu seguimento negado por uma decisão que incorre em erro de fato, por considerá-lo intempestivo quando, na verdade, isso não ocorreu, tal decisão poderá ser objeto de ação rescisória que, se procedente, permitirá que esse recurso tenha seu curso retomado até chegar ao Superior Tribunal de Justiça.

Mas, ao chegar lá, é preciso indagar se esse tribunal poderia rever o que foi decidido em sede de rescisória ou se teria que, no exemplo dado, deixar de analisar a tempestividade porque que esse tema já estaria superado pelo que foi decidido em sede de ação rescisória.

Ainda que a decisão proferida na ação rescisória tenha transitado em julgado, é certo que o resultado dessa ação ficou limitado à desconstituição de uma decisão que, evidentemente, não era de mérito e não tinha, portanto, aptidão para resolver o litígio. Nessa perspectiva, considerando que o exame de admissibilidade do recurso especial é bipartido, nada impede que o Superior Tribunal de Justiça não conheça do recurso justamente por considerá-lo intempestivo.

Isso significa que a ação rescisória prevista pelo legislador tem alcance limitado às decisões dos tribunais estaduais ou federais que negam seguimento aos recursos especial e extraordinário, sem vincular os tribunais de destino.

---

11. É notório que esses tribunais exageram no rigor com que analisam a admissibilidade dos recursos especial e extraordinário (jurisprudência defensiva). Sobre esse tema, sob o prisma da violação ao devido processo legal, remeto o leitor ao que escrevi no meu livro: *Princípios do processo no novo CPC* (Saraiva, 2016, p. 72-74).

Por outro lado, quando a decisão objeto da rescisória for proferida pelos tribunais superiores, a utilidade da rescisória será potencialmente maior porque, nesse caso, a análise do mérito desses recursos será uma consequência natural do acolhimento da rescisória.

Também é preciso lembrar que, ainda no exemplo dado, se for afastada a existência de erro de fato através de uma ação rescisória, o recurso que teve ser seguimento liberado pode deixar de ser conhecido por outros fundamentos, como a ausência de preliminar de repercussão geral, no caso do recurso extraordinário. Nessa perspectiva, é correto afirmar que não haverá "interesse de agir" na rescisória se seu objetivo for atacar apenas um dos fundamentos da decisão que negou seguimento a um recurso porque, ainda que procedente, o recurso continuará obstado na origem ou nos tribunais superiores pelos demais fundamentos.

2.2.1. Ação rescisória contra decisão que não observa a distinção entre o tema do recurso e o chamado "padrão decisório" fixado em súmula ou decisão proferida em julgamento de recursos repetitivos

A hipótese prevista nos §§ 5º e 6º do art. 966, incluída pela Lei 13.256, de 2016, merece atenção especial, porque passa a tratar como "violação manifesta de norma jurídica" a situação em que um recurso tem seu seguimento negado sem que o tribunal leve em consideração a "distinção" entre o tema tratado nesse recurso e o assim chamado "padrão decisório" fixado pelos tribunais em sede de súmula ou de julgamento de casos repetitivos.

Essas curiosas disposições legais estão relacionadas com aqueles previstas no art. 1.042 do mesmo diploma legal, também criadas pela Lei 13.256 mencionada, segundo as quais é cabível agravo em recurso especial ou extraordinário que tiver seu seguimento negado "salvo" quando a decisão denegatória estiver fundada em entendimento firmado em sede de repercussão geral ou em julgamento de casos repetitivos.

A relação entre esses dois dispositivos é simples: de nada adianta criar (ou manter) um sistema de julgamento de recursos repetitivos se continuar sendo possível a interposição de agravo contra as decisões que negam seguimento a recursos que contrariam (ou discutem) decisões proferidas nesse sistema. Era, de fato, necessário resolver o impasse. A maior utilidade de um sistema de julgamentos repetitivos está em evitar a proliferação de recursos que obriguem os tribunais a julgar milhares de vezes o mesmo tema, mas a admissão de agravo no contexto mencionado acima deixaria tudo como estava antes, ou seja, com milhares de recursos repetitivos sobrecarregando a pauta dos tribunais superiores.

A solução encontrada foi admitir (ou exigir) ação rescisória nessa hipótese. Atualmente, se o tribunal de justiça de um determinado Estado nega seguimento a um recurso especial porque a decisão combatida estaria de acordo com o que foi decidido pelo Superior Tribunal de Justiça em sede de recursos repetitivos, quando, na verdade, não está, resta ao recorrente propor uma ação rescisória para demonstrar que o recurso merece seguimento[12]. Não seria cabível agravo em recurso especial nessa hipótese, porque as disposições do art. 1.042, última parte, excluem essa possibilidade quando se trata de decisão "fundada na aplicação de entendimento firmado em regime de repercussão geral ou em julgamento de recursos repetitivos", justamente para impedir a proliferação de recursos repetitivos.

Mas o legislador foi ainda mais além em relação a esse tema, não só para deixar claro que a ação rescisória ora em estudo terá por fundamento a hipótese prevista no inciso V do art. 966, como se de violação manifesta a norma jurídica se tratasse, mas também para exigir que o autor dessa ação rescisória demonstre, de forma fundamentada, "tratar-se de situação particularizada por hipótese fática distinta ou de questão jurídica não examinada, a impor outra solução jurídica" (§ 5º do art. 966). Em outras palavras, cabe ao recorrente demonstrar claramente que houve erro do tribunal local ao avaliar a compatibilidade da decisão proferida por ele e a decisão "paradigma" do tribunal superior de destino.

Uma vez acolhido o pedido formulado na rescisória, o recurso deve ser encaminhado para o tribunal de destino, embora isso não signifique o mérito desse recurso será julgado, visto que esse tribunal não está atado ao que restou decidido na ação rescisória, ou seja, o recurso pode deixar de ser conhecido justamente porque o acórdão combatido está de acordo com o paradigma fixado em sede de recurso repetitivo.

Em todo caso, mesmo diante dessa frustrante possibilidade, a ação rescisória terá cumprido sua tarefa de evitar a interposição de agravo e, com isso, contribuído com os propósitos do sistema de julgamento de recursos repetitivos.

3. CONSIDERAÇÕES FINAIS

Como se viu, a ação rescisória ganhou dois novos campos de atuação. O primeiro deles é o da decisão que, mesmo não sendo de mérito, impede a propositura de demanda idêntica. O segundo diz respeito às decisões que impedem a admissibilidade de um recurso.

Em ambas as situações, forçoso dizer, não estamos diante de uma rescisória que podemos chamar de "típica", assim considerada aquela que visa desconstitui decisão de mérito transitada em julgado e que possui, naturalmente, dois estágios: juízo rescidente e juízo rescisório, embora o segundo nem sempre se concretize.

As inovações criadas pelo legislador tratam de uma rescisória "atípica": as decisões rescindendas não são de mérito e, portanto, praticamente não admitem o segundo estágio das rescisórias típicas. A atipicidade fica ainda mais evidente quando analisamos o resultado de ambas: uma permite a repropositura ou continuidade de um processo já existente e a outra a continuidade de um determinado recurso.

---

12. Também é cabível o agravo previsto no § 2º do art. 1.030, de uso facultativo antes da rescisória.

NOVOS PERFIS DA AÇÃO RESCISÓRIA SEGUNDO O DISPOSTO NO ART. 966, § 2º, DO CPC **537**

Embora mais contundente, um outro rótulo que poderia ser criado para essas novas rescisórias é o de simples "ações autônomas de impugnação", voltadas para desconstituir atos processuais que não são sentenças de mérito, como ocorre com a ação prevista no § 4º do art. 903, cujo objetivo é desconstituir a arrematação de um bem penhorado.

Em linhas gerais, essas rescisórias atípicas ficariam melhor classificadas no rol das ações de impugnação, porém, como são de competência originária dos tribunais e sabendo que seria difícil permitir que ações simples de conhecimento tenham início no segundo grau de jurisdição, o legislador talvez tenha preferido usar a estrutura da ação rescisória, ainda que por mera conveniência.

Não custa lembrar, por último, que a chamada "Pec dos Recursos"[13], do ex-presidente do Supremo Tribunal Federal, ministro Cezar Peluso, visava transformar os recursos extraordinário e especial em hipóteses de rescisória, de modo que todas as decisões questionáveis perante os tribunais superiores deveriam transitar em julgado antes de ser analisadas por esses tribunais. Isso, inclusive, acabaria com a (estéril) discussao a respeito da prisão antes do trânsito em julgado que atualmente existe no âmbito do processo penal, pois todas as decisões cíveis ou penais obrigatoriamente já teriam transitado em julgado antes de se admitir discussão a respeito delas nos tribunais superiores, visto que o pressuposto de toda rescisória (típica ou atípica) é o de ter ocorrido o trânsito em julgado da decisão rescindenda.

As rescisórias atípicas ora em estudo parecem robustecer as razões que levaram o Ministro Cezar Peluso a sugerir essa alteração constitucional, inclusive porque é paradoxal admitirmos atualmente ação rescisória contra a decisões que não são de mérito, enquanto que, para discussões de mérito perante os tribunais superiores, é preciso recorrer, mesmo sabendo que as chances desses recursos serem acolhidos são muito baixas ou mesmo inexistentes, como ocorre, por exemplo, na ausência de repercussão geral no caso do recurso extraordinário.

De qualquer forma, não está excluída, ocioso dizer, a rescisória típica das decisões definitivas em geral, mesmo depois de terem sido esgotadas as vias das rescisórias atípicas ora em estudo, o que sugere a – indesejável – possibilidade de processos com várias rescisórias ao invés de vários recursos ou, até mesmo, de processos com vários recursos e várias rescisórias.

Assim, embora seja plausível acreditar que a criação dessas rescisórias atípicas tenham origem nobre, o fato é que, também aqui, faltou sistematizar melhor o instituto, porque essas rescisórias parecem ter ficado a meio caminho entre as rescisórias

---

13. Trata-se da Proposta de Emenda à Constituição n. 15, de 2011, de autoria do Senador Ricardo Ferraço, ainda em tramitação no Senado Federal. Ao que tudo indica, essa alteração tem poucas chances de aprovação, seja pelo custo da rescisória (mas poderia ser suprimida a exigência de depósito antecipado), seja porque elimina o juízo de admissibilidade exagerado dos tribunais inferiores (jurisprudência defensiva) que tanto "auxilia" os tribunais superiores a eliminar recursos.

típicas e as ações autônomas de impugnação, inclusive porque o legislador não parece ter levado em consideração as consequências práticas de sua opção.

Um com exemplo disso está na necessidade de citação pessoal do réu em todas as rescisórias[14], típicas ou atípicas, enquanto que, se bem analisado o contexto em que foi criada, nesta última não seria preciso citar ou intimar pessoalmente réu algum, bastaria a intimação do advogado (procurador ou promotor) que estivesse atuando no processo para que começasse a fluir o prazo de contestação.

Outro exemplo da falta de sistematização das rescisórias atípicas está na manutenção da exigência de depósito prévio, a título de "caução" ou garantia de que o autor não está utilizando a rescisória com propósitos protelatórios. Esse argumento só faz sentido nas rescisórias atípicas, em que, ao final, pode haver uma nova decisão de mérito. Nas atípicas, quando muito, passa ser admissível a repropositura de uma demanda ou a continuidade de um recurso, consequências muito superficiais para se exigir depósito prévio por parte do autor da rescisória atípica. Teria sido melhor reduzir o percentual do depósito prévio ou até mesmo eliminá-lo nessas circunstâncias.

Também é preciso destacar que o prazo de dois anos poderia ser reduzido no caso das rescisórias atípicas, porque não faz sentido conceder dois anos de prazo para que alguém questione uma decisão que não admitiu um recurso, mas disso também não cuidou o legislador.

Esses sinais são muito significativos. Tudo indica que as inovações não foram sistematizadas o suficiente para preservar a coerência dessas novas regras frente ao sistema que já estava estabelecido para as rescisórias típicas e isso torna tudo mais difícil para todos, especialmente porque deixa espaço demasiadamente amplo para que a jurisprudência venha a sedimentar esse novo papel da ação rescisória no sistema processual brasileiro.

---

14. Se a rescisória for movida contra mais de dez réus que tenham domicílios em cidades diferentes, é possível que leve anos até que o prazo de contestação comece a fluir. Se a rescisória visa apenas a desconstituição de uma decisão que nega seguimento a um recurso, basta que a citação seja feita na pessoa dos advogados desses réus.

CAMINHOS E PERSPECTIVAS DA COISA JULGADA[1]

Marco Antonio Perez de Oliveira

Doutor e Mestre em Direito Processual (USP). Advogado da União.

Sumário: 1. A transitoriedade do conceito de coisa julgada – 2. Teorias contratualistas – 3. A sentença como prova, presunção ou ficção – 4. A coisa julgada na modernidade – 5. A recente revalorização dos motivos na disciplina do julgado – 6. A crise da legislação e o contraditório – 7. Outras perspectivas – 8. Referências bibliográficas.

1. A TRANSITORIEDADE DO CONCEITO DE COISA JULGADA

Talvez a observação esteja em vias de se tornar um lugar-comum, mas é fato: ao contrário do que já pareceu a alguns dos maiores estudiosos na matéria, a coisa julgada é um assunto que tem rendido debates aparentemente inesgotáveis. Permeável como poucos aspectos do processo civil ao ambiente institucional em que está inserida, constitui-se ela também em um confiável indicador das concepções políticas dominantes em cada momento histórico. Essa singular característica constitui um obstáculo à estabilização de nosso conhecimento sobre a matéria: tão logo formuladas, difundidas e assentadas as teorias, as correntes advindas das transformações institucionais que moldam a jurisdição civil passam a conduzir o instituto para novas direções. Em sentido contrário, os textos legislativos, produzidos a partir de uma paulatina sedimentação de conceitos na cultura dos operadores e estudiosos do direito, muitas vezes registram definições e conceitos já anacrônicos ao tempo de sua confecção.

Nesse sentido, parece-nos que contemporaneamente é possível identificar sinais de crise no conceito de coisa julgada que foi desenvolvido pelo direito processual ao longo do século XX. Em linhas gerais, pensamos ser possível identificar a ascensão de uma crescente associação da imutabilidade e da indiscutibilidade da decisão judicial aos contornos do contraditório verificado no processo concreto ao cabo do qual foi ela produzida, com o deslocamento para segundo plano do discurso tipicamente moderno que enxerga na autoridade estatal a fonte de estabilidade do julgado. Este breve texto se propõe a demonstrar esse fenômeno, em analisar criticamente suas

---

1. O presente texto condensa pela primeira vez reflexões iniciadas por ocasião de minha dissertação de mestrado a respeito da coisa julgada sobre a sentença genérica das ações civis coletivas, e aprofundadas recentemente na monitoria do curso de "Coisa Julgada" ministrado pelo professor Walter Piva Rodrigues na pós-graduação da Faculdade de Direito da Universidade de São Paulo.

MARCO ANTONIO PEREZ DE OLIVEIRA

implicações, e indicar razões de ordem político-institucional que o explicam. Ao final, pretendemos também propor determinadas diretrizes para uma política processual de estabilidade das decisões no contexto da jurisdição contemporânea.

2. TEORIAS CONTRATUALISTAS

A coisa julgada não deve ser entendida como um conceito puro. A despeito da continuidade de existência do instituto, os fundamentos para a sua autoridade variaram ao longo da história de acordo com as características da jurisdição civil de cada tempo. Dessa forma, a compreensão moderna da coisa julgada não decorre da simples aquisição de consciência acerca de algo que sempre tenha existido com as mesmas características, mas antes da gradual apreensão do resultado de transformações políticas e institucionais que o moldaram em algo de novo e diferente daquilo que havia até então.

A definição da coisa julgada como um mecanismo de estabilidade imposto pela autoridade estatal, um elemento mínimo constante das definições contemporâneas, longe de ser algo elementar a sua essência, seria insustentável em contextos de jurisdição privada. Pois de fato, a jurisdição civil não foi sempre exercida de modo compulsório ou inevitável, por uma exigência estatal imposta coercitivamente como contrapartida da vedação a autotutela.

Em diferentes momentos históricos, os litigantes se submetiam à jurisdição por um *ato de vontade*, dada a conveniência social de entregar a solução do conflito para a composição por um terceiro imparcial. O juiz, nessa linha, não exercia a função por ser um membro da burocracia estatal imposto aos litigantes, mas recebia da própria comunidade a incumbência de julgar em razão do prestígio social de que desfrutava, seja em razão de valores tradicionais ou de características pessoais. O processo civil romano nos períodos nos períodos da *legis actiones* e formulário era exercido a título eminentemente privado. O mesmo se passou na Europa medieval, sob a influência do processo comum romano-germânico, em que as construções romanas foram absorvidas e adaptadas.

A importância dessas teorias é sobretudo histórica, pouco influenciando a conformação atual do instituto. Mas resquícios de sua existência persistiram até tempos mais recentes: no distante século XIX e muito depois da queda em desuso do negócio da *litiscontestatio*, a coisa julgada ainda sentiu a influência da jurisdição privada a partir de teorias que viam no processo uma espécie de "contrato declaratório"[2]. E essa concepção contratual da coisa julgada transparece em uma expressão mais difundida, que encontrou ressonância em nosso Código de Processo Civil: a de "lei do caso concreto", locução derivada da ideia de que a sentença judicial, à semelhança do contrato, faz lei entre as partes como um reflexo de sua autonomia privada. Embora

---

2. PAGENSTECHER, Max. *Zur lehre von der materiellen rechtkraft*. Berlim: Franz Vahlen, 1904, p. 29 e ss.

CAMINHOS E PERSPECTIVAS DA COISA JULGADA — 541

tal conceito tenha sido abandonado com a afirmação do caráter público da jurisdição, isso não impede que, transmitido por tradição, ele se faça presente na fórmula encontrada no art. 503 de nosso Código de Processo Civil de 2015, segundo o qual "decisão que julgar total ou parcialmente o mérito tem *força de lei*".

3. A SENTENÇA COMO PROVA, PRESUNÇÃO OU FICÇÃO

Outras teorias desenvolvidas até o início da modernidade, mas inspiradas em conceitos originados no processo comum romano-germânico, viram na coisa julgada um instituto de função equivalente a prova, definindo seus efeitos como "presunção"[3] ou "ficção de verdade"[4] daquilo que era afirmado pela sentença. Em comum, elas atribuíam grande autoridade ao raciocínio que fundamentava as decisões, e buscavam protegê-lo de questionamentos em processos futuros, de modo a imunizar o sistema de contradições lógicas.

Isso se explica por outra característica marcante da jurisdição civil no processo comum romano-germânico: a ausência de vinculação a uma ordem jurídica unitária. No período que teve espaço na Europa entre a queda do império romano e a unificação política dos territórios em torno do Estado-nação, tanto a vida social como o direito se apresentavam de maneira fragmentada, variada, superposta e interpenetrada. Conviviam sem hierarquia definida o direito e, também, diferentes jurisdições de natureza senhorial, comunal, corporativa ou eclesiástica. Essas instituições intermédias tiveram sobrevida residual até meados do século XIX na Alemanha e na Itália, razão pela qual foi ainda relevante sua influência sobre a nascente ciência do processo que teve nesses dois países os seus berços principais[5].

Isso influenciava de maneira distintiva a metodologia do raciocínio judicial, que se estruturava de maneira problemática, valendo-se do contraditório estabelecido entre os litigantes e construído de maneira argumentativa sob o prisma de premissas diversas compartilhadas pela comunidade (os ϖ , lugares-comuns argumentativos)[6], em um procedimento simétrico, que era enxergado como expressão da razão prática social e não de autoridade. Na medida em que a fonte de legitimidade da decisão final se situava na argumentação desenvolvida em torno das questões suscitadas

---

3. POTHIER, Robert Joseph. *Traité des obligations*. T.1, Bruxelles: Langlet et. Cie., 1835, p. 311 e ss.
4. Segundo a conhecida formulação de Friedrich Carl Von Savigny, a coisa julgada "outra coisa não é senão a ficção de verdade por meio da qual o julgamento final é protegido contra qualquer tentativa futura de contestação ou debilitação" (*System des heutigen Römischen Rechts*, Bd. 6. Berlin, 1847, p. 261).
5. Tome-se em consideração que os dois países, berço do direito processual, foram unificados em Estados-nacionais de forma bastante tardia. A Itália somente foi unificada como uma consequência da revolução de 1848 que se desdobrou por mais de vinte anos até sua conclusão, ao passo em que o Estado unitário alemão surgiu em 1871, com a proclamação de Guilherme I.
6. "O aspecto mais importante na análise da tópica constitui a constatação de que se trata de uma técnica do pensamento que está orientada para o *problema*. (...) partindo-se de um problema se tem como consequência uma seleção de sistemas e, assim, se conduz normalmente a uma pluralidade de sistemas, sem que seja demonstrada sua compatibilidade num sistema compreendido" (VIEHWEG, Theodor. *Tópica e jurisprudência*. Sérgio Antonio Fabris, 2008, p. 33 e 35).

pelas partes no arco do procedimento, a sua integridade dependia da amplitude do contraditório exercido no processo[7]. Isso explica por que, nesse período, foi tão destacada a ideia de que a coisa julgada não poderia atingir as partes que não integraram a discussão em contraditório[8].

De outro lado, sem que pretendesse reproduzir uma ordem preexistente, a decisão judicial era preponderantemente constitutiva, de modo que o questionamento da sentença se traduzia como insegurança do próprio direito, o que tornava o problema da injustiça da decisão particularmente grave para a nascente ciência do processo. Disso surgia uma grande pressão para que a convicção alcançada sobre os fatos ou questões resolvidas incidentalmente não pudessem ser objeto de investigações futuras, conferindo à sentença um caráter de verdade incontestável que está na base das teorias da ficção (vale lembrar o aforismo: a coisa julgada tornaria "o preto em branco, e o quadrado em redondo"[9]) e, em grau menos intenso, as teorias de presunção ou prova.

É relevante perceber que nesse contexto, a coisa julgada deve adquirir uma abrangência mais ampla para preservar a integridade e coerência da ordem jurídica. Na medida em que a sentença se erige ela própria em um lugar comum argumentativo a ser potencialmente utilizado em disputas futuras, não apenas a sua conclusão final deve ser protegida contra questionamentos, mas também os elementos lógicos utilizados na construção do raciocínio do juiz, como sua convicção sobre os fatos ou questões jurídicas antecedentes (as questões prejudiciais)[10].

Com o surgimento do iluminismo, esse modelo de jurisdição gradualmente caiu em descrédito, em razão da incerteza e da morosidade (falava-se em "processos imortais") decorrentes da imprecisão da dialética como instrumento para busca da verdade ou da justiça[11]. À semelhança das ciências naturais, buscava-se que também a vida social pudesse seguir leis constantes e previsíveis.

---

7. "Vê-se claramente que no procedimento aqui descrito, as premissas fundamentais se legitimam, como se pode ver, pela aceitação do interlocutor do discurso. Um se orienta pela efetiva ou provável oposição a seu adversário. Em consequência, o que tem sido aceito sempre e em todas as partes se considera como estabelecido, como indiscutível, e ao menos nesse âmbito, evidente" (VIEHWEG, Theodor, cit., p. 44).

8. "Mais tarde, o florescimento do direito comum, absorvendo as regras germânicas, iria fomentar a criação de um novo processo, moldado quase que exclusivamente pelo direito romano canônico (...) No tocante à delimitação subjetiva da coisa julgada, os glosadores e comentadores (...) reconheceram o mérito das proposições dos juristas romanos. Na glosa de Arcúrio à *Lex Saepe*, é reafirmado o princípio segundo o qual a sentença não prejudica nem beneficia terceiros" TUCCI, José Rogério Cruz e., *Limites subjetivos da eficácia da sentença e da coisa julgada civil*. São Paulo: Ed Revista dos Tribunais, 2006, p. 50)

9. ESTELLITA, Guilherme. *Da cousa julgada*: fundamento político e extensão a terceiros. Tese. Rio de Janeiro, 1936, p. 26.

10. Nesse sentido se compreende a passagem de POTHIER, segundo a qual "a autoridade de coisa julgada faz presumir verdadeiro e equitativo tudo o que se contém no julgamento, e esta presunção é *juris et de jure*, excluída toda prova em contrário: *Res judicata pro veritate accipitur*" (Op. cit., p. 324). No mesmo sentido, Savigny entendia que a coisa julgada deveria se estender aos fundamentos do julgamento, entendidos como os *elementos da relação jurídica* afirmados ou engados pelo juiz (Op. cit., p. 358).

11. "A degeneração do processo comum e o consequente fenômeno das assim chamadas *lites immortales* – que já no século XVII tinha sido aprofundada em estudos significativos – tornou-se um tema privilegiado no

4. A COISA JULGADA NA MODERNIDADE

A coisa julgada, tal como a estudamos atualmente, foi moldada no período moderno e pelas ideias iluministas. O processo civil desse período foi marcado por uma alteração fundamental: tal como ocorreu também com a legislação, a jurisdição foi avocada pelos Estados nacionais como um instrumento para a unificação do poder político dentro de seus territórios, e adquiriu assim a característica de uma função pública. Os juízes deixaram de ser investidos no cargo por motivos honoríficos, e se tornaram então burocratas[12]: agentes do Estado, incumbidos de decidir nos limites da lei positiva, reproduzindo a ordem jurídico-legislativa determinada pelo legislador.

Dessa forma, deslocou-se o eixo de legitimação do processo do convencimento das partes pelo contraditório, em favor de uma *autoridade* estatal cuja fonte de poder podia ser reconduzida, em última instância, à ideia do "contrato social". O critério de decisão não consistia mais na justiça do caso concreto, dialogicamente construída, mas na aplicação da lei positiva imposta pelo Estado. A lei, em si, era legitimada por ser considerada expressão da vontade geral, corporificada em um "legislador racional" [13]. O raciocínio judicial abandonou a metodologia tópico argumentativa do processo comum romano-germânico para se voltar a uma técnica lógico-sistemático-dedutiva, centrada na ideia de subsunção: o caso concreto era a premissa menor, a lei a premissa maior, a sentença a síntese do "silogismo judicial"[14]. E na medida em que a jurisdição assumiu a função de aplicar a lei, surgiu o ordenamento jurídico passou a ser compreendido de forma dual: em um plano geral a legislação cria e extingue direitos, com eficácia imediata; a sentença judicial, direito em concreto, tem caráter

---

início do século XVIII, sobretudo no clima cultural que se havia instaurado junto à Universidade de Halle. Entre as múltiplas e complexas causas da crise da justiça, existia, sem dúvida, o abuso da tradição dialética. Pense-se na lógica da relevância que, através do mecanismo das questões incidentais, permitia a ramificação do processo. Acrescente-se o abuso da argumentação que terminava por transformar a dialética em estéreis jogos de palavras e, então, em 'heurística'" (PICARDI, Nicola. Do juízo ao processo. In: *Jurisdição e processo*. Rio de Janeiro: Forense, 2008, p. 57-58).

12. Valemo-nos aqui do conceito de burocracia desenvolvido por Max Weber, para quem a burocracia típica do modelo de dominação racional-legal das sociedades modernas se caracterizaria pelo exercício profissional e contínuo de determinadas funções oficiais, vinculadas a regras que ao mesmo tempo conferem autoridade e limitam os meios de seu exercício, criando assim uma *autoridade institucional*. (*Economia e sociedade*: fundamentos da sociologia compreensiva. 4. ed. Brasília: Ed. Universidade de Brasília, 2004. v. 1, p. 141 e ss.).

13. Nesse sentido, a conhecida passagem de Montesquieu, para quem apenas os representantes se distinguem por serem "capazes de discutir os assuntos". O povo, embora "nem um pouco capaz disto", tem o discernimento para avaliar a capacidade de seus vizinhos e bem escolher dentre eles seus representantes. (*O espírito das leis*, 2. ed. São Paulo: Martins Fontes, 1996, p. 170-171).

14. "(...) a vontade do Estado, manifestada de forma abstrata ou geral na lei, tem necessidade de ser traduzida em forma concreta: é precisamente o que faz o juiz na sentença. Mas evidentemente, nessa operação, o juiz não agrega nenhuma vontade própria à vontade já manifestada pelo órgão legislativo. A operação pela qual, dada uma norma geral, se determina qual a conduta que deve seguir no caso concreto o indivíduo sujeito à norma, é uma operação puramente lógica; é, como já se disse, um silogismo em que assumida como premissa maior a norma geral, e como menor o caso concreto, se deduz a norma de conduta a seguir no caso individual" (ROCCO, Alfredo. *La sentenza civile*: studi (ristampa) Milano: Giuffrè, 1962, p. 30).

MARCO ANTONIO PEREZ DE OLIVEIRA

declaratório, reconhecendo situações jurídicas preexistentes (incidência/aplicação do direito).

Também a coisa julgada passou a ser associada à autoridade estatal nesse período. Para que isso fosse alcançado, a dogmática processual passou por dois movimentos lógicos. Primeiro, a decisão judicial foi decomposta analiticamente em dois elementos constitutivos: um primeiro *elemento lógico*, e um *elemento imperativo*. O segundo passo consistiu em estabelecer a distinção segundo a qual apenas o elemento de vontade, o comando emergente da sentença, se tornava associado ao império estatal[15]. Essa dupla operação possibilitou a formulação do conceito da *eficácia preclusiva da coisa julgada*, ou exclusão de fundamentos alternativos, pilar em que passou a se apoiar a estabilidade da decisão[16]. Apenas na medida em que se tornou consensual que o elemento lógico perderia toda a sua relevância com o trânsito em julgado é que se estabeleceram as condições que permitiram sustentar que a preclusão de questões alcança "o deduzido e o dedutível", ou seja, os argumentos efetivamente discutidos pelas partes como aqueles que, podendo ter sido suscitados, não o foram[17].

A desconsideração do elemento lógico implicou na circunscrição da coisa julgada sobre o ato de vontade, o dispositivo da decisão. Dessa forma, os elementos puramente lógicos da sentença – as premissas jurídicas e a convicção sobre os fatos – não poderiam jamais condicionar a atividade do juiz em processos futuros, ao passo que a resolução de questões jurídicas prejudiciais somente se tornaria vinculativa a depender de pedido expresso, ou de regra especial que as incorporassem ao objeto do processo.

O que a coisa julgada da modernidade visava a preservar era a regra em concreto, o comando judicial[18], de maneira tal que contradições lógicas entre sentenças – mesmo

---

15. "A indicação do caminho percorrido para chegar logicamente à decisão não lhe aumenta e nem lhe diminui a força jurídica, porque neste ponto a vontade do juiz, que é por excelência um fator de estabilidade do julgado, passa ao primeiro plano, absorvendo em si a força psicológica da argumentação e restando vitoriosa em campo, mesmo quando ocorra que o elemento lógico em que a decisão tem seu substrato não pode resistir aos dardos da crítica. Se de maneira em tudo excepcional as leis modernas permitem que por gravíssimos erros ocorridos no aparelhamento lógico da sentença passada em julgado seja possível romperlhe a força, resta, todavia, assentado que fora de casos taxativamente enumerados, a importância jurídica da argumentação que se encontra na deliberação já pronunciada é nula" (MENESTRINA, Francesco. *La pregiudiciale nel processo civile*. Vienna: Mans, 1904, p. 31).

16. Como assinala Chiovenda, "a coisa julgada é um bem da vida reconhecido ou negado pelo juiz; a preclusão de questões é o expediente de que se serve o direito para garantir o vencedor no gozo do resultado do processo" (*Instituições de direito processual civil*. 3. ed., São Paulo: Saraiva, 1969, v. 1, p. 374).

17. "Sem dificuldade se entende, porém, que admitir a reabertura da discussão judicial, só porque alegue o interessado ter razões ainda não apreciadas, seria reduzir a bem pouco a garantia da coisa julgada, frustrando em larga medida a finalidade prática do instituto". (BARBOSA MOREIRA, José Carlos. A eficácia preclusiva da coisa julgada material no sistema do processo civil brasileiro, In: *Temas de direito processual*: 1ª série. 2. ed. São Paulo: Saraiva, 1988, p. 98-99).

18. Nesse sentido, apesar do intenso debate, convergem as principais definições sobre a natureza da coisa julgada entre os autores mais influentes no Brasil no sentido de que a coisa julgada incide apenas sobre o juízo de mérito anunciado no dispositivo das sentenças definitivas. Enrico Tullio Liebman de início definiu a coisa julgada como uma qualidade dos efeitos da sentença, mas posteriormente, confrontado com o argumento de que os efeitos são intrinsecamente transitórios, adaptou em 1978 sua teoria para sustentar

CAMINHOS E PERSPECTIVAS DA COISA JULGADA **545**

quando verificadas em processos sucessivos entre as mesmas partes – eram aceitas como um preço a ser pago pela independência de convicção do julgador. A contradição prática entre comandos judiciais, por outro lado, se tornava proscrita. Nesses moldes, o postulado tipicamente moderno da simplicidade das formas resultou em uma teoria da coisa julgada que buscou neutralizar as indagações quanto à possível injustiça do comando judicial. E isso resultou em uma disciplina reconhecidamente "minimalista" para o instituto. Não seria equivocado dizer que a teoria moderna da coisa julgada visou a conciliar os valores contrapostos da justiça e da segurança, em decorrência de a experiência ter evidenciado os inconvenientes de que o processo persiga qualquer um desses extremos de forma exacerbada[19].

As vantagens desse modelo, essencialmente ligado ao positivismo jurídico, decorrem de seu fechamento sistêmico, desenhado para permitir um grau maior de operabilidade da função jurisdicional, à medida em que a redução da complexidade do ambiente neutralize incertezas e estabilize expectativas. E na medida em que este e outros sistemas sociais fossem capazes de funcionar de modo satisfatório, o projeto da modernidade previa sua crescente diferenciação, capaz de abrir novas possibilidades para o homem e para a sociedade, dentro de uma ideia norteadora de progresso evolutivo.

5. A RECENTE REVALORIZAÇÃO DOS MOTIVOS NA DISCIPLINA DO JULGADO

O exame dos desenvolvimentos mais recentes da teoria da coisa julgada e da evolução de sua disciplina legal indica a tendência de abrandamento de aspectos centrais da formulação moderna do instituto, até aqui apresentada. Sob um primeiro ângulo, a estabilidade da sentença deixa de ser vinculada à simples autoridade estatal, para se tornar em alguma medida condicionada à qualidade do contraditório exercido no processo em que a questão controvertida foi decidida. Sob um segundo aspecto, registram-se tendências expansivas no âmbito de incidência da coisa julgada, para

---

que a estabilidade incide sobre o "juízo sobre o que foi validamente decidido por intermédio da sentença que representa a disciplina concreta da relação jurídica controvertida" (Efeitos da sentença e coisa julgada. In: In: *Eficácia e autoridade da sentença e outros escritos sobre a coisa julgada*. 4. ed. Rio de Janeiro: Forense, 2007, p. 284). Para Botelho de Mesquita, a coisa julgada incide apenas sobre o elemento declaratório, a conclusão ultima do raciocínio do juiz (*A coisa julgada*. Rio de Janeiro: Forense, 2006, p. 4). Walter Piva Rodrigues sustentou que "a imutabilidade alcança a proteção à disciplina da relação que entre as partes ficou estabelecida na sentença" (*Coisa julgada tributária*. São Paulo: Quartier Latin, 2006, p. 69). Ovídio Batista Da Silva, ao explicar o que entende por eficácia declaratória, afirma que "o juízo de subsunção praticado pelo legislador, ao considerar incidente no caso concreto a regra normativa constante da lei" (*Sentença e Coisa Julgada*: ensaios e pareceres. 4. ed. Rio de Janeiro: Forense, 2003, p. 172).

19. Como assinalou Carnelutti, "a coisa julgada, como uma moeda de ouro, não é ouro de vinte e quatro quilates: se trata de uma liga, em que a verdade é amalgamada com o erro. A verdade formal não é uma outra verdade; mas é menos verdade, um grau de verdade inferior à verdade pura. Mas essa verdade de qualidade inferior tem um curso legal em tudo análogo àquele da moeda: se não é verdade, vale como se fosse verdade; *res judicata pro veritate habetur* não quer dizer apenas que não é verdade, mas que vale como verdade" (*Diritto e processo*. Napoli: Morano, 1958; p. 266).

que novamente se volte a discutir a imunização de questões resolvidas na motivação da sentença. E em um terceiro e último movimento, a preocupação com a justiça da decisão parece se tornar mais intensa, de maneira a se permitir o afastamento da estabilidade sob argumento de erro grave de julgamento, ou ainda pela contrariedade a entendimento jurisprudencial firmado posteriormente. Em todas essas manifestações, o que se percebe é a perda de força do elemento de autoridade na afirmação do julgado, com a correspondente valorização dos fundamentos da decisão como elemento determinante da expansão ou da supressão da coisa julgada.

A partir da ideia de que o contraditório propiciado pelos procedimentos de cognição plena e exauriente consiste em fundamento para a formação da coisa julgada[20], difundiu-se gradualmente o conceito de que existiria relação de causa e efeito entre aquilo que, na concepção moderna, era mera associação decorrente da justificação política das regras processuais que disciplinam a estabilidade da decisão. O contraditório, nessa linha, passa a ser compreendido senão como o elemento determinante, ao menos como um fator de acentuado destaque na determinação da estabilidade do ato decisório[21]. A dialética que governa o contraditório consiste em meio de aproximação do ideal de justiça, e nesse sentido parece que essa tendência almeja a afirmação de uma "verdade processual" que, como já foi muitas vezes assinalado, não é em nenhuma circunstância imune ao erro, por mais ampla que seja a possibilidade de debate.

Isso em nada obstante, a tendência de vinculação da coisa julgada à qualidade do contraditório obteve adesão legislativa pelo Código de Processo Civil de 2015 que, ao prever a possibilidade de formação de coisa julgada sobre questões prejudiciais, estabeleceu como requisito que a fossem elas resolvidas mediante "contraditório prévio e efetivo" (art. 503, §1°). A expressão tem contornos fluídos, evidentemente, o que exige um esforço razoável de interpretação para que se possa determinar o que exatamente se tornará vinculante em um juízo futuro[22]. Essa resolução se tornará assim subordinada à percepção do que seja o mais justo para o caso concreto, em detrimento da segurança dos litigantes, dada a margem que a técnica abre à subjetividade do juiz, influenciada pela habilidade dos advogados.

---

20. Entre outros, WATANABE, Kazuo. *Cognição no processo civil*. 4. ed. São Paulo, Saraiva, 2012, p. 120, TALAMINI, *Coisa julgada e sua revisão*, São Paulo: Ed. Revista dos Tribunais, 2005, p. 54-56.

21. Nesse sentido, Antonio do Passo Cabral sustenta que "a análise das estabilidades no contexto das cadeias de vinculação só pode prosperar se tomar em consideração os fundamentos para os atos processuais, não apenas a relação interna entre motivos e conclusão da própria sentença, mas a *argumentação de todos os atos que condicionaram a decisão final*" (*Coisa julgada e preclusões dinâmicas*: entre continuidade, mudança e transição de posições processuais estáveis. 2. Ed. Salvador: Juspodium, 2014, p. 413).

22. Bruno Vasconcelos Carrilho Lopes se dedicou a enumerar diversos requisitos necessários para classificar determinada prejudicial como "fundamento necessário" suscetível de se tornar coberta pela coisa julgada. (*Limites objetivos e eficácia preclusiva da coisa julgada*. São Paulo: Saraiva, 2012, p. 68-71). Em sentido crítico, diante da mesma complexidade: DELLORE, Luiz. Da ampliação dos limites objetivos da coisa julgada no novo Código de Processo Civil: *quieta non movere*. *Revista de Informação Legislativa*, Brasília, ano 48, n. 190, p. 35-43, abr./jun. 2011.

Em outro dispositivo de interpretação ainda mais incerta, relativo à limitação subjetiva do julgado (art. 506), parte da doutrina vem defendendo o entendimento de que o fato de ter se consumado o exercício do contraditório, em um processo individual, sujeitaria o perdedor à vedação de discutir os fundamentos da decisão em processos subsequentes em que litiguem com pessoas diversas[23]. A coisa julgada, assim, não poderia prejudicar terceiros, mas poderia ser aproveitada em seu benefício, passando o tema da extensão a terceiros a ser governada pela cláusula *secundum eventum litis*.

Poderia se imaginar que esse reforço do elemento lógico na teoria da coisa julgada conduz a um fortalecimento do instituto, e essa é a impressão que se pode ter inicialmente se nos ativermos aos fenômenos de expansão do campo da indiscutibilidade sobre as prejudiciais e ao aproveitamento do julgado por terceiros. Mas justamente porque a fundamentação é sempre aberta a questionamentos ulteriores, a revalorização do elemento lógico abre um flanco que, em última instância, fragiliza a estabilidade das sentenças de mérito.

Essa consequência debilitante da ascensão dos motivos como critério de legitimação pode ser facilmente identificada no debate em torno da "relativização da coisa julgada". Subitamente, a redução da complexidade pela fórmula peremptória da "preclusão do deduzido e do dedutível" passa a se mostrar insatisfatória, e com isso se passa a autorizar a renovação da discussão sobre processos findos a partir de elementos retóricos como o "erro grosseiro", ou a violação a "direito fundamental" ou "grave injustiça"[24]. Do ponto de vista técnico, a ideia da relativização se contrapõe diretamente à eficácia preclusiva da coisa julgada, afastando a premissa de irrelevância do elemento lógico da sentença após o exaurimento dos recursos. As justificativas adotadas são necessariamente vagas e imprecisas, porque a rigor não se

---

23. Para Luiz Guilherme Marinoni, "um dos casos em que a coisa julgada em favor de terceiros se mostra mais relevante é aquele em que alguém pratica ato de que derivam múltiplos fatos danosos. Pense-se num acidente de grandes proporções, que causou danos a inúmeras pessoas. (...). Se há questão respeitante a responsabilidade sobre o dano foi adequadamente discutida pela empresa, há coisa julgada sobre a questão da responsabilidade pelo dano. Assim, numa próxima ação, proposta por outro grupo de pescadores, estará proibida a rediscussão da questão da responsabilidade, devendo ser discutida e determinada apenas a extensão do dano e seu valor pecuniário equivalente" (*Coisa julgada sobre questão, inclusive em benefício de terceiro*. Revista de Processo, n. 259, set. 2016, p. 114). Com temperamentos, também defendem a extensão da coisa julgada para beneficiar terceiros Antonio do Passo Cabral (Breves comentários ao novo Código de Processo Civil, São Paulo. ed. Revista dos Tribunais, 2015, p. 1.305-1.306) e João Francisco Naves da Fonseca (Comentários ao Código de Processo Civil, São Paulo: Saraiva, 2016, v. IX, p. 158)

24. Paulo Otero, propõe a possibilidade de revisão de todas as sentenças pelo critério da contrariedade à Constituição (Ensaio sobre o caso julgado inconstitucional. Lisboa: Lex, 1993, p. 121). Outros autores, como Cândido Rangel Dinamarco (Relativizar a coisa julgada material. Revista Forense, Rio de Janeiro, v. 358, n. 97, nov./dez. 2001), Humberto Theodoro Junior E Juliana Cordeiro De Faria (A coisa julgada inconstitucional e os instrumentos processuais para seu controle. Revista dos Tribunais, São Paulo, n. 795, jan. 2002) e Teresa Wambier e José Miguel Medina (*O dogma da coisa julgada*: hipóteses de relativização. São Paulo: Revista dos Tribunais, 2002, p. 46 e ss.), adotaram formulações mais abertas, recorrendo à figura da grave injustiça da sentença como pressuposto para afastamento da coisa julgada. Paulo Roberto de Oliveira Lima sustenta a expansão a terceiros da decisão como fórmula (*Contribuição à teoria da coisa julgada*. São Paulo: Revista dos Tribunais, 1997, p. 133)

548   MARCO ANTONIO PEREZ DE OLIVEIRA

busca construir uma teoria sistêmica do afastamento da coisa julgada, mas antes de torná-la em todo caso mais aberta e suscetível à argumentação posterior, conforme se reorganiza e se fortalece o sentimento político dirigido à revisão das interpretações jurídicas vigentes em determinado momento histórico.

Para mais além de eventuais casos do que poderíamos chamar de "relativização atípica", a nova lei processual expressamente permitiu o afastamento da coisa julgada em casos de discrepância da decisão com o entendimento do Supremo Tribunal Federal acerca da interpretação da Constituição. Assim, a obrigação reconhecida por sentença condenatória pode ser declarada inexigível em cumprimento de sentença, a partir do argumento de contrariedade do título judicial com o entendimento do tribunal sobre a interpretação de dispositivo constitucional anterior à decisão (art. 525, §12, CPC). Além disso, julgados do Supremo passam a ser considerados como causas supervenientes para rescisão da sentença formada anteriormente à decisão paradigmática (art. 525, §15, CPC). A última hipótese, em particular, é portadora de um notável grau de instabilidade para o sistema processual, pois em última análise submete qualquer sentença a uma cláusula resolutiva implícita que pode emergir a qualquer momento. E nos dois casos se percebe que a questão constitucional, deduzida ou dedutível, passa a ser aceita como argumento para que posteriormente se negue o bem da vida reconhecido pela sentença de mérito transitada em julgado, erigindo essa classe de razões em uma espécie de "sobreargumento" insuscetível de preclusão.

6. A CRISE DA LEGISLAÇÃO E O CONTRADITÓRIO

O processo que está na raiz dessas transformações é muito mais amplo e de certa forma inevitável, pois ele diz respeito à dupla crise que atualmente corrói a legitimidade da legislação e do próprio Estado em nome de quem a jurisdição é exercida. De fato, o paradigma do direito positivo que caracterizou a modernidade sofreu uma gradual erosão ao longo do século XX e início do século XXI, na medida em que ele se mostrou incapaz de adaptar-se à crescente complexidade da sociedade contemporânea. São várias as razões que podem ser apontadas para esse fenômeno, e elas podem ser ligadas tanto à incapacidade da ideia de ordenamento em fornecer segurança, quanto à crítica de seus próprios fundamentos políticos. Comecemos por esses últimos fatores.

O Estado liberal, ao mesmo tempo em que centralizou a produção normativa, propagou um discurso de legitimação que se apoiava na ideia da corporificação de uma "vontade geral"[25] ou de "racionalidade" do legislador, o que tornava sua observância imperativa. A assunção dessa autoridade do conteúdo normativo permitiu o desenvolvimento de uma teoria do direito de perfil objetivista[26], bem como de uma

---

25. ROUSSEAU, Jean Jacques. *O contrato social*: princípios do direito político. 3. ed. São Paulo: Martins Fontes, 1996, p. 20 e ss.

26. A exemplo da teoria pura kelseniana, apoiada em um recorte metodológico que a limitava à análise estrutura da norma jurídica e aos mecanismos de produção normativa e consequente validade formal das leis.

técnica sistemática de aplicação do direito baseada na ideia de subsunção[27], que moldou a jurisdição civil como um meio de reprodução normativa em conflitos concretos, secundário em relação aos órgãos centralizados de produção de leis e regulamentos gerais: disso surge a ideia de dualidade do ordenamento a que aludimos mais cedo. Do ponto de vista funcional, esses dispositivos técnicos e teóricos se dispunham como instrumentos de redução de complexidade da vida social, permitindo a solução dos conflitos baseada mais na autoridade do que no convencimento[28].

No entanto, eventos históricos e mudanças estruturais na organização política das sociedades ocidentais colocaram em xeque os pilares de legitimação do modelo. De um lado, a ascensão dos Estados autoritários que culminou na Segunda Guerra constituiu sem dúvida alguma um golpe à ideia de autoridade moral da lei, segundo a qual ela estaria intrinsecamente voltada a perseguição do bem comum. Mas não apenas isto: a difusão do modelo de bem-estar social, associado a um Estado-administração que atua nas mais diversas frentes da vida social conduziu ao fenômeno da "inflação legislativa", tornando o direito extenso, desordenado, fragmentado em diversos subsistemas pouco ou nada integrados, e flagrantemente irracional[29]. Conquanto extensa, a legislação ainda assim se mostrava incapaz de atender às demandas cruzadas ou antagônicas dos diversos grupos de interesse que passaram a se reunir em torno de pautas específicas e não mais de interesses de classe.

Uma das consequências da incapacidade de arbitramento dos conflitos sociais pelos parlamentos foi a difusão do poder de produção normativa por força da própria legislação[30]: a introdução de conceitos fluídos, cláusulas abertas, e finalmente a

---

(KENSEN, Hans. *Teoria pura do direito*. São Paulo: Martins Fontes, 6. ed., 1998, p. 79 e ss.)

27. Novamente MONTESQUIEU, segundo quem "se os tribunais não devem ser fixos, os julgamentos devem sê-lo a tal ponto que nunca sejam mais do que num texto preciso da lei", pois "se fossem uma opinião particular do juiz, viveríamos em sociedade sem saber precisamente os compromissos que ali assumimos" (Op. cit., p. 170). Desse modo, "os juízes da nação são apenas, como já dissemos, a boca que pronuncia as palavras da lei; são seres inanimados que não podem moderar nem sua força, nem seu vigor" (*Idem*, p. 175)

28. Para Liebman, assim, a autoridade da coisa julgada decorre da conveniência de que se afirme uma "única e imutável formulação da vontade do Estado de regular concretamente o caso decidido" (*Eficácia e autoridade da sentença*, p. 51); segundo Botelho de Mesquita, a coisa julgada é efeito que "a lei atribui à conclusão da sentença em decorrência do fato jurídico do trânsito da sentença em julgado, não importa qual seja o conteúdo do seu elemento declaratório" (*A coisa julgada*, p. 11).

29. Anota Manoel Gonçalves Ferreira Filho que "quanto maior é o número dessas leis, evidentemente é menor a importância dos assuntos por que se preocupam. O grande número, a insignificância de seu objeto, o particularismo de suas intenções, tudo isso gera a desvalorização das leis. E dessa desvalorização resulta a 'liberdade' com que ela é tratada, até pelos juízes" (*Do processo legislativo*. 6. ed. São Paulo: Saraiva, 2009, p. 129).

30. "(...) a política adquiriu o potencial de poder do 'Estado intervencionista', a capacidade de estruturar a sociedade migra do sistema político para os sistemas não políticos da modernização científica, tecnológica e econômica. Uma reversão precária entre política e a não política ocorre. *O político se converte em não político e o não político se converte em político*. Paradoxalmente, essa inversão de papéis atrás de fachadas inalteradas acontece de maneira mais enfática à medida em que é impensada a divisão entre tarefas políticas e não políticas. (...) Acontece uma revolução sob o manto da normalidade, que escapa de qualquer possibilidade de intervenção, mas ao mesmo tempo precisa ser justificada e tutelada perante um público que começa a se tornar crítico" (BECK, Ulrich. *The risk society*: towards a new modernity. London: Sage Publications, 1992, p. 186)

renovação da teoria dos princípios conduziu a uma gradual introdução de elementos de equidade no julgamento de conflitos concretos, pelos quais o juízo político foi pouco a pouco deslocado do centro para a periferia do sistema jurídico, da legislação para a aplicação do direito (dentro ou fora do processo jurisdicional). Nesse ambiente, a aplicação do direito deixou de se limitar à subsunção orientada por um raciocínio lógico-sistemático[31], para se ajustar a um modelo misto que incorpora novamente elementos da tópica, informada pelo raciocínio lógico-argumentativo[32], que anteriormente era reservado apenas aos campos da jurisdição voluntária ou de equidade[33]. Em síntese, parece lícito sustentar que a erosão da crença nos fundamentos legitimadores do Estado moderno resultou na debilitação do princípio da autoridade estatal no processo, e que a partir disso algumas das características próprias do processo simétrico, de um momento histórico anterior, encontraram condições propícias para voltarem à cena.

7. OUTRAS PERSPECTIVAS

As reflexões antecedentes nos mostram que a coisa julgada é um instituto que, como quase todos na teoria do processo, pode ser moldado de maneira bastante maleável segundo o ambiente institucional em que a jurisdição é exercida. Nesse sentido, o conjunto de transformações porque passou o Estado moderno nas últimas décadas – que levam a que se aceite crescentemente a ideia de uma "pós-modernidade" – fornece uma explicação coerente para a revalorização da motivação e do contraditório na disciplina da coisa julgada. Ao mesmo tempo, preocupa a incerteza que essas correntes trazem tanto para a determinação dos contornos em que a sentença se torna indiscutível, como também para a previsão de sua efetiva intangibilidade perante argumentos que se possam considerar idôneos, no futuro, para reabertura da discussão encerrada por uma sentença definitiva.

Uma premissa que nos parece assumir destacada importância, para conciliação dessas forças opostas, está no fato de que a jurisdição civil das democracias liberais como a brasileira, após muito tempo de desenvolvimento científico, finalmente começa a ser tratada como um serviço público. A comunidade adquire a consciência de que se trata de atividade custeada com dinheiro de tributos, prestada por uma

---

31. Bem observa Antonio do Passo Cabral que no contexto contemporâneo "a fundamentação da decisão não é apenas subsunção, como propunha a tese simplista do oposto incompatível, mas um apanhado de raciocínios frequentemente descrito como 'conjunto de fundamentação'" (Op. cit., p. 413)

32. VIEWEG, Theodor. Op. cit., p. 109-116.

33. Na esteira das transformações aqui mencionadas, uma das consequências sistêmicas é a aproximação da jurisdição contenciosa e da jurisdição voluntária (Botelho de Mesquita, José Ignácio. As novas tendências do direito processual: uma contribuição para seu reexame. In: *Teses, estudos e pareceres de processo*. São Paulo: Ed. Revista dos Tribunais, 2005, v. 1, p. 286). Nos Estados Unidos e na Inglaterra essa fusão foi realizada de maneira formal, com a unificação das jurisdições de direito e de equidade (SUBRIN, Stephen. How equity conquered common law: the federal rules of civil procedure in historical perspective. *University of Pennsylvania Law Review*, v. 135:909; JOLOWICZ, John Anthony. *On civil procedure*. Cambridge: Cambridge University Press, 2000, p. 23 e ss.).

CAMINHOS E PERSPECTIVAS DA COISA JULGADA **551**

burocracia remunerada, oferecida em caráter universal pelo Estado em nome do interesse público no acesso à justiça e na efetividade das normas jurídicas formuladas por representantes eleitos da população. Esse ganho de consciência tem, entre suas várias implicações, a de que a jurisdição e o processo devem se amoldar a uma diretriz de eficiência no desempenho de suas funções[34].

Assim, pode muito bem ser verdade que a investigação, caso a caso, da profundidade do contraditório exercido no processo tenha a aptidão de conduzir a um maior grau de justiça na determinação do que deva ser considerado estável e vinculante para o futuro (embora se deva frisar que isso está longe de ser ponto fechado a questionamentos). Mas independentemente disso, uma política de administração de justiça civil que esteja preocupada em mostrar idêntica consideração pelos interesses dos usuários que "aguardam na fila" para terem seus casos julgados deve também meditar quanto tempo e recursos deseja investir na análise de cada caso individual. E nesse sentido, regras simples capazes de reduzir a complexidade das discussões processuais parecem bem-vindas para equilibrar de maneira equitativa os interesses do público interessado na boa fluência do sistema jurisdicional, não apenas da perspectiva interna ao processo, mas também daqueles que aguardam a oportunidade de verem duas demandas apreciadas.

Esses argumentos pragmáticos recomendam que se conserve um modelo "minimalista" de estabilidade das decisões, desencorajando as iniciativas de revisão dos julgados a partir de argumentos não considerados (ainda que de índole constitucional), submetendo a indiscutibilidade de certas decisões a uma avaliação posterior da qualidade do contraditório, ou estendendo motivos de uma sentença a outros processos. Se os fundamentos justificadores do modelo de coisa julgada desenvolvido pelo processo moderno podem ser considerados defasados, sob o *ângulo funcional* a sua qualidade de mecanismo redutor da complexidade social é um valor a ser preservado para que a jurisdição atenda a todos da melhor maneira.

8. REFERÊNCIAS BIBLIOGRÁFICAS

BARBOSA MOREIRA, José Carlos. A eficácia preclusiva da coisa julgada material no sistema do processo civil brasileiro, In: *Temas de direito processual:* 1ª série, 2. ed. São Paulo: Saraiva, 1988.

BECK, Ulrich. *The risk society*: towards a new modernity. London: Sage Publications, 1992.

BOTELHO DE MESQUITA, *A coisa julgada*. Rio de Janeiro: Forense, 2006.

---

34. Observa Remo Caponi que "dado que os recursos do serviço da justiça são – e provavelmente sempre o serão – escassos em frente às necessidades, a efetividade da resposta jurisdicional na controvérsia individual, isto é, a congruidade da resposta à necessidade individual no caso concreto, é uma variável dependente da necessidade de assegurar eficiência do sistema judiciário em seu complexo, isto é, uma alocação tendencialmente ótima dos recursos em face dos resultados médios que o serviço justiça é chamado a realizar na gestão da massa dos processos" (Il principio di proporcionalità nella giustizia civile: prime note sistematiche. *Rivista trimestrale di diritto e procedura civile*, LXV, n. 2, giu. 2011).

_____. As novas tendências do direito processual: uma contribuição para seu reexame. In: *Teses, estudos e pareceres de processo.* São Paulo: Ed. Revista dos Tribunais, 2005, v.1.

CABRAL, Antonio do Passo. *Coisa julgada e preclusões dinâmicas:* entre continuidade, mudança e transição de posições processuais estáveis. 2. Ed. Salvador: Juspodium, 2014.

CAPONI, Remo. Il principio di proporcionalità nella giustizia civile: prime note sistematiche. *Rivista trimestrale di diritto e procedura civile*, LXV, n. 2, giu. 2011.

CARNELUTTI, Francesco. *Diritto e processo.* Napoli: Morano, 1958.

CHIOVENDA, Giuseppe. *Instituições de direito processual civil.* 3. ed., São Paulo: Saraiva, 1969, v. 1.

DELLORE, Luiz Guilherme Pennacchi. Da ampliação dos limites objetivos da coisa julgada no novo Código de Processo Civil: *quieta non movere. Revista de Informação Legislativa*, Brasília, ano 48, n. 190, p. 35-43, abr./jun. 2011.

DINAMARCO, Cândido Rangel. Relativizar a coisa julgada material. Revista Forense, Rio de Janeiro, v. 358, n. 97, nov./dez. 2001.

ESTELLITA, Guilherme. *Da cousa julgada:* fundamento político e extensão a terceiros. Tese. Rio de Janeiro, 1936.

FERREIRA FILHO, Manoel Gonçalves. *Do processo legislativo.* 6. ed. São Paulo: Saraiva, 2009.

FONSECA, João Francisco Naves da. *Comentários ao Código de Processo Civil.* São Paulo: Saraiva, 2016, v. IX.

FRIEDRICH CARL VON SAVIGNY, Friedrich Karl von. *System des heutigen Römischen Rechts*, Bd. 6. Berlin, 1847.

JOLOWICZ, John Anthony. *On civil procedure.* Cambridge: Cambridge University Press, 2000.

KENSEN, Hans. *Teoria pura do direito.* São Paulo: Martins Fontes, 6. ed., 1998.

LIEBMAN, Enrico Tullio. *Eficácia e autoridade da sentença e outros escritos sobre a coisa julgada.* 4. ed. Rio de Janeiro: Forense, 2007.

LOPES, Bruno Vasconcelos Carrilho. *Limites objetivos e eficácia preclusiva da coisa julgada.* São Paulo: Saraiva, 2012.

MARINONI, Luiz Guilherme. *Coisa julgada sobre questão, inclusive em benefício de terceiro.* Revista de Processo, n. 259, set. 2016.

MENESTRINA, Francesco. *La pregiudiciale nel processo civile.* Vienna: Mans, 1904.

MONTESQUIEU, Charles de Secondat, Baron de. *O espírito das leis*, 2. ed. São Paulo: Martins Fontes, 1996.

OTERO, Paulo. *Ensaio sobre o caso julgado inconstitucional.* Lisboa: Lex, 1993

PAGENSTECHER, Max. *Zur lehre von der materiellen rechtkraft.* Berlim: Franz Vahlen, 1904

PICARDI, Nicola. *Jurisdição e processo.* Rio de Janeiro: Forense, 2008

POTHIER, Robert Joseph. *Traité des obligations.* T.1, Bruxelles: Langlet et. Cie., 1835

ROCCO, Alfredo. *La sentenza civile:* studi (ristampa) Milano: Giuffrè, 1962.

RODRIGUES, Walter Piva. *Coisa julgada tributária.* São Paulo: Quartier Latin, 2006.

ROUSSEAU, Jean Jacques. *O contrato social:* princípios do direito político. 3. ed. São Paulo: Martins Fontes, 1996.

SILVA, Ovídio Batista da. *Sentença e Coisa Julgada:* ensaios e pareceres. 4. ed. Rio de Janeiro: Forense, 2003.

SUBRIN, Stephen. How equity conquered common law: the federal rules of civil procedure in historical perspective. *University of Pennsylvania Law Review*, v. 135:909

TALAMINI, *Coisa julgada e sua revisão*, São Paulo: Ed. Revista dos Tribunais, 2005.

TUCCI, José Rogério Cruz e., *Limites subjetivos da eficácia da sentença e da coisa julgada civil*. São Paulo: Ed Revista dos Tribunais, 2006.

VIEHWEG, Theodor. *Tópica e jurisprudência*. Sérgio Antonio Fabris, 2008.

WAMBIER, Teresa Arruda Alvim; MEDINA, José Miguel. *O dogma da coisa julgada*: hipóteses de relativização. São Paulo: Revista dos Tribunais, 2003.

WATANABE, Kazuo. *Cognição no processo civil*. 4. ed. São Paulo, Saraiva, 2012

WEBER, Max. *Economia e sociedade*: fundamentos da sociologia compreensiva. 4. ed. Brasília: Ed. Universidade de Brasília, 2004. v. 1.

O SILÊNCIO DOS "LITIGANTES-SOMBRA" E A VITÓRIA DA EFICIÊNCIA SOBRE O CONTRADITÓRIO NO JULGAMENTO DE CASOS REPETITIVOS

Maria Cecília de Araujo Asperti

Doutora e Mestre em Direito Processual Civil pela Universidade de São Paulo. Professora da Escola de Direito de São Paulo da Fundação Getulio Vargas – FGV Direito SP.

Sumário: 1. Introdução – 2. O processo e as ausências – 3. Técnicas de julgamento de casos repetitivos – 4. Participação e efeitos da tese jurídica – 5. Comparação com a eficácia da sentença e limites da coisa julgada coletiva – 6. Consequências do déficit de participação e de representatividade – 7. Conclusão – 8. Referências bibliográficas.

1. INTRODUÇÃO

Em 31 agosto de 2017, pouco mais de um ano após a entrada em vigor do CPC/2015, foi realizado o julgamento do Incidente de Resolução de Demandas Repetitivas (IRDR) em que foram decididos nove temas relacionados aos requisitos e efeitos do atraso de entrega de unidades autônomas de imóveis em construção, tais como a cláusula de tolerância e parâmetros indenizatórios[1]. As questões a serem então julgadas revestiam-se de inegável importância não somente jurídica (mas também, até mesmo em razão do considerável volume de ações jurídicas pendentes sobre a matéria), mas certamente econômica e social.

Nessa oportunidade, o Professor Piva, enquanto membro da Turma Especial de Direito Privado do Tribunal de Justiça de São Paulo, integrava o corpo de julgadores que iria definir as teses jurídicas acerca das questões afetadas. A despeito da indiscutível repercussão dos temas, estavam presentes apenas representantes dos interesses

---

1. IRDR 0023203-35.2016.8.26.0000, Desembargador Francisco Eduardo Loureiro, julgamento em 31 ago. 2017. Temas decididos: "I. Alegação de nulidade da cláusula de tolerância de 180 dias para além do termo final previsto no contrato; II. Alegação de nulidade de previsão de prazo alternativo de tolerância para a entrega de determinado número de meses (em regra 24 meses) após a assinatura do contrato de financiamento; III. Alegação de que a multa contratual, prevista em desfavor do promissário comprador, deve ser aplicada por reciprocidade e isonomia, à hipótese de inadimplemento da promitente vendedora; IV. Indenização por danos morais em virtude do atraso da entrega das unidades autônomas aos promitentes compradores; V. Indenização por perdas e danos, representada pelo valor locativo que o comprador poderia ter auferido durante o período de atraso; VI. Ilicitude da taxa de evolução de obra; VII. Restituição dos valores pagos em excesso de forma simples ou em dobro; VIII. Congelamento do saldo devedor enquanto a unidade autônoma não for entregue aos adquirentes; e IX. Aplicação da multa do art. 35, parágrafo 5º, da L. 4.591/64 ao incorporador inadimplente".

das incorporadoras e construtoras na sessão, que realizaram suas sustentações orais em defesa da interpretação das cláusulas contratuais em benefício de seus interesses. Não havia um representante sequer dos compradores e consumidores, tampouco os patronos das partes do caso a partir do qual o incidente fora instaurado estavam presentes. Estes também não se manifestaram por escrito no processo, que transcorreu sem qualquer participação significativa por parte de consumidores ou entidades representativas de seus interesses.

Essa ausência foi comentada pelo Professor na sessão, que era acompanhada por poucos interessados presentes na imponente sala do Órgão Especial do Tribunal.

O que representa para o nosso processo civil, calcado nos princípios do contraditório e da participação, essa *ausência*? Parte-se aqui da compreensão de que o contraditório efetivo se traduz em um princípio da participação do processo, como elemento de legitimação da própria atividade jurisdicional[2] para se questionar, então, as consequências desse silêncio dos "litigantes-sombra", em um cenário de crescente um de técnicas de formação provocada de teses jurídicas para casos de grande repercussão.

2. O PROCESSO E AS AUSÊNCIAS

Como afirma Marc Galanter, nós gostamos de acreditar que o sistema legal seria um espaço de remédios e mecanismos que protegeriam os mais desfavorecidos, assegurando uma mitigação de desequilíbrios de poder e, quiçá, uma redistribuição de recursos de forma igualitária[3].

No entanto, em seu mais conhecido artigo, *"Why the haves come out ahead?: Speculations on the limits of legal change"*, de 1978, Galanter já questionava o potencial redistributivo do processo judicial, ao especular que os atores que jogam o "jogo da litigância" possuem capacidades diferentes, o que torna o jogo, muitas vezes, essencialmente desequilibrado[4]. Nesse estudo, propõe a famosa tipologia dos litigantes habituais, que se envolvem, tanto como autores quanto como réus, em disputas similares com frequência, e dos litigantes ocasionais, que apenas recorrem ao sistema de justiça pontualmente. Os primeiros, que geralmente são os atores que possuem mais recursos, teriam significativas vantagens estratégias pelo simples fato de se envolverem com frequência em casos similares, sendo capazes de angariar mais

---

2. Como propoe a importante definição de Elio Fazzalari: "Il 'processo' è un procedimento in cui partecipano (sono abilitati a partecipare) coloro nella cui sfera giuridica l'atto finale à destinato a svolgere effetti: in contraddittorio, e in modo che l'autore dell'atto non possa obliterar le loro attività" (*Istituzioni di diritto processuale*. Padova: CEDAM, 1994, p. 82).

3. GALANTER, Marc. "Acesso à justiça em um mundo de capacidade em expansão". *Revista Brasileira de Sociologia do Direito*, Porto Alegre, ABraSD, v. 2, n. 1, p. 37-49, jan./jun., 2015, p. 46.

4. GALANTER, Marc. "Why the haves come out ahead? Speculations on the limits of legal change". *Law and Society Review*, v. 9, n. 1, p. 95-160, 1974.

O SILÊNCIO DOS "LITIGANTES-SOMBRA"

informações, contratar advogados especializados, manter contatos mais próximos com os funcionários do sistema de justiça, dentre outros[5].

Assim como há jogadores com diferentes capacidades no processo, há também sistemáticas processuais pelas quais são firmados entendimentos sem que aqueles que serão afetados tenham oportunidade ou recursos para participar dos julgamentos pertinentes. Nesses casos, outros atores representam os interesses de partes *ausentes*, como ocorre, por exemplo, na tutela coletiva, sendo essa a premissa teórica para a conformação de modelos de legitimação e de representatividade adequada. É um jogo em que outros jogam em nome daqueles que somente assistem a partida, ou sequer tem conhecimento de que ela está ocorrendo.

Essa plateia silenciosa é composta por "litigantes-sombra", conforme expressão utilizada pelo Ministro Herman Benjamin em seu voto vencido no julgamento do Recurso Especial 911.802-RS[6], a respeito da legalidade da cobrança de tarifa de assinatura básica de telefonia fixa:

> "Não lastimo somente o silêncio de D. Camila Mendes Soares [autora do caso paradigma], mas sobretudo a ausência, em sustentação oral, de representantes dos interesses dos *litigantes-sombra*, todos aqueles que serão diretamente afetados pela decisão desta demanda, uma gigantesca multidão de brasileiros"

A provocação do Ministro Herman Benjamin nos leva a uma investigação sobre uma tendência do direito processual, por ele identificada, em que conflitos coletivos estavam sendo dirimidos pela via de uma ação civil individual, em uma sistemática que acabaria privilegiando a parte mais poderosa dessa relação, no caso, as concessionárias de telefonia[7]. Analisemos, primeiramente, as técnicas de julgamento de casos repetitivos e a observância da tese jurídica firmada por essa via (também aqui referida de tese jurídica repetitiva), para depois compararmos os efeitos dessa tese

---

5. Em trabalhos seguintes, o Galanter associa os litigantes habituais com "pessoas artificiais", entes corporativos que conseguem agir de forma mais completa e competente, de modo propositadamente racional e calculista que o sistema de justiça atribui aos atores que o acessam (GALANTER, Marc. "Planet of the APs: reflections on the scale of law and its users". *Buffalo Law Review.* Vol. 53, Special Edition 2006, n. 5, p. 1369-1417).

6. A Brasil Telecom ingressou com o Recurso Especial indicando violação de dispositivos da Lei 9.472/97; da Resolução n. 85 da Anatel, do Código de Defesa do Consumidor e ao artigo 877 do Código Civil/2002, além de divergência jurisprudencial com julgados oriundos do TJMG. Sustentou, em suma, que os direitos previstos no Código de Defesa do Consumidor não excluem os decorrentes da legislação ordinária preexistente: a Lei Geral das Telecomunicações; que a tarifa mensal não é voltada apenas à cessão de linha ou de terminal telefônico, mas também à infraestrutura fornecida; que o art. 52 da Resolução n. 85 da Anatel, autoriza a cobrança da tarifa de assinatura; e somente cabe a repetição do indébito quando demonstrado o erro do pagamento voluntário, nos termos do atual art. 877 do Código Civil. O caso foi julgado em 18.04.2007 pela Seção Especial do STJ.

7. "Não se resiste aqui à tentação de apontar o paradoxo. Enquanto o ordenamento jurídico nacional nega ao consumidor-indivíduo, sujeito vulnerável, legitimação para a proposição de ação civil pública (Lei 7347/1985 e CDC), o STJ, pela porta dos fundos, aceita que uma demanda individual – ambiente jurídico -processual mais favorável à prevalência dos interesses do sujeito hiperpoderoso (*in casu* o fornecedor de serviço de telefonia) – venha a cumprir o papel de ação civil pública às avessas, pois o provimento em favor da empresa servirá para matar na origem milhares de demandas assemelhadas – individuais e coletivas".

MARIA CECÍLIA DE ARAUJO ASPERTI

com a eficácia da sentença e os limites da coletiva, sempre com o olhar para a participação desses ausentes e para as consequências do seu silêncio.

3. TÉCNICAS DE JULGAMENTO DE CASOS REPETITIVOS

Analisando-se as recentes tendências em termos de reformas processuais, tem-se que, em especial a partir da Reforma do Judiciário e a Emenda Constitucional 45/2004, as mudanças foram significativamente pautadas pela busca por eficiência, efetividade, isonomia e segurança jurídica[8]. São exemplos a prominência de técnicas para formação de provimentos vinculantes (em particular a Súmula Vinculante), de julgamento por amostragem (como os recursos repetitivos), e de filtros processuais, como a repercussão geral e a ampliação dos poderes monocráticos do relator.

Essa lógica, mantida e intensificada pelo CPC/2015, traduz a expectativa de que cabe ao direito processual regrar mecanismos de racionalização da formação e da consolidação de teses capazes de condicionar os julgadores dos órgãos inferiores, por meio de filtros ou de técnicas de sumarização dos julgamentos.

Em verdade, a nova lei processual é bastante enfática nesse sentido. Alça a eficiência à categoria de norma fundamental (artigo 8º) e estipula que os tribunais devem "uniformizar sua jurisprudência e a mantenham estável" (art. 926) e que "os juízes e tribunais observarão" (i) as decisões do Supremo Tribunal Federal em controle concentrado de constitucionalidade; (ii) os enunciados de súmula vinculante; (iii) os acórdãos em incidente de assunção de competência ou de resolução de demandas repetitivas e em julgamento de recursos extraordinário e especial repetitivos; (iv) os enunciados das súmulas do Supremo Tribunal Federal em matéria constitucional e do Superior Tribunal de Justiça em matéria infraconstitucional; e (v) a orientação do plenário ou do órgão especial aos quais estiverem vinculados.

O uso do verbo "observarão" suscita questionamentos sobre um suposto efeito vinculante, ou uma eficácia expandida desses provimentos. Estaríamos adotando com o CPC/2015 um sistema de precedentes?

Uma análise mais detida dos provimentos referidos no artigo 927 leva à conclusão de que denominá-los indistintamente de "precedentes" é uma inadequada simplificação, porquanto seu procedimento de formação e a extensão e vinculação de seus efeitos são notadamente distintos[9]. Há, de um lado, as técnicas de julgamento de casos repetitivos, onde não há necessariamente uma decantação e consolidação do entendimento, mas sim a formulação de uma tese jurídica de forma provocada, a ser aplicada a casos pendentes e futuros. De outro, as súmulas do STJ e do STF, decor-

---

8. "A morosidade dos processos judiciais e a baixa eficácia de suas decisões retardam o desenvolvimento nacional, desestimulam investimentos, propiciam a inadimplência, geram impunidade e solapam a crença dos cidadãos no regime democrático" (I Pacto Republicano, 2004).

9. MARINONI, Luis Guilherme. *Incidente de Resolução de Demandas Repetitivas*. São Paulo: RT, 2016, p. 284-288.

O SILÊNCIO DOS "LITIGANTES-SOMBRA"

rentes de reiterados entendimentos das cortes superiores sobre determinada matéria, mas cuja não observância não enseja o manejo de Reclamação. Há, ainda, as decisões decorrentes do controle concentrado de constitucionalidade, cuja eficácia *erga omnes* já decorre da sua previsão legal na Lei 9.868/1999 (art. 28, Parágrafo Único).

Tomando-se, especificamente, as técnicas processuais de julgamento de casos repetitivos (IRDR e o recurso especial e extraordinário repetitivo, conforme previsto no artigo 928 do CPC), questiona-se se a tese jurídica então consolidada conformaria um precedente propriamente dito. Se assim o fosse, a discussão proposta acerca da participação daqueles que serão afetados pela tese jurídica poderia se esvair de pertinência, na medida em que, por óbvio, é inviável (e descabida) a participação de todos que serão um dia afetados pela aplicação de um precedente no seu processo de formação.

Há, contudo, algumas razões para se defender que a tese jurídica repetitiva não é um precedente propriamente dito.

Primeiramente, as técnicas processuais de julgamento de casos repetitivos possuem uma lógica provocada, tendo por pressuposto a repetição de questão de direito similares em contingentes volumosos de processos ou recursos. Seu intuito não é ser fonte do direito, mas sim racionalizar, ou otimizar o julgamento de um contingente de demandas e recursos, facilitando a padronização decisória de enunciados em formato sumular.

Aliás, nesse tocante fica evidente outra marcante diferença: enquanto os precedentes são extraídos da *ratio decidendi* das decisões dos órgãos julgadores para aplicação futura, no Brasil, as teses jurídicas formadas em julgamento de IRDR e de recursos repetitivos assume um formato tradicional sumular, ou seja, por meio de enunciados sintéticos e abstratos, cuja formulação objetiva, justamente, otimizar sua aplicação em casos futuros[10], tal como um enunciado de texto legal. Ainda que o artigo 984, §4º, disponha que "acórdão [do IRDR] abrangerá a análise de todos os fundamentos suscitados concernentes à tese jurídica discutida, sejam favoráveis ou contrários", tem-se que a tese jurídica em si é formulada tal como uma súmula ou uma ementa, o que difere em muito da sistemática dos precedentes, em que a motivação e os fatos do caso concreto são essenciais para interpretação e aplicação futura da *ratio decidendi*.

Ademais, diferentemente do precedente próprio do sistema da *common law*, em que é no caso subsequente que se reconhece a força normativa do precedente, essas técnicas implicam na formação "forçada" de teses jurídicas, cuja aplicação posterior não decorre do fato de ser prolatada por uma corte superior, ou da qualidade e repercussão do julgamento, mas sim da obrigatoriedade prevista em lei, por meio dos mecanismos que conduzem o julgador a sua aplicação.

---

10. MOREIRA, José Carlos Barbosa. "Súmula, jurisprudência, precedente: uma escalada e seus riscos". *Revista Dialética de Direito Processual*. V. 27, 2005, n. 4, p. 49-58.

Verifica-se que o CPC/2015 propõe uma arquitetura de técnicas que favorecem uma formação mais célere de entendimentos jurisprudenciais e de mecanismos que constrangem o julgador a aplicá-los em casos sucessivos, do que em uma mudança paradigmática propriamente dita. Nesta, talvez a reclamação seja o mecanismo processual de força mais contundente, porquanto permite a cassação do julgado proferido em discordância com o entendimento firmado nas decisões judiciais citadas nos incisos do artigo 988. Tem-se, também, as variadas técnicas que associam teses jurídicas com a sumarização dos julgamentos, como a tutela de evidencia (artigo 311, inciso II); o julgamento de improcedência liminar (artigo 332); e a possibilidade de prolação de decisão monocrática pelo relator caso já haja precedente sobre a matéria versada no recurso (artigo 932, IV e V). Enfim, os artigos 985 e 1.040, inciso II determinam que a tese jurídica formada no julgamento do IRDR ou dos recursos repetitivos seja aplicada aos processos pendentes e aos casos futuros em que a questão de direito sobre a qual versa tenha sido suscitada.

Há, portanto, toda uma sistemática processual engendrada para que a tese jurídica seja aplicada de forma ampla, obstando a rediscussão da questão decidida, que não se confunde, contudo, com o *stare decisis* da *common law*. Uma decisão prolatada em sede de julgamento de casos repetitivos, em sua integralidade, pode ser utilizada futuramente (e circunstancialmente) como um precedente, mas a sua observância não decorre de uma mudança paradigmática propriamente dita, mas sim de uma arquitetura processual calcada em um propósito essencialmente gerencial, e que apenas reproduz uma lógica de gestão que já vem sendo predominante nas reformas processuais há muito.

4. PARTICIPAÇÃO E EFEITOS DA TESE JURÍDICA

Como visto, o IRDR e os recursos repetitivos são voltados essencialmente à promoção de eficiência na prestação jurisdicional, especificamente na gestão da litigiosidade repetitiva, ou litigiosidade de massa, própria dos tempos atuais, engatilhada e fomentada por fatores diversos, como a expansão da sociedade de consumo, ampliação de direitos sociais, proliferação de serviços jurídicos também massificados, avanços tecnológicos que permitem a rápida reprodução de teses jurídicas, dentre outros tantos fatores que devem ser objeto de estudo[11]. É esse o caso, por exemplo, da litigância repetitiva envolvendo o INSS (revisão e concessão de benefícios), bancos (contratos e produtos bancários), empresas de telefonia (cobranças, defeitos na prestação de serviços), dentre outros. Como se vê, tais casos frequentemente envolvem litigantes habituais e litigantes ocasionais estejam em contraposição: Poder Público e cidadão, instituição financeira ou fornecedores em geral contra consumidores, e vice-versa.

---

11. Sobre as causas e contornos da litigiosidade repetitiva no Brasil, confira-se o estudo CUNHA, Luciana Gross; GABBAY, Daniela Monteiro (Coords.). *Litigiosidade, morosidade e litigância repetitiva: uma análise empírica*. São Paulo: Saraiva, 2013. (Série Direito e Desenvolvimento).

O SILÊNCIO DOS "LITIGANTES-SOMBRA" **561**

Além disso, as técnicas em questão, em sua essência, produzem soluções que transcendem o caso individual, na medida em que a tese jurídica firmada deverá ser aplicada a casos pendentes e futuros, independentemente da participação dos sujeitos na definição da tese jurídica, seja quando do julgamento do IRDR, seja no do recurso especial ou extraordinário repetitivo. Em outras palavras, a definição de uma tese jurídica sobre a legalidade de determinada cobrança realizada em grande escala por uma instituição financeira, ou sobre o cálculo de determinado benefício previdenciário, deverá ser aplicada a todos os casos, afetando diretamente os interesses daqueles que são parte em relações jurídicas análogas.

Assim, a intensificação do uso dessas técnicas em nosso sistema nos leva a discussão sobre como esses sujeitos, ou como o Ministro Herman Benjamin denominou de "litigantes-sombra", podem ter seus interesses impactados sem que tenham participado do julgamento que culminou na formação do precedente, seja diretamente, seja por meio de um representante processual, como funcionaria no sistema de legitimação extraordinária do processo coletivo.

Se não estamos diante de um sistema de precedentes, em que medida é possível legitimar a aplicação da tese jurídica a processos pendentes e futuros, sendo que as partes destes – em especial os litigantes ocasionais – não participaram do julgamento que culminou na sua definição? Seria de alguma forma possível comparar esses efeitos da tese jurídica com a autoridade da coisa julgada, cuja limitação é, justamente, calcada no exercício do contraditório no processo?

5. COMPARAÇÃO COM A EFICÁCIA DA SENTENÇA E LIMITES DA COISA JULGADA COLETIVA

O ponto levantado pelo Ministro Herman Benjamin certamente causa perplexidade e nos leva a questionar concepções centrais do processo, dentre estas os próprios limites da coisa julgada, instituto que tradicionalmente converge reflexões sobre as escolhas políticas em matéria de direito processual.

A coisa julgada, individual ou coletiva, remete à autoridade da sentença de que decorre a indiscutibilidade e imutabilidade da conclusão nela prevista (ou de seu efeito declaratório) a partir do trânsito em julgado[12]. Assim como nas ações individuais, nas ações que tratam de direitos difusos, coletivos e individuais homogêneos, o transito em julgado abarca o elemento declaratório da sentença, que se torna imutável em face da relação jurídica exposta no pedido com relação aos legitimados extraordinários podem expor em juízo apenas uma única relação jurídica material, salvo no caso de improcedência por insuficiência de provas[13]. Os efeitos da sentença, para os membros da coletividade, é que são *erga omnes* ou *ultra partes*, mormente

---

12. MESQUITA, José Ignácio Botelho de. "Coisa Julgada no Código do Consumidor". In: *Coisa Julgada*. Rio de Janeiro: Forense, 2004, p. 23.
13. MARINONI, Luiz Guilherme. *Precedentes obrigatórios*, p. 294-297.

pelo fato de que não possuem legitimidade para rediscutir a matéria pela via coletiva, tampouco deduziriam um pedido coletivo, mas sim individual[14].

É resguardado, contudo, seu direito individual de ação, com exceção do litigante individual que tenha optado por atuar como litisconsorte em ação coletiva que verse sobre direitos individuais homogêneos (lógica de *opt in*). Em regra, portanto, a sentença coletiva transitada em julgado apenas beneficia os membros da coletividade (partes materiais ou substituídos) representados pelo legitimado material (ou a parte processual), que podem executar individualmente a sentença coletiva, resguardando-se o direito individual de ação tanto antes do trânsito em julgado, conforme prevê o artigo 104 do Código de Defesa do Consumidor no tocante à litispendência, quanto após este, ressalvada a exceção já mencionada[15].

A eficácia dessa decisão se opera *secundum eventum litis*[16], favorecendo, e nunca prejudicando, os membros da coletividade. Seguindo a sistemática da coisa julgada nas ações individuais – resguardadas as imprecisões técnicas por vezes apontadas[17]

---

14. Como afirma José Ignácio Botelho de Mesquita, essa disposição chega a ser inútil: "Essa norma [do artigo 103 do CDC] segue o sistema do Código de Processo Civil e era desnecessária. A conclusão de que qualquer sentença só se torna imutável e indiscutível com relação ao pedido, identificado pelo objeto e pela causa de pedir. As ações fundadas nos direitos e ações individuais terão sempre objeto e causa de pedir distintos dos das ações coletivas. Nunca poderiam ser por elas prejudicadas (MESQUITA, José Ignácio Botelho de. "Coisa Julgada no Código do Consumidor", p. 37-38).

15. Não se ignora aqui toda a discussão atinente à existência de conexão ou de prejudicialidade entre ações individuais e coletivas, discutida no STJ quando do julgamento do caso da cobrança das tarifas telefônicas no Conflito de Competência 47.731/DF, em 2005, em que voto vencedor do Ministro Teori Zavaski consagrou entendimento contrário à reunião ou suspensão das ações individuais para julgamento de demandas coletivas acerca da mesma matéria ("o pedido de suspensão das ações individuais até o julgamento das ações coletivas, além de estranho aos limites do conflito de competência, não pode ser acolhido, não apenas pela autonomia de cada uma dessas demandas, mas também pela circunstância de que as ações individuais, na maioria dos casos, foram propostas por quem não figura como substituído processual em qualquer das ações coletivas. Suspender o curso dessas ações significa, portanto, negar, na prática, acesso ao Judiciário"). Esse entendimento foi revisto pelo STJ em 2011 quando do julgamento do Recurso Especial Repetitivo 1.110.549/RS, no caso "Projeto Poupança", em que juízes e desembargadores do Tribunal de Justiça do Rio Grande do Sul decidiram suspender todas as ações individuais relativas à expurgos inflacionários de planos econômicos para julgamento das ações coletivas atinentes à matéria. Em seu voto vencedor, o Ministro Sidnei Benetti argumenta pela necessidade de contextualizar a interpretação das regras processuais que regulamentam o processo coletivo a partir das reformas processuais e dos mecanismos de julgamento de casos repetitivos, que priorizam a efetividade e a segurança jurídica por meio da agregação de julgamentos em casos similares ("O enfoque jurisdicional dos processos repetitivos vem decididamente no sentido de fazer agrupar a macrolide neles contida, a qual em cada um deles identicamente se repete, em poucos processos, suficientes para o conhecimento e a decisão de todos os aspectos da lide, de modo a cumprir-se a prestação jurisdicional sem verdadeira inundação dos órgãos judiciários pela massa de processos individuais, que, por vezes às centenas de milhares, inviabilizam a atuação judiciária").

16. Não se ignora o pertinente argumento de José Ignácio Botelho de Mesquita no sentido de que há uma restrição dos limites subjetivos da coisa julgada no âmbito coletivo, porquanto, diversamente do que ocorre entre titulares de ações individuais concorrentes, a improcedência de mérito para o caso de ações calcadas em direitos difusos ou coletivos cercearia a possibilidade de tutela por outros legitimados, mesmo aqueles que não foram parte (MESQUITA, José Ignácio Botelho de. "Coisa Julgada no Código do Consumidor", p. 36-37). Ainda assim, entende-se que essa lógica é mais benéfica para os ausentes, se comparada com a eficácia expandida do precedente.

17. "De tudo o que se expos, pode-se concluir que, em matéria de coisa julgada, o Código de Defesa do Consumidor disse muito e criou muito pouco. O pouco que criou restringiu o sistema vigente em prejuízo dos

O SILÊNCIO DOS "LITIGANTES-SOMBRA" **563**

– parece-nos certo que os limites subjetivos da coisa julgada resguardam o exercício do contraditório, restringindo apenas aqueles que participaram do processo diretamente ou mediante representação[18]. Os membros ausentes da coletividade, assim como os terceiros da lide individual, são apenas beneficiados pela sentença coletiva (artigo 103, §§1°, 2° e 3°, do CDC).

Essa solução é coerente com a ideia de que as sentenças de improcedência não produzem um efeito declaratório negativo, como ensina José Ignácio Botelho de Mesquita, não sendo razoável que a sentença produza um efeito a favor do réu sem que este tenha feito um pedido pela via reconvencional, inclusive declaratório. Afirma o autor, então, que não é a coisa julgada que seria *secundum eventum litis*[19], mas sim a eficácia da sentença ("como não poderia deixar de ser"), o que também se verifica no âmbito das ações coletivas[20].

Como se vê, portanto, a coisa julgada coletiva consiste em uma qualidade de imutabilidade e indiscutibilidade do elemento declaratório da decisão judicial, limitando-se à relação jurídica discutida em juízo. Por consequência, caso seja proposta ação idêntica – ou seja, com as mesmas partes (processuais, no caso do processo coletivo), pedidos e causa de pedir – deverá ocorrer a sua extinção sem resolução de mérito, sendo defeso às partes da relação jurídica em questão rediscutir a matéria decidida na sentença transitada em julgado (artigo 485, V). É basilar que somente às partes que tenham exercido o contraditório sejam estendidos os limites da coisa julgada, como forma de preservar o direito de ação dos terceiros (artigo 506), ou das pessoas ausentes (artigo 103 do CDC).

Já a tese jurídica firmada no julgamento de casos repetitivos não se confina aos limites da relação jurídica em que a decisão judicial é proferida; pelo contrário, nasce, como já dito, justamente com o intuito de ser aplicada subsequentemente em casos diversos, relativos a relações jurídicas distintas que tenham em comum somente a discussão sobre uma mesma questão de direito. A impossibilidade de se rediscutir a questão jurídica decidida não se direciona ao caso paradigma (seja este entendido como caso piloto ou processo modelo)[21], mas sim à interpretação da norma pelos demais julgadores que se depararem com a mesma questão jurídica. O entendimento

---

titulares de direitos difusos e coletivos" (MESQUITA, José Ignácio Botelho de. "Coisa Julgada no Código do Consumidor", p. 42).

18. GIDI, Antonio. *A class action como instrumento de tutela coletiva de direitos: as ações coletivas em uma perspectiva comparada*. São Paulo: RT, 2007, p. 282-283.

19. "(...) os titulares de ações concorrentes são sempre beneficiados pelo julgamento de procedência, porque o efeito da sentença a todos favorece. Atingido o fim a que todas as ações tendem, passa a inexistir interesse processual que justifique a propositura de novas ações; as ações concorrentes simplesmente se extinguem. Em razão disto, a extensão da coisa julgada quando a sentença julgue procedente a ação é totalmente ociosa" (MESQUITA, José Ignácio Botelho de. "Coisa Julgada no Código do Consumidor", p. 35).

20. MESQUITA, José Ignácio Botelho de. "Coisa Julgada no Código do Consumidor", p. 28.

21. Vide tais denominações em CABRAL, Antonio do Passo. "A escolha da causa-piloto nos incidentes de resolução de processos repetitivos" In DIDIER JR., Fredie; CUNHA, Leonardo Carneiro da. *Julgamento de casos Repetitivos*. Coleção Grandes Temas do Novo CPC. Vol. 10. Salvador: JusPodium, 2017, p. 37-64.

poderá ser aplicado a casos diversos, ainda que as partes destes não tenham participado ou sequer tenham conhecimento do julgamento em que se deu a formação da tese.

Essa reflexão nos leva ao ponto mais crucial da pretendida comparação entre a coisa julgada coletiva e os efeitos da decisão proferida em sede de julgamento de casos repetitivos, especificamente do que diz respeito aos interesses dos ausentes.

Como premissa, é necessário relembrar que há toda uma discussão sobre o sistema de legitimação extraordinária no processo coletivo e acerca da representatividade adequada dos interesses dos membros dos grupos tutelados coletivamente[22]. Ainda que a legitimação extraordinária não esteja, certamente, isenta de críticas, e que sejam contundentes os argumentos favoráveis à legitimação de indivíduos como forma de ampliação do alcance e da participação democrática na tutela coletiva[23], fato é que há uma preocupação clara em se proteger os interesses daqueles que não participaram do processo, mas que terão seus interesses nele tutelados, ainda que reste preservado o seu direito individual de ação na eventualidade de um julgamento desfavorável à coletividade.

Essa discussão não parece existir de forma expressiva no âmbito das técnicas de julgamento de casos repetitivos[24]. Não há clareza, sequer, sobre os critérios de escolha do caso representativo da controvérsia, no âmbito dos recursos extraordinário e especial repetitivos ou do IRDR[25].

No entanto, são nesses casos que as preocupações já expressadas acerca do desequilíbrio de poder, recursos e informações. A conformação atual do sistema processual nos remete, portanto, à seguinte situação: alguns litigantes ocasionais de casos aleatoriamente escolhidos ou indicados representarão os interesses de toda uma gama de litigantes ocasionais e de pessoas ausentes, sem que haja qualquer análise sobre sua capacidade ou mesmo sobre sua intenção de fazê-lo.

Ainda assim, como já discutido, a coisa julgada (individual ou coletiva) não vincula os interesses dos terceiros ou ausentes, seguindo-se a mesma lógica da coisa julgada da lide individual e preservando o seu direito individual de ação.

---

22. Confira-se, apenas a título de exemplo: COSTA, Susana Henriques da. "A representação adequada e litisconsórcio – o Projeto de Lei n. 5.139/2009" In GOZZOLI, Maria Clara (coord.). *Em defesa de um novo sistema de processos coletivos: estudos em homenagem a Ada Pellegrini Grinover.* São Paulo: Saraiva, 2010, p. 619-642; e GRINOVER, Ada Pellegrini. "Novas questões sobre a legitimação e a coisa julgada nas ações coletivas" In *O processo – estudos e pareceres.* 2ª ed. São Paulo: DPJ, 2009, p. 266-278.

23. Ver MENDES, Aluísio Gonçalves de Castro; SILVA, Larissa Clare da. "A legitimidade ativa do indivíduo nas ações coletivas" In GRINOVER, Ada Pellegrini (org.) et al. *Processo coletivo: do surgimento à atualidade.* São Paulo: Revista dos Tribunais, 2014, p. 1243-1254; e LANGENEGGER. Natalia. *Legitimidade ativa de pessoas físicas em ações coletivas: incentivos e desincentivos institucionais.* Dissertação de mestrado defendida na Escola de Direito da Fundação Getulio Vargas. São Paulo: 2014.

24. À exceção, confira-se RODRIGUES, Marcelo Abelha. "Técnicas individuais de repercussão coletiva x técnicas coletivas de repercussão individual. Por que estão extinguindo a ação civil pública para a defesa de direitos individuais homogêneos?". In MILARÉ, Édis (Coord.). *Ação civil pública após 30 anos.* São Paulo: Revista dos Tribunais, 2015, p. 555-567.

25. CABRAL, Antônio do Passo. "A escolha da causa-piloto nos incidentes de resolução de processos repetitivos", *Repro 231*, ano 39, maio/2014.

Já a tese jurídica decorrente do julgamento de casos repetitivos deverá ser aplicada a todos os processos e recursos pendentes que versem sobre a questão de direito interpretada e todos os futuros (inclusive as ações coletivas!), além de vincular a aplicação de uma série de mecanismos de sumarização de julgamentos, como já exposto, qualquer que sejam as suas implicações para os litigantes ocasionais ou para os ausentes.

Ou seja, mesmo um julgamento desfavorável a esses litigantes, membros ausentes de uma coletividade cujos interesses são debatidos no julgamento do caso repetitivo, deverá ser aplicado aos processos pendentes e futuros, independentemente de sua participação no processo-modelo ou no recurso representativo da controvérsia.

Poderíamos, em suma, propor as seguintes ponderações no tocante ao contraste entre os limites da coisa julgada, em especial a coletiva, e a tese jurídica decorrente do julgamento de casos repetitivos, sempre com foco nos interesses das pessoas ausentes:

COISA JULGADA COLETIVA	TESE JURÍDICA DECORRENTE DO JULGAMENTO DE CASOS REPETITIVOS
Interesses dos ausentes representados por um legitimado extraordinário	Interesses dos ausentes representado pelas partes dos casos representativos da controvérsia (litigante habitual x litigante repetitivo)
Imutabilidade do efeito declaratório da sentença no caso concreto	Obrigatoriedade de observância de tese jurídica
Projeta-se com relação aos colegitimados para ação coletiva. Para as partes materiais, são os efeitos diretos da sentença que são *erga omnes*, e não a coisa julgada	Projeta-se para toda a sociedade, não se aplicando os conceitos de parte e de terceiros juridicamente interessados
Indivíduo membro da classe ou da coletividade pode ajuizar ação individual.	Aplica-se para todos os casos presentes e futuros, a menos que a parte comprove o *distinguishing*.
Parte ou membro da classe ou da coletividade pode ajuizar nova demanda alegando mudança no quadro fático ou jurídico em relações de trato continuado. Partes ou terceiros podem ajuizar ação rescisória	Entendimento tem de ser revisto pela própria Corte que o firmou, via *overruling* o que pode ser feito de ofício ou mediante provocação do Ministério Público ou da Defensoria Pública

6. CONSEQUÊNCIAS DO DÉFICIT DE PARTICIPAÇÃO E DE REPRESENTATIVIDADE

Voltamos então ao ponto de partida, qual seja, sobre como o sistema processual, por duas vias diferentes – processo coletivo e as técnicas de julgamento de casos repetitivos – lida com os interesses dos litigantes ausentes.

A questão reveste-se de inegável relevância, dado o cenário atual de complexidade e interconexão de relações jurídicas em que conflitos meramente interindividuais, sem qualquer repercussão para além de sua esfera, tornam-se cada vez mais a exceção no Judiciário brasileiro. Nosso sistema não está congestionado de brigas entre vizinhos, mas sim de disputas individuais que repercutem questões fáticas e jurídicas similares[26], cuja apreciação adquire relevantes repercussões sociais, econômicas e políticas.

---

26. É o que aponta o relatório do CNJ conhecido como "100 maiores litigantes", cuja segunda e última edição, de 2012, aponta que mais de 36% de todos os processos ajuizados na Justiça Federal, Estadual e Trabalhista envolvem no polo passivo ou ativo algum dos litigantes listados. O relatório está disponível em < http://

Muito embora as principais justificativas e fundamentos dos mecanismos de julgamento de casos repetitivos sejam a busca por eficiência e segurança jurídica, há quem defensa que esses institutos servem para ampliar o acesso à justiça, inclusive da perspectiva individual, ao permitir a postulação individualizada, promovendo, apenas, a uniformização da interpretação das questões de direito. Antonio do Passo Cabral enxerga, especificamente no IRDR, uma ampliação do acesso à justiça individual, visto que o incidente permite que os indivíduos preservem, em suas demandas individuais, sua identidade e as especificidades de seu caso individual, sendo uma verdadeira parte, e não uma "parte-substituída"[27]. Para o autor, as técnicas de julgamento de casos repetitivos não podem ser consideradas como sucedâneos dos mecanismos de tutela coletiva, mas sim como "meios concorrentes", ou "armas que se somam ao arsenal" que pode ofertar ao jurisdicionado opções para resolver os problemas de representatividade decorrentes do sistema de legitimação extraordinária.

É pertinente examinar esse argumento à luz dos referenciais teóricos próprios da sociologia jurídica, ou da sociologia do processo[28], discutidos logo no início deste escrito. Se no IRDR e nos recursos repetitivos o julgamento da tese jurídica será travado entre litigantes habituais e ocasionais, é preciso investigar como cada um desses atores "navegará" por esses mecanismos. Parece-nos, como já explanado, que os litigantes habituais aferirão consideráveis vantagens nesses julgamentos[29]: são capazes de angariar mais informações sobre a tese jurídica, tanto de viés jurídico, mas também econômico e político, o que permite participar de forma mais eficiente no julgamento do caso repetitivo, inclusive na oportunidade da audiência pública[30]; têm uma visão

---

www.cnj.jus.br/images/pesquisas-judiciarias/Publicacoes/100_maiores_litigantes.pdf>, acesso em 6 mai. 17. Corrobora com esse dado a informação extraída do relatório anual Justiça em Números, também do CNJ, revelando que há quase que uma paridade entre o volume de ações de conhecimento total pendentes no Judiciário (30.099.245 milhões) e execuções fiscais (28.937.316 milhões). A premissa do trabalho, como já exposto, é que as demandas envolvendo os grandes litigantes tendem a versar sobre as mesmas questões fáticas e jurídicas, dado que esses atores se relacionam de forma massificada com o mercado consumidor (entes privados) ou com a sociedade como um todo (entes públicos).

27. "Entretanto, ainda assim não enxergamos o Procedimento-Modelo alemão como daqueles em que há ruptura autoritária com a vontade individual. Isto porque a norma permite ampla participação e possibilidade de influir para os interessados, o que demonstra preocupação com o princípio dispositivo e as estratégias processuais individuais" (CABRAL, Antonio do Passo. "A causa de pedir nas ações coletivas". In: SOUSA, José Augusto Garcia de. (coord.) *A Defensoria Pública e os Processos Coletivos*. Rio de Janeiro: Lumen Juris, 2008, p. 138).

28. Sobre a chave de análise da sociologia do processo, confira-se TRUBEK, David M., "The Handmaiden's Revenge: On Reading and Using the Newer Sociology of Civil Procedure", *51 Law and Contemporary Problems* 111-134 (Fall 1988).

29. Essas vantagens são analisadas a partir das vantagens traçadas por Marc Galanter em seu já mencionado trabalho sobre os litigantes habituais e ocasionais ("Why the haves come out ahead? Speculations on the limits of legal change", p. 98-107).

30. Sobre as audiências públicas, especificamente, é importante notar que no julgamento de casos repetitivos sua realização se dá já nos tribunais superiores ou, quando mundo, nos tribunais de segundo grau, permitindo-se sustentações orais dos representantes inscritos. Litigantes repetitivos podem mobilizar-se com maior facilidade para utilização do recurso dos *amici curiae,* introduzindo em processos de ampla repercussão argumentos técnicos e econômicos a partir de dados e análises muito superiores aos dos litigantes ocasionais, que dificilmente terão os recursos necessários até mesmo para questionar esses dados. O mesmo ocorre nas audiências públicas, que se colocam como espaços de discussão de argumentos economicistas e utilitaristas.

O SILÊNCIO DOS "LITIGANTES-SOMBRA" **567**

panorâmica da litigância, conseguindo manipular de forma mais estratégicas esses instrumentos, suscitando ou pressionando pela escolha de casos representativos da controvérsia que contenham elementos que favoreçam um julgamento mais alinhado com seus interesses; podem contratar advogados mais especializados tanto na matéria de direito material quanto em processo civil, aguçando, ainda mais, a possibilidade de uso estratégico dos instrumentos processuais; e conseguem se fazer presentes nas instâncias superiores e contratar advogados com maior entrada nas cortes para convencimento dos julgadores acerca da tese jurídica[31].

Colocadas essas vantagens, pode se questionar se o processo coletivo é realmente capaz de mitigar esse desequilíbrio, ou ao menos proporcionar que os litigantes ocasionais e ausentes tenham seus interesses adequadamente representados pelo ente legitimado.

Certamente há gargalos sensíveis na tutela coletiva que mesmo os mais de trinta anos da lei de ação civil pública ainda não foram capazes de solucionar. Porém, o que se verifica na comparação entre os efeitos e limites dessa tutela é que, enquanto o processo coletivo reconhece suas limitações de representatividade, incorporando a racionalidade da eficácia da sentença *secundum eventum litis*, não há, no âmbito das técnicas de julgamento de casos repetitivos, sequer uma discussão sobre a necessidade de contraditório efetivo[32] e a representação de interesses[33]. E mais: se pensarmos em representatividade adequada nessa sede, é importante ponderar se o desequilíbrio inerente a esses julgamentos não persistiria – não seriam os representantes dos grandes litigantes mais "adequados" e os representantes dos ausentes?

7. CONCLUSÃO

Para discorrer sobre a participação e os efeitos da tese jurídica firmada no julgamento de casos repetitivos, foi pertinente comparar essas técnicas processuais com

---

À exemplo, confira-se a transcrição da audiência pública realizada no caso de *scoring* de crédito (Recurso Especial Repetitivo 1419697/RS, julgado em 17/11/2014, Relator Ministro Paulo Tarso Sanseverino).

31. A esse respeito são as conclusões da tese de doutorado da autora (ASPERTI, Maria Cecilia de. *Acesso à justiça e técnicas de julgamento de casos repetitivos*. Universidade de São Paulo, 2018).

32. "Para que a decisão de mérito desfavorável proveniente do IRDR seja aplicada vinculativamente aos processos repetitivos, é preciso que o sistema processual brasileiro assegure o devido processo legal e, por consequência, o princípio do contraditório aos litigantes abrangidos pelo incidente processual coletivo. E a única forma de garantir a observância desses princípios constitucionais é permitir o controle judicial da representatividade dos interesses do grupo. A adoção dessa técnica processual nada mais é do que um método de adaptação do princípio constitucional do contraditório ao devido processo legal social ou coletivo" (ABBOUD, Georges; CAVALCANTI, Marcos de Araújo. "Inconstitucionalidade do Incidente de Resolução de Demandas Repetitivas (IRDR) e os riscos ao sistema decisório" In *Revista de Processo*, vol. 240, fev/2015).

33. "(...) não é possível fundamentar teoricamente um modelo processual representativo, sem algum tipo de participação dos titulares do direito. O sistema representativo das *class actions* demonstra concretamente que é viável conciliar representação e participação, potencialidade a qualidade do resultado do litígio para as pessoas que serão verdadeiramente atingidas por ele. Isso não significa negar autonomia ao representante, mas referenciar sua atuação a partir dos interesses e vontades dos ausentes" (VITORELLI, Edilson. O devido processo legal coletivo: dos direitos aos litígios coletivos. São Paulo: RT, 2016, p. 381).

os efeitos da sentença e limites da coisa julgada coletiva. Conclui-se, então, que a tese jurídica repetitiva poderá ter impactos mais contundentes na esfera de direitos dos litigantes ausentes, que não participarão efetivamente do contraditório formado para discussão de tese jurídica que poderá, futuramente, ser aplicada na relação jurídica da qual é parte. Ainda que o litigante ausente não ingresse com demanda futura, fato é que o desfecho do julgamento do caso repetitivo será considerado a "última palavra" sobre questão que lhe afeta.

Se as mudanças introduzidas pelo CPC/2015 não permitem afirmar que se tenha adotado um sistema de precedentes no Brasil, isso não quer dizer que a tese jurídica firmada nessa sede não seja legitimadora de condutas e que não tenha uma significativa repercussão social, econômica e até mesmo política. Como questionar a taxa de corretagem cobrada em empreendimentos imobiliários "na planta" após o julgamento do Recurso Repetitivo sobre a matéria[34]?

Essas ponderações também permitem aduzir que, visando atender às mazelas propaladas da chamada "crise do Judiciário", as escolhas políticas processuais têm se focado mais em eficiência, segurança jurídica e isonomia – aqui traduzida como uniformização de entendimentos, e não necessariamente uma verdadeira igualdade entre partes – do que na ampliação da participação democrática na justiça. O jogo já desigual do processo continua sendo um jogo de poucos, e que é jogado às custas de todos.

Por fim, é importante lembrar a lição do Professor José Ignácio Botelho de Mesquita, para quem "o processo não é instrumento útil para debelar a crise do Poder Judiciário"[35]. Em tempos de anseios imediatistas por mudanças rápidas e milagrosas, talvez seja relevante retomar ensinamentos basilares do processo civil, como os que nos levaram a ter cautela com os limites da coisa julgada, para que a essência do devido processo legal não seja mitigada em prol de uma propalada eficiência gerencial.

8. REFERÊNCIAS BIBLIOGRÁFICAS

ABBOUD, Georges; CAVALCANTI, Marcos de Araújo. "Inconstitucionalidade do Incidente de Resolução de Demandas Repetitivas (IRDR) e os riscos ao sistema decisório" In *Revista de Processo*, vol. 240, fev/2015.

ASPERTI, Maria Cecilia de A. *Meios consensuais de resolução de disputas repetitivas: a mediação, a conciliação e os grandes litigantes do judiciário*. Dissertação de mestrado. Faculdade de Direito da Universidade de São Paulo, 2014.

_____. *Acesso à justiça e técnicas de julgamento de casos repetitivos*. Universidade de São Paulo, 2018.

---

34. Recursos especiais 1551951, 1551956, 1551968 e 1599511, julgados sob o procedimento de recurso especial repetitivo em 24 ago. 2016, também sob relatoria do Ministro Paulo de Tarso Sanseverino.
35. MESQUITA, José Ignácio Botelho de. "A crise do Judiciário e Processo" In *Teses, estudos e pareceres de processo civil*. Vol. 1. São Paulo: RT, 2005, p. 261.

O SILÊNCIO DOS "LITIGANTES-SOMBRA" **569**

CABRAL, Antônio do Passo. "A escolha da causa-piloto nos incidentes de resolução de processos repetitivos", *Repro 231*, ano 39, maio/2014.

CASTELAR, Armando P. (org). *Judiciário e Economia no Brasil.* Centro Edelstein de Pesquisas Sociais. Rio de Janeiro: 2009.

CORTEZ, Izabel de A. *Limites subjetivos e objetivos do precedente vinculante no direito brasileiro.* Dissertação de mestrado. Faculdade de Direito da Universidade de São Paulo. São Paulo, 2016.

COSTA, Susana Henriques da. "A representação adequada e litisconsórcio – o Projeto de Lei n. 5.139/2009" In GOZZOLI, Maria Clara (coord.). *Em defesa de um novo sistema de processos coletivos: estudos em homenagem a Ada Pellegrini Grinover.* São Paulo: Saraiva, 2010, p. 619-642.

CUNHA, Luciana Gross; GABBAY, Daniela Monteiro (Coords.). *Litigiosidade, morosidade e litigância repetitiva: uma análise empírica.* São Paulo: Saraiva, 2013. (Série Direito e Desenvolvimento).

GALANTER, Marc. "Why the haves come out ahead? Speculations on the limits of legal change". *Law and Society Review*, v. 9, n. 1, 1974, p. 95-160.

_____. "Planet of the APs: reflections on the scale of law and its users". *Buffalo Law Review.* Vol. 53, Special Edition 2006, n. 5, p. 1369-1417.

_____. "Acesso à justiça em um mundo de capacidade em expansão". *Revista Brasileira de Sociologia do Direito*, Porto Alegre, ABraSD, v. 2, n. 1, p. 37-49, jan./jun., 2015, p. 37-49.

GIDI, Antonio. *A Class action como instrumento de tutela coletiva de direitos: as ações coletivas em uma perspectiva comparada.* São Paulo: RT, 2007.

GRINOVER, Ada Pellegrini. "Novas questões sobre a legitimação e a coisa julgada nas ações coletivas" In *O processo – estudos e pareceres.* 2ª ed. São Paulo: DPJ, 2009.

LANGENEGGER. Natalia. *Legitimidade ativa de pessoas físicas em ações coletivas: incentivos e desincentivos institucionais.* Dissertação de mestrado defendida na Escola de Direito da Fundação Getulio Vargas. São Paulo: 2014.

MARINONI, Luiz Guilherme. *A coisa julgada inconstitucional.* 2ª Ed. São Paulo: RT, 2010.

_____. *Precedentes obrigatórios.* 2ª Ed. São Paulo: RT, 2011.

_____. "Coisa julgada sobre questão, inclusive em benefício de terceiro". Revista de Processo, vol. 259/2016, p. 97-116, set/2016, DTR/2016/22770.

_____. *Incidente de Resolução de Demandas Repetitivas.* São Paulo: RT, 2016.

MENDES, Aluísio Gonçalves de Castro; SILVA, Larissa Clare da. "A legitimidade ativa do indivíduo nas ações coletivas" In GRINOVER, Ada Pellegrini (org.) et al. *Processo coletivo: do surgimento à atualidade.* São Paulo: Revista dos Tribunais, 2014, p. 1243-1254.

MESQUITA, José Ignacio Botelho de. MESQUITA, José Ignácio Botelho de. "A crise do Judiciário e Processo" In *Teses, estudos e pareceres de processo civil.* Vol. 1, São Paulo: RT, 2005.

_____. *A coisa julgada.* Rio de Janeiro: Forense, 2005.

_____. Coisa Julgada no Código do Consumidor. In: *Coisa Julgada.* Rio de Janeiro: Forense, 2004, p. 21-42.

_____. "Autoridade da Coisa Julgada e a Imutabilidade da Motivação da Sentença", in *Teses, Estudos e Pareceres de Processo Civil.* Vol. 2. São Paulo: RT, 2005.

MOREIRA, José Carlos Barbosa. "Súmula, jurisprudência, precedente: uma escalada e seus riscos". *Revista Dialética de Direito Processual.* V. 27, 2005, n. 4, p. 49-58.

RODRIGUES, Marcelo Abelha. "Técnicas individuais de repercussão coletiva x técnicas coletivas de repercussão individual. Por que estão extinguindo a ação civil pública para a defesa de direitos individuais homogêneos?" In MILARÉ, Édis (Coord.). *Ação civil pública após 30 anos*. São Paulo: Revista dos Tribunais, 2015, p. 555-567.

VITORELLI, Edilson. *O devido processo legal coletivo: dos direitos aos litígios coletivos*. São Paulo: RT, 2016.

FUNDAMENTOS ÉTICOS DA EXIGÊNCIA DE MOTIVAÇÃO DAS DECISÕES JUDICIAIS

Milton Paulo de Carvalho

Doutor e Mestre em Direito Processual pela Faculdade de Direito da Universidade de São Paulo. Professor e Coordenador de cursos de Direito Processual Civil no Centro de Extensão Universitária – Law School, em São Paulo. Membro do Instituto Brasileiro de Direito Processual e do Instituto de Direito Comparado Luso-Brasileiro. Titular da Academia Paulista de Direito e da Academia Paulista de Letras Jurídicas. Ex-Professor Titular de Direito Processual Civil da Faculdade de Direito da Universidade Presbiteriana Mackenzie, em São Paulo. Autor do livro *Do pedido no processo civil*. Advogado.

Sumário: 1. Introdução – 2. O direito subjetivo, o interesse e a pretensão; 2.1. O direito subjetivo; 2.2. O interesse; 2.3. A pretensão – 3. O conflito de interesses – 4. Conceito de motivação ou fundamentação das decisões judiciais – 5. Escopo das decisões dos conflitos de interesses: dar a cada um o que é seu para harmonizar o convívio social – 6. Objeto da motivação das decisões judiciais e interpretação do pedido – 7. A exigência de motivação no código de processo civil brasileiro. efeitos processuais da ausência de motivação; 7.1. Quanto à enumeração das hipóteses de ausência de motivação; 7.2. Brevíssimas indicações sobre algumas hipóteses.

1. INTRODUÇÃO

O dar a cada um o que é seu – o *suum cuique tribuere* – é a satisfação de um *vínculo de débito*. Daí a locução com origem no direito obrigacional: *prestação jurisdicional*. Assim como o credor reclama o que lhe é devido, os litigantes esperam do titular da jurisdição a decisão que lhes é devida, que corresponde à tutela do direito, seja quando ministrada pela autoridade civil, seja quando por particulares contratados para decidir. A tutela jurisdicional é prestada pelo detentor da jurisdição, este, nos tempos atuais, o Estado; excepcionalmente, em matérias específicas, os disputantes podem investir pessoas do poder de julgar por meio de contrato entre eles celebrado, excluídos os atos de execução do direito que venha a ser pronunciado. Etimologicamente, *ius-dicere,* jus-dizer, substantivado para *iurisdictio*, jurisdição, ou dicção do direito.

Estas notas têm em mira realçar o conteúdo ético da exigência de motivação das decisões judiciais, oriundo do respeito à dignidade da pessoa humana. O objetivo é mostrar como atua e importa, na mesma intensidade das razões de direito público, o conteúdo privatístico do tema, realce ao nosso ver oportuno e necessário diante da hipertrofia coletivista que ofusca atualmente o valor da dignidade pessoal sob vários ângulos de visão.

Por que aquela prestação jurisdicional há de ser motivada? No que consistirá tal motivação, quando se considera que para a lide judicial ela é devida a todos os litigantes?

Pretende-se com os argumentos que se seguem enfrentar essas indagações, embora se admita que muitas outras restarão irrespondidas. Vale o propósito, animado pela intenção de singela homenagem ao eminente cultor e dedicado mestre de direito processual civil, Professor Walter Piva Rodrigues.

Esclarece-se que todas as noções e conceitos aqui expostos ou considerados o são sob a óptica da sua pertinência ao assunto objeto deste breve estudo, que são os fundamentos éticos da exigência de motivação das decisões judiciais, mesmo que caibam, por si inteiros ou como partes, com maior ou menor propriedade, no enfoque de outros temas jurídicos.

2. O DIREITO SUBJETIVO, O INTERESSE E A PRETENSÃO

2.1. O direito subjetivo

Isolemos pequeno espaço para uma necessária colocação inicial.

Atente-se para esta cronologia: o direito nasce com a sociedade. É natural do homem e do seu meio: *ubi societas, ibi ius*. Os homens buscam o direito para transformá-lo em leis. A inteligência humana encontra o direito na história, na vida diária, nas necessidades vitais do convívio social, em toda parte em que haja no mínimo dois homens. O direito existe, pois, antes da lei. A reta razão indica as regras naturais que convém se transformem em normas positivas. Há normas que nascem do arbítrio humano para atender a contingências do relacionamento social, mas subordinadas às regras primárias do direito natural (p. ex., as mãos de direção no trânsito, certas medidas econômicas, etc.). As normas positivas são o direito posto. A lei, instrumento formal do direito posto, deve exprimir o direito natural, porque este é bom para o homem e para o seu meio; a lei é, pois, expressão do direito.

A lei que é imposta pelo poder que legisla e não provém das fontes do direito natural é espúria, porque nascida do arbítrio. Não se legitima o *iustum quia iussum est* ("é justo porque é mandado"), mas sim o *iussum quia iustum est* ("é mandado porque é justo").

Daí se tira que a noção elementar do que seja um direito (subjetivo) pode alcançar-se pela simples perquirição de, se pela natureza das coisas, o que se diz pertencer a alguém é verdadeiramente devido a essa pessoa,[1] raciocínio que permite apurar a equidade ou iniquidade da própria lei.

---

1. Só a pessoa, compreendido o nascituro, pode ser sujeito de direitos. Assim a pessoa natural como a pessoa moral por ela naturalmente constituída.

2.2. O interesse

Em sentido aplicado pela doutrina do direito processual, interesse é a propensão favorável de um sujeito de direito em relação a um bem da vida. É o vínculo que liga o sujeito a um bem da vida. É um fato natural na existência humana.

É, pretensiosamente com menos imprecisão, segundo a natureza dos homens, a manifestação dos seus sentimentos relativamente aos valores morais e materiais que lhe constituem ou lhe possam constituir o patrimônio jurídico.

2.3. A pretensão

A pretensão é definida como o desejo de subordinação do interesse alheio ao interesse próprio.

A convivência social não se realiza pela colaboração irrestrita e desprendida entre os homens: ao contrário, o concurso, a disputa, ainda que leal e não traumatizante, caracteriza a tendência de indivíduos e grupos, impulsionando, até mesmo, o progresso material das comunidades quando os interesses dos indivíduos ou dos grupos pelos bens da vida mantêm-se em concorrência leal e ordenada. Todavia, momentos há em que os concursos de interesses não se resolvem pacificamente, ou porque não se atende à pretensão legítima ou porque a pretensão é contra o direito. Surge o conflito de interesses.

3. O CONFLITO DE INTERESSES

Como se vê, o conflito também está na natureza da sociedade dos homens.

Daí que cabe à autoridade estatal assumir a tarefa da sua solução como uma das mais relevantes de que se possa desincumbir, porque ela se destina ao *homem*, cuja *dignidade* é um dos fundamentos mesmos da existência do próprio Estado, como proclama a sua Lei Maior, no primeiro dos seus dispositivos: "Art. 1º. A República Federativa do Brasil, formada pela união indissolúvel dos Estados e Municípios e do Distrito Federal, constitui-se em Estado Democrático de Direito e *tem como fundamentos*: I – a soberania; II – a cidadania; III – a *dignidade da pessoa humana*; IV – os valores sociais do trabalho e da livre iniciativa; V – o pluralismo político."

Veja-se que a norma não encerra um princípio programático ou ideológico. Não afirma que o Estado brasileiro tem por objetivo "preservar" ou "alcançar" a dignidade da pessoa humana. Não. Afirma que ele mesmo, Estado, reconhece a dignidade da pessoa humana e *nela se assenta*, tendo-a como *um dos seus fundamentos*. Ora, também não é de esquecer-se que a pessoa humana é o fim último da sociedade, para a qual todo o direito deve ser criado: *omne ius hominum causa constitutum est*, como se tem em lição colhida no *Digesto*, de Justiniano.

Do que, por extensão e consequência, se pode tirar que a isonomia tem por supedâneo a dignidade da pessoa humana: somos iguais perante a lei porque somos igualmente dignos, qualquer que seja o nosso nível de cultura, de riqueza material ou de posição no contexto social. A dignidade da pessoa humana reconhecida pelo direito é aquela com a qual ela nasceu desde que nasceu o mundo.

Este raciocínio incidente já leva à conclusão parcial de que, qualquer julgamento, seja o que aprecia o mérito ou o que resolve questão relativa à ordem do juízo (processual), não poderá deixar de considerar a dignidade humana, em razão da qual foi criado o direito mesmo a ser aplicado na decisão.

4. CONCEITO DE MOTIVAÇÃO OU FUNDAMENTAÇÃO DAS DECISÕES JUDICIAIS

Motivar a decisão equipara-se a fundamentá-la. Desde o primeiro código republicano nacional de processo civil, no Brasil, o de 1939, emprega-se o substantivo "fundamento" e o seu deverbal "fundamentar" no estabelecer e no disciplinar os elementos essenciais da sentença[2], os mesmos exigidos para as demais decisões, salvo para os despachos de mero expediente.

Costuma-se comparar a estrutura formal da sentença a um silogismo perfeito, em que a lei – melhor: o direito objetivo – é a premissa maior, a causa de pedir a premissa menor e o dispositivo a conclusão, isto é, a resposta sobre o pedido. Tem-se, em doutrina, salvas respeitáveis opiniões críticas contrárias, como adequada tal estrutura ao traçado usual das decisões no processo civil brasileiro, para o que concorre a fortíssima razão de que o nosso direito escrito é suficientemente abrangente de quase todas as hipóteses a resolver, bastando lobrigar a regra aplicável no interior do emaranhado cipoal legislativo, o que tem parecido não ser impossível a intérpretes percucientes e pacientes.

O trabalho essencial e relevante da jurisdição consiste na apuração dos fatos, no seu entendimento à luz da vida ordinária dos atores no cenário da disputa e na sua subsunção à previsão *in abstracto* pelo direito objetivo. Extrai-se a prova dos fatos constitutivos da causa de pedir com atenção aos fatos jurígenos e dispensando-se a narrativa, assim como a prova, daqueles eventualmente descritos *ad colorandum petitionem*, os quais não poderão ser apreciados como arrimadores do pedido, ainda que sejam úteis ao acolhimento deste à falta dos pertinentes, por não se poderem compreender como objeto da manifestação de vontade do autor. Voltaremos a este ponto logo a seguir, ao tratarmos do objeto da motivação da sentença e interpretação do pedido.

Motivar ou fundamentar a decisão – sentença ou interlocutória – é expor a *ratio decidendi* (razão de decidir) a que chega o magistrado depois de apurada a adequação

---

2. No Cód. Proc. Civil de 1939, art. 280, inciso II; no de 1973, art. 458, inciso II, e no vigente, art. 489, inciso II.

do fato à norma jurídica. É expor a razão por que se está a admitir que a situação de fato exposta pelo requerente é a que a lei prevê para o acolhimento ou desacolhimento, no todo ou em parte, do seu pedido, bem como ao demandado por que se acolhe, no todo ou em parte, a sua resistência ou, para o convencer, da improcedência das suas razões de defesa contra a invocação de tutela feita pelo adversário.

Ajustados os fatos provados ao direito posto – lei, costume, incidência analógica, doutrina ou jurisprudência –, emerge a solução para a hipótese controvertida, que já foi chamada, ao nosso ver incorretamente, de "direito concreto", ou seja, a regra que soluciona a pendência. Na verdade, a norma preexiste, pela antecedência do direito, com ou sem lei que o exprima. A solução encontrada resulta da subsunção da hipótese à previsão normativa genérica.

5. ESCOPO DAS DECISÕES DOS CONFLITOS DE INTERESSES: DAR A CADA UM O QUE É SEU PARA HARMONIZAR O CONVÍVIO SOCIAL

Já se disse que o preceito de dar a cada um o que é seu primeiramente consubstancia um *debitum*. Assim, o principal escopo do provimento jurisdicional é o de fazer atuar concretamente a vontade do direito, dando razão a quem a tem. Um segundo objetivo da avocação da jurisdição pelo Estado destina-se a possibilitar a harmonização do convívio social. Este é consequência do primeiro e só se torna viável se plenamente cumprido aquele. Ou seja: o débito se extingue solucionando-se a controvérsia e fazendo-se calar o vencido, com a presunção de sua convicta conformação. Esta é presunção que o inconformismo combate por meio de juízos rescisórios, instigado e alimentado pela instabilidade da jurisprudência e pela superficialidade das decisões. A autoridade do pronunciamento jurisdicional não basta quando subsiste e resiste a arguição de que a lei não foi invocada para a decisão, que o foi equivocadamente ou que o seu comando foi contrariado pelo *decisum*. Não se pacifica o convívio se não se convence o vencido. A "litigiosidade contida" é um acontecimento social a anuviar a limpidez da coisa julgada.

Pois bem. Pensamos que o direito natural de saber os motivos da decisão, que têm todos os que conflitam, se sobrepõe a qualquer outro direito de que se possa cogitar no passo da decisão de uma causa, seja do Estado para a conformação do decidido ao direito posto, seja para a boa ordem do instrumento do seu trabalho jurisdicional, que é o processo, seja para a satisfação da sua própria vocação quando se caracteriza como "Estado de direito". Porque saber os motivos da decisão participa do exercício do direito público subjetivo de agir e de defender-se, na mesma medida em que participa do direito de, *uti cives*, na qualidade de integrante da sociedade política, saber como a autoridade cumpre o encargo de, com sua decisão, atender aos fins sociais da lei e à exigência do bem comum, como determina a Lei Geral de Aplicação das Normas Jurídicas, no art. 5º. O direito à ciência de todos os motivos da decisão integra o patrimônio privado de cada cidadão como membro da entidade estatal.

Convencer o vencido é um escopo de natureza política, que deriva naturalmente da última decisão judicial; ou da preclusão máxima, na terminologia precisa do direito processual. É o meio, aceito histórica e universalmente, de pôr termo à litigiosidade.

Não se esgotam aí, porém, os fins da exigência de motivação das decisões. Importa sobremaneira para o vencido ter ciência completa e exata das razões do seu sucumbimento também para, combatendo-as, pleitear a sua reforma por um grau de jurisdição hierarquicamente superior. É imprescindível a exposição clara das razões da decisão para o exercício pleno e regular do direito, também natural, de recorrer.

Por isso, quando, diante do recurso destinado a espancar dúvidas, destrinçar contradições ou suprir lacunas encontradiças nos julgados, a resposta não o enfrenta no seu todo, esquivando-se pelo subterfúgio do "efeito infringente" ou apegando-se à *tabula salvationis* da exculpação segundo a qual o juízo não está obrigado a responder a todos os argumentos trazidos pelas partes, tem-se configurada a declinação de julgar, eis que sonegado a elas o seu direito à jurisdição. No sistema processual civil brasileiro, tal fato assume feições ainda mais prejudiciais aos vencidos quando ocorre em segundo grau de jurisdição, pois a eles não resta mais a apreciação da matéria de fato, cabendo-lhes apenas os recursos especiais, destinados só a questões de direito.

Há, pois, que se reconhecer no processo o caráter de autêntico *actus trium personarum*, que enseja ao detentor da jurisdição o exame das alegações e dos fatos destinado à elaboração de adequada motivação das suas decisões. Esta motivação destina-se a levar aos jurisdicionados o conhecimento do verdadeiro direito que rege a relação controvertida. Para dar o direito ao vencedor e convencer plenamente o vencido.

Por fim, atente-se para que a motivação depende de dois requisitos que lhe são verdadeiros integrantes ou pressupostos, sem os quais ela não realiza a sua relevante função processual nem seria conveniente viesse para o processo: o suficiente conhecimento científico do direito, especialmente do direito material aplicável à espécie a decidir, que permita ao julgador distinguir e isolar os instrumentos e recursos processuais que, não se destinando direta e exclusivamente à solução do caso, acabam por impedir a decisão justa no tempo oportuno; e o total domínio dos fatos, interferindo o juiz na produção da prova quando necessário, para apurar a verdade em sua plenitude, uma vez que, justamente para motivar sua decisão, desempenha a grave função de destinatário da prova. Nessa linha, temos sustentado que não há limites temporais, no processo, para a apuração dos fatos por ordem judicial; nessa matéria não há falar em preclusão *pro iudicato*.[3]

---

3. Lembra-se, por pertinente, o disposto no art. 371 do Cód. Proc. Civil: *"O juiz apreciará a prova constante dos autos, independentemente do sujeito que a tiver produzido, e indicará na decisão as razões da formação do seu convencimento."* O juiz é o destinatário da prova, condição que se destina a melhor emitir a motivação da sentença, ou seja, a melhor decidir, como recomenda esse dispositivo.

6. OBJETO DA MOTIVAÇÃO DAS DECISÕES JUDICIAIS E INTERPRETAÇÃO DO PEDIDO

Objeto da motivação das decisões judiciais são as questões de fato e de direito, consoante a letra do *caput* do artigo 489, inciso II, do Cód. Proc. Civil: "São elementos essenciais da sentença: I – o relatório, que conterá os nomes das partes, a identificação do caso, com a suma do pedido e da contestação, e o registro das principais ocorrências havidas no andamento do processo; II – os fundamentos, em que o juiz analisará as questões de fato e de direito; III – o dispositivo, em que o juiz resolverá as questões principais que as partes lhe submeterem."

Por "questões de fato" deve entender-se tudo o que constitui a "parcela da vida" descrita pelo autor na petição inicial, com seus pormenores e à luz da resposta respectiva do réu, também com as suas peculiaridades. Como exemplos poder-se-iam citar: a acusação da prática de ilícito e a contrária alegação de excludente da responsabilidade civil; a imputação de inadimplemento contratual e a contrária alegação de *mora creditoris*. Essas são *quaestiones facti*.

Por "questões de direito" dever-se-á entender e nelas compreender: a) a ressonância jurídica dos fatos, isto é, como os fatos debatidos e provados são disciplinados pelo ordenamento jurídico, assim entendido todo o direito objetivo, escrito e não escrito; e b) as demandas que se resumem no entendimento e aplicação somente do direito, quais sejam as controvérsias sobre a incidência de leis, orientação jurisprudencial, doutrina, princípios constitucionais, etc. Tais são as *quaestiones iuris*.

Há semelhança – provocada pelo uso da nomenclatura técnica – entre os sentidos do termo "fundamento", empregado no artigo 319, inciso III, e no art. 489, II, do Cód. Proc. Civil, um que, ao indicar a causa de pedir como um dos requisitos da petição inicial, enuncia: "o fato e os fundamentos jurídicos do pedido", e outro, há pouco transcrito, ao dar "fundamento" como sinônimo de motivação ou razão de decidir,

Entenda-se, pois: para o ato de incoação do processo, a locução "o fato e os fundamentos jurídicos do pedido" não significa mais do que os fatos *que constituem fundamento jurídico* do pedido; ou seja, o bastante para explicitar a *causa* do que a mesma petição trará a seguir, que é o *pedido*, este, pois, *efeito* dos fatos com ressonância no direito posto.

Analisar as questões de fato não quer dizer analisar e discutir todos os fatos mencionados no processo, mas só os que da causa de pedir ensejarem o pedido. Se em razão de outros, ainda que descritos e provados, for caso de acolher-se o pedido, mas neles este não estiver alicerçado, não se poderá levá-los em consideração.

Pode ocorrer que o autor faça constar, de envolto à narrativa da causa de pedir, uns fatos circunstanciais ou de reforço, destinados, por exemplo, a enfatizar a suposta ilicitude de atos ou omissões do seu adversário, podendo também, eventualmente, ocorrer que algum ou alguns desses fatos secundários venham a ser, de per si, suficientes a constituir fundamento para o atendimento, em tese, do pedido formulado, restando provados estes e não os principais. À luz do art. 293 do Código de Processo Civil de 1973, que determinava fossem "os pedidos interpretados restritivamente",[4] não se poderia conceder procedência a um pedido resultante de fato que não integrasse substancialmente a *causa petendi*, apesar de descrito na petição inicial como argumento de reforço na narrativa dessa causa de pedir e de ter resultado provado durante a instrução (evidentemente por inadvertência do condutor da prova, pericial, testemunhal ou documental, pois tal fato não poderia ser, sequer, objeto da prova). Hoje vigora norma cuja obscuridade pode levar a interpretação destoante do reconhecido caráter liberal do processo civil brasileiro. Reza o art. 322 do Código de Processo Civil: "O pedido deve ser certo. § 1º Compreendem-se no principal os juros legais, a correção monetária e as verbas de sucumbência inclusive os honorários advocatícios. § 2º A interpretação do pedido considerará o conjunto da postulação e observará o princípio da boa-fé."

A disposição desse parágrafo 2º está a exigir entendimento compatível com os caracteres do processo civil brasileiro e com as concepções éticas que se almeja inspirem o nosso direito. Respeitando as opiniões em sentido contrário, achamos inconcebível se pretenda transformar, por meio de um artigo de lei, o *pedido* do processo civil em instrumento publicizado, a servir menos à pessoa, que pede, do que ao Estado, que provê. Dê-se a esse dispositivo o alcance limitado que cabe empregar na interpretação dos atos privados. Estamos no capítulo da formulação do pedido, que é manifestação de vontade.

Redutos que jamais o legislador, a autoridade pública ou quem quer que seja poderá invadir são os da consciência, da inteligência e da vontade da pessoa humana.

E como não se pode adulterar o pedido manifestado pelo autor, não se tolera dê o Estado provisão jurisdicional distinta da pleiteada, a tanto valendo a que recusa a aplicação do preceito jurídico pertinente – *denegatio iustitiae* – quanto a que se apoia em preceito impertinente – decisão *extra petita*.

Apesar da prolixidade que se verifica em inúmeros dispositivos do Código de Processo Civil de 2015, esse, do seu art. 322, § 2º, é de tenebrosa obscuridade: não se tem como atinar com a dimensão e o conteúdo do "conjunto da postulação", ali mencionado. Falando de "conjunto", o legislador estará referindo-se ao que se contém na petição inicial, ao que o réu opôs em contestação, tudo somado ao que o autor trouxe na réplica e o réu na tréplica? Ou só ao que se contém na inicial? Ou o coletivo "conjunto da postulação" não estará englobando o que tiver sobrevindo até à conclusão dos autos para a sentença?

E a recomendação de observância do princípio da boa-fé, a quem é dirigida? Se o intérprete por excelência do pedido é o juiz?

---

4. Dispunha o citado art. 293: "Os pedidos são interpretados restritivamente, compreendendo-se, entretanto, no principal os juros legais."

Somos levados a dar os seguintes sentido e alcance a essa norma do art. 322, §
2º, citado, do Código de Processo Civil: não padecendo de vício grave de redação, a
petição inicial há de ser interpretada literalmente, como soa, não se admitindo analo-
gias nem extensividades na sua compreensão com adição de alegações, argumentos,
pedidos e provas não expressos; jamais se poderá acrescer à causa de pedir fato ou
fatos que o autor não alinhou, muito menos, jamais, pedidos que expressamente
não consignou nem os que, por força de lei, tacitamente decorreriam do formulado.

7. A EXIGÊNCIA DE MOTIVAÇÃO NO CÓDIGO DE PROCESSO CIVIL BRASILEIRO. EFEITOS PROCESSUAIS DA AUSÊNCIA DE MOTIVAÇÃO

O Código de Processo Civil brasileiro há três anos em vigor foi expressivamente
exigente no tocante à motivação das decisões, seguindo, aliás, a tradição de liberdade
do nosso processo civil.[5]

O *caput* do art. 489, acima citado, enumera os elementos considerados *essenciais* da sentença, isto é, aqueles que, *por serem substanciais, dão identidade* a esse ato
capital do processo e sem qualquer dos quais, a rigor, nem de sentença se poderia
falar, enquanto as regras específicas contidas no art. 93, inciso IX, da Constituição da
República, e no art. 11 do Código declaram *nula* a decisão a que falte a motivação.[6]

Norma secundária complementar vem indicar hipóteses de configuração da falta
de motivação. Na medida da exigência contida na primeira parte dos arts. 93, inciso
IX, da Constituição, e 11 e 489, II, do Código de Processo Civil, citados (preceitos
primários), lê-se no § 1º do mesmo art. 489:: "Não se considera fundamentada qualquer decisão judicial, seja ela interlocutória, sentença ou acórdão, que: I – se limitar
à indicação, à reprodução ou à paráfrase de ato normativo, sem explicar sua relação
com a causa ou a questão decidida; II – empregar conceitos jurídicos indeterminados,
sem explicar o motivo concreto de sua incidência no caso; III – invocar motivos que
se prestariam a justificar qualquer outra decisão; IV – não enfrentar todos os argumentos deduzidos no processo capazes de, em tese, infirmar a conclusão adotada
pelo julgador; V – se limitar a empregar precedente ou enunciado de súmula, sem
identificar seus fundamentos determinantes nem demonstrar que o caso sob julgamento se ajusta àqueles fundamentos; VI – deixar de seguir enunciado de súmula,
jurisprudência ou precedente invocado pela parte, sem demonstrar a existência de
distinção no caso em julgamento ou a superação do entendimento."

---

5. Ver nosso opúsculo *O processo civil e a tradição brasileira de liberdade*. São Paulo: Editora Cultor de Livros, 2015.
6. "Art. 93, inciso IX: todos os julgamentos dos órgãos do Poder Judiciário serão públicos, e fundamentadas todas as decisões, sob pena de nulidade, podendo a lei limitar a presença, em determinados atos, às próprias partes e a seus advogados, ou somente a estes, em casos nos quais a preservação do direito à intimidade do interessado no sigilo não prejudique o interesse público à informação".
   "Art. 11. Todos os julgamentos dos órgãos do Poder Judiciário serão públicos e fundamentadas todas as decisões, sob pena de nulidade."

Convenhamos que essa enumeração só por si está a sugerir um aprofundado estudo, que não caberia nos limites destas modestas notas, embora de vital necessidade para entender-se o sentido e o alcance da motivação das sentenças e demais decisões judiciais.

Da mesma forma, os parágrafos 2º e 3º desse artigo 489, com estes teores: "§ 2º No caso de colisão entre normas, o juiz deve justificar o objeto e os critérios gerais da ponderação efetuada, enunciando as razões que autorizam a interferência na norma afastada e as premissas fáticas que fundamentam a conclusão. § 3º A decisão judicial deve ser interpretada a partir da conjugação de todos os seus elementos e em conformidade com o princípio da boa-fé."

Tomamos a liberdade, portanto, de oferecer umas brevíssimas e superficiais referências ao fundamento da regra e somente a alguns pontos desse importante assunto que guardam relação com temas de ética. Reservamo-nos para manifestação mais detida, oportunamente, sobre o mais contido no dispositivo, sob os outros e interessantes aspectos processuais que ele sugere.

7.1. Quanto à enumeração das hipóteses de ausência de motivação

A enumeração taxativa das figuras que caracterizam ausência de motivação na sentença seguramente foi introduzida pelo novo diploma processual civil brasileiro para impedir a violação do dever de motivar, praticada ora sob a alegação de que o juízo não é obrigado a responder a todos os argumentos trazidos pelas partes, ora com a sumária transcrição de textos de lei em lugar do motivo de decidir, ora por outros meios, como se tira da tipificação longa e minuciosa constante desse § 1º do art. 489. Esse rol destina-se a abranger todas as hipóteses de ofensa ao dever de motivar.

Hipóteses haverá, entretanto, de ausência de motivação que não se subsumirão nas figuras elencadas, restando a indagação sobre se não teria sido preferível deixar aos arguentes demonstrar a tal ausência em casos específicos. Embora seja esse mais um problema que o excesso de textos legais provoca, pode supor-se que será mais fácil e prudente cumprir a lei e fundamentar adequadamente a decisão, do que arquitetar um *modus* de sonegar esse cumprimento. Impende, agora, indigitar os casos concretos e fazer cumprir as regras que impõem e guarnecem a necessidade da motivação, quais as do artigo 93, inciso IX, da Constituição da República, e dos arts. 11, *caput*, e 489 do Cód. Proc. Civil. Fica reservada à jurisprudência a grave tarefa do cumprimento dessas normas.

É inadmissível que se releguem também essas importantíssimas leis ao vale das que "não pegam". O direito positivo escrito brasileiro não terá chegado a tal degradação!

7.2. Brevíssimas indicações sobre algumas hipóteses

A seguir, fazemos menção sumária das várias hipóteses caracterizadoras de ausência de motivação em qualquer decisão judicial, "…seja ela interlocutória, sentença ou acórdão", enumeradas nos incisos do § 1º do art. 489 do Cód. Proc. Civil, que ao nosso ver merecem atenção especial por dizerem respeito à eticidade do trabalho judiciário, e às quais pretendemos dedicar novas considerações em breve oportunidade:

Inciso I – "se limitar à indicação, à reprodução ou à paráfrase de ato normativo, sem explicar sua relação com a causa ou a questão decidida."

Inciso II – "empregar conceitos jurídicos indeterminados, sem explicar o motivo concreto de sua incidência no caso."

Inciso III – "invocar motivos que se prestariam a justificar qualquer outra decisão."

As figuras descritas nestes três primeiros incisos podem compreender até casos de declinação da jurisdição. A do inciso III sugere alheamento do *thema decidendum*.

Inciso IV – *"não enfrentar todos os argumentos deduzidos no processo capazes de, em tese, infirmar a conclusão adotada pelo julgador."*

Nítida hipótese de *denegatio iustitiae*. Nela se subsume claramente a decisão que dá pela improcedência do pedido quando este seria procedente se enfrentados os outros argumentos, e principalmente fundamentos, deduzidos pelo autor.

Inciso V – "se limitar a invocar precedente ou enunciado de súmula, sem identificar seus fundamentos determinantes nem demonstrar que o caso sob julgamento se ajusta àqueles fundamentos."

Inciso VI – "deixar de seguir enunciado de súmula, jurisprudência ou precedente invocado pela parte, sem demonstrar a existência de distinção no caso em julgamento ou a superação do entendimento."

O estatuído nos incisos V e VI fala por si, mas sugere considerações que consubstanciarão um novo ensaio.

Por sua vez, o contido nos parágrafos 2º e 3º induz a apreciação ética dos fenômenos consistentes na congérie legislativa e seus efeitos, enquanto o comando sobre a interpretação da decisão judicial refere o método do entendimento do conjunto, igualmente com subordinação à boa-fé, a qual, aliás, deve estar presente em todo o procedimento, do começo ao fim.

7.2. Brevíssimas indicações sobre algumas hipóteses

A REFORMA TRABALHISTA
E O ACESSO À JUSTIÇA DO TRABALHO

Otavio Pinto e Silva

Professor-Associado da Faculdade de Direito da USP. Advogado.

Sumário: 1. Introdução – 2. A petição inicial no Processo do Trabalho – 3. Reforma Trabalhista e as alterações da CLT em matéria processual – 3.1. Quanto aos critérios para a concessão do benefício da gratuidade – 3.2. Quanto aos honorários periciais – 3.3. Quanto aos honorários advocatícios de sucumbência – 3.4. Quanto às custas processuais em caso de arquivamento – 4. Ação direta de inconstitucionalidade 5766 no STF – 5. Parecer técnico do departamento de Direito do Trabalho e da Seguridade Social da Faculdade de Direito da Universidade de São Paulo – 6. Conclusão – 7. Referências bibliográficas.

1.   INTRODUÇÃO

Foi com grande satisfação que recebi o convite para escrever um texto a fim de compor a obra coletiva em homenagem ao professor Walter Piva Rodrigues, pois sempre admirei a sua atuação, tanto em sala de aula, quanto nas atividades profissionais na advocacia e na magistratura.

Além disso, o professor Piva destacou-se também pela sua corajosa e dedicada atuação em defesa da democracia, tendo sido sempre um combatente das causas democráticas, crítico severo das arbitrariedades cometidas pela ditadura civil e militar de 1964.

Resolvi então apresentar algumas reflexões sobre o acesso à Justiça do Trabalho, tendo em vista as alterações introduzidas no direito processual do trabalho pela chamada "reforma trabalhista".

Produzida em meio a uma grave crise política e econômica, a reforma trabalhista se originou de um projeto de lei de iniciativa do Poder Executivo, encaminhado ao Congresso Nacional no final de 2016 pelo Presidente Michel Temer, após a aprovação do impeachment da Presidente Dilma Roussef.

O referido projeto de lei era bem restrito, limitando-se a tratar de poucos temas, como a terceirização, a negociação coletiva, a representação dos trabalhadores nos locais de trabalho.

A tramitação na Câmara dos Deputados resultou na aprovação de um substitutivo que ampliou significativamente os temas abordados, envolvendo mudanças no direito individual do trabalho, no direito coletivo do trabalho e também no direito processual do trabalho.

OTAVIO PINTO E SILVA

Encaminhado ao Senado Federal, o projeto foi apreciado por aquela que deveria cumprir o papel de uma casa revisora no sistema bicameral, mas que o aprovou sem fazer qualquer modificação no texto oriundo da Câmara.

Dessa forma, em julho acabou sendo sancionada a Lei 13.467/17, em meio às turbulências políticas vividas pelo governo diante das graves denúncias de corrupção enfrentadas pelo Presidente Temer (em razão da acusação apresentada pelo Procurador Geral da República, Rodrigo Janot, que naquele momento ainda dependia de apreciação pelo plenário da Câmara dos Deputados).

O que se pretende examinar, assim, são as repercussões que essa alteração legislativa trouxe para o direito fundamental de acesso à justiça.

2. A PETIÇÃO INICIAL NO PROCESSO DO TRABALHO

A petição inicial trabalhista é regulada pelo artigo 840 da CLT, que prevê a possibilidade de ser apresentada de forma escrita ou verbal. Sendo escrita, deve conter a designação do juízo ao qual se dirige, a qualificação do reclamante e do reclamado, uma breve exposição dos fatos de que resulte o dissídio, o pedido, que deverá ser certo, determinado e com indicação de seu valor, a data e a assinatura do reclamante ou de seu representante.

No que concerne ao valor da causa, a Lei 5.584/70, ao instituir o rito sumário, obrigou a sua fixação. Posteriormente, a Lei 9.957/00, que criou o procedimento sumaríssimo, reforçou a necessidade da indicação do valor da causa na petição inicial, ao estabelecer que se sujeitam às suas regras os feitos cujo valor econômico não superem os quarenta salários mínimos.

Por fim, a Lei 13.467/17 passou a exigir que o pedido seja certo, determinado e com indicação de seu valor.

Essas normas legais, na sua simplicidade, sempre atenderam os objetivos do processo do trabalho. Giglio anota que na redação da petição inicial trabalhista o advogado deve expor os fatos de forma selecionada, indicando apenas aqueles essenciais para a adequada compreensão do problema, tendo em vista a constituição dos direitos pleiteados.[1]

Vale dizer, o direito processual do trabalho busca lidar com a petição inicial de uma forma mais direta, simplificada, o que não significa, no entanto, uma liberação de certas formalidades fundamentais. Não por outro motivo, Manoel Antonio Teixeira Filho aponta a existência de três requisitos subjetivos da inicial trabalhista, a saber: 1) precisão; 2) clareza; e 3) concisão.[2]

---

1. GIGLIO, Wagner. *Direito Processual do Trabalho*, São Paulo: Saraiva, 2000, p. 149-151.
2. TEIXEIRA FILHO, Manoel Antonio. *Petição inicial e resposta do réu*. São Paulo: LTr, 1996, p. 33-37.

A REFORMA TRABALHISTA E O ACESSO À JUSTIÇA DO TRABALHO **585**

O requisito da precisão significa que os fatos devem ser narrados com determinação, ou seja, de forma a indicar as particularidades do caso concreto. Se o autor postula o pagamento de horas extras, deve indicar os elementos essenciais para a apuração a respeito, como os horários de início e término da jornada, os intervalos, os dias trabalhados durante a semana, o valor do salário, a existência ou não de controles de ponto e se as anotações constantes desses controles são corretas. Enfim, a petição inicial deve trazer uma precisa exposição dos fatos essenciais, uma vez que a vagueza ou indeterminação dificulta não apenas a resposta do réu como a própria intelecção pelo juiz.

Mas não basta que os fatos sejam precisados; Teixeira Filho, então, também aponta a conveniência de que sejam expostos com clareza, requisito que concerne à inteligibilidade da manifestação do autor, lançada na inicial. É necessário se fazer entender, pois sem clareza não pode haver a adequada comunicação da vontade ou do pensamento. Assim, a linguagem usada no meio forense, sem prejuízo da terminologia técnica que lhe é inerente, deve ser simples, fluir com naturalidade, sem construções empoladas ou difíceis.

Quanto à concisão, trata-se de requisito que consta expressamente do artigo 840, § 1º, da CLT, quando se refere a "uma breve exposição dos fatos de que resulte o dissídio". O autor deve fazer uma espécie de depuramento dos fatos, selecionando os que são relevantes para a causa (e que com ela tenham pertinência), pois "a quantidade de narração deve estar articulada com a necessidade de intelecção dos fatos narrados". [3]

No que se refere ao exercício do controvertido *jus postulandi*, há quem sustente até que, com o desenvolvimento tecnológico, passou a ser possível redesenhar completamente os setores de atermação, de forma a garantir aos cidadãos desprovidos da assistência jurídica de advogados a possibilidade de efetuar suas reclamações diante de *webcams*, enviando-se a gravação diretamente ao magistrado a quem for distribuída a causa. [4]

Entretanto, mais importante do que assegurar a apresentação de reclamação verbal por meio de gravação audiovisual é garantir a assistência jurídica integral ao trabalhador que não disponha de recursos para contratar um advogado, o que precisa ser discutido na perspectiva do efetivo acesso à Justiça – seja por meio do processo judicial, seja por meio de mecanismos alternativos de solução dos conflitos.

A expressão "acesso à justiça" e controvertida e de difícil definição, mas há duas finalidades básicas do sistema jurídico que devem ser observadas: primeiro, que ele seja igualmente acessível a todos; segundo, que ele produza resultados individual e socialmente justos. A justiça social pressupõe o acesso efetivo. [5]

---

3. Id., p. 37.
4. KRUEL, Eduardo. *Processo judicial eletrônico & certificação digital na advocacia*. Brasília: OAB Editora, 2009, p. 252.
5. CAPPELLETTI, Mauro e GARTH, Bryant, *Acesso à justiça*, Porto Alegre: Fabris, 1998, p. 8.

O STF já entendeu que o *jus postulandi* é constitucional, admitindo o seu exercício nos Juizados Especiais, na Justiça do Trabalho, no habeas corpus e na revisão criminal, sustentando se tratar de uma resposta ao anseio social de democratização e facilitação do acesso à jurisdição, que remove empecilhos de ordem econômica incompatíveis com a competência especial desses órgãos do Judiciário.[6]

Mas o que surge agora, com a reforma trabalhista, é o debate sobre possíveis restrições de acesso à Justiça do Trabalho, em razão do teor de algumas das novas normas inseridas na CLT e que possuem repercussões importantes no processo do trabalho. Senão, vejamos.

3. REFORMA TRABALHISTA E AS ALTERAÇÕES DA CLT EM MATÉRIA PROCESSUAL

As alterações da CLT introduzidas pela Lei 13.467/17 atingiram tanto o direito material quanto o processual. Em relação a este último, é importante examinar, especialmente, as mudanças no tocante ao benefício da gratuidade da justiça.

3.1. Quanto aos critérios para a concessão do benefício da gratuidade

O artigo 790, § 3° da CLT facultou aos juízes, órgãos julgadores e presidentes dos tribunais do trabalho de qualquer instância conceder, a requerimento ou de ofício, o benefício da justiça gratuita, inclusive quanto a traslados e instrumentos, àqueles que perceberem salário igual ou inferior a 40% (quarenta por cento) do limite máximo dos benefícios do Regime Geral de Previdência Social. Abandonou-se, assim, o critério anterior, que aludia a "salário igual ou inferior ao dobro do mínimo legal".

Já o § 4° do mesmo artigo 790 consolidado passou a exigir, para a concessão do benefício da justiça gratuita, a comprovação da insuficiência de recursos para o pagamento das custas do processo (quando o texto anterior se limitava a impor a apresentação de declaração, sob as penas da lei, de que o trabalhador não estava em condições de pagar as custas do processo sem prejuízo do sustento próprio ou de sua família).

Observe-se que com a vigência do CPC/2015, o TST editou a Súmula 463 (conversão da Orientação Jurisprudencial 304 da SBDI-1), para prever no inciso I que a partir de 26.06.2017, para a concessão da assistência judiciária gratuita à pessoa natural, basta a declaração de hipossuficiência econômica firmada pela parte ou por seu advogado, desde que munido de procuração com poderes específicos para esse fim (art. 105 do CPC de 2015).

Por ora ainda não houve alteração na referida Súmula, mas não se pode descartar que alguns magistrados venham a defender o seu desuso, em razão da nova redação

---

6. Ação Direta de Inconstitucionalidade 1.539-7-DF, relator Ministro Maurício Correa.

do § 4º do artigo 790 da CLT, sob a fundamentação de que estaria a exigir outra forma de comprovação da insuficiência de recursos para o pagamento das custas do processo, não mais bastando a simples declaração.

Essa é, por exemplo, a interpretação de Manoel Antonio Teixeira Filho, para quem a atual redação do dispositivo legal "eliminou a possibilidade de o benefício da justiça gratuita ser concedido mediante a declaração do próprio interessado de que não se encontra em condições de arcar com as despesas processuais sem detrimento pessoal ou familiar"[7].

3.2. Quanto aos honorários periciais

O art. 790-B da CLT passou a ter nova redação, estabelecendo que a responsabilidade pelo pagamento dos honorários periciais é da parte sucumbente na pretensão objeto da perícia, ainda que beneficiária da justiça gratuita.

Já o § 4º do mesmo artigo agora prevê que somente no caso em que o beneficiário da justiça gratuita não tenha obtido em juízo créditos capazes de suportar a despesa referida no *caput*, ainda que em outro processo, a União responderá pelo encargo.

Homero Batista Mateus da Silva comenta que em muitos casos houve abuso postulatório quanto aos pedidos de adicional de insalubridade, periculosidade ou de indenizações decorrentes de doenças ocupacionais, de forma que a nova norma teria sido uma "consequência flagrante numa reforma aprovada às pressas: retirada dos honorários periciais do âmbito da justiça gratuita e fechamento do cerco às isenções em série que eram e são concedidas".[8]

Observe-se que o TST, antes da reforma trabalhista, havia editado a Súmula 457, para estabelecer que a União é a responsável pelo pagamento dos honorários de perito quando a parte sucumbente no objeto da perícia for beneficiária da assistência judiciária gratuita, mandando observar o procedimento disposto nos artigos 1º, 2º e 5º da Resolução n.º 66/2010 do Conselho Superior da Justiça do Trabalho – CSJT.

Com a nova redação da lei a União continua a ser a garantidora dos honorários periciais, mas apenas após o esgotamento das tentativas de se fazer a cobrança do próprio trabalhador.

3.3. Quanto aos honorários advocatícios de sucumbência

A Lei 13.467/17 introduziu no processo do trabalho a questão da responsabilidade pelo pagamento de honorários advocatícios de sucumbência, impondo-os até mesmo aos beneficiários da justiça gratuita.

---

7. TEIXEIRA FILHO, Manoel Antonio. *O processo do trabalho e a reforma trabalhista*. São Paulo: LTr, 2017, p. 76
8. SILVA, Homero Batista Mateus da. *Comentários à reforma trabalhista*. São Paulo: Editora Revista dos Tribunais, 2017, p. 161

Nesse sentido, agora o artigo art. 791-A da CLT prevê que ao advogado, ainda que atue em causa própria, serão devidos honorários de sucumbência, fixados entre o mínimo de 5% (cinco por cento) e o máximo de 15% (quinze por cento) sobre o valor que resultar da liquidação da sentença, do proveito econômico obtido ou, não sendo possível mensurá-lo, sobre o valor atualizado da causa.

Ao fixar os honorários, o juízo deverá observar: I – o grau de zelo do profissional; II – o lugar de prestação do serviço; III – a natureza e a importância da causa; IV – o trabalho realizado pelo advogado e o tempo exigido para o seu serviço.

No § 4º do art. 791-A passou a constar que se o beneficiário da justiça gratuita for vencido, as obrigações decorrentes de sua sucumbência ficarão sob condição suspensiva de exigibilidade, desde que não tenha obtido em juízo, ainda que em outro processo, créditos capazes de suportar a despesa.

Essas obrigações somente poderão ser executadas se, nos dois anos subsequentes ao trânsito em julgado da decisão que as certificou, o credor demonstrar que deixou de existir a situação de insuficiência de recursos que justificou a concessão de gratuidade. Desse modo, tais obrigações do beneficiário se extinguem após passado esse prazo.

Homero Batista Mateus da Silva pondera que essa solução legislativa é uma quebra de paradigma do processo do trabalho, que sempre buscou o equilíbrio entre partes sabidamente desiguais, decorrentes de uma relação assimétrica. Assim, a nova norma sobre os honorários advocatícios "afastou-se um degrau a mais do princípio da gratuidade e da facilitação do acesso à justiça, mas temos de encarar a realidade de uma época em que o exercício da capacidade postulatória tornou-se uma caricatura de si mesma"[9].

3.4. Quanto às custas processuais em caso de arquivamento

Outro dispositivo polêmico trazido pela reforma trabalhista foi a previsão de pagamento de custas processuais pelo reclamante, na hipótese de sua ausência à audiência que leve ao arquivamento da reclamação trabalhista (§ 2º do artigo 844 da CLT).

Nesse caso, a norma prevê que o reclamante será condenado ao pagamento das custas (calculadas na forma do artigo 789 da Consolidação), ainda que beneficiário da justiça gratuita, salvo se comprovar, no prazo de quinze dias, que a ausência ocorreu por motivo legalmente justificável.

De acordo ainda com o § 3º do referido artigo 844 da CLT, o pagamento das custas a que se refere o § 2º passa a ser condição para a propositura de nova demanda.

Assim, deve o juiz, em caso de ausência injustificada do reclamante, que leve ao arquivamento da ação, abrir prazo de quinze dias para a apresentação de justificativa, sendo cabível a condenação no pagamento de custas apenas se esta não for

---

9. Idem, p. 163

A REFORMA TRABALHISTA E O ACESSO À JUSTIÇA DO TRABALHO **589**

apresentada. Sendo o reclamante beneficiário de justiça gratuita, no entanto, fica a dúvida: poderia o juiz condená-lo no pagamento dessas custas?

Mauricio Godinho Delgado e Gabriela Neves Delgado sustentam que uma interpretação lógico-racional, sistemática e teleológica "conduz à conclusão de que o dispositivo atinge, sim, todos os reclamantes injustificadamente faltosos à audiência inaugural, salvo aqueles que o Poder Judiciário declarar serem beneficiários da Justiça gratuita (art. 5º, LXXIV, CF)", de modo que nessa hipótese a resposta à pergunta seria negativa.[10]

4. AÇÃO DIRETA DE INCONSTITUCIONALIDADE 5766 NO STF

O então procurador-geral da República, Rodrigo Janot, ajuizou Ação Direta de Inconstitucionalidade (ADI) no Supremo Tribunal Federal (STF) em agosto de 2017.

Trata-se da ADI 5766, fundamentada no entendimento de que as alterações introduzidas na CLT impõem "restrições inconstitucionais à garantia de gratuidade judiciária aos que comprovem insuficiência de recursos, na Justiça do Trabalho".

Segundo a tese defendida pelo procurador, as normas violam as garantias constitucionais de amplo acesso à jurisdição e a assistência judiciária integral aos necessitados.

A ação sustenta que com o propósito de desregulamentar as relações trabalhistas e o declarado objetivo de reduzir o número de demandas na justiça, a Lei 13.467/2017 inseriu 96 disposições na CLT, com intensa desregulamentação da proteção social do trabalho e redução de direitos materiais dos trabalhadores.

Assevera que a Constituição de 1988 consagra a garantia de amplo acesso à jurisdição no art. 5º, incisos XXXV e LXXIV, que tratam dos direitos a inafastabilidade da jurisdição e a assistência judiciária integral e gratuita aos necessitados.

Afirma que na contramão dos movimentos democráticos que consolidaram as garantias de amplo e igualitário acesso à Justiça, as normas impugnadas inviabilizam ao trabalhador economicamente desfavorecido assumir os riscos naturais de demanda trabalhista, impondo o pagamento de custas e despesas processuais de sucumbência com uso de créditos trabalhistas auferidos no processo, de natureza alimentar, em prejuízo do sustento próprio e do de sua família.

A ADI requer a declaração de inconstitucionalidade do artigo 790-B da CLT (caput e parágrafo 4º), que responsabiliza a parte sucumbente pelo pagamento de honorários periciais, ainda que beneficiária da justiça gratuita. Na redação anterior da norma, os beneficiários da justiça gratuita estavam isentos; mas com a nova redação, a União somente custeará a perícia quando o beneficiário não tiver auferido

---

10. DELGADO, Mauricio Godinho e DELGADO, Gabriela Neves. *A reforma trabalhista no Brasil*. São Paulo: LTr, 2017, p. 345

créditos capazes de suportar a despesa, "ainda que em outro processo". Assinala que o CPC/15 não deixa dúvida de que a gratuidade judiciária abrange custas, despesas processuais e honorários advocatícios.

O procurador geral também o impugnou o artigo 791-A, que considera devidos honorários advocatícios de sucumbência por beneficiário de justiça gratuita, sempre que tenha obtido em juízo, ainda que em outro processo, créditos capazes de suportar a despesa. A seu ver, a gratuidade judiciária ao trabalhador pobre equivale à garantia inerente ao mínimo existencial compatível com o princípio constitucional da dignidade humana (artigo 1º, inciso III, CF), de modo que ao pleitear na Justiça do Trabalho o adimplemento de direitos trabalhistas, os trabalhadores com baixo padrão salarial buscam satisfazer prestações materiais indispensáveis à sua sobrevivência e à da família.

A ação ainda questiona o dispositivo que responsabiliza o beneficiário da justiça gratuita pelo pagamento de custas caso o processo seja arquivado em razão de sua falta à audiência, até como condição para ajuizar nova demanda (artigo 844, parágrafo 2º), sustentando que o novo CPC, ao tratar da extinção do processo sem julgamento de mérito, atribui ao demandante desistente responsabilidade pelo pagamento de custas e despesas processuais proporcionais, mas não imputa essa responsabilidade ao beneficiário da justiça gratuita.

Quanto ao mérito, requer a declaração de inconstitucionalidade das regras questionadas, de forma a afastar a eficácia da expressão "ainda que beneficiária da justiça gratuita", no caput e no parágrafo 4º do artigo 790-B da CLT; da expressão "desde que não tenha obtido em juízo, ainda que em outro processo, créditos capazes de suportar a despesa," no parágrafo 4º do artigo 791-A da CLT; e da expressão "ainda que beneficiário da justiça gratuita," no parágrafo 2º do artigo 844 da CLT.

Em 10.5.2018 o STF iniciou a apreciação com a apresentação do voto do Ministro Luis Roberto Barroso (Relator), que propôs julgar parcialmente procedente a ação direta de inconstitucionalidade, para assentar interpretação conforme a Constituição, consubstanciada nas seguintes teses:

1. O direito à gratuidade de justiça pode ser regulado de forma a desincentivar a litigância abusiva, inclusive por meio da cobrança de custas e de honorários a seus beneficiários.

2. A cobrança de honorários sucumbenciais do hipossuficiente poderá incidir: (i) sobre verbas não alimentares, a exemplo de indenizações por danos morais, em sua integralidade; e (ii) sobre o percentual de até 30% do valor que exceder ao teto do Regime Geral de Previdência Social, mesmo quando pertinente a verbas remuneratórias.

3. É legítima a cobrança de custas judiciais, em razão da ausência do reclamante à audiência, mediante prévia intimação pessoal para que tenha a oportunidade de justificar o não comparecimento.

A REFORMA TRABALHISTA E O ACESSO À JUSTIÇA DO TRABALHO **591**

Na sequência, o Ministro Edson Fachin proferiu seu voto para declarar a ineficácia dos dispositivos impugnados em razão da integral procedência da ação, quando então o julgamento foi suspenso em razão do pedido de vista dos autos apresentado pelo Ministro Luiz Fux.

A tese do relator, ao que se depreende, é muito original e criativa, pois estabelece condições para o acesso à justiça e o tratamento da gratuidade que, em verdade, não estão na lei. Ao que parece, o ilustre Ministro gostaria de ser um parlamentar para poder legislar.

5. PARECER TÉCNICO DO DEPARTAMENTO DE DIREITO DO TRABALHO E DA SEGURIDADE SOCIAL DA FACULDADE DE DIREITO DA UNIVERSIDADE DE SÃO PAULO

O Departamento de Direito do Trabalho e da Seguridade Social da Faculdade de Direito da Universidade de São Paulo, cumprindo o seu papel institucional de contribuir com a formação do conhecimento a respeito do Direito do Trabalho e do Direito da Seguridade Social, aprovou em 01.05.18 um parecer técnico proposto pelo Professor Associado Jorge Luiz Souto Maior (Chefe do Conselho Departamental), em que manifesta sua posição sobre o conteúdo da ADI 5766 movida pela Procuradoria Geral da República.[11]

A posição do Departamento é firme no sentido da inconstitucionalidade dos artigos 790-B (caput e § 4º), 791-A, § 4º e 844, § 2º da CLT, com as redações que lhes foram dadas pela Lei n. 13.467/17.

O parecer sustenta que "há uma contradição insuperável na intenção do legislador, pois vislumbra dificultar o acesso à justiça exatamente às pessoas para as quais o benefício da assistência judiciária gratuita foi direcionado para que pudessem ter acesso à justiça".

Assim, as previsões legais impugnadas na ADI contrariam a própria essência do instituto da assistência judiciária gratuita e afrontam, literalmente, o inciso LXXIV do art. 5º da CF, quando dispõe: "O Estado prestará assistência jurídica integral e gratuita aos que comprovarem insuficiência de recursos".

Prossegue o parecer lembrando que "no Direito do Trabalho o pressuposto teórico é o do reconhecimento da desigualdade material entre o capital e o trabalho, de modo que aos trabalhadores são garantidos preceitos jurídicos mínimos, como forma de consagração de sua cidadania. Nesse contexto, qualquer forma de impedimento aos trabalhadores, sobretudo àqueles a quem não se possa negar a condição de hipossuficiência econômica, de terem acesso ao Judiciário representa uma ofensa

---

11. Disponível em https://m.facebook.com/story.php?story_fbid=1416363148465507&id=894792277289266, consultado em 29/10/2018

ao projeto constitucional e aos direitos fundamentais que a Constituição reservou aos trabalhadores".

Faz-se referência também ao art. 98 do CPC/15 que conferiu à "pessoa natural ou jurídica, brasileira ou estrangeira, com insuficiência de recursos para pagar as custas, as despesas processuais e os honorários advocatícios" o direito à gratuidade da justiça, que compreende:

I – as taxas ou as custas judiciais;

II – os selos postais;

III – as despesas com publicação na imprensa oficial, dispensando-se a publicação em outros meios;

IV – a indenização devida à testemunha que, quando empregada, receberá do empregador salário integral, como se em serviço estivesse;

V – as despesas com a realização de exame de código genético – DNA e de outros exames considerados essenciais;

VI – os honorários do advogado e do perito e a remuneração do intérprete ou do tradutor nomeado para apresentação de versão em português de documento redigido em língua estrangeira;

VII – o custo com a elaboração de memória de cálculo, quando exigida para instauração da execução;

VIII – os depósitos previstos em lei para interposição de recurso, para propositura de ação e para a prática de outros atos processuais inerentes ao exercício da ampla defesa e do contraditório;

IX – os emolumentos devidos a notários ou registradores em decorrência da prática de registro, averbação ou qualquer outro ato notarial necessário à efetivação de decisão judicial ou à continuidade de processo judicial no qual o benefício tenha sido concedido.

Desse modo, o parecer sustenta que a gratuidade foi estabelecida "para a eliminação de todo o custo do processo que impeça ou dificulte o acesso à justiça, o que não afastou a possibilidade da aplicação de multas processuais ao beneficiário, mas apenas no caso em que este exerça o direito processual de forma abusiva (§ 4º do mesmo artigo)".

Assim, pode-se afirmar que as normas inseridas na CLT pela Lei n. 13.467/17 (e que são objeto da ADI 5766) sugerem que o próprio proveito econômico obtido pelo trabalhador no processo seja utilizado para o pagamento das despesas do processo, incluindo os honorários da parte contrária "estabelecendo, desse modo, objetivamente, um rebaixamento da cidadania dos trabalhadores na comparação com os demais cidadãos em outras relações jurídicas, contrariando a própria essência do Direito do Trabalho".

A redução de litigiosidade buscada pela nova legislação, afirma o parecer do Departamento, está apoiada em artificialismo jurídico: "se, por uma questão de cidadania, a todos, sem distinção, é dado o direito de acesso ao Judiciário e se é entendido que com relação ao pobre existe um obstáculo que precisa ser superado pela assistência judiciária gratuita, para que o princípio isonômico seja concretizado, não se pode fixar o pagamento de honorários prévios e honorários advocatícios a quem é alvo de assistência judiciária gratuita porque isso é o mesmo que negar a essas pessoas o acesso à justiça, diminuindo-lhe a cidadania".

Nesse sentido, o parecer argumenta que "não se pode conceber que uma condição de cidadania já alcançada possa ser reduzida, mesmo por imposição legislativa, sob pena de ferir a cláusula geral de proteção dos direitos fundamentais do não retrocesso, traduzida no Direito do Trabalho pelo princípio da condição mais benéfica, que, inclusive, tem sede constitucional, conforme previsão do "caput" do art. 7º, o qual estabeleceu que os direitos trabalhistas são aqueles que ali se relacionou e quaisquer outros que "visem à melhoria" da condição social dos trabalhadores".

Afinal, não haveria sentido estabelecer custos processuais que possam anular o benefício econômico obtido no processo: afinal de contas, não é o processo que cria direitos ou valores econômicos, mas apenas serve para declarar direitos preexistente e definir os efeitos econômicos da agressão a esses direitos: "Então, se o beneficiário da justiça gratuita aufere algum valor no processo isso diz respeito a uma situação pretérita que, inclusive, já foi avaliada para fins da concessão da assistência judiciária gratuita e que apenas reflete o dano jurídico experimentado decorrente do ato de ilegalidade cometido pela parte contrária, que, inclusive, provocou a propositura da ação".

Considerar que o ganho obtido no processo pelo beneficiário da justiça gratuita possa ser utilizado para pagar despesas do processo e até os honorários advocatícios da parte contrária "é o mesmo que negar a gratuidade integral ao beneficiário que formulou pretensões procedentes, ou seja, àquele que, ao menos em parte, tem razão, e manter a gratuidade integral unicamente para o beneficiário que não tem razão alguma, invertendo a própria utilidade de todo o aparato jurisdicional".

O parecer ainda anota que os critérios inseridos na nova legislação acabariam "beneficiando a quem cometeu a ilicitude, isto porque o reclamante, beneficiário da assistência gratuita, que adquire algum valor no processo, mas sucumbe em outros, teria que pagar o advogado da reclamada (empresa) com o que houve por direito em função da ilegalidade cometida pela reclamada. Assim, parte da ilegalidade é revertida em proveito de quem cometeu o ato ilícito"

Um aspecto importante é ressaltado no parecer, quando assevera que "o proveito econômico obtivo no processo pelo beneficiário da justiça gratuita não serve ao pagamento desses custos do processo pela simples e lógica razão de que fora concedido ao beneficiário tal direito para que não receasse entrar com a ação".

Desse modo, seria possível sustentar a existência de interesse público em não dificultar o acesso à justiça, exatamente para que a autoridade da ordem jurídica, de direito material, seja preservada.

Lembra-se de um caso, que ganhou grande repercussão na mídia em que a trabalhadora foi condenada a pagar R$67.500,00 a um empregador. Na mesma sentença foi reconhecido que durante a vigência da relação de emprego vários direitos trabalhistas tinham sido desrespeitados, resultando em uma condenação da empresa no montante de R$50.000,00. No entanto, como alguns pedidos da reclamante foram julgados improcedentes (em especial um pedido que envolvia o recebimento de indenização por dano moral), todo o ilícito cometido, durante anos, pelo empregador foi perdoado porque a reclamante, na avaliação judicial feita, expressou, na petição inicial, uma pretensão improcedente.

Assim, avalia o Departamento de Direito do Trabalho da USP, "por obra da abstração processual, com aparência de moralização, chegou-se ao resultado de que o infrator contumaz da ordem jurídica cometeu uma infração de muito menor potencial ofensivo do que a reclamante que (mesmo sem ser considerada litigante de má-fé) deduziu uma pretensão improcedente. No caso, o empregador, declaradamente agressor da ordem jurídica trabalhista, não só foi perdoado como também se viu premiado, saindo do processo credor da reclamante, a quem nenhum ato de ilegalidade foi imputado".

Por fim, quanto ao § 2º do art. 844 da CLT, que prevê custas ao beneficiário da justiça gratuita quando se dá o arquivamento do processo pela ausência do reclamante à audiência, o parecer sustenta que o dispositivo pressupõe a má-fé e cria um enorme paradoxo, "porque os motivos para o não comparecimento à audiência podem (e, na prática, em geral, estão) estar ligados à própria insuficiência de recursos do reclamante e não há na lei, como vincula o § 2º do art. 844, uma justificativa que se possa fazer a partir dessa condição, que foi, ademais, a determinante para a concessão do direito ao benefício. Reconhece-se que o reclamante – que, na maior parte das vezes na Justiça do Trabalho é um desempregado – não tem condições econômicas para suportar os custos do processo, mas não se permite que esse mesmo reclamante invoque as dificuldades econômicas (que são de toda ordem) para justificar o seu não comparecimento à audiência".

Desse modo, o parecer conclui pela inconstitucionalidade dos dispositivos atacados pela ADI 5766.

6. CONCLUSÃO

Para concluir essas breves considerações acerca do acesso à Justiça do Trabalho no Brasil, diante das alterações introduzidas na CLT pela reforma trabalhista, pode-se afirmar que o tema é um dos mais sensíveis, crucial para o futuro desse próprio órgão especializado do Poder Judiciário nacional.

Com efeito, as estatísticas inicialmente divulgadas no primeiro ano de vigência da Lei 13.467/17 apontam para uma significativa redução no número de reclamações trabalhistas, que segundo estimativas pode ter atingido um percentual de 40%.

Essa diminuição da quantidade de processos não pode ser atribuída ao cumprimento espontâneo da legislação trabalhista: como aponta Jorge Pinheiro Castelo, é possível que estejamos diante de um fenômeno de "reintrodução do sistema de litigiosidade contida", em que os pobres são tratados "como subclasse excluída que sequer devem ter direito de acesso à justiça"[12].

7. REFERÊNCIAS BIBLIOGRÁFICAS

CAPPELLETTI, Mauro; GARTH, Bryant. *Acesso à justiça*. Porto Alegre: Fabris, 1998.

CASTELO, Jorge Pinheiro. Panorama geral da reforma trabalhista, vol. II. São Paulo: LTr, 2018.

DELGADO, Mauricio Godinho e DELGADO, Gabriela Neves. *A reforma trabalhista no Brasil*. São Paulo: LTr, 2017.

GIGLIO, Wagner. *Direito Processual do Trabalho*. São Paulo: Saraiva, 2000.

KRUEL, Eduardo. *Processo judicial eletrônico & certificação digital na advocacia*. Brasília: OAB Editora, 2009.

MAIOR, Jorge Luiz Souto. *Parecer Técnico sobre a inconstitucionalidade dos artigos 790-B (caput e § 4º), 791-A, § 4º e 844, § 2º da CLT, com a redação que lhes fora dada pela Lei nº 13.467/17*. Disponível em https://m.facebook.com/story.php?story_fbid=1416363148165507&id=894792277289266.

TEIXEIRA FILHO, Manoel Antonio. *Petição inicial e resposta do réu*. São Paulo: LTr, 1996.

_____. *O processo do trabalho e a reforma trabalhista*. São Paulo: LTr, 2017.

SILVA, Homero Batista Mateus da. *Comentários à reforma trabalhista*. São Paulo: Editora Revista dos Tribunais, 2017.

---

12. CASTELO, Jorge Pinheiro. *Panorama geral da reforma trabalhista*, vol. II. São Paulo: LTr, 2018, p. 96

REDIMENSIONANDO A TUTELA JURISDICIONAL

Paulo Eduardo Alves da Silva

Mestre, Doutor e Livre Docente em Direito pela Universidade de São Paulo. Professor da Faculdade de Direito de Ribeirão Preto da USP (FDRP/USP).

Sumário: 1. O redimensionamento contemporâneo da jurisdição e da tutela jurisdicional; 1.1. Introdução – quem, em que e como atua a jurisdição – 2. O redimensionamento do conceito de "tutela jurisdicional" e o escopo geral da resolução de conflitos – 3. Quem presta a tutela jurisdicional? O papel do terceiro intermediador da resolução de conflitos; 3.1. Métodos adequados de resolução das disputas – a jurisdição "privada" contemporânea; 3.2. Arbitragem – a equiparação da tutela jurisdicional privada à estatal; 3.3. Mediação no Brasil: "justiça consensual" e jurisdição "privada" pelo estado – 4. Os escopos da nova jurisdição: proteger direitos, atuar a lei ou resolver conflitos? – 5. Referências bibliográficas.

É uma honra e uma satisfação pessoal poder render uma homenagem ao estimado e cioso Professor Walter Piva Rodrigues. Conheci o Professor Piva na etapa final do meu curso de graduação em direito e chamou-me a atenção o modo como conseguia combinar o zelo técnico processual com uma preocupação mais ampla com o acesso da população ao sistema e os resultados substanciais de justiça que ele deveria promover. Pouco tempo depois, recebi do Professor Piva a oportunidade de desenvolver pesquisas em nível de doutoramento sob sua paciente e compreensiva orientação. Embrenhara-me na complexa questão da internalização de uma racionalidade gerencial no sistema de justiça – por meio do então pouco conhecido mecanismo do "gerenciamento de processos judiciais". Recebi do Professor Piva, além da confiança, a autonomia necessária para atravessar o delicado processo interno de "emancipação acadêmica" que o doutorado desencadeia. Desde então, exerço a pesquisa e a docência em direito sob a constante preocupação de pensar a técnica processual para além de si mesma, a partir do contexto mais amplo e realista da sociedade brasileira. Tenho em muito boa conta e sou deveras grato à oportunidade, a convivência e o exemplo dado pelo Professor Walter Piva.

O texto abaixo apresentado reúne reflexões em torno do fenômeno de diversificação da tutela jurisdicional gerado pela introdução de novos métodos de resolução de disputas – a arbitragem, a conciliação e a mediação. A importância e atualidade do tema, como imagino que recomendaria o Professor Piva, não o eximem de uma análise cuidadosa, ciente de seus potenciais e também de seus limites. O texto foi iniciado há muitos anos, quando os *ADR* começavam a ocupar as políticas públicas e

598 PAULO EDUARDO ALVES DA SILVA

propostas legislativas no Brasil, e revisto e finalizado agora, após a sua consolidação na recente legislação processual civil de 2015. Apesar de hoje conhecermos muito mais sobre o tema, alguns de seus aspectos e seus obstáculos prosseguem um desafio ao exercício profissional e às análises especializadas. Os novos métodos ainda enfrentam dificuldades de sedimentação prática e, do ponto de vista do sistema, ainda não temos um desenho claro de que como fica o direito processual, a jurisdição e o ensino do direito com o ingresso das novas formas de resolução de disputas. Essas preocupações compõem o pano de fundo deste texto, que promete muito mais recolocar as questões do que lhe dar respostas definitivas.

1. O REDIMENSIONAMENTO CONTEMPORÂNEO DA JURISDIÇÃO E DA TUTELA JURISDICIONAL

1.1. Introdução – quem, em que e como atua a jurisdição

Uma premissa fundamental para pensar o direito processual é a compreensão da relação entre as práticas da sociedade e as formas que pode assumir a tutela jurisdicional. A razão de ser e a legitimação política para o exercício da jurisdição estatal decorre justamente da necessidade de as sociedades contemporâneas resolverem seus conflitos de modo racional e justo, em oposição ao rudimentar exercício da autotutela. Este texto visa discutir, não exaustivamente, a relação entre a jurisdição e os chamados "meios alternativos de solução de conflitos" através da evolução do conceito de "tutela jurisdicional". Apoia-se na literatura processual ítalo-brasileira das últimas três décadas e na literatura de países de *common law* sobre os chamados *ADR* (*alternative dispute resolution*).

Compreender o que significa hoje a "tutela jurisdicional" importa saber: a) *quem* presta a tutela, b) o *que* é tutelado e c) *como* ela é realizada. Historicamente, nem sempre o Estado foi o agente responsável por prestar a jurisdição, nem sempre a tutela consistiu na declaração de direitos e muitas foram as formas de tutela jurisdicional e os modos de obtê-la. Permito-me uma surreal ilustração. Se, repentinamente, fossemos visitados por um cidadão romano ou um artesão do século XVI que nos indagasse sobre como solucionamos, hoje, as divergências entre os homens de bem, provavelmente invocaríamos as imagens do Estado, dos direitos subjetivos e do processo judicial. Este insólito diálogo circularia pelas seguintes questões e respostas: "*Quem resolve as disputas?* O Estado – responderíamos. *Como?* Pelo processo judicial. *Como é este processo?* Bem, é um conjunto de regras para que os cidadãos – e o próprio Estado – defendam seus interesses por meio de um diálogo ordenado com o objetivo de convencer, de forma racional, um julgador – que também representa o Estado. *Qual o resultado?* ... (pausa) Em geral, a justiça! – o que se pode traduzir por proteção aos direitos, atuação da lei, paz na sociedade, segurança nas relações jurídicas, resolver em definitivo os conflitos..."

REDIMENSIONANDO A TUTELA JURISDICIONAL **599**

As questões "quem", "o que" e "como" é a tutela jurisdicional conduzem a análises que reputo hoje relevantes para traçar, ainda que não conclusivamente, a feição das relações entre a sociedade e a tutela jurídica. A discussão sobre *quem* oferece a tutela permite explicar como o Estado assumiu o monopólio da jurisdição e como hoje convive com a crescente concorrência de outros agentes, estatais e paraestatais. Discutir *o que* é tutelado permite enquadrar o debate sobre o escopo da jurisdição: proteger os direitos subjetivos, garantir a observância do ordenamento jurídico, promover a paz na sociedade ou algum outro bem geral? O *como* traz ao debate os *modelos processuais* e desenhos procedimentais possíveis e adequados para cada tipo de conflito.

Este artigo se limitará à pergunta "quem presta a tutela jurisdicional", com explícito propósito de discutir a atual interação da jurisdição como os chamados "meios alternativos de solução de conflitos". O eixo do discurso será a evolução do que se tem entendido por "tutela jurisdicional". A hipótese com que o artigo trabalha é a de um novo ciclo de compreensão da jurisdição, mais amplo e diversificado. Por essa razão, o termo "jurisdição" será utilizado genericamente para designar a resolução de conflitos de interesses jurídicos, realizada ou não pelo estado através do processo judicial.

2. O REDIMENSIONAMENTO DO CONCEITO DE "TUTELA JURISDICIONAL" E O ESCOPO GERAL DA RESOLUÇÃO DE CONFLITOS

Tutela jurisdicional é usualmente entendida como a proteção que o Estado oferece por meio da atividade jurisdicional para resolver os conflitos de interesses que surgem na sociedade. Etimologicamente, esta atividade consiste na declaração da existência e titularidade de um direito (*juris-dictio*). Ao fazê-lo, o Estado resolve um conflito de interesses acerca desse direito e, supostamente, produz justiça na situação concreta. Em última análise, a tutela jurisdicional instrumentaliza o escopo de ordenação, pacificação social e realização de justiça de que o direito é incumbido. Diferentemente das atividades legiferante e administrativa do Estado, a jurisdição opera a partir de um conflito de interesses concreto – a lide; mediante provocação dos interessados – a inércia; produzindo um resultado definitivo – definitividade. Sustenta-se, segundo a mesma obra, em alguns princípios gerais: imparcialidade do órgão julgador, investidura e indelegabilidade do poder de julgar, inevitabilidade da autoridade estatal, aderência ao território, juiz natural e a já mencionada inércia.

Esse conceito pode sofrer variações derivadas do que se entender como finalidade da jurisdição – v.g., tutelar direitos subjetivos, atuar a lei ou promover a paz social. A teoria clássica nos sistemas de tradição romano-germânica foi construída sobre a premissa de que a jurisdição visa atuar a lei no caso concreto – "atuar a vontade concreta da lei", sintetizou Chiovenda no início do século XX. A partir da segunda metade do século XX, esta concepção foi redimensionada para atender a um novo contexto sociopolítico. Diante da pressão social por um sistema de justiça efetivo

PAULO EDUARDO ALVES DA SILVA

e do movimento de promoção do *acesso à justiça*, a teoria processual deslocou sua atenção do extremo inicial do processo judicial, a sua instauração, para o extremo final, os seus *resultados*.[1] Sob o conceito de tutela jurisdicional e a tese da sua diferenciação para atendimento às várias situações subjetivas de vantagem, as teorias processuais se debruçaram sobre a sentença, os tipos de provimentos jurisdicionais (declaratório, constitutivo, condenatório e, então, os novos provimentos mandamental e executivo genérico), os mecanismos de execução dos julgados (processo de execução), a proteção jurisdicional das situações de urgência (processo cautelar e tutelas de urgência), entre outros[2].

O ciclo de renovação teórica que se seguiu à proposta de "acesso à justiça" e que se baseou em propostas de diferenciação da tutela jurisdicional resultou em uma onda de reformas legislativas que se consolidou em um novo quadro de processos e mecanismos de tutela jurisdicional. No Brasil, esses debates se traduziram em novos instrumentos processuais, consagrados em cerca de três décadas de reformas legislativas. O objetivo das reformas foi, em resumo, otimizar os resultados da atividade jurisdicional (efetividade do processo judicial e acesso à justiça). Em 1985 e 1990, a Lei da Ação Civil Pública e o Código de Defesa do Consumidor trouxeram um sistema sofisticado para a tutela jurisdicional de interesses supraindividuais: instrumentos de legitimação extraordinária, diversificação dos provimentos jurisdicionais – inclusive de cunho preventivo; regime próprio de coisa julgada conforme a natureza do interesse em litígio e os resultados do processo; técnicas sofisticadas de execução de sentenças e individualização das sentenças coletivas. Em 1994 e 1995, o Código de Processo Civil sofreu três das mais relevantes alterações: a tutela específica das obrigações de fazer e não fazer (CPC, 461; posteriormente estendida às demais modalidades obrigacionais), a generalização das medidas liminares pela tutela antecipatória (CPC, 273) e a recorribilidade imediata e direta das decisões interlocutórias (CPC, 522; interposição do agravo diretamente ao órgão *ad quem*).

---

1. Em lugar daqueles ligados às formas de instauração, objeto de estudo desde o século XIX – o delineamento e as múltiplas variações do conceito de "*ação*". Segundo conhecida lição, o tema "tutela jurisdicional" passara um período "banido" dos estudos processuais (Dinamarco, 1996).

2. Curioso que a diversificação da tutela jurisdicional na Itália decorre de um ciclo interdisciplinar de estudos sobre o tema genérico "tutela civil dos direitos", nos idos de 1970 e 1980. Tratou-se da "retomada" dos estudos sobre a tutela jurisdicional de que fala Dinamarco, tema "banido" da doutrina desde o início do século, na tentativa de confirmar a autonomia científica do direito processual (Dinamarco, 1996). Os estudos sobre a "tutela civil de direitos" se estendiam para além do conceito de tutela jurisdicional. Segundo Dinamarco, estes estudos pressupunham a já existência dos direitos, não o modo como identificá-los e obtê-los. Referências deste período são os trabalhos de Adolfo di Majo (*Tutela civile dei diritti*, 1987), Luigi Montesano (*Le tutele giurisdizionale dei diritti*, 1981), Ugo Mattei (*Tutela inibitoria e tutela riscarcitoria*, 1987), Andrea Proto-Pisani (*Appunti sulla giustizia civile*, 1982), Michelle Taruffo e Cristina Rapisarda (*Profilli della tutela civile inibitoria*, 1987). Eles provinham de diferentes linhas de pensamento. Di Majo é civilista, Montesano é processualista, mas esta sua obra compõe um tratado de direito civil (Vassali), Mattei já adotava a análise econômica do direito, Taruffo tinha um pé na doutrina norte-americana e a obra de Rapisarda, ambientalista é catalogada como de direito privado (346.45). Proto Pisani é exclusivamente processualista, mas historicamente dialoga com outras áreas (*Sulla tutela giurisdizionale del diritto di proprieta*, 1971; *Studi di processo di lavoro*, 1976) e sua linha de pesquisa na época era a relação do processo com o direito material (*Appunti preliminari sui rapporti tra diritto sostanziale e processo*, 1978).

Junto ao novo artigo 461, foi introduzido o mecanismo das *astreintes*, uma espécie de multa por descumprimento de decisão judicial, autônoma em relação à obrigação principal – concepção da prática forense francesa também destinada a gerar efetividade ao sistema judicial. A etapa de reformas avança em 2005 e 2006 com a generalização do modelo procedimental do artigo 461 do CPC, da execução *sine intervalo*, para a execução de obrigação de pagamento de quantia fundada em título judicial, bem como pelas alterações em atos específicos desse procedimento executivo fundado em título extrajudicial (respectivamente, Leis 11.232/2005 e 11.382/2006).

Do ponto de vista da sistematização teórica, as inovações legislativas produziram um modelo processual híbrido, no qual convergem todas as categorias processuais, espécies de tutela e desenhos procedimentais – justamente o oposto da taxonomia do quadro clássico das tutelas que inspirou o desenho e restou reproduzido no CPC anterior: processos de conhecimento com tutelas declaratória, constitutiva e condenatória, processo executivo e processo cautelar. A tutela específica inaugurou a articulação entre o processo de conhecimento ao de execução, o que foi consagrado no CPC atual pelo instrumento do cumprimento da sentença (CPC, art. 513 e ss). A generalização da tutela antecipada (art. 273 do CPC de 1973) permitiu integrar em ambos o provimento cautelar – o que agora restou sistematizado pela categoria geral das tutelas provisórias (CPC, art. 294 e ss.).

Consolidadas as mudanças, deixou de haver uma distinção estrutural entre a declaração, proteção a atuação do direito, com efeitos evidentemente para o delineamento do que se entende por jurisdição e tutela jurisdicional. O escopo de atuação da vontade da lei, por óbvio, não foi abandonado ou substituído, mas as novas formas compeliram a teoria processual a rever a compreensão do conceito de tutela jurisdicional para abarcar as várias possibilidades abertas pelos instrumentos acima mencionados: além de declarar direitos, constituir situações jurídicas e condenar em obrigações, também executar comandos por meio de subrogação e coerção, provisoriamente proteger situações jurídicas em casos urgentes, prevenir ilícitos e violações de direitos, etc.

A transformação da jurisdição e da tutela jurisdicional prosseguem no século XXI, agora orientada pelo aperfeiçoamento organizacional da Justiça e pela integração dos mecanismos de resolução consensual do conflito. Como atividade e serviço público que é, a jurisdição sofre mudanças a partir da premência pelo aperfeiçoamento da gestão e do funcionamento dos órgãos do sistema de justiça – fazendo nascer o tema da "gestão da justiça". Em segundo, a jurisdição é afeta pelo movimento de difusão dos chamados *ADR*, os meios dito 'alternativos' de solução de controvérsias.

Em 2015, o conjunto formado pelo novo Código de Processo Civil (Lei 13.105) e a Lei de Mediação (Lei 13.129) consolida o redimensionamento da tutela jurisdicional pelo estabelecimento, em sede normativa, das bases para um "sistema multiportas de resolução de disputas", acompanhado da ampliação dos espaços de gerenciamento dos processos e flexibilização dos procedimentos (CPC, art. 190 e 191), bem como

602 PAULO EDUARDO ALVES DA SILVA

de versatilidade das medidas judiciais, inclusive e principalmente na atividade executiva (CPC, art. 139, IV).

Não seria por isso exagerado levantar a hipótese de que o processo de diferenciação da atividade jurisdicional teria ampliado o seu escopo último. Além de tutelar direitos subjetivos pela atuação da lei, a jurisdição visa sobretudo resolver genericamente conflitos de interesses e produzir um estado de paz social e segurança jurídica. Além do efeito das políticas de gestão judiciária (como o regime de metas do Conselho Nacional de Justiça) sobre a qualidade da tutela jurisdicional, a incorporação da "justiça consensual" à jurisdição estatal marcam o novo ciclo. As questões que ora se apresentam, portanto, ainda carente de aprofundamento científico, dizem respeito à adequação entre as formas de tutela disponibilizadas pelo sistema e a natureza e perfil das situações materiais e dos litigantes que delas careçam.

3. QUEM PRESTA A TUTELA JURISDICIONAL? O PAPEL DO TERCEIRO INTERMEDIADOR DA RESOLUÇÃO DE CONFLITOS

Resolver com justiça os conflitos de interesses entre as pessoas é uma condição para a sobrevivência de uma comunidade. Os estados contemporâneos foram desenhados a partir da crença de que esta tarefa é incumbência dos órgãos estatais, mas isto não é necessariamente verdadeiro na prática. E nem quer dizer que sempre foi assim. Em tempos remotos, os próprios cidadãos resolviam, de forma mais ou menos justa, seus conflitos.

Pensar em *quem* oferece a tutela jurisdicional pressupõe uma primeira escolha política básica: os cidadãos resolvem, por si, seus próprios conflitos ou delegam esta função a terceiros ou a uma entidade organizada pela comunidade. A chamada autotutela, pela qual os próprios litigantes assumem a tarefa, é considerada um mecanismo rudimentar de solução de conflitos, já que se baseia no uso da força e está distante de um padrão mínimo de justiça e equidade. A resolução por um terceiro tende a se aproximar do ideal de justiça, desde que observadas regras mínimas: as partes devem aceitar a submissão à decisão deste terceiro que, por sua vez, deve deter legitimidade e força para que substituir os litigantes e impor sua decisão.

De uma perspectiva histórica – necessariamente limitada aos propósitos deste artigo –, ainda que a jurisdição esteja hoje imbricada ao Estado, sua origem se liga a uma atividade burocrática pré-estatal desenvolvida pela liderança religiosa. O papel de *terceiro* ao qual os litigantes confiam a solução de suas contendas já foi exercido por um conselho de sábios, pelo líder tribal, senhor feudal, rei e, num dado momento da evolução da sociedade, foi assumida pela Igreja e, em seguida, pelo Estado[3].

---

3. "A jurisdição era matéria comum a bispos e senhores, papas e reis ou imperador." (Lopes, 2002)

O modelo de jurisdição e de processo judicial como hoje conhecemos é de inspiração religiosa[4]. Seu desenho é do período em que a Igreja compartilhou com as monarquias insipientes o poder de julgar conflitos. O direito canônico transformou os julgamentos em processos escritos, baseados em investigação racional, organizados em fases e conduzidos por profissionais com formação específica para tal atividade[5]. Apesar da diferenciação entre tribunais eclesiásticos e comuns, aquele modelo de julgamentos influenciou a jurisdição e o processo dos Estados modernos. Desde então, a resolução de conflitos é exercida quase que exclusivamente pela jurisdição estatal por meio do processo judicial escrito.

O advento que hoje descrevemos pela locução didática "...quando o Estado assume o monopólio da jurisdição..." esconde duas conclusões importantes: antes da Igreja e do Estado já havia processos de resolução de conflitos e o modelo atual é de inspiração canônica. A Igreja racionalizou os procedimentos de descoberta da verdade, mas também os tornou predominantemente escritos – de onde talvez se origine a confusão não necessária entre procedimento racional e forma escrita. Por outro lado, consagrou, em uma ocasião bastante legítima e providencial, o monopólio do exercício da jurisdição, posteriormente assumido pelo Estado.

O questionamento que hoje se faz sobre os limites, formatos e escopos da atuação jurisdicional precisa ser compreendido a partir dessa perspectiva mais ampla. Observa-se hoje uma demanda da sociedade pela utilização de mecanismos "alternativos" ao julgamento estatal, porque menos complexos, mais econômicos e mais adequados a determinados conflitos. Essa demanda não busca uma forma inédita de resolver conflitos, mas a recuperação de um modelo privado abandonado nos séculos XVII e XVIII.

A constatação sugere que os mecanismos de *ADR* tem uma conotação de "justiça privada contemporânea" e a questão de fundo que se coloca diz respeito não apenas ao potencial, mas também aos limites desta retomada histórica. Por um lado, determinados setores e grupos sociais aparentemente já têm condições de assumir a operação de mecanismos de julgamentos privados com resultados efetivos de justiça. Por outro, quando é este o caso, a presença do Estado é imprescindível resolução de conflitos. Os dados existentes sobre o perfil da população brasileira, sua percepção e comportamento de litigância indicam fortemente que o sistema de justiça e o instrumento do processo ainda são incompreensíveis, inoperáveis e inacessíveis para uma parte não desprezível da sociedade.

Em ambos cenários, o que parece evidente é que, mesmo quando os julgamentos cedam espaço aos acordos ou quando o Estado assuma um papel não ortodoxo na

---

4. "Contando com exército talvez maior de juristas do que de soldados, a corporação eclesiástica avança nesta área antes dos Estados nacionais." (Lopes, 2002)
5. Uma das medidas da Reforma de Gregório VII foi a diferenciação entre a jurisdição eclesiástica e a comum, respectivamente competentes para julgar violações de comandos da Igreja ou de matéria jurídica comum – ou, de outro modo, respectivamente julgar a consciência ou os comportamentos das pessoas.

resolução do conflito, o processo não precisa abrir mão das vantagens que a forma processual confere à qualidade da justiça produzida. O processo e a atuação do Estado podem se diferenciar diante da variedade de mecanismos de resolução possíveis e do grau de necessidade de sua intervenção oficial. Isto, contudo, não deve resultar na ausência de controle sobre sua atuação ou na total liberdade para os litigantes se auto-tutelarem. Esta é, propriamente, a diferença entre a "jurisdição privada" pré-estatal e a que vemos ressurgir na sociedade contemporânea: a resolução de disputas – estatal ou não, adjudicada ou consensual – não abre mão das conquistas obtidas em todo o período, sintetizadas pelo conjunto do que chamados de "garantias processuais", para se lançar em métodos repaginados de autotutela pela lei do mais forte.

3.1. Métodos adequados de resolução das disputas – a jurisdição "privada" contemporânea

A recente valorização dos mecanismos ditos "alternativos", hoje chamado "adequados", de resolução de conflitos (os *Alternative Dispute Resolution – ADR*) parece um novo marco na evolução dos modelos de justiça. Eles contém elementos de "privatização" da atividade de resolução de disputas, inclusive porque pressupõem delegação de poder jurisdicional a organismos da sociedade. Pelas suas características de métodos de resolução de conflitos sem intervenção do Estado, os classificaremos como "justiça privada contemporânea". O que a difere da antiga autotutela, além do processo racional e supostamente mais justo, é a legitimidade que lhe conferem os sistemas jurídicos – pela consagração normativa e a realização dentro pelos próprios órgãos do Estado, como é o caso do Brasil.

A difusão dos meios alternativos de resolução de conflitos, ao menos no seu ciclo mais recente, é geralmente atribuída à doutrina produzida em sistemas de *common law*. Em 1979, na famosa "The Pound Conference – perspectives on justice in the future", Frank Sander, professor orientador das famosas "Clínicas" da Harvard Law School, publicou trabalho em que prenunciava que, no século XXI, os fóruns de justiça seriam espaços para variados mecanismos de resolução de conflitos (sistema "multi-portas"), aos quais os conflitos de interesse seriam encaminhados conforme sua adequação. A variedade de técnicas de resolução de conflitos abrangeria desde as mais simples (a negociação) às mais complexas (o processo judicial). Varia a racionalidade sobre a qual operam: adjudicação de uma decisão final (processo judicial e arbitragem privada), consenso (negociação, conciliação e mediação) e avaliação e previsão de resultado (avaliação de terceiro neutro, *mini-trial*, etc.). Em alguns casos, as próprias partes resolvem os conflitos (negociação), em outros elas recebem o auxílio de terceiros (mediação, concilia-ção, avaliação de terceiro neutro, *mini-trial*) e em outros o terceiro as substitui por completo (arbitragem e processo judicial). Os processos variam conforme o fim imediato: descobrir a verdade, chegar a um consenso, dar uma opinião, etc. O objeto com que trabalham, porém, é comum: o conflito.

A ideia de Sander da diversificação dos mecanismos de resolução de conflitos foi impulsionada pelo movimento de promoção do *acesso à justiça*, representado na década de 70 pelo trabalho desenvolvido por Mauro Cappelletti e Bryant Garth. O chamado "Projeto Florença" reuniu relatos de modelos de justiça desenvolvidos em variados países, de diferentes tradições jurídicas e que, na ocasião, atravessavam regimes políticos diametralmente opostos.

Tal a difusão dos *ADR*, já nas décadas de 1980 e 1990 a arbitragem privada e a mediação passaram a compartilhar com a jurisdição estatal a incumbência da resolução dos conflitos nas sociedades. Em menos de trinta anos, esses instrumentos se tornaram bastante disseminados e hoje detêm considerável espaço na advocacia empresarial nacional e internacional. A legislação atual, como adiantei, consolidou-os em mais de um diploma normativo: o CPC não apenas os admite mas estabelece como norma fundamental o seu incentivo e o estímulo pelo Estado e os atores envolvidos no processo (art. 3º), a Lei de Mediação regula a estrutura e os procedimentos de mediação judicial, extrajudicial e administrativa – a chamada "autocomposição de conflitos envolvendo a Administração Pública"; e a Lei de Arbitragem, que inaugurara o espaço para os ADR no Brasil, desfruta do apoio legitimador da jurisprudência e recentemente ganhou permissão para ser usada em disputas com o Poder Público (Lei 13.140/2015).

3.2. Arbitragem – a equiparação da tutela jurisdicional privada à estatal

No Brasil, a arbitragem foi instituída em 1996, por meio de lei federal que equiparou a eficácia da tutela prestada por jurisdição privada à prestada pelo Estado (Lei 9.307/96). A lei permitiu que os cidadãos submetessem conflitos envolvendo direitos disponíveis à órgãos jurisdicionais particulares, assegurando-lhes que o resultado seria apoiado pela justiça estatal como se dela proviesse. A lei teve sua constitucionalidade questionada justamente pela equiparação com os efeitos da sentença judicial e a consequente limitação ao acesso à justiça – um argumento, como se pode ver, baseado no receito dos efeitos de uma "justiça privada". O artigo 5º, inciso XXXV da Constituição Federal, alegava-se, assegura aos cidadãos acesso ao Poder Judiciário, não a uma arbitragem privada. Só em 2001 o Supremo Tribunal Federal confirmou a constitucionalidade da lei de arbitragem.

A partir de então, o uso da arbitragem cresceu sensivelmente no Brasil, especialmente em conflitos de maior projeção econômica[6]. Há câmaras brasileiras com reconhecimento nacional e internacional que complementam a contento a jurisdição estatal. Seu serviço é caro e o controle é feito pela próprias partes: quando insatisfeitas com a lisura do processo ou a justiça da decisão, não mais contratam a câmara faltosa.

---

6. Calcula-se que, de 2005 a 2008, cerca de 2,245 bilhões de reais tenham passado pelos procedimentos arbitrais das câmaras mais importantes do país; 844 milhões só em 2008 (Lemes, 2009). Desde então, este número cresceu consideravelmente.

O processo da arbitragem se vale do mesmo mecanismo de resolução de conflitos da jurisdição estatal: a declaração de direitos a partir apuração da verdade nas alegações feitas pelas partes. Por mais que a lei autorize a escolha do procedimento pelas partes, ele não se distanciará muito do esquema "postulação, demonstração e decisão" que caracteriza o processo judicial de conhecimento. O processo arbitral, contudo, permite flexibilizar as formas e reduzir a complexidade dos procedimentos de modo a obter um processo mais enxuto e menos burocrático do que o estatal. Consequentemente, a estrutura necessária é menor do que a de um processo judicial estatal e está concentrada nos agentes julgadores – ao passo que a estrutura judicial é composta majoritariamente por servidores com funções meramente processantes. A produção de provas na arbitragem é também distinta do processo judicial, uma vez que existe abertura para que as partes convencionem formas diferenciadas de produção de provas – como o *discovery* utilizado nos sistemas de *common law,* por exemplo –, bem como os critérios para admissão e valoração das provas.

A legitimação ainda parece ser o maior desafio dos instrumentos de jurisdição privada. A arbitragem privada, por exemplo, depende do respaldo do poder instituído e de mecanismos de autocontrole rigorosos. No Brasil, o Poder Judiciário parece ter compreendido satisfatoriamente o espaço e as diferenças técnicas da arbitragem e lhe tem conferido o necessário respaldo (FGV/CBar, 2009). Mas a lei delega poder de jurisdição genérica e indistintamente, o que potencializa os riscos comuns aos mecanismos de justiça privada, como os órgãos julgadores inidôneos e a consagração de injustiças em casos de assimetria entre as partes.[7] Há, por fim, obstáculos naturais ao uso da arbitragem em conflitos envolvendo pequenas quantias e relações de consumo, que representam a massa de processos no Judiciário, permitiria o desvio do uso da arbitragem como mera agência privada de cobrança com poder de jurisdição[8].

3.3. Mediação no Brasil: "justiça consensual" e jurisdição "privada" pelo Estado

Outro mecanismo de resolução de conflitos com crescente importância no Brasil é a mediação. Trata-se de mecanismo de natureza e procedimentos distintos da arbitragem e a sua disseminação no Brasil também tem enfrentado obstáculos próprios. A Constituição Imperial de 1824 e o Código Comercial de 1850 já previam

---

7. Há relatos de câmaras arbitrais menos idôneas que, no intuito de assegurar uma legitimidade ainda que formal, adotam símbolos oficiais, como o brasão da República e a alcunha de Tribunais de Justiça, seus árbitros identificam-se como "juízes" e as partes são convocadas para comparecimento por documentos entitulados "citação" e "notificação". O conjunto destes elementos, afirma-se, induziria o cidadão a entender que estaria diante de uma autoridade judiciária oficial. Evidentemente, este é o maior problema da resolução de conflitos por órgãos jurisdicionais privados.

8. Um acórdão do Tribunal de Justiça do Rio de Janeiro, por exemplo, julgou ação de invalidação de sentença arbitral que condenara a parte ao pagamento de R$ 88,00. A sentença arbitral fora anulada, nem tanto pelo valor ou características da Câmara, mas pelo fato de ser a segunda sentença arbitral sobre a mesma dívida. Ou seja, além de baixo, o valor foi arbitrado duas vezes! (TJRJ, Apelação Cível n° 2007.001.04485, 03.05.07)

a conciliação como meio de resolução de conflitos[9]. Mas a regra caiu em desuso e se tornaram raros os litígios judiciais resolvidos por consenso.

A redescoberta dos mecanismos consensuais aconteceu na década de 80, por meio dos juizados informais de conciliação (Lei 7.244/84) e, na década seguinte, pelos juizados especiais (Lei 9.099/95). Afirma-se que a conciliação nos juizados especiais não alcançou melhores resultados por conta da inexperiência dos concilia-dores, geralmente estudantes de direito sem formação especializada e condicionados à primazia da resolução por sentença judicial (Watanabe, 2006). Mas a experiência estimulou propostas de ampliação dos mecanismos consensuais para além dos litígios de menor complexidade. Na última década, o tema ganhou o centro do debate sobre a crise da justiça, incentivado e ampliado por meio de políticas públicas de gestão judiciária (a Resolução CNJ n. 125/2005 do CNJ) e de reformas legislativas (a Lei de Mediação e o próprio CPC de 2015).

A lógica em que se baseia a mediação é distinta da arbitragem e da jurisdição estatal. Trata-se de um mecanismo autocompositivo: o conflito é resolvido pelas próprias partes. O terceiro apenas as auxilia a chegarem a um consenso. A mediação não produz uma decisão final imposta às partes, mas um acordo entre elas, o que, em tese, põe termo ao conflito e produz paz social.

A mediação não pressupõe o mesmo grau de institucionalização ou de poder para impor ordens ou decisões, mas exige um grau maior de voluntarismo das partes e legitimidade do mediador equiparável à do juiz ou árbitro. Como provém das partes, a institucionalização de regras é menor. O processo é mais simples que o da arbitragem e do processo judicial. O aparato material e de recursos humanos também é menor. É preciso, basicamente, um mediador altamente capacitado e um local adequado para as reuniões. O processo é inteiramente oral e não é necessário registro dos atos. Isto permite que seja praticada em organizações informais, ao contrário da arbitragem e do processo judicial[10]. O Estado tem papel reduzido e não é preciso instituir um órgão privado com procedimentos instituídos, como as câmaras de arbitragem. O poder para impor ordens e decisões, necessário na jurisdição e arbitragem, é substituído, na mediação, pelo voluntarismo das partes. A proposta, aceitação e cumprimento do acordo dependem quase que exclusivamente da vontade das partes. O mediador funciona como facilitador da vontade das partes e de suas habilidades e da credibili-dade depositada pelas partes depende a efetividade do processo de mediação.

A despeito da menor necessidade de regras e institucionalização, em muitos países a mediação se desenvolve no âmbito da burocracia estatal. O Brasil é um deles. Grande parte da mediação praticada no Brasil é implantada e subsidiada pelo poder

---

9. Trato ambas, mediação e a conciliação, como mecanismos de resolução consensual do conflito, diferen-ciando-se pelo nível de complexidade do conflito e profundidade da busca do consenso.
10. Nos Estados Unidos, a mediação se desenvolveu nos anos 80 especialmente por iniciativas conjuntas de comunidades locais e Universidades (os "neighborhood justice centers")

Judiciário, como opção artificializada para reduzir o contingente de processos judiciais a espera de julgamento[11].

Os programas judiciais de mediação operam por duas técnicas: os setores de mediação junto aos tribunais e os mutirões de tentativas de mediação. Os setores oficiais de mediação recebem processos diariamente, vindos das varas judiciais. Praticam a mediação constantemente e têm em seu quadro um corpo de mediadores capacitados pelo próprio Tribunal. A tentativa de mediação é uma etapa inserida nos procedimento. Seus resultados dependem, nestes casos, das habilidades do mediador e do modo como é encarada pelas partes: mais uma formalidade procedimental ou uma real oportunidade de resolução imediata do conflito. Dada a natureza da formação jurídica no Brasil, a tendência é que a primeira seja mais frequente (Watanabe, 2006).

A sedimentação da mediação como prática jurídica ordinária no Brasil ainda não aconteceu de forma generalizada. O debate teórico aponta diferentes motivos, alguns de caráter cultural, outros derivados da opção institucional-normativa adotada e outros ainda que sugerem uma resistência de natureza corporativa por parte de alguns atores do sistema de justiça. A teoria especializada tem enfrentando algumas dessas questões. Para ficar nos exemplos mais comuns, qual deve ser o grau do impulso legislativo e judicial para a "justiça consensual" (v.g., obrigatoriedade da designação e presença na audiência de conciliação, enquadramento da tentativa de acordo como elemento da necessidade que configura o interesse de agir); qual a real justificativa da política de resolução consensual (se realmente um método mais adequado para se obter justiça ou um mero artifício para diminuir os processos nos tribunais); o quão eficaz é a resolução consensual em termos de promover justiça em situações de violações de direitos subjetivos (o acordo seria um substituto à altura da sentença?; A mediação seria uma forma de tutela jurisdicional, no sentido de declaração de direitos, ou se é apenas um meio de pacificação social não necessariamente comprometido com a atuação da lei ou produção de justiça?).

O espaço e os papéis reservados para os atores do processo judicial também exigem redefinição, e tem suscitado não poucas controvérsias, com o advento da "justiça consensual". O juiz, porque é julgador, não poderia, em tese, assumir o papel de mediador, por uma incompatibilidade lógica de funções. Basta pensar na difícil articulação concreta do princípio da confidencialidade, que compõe o alicerce

---

11. No início, o incentivo à "justiça consensual" se concretizava através de mutirões de mediação ou conciliação realizados em grandes espaços públicos, como estádios de futebol, por exemplo. Esta origem é um indicativo de que, ao menos neste caso, o fim da mediação judicial era mais reduzir o número de processos do que promover justiça às partes. Os conflitos são tratados em linha de produção – contrariamente ao que recomendam as técnicas de mediação e conciliação. Nos últimos anos, o Conselho Nacional de Justiça tem organizado mutirões de conciliação em todo o país. O último durou cinco dias, mais de 300 mil tentativas de conciliação, 630 mil pessoas atendidas e 135 mil acordos celebrados (44,3%). Os litigantes foram atendidos, na maioria, por colaboradores leigos: dos 99 mil atendentes, 69 mil eram colaboradores e apenas 11,2 mil eram conciliadores treinados. E o evento contou com ares de megaevento: em São Paulo, por exemplo, o mutirão aconteceu em um estádio de futebol e alcançou, em cinco dias, a marca de sessenta mil audiências – mais de dez mil por dia.

central da resolução consensual, com a publicidade do processo e o livre convencimento do julgador. Em comarcas maiores, que dispõem de um corpo de mediadores, geralmente muito pouco ou nada remunerados, esta questão é contornável. Mas este não é a regra no país. Quase sempre, o juiz enverga ambos os chapéus, o que gera algum comprometimento seja do acordo, seja da eventual decisão futura. O papel reservado ao advogado também não está muito claro. Fundamentalmente, a formação jurídica tradicional muito pouco oferece para habilitar os profissionais o exercício da representação da parte voltada para a "justiça consensual". E mesmo aqueles que conseguem desenvolver experiência ou capacitar-se na área, as regras sobre sua contratação, sua atuação e, sobretudo, sua remuneração permanecem nebulosamente definidas. Da perspectiva das partes, ainda menor conhecimento e disposição existe para experimentar a resolução consensual de disputas em larga escala; o "acionar judicialmente" prossegue opção hegemônica, quando não a única conhecida, pela clientela.

Como se percebe, ainda há um caminho longo para concretizar a diversificação da tutela jurisdicional por meio da "justiça consensual", o que exige e recomenda maior investimento na realização de pesquisas e estudos sobre o seu potencial e limites, prosseguindo o trabalho que os especialistas já se tem desenvolvido há algumas décadas no país.

4. OS ESCOPOS DA NOVA JURISDIÇÃO: PROTEGER DIREITOS, ATUAR A LEI OU RESOLVER CONFLITOS?

É possível sistematizar três diferentes concepções teóricas sobre a finalidade da jurisdição e o âmbito da tutela jurisdicional: proteger direitos subjetivos, cumprir a lei ou, genericamente, resolver os conflitos. Piero Calamandrei já ilustrava o dilema através de intrigante reflexão: a jurisdição é um serviço do Estado ao cidadão, para proteger seus direitos, ou uma oportunidade para o Estado assegurar a observância da sua lei? Visões mais liberais do Estado, da jurisdição e do processo escolheriam a primeira alternativa. Publicistas optariam pela segunda. Difícil seria enquadrar uma eventual terceira via, segundo a qual a jurisdição visa simples e genericamente *resolver conflitos*.

A despeito das tentativas recentes de analisar o direito processual por um viés liberal clássico – o que o Professor Michelle Taruffo chama de "nuevos viejos" liberais –, é difícil sustentar que a jurisdição se limite apenas a tutelar os interesses privados das partes. Desde que, no final do século XIX, juristas alemães concordaram que a relação jurídica entre partes e juiz é distinta da relação de direito material, é comum entender que a jurisdição estatal visa, em primeira linha, a *realização do direito*, a atuação da vontade da lei, a observância e cumprimento da ordem jurídica que o mesmo Estado estabeleceu.

Acaso hoje concordemos que um novo modelo sócio político suplantou o do Estado Providência, seria permitido considerar uma multiplicidade de escopos da jurisdição, o que não significa um retorno ao seu escopo meramente privado: tutelar direitos, atuar a vontade lei, promover a justiça e, genericamente, *resolver conflitos*. Esta acepção ampla agrega características privatistas e publicistas e parece mais adequada à idéia política de um Estado regulador, que convive com outras forças internas e externas e uma sociedade organizada em redes. A interação da jurisdição estatal com os mecanismos alternativos de resolução de conflitos são uma boa ilustração.

Incorporar os mecanismos de *ADR* às atividades realizadas pelo Judiciário implica em ampliar o que se entende por "tutela jurisdicional" para abarcar outros escopos que não apenas a "atuação da vontade concreta da lei". Os mecanismos de *ADR* não objetivam a declaração do direito no caso concreto – essência etimológica da jurisdição. Além da arbitragem e da mediação, a avaliação de terceiro neutro e o *mini-trial*, por exemplo, visam apenas a oferecer às partes em conflito uma *leitura de cenário* que as auxilie em suas negociações. Esta leitura pode ser de cunho técnico ou estritamente jurídico: o terceiro neutro pode prestar esclarecimentos quanto ao fato em discussão e o *mini-trial* pode oferecer as probabilidades de resultado para o julgamento do caso. Não se vislumbra atividade de declaração de direito, mas ambos servem, de alguma forma, para a resolução do conflito.

A grande questão que se coloca ante o fenômeno da diversificação dos métodos de resolução de conflitos diz respeito ao nível e à qualidade de justiça que eles proporcionam. Em 1984, o Professor Owen Fiss, da Escola de Direito de Yale, publicou um trabalho com o sugestivo título de "Contra o Acordo". Seu argumento é que o acordo, ao contrário do processo judicial, não necessariamente produz justiça[12]. Isso seria particularmente evidente em algumas situações: quando as partes não estão em igualdade (o processo judicial seria o mecanismo que melhor diminui as desigualdades); quando falta consentimento legítimo para o acordo (a parte que firma o acordo é a simples representante do titular do direito, algo comum em corporações, associações e órgãos governamentais); quando há necessidade da execução de medidas posteriores ao acordo (segundo ele, o juiz permanece envolvido com o caso muito depois do julgamento). Em outras palavras, para Fiss, o acordo pode até resolver o conflito, mas não atenderia ao principal escopo da jurisdição: aplicar a lei no caso concreto, deixando de alcançar o nível esperado de justiça.

Os argumentos de Owen Fiss mobilizaram o debate em torno dos ADR em todo o mundo e ainda não receberam respostas que nos permitissem relaxar diante de seus alertas. Mas ele não foi o único e seus argumentos não exaurem o debate. Embora seja comumente invocado como única voz "contrária aos ADR", uma pesquisa rápida em fontes teóricas além da ciência jurídica revelará um rico manancial de argumentos para este debate. Um dos destaques são os estudos conduzidos por quase quatro décadas por Laura Nader.

---

12. "quando as partes celebram um acordo, a sociedade obtém menos do que parece, por um preço que não sabe que está pagando. (…) celebrar um acordo significa aceitar menos que o ideal. (…) o acordo é um substituto pobre para o julgamento; é um substituto ainda mais pobre para a renúncia ao poder jurisdicional".

REDIMENSIONANDO A TUTELA JURISDICIONAL **611**

Desde a década de 1960, a professora Laura Nader, da Universidade da California, em Berkeley, coordena estudos de campo em organizações sociais de diferentes perfis para descrever, inclusive, como resolvem as disputas entre seus membros. Com o perspicaz olhar combinado de jurista e antropóloga, a professora Nader conseguiu descrever com rara precisão e completude a litigiosidade e os processos de resolução de disputas de sociedades modernas. Dentre suas conclusões, chama atenção a de que o que chamamos de "justiça consensual" também pode ser utilizada – como historicamente o foi – como mecanismo de controle da sociedade pelos órgãos de poder. Ou seja, não apenas como um método de resolução de disputas que amplia a liberdade das partes, mas o contrário: um mecanismo que, sob esta aparência, acaba por servir para estancar a mobilização privada por direitos e por justiça, favorecendo o exercício arbitrário do poder, tanto estatal quanto não estatal.

Historicamente, ela explica, a conciliação favorecera o processo de colonização espanhola na América – no caso, comunidades zapotecas no México. A "ideologia da harmonia", como ela define a retórica de que "um mal acordo seria melhor do que uma boa disputa", encerraria, na verdade, "tanto uma estratégia política contra-hegemônica usada por grupos colonizados para se proteger…, quanto estratégias hegemônica que colonizadores utilizam para se defender contra subordinados organizados." (1990, p. 2). O mecanismos então adotados são os mesmos presentes no discurso em torno dos ADR: "uma ênfase na conciliação, reconhecimento de que resolução do conflito é essencialmente boa e que o seu inverso – o prolongamento do conflito – é ruim e disfuncional, uma visão do comportamento harmonioso como mais civilizado do que o comportamento de disputa, a crença de que o consenso é de maior valor que a controvérsia" (p. 3).

Os argumentos de Fiss e de Nader são mais elaborados e profundos do que seria possível aqui analisar. Mas sua apresentação genérica já deixa evidente que o redimensionamento da natureza e escopos da jurisdição e das formas da tutela jurisdicional é um processo mais complexo do que sugere o discurso entusiasta de senso comum. O inquestionável potencial de ampliação do acesso à justiça e promoção da paz social é acompanhado de limites e eventuais riscos cuja compreensão e consideração são necessários para o desenho normativo respectivo. Se Fiss e Nader estiverem certos, o movimento em prol dos *ADR* nada mais é do que uma tremenda involução na história da resolução de conflitos nas sociedades. Se não, estaremos diante de um novo paradigma para a atuação jurisdicional. Resta-nos acompanhar o movimento com a sensibilidade necessária para certificar, pela vigília constante, se eles estarão desta vez equivocados.

5. REFERÊNCIAS BIBLIOGRÁFICAS

ALVES DA SILVA, P. E. *Gerenciamento de processos judiciais*. São Paulo: Saraiva, 2010.

BRASIL/MJ. *Efeitos da Organização e Funcionamento dos Cartórios Judiciais*, 2007 (relatório de pesquisa).

CALAMANDREI, P. *Studi sul processo civile*, vol. V. Padova: Cedam, 1947

CAPPELLETTI, M. & GARTH, B. *Acess to justice*, 1978.

CARNELUTTU, F. *Istituizione di Diritto Processuale Civile*, 3a.ed., Roma, 1942.

CHIOVENDA, G. *Principios de derecho procesal civil*. Trad. Esp. De la tercera ed. Italiana por Jose Casais y Santaló. Reus, SA: Madri, 2000.

CINTRA, A.C., GRINOVER A.P. & DINARMARCO, C.R. *Teoria geral do processo*, São Paulo: Ed. RT, 1976.

DAMASKA, M. *The Faces of Justice and State Authority*, Yale University Press, 1986.

DINAMARCO, C.R. *A instrumentalidade do processo*, 1987.

_____, "Tutela jurisdicional". Revista de Processo, São Paulo. v. 21. n. 81. p. 54-81. jan./mar. 1996.

FGV/CBar. "Arbitragem e Poder Judiciário" Relatório do 1o Tema: Invalidade da Sentença Arbitral". 2009 (relatório de pesquisa). Disponível em: < http://cbar.org.br/PDF/Pesquisa_GV-CBAr_relatorio_final_1_etapa_2fase_24.06.09.pdf> acesso em setembro de 2013.

FISS, O. *O novo processo civil*, coord. Salles, C.A. São Paulo: RT.

LOPES, J. R. L. "Uma introdução à história social e política do processo", *in* WOLKMER, *Fundamentos de história do direito*, 2a. Ed. Belo Horizonte: Del Rey, 2003.

PROTO PISANI, A. "Sulla tutela giurisdizionale differenziata". Rivista di Diritto Processuale, 1979, p. 575 e ss

SANDER, F. E. A. „Varieties of Dispute Processing" in *The Pound Conference: Perspectives on Justice in the Future* (A. Levin & R. Wheeler eds., West, 1979)

WATANABE, K. "Cultura da sentença e cultura da pacificação", in Estudos em homenagem à Professora Ada Pellegrini Grinover. São Paulo : DPJ Ed., 2005, p.684-690.

_____ *Da Cognição no Processo Civil*. São Paulo: Ed. RT, 1987.

REQUISITOS DE EXISTÊNCIA, VALIDADE E EFICÁCIA DO ATO PROCESSUAL OU PRESSUPOSTOS DE CONSTITUIÇÃO E DESENVOLVIMENTO VÁLIDO E REGULAR DO PROCESSO?

Paulo Eduardo Razuk

Doutor em Direito Civil pela Universidade de São Paulo, Mestre em Direito pela Pontifícia Universidade Católica de São Paulo. Professor da Universidade Presbiteriana Mackenzie. Desembargador Aposentado do Tribunal de Justiça de São Paulo.

Sumário: 1. A relação jurídica – 2. A relação jurídica processual – 3. O fato jurídico, o ato jurídico e o negócio jurídico – 4. Fatos e atos processuais.

1. A RELAÇÃO JURÍDICA

Na síntese feliz de José Augusto César, relação jurídica é toda relação social regulada por normas jurídicas.[1]

Luís Cabral de Moncada dá o nome de relação jurídica a toda e qualquer relação entre os homens na vida social, regulada e tutelada pelo direito.[2]

Da análise do conceito de relação jurídica, deduz-se a existência de um certo número de elementos que constituem os seus pressupostos.[3]

Os sujeitos são os portadores do interesse ou da vontade, ou de ambos, que servem de fundamento à pretensão ou direito, ou ao dever jurídico que da respectiva relação decorrem. Ao titular de direitos chama-se sujeito ativo; ao de deveres, sujeito passivo.[4]

O objeto é aquilo a propósito do que se constitui a relação jurídica. Desde que o interesse é juridicamente protegido, nasce para um lado uma pretensão ou direito e, para o outro, um dever ou obrigação. A esse interesse que, no mais das vezes, é um direito subjetivo, dá-se o nome de objeto da relação jurídica.[5]

---

1. CÉSAR, José Augusto. Ensaio sobre os atos jurídicos. Campinas: Casa Genoud, 1913, p. 27.
2. MONCADA, Luís Cabral de. Lições de Direito Civil: parte geral, 4ª ed., revista. Coimbra: Almedina, 1995, p. 230.
3. MONCADA, op. cit., p. 232.
4. Ibidem, p. 233.
5. Ibidem, mesma página.

O terceiro elemento é o fato jurídico, que é o evento, voluntário ou não, pelo qual se gera a relação social que o direito regula e tutela.[6]

O quarto elemento é a garantia, ou direito de ação, que consiste na faculdade que tem o sujeito ativo de dirigir-se aos órgãos do Estado, para impor ao sujeito passivo o cumprimento da obrigação ou o respeito do dever que da própria relação surge.[7]

2. A RELAÇÃO JURÍDICA PROCESSUAL

O processo é um complexo de relações jurídicas que liga dois ou mais sujeitos, atribuindo-lhes poderes, direitos, faculdades, e os correspondentes deveres, obrigações, sujeições, ônus.[8]

A doutrina da relação jurídica processual afirma que por três aspectos esta se distingue da relação de direito substancial: a) pelos sujeitos; b) pelo objeto; c) pelos pressupostos.[9]

Judicium est actum trium personarum: judicis, actoris et rei. São os principais sujeitos da relação jurídica processual: o juiz, o autor e o réu.[10] Salvo os casos de substituição processual, as partes são as mesmas da relação de direito material.

O objeto mediato da relação jurídica processual ou secundária coincide com o objeto da relação jurídica material ou primária: o bem da vida, material ou imaterial, a respeito do qual se estabelece o conflito de interesses. O objeto imediato da relação jurídica processual é a tutela jurisdicional de mérito a ser provida pelo juiz.[11]

Os pressupostos processuais são os requisitos de constituição e de desenvolvimento válido e regular do processo.[12]

Na processualística brasileira, são pressupostos processuais: a) uma demanda regularmente formulada; b) a capacidade de quem a formula; c) a investidura do destinatário da demanda, ou seja, o juiz.[13]

3. O FATO JURÍDICO, O ATO JURÍDICO E O NEGÓCIO JURÍDICO

Fato jurídico é todo acontecimento natural ou ato humano juridicamente relevante.[14]

---

6. Ibidem, p. 236.
7. Ibidem, p. 236-237.
8. Cintra, Grinover e Dinamarco. Teoria Geral do Processo, 13ª Ed., São Paulo: Malheiros, 1997, p. 285.
9. Cintra, Grinover e Dinamarco. Op. cit., p. 289.
10. Ibidem, p. 289.
11. Ibidem, p. 291.
12. Ibidem, mesma página.
13. Ibidem, p. 292.
14. PINTO, Carlos Alberto da Mota. Teoria Geral do Direito Civil, 3ª ed., Coimbra: Coimbra Editora, 1996, p. 353.

O fato jurídico *stricto sensu* é um acontecimento qualquer, uma circunstância à qual o ordenamento jurídico vincula o surgimento de consequências jurídicas, como o transcurso do tempo, o nascimento ou a morte de um homem.[15]

Os atos jurídicos podem ser lícitos ou ilícitos. Os atos lícitos são conformes à ordem jurídica. Os atos ilícitos são contrários à ordem jurídica, importando uma sanção para o seu autor.[16]

Os atos jurídicos distinguem-se em atos jurídicos *stricto sensu* e negócios jurídicos.

Os atos jurídicos simples são atos voluntários, cujos efeitos se produzem, mesmo que não tenham sido previstos ou queridos pelos seus autores. Os efeitos produzem-se *ex lege* e não *ex voluntate*.[17]

Dividem-se ainda os atos jurídicos simples em quase negócios jurídicos ou atos jurídicos quase negociais e atos materiais, reais ou externos. Os primeiros traduzem-se na manifestação externa de uma vontade, como na gestão de negócios e na notificação. Os segundos configuram-se na realização de um resultado factual a que a lei empresta determinados efeitos jurídicos, como na ocupação de coisa móvel e na descoberta de um tesouro.[18]

Já os negócios jurídicos são atos voluntários, cujo núcleo essencial é integrado por uma ou mais declarações de vontade, a que o ordenamento jurídico atribui efeitos jurídicos concordantes com o conteúdo da vontade das partes. Os efeitos produzem-se *ex voluntate* e não apenas *ex lege*, como no testamento e no contrato.[19]

As características dessas figuras provêm da relevância ou irrelevância que em cada uma delas adquirem estes três elementos: a fenomicidade exterior do evento, a voluntariedade e a intenção: a) se relevante somente a fenomicidade, tem-se o fato jurídico; b) se relevantes a fenomicidade e a voluntariedade, tem-se o ato jurídico; c) se relevantes a fenomicidade, a voluntariedade e a intenção, tem-se o negócio jurídico.[20]

4. FATOS E ATOS PROCESSUAIS

Para a doutrina processual, fatos jurídicos processuais são eventos que têm, perante o direito, a eficácia de constituir, modificar ou extinguir situações jurídicas processuais, como a morte da parte ou de seu procurador e o decurso do tempo.[21]

---

15. BARBERO, Domenico. *Sistema Del Derecho Privado, tradución* de Santiago Sentis Melendo. Buenos Aires: Ediciones Jurídicas Europa – América, 1967, v. 1, p. 433-434.
16. PINTO, Carlos Alberto da Mota. Op. cit., p. 354.
17. Ibidem, p. 355.
18. Ibidem, p. 356-357.
19. BARBERO, op. cit., p. 433-434.
20. BARBERO, op. cit., p. 341.
21. Cintra, Grinover e Dinamarco, op. cit., p. 336-337.

Já o ato processual é a conduta dos sujeitos do processo que tenha por efeito a criação, modificação ou extinção de situações jurídicas processuais.[22]

Os atos processuais são praticados pelos diversos sujeitos do processo, classificando-se como atos dos órgãos judiciários (juiz e auxiliares) e atos das partes.[23]

Não existem negócios jurídicos processuais, no sentido de que a vontade dos sujeitos processuais não determina os efeitos dos atos que praticam, que são predeterminados pela lei.[24]

Com efeito, o ato processual é ato jurídico em sentido estrito.[25] Assim, a renúncia ao direito, a transação e o compromisso, ainda que realizados no processo, são negócios jurídicos de direito material.

Conclui-se que, na complexidade da relação jurídica processual, cada ato processual tem o fim de adquirir, resguardar, transferir, modificar ou extinguir direitos, como previa o art. 81 do Código Civil de 1916, sem correspondente no Código atual.

Por via de consequência, o ato processual se subordina aos requisitos de existência, validade e eficácia como qualquer ato jurídico em geral.

Pressupostos de existência do ato jurídico processual são:

a) os sujeitos, de um lado, as partes e os seus procuradores; de outro o juiz e os auxiliares da justiça, legalmente investidos nas suas funções;

b) o objeto mediato, o bem da vida sobre o qual versa o processo; bem como o objeto imediato, a tutela jurisdicional a ser prestada;

c) as declarações de vontade, expressas nos atos processuais;

d) a forma, o meio pelo qual se exterioriza a declaração de vontade, sem o que seria impossível dá-la a conhecer;

e) a causa, o motivo determinante, aquele interesse, material ou moral, a cuja realização tende o agente e que, se conforme a ordem jurídica, legitima o resultado procurado.[26]

São pressupostos de validade do ato processual:

a) a capacidade das partes, cuja incapacidade absoluta ou relativa deve ser suprida por meio de representação ou assistência; a capacidade postulatória de seus procuradores; a competência do juiz e dos respectivos auxiliares;

b) a licitude do objeto, mediato ou imediato, possível e determinado ou determinável;

---

22. Ibidem, p. 336.
23. Ibidem, p. 337.
24. Ibidem, mesma página.
25. BEDAQUE, José Roberto dos Santos. Efetividade do processo e técnica processual. São Paulo: Malheiros, 2006, p. 407-408.
26. CAMPO FILHO, Paulo Barbosa de. O Problema da Causa no Código Civil Brasileiro. São Paulo: Max Limonad, 1960, p. 125.

c) a emissão das declarações de vontade de maneira livre e de boa fé;

d) a forma prescrita pela norma processual;

e) a licitude da causa, não podendo o processo servir a fim ilícito, nos termos do art. 129 do Código de Processo Civil.

A eficácia de certos atos processuais pode depender do trânsito em julgado ou do reexame necessário.

Transpor tais pressupostos para a relação processual não muda a essência do fenômeno jurídico: consiste somente em apreciá-lo de outra perspectiva. Também no direito material isso seria possível, sem que se criasse nova ciência jurídica. Aliás, já houve quem o fizesse.[27]

O processo é uma direção no movimento; o procedimento é o modo de mover e a forma em que é movido o ato.[28]

A causa final do movimento forense é o escopo que se tem em vista, o julgamento e a execução do julgado.[29] O movimento continuado da ação efetua-se em atos sucessivos, dispostos em ordem de anterioridade e posteridade, até chegar ao fim.[30]

Assim, os requisitos de existência, validade e eficácia devem ser aferidos a propósito de cada ato processual. Na ação personalíssima, a morte da parte causa a extinção do processo, como no divórcio. Nas que não o forem, o fato jurídico da morte da parte dará ensejo a um ato processual, a habilitação dos sucessores.

Talvez a pobreza conceitual do ato processual, como mero ato jurídico em sentido estrito, bem como a necessidade da afirmação da autonomia do direito processual, tenham levado os processualistas a deixar o ato processual em segundo plano, dando maior ênfase à relação processual, o que em nada muda a natureza das coisas.

---

27. ANDRADE, Manuel A. Domingues de. Teoria Geral da Relação Jurídica, 4ª reimpressão, Coimbra: Livraria Almedina, 1974, v. 1, p. 2.

28. ALMEIDA JÚNIOR, João Mendes de, Direito Judiciário Brasileiro, 5ª ed., p.241, Freitas Bastos, Rio de Janeiro, 1960.

29. FERRAZ, Manuel Carlos de Figueiredo, Apontamentos sobre a Noção Ontológica do Processo, p. 90-91, S. Paulo, 1936.

30. Ibidem, p. 97.

AMPLIAÇÃO DA COLEGIALIDADE: ANÁLISE TEÓRICA E PRÁTICA DO ART. 942 DO CÓDIGO DE PROCESSO CIVIL DE 2015

Paulo Henrique dos Santos Lucon

Livre-Docente, Doutor e Mestre em Direito Processual Civil pela Universidade de São Paulo. Professor-Associado da mesma instituição. Presidente do Instituto Brasileiro de Direito Processual – IBDP. Advogado.

Sumário: 1. Introdução – 2. Ampliação da colegialidade como técnica de julgamento – 3. Hipóteses que autorizam a ampliação da colegialidade – 4. Consequências da não observância da técnica da ampliação da colegialidade – 5. Efeitos da continuidade do julgamento – 6. Encerramento.

1. INTRODUÇÃO

Dentre as inovações contidas no Código de Processo Civil de 2015 está a denominada técnica da ampliação da colegialidade, também conhecida como julgamento continuado. De acordo com o art. 942 do Código, em certos casos de divergência, novos julgadores serão convocados para compor a turma julgadora em número suficiente para permitir a possibilidade de inversão do resultado inicial do julgamento. Essa técnica, embora possa guardar certa relação de correspondência com os embargos infringentes previstos no Código de Processo Civil de 1973, com eles não se confunde. Nesse sentido, é um equívoco procurar interpretar a ampliação da colegialidade a partir da disciplina que informava os antigos (e extintos) embargos infringentes, porque com isso se corre o risco de desconsiderar a intenção do legislador ao estatuir essa nova técnica. Por isso, o objetivo desse ensaio é analisar a técnica do art. 942 unicamente à luz das normas que compõem e informam o Código de Processo Civil de 2015 e das respectivas orientações jurisprudenciais que se consolidaram a respeito desse assunto.

2. AMPLIAÇÃO DA COLEGIALIDADE COMO TÉCNICA DE JULGAMENTO

A primeira evidente distinção entre os embargos infringentes e a técnica da ampliação da colegialidade reside na natureza jurídica de cada um desses institutos. Enquanto os primeiros consistiam em uma espécie do gênero recurso (CPC/1973, art. 496, inc. III), a técnica contida no art. 942 do Código de Processo Civil de 2015 nada mais é que uma norma de atribuição de competência para que novos julgadores passem a compor um órgão colegiado quando este manifestar uma específica divergência. Nesse sentido, como destaca Teresa Arruda Alvim, "a técnica de julgamento que envolve ampliação da colegialidade provoca a alteração da competência funcional, e, por isso, não pode ser objeto de negócio jurídico processual".[1]

Assim, se sob o regime do Código anterior novo exame da divergência judicial dependia de anterior manifestação de vontade da parte prejudicada com o resultado de um julgamento não unânime, no Código de 2015, previamente, determina-se a necessidade de que novos julgadores passem a integrar o colegiado quando manifestada a divergência independente de qualquer ato de vontade das partes nesse sentido. Essa modificação revela acima de tudo uma nova perspectiva a respeito do modo de lidar com os desacordos entre os membros de um tribunal.

Atribuir às partes o ônus de provocar novo exame a respeito de questão não unânime, como ocorria até então, significava indicar que só a elas interessava a realização de um novo julgamento sobre essa questão. No silêncio das partes, portanto, os desacordos judiciais permaneceriam indiscutíveis. Essa opção, no entanto, não se coaduna com a natureza argumentativa do direito e sua exigência de que as decisões judiciais sejam proferidas à luz dos melhores e do maior número de argumentos disponíveis para que com isso se possa aumentar a cognoscibilidade do direito aplicável. Nesse sentido, a existência de dissenso entre julgadores a respeito de uma determinada questão aponta a necessidade de um debate mais amplo a respeito dela para que se possa indicar então qual o efetivo entendimento do tribunal a seu respeito.

Embora não seja necessária a busca por uma unanimidade a qualquer custo, é preciso ter em mente que toda decisão judicial deve ser justificada à luz dos melhores e do maior número de argumentos disponíveis, o que, por certo, tende a ocorrer com maior probabilidade quando novos julgadores passam a deliberar sobre a questão objeto de divergência. Toda decisão jurídica delimita as expectativas entorno da aplicação de uma determinada norma e quando justificada com base em argumentos universalizáveis é capaz de se tornar paradigma para o julgamento de casos futuros. No entanto, em casos de divergência, essas expectativas ocorrem apenas parcialmente ou de modo incompleto. Por isso, é também do interesse da jurisdição a continuidade do julgamento em que se manifesta a divergência com a participação de novos julgadores sem que isso dependa de provocação das partes, como inclusive já reconheceu o Superior Tribunal de Justiça: "o interesse havido na manutenção do procedimento correspondente aos infringentes – ainda que mediante a extinção do recurso –, não é apenas das partes, mas também público, dada a uniformização e a amplitude da discussão que possibilita junto aos julgados não unânimes".[2]

Nesse sentido, a técnica da ampliação da colegialidade não apenas permite um maior aprofundamento a respeito da questão divergente como também o faz de um modo mais célere em comparação à antiga sistemática dos embargos infringentes.

---

1. (). Teresa Arruda Alvim, "Ampliação da colegialidade: problema ou solução?" in *Panorama atual do novo CPC*, v. 3, São Paulo: Empório do direito, 2019, p. 549-558.
2. (). STJ, REsp 1733820/SC, 4ª T., Rel. Min. Luis Felipe Salomão, julgado em 02/10/2018, DJe 10/12/2018.

AMPLIAÇÃO DA COLEGIALIDADE **621**

De acordo com o §1º do art. 942, a análise da divergência pela via da ampliação da colegialidade deve ocorrer preferencialmente na mesma sessão de julgamento em que expresso o dissenso jurisprudencial. Evita-se, com isso, a prática de todas as formalidades próprias da interposição de um recurso (apresentação das razões recursais, distribuição do recurso, designação de novo julgamento...). Logo, não se pode afirmar que a técnica da ampliação da colegialidade será capaz de atrasar o andamento do processo. A esse respeito, vale destacar lição de Luiz Henrique Sormani Barbugiani: "é importante salientar que a duração razoável de um processo presente no texto constitucional significa que o tempo deve ser suficiente para que a controvérsia seja dirimida com justiça e não que quanto mais rápida ou célere for a prestação jurisdicional ela será escorreita, ainda que imponha uma injustiça flagrante".[3]

A verdade é que todos aqueles que tem larga experiência no foro sabem que o atraso do processo decorre do chamado "tempo de prateleira" (virtual ou físico), que consiste no interregno de tempo em que nada ocorre no processo. Em comparação a isso, o tempo exigido pela ampliação da colegialidade decorrente de divergência havida no seio do tribunal representa praticamente um nada diante do tempo total do processo. Essa técnica, portanto, não infirma o princípio da duração razoável do processo. A esse princípio, aliás, nem ao menos se poderia recorrer para fins de ponderação no caso, ante a prevalência da regra estatuída pelo legislador em favor do julgamento continuado nos casos de divergência.

Não bastasse isso, a técnica da ampliação da colegialidade presta-se também a combater a denominada jurisprudência lotérica, ao garantir maior uniformidade às decisões proferidas pelos tribunais. Isso porque com a continuação ampliada de um julgamento não unânime, impede-se que sejam prevalecentes entendimentos minoritários no âmbito de um órgão colegiado.

Como se sabe, entre os membros de uma determinada turma julgadora é possível que não haja consenso a respeito de certa questão. Sendo assim, a depender da distribuição dos feitos e da designação da turma julgadora para o caso, poderiam ocorrer julgamentos em que prevalecesse o entendimento minoritário daquele órgão colegiado. Assim, por exemplo, se considerado determinado órgão colegiado formado por cinco desembargadores, a composição de uma turma com três julgadores pode fazer com que posicionamentos minoritários adotados por apenas dois dos cinco desembargadores acabem por se sagrar vencedores. Com a ampliação automática da colegialidade em casos de dissenso, evita-se que contradições internas a um órgão colegiado resultem em tratamentos distintos para casos semelhantes.

Esse interesse que perpassa a técnica da ampliação da colegialidade já foi constatado inclusive pelo Superior Tribunal de Justiça. Na passagem a seguir transcrita, o tribunal destaca a importância dessa técnica para a consolidação do direito aplicado

---

3. (). Luiz Henrique Sormani Barbugiani, *Técnica de julgamento do art. 942 do CPC de 2015. Cabimento, processamento e questões polêmicas da ampliação do quórum em busca de maior segurança jurídica e uniformidade das decisões judiciais*, Lumen juris, 2018, n. 5.1.

pelos tribunais: "tal perspectiva interpretativa, que atribui à técnica em análise um caráter de elemento qualificador do julgamento colegiado, vai ao encontro do paradigma norteador da nova legislação processual, visto que privilegia os esforços para 'uniformizar a jurisprudência e mantê-la estável, íntegra e coerente' (...) De fato, ao determinar a ampliação do número de julgadores se constatada uma divergência e facultar a revisão, o aperfeiçoamento e até a superação dos fundamentos expostos pelos julgadores na primeira sessão, o art. 942 do CPC/2015 ostenta o relevante propósito de assegurar uma análise mais aprofundada das teses contrapostas, mitigando os riscos de que entendimentos minoritários prevaleçam em virtude de uma composição conjuntural de determinado órgão fracionário julgador e garantindo que sejam esmiuçadas questões fáticas eventualmente controvertidas".[4]

A continuidade de um julgamento não unânime, portanto, interessa tanto às partes, que têm assegurada a isonomia e a segurança jurídica, mas também à própria jurisdição, que assim preserva a sua legitimidade ao evitar que o resultado de um julgamento decorra de uma circunstância conjuntural como a formação da turma julgadora em um órgão colegiado.

Portanto, por mais esse motivo, mostra-se adequada a técnica prevista no art. 942 do Código de Processo Civil de 2015 que assim também se coaduna com o disposto no art. 926 que impõe aos tribunais o dever de manter sua jurisprudência estável, íntegra e coerente. Esse dispositivo, aliás, consiste em uma norma fundamental para a nova configuração que se pretende atribuir à administração da justiça, cujos pilares se assentam na promoção da segurança jurídica e da igualdade. Resultaria em repugnante tratamento discriminatório e clara fonte de imprevisibilidade a dispensa de tratamentos distintos para situações semelhantes. Para evitar isso, a técnica da ampliação da colegialidade contribui com a formação de julgados mais sólidos e consistentes, elaborados a partir de um número maior de razões e evita que determinado caso seja decidido com base em entendimento não prevalecente no âmbito do tribunal. A técnica da ampliação da colegialidade, como já dito, não almeja alcançar uma unanimidade entre os julgadores. Aqueles julgadores que possuírem um determinado entendimento minoritário não apenas podem como devem declarar seus votos divergentes, pois assim contribuem para eventual evolução jurisprudencial. O que não é admissível é que esse entendimento minoritário prejudique a parte que faz jus à tutela jurisdicional segundo a orientação predominante do tribunal.

3. HIPÓTESES QUE AUTORIZAM A AMPLIAÇÃO DA COLEGIALIDADE

De acordo com o art. 942, *caput*, do Código de Processo Civil, a primeira hipótese que dá ensejo à ampliação da colegialidade é o julgamento não unânime do recurso de apelação. Em sentido contrário à sistemática aplicada aos embargos infringentes, segundo a qual referido recurso apenas seria cabível nos casos de reforma da

---

4. (). STJ, 3ª T., REsp 1771815/SP, Rel. Min. Ricardo Villas Bôas Cueva, julgado em 13/11/2018, DJe 21/11/2018.

sentença de mérito (CPC/73, art. 530), a ampliação da colegialidade, nos casos de julgamento não unânime do recurso de apelação, ocorrerá seja qual for o resultado. Assim, a continuação do julgamento com novos julgadores se dará tanto nos casos de divergência a respeito de eventual *error in iudicando* quanto nas hipóteses em que não houver consenso sobre possível error *in procedendo* da sentença recorrida. Isso se justifica, pois não há diferença qualitativa entre as questões decididas por um tribunal. A divergência sobre uma questão processual capaz de implicar a anulação de um julgamento merece ser resolvida à luz de novos argumentos, do mesmo modo que uma questão de mérito propriamente dita que ensejaria a reforma da decisão recorrida.

A esse respeito vale destacar julgado paradigma do Superior Tribunal de Justiça que anulou acórdão do Tribunal de Justiça de Santa Catarina que interpretou a técnica da ampliação da colegialidade segundo a sistemática dos embargos infringentes para concluir que referida técnica só seria aplicável em casos de reforma da decisão: "*diferentemente dos embargos infringentes do CPC de 1973 – que limitava, no caso da apelação, a incidência do recurso aos julgamentos que resultassem em reforma da sentença de mérito –, o CPC de 2015 refere ao cabimento da técnica de julgamento 'quando o resultado da apelação for não unânime', não havendo, na redação do dispositivo, referência a julgamento que reforma ou mantém a sentença de piso (...) a interpretação literal se robustece por sua incontestável consonância com o fim perseguido pela norma, qual seja, a melhoria da qualidade das decisões (...) Sendo assim, não obstante as críticas à opção do legislador de adotar um escopo amplo para a técnica do art. 942 do CPC de 2015, na apelação, entendo que a interpretação não pode afastar-se da letra da lei, que não deixa dúvidas quanto ao seu cabimento em todas as hipóteses de resultado não unânime de julgamento da apelação, e não apenas quando ocorrer a reforma da sentença de mérito*" (g.n).[5]

Por essas mesmas razões, aliás, mostra-se incoerente o previsto no art. 942, § 3º, inc. II, do Código de Processo Civil. Segundo esse dispositivo, a técnica da ampliação da colegialidade aplica-se aos julgamentos não unânimes proferidos em agravo de instrumento, apenas quando houver reforma da decisão que julgar parcialmente o mérito da demanda. A interpretação lógico-sistemática da técnica da ampliação da colegialidade conduz ao entendimento de que deve haver tal ampliação em todas as situações em que houver decisão interlocutória de mérito não unânime, porque a coluna fundamental do instituto se assenta na diretiva estrutural de uniformizar a jurisprudência no seio do tribunal com a construção da correta interpretação do direito.

Os requisitos para a realização do julgamento de parcela do mérito constam do art. 356 do Código de Processo Civil. De acordo com esse dispositivo, o julgamento parcial terá lugar quando um ou mais dos pedidos formulados ou parcela de um deles mostrar-se incontroverso ou estiver em condições de imediato julgamento. Essa decisão que julga em caráter antecedente parcela do mérito é uma decisão in-

---

5. (). STJ, REsp 1733820/SC, 4ª T., Rel. Min. Luis Felipe Salomão, julgado em 02/10/2018, DJe 10/12/2018.

terlocutória, pois não encerra a fase cognitiva do procedimento comum. Em atenção a isso, o art. 356, § 5º, estabelece como cabível o recurso de agravo de instrumento contra a decisão que julgar parcela do mérito em caráter antecedente. Ocorre que, esse recurso, ontologicamente, em nada difere do recurso de apelação, e por isso para ambos deveria ser aplicada a disciplina desse último, a fim de permitir o julgamento continuado tanto nos casos de reforma, quanto nas hipóteses de anulação da decisão interlocutória parcial de mérito. A base da nova técnica, repita-se, é diminuir os efeitos deletérios de uma divergência e isso é suscetível de ocorrer também nos julgamentos dos agravos de instrumento contra decisões parciais de mérito.

Nesse ponto, é necessário destacar também a outra omissão do legislador que compromete a coerência da disciplina aplicada aos processos em âmbito recursal. Como se sabe, além da hipótese do art. 356, § 5º do CPC a que o art. 942, §3º, inc. II faz menção, o agravo de instrumento também é cabível contra as decisões interlocutórias que versarem sobre o mérito do processo (CPC/2015, art. 1.015, inc. II). A manifestação sobre o mérito, por excelência, ocorre na sentença, momento em que após cognição exauriente dos elementos da controvérsia está o juiz em condições de emitir um pronunciamento a respeito da pretensão do autor e assim encerrar o processo. Em determinadas hipóteses, no entanto, o mérito está em condições de ser apreciado em momento anterior ao encerramento do processo. É o que ocorre, por exemplo, com as decisões interlocutórias que rejeitam, em momento anterior à sentença, alegação de prescrição e decadência.

O acolhimento de qualquer uma dessas alegações tem o condão, por si só, de extinguir o processo com resolução do mérito. Por isso, a parte que teve uma alegação dessa natureza rejeitada tem o direito de devolver essa matéria ao tribunal pela via do agravo de instrumento a fim de obter um imediato pronunciamento judicial a respeito dessas alegações. A possibilidade de revisão da decisão que rejeita a alegação de prescrição e decadência pela via do agravo de instrumento permite que o tribunal se manifeste desde logo sobre essas questões de modo a evitar assim a prática de atos inúteis pela primeira instância. Justamente por conta da natureza e dos efeitos desse julgamento é que se justificaria a ampliação da colegialidade também nesses casos. O julgamento das questões de mérito em um agravo de instrumento tem as mesmas repercussões do julgamento de apelação, o que deveria ensejar, portanto, a dispensa do mesmo tratamento em matéria de ampliação da colegialidade a ambos os recursos.

Por fim, a técnica da ampliação da colegialidade também deverá ser aplicada em caso de julgamento não unânime proferido em ação rescisória, quando o resultado for a rescisão da sentença. Nessas hipóteses, o julgamento terá prosseguimento junto ao órgão de maior composição previsto no regimento interno de cada tribunal. De acordo com a sistemática anterior, o art. 530 do Código de Processo Civil de 1973 previa o cabimento dos embargos infringentes nos casos em que o acórdão não unânime houvesse julgado procedente a ação rescisória. Isso significava que nesses casos os embargos infringentes poderiam se ater ao juízo rescindente, ao juízo rescisório ou

AMPLIAÇÃO DA COLEGIALIDADE **625**

a ambos. Nesse sentido, pode-se afirmar que o art. 942 do Código de Processo Civil de 2015 simplifica essa dinâmica, ao prever apenas a ampliação da colegialidade para os casos de divergência quanto à rescisão da sentença. Como a ampliação da colegialidade não encerra o julgamento até então em curso, isso significa que uma vez aplicado o art. 942 do Código de Processo Civil, os novos julgadores passarão a compor automaticamente o órgão competente para realização do juízo rescindendo e do juízo rescisório, se este tiver lugar.

Além desses casos, é preciso ter em mente outras hipóteses que igualmente justificam a ampliação da colegialidade. Embora não conste do art. 942 do Código de Processo Civil, uma interpretação lógica do sistema recursal justifica a aplicação da colegialidade ampliada também no julgamento dos recursos oriundos daqueles previstos nesse artigo. Assim, por exemplo, se no julgamento de embargos de declaração opostos contra acórdão unânime houver divergência a respeito da atribuição de efeitos infringentes a esse recurso, necessária a ampliação da colegialidade no caso, pois o julgamento desses embargos modifica diretamente o resultado do julgamento do recurso de apelação. Ainda no que diz respeito aos embargos de declaração, não é demais destacar que, se eles forem opostos contra acórdão proferido após a ampliação da colegialidade, todos os julgadores que participaram desse julgamento ampliado deverão participar do julgamento de tal recurso.

Em contrapartida a essas hipóteses de cabimento detalhadas até aqui, a ampliação da colegialidade não terá lugar no julgamento do incidente de assunção de competência e de resolução de demandas repetitivas, no julgamento da remessa necessária e nas decisões não unânimes proferidas pelo plenário ou pela corte especial do tribunal, nos termos do art. 942, §4º do Código de Processo Civil. Nesses casos, em particular, não se justifica a continuidade do julgamento com a participação de novos julgadores, pois essas decisões já são proferidas por quórum qualificado.

Com relação aos incidentes de assunção de competência e de resolução de demandas repetitivas, isso se torna ainda mais evidente, dada a natureza desses institutos, voltada à fixação de uma tese paradigma a ser aplicada a casos semelhantes. Como essa tese deve expressar a orientação do tribunal, não faria sentido delimitar a turma julgadora e apenas permitir sua ampliação em casos de divergência. A fixação de uma tese paradigma para fins de julgamento de demandas repetitivas sempre deve se dar a partir dos melhores argumentos disponíveis, pois só assim se alcançará a necessária estabilidade e previsibilidade jurídica almejada por esse microssistema previsto para tratar o fenômeno da litigiosidade de massa.

Isso não quer dizer, contudo, que no julgamento de um recurso de apelação, oriundo, por exemplo, de uma demanda individual afetada pelo incidente de resolução de demandas repetitivas, não se aplique o art. 942 do Código de Processo Civil. Veda-se a ampliação da colegialidade apenas nos casos em que fixada a tese paradigma, não nos casos individuais em que ela é aplicada.

4. CONSEQUÊNCIAS DA NÃO OBSERVÂNCIA DA TÉCNICA DA AMPLIAÇÃO DA COLEGIALIDADE

Se não observadas essas hipóteses previstas no art. 942 do Código de Processo Civil, estará configurada uma nulidade de natureza absoluta a ensejar a invalidação do processo. Como se sabe, além dos atos inexistentes que, pela ausência de algum requisito intrínseco, não ingressaram no mundo jurídico, costuma-se classificar os atos viciados em absolutamente nulos, relativamente nulos e anuláveis. A nulidade absoluta decorre do desrespeito a uma forma instituída em defesa do interesse público. Geralmente, encontra-se cominada na lei e o juiz pode decretá-la de ofício, independentemente de requerimento da parte. A nulidade relativa, por outro lado, advém da inobservância de regra cogente que vise à proteção do interesse da parte. A anulabilidade, por fim, está prevista em norma dispositiva e tutela interesses exclusivamente privados.

No caso, a não aplicação da ampliação da colegialidade gera um prejuízo ao interesse público que não é capaz de ser sanado, motivo pelo qual nessas hipóteses não se aplica o princípio da instrumentalidade das formas. O raciocínio que informa essa conclusão é o mesmo que inspira as normas de fixação da competência absoluta. Em caso de descumprimento a essas normas a única solução que se impõe é a declaração de nulidade do processo. Veja-se, nesse sentido, lição de Teresa Arruda Alvim: "a não aplicação da técnica, a nosso ver e no ver do citado autor, gera decisão nula, por desatendimento a regra imperativa, mas que transita em julgado, ensejando eventual propositura de ação rescisória. Está-se, aqui, diante de vício corrigível e, não havendo correção, tem-se a nulidade da decisão".[6]

5. EFEITOS DA CONTINUIDADE DO JULGAMENTO

Fixadas essas premissas sobre a natureza e as hipóteses de cabimento que dão ensejo à ampliação da colegialidade, necessário analisar os efeitos decorrentes da aplicação dessa técnica. Nesse sentido, a primeira questão que deve ser enfrentada diz respeito à convocação dos novos julgadores.

Conforme dispõe o art. 942, *caput* do Código de Processo Civil, nos casos de divergência, que ensejam a ampliação da colegialidade, serão convocados novos julgadores, nos termos do regimento interno de cada tribunal, em número suficiente para garantir a possibilidade de inversão do resultado inicial. Por exemplo: se um julgamento com a participação de três julgadores termina em dois a um, haverá prosseguimento do julgamento com outros dois julgadores.

Tendo em vista que serão convocados julgadores para reverter o resultado inicial, a divergência capaz de autorizar a ampliação da colegialidade, portanto, é apenas

---

6. (). Teresa Arruda Alvim, "Ampliação da colegialidade: problema ou solução?" in *Panorama atual do novo CPC*, v. 3, São Paulo: Empório do direito, 2019, p. 549-558.

AMPLIAÇÃO DA COLEGIALIDADE **627**

aquela em que há discordância a respeito de qual das partes deve ser merecedora da tutela jurisdicional. Não se desconhece que pode haver divergência também nos casos em que todos os votos são favoráveis a uma das partes, mas há discordância a respeito do modo de ser concedida a tutela a essa parte vencedora (*v.g.*, imagine-se o caso em que três juízes divergem a respeito da quantia indenizável a título de dano moral). Nesses casos, ao invés da ampliação da colegialidade, faz-se uso de técnicas para apuração do voto médio. Voto intermediário e voto médio consistem em técnicas de julgamento destinadas a solucionar a dispersão de votos, fenômeno passível de ocorrer em qualquer julgamento colegiado.

Esses julgadores necessários para a formação de nova maioria devem ser convocados segundo as disposições preestabelecidas no regimento interno de cada tribunal. Com isso, afasta-se qualquer alegação de que a ampliação da colegialidade poderia resultar em uma violação ao princípio do juiz natural.

O que esse princípio veda, como se sabe, é a designação de juízo *ex post facto*. Não é isso o que ocorre, contudo, nos casos de julgamento continuado. Aqui, previamente, atribui-se competência aos tribunais para designar os julgadores para os casos em que se manifestar a divergência. A convocação de novos julgadores, portanto, não se dá ao acaso (*v.g.*, no Tribunal de Justiça do Estado de São Paulo, cada Câmara é composta por cinco desembargadores – RITJSP, art. 34). Os feitos dessas Câmaras são julgados por turmas de três desembargadores. Havendo divergência entre eles, os outros dois membros da Câmara passam a compor o colegiado para fins de aplicação do art. 942 do Código de Processo Civil (RITJSP, art. 41).

Fixadas essas questões, na sequência devem ser analisados aspectos relativos à continuidade do julgamento. Em primeiro lugar, como visto no *item 2*, a técnica da ampliação da colegialidade não consiste em um novo recurso, mas sim em uma norma que atribui competência para que novos julgadores integrem uma turma julgadora em casos de divergência. Isso significa, portanto, que não há um encerramento do julgamento, mas apenas sua postergação. Por isso, enquanto não terminado o julgamento, tudo aquilo que foi deliberado previamente à ampliação da colegialidade pode ser objeto de modificação. Assim dispõe, a propósito, o art. 942, §2°, do Código de Processo Civil: "os julgadores que já tiverem votado poderão rever seus votos por ocasião do prosseguimento do julgamento".

Os votos que poderão ser objeto de revisão não são apenas aqueles que deram azo à ampliação da colegialidade. Um capítulo até então unânime da decisão também pode ser objeto de modificação. Como não há encerramento do julgamento, não há qualquer imutabilidade a respeito do que fora até então decidido. É claro que eventual retratação de capítulo do voto inicialmente unânime, pode ensejar uma nova divergência (o que só não ocorreria caso todos os julgadores que compunham o colegiado originalmente se retratem concomitantemente do capítulo unânime, invertendo o sentido dos votos em nova unanimidade). Contudo, a existência de nova divergência não traria qualquer prejuízo ao julgamento do recurso, uma vez que, devido à falta de unanimidade originalmente constatada, o julgamento já apresentaria seu colegiado ampliado, com quórum qualificado para superar todas as eventuais divergências, sejam elas recentes ou pretéritas. Daí a relevância de os novos julgadores analisarem todos os elementos do recurso.

Assim, em síntese, uma vez instituída a divergência, há um prosseguimento do julgamento, de modo que os julgadores deverão se manifestar sobre pontos a respeito dos quais não houve divergência. Se superadas matérias atinentes às preliminares e ocorrida a divergência no mérito ou em parte dele, os demais julgadores deverão também se manifestar sobre as preliminares em que não houve divergência e sobre, evidentemente, o mérito. Como se trata de continuação de julgamento, novos argumentos, decorrentes das decisões dos novos julgadores chamados a integrar o colegiado, certamente virão e poderão modificar o entendimento dos julgadores originários sobre a matéria unânime, ainda que estes já tenham proferido seus votos. Afinal, o julgamento está em curso. Entendimento contrário gerará inúmeras confusões e questionamentos desnecessários, complicando inutilmente a técnica. Basta imaginar o Superior Tribunal de Justiça tendo que detectar os capítulos decisórios em que houve a divergência, se a preliminar se confundia com o mérito, se a divergência foi apenas parcial em relação a qual parte ou parcela do mérito. Enfim, surgirão discussões e mais discussões despiciendas que somente viabilizam um tecnicismo extremado, distante do que o processo civil moderno almeja.

No caso dos embargos infringentes, de acordo com o art. 530 do Código de Processo Civil de 1973, ocorria a devolução aos novos julgadores apenas do capítulo não unânime do acórdão embargado. Com isso, tornava-se indiscutível aquilo que não fora objeto do recurso e limitava-se a atuação dos novos julgadores apenas a esse capítulo não unânime. Não é isso, contudo, o que ocorre com a ampliação da colegialidade. Como dito desde o início, essa técnica ainda que guarde relação de semelhança com os embargos infringentes, com esse extinto recurso não se confunde.

Como não ocorre o encerramento do julgamento com a ampliação da colegialidade, os novos julgadores passam a proferir seus votos em relação a todo o objeto do recurso que deu origem a ampliação da colegialidade por uma divergência específica. Nesse sentido, o legislador não estipulou quaisquer limites à atuação dos novos julgadores, que dispõem dos mesmos poderes daqueles atribuídos aos julgadores que até então compunham o órgão colegiado (v.g., o novo julgador, no exercício de seus poderes instrutórios, pode decidir pela produção de uma prova determinante tanto para o resultado do julgamento do capítulo não unânime quanto para aquele no qual não houve divergência). Nesse sentido, com a participação dos novos julgadores, passa-se a uma análise de todos os elementos que informam o objeto do recurso. Por exemplo, um dos novos desembargadores pode suscitar, inclusive, pela primeira vez uma questão preliminar cognoscível de ofício que se acolhida impedirá o julgamento do mérito do recurso).

AMPLIAÇÃO DA COLEGIALIDADE **629**

Com a análise por todos os julgadores de todos os elementos do recurso, evita-se a ocorrência de diversas ampliações e retrações sucessivas do órgão colegiado em um mesmo julgamento. Imagine-se, por exemplo, que a primeira divergência a ensejar a ampliação da colegialidade diga respeito a uma preliminar ao julgamento de mérito do recurso. Se não adotado o entendimento aqui exposto, nova ampliação ocorreria a cada novo julgamento divergente. Assim, em uma decisão com diversos capítulos se teria um número diverso de votos para cada um deles a depender da ocorrência de divergência ou não. Por isso, mostra-se uma medida mais coerente e mais econômica em termos de eficiência do processo a solução aqui defendida no sentido de que uma vez, inseridos no órgão colegiado os novos julgadores, tornam-se eles igualmente competentes para o julgamento de todo o recurso.

Restringir a atuação dos magistrados após a ampliação da colegialidade apenas à parcela não unânime dos votos proferidos ilustra verdadeira – e indevida, porque distante da *mens legis* – contaminação do procedimento aplicado aos antigos embargos infringentes à nova técnica de ampliação do colegiado. Veja-se a esse respeito, a orientação da jurisprudência do Superior Tribunal de Justiça que se consolidou nesse sentido: *"No caso concreto, diante da ausência de unanimidade no julgamento da apelação, foi aplicado, de ofício, o art. 942 do CPC/2015 a fim de ampliar o colegiado com a convocação de outros desembargadores. Na continuidade do julgamento, um dos desembargadores alterou o voto anteriormente proferido para negar provimento à apelação e manter a sentença, resultado que prevaleceu, por maioria. A técnica de ampliação do colegiado consiste em significativa inovação trazida pelo CPC/2015, tendo cabimento nas hipóteses de julgamento não unânime de apelação; ação rescisória, quando o resultado for a rescisão da sentença; e agravo de instrumento, quando houver reforma da decisão que julgou parcialmente o mérito. O art. 942 do CPC/2015 não configura uma nova espécie recursal, mas, sim, uma técnica de julgamento, a ser aplicada de ofício, independentemente de requerimento das partes, com o objetivo de aprofundar a discussão a respeito de controvérsia, de natureza fática ou jurídica, acerca da qual houve dissidência. Constatada a ausência de unanimidade no resultado da apelação, é obrigatória a aplicação do art. 942 do CPC/2015, sendo que o julgamento não se encerra até o pronunciamento pelo colegiado estendido, ou seja, inexiste a lavratura de acórdão parcial de mérito. Os novos julgadores convocados não ficam restritos aos capítulos ou pontos sobre os quais houve inicialmente divergência, cabendo-lhes a apreciação da integralidade do recurso. O prosseguimento do julgamento com quórum ampliado em caso de divergência tem por objetivo a qualificação do debate, assegurando-se oportunidade para a análise aprofundada das teses jurídicas contrapostas e das questões fáticas controvertidas, com vistas a criar e manter uma jurisprudência uniforme, estável, íntegra e coerente. Conforme expressamente autorizado pelo art.942, § 2º, do CPC/2015, os julgadores que já tenham votado podem modificar o seu posicionamento"* (g.n).[7]

---

7. (). STJ, REsp 1771815/SP, 3ª T., Rel. Min. Ricardo Villas Bôas Cueva, julgado em 13/11/2018, DJe 21/11/2018. Na doutrina, em sentido contrário a esse entendimento: José Rogério Cruz e Tucci, "Limites da devolução da matéria objeto da divergência no julgamento estendido" in https://www.conjur.com.br/2017-jan-31/

Por fim, no que concerne às partes em decorrência da ampliação da colegialidade, deve ser assegurado a elas e a eventuais terceiros interessados, nos termos do art. 942, *caput* do Código de Processo Civil, o direito de sustentar oralmente perante os novos julgadores suas razões quanto a todas as matérias apresentadas no recurso em questão se eles não estavam presentes à primeira sessão de julgamento em que realizou a primeira sustentação. Conforme exposto, não há cisão do efeito devolutivo em relação apenas aos aspectos que ensejaram a divergência, sendo direito da parte, então, sustentar suas razões inclusive em relação a eventuais capítulos unânimes dos votos originalmente proferidos, se ela assim entender conveniente à sua defesa.

6. ENCERRAMENTO

Considerando que hoje em dia é bastante comum os julgadores de segundo grau de jurisdição circularem, via eletrônica, seus votos entre os colegas que compõem a turma julgadora antes da sessão de julgamento, a divergência tornou-se situação excepcional. Portanto, tudo leva a crer que a técnica da ampliação da colegialidade somente ocorrerá em situações excepcionais. A divergência, quando vem à tona por ocasião da sessão colegiada, é aquela em que foi impossível o consenso. E, por isso, a ampliação da turma julgadora com outros integrantes é medida importante para o aperfeiçoamento da jurisprudência.

O art. 942 do Código de Processo Civil de 2015 contribuirá sobremaneira para o aperfeiçoamento da qualidade das decisões que são proferidas em nossos Tribunais. Conforme indicado, a ampliação da colegialidade não mais advém de recurso no interesse das partes, sendo um prolongamento imposto de ofício aos julgamentos nos quais se constata divergência. No *item 3*, procurou-se destacar as hipóteses que dão ensejo à ampliação da colegialidade e no *item 4 e 5* foram analisadas as principais consequências decorrentes da aplicação dessa técnica.

Em síntese, vale retomar o argumento de que como a ampliação da colegialidade posterga o encerramento do julgamento, os julgadores que já proferiram seus votos podem rever todo o posicionamento que até então externaram. O art. 942, § 2°, do Código de Processo Civil não prevê qualquer restrição nesse sentido. Sendo assim, em função da continuidade do julgamento, os novos julgadores devem analisar igualmente eventuais capítulos unânimes dos votos anteriormente proferidos.

---

paradoxo-corte-limites-devolucao-materia-divergente-julgamento-estendido. Já em sentido favorável Nelson Nery Jr e Rosa Maria de Andrade Nery: "a técnica prevê que, se houver voto vencido, o julgamento se prolongará pela extensão do órgão colegiado, de sorte que tudo está, ainda, em aberto, podendo haver modificação, inclusive, dos votos dos desembargadores que já os externaram ante a extensão do julgamento (...) Essa técnica de extensão tem natureza recursal e, portanto, não há que se falar em 'devolução' do conteúdo do voto vencido" (*Código de Processo Civil comentado*, 3ª ed, São Paulo: RT, 2018)

IMPRESSÕES PROCESSUAIS A RESPEITO DO INCIDENTE DE RESOLUÇÃO DEMANDAS REPETITIVAS – IRDR –, À LUZ DA DOUTRINA E DA JURISPRUDÊNCIA

Paulo Roberto Grava Brazil

Bacharel em Direito pela PUC-SP, com graduação em 1980 e exercício da advocacia até 1983, ingressando nesse ano no Ministério Público do Estado de São Paulo, atingindo o cargo de Procurador de Justiça em 1998. Nesse período foi Diretor-Adjunto (1987) e membro do Conselho Deliberativo da revista Justitia (1988/1989), assessor da Corregedoria Geral (1990/1993), Secretário da 5ª Procuradoria de Justiça (1999/2001) e membro do Órgão Especial do MP (2000/2001). Ficou afastado da carreira para exercer o cargo de Chefe de Gabinete da Administração Penitenciária (1993/1995). Foi nomeado juiz do 1° Tribunal de Alçada de São Paulo em 2001, passando a Desembargador do Tribunal de Justiça do Estado de São Paulo em 2004. Integrou a 9ª Câmara de Direito Privado e atualmente integra a 8ª Câmara de Direito Privado e a 1ª Turma Especial de Direito Privado, tendo sido indicado, a partir de 02/2018, para integrar a 2ª Câmara Reservada de Direito Empresarial. Exerceu mandato junto ao Órgão Especial do TJSP no biênio 2012/2013. É coautor do livro Direito do Menor na Nova Constituição, publicado em 1991.

Sumário: 1. Introdução – 2. Da designação de audiência pública – 3. Da legitimidade ativa para suscitar o IRDR – 4. Da suspensão dos processos pendentes que versam sobre a questão de direito afetada pelo IRDR – 5. Rito – Contraditório e devido processo legal – 6. Do juízo de valor exercido pelos integrantes do órgão colegiado competente para exame do IRDR – 7. Considerações finais – 8. Referências Bibliográficas.

1. INTRODUÇÃO[1]

Com o advento do novo instituto prevendo uma forma de uniformização de jurisprudência vinculativa, algumas questões foram objeto de debate no curso do trâmite processual do IRDR, sendo adotadas soluções que a prática acabou por recomendar. Essas soluções, de forma sintética, são examinadas aqui, com o fim de permitir uma visão pragmática do instituto, esperando contribuir para seu desenvolvimento e concretização.

2. DA DESIGNAÇÃO DE AUDIÊNCIA PÚBLICA

A designação de audiência pública encontra-se prevista no art. 983, § 1°, do CPC, que dispõe: "Para instruir o incidente, o relator poderá designar data para, em

---

1. Trabalho de pesquisa e de revisão de texto realizado com a colaboração da Bel. Júlia Nolasco Garcia.

audiência pública, ouvir depoimentos de pessoas com experiência e conhecimento na matéria".

Primeiro, ao que se depreende do texto normativo, em decorrência do verbo empregado para dirigir a ação do magistrado < poder >, trata-se de faculdade do relator, não de procedimento obrigatório.

Vale dizer, somente será designada audiência pública quando, pela necessidade de instruir o incidente, verificar o relator a pertinência do ato para colheita de depoimento de "pessoas com experiência e conhecimento na matéria".

É certo, entretanto, que, no mais das vezes, será desnecessária a adoção dessa providência, pois, na medida em que o IRDR tem em conta a "efetiva repetição de processos que contenham controvérsia sobre a mesma questão unicamente de direito" (CPC, art. 976, I – grifei), dificilmente a solução do incidente dependerá da colheita de prova oral, ainda que de pessoas entendidas na matéria.

Não se pode perder de vista que a "instauração e o julgamento do incidente serão sucedidos da mais ampla e específica divulgação e publicidade", o que se dá pelo registro eletrônico no Conselho Nacional de Justiça – CNJ e no banco eletrônico de dados do próprio tribunal (CPC, art. 979, *caput* e § 1º).

A propósito, o tribunal paulista tem adotado a praxe, a exemplo do que ocorre nos repetitivos perante o STJ, de oficiar às entidades e aos órgãos públicos e privados, ligados ao setor do direito material discutido, não raro admitidos como *amicus curie*, facultando a manifestação e a juntada de documentos, inclusive, pareceres técnicos de especialistas.

Assim, por exemplo, em IRDR envolvendo questão relativa a planos de saúde, a par dos registros obrigatórios, foi cientificada e facultada a manifestação dos seguintes órgãos/entidades: Ministério Público, Agência Nacional de Saúde – ANS, Instituto de Estudos em Saúde Suplementar – IESS, Federação Nacional de Saúde Suplementar – FENASAÚDE, Fundação PROCON – SP, Instituto Brasileiro de Defesa do Consumidor – IDEC, Associação de Defesa dos Usuários de Seguro, Planos e Sistemas de Saúde, Instituto Brasileiro de Política e Direito do Consumidor, OAB/SP (em particular a comissão permanente de direito do consumidor e comissões especiais de direito à saúde e estudos sobre planos de saúde e assistência médica),

A providência mostrou-se de maior efetividade, visto que, com as manifestações prévias, devidamente instruídas com documentos, o estudo da intrincada questão submetida ao IRDR pode ocorrer no curso do trâmite do incidente, facultando a manifestação de todos os envolvidos, criando um salutar debate sobre o tema, dando efetividade ao contraditório, tudo de modo a propiciar maiores e melhores elementos para o julgamento pelo órgão colegiado competente.

Ademais, adotado esse caminho, a audiência pública não se justifica, até porque a prova oral em matéria de direito é, no mínimo, incomum, sendo que a possibilidade de sustentação oral (CPC, art. 984, II) dá maior consistência à publicidade do incidente

IMPRESSÕES PROCESSUAIS A RESPEITO DO INCIDENTE DE RESOLUÇÃO DEMANDAS REPETITIVAS – IRDR **633**

e amplitude ao debate dos interesses em conflito, a essa altura já materializados nas manifestações e provas apresentadas.

O tema foi enfrentado no julgamento do IRDR 2059683-75.2016.8.26.0000, pelo relator Des. Ricardo Belli, que, em sede de embargos de declaração, rejeitados por unanimidade, assim se manifestou:

> "Com o máximo respeito, é de todo despropositado o capítulo dos embargos de declaração em que se afirma suposta nulidade do procedimento, pelo fato de não se ter designado a audiência pública de que trata o art. 983, §1º, do CPC. A propósito, basta dizer que o citado dispositivo prescreve que 'Para instruir o incidente, o relator poderá designar data para, em audiência pública, ouvir depoimentos de pessoas com experiência e conhecimento sobre a matéria'. O enunciado da norma, acima transcrito, conduz às seguintes conclusões: (i) a designação da audiência pública representa faculdade do relator; (ii) o ato só se justifica desde que possa trazer efetivos subsídios ao julgamento do incidente; e (iii) a citada audiência não tem finalidade de obter conciliação. No caso, o incidente versa sobre tema exclusivamente jurídico e não havia a menor necessidade de convocação de pessoas com conhecimento técnico sobre o funcionamento do fundo, que encontra disciplina clara nos respectivos estatutos. E, com efeito, os embargantes não justificam o porquê da suposta necessidade de designação da audiência pública, a não ser com o argumento, como visto equivocado, de que o ato teria utilidade para fins de conciliação."

Concluindo, a designação de audiência pública constitui faculdade do relator do IRDR, que, no entanto, para dispensá-la, deve justificar sua desnecessidade, desde que amparada em ampla divulgação do incidente, facultando a manifestação e a juntada de documentos pelas partes e por todos aqueles que, de alguma forma, possam, por sua relação com a questão de direito controvertida, contribuir, trazendo subsídios para o julgamento do incidente.

3. DA LEGITIMIDADE ATIVA PARA SUSCITAR O IRDR

Dispõe o art. 977, do CPC, que a instauração do incidente poderá ser proposta pelo juiz ou pelo relator (I), pelas partes (II) e pelo Ministério Público ou pela Defensoria Pública (III).

Parece não haver dúvida de que o Relator, as partes ou o representante do Ministério Público ou da Defensoria Pública possam suscitar o incidente.

A discussão fica por conta da inclusão, nesse rol de legitimados, do juiz, visto que, no contexto do regramento legal que disciplina o IRDR (CPC, arts. 976 a 986), alguns dispositivos podem lançar dúvidas a respeito.

Assim, quanto ao requisito de "efetiva repetição de processos" (art. 976, I), o que se indaga é se a controvérsia sobre a questão pode ser aferida e afirmada a partir das demandas em trâmite no primeiro grau?

Sob esse foco, ainda que a repetição de processos se opere inicialmente em primeiro grau, afigura-se razoável afirmar que apenas com o julgamento do recurso é que se firmará ou se consolidará a divergência.

PAULO ROBERTO GRAVA BRAZIL

Como é o órgão colegiado que aprecia o recurso, essa aferição da controvérsia e/ou do risco à segurança jurídica dependeria da existência de casos já julgados em segundo grau, externando jurisprudência não uniforme e justificando a controvérsia como requisito para a instauração do incidente.

De igual forma, o parágrafo único, do art. 978, do CPC, ao afirmar que "O órgão colegiado incumbido de julgar o incidente e de fixar a tese jurídica julgará igualmente o recurso...".

Sob esse enfoque, o texto faz pressupor a necessidade de existência de um recurso, o que afastaria a legitimidade do magistrado de primeiro grau.

Não parece, entretanto, ter sido essa a intenção do legislador.

Uma vez presentes os requisitos para a instauração do incidente (repetição de processos sobre a mesma controvérsia de direito, colocando em risco a isonomia e a segurança jurídica – CPC, art. 976), sendo essa situação aferível pelo juízo singular, não há justificativa para que se aguarde pela interposição de recurso e pela eventual iniciativa do relator.

Assim não fosse, não haveria razão para a inclusão expressa do juiz dentre os legitimados a propor o IRDR.

Sobre o tema, Marinoni, Arenhart e Mitidiero, invocam interpretação histórica do trâmite legislativo do CPC, para concluir pela não exigência de causa pendente de recurso para suscitar o IRDR. Eis o que escreveram a respeito:

> "Ao que parece, a solução da questão exige uma interpretação histórica do IRDR. Enquanto o código tramitava como projeto, o substitutivo apresentado pela Câmara dos Deputados (Substitutivo 8.046, de 2010) acrescentou um parágrafo ao primeiro artigo que tratava do IRDR, exigindo que, para a instauração do incidente, seria necessária a pendência de qualquer causa de competência do tribunal. Esse preceito, porém, foi suprimido na versão final do código, o que indica a intenção do legislador em não manter essa imposição. Por isso, não parece lógico pretender extrair do art. 978, parágrafo único, interpretação que exija a pendência de causa perante o tribunal para que se viabilize o incidente."[2]

Dissertando sobre o tema, Aluisio Gonçalves de Castro Mendes e Sofia Temer, partindo, também, da análise histórica do processo legislativo, que culminou com a supressão da regra que previa a obrigatoriedade de pendência de causa no tribunal, aduzem a existência de motivos consistentes para adoção de qualquer das vertentes, concluindo favoravelmente à instauração "a partir de processos em primeiro grau, dispensando-se causa pendente no tribunal", mas ressaltam que uma das leituras a ser feita do art. 977, I, do CPC, seria de que este "deveria ser lido como a possibilidade de o magistrado de primeiro grau oficiar o tribunal, demonstrando que há controvérsia sobre questão jurídica repetindo-se em diversos processos, para que se instaure o

---

2. *Novo Curso de Processo Civil: tutela dos direitos mediante procedimento comum.* v. 2. 2. ed. São Paulo: RT, 2016. p. 594.

IRDR, selecionando dos processos em tramitação no segundo grau os que melhor representem a controvérsia."[3]

Julgado do TJSP, em IRDR suscitado por magistrado de primeiro grau (IRDR 0023203-35.2016.8.26.0000), abordou o tema, em voto relatado pelo Des. Francisco Loureiro, encontrando solução pontual e apropriada para a questão, que foi analisada sob o prisma da conciliação com o julgamento da decisão abstrata da tese jurídica pelo órgão colegiado competente para o IRDR e da causa piloto a cargo do juiz do feito.

Eis o que ficou registrado no voto do relator:

> "A proposta que se faz à Turma Julgadora é a conciliação das duas correntes doutrinárias 'causa piloto' e a decisão abstrata de tese jurídica – mediante cisão cognitiva do incidente. Far-se-á o julgamento segundo as teses jurídicas do caso-piloto concreto. As teses firmadas servirão ao MM, Juiz de Direito para julgar a demanda, sem o risco de supressão de instância."

A propósito, ainda, o Enunciado 22 da EFAM, no sentido de que "A instauração do IRDR não pressupõe a existência de processo pendente no respectivo tribunal." e o Enunciado 46, do TJMG, que diz "O juiz poderá suscitar o Incidente de Resolução de Demandas Repetitivas após completada a relação processual em primeiro grau, independentemente da existência de recurso em trâmite no respectivo Tribunal."

Sopesando esses entendimentos e sem olvidar aqueles que defendem o contrário[4], inclusive os enunciados do Fórum Permanente de Processualistas Civis[5], penso que a interpretação que melhor foca o tema, é pelo reconhecimento da possibilidade de provocação pelo juiz, a partir de um caso de sua jurisdição, sem necessidade de recurso pendente, mas desde que a matéria controvertida de direito tenha sido examinada em segundo grau e que a controvérsia seja refletida nos julgamentos colegiados, caso contrário, se essa divergência não se dá no Tribunal, ou por ausência de recurso < muito pouco provável, visto que se está a cogitar de demandas repetitivas > ou por ausência de divergência na jurisprudência, o próprio incidente não estará justificado.

De qualquer forma, a dicotomia do julgamento, da tese pelo órgão colegiado competente e da causa-piloto pelo juiz de primeiro grau, coloca as coisas no devido lugar, mantendo o respeito aos diferentes graus de jurisdição e contribuindo para simplificar e valorizar a obrigação dos tribunais, portanto, de seus integrantes de primeira e segunda instância, de buscar pela uniformização de sua jurisprudência, de forma a "mantê-la estável, integra e coerente" (CPC, art. 926, *caput*).

Em suma, a leitura que se faz do art. 977, I, do CPC, é do reconhecimento da possibilidade do IRDR ser provocado por iniciativa do juiz da causa, sem necessa-

---

3. *Comentários ao Código de Processo Civil*. Cassio Scarpinella Bueno (coordenador). v. 4. São Paulo: Saraiva, 2017. p. 210.

4. CÂMARA, Alexandre Freitas, *O novo processo civil brasileiro*. São Paulo: Atlas, 2015. p. 479; CAVALCANTI, Marcos. *Incidente de resolução de demandas repetitivas e ações coletivas*. Salvador: Juspodivm, 2015. p. 431.

5. Enunciado n. 342: "O incidente de resolução de demandas repetitivas aplica-se a recursos, a remessa necessária ou a qualquer causa de competência originária"; Enunciado n. 344: "A instauração do incidente pressupõe a existência de processo pendente no respectivo tribunal".

PAULO ROBERTO GRAVA BRAZIL

riamente a existência de recurso pendente, mas, desde que a controvérsia já se tenha instalada, pelo julgamento dos outros casos repetitivos, em grau de recurso.

4. DA SUSPENSÃO DOS PROCESSOS PENDENTES QUE VERSAM SOBRE A QUESTÃO DE DIREITO AFETADA PELO IRDR

A suspensão dos processos pendentes está prevista no art. 982, I, do CPC, segundo o qual, admitido o incidente, o relator "Suspenderá os processos pendentes, individuais ou coletivos, que tramitam no Estado ou na região, conforme o caso:".

Em que pese a forma imperativa do texto legal, ao estabelecer que "o relator suspenderá", é certo que a ausência de previsão legal do efeito suspensivo como mera consequência da admissibilidade, p.e., de *lege ferenda*, "admitido o incidente ficarão suspensos os processos pendentes...", a norma acaba por possibilitar interpretação de maior flexibilidade, ou seja, que se trata de uma faculdade do juiz, cuja deliberação, evidentemente, deverá ser, como regra, fundamentada.

De igual forma, o fato de a providência ter sido levada à deliberação do relator, permite a inteligência de que, a rigor, o relator não está obrigado a suspender os processos, podendo realizar o exame da conveniência e oportunidade de fazê-lo.

Na mesma linha, se ao relator cabe a suspensão, "conforme o caso", é porque é reconhecido que exerce um juízo de valor a respeito.

Esse debate foi travado no IRDR 0023203-35.2016.8.26.0000, do TJSP, da relatoria do desembargador Francisco Loureiro, julgado em 31.08.2017, que entendeu por bem levar o exame da suspensividade para o órgão colegiado, oportunidade em que, invocando lição de Rodolfo de Camargo Mancuso, assim se pronunciou:

> "Pontua Rodolfo de Camargo Mancuso que se discute, 'em doutrina, se tal sobrestamento é de ser deixado ao prudente discernimento do relator, conforme as peculiaridades da espécie, ou se é providencia a ser necessariamente por ele implementada' (Incidente de Resolução de Demandas Repetitivas, Editora RT, p 242). Após relacionar os posicionamentos de diversos autores, conclui, com acerto, que a virtude se encontra no meio-termo, ou seja, implica em que se dê o devido peso à prevalência do interesse público e social que permeia o IRDR. De um lado, deve ser sopesada a possibilidade de se colocar em risco a isonomia e a segurança jurídica. De outro lado, deve o relator ponderar o risco concreto que o andamento das ações em paralelo pode provocar à boa ordem judiciária (obra citada, p. 242-243)."

Em sentido contrário, pugnando pela obrigatoriedade da suspensão, anota Bruno Dantas:

> "Admitido o IRDR, o *relator* determinará a suspensão de todos os processos ou recursos que tratem da idêntica questão de direito controvertida. Esse ato vinculado é da própria essência do incidente e não está sujeito a qualquer condição adicional ou mesmo à convicção do relator. Por ser vinculado, esse pronunciamento é irrecorrível. A suspensão visa a impedir que, concomitantemente à análise e julgamento do IRDR, outros processos – individuais ou coletivos– ou recursos continuem sendo

processados. Trata-se de medida relevante tanto pelo aspecto da economia processual quanto também por garantir a concretização da isonomia em todos os casos idênticos já existentes."[6]

Na mesma linha, é o escólio de Aluisio Gonçalves de Castro Mendes e Sofia Temer:

"Admitido o incidente, com a fixação do ponto de direito controvertido, deverão ser suspensos todos os processos – individuais e coletivos – em trâmite na área de jurisdição do tribunal respectivo que versem sobre idêntica controvérsia. A suspensão dos processos é ponto fulcral do instituto, devendo as demais causas repetitivas aguardar a definição da tese jurídica no procedimento-modelo incidental."[7]

Do mesmo modo, entendendo que a suspensão é obrigatória e que a parte litigante que teve seu processo suspenso não pode requerer o prosseguimento individual de seu processo, leciona Marcos Cavalcanti:

"Com relação ao IRDR, a decisão de admissibilidade, proferida pelo órgão competente do tribunal, é a causa suspensiva de todos os processos repetitivos pendentes que tramitam no Estado ou na região, conforme o caso. Essa eficácia suspensiva é obrigatória e não admite, nos termos do NCPC, o requerimento de autoexclusão (opt-out). Isto é, a parte litigante do processo suspenso não tem a possibilidade de manifestar seu interesse em não participar do julgamento na forma coletivizada, prosseguindo com sua demanda individual normalmente. Ao interessado, somente é possível comprovar que seu caso é distinto da situação jurídica comum sob análise no IRDR, demonstrando fundamentadamente que seu processo versa cobre situação particularizada por hipótese fática distinta ou questão jurídica não abarcada pelo objeto do IRDR."[8]

No caso concreto apresentado, todavia, acabou prevalecendo o entendimento pela não obrigatoriedade da suspensão, com a seguinte conclusão do relator:

"No caso concreto, repito que o risco de quebra do princípio da segurança jurídica em virtude de pequeno número de casos dissidentes da jurisprudência hoje dominante não sobrepuja o sacrifício que milhares de credores sofreriam, além da violação à boa ordem judiciária, caso seus processos permanecessem paralisados pelo prazo de um ano. Filio-me por isso aos ensinamentos de Nelson Nery Júnior e Rosa Maria de Andrade Nery, para quem 'o relator do IRDR, assim que admitido o incidente pelo órgão colegiado, poderá determinar a suspensão de todos os processos, individuais e coletivos, que tramitam na região (TRF) ou no Estado (TJ) que contenham a mesma questão jurídica posta para análise..' (Comentários ao CPC, Editora RT, p. 1.972; cfr. também José Miguel Garcia Medina, Novo Código de Processo Civil Comentado, 2.015, nota ao artigo 982, p. 1.327). Proponho, portanto, que o IRDR se processe, em caráter excepcional, sem a suspensão das ações que tenham por objeto os mesmos temas que correm no Estado de São Paulo. É o voto que submeto à D. Turma Especial da 1ª. Seção de Direito Privado do Tribunal de Justiça de São Paulo."

Acredita-se que, ao final, essa foi a melhor solução, quer porque, como visto, a suspensão não é ditada pela norma como efeito da admissibilidade, mas depende de deliberação do relator, o que somente faz sentido na medida em que se admite juízo

---

6. *Breves comentários ao novo Código de Processo Civil*. Teresa Arruda Alvim Wambier... [et al], coordenadores. São Paulo: RT, 2015. p. 2189.

7. *Comentários ao Código de Processo Civil*. Cassio Scarpinella Bueno (coordenador). v. 4. São Paulo: Saraiva, 2017. p. 219

8. *Incidente de resolução de demandas repetitivas e ações coletivas*. Salvador: Juspodivm, 2015. p. 559.

de valor, quer porque não se pode negar que em situações excepcionais, o risco à segurança jurídica pode não ser tão evidente.

É o caso, por exemplo, de situações em que a controvérsia trata de questão pontual, incidente em um contexto maior, e a cisão do julgamento ou a suspensão dos processos não contribuirá para a celeridade da solução da controvérsia.

Ademais, sempre há a possibilidade de a questão ser levada ao órgão colegiado, visto que a decisão do relator, concedendo ou não a suspensão, é passível de agravo interno (CPC, art. 1.012).

Por fim, fica o registro que, no caso retro retratado, defendi a competência do relator para a deliberação, consoante o disposto no art. 982, I, do CPC, restando ao colegiado o controle recursal de sua deliberação, posição que acabou vencida.

Posteriormente, no entanto, aderindo a esse posicionamento, por conta do entendimento firmado no âmbito do colegiado, em IRDR do qual fui relator (0043940-25-2017.8.26.0000), procedi de igual forma, levando a matéria ao exame do órgão colegiado, por entender que a questão, por demais delicada e envolvendo inúmeros processos pendentes e acentuada divergência (reajuste de plano de saúde coletivo aos 59 anos), reclamava uma discussão mais abrangente, que somente seria alcançada pelo debate no colegiado, posto que seus integrantes, nos julgamentos em suas respectivas Câmaras, representavam concretamente essa divergência objeto do IRDR.

Nada obstante, é certo que a deliberação do colegiado, sobre o efeito em relação aos processos pendentes, retira das partes a possibilidade de prévia manifestação sobre esse específico ponto, providência que seria satisfeita diante de decisão monocrática passível de ser atacada por agravo interno.

Concluindo, não se reconhece a obrigatoriedade de suspensão pelo relator e se constata que a importância do tema, como fruto de uma divergência instalada, em princípio, no seio do próprio tribunal que irá apreciar o IRDR, justifica que a discussão seja levada diretamente ao órgão colegiado para deliberação a respeito.

5. RITO – CONTRADITÓRIO E DEVIDO PROCESSO LEGAL

O CPC estabelece os requisitos para a instauração do IRDR (art. 976), fixa os legitimados à sua propositura (art. 977) e, a partir daí, traça algumas balizas que inferem como deve ser seu trâmite, a saber: (i) ampla divulgação e registro eletrônico (art. 979); juízo de admissibilidade pelo órgão colegiado competente (art. 978); prazo para julgamento (art. 980); atribuições do relator (art. 982), como deliberar sobre a suspensão dos processos pendentes (ib. inc. I), requisitar informações (inc. II), intimação do MP (inc. III), oitiva das partes, órgãos e entidades com interesse na controvérsia, facultando a juntada de documentos (art. 983) e designação de audiência pública (ib. § 1º).

IMPRESSÕES PROCESSUAIS A RESPEITO DO INCIDENTE DE RESOLUÇÃO DEMANDAS REPETITIVAS – IRDR

Disciplina, também, como se dará a sequência de atos na sessão de julgamento do incidente (art. 984) e é expresso quanto aos recursos cabíveis, seu efeito e quanto às consequências de seu julgamento (art. 987).

Assim, em linhas gerais, tem-se que, apresentado, por qualquer dos legitimados, o pedido de instauração do IRDR, dirigido ao presidente do tribunal, este será distribuído livremente entre os desembargadores integrantes ao órgão colegiado competente para seu julgamento, salvo se a proposta foi formulada por um de seus integrantes, quando será reconhecida sua prevenção (no caso do TJSP há previsão expressa a respeito – RI, art. 190, § 2º).

Como a competência para deliberar sobre a admissibilidade é do órgão colegiado (art. 981), o relator deverá apresentar o pedido à mesa, para inclusão em pauta, proferindo voto sobre o preenchimento dos requisitos para sua instauração (art. 976).

É de se perquirir se deverá ser facultado às partes do processo piloto, ou seja, aquelas direta e imediatamente envolvidas, manifestação prévia sobre a admissibilidade, parece-me que, no caso do requerimento partir de uma delas, de bom alvitre que o relator ouça a parte contrária, dando plena aplicação ao contraditório (CPC, art. 9º).

Nada obstante, é certo que, ausente previsão legal, nesta fase, de juízo de admissibilidade, de manifestação das partes ou de eventuais interessados, nem mesmo do MP, a providência, em princípio, não se justifica, ressalvada a hipótese antes referida, quer por se cuidar de decisão preambular, quer pelo amplo debate que se formará *a posteriori* caso o IRDR seja instaurado.

Nessa linha, a doutrina de Aluisio Gonçalves de Castro Mendes, que também entende ausente a necessidade de um contraditório prévio ao exame de admissibilidade. Diz o referido autor:

> "O Código de Processo Civil não estabeleceu um procedimento ou contraditório prévio específico em relação à admissibilidade do IRDR. O incidente poderá ter sido suscitado de ofício pelo juiz ou provocado pelo Ministério Público, pela Defensoria Pública ou pelas partes. Portanto, não se previu, expressamente, que as partes, ou mesmo o Ministério Público, como fiscal do ordenamento jurídico, devam se manifestar, em momento anterior à sessão, sobre o pedido de instauração do IRDR. De fato, parece que, neste momento inicial e considerando que o juízo de admissibilidade foi conferido ao colegiado, e não apenas ao relator, deve-se buscar o máximo de brevidade possível nesta fase de instauração."[9]

O mesmo autor, todavia, acentua a possibilidade de se conferir um contraditório mínimo ao juízo de admissibilidade, facultando às partes, devidamente intimadas para a respectiva sessão do colegiado, a sustentação oral:

> "A redação do § 1º do art. 937, combinado com o art. 984, poderia ensejar interpretação no sentido de que apenas o julgamento, e não a admissibilidade do IRDR, estaria submetido ao procedimento previsto no último dispositivo. Entretanto há que se analisar melhor a questão. Em

---

9. *Incidente de resolução de demandas repetitivas: sistematização, análise e interpretação do novo instituto processual*. Rio de Janeiro: Forense, 2017. p. 176.

primeiro lugar, porque, como anteriormente exposto, em princípio, não há, antes da sessão do julgamento, sequer oportunidade específica para que as partes, interessados e o próprio Ministério Público possam se manifestar sobre a admissibilidade do IRDR. É claro que isto não impede que sejam apresentadas petições ou manifestações sobre o juízo de admissibilidade. Contudo, não há porque se privar do contraditório mínimo sobre a admissibilidade e outros aspectos decorrentes, como a própria suspensão de processos relacionados, para que as partes, os interessados e o Ministério Público possam fazer uso da palavra, em sintonia com o previsto no art. 984 do CPC. Sendo assim, na sessão destinada à apreciação da admissibilidade, após a exposição inicial do relator, (a) as partes dos processos que ensejaram o IRDR; (b) O Ministério Público; e (c) s demais interessados poderão sustentar as suas razões, quanto à admissibilidade do incidente, passando-se, em seguida, à deliberação, pelo colegiado, quanto ao juízo de aceitação do Incidente de Resolução de Demandas Repetitivas, com a definição da questão jurídica afetada, bem como também dos efeitos decorrentes de sua instauração."[10]

Respeitado o entendimento, penso de forma diversa, pois, ausente a obrigatoriedade de contraditório prévio, não há porque facultar a sustentação oral na sessão que afere o cabimento do IRDR, posto que, pela natureza da decisão e pelo contexto em que é tomada, a pretensão não se justifica.

Na verdade, a deliberação do colegiado tem natureza antecipatória, preambular e não definitiva, que o legislador viu por bem, em face da importância do IRDR, retirar das mãos do Relator e passar ao exame do colegiado, que analisa apenas os requisitos autorizadores da admissibilidade do incidente, não invadindo o mérito, quer do próprio IRDR, quer do processo-piloto.

Não andou bem o legislador, entretanto, quando imputa a admissibilidade ao órgão colegiado e o juízo de suspensão ao relator, melhor teria feito se aglutinasse os dois exames, atribuindo-os ao colegiado, prática que vem sendo seguida em alguns IRDRs julgados ou em andamento no TJSP (IRDR 0023203-35.2016.8.26.0000 e IRDR 0043940-25.2017.8.26.0000).

Concomitante com a deliberação sobre a suspensividade dos processos pendentes, são realizados os registros eletrônicos, junto ao CNJ e ao próprio tribunal de origem, com intimação das partes e de todos os demais interessados, inclusive órgãos e entidades que tenham interesse na controvérsia ou possam contribuir para sua solução.

A audiência pública, como já visto, uma faculdade do relator, poderá ser dispensada, caso a divulgação e a participação de todos os interessados tenha se efetivado com pertinência, a partir de manifestações focadas na controvérsia estabelecida e dos documentos juntados, inclusive, eventuais pareceres técnicos de órgão governamentais e não governamentais ligados ao setor em que situada a questão.

Caso isso não ocorra, a audiência pública é recomendada.

---

10. *Incidente de resolução de demandas repetitivas: sistematização, análise e interpretação do novo instituto processual*. Rio de Janeiro: Forense, 2017. p. 177.

IMPRESSÕES PROCESSUAIS A RESPEITO DO INCIDENTE DE RESOLUÇÃO DEMANDAS REPETITIVAS – IRDR

Embora sem previsão na lei processual, recomenda-se, antes da remessa do IRDR à mesa para julgamento, para garantia do contraditório, do devido processo legal e não perdendo de vista que está em jogo a segurança jurídica, que se faculte a manifestação final dos interessados, que poderão, querendo, dizer o que entenderem a bem de seu direito, sobre todo o processado, inclusive sobre a prova documental produzida.

Questão relevante é saber se terceiros, que litigam nas causas pendentes podem intervir no IRDR, oferecer manifestação e elementos probatórios.

Ora, na medida em que serão afetados pela deliberação a ser tomada, ou melhor, pela tese eventualmente fixada, não existe razão para restringir seu ingresso, até porque quando a lei fala em demais interessados, pessoas, órgãos e entidades, pela amplitude do texto, fica claro que o legislador não pretendeu impor qualquer tipo de restrição, ficando a cargo de o relator ordenar essa intervenção e coibir eventuais excessos e/ou abusos.

Tenha-se em conta que "a resolução única da questão incidente nos casos repetitivos nada mais é do que uma decisão que produz coisa julgada sobre a questão que interessa a todos os litigantes dos processos pendentes. Significa dizer, por outras palavras, que se está diante da coisa julgada que se estende a terceiros"[11].

Com o julgamento do IRDR procedente, firma-se a tese, que deverá ser aplicada a todos os casos pendentes, na questão de direito controvertida que se viu pacificada, com incidência, nos casos futuros, da hipótese de improcedência liminar do pedido (CPC, art. 332, III).

Fica o registro que a não observância da tese ou da deliberação de suspensão se sujeita a reclamação, nos termos do art. 985, § 1º, do CPC, no caso da tese, e do art. 988, II, do CPC, no caso da deliberação, com prevenção do relator do IRDR para seu exame, podendo ser cassada a decisão ou o acórdão proferido com esse vício.

6. DO JUÍZO DE VALOR EXERCIDO PELOS INTEGRANTES DO ÓRGÃO COLEGIADO COMPETENTE PARA EXAME DO IRDR

Questão que comporta rápida digressão diz respeito ao juízo de valor exercido pelo integrante do órgão colegiado competente para exame do IRDR.

É que o órgão colegiado, normalmente distinto das Câmaras de julgamento, é formado, em regra, por representação dos integrantes do tribunal, assim, esses julgadores, muito provavelmente, já enfrentaram o tema objeto do IRDR nas suas respectivas turmas julgadoras e têm, como é natural, posição formada a respeito da controvérsia.

---

11. MARINONI, Luiz Guilherme; ARENHART, Sérgio Cruz; MITIDIERO, Daniel. *Novo Curso de Processo Civil: tutela dos direitos mediante procedimento comum*. v. 2. 2. ed. São Paulo: RT, 2016. p. 603.

Ora, sob esse enfoque, poder-se-ia argumentar que cabe a cada julgador levar o posicionamento adotado em suas Câmaras de origem, para o debate do IRDR.

Penso, no entanto, que, sem olvidar todo o cabedal de convencimento já formado adredemente, o exame do IRDR deve se dar em outro plano, mais amplo, visto que a abertura da discussão para a sociedade, por intermédio da participação dos diversos interessados e, principalmente, das entidades e órgãos setoriais, implica em revisitar conceitos e fundamentos do direito em discussão, de forma que o convencimento surja com base nos elementos constantes dos autos do IRDR, livre de amarras anteriores, ditadas pela participação nos julgamentos individualizados.

Não fosse assim e bastaria a formação da tese do IRDR a partir de dados estatísticos, extraídos da própria jurisprudência controvertida, vencendo o posicionamento da maioria.

À evidência, não foi essa a intenção do legislador, ao transformar o IRDR em meio de pacificação coletivo de conflitos, por aplicação individualizada obrigatória nos diversos feitos envolvendo a mesma questão de direito, com isso priorizando a segurança jurídica e a solução dentro da razoável duração do processo.

Com isso, conclui-se que o desembargador que compõe o órgão colegiado, ainda que o integre por representação de seus pares, está livre para a formação de seu convencimento, em verdadeiro juízo de valor, com fulcro no debate e nas provas constantes do incidente.

7. CONSIDERAÇÕES FINAIS

Há um longo caminho ainda por percorrer, para que o IRDR se firme como uma ferramenta eficaz de solução de processos repetitivos, versando sobre a mesma questão de direito. Os tribunais de piso estão dando os primeiros passos nessa direção, suas deliberações seguem ao exame das Cortes Superiores, por conta dos recursos interpostos, espera-se que a sinergia entre as instâncias e o rápido desfecho possam dar ao instituto a credibilidade que justifique sua criação, transformando a jurisprudência consolidada em uma segura orientação para todos os operadores do direito, juízes, promotores, advogados e defensores públicos, de preferência extrapolando os limites da jurisdicionalização dos conflitos, na medida em que seus reflexos possam direcionar a conduta adotada pelas partes nos relacionamentos jurídicos em sociedade.

8. REFERÊNCIAS BIBLIOGRÁFICAS

BUENO, Cassio Scarpinella. *Comentários ao Código de Processo Civil.* v. 4. São Paulo: Saraiva, 2017.

CÂMARA, Alexandre Freitas. *O novo processo civil brasileiro.* São Paulo: Atlas, 2015.

CAVALCANTI, Marcos. *Incidente de resolução de demandas repetitivas e ações coletivas.* Salvador: Juspodivm, 2015.

MARINONI, Luiz Guilherme; ARENHART, Sérgio Cruz; MITIDIERO, Daniel. *Novo Curso de Processo Civil: tutela dos direitos mediante procedimento comum*. v. 2. 2. ed. São Paulo: RT, 2016.

MENDES, Aluisio Gonçalves de Castro. *Incidente de resolução de demandas repetitivas: sistematização, análise e interpretação do novo instituto processual*. Rio de Janeiro: Forense, 2017.

WAMBIER, Teresa Arruda Alvim. *Breves comentários ao novo Código de Processo Civil*. São Paulo: RT, 2015.

CARTA AO PROFESSOR PIVA

Paulo Teixeira

Mestre em Direito Constitucional pela Faculdade de Direito da Universidade de São Paulo. Professor de Direito Constitucional e Administrativo da Faculdade de Serviço Social de São Caetano do Sul. Deputado Federal.

Mestre e amigo,

Quando cursei a Faculdade de Direito do Largo de São Francisco, o professor de Processo Civil acompanhava a turma desde o segundo até o quinto ano. Era uma caixinha da sorte. Quem tivesse a sorte de ter um bom professor de Processo Civil, tinha a felicidade de acompanhá-lo até o final do curso.

Tive a sorte grande! Piva, como chamávamos, foi o professor que nos acompanhou até o final do curso. Naquele tempo, havia na Faculdade um culto exagerado às tradições e uma enorme distância entre os alunos e os professores.

Piva fez diferente! Era extremamente acessível, com enorme paciência em explicar matéria muito técnica aos jovens estudantes, como também respondia com vagar as nossas perguntas, por mais que fossem absurdas. Ele sempre procurou nivelar o entendimento da classe, buscando atender os alunos que tinham maior dificuldade de compreensão dos temas tratados nas aulas.

Havia por parte dele uma disposição de aproximação com os alunos. Era comum vê-lo conversar com os estudantes nos corredores no intervalo das aulas, como não era incomum vê-lo na sala dos estudantes ou até mesmo no Centro Acadêmico XI de Agosto, ambiente pouco frequentado por professores.

Tive uma especial identidade com o Professor Walter Piva, quando nos exemplos quanto à jurisdição ele falava das cidades de Ipauçú, Ourinhos e Assis, cidades que eu não conhecia, mas reforçavam minhas referências de um jovem do interior de São Paulo, de onde sou originário. Minha identidade com ele vinha também de um aspecto prosaico, mas não menor para um jovem de 17 anos que saiu de uma cidade pequena e foi estudar em São Paulo. Ele sempre assumiu a sua condição de um cidadão "VIP-Vindo do Interior Paulista".

Na Faculdade de Direito do Largo de São Francisco, dificilmente um aluno depois de formado manteve relação de amizade com seu professor. Essa tradição o professor Walter Piva quebrou. Desde a faculdade, ele se abriu a ouvir questões e problemas dos alunos que fossem estranhas às salas de aulas. Lembro-me que certa feita levei a ele um problema familiar para tomar um conselho. Professor Piva, assim se transformou num amigo.

Professor Walter Piva Rodrigues foi o padrinho da turma que iniciei meu curso. Os mesmos bons sentimentos que nutro por ele, os demais alunos da minha geração nutrem também. Alice, minha esposa, tem imenso carinho pelo nosso mestre Walter Piva Rodrigues.

Tive a oportunidade de trabalhar com ele na Prefeitura de São Paulo, na gestão da então prefeita Luiza Erundina (quando eu era administrador regional de São Miguel, Itaim Paulista e Ermelino Matarazzo), que conseguiu reunir na Secretaria de Negócios Jurídicos dois gigantes do Direito: Dalmo de Abreu Dallari e Walter Piva Rodrigues, os meus mais queridos professores.

Como desembargador, ele manteve a mesma simplicidade que tinha quando jovem professor da Faculdade de Direito.

Durante os debates do Código de Processo Civil, ele participou de reuniões e contribuiu na sua formulação. Os acertos devo também a ele e os erros são da minha inteira responsabilidade.

Enfim, o professor Walter Piva Rodrigues para nós ganhou o status de Mestre, pessoa que ajudou na formação técnica, mas também nos valores humanísticos.

JURISDIÇÃO E PROCESSO: ESCOPOS DO MÉTODO ESTATAL PARA SOLUÇÃO DE CONTROVÉRSIAS

Renato Xavier da Silveira Rosa

Doutorando em Direito Processual Civil (FDUSP) e Mestre em Direito Processual Civil (FDUSP/2013), ambos sob a orientação do Prof. Dr. Walter Piva Rodrigues. Pós-graduado em Direito Tributário (FDUSP/2010). Bacharel em Direito (FDUSP/2008). Membro efetivo do IBDP, do IBDT, do IBDE (Energia) e do IASP. Advogado em São Paulo.

Sumário: 1. Introdução – 2. Método estatal para a solução de controvérsias – 3. Escopos do processo civil – 4. Escopos da jurisdição e o processo como método – 5. Garantias processuais e o formalismo valorativo – 6. Conclusão – 7. Referências bibliográficas.

1. INTRODUÇÃO

Conforme artigo 1º da Constituição da República Federativa do Brasil de 1988 ("CF-1988"), nosso país consiste, juridicamente, de um Estado Democrático de Direito. A partir dessa forma constitucional de se organizar, surgem muitos princípios e regras fundamentais, dos quais se destaca o princípio da legalidade, que se desdobra em inúmeros princípios e regras, explícitos e implícitos.

Certamente, o Estado brasileiro pressupõe a legalidade como requisito para se considerar válido qualquer ato praticado pelos seus agentes, dentre os quais se incluem os juízes que executam e cumprem a função de julgar os conflitos entre as pessoas submetidas à sua jurisdição. O Poder Judiciário foi encarregado constitucionalmente da tarefa de cumprir a função jurisdicional,[1] segundo a qual, mediante provocação, toda e qualquer lesão ou ameaça a direito deverá ser apreciada, conforme artigo 5º, inciso XXXV da CF-1988.[2] Até mesmo quando se autoriza o Estado-juiz a julgar conforme a mais pura equidade, é a lei que expressamente autoriza essa forma

---

1. Sobre a função jurisdicional, *cf.* FERREIRA FILHO, Manoel Gonçalves. *Curso de direito constitucional.* 38ª ed., revista e atualizada. São Paulo: Saraiva, 2012, cap. 26, n. 1. Citando Pedro Lessa, ensina que "*no Estado moderno, porém, fazer justiça se confunde com aplicar a lei, daí a conceituação tradicional segundo a qual o Judiciário 'tem por missão aplicar contenciosamente a lei a casos particulares'.*" Essa aplicação, em si considerada, não difere da atividade do Poder Executivo, quanto à sua natureza, mas apenas quanto ao modo, pois a aplicação contenciosa significa que se trata de atividade substitutiva da vontade das partes. *Cf.* também CONSOLO, Claudio. *Spiegazioni di diritto processuale civile, v. 1: Le tutele di merito, sommarie ed esecutive.* Turim: G. Giappichelli, 2010, p. 85-105, § 1, n. 1.

2. Sobre a inafastabilidade da jurisdição, ou princípio da proteção judiciária, *cf.* SILVA, José Afonso da. *Curso de direito constitucional positivo.* 25ª ed. São Paulo: Malheiros, 2005, p. 430-431, segunda parte, título VI, cap. II, n. 13.

de decidir, como acontece com o Código de Processo Civil de 2015 ("CPC-2015"),[3] com a arbitragem (em que a lei autoriza as partes a elegerem a equidade como critério de julgamento),[4] e com os juizados especiais (em que a lei determina ao juiz que decida do modo mais justo e equânime).[5] Os chamados "*sucedâneos da jurisdição*" ou "*equivalentes jurisdicionais*",[6] como a autocomposição dos litígios, seja pelas próprias partes ou com o auxílio de um terceiro a *mediar* ou *conciliar* a composição (entre outros métodos mais adequados para a solução de certos litígios), também recebe do Estado a respectiva proteção, desde que devidamente provocado na forma legal.[7]

Se o Estado brasileiro deve atender ao princípio da legalidade em todos os seus atos, é premissa que a solução adjudicada dos litígios se dê por meio de um método estatal devidamente estabelecido e previamente conhecido. A esse método se dá o nome de "*processo*", e sua existência, aplicação, e consecução implicam na administração (ou aplicação) da justiça, que é a atividade exercida pela função jurisdicional. Trata-se de um método institucional para resolver controvérsias.[8]

A jurisdição (atividade desempenhada pela função jurisdicional) deve atuar somente mediante provocação do interessado, em razão de sua inércia; mas, uma vez provocada, nada mais deve impedi-la de entregar o seu resultado, passando a atuar mediante impulso oficial. O direito a essa tutela jurisdicional é, assim, uma situação de vantagem a favor do indivíduo em relação à atividade jurisdicional,[9] que, no mais, representa um direito a uma sentença de mérito que acolha ou rejeite a sua pretensão (o "*direito de ação*").[10]

O fato, porém, é que não se deve entender o direito como categorias isoladas e desconexas entre si (por exemplo: direito subjetivo, ação, processo, jurisdição, obrigação...) ou como dicotomias claras e dissociadas (direito público *vs.* privado, ou direito material *vs.* instrumental etc.), pois a realização da ordem prevista na lei é

---

3. Basta confrontar o *caput* do artigo 140 com o seu parágrafo único, do CPC-2015.
4. O raciocínio se aplica à arbitragem, conforme *caput* e § 2º do artigo 2º da Lei Federal 9.307/1996. Igual disposição já existia no artigo 1.040, IV do Código Civil de 1916, quanto ao compromisso arbitral.
5. *Cf.* também artigo 6º da Lei Federal 9.099/1995.
6. *Cf.* DINAMARCO, Cândido Rangel. *A Instrumentalidade do processo.* 14ª ed. rev. e atualizada. São Paulo: Malheiros, 2009, p. 269 (n. 31), bem como p. 332 (n. 36.1).
7. É suficiente conjugar o § 11 do artigo 334, com o inciso III, letra 'b', do artigo 487, III, b, ambos do CPC-2015, também com o artigo 840 e seguintes do Código Civil de 2002.
8. Expressão utilizada em nossa obra e encontrada em COMOGLIO, Luigi Paolo; FERRI, Corrado; TARUFFO, Michele. *Lezioni sul processo civile: I. il processo ordinario di cognizione.* 4 ed. Bologna: Il Mulino, 2006, p, 17, cap. 1, n. 1: "*Il punto di partenza per un'analisi attendibile del processo civile può essere costituito da una definizione secondo la quale il processo civile è un metodo per la soluzione di conflitti, e più precisamente è il metodo istituzionale per risolvere controversie.*"
9. *Cf.* MESQUITA, José Ignacio Botelho de. "Da ação civil". In: _____. *Teses, estudos e pareceres de processo civil, v. I: direito de ação, partes e terceiros, processo e política.* São Paulo: RT, 2005, p. 36, interpretando ensaio de Pekelis, e p. 98-99, n. 36-38.
10. Idem, ibidem, p. 33-34, citando a importância de trabalhos anteriores de Enrico Tullio Liebman ("O despacho saneador e o julgamento do mérito", *Revista Forense*, v. 104, p. 216 *et seq*, 1945) e de Luís Eulálio de Bueno Vidigal ("Existe o direito de ação?", *Revista de Direito Processual Civil*, São Paulo, 1966, v. 5, p. 7 et seq.).

JURISDIÇÃO E PROCESSO: ESCOPOS DO MÉTODO ESTATAL PARA SOLUÇÃO DE CONTROVÉRSIAS 649

uma, e apenas uma só, veiculada por meio do "poder de produzir, por suas próprias mãos, efeitos de fato e de direito, até onde a lei o permita, e daí em diante o poder de realizar essa mesma ordem com o concurso do Estado".[11]

Sendo a *jurisdição* um poder e uma prerrogativa do Estado, que detém seu monopólio, surge como corolário a sua inafastabilidade, que passa então a ser peça central para melhor e mais eficiente administração da Justiça. Cumprir a função jurisdicional é exercício de poder, e o Estado, em todos os setores de suas atividades, "*decide*".[12]

Nesse cenário, o processo civil adquire contornos que exigem um constante esforço dos agentes nele envolvidos, sob pena de seu mister padecer de insanáveis vícios. É o que ocorre com o chamado "processo incivil".[13] Antes de adentrar-se a tal mérito, primeiro é necessário expor o que deveria ser, e o que se entende ser, o processo civil por excelência. Desse confronto fica nítido que o "processo incivil" é marcado por máculas e patologias que somente interessam àquele que quer ver o processo resolvido rápido, antes de bem resolvido.

2. MÉTODO ESTATAL PARA A SOLUÇÃO DE CONTROVÉRSIAS

Dá-se o nome de "*processo*" ao método institucional devidamente estabelecido e previamente conhecido para a solução dos litígios, e a sua existência, aplicação, e consecução implicam na administração da justiça, que é a atividade exercida pela função jurisdicional.[14]

O vocábulo "*processo*", do substantivo latino *processus*, derivado do verbo *procedere*, significa "*avançar, caminhar em direção a um fim*", o que envolve a ideia de temporalidade, de desenvolvimento de um ponto inicial até um fim desejado. No Direito, a palavra *processo* vem associada a processo judicial, que corresponde à atividade que "*se desenvolve perante os tribunais para obtenção da tutela jurídica estatal*", para o reconhecimento e realização dos direitos individuais ou coletivos que a ordem jurídica estabelece e protege. A necessidade da intervenção estatal, por

---

11. Cf. idem, ibidem, p. 123-124, n. 58: "*Esses poderes não constituem poderes distintos, no sentido de que teriam diferentes direções. Nem são autônomos entre si, no sentido de que cada um tenha vida própria e se realize por sua conta. São como duas seções de um mesmo telescópio, em que a segunda amplia a ação da primeira para atingir a imagem mais distanciada, apontando ambas, porém, para a mesma estrela, não sendo uma senão o prolongamento da outra, formando ambas uma unidade funcional incindível*".

12. *Cf.* DINAMARCO, Cândido Rangel. *A Instrumentalidade do processo*. 14ª ed. rev. e atualizada. São Paulo: Malheiros, 2009 p. 104, n. 11, e também, no geral, o cap. III ("Jurisdição e poder"), n. 9-15.

13. Nomenclatura do Prof. BOTELHO DE MESQUITA, em sua memorosa aula magna por ocasião de sua aposentadoria *Cf.* MESQUITA, José Ignacio Botelho de. "Processo Civil e Processo Incivil". *Revista de Processo*, n. 131, jan. 2006, p. 250-257.

14. Expressão utilizada em nossa obra e encontrada em COMOGLIO, Luigi Paolo; FERRI, Corrado; TARUFFO, Michele. *Lezioni sul processo civile: I. il processo ordinario di cognizione*. 4 ed. Bologna: Il Mulino, 2006, p. 17, cap. 1, n. 1: "*Il punto di partenza per un'analisi attendibile del processo civile può essere costituito da una definizione secondo la quale il processo civile è un metodo per la soluzione di conflitti, e più precisamente è il metodo istituzionale per risolvere controversie.*"

meio de um *processo*, afasta a ideia de *instantaneidade* que de outro modo decorreria do adimplemento dos direitos.[15]

Na verdade, a palavra *processo* pode ser aplicada para designar três ideias distintas mas afins: (i) aspecto institucional que designa o sistema de técnicas jurídicas, destinadas a pacificar pessoas (ou grupos) envolvidas em conflitos jurídicos, e por referência designando a própria ciência processual; (ii) o método de trabalho referente ao exercício da jurisdição, o que inclui o juiz, os poderes de ação e de defesa *etc., e* (iii) a realidade fenomenológica da experiência dos juízes e das partes em relação a cada um dos incontáveis conflitos entre pessoas ou grupos, levados a julgamento pela jurisdição do Estado.[16]

Aqui nos interessa sobretudo a segunda acepção, na qual *processo* significa um método de trabalho. E um que tem, como meta, a caminhada adiante, por meio de uma "série de atos interligados e coordenados ao objetivo de produzir a tutela jurisdicional justa, a serem realizados no exercício de poderes ou faculdades ou em cumprimento a deveres ou ônus".[17]

A forma como se desenrola o método estatal para a solução dos litígios não é uma investigação trivial. A busca pela noção de processo civil pode se dar debruçando-se sobre vários autos de processos cíveis, e ali serão encontrados diversos documentos encartados sequencialmente, compondo diversas declarações de vontade, agrupados em pacotes, que recebem o nome de autos.[18]

O aspecto exterior deles não os difere de processos criminais ou administrativos; a distinção se encontrada na natureza dos atos ali praticados e no objetivo das pessoas que neles oficiam. A aparência externa desses atos tampouco é suficiente para tal diferenciação. Embora a lição fosse pela atribuição ao processo civil do escopo de atuação concreta da lei (do direito objetivo),[19] não é fácil precisar o conceito, pois muitos outros institutos jurídicos e órgãos públicos possuem igual escopo.[20]

---

15. *Cf.* SILVA, Ovídio A. Baptista da. *Curso de processo civil, v. I: processo de conhecimento.* 6ª ed., revista e atualizada com as Leis 10.352, 10.358/2001 e 10.444/2002. São Paulo: RT, 2002, p. 13, n. 1.1.

16. *Cf.* DINAMARCO, Cândido Rangel. *Instituições de direito processual civil, v. II.* 5ª ed., revista e atualizada de acordo com a emenda constitucional n. 45, de 8.12.2004 (DOU de 31.12.2004). São Paulo: Malheiros, 2005, p. 23-24, n. 386.

17. Idem, ibidem, p. 25-26, n. 387. *Cf.* também, DINAMARCO, Cândido Rangel. *A Instrumentalidade do processo.* 14ª ed. São Paulo: Malheiros, 2009, p. 313-314, n. 34: "*É comum e de absoluto acerto a afirmação de que o processo, como conjunto de formas ordenadas no procedimento e pautadas pela garantia do contraditório, constitui o método estabelecido pelo direito para que a jurisdição seja exercida de modo correto, adequado e seguro; trata-se da dinâmica do poder, entendido este em sua manifestação 'sub specie jurisdictionis'.*"

18. *Cf.* VIDIGAL, Luís Eulálio de Bueno. "Escopo do Processo Civil". In: _____. *Direito processual civil.* São Paulo: Saraiva, 1965, p. 304-305, n. 4, para o qual o "escopo" deve ser entendido como o "*propósito, fim, intuito*", pois "*uma entidade abstrata não pode ter escopo. Quando se indaga a respeito de qual seja o escopo do processo, emprega-se expressão elíptica, em lugar da seguinte: 'qual o escopo visado pelas pessoas que desenvolvem a atividade em que consiste o processo?'.*"

19. Sobre o que o autor entendia por "direito objetivo", e o conceito de processo e seus fins, *Cf.* CHIOVENDA, Giuseppe. *Principios de derecho procesal civil.* Tomo I. Madrid: Reus, 1922, p. 43-47, primeira parte, § 1.

20. *Cf.* VIDIGAL, "Escopo do Processo Civil", citado, p. 304-305, n. 1-6 e p. 307, n. 10.

JURISDIÇÃO E PROCESSO: ESCOPOS DO MÉTODO ESTATAL PARA SOLUÇÃO DE CONTROVÉRSIAS **651**

Melhor dizendo, o processo civil é o instituto destinado à atuação da lei por obra dos órgãos jurisdicionais em vistas de um concreto interesse que se pretende ver protegido. Compreende-se na atuação da lei tanto a execução forçada quanto o preventivo ato de assegurar o Direito, assim como o julgamento vinculante que o preceito exigido no caso concreto pelo complexo de normas jurídicas postas em existência segundo os modos idôneos conferidos aos órgãos competentes a criar direito, segundo o ordenamento jurídico do Estado.[21]

O objetivo do processo civil, não enquanto instituição existente, mas pela sua origem político-legislativa, consiste na manutenção ou no incremento de uma dada ordem social; a atuação da lei se opera, no processo civil, em razão de um conflito de interesses privado e entre particulares, por meio da sua justa composição ou remoção, superando-se a resistência (*lide*). O que se protege não são simples interesses, mas sim os interesses legítimos, que refletem uma proteção legal conferida aos direitos subjetivos. Encontrando-se dentre as finalidades do Estado moderno a manutenção da segurança e a conservação da paz pela distribuição de justiça, atinge-se o objetivo de conciliação dos conflitos de interesses, entre particulares, pela imposição pelo Estado da observância de certos preceitos jurídicos, por meio da aplicação preventiva ou repressiva de "*medidas jurídicas*", às quais se dá o nome de "*sanções*", consistindo em um prejuízo cominado para quem transgredir o preceito previsto na norma jurídica.[22]

O processo civil é, portanto, "*uma atividade que se destina à atuação daquela parte do direito objetivo, que se obtém através da aplicação de sanções civis*", função desempenhada por várias pessoas (particulares, autoridades, escrivães *etc.*), consistente na prática de atos, com o objetivo precípuo de (i) declarar a "*ocorrência de hipóteses previstas na lei ou consagradas pelo costume*", e (ii) reduzir "*o mundo à situação que existiria se não houvesse transgressão ou ameaça de transgressão de preceitos jurídicos*". Enfim, "*o Direito processual civil é o conjunto de princípios e leis reguladoras dos atos do processo civil.*"[23]

Dito de outra forma, o direito processual civil representa a prossecução do estudo do direito civil sob a ótica do processo, isto é, eminentemente a análise formal, dos termos e das modalidades de desenvolvimento do processo, dos processos judiciais; é principalmente o reexame da disciplina do direito privado substancial através da ótica privilegiada que o processo oferece. Vale dizer, o processo civil vê o direito civil no momento em que se reafirma a sua vigência por meio da intervenção judicial.[24]

Ainda, é possível dizer que o processo representa o acúmulo de atos de conduta jurídica, um meio idôneo para dirimir imparcialmente, por ato de um juízo da au-

---

21. BETTI, Emilio. *Diritto processuale civile italiano*. 2ª ed. Roma: Foro Italiano, 1936, p.1-7, parte geral, § 1, n. 1-2. *Cf.* também VIDIGAL, "Escopo do Processo Civil", citado, p. 304-306.
22. BETTI, *Diritto processuale...*, ob. cit., p. 7-13, parte geral, § 1, n. 3-4 e p. 308-309, n. 12-15.
23. *Cf.* VIDIGAL, "Escopo do Processo Civil", ob. cit., p. 309-310, n. 16.
24. *Cf.* CONSOLO, Claudio. *Spiegazioni di diritto processuale civile, v. 1: Le tutele di merito, sommarie ed esecutive*. Turim: G. Giappichelli, 2010, p. 85, § 1, n. 1.

toridade, um conflito de interesses juridicamente relevante.[25] Sobretudo, o estudo do direito processual é aquele que mais perto chega de escutar o pulsar da Justiça.[26] Esse processo civil há de ter objetivos, finalidades, uma função a exercer nos planos jurídico, político, social, econômico, histórico etc. A esses objetivos se dá o nome de escopos do processo, conforme expõe-se a seguir.

3.   ESCOPOS DO PROCESSO CIVIL

Embora não seja fácil "atribuir ao processo civil um escopo único, comum a todas as formas processuais", primeiro se tentou definir tal escopo pela defesa dos direitos subjetivos, para os quais o processo representaria apenas o modo de fazer marchar a ação segundo a qual as formas prescritas em lei. Tem-se de um lado a corrente doutrinária que atribui ao processo o escopo de *realizar os direitos individuais*, subjetivos; de outro lado, entende-se que o processo tem a finalidade de *atuação da vontade concreta da lei*; posição intermediária pode ser encontrada dentre aqueles que atribuem ao processo o escopo de realizar a *justa composição da lide*, afinal, "do ponto de vista da ordem jurídica, a 'atuação da lei' é o escopo do processo."[27]

Mas nenhuma dessas teorias, "*atuação da vontade concreta da lei*" ou "*justa composição da lide*", realmente cuida: (i) de examinar o sistema processual pelo ângulo externo e metajurídico, nem (ii) de investigar os substratos sociais, políticos e culturais que "legitimam sua própria existência e o exercício da jurisdição pelo Estado"; pode-se, assim, concluir que "atuar a vontade concreta da lei ou dar acabamento à norma de regência do caso são visões puramente jurídicas e nada dizem sobre a utilidade do sistema processual em face da sociedade."[28]

O processo é formado por outros escopos além do jurídico (*atuação concreta da lei*),[29] seguindo a própria evolução dos Estados modernos. O surgimento dos Estados do bem-estar social, e suas vertentes posteriores, em maior ou menor grau vieram a atribuir ao processo outros escopos, como o econômico, político, social etc.[30]

---

25. COUTURE, Eduardo. *Fundamentos del derecho procesal civil. 3 ed.* (póstuma). Buenos Aires: Roque Depalma, 1958, p. 10-11, n. 7.

26. *Cf.* CALAMANDREI, Piero. "Processo e giustizia", p. 564. In: _____; CAPPELLETTI, Mauro (org.). *Opere giuridiche, v. 1.* Nápoles: Morano, 1965, p. 563-578.

27. *Cf.* VIDIGAL, Luís Eulálio de Bueno. "Da execução direta das obrigações de prestar declaração de vontade", cap. III ("Escopo do Processo"), n. 27-28 e 30, cap. III. In: _____. *Direito processual civil.* São Paulo: Saraiva, 1965, p. 137-139. O autor coloca João Mendes Júnior, Glasson e Salvatore Satta dentre os primeiros, Chiovenda e Mortara dentre os segundos, e Carnelutti na posição intermediária.

28. *Cf.* DINAMARCO, Cândido Rangel. *Instituições de direito processual civil, v. I.* 5ª ed. São Paulo: Malheiros, 2005, p. 144-145, n. 47. No mesmo trecho, o autor explica que ambas as visões, de Chiovenda e Carnelutti, embora antagônicas, são puramente jurídicas.

29. CALAMANDREI, Piero. "La Relatività del concetto di azione". *Rivista di Diritto Processuale*, jan.-mar. 1939, p. 22.

30. No mesmo sentido, vide DINAMARCO, *Instituições de direito processual civil, v. I*, ob. cit., pp. 146-147, n. 48, onde afirma que as premissas do *welfare state*, como o bem-comum e a paz social, conduzem às funções essenciais do Estado, havendo uma relação íntima entre o sistema do processo e o modo de vida da sociedade. Diz ainda que as inevitáveis realidades de insatisfação afligem as pessoas, que se colocam em estados

JURISDIÇÃO E PROCESSO: ESCOPOS DO MÉTODO ESTATAL PARA SOLUÇÃO DE CONTROVÉRSIAS | **653**

Não é suficiente dizer que o processo é apenas um instrumento, se não for dito a qual fim ele se destina. O que interessa, nessa linha, são os "*propósitos*" do processo, ou seja, "*dos propósitos norteadores da sua instituição e das condutas dos agentes estatais que o utilizam*". Sobretudo, encarar essa questão é entender que não se pode universalmente declarar os escopos processuais, já que, enquanto seja a jurisdição uma expressão do poder, ela "é canalizada à realização dos fins do próprio Estado."[31] Isto é, o processo tem tantos escopos quantos forem os objetivos do Estado.

Trata-se de uma "tomada de consciência teleológica", para possibilitar o correto direcionamento do sistema, adequando-se os seus instrumentos, para que tenham melhor aptidão a produzir os resultados esperados. Isso resulta em colocar "*a técnica jurídica a serviço dos objetivos políticos e sociais*".[32]

Nessa linha, identificam-se escopos sociais, que incluem especialmente a pacificação com justiça, isto é, a busca da paz social pela jurisdição e pela legislação, com a promessa pelo Estado, feito aos jurisdicionados, de colocar fim aos seus estados de insatisfação e de decepção, definindo as condutas favoráveis ou desfavoráveis à vida em grupo, acenando recompensas e castigos, e estabelecendo "*critérios para o acesso aos bens da vida e às situações almejadas*", e isso sempre em vistas o valor *justiça*, evitando que a missão social pacificadora se cumpra mediante o alcance de quaisquer decisões, desconsiderando-se o seu teor; não, eliminam-se conflitos mediante critérios justos. Outro escopo social identificado é a conscientização dos membros da sociedade quanto aos seus direitos e obrigações.[33]

Dentre os escopos políticos, é possível citar de um modo geral a regulação das estruturas de poder do Estado e seu relacionamento com os membros da população,

---

psíquicos capazes de comprometer a sua felicidade pessoal, trazendo perigosa tendência expansiva, como conflitos que progridem, multiplicam-se e degeneram em violência, etc. Não se pode ignorar essas insatisfações pessoais, e é aí que podemos entender a *litigiosidade contida* perigoso fator de infelicidade trazido à nossa consciência por Kazuo Watanabe, devendo constituir missão e dever do Estado a eliminação desses estados de insatisfação.

31. DINAMARCO, Cândido Rangel. *A Instrumentalidade do processo*. 14ª ed. São Paulo: Malheiros, 2009, p. 177-178, cap. IV, n. 18-19: "Fixar os escopos do processo equivale, ainda, a revelar o grau de sua utilidade. Trata-se de instituição humana, imposta pelo Estado, e a sua legitimidade há de estar apoiada não só na capacidade de realizar objetivos, mas igualmente no modo como estes são recebidos e sentidos pela sociedade. Daí o relevo de que é merecedora a problemática dos escopos do sistema processual e do exercício da jurisdição. A tomada de consciência teleológica, incluindo especificação de todos os objetivos visados e do modo como se interagem, constitui peça importantíssima no quadro instrumentalista do processo."

32. Cf. DINAMARCO, *A Instrumentalidade do processo*, ob. cit., p. 179, n. 19.

33. Idem, ibidem, p. 188-191, cap. V, n. 21, em que arremata: "O Estado está, com isso, positivando o seu poder, no sentido de evitar as condutas desagregadoras, estimular as agregadoras, distribuir os bens entre as pessoas – e, por essas formas, criar o clima favorável à paz entre os homens, eliminando as insatisfações. Mas eis que o Estrado positiva também o seu poder ao definir situações concretas, decidindo e realizando praticamente os resultados que entende devidos em cada caso. Legislação e jurisdição englobam-se, assim, em uma unidade teleológica – ambas engajadas em uma tarefa só, de cunho social, que estaria a meio caminho se fosse confiada só à legislação e não teria significado algum se se cogitasse da jurisdição sem existirem normas de direito substancial. E essa missão pacificadora não tem os resultados comprometidos pelo fato de ordinariamente trazerem situação desvantajosa a pelo menos uma pessoa." (*Cf.* idem, ibidem, p. 189-197, n. 21-22).

o culto ao valor liberdade, a participação dos cidadãos e o exercício de autoridade *vs*. liberdade. A *atuação da vontade concreta da lei* não é uma fórmula suficiente para apontar o motivo pelo qual o ordenamento confia aos juízes o cumprimento da função adjudicatória. Aliás, o próprio direito tem uma finalidade política, e o processo, enquanto instrumento do Estado, serve também a esse propósito político. Os escopos jurídicos do processo geralmente aceitos, *justa composição da lide* e *atuação da vontade concreta da lei*, estão ligados intimamente à própria ideia unitária ou dualista do ordenamento jurídico, seja colocando o processo à serviço do direito material, aplicando as suas sanções, seja vendo o processo em um plano paralelo ao direito material, como explicitado no início deste capítulo.[34]

Os moldes tradicionais de certa forma repudiam a confinação teleológica do sistema processual, pois reconhecem *apenas* um objetivo perante a ordem jurídica, e nenhum outro. Não obstante, juridicamente, essas duas teorias tradicionais, das quais preferimos a segunda (*atuação da vontade concreta da lei*), demonstra que o processo tem sim uma função perante o próprio ordenamento jurídico, uma visão interna do escopo processual.

A teoria segundo a qual o objetivo do processo é a *justa composição da lide* está intimamente ligada à teoria *unitarista* do ordenamento jurídico, segundo a qual o direito material e substancial se fundem, sendo que o direito apenas "*nasce*" como obra da sentença judicial, e não pela mera ocorrência dos fatos previstos na norma (como sugere a segunda teoria, dualista). Segundo a segunda corrente, chamada *dualista*, com a qual nos identificamos, a ordem jurídica se divide em dois planos muito bem delimitados, o direito material (composto por normas gerais e abstratas) e o direito processual (composto por normas individuais e concretas), sendo a ordem jurídica o resultado dessa fusão.

Nossa identificação com esta decorre da fragilidade da primeira em demonstrar que a ordem jurídica não é apta a criar e extinguir direitos pela mera ocorrência dos fatos previstos nas normas, mas que depende da declaração judicial. Em nossa visão, os direitos e obrigações, nascem, se desenvolvem, se modificam e se extinguem, tudo em razão das verificações concretas da ocorrência dos fatos previstos nas hipóteses normativas, sem qualquer intervenção, em sua maior parte, dos órgãos judiciários; o magistrado, quando instado a se manifestar, revela os direitos e confere efetividade ao direito quando lhe faltar o adimplemento voluntário pelo obrigado. No quadro de grande insatisfação social, e sendo impossível satisfazer a todos os interesses, já que os recursos (bens da vida e direitos sobre eles) são limitados na sociedade, é natural que a partir da dialética do conflito surja a contrariedade entre os sujeitos sociais. Contudo, a experiência tem mostrado que a definição dos litígios pelo processo civil, embora não elimine a insatisfação, reduz a instabilidade inerente à indefinição, e "*de*

---

34. Cf. DINAMARCO, *A Instrumentalidade do processo*, ob. cit., p. 198-202, cap. VI, n. 24, e p. 208-212, cap. VII, n. 26.

JURISDIÇÃO E PROCESSO: ESCOPOS DO MÉTODO ESTATAL PARA SOLUÇÃO DE CONTROVÉRSIAS

todo modo, das angústias de dois resta somente a possível decepção de um, satisfeito o seu adversário."[35]

4. ESCOPOS DA JURISDIÇÃO E O PROCESSO COMO MÉTODO

O processo como *método* deve sim adotar uma postura instrumental ao ordenamento jurídico, às estruturas de poder. Em viés negativo, a instrumentalidade *do processo* serve de contenção aos exageros e às distorções do formalismo e da postura eminentemente técnica; em aspecto positivo, a *instrumentalidade* serve sobretudo à *efetividade* do processo, em toda a sua função *sócio-político-jurídica.*[36]

O escopo *"jurídico"* do processo corresponde ao cumprimento dos fins que o ordenamento jurídico atribui ao método estatal de solução de litígios em sua perspectiva interna, na visão estrutural, isto é, o escopo jurídico do processo *é* a produção de novas normas jurídicas, a respeito dos conflitos que surgem entre pessoas relacionadas à jurisdição daquele Estado (nada mais que fazer a lei atuar em um caso concreto).

Em perspectiva *"política"*, o escopo do processo corresponde à finalidade que os entes políticos lhe atribuíram, ainda que não tenham se revelado na legislação (como a expressão da liberdade e da participação do cidadão e o exercício da autoridade estatal e do seu ordenamento). Sobretudo, na perspectiva *"social"*, o escopo do processo se apresenta com a finalidade de *pacificar com justiça* os conflitos que se lhe apresentam a julgamento, mediante provocação pelo interessado.[37]

O objetivo do processo não é simplesmente chegar ao seu ato final, a *sentença* apta a transitar em julgado, mas é esse o seu momento áureo, quando o magistrado encerra o seu ofício principal, e estatui os fatos, os fundamentos jurídicos, e determina o preceito final a ser cumprido pelas partes (o dispositivo).[38] Essa era a regra nos Códigos de Processo Civil de 1939 (artigos 280 e 287) e de 1973 (artigos 458 e 459) e continua sendo no vigente CPC de 2015 (artigos 489 e 490).

Podemos dizer, assim, que o escopo jurídico do processo é cumprido por meio de uma sentença, que serve a esse propósito, conforme especificado pelo próprio ordenamento jurídico. Vale dizer, o objetivo do processo não é *obter* (ou *dar*) uma sentença, mas sua finalidade jurídica é cumprida por meio do ato judicial que decide a lide. Outros escopos do processo podem ser exauridos com a sentença ou não; por

---

35. *Cf.* DINAMARCO, *Instituições de direito processual civil*, v. I, ob. cit., p. 150-156, n. 51, bem como, p. 146-147, n. 48.

36. Idem, ibidem, p. 316-323, n. 35-36, esp. p. 319, onde se aponta que a *instrumentalidade* expressa a ideia de que "o processo deve ser apto a cumprir integralmente toda a sua função sócio-político-jurídica, atingindo em toda a plenitude todos os seus escopos institucionais."

37. Vale a consulta ao resumo conclusivo em DINAMARCO, *A Instrumentalidade do processo*, ob. cit., 2009, p. 367-380, § B, n. 4-53.

38. A sentença sempre foi considerada, nas várias experiências jurídicas do passado, como o *"ato magno"* do processo, o ato judicial por excelência. *Cf.* TUCCI, José Rogério Cruz e. *Comentários ao código de processo civil, v. VIII: artigos 485 ao 538.* São Paulo: RT, 2016, p. 33, comentário inicial, n. 1.

exemplo, a pacificação dos conflitos, com Justiça, é executada ao longo de todo o processo, mas ela se sobressai na sentença, quando esta se mostra necessária para pacificar o litígio. Os escopos políticos também se mostram presentes ao longo de todos os atos processuais, mas eles são mais nítidos na sentença, que é expressão do poder estatal.

A sentença é precisamente o ato pelo qual o Estado aplica a norma legal ao caso concreto, por intermédio do órgão investido de jurisdição, declarando a tutela jurídica concedida pelo ordenamento jurídico a um determinado interesse.[39] Isto é, "a 'sentença' é o ato jurisdicional por excelência", que põe termo ao processo.[40]

Importante destacar que aqui se está a tratar, de um modo genérico, todas as sentenças, sejam em processos de conhecimento, de execução ou qualquer outro. Mas, para se entender melhor a questão, imagine-se que estamos a tratar apenas do processo de conhecimento, caso em que "processo de conhecimento é uma série de atos interligados e coordenados ao objetivo de produzir tutela jurisdicional mediante o julgamento de pretensão exposta ao juiz".[41]

Quer-se assim dizer que "a sentença de mérito é o momento culminante do processo de conhecimento", "justamente porque tem a finalidade específica de produzir a tutela jurisdicional mediante o julgamento de pretensões". E julgar significa dizer que o juiz opta por uma solução, dentre duas ou mais apresentadas ou postuladas, exercendo o poder estatal e decidindo imperativamente sobre interesses alheios. Ou seja, "o produto do processo de conhecimento, oferecido pela sentença de mérito, é o preceito concreto" que regerá as relações entre os litigantes ou entre eles e o bem da via sobre o qual controverteram.[42]

Qualquer sujeito, público ou privado, que se afirme titular de um direito subjetivo negado por outrem ou pelo comportamento alheio, pode pedir a um juiz que lhe dê uma sentença, em um procedimento e nas formas processuais cabíveis, pela tutela jurisdicional de tal direito. Todos os sujeitos do ordenamento têm direito à tutela e ao efetivo acesso à Justiça. Pedir a tutela do direito significa exigir que um juiz, no exercício de um poder de direito público e com a faculdade coercitiva que lhe são atribuídas pela lei, pronuncie as providências de particular eficácia que o sujeito, em sua plena autonomia, entenda adequadas à realização do conteúdo do direito.[43]

Embora se possa assim definir a jurisdição, seu resultado (a jurisprudência) deve ser visto por um duplo critério de classificação: subjetivamente, a jurisprudência é

---

39. *Cf.* ROCCO, Alfredo. *La sentenza civile.* Milano: Giuffrè, 1962, p. 30-31, § 2, n. 11.
40. *Cf.* SILVA, Ovídio A. Baptista da. *Curso de processo civil, v. I: processo de conhecimento.* 6ª ed. São Paulo: RT, 2002, p. 200-201, n. 7.2.2.1.
41. *Cf.* DINAMARCO, Cândido Rangel. *Instituições de direito processual civil, v. III.* 6ª ed. São Paulo: Malheiros, 2009, p. 27, n. 771, onde afirma que esse sempre foi o entendimento da doutrina nacional e internacional.
42. *Cf.* Idem, ibidem, p. 197, n. 887.
43. *Cf.* COMOGLIO, Luigi Paolo; FERRI, Corrado; TARUFFO, Michele. *Lezioni sul processo civile: I. il processo ordinario di cognizione.* 4 ed. Bologna: Il Mulino, 2006, p. 103, cap. 4, n. 1.

JURISDIÇÃO E PROCESSO: ESCOPOS DO MÉTODO ESTATAL PARA SOLUÇÃO DE CONTROVÉRSIAS **657**

de origem formal, isto é, representa os atos decisórios oriundos do magistrado e dos órgãos jurisdicionais; objetivamente, a jurisprudência se identifica com a atribuição de funções judicantes em sentido substancial, pressupondo o exercício de do poder de *júris-dizer*, ou seja, de realizar a direta aplicação objetiva da lei.[44]

Tratando-se a jurisdição de uma função segundo a qual o magistrado *dirá* o direito, torna-se relevante também investigar não só o que a sentença *é*, mas também *como se forma* a sentença na mente do juiz, ou seja, a atividade mental do juiz quando *decide* e quando *dirige* o processo.[45]

Não é simples a atividade de escolher os fatos juridicamente relevantes de um processo, e reuni-los para formar uma relação orgânica de direito latente dentre as circunstâncias materiais do caso; somente então é que os *estados de fato* (ou fatos-tipo) eleitos pela lei como relevantes para que uma transformação jurídica se possa ocorrer — trata-se da hipótese legal eleita no antecedente normativo (*Tatbestand* em alemão ou *fattispecie* em italiano).[46]

A doutrina processual civil costuma identificar três fases metodológicas bem marcadas na ciência processual, chamados de períodos *sincrético*, *autonomista* (ou *conceitual*), e *teleológico* (ou *instrumentalista*). Essa paciente evolução iniciou-se quando sequer se dava autonomia intelectual à ciência processual civil, revelando-se apenas por meio de estudos empíricos, mas sem qualquer consciência de princípios próprios ou método, sendo visto apenas como mera realidade da experiência perante juízes e tribunais.[47]

A fase autonomista mostra-se inaugurada, senão antes, com a publicação em 1868 da famosa obra de Oskar von BÜLOW em que proclamava a existência de uma relação jurídica processual, com demonstração científica e sistemática de seus argumentos, especialmente sua distinção da relação de direito material (credor-devedor, vítima-causador do dano *etc.*).[48] A terceira fase se identifica com os trabalhos que não veem no processo apenas o seu escopo jurídico, mas que ali se realizam escopos metajurídicos, privilegiando-se os resultados da experiência processual, passando pelo acesso à justiça e chegando à instrumentalidade do processo.[49]

---

44. *Cf.* COMOGLIO, FERRI e TARUFFO, *Lezioni sul processo civile*, v. I, ob. cit., p. 83, cap. 3, n. 8.
45. *Cf.* CALAMANDREI, Piero. "La genesi logica della sentenza civile". In: _____; CAPPELLETTI, Mauro (org.). *Opere Giuridiche*, v. 1. Nápoles: Morano, 1965, p. 11-54, esp. p. 12. A sequência do trabalho do autor é a seguinte: exame preliminares da relevância dos fatos, julgamento dos fatos singulares relevantes, construção e qualificação jurídica dos tipos legais concretos, aplicação do direito ao fato, interpretação dos negócios jurídicos, determinação dos efeitos jurídicos, e conclusão (cf. p. 11). Interesse-nos a construção e qualificação jurídica das hipóteses legais (§ 4, n. 10-12, p. 26-31) e as conclusões (§ 8, n. 25-28, p. 50-54).
46. Idem, ibidem, p. 28, n. 11.
47. *Cf.* DINAMARCO, *Instituições de direito processual civil*, v. I. 5ª ed, ob. cit., p. 273-276, n. 98.
48. *Cf.* BÜLOW, Oskar von. *La Teoria de las Excepciones Procesales y los Presupuestos Procesales*. Trad. Miguel Angel Rosas Lichtschein. Buenos Aires: EJEA, 1964.
49. *Cf.* DINAMARCO, *Instituições de direito processual civil*, v. I. 5ª ed., p. 273-276, n. 98.

5. GARANTIAS PROCESSUAIS E O FORMALISMO VALORATIVO

Nunca é demais lembrar: "o processo civil está sendo metodicamente destruído; o processo incivil progride; o império da lei claudica."[50] Os atalhos não devem ser aceitos, e a redução do tempo do processo, em prejuízo o Direito e da Justiça, são caminhos inaceitáveis. À luz das garantias do processo, a instrumentalidade das formas tem se alastrado, e não como solução às injustiças do mal procedimento que favorece tiranos e prejudica a parte mais fraca, pelo contrário, surge uma instrumentalidade às avessas, a serviço do agente público em prejuízo do jurisdicionado.

É possível indicar exemplos do processo incivil contaminando a lei processual civil brasileira, como (i) a lei dos Juizados de Pequenas Causas (em disposição replicada na Lei dos Juizados Especiais), que permite ao juiz decidir segundo os fins sociais, as exigências do bem comum, de acordo com a solução mais justa e equânime, inclusive por meio de mutirões de julgamento que violam a garantia do juiz natural, (ii) a reforma processual de 1994 que introduziu a antecipação de tutela sem a oitiva da parte contrária (permitindo que alguém seja privado dos seus bens sem sequer ter sido citado para o processo), (iii) a falta de autoridade natural das decisões judiciais, em razão dos vícios apontados, causando a inserção de permissão para que se aplique punição àquele que não cumprir com uma ordem judicial (mandamentos pseudo-mandamentais), e (iv) a constante tentativa de silenciar a advocacia, impondo o terrorismo judicial. São exemplos de situações em que o processo incivil fica transparente ao atento observador. Em busca de trazer a instrumentalidade das formas para o seu correto lugar, afastando-a do processo incivil, é possível encontrar outras vozes.[51]

Questão central é a *legalidade* invocada pelo agente que se diz detentor de autoridade e da capacidade de emitir mais normas, ou de interpretar autenticamente as normas existentes. Ainda que julgando de acordo com seu íntimo sentir, a solução dada ao caso concreto deve ser objeto de adequada motivação pelo magistrado prolator da decisão judicial. O Direito não deve ser entendido como um simples conjunto de normas relacionadas e coesas entre si. O Direito é muito mais do que isso. O ordenamento jurídico conforma um sistema de instituições, regras, linhas mestras e, sobretudo, "*planos*", tudo colocado de modo a regular a vida em sociedade. O Direito deve sim ser indeterminado e a norma aplicável somente pode ser declarada pelo intérprete autêntico, o Estado-juiz; as angústias trazidas por esse sistema não são reconfortantes, contudo, são necessários porquanto o formalismo é indesejável e ineficaz para resolver as disputas. Ao estudar os "*hard-cases*", embora limitados pela regra da legalidade, os magistrados não agem como se fossem verdadeiros *criadores* de normas que são, mas meros *intérpretes* das normas existentes e positivadas. As *regras*, por terem caráter "*tudo*

---

50. MESQUITA, José Ignacio Botelho de. "Processo civil e processo incivil". *Revista de Processo*, v. 131, jan. 2006, p. 250-257.
51. OLIVEIRA, Carlos Alberto Alvaro de. "O formalismo-valorativo no confronto com o formalismo excessivo" In: DIDIER JR., Fredie (org.). *Leituras complementares de processo civil*. 8ª ed., revisada e ampliada. Salvador: JusPodivm, 2010, p. 149-150, n. 1-2.

JURISDIÇÃO E PROCESSO: ESCOPOS DO MÉTODO ESTATAL PARA SOLUÇÃO DE CONTROVÉRSIAS **659**

ou nada", se aplicáveis ao caso concreto, devem regulá-lo por completo; os *princípios*, por outro lado, não são capazes de regular o caso diante do magistrado, pois cabe ao juiz "*pesar*" os vários princípios aplicáveis, não sendo nenhum deles individualmente conclusivo quanto à solução a ser dada ao caso concreto.[52]

Nesse prisma, é possível dizer que o Direito é nada mais que um plano de ação social. A ideia é oferecer uma origem social aceitável para o problema tautológico da origem da competência conferida para criar normas (em paralelo à norma fundamental de Kelsen, seria o problema da competência para editar essa primeira norma tácita e pressuposta), pois é assim que uma autoridade jurídica existirá enquanto seus planos (i) assim exigirem, e (ii) forem socialmente adotados e aceitos.[53]

A *legalidade* é o critério pelo qual o planejamento social é feito, sendo que na cultura de *common-law* a criação das normas é feita de baixo para cima (das relações sociais para os níveis mais altos de autoridade), enquanto na cultura continental europeia a criação é feita de cima para baixo (da autoridade para os níveis hierárquicos inferiores, sobre o povo), o que leva a várias implicações práticas mas, para dizer algumas, surgem problemas quanto à origem das autoridades menores, a legitimidade moral das instituições e de seus planos e, sobretudo, quanto ao fato de que as normas passam a ser em sua maioria muito mais próximas da regulamentação de agências do que leis tradicionais emanadas do Poder Legislativo.[54]

Essa forma de ver o Direito e a legalidade satisfaz muito dos problemas práticos advindos da teoria positivista clássica, e da legitimidade da autoridade central, da competência original. Assim, sendo as normas vistas como planos de ação social, e sendo sua legitimidade oriunda da mera aceitação das mesmas e cumprimento por todos, parece estar resolvido o dilema tautológico da origem da tal norma fundamental. A adjudicação dos conflitos se insere na metade do caminho, pois o magistrado raramente questiona a legitimidade do governo central para se imiscuir na vida dos particulares, conquanto suas liberdades individuais não estejam em jogo. Não deveria.

O juiz é o soldado na linha de frente da atuação judicial e é função precipuamente sua guardar e aplicar a lei sem ofensas às garantias constitucionais. A última chance do jurisdicionado contra os desmandos legislativos e estatais é exatamente o juiz, que julga e aplica a lei, nos limites em que entender cabível. Se uma lei está errada, e há outra norma permitindo que não se aplica a norma errada, cabe ao juiz fazê-lo e, assim, restaurar o processo civil.

De tal forma, é preciso que o processo civil seja analisado à luz dos escopos da jurisdição, segundo os objetivos da atividade adjudicatória. Resta nítido que podemos

---

52. *Cf.*, SHAPIRO, Scott J. *Legality*. Cambridge: The Belknap Press of Harvard University Press, 2011. Esse autor diverge de teorias tradicionais, como o formalismo jurídico (que prega entre outras coisas a amoralidade do sistema adjudicatório) e a conexão geralmente feita entre positivismo e formalismo, passando a estudar a argumentação jurídica e a tomada de decisões judicial, nas quais o Estado-juiz produz Direito "novo". *Cf.*, idem, ibidem, p. 240-267.

53. Idem, ibidem, p. 118-119.

54. Idem, ibidem, p. 193-233.

atribuir a pecha de incivil àquele processo que não se mostra compatível com os próprios fins do processo e do Estado. Conquanto não seja lícito julgar mal e rápido, não deve o processo buscar tais finalidades, pois não pertencem ao seu escopo de atuação.

6. CONCLUSÃO

O processo tem diversas finalidades, e não é possível enunciá-las com exatidão, pois os escopos do processo judicial são dados pelo contexto social-político-econômico-histórico de uma nação juridicamente organizada. Embora seja possível apontar finalidades principais, e sob vários aspectos, como jurídico, social, econômico, político etc., o processo judicial tem tantos escopos quantos forem os objetivos do Estado.

O processo como método deve adotar uma postura instrumental em relação às estruturas de poder. Em viés negativo, a instrumentalidade do processo serve de contenção aos exageros e às distorções do formalismo e da postura eminentemente técnica; em aspecto positivo, a instrumentalidade serve sobretudo à efetividade do processo, em toda a sua função sócio-político-jurídica. No caso brasileiro, pode-se dizer que o processo judicial tem por escopo precípuo pacificar os litígios, com Justiça e segundo os critérios da legalidade, por meio do exercício de poder pelo Estado, atendendo suas dimensões sociais, morais, jurídicas e políticas.

Se o método estatal para julgar os conflitos dos seus súditos contiver disposições que não se mostrem alinhadas com seus próprios escopos de atuação e finalidades institucionais, podemos chamá-lo de "processo incivil", incompatível que é com seus objetivos. Nessa linha, o processo incivil não atende aos escopos do processo e, precisamente por essa razão, devem as disposições incivis deixarem de ver a luz do processo judicial.

Cabe ao magistrado a defesa, não de qualquer lei, mas do Direito em sentido lato, aplicando-se a norma jurídica consentânea com as diretrizes constitucionais e com os valores mais íntimos do ordenamento jurídico, nos limites em que se permitir ao magistrado deixar de aplicar a lei errada e incompatível com tais valores.

Por todo o exposto, conclui-se que somente se pode chamar de "civil" aquela parte do processo como método que seja compatível com as finalidades do Estado, tal qual estabelecido pelo arranjo constitucional. Tudo o mais que transborde os objetivos do Estado ou viole as garantias constitucionais poderá ser chamado, sem sombra de dúvidas, de "processo incivil".

7. REFERÊNCIAS BIBLIOGRÁFICAS

BETTI, Emilio. *Diritto processuale civile italiano*. 2ª ed. Roma: Foro Italiano, 1936.

BÜLOW, Oskar von. *La Teoria de las Excepciones Procesales y los Presupuestos Procesales*. Trad. Miguel Angel Rosas Lichtschein. Buenos Aires: EJEA, 1964.

JURISDIÇÃO E PROCESSO: ESCOPOS DO MÉTODO ESTATAL PARA SOLUÇÃO DE CONTROVÉRSIAS · 661

CALAMANDREI, Piero. "La genesi logica della sentenza civile". In: _____; CAPPELLETTI, Mauro (org.). Opere Giuridiche, v. 1. Nápoles: Morano, 1965, p. 11-54.

_____. "La Relatività del concetto di azione". *Rivista di Diritto Processuale.* 1939, vol. jan.-mar., p. 22.

_____. "Processo e giustizia". In: _____; CAPPELLETTI, Mauro (org.). *Opere giuridiche, v. 1.* Nápoles: Morano, 1965, p. 563-578.

CHIOVENDA, Giuseppe. *Istituzione di diritto processuale civile.* Napoli: Jovene, 1960.

_____. *Principios de derecho procesal civil.* Tomo I. Madrid: Reus, 1922.

COMOGLIO, Luigi Paolo; FERRI, Corrado; TARUFFO, Michele. *Lezioni sul processo civile: I. il processo ordinario di cognizione.* 4 ed. Bologna: Il Mulino, 2006.

CONSOLO, Claudio. *Spiegazioni di diritto processuale civile, v. 1: Le tutele di merito, sommarie ed esecutive.* Turim: G. Giappichelli, 2010. 401 p.

COUTURE, Eduardo. *Fundamentos del derecho procesal* civil. 3 ed. (póstuma). Buenos Aires: Roque Depalma, 1958.

DINAMARCO, Cândido Rangel. *A Instrumentalidade do processo.* 14ª ed. rev. e atualizada. São Paulo: Malheiros, 2009. 400 p.

_____. *Instituições de direito processual civil, v. I.* 5ª ed., revista e atualizada de acordo com a emenda constitucional n. 45, de 8.12.2004 (DOU de 31.12.2004) e com um estudo sistemático da Reforma do Judiciário (na Apresentação da 5ª edição). São Paulo: Malheiros, 2005. 735 p.

_____. *Instituições de direito processual civil, v. II.* 5ª ed., revista e atualizada de acordo com a emenda constitucional n. 45, de 8.12.2004 (DOU de 31.12.2004). São Paulo: Malheiros, 2005. 685 p.

_____. *Instituições de direito processual civil, v. III.* 6ª ed., revista e atualizada. São Paulo: Malheiros, 2009. 847 p.

FERREIRA FILHO, Manoel Gonçalves. *Curso de direito constitucional.* 38ª ed., revista e atualizada. São Paulo: Saraiva, 2012.

MESQUITA, José Ignacio Botelho de. "Da ação civil". In: _____. *Teses, estudos e pareceres de processo civil, v. I: direito de ação, partes e terceiros, processo e política.* São Paulo: RT, 2005.

_____. "Processo civil e processo incivil". *Revista de Processo,* v. 131, jan. 2006, p. 250-257.

OLIVEIRA, Carlos Alberto Alvaro de. "O formalismo-valorativo no confronto com o formalismo excessivo" In: DIDIER JR., Fredie (org.) [et al.]. *Leituras complementares de processo civil.* 8ª ed., revisada e ampliada. Salvador: JusPodivm, 2010

ROCCO, Alfredo. *La sentenza civile.* Milano: Giuffrè, 1962. 164 p.

SHAPIRO, Scott J. *Legality.* Cambridge: The Belknap Press of Harvard University Press, 2011. 472 p.

SILVA, José Afonso da. *Curso de direito constitucional positivo.* 25ª ed., revista e atualizada, nos termos da Reforma Constitucional, Emenda Constitucional n. 48, de 10.8.2005. São Paulo: Malheiros, 2005.

SILVA, Ovídio A. Baptista da. *Curso de processo civil, v. I: processo de conhecimento.* 6ª ed., revista e atualizada com as Leis 10.352, 10.358/2001 e 10.444/2002. São Paulo: RT, 2002.

TUCCI, José Rogério Cruz e. *Comentários ao código de processo civil, v. VIII: artigos 485 ao 538.* São Paulo: RT, 2016. Coleção Comentários ao Código de Processo Civil. Coordenação Luiz Guilherme Marinoni, Sérgio Cruz Arenhart, Daniel Mitidiero.

VIDIGAL, Luís Eulálio de Bueno. "Escopo do Processo Civil". In: _____. *Direito processual civil.* São Paulo: Saraiva, 1965.

_____. "Existe o direito de ação?". *Revista de Direito Processual Civil,* São Paulo, v. 5, 1966.

CUMPRIMENTO PROVISÓRIO DE SENTENÇA

Rodolfo da Costa Manso Real Amadeo

Doutor e Mestre pela Faculdade de Direito da Universidade de São Paulo. Professor Universitário. Advogado.

> **Sumário:** 1. Introdução – 2. Conceito e evolução do cumprimento provisório de sentença – 3. Decisões passíveis de cumprimento provisório – 4. Questões procedimentais do cumprimento provisório de sentença – 5. Conclusão – 6. Referências bibliográficas.

1. INTRODUÇÃO

Localizado no ponto do ordenamento em que a tensão entre os princípios da efetividade e da segurança jurídica se torna mais sensível, o cumprimento provisório de sentença tem sido objeto de reiteradas alterações legislativas que, ao longo das duas últimas décadas, revolucionaram a disciplina do instituto, ampliando a sua aplicação.

Em regra, a sentença somente poderia ser objeto de cumprimento ou execução forçada após tornar-se definitiva pela ocorrência do trânsito em julgado. É neste momento em que o réu exaure o exercício do devido processo legal e, restando vencido, perde o direito de ser mantido na posse dos bens pleiteados naquele processo.[1]

A finalidade da execução provisória, portanto, reside no abreviamento do tempo necessário para que o vencedor obtenha o bem da vida que veio buscar no processo, favorecendo seus interesses e compensando a possibilidade de o vencido recorrer. Deve, no entanto, garantir o restabelecimento da situação anterior, caso o título executivo provisório seja reformado pelo recurso pendente.

2. CONCEITO E EVOLUÇÃO DO CUMPRIMENTO PROVISÓRIO DE SENTENÇA

Do *caput* do art. 520 do CPC/15, podemos extrair o conceito do cumprimento provisório de sentença como aquele que se baseia em decisão *"impugnada por recurso desprovido de efeito suspensivo"*, realizando-se da mesma forma que o cumprimento definitivo.

---

1. Sobre o tema, José Ignacio Botelho de Mesquita ensina que o réu tem "o direito de ser mantido na situação de fato em que se encontre, até ser convencido pelos meios regulares. Quer dizer, mediante processo regular, perante um juiz imparcial e neutro, assegurado plenamente o direito de defesa. (...) Esse direito se funda num pressuposto que, para nós processualistas, é de extrema relevância: o de que, havendo litígio sobre a existência ou a inexistência de um direito, só se pode encontrar a verdade sobre esse direito mediante observância de um processo que garanta a descoberta dessa verdade." ("Limites ao Poder do Juiz nas Cautelares Antecipatórias", *Teses Estudos e Pareceres de Processo Civil*, v. 3, São Paulo: RT, 2007, p. 210).

RODOLFO DA COSTA MANSO REAL AMADEO

Como se observa, o adjetivo "provisório" não se refere à forma pela qual se realiza o cumprimento, e sim ao provimento jurisdicional que o embasa, pois este ainda poderá ser substituído pela decisão do recurso pendente, ao passo que os atos executivos que compõem o cumprimento provisório não serão substituídos por outros, sendo mantidos se a decisão exequenda transitar em julgado ou sendo desfeitos se esta for anulada ou modificada. Seria, portanto, preferível utilizar o termo "cumprimento condicionado", pois tal cumprimento se faz como se estivesse sujeito a uma condição resolutiva, ou seja, provido o recurso que impugna a decisão exequenda, os atos executivos serão desfeitos.[2]

Já termo "cumprimento" foi introduzido na sistemática da execução de título judicial pela Lei 11.232/05 em substituição ao termo "execução", utilizado na redação original do CPC/73. Ambos devem ser considerados como sinônimos.

Por fim, o termo "sentença" na expressão "cumprimento provisório de sentença" deve ser entendido em sentido amplo como "provimento jurisdicional", pois, como será analisado no próximo capítulo, além das sentenças, também os acórdãos e as decisões interlocutórias podem ser objeto de cumprimento provisório.

Quanto à evolução do instituto na história mais recente do Direto Processual Brasileiro, podemos registrar que na versão original do CPC/73, a então denominada "execução provisória de sentença" era compreendida como uma "execução incompleta", servindo apenas para adiantar alguns atos processuais da execução definitiva futura, sendo expressamente vedada a prática de atos de alienação de domínio.[3]

Com o advento da Lei 10.444/02, a regra se inverteu, sendo permitida a prática de atos que importassem em alienação de domínio na execução provisória, desde que precedidos da prestação de caução idônea pelo exequente. E, ainda, o legislador passou a permitir o levantamento de depósito em dinheiro e a prática de atos de alienação de domínio independentemente da prestação de caução, na hipótese de crédito de natureza alimentar de valor até 60 (sessenta) vezes o salário mínimo, quando o exequente estivesse em estado de necessidade (cf. § 2º do art. 588, inserido pela Lei 10.444/02).[4]

Com a promulgação da Lei 11.232/05, que instituiu o processo sincrético, o "cumprimento" passou a ser entendido como mera fase subsequente do processo de

---

2. Sobre essa discussão, que acompanha o termo desde suas raízes no direito italiano, de onde o instituto foi importado, cf. Antonio de Pádua Soubhie Nogueira, *Execução Provisória da Sentença*, São Paulo: RT, p. 91 e ss. Também Paulo Henrique dos Santos Lucon, *Eficácia das Decisões e Execução Provisória*, São Paulo: RT, p. 208 e ss. e Araken de Assis, *Cumprimento da Sentença*, Rio de Janeiro: Forense, p. 142-143.

3. Assim era a redação original do artigo 588 do CPC/73, que disciplinava a matéria:
   "Art. 588. A execução provisória da sentença far-se-á do mesmo modo que a definitiva, observados os seguintes princípios: (...)
   II – não abrange atos de que importem alienação de domínio, nem permite, sem caução idônea, o levantamento de depósito em dinheiro."

4. Sobre as alterações operadas pela Lei 10.444/02 na disciplina da execução provisória, cf. Cândido Rangel Dinamarco, *A Reforma da Reforma*, São Paulo: Malheiros, 2002, p. 254-260 e José Rogério Cruz e Tucci, *Lineamentos da Nova Reforma do CPC*, 2ª ed., São Paulo: RT, 2002, p. 145-150.

CUMPRIMENTO PROVISÓRIO DE SENTENÇA **665**

conhecimento, tendo as regras que disciplinavam a "execução provisória de sentença" sido transpostas dos arts. 586 a 590, localizados no Livro II do CPC/73 ("Do Processo de Execução"), para os então criados arts. 475-I e 475-O, inseridos no Capítulo X do Título VIII do Livro I, denominado "Do Cumprimento da Sentença".

A maioria das alterações previstas pela Lei 11.232/05 em matéria de cumprimento provisório de sentença constituíram ampliação das mudanças introduzidas pela Lei 10.444/02, como a ampliação das hipóteses de dispensa da caução (art. 475-O, § 2º) e a facilitação do início do cumprimento da execução provisória, que agora independe da existência de autos suplementares ou da extração de carta de sentença (art. 475-O, § 3º).[5]

Também o CPC/15 continuou na linha ampliativa das últimas reformas, aumentando as hipóteses de sentenças que se sujeitam à apelação sem efeito suspensivo (art. 1.012);[6] permitindo o julgamento antecipado de parte do mérito em decisão interlocutória sujeita a agravo de instrumento que em regra não tem efeito suspensivo (art. 356); ampliando os casos de dispensa de caução (art. 521); e até mesmo invertendo a regra geral do CPC/73 de que os recursos teriam efeito suspensivo (art. 995).

Não há razão técnica que justifique o maior ou menor âmbito que se queira dar ao cumprimento provisório de sentença. Conforme afirma Alcides de Mendonça Lima, "tudo gira em torno da política do legislador, no sentido de entender mais conveniente à ordem social e aos interesses do vencedor-credor-recorrido a execução provisória da sentença do que as possíveis mudanças que venham a ocorrer se, em grau de recurso, o julgado for reformado, tanto total como parcialmente."[7]

3. DECISÕES PASSÍVEIS DE CUMPRIMENTO PROVISÓRIO

Conforme visto acima, o *caput* do art. 520 prevê que está sujeita ao cumprimento provisório a "sentença" impugnada por recurso desprovido de efeito suspensivo. No entanto, não é somente a sentença que comporta cumprimento provisório. Na realidade, acórdãos, decisões interlocutórias e outros títulos executivos judiciais previstos no art. 515 também podem ser provisoriamente cumpridos, desde que contra eles penda recurso sem efeito suspensivo.

---

5. Sobre esse ponto, confira-se Leonardo Greco "Primeiros Comentários sobre a reforma da execução oriunda da Lei 11.232/05" in *Revista Dialética de Direito Processual* n. 36, março de 2006, p. 70-86 e o nosso "A Execução Provisória na Lei 11.232, de 22 de dezembro de 2005, in COSTA, Susana Henriques da. (coord.), *A Nova Execução Civil Lei 11.232/05*, São Paulo: Quartier Latin, 2006, p. 291-321.

6. Durante a tramitação do Projeto de Lei que posteriormente se transformou no CPC/15, cogitou-se em retirar por completo o efeito suspensivo do recurso de apelação, permitindo o cumprimento provisório de todas as sentenças. A iniciativa foi, no entanto, abandonada em razão do elevado índice de reforma das sentenças, que, segundo o CNJ, em 2012, alcançava a média de 37,3% nas Justiças Estaduais (cf. Dierle Nunes, "Novo CPC: Efeito suspensivo da apelação? Alguns dilemas", in http://www.justificando.com/2014/09/11/novo-cpc-efeito-suspensivo-da-apelacao-alguns-dilemas/, acesso em 19.07.2019).

7. *Comentários ao Código de Processo Civil*, vol. VI, tomo II, 3ª ed., Rio de Janeiro: Forense, 1979, p. 475-476.

Com relação às sentenças, comportam execução provisória aquelas sujeitas a recurso de apelação desprovido de efeito suspensivo, como nos casos dos incisos I a VI do artigo 1.012 do CPC/15[8] e em outros previstos em leis extravagantes, como na Lei do Mandado de Segurança (Lei 12.016/09, art. 14, § 3º); na Lei da Ação Civil Pública (Lei 7.347/85, art. 14); na Lei de Locações (Lei 8.245/91, art. 58, V); na Lei dos Juizados Especiais (Lei 9.099/95, art. 43).

Situação interessante é a do cumprimento provisório de sentença originalmente ilíquida. Como se sabe, a sentença ilíquida não configura por si só título executivo judicial. Falta-lhe precisamente o requisito da liquidez, que lhe é dado pela decisão proferida ao final da fase de liquidação de sentença. O título executivo, neste caso, é formado pela conjugação de ambas as decisões.

Assim, a provisoriedade do cumprimento pode decorrer da pendência de recurso desprovido de efeito suspensivo tanto contra a primeira decisão, quanto contra a segunda. Serão provisórios, portanto, os cumprimentos que se desenvolvam na pendência de recurso de apelação desprovido de efeito suspensivo interposto contra a sentença ilíquida, ou, ainda, na pendência do agravo interposto contra a decisão da liquidação.[9]

Também os acórdãos podem ser cumpridos provisoriamente. Com efeito, mantida a regra geral do duplo efeito da apelação (art. 1.012) e não possuindo os recursos especial e extraordinário efeito suspensivo (art. 995), atualmente são os acórdãos – muito mais que as sentenças – que se sujeitam ao cumprimento provisório.

Decisões interlocutórias também comportam cumprimento provisório. Destacam-se entre elas as que deferem tutela provisória incidental, que segundo o parágrafo único do art. 297, "a efetivação da tutela provisória observará as normas referentes ao cumprimento provisório da sentença, no que couber". Tais decisões, na realidade, têm dupla provisoriedade, pois podem ser modificadas tanto por meio de agravo de instrumento interposto contra elas, quanto pelo próprio órgão que as proferiu (art. 296).

Outra decisão interlocutória passível de cumprimento provisório que merece destaque é a que julga parcialmente o mérito (art. 356). Neste caso o próprio art. 356 prevê em seu § 2º que "a parte poderá liquidar ou executar, desde logo, a obrigação reconhecida na decisão que julgar parcialmente o mérito, independentemente de caução, ainda que haja recurso contra essa interposto." E o § 3º complementa dizendo "na hipótese do § 2º, se houver trânsito em julgado, a execução será definitiva."

---

8. Cabe notar que o inciso III (sentença que julgar liquidação de sentença) foi expressamente revogado pela Lei 11.232/05. A decisão que julga a liquidação de sentença tem agora natureza interlocutória, desafiando recurso de agravo de instrumento, cf. art. 475-H.

9. Não concordamos com Daniel Amorim Assumpção Neves quando defende que caberia agravo de instrumento da primeira decisão e apelação contra a decisão que extingue a fase de liquidação (cf. "Decisão condenatória ilíquida e decisão que julga a liquidação no novo Código de Processo Civil", in Paulo Henrique dos Santos Lucon *et alii* (coords.), *Processo em Jornadas*, Salvador: Jus Podivm, 2016, p. 159-171).

CUMPRIMENTO PROVISÓRIO DE SENTENÇA **667**

Analisado em sua literalidade, o § 2º do art. 356 parece eximir o cumprimento provisório do capítulo de mérito decidido antecipadamente da caução prevista no art. 520, IV, para a alienação de domínio, transferência de posse ou levantamento de dinheiro. Tal interpretação, contudo, levaria à paradoxal conclusão de que a pretensão condenatória decidida antecipadamente por decisão interlocutória seria mais efetiva que a decidida por sentença.

A melhor interpretação do § 2º do art. 356 parece ser a de que o exequente pode dar início ao cumprimento provisório da decisão sem o pagamento de caução, mas para realizar atos de alienação de domínio, transferência de posse ou levantamento de dinheiro, será necessário prestar caução idônea.[10]

Por fim, é importante esclarecer que somente geram a provisoriedade do cumprimento os recursos que se voltam contra o provimento jurisdicional que se configura como título executivo. Vale dizer, apenas decisões judiciais sujeitas a anulação ou modificação por via de recurso diretamente interposto contra elas é que são cumpridas provisoriamente.

A impugnação das decisões judiciais por outros meios, embora possa resultar em sua anulação ou modificação, não dão ensejo ao cumprimento provisório. Assim, são definitivos – e não provisórios – os cumprimentos das sentenças impugnadas apenas por ação rescisória, ação anulatória *etc.* Da mesma forma, será definitiva a execução iniciada desta forma e atacada pela impugnação prevista no art. 525, que substituiu os embargos do devedor na execução de título executivo judicial.[11]

4. QUESTÕES PROCEDIMENTAIS DO CUMPRIMENTO PROVISÓRIO DE SENTENÇA

O *caput* do art. 520 prevê que o cumprimento provisório será realizado da mesma forma que o cumprimento definitivo, ressalvadas algumas normas específicas, cuja incidência se dá exatamente em razão da provisoriedade do título.

Pode ocorrer que, durante o curso do cumprimento provisório, o título executivo judicial se torne definitivo, transitando em julgado. Nessa hipótese, o cumprimento de sentença passa a prosseguir como definitivo, deixando de incidir as regras específicas enunciadas nos arts. 520 a 522.

---

10. Nesse sentido, confira-se o Enunciado 49 da Escola Nacional de Formação e Aperfeiçoamento de Magistrados – ENFAM: "No julgamento antecipado parcial de mérito, o cumprimento provisório da decisão inicia-se independentemente de caução (art. 356, § 2º, do CPC/2015), sendo aplicável, todavia, a regra do art. 520, IV" e também o nosso "A Dimensão do Efeito Suspensivo no Caso dos Capítulos da Sentença", in DANTAS, Bruno *et alii* (coords.), *Questões Relevantes sobre Recursos, Ações de Impugnação e Mecanismos de Uniformização de Jurisprudência*, São Paulo: RT, 2017, p. 155.

11. Em relação aos embargos do devedor, muito se discutiu, na doutrina e na jurisprudência, sobre a natureza da execução processada na pendência de apelação interposta contra sentença que rejeitara essa ação incidental. O CPC/15 não reproduziu a norma inserida pela Lei 11.382/06 no art. 587 do CPC/73, de modo que em seu sistema, a execução de título extrajudicial é definitiva, nada importando a pendência de recurso de apelação contra a decisão que julgar os embargos à execução, voltando a vigorar a Súmula 317 do STJ.

Pode ocorrer, no entanto, que a decisão executada provisoriamente seja anulada ou reformada pelo provimento do recurso contra ela interposto. Foi pensando nessa situação que o legislador estabeleceu as regras dos incisos I a IV do art. 520, que têm por finalidade permitir o retorno das partes ao estado anterior.

Ressalvadas tais normas específicas, o cumprimento provisório processar-se-á da mesma forma que o definitivo, que atualmente está disciplinada nos arts. 523 e seguintes.

Iniciado o cumprimento provisório de sentença a requerimento do exequente, prevê o art. 520, § 3º, que o executado poderá, em quinze dias, depositar o valor do débito, para evitar a incidência da multa prevista no § 1º do art. 523, não sendo tal depósito considerado incompatível com sua vontade de recorrer.[12]

Encerrado o prazo de 15 dias com ou sem a realização do depósito, já terá início o prazo para o executado apresentar impugnação (cf. arts. 520, § 1º, e 525) e o exequente prosseguirá na busca de bens a serem penhorados.

O executado poderá, então, oferecer impugnação, alegando as matérias do art. 525, I a VII, podendo requerer efeito suspensivo, desde que haja a garantia do juízo com penhora, caução ou depósito suficientes, sejam relevantes os seus fundamentos e o prosseguimento da execução possa causar grave dano de difícil ou incerta reparação.

Rejeitada a impugnação ou não lhe sendo atribuído efeito suspensivo, o cumprimento provisório de sentença prosseguirá, com a alienação dos bens penhorados e o pagamento do exequente.

Sendo provisório o cumprimento de sentença, o art. 520, IV, exige a prestação de caução suficiente e idônea pelo exequente para o levantamento de depósito em dinheiro; a prática de atos que impliquem transferência de posse, alienação de propriedade ou de outro direito real ou, ainda, para a prática de outros atos dos quais possa resultar grave dano para o executado.

---

12. No CPC anterior, houve muita discussão a respeito da incidência da multa de 10% no cumprimento provisório de sentença. O CPC/15 definiu posição pela incidência da multa, caso o executado não deposite, tempestivamente, o valor do crédito exequendo. Definida a questão relativa à incidência da multa, a controvérsia atualmente existente em relação à norma diz respeito a saber se tal depósito deve ser feito em dinheiro ou se admite o oferecimento de outros bens sujeitos à penhora. A jurisprudência parece ter se inclinado para não aceitar outros bens, tendo se formado uma corrente que admite o oferecimento de seguro garantia ou de fiança bancária, em razão do disposto no § 2º do art. 835. Confira-se:

"Cumprimento provisório de sentença (...) A mera garantia do juízo, ainda que no prazo, não basta para afastar a incidência da multa" (TJSP, 10ª Câm. Dir. Priv., AI 2139015-23.2018.8.26.0000, rel. Des. Coelho Mendes, j. 30.07.2019)

"Cumprimento provisório de sentença seguro garantia judicial. Decisão agravada que deferiu a nomeação à penhora de seguro garantia judicial, visando cessar a mora e afastar a multa e honorários previstos no art. 523 do CPC. (...) o ordenamento jurídico equipara o seguro garantia judicial a dinheiro, conforme § 2º, do artigo 835, do CPC (...) se o agravado garantiu o pagamento mediante seguro garantia judicial, que equivale a dinheiro, não há que se falar em incidência da multa e dos honorários previstos no § 1º do art. 523 do Código de Processo Civil na fase de cumprimento de sentença." (TJSP, 5ª Câm. Dir. Públ., AI 2176858-22.2018.8.26.0000, rel.ª Des.ª Maria Laura Tavares, j. 12.11.2018.

CUMPRIMENTO PROVISÓRIO DE SENTENÇA **669**

Contudo, há de se ter muito cuidado tanto no arbitramento quanto na aferição da suficiência e da idoneidade da caução prestada. Como se sabe, a exigência da caução liga-se à responsabilidade objetiva do exequente para garantir o retorno das partes ao estado anterior e o ressarcimento dos eventuais prejuízos que o executado haja sofrido em razão da execução provisória que foi desfeita.

E mais: o legislador quer que a restituição da situação jurídica do executado ao estado anterior ao cumprimento provisório (desfazimento dos atos executivos e reparação de danos) seja fácil e rápida. Daí a natureza objetiva da responsabilidade do exequente (evitando a discussão sobre um eventual excesso culposo seu); a necessidade de prestação de caução suficiente e idônea (evitando a futura busca de bens na execução do ex-exequente); e a liquidação e a execução nos próprios autos (evitando a necessidade de ajuizamento de nova ação). Se o recurso do executado for provido, o exequente que iniciou o cumprimento provisório passará a executado e os bens objeto da caução passarão a objeto da penhora e dos demais atos executivos para satisfazer o ex-executado.

Assim, quando do arbitramento do valor da garantia, o magistrado deve ter em vista sua suficiência para a reposição das partes ao estado anterior, inclusive para a reparação dos danos que já possam ser vislumbrados ao executado. De igual forma, ao aferir a idoneidade da caução, o juiz deve verificar se a caução dada é adequada à finalidade acima exposta, isto é permitir a restituição fácil e rápida do executado ao estado anterior ao início do cumprimento provisório que, afinal, mostrou-se infundado.[13]

Diante do oferecimento da caução, o juiz ouvirá o executado e, se necessário, realizará instrução sumária para se avaliar a idoneidade e suficiência da caução. O cumprimento provisório de sentença poderá, então, tomar dois rumos opostos: (i) se a caução for considerada insuficiente ou inidônea, o juiz a rejeitará e o processo será suspenso até que outra seja prestada; ou (ii) se for considerada suficiente e idônea, o juiz a aceitará e o cumprimento prosseguirá, com a prática do ato passível de causar grave dano ao executado. Em ambos os casos, a decisão desafia interposição de agravo de instrumento.

O CPC/15 seguiu na mesma linha das Leis 10.444/02 e 11.232/05 e ampliou as exceções à regra geral que subordina a prática de atos danosos ao executado à prestação de caução no cumprimento provisório de sentença. Tais exceções estão disciplinadas nos incisos art. 521.

As duas primeiras exceções referem-se aos créditos de natureza alimentar independentemente de sua origem e aos casos em que os credores demonstrem situação

---

13. O oferecimento, por exemplo, de um bem imóvel de alto valor e grandes proporções, embora suficiente, poderá ser inidôneo (ou seja, inadequado à finalidade a que a caução se presta) se for de difícil alienação em curto prazo. Daí a necessidade de se preferirem também na caução bens de maior liquidez (ou, no caso da fiança, fiador que tenha bens com maior liquidez). Dada a possibilidade de a caução de hoje tornar-se a penhora de amanhã, é recomendável que o juiz também se paute pela ordem do art. 835 ao aferi-la.

de necessidade. Diferentemente da disciplina anterior, o CPC/15 retirou a limitação ao valor a sessenta salários mínimos, bem como deixa de exigir que o crédito decorra de ato ilícito.

Digna de nota é a expressão utilizada pela lei: "situação de necessidade". Trata-se de conceito jurídico indeterminado que depende de interpretação do magistrado caso a caso. Tal situação de necessidade, contudo, certamente se relaciona com a falta de bens materiais do exequente que iniciou o cumprimento provisório da sentença.

Assim, o que faz o art. 521, I e II, é permitir aos exequentes necessitados (*i.e.*, em situação de necessidade) independentemente de caução e sem qualquer limite quanto ao valor, a prática de atos de alienação de propriedade, transferência de posse, levantamento de dinheiro e tantos outros que possam ensejar graves danos ao executado; atos estes que terão de ser desfeitos às suas expensas se ocorrer a anulação ou modificação da decisão exequenda em sede de recurso.

A norma dá ensejo, portanto, à total frustração do sistema que garante o retorno da situação jurídica do executado ao estado anterior ao cumprimento provisório no caso do provimento de seu recurso. E isso porque o exequente, precisamente por estar em situação de necessidade, não terá bens materiais para ressarcir os prejuízos que o executado tiver sofrido em razão do cumprimento provisório.

Nesse sentido, comentando tal hipótese quando ainda constava em Projeto de Lei de 2004, José Ignacio Botelho de Mesquita observou que "a norma atira aos ombros do devedor o ônus de prestar assistência ao credor a fundo perdido."[14]

De fato, dispensa de caução para os créditos alimentares e para a generalidade dos créditos de exequente em situação de necessidade sem qualquer limite é bastante preocupante, pois gera insegurança quanto à possibilidade de retorno das partes ao estado anterior, o que é a própria justificativa para se permitir o cumprimento provisório.

A segunda exceção à regra geral da necessidade da prestação de caução para a prática de atos potencialmente danosos ao executado no cumprimento provisório está prevista no art. 521, III, que prevê que, se o único recurso pendente contra a decisão exequenda for o agravo interposto contra decisão que inadmitiu o recurso extraordinário ou o recurso especial (art. 1.042), a caução será dispensada.

Tal hipótese assemelha-se àquela que José Frederico Marques denominou de "execução quase definitiva" e que decorria da interpretação conjugada dos artigos 882, II, e 808, § 1º, do CPC/39.[15]

---

14. "A Nova Execução da Sentença Civil. Mais Alterações" in *Revista do Advogado* n. 81, abr. de 2005, p. 62

15. Que assim dispunham:

Art. 882. Serão exequíveis as sentenças:

I – quando transitadas em julgado;

I I – quando recebido o recurso no efeito somente devolutivo.

Art. 808. (...)

CUMPRIMENTO PROVISÓRIO DE SENTENÇA **671**

Assim escreveu José Frederico Marques sobre tal "execução quase definitiva", que ele reputava uma terceira espécie de execução: "verifica-se que somente na hipótese de ter sido de apelação o recurso com efeito não devolutivo é que se procede à execução provisória propriamente dita. Em se tratando dos recursos previstos no artigo 808, § 1º, do Cód. de Proc. Civil (o de revista e o recurso extraordinário), a execução será quase definitiva, ou impropriamente provisória. (...) À execução quase definitiva (isto é, de decisões contra as quais se interpôs ou a revista ou o recurso extraordinário), não se aplica o que dispõe o art. 883, III, porquanto os recursos mencionados 'não suspendem a execução da sentença' (artigo 808, § 1º)."[16]

Segundo o entendimento do Supremo Tribunal Federal durante a vigência do CPC/39, a execução realizada na pendência de recurso extraordinário ou do agravo interposto contra a decisão que não o havia admitido era entendida como "não provisória",[17] sendo dispensada a caução para o levantamento de depósito em dinheiro (então prevista no art. 883, III, do CPC/39).[18]

Com a promulgação do CPC/73, entretanto, tal entendimento foi revisto pelo próprio Supremo Tribunal Federal, que em acórdão da lavra do Ministro Moreira Alves decidiu: "em face do novo CPC, é provisória a execução de sentença enquanto pende o julgamento do recurso extraordinário." E, após detida análise da doutrina processual da época, que se insurgia contra o instituto da "execução quase definitiva", o Ministro arrematou "por tudo isso, sou dos que entendem que a Súmula 228 não mais prevalece em face da nova codificação processual. E não prevalece também com relação ao agravo de instrumento interposto no caso de não admissão do recurso extraordinário, pois, pelas mesmas razões, ainda nesse caso, a execução só pode ser provisória."[19]

O principal argumento de fundo explorado nesse acórdão dizia respeito à impossibilidade de se permitir o processamento da execução como definitiva (*i.e.*, possibilitando o levantamento de depósito em dinheiro sem a prestação de caução)

Parágrafo único. O recurso extraordinário e a revista não suspendem a execução da sentença, que correrá nos autos suplementares.

Como o parágrafo único do artigo 808 era expresso ao permitir o curso da execução durante o processamento do recurso extraordinário, a doutrina e , principalmente, a jurisprudência entendiam que tal execução corria sem interrupções, prescindindo da prestação de caução para o levantamento de depósito em dinheiro. No entanto, provido o recurso, deveria ser restaurado o *status quo ante*, como na execução provisória propriamente dita. Em termos mais simples, a "execução quase definitiva" nada mais era que uma execução provisória sem caução.

16. *Instituições de Direito Processual Civil*, Rio de Janeiro: Forense, 3ª ed., 1971, p. 85 e 89.

17. Esse entendimento foi até mesmo cristalizado na Súmula 228 do STF, que assim dispunha: "não é provisória a execução na pendência de recurso extraordinário, ou de agravo destinado a fazê-lo admitir."

18. Art. 883. A execução provisória da sentença obedecerá aos princípios seguintes: (...)

III – a execução provisória não abrangerá os atos que importarem alienação de domínio, nem autorizará, sem caução idônea, o levantamento de depósito em dinheiro.

Nesse sentido, cf. acórdãos da época: STF, RE 38.178, Rel. Min. Barros Barreto, j. 27.11.58; e RE 45.558, Rel. Min. Gonçalves de Oliveira, j. 24.06.61.

19. STF, RE 84.334, Rel. Min. Moreira Alves, j. 08.04.76, in *RTJ* 78/638 e ss.

enquanto pendente recurso – ainda que extraordinário – contra o título em que tal execução se baseava. Estava clara, na época, a ideia de que a caução tinha por objetivo garantir a reposição do executado ao estado anterior, caso fosse vitorioso em seu recurso, ainda que tal recurso fosse extremo.

Reintroduzida no sistema do CPC/73 pela Lei 11.232/05 com a ressalva de não incidir em casos de "dano grave de difícil ou incerta reparação" ao executado, tal hipótese de dispensa de caução encontra-se presente no art. 521, III, do CPC/15 sem qualquer ressalva, reabrindo a antiga polêmica da "execução quase definitiva", abolindo a necessidade da prestação de caução tão-somente em razão da natureza do recurso pendente (agravo contra decisão denegatória de recurso especial ou extraordinário).

Analisando sua reintrodução no sistema pela Lei 11.232/05, Araken de Assis afirma que a razão desta hipótese de dispensa da caução seria a suposição de que "pendendo um simples agravo para o STF ou para o STJ, e encontrando-se sucumbente nas instâncias ordinárias, [o executado] não nutre consideráveis expectativas de êxito."[20]

No entanto, tal suposição, muitas vezes, não se afigura verdadeira. Mesmo à falta de estatísticas, pode-se afirmar com base na experiência, que, atualmente, apenas uma parcela exígua de recursos extraordinários e especiais é admitida nos tribunais locais, ascendendo às instâncias superiores sem o auxílio do agravo do art. 1.042.[21]

A última hipótese de dispensa de caução, introduzida pelo CPC/15 em seu art. 521, IV, refere-se ao caso de a decisão objeto do cumprimento provisório estar em conformidade com súmula do Supremo Tribunal Federal ou do Superior Tribunal de Justiça ou ainda com acórdão proferido em julgamento de casos repetitivos.

Prosseguindo-se no cumprimento provisório, feita a alienação, com ou sem a caução a depender da hipótese, e satisfeito o crédito do exequente, o processo será extinto.

Deve-se recordar que, além das hipóteses de extinção do cumprimento provisório pela satisfação do crédito do exequente ou pelo acolhimento da impugnação do executado, há uma terceira, qual seja, o provimento do recurso interposto pelo executado contra a decisão exequenda (art. 520, II).

Nesta hipótese, o cumprimento provisório fica sem efeito e o exequente deve restituir o executado ao seu estado anterior, como se extrai da conjugação dos incisos I e II do art. 520: o cumprimento provisório corre por iniciativa e responsabilidade do exequente, que fica obrigado a suportar, às suas expensas, a restituição das partes ao seu estado anterior, bem como a reparar os danos sofridos pelo executado, caso o título executivo judicial seja anulado ou modificado. E o inciso III do mesmo artigo

---

20. *Cumprimento da Sentença*, Rio de Janeiro: Forense, 2006, p. 157, os colchetes foram incluídos.
21. De fato, ainda permanecendo em vigor a regra geral do efeito suspensivo *ex lege* da apelação, a hipótese prevista no art. 520, III, abrange grande parte dos provimentos passíveis de cumprimento provisório.

CUMPRIMENTO PROVISÓRIO DE SENTENÇA

esclarece: caso o título executivo judicial seja anulado ou modificado apenas em parte, é somente em relação a esta parte que ficará sem efeito a execução.

Vale dizer, anulado ou reformado o título em que se funda a execução provisória, o executado tem direito à restituição de sua situação jurídica ao estado anterior ao início dos atos executivos. Segundo salienta Araken de Assis, referindo-se tanto às obrigações de pagar quantia, quanto àquelas de fazer, não fazer e entregar coisa, a volta ao estado anterior significa "o dever de o exequente restituir as quantias recebidas, com correção e juros, sob pena de sofrer execução; liberam-se os bens penhorados e ainda não alienados; desconstitui-se o usufruto forçado, perante ao qual segue idêntico dever de reembolsar as quantias recebidas; restitui-se a coisa levantada; e libera-se o executado do comportamento devido, desfazendo-se os atos materiais dele consequentes (por exemplo, demolindo o muro e retornando a linha divisória ao seu traçado original)."[22]

Ou seja, exatamente por ser provisório o cumprimento, caso o título executivo deixe de existir, total ou parcialmente, o executado tem direito a ver desfeitos os atos executivos a que foi obrigado a sujeitar-se, devendo ser restaurada sua situação jurídica àquela existente antes do início da execução.

Tal restauração ao estado anterior não será, contudo, sempre possível. Se o cumprimento provisório alcançou sua fase final e o bem penhorado foi alienado, o § 4º do art. 520 prevê que a alienação não será desfeita, ficando ressalvado ao executado o ressarcimento de todos os prejuízos que lhe foram causados.

Nesse exato sentido, afirma Carlos Alberto Carmona que o ressarcimento dos prejuízos de responsabilidade do exequente "diz respeito tanto aos danos materiais (com todos os seus corolários) como também a eventuais danos morais: sim, pois a execução, embora provisória, permitirá (após a reforma) a expropriação, com a alienação de bens em hasta pública, e o executado, sujeito a execução injusta, poderá ser submetido a humilhações que afetem sua honra e seu bom nome (imagine-se a alienação em hasta pública da biblioteca de um renomado professor universitário, ou de objetos de família – quadros, joias, prataria – que estarão para sempre perdidos, pois a reforma da sentença exequenda não tornará inválidos os atos de alienação!). (...) A reparação do dano moral que eventualmente for causado ao executado, portanto, está incluída no conceito de *prejuízos* encampado pelo dispositivo analisado."[23]

A responsabilidade do exequente pelos prejuízos causados ao executado é objetiva, pois decorre tão somente do risco que este assumiu ao iniciar o cumpri-

---

22. *Cumprimento da Sentença*, Rio de Janeiro: Forense, 2006, p. 159.
23. In Antonio Carlos Marcato (coord.). *Código de Processo Civil Interpretado*, São Paulo: Atlas, 2004, p. 1.742, referindo-se ao art. 588 com a redação dada pela Lei n10.444/02. Também nesse sentido, cf. Pontes de Miranda, *Comentários ao Código de Processo Civil*, tomo IX, 2ª ed. rev. e atual. por Sérgio Bermudes, Rio de Janeiro: Forense, 2001, p. 311 e Teori Albino Zavascki, *Comentários ao Código de Processo Civil*, vol. 8, 2ª ed., São Paulo: RT, 2003, 240.

mento provisório na pendência de recurso que pudesse anular ou modificar o título executivo.[24]

Sobre o assunto, Pontes de Miranda é bastante claro ao afirmar que "o exequente, escolhendo o caminho da execução provisória, somente viu o seu interesse, e investiu, através do Estado, contra a esfera jurídica do executado; em simetria, o Estado dá ao executado o ressarcimento com base no art. 588, I, porque o exequente, segundo ficou assente (decisão reformante), escolhera *errado*. Somente levando em conta as vantagens, para si, da execução provisória, o exequente expôs-se à álea. Não houve fortuidade na escolha, nem na reforma: o exequente escolheu, de sua livre vontade; os juízes, competentes para isso, reformaram a sentença mesma que lhe permitiu o dilema: executar, a seu risco, a sentença; ou esperar."[25]

Vale dizer, não há que se cogitar da existência de culpa do exequente no ajuizamento da execução provisória, este é responsabilizado pelo simples risco que assumiu em dar início aos atos materiais de satisfação de seu crédito que ainda poderia ser considerado inexistente total ou parcialmente. Indenizará, portanto, em decorrência de um ato que lhe faculta a lei (ou seja, pela prática de um ato lícito) e mesmo que tenha agido sem qualquer abuso ou má-fé.

A liquidação dos prejuízos causados ao executado será feita nos mesmos autos. Também a execução do valor apurado em liquidação far-se-á nos mesmos autos, com a inversão de polos das partes originárias, devendo ser informado o cartório distribuidor. O título executivo desta nova execução (do ex-executado contra o ex-exequente) é a própria decisão que, dando provimento ao recurso pendente, anula ou reforma o título executivo em que se fundava a execução provisória, extinguindo-a. A formação deste novo título executivo em favor do executado é entendido até mesmo com um efeito secundário ou anexo da decisão judicial, não dependendo, portanto, de menção específica à condenação do exequente.[26]

5.   CONCLUSÃO

Desde a Lei 10.444/02, passando pela Lei 11.232/05 e chegando ao CPC/15, verifica-se a clara tendência do legislador brasileiro em ampliar o âmbito de aplicação do cumprimento provisório de sentença, seja aumentando o número de provimentos judiciais que são passíveis de cumprimento provisório, seja aumentando os casos que dispensam a caução. Se, de um lado, tais mudanças favorecem a efetividade do

---

24.   Cf. Amílcar de Castro, *Comentários ao Código de Processo Civil*, vol. VIII, São Paulo: RT, 1974, p. 65; Alcides de Mendonça Lima, *Comentários ao Código de Processo Civil*, vol. VI, tomo II, 3ª ed., Rio de Janeiro: Forense, 1979, p. 495; Cândido Rangel Dinamarco, "Cumprimento Provisório" in *Instituições de Direito Processual Civil*, vol. IV, 4ª ed., São Paulo: Malheiros, 2019, p. 873.

25.   *Comentários ao Código de Processo Civil*, tomo IX, 2ª ed. rev. e atual. por Sérgio Bermudes, Rio de Janeiro: Forense, 2001, p. 320.

26.   Nesse sentido, cf. Pontes *Comentários ao Código de Processo Civil*, tomo IX, 2ª ed. rev. e atual. por Sérgio Bermudes, Rio de Janeiro: Forense, 2001, p. 310-311.

ordenamento processual, permitindo que os provimentos judiciais se concretizem mais rapidamente; de outro lado, aumentam a insegurança jurídica, pois permitem a transferência de bens e direitos sem a necessária garantia do ressarcimento dos prejuízos caso o título executivo judicial venha a ser reformado pelo recurso pendente.

6. REFERÊNCIAS BIBLIOGRÁFICAS

AMADEO, Rodolfo da Costa Manso Real. "A Execução Provisória na Lei 11.232, de 22 de dezembro de 2005, in COSTA, Susana Henriques da. (coord.), *A Nova Execução Civil Lei 11.232/05*, São Paulo: Quartier Latin, 2006, p. 291-321.

ARAGÃO, Egas Dirceu Moniz de. "Novas Tendências da Execução Provisória", *RePro* n. 90, abr-jun de 1998, p. 57-67.

ASSIS, Araken de. *Manual do Processo de Execução*, 18ª ed., São Paulo: RT, 2016.

_____. *Cumprimento da Sentença*, Rio de Janeiro: Forense, 2006.

BARBI, Celso Agrícola. *Comentários ao Código de Processo Civil*, vol. I, 10ª ed., Rio de Janeiro: Forense, 1998.

BOTELHO DE MESQUITA, José Ignacio. "Limites ao Poder do Juiz nas Cautelares Antecipatórias" in *Revista Brasileira de Direito Processual*, n. 56, 1987, p. 43-52.

_____. "A Nova Execução da Sentença Civil. Mais Alterações" in *Revista do Advogado*, n. 81, abril de 2005, p. 60-63.

CARMONA, Carlos Alberto. *Arbitragem e Processo: um Comentário à Lei n. 9.307/96*, 3ª ed., São Paulo: Atlas, 2009.

CASTRO, Amílcar de. *Comentários ao Código de Processo Civil*, vol. VIII, São Paulo: RT, 1974.

CORRÊA, Fábio Peixinho Gomes; e AMADEO, Rodolfo da Costa Manso Real. "A Dimensão do Efeito Suspensivo no Caso dos Capítulos da Sentença", in DANTAS, Bruno *et alii* (coords.), *Questões Relevantes sobre Recursos, Ações de Impugnação e Mecanismos de Uniformização de Jurisprudência*, São Paulo: RT, 2017, p. 149-158.

DINAMARCO, Cândido Rangel. *A Reforma da Reforma*, São Paulo: Malheiros, 2002.

_____. "Cumprimento Provisório" in *Instituições de Direito Processual Civil*, vol. IV, São Paulo: Malheiros, 4ª ed., 2019, p. 864-880.

GRECO, Leonardo. "Primeiros Comentários sobre a reforma da execução oriunda da Lei n. 11.232/05" in *Revista Dialética de Direito Processual* n. 36, março de 2006, p. 70/86.

LIMA, Alcides de Mendonça. *Comentários ao Código de Processo Civil*, vol. VI, tomo II, 3ª ed., Rio de Janeiro: Forense, 1979.

LUCON, Paulo Henrique dos Santos. *Eficácia das Decisões e Execução Provisória*, São Paulo: RT, 2000.

_____. "Tutela Provisória e Julgamento Parcial no CPC de 2015: Avanços e Perspectivas" in *O Novo Código de Processo Civil – Questões Controvertidas*, São Paulo: Atlas, 2015, p. 325-341.

MARCATO, Antonio Carlos (coord.). *Código de Processo Civil Interpretado*, São Paulo: Atlas, 2004.

MARQUES, José Frederico. *Instituições de Direito Processual Civil*, 3ª ed., Rio de Janeiro: Forense, 1971.

NEVES, Daniel Amorim Assumpção. "Decisão condenatória ilíquida e decisão que julga a liquidação no novo Código de Processo Civil", in Paulo Henrique dos Santos Lucon *et alii* (coords.), *Processo em Jornadas*, Salvador: Jus Podivm, 2016, p. 159-171.

NOGUEIRA, Antonio de Pádua Soubhie, *Execução Provisória da Sentença*, São Paulo: RT, 2005.

NUNES, Dierle. "Novo CPC: Efeito suspensivo da apelação? Alguns dilemas", in http://www.justificando.com/2014/09/11/novo-cpc-efeito-suspensivo-da-apelacao-alguns-dilemas/, acesso em 19.07.2019.

PASSOS, José Joaquim Calmon de. "Da Responsabilidade por Custas e Honorários de Advogado na Execução de Títulos Extrajudiciais" in *RePro* n. 3, jul-set, 1976, p. 22-31.

PONTES DE MIRANDA, Francisco Cavalcanti. *Comentários ao Código de Processo Civil*, tomo IX, 2ª ed. rev. e atual. por Sérgio Bermudes, Rio de Janeiro: Forense, 2001.

TUCCI, José Rogério Cruz e. *Lineamentos da Nova Reforma do CPC*, 2ª ed., São Paulo: RT, 2002.

A ARBITRAGEM, A MEDIAÇÃO E A CONCILIAÇÃO ENQUANTO MEIOS DE PREVENÇÃO E SOLUÇÃO DE CONFLITOS, E SEU MANEJO NO ÂMBITO DO PODER PÚBLICO

Rodolfo de Camargo Mancuso

Professor-associado aposentado da FADUSP. Procurador aposentado do Município de São Paulo.

Sumário: 1. A crescente (e irreversível) tendência à desjudicialização de conflitos, superando o dogma do monopólio estatal de distribuição da justiça – 2. A resistência ao emprego de meios alternativos para solução de conflitos envolvendo interesses indisponíveis, inclusive os que concernem ao poder público   3. A conciliação, a mediação e a arbitragem como meios adequados à prevenção e solução de conflitos envolvendo interesses indisponíveis e/ou o poder público.

1. A CRESCENTE (E IRREVERSÍVEL) TENDÊNCIA À DESJUDICIALIZAÇÃO DE CONFLITOS, SUPERANDO O DOGMA DO MONOPÓLIO ESTATAL DE DISTRIBUIÇÃO DA JUSTIÇA

A tradicional acepção do acesso à Justiça, centrada no inciso XXXV do art. 5º da CF ("A lei não excluirá da apreciação do Poder Judiciário lesão ou ameaça a direito") elevava esse direito fundamental a uma sorte de cláusula pétrea, o que, ao interno da coletividade resultava num *incentivo* à judicialização de todo e qualquer interesse contrariado e insatisfeito, em detrimento de meios e modos outros, de perfil suasório, a par da arbitragem, arriscando, no limite, converter o direito de ação em...*dever de ação* ! Ao propósito, já escrevemos em outra sede: "(...) ao contrário do que a concepção *irrealista e ufanista* do acesso à Justiça possa sugerir, a prestação jurisdicional do Estado não mais pode se apresentar em registro monopolístico, nem tampouco como 'oferta imediata', deflagrada em *ligação direta* com a controvérsia, sem um prévio estágio perante certos agentes, órgãos e instâncias com aptidão para resolvê-la em modo justo e tempestivo". [1]

Ao longo do tempo, a leitura exacerbada do que se contém na garantia de acesso à Justiça – e a *práxis* judiciária daí resultante – foi dando ensejo a certas externalidades negativas, podendo ser listadas: (i) *o in put excessivo de demandas*, levando ao congestionamento da pauta do Poder Judiciário, deflagrando verdadeira *crise numérica*

---

1. *Acesso à Justiça – condicionantes legítimas e ilegítimas*, 2ª ed., São Paulo: Thomson Reuters – Revista dos Tribunais, 2.015, p. 358.

de processos, tudo a configurar um estoque quase inadministrável, informando o CNJ, ao propósito, no boletim "Justiça em Números", divulgado em 2.017, ano-base 2.016: "Durante o ano de 2016, ingressaram 29, 4 milhões de processos e foram baixados 29,4milhões. Um crescimento em relação ao ano anterior na ordem de 5,6% e 2,7% respectivamente. Mesmo tendo baixado praticamente o mesmo quantitativo ingressado, com Índice de Atendimento à Demanda na ordem de 100,3%, o estoque de processos cresceu em 2,7 milhões, ou seja, em 3,6%, e chegou ao final do ano de 2016 com 70,7 milhões de processos em tramitação aguardando alguma solução definitiva";[2] (ii) *a excessiva dilação temporal do processo judicial*, em que pese a diretriz da duração razoável dos processos (CF, art. 5º, LXXVIII), embora se deva reconhecer que o novo CPC (Lei 13.105/2.015) se empenha em incentivar a aceleração dos trâmites, por exemplo ao incluir expressamente no conteúdo ocupacional do juiz o poder-dever de "velar pela duração razoável do processo" (art. 139, II), ou quando o instrui a designar audiência de instrução e julgamento "quando necessário" (art. 357, V), ou ainda quando reprime condutas de finalidade protelatória (art. 80, VII; art. 1.026, § 3º); (iii) *o fomento da contenciosidade* ao interno da sociedade, em detrimento dos meios suasórios de prevenção e resolução de conflitos, assim insuflando a judicialização, como se fora o processo judicial a única saída para os conflitos emergentes na vida em sociedade, e como se a ação judicial fora uma panaceia capaz de ofertar resposta satisfatória em todos os casos, sob uma boa equação custo-benefício; (iv) *a oferta de respostas judiciárias massivas e repetitivas*, a que se vem prestando o Judiciário, premido pela demanda excessiva, com a agravante de que, no esforço de atendê-la de algum modo, incide no vezo de ofertar *mais do mesmo*, em detrimento da vera *qualidade* que se espera da prestação jurisdicional, a qual, conforme afirmamos em outra sede, que deve revestir-se de "seis atributos: *justa, jurídica, econômica, tempestiva, razoavelmente previsível, com aptidão para promover a efetiva e concreta satisfação do direito, valor ou bem da vida reconhecidos no julgado*".[3]

Em verdade, o que interessa para o jurisdicionado – e para a coletividade como um todo – é que as controvérsias venham compostas em modo justo, tempestivo e tecnicamente consistente, e isso, não necessariamente pela intercessão do Estado-juiz, mas também – e em certos casos até preferencialmente – por outros meios e modos resolutórios, o que é particularmente verdadeiro quando se trata dos chamados *conflitos multiplexos*, bastante ocorrentes na experiência contemporânea, nos quais o objeto litigioso não se circunscreve à crise propriamente jurídica, mas se estende por tópicos que relevam de outras áreas, sob as rubricas sócio-político-econômicas. Em casos que tais, verifica-se que o processo judicial, por conta de operar sob um

---

2. www.cnj.jus.br, Brasília, 2.017, p. 65 do texto impresso. Comentando dados desse informe do CNJ o jornal *O Estado de São Paulo* afirma que um "indicativo de que o Judiciário continua apresentando as velhas deficiências de sempre – como altas taxas de congestionamento, falta de agilidade das sentenças e dificuldade de localizar os devedores e identificar bens a serem penhorados – está no percentual de ações julgadas em caráter definitivo, considerado baixo pelos técnicos do CNJ. Dos 109,1 milhões de processos que tramitaram na Justiça em 2016, só 27% foram solucionados". (Editorial "A Justiça em Números", cad.A-3, 11.09.2017).

3. *Acesso à Justiça...*, 2ª ed., cit., p. 398.

A ARBITRAGEM, A MEDIAÇÃO E A CONCILIAÇÃO **679**

lógica de perfil reducionista, que consente exigências e limitações diversas (estrita delimitação da lide; restrições em matéria probatória; mitigação no âmbito da cognição), não consegue recepcionar a controvérsia em sua integralidade, permitindo afirmar-se que "a lide é a porção da controvérsia que chegou ao fórum", com isso deixando à margem certos pontos conflitivos periféricos, tudo levando a que, ao fim e ao cabo, não raro se constata que "o território ficou menor do que o mapa".

Todo esse contexto induz a que o acesso à Justiça hoje seja compreendido no senso estrito de uma *oferta* estatal de recepção de históricos de danos temidos ou sofridos, sem que, todavia, daí se extraia qualquer induzimento ou estímulo à judicialização. Essa renovada e contextualizada acepção permite entender-se, corolariamente, que o exercício do direito de ação não implica necessariamente no descarte de outras possibilidade resolutivas, notando-se, por exemplo, que a pendência de uma ação civil pública não impede que as partes venham a compor-se extrajudicialmente, formalizando um instrumento de transação, na forma de um Termo de Ajustamento de Conduta firmado perante o Ministério Público, documento que, uma vez homologado, constitui título executivo *judicial* (Lei 7.347/85, § 6º do art. 5º, c/c CPC, art. 515, III).

Sob outra mirada, observe-se que a celebração, pelas partes, de *convenção de arbitragem*, nos moldes do art. 3º da Lei 9.307/96, configura, no plano da Justiça estatal, um *pressuposto processual negativo*, levando à extinção do processo em curso, sem resolução do mérito (CPC, art. 485, VII). O CPC, após recepcionar, no *caput* do art. 3º, o contido no inciso XXXV do art. 5º da CF (garantia de acesso à Justiça), ressalva no § 1º: "É permitida a arbitragem, na forma da lei", assim reafirmando que litígios podem ser resolvidos por outros meios e modos além da chamada "solução adjudicada estatal". Nesse sentido, o aviso da Marco Antonio da Costa Sabino: "Com efeito, o processo judiciário não é a saída para todos os males: há de se verificar, diante de uma determinada situação (como em casos que envolvam direitos de titularidade transindividual em geral), se a decisão não deve ser entregue a outro ator, como medida de maior eficiência. Essa constatação prévia poderia, a um só tempo, evitar desperdício de recursos, discussões inócuas e reservar ao Judiciário mais tempo e oportunidade para se ocupar de questões que lhes tocam com mais aptidão". [4]

O vigente CPC recepciona e prestigia, claramente, o ideário dos chamados "meios alternativos de solução de conflitos" (ou, se se quiser: *meios adequados* a resolvê-los) e bem assim o ideário da ampliação do contraditório e da democratização dos julgamentos: (i) conclama todos os operadores do Direito (juízes, promotores de justiça, defensores públicos, advogados), inclusive os auxiliares da Justiça, tais o os mediadores e conciliadores (art. 149), a empenharem esforços no sentido de se obter uma solução negociada da controvérsia (§ 3º do art. 3º); (ii) inclui no conteúdo ocupacional do juiz a iniciativa de promover "a qualquer tempo, a autocomposição,

---

4. O processo judiciário como meio de tomada de decisões (sempre ?). *Revista de Processo* nº 75, jun./2.009, p. 76.

preferencialmente com auxílio de conciliadores e mediadores judiciais" (art. 139, V), assim almejando um processo de perfil *cooperatório* (art. 6º); (iii) permite, nas lides mais complexas, que na fase de saneamento o juiz convoque as partes para "integrar ou esclarecer suas alegações (§ 3º do art. 357), podendo, ainda nessa fase, instar as partes a que delimitem, consensualmente, as "questões de fato e de direito" (§ 2º do art. 357); (iv) autoriza a suspensão do processo em havendo perspectiva de acordo (art. 313, III), certo que, realizado este, a decisão que o homologa é considerada decisão de mérito (art. 487, III, *b*), perenizando-se, na sequência, com a agregação da coisa julgada material (art. 502); (v) considera título executivo judicial a decisão homologatória de autocomposição judicial ou extrajudicial, assim como aquela que homologa sentença arbitral (art. 515, II, III, VII); (vi) prevê uma liminar audiência de conciliação ou de mediação (art. 334 e §§); (vii) autoriza o juiz, ao início da audiência de instrução e julgamento, tentar (ainda uma vez) "conciliar as partes, independentemente do emprego anterior de outros métodos de solução consensual de conflitos, como a mediação e a arbitragem" (art. 359); (viii) determina que, no conflito coletivo sobre a posse de imóvel, o juiz, antes de deliberar sobre a liminar, designe audiência de mediação, para oitiva dos interessados (art. 565 e § 1º); (ix) autoriza a oitiva de *amici curiae*: no incidente de resolução de demandas repetitivas (art. 983 e §§); na aferição de repercussão geral em recurso extraordinário (§ 4º do art. 1.035); no trâmite para fixação de decisão-quadro em recursos extraordinários ou especiais repetitivos (art. 1.038, I).

Todo esse renovado contexto se afeiçoa ao ideário constante da *Resolução CNJ 125/2.010* (DJe 01.12.2.010, republicado *in* DJe 01.03.2.011), que estabelece as bases da *Política Judiciária Nacional*, em cujos *consideranda* se colhe que "o direito de acesso à Justiça, previsto no art. 5º, XXXV, da Constituição Federal, além da vertente formal perante o os órgãos judiciários, implica acesso à ordem jurídica justa"; (...) cabe ao Judiciário "organizar, em âmbito nacional, não somente os serviços prestados nos processos judiciais , como também os que possam sê-lo mediante outros mecanismos de solução de conflitos, em especial dos consensuais, como a mediação e a conciliação"; dita Resolução considera ainda que "a conciliação e a mediação são instrumentos efetivos de pacificação social, solução e prevenção de litígios, e que a sua apropriada disciplina em programas já implementados no país tem reduzido a excessiva judicialização dos conflitos de interesses, a quantidade de recursos e de execução de sentenças". Registre-se que Ada Pellegrini Grinover incluía dita Resolução do CNJ dentre os "marcos regulatórios que regem os métodos consensuais no Brasil", ao lado dos "dispositivos do CPC" e das "normas sucessivamente promulgadas como a Lei de Mediação (Lei nº 13.140/2015)". [5]

Vale considerar que (também) a experiência estrangeira registra análoga evolução em tema de judicialização dos conflitos, por modo que o Judiciário, nos países

---

5. Os métodos consensuais de solução de conflitos no novo CPC, in *O novo Código de Processo Civil – questões controvertidas* (apresentação de Flávio Luiz Yarshell), São Paulo: Gen-Atlas, 2.015, p. 1 e 2.

da família do *common law*, aparece realocado como o *last resort*, após serem tentados ou esgotados outros meios e modos (*alternative dispute resolutions*), levando a que Neil Andrews possa afirmar: "(...) ordinary civil litigation is now itself the alternative dispute resolution system". [6]

Sem embargo, as precedentes ponderações não autorizam inferir – *à outrance* – que a resolução consensual das controvérsias seja, necessariamente, e em todos os casos, tecnicamente superior àquela que poderia vir a ser alcançada mediante a decisão judicial de mérito (dita solução adjudicada estatal), cabendo, sempre, a prudente ponderação, à vista das peculiaridades do caso concreto, mormente tendo em vista a maior ou menor complexidade da causa. Assim, podem ser identificadas ocorrências refratárias à autocomposição ou heterocomposição extrajudicial, por exemplo os casos envolvendo crise estritamente jurídica, nos quais prepondera o interesse público ou, então, um interesse irremissivelmente indisponível, como por exemplo uma ação no controle direto de constitucionalidade, ou ainda um processo de extradição de estrangeiro, assim consentindo reconhecer certas ocorrências refratárias aos chamados meios alternativos, ou, se se quiser, casos de *reserva de jurisdição*. Nesse sentido, observava Ada Pellegrini Grinover: "(...) nem todos os conflitos encontram sua melhor solução pelos meios consensuais. Quando se trata de conflitos complexos, cujo tratamento dependa de perícia ou do exame aprofundado da matéria de direito, a Justiça conciliativa não pode suplantar o processo estatal. É oportuno lembrar a palavra profética de Mauro Cappelletti: a justiça conciliativa é a mais adequada para as *relações coexistenciais*". [7]

Por outro lado, não se pode roborar ou legitimar que a extinção da lide se dê por conta de um *qualquer acordo*, porventura não equânime ou mesmo desarrazoado (por exemplo, resultando em encargo excessivo para uma das partes ou sem levar em conta a situação de vulnerabilidade de algum dos transatores), até porque em tais casos o que resulta é uma *formal* ou *aparente* extinção do conflito, não restando alcançada a efetiva pacificação justa, consistente e duradoura, ideário que deve sempre nortear o manejo dos meios auto e heterocompositivos, fora e além dos quadrantes da estrutura judiciária estatal.

2. A RESISTÊNCIA AO EMPREGO DE MEIOS ALTERNATIVOS PARA SOLUÇÃO DE CONFLITOS ENVOLVENDO INTERESSES INDISPONÍVEIS, INCLUSIVE OS QUE CONCERNEM AO PODER PÚBLICO

Historicamente, o alvitre de composição consensual das controvérsias já vinha previsto na Constituição Imperial (1824), até mesmo em termos de pré-requisito para a judicialização, a teor do art. 161: "Sem se fazer constar, que se tem intentado o meio da reconciliação, não se começará Processo algum". Em que pese a defasagem

---

6. "Complex civil litigation in England". *Revista de Processo* nº 153, nov./2007, p. 7, 8.
7. Os métodos consensuais..., cit., in O *novo Código de Processo Civil*, 2.015, cit., p. 3.

temporal entre esse texto e a época de hoje, o seu sentido último segue de atualidade, porque o interesse de agir remanesce conectado à *necessidade* (a par da *utilidade*) da intervenção do Estado-juiz num dado caso concreto, donde a lide, na notória concepção *carneluttiana*, vir definida como o *conflito de interesses qualificado pela pretensão resistida*.

A rigor, se e enquanto uma dada pretensão não é apresentada à contraparte, para que esta se pronuncie sobre ela, ainda não se configura a lide propriamente dita (e, corolariamente, tampouco se deflagra o interesse de agir). Isso mesmo veio reconhecido pelo STF, em julgamento realizado em setembro/2.014, por maioria, do RE 631.240, com repercussão geral reconhecida, relator o Min. Luís Roberto Barroso: cuidava-se de certa ação previdenciária que em 1º grau fora extinta sem julgamento do mérito, à míngua de interesse de agir, por conta de o autor não ter antes dirigido seu pleito ao INSS; a sentença, então reformada pelo TRF da 1ª Região, levou o INSS a recorrer ao STF. [8]

Ainda em outras situações, o sistema consagra a necessidade de prévio esgotamento da instância administrativa ou parajurisdicional, previamente à judicialização, como por exemplo nos *conflitos desportivos* (CF, art. 217 e § 1º), ou, então, vem exigida alguma exigência prévia, como por exemplo nas locações por prazo indeterminado, nas quais, se ao locador não interessa o prosseguimento do ajuste, deve cientificar o locatário sobre tal intento, ficando assinado prazo de trinta dias para desocupação (Lei 8.245/91, § 2º do art.46); até mesmo o *mandado de segurança* terá negada sua admissibilidade quando o ato questionado ainda desafiar "recurso com efeito suspensivo, independentemente de caução", ou quando for interposto de "decisão judicial da qual caiba recurso com efeito suspensivo" (Lei 12.016/2.009, art. 5º, I e II).

Na Justiça do trabalho, havia a exigência de prévia passagem da reclamação do empregado pela Comissão de Conciliação Prévia (CLT, arts. 625-A a 625-H, acrescidos pela Lei 9.958/2000), sendo categórico nesse sentido o teor do art. 625-D. Tal exigência veio a ser questionada, sob suspeita de afrontar a garantia de acesso à Justiça (CF, art. 5º, XXXV); a crítica, todavia, não procedia, como veio demonstrado por Ada Pellegrini Grinover, observando que "o direito de ação não é absoluto, sujeitando-se a condições (as condições da ação), a serem estabelecidas pelo legislador" [9] (...); em senso consonante manifesta-se Sérgio Pinto Martins: "O procedimento criado pelo art. 625-D da CLT não é inconstitucional, pois as condições da ação devem ser estabelecidas em lei e não se está privando o empregado de ajuizar a ação, desde que tente a conciliação. (...) Se não houve tentativa de conciliação na Comissão, não existe pretensão resistida e não há interesse de agir da parte em postular perante o

---

8. Sítio http:stf.jusbrasil.combr/noticias/136106475/acao-judicial-sobre-concessao-de-beneficio-deve-ser-precedida-de-requerimento-ao-inss?utm_campaign=nesletter-daily_20140828_34&utm_medium=e-mail&utm_source=newsletter. Consultado em 01.10.2017

9. A conciliação extrajudicial na Justiça do Trabalho. In _____. *O Processo em Evolução*, Rio de Janeiro: Forense Universitária, 1.996, p. 94.

Judiciário".[10] Ainda em sede trabalhista tenha-se presente que a Lei 13.467/2.017, que alterou extensa e profundamente a CLT, prevê um *processo de jurisdição voluntária*, tendo por escopo o *acordo extrajudicial* entre as partes, a ser, depois, submetido à análise e homologação judicial (art. 855-B e §§; art. 855-D; art. 652, *f*, inseridos por aquela lei). Saliente-se ainda que, no tocante às matérias listadas no art. 611-A da CLT, inserido por aquela lei, a "convenção coletiva e o acordo coletivo de trabalho têm *prevalência sobre a lei* (...)".

Tais subsídios roboram a ideia de que o direito de acesso à Justiça não é absoluto, mas antes condicionado, conforme os quesitos indicados pelo legislador (CF, art. 22, I); ainda assim, durante largo tempo subsistiu a ideia de que, em nome da universalidade da jurisdição ou ainda da ubiquidade da justiça, não se poderia condicionar o acesso à Justiça a certas *démarches* prévias, numa sorte de *ligação direta* entre controvérsia e Estado-juiz. Tal pensamento radicava na equivocada (e exacerbada) exegese do art. 5º, XXXV, da CF, que, em verdade: (i) não se dirige diretamente ao jurisdicionado e sim precipuamente *ao legislador*, avisando-o de que se abstenha de editar normas que impliquem em obstaculizar a judicialização das lesões a afirmados direitos temidos ou afrontados; (ii) estabelece tão somente uma *oferta de jurisdição*, disponibilizada a quem demonstre dela ter necessidade, sem que daí se possa extrair qualquer franquia ou estímulo à demanda judicial; (iii) afina-se aquele dispositivo ao sentido mais profundo do *direito de ação*, que é bastante condicionado por sua própria natureza, exigindo-se para a admissibilidade da ação o atendimento a requisitos inafastáveis, tais o *interesse de agir*, a *legitimação*, o *fundamento jurídico do pedido* (CPC, arts. 17 e 319, III), a que se agregam ainda os pressupostos de existência e validade da relação processual (concernentes ao juiz, às partes e ao próprio processo) a qual serve de continente à ação judicial que lhe fornece o conteúdo. Por aí se distinguem, pois, o direito de ação e o de petição, sendo este último genérico e incondicionado (CF, art. 5º, XXXIV, *a*).

Esse contexto permite identificar uma *configuração gradual* do direito de ação, a partir de (*a*) um básico *direito à demanda*, ofertado a quem se afirme titular de pretensão contrariada, insatisfeita, ou em situação de risco, passando (*b*) pela demonstração da necessidade-utilidade da intervenção jurisdicional indicada na peça inicial, a par do encaixe, *in abstracto*, do histórico judicializado num dado *locus* do ordenamento positivo; enfim, (*c*) tal sequência se completa oportunamente, em sobrevindo o reconhecimento judicial do afirmado direito. Daí falar Cândido Rangel Dinamarco numa *escalada de situações jurídicas* "que vai da *mera faculdade de ingresso em juízo*, passa pela *ação* e pelo efetivo *direito ao provimento de mérito* e só finalmente chega a ela". Essa escalada vem detalhada pelo autor: o primeiro degrau é "o *direito de demandar*, ou direito à administração da justiça"; o passo seguinte é o *locus* do direito de ação que, sendo "adequadamente exercido, será apto a proporcionar ao seu titular o pronunciamento sobre a pretensão que deduzir (o *meritum causae*) – o que

---

10. *Direito Processual do Trabalho*, 29ª ed., São Paulo: Atlas, 2.009, p. 55.

não ocorre quando ausentes as condições da ação e, portanto, inexiste esta"; enfim, no derradeiro patamar situa-se o *direito à tutela jurisdicional* ao qual só tem acesso *"quem tiver razão perante o direito material*. Ser 'tutelado' por uma sentença que nega o bem pretendido seria um *non sense* semelhante ao *diritto di aver torto* da famosa expressão com que Giuseppe Chiovenda ironizou as teorias abstratas da ação". [11]

Em paralelo e em harmonia com o desenho constitucional-processual, verificou-se uma gradual formação, na experiência brasileira, de uma tendência à *desjudicialização dos conflitos*, a qual vem contribuindo para desmistificar ou quando menos relativizar o dogma do monopólio estatal na distribuição da justiça, tendência essa que vai se afirmando em modo crescente e, ao que tudo indica, irreversível, como se colhe de várias inserções no ordenamento positivo: prevenção ou resolução de controvérsia que, de outro modo, poderia dar azo à propositura ou à continuidade de ação civil pública, mediante a celebração de Termo ou Compromisso de Ajustamento de Conduta (Lei 7.347/85, § 6º do art. 5º; CPC, art. 515, III; art. 784, IV); prevenção ou resolução de conflito consumerista, mediante Convenção Coletiva de Consumo (Lei 8.078/90, art. 107); compromisso de cessação de conduta lesiva, em tema de fusão/incorporação de empresa ou de repressão à cartelização (Lei 12.529/2.011, arts. 9º, V e 85); ajuste de conduta em matéria de crimes ambientais (Lei 9.605/98, art. 42); termo de compromisso em matéria de saúde ou segurança no trabalho (CLT, arts. 627-A e 876 e § único, este último conforme redação da Lei 13.467/2.017); transação com vistas à extinção de crédito tributário (CTN, art. 156, III); processamento da usucapião diretamente no Registro de Imóveis (Lei 6.015/73, art. 216-A, incisos e parágrafos, inseridos pela Lei 13.105/2.015); extinção de obrigação pecuniária através de consignação em pagamento realizada em bancos oficiais (CPC, art. 539, § 1º); divórcios, separações, extinção de união estável formalizáveis em tabelião, em não havendo conflito, nascituros ou filhos incapazes (CPC, art. 733, *caput*).

Em verdade, a derradeira ou remanescente resistência à recepção dos meios ditos alternativos de solução de conflitos, e ainda à aceitação de certas instâncias extrajudiciais hábeis à prevenção ou resolução de controvérsias, hoje se confina aos casos em que se perscruta interesse indisponível ou interesse público, argumento possivelmente radicado na premissa (ou da suposição) de que a autocomposição de um conflito emergente ou consumado, pelos próprios interessados, pressupõe a possibilidade de concessões recíprocas (CCi, art. 840: "É lícito aos interessados prevenirem ou terminarem o litígio mediante concessões mútuas"; art. 841: "Só quanto a direitos patrimoniais de caráter privado se permite a transação"), contexto que, à primeira leitura parece não se afeiçoar às ocorrências envolvendo interesse que transcende a esfera dos transatores.

Bem vistas as coisas, porém, esse argumento prova demais ou parece extrair da premissa mais do que nela se contém, já que, a ser verdadeiro o raciocínio, então

---

11. "Tutela jurisdicional", *in Fundamentos do Processo Civil Moderno*, t. II, 3ª ed., São Paulo: Malheiros, 2.000, p. 820-823, *passim*.

A ARBITRAGEM, A MEDIAÇÃO E A CONCILIAÇÃO

ficaria excluída a possibilidade de solução consensual em certos temas de inegável relevância, tais, por exemplo: fixação mediante acordo da expressão pecuniária dos alimentos (Lei 5478/68, art. 9º e § 1º); prevenção ou resolução de ação expropriatória mediante acordo com o proprietário (Dec. Lei 3.365/1941, art. 10, *caput*); resolução de ação pendente no Juizado da Fazenda Pública, mediante conciliação ou transação (lei 12.153/2009, arts. 8º e 15). É de interesse, ainda, ressaltar a *supressão*, pela Medida Provisória nº 703/2.015, da vedação à celebração de acordo nas ações por ato de improbidade administrativa, como antes dispunha a primitiva redação do § 1º do art. art. 17 da Lei 8429/92.

3. A CONCILIAÇÃO, A MEDIAÇÃO E A ARBITRAGEM COMO MEIOS ADEQUADOS À PREVENÇÃO E SOLUÇÃO DE CONFLITOS ENVOLVENDO INTERESSES INDISPONÍVEIS E/OU O PODER PÚBLICO

Durante muitos anos a conciliação e a mediação não foram objeto de definição ou regulação legal, lacuna que a doutrina esforçou-se para tentar suprir, a começar pela questão do enquadramento jurídico desses meios, a saber, enquanto meios *autocompositivos* ou, então, *heterocompositivos*, já que, embora nos dois casos a almejada composição venha a ser buscada pelos próprios interessados, fato é que tal se dá pela intercessão de um *tertio*, ou seja, um *agente facilitador*, tal o conciliador ou o mediador. Parece válido, assim, reconhecer, como gênero, a *autocomposição bilateral*, que consente as espécies: (i) negociação entre os próprios interessados ("acerto") e, (ii) resolução alcançada pela intercessão de um *agente facilitador*, como se dá na conciliação e na mediação. Estas duas figuras vêm assim descritas por Fernanda Tartuce: "O mediador não induz propriamente as pessoas a um acordo, mas contribui para o restabelecimento da comunicação, de modo que elas gerem novas formas de relacionamento e equacionamento de controvérsias. Sua atuação ocorre no sentido de provocar a reflexão para que os próprios indivíduos encontrem saídas para o conflito. Já o conciliador, de forma mais pontual, busca a obtenção de acordos, inclusive sugerindo maneiras de alcançá-lo e extinguir o litígio porventura já instalado, formulando possíveis propostas de composição".[12]

Ou seja, enquanto o conciliador assume uma postura de maior proximidade com as partes e uma ingerência maior no próprio objeto litigioso, já o mediador labora sob um perfil mais técnico, ou, se se quiser, mais discreto, limitando-se a equacionar logicamente as bases do conflito e exibindo os prós e contras das alternativas que se oferecem. Vale ainda registrar que uma figura aproximada ao conciliador é o *juiz de paz*, (ainda) previsto na Constituição Federal (inc. II do art. 98) a quem é dado, a par da competência para celebrar casamentos, "exercer atribuições conciliatórias, sem caráter jurisdicional, além de outras previstas na legislação".

---

12. *Mediação nos conflitos civis*, 3ª ed., São Paulo: Gen-Editora Método, 2.016, p. 47.

686 RODOLFO DE CAMARGO MANCUSO

Desse modo, a expressão *meio heterocompostivo* assim fica reservada às situações nas quais um *tertio* – em substituição às partes – recebe o encargo de solucionar o litígio, aí se enquadrando, pois, o *juiz togado* (lembrando-se que os órgãos propriamente jurisdicionais são os listados no art. 92 e incisos da CF) e o *árbitro*, nominado como "juiz de fato e de direito" (Lei 9.307/96, art. 18). Enquanto a sentença judicial deve – presentes as condições da ação e os pressupostos processuais – propiciar "solução integral do mérito, incluída a atividade satisfativa" (CPC, art. 4º), já a sentença (*sic*) do árbitro, além de não se sujeitar "a recurso ou a homologação pelo Poder Judiciário" (Lei 9.307/96, art. 18), constitui título executivo *judicial* (CPC, art. 515, VII).

Ainda sobre o aspecto conceitual, Fernanda Tartuce indica os pontos comuns e as diferenças entre conciliação e mediação, a saber, naquela ordem: "1. A participação de um terceiro imparcial; 2. A promoção da comunicação em bases produtivas; 3. A não imposição de resultados; 4. A busca de saídas satisfatórias para os envolvidos; 5. O exercício da autonomia privada na elaboração de saídas para os impasses". No tocante às diferenças entre esses alvitres, a autora, embora registre haver entendimento sustentando "não haver diferença entre mediação e conciliação", esclarece que a maioria doutrinária distingue essas técnicas, então salientando: "(...) há diferenças principalmente no que tange à elaboração das propostas de solução (o mediador não deve sugeri-las) e também na profundidade da abordagem de certas situações (na mediação, as questões subjetivas costumam ter maior espaço porque as relações envolvem relações continuadas, enquanto na conciliação o foco tende a ser objetivo, porque as interações entre os envolvidos costumam ser episódicas".[13]

O vigente CPC enfatiza, em várias passagens, o emprego da conciliação e da mediação: ao incentivar os operadores da cena forense a se valerem desses meios (§ 3º do art. 3º); ao incluir no conteúdo ocupacional do juiz a iniciativa de "promover, a qualquer tempo, a autocomposição, preferencialmente com auxílio de conciliadores e mediadores judiciais" (inciso V do art. 139); ao prever audiência de mediação previamente à deliberação sobre pedido de liminar no litígio coletivo pela posse do imóvel (art. 565, *caput*); ao incluir o mediador e o conciliador dentre os auxiliares da justiça (art. 149). De outra parte, vale lembrar que o resultado almejado através das técnicas de conciliação e de mediação é, naturalmente, a composição do litígio, consubstanciada no correspondente termo ou instrumento de transação, cuidando-se, no caso, de um vero *equivalente jurisdicional*, já que o acordo, judicial ou extrajudicial, uma vez homologado, converte-se em título executivo *judicial* (CPC, art. 515, II e III). O mesmo se passa na Justiça do Trabalho, quando ocorra homologação de "acordo extrajudicial em matéria de competência da Justiça do Trabalho" (CLT, art. 652, *f*, cf. Lei 13.467/2.017).

O CPC optou por não *definir*, propriamente, o conciliador e o mediador, atento ao aviso romano – "omnia definitio, in iuris civilis, periculosa est" –, e por isso, ao

---

13. *Mediação nos conflitos civis*, 3ª ed., cit., p. 179.

nosso ver acertadamente, preferiu indicar os elementos que aproximam aqueles atores, a par daqueles que os distinguem. Assim é que, sob o primeiro critério: (*i*) inclui ambos aqueles agentes dentre os auxiliares da justiça (art. 149); (*ii*) o *modus operandi* de ambos é informado "pelos princípios da independência, da imparcialidade, da autonomia da vontade, da confidencialidade, da oralidade, da informalidade e da decisão informada", esclarecendo-se ainda que a "mediação e a conciliação serão regidas conforme a livre autonomia dos interessados, inclusive no que diz respeito à definição das regras procedimentais" (art. 166, *caput* e § 4º). No tocante às diferenças específicas entre esses atores, anota o CPC que o conciliador "atuará preferencialmente nos casos em que não houver vínculo anterior entre as partes, poderá sugerir soluções para o litígio, sendo vedada a utilização de qualquer tipo de constrangimento, ou intimidação para que as partes conciliem", ao passo que o mediador "atuará preferencialmente nos casos em que houver vínculo anterior entre as partes, auxiliará aos interessados a compreender as questões e os interesses em conflito, de modo que eles possam, pelo restabelecimento da comunicação, identificar, por si próprios, soluções consensuais que gerem benefícios mútuos" (§§ 2º e 3º do art. 165).

Posteriormente à edição do CPC, adveio a Lei 13.140/2.015, autorizando o emprego da mediação nos *conflitos envolvendo o Poder Público*, tendo também se posicionado sobre a natureza da mediação, dispondo no § único do art. 1º: "Considera-se mediação a atividade técnica exercida por terceiro imparcial sem poder decisório, que, escolhido ou aceito pelas partes, as auxilia e estimula a identificar ou desenvolver soluções consensuais para a controvérsia". Apesar de cuidar-se de texto legal de mesma hierarquia da Lei 13.105/2.015, que instituiu o CPC, sendo, ainda, mais recente, parece-nos que não cabe cogitar de qualquer revogação do conceito de mediação constante do CPC, valendo-nos dos critérios de vigência da lei no tempo, estabelecidos na Lei de Introdução às normas do Direito Brasileiro (antiga "Lei de Introdução ao Código Civil" – Dec. Lei 4.657/1.942), não por outro motivo chamada "lei sobre leis": (*i*) a revogação de lei anterior pela advento de outra subsequente se dá apenas nos casos estabelecidos no § 1º do art. 2º (quando expressamente indicado; quando há incompatibilidade entre os textos; quando a lei nova regula inteiramente a matéria da antecedente), hipóteses que não se aplicam ao caso sub examen) (*ii*) o CPC, como sabido, participa da natureza de lei geral, de sorte que suas disposições se aplicam em modo supletivo em face dos demais textos de índole procedimental (§ 2º do art. 1.046), de sorte a autorizar a aplicação do § 2º do art. 2º da referida Lei de Introdução: "A lei nova, que estabeleça disposições gerais ou especiais a par das já existentes, não revoga nem modifica a lei anterior".

Ao menos num primeiro momento, a conciliação, a mediação e a arbitragem interagem e não são autoexcludentes, do que é expressivo exemplo o ocorrente no âmbito dos Juizados Especiais, a teor do disposto no art. 24, *caput*, da Lei 9.099/95: "Não obtida a conciliação, as partes poderão optar, de comum acordo, pelo juízo arbitral, na forma prevista nesta Lei". Observe-se, ao propósito, que o caráter *ju-*

risdicional da arbitragem, já antes reconhecido doutrinariamente,[14] está, ademais, recepcionado nos textos de regência: o art. 18 da Lei 9.307/96 diz que o árbitro é "juiz de fato e de direito e a sentença (*sic*) que proferir não fica sujeita a recurso ou a homologação pelo Poder Judiciário"[15] aliás, análoga tipificação já vinha adotada na primitiva redação do art. 1.078 do CPC/73 e no art. 1.041 do Código Civil de 1.916).

Ao propósito, observe-se que o argumento pelo qual por vezes ainda se questiona o caráter jurisdicional da arbitragem, pelo fato de a *execução forçada* da sentença arbitral se fazer perante a Justiça estatal (CPC, art. 515, VII), parece provar demais, na medida em que também a fase *satisfativa* da sentença condenatória judicial não se instaura imediata e automaticamente, senão mediante *provocação* do beneficiário do título judicial (CPC, § 1º do art. 513; art. 778, *caput*). Demais disso não resta dúvida de que a sentença arbitral se alinha dentre os *equivalentes jurisdicionais*, como já antes reconhecido por Francesco Carnelutti,[16] seja porque através dela se decide definitivamente a controvérsia descrita na convenção de arbitragem, seja porque tal decisão constitui título executivo judicial (CPC, art. 515, VII). Ademais, a arbitragem é um meio resolutivo *heterocompositivo*, porque, ao contrário do que se passa com o mediador e o conciliador, que *não decidem*, mas apenas facilitam ou orientam o caminho para a resolução, já o árbitro profere *sentença*: Lei 9.307/96, art. 18.

Conforme exposto no item II supra, ao longo do tempo registrou-se uma resistência à aplicação da mediação, da conciliação e da arbitragem no campo dos *interesses indisponíveis* e bem assim nos casos impregnados de *interesse público*, por se entender que o objetivo buscado naqueles meios ditos alternativos, notadamente nos dois primeiros, é a composição entre as partes, e essa solução não se compatibilizaria com o conceito de transação já que esta, nos termos do Código Civil, pressupõe *concessões mútuas* (art. 840), e, corolariamente, só é consentida "quanto a direitos *patrimoniais de caráter privado*" (art. 841), contexto que em princípio parece afastar o emprego daquelas técnicas resolutivas nos casos pontuados por interesses e direitos transcendentes ao poder de disposição das partes.

Sem embargo, esse obstáculo conceitual foi sendo gradualmente relativizado – e, depois, superado – seja através de contributos doutrinários que se foram desenvolvendo, seja pelo advento de textos legais que foram consentindo a solução consensual de conflitos envolvendo interesses indisponíveis ou o próprio interesse público. Exemplo emblemático é o dos acordos nas ações civis públicas ambientais, através dos Termos de Ajustamento de Conduta, inclusive envolvendo compromisso de compensação ambiental, prática que não é obstaculizada pelo fato de ser o meio ambiente um sobrevalor, de perfil transgeracional: "bem de uso comum do povo,

---

14. Carlos Alberto Carmona, *Arbitragem e processo: comentário à Lei n. 9.307/96*, 3ª ed., São Paulo: Malheiros, 2.009, p. 268-270.

15. Diversamente, pois, do que, originalmente, se passava ao tempo do CPC/73, em que o laudo (*sic*) arbitral sujeitava-se à homologação judicial: art. 1.098, depois revogado pela Lei 9.307/96.

16. *Instituciones del Proceso Civil*, trad. da 5ª edição italiana por Santiago Sentis Melendo, Buenos Aires: Ed. Jurídicas Europa-América, 1.989, v. I, p. 109-114.

A ARBITRAGEM, A MEDIAÇÃO E A CONCILIAÇÃO

necessário à sadia qualidade de vida, impondo-se ao Poder Público e à coletividade o dever de defendê-lo e preservá-lo para as presentes e futuras gerações" (CF, art. 225, *caput*)", como também tal proceder não é impedido nos casos em que a conduta investigada tipifica crime, como pode dar-se no campo ambiental (Lei 9.605/98) ou ao interno da administração pública (CF, § 4º do art. 37; Lei 8.429/92).

Afinal, como afirmamos em outra sede, "o *ser indisponível* não implica, necessariamente, ser *inegociável*: alimentos são irrenunciáveis (art. 1.707 do Código Civil), e, no entanto, são usuais os acordos sobre a sua expressão pecuniária e outras especificidades em que as partes hajam por se se compor: os valores e interesses passíveis de tutela por ação civil pública (*v.g.*, meio ambiente, patrimônio cultural, ordem urbanística) são claramente indisponíveis, e no entanto é plenamente possível a transação nessas ações, quando por esse meio se possa alcançar – com menor custo, maior efetividade e ganho de tempo – a tutela devida ao interesse metaindividual colimado; o crédito fiscal, como componente do erário, é indisponível mas é consabido que se permitem ajustes e temperamentos a respeito, como moratória, parcelamento, compensação, transação, remissão e mesmo a isenção e a anistia (Código Tributário Nacional, arts. 151, I e VI; 156, II, III e IV; 175, I e II); o Tesouro público é indisponível mas nem por isso nas desapropriações – que são pagas com dinheiro público – são vedadas as composições entre as partes, e mesmo, na cidade de São Paulo, a Procuradoria encarregada dessa matéria conta com um setor dedicado às desapropriações *amigáveis*". [17]

Bem por isso, certas técnicas resolutivas, fora e além da solução adjudicada estatal (decisão judicial de mérito) vêm autorizadas pelo ordenamento: § 6º do art. 5º da Lei 7.347/85, constituindo o acordo, conforme o caso, título executivo extrajudicial ou mesmo judicial (CPC, arts. 784, IV; 515, II e III); Lei 8.429/92, tendo o § único do art. 17, que vedava a transação nas ações por ato de improbidade administrativa, sido revogado pela Med. Prov. 703/2.015); art. 162 da Lei 11.101/2.005, autorizando que a recuperação de empresa possa ser objeto de plano extrajudicial, depois levado à homologação judicial. Tudo, naturalmente, ao pressuposto de que a *essência ou o núcleo duro do interesse objetivado reste preservado*, como, por exemplo, quando através do TAC se concede ao infrator prazo razoável para o replantio de espécies nativas com vistas à recuperação do sítio degradado; ou ainda, nos casos de lesão ao erário, que tipificam improbidade administrativa (Lei 8.429/92), quando se aceita dação em pagamento de imóvel em valor equivalente, com vistas ao ressarcimento da fazenda lesada.

---

17. O plano piloto de conciliação em segundo grau de jurisdição, do E. Tribunal de Justiça de São Paulo, e sua possível aplicação aos feitos de interesses da Fazenda Pública. In _____. *Advocacia do Setor Público – estudos temáticos de Direito*, São Paulo: Saraiva, 2.013, p. 146, 147. (Estudo originalmente publicado na *Revista dos Tribunais* n. 820, jan./2.004, p. 11-49. Depois publicado, revisto e atualizado: in MARINONI, Luiz Guilherme (coord.), *Estudos de Direito Processual Civil – homenagem ao Professor Egas Dirceu Moniz de Aragão*, São Paulo: Revista dos Tribunais, 2.006, p. 850-885; in *Revista Autônoma de Processo*, da Faculdade Autônoma de Direito – FADISP, nº 1, out./dez. 2006, p. 133-197.

Assim, esclarece Susana Henriques da Costa: "(...) nada impede que, tanto na fase extrajudicial como em juízo, seja em autos de inquérito civil ou de ação civil pública, o causador do dano ao patrimônio público assuma o compromisso formal de ajustar sua conduta às exigências legais, desde que isso não importe renúncia a direitos nem dispensa de seu exercício da parte de qualquer colegitimado ativo à ação coletiva, pois estes colegitimados não são titulares do direito material, sobre o qual não podem transigir nem dispor. O que se pode admitir, por exemplo, é o parcelamento de obrigações, sem dispensa de juros legais e feita a correção monetária pelos índices oficiais". [18] Em senso consonante, pronuncia-se Fernando Grella Vieira: "A experiência demonstrou, todavia, que a disposição do responsável pelo dano de se adequar às exigências da lei ou de satisfazer integralmente o dano acaba por atender, finalisticamente, aquilo que seria de se buscar ou já se estaria postulando na via judicial, por meio da ação civil pública. Seria render homenagem à forma em detrimento do próprio interesse tutelado". [19]

Há alguns anos procedemos estudo acerca do então incipiente *Setor de Conciliação em Segundo Grau*, do TJSP, ocasião em que pareceu-nos viável a utilização desse alvitre para resolução consensual dos feitos de interesse da Prefeitura de São Paulo, valendo-nos, dentre outros subsídios, de nossa própria experiência enquanto Procurador da municipalidade paulistana. Às tantas do citado estudo afirmamos: "O que de tudo então se dessume é que hoje não mais resiste à serena análise técnica o vetusto argumento que por muito tempo afastou a Fazenda Pública da possibilidade de transacionar em Juízo nos feitos de seu interesse. Essa viabilidade é de ser hoje reconhecida, ao pressuposto, naturalmente, de que, como resultado da autocomposição: (i) a posição fática e/ou jurídica do ente político *não piore qualitativamente*, sem uma contrapartida vantajosa que reequilibre os termos da equação (por exemplo, não se justificaria transação judicial em que o Município concordasse com a proposta da construtora faltosa, concedendo-lhe um prazo maior para readequação da obra às posturas edilícias, e a empresa, além disso, também pretendesse o cancelamento da multa antes imposta); (ii) venha o Poder Público a comprometer verba orçamentaria especificamente afetada ao pagamento de precatórios que aguardam na *fila* da ordem cronológica; tal conduta acarretaria ao ordenador graves consequências, tanto podendo configurar *desvio de finalidade*, em tese passível de ação popular (art. 2º, *e*, da Lei n. 4.717/75: 'o agente pratica o ato visando a fim diverso daquele previsto, explícita ou implicitamente, na regra de competência'), como *ato de improbidade* ('liberar verba pública sem a estrita observância das normas pertinentes ou influir de qualquer forma par a sua aplicação irregular' – art. 10, XI, da Lei n. 8.429/929)".[20]

---

18. Comentários à Lei de Ação Civil Pública e Lei de Ação Popular, São Paulo; Quartier Latin, 2.006, p. 424.
19. A transação na esfera da tutela dos interesses difusos e coletivos: compromisso de ajustamento de conduta. In Milaré, Édis (coord.), *Ação civil pública – Lei 7.347/85, 15 anos*, 2ª ed., São Paulo: Revista dos Tribunais, 2.002, p. 267, 268.
20. O plano piloto, cit., in _____. *Advocacia do setor público...*, cit., 2.013, p. 169.

A ARBITRAGEM, A MEDIAÇÃO E A CONCILIAÇÃO **691**

Presentemente, pode-se dizer que se dissiparam as últimas dúvidas acerca da viabilidade da utilização dos meios auto e heterocompositivos extrajudiciais para resolução de lides envolvendo interesses indisponíveis, interesse fazendário (erário), interesses metaindividuais ou mesmo interesse público, como se colhe do a seguir exposto: (i) nos *Juizados Especiais da Fazenda Pública* os Procuradores fazendários presentes à audiência "poderão *conciliar, transigir* (...)" (Lei 12.153/2.016, art. 8º); outrossim, nessa instância atuam conciliadores e juízes leigos (art. 15 e §§ dessa Lei); (ii) a mediação, como antes assinalado, pode (também) servir para solucionar controvérsias no âmbito da Administração Pública, a teor da Lei 13.140/2.015, abrangendo, segundo o disposto no art. 3º dessa lei, os "direitos *indisponíveis que admitam transação*" , certo que nesse caso o termo ou compromisso correspondente "deve ser homologado em Juízo, exigida a oitiva do Ministério Púbico" (§ 2º daquele art. 3º); nos demais casos, "o acordo será reduzido a termo e constituirá título executivo extrajudicial (§ 3º do art. 32 dessa lei); outrossim, a citada lei 13.140/2.015 acenou para a possibilidade da "mediação nas relações de trabalho", conforme se dispuser "em lei própria" (§ único do art. 42), valendo registrar que a Lei 13.467/2.017 veio possibilitar a resolução da demanda trabalhista através de acordo extrajudicial (CLT, art. 855-B e §§), cabendo ao juiz do trabalho "decidir quanto à homologação de acordo extrajudicial em matéria de competência da Justiça do Trabalho" (CLT, alínea *f* do art. 614), dispositivos inseridos por aquela lei; (iii) a *arbitragem*, de uso corrente nas relações do setor privado, agora pode também ser utilizada no âmbito do setor público, pela administração direta e indireta "para dirimir conflitos relativos a direitos patrimoniais disponíveis", caso em que "será sempre de direito e respeitará o princípio da publicidade" (Lei 9.307/96, § 1º do art. 1º e § 3º do art. 2º, redações da Lei 13.129/2.015); bem por isso, o art. 25 e § único do primitivo texto da Lei 9.307/96, então prevendo que eventual questão prejudicial envolvendo direito indisponível deveria ser previamente submetida ao Judiciário, foram expressamente *revogados* pelo art. 4º da citada Lei 13.129/2.015. De salientar-se que a Lei 13.467/2.017 veio autorizar o uso da arbitragem nas *relações de trabalho*, para tal inserindo na CLT o art. 507-A: "Nos contratos individuais do trabalho cuja remuneração seja superior a duas vezes o limite máximo estabelecido para os benefícios do Regime Geral de Previdência Social, poderá ser pactuada clausula compromissória de arbitragem, desde que por iniciativa do empregado ou mediante a sua concordância expressa, nos termos previstos na Lei 9.307, de 23 de setembro de 1996".

A arbitragem é um meio *heterocompositivo* de solução de controvérsias, já que o árbitro, à semelhança do que se passa com o juiz togado, se interpõe às partes convenentes, e, ao final, oferta a sentença (*sic*), a teor do art. 18 da Lei 9.307/96, que, em não sendo cumprida, comporta execução forçada perante a Justiça estatal, para tal constituindo título executivo judicial (CPC, art. 515, VII); esse é o ponto básico que serve a distinguir, de um lado, a arbitragem, e de outro, a mediação e a conciliação, porque através destas últimas modalidades os agentes facilitadores dedicam-se a esclarecer os pontos conflitivos que configuram o caso concreto e, no limite, sugerir opções para o deslinde mais satisfatório possível a controvérsia, não podendo, porém, *decidi-la*. Ao propósito da arbitragem, escrevemos em outra sede que, sem embargo de "o art. 1º [da Lei 9.307/96] dizer que ela serve para 'dirimir litígios relativos a direitos patrimoniais disponíveis', é fato notório que, gradualmente, esse meio heterocompositivo foi sendo aplicado a relações jurídicas diversas: conflitos trabalhistas, contratos administrativos, parcerias público –privadas, controvérsias consumeristas". [21]

Em suma, o notório prestígio e a sensível expansão dos chamados *meios alternativos* de solução de conflitos (que melhor se diriam *meios adequados*) guardam sintonia com a tendencial *jurisdição compartilhada*, sob o ideário de que o ponto fulcral é que ocorra a resolução *justa, tempestiva* e *tecnicamente consistente* dos conflitos, ainda que fora e além da estrutura judiciária estatal, e, em alguns casos, até preferencialmente sem ela.

---

21. O plano piloto..., cit., in *Advocacia do setor público*..., 2.013, cit., p. 155.

DOS MALES DA INCIDENTALIZAÇÃO PROCEDIMENTAL

Sidnei Benetti

Livre-Docente e Doutor em Direito Processual Civil pela Faculdade de Direito da Universidade de São Paulo. Professor Titular Aposentado de Direito Processual Civil da Faculdade de Direito de São Bernardo do Campo. Ministro Aposentado do Superior Tribunal de Justiça.

Sumário: 1. Instrumentalidade concreta do processo – 2. A dignidade do procedimento – 3. Desfragmentação do procedimento – 4. Sugestões de desincidentalização – 5. "Pandectismo" no Processo Civil – 6. O sentido do presente escrito.

1. INSTRUMENTALIDADE CONCRETA DO PROCESSO

Litigantes invocam a jurisdição para que se defina quem tem razão e para que seja executado o julgamento em prol de quem a tenha declarada. O sistema processual foi construído pelo admirável e trabalhoso labor dos grandes pensadores do Direito Processual exatamente para que o processo seja instrumento da aplicação do direito material, e não para delongar-lhe a concretização.

Entre nós, Cândido Rangel Dinamarco sintetizou em obra fundamental, a função concretizadora do processo na instrumentalidade do processo[1], criando doutrina internacionalmente acolhida, tomada como base pela elaboração doutrinária subsequente, com destaque para a efetividade do processo na realização do direito material, na obra de José Roberto dos Santos Bedaque[2].

Clássicos do processo civil moderno firmaram solidamente que o processo constitui a única "fonte autônoma de bens"[3], pois somente ele é capaz de definitivizar o valioso bem consistente na certeza do direito via coisa julgada.

Essa certeza, contudo, perde muito de sua relevância ante a demora decorrente da submissão do litígio a vários incidentes processuais, muitos dos quais prescindíveis. Em verdade, diante do produto final do sistema processual brasileiro, firma-se cada vez mais a convicção geral de que o processo, em lugar de produzir o bem da certeza jurídica, seja fonte autônoma de males, pois, além do retardo na proclamação de quem

---

1. Cândido Rangel Dinamarco. *A Instrumentalidade do processo*, 14ª ed., São Paulo: Malheiros, 2009.
2. José Roberto dos Santos Bedaque. *Efetividade do processo e técnica processual*. 2ª ed., São Paulo: Malheiros, 2007.
3. A síntese é de Chiovenda, em "Instituições de Direito Processual Civil", Vol. I, p. 48, Trad. J. Guimarães Menegale, São Paulo: Saraiva, 1965.

tem direito, ainda espalha a cizânia na sociedade por intermédio do desarmônico desfile de julgamentos contraditórios.

Litigantes não ingressam em juízo para deliciar-se com o desfilar de questões processuais ou de doutrinas históricas ou atuais, conquanto expostas com brilho de imenso saber, ou para admirar dotes jurídicos e retóricos. São realistas, entram com processos para a restabelecimento concreto do direito violado. Só isso, simples assim.

O mais são exposições de densa lógica e fieira de construções jurídicas, sociológicas, psicológicas, políticas ou de outras áreas do conhecimento. No geral, aliás, um catálogo de anotações datadas pelo alardear de algum ideário do momento, colhidas pela rama não raro recuperadas do baú de passadas lições dos bancos estudantis, as quais fazem delicioso pasto aos comentários mordazes de respeitados pensadores das diversas áreas do conhecimento amadoristicamente invadidas.

Incursões nas mais das vezes superficiais e improvisadas em áreas do conhecimento alheio, ou, conceda-se, ingênuas e apinhadas de frases ou meras palavras de ordem marcantes em determinado momento socioeconômico-jurídico, as quais, entretanto, após fugaz fulgor se esvairão relegadas pela evolução científica, vêm muitas vezes a vulgarizar e a tecnicamente degradar o peso científico, sem a perenidade da substância atemporal do direito.

Passado o breve fulgor da exibição do momento, manifestações de bisonhos "caçadores de manchetes" ("*headlines hunters*"[4]) serão esquecidas ou destinadas à irrisão historiográfica, quiçá anatematizados os nomes de seus autores, até porque *scripta manent*, pois são sempre, obrigatoriamente, registradas e publicadas as manifestações processuais[5].

2. A DIGNIDADE DO PROCEDIMENTO

Não é possível, para a efetividade do processo ignorar o desenrolar, o rito, diga-se claramente, o procedimento. Para relembrar apenas alguns que já não se encontram entre nós[6], José Carlos Barbosa Moreira jamais abandonou o estudo do procedimento[7].

---

4. A expressão "headline hunters" provém de texto clássico sobre ética judicial (James Burrow Thomas, "Judicial Ethics in Australia", 2nd. Edition, Sidney: LBC Information services, 1997, p. 33).

5. Em escrito de há tempos, destinado a juízes ("Deontologia da linguagem do juiz", in. Sidnei Agostinho Beneti, "Da Conduta do juiz", São Paulo, Saraiva: 2003, p. 114"Deontologia da Magistratura", , assinalamos que quem redige deve examinar o texto imaginando vê-lo ou ouvido sem susto ou constrangimento, para si e para familiares e amigos, quando reproduzido em algum noticiário de jornal, rádio ou TV de âmbito nacional – e, nos tempos atuais, nas numerosas redes de comunicação social da atualidade – ambas com seus muitas vezes cáusticos e irônicos comentários ou simples esgares de apresentadores ou comentadores.

6. O grandes Mestres devem ser sempre presentes, como lembra Agripino Grieco no livro "Vivos e Mortos": "Os mortos, não raro mais vivos que os vivos"!

7. Seja nos "*bussulares Comentários ao Código de Processo* Civil, seja nos definitivos estudos dos *Temas de Direito Processual*, seja ainda, em *O Novo Processo Civil Brasileiro* uma das obras mais úteis que o meio processual já conheceu, sempre dedicou, ao lado das considerações doutrinárias, espaço à análise detalhada do próprio procedimento.

DOS MALES DA INCIDENTALIZAÇÃO PROCEDIMENTAL **695**

Como, exacerbando o foco, em outro plano de trabalho, marcou época outro grande processualista, Theotônio Negrão, nas selecionadas notas das sucessivas edições do *Código de Processo Civil e Legislação Processual em Vigor*.

Juristas benfazejos, estes, neles se encontra o que se procura, para ajuizar, desenvolver e findar processos, cuja chave se situa no bom e velho andamento do processo.

3. DESFRAGMENTAÇÃO DO PROCEDIMENTO

Sob o fascínio de fascinantes construções teóricas, de fazer embevecidos racionalistas puros como Leibniz ou Kant, vieram sendo construídas pela doutrina, legislação e jurisprudência, amarras processuais visando à garantia da atuação processual dos litigantes e do órgão julgador, as quais, contudo, pela sobejidão alimentada pela densidade doutrinária, terminaram por criar situações que travam a fluidez do processo, por implicarem numerosos pronunciamentos jurisdicionais incidentais, fragmentando o desenvolvimento da relação jurídica processual.

Terminam por espargir pelo caminho do processo pesados blocos a carregar, penhascos por transpor, gargalos angustos, bloqueadores da fluidez procedimental em todos os níveis, tanto em primeiro grau como nos tribunais, inclusive superiores.

O procedimento atual, que no geral é bom e bem estruturado pelo Código de Processo Vigente, não escapa, entretanto, ao vezo da incidentalidade processual sem fim, exigente de sucessivas decisões recorríveis; e os próprios recursos, em todas as modalidades constitucionais de jurisdição, padecem da mesma regra da incidentalidade irrestrita e, portanto, inextinguível a não ser pela temporalmente longínqua coisa julgada material, que um dia – ou melhor, seguramente após alguns anos – poderá, como hipótese lógico-processual, vir a formar-se (se o processo não se extinguir devido à falta de um pressuposto processual ou condição da ação, ou em consequência de alguma vicissitude acidental, como a perda de um prazo, a não realização de um preparo, a falta de juntada de documento e mínimas ocorrências semelhantes, que constituem como que nocivos vírus *nulificadores*, a ferir de morte os processos, mesmo se conduzidos pelas mãos dos mais atilados e experientes advogados e magistrados).

O procedimento, que devia ser direto, contínuo, sem desvios de rota, seguindo o princípio de que a linha reta é a mais curta os seus pontos de começo e fim, vê-se povoado de incidentes, que o transformam em corrida de obstáculos.

A fragmentação procedimental atraiçoa, corroendo por dentro, os grandes postulados incrustados no princípio da concentração final, de que decorre ser na sentença de primeiro grau, ou no acórdão no tribunal, o momento processual insubstituível em que tudo inevitavelmente se concentra, para, aí sim, ser analisado e julgado, restando provisório o que veio antes, salvo se consolidado pela preclusão.

Nos momentos processuais finais é que se visualizam e dimensionam todos os contornos da causa. Momentos apropriados ao julgamento das ocorrências incidentais, caso não fenecidas aos pés do princípio do julgamento final da causa madura teleologicamente mirado pelos litigantes, tantas vezes, especialmente o mais fraco, com forças exauridas pelo infinito litigar.

Curioso é que, na trilha procedimental atual, como nada escapa à incidentalização (muitas vezes decorrente da supervalorização teórica derruidora de um eficiente sistema processual, como se o processo tivesse compromisso com a eternidade), a fragmentação tomou conta até mesmo dos Juizados Especiais, traindo o princípio da informalidade, tornando-se eles gravosos, prenhes de longas petições e decisões de opacidade incompreensível para litigantes que buscaram a celeridade, a simplicidade e a informalidade, mas restam sem haver, na medida da vida terrena, o resultado concreto do restabelecimento do direito violado.

4. SUGESTÕES DE DESINCIDENTALIZAÇÃO

Contenta-se este escrito, em apontar alguns pontos de incidentalização processual no processo civil brasileiro atual, perfeitamente elimináveis ou, ao menos, minimizáveis – admitindo-se, embora, que alguns deles já se tenham tonificado quase que como "cláusulas pétreas" do sistema, chancelados pela doutrina e pela jurisprudência.

Para meditação e trabalho cirúrgico de depuração, que um dia virá a ser feito, expõem-se também sugestões para a *desincidentalização* de aludidos pontos, geradores de intermináveis recursos, que desviam o caminho do processo como que abandonando o tronco, que contém a lide trazida a juízo, em prol dos esgalhos processuais da árvore, paralisando o andamento do fulcro principal para o qual o processo foi destinado.

a) Embargos de Declaração

Constitui truísmo dizer que o abuso dos Embargos de Declaração atrasa o desfecho do processo. Sugere-se a eliminação do cabimento quanto a decisões interlocutórias, reservando-se eles somente com relação a sentença e a acórdão, voltando a ser como era, sem registro de prejuízos, antes do CPC/1973[8].

Ademais, seria de extrema utilidade, inclusive para a redução do número de embargos procrastinatórios, a retirada dos embargos de declaração improvidos do efeito interruptivo absoluto do prazo integral para o recurso subsequente cabível, voltando-se à redação, desestimuladora de embargos de declaração, da redação

---

8. CPC/1973, art. 535. "Cabem embargos de declaração quando: I – houver, na sentença ou no acórdão, obscuridade ou contradição; II – for omitido ponto sobre o qual devia pronunciar-se o juiz ou tribunal". O CPC/1939 era mais rigoroso, reservando os embargos de declaração apenas para o caso de acórdão (CPC/1939, art. 862), visto que em seguida se seguiria a apelação, inclusive para sanação de defeitos da sentença, com sua anulação, se fosse o caso, o que no geral não ocorria, de modo que a restrição seguia a regra estatística comum de preservar o id quod plerumque accidit, em vez de atender à excepcionalidade.

DOS MALES DA INCIDENTALIZAÇÃO PROCEDIMENTAL **697**

original do CPC/1939, art. 862, § 5º, ou, ao menos, à redação alterada desse mesmo dispositivo legal, atribuindo tal consequência apenas aos embargos de declaração não declarados protelatórios[9].

A atribuição de multa, na redação atual do CPC/2015, art. 1026, § 2º[10], provoca situação que, em vez de desincentivar a oposição de embargos de declaração quando julgados protelatórios, apenas insere risco ao patrocínio em prol de litigantes sinceros, ao passo que, para o litigante procrastinador, como o que já não tem mais o que perder, não importa ser condenado ao pagamento de multa, o que jamais fará, assim como não se coibirá de novamente embargar ante a interdição de interposição de novos recursos (os quais, relembre-se, se recalcitrantemente interpostos, também significarão procrastinação útil ao litigante rebelde, que nada tem mais a temer).

A multa, que evidentemente não será paga, como não cumpre o mais, no caso da raposia litigante evidentemente passa a ser de seu interesse. É que a aplicação de multa lhe será de grande vantagem prática, pois possibilitará a interposição de novo recurso sobre ela, invocando a necessidade de embargar de declaração para efeito de prequestionamento (Súmula STJ/98[11]).

b) Agravo de instrumento

Quanto a decisões interlocutórias, deve ser limitado o agravo de instrumento, não importa se com previsão genérica ou em *numerus clausus* a casos de efeitos fáticos concretos, abandonando-se o fascínio da agravabilidade sob alegação de defeito processual, cuja correção bem que pode restar como matéria preliminar para a sentença ou acórdão.

Se prescrito o cabimento do agravo de instrumento exclusivamente para casos de haver efeitos concretos, materiais, de alteração da realidade fática na vida dos litigantes, não haveria necessidade do deslinde jurisprudencial sobre a abrangência do elenco de hipóteses do art. 1015 do CPC/2015, fonte de intermináveis debates doutrinários e de geração de sucessivos recursos – os quais, alerte-se, ainda que improvidos, sempre constituirão um processo a mais, exatamente igual aos outros, formando volumes de escritos por processar e julgar, inflando desnecessariamente a máquina judiciária e impondo extraesforço às partes, advogados e julgadores, como, repita-se, se dá com qualquer volume de autos, pouco importando que o resultado final seja o não conhecimento ou o improvimento.

---

9. CPC/1939, art. 862, § 5º. "Os embargos de declaração, quando rejeitados, não interromperão os prazos para outros recursos." A redação foi alterada pelo Decreto-lei 8570, de 8.1.1946, passando a ser a seguinte: "Os embargos declaratórios suspendem os prazos para ouros recursos, salvo se manifestamente protelatórios e assim declarados na decisão que os rejeitar".

10. Redação que provém do art. 538, § único, do CPC/1973, com a redação da Lei 8.950, de 13.12.1994.

11. Súmula STJ/98. "Embargos de declaração manifestados com notório propósito de prequestionamento não têm caráter protelatório".

698 SIDNEI BENETTI

Reduzido o cabimento do agravo de instrumento a situações geradoras de efeitos concretos, materiais, fáticos, imediatos, na realidade das coisas, pessoas relações jurídicas subjacentes, tudo o mais poderia ficar para alegação preliminar e decisão na sentença ou no acórdão, afastada a preclusão, ou submetido a ao velho sistema do Agravo no Auto do Processo (sob as novas vestes do Agravo Retido).

c) Agravo retido

Na linha das considerações expostas sobre o agravo de instrumento, bem que podia ser o questionamento submetido ao utilíssimo instrumento do agravo retido[12], sem contraminuta, evidentemente, quanto a decisões interlocutórias sem efeitos concretos imediatos, apenas para evitar a preclusão, podendo a matéria ser reapreciada na sentença ou em acórdãos subsequentes – como se fazia nos tempos do agravo no auto do processo.

d) Audiência de conciliação ou mediação

Viria em bom tempo restringir a audiência de conciliação ou mediação[13] a casos em que ambas as partes com ela previamente concordem

Essa audiência, em muitos casos, sem dúvida, é utilíssima. Mas isso quando as partes sinceramente se inclinam pelo acordo. Em numerosos casos, contudo, seguramente em muito maior número, a designação de mediação ou tentativa de conciliação, geralmente para data distante devido ao inevitável sobrecarregamento de pautas, se mostra absolutamente inócua ante a impossibilidade patente de solução efetiva da controvérsia, implicando, a designação sistemática, enorme perda de tempo na marcha processual, além de provocar descrédito entre os litigantes e seus patronos, verdadeiro estorvo na vida, decorrente da irritante necessidade de comparecimento a ato adrede sabido inócuo, com atraso para o processo.

Impossível olvidar, sobre a validade da audiência preliminar, a observação certeira de Barbosa Moreira, informando primeiramente que a *früher erster Termin*, foi reformada no ZPO austríaco em 1983, e que, na Alemanha, segundo opinião autorizada de Musielak[14], "tendo em vista sobretudo, o aspecto referente à tentativa de conciliação, entendeu praticamente supérflua a realização da audiência preliminar quando ficasse claro *ab initio* que não entrava em linha de conta, para as partes, a hipótese de solução consensual do litígio", justificando-se, na Alemanha, "nas causas simples e rápidas, bem como naquelas em que é promissora a perspectiva de acordo", de modo que "o que importa, do ponto de vista prático, é verificar em que medida o ato funciona de modo positivo na realidade forense"[15].

---

12. Agravo no auto do processo, que era *numerus clausus* sob a vigência do CPC/1939 (art. 851), com a particularidade de ser documentado por termo padronizado, o que significava claro alerta para não passar despercebido em meio aos papéis do processo por ocasião do julgamento pelo tribunal.
13. CPC/2015, art. 334.
14. Citação de Musielak, Grundkurs ZPO, Munique, 2002, p. 44.
15. José Carlos Barbosa Moreira, Vicissitudes da Audiência Preliminar, em Temas de Direito Processual, Nona Série, São Paulo: Saraiva, 2007, p. 138.

DOS MALES DA INCIDENTALIZAÇÃO PROCEDIMENTAL

e) Cautelares

Com relação à tutela de urgência, marcada pela cautelaridade, devia ser limitado o cabimento de medidas cautelares a casos de efeitos concretos imediatos.

São eles a razão de ser das cautelares, forte na obra dos pioneiros entre nós, Liebman e Lopes da Costa. Efeitos processuais, para os quais largamente utilizadas as cautelares incidentais, delas o processo não necessita, porque, versando matérias de ordem pública, meramente processuais, não serão atingidas pela preclusão, de forma que desnecessário o juízo acautelar-se contra si próprio. Tudo pode ficar para exame ulterior na sentença ou em algum ato procedimental subsequente, sem a fluidez do processo se incidentalizar devido ao desvio de rota consistente no provimento cautelar e trilha seguinte de sucessão de recursos sobre o incidente.

f) Antecipação de tutela

A tutela de evidência constitui ponto especialmente delicado, inclusive diante da admirável construção doutrinária e jurisprudencial a respeito em nossos tempos,

Mas pense-se em suprimir a antecipação da tutela, decorrente de suposta evidência. É que essa tutela antecipada, de toda forma, inevitavelmente acarreta enorme desvio do rumo do procedimento para o incidente antecipatório, inclusive com desencadeamento de sequência recursal que pode ir até o STJ e STF, paralisando o processo, de direito ou de fato (no aguardo do desfecho da antecipação), quando este, o processo, livre do desvio de rota incidental antecipatório, certamente poderia caminhar mais célere e chegar à sentença, submetida aos efeitos normais do recurso de apelação, sem as novas complicações, inclusive de sincronização procedimental, decorrentes da bipartição da tutela em provimento definitivo ou antecipatório.

Relevante evitar o desvio do rumo direto para a sentença, desvio esse causado pelo incidente antecipatório e consequente recorribilidade – tantas vezes até o Supremo Tribunal Federal, enquanto o processo, de direito ou de fato, estanca no aguardo da solução do incidente.

g) Decisão de admissibilidade de recursos para tribunais superiores

Volte-se à sugestão de eliminação da decisão de admissibilidade ou inadmissibilidade dos recursos especial e extraordinário[16].

O processamento poderia agilizar-se muito, com grande proveito para a formação de precedentes, se se conformasse totalmente novo sistema de interposição direta dos recursos especial e extraordinário, quiçá com estabelecimento de prévia detecção de tese nova pelos tribunais de origem (*leave to appeal*), submetendo-se a

---

16. A sugestão mereceu honrosa aprovação de Araken de Assis, que, em nota prévia à 5ª edição do Manual dos Recursos, conservada nas edições ulteriores: "Incorporei observação, no tocante ao procedimento do recurso especial e do recurso extraordinário, que ouvi do emérito processualista e Ministro Sidnei Beneti: a interposição direta desses recursos nos tribunais superiores seria inovação de largo alcance, diminuindo a atividade processual em proveito das partes" (Manual dos Recursos, 9º ed, São Paulo: Revista dos Tribunais, 2017).

admissibilidade por decisão em Plenário Virtual, ou, neles, por turma de Ministros especializada na admissibilidade, à consideração da repercussão geral admitida ou não por todo o colegiado – e não mais por decisão monocrática, geradora de sucessão de recursos internos.

Era a redação original do CPC/2015, a qual, evidentemente, necessitaria de ajustes regimentais nos tribunais superiores, os quais, na premência da vigência do novo diploma processual, terminaram por não ser feitos, simplesmente tendo sido restabelecido o velho e contraproducente sistema da prolação de mais uma decisão incidental, a da admissibilidade ou inadmissibilidade, por órgão que não conheceu antes do processo (o presidente ou vice-presidente do tribunal), formando-se novos acervos de processos por julgar, com somatória desnecessária de tempos de processamento, inclusive com grave acréscimo de gastos para manter pessoal e materiais necessários.

h) Decisões monocráticas

Verdadeira praga do processo atual, decisões monocráticas devem ser restringidas nos tribunais exclusivamente a casos de verdadeira urgência de efeitos concretos – não apenas processuais – como as liminares, de recursos contra provimentos jurisdicionais de efeitos materiais imediatos – descabendo, portanto, no tocante a questões puramente processuais.

i) Decisões em plantões judiciários

Urge dispor, que plantões judiciários sejam competentes exclusivamente para providências de efeitos concretos imediatos e irreparáveis, e na competência tão somente do Presidente, Vice-Presidente do Tribunal, ou do Presidente ou Vice-Presidente da Seção competente (criando-se o cargo, quando não houver).

Além disso, decisões em plantões judiciários ou à ausência do magistrado competente (somente, repita-se, para o caso de se tratar de pretensões de efeitos concretos, imediatos e irreparáveis de decisões), e, no caso de já haver juiz de 1º grau ou Relator competente, que tais decisões apenas se limitem a manter o *statu quo*, ou a determinar o seu restabelecimento, reservando-se o reexame incontinenti ao magistrado competente, ao seu retorno.

j) Embargos de divergência

Necessário o encurtamento da trajetória de embargos de divergência nos tribunais. Dever-se-ia dispor que, no caso de embargos de divergência nos tribunais, quando invocados como paradigmas decisões de Seção e do Pleno ou Corte Especial, seja toda a matéria submetida apenas ao julgamento destes últimos, como órgãos colegiados máximos do tribunal, evitando-se o julgamento em parte pelos órgãos colegiados máximos e posterior submissão a julgamento da Seção, que pode, aliás, desencadear novos recursos para o Plenário ou Corte Especial, eternizando o trilhar de recursos internos.

DOS MALES DA INCIDENTALIZAÇÃO PROCEDIMENTAL 701

k) Sentença parcial

Questione-se a utilidade efetiva do tão julgamento parcial do mérito (CPC/2015, art. 356 e segs.).

Pode ser útil em alguns raros casos, a exemplo do que ocorre no especializadíssimo e peculiar procedimento arbitral.

No processo comum, contudo, além de abrir caminho ao desvio do processo para recursos incidentais (inclusive embargos de declaração), os quais paralisam o andamento do processo principal, cria evidente opacidade na visualização dos autos, não devendo ser rara a nulidade de julgamentos por simplesmente haver ela sido despercebida quando do sentenciamento balizado, como há séculos se faz, pela inicial e pela contrariedade, sem a surpresa do julgamento parcial intercorrente.

l) Contraditório incidental

O contraditório constitui sagrada garantia essencial ao processo. Mas a largueza da regra da ouvida prévia (CPC/2015, art. 9º) seria melhor se reservada a parcas situações em que não pudesse ser diferida a manifestação para momento ulterior quanto a decisões interlocutórias "de ofício", condicionando-se, naturalmente, a eficácia à concessão de ensejo à manifestação da parte, para que não seja o procedimento truncado, a cada passo do impulso processual, pela obrigatoriedade da ouvida prévia – como, com toda a certeza, a jurisprudência virá futuramente a estabelecer, ao influxo da teoria das nulidades processuais.

m) Saneamento compartilhado

A delimitação consensual de questões (CPC/2015, art. 357, § 2º) e o saneamento em cooperação (CPC/2015, art. 357, § 3º) parece não haverem sensibilizado a prática do processo civil.

Sem dúvida, ante a realidade massificada dos processos brasileiros, em que milhares de feitos frequentam cada jurisdição, dificilmente haverá aplicação prática. E, se houver em grande número, certamente contribuirá para a dificuldade de julgamento, com o acréscimo de evidente manifestação, que alteram a clareza de leitura dos autos e, certamente, provocarão equívocos e esquecimentos de um provimento importante em meio à marcha processual.

Para a utilidade real dos instrumentos, seria importante que a pessoa física do juiz não se alterasse tanto durante a duração do processo, o que infelizmente não ocorre nas Varas cíveis nacionais.

n) Comprovação de feriados

A determinação de comprovação de feriados estaduais e municipais no ato da interposição do recurso especialmente feriados locais (CPC/2015, art. 1003, § 6º) é razoável, mas há melhor solução prática, que evitaria numerosos casos de discussão incidental a respeito da ocorrência ou não de feriados nas datas de interesse para a contagem dos prazos (a qual passa a ser muito mais complexa ante a contagem em dias úteis, CPC/2015, art. 219, pois, se antes havia dois dias problematizáveis e, portanto, de eventual feriado para a contagem – o dia do começo e o dia do fim do prazo – passou a ser necessário comprovar a ocorrência de dias não úteis durante todo o transcurso do prazo).

A situação é mais complicada no âmbito da Justiça Estadual, visto que, para a Justiça Federal, a Lei 5.010, de 30.5.1966, estabelece quais os dias feriados, inclusive para os Tribunais Superiores (art. 62) e, além disso, os Tribunais Regionais Federais publicam reiteradamente Portarias relacionando os feriados locais.

Igual sistema poderia ser instituído para a Justiça Estadual, iniciando-se por lei federal idêntica à da Justiça Federal (com ao acréscimo da 4ª feira de Cinzas, sempre problemática) e deixando a alegação de inocorrência de dia feriado, com ônus de provar, para a parte contrária, pena de preclusão.

Muitos incidentes processuais seriam, por essa forma, eliminados.

o) Complementação de preparo

O sistema de complementação de preparo de recursos (CPC/2015, art.1007, § 2º) cria incidentes desnecessários. A intimação da parte recorrente para complementação trunca a marcha do recurso ao julgamento e enseja atividade de esperteza procrastinatória, consistente em realizar preparo insuficiente, para impor a delonga da intimação para complementação.

Preferível a previsão de que se passe de imediato ao conhecimento e julgamento do recurso, averbando-se o valor faltante do preparo para recolhimento ulterior pela parte vencida.

Em suma, diferindo-se a complementação do preparo não se paralisará o processo, nem se criará incidente de intimação e comprovação que pode se tornar demorado, atrasando o processo.

Aliás, já que se cuida do assunto preparo, uma pergunta se impõe ao senso comum de todos os profissionais do processo: não está na hora de cancelar a anacrônica necessidade de recolhimento de porte de retorno, absurda diante da crescente implantação do processo eletrônico?

5. "PANDECTISMO" NO PROCESSO CIVIL

As ponderações e sugestões ora expendidas são de natureza singela, lidando exclusivamente com o procedimento. Nelas é ausente a preocupação do enfoque doutrinário, por mais fascinante que seja, como realmente o é, mas assunto para outra espécie de escrito.

DOS MALES DA INCIDENTALIZAÇÃO PROCEDIMENTAL **703**

Conclama-se para a meditação e sugestão em termos do andamento prático do processo, que se dá mediante o cuidado com a ordem ou roteiro dos atos processuais, que é o procedimento.

Não se cuidou, aqui, de doutrina, de abstratas construções de filosofia processual. Ficou-se no dia a dia, que tanto interessa às partes e aos profissionais militantes nos processos. Sem desvios para altas questões teóricas, as quais muitas vezes se consomem a si mesmas em antropofagia intelectual recíproca permanente, cujos destroços se acumulam nas mais prestigiosas bibliotecas.

Transponham-se para o processo civil os alertas de Nélson Hungria, quando se apercebeu de que o Direito Penal abandonava o enfoque do ser humano envolvido com o fenômeno criminal, para isolar-se nas altas esferas do teorismo esterilizante.

Veja-se, *mutatis mutandis*, como se aplica ao processo o que Nélson Hungria publicou em "Os Pandectistas do Direito Penal":

"Dentro de esquemas aprioristicos, de classificações rígidas, de quadros fechados, de logomaquias difusas e confusas, de sutilizações cerebrinas, de fragmentações infinitesimais de conceitos, a ciência do direito penal cada vez mais se afasta da realidade humana e sociais para encantoar-se nos ângulos do 'jurismo puro'., nas águas furtadas do inumano normativismo de Kelsen (...). As questões de substância e os conceitos de valor prático cederam o lugar a problemas de *lana caprina* e de *asini umbra*. Ao invés de perquirição dos fins humanos e pragmáticos, que inspiram os textos da lei penal, passou-se a cuidar, prevalentemente, de questiúnculas de terminologia, de detalhes de harmonia arquitetônica do sistema, de atomização de conceitos ou de inferências generalizadora do abstrato para o abstrato, no mais desolante e árido teorismo"[17].

A visão prática do processo se impõe, via desincidentalização, ou desfragmentação do procedimento, para que se atinja a efetiva instrumentalidade concreta da realização do direito material.

Procedimento e organização judiciária, não se perca a oportunidade, contudo, de dizer, restaram relegados aos borralhos humilhantes, frequentados por figurantes menores do processo, deslustrados de brilho científico como a *Cenerentola* lembrada por Carnelutti para o processo penal[18].

Afinal, o procedimento, em que se situam os passos da marcha do processo, constitui fator essencial para que se chegue ao julgamento e à execução céleres e qualificados, finalidade última de toda a atividade do processo

---

17. Nélson Hungria. Os Pandectistas do Direito Penal. Conferência na Faculdade de Direito da Universidade de Minas Gerais, em maio de 1948. In: Comentários ao Código Penal, Vol. I, Tomo II, 4ª ed., Rio de Janeiro: Forense, 1958, p. 444.

18. Carnelutti usou a imagem da *Cenerentola* (entre nós, a "Gata Borralheira") para indicar a preocupação menor com o direito processual penal, quando surgiram, sobranceiras e orgulhosas, as grandes teorias do direito processual civil, de que se penitenciou, ele mesmo, como que "purgando a mora" somente a partir de 1950 comas "*Questioni sul processo penale*" (1950), seguidas de "*Le miserie del processo penale*" (1957).

6. O SENTIDO DO PRESENTE ESCRITO

Não se compreendam mal as ponderações deste escrito. Evidentemente, incidentes são inevitáveis na lógica processual. Alguns institutos incidentalizadores e, por isso, fragmentadores da caminhada processual, sempre haverá, pois são essenciais à organização da constituição e desenvolvimento da relação jurídica processual, para a distribuição de ônus especialmente probatórios no processo, para a determinação da competência e assim por diante.

Buscou este escrito, sem preocupação técnico-doutrinária, ressalve-se, apenas provocar o reestudo da necessidade ou não de alguns incidentes processuais bloqueadores da fluidez dos processos.

Para aceleração do procedimento, impõe-se eliminar, ou, ao menos, reduzir ao mínimo, incidentes de fragmentação e consequentes recursos, de modo que a partes, advogados e magistrados possam mirar o que interessa a todos, ou seja, a entrega da prestação jurisdicional final, razão de ser pela qual existem os processos e os próprios profissionais do Direito.

REVISITANDO OS EFEITOS DOS RECURSOS

Ricardo de Barros Leonel

Professor Associado junto ao Departamento de Direito Processual da Faculdade de
Direito da Universidade de São Paulo. Promotor de Justiça/SP.

Sumário: 1. Introdução – 2. Efeitos dos recursos – 3. Efeito obstativo – 4. Efeito suspensivo; 4.1. Efeito suspensivo e apelação; 4.2. Efeito suspensivo nos demais recursos – 5. Efeito devolutivo; 5.1. Efeito devolutivo da apelação; 5.2. Efeito devolutivo em outros recursos; 5.3. Efeito devolutivo nos recursos especial e extraordinário, nos agravos respectivos e nos embargos de divergência – 6. Efeito ativo – 7. Efeito interruptivo – 8. Efeito expansivo – 9. Efeito translativo – 10. Efeito substitutivo – 11. Efeito de sobrestamento – 12. À guisa de conclusão – 13. Referências bibliográficas.

1. INTRODUÇÃO

O estudo dos recursos apresenta inegável relevância teórica e prática.

Sob o ponto de vista teórico, não se deve perder de vista que a configuração, no direito positivo, da sistemática dos recursos é um dos aspectos que confere inteireza ao sistema. Afinal, um sistema processual desprovido de mecanismos de questionamento dos provimentos judiciais não asseguraria aos litigantes a possibilidade de exploração, em toda sua plenitude, da garantia constitucional de acesso à justiça.[1]

Lembremos que a CF, ao ditar que "a lei não excluirá da apreciação do Poder Judiciário lesão ou ameaça ao direito" (art. 5°, XXXV), complementa tal disposição com as garantias relacionadas ao contraditório e à ampla defesa, assinalando que "aos litigantes, em processo judicial ou administrativo, e aos acusados em geral são assegurados o contraditório e a ampla defesa, com os meios e recursos a ela inerentes" (art. 5°, LV).

Sob o ponto de vista prático é imperioso ter presente que a inexistência, ou mesmo a inadequação dos meios de impugnação poderia se traduzir, literalmente, em resultados que representariam a negativa de tutela jurisdicional, e, desta forma, de acesso justiça.

Afinal, se não se pode, por um lado, assegurar que os tribunais acertem mais que os juízes de primeira instância, também não se pode negar que a chance de acerto da

---

1. Lição clássica de José Carlos Barbosa Moreira (*Comentários ao CPC*, vol. V, 14ª ed., Rio de Janeiro: Forense, 2008, p. 229), acentua, referindo-se à necessidade de equilibrar, no processo, a contraposição entre segurança e justiça, no que se refere ao sistema recursal, que "entre essas duas solicitações, até certo ponto antagônicas, procuram os ordenamentos uma via média que não sacrifique, além do limite razoável, a segurança à justiça, ou esta àquela".

resposta judicial é maior quando há a possibilidade de revisão da primeira decisão proferida no caso.[2]

Nesse panorama, torna-se relevante compreender, num determinado sistema jurídico, como funcionam os mecanismos de impugnação das decisões judiciais.

E a compreensão deste funcionamento passa, antes de mais nada, pela análise das consequências da utilização dos aludidos meios.

Em outros termos, não basta conhecer quais são os recursos, bem como qual a finalidade de cada um deles e quais os possíveis resultados associados à sua utilização. É necessário conhecer como eles funcionam ou podem, em projeção pragmática, funcionar.

Tanto quanto se reconhece, por leis da Física, que a toda ação corresponde uma reação, a interposição de um recurso produzirá, igualmente, efeitos.[3]

A configuração, no plano do direito positivo, dos efeitos dos recursos, interfere de modo fundamental no modo como os processos tramitam com destino ao seu fim, que deve ser a prestação de tutela jurisdicional a quem tiver sua razão reconhecida.

Em outros termos, o perfil atribuído pelo legislador aos meios de impugnação (suas espécies, finalidades específicas, hipóteses de cabimento, procedimento, etc.) é fator que interfere de modo contundente no resultado do processo. Basta pensar na duração deste, na possibilidade de execução provisória das decisões sujeitas a impugnação, e assim sucessivamente.

Por razões como estas é relevante revisitar a temática dos efeitos dos recursos.

Eles se revelam como elementos indissociáveis em relação à fisiologia dos meios de impugnação, que não podem ser corretamente compreendidos, utilizados (pelos litigantes) ou mesmo gerenciados (pelos juízes, que presidem a tramitação dos feitos em todos os graus de jurisdição) sem sua correta compreensão.

Embora, ademais, não se trate de tema novo, o estudo dos efeitos dos recursos comporta revisitação, na medida em que a vigência do CPC-15 inaugura uma nova fase no Direito Processual Civil brasileiro, fomentando análise crítica da massa dogmática desenvolvida sob a vigência do Estatuto anterior.

---

2. Em conhecida lição Piero Calamandrei ("Appello civile", "in" *Opere giuridiche*, v. III. Napoli: Morano, 1979, p. 443), evidencia a ideia de que, se não há certeza de que a decisão, em grau de recurso, será mais acertada que a decisão recorrida, por um lado, por outro não se pode negar a "minor probabilità di errori che è insita nel giudizio di secondo grado, sia perchè le maggiori garanzie oferte dalla costituzione personale delle magistrature d'appello (collegialità, anzianità, selezione, ecc.) rendono il loro responso più autorevole di quello dei primi giudici, sia perché è più facile per il secondo giudice, che può giovarsi dell'insegnamento del primo grado e valutarne oggettivamente i risultati, guardarsi dal ricadere negli stessi errori." É clássica, ainda, a afirmativa de Rosenberg, Schwab e Gottwald (*Zivilprozessrecht*, 17ª Auflage. München: Verlag C. H. Beck, 2010, p. 770), para quem „alle Rechtsmittel haben ihre Grund in der Fehlbarkeit menchlicher Erkenntnis" (trad. Livre: „todos os meios de impugnação têm seu fundamento na falibilidade humana").

3. Acentuava José Frederico Marques "*Instituições de direito processual civil,* vol. III. Rio de Janeiro: Forense, 1960, p. 87), que a interposição de um recurso "é ato processual de que diversos efeitos jurídicos decorrem".

REVISITANDO OS EFEITOS DOS RECURSOS **707**

A revisitação crítica do tema contribui pode render elementos para o amadurecimento dos estudos no âmbito da Teoria Geral do Processo e dos Recursos, além, evidentemente, de permitir uma visão panorâmica de pontos essenciais do sistema recursal em si mesmo.

Pretende-se, nas linhas que se seguem, de modo objetivo, passar em revista os efeitos dos recursos previstos no CPC-15, formulando-se considerações, para fins de ajuste à atualidade, das concepções a seu respeito até então consolidadas na doutrina de modo geral, perquirindo, ademais, a respeito da existência de novas perspectivas até então relegadas a segundo plano.

2. EFEITOS DOS RECURSOS

O grande número e variedade de recursos previstos no sistema processual civil brasileiro torna mais complexo o exame da temática relativa aos seus efeitos. Nem todos os efeitos se apresentam em todos os recursos. Ademais, suas manifestações não exatamente idênticas nas diferentes espécies recursais.

O melhor caminho parece, portanto, seguir pelo seguinte trajeto: identificar, num primeiro momento, todos os efeitos. Em seguida, passar ao seu exame individualizado, conceituando-o, delimitando-o, e buscando verificar qual seu campo de aplicação, ou seja, em quais das espécies recursais se apresentam e como isso ocorre.

Havia originariamente uma tendência de tratar do tema circunscrevendo-o a dois efeitos, quais sejam, aqueles que, num primeiro e rápido olhar, chamam mais a atenção do profissional do direito: o efeito devolutivo e o suspensivo. Essa era a tônica na doutrina tradicional e clássica de outrora,[4] sendo ainda hoje pensamento corrente, ainda que com variações.[5]

Tal visão, entretanto, é incompleta.[6]

---

4. Sem esgotar o exame bibliográfico, oportuno apontar alguns exemplos. Rosenberg, Schwab e Gottwald (*Zivilprozessrecht*, cit., p. 767-768) cuidam exclusivamente do *Suspensiveffekt* (efeito suspensivo) e do *Devolutiveffekt* (efeito devolutivo). Nessa mesma linha: Hans-Joachim Musielak, *Grundkurs ZPO*. 11. Auflage. München: Verlag C.H. Beck, 2012, p. 324; Zöller, Richard. Zivilprozessordnung. 29. Auflage. Köln: Verlag Dr. Otto Schmidt KG, 2012, 1329, ao se referir ao *Devolutiveffekt* (ou *Anfallwirkung*) e ao *Suspensiveffekt* (ou *Hemmungswirkung*). Na doutrina italiana também é comum encontrar referência apenas ao efeito devolutivo e ao suspensivo. Assim, por exemplo: Girolamo Monteleone. *Diritto processuale civile*, vol. II. Padova: CEDAM, 1995, p. 294; Andrea Proto Pisani, *Lezioni di diritto processuale civile*. 3ª ed. Napoli: Jovene Editore, 1999, p. 506-507.
5. Exemplificando, confira-se: Eduardo Talamini e Felipe Scripes Wladeck, *Comentários ao Código de Processo Civil*, v. 4. (Coord. Cássio Scarpinella Bueno). São Paulo: Saraiva, 2017, p. 272-277); Flávio Cheim Jorge, *Breves comentários ao novo Código de Processo Civil*. (Coord. Teresa Arruda Alvim Wambier e outros). São Paulo: RT, 2015, p. 2.219; Rogério Licastro Torres de Mello, *Breves comentários ao novo Código de Processo Civil*. (Coord. Teresa Arruda Alvim Wambier e outros). São Paulo: RT, 2015, p. 22.244-2.246. Alexandre Freitas Câmara (*Lições de Direito Processual Civil*, vol. 2, 22ª ed. São Paulo: Atlas, 2013, p. 82-87), assinala que efeitos do recurso são o impedimento ao trânsito em julgado da decisão recorrida, o efeito suspensivo e o devolutivo. Qualifica o efeito substitutivo como efeito do julgamento do recurso.
6. Em excelente trabalho, Ricardo de Carvalho Aprigliano (*A apelação e seus efeitos*. São Paulo: Atlas, 2003, p. 271 e ss.), examina os efeitos devolutivo, suspensivo, expansivo e substitutivo. Menciona ainda o efeito

RICARDO DE BARROS LEONEL

Efeito, em bom vernáculo, é "aquilo que é produzido por uma causa; consequência, resultado".[7]

Ou seja, todo desdobramento fenomênico que decorra, direta ou indiretamente, de um determinado evento, é efeito ou consequência deste. Ainda que a causa assinalada não seja a única razão da produção de determinado efeito (hipótese da existência de "concausas"), ou que a relação entre causa e efeito não seja imediata (direta), senão mediata (indireta), identifica-se o efeito como alteração por ela provocada.

Considerando o CPC-15 é viável identificar, ao menos em potência, os seguintes efeitos decorrentes direta ou indiretamente da interposição de recursos: obstativo, devolutivo, suspensivo, ativo, interruptivo, expansivo, translativo, substitutivo, de sobrestamento.[8]

Os efeitos acima mencionados não se apresentam em todos os recursos, nem se apresentam sempre do mesmo modo. É necessário e útil, portanto, num primeiro momento compreender o conteúdo de cada um deles para, em seguida, verificar se e como se apresentam, consideradas as particularidades de cada espécie recursal.

Por outro lado, lembremos que a pluralidade dos mecanismos de impugnação no sistema processual civil brasileiro torna complexa e sujeita a riscos a tarefa. Basta lembrar que nossa legislação tipifica a apelação, o agravo de instrumento, o agravo interno, os embargos de declaração, o recurso ordinário, o recurso extraordinário, o recurso especial, os agravos em recurso especial ou extraordinário e os embargos de divergência (art. 994), cada qual com perfil funcional e procedimental próprio.

Dada a impossibilidade de se exaurir todas as possíveis vicissitudes em relação ao tema, é pertinente, quando menos, revisitá-lo, procurando retomar o sentido essencial contemplado em cada um dos efeitos, e suas manifestações mais relevantes ou dignas de nota em relação às espécies recursais.

3. EFEITO OBSTATIVO

Sob o ponto de vista dos litigantes e das situações jurídicas processuais nas quais se vêm envolvidos, o recurso se apresenta como um direito (posição jurídica

---

regressivo (negando sua autonomia, para enquadrá-lo no campo do efeito devolutivo) e o diferido (negando sua autonomia e associando-o ao momento em que se opera a devolução).

7. Verbete "efeito", Dicionário Houaiss da Língua Portuguesa. Rio de Janeiro: Editora Objetiva, 2001.

8. Embora a visão mais abrangente seja a tendência contemporânea, nem sempre o tratamento dado ao tema é uniforme. Humberto Theodoro Júnior (*Curso de Direito Processual Civil*, v. III, 50ª ed. Rio de Janeiro: Forense, 2017, p. 1.015-1.020), cuida dos seguintes efeitos: devolutivo, suspensivo, substitutivo, translativo, expansivo, silenciando quanto aos demais. Luiz Guilherme Aidar Bondioli (*Comentários ao Código de Processo Civil (arts. 994 a 1.044)*, vol. XX. São PAULO: Saraiva, 2016, p. 23-25) aborda expressamente os efeitos de prevenção da preclusão, devolutivo, suspensivo e substitutivo. Nelson Nery Júnior (*Teoria geral dos recursos*, 7ª ed. São Paulo: RT, 2014, p. 400 e ss., examinando o tema ainda sob a vigência do CPC/73, assinalava os efeitos devolutivo, suspensivo, expansivo, translativo e substitutivo.

REVISITANDO OS EFEITOS DOS RECURSOS | **709**

subjetiva que assegura ao litigante a possibilidade de impugnar a decisão judicial que lhe causa gravame). Mas não é só.

O recurso é também uma projeção do próprio direito de ação (direito público subjetivo, de assento constitucional, de colocar a Jurisdição em movimento com a finalidade de obter tutela jurisdicional), pois este assegura não apenas a possibilidade de "ativar" o funcionamento do Poder Jurisdicional do Estado, mas também, por exemplo, a produção de provas e a instrução do processo, para que sejam proferidas decisões e prestada a tutela jurisdicional.

Em última análise, portanto, ao mesmo tempo em que é um direito (direito de recorrer) e projeção ou manifestação, no âmbito do procedimento, de outro direito mais amplo (o próprio direito de ação), o recurso também configura um ônus.

Sendo o ônus um imperativo de conduta associado ao interesse da própria parte, o seu não exercício ou seu exercício inadequado (como ocorre, por exemplo, quando é intempestivo) acarretam a preclusão.

Desta forma, a não interposição, a interposição intempestiva, ou mesmo a interposição do recurso inadequado provocam a estabilização da decisão que se pretende impugnar. A estabilização da decisão se operará por força da preclusão, ou mesmo, conforme o caso, em função da formação da coisa julgada.

Em contrapartida, a interposição do recurso, de forma apropriada e tempestiva, impede a preclusão ou formação de coisa julgada.

Cuida-se, neste ponto, do denominado *efeito obstativo*, que todo recurso corretamente interposto produz, consistente em impedir a estabilização da decisão recorrida.

Em outros termos, uma vez apresentado o recurso adequado, no tempo certo e pela forma correta, isso significará opor um obstáculo à definitividade da decisão proferida. Ela se sujeitará, precisamente em razão da utilização, pela parte agravada, daquele mecanismo de impugnação, a alguma espécie de modificação.

O efeito obstativo está presente em todas as espécies recursais, visto que elas, de algum modo, impedem que a decisão hostilizada se torne perene.[9]

4. EFEITO SUSPENSIVO

Suspender significa impedir que algo que já vem acontecendo continue a ocorrer. Em outros termos, consiste em sustar a eficácia de determinada decisão, privando-a temporariamente da aptidão para operar os desdobramentos que dela, naturalmente, decorreriam.

---

9. Nesse sentido a observação de José Carlos Barbosa Moreira (*Comentários ao Código de Processo Civil*, vol. V, 14ª ed. Rio de Janeiro: Forense, 2008, p. 257), ainda na vigência do CPC-73, de que "todos os recursos produzem, no direito pátrio, um efeito constante e comum, que é o de obstar, uma vez interpostos, ao trânsito em julgado da decisão impugnada".

Assim, só se poderia falar, em sentido próprio, de efeito suspensivo, nos casos em que a decisão viesse produzindo efeitos provisoriamente, que, entretanto, seriam sobrestados em função da interposição do recurso.

Por outro lado, se a suspensão dos efeitos não decorresse da interposição do recurso, mas sim de uma decisão que lhe atribuísse tal consequência, em análise rigorosa seria possível concluir que o efeito suspensivo não estaria associado ao recurso, mas sim à decisão atributiva de tal eficácia.

É a partir de tal raciocínio que se costuma afirmar que o estado de suspensão da eficácia da decisão, bem analisada a questão, não decorre da interposição do recurso, mas sim da recorribilidade. Em outros termos, a *possibilidade* de interposição do recurso é que faz com que a decisão, ainda ineficaz, permaneça em tal estado. A *interposição* do recurso, por sua vez, *prolonga* este estado de ineficácia já existente.[10]

De todo modo, considerando como efeito toda consequência direta ou indireta do recurso (v. item 2 acima), pode-se falar em efeito suspensivo, em sentido lato, em todos os casos em que a interposição do recurso prolonga o estado de ineficácia de determinada decisão, ou quando a própria interposição produz tal suspensão de eficácia, ou ainda, por último e não menos importante, quando o órgão judicial competente atribui tal efeito ao recurso no caso concreto.

Como regra geral os recursos não possuem efeito suspensivo, prevendo o art. 995 do CPC-15 que "os recursos não impedem a eficácia da decisão, salvo disposição legal ou judicial em sentido diverso". No direito anterior vigorava a regra oposta: o CPC-73 fixava, como regra geral, o efeito suspensivo, que apenas se excluía diante de expressa disposição legal.[11]

É necessário, portanto, analisar a configuração procedimental de cada espécie recursal, para se verificar se há, no caso concreto, exceção à regra geral de que os recursos não possuem efeito suspensivo.

Ademais, ao lado da regra geral do sistema recursal de ausência de efeito suspensivo, estabelece ainda a lei, com o perdão da aparente impropriedade terminológica, uma "exceção geral". É que, pelo parágrafo único do art. 995 do CPC-15 "a eficácia da decisão recorrida poderá ser suspensa por decisão do relator, se da imediata produção de seus efeitos houver risco de dano grave, de difícil ou impossível reparação, e ficar demonstrada a probabilidade de provimento do recurso".

Em suma: em regra os recursos são desprovidos de efeito suspensivo *ope legis*. Pode o relator do recurso no tribunal, entretanto, sobrestar a eficácia provisória da decisão impugnada, se presentes o *periculum in mora* ("risco de dano grave, de difícil

---

10. José Carlos Barbora Moreira (*Comentários ao Código de Processo Civil*, vol. V, cit., p. 258), assinala que "mesmo antes de interposto o recurso, a decisão, pelo simples fato de estar-lhe sujeita, é ato ainda ineficaz, e a interposição apenas prolonga semelhante ineficácia, que cessaria se não se interpusesse o recurso."

11. José Carlos Barbora Moreira (*Comentários ao Código de Processo Civil*, vol. V, cit., p. 257; Alexandre Freitas Câmara, *Lições de Direito Processual Civil*, vol. 2., cit., p. 85.

ou impossível reparação") e o *fumus boni iuris* ("probabilidade de provimento do recurso").

Em outros termos, fica assentada, de forma geral, a viabilidade de concessão do efeito suspensivo *ope iudicis*.

A suspensão da eficácia provisória da decisão recorrida, nos termos do par. único do art. 995 do CPC-15, nada mais é que a atribuição de efeito suspensivo a um recurso inicialmente dele desprovido.

Oportuno lembrar, ainda, que a ausência de eficácia imediata da decisão (decorrente dela mesma, ou de eventual atribuição de efeito suspensivo a recurso dele inicialmente despido) não impede que a decisão ainda não definitiva produza alguns efeitos ou alguma eficácia.

Exemplo disso é a possibilidade de constituição de hipoteca judiciária, em consonância com o art. 495 do CPC-15. Mesmo que impugnada por recurso dotado de efeito suspensivo (art. 495, § 1º, III do CPC-15), a "decisão que condenar o réu ao pagamento de prestação consistente em dinheiro e a que determinar a conversão de prestação de fazer, de não fazer ou de dar coisa em prestação pecuniária valerão como título constitutivo de hipoteca judiciária" (art. 495, caput).

Cuida-se de eficácia provisória, ainda que parcial da decisão, que não se afasta pela possibilidade de interposição (ou efetiva interposição) de recurso dotado de efeito suspensivo.

Vejamos, por outro lado, como se comporta a questão do efeito suspensivo em relação aos recursos considerados em espécie.

4.1. Efeito suspensivo e apelação

Fugindo da regra geral, que nega o efeito suspensivo, a apelação, em princípio, possui tal efeito (compreendido, de forma lata, como a manutenção da ineficácia de uma decisão despida de efeito provisório; ou ainda, prolongamento do estado de ineficácia).

É expresso, ao propósito, o art. 1.012, caput do CPC-15, estabelecendo que "a apelação terá efeito suspensivo".[12]

Sabido que a apelação é recurso cabível contra a sentença, e que esta, por sua vez, "ressalvadas as disposições expressas dos procedimentos especiais", é legalmente qualificada como "pronunciamento por meio do qual o juiz, com fundamento nos arts. 485 e 487, põe fim à fase cognitiva do procedimento comum, bem como extingue a execução, tem-se como consequência que as sentenças, em regra, *não* produzem efeitos provisórios, não comportando cumprimento (execução) imediata.

---

12. Observava Ricardo de Carvalho Aprigliano (*A apelação e seus efeitos*, cit., p. 226), ainda sob a vigência do CPC-73, que a regra vigente era "o duplo efeito da apelação, determinando que em certas situações, previstas no artigo 520 do CPC e em outras normas, a apelação produza apenas o efeito devolutivo".

712 RICARDO DE BARROS LEONEL

Tomando como exemplo o processo de conhecimento, a sentença define o litígio, mas o comando nela contido permanece latente ao longo do prazo para interposição da apelação. Caso não seja interposta, ocorre o trânsito em julgado, liberando-se a produção dos efeitos da decisão. Havendo apelação, aquele estado de ineficácia será mantido (prolongado), processando-se o apelo.

A própria lei processual estabelece ressalvas, entretanto, assinalando casos em que a apelação não prolongará a ineficácia da sentença, ou seja, não terá efeito suspensivo, abrindo-se margem para o cumprimento (execução) provisória. São os casos apontados no § 1º do art. 1.012 do CPC-15. Produz efeitos provisórios, imediatamente após sua publicação, a sentença que: homologa divisão ou demarcação de terras; condena a pagar alimentos; extingue sem resolução do mérito ou julga improcedentes embargos do executado; julga procedente o pedido de instituição de arbitragem; confirma ou revoga tutela provisória (tutela de evidência, tutela cautelar ou tutela antecipada); ou decreta interdição.

Note-se, contudo, que nestes casos em que a apelação, em princípio, não tem efeito suspensivo, vale a ressalva antes mencionada: a suspensão de eficácia da decisão pode ser requerida e obtida no tribunal, desde que demonstrado o *fumus boni iuris* (probabilidade de provimento do recurso) e o *periculum in mora* (risco de dano grave, de difícil ou improvável reparação), em consonância com o art. 995, par. único c.c. o art. 1.012, §§ 3º e 4º do CPC-15.

4.2. Efeito suspensivo nos demais recursos

O agravo de instrumento, por sua vez, não possui efeito suspensivo, visto que sua interposição não exclui a eficácia das decisões interlocutórias passíveis de impugnação por esta espécie recursal, em consonância com o art. 1.015 do CPC-15.

A lei prevê, contudo, a possibilidade de que o relator venha a atribuir efeito suspensivo ao agravo de instrumento, em consonância com a regra codificada (art. 995, par. único, c. c. o art. 1.019, I do CPC-15).

Análoga situação ocorre no denominado agravo interno, recurso cabível contra decisões monocráticas (singulares) dos relatores nos tribunais (art. 1.021 e §§ do CPC-15), a serem apreciados e julgados pelo órgão competente para o julgamento do recurso originário.

Embora a lei nada diga de modo específico, seu silêncio (ausência de atribuição de efeito suspensivo ao agravo interno) deve ser compreendido como submissão à regra geral, de que ele não obsta a eficácia provisória da decisão agravada internamente.

Isso implica, por outro lado, a possibilidade de requerimento e obtenção, junto ao relator do agravo interno e do próprio recurso principal, do efeito de suspender a eficácia da decisão agravada internamente (ou seja, atribuição de efeito suspensivo ao agravo interno), desde que preenchidos os requisitos especificados no art. 995, parágrafo único do CPC-15.

REVISITANDO OS EFEITOS DOS RECURSOS **713**

Idêntico quadro se verifica com os demais recursos, todos desprovidos inicialmente de efeito suspensivo, assegurada, entretanto a eventual atribuição de tal efeito: o recurso especial, o extraordinário, bem como os agravos em recurso especial ou extraordinário (art. 1.029, § 5º, 1.042 do CPC-15), e ainda os embargos de divergência (art. 1.043 do CPC-15).

Quanto ao recurso ordinário (art. 1.027 do CPC-15), é necessário distinguir, lembrando que não há apenas um, mas vários recursos que como "ordinário" são qualificados. Três perfis distintos de recurso ordinário são identificados no sistema processual.[13]

Dois destes perfis estão relacionados aos casos em que o processo tramita em primeiro grau na Justiça Federal, com recurso para o Superior Tribunal de Justiça. A referência é feita aos casos em que sejam partes, de um lado, Estado estrangeiro ou organismo internacional e, de outro, Município ou pessoa residente ou domiciliada no País. O processo tramita na Justiça Federal em primeiro grau, mas os recursos vão para o STJ (art. 109, II, c.c. art. 105, II, "c" da CF).

Nestes casos, o recurso ordinário cabível, nos termos do art. 1.027, II, "b" do CPC-15, fará as vezes, conforme a hipótese, de agravo de instrumento (se interposto contra decisão interlocutória) ou de apelação (se interposto contra a sentença). Será aplicada a mesma disciplina do efeito suspensivo pertinente ao agravo de instrumento e à apelação.

O terceiro perfil do recurso ordinário, por outro lado, diz respeito ao questionamento de decisões proferidas, nos casos de competência originária dos tribunais, em sede de mandado de segurança, mandado de injunção ou *habeas data* (bem como *habeas corpus*, em processo penal).

Cabível, assim, o recurso ordinário endereçado ao STF se a decisão for proferida em mandado de segurança, de injunção ou em *habeas data* em única instância por tribunal superior (art. 102, II, "a" da CF, c.c. art. 1.027, I do CPC-15), desde que denegatória a decisão.

Cabível ainda o recurso ordinário endereçado ao STJ, se a decisão for proferida em mandado de segurança decidido em única instância por tribunal regional federal ou tribunal estadual, desde que denegatória a decisão (art. 105, II, "b" da CF, c.c. o art. 1.027, II, "a" do CPC-15).

Nestes casos, em que o recurso ordinário é o meio de levar ao conhecimento do STF e do STJ o inconformismo em relação à decisão que, julgando originariamente mandado de segurança, mandado de injunção ou *habeas data*, denegou as ordens buscadas pelos respectivos impetrantes, será aplicada a regra geral: o recurso não

---

13. Já acentuava José Carlos Barbosa Moreira (*Comentários ao Código de Processo Civil*, vol. V, cit., p. 574-575) que "emprega a Carta da República a denominação genérica 'recurso ordinário', sem preocupação de ordem científica, com relação a uma série de remédios heterogêneos, da competência ora do Supremo Tribunal Federal (art. 102, nº II), ora do Superior Tribunal de Justiça (art. 105, nº II)".

terá efeito suspensivo, podendo excepcionalmente ser-lhe atribuída tal eficácia, desde que preenchidos os pressupostos aplicáveis, em consonância com o art. 995, par. único do CPC-15.

5. EFEITO DEVOLUTIVO

Devolver significa, no contexto dos recursos, submeter a matéria impugnada ao conhecimento do órgão judicial competente para o processo e julgamento da impugnação.

Tanto quanto já ocorria sob a vigência do CPC-73, no CPC-15 a disciplina do efeito devolutivo foi assentada no âmbito da regulamentação da apelação, cuidando exclusivamente deste recurso.

Tal disciplina vale, contudo, como regra geral aplicável aos demais recursos, respeitadas, entretanto, algumas peculiaridades relativas às finalidades específicas de alguns deles (notadamente o recurso extraordinário, o especial, os agravos em recursos extraordinários e especiais, e os embargos de divergência).

5.1. Efeito devolutivo da apelação

A lógica, respeitada pela lei, partindo da premissa da inércia jurisdicional, é de que o Poder Judiciário só atua, prestando tutela jurisdicional, quando provocado, respeitando-se os limites da provocação do interessado.

Se esta premissa está presente no que se refere à propositura da demanda, e do exercício do direito de ação (inércia judicial e regra da demanda: arts. 2º e 492 do CPC-15 – *nemo iudex sine actore*, e *ne eat iudex extra vel ultra petita partium*), por identidade de razões ela se apresenta no que se refere ao exame e julgamento dos recursos.

Em outros termos, a interposição de recursos leva ao conhecimento do órgão competente para o seu julgamento o objeto da impugnação.

O pressuposto lógico do recurso, como se sabe, é o interesse recursal, que só se mostra presente quando existe uma situação de gravame para o litigante que busca, com o recurso, uma situação melhor. Daí se afirmar a lei que o recurso pode ser interposto "pela parte vencida ou pelo terceiro prejudicado" (art. 996, caput do CPC-15).

Assim, a inércia e a limitação da atividade jurisdicional ao pedido se projetam, para além da sentença, também para o processo e julgamento dos recursos: só se examina, em grau de recurso, aquilo que tenha sido postulado, ou seja, o objeto da impugnação.

Nisso reside a essência do *tantum devolutum quantum appellatum*, pois o recurso devolve (submete) ao conhecimento do órgão competente para o seu julgamento a decisão recorrida, nos limites estreitos da impugnação recursal.

Formulando uma projeção visual ou imaginária daquilo que se passa em função do efeito devolutivo, pode-se dizer que o recurso submete ao órgão julgador o objeto da impugnação (capítulo da sentença ou decisão – ou limitação horizontal) e, dentro deste, todas as causas, questões e fundamentos, tenham sido apreciados ou não quando da prolação da decisão recorrida (profundidade ou limitação vertical, cf. art. 1.013, §§ 1º e 2º do CPC-15).

Imagine-se demanda objetivando a anulação do contrato e reparação de danos julgada procedente. Apelando o réu apenas quanto à reparação de danos, excluída estará, em função dos limites da devolução, a possibilidade de revisão do capítulo da decisão que anulou o contrato (limite horizontal – extensão – do efeito devolutivo).

No mesmo exemplo, entretanto, suponha-se que tenham sido invocadas duas causas de pedir para o pleito de reparação de danos, objeto da apelação. O fato de o juiz, ao sentenciar, ter acolhido uma das causas de pedir, não impedirá que o tribunal venha a manter a condenação à reparação do dano pela outra causa de pedir, ainda que esta sequer tenha sido examinada em primeiro grau (limitação vertical – profundidade – do efeito devolutivo).

Isso ocorre, perceba-se, porque a apelação devolve ao tribunal o "conhecimento da matéria impugnada" (extensão), nada mais que isso (art. 1.013, caput do CPC-15). Entretanto, assim o fazendo, permite que sejam "objeto de apreciação e julgamento pelo tribunal todas as questões suscitadas e discutidas no processo, ainda que não tenham sido solucionadas, desde que relativas ao capítulo impugnado" (art. 1.013, § 1º do CPC-15).

Além disso, ainda quanto à profundidade do efeito devolutivo, prevê a lei que "quanto o pedido ou a defesa tiver mais de um fundamento e o juiz acolher apenas um deles, a apelação devolverá ao tribunal o conhecimento dos demais" (art. 1.013, § 2º do CPC-15).

Pode-se, em afirmação-síntese, dizer o seguinte: nos limites da devolução (capítulos impugnados da decisão) o recurso submete ao tribunal a cognição de tudo aquilo que foi ou poderia ter sido examinado, na instância inferior, para fins de emissão do provimento judicial, ou seja, causas de pedir e defesas deduzidas, pontos e questões de fato e de direito.

Ou, em outros termos: a devolução é ampla, nos limites da impugnação.

Vicissitudes da própria situação de direito material e dos contornos do objeto litigioso do processo podem produzir outros contornos ao efeito devolutivo.

Isso se verifica quando, por exemplo, existe relação de prejudicialidade entre os pedidos formulados e, consequentemente, entre os capítulos de sentença.

Suponha-se sentença que julga procedente a demanda para declarar a paternidade, e, ainda, impor a obrigação de prestar alimentos. Se o réu recorrer apenas da declaração de paternidade, silenciando quanto à imposição da obrigação de prestar

716 RICARDO DE BARROS LEONEL

alimentos, e o recurso vier a ser provido, afastando a relação de filiação, deverá também ser afastada a obrigação alimentar.

A relação de prejudicialidade existente entre os dois capítulos do *decisum*, declaração de paternidade e obrigação alimentar, impede que esta última subsista sem aquela.

5.2. Efeito devolutivo em outros recursos

Como antes mencionado, as disposições do art. 1.013, §§ 1º e 2º do CPC-15 figuram como regra a ser observada, em princípio, em relação aos demais recursos.

Nada diz o Código, assim, em relação ao efeito devolutivo do agravo de instrumento. É evidente, entretanto, que ao examinar tal recurso estará o tribunal limitado a rever o capítulo impugnado da decisão interlocutória que rendeu ensejo à interposição (extensão do efeito devolutivo). Poderá fazê-lo, note-se, revendo não só os fundamentos adotados pelo órgão inferior para proferir a decisão, mas também outros pontos e questões de fato e de direito, quer tenham ou não sido examinados na instância inferior (profundidade do efeito devolutivo).

Se o juiz decide, impondo tutela provisória, concedendo limitar que prevê medida de natureza cautelar (arrolamento de bens) e antecipatória (obrigação de não fazer), e o demandado agrava, insurgindo-se apenas em relação ao provimento antecipatório, a revisão, em grau de recurso, ficará limitada a este, pois o agravo de instrumento se limitou a questionar apenas este capítulo da decisão.

Nada diverso do que se passa na apelação.

Os mesmos parâmetros e a mesma disciplina são aplicáveis ao agravo interno (art. 1.021 do CPC-15), embora nada diga a lei a respeito.

Quanto ao recurso ordinário vale inteiramente a disciplina do efeito devolutivo prevista no art. 1.013, §§ 1º e 2º do CPC-15, pois, como visto anteriormente, este recurso faz as vezes da apelação ou do agravo de instrumento nas hipóteses em que se mostra cabível.

Quanto aos embargos de declaração também é silente o Código. Além disso, vem a dúvida: considerando que os embargos de declaração são julgados pelo próprio órgão prolator da decisão embargada (juiz, em primeiro grau; relator da decisão monocrática, no tribunal; órgão colegiado, quanto às decisões colegiadas no tribunal ou nos Juizados Especiais), seria correto ou incorreto falar em efeito devolutivo?

Parte respeitável da doutrina assume a concepção de que só há efeito devolutivo quando a competência para a apreciação do recurso é de outro, e não do mesmo órgão judicial.[14]

---

14. José Carlos Barbosa Moreira (*Comentários ao Código de Processo* Civil, vol. V, cit., p. 260), neste sentido, anotava que "inexiste, portanto, recurso totalmente desprovido de efeito devolutivo, com ressalva dos casos em que o julgamento caiba ao mesmo órgão que proferiu a decisão recorrida".

REVISITANDO OS EFEITOS DOS RECURSOS | **717**

Outra corrente compreende que a possibilidade de apreciação da matéria, por força do recurso, pelo mesmo ou por outro órgão judicial, indistintamente, configura a devolução.[15]

A posição aqui adotada é de que se opera o efeito devolutivo em decorrência da interposição do recurso, com abertura de oportunidade para decisão a respeito dele, pelo mesmo ou por outro órgão judicial.

É isso o que se dá no caso dos embargos de declaração.

Note-se que quando o juiz profere determinada decisão, ao menos em princípio sua modificação dependerá de revisão por outro órgão judicial em grau recursal.

No caso dos embargos de declaração, entretanto, presente uma ou mais das hipóteses de cabimento (necessidade de esclarecimento de obscuridade, eliminação de contradição, suprimento de omissão ou correção de erro material – art. 1.022 do CPC-15), reabre-se ao julgador, nos limites dos embargos apresentados, a possibilidade de complementação (suprimento da omissão) ou correção (eliminação da contradição, obscuridade ou erro material) identificado.

Em outros termos, devolve-se ao julgador que proferiu a decisão embargada o conhecimento do objeto da impugnação deduzida nos embargos de declaração que, não fosse a iniciativa da parte, não seria por ele revista (salvo, em caráter eventual, a correção do erro material).

Desta forma, é correto dizer, pela posição aqui adotada, que existe efeito devolutivo nos embargos de declaração, embora de modo peculiar, devolvendo-se ao próprio juiz que proferiu o provimento embargado o exame da impugnação.

5.3. Efeito devolutivo nos recursos especial e extraordinário, nos agravos respectivos e nos embargos de divergência

O efeito devolutivo também se manifesta nos recursos especial e extraordinário, bem como nos agravos em recurso especial e extraordinário. Mas de forma mais restrita. Trata-se de devolução limitada e não ampla como nos demais casos. É simples compreender o porquê.

O cabimento do recurso especial e do extraordinário pressupõe que a causa tenha sido decidida em única ou última instância, conforme o caso (art. 102, III, e art. 105, III da CF).

---

15. Nelson Nery Júnior (*Teoria geral dos recursos*, cit., p. 403), acentua que "a aptidão para provocar o reexame da decisão impugnada por meio de recurso já é suficiente para caracterizar o efeito devolutivo do recurso. Não há necessidade de que o órgão destinatário seja diverso daquele que proferiu o ato impugnado. Assim, mesmo os embargos de declaração e os embargos infringentes da LEF 34, dirigidos ao mesmo órgão de onde proveio a decisão recorrida, têm efeito devolutivo (...)". em sentido análogo Ricardo de Carvalho Aprigliano, *A apelação e seus efeitos*, cit., p. 109, anotando que "não parece correto excluir a devolução apenas porque essa transferência foi feita para o mesmo órgão."

A doutrina e a jurisprudência, ao longo do tempo, consolidaram o entendimento de que a expressão "causa decidida" deve ser compreendida como prequestionamento. Sendo os recursos especial e extraordinário voltados à defesa da inteireza, unidade e correta interpretação e aplicação do direito federal infraconstitucional e constitucional, respectivamente, haverá "causa decidida" sempre que a questão de direito tiver sido objeto de expressa apreciação na instância originária.

Este, em essência, é o sentido da súmula 282 ("é inadmissível o recurso extraordinário, quando não ventilada, na decisão recorrida, a questão federal suscitada") e 356 ("o ponto omisso da decisão, sobre o qual não foram opostos embargos declaratórios, não pode ser objeto de recurso extraordinário, por faltar o requisito do prequestionamento"). Bem como da súmula 211 do STJ ("inadmissível o recurso especial quanto à questão que, a despeito da oposição de embargos declaratórios, não foi apreciada pelo Tribunal a quo").

Ainda que seja necessária a releitura das súmulas à luz do art. 1.025 do CPC-15, que passou a admitir o prequestionamento ficto (ao prever que se consideram incluídos no acórdão "os elementos que o embargante suscitou, para fins de prequestionamento, ainda que os embargos de declaração sejam inadmitidos ou rejeitados, caso o tribunal superior considere existentes erro, omissão, contradição ou obscuridade"), o fato é que a existência de causa decidida, nos termos dos preceitos constitucionais aplicáveis, tem o sentido de exigência de prequestionamento da questão de direito.

Por outro lado, o recurso especial e o extraordinário não se destinam ao exame dos fatos, mas sim (dada sua finalidade essencial de viabilizar ao STF e ao STJ o controle da inteireza, unidade, e correta interpretação e aplicação do direito federal constitucional e infraconstitucional, respectivamente) à verificação quanto à observância e correta aplicação de normas constitucionais e da legislação federal.

Nesse sentido a súmula 7 do STJ ("a pretensão de simples reexame de prova não enseja recurso especial").

Por aí se compreendem as razões para se concluir que nos referidos recursos o efeito devolutivo não é amplo, mas sim limitado,[16] excluídas que ficam as questões de fato, bem como as questões de direito que não tenham sido objeto de prequestionamento, ou seja, de exame expresso no acórdão proferido na instância originária (do qual se recorre), ou mesmo não tenham sido objeto de embargos de declaração, considerada a possibilidade do prequestionamento ficto estabelecida no art. 1.025 do CPC-15.

O mesmo raciocínio e os mesmos limites devem ser aplicados aos agravos em recurso extraordinário e em recurso especial, interpostos em face de decisões monocráticas pelas quais tenha sido negado seguimento ao recurso originário (art. 1.042

---

16. Assim José Carlos Barbosa Moreira (*Comentários ao Código de Processo Civil*, vol. V, cit., p. 600).

do CPC-15). Ou seja, há devolução limitada, não permitindo o exame de questões de fato suscitadas, examinadas ou não na instância originária (julgamento de recurso no tribunal federal ou estadual), ou mesmo de questões de direito que não tenham sido objeto de prequestionamento na origem (ressalva feita, claro, àquelas atinentes à admissibilidade do próprio recurso extraordinário ou especial, ou ainda do agravo respectivo).

Há uma particularidade, entretanto, nos agravos em recurso especial ou extraordinário.

Tais recursos são interpostos contra decisões monocráticas de negativa de seguimento, e sua finalidade é, em princípio, viabilizar a admissão e processamento do recurso especial ou extraordinário cujo seguimento foi inicialmente negado.

Entretanto, a própria lei autoriza que, estando preenchidos os pressupostos de cabimento e instruído suficientemente o agravo, seja admitido o próprio recurso de sobreposição e julgado o seu mérito (art. 1.012, §5º do CPC-15).

Ora, ao prever a lei que o agravo "poderá ser julgado, conforme o caso, conjuntamente com o recurso especial ou extraordinário", confere a ele o efeito de permitir que seja imediatamente levado a julgamento o próprio recurso cujo seguimento foi inicialmente negado.

Cuida-se de particularidade do efeito devolutivo do agravo nos recursos especial e extraordinário. Não houvesse a autorização específica para tanto (art. 1.042, § 5º do CPC-15), a consequência seria a necessidade de julgamento exclusivamente do agravo e, uma vez provido, ter-se a liberação do trâmite do especial ou do extraordinário cuja admissão fora inicialmente negada.

Em outras palavras, pode-se dizer que além de devolver ao colegiado o exame da matéria impugnada no agravo, devolve-lhe este recurso, ainda, a possibilidade de admitir e julgar imediatamente o próprio recurso especial ou extraordinário cujo seguimento foi negado.

Por último, nos embargos de divergência a devolução é restrita à questão de direito que rende ensejo à sua interposição para fins de unificação do entendimento no tribunal superior.

Lembrando que tal é a função ou finalidade do referido recurso (art. 1.043 do CPC-15), ou seja, propiciar a revisão da decisão embargada, partindo da premissa que associa a necessidade de reconhecimento da divergência de entendimento sobre questão de direito à sua pacificação, chega-se à conclusão de que a devolução propiciada por tais embargos não vai além disso, excluídas questões de fato ou questões de direito distintas daquela (ou daquelas) que assinalam a existência de divergência interna, de colegiados fracionários do tribunal superior, e a imprescindibilidade de sua pacificação.

6. EFEITO ATIVO

O efeito ativo consiste na possibilidade de atribuição de eficácia imediata à decisão de natureza provisória ainda ineficaz. Ou, caso se prefira a explicação por outro viés, cuida da antecipação de tutela em grau de recurso.

Desta hipótese fala expressamente a lei ao disciplinar o agravo de instrumento, ao prever, no art. 1.019, I do CPC-15, que o relator, no tribunal, poderá "deferir, em antecipação de tutela, total ou parcialmente, a pretensão recursal, comunicando ao juiz sua decisão".

Não há previsão de dispositivo análogo em relação a outros recursos.

Entretanto, ao prever o Código a possibilidade de tutela provisória em caráter incidental (art. 294, parágrafo único do CPC-15), destacando-se, inclusive, ser viável sua confirmação ou concessão na própria sentença (art. 1.012, § 1º, V do CPC-15), deixa nítido que não contraria a lógica do sistema a concessão de tutela provisória na fase recursal.

Não há razão, por outro lado, para descartar que isso ocorra durante a tramitação e antes do julgamento de qualquer outro recurso, além do próprio agravo de instrumento.

Aliás, o próprio art. 995, par. único do CPC-15, que estabelece a regra geral relativa aos requisitos e à possibilidade de concessão de efeito suspensivo a recurso dele desprovido pode, por identidade de razões e de fundamentos receber compreensão inversa.

Dito de outra forma: se o recorrente demostrar a existência de risco de dano grave, de difícil ou impossível reparação (*periculum in mora*), bem ainda a probabilidade de provimento do recurso (*fumus boni iuris*), em interpretação conjunta dos arts. 300, caput e 995, par. único do CPC-15, qual motivo para negar efeito ativo ao recurso?

Imagine-se que em demanda buscando imposição de obrigação de fazer tenha sido negada a tutela antecipada. A sentença silencia a respeito. Durante a tramitação da apelação surjem fatos novos, e o apelante, por petição endereçada ao relator, demonstra a ocorrência do risco de dano grave, de difícil ou impossível reparação, sendo manifesta a probabilidade de provimento do recurso. O relator, ao conceder a tutela de urgência em grau recursal, em tal caso, estará a conceder efeito ativo ao recurso.

7. EFEITO INTERRUPTIVO

O reconhecimento da existência, em alguns casos, do efeito interruptivo do recurso decorre, do ponto de vista lógico, da regra da unirecorribilidade.

Como é pacífico, contra uma decisão judicial só é viável interpor um recurso. Não é admissível ao mesmo tempo agravar e apelar: será cabível um ou outro recurso, conforme o caso.

A exceção, que confirma a regra, é apresentada pela imprescindibilidade de concomitante interposição do recurso especial e do recurso extraordinário contra o acórdão que tiver, alegadamente, contrariado disposições de lei federal e da Constituição Federal. O prazo de interposição se conta da intimação da decisão (art. 1.003 do CPC-15). Embora em petições distintas, os dois recursos são interpostos de forma conjunta (art. 1.029, caput, c.c. art. 1.031, caput, do CPC-15).

Pois bem. Em dois casos a interposição do recurso tem o condão de interromper o prazo para a utilização do recurso próprio: nos embargos de declaração e nos embargos de divergência.

Observe-se que, nos termos do art. 1.026 do CPC-15, os embargos de declaração "interrompem o prazo para a interposição de recurso".

Assim, os embargos declaratórios contra a decisão interlocutória interrompem o prazo para o agravo de instrumento eventualmente cabível; contra a sentença interrompem o prazo para a apelação; e assim sucessivamente. O prazo interrompido voltará a ocorrer com a intimação da parte a respeito da decisão proferida nos embargos.

A mesma situação se verifica no caso dos embargos de divergência, visto que com eles se "interrompe o prazo para a interposição do recurso extraordinário por qualquer das partes" (art. 1.044, § 1º do CPC-15).

8.   EFEITO EXPANSIVO

Em alguns casos, o julgamento do recurso produz eficácia que vai além do provimento judicial hostilizado.

Não se trata de característica associada especificamente a um ou outro recurso, mas sim às circunstâncias do provimento judicial questionado e do processo no qual ele foi proferido.

O efeito expansivo se produz quando a decisão proferida no julgamento do recurso não se limita a glosar a decisão recorrida, mas, por outras razões (decorrentes da prejudicialidade lógica, da unicidade ou caráter incindível da relação de direito material ou de expressa determinação legal), acaba por atingir outros atos do mesmo ou de outro processo, ou a beneficiar outras partes além do recorrente.

No primeiro caso se fala em *efeito expansivo objetivo*, no segundo caso em *efeito expansivo subjetivo*.

Alguns exemplos do efeito expansivo *objetivo*.

O acolhimento do agravo de instrumento contra a decisão que concedeu a antecipação de tutela fulmina não apenas este provimento. Faz também que caiam por terra os atos praticados no procedimento de cumprimento provisório daquela decisão, praticados com fundamento no art. 297, par. único do CPC-15.

Situação análoga ocorre em função do acolhimento da apelação com reforma da sentença cuja execução provisória já se iniciou. É nesse sentido que o art. 520, II do CPC-15 estabelece que o cumprimento provisório de sentença "fica sem efeito, sobrevindo decisão que modifique ou anule a sentença objeto da execução, restituindo-se as partes ao estado anterior".

Por outro lado, o acolhimento do agravo de instrumento contra decisão que determinou a exclusão de litisconsorte ou mesmo a modificação dos encargos probatórios (art. 1.015, VII e XI do CPC-15) certamente provocará, no primeiro caso, a anulação do dos atos processuais praticados a partir do momento em que o litisconsorte deveria ter participado do feito, e, no segundo, total ou parcialmente a anulação da instrução.

Em outros termos, os efeitos do acolhimento do recurso irão além do provimento judicial impugnado.

Exemplifique-se, agora, a ocorrência do efeito expansivo subjetivo.

Figure-se ação de anulação de contrato movida por dois autores em face de um réu. Improcedente a demanda anulatória, apela um dos litisconsortes (autor), restando o outro inerte. O acolhimento da apelação, por se tratar de litisconsórcio unitário (em que a solução quanto aos litigantes, em função da unicidade da relação de direito material, deve ser uniforme), se estenderá ao litisconsorte que não recorreu (art. 116, c.c. art. 1.005, caput do CPC-15).

Situação análoga ocorre nos casos de solidariedade passiva, se o recurso interposto por apenas um dos devedores solidários se funda em defesa comum que vem a ser acolhida (art. 1.005, parágrafo único do CPC-15). Em ação de cobrança movida em face do devedor e do fiador, se só um deles apela da sentença condenatória, ao acolher o tribunal a alegação de prescrição, novação ou pagamento, proferirá decisão que implicará improcedência da pretensão deduzida em face de ambos, inclusive daquele que não recorreu.

Hipóteses de tal natureza podem ocorrer, ademais, em sede de julgamento de outros recursos, para além da apelação e do agravo de instrumento.

9. EFEITO TRANSLATIVO

O efeito translativo consiste na possibilidade de exame, no tribunal, das questões de ordem pública que não tenham sido objeto de impugnação no recurso, tenham elas, ou não, sido suscitadas e/ou apreciadas em anterior grau de jurisdição.

Nesse sentido, estabelece o art. 485, § 3º do CPC-15 a possibilidade de conhecimento de ofício, em qualquer grau de jurisdição, das questões de ordem pública ali identificadas, ou seja, de forma sintética, aquelas relativas aos pressupostos processuais e às condições da ação.

É tema controvertido e merecedor de atenção a incidência (ou não) do efeito translativo em sede de recursos de sobreposição (recursos especial e extraordinário) e nos demais deles decorrentes (agravos em recurso especial ou extraordinário, agravos internos, embargos de declaração e embargos de divergência decorrentes de especial e extraordinário, no STJ e no STF).

Há tendência de se negar a incidência do efeito translativo, com base no entendimento de que a necessidade de prequestionamento da matéria, decorrente da dicção constitucional (os arts. 102, III e 105, III da CF falam em "causas decididas"), exclui a possibilidade do exame de qualquer outra questão que não tenha sido expressamente examinada no tribunal de origem, mesmo que se trate de matéria de ordem pública.

Entretanto, é, quando menos, digno de reflexão, o pensamento segundo o qual uma vez superado o juízo de admissibilidade do recurso extraordinário e/ou do especial, ou seja, passando-se ao exame do mérito do recurso, possam as questões de ordem pública (presença de condições da ação, de pressupostos processuais, nulidades absolutas) ser apreciadas, mesmo de ofício (ainda que não tenham em qualquer momento sido examinadas – prequestionadas), pelo tribunal superior.[17]

Portanto, além das condições da ação (legitimidade e interesse), tudo aquilo que diz respeito à constituição e desenvolvimento válido e regular do processo (capacidades das partes, regularidade de representação, incompetência absoluta, citação regular, perempção, litispendência, coisa julgada, nulidades absolutas, etc.) pode ser apreciado, em grau de apelação ou agravo de instrumento, sem que tenha havido, para tanto, provocação do recorrente ou do recorrido.

É o efeito translativo, portanto, que abre ao órgão competente para o julgamento do recurso a viabilidade para realização deste exame, respeitada, evidentemente, a necessidade de concessão de possibilidade de manifestação às partes, em respeito ao contraditório (art. 10 do CPC-15).

10. EFEITO SUBSTITUTIVO

Quando uma decisão é questionada em recurso, este é admitido e tem seu mérito julgado, o provimento jurisdicional impugnado é substituído por aquele que confirma ou reforma a decisão hostilizada.

O art. 1.008 do CPC-15, regra geral de aplicação a todos os recursos, estipula que "o julgamento proferido pelo tribunal substituirá a decisão impugnada no que tiver sido objeto do recurso".

Importa dizer que a tutela jurisdicional advinda do julgamento do caso, seja ela da espécie que for (declaratória, constitutiva ou condenatória), no caso do julgamento da apelação e confirmação da sentença, por exemplo, extrairá sua força e

---

17. Assim, por exemplo, Humberto Theodoro Júnior, *Curso de Direito Processual Civil*, v. III, cit., p. 1.017-1.018.

sua imperatividade não da sentença mesma, mas sim do acórdão que a confirmou e, fazendo-o, substituiu-a.

O título executivo, no caso de sentença condenatória confirmada em grau de recurso, será o acórdão, e não a sentença. Da mesma forma, embora na prática não seja comum atentar para o ponto, o acórdão que confirma a tutela de urgência será, ele mesmo, e não a decisão concessiva da liminar, a fonte da qual advirá sua eficácia.

Tudo isto se deve ao efeito substitutivo dos recursos, que só ocorrerá, insista-se, se o recurso superar o juízo de admissibilidade (for admitido), tendo seu mérito julgado, seja para confirmar a decisão impugnada (negativa de provimento ou acolhimento do recurso), ou mesmo quando ocorra sua reforma (modificação do conteúdo da decisão recorrida).

Note-se: quando o apelo é admitido, mas rejeitado, e mantida a sentença, quem transita em julgado é o acórdão que julgou a apelação. Ele será o título executivo. Eventual ação rescisória terá como objetivo a desconstituição do acórdão, e não da sentença. O órgão julgador da rescisória será aquele competente para rever acórdão do tribunal, e não a sentença do juiz de primeiro grau.

Em duas situações não se verificará, jamais, o efeito substitutivo.

Primeiro, se não for admitido o recurso. O recurso que não passa pelo juízo de admissibilidade não tem o seu mérito julgado. E não havendo exame do mérito do recurso, mantem-se, com toda sua eficácia, a decisão recorrida.

Segundo, se o recurso for admitido e provido, tendo como efeito, entretanto, a anulação da decisão recorrida ou do processo. A anulação da decisão recorrida ou do processo no qual ela foi proferida têm como consequência a necessidade de renovação de atos processuais ou mesmo a edição de novo provimento judicial. Inexiste, nesse quadro, o efeito de substituição previsto no art. 1.008 do CPC-15.

11. EFEITO DE SOBRESTAMENTO

A introdução no sistema processual brasileiro do mecanismo de recursos especiais e extraordinários repetitivos, bem como da repercussão geral no recurso extraordinário em casos repetitivos, ainda sob a vigência do CPC-73, em razão de alterações na Constituição e no próprio Código (EC 45/2004, que trouxe o § 3º ao art. 102 da CF, prevendo a figura da repercussão geral no recurso extraordinário; e posteriormente a Lei 11.418/2006, regulando a matéria, bem como a Lei 11.672/2008, cuidando dos recursos especiais repetitivos, trazendo, as duas, os arts. 543-A, 543-B e 543-C ao CPC-73) trouxe consigo a necessidade de sobrestamento dos demais processos em que a mesma questão de direito estivesse sendo debatida.

Afinal, para que a formação do precedente paradigmático, que deve ocorrer no julgamento do recurso especial ou extraordinário representativo da controvérsia nos casos repetitivos, tenha o efeito, ao menos em potência, de permitir a uniformidade na interpretação e aplicação da lei, seguindo a lógica do legislador, era necessário prever a suspensão da tramitação dos feitos correlatos, assegurando a ulterior aplicação, aos casos sobrestados , do entendimento firmado no "caso-piloto".

Essa solução procedimental foi mantida e expandida no CPC-15.

Nesse sentido, preveem os art. 1.036 e 1.037 do CPC-15, ao cuidar do julgamento dos recursos especial e extraordinário repetitivos, a identificação de dois ou mais casos que serão "afetados" para julgamento como paradigmáticos, sobrestando o andamento dos demais processos em que a mesma questão de direito se apresente (art. 1.036, § 1º, e art. 1.037, II do CPC-15).

Poder-se-á dizer que o "efeito de sobrestamento", de que aqui se trata, é decorrente da decisão de afetação do caso paradigma, o que não se nega.

Mas tal decisão só se torna possível porque foi interposto o recurso de sobreposição relativo aos casos repetitivos, cujo trâmite prevê o efeito procedimental de sobrestamento.

Aliás, não é diversa, tal situação, daquela que ocorre quando o relator concede efeito suspensivo a recurso inicialmente dele desprovido. Ou seja, tanto aqui (efeito suspensivo concedido durante a tramitação do recurso) como lá (efeito de sobrestamento de outros feitos) atribui-se um novo efeito à espécie recursal que, no momento da interposição, não estava presente.

12. À GUISA DE CONCLUSÃO

Não se pretendeu, aqui, esgotar o tema dos efeitos dos recursos, mas sim passar objetivamente em revista seus principais tópicos, tendo como plano de fundo o Código de Processo Civil em vigor.

O novo sistema processual trouxe, em relação ao tema, alterações importantes.

É imperativo, ademais, atualizar conceitos e percepções, tendo presente a realidade processual contemporânea.

A visão panorâmica, calcada em alicerces teoricos, mas voltada à prática do dia-a-dia do foro, exige por parte dos profissionais do direito, e dos estudiosos do processo, a atenção e a vocação para esta constante atualização, que se realiza revisitando temas que não são novos, mas continuam atuais.

13. REFERÊNCIAS BIBLIOGRÁFICAS

BONDIOLI, Luiz Guilherme Aidar. *Comentários ao Código de Processo Civil*, vol. XX (arts. 994 a 1.044). São Paulo: Saraiva, 2016.

CALAMANDREI, Piero. "Appello civile", "in" *Opere giuridiche*, v. III. Napoli: Morano, 1979.

CÂMARA, Alexandre Freitas. *Lições de Direito Processual Civil*, vol. 2, 22ª ed. São Paulo: Atlas, 2013.

APRIGLIANO, Ricardo de Carvalho. *A apelação e seus efeitos*. São Paulo: Atlas, 2003.

JORGE, Flavio Cheim. *Breves comentários ao novo Código de Processo Civil*. (Coord. Teresa Arruda Alvim Wambier e outros). São Paulo: RT, 2015.

MARQUES, José Frederico. "Instituições de direito processual civil, vol. III. Rio de Janeiro: Forense, 1960.

MELLO, Rogério Licastro Torres de. *Breves comentários ao novo Código de Processo Civil*. (Coord. Teresa Arruda Alvim Wambier e outros). São Paulo: RT, 2015.

MOTELEONE, Girolamo. Girolamo Monteleone. Diritto processuale civile, vol. II. Padova: CEDAM, 1995.

MOREIRA, José Carlos Barbosa, *Comentários ao CPC*. Vol. V, 14ª ed. Rio de Janeiro: Forense, 2008.

MUSIELAK, Hans-Joachim. *Grundkurs ZPO*. 11. Auflage. München: Verlag C.H. Beck, 2012.

NERY JÚNIOR, Nelson. *Teoria geral dos recursos*. 7ª ed. São Paulo: RT, 2014.

PISANI, Andrea Proto. *Lezioni di diritto processuale civile*. 3ª ed. Napoli: Jovene Editore, 1999.

ROSENBERG, Leo, SCHWAB, Karl Heinz, e GOTTWALD, Peter. *Zivilprozessrecht*, 17ª Auflage. M6unchen: Verlag C. H. Beck, 2010.

TALAMINI, Eduardo, e WLADECK, Felipe Scripes. *Comentários ao Código de Processo Civil*, vol. 4. (coord. Cássio Scarpinella Bueno). São Paulo: Saraiva, 2017.

THEODORO JÚNIOR, Humberto. *Curso de Direito Processual Civil*, vol. III. 50ª ed. Rio de Janeiro: Forense, 2017.

ZÖLLER, Richard. *Zivilprozessordnung*. 29. Auflage. Köln: Verlag Dr. Otto Schmidt KG, 2012.

Dicionário Houaiss da Língua Portuguesa. Rio de Janeiro: Editora Objetiva, 2001.

ANOTAÇÕES